MARTIN BUBER
Politische Schriften

MARTIN BUBER

# POLITISCHE SCHRIFTEN

Mit einer Einleitung von Robert Weltsch
und einem Nachwort von Rupert Neudeck

Herausgegeben von Abraham Melzer

ZWEITAUSENDEINS

Die Zweitausendeins Klassiker Bibliothek wird herausgegeben
von Achim Apell.

Lizenzausgabe mit freundlicher Genehmigung
des Melzer Verlages, Neu Isenburg 2010
für Zweitausendeins, Postfach, D-60381 Frankfurt am Main.


Umschlaggestaltung: Heine/Lenz/Zizka, Frankfurt.
Umschlagmotiv: Tita Binz/DHM, Berlin.



Dieses Buch gibt es nur bei Zweitausendeins im Versand:
Postfach, D-60381, Frankfurt am Main,
Telefon: (069) 4 20 80 00, Fax: (069) 41 50 03.
Internet: www.Zweitausendeins.de, E-Mail: Service@Zweitausendeins.de.
Oder in den Zweitausendeins-Läden in Aachen, Augsburg, Bamberg, 2 x in Berlin, in Bochum,Bonn, Braunschweig, Bremen, Darmstadt, Dortmund, Dresden, Düsseldorf, Duisburg, Erfurt, Essen, Frankfurt am Main, Freiburg, Gelsenkirchen, Göttingen, Gütersloh, 2 x in Hamburg, in Hannover, Herford, Karlsruhe, Kiel, Koblenz, Köln, Konstanz, Leipzig, Ludwigsburg, Mannheim, Marburg, Mönchengladbach, München, Münster, Neustadt/Weinstraße, Nürnberg, Oldenburg, Osnabrück, Speyer, Stuttgart, Trier, Tübingen, Ulm, Würzburg, Wuppertal-Barmen.

In der Schweiz über buch 2000, Postfach 89, CH-8910 Affoltern a. A.

# INHALTSVERZEICHNIS



## I. Ein Land und zwei Völker

## II. Reden über das Judentum



## III. Die Grundlagen

## IV. Wiedergeburt



## V. Zur Geschichte, des Zionismus



## VI. Situationen

## VII. In der Krisis

# EINLEITUNG VON ROBERT WELTSCH

Die Jüdischen Schriften von Martin Buber, die in diesem Band gesammelt sind, umfassen einen Zeitraum von sechzig Jahren. Viele der Beiträge sind Äußerungen zu aktuellen Fragen, die im Laufe dieser Jahre auftauchten unter Verhältnissen, die dem heutigen Leser – besonders einer jungen Generation – nicht ohne weiteres verständlich sind. Alle von dem Autor selbst hier ausgewählten Stücke enthalten einen prinzipiellen Kern, der einen bleibenden Gedanken ausdrückt, auch wenn es um die Antwort auf eine ganz bestimmte, in ihren Einzelheiten einmalige Situation geht. Aber für den Leser der sechziger Jahre, und gar für den mit der jüdischen Entwicklung nicht vertrauten Leser, bedarf es wohl einer – wenn auch notwendigerweise nur summarischen und allgemeinen – Erklärung des historischen Rahmens, in dem diese Stellungnahme Bubers ursprünglich erfolgte. Dieser Hinweis (und nichts anderes) ist in dem vorliegenden Geleitwort beabsichtigt.

Das zwanzigste Jahrhundert war eine Epoche, die nicht nur für das jüdische Volk allein die größten Umwälzungen mit sich brachte, sondern die ganze Welt, wie die immer spärlicher werdende ältere Generation sie noch kannte, in der radikalsten Weise verändert hat. Am Anfang dieses Jahrhunderts, als niemand noch an das unmittelbare Bevorstehen von Weltkriegen und Revolutionen dachte, waren dennoch, wie wir es heute sehen, die Elemente sozialer und geistiger Unruhe fühlbar. Das europäische Denken war an einem Wendepunkt angelangt. Die Nationalitätenfrage, besonders in der den zentralen europäischen Donauraum zusammenhaltenden österreichisch-ungarischen Monarchie, erhob sich drohend und hemmungslos und schickte sich an, das bestehende politische Gefüge zu sprengen. Die beiden geistigpolitischen Kräfte, Sozialismus und Nationalismus, die im neunzehnten Jahrhundert besonders im Bereich des deutschen und russischen Denkens zu einem umfassenden theoretischen Gefüge gewachsen waren, wurden nun zu stärksten Faktoren in der praktischen Politik in einem sich ankündigenden Zeitalter der Massen. Der Nationalismus als staatsbildendes Prinzip hat im neunzehnten Jahrhundert durch die Mittel der Machtpolitik so gewaltige, alles überschattende Ergebnisse gezeitigt wie die politische Einigung von Deutschland und von Italien. Stärker noch mußte die nationale Bewegung der sogenannten geschichtslosen Völker die hergebrachte Struktur in Frage stellen. Die Vermischung der nationalen und sozialen Erhebungen mit den parallellaufenden machtpolitischen Auseinandersetzungen der europäischen Mächte erschütterte die Welt in ihren Grundfesten in den zwei Weltkriegen und Revolutionen, und brachte das Ende des alten Europa. Die Welt von 2010, in der das vorliegende Buch einer neuen Leserschaft dargeboten wird, ist so verschieden von der des Jahrhundertbeginns, daß man schwerlich annehmen kann, der Leser der jüngeren Generation werde sich ohne weiteres in die Begriffswelt jener Zeit hineinversetzen können.

Jede Betrachtung der jüdischen Frage dieses Zeitraums muß aber notwendigerweise in Beziehung zu diesem Hintergrund der Zeitverhältnisse erfolgen. Weit radikaler als alles andere hat sich in dieser Zeit die jüdische Welt verändert. Diese Aussage braucht nicht erweitert zu werden, da zumindest die Ereignisse der letzten dreißig Jahre noch im Bewußtsein der Zeitgenossen vorhanden sind. In einer sehr empfindlichen Weise ist es offenbar geworden, daß es eine jüdische Frage gibt, und daß das jüdische Volk an einem schicksalhaften Wendepunkt angelangt ist. Am Anfang des Jahrhunderts, als Bubers öffentliche Wirksamkeit begann, war eine solche Anschauung in Westeuropa scharf umstritten. Obwohl der Antisemitismus nicht nur in Rußland und Deutschland, sondern auch in Frankreich (Dreyfus-Affaire) sein Haupt erhoben hatte, obwohl Massen von Juden aus Rußland vertrieben wurden und nach Übersee auswanderten in einer der größten Wanderbewegungen der vor-Hitlerzeit, und obwohl auf deutschem Boden eine pseudo-wissenschaftliche, hauptsächlich zum Zwecke der Bekämpfung der Juden erfundene Rassentheorie und nationalistische Philosophie entstanden war, hat die große Mehrheit der westlichen Juden die Existenz einer Judenfrage ignoriert oder ausdrücklich geleugnet. Nach ihrer Meinung bestand das Heilmittel für die Beseitigung der feindlichen Mächte in der Unterstützung der sogenannten fortschrittlichen Kräfte der Gesellschaft, die schließlich zum Siege kommen mußten. Es war daher ratsam, nicht allzu stark als Jude hervorzutreten, sondern darauf hinzuwirken, daß die Juden möglichst unbemerkt als Individuen in der allgemeinen Gesellschaft aufgehen und auf allen Gebieten der Wirtschaft und Kultur tätig sein können. Der Antisemitismus, den man oft schon hinter der bloßen Konstatierung eines Unterschiedes zwischen Juden und Nichtjuden vermutete, mußte diffamiert werden, damit anständige Menschen davor zurückschrecken, sich als Antisemiten zu gebärden. In jener Zeit galt es als taktlos oder geradezu feindselig, von jemandem zu sagen, daß er ein Jude sei, und natürlich vermied auch jeder Jude das in gut bürgerlicher Gesellschaft. Das war aber nicht nur Opportunismus. Es entsprang auch echter Verlegenheit, hervorgerufen durch die Unklarheit, wie es eigentlich wirklich um das Judentum bestellt ist. War das Wort „Jude“ wirklich zu einem bloßen Schimpfwort ohne positiven Inhalt zusammengeschrumpft, so erschien es anständiger, es nicht zu benützen.

Trotzdem wurde natürlich die Judenfrage nicht aus der Welt geschafft. Im Bewußtsein der Juden wurde sie verdrängt, und setzte sich um in ein Gefühl von Angst und Minderwertigkeit, oft überkompensiert durch allzusehr zur Schau getragene Selbstsicherheit. Die Juden hatten in ihrer großen Mehrheit – ein Teil der wirklich religiösen Minderheit ist auszunehmen – keine klare Vorstellung von ihrem Judentum. Zahlreiche Selbstzeugnisse und eine große Literatur etwa aus den Jahren 1870-1914 bezeugen, daß für die sozial aufgestiegene jüdische Bürgerklasse das Judentum seinen Sinn verloren hatte. Religion war keine Macht mehr. Das „Lernen“ (d. h. Studium des Talmud), das bei ihren Vorfahren die Kontinuität aufrechterhalten hat, war von den modernen Juden aufgegeben worden zugunsten allgemeiner Bildung und völliger Säkularisierung. Sie bagatellisierten die Tatsache, daß die Umwelt sich ein ganz anderes Bild von den Juden machte, als sie selbst wähnten. Auf diese Weise wurde die unsichtbare Abgrenzung nicht beseitigt, sondern eher bestärkt.

Im Jahre 1897 war auf dem Basler Zionisten-Kongreß die zionistische Bewegung, die schon vorher in verschiedenen Formen, vor allem in Osteuropa, existierte, in eine organisatorische Form gebracht worden. Damit war zum ersten Mal vor der modernen europäischen Öffentlichkeit eine jüdische Gruppe aufgestanden, die die Existenz der Judenfrage nicht leugnete, sondern im Gegenteil mit tiefer Sorge als einen Explosivstoff und als ein Problem der europäischen Welt erkannte. Die Judenfrage sollte aus dem gefährlichen Halbdunkel der Mißdeutungen und der Gespensterfurcht herausgehoben und zum Gegenstand öffentlicher Diskussion gemacht werden. Der Zionismus proklamierte als sein Ziel, in einer – wie wir heute verstehen – etwas übersimplifizierenden Formel, die Lösung der Judenfrage. Es ist hier nicht der Ort, auf die Polemik einzugehen, die dieses Programm innerhalb der jüdischen Welt hervorrief. Aber mit dem Zionistischen Kongreß war ein neues Forum entstanden, von dem aus Juden ihren nationalen Lebenswillen proklamieren konnten. Die politische Betrachtung der Judenfrage als ein weltpolitisches Problem war eine Neuheit. Sie führte zu einer immer stärker werdenden Politisierung des jüdischen Lebens, in dem die Politik, und besonders der Streit um den Zionismus, allmählich an die Stelle der Religion und der vorher oft sehr heftigen religiösen Meinungskonflikte trat.

Auf dieser Tribüne des in seinen Anfängen befindlichen Zionismus ist der junge Martin Buber zuerst als Deuter und Kritiker der jüdischen Situation hervorgetreten. Es war im Wesen des politischen Zionismus begründet, daß alle Bemühungen zunächst auf die Schaffung eines machtpolitischen Instrumentes gerichtet waren, einer freiwilligen nationalen Organisation, deren Wortführer westlich erzogene säkularisierte Juden waren, und die an die öffentliche Meinung und an die Machtfaktoren der Welt appellierte, um die Voraussetzungen zu einer territorialen Lösung der Judenfrage zu erlangen. Für die westliche Judenheit war die von Theodor Herzl aufgestellte These, die Juden seien ein Volk und die Judenfrage daher eine politische, eine Neuheit und zugleich eine Herausforderung. Denn die große Mehrheit der Juden befürchtete, solche Definitionen könnten dazu führen, die schon erkämpften Errungenschaften der Emanzipation in Frage zu stellen oder gar den assimilierten Westjuden zuzumuten, ihre gegenwärtigen Wohnsitze zugunsten eines fragwürdigen Judenstaats in Palästina aufzugeben. Die ideologische Debatte beschränkte sich im wesentlichen auf diese Kontroverse. Der Zionismus war ein System der Propaganda, und der jüdische Nationalismus eine Frage des persönlichen Bekenntnisses zu einem Programm, das zwar eine Zukunftsformel enthielt, aber an den Einzelnen keine Forderung der Änderung seines Lebens stellte. Im Sturm dieser Kämpfe wurde nur von wenigen die Frage gestellt, was eigentlich Judentum sei. Der Glaube an die Allmacht der Technik ließ den Gedanken entstehen, daß die Bildung eines Judenstaates durch einen mehr oder weniger mechanischen Prozeß bewirkt werden müsse. Die Zionisten glaubten, daß die unter dem zunehmenden Antisemitismus in ihrem Ehrgefühl gekränkten und zum Teil auch in ihrer Entfaltungsmöglichkeit beschränkten assimilierten Juden im Zeitalter des Nationalismus schon die bloße Möglichkeit, ihr eigenes Volkstum zu betonen, als einen Schritt moralischer Wiedergutmachung empfinden müßten.

Gegen diese äußerliche Betrachtungsweise, die den offiziellen Zionismus charakterisierte, bildete sich schon frühzeitig eine Opposition, die nach den geistigen Wurzeln – und auch nach den geistigen Zielen – der Bewegung fragte. War das jüdische Volk in seinem jetzigen Zustand zu der Entscheidungstat der Wiedergeburt reif? War es recht, nur von Politik und Programm zu sprechen und nicht das Volk innerlich zu erwecken? Kam es wirklich nur darauf an, die äußeren Lebensbedingungen eines Volkes zu schaffen und ein Volk wie jedes andere zu werden, oder hatte es mit dem Judentum eine andere Bewandtnis? In Rußland hatte der hebräisch schreibende Denker Ascher Ginzberg, bekannt unter seinem Schriftstellernamen

Achad Ha'am, schon lange vor der Begründung des offiziellen Zionismus gegen die damaligen ersten Kolonisationsbestrebungen der russischen Juden seine warnende Stimme erhoben. Sein erster Aufsatz (1889) trug den charakteristischen Titel „Nicht dies ist der Weg". Umsiedlung von Juden und sogar ein jüdischer Staat waren noch keine jüdische Wiedergeburt; es kam auf ihren Geist und ihre Kultur an. Der erste Schritt jeder Wiedergeburt mußte die Selbstbesinnung des Volkes auf seine geistigen und ethischen Werte sein. Andernfalls wäre der Zionismus national und geschichtlich wertlos und würde auch eine vergebliche Bemühung sein. Die Sorge um das Volk müsse der Sorge um das Land vorhergehen. Statt die Energie des Zionismus auf diplomatische Verhandlungen und politische Diskussionen zu verwenden, solle man sich mit der wichtigsten Aufgabe beschäftigen, mit der Erziehung des Volkes, das durch die jahrhundertelange Abgeschlossenheit und durch die Ghetto-Existenz verkümmert ist. Dieser Gedanke wurde – in einer viel weiteren Form als Achad Ha'am ihn konzipiert hatte – von einer Gruppe junger Zionisten aufgenommen, die sich auf dem V. Zionisten-Kongreß (1901) „Demokratische Fraktion" nannte. Diese Gruppe, zu der Martin Buber gehörte, prägte die Parole von der Notwendigkeit von „Gegenwartsarbeit". Nicht nur eine ferne und ungewisse jüdische Zukunft dürfe den Zionismus beschäftigen, sondern der „Gegenwart" müsse er sich zuwenden, den lebenden Volksmassen, die in Ost-Europa wirtschaftlich und sozial deklassiert waren. Wenn man von Wiedergeburt sprach, so konnte man sich nicht auf Vorbereitungen zu einer geographischen Verpflanzung von Menschen beschränken, sondern man mußte ihnen praktische Ideale geben, man mußte für eine Normalisierung ihres Lebens sorgen und für die Umwandlung ihrer demographischen Struktur. In dieser Hinsicht sollte der Zionismus auf die unmittelbare Gegenwart des Volkes wirken, die Berufsschichtung beeinflussen, nicht nur – wie das schon der Herzl'sche Zionismus vorsah – vor einer Überproduktion jüdischer Intellektueller warnen, sondern auch die abnormale Konzentrierung auf gewissen Gebieten des Kleinhandels in Ost-Europa oder gar des sogenannten Luftmenschentums bekämpfen und neben die traditionelle talmudische Bildung eine für das praktische Leben vorbereitende weltliche Erziehung setzen.

All dies und noch mehr war enthalten im Programm der Demokratischen Fraktion, und wenn Buber als deren Vertreter auf dem V. Kongreß ein Referat über jüdische Kunst hielt (das ebenso wie andere Reden und Aufsätze aus jener ersten Periode des Buberschen Wirkens in die vorliegende Sammlung nicht aufgenommen werden konnte), so geschah dies unter dem Gesichtspunkt, daß eine volle nationale Renaissance alle geistigen Äußerungen umfassen und alle schöpferischen Kräfte fördern müsse, auch Schönheit bringen in das Dunkel der Judenviertel und in ihnen den Sinn für das Große wecken.

Buber sah das Phänomen der jüdischen Bewegung, die man damals mit dem Glücksgefühl der Neu-Entdeckung Zionismus nannte in größerem Zusammenhang und in einer anderen Tiefendimension als die Mehrheit der organisierten Zionisten. Er erkannte die Ursprünge der gewaltigen Erschütterung der jüdischen Volksexistenz in den zwei mächtigen geistigen Strömen, die in der zweiten Hälfte des achtzehnten Jahrhunderts das jüdische Leben grundlegend umformten: Chassidismus (die mystisch-religiöse Bewegung, die in den Ebenen Podoliens und Wolhyniens entstanden, die Starrheit des Rabbinismus herausforderte) und Haskalah (die Ideen der modernen Aufklärung, die in hebräischem und jiddischem Gewand die Gebildeten erreichten).[1]

Die Tragik der jüdischen Situation zu Beginn des Jahrhunderts sieht Buber darin, daß die innere Befreiung des Judentums durch Chassidismus und Haskalah nur das östliche Judentum erreichte (und auch dieses nur teilweise), während die äußere Befreiung, die Emanzipation innerhalb der nicht-jüdischen Umwelt, nur den westlichen Juden zuteil wurde. Diesen Bruch hatte die moderne jüdische Bewegung am Ende des neunzehnten Jahrhunderts in eine schöpferische Synthese zu verwandeln.

Solche Ideen waren innerhalb des zionistischen Lagers damals keineswegs populär. Man war vor allem bedacht auf zahlenmäßiges, nicht qualitatives Wachstum der Partei. Der Versuch, die Gruppe der revoltierenden jungen Intellektuellen den Zwecken der offiziellen Organisation dienstbar zu machen, mißlang. Buber konnte nur kurze Zeit Redakteur der offiziellen zionistischen Zeitung „Die Welt" in Wien sein. Schon 1901 hat er wegen eines Konfliktes mit Herzl die Redaktion niedergelegt, und als bald darauf der V. Zionisten-Kongreß die von Buber als Referent des Kultur-Ausschusses vorgelegten Anträge ablehnte, ging die sogenannte Demokratische Gruppe ihre eigenen Wege. Ihre wichtigste praktische Leistung war die Gründung des Jüdischen Verlags in Berlin 1902, der die ersten programmatischen Werke der jüdischen Renaissance herausgab, vor allem den „Jüdischen Almanach" (Bubers Beitrag hieß: „Die Schaffenden, das Volk und die Bewegung"), den Monographienband „Jüdische Künstler" (Buber schrieb

1 S. den Aufsatz „Renaissance und Bewegung" Seite 473

darin über Lesser Ury) und die von Berthold Feiwel redigierte Gedichtsammlung „Junge Harfen". Es ist schwer, dem heutigen Leser eine Vorstellung davon zu geben, welche Neuheit damals in diesen Versuchen lag. Zwar hätte es seit Heinrich Heine im neunzehnten Jahrhundert viele Juden gegeben, die in Literatur, Kunst und Theater eine prominente Rolle spielten; aber zum ersten Mal wurde hier der Versuch gemacht, solche Männer und Werke unter einer betont jüdischen Losung vorzustellen. Die Bücher des Jüdischen Verlages fanden eine wohlwollende Aufnahme, aber es muß zugegeben werden, daß sie nicht einen sehr großen Leserkreis erreichten. Man wird vielleicht nicht fehlgehen, wenn man sagt, daß 1903 die Welt der Literatur und Kunst solche Versuche als ein Kuriosum empfand. Aber auch die zionistische Bewegung selbst betrachtete solche Publikationen vorwiegend von einem Propaganda-Gesichtspunkt. Für eine Vertiefung in geistige Probleme glaubte man keine Zeit zu haben. Nach dieser ersten Periode öffentlicher jüdischer Tätigkeit, die sich vorwiegend im zionistischen Rahmen bewegte, und aus der, wie schon erwähnt, nur wenige Dokumente in dem vorliegenden Band Aufnahme fanden, hat Buber sich zunächst von der Politik zurückgezogen und ist nur gelegentlich mit Aufsätzen hervorgetreten: dazu gehören die in diesem Band enthaltenen Würdigungen der Persönlichkeit Theodor Herzls nach dessen Tod 1904. Buber konzentrierte sich damals auf die Arbeit an der Darstellung des Chassidismus. Sein erstes Buch aus diesem Gebiet, „Die Geschichten des Rabbi Nachman", erschien 1906. Man mag es vielleicht als ein Paradox der Gliederung der endgültigen Ausgabe des Gesamtwerkes ansehen, daß die chassidischen Schriften, die Buber von 1906 an über 50 Jahre lang veröffentlicht hat, nicht unter seine „Jüdischen Schriften" eingereiht werden können. Das ist zwangsläufig schon aus Gründen des Umfangs; inhaltlich gehören sie natürlich hierher. Niemand kann Bubers Haltung und Äußerungen zum jüdischen Problem verstehen, ohne seine Beziehung zum Chassidismus zu kennen, und ohne zu berücksichtigen, was er dort über das Judentum zu sagen hat. Die Arbeit jener Jahre war für ihn eine entscheidende Epoche, die er selbst in seiner Schrift „Mein Weg zum Chassidismus" geschildert hat. Es scheint, daß in diesen Jahren (1902-1909) Buber, enttäuscht von den Erfahrungen im Organisationsbetrieb, sich von weiterer öffentlicher Betätigung fernhalten und nur der literarischen Arbeit widmen wollte. In dieser Situation, so hat er selbst berichtet, erreichte ihn die Einladung einer Gruppe jüdischer Studenten, in Prag, eine Rede über das Wesen des Judentums zu halten. Er fühlte, daß er sich dieser Einladung nicht entziehen konnte. Die Zeit war reif. Das Ergebnis war die erste „Rede über das Judentum", aus der dann „Drei Reden über das Judentum" (alle zuerst in Prag gehalten) wurden, veröffentlicht unter diesem Titel 1911. Damit war innerhalb der jüdischen Bewegung des zwanzigsten Jahrhunderts ein neuer Weg beschritten und ein Wendepunkt erreicht. Bis zur Zeit unmittelbar nach der vom ersten Weltkrieg verursachten Unterbrechung war die Zahl der Reden auf acht angewachsen, die 1923 zusammen publiziert wurden.

Es ist nicht die Aufgabe dieser Einleitung, eine Paraphrase des Inhalts der nun historisch gewordenen „Reden über das Judentum" zu geben, ebenso wenig wie der anderen hier vereinigten Schriften. Es möge nur eine andeutungsweise Darstellung der geistigen Situation versucht werden, auf die die Reden eine Antwort waren. Die Aufforderung an Buber war ausgegangen von dem Verein Jüdischer Hochschüler Bar Kochba in Prag, einer Gruppe zionistischer Studenten, die ebenso wie ähnlich denkende junge Leute in anderen Städten Mitteleuropas unbefriedigt waren von dem, was der offizielle Zionismus ihnen geistig zu bieten hatte. Der Zionismus war damals nur zwölf Jahre alt, Theodor Herzl war fünf Jahre tot, aber der Schwung, den die dynamische Persönlichkeit Herzls geschaffen hatte, war erloschen; die Tätigkeit der zionistischen Vereine war zu Routine und Betriebsamkeit verflacht. Gemessen an dem pulsierenden geistigen Leben der Umwelt hatte der Zionismus jungen Menschen nur wenig zu geben. Gerade in Prag, wo die Nationalitätenfrage besonders akut war, wo das tschechische Volk sich konsolidierte und die Juden den Verlockungen der Assimilation von zwei Seiten ausgesetzt waren, empfanden die jungen Juden, die sich im ersten Überschwang mit der Herzlschen Formel „Wir sind ein Volk, *ein* Volk" begnügt hatten, die Leere dieses formalen nationalen Bekenntnisses. Was war nun eigentlich das Wesen und der Inhalt dieses Volkstums? Manche der älteren Führer dieser Gruppe hatten den aktiven Anschluß gesucht an die hebräische Renaissance, die sich im Osten vollzog; der bedeutendste, Hugo Bergmann, später Professor der Philosophie und erster Rektor an der Hebräischen Universität Jerusalem, damals „Alter Herr" des Vereins, lenkte 1908 die Aufmerksamkeit auf Martin Buber. Was wollte der Bar Kochba von Buber?

In jener Zeit war es keineswegs selbstverständlich, daß jüdische Studenten sich als Juden deklarierten. Dies tat nur eine Minderheit. Als die deutsch-nationalen Studentenverbindungen den Arierparagraphen einführten und Juden ausschlossen, bildeten sich zwar jüdische und auch jüdischnationale Verbindungen, aber ihre Lebensweise, abgesehen von der zionistischen „Betätigung“, war nicht verschieden vor der der anderen. Die jüdische Religion hatte für die große Mehrheit dieser Studenten keine Anziehung und keine Verbindlichkeit. Das in Gemeinden und Vereinen organisierte Judentum erschien als ein etwas kläglicher Überrest der Vergangenheit, von dem die intellektuelle Jugend wegstrebte. Viele waren, oft ohne es zu gestehen, von tiefem Zweifel erfüllt, ob das Judentum überhaupt eine Wirklichkeit darstellt, oder ob es seine Weiterexistenz nur den Antisemiten verdankt. Für diejenigen, die sich aus einer Art von Stolz und Trotz als Juden bekannten, weil sie von der Außenwelt als Juden abgestempelt wurden, erschien der Zionismus als eine willkommene Antwort, weil er eine Formel für eine völlig weltliche Interpretation des Judentums gab, die überdies einer starken Zeitströmung entsprach, da die sogenannten geschichtslosen Nationen (d. h. die nicht in unabhängigen selbständigen Staaten zusammengefaßten Völker) mit Nachdruck ihre nationalen und politischen Forderungen anmeldeten. Noch in dem Jahrzehnt zwischen 1900 und 1910 ahnte niemand, daß schon im Jahre 1918 von den siegreichen Mächten der Welt die nationalen Ziele dieser Völker anerkannt und ihr „Selbstbestimmuhgsrecht“ feierlich proklamiert werden würde, ebenso wenig wie jemand 1939 und sogar 1946 vorhergesehen hätte, daß um die Mitte des zwanzigsten Jahrhunderts dutzende neuer Nationalstaaten in Asien und Afrika entstehen würden. Dennoch war ein Unterschied zwischen all diesen Völkern und den Juden; sie alle lebten in territorialer Konzentration, in ihrem eigenen sozialen und kulturellen Milieu, und sprachen ihre Sprache, während der jüdische Nationalismus nur in einer Idee bestand. Genügte die Proklamation des Jude-Seins, um auch wirklich Jude zu sein? Auf welcher Substanz beruhte dieses Judentum?

Als Buber nach der Pause, die er der Arbeit an den chassidischen Schriften gewidmet hatte, im Januar 1909 in Prag zum ersten Mal wieder vor die jüdische Öffentlichkeit trat, stellte er in aller Kühnheit die Frage, die so viele bewegte, die Frage nach dem Sinn des Judentums. Warum nennen wir uns Juden? Ist dies nur eine Konvention, oder ist es Wirklichkeit? Verbinden wir mit diesem Wort einen Inhalt? Auf diese Fragen die Antwort zu geben, war Buber gekommen. In Rede und Gespräch, in dem unmittelbaren Gegenübertreten von Fragenden und Antwortendem, hatte Buber die für sein wirken charakteristische Ausdrucksweise gefunden. Wo er sich angesprochen fühlte, konnte er sprechen, Mensch zu Menschen. Damit ist er der große Lehrer einer ganzen Generation des europäischen – oder genauer: des mitteleuropäischen – Judentums geworden. Buber war damals nur 31 Jahre alt, aber seinen Hörern erschien er als der große Weise. Fünfzig Jahre lang hat er vor allem in der Form der Rede gelehrt, erst im Deutschland der Weimarer Zeit, dann unter ganz anderen Verhältnissen im Deutschland des Nationalsozialismus; später in hebräischer Sprache in Jerusalem; und schließlich nach dem zweiten Weltkrieg, als sich der Schwerpunkt der jüdischen Diaspora in die angelsächsischen Länder verlegt hatte und auch dort, wo man früher unbekümmerter gewesen war, bohrende Fragen wach wurden, in Amerika. Es ist kein Zufall, und ist zugleich auch ein Symptom für die tiefe Wandlung der jüdischen Geschichte dieser Zeit, daß die zweite Serie der Reden, mehr als dreißig Jahre nach Abschluß der ersten Serie, zusammengefaßt in der Sammlung „An der Wende"[2], in Amerika gehalten worden ist. Viel hatte sich inzwischen ereignet, und Buber selbst war seinen Weg weiter gegangen, bereichert an Erfahrungen und Erkenntnissen; aber im Grunde liegen auch den letzten Reden dieselben Fragen zugrunde, die unter anderen Verhältnissen sich 1909 aufdrängten. Die Antwort auf die Frage nach der neuen Gestalt des Judentums freilich ist noch nicht gegeben, weil nur das Leben sie geben kann. Gezeigt werden kann nur der Weg – einmal nennt Buber ihn den „heiligen Weg"[3].

Denn im Mittelpunkt aller Lehren von Buber steht der Mensch. So wie er schon 1909 neben die politische oder nationale Judenfrage als das eigentliche Problem die persönliche Judenfrage gestellt hat, so ist auch die Forderung der Erneuerung des Judentums an jeden Einzelnen persönlich gestellt. Die formelhaften und im Grunde nichtssagenden Definitionen des Judentums als „Religion" oder als „Nation", die in der Zeit um 1910 ebenso wie schon vorher in einem erbitterten dialektischen Streit miteinander lagen, werden von Buber verworfen. In keine derartige Formel ist das eigentümliche Phänomen des Jude-Seins einzuzwängen. Die Beziehung des einzelnen Juden zu seinem Judentum beruht auf einem lebendigen Geschichtsbewußtsein, auf dem Sicheinstellen in die große Kette der Geschlechter, wodurch die Vergangenheit des Volkes das persönliche Gedächtnis, die Zukunft des Volkes die persönliche Aufgabe wird. Dies gilt vor allem für den assimilierten Westjuden, bei dem ein Gegensatz besteht zwischen der Substanz seines Wesens, der tiefen Machtschicht der Seele, und der Umwelt, in der er lebt und in die er sich eingliedert. Das jüdische Volk von heute ist in einem prägnanteren Sinne als irgendein anderes Volk eine Mischung:

2 S. 362.
3 s.S. 314.

„aber wir wollen nicht die Sklaven, sondern die Herreh dieser Mischung sein“[4] Aus der Wahl zwischen Umwelt und Substanz geht die Selbstbejahung des Juden hervor, mit all ihrer Tragik und ihrer Größe. Wenn wir uns entschieden haben, dann fühlen wir „die ganze Entartung mit, aus der wir unsere kommenden Geschlechter befreien müssen“. Die jüdische Gegenwart ist unbefriedigend, ja verwerflich; Neues tut not. Auch die Geschichte des jüdischen Volkes erscheint in einer anderen Sicht. Neben dem von den meisten Geschichtsschreibern allein betrachteten offiziellen Judentum, das sich teilweise in immer unfruchtbarerer Buchstabengläubigkeit, teilweise in Materialismus und Streben nach sozialer Geltung verlor, steht der ununterbrochene Strom des unterirdischen Judentums, der Ketzer, Mystiker und Gottsucher, die nichts Fertiges und Erstarrtes übernehmen wollen, sondern besorgt sind, den Geist ins Leben zu bringen. Ihnen ist es zu danken, wenn das geistige Leben des Judentums nicht erloschen ist. Keine äußeren Maßnahmen, geschickten Formulierungen oder politischen Aktionen können dem Judentum wieder schöpferischen Geist einhauchen; die Befreiung kann nur „von innen“ kommen. Alles Tun ist vergebens, wenn nicht in den Seelen der Menschen, die diese jüdische Bewegung tragen, der große Funke der Sehnsucht nach Änderung des Lebens, nach Neubruch des Herzens, erglüht. Wir werden Zions nicht teilhaftig werden, wenn wir es nicht in unserem Herzen erbauen. Diese innere Spannung der Seele wirkt sich aus in dem Kampf des Gestaltenden gegen das Gestaltlose, der Wählenden gegen die Geschehenlassenden. Die neue Schöpfung des Judentums kann nur aus einer religiösen Erneuerung kommen. Dies ist aber nicht identisch mit dem – sicherlich notwendigen – Aufbau einer neuen Volkskultur, die sich der Zionismus zum Ziel gesetzt hatte. Der Mutterboden dieser Neuschöpfung, so meint Buber im Jahre 1912, kann nur „die ungeheure Zerrissenheit, die schrankenlose Verzweiflung, die unendliche Sehnsucht, das pathetische Chaos vieler heutigen Juden“ sein[5]; mit anderen Worten, eine Neugeburt muß aus der Unsicherheit des Exils hervorgehen. Vielen Lesern von 1963 wird es seltsam erscheinen, daß Buber im Jahre 1912 den Satz hinschrieb „Wir leben im Chaos“. Das war gesagt zu einer Zeit, wo die Position der Juden vielen als günstig und vielversprechend erschien, mehr als zwanzig Jahre vor der Machtergreifung des Nationalsozialismus in Deutschland. Freilich, fünfzig Jahre nach diesen Worten Bubers fühlen wir schmerzlich,

4 s. 16.

5 In dem hebräischen Aufsatz „Zwiefache Zukunft“ (hier nicht aufgenommen).

daß die Erwartung einer inneren Erneuerung des Judentums nicht erfüllt wurde, auch nicht in der Erschütterung des nun wirklich beispiellosen inneren und äußeren Chaos, das über das jüdische Volk hereinbrach. Der Funke des Geistes wurde nicht entfacht. Vielleicht ... vielleicht sind die Träger des Funkens unter den Millionen der physisch Vernichteten gewesen. Bubers Reden haben 1909 eine Epoche neuen jüdischen Denkens eingeleitet. Sie haben auch beinahe unmerklich auf die gruppenmäßige Abgrenzung im jüdischen Lager eingewirkt. Die starren Parteischranken gerieten ins Wanken. Aus der zionistischen Bewegung hervorgegangen, hatte Buber Wesentlicheres zu sagen als ein Parteibuch verbürgte. Seine Botschaft erreichte die zweifelnden Herzen, wo immer sie schlugen. Es war eine andere Sprache als die der Propagandaredner. Junge jüdische Menschen scharten sich in immer steigendem Maße um Buber; unter seinem Antrieb und ständiger Mahnung wurde das Lernen wieder zu einem Hauptanliegen jüdischer Jugendgruppen. Er hat den entfremdeten Westjuden die für sie neuen Reiche jüdischen Geistes eröffnet; zuerst den Chassidismus, dann den jüdischen Mythos; nach dem ersten Weltkrieg war es die Bibel, die in den Mittelpunkt seiner Forschung und Deutung trat. Die Begegnung mit Franz Rosenzweig, mit dem sich Buber zu dem gewaltigen Werk einer neuen Bibel-Übersetzung zusammentat, war ein entscheidender Wendepunkt in Bubers Leben und Werk. Für Buber, der in seinen jungen Jahren als moderner Intellektueller beinahe ein Agnostiker war, war nun der Glaube das Wesentliche geworden. Das dialogische Prinzip, die Zwiesprache, die Antwort auf das Angesprochenwerden durch Gottes immer da-seiende, aber nur dem sich-Öffnenden sich mitteilende Gegenwart, war das Entscheidende für Bubers Denken geworden. Das galt auch im jüdischen Bereich.

Es fehlte nicht an Stimmen, die Buber vorhielten, daß seine Lehre nicht die Bedürfnisse der breiten Massen des Volkes befriedigt, die eine jüdische Lebensform suchen. Nicht Denken allein kann Judentum sein, auf das Tun kommt es an. Schon nach den ersten Reden, die eine Umwälzung des Denkens brachten, wurde an Buber die Frage gestellt, „was sollen wir tun?“ Was heißt, konkret gesprochen und für den Alltag anwendbar, „Jüdisch leben“? Buber hat sich mit denen, die so fragten, auseinandergesetzt. Das Wort der Dritten Rede, „wir können nur bereit sein“, erschien vielen als zu abstrakt, annehmbar nur für eine geistige Elite, unbefriedigend im Zeitalter der Massen. Noch schwieriger zu konkretisieren war ein Leben des Glaubens, das sich abschied von traditionellen Formen und Zeremoniell. Einer der treuesten und ergebensten Anhänger von Buber, Professor Ernst Simon, hat noch anläßlich Bubers 80. Geburtstag (1958) die Auffassung vertreten, daß ein lebendiges Judentum die Erfüllung praktischer täglicher Lebensformen erfordert, wie sie durch die Halacha (= die Vorschriften des Talmud) vorgeschrieben werden. Solche Religion bildet die Voraussetzung für ein Zusammenleben der Juden als sozialer Organismus. Buber aber betrachtet das Ritualgesetz, das in den vielen Jahrhunderten der jüdischen Volksexistenz in der Diaspora dem jüdischen Leben sein Gepräge gab, als Menschenwerk, das nicht wesentlich ist für den Gläubigen, der in jeder Stunde und in jeder Situation die Antwort zu suchen und selbst auf die göttliche Stimme zu lauschen hat.

## II.

Waren die Jahre unmittelbar vor dem ersten Weltkrieg, die Jahre der „Reden“, vorwiegend eine Periode des unpolitischen Lehrens, so bricht bald darauf eine Zeit an, die Buber in die politische Arena zurückführt. Den Anstoß geben die großen Erschütterungen des ersten Weltkrieges. Viele unpolitische Intellektuelle in Europa, bestürzt über die Folgen ihrer eigenen unkritischen und passiven Haltung, bekehrten sich zu einer Parole des politischen Aktivismus. Der Weltkrieg, erst von den meisten beteiligten Nationen mit einem Rausch nationaler Begeisterung empfangen, bald darauf jedoch als Katastrophe riesigen Ausmaßes erkannt, wurde zu einer Quelle der Selbstprüfung und Selbstbesinnung derer, die die Schuld an dem Zusammenbruch der alten europäischen Welt nicht nur in der Unfähigkeit ihrer Regierenden sahen, sondern auch in der Unzulänglichkeit und Kurzsichtigkeit der Menschen und in dem Versagen der Geistigen, die sich ihr Gebiet jenseits der Politik absteckten statt die Berufung zu fühlen, den Völkern bessere Wege zu weisen. Im besiegten und ratlosen Deutschland war dieses Aufbäumen der Intellektuellen besonders stark und schicksalhaft. Im Rahmen dieser Betrachtung müssen wir uns auf den jüdischen Aspekt beschränken.

Viel stärker als je zuvor war durch den Krieg im Osten und durch die Verantwortlichkeit Deutschlands für die Verwaltung gewaltiger Teile Osteuropas die Judenfrage ins Bewußtsein der Mitteleuropäer und vor allem auch der Westjuden gerückt. Zugleich hat der englische Feldzug in Palästina und der vorauszusehende Zusammenbruch des alten Ottomanischen Reiches dem Zionismus eine noch kurz zuvor für unmöglich gehaltene politische Chance gegeben, die sich 1917 in der als Balfour-Deklaration bekannten englischen Erklärung kristallisierte, die – wirklich oder scheinbar – das Programm des Zionismus zu einem Ziel der englischen Politik machte. Diese gewaltigen Veränderungen im jüdischen Leben führten schon während des Weltkrieges zu dem Gedanken der Schaffung einer repräsentativen jüdischen Zeitschrift, die in Mitteleuropa die Stimme des geistigen Judentums zur Geltung bringen sollte. So wurde die Zeitschrift „Der Jude" geboren, deren Herausgeber Martin Buber war. Der Zionismus hatte sich aus einem Gegenstand abstrakter prinzipieller Diskussionen und Gesinnungskämpfe in eine Angelegenheit praktischer Politik verwandelt. Viele Fragen stürmten auf die Judenheit ein. Was bedeutete das neue Auftreten des jüdischen Volkes als politischer Faktor in der Weltpolitik? Wie konnte Palästina, das nun den Juden versprochen war, wirklich zu einer jüdischen Heimstätte werden? Was war die Rolle des Einzelnen, oder, anders ausgedrückt, wie vollzog sich im persönlichen Leben die Verwirklichung? Welche Art von Nation und Gemeinschaftsleben sollte in diesem Neuland aufgebaut werden, welche Ideen sollten dort richtunggebend sein? Und vor allem: Welche Art von Nationalismus durfte vom jüdischen Volk bejaht werden, wie verhielt sich die prophetische Ethik der Gerechtigkeit zu zeitgemäßer Machtpolitik, wie hatten Neuankömmlinge, die nicht als Eroberer kamen, in dem ihnen verheißenen Lande sich zu verhalten zu dem anderen Volke, das seit zwölf Jahrhunderten in diesem Lande lebte und dessen Bauern, oft nach biblischer Patriarchenart, seinen Boden bearbeiteten?

Vor dieser andrängenden Welt der Realität erhebt nun Buber wieder seine lehrende und weisende Stimme. Es ist die Stimme des Gewissens, erfüllt vom Bewußtsein der niemals zu verletzenden jüdischen Sendung. Zugleich aber zeigt Buber politischen Wirklichkeitssinn und Durchdringung der Probleme, die anderen verschlossen blieben. In diesem politischen und historischen Zusammenhang sind viele der Reden und Aufsätze in diesem Band zu verstehen, die sich auf zionistische und palästinensische Fragen beziehen. Sie sprechen für sich selbst. Man kann Bubers Stellungnahme vor allem um zwei Prinzipien gruppieren, Sozialismus und palästinensische Landespolitik. Dazu seien noch einige erläuternde Bemerkungen erlaubt.

Zum ersten: Im Streit um die Pläne politischer Art und um das richtige System der Besiedlung Palästinas stellt sich Buber rückhaltlos hinter die Menschen, die selber ins Land gehen und arbeiten, erfüllt von der Idee einer gerechteren Gesellschaftsordnung und eines Zusammenlebens in wahrer, unmittelbarer, brüderlicher Gemeinschaft. Buber war vor dem Weltkrieg den Ideen nahe, die Gustav Landauer in seinem „Aufruf zum Sozialismus" verkündet und in seinem „Sozialistischen Bund" zu verwirklichen versucht hatte, bevor er 1919, aus einem tragischen Mißverständnis in den Strudel der bayerischen Revolution gezogen, in deren Verlauf er in München von deutschen Soldaten ermordet wurde. Ein nicht-marxistischer, auf unmittelbarer Beziehung von Mensch zu Mensch in echter Gemeinschaft beruhender Sozialismus, das ist es, was in Palästina Gestalt annehmen sollte. Die palästinensische Arbeitergruppe Hapoel Hazair, deren geistiger Führer A. D. Gordon[6] war, kam in ihrem Siedlungsplan dieser Forderung am nächsten. Buber identifizierte sich mit der Parole des „Arbeitenden Palästina". Politisch schloß er sich der Arbeiterschaft an. Als im April 1920 in Prag eine Weltkonferenz des Hapoel Hazair und der in Osteuropa ähnliche Ideen vertretenden Bewegung der Zeire Zion stattfand, nahm Buber daran aktiven Teil. Nicht Programme oder Prinzipien in Debatten zu verfechten und nicht Partei-organisationen aufzubauen, sondern hinzugehen und im eigenen Leben die Forderung der Volkswerdung zu erfüllen, das entsprach der Idee der Verwirklichung, die bei Buber stets eine zentrale Bedeutung hatte, und die er schon früher, und nicht nur im Zionismus, postuliert hatte. Nicht umsonst hieß sein 1913 erschienenes Buch „Daniel" im Untertitel „Gespräche von der Verwirklichung". Die palästinensischen Arbeiter, von der Gedankenwelt der russischen Narodniki und Sektierer beeinflußt und dem praktischen harten Leben auf palästinensischem Boden verbunden, erkannten die Verwandtschaft in Bubers Denken, das aus ganz anderen philosophischen und methodischen Quellen gespeist war. Im Sinne dieses utopischen Sozialismus sollte die Verwirklichung sozialer Gerechtigkeit im Sinne der Propheten und das Ziel einer wahrhaften menschlichen Verbundenheit „ohne Ausbeuter und Ausgebeutete" in der kommunalen Siedlungsgemeinschaft, hebräisch Kwutzah (später wurde dafür das Wort Kibbutz gebräuchlicher), ihren Ort finden. Der Arbeiterverband Hapoel Hazair verschwand 1930, als er sich mit anderen Arbeitergruppen zu der palästinensischen Arbeiterpartei (Mapaj) vereinigte. Der Gedanke einer unpolitischen quasi-religiösen arbeitenden Siedlungsbewegung war gescheitert. Der ursprüngliche Gedanke in seiner Reinheit lebt nur noch in wenigen. Die Realität und die menschliche Natur wären stärker als der ideale Impuls.

6 Über Gordon siehe die Aufsätze S. 631.

Insofern war auch Bubers Appell vergeblich. Aber der geistige Kampf hört nicht auf. Die neue Arbeiterpartei wird immer mehr in den Bereich der Machtpolitik hineingezogen, insbesondere nach der Gründung des Staates Israel. Aber die Probleme des jüdischen Menschtums, der gerechten Ordnung und der wahrhaften Gemeinschaft bestehen weiter. Ja, sie sind noch ernster im Gewirr der politischen und gesellschaftlichen Verstrickung. Unermüdlich warnt Buber vor dem Abfall und mahnt zur Treue[7] zu dem wahren Sinn einer jüdischen Wiedergeburt. Denn die nationale Konsolidierung wird sinnvoll nur, wenn sie sich einem über-nationalen Ziel unterordnet. Die jüdische Siedlung hat durch ihr Dasein und durch ihren Geist dafür zu zeugen, daß das Judentum eine Botschaft an die Menschheit hat.

Das zweite politische Prinzip, das sich unmittelbar aus Bubers Auffassung von Judentum und Menschentum ergibt, betrifft das Wesen des Nationalismus[8]. Wir haben in der grausamsten Weise erlebt, wie in der europäischen Geschichte der letzten hundert Jahre der liberale, menschheitbefreiende, nach kulturellem Schöpfertum jedes Volkes strebende Nationalismus des neunzehnten Jahrhunderts, der – etwa nach den Vorstellungen von Mazzini – zu einem harmonischen Zusammenleben der Menschheit führen sollte, in Wirklichkeit in die Auswüchse brutalen Machtstrebens, in Rassenwahn und Intoleranz mündete. Wehe dem Nationalismus, der sich von der Humanität trennt und in verblendeter egoistischer Selbstgerechtigkeit die Rechte anderer Völker mit Füßen tritt. Dies kann und darf nicht geschehen bei dem Volk, das jahrhundertelang Opfer von Verfolgungen war, und dessen historischer Anspruch auf den Verheißungen der Propheten beruht. Stets hat es im Judentum, das Buber als polares Phänomen[9] charakterisiert, zwei entgegengesetzte Tendenzen auch in der Politik gegeben: den Vertretern der angeblichen Staatsraison treten durch die Jahrhunderte die Propheten und die Erben prophetischen Geistes entgegen. Martin Buber schließt sich als ein Spätgeborener der Reihe derer an, die von der Urzeit her das jüdische Volk vor nationaler Hybris und Verletzung des Rechtes gewarnt haben. Die Bewahrung vor solchen Gefahren des Nationalismus war im wesentlichen ein Erziehungsproblem. Im praktischen Leben in Palästina hatte der jüdi-

7 Vgl. „Gegen die Untreue“, S. 107.

8 Im September 1921 hielt Buber in Karlsbad anläßlich des XII. Zionistenkongresses eine prinzipielle Rede über Nationalismus. Darin warnt er davor, die Nation als Selbstzweck zu vergöttlichen und den Gruppenegoismus über die übernationale ethische Forderung zu stellen. Siehe S. 47.

9 Vgl. die zweite Rede, „Das Judentum und die Menschheit“, S. 252.

sche Nationalismus sein wahres Gesicht zu zeigen und sich zu bewähren in der Begegnung mit dem in Palästina lebenden arabischen Volk. Zu diesem Volk einen Zugang und eine menschliche Beziehung zu finden, sich vor dem Gehaben als Herrenrasse zu hüten und Ungerechtigkeiten zu vermeiden, das war die schwere und schicksalhafte Aufgabe, die Buber bei der Besiedlung Palästinas vorhersah[10]. Eine ganze Reihe von Aufsätzen dieses Buches legen Zeugnis ab von Bubers Stellungnahme zur Frage der jüdisch-arabischen Beziehungen. Besonders aufschlußreich sind in dieser Hinsicht die beiden hier veröffentlichten Reden auf Zionisten-Kongressen. Auf dem XII. Kongreß 1921 hat Buber im Namen seiner Gruppe, Hapoel Hazair, eine Resolution eingebracht, die dann in verwässerter Form Annahme fand. Sie spricht von der Notwendigkeit, mit dem arabischen Volke zusammen die gemeinsame Heimstätte zu einem wirtschaftlich und kulturell blühenden Gemeinwesen zu machen, dessen Ausbau jedem seiner Völker eine ungestörte autonome Entwicklung sichert. Damit war das Prinzip des binationalen Staates als Ziel des Zionismus ausgesprochen, zu dessen Propagierung später verschiedene Vereinigungen geschaffen wurden, erst unter dem Namen „Brith Schalom" (Friedensbund) und dann, als Buber bereits in Palästina lebte, die Gruppe „Ichud" (Union) unter der Führung von J. L. Magnes, dem Präsidenten der Hebräischen Universität (gestorben 1948). Das zweite Mal hatte Buber auf dem XVI. Kongreß (1929) den besonderen Charakter des Zionismus als nationale Bewegung vor dem obersten zionistischen Forum zu begründen. Wieder trat er ein für eine Zusammenarbeit der beiden Völker unter dem Gesichtspunkt einer „Landespolitik", d. h. einer Politik, die auf das Land gerichtet und nicht einseitig nationalistisch ist. Diese Rede wurde gehalten nur drei Wochen, bevor in Palästina blutige Unruhen ausbrachen, arabische Überfälle auf jüdische Siedlungen, die die Aufmerksamkeit der Welt auf den nationalen Konflikt lenkten und auch den ersten Anstoß gaben zu einer Reorientierung der britischen Politik. Manche der in diesem Band enthaltenen Aufsätze und Äußerungen zu den politischen Problemen Palästinas sind gelegenheitsbedingt und im Zusammenhang mit den innerhalb des Zionismus und des Staates Israel jeweils geführten Diskussionen zu verstehen. Die politischen Fragen, vor allem die Haltung zu Arabern und Engländern, waren scharf umstritten.

10 „Im Wesen handelte es sich dabei nicht um die Araber, sondern um die Art des jüdischen Nationalismus; es ging nicht um eine arabische oder palästinensische, sondern um eine tief jüdische und menschliche Frage." Hans Kohn, Martin Buber, Sein „Werk und seine Zeit, Köln 1961 (2) S. 177.

Buber ist ein Polemiker großen Stils. Natürlich sind viele Einzelheiten, die der politischen Welt von vor zwanzig oder vierzig Jahren angehören, heute nicht mehr „aktuell". Trotzdem ist es instruktiv, die Entwicklung an der Hand dieser Aufsätze zu verfolgen. Denn die Problemstellung hat ihre prinzipielle Gültigkeit nicht verloren, wenn auch die agierenden Faktoren sich verändert haben. Vorstellungen und Tendenzen, die damals schon die mittelöstliche Welt bewegten, gelangen erst in unseren Tagen zur Reife. So etwa, um nur eines von vielen Beispielen herauszugreifen, wenn Buber schon 1922 von den Bestrebungen zur Schaffung eines großarabischen Reiches spricht, das seine Anziehungskraft auf die arabische Irredenta ausüben müsse. Manche von Bubers damaligen Schlußfolgerungen über die Motive der britischen Imperialisten, diese arabische Einheit zu durchbrechen durch ein wenigstens teilweise jüdisches Palästina, mögen nur bedingt, d. h. für einzelne Politiker und für einen bestimmten Geschichtsmoment, zutreffend sein. Wir wissen heute, daß zwanzig Jahre später England das jüdische Palästina nicht als ein Aktivum, sondern als ein Hindernis der imperialen Bestrebungen empfand. Trotzdem war Bubers Warnung gegen die Überschätzung humanitärer Motive bei der Bestimmung von – wirklichen oder fiktiven – britischen Staatsnotwendigkeiten berechtigt. Seine Mahnung, statt nationalistischer Einseitigkeit und statt allzu ausgeklügelter Pläne der Einschaltung der Juden in das europäische Diplomatenspiel, eine Annäherung an den werdenden neuen Orient durch „Landespolitik", d. h. gemeinsamen Aufbau einer palästinensischen allumfassenden Gesellschaft und Wirtschaft zu betreiben, ist ungehört verhallt, und damit die vielleicht einzige große Chance einer rechtzeitigen Basis der Kooperation mit den Arabern. Ohne diese mußte unvermeidlich Rivalität und Feindschaft entstehen. Der Versuch, die jüdische Siedlung zu errichten, ohne gleichzeitig einen unversöhnlichen „Erbfeind" zu erwerben, wurde nicht unternommen. Zu fremd waren solche Gedankengärige in der Welt von damals, sind es auch in der Welt von heute. Dies führte zu einer Situation, auf die sich viele der späteren kritischen Äußerungen Bubers gegen die offizielle zionistische Politik beziehen. Im Jahre 1938 ist Buber aus Deutschland nach Palästina ausgewandert und lebt seitdem in Jerusalem. In dieser Zeit hat er – zwar nicht in den internen zionistischen Gremien, aber als ein Außenseiter – an den politischen Auseinandersetzungen teilgenommen und immer wieder versucht, einen humanistischen Nationalismus durchzusetzen. Eine Reihe seiner Äußerungen aus der Kriegszeit sind hier veröffentlicht. Buber war auch einer der Sprecher der Organisation „Ichud" vor der Kommission, die von den Vereinigten Nationen zur Prüfung des politischen Problems nach Palästina entsandt worden war[11].

## III.

Vor Bubers Übersiedlung nach Palästina war er noch berufen, in Deutschland unter dem nationalsozialistischen Regime in die jüdische Gegenwartsarbeit aktiv einzugreifen. Es war ein einzigartiger Moment, eine Krise sondergleichen auch in der an Krisen so reichen jüdischen Geschichte. Denn hier wurden Juden nicht nur ihrer bürgerlichen Rechte und ihrer wirtschaftlichen Stellung beraubt, – das ist häufig vorgekommen in der leidensvollen Geschichte der Diaspora – sondern es wurde ihnen auch das Recht auf geistigen Besitz abgesprochen. Die nationalsozialistische Theorie, die den Juden aus der deutschen Volksgemeinschaft ausschied, bezog sich nicht nur auf die Rasse, sondern auf die Gesamtheit der kulturellen Existenz, in der die deutschen Juden sich nach den hundert Jahren der Emanzipation sicher gefühlt hatten. Mit einem Schlage waren die deutschen Juden in ein Vacuum gestoßen worden; es drohte ihnen ein seelischer Zusammenbruch, der noch verhängnisvoller war als die materiellen Schäden, die das Regime ihnen zufügte. Das Judentum hatte in der kulturellen Existenz der deutschen Juden im besten Fall eine Nebenrolle gespielt. Wenn ihnen nun von den maßgebenden Instanzen des deutschen Reiches – denn diese waren die Nationalsozialisten geworden – gesagt wurde, sie seien nichts als Juden, so standen diese in der deutschen Kultur erzogenen Menschen ratlos da. Es braucht hier nicht weiter ausgeführt zu werden, daß die nationalsozialistische Theorie etwas Absurdes postulierte. Eine so enge geschichtliche und kulturelle Verbindung, wie sie seit Jahrhunderten in verschiedenen Stadien zwischen den deutschen Juden und dem deutschen Volk bestand, kann nicht mit einem Schlage hinwegdekretiert werden. Eine solche Annahme ist eine Verzerrung der existentiellen Wirklichkeit. Obwohl die Juden ebenso wie andere Gegner und Opfer des Nationalsozialismus ohnmächtig waren und ein offener Widerspruch gegen die Irrlehren nicht geduldet wurde,

11 Über Bubers Haltung zu den politischen Fragen Palästinas und später des Landes Israel 1930-1960 vgl. Robert Weltsch, Nachwort zu: Hans Kohn, Martin Buber, Sein Werk und seine Zeit, Köln 1961, S. 431-450.

so konnte doch das geistige Leben der Juden natürlich nicht mit einem Schlage zum Stillstand gebracht werden. Aber es bedurfte einer neuen Orientierung. Worauf es ankam, war nicht nur die Behauptung einer geistigen Position, sondern vor allem eine seelische Stütze für die in ihrer moralischen Existenz und in ihrer Ehre Verletzten. Vermochten die vernachlässigten Werte des Judentums, vermochte die Besinnung auf die historische Rolle des jüdischen Volkes und auf den schicksalhaften Zusammenhang der jüdischen Gemeinschaft den Menschen eine solche Stütze zu bieten? Nur wenige waren da, die imstande waren, für das Judentum zu zeugen, weil sie nicht erst unter dem Zwang einer feindlichen Macht, sondern von je und je, in ihrem Leben und Denken, in ihrer geistigen Substanz und in ihrer Kundgebung, jüdisch gewesen waren. Es ergab sich von selbst, daß Martin Buber hier die zentrale Figur wurde. Auf niemanden trifft es so zu wie auf ihn, daß er im Bereich der deutschen Sprache das Judentum geistig repräsentierte. Niemals hatte er vorgegeben, etwas anderes zu sein als Jude, und daher konnte er die von den Nationalsozialisten beabsichtigte Stigmatisierung mit Gelassenheit hinnehmen. Kein anderer Mann in Deutschland aber war auch so tief verbunden mit der Kultur des abendländischen Geistes, zu der die deutsche Kultur gehörte, und daher konnte ihn die willkürliche Klassifizierung der Machthaber, die biologische Gegebenheiten zu geistigen stempeln wollten, nicht treffen.

Buber hat in der großen Krise des deutschen Judentums vor allem zu den deutschen Juden gesprochen, aber seine Stimme drang hinaus aus den künstlich errichteten Ghettomauern. Ein Mann, der wie er im deutschen Geistesleben gestanden hatte, war mit unzähligen Fäden verknüpft mit seiner Umwelt, und obwohl viele Beziehungen damals in der bekannten Weise plötzlich abgebrochen wurden, aus Feigheit oder Charakterlosigkeit, so blieben doch noch sehr viele, die offen oder im verborgenen die Verbindung mit ihm wenigstens eine Zeit lang aufrechterhalten wollten; ja, es gab solche, die sich bei Buber, dem Juden, Rat und Trost holen wollten. So lange es physisch möglich war, konnte Buber auch im ersten Jahr des Nationalsozialismus noch Auseinandersetzungen mit NichtJuden führen, vor allem auf der theologischen Ebene. Dazu gehört die Polemik mit Gerhard Kittel, die hier aufgenommen ist. Aber das Entscheidende waren die Worte, die er an die deutschen Juden gerichtet hat, denn mit Recht empfand er, daß die Stunde eine Feuerprobe des Judentums war, die eine neue Rangordnung der Werte erfordert. Buber begnügte sich nicht damit, in erschütternden Worten zur Selbstbesinnung aufzurufen. Wie wenige wußte er, daß eine rein emotionelle und aus der Situation entstandene seelische Reaktion, ein aus verletztem Stolz und aus Trotz geborenes Bekenntnis zum Judentum, nur von kürzer Dauer sein kann und bald innerlich ausgehöhlt würde, wenn es nicht mit echtem Inhalt erfüllt wird. Inhalt aber heißt Lehre. Die Stunde der Ausstoßung der Juden aus dem deutschen Bereich war auch die Stunde der großen Verantwortung für die neue Generation, für die Erziehung der Kinder. Waren schon die Erwachsenen hilflos und ratlos gegenüber der Wendung der Dinge, wie fürchterlich mußte diese sein für die Zartheit eines kindlichen Gemütes, das keine Erklärung und kein Verständnis für das äußere Geschehen haben konnte. Hier war eine doppelte Aufgabe gegeben: nicht nur die Kinder zu sammeln und ihnen einen festen Halt im jüdischen Bewußtsein zu geben, sondern auch zu versuchen zu verhindern, daß diese junge Generation der sittlichen Werte der Humanität verlustig geht, die sich aus zwischenmenschlichem Zusammenleben ergeben. In einer Zeit, wo der Humanitätsgedanke öffentlich verspottet wurde, wo jüdische Kinder brutalen Angriffen und unflätigen Beleidigungen schutzlos ausgesetzt waren, war die Sorge für sie das primäre, alles andere an Wichtigkeit übertreffende Problem. Die deutschen Juden waren sozusagen über Nacht konfrontiert worden mit der Aufgabe des Aufbaus eines Erziehüngssystems und Schulwesens. Es ergab sich von selbst, daß Martin Buber dabei eine führende Rolle zufiel. In einem Aufsatz im dritten Band des (in englischer Sprache erscheinenden) Jahrbuches des Leo Baeck Instituts (London 1958) berichtet einer der damals aus dem deutschen Schulwesen verabschiedeten Lehrer, Fritz Friedländer, über eine am 21. Mai 1933 abgehaltene Versammlung einer großen Gruppe von jüdischen Lehrern und Erziehern, in der Martin Buber über das Problem der jüdischen Bildung sprach. Vielen dieser Lehrer, die bisher an deutschen Schulen mit anderen deutschen Lehrern und mit deutschen Schülern gearbeitet hatten, war das Problem ganz neu und in gewisser Hinsicht unzugänglich. Selbst nach der formellen Ausscheidung von jüdischen Lehrern und Schülern war es vielen Juden noch keineswegs einleuchtend, daß das Erziehungswesen in jüdischen Schulen auch inhaltlich anders sein müsse als es der bisherigen allgemeinen Norm entsprach. Dr. Friedländer berichtet von dem überwältigenden Eindruck, den auf die dort Versammelten Bubers Ausführungen machten, wenn er von der „urjüdischen Wirklichkeit“ sprach, die sich in der Einzigartigkeit von Israels Volksindividualität offenbart. Er stellte damals das Postulat auf, daß die neue jüdische Schule nicht nur formal jüdisch, auch nicht nur inhaltsjüdisch sein dürfe, das Ziel sei vielmehr die wesensjüdische Schule. Es handele sich nicht darum, Judentum in bestimmten Stunden als Unterrichtsfach zu lehren; es sollte den ganzen Unterricht erfüllen, indem es den Ausgangspunkt der Betrachtung in Vielen Fächern bildet: Judentumskunde als Gegenwartskunde. Die Aufsätze, die in diesem Bande in dem Kapitel „In der Krisis" veröffentlicht sind, bezeichnen die einzelnen Stadien dieser mühevollen Aufbauarbeit. Schon vor dem Regierungsantritt der Nationalsozialisten hat Buber 1932 der jüdischen Jugend gesagt, „warum gelernt werden soll". 1933 hat er seine ganze Person und seine ganze Arbeit in den Dienst des Lehrens gestellt. Bubers Lehre beschränkte sich nicht auf fachlichen Unterricht. Ihm ging es darum, Menschen ganz zu erfassen und ihnen den Weg zu zeigen zur Knüpfung tiefer und echter Beziehung zu jüdischen und menschlichen Werten. Als Mittelpunkt dieses Lehrens bietet sich von selbst die Bibel dar. Es mag etwas seltsam anmuten, daß nach der großen Zwischenpause der Aufklärung und des weltlichen Wissens, im Zeitalter der Naturwissenschaft und Technik, die Bibel wieder auf den Thron gehoben wird. Aber das war es, wonach die Situation verlangte. Man darf nicht meinen, daß darum die realistischen Aufgaben vernachlässigt wurden. Jüdische Jugend zu tausenden war damals in der Berufsumschichtung, lernte Landwirtschaft und Handwerk und manuelle Arbeit, lernte moderne Sprachen zum Gebrauch in Auswanderungsländern. Es wäre aber eitel gewesen, Erziehung ganz auf praktische Ziele zu richten. Zu gewaltig war die Erschütterung und Umwälzung, zu elementar das Bedürfnis nach Sinngebung. Buber konnte in seinen „Lernwochen" das Werk der Lehre fortsetzen, das er sein ganzes Leben lang getan hatte. Doch war der Boden jetzt aufnahmebereiter als je zuvor. Eine eigentümliche feierliche und leidenschaftliche Intensität zeichnete die von Buber geleiteten Arbeitsgemeinschaften von Lehrer und Schülern aus. Von innen war die Antwort auf die Situation zu geben. „Was uns widerfährt, ist, auch wenn es uns ans Mark greift, nicht das Entscheidende; das Entscheidende ist, wie wir uns dazu verhalten – was wir daraus machen, was es aus uns macht"[12], war eines von den ersten Worten, die Buber im April 1933 an die Juden richtete. Diese Worte waren die Leitlinie für das Verhalten der deutschen Juden und ihrer führenden Organisationen in der großen Krise der materiellen und seelischen Selbstbehauptung in einer präzedenzlosen seelischen Bedrängnis. Die Bibel als Quelle des Trostes und der Aufrichtung wurde damals von den deutschen Juden in einer wundersamen Weise wieder-erobert; richtiger: die Stimme wurde gehört, weil die

12 s. „Das Erste", S. 701.

Herzen sich öffneten. Es war eine einzigartige Erweckung, und als ihr Fakkelträger zog Buber durch das Land. So wurden nicht nur Kinder und Jugendliche erzogen, sondern Lehrer und Erzieher der Jugend wurden mit einem lebendigen Geist erfüllt. Darüber hinaus erkannte Buber, daß der Durst nach der Lehre, der Wunsch nach Selbstbesinnung, viel weitere Schichten ergriff: auch die Erwachsenen, auch die scheinbar schon Fertigen, die nicht mehr lernen. Ein neues Bedürfnis war entstanden, und um ihm gerecht zu werden hat die Reichsvertretung der Juden, die damals unter dem Druck der Ereignisse geschaffene zentrale Instanz, auf Bubers Antrag, wenn auch nicht genau nach seinem Plan, eine „Mittelstelle für jüdische Erwachsenenbildung" errichtet. Der etwas holprige Name – wohl zu erklären aus dem Wunsche möglichst unobtrusive Worte zu finden – soll nicht darüber täuschen, daß in diesem Rahmen eine der fruchtbarsten, freilich auch eine der seltsamsten, geistigen Arbeiten geleistet wurde, ebenso unkonventionell wie schöpferisch, und völlig erfüllt vom Geiste Bubers. Über diese Mittelstelle hat einer ihrer führenden Mitarbeiter, Ernst Simon, einen ausführlichen Bericht geschrieben, der vom Leo Baeck Institut veröffentlicht worden ist[13]. Es bedarf kaum der ausdrücklichen Hinzufügung, daß alles das hier Gesagte nur für die Anfangsperiode der nationalsozialistischen Herrschaft gilt, also für die Zeit 1933 bis 1938, als noch, tatsächlich oder illusionär, die Vorstellung bestand, es könne sich eine Form des Zusammenlebens für die Juden finden lassen; an physische Vernichtung, die kurz darauf platzgriff, glaubte damals noch niemand, und auch manche maßgebende Exponenten des Regimes ließen durchblicken, daß das Judenproblem teils durch Auswanderung, teils durch eine Art Apartheid gelöst werden könne.

Auf diesem Hintergrund sind die Äußerungen Bubers zu verstehen, die hier in dem Abschnitt „In der Krise" zusammengefaßt sind. Zugegebenermaßen ist es schwer für die, die die Zeit nicht miterlebt haben, sich die äußeren und inneren Umstände und die seelische Verfassung, in der Juden damals in Deutschland gelebt haben, zu vergegenwärtigen. Der Leser von 1963 (oder 2010) weiß, was nach 1938 geschehen ist. Unwillkürlich vermutet er, daß die Menschen 1933 oder 1936 ein gleiches Wissen hätten

13 Ernst Simon: Aufbau im Untergang. Jüdische Erwachsenenbildung im nationalsozialistischen Deutschland als geistiger „Widerstand. Mohr, Tübingen 1959. – Vom selben Autor vgl. auch den sehr aufschlußreichen Aufsatz „Martin Buber und das Deutsche Judentum", in dem Sammelbuch „Deutsches Judentum – Aufstieg und Krise", Stuttgart 1963.

haben müssen. Die Aufsätze Bubers aus jener Zeit, die meisten aus den Jahren 1933/34, waren die Antwort auf die Situation, die sich damals bot, also auf die Situation von 1933 und nicht auf die von 1943. Sie setzen voraus, daß den Juden, auch wenn sie, wie es damals hieß, aus der deutschen Volksgemeinschaft ausgeschlossen wurden, doch das Recht auf Selbstbesinnung und auf Ordnung ihres eigenen Hauses nicht versagt werden kann. Soweit war in jener Zeit die Dehumanisierung noch nicht fortgeschritten. Erst später, als man Menschen durch rohe Gewalt und Grausamkeit völlig ihres Menschentums beraubte (mit Ausnahme vielleicht des verborgenen geheimen Lichtes, an das niemand herankann), war auch jede Rede gewaltsam zum Verstummen gebracht worden. Buber selber erhielt ein sogenanntes Redeverbot, dann ein Lehrverbot, ein Schreibverbot, und wie die schönen bureaukratischen Bezeichnungen für die Erdrosselung der Freiheit sonst noch hießen. Seine Tätigkeit, sein Sprechen und Schreiben, war im Jahre 1938 bereits unmöglich geworden. Im März 1938 endet seine Tätigkeit in Deutschland. Er wandert nach Palästina aus.

Es ist hier versucht worden, für den Teil der Buberschen Aufsätze, die aus „aktuellen" Anlässen entstanden sind, den Rahmen der Zeitverhältnisse abzustecken. Das erscheint den Herausgebern erforderlich vor allem für jene Epochen des Buberschen Schaffens, die dem Bewußtsein des heutigen Lesers ferngerückt und durch die inzwischen eingetretenen geschichtlichen Wandlungen und Veränderungen überschattet sind. Dazu gehört vor allem die Anfangszeit des Zionismus, lange vor der Gründung des Staates Israel, und die erste Periode der nationalsozialistischen Herrschaft vor dem Anheben der sogenannten „Endlösung". Was die anderen Kapitel dieses Buches betrifft, so bedürfen sie keiner Erklärung. Sie sind entweder grundsätzlich, oder historisch, oder biographisch, und aus ihrem eigenen Inhalt zugänglich. Jüdisches Schicksal, jüdische Bestimmung, jüdische Gestalten, jüdische Besinnung, Deutung des jüdischen Weges, ein Zeugnis des jüdischen Ringens in dieser Epoche, voll Tragik, Aufruhr und Hoffnung, das ist es, was Bubefs Aufsätze aus 60 Jähren dem Leser vermitteln. Jeder, dem Judentum wichtig ist, jeder, dem das jüdische Geschehen dieser Zeit der ernsten Anteilnahme wert ist, wird aus dieser Quelle schöpfen müssen. Bubers Haltung und Mahnung ist nicht immer die Stimme des offiziellen Judentums. Oft spricht er für eine Minderheit, zuweilen ist seine Stimme die Stimme in der Wüste. Aber auch wo man ihm nicht folgte, hat er das Bild des jüdischen Wesens mitgestaltet. Einmal nennt Buber als Bildungsziel „Hebräischen Humanismus". Immer ist bei ihm Judentum und Menschentum eins. Nationalismus, der sich vom Humanismus trennt, ist in Israel ebenso verwerflich wie überall in der Welt. „Machen wir das Große nicht klein und das Schwere nicht leicht", hat Buber einmal vor 50 Jahren gesagt. Was er von den Juden fordert, ist nicht klein und nicht leicht. Es ist ein weiter Weg aus der Wirklichkeit von 1963 ebenso wie aus der von 1913 und von 1933, zu dem jüdischen und menschlichen Ziel, das Buber kündet. Aber daß in diesem Jahrhundert seine Stimme immer wieder zu hören war für die die sie hören wollten, ist ein unauslöschliches Denkmal der Geschichte des jüdischen Geistes.

London, August 1963

Robert Weltsch

# I. EIN LAND UND ZWEI VÖLKER

# EIN JUDENSTAAT MIT KANONEN, FLAGGEN, ORDEN?

*Stefan Zweig an Martin Buber*

undatiert

[...] Mein Buch hat (ein) merkwürdiges Schicksal. Ohne daß der Verlag die geringste Reklame dafür gemacht hätte, ohne Aufführung und Publizität ist es heute als Buchdrama schon im fünften Tausend: ist es die Zeit, die aus ihm wirkt oder das Bekenntnis? Jedenfalls ist es mein aufrichtigstes und wichtigstes Werk, das einzige, das ich in einem höheren Sinn als ein für mich notwendiges empfinde. Ich hätte gerne mit Ihnen einmal gesprochen, um zu wissen, wie es in Ihren nationalen Kreisen wirkt: ob als Bekenntnis, ob als Verleugnung der Idee. Denn ich bin ganz klar und entschlossen, je mehr sich im Realen der Traum zu verwirklichen droht, der gefährliche Traum eines Judenstaates mit Kanonen, Flaggen, Orden, gerade die schmerzliche Idee der Diaspora zu lieben, das jüdische Schicksal mehr als das jüdische Wohlergehn. Im Wohlergehn, in Erfüllungen, war dieses Volk nie ein Wert – nur im Druck findet es seine Kraft, in der Auseinandersprengung seine Einheit. Und im Beisammensein wird es sich selbst auseinandersprengen. Was ist eine Nation, wenn nicht ein verwandeltes Schicksal? Und was bleibt noch von ihr, entweicht sie ihrem Schicksal? Palästina wäre ein Schlußpunkt, das Rückkehren des Kreises in sich selbst, das Ende einer Bewegung, die Europa, die die ganze Welt durchschüttert hat. Und es wäre eine tragische Enttäuschung wie jede Wiederholung. [...]

*Martin Buber an Stefan Zweig*

4. 2. 1918

[...] Heute nur dies, daß mir von einem „Judenstaat mit Kanonen, Flaggen, Orden" nichts bekannt ist, auch nicht in der Form eines Traums. Was werden wird, hängt von denen ab, die es schaffen, und gerade deshalb müssen die wie ich menschlich und menschheitlich Gesinnten bestimmend mittun, hier, wo es wieder einmal in den Zeiten in die Hand von Menschen gelegt ist, eine Gemeinschaft aufzubauen. Ihre geschichtlichen Schlußfolgerungen kann ich für das *neue* Volk, das hier aus altem Blute werden soll, nicht gelten lassen. Wenn ein jüdisches Palästina das Ende einer Bewegung sein wird, die nur im Geistigen bestand, so wird es der Anfang einer Bewegung sein, die den Geist verwirklichen will. Sie sagen, jene habe die ganze Welt durchschüttert, aber sie war immer nur im Bereich des Geistes legitim. Was sie erzeugt, wenn sie ihn überschreitet, zeigt mir Trotzki: die Realisierung versagt, weil die Idee nur in der Doktrin, nicht auch in der Methode lebendig ist. Das ist der Punkt, wo angesetzt werden muß. Ich ziehe es jedenfalls vor, das ungeheuerliche Wagnis eines Neuen mitzumachen, in dem ich nicht viel von „Wohlergehen", wohl aber eine Reihe großer Opfer sehe, als länger eine Diaspora zu ertragen, die bei all ihrer schönen und schmerzlichen Fruchtbarkeit Stück für Stück des speisenden Materials jener Bewegung dem inneren Verderben überliefert, und sogar eine tragische Enttäuschung ziehe ich einer gar nicht tragischen aber stetigen und ausblicklosen Entartung vor.

*Martin Buber an Hugo Bergmann*

Heppenheim, 3. – 4. 2. 1918

[...] Vor einigen Tagen hatte ich eine Besprechung mit Dr. [Victor] Jacobson über das, was in Palästina geschehen soll; nach ihrem Abschluß war mir die Schwermut nahe. „Wir müssen so schnell wie möglich, also mit allen Mitteln, eine Majorität im Lande schaffen" – ein Argument, bei dem einem das Herz stillsteht; und was kann man darauf auf *dieser* Ebene antworten? Wir dürfen uns nicht darüber täuschen, daß die meisten führenden (und wohl auch die meisten geführten) Zionisten heute durchaus hemmungslose Nationalisten (nach europäischem Muster), Imperialisten, ja unbewußte Merkantilisten und Erfolganbeter sind. Sie reden Wiedergeburt und meinen Unternehmen. Wenn es uns nicht gelingt, eine autoritative Gegenmacht aufzurichten, wird die Seele der Bewegung verdorben werden, vielleicht für immer. Ich bin jedenfalls entschlossen, mich hier bis aufs letzte einzusetzen, wenn meine Lebenspläne auch dadurch beeinträchtigt werden müßten. [...]

## VOR DER ENTSCHEIDUNG
(1919)

Die Vertretung der Mächte, die gegenwärtig in Paris die Neuordnung der europäischen und vorderasiatischen Territorialverhältnisse beraten, hat – so wird gemeldet – die in dem Memorandum der Zionisten formulierten Forderungen im Prinzip angenommen. Überall, wo jüdisches Volkstum oder Wille zu jüdischem Volkstum lebt, herrscht eine stolze Freude über diese drei Dinge: daß wir von der gegenwärtigen Machtordnung der zivilisierten Welt als Nation anerkannt worden sind, daß uns das Recht auf Palästina zugesprochen wurde und daß unsere Siedlungsarbeit nunmehr in wesentlich erweitertem Maße, nicht mehr unter dem türkischen Joch, sondern in der freien Atmosphäre des britischen Imperiums und mit dem offen ausgesprochenen und zugestandenen Ziel der Entwicklung zu einem autonomen Gemeinwesen fortgesetzt werden kann.

Ich freue mich mit. Mein Herzschlag kann sich nicht von dem gehobenen meines Volkes scheiden, und ich fühle, wie es recht eigentlich heute erst aus den beklommenen Ghettogassen ins Licht des unbefangenen Lebens und der unvermauerten Natur zu treten meint. Aber ich freue mich nicht bloß *mit,* ich freue mich: ich bin es, der als Träger eigener Selbstbestimmung anerkannt und somit aus der Abhängigkeit vom „Herrenwillen" der mich beherbergenden Staatsnationen gelöst werde; ich, dem das Recht zugesprochen wird, auf unentäußerlich eigenem Boden zu pflanzen und zu ernten und in der Arbeit an der Zukunft meines Blutes von aller Problematik zu genesen; ich, dem es gewährt wird, an dem eigenen neuen, an einem standfesten Hause zu bauen. So viele und so lange Jahre war ich mit einem großen Teil meines Wesens Volk, ein getretenes, gehetztes, sein Leben erduldendes Volk; wie sollte ich heute nicht ein sich aufrichtendes, heimkehrendes, sein Leben zu schaffen entschlossenes Volk sein?

Aber sowie ich mich über die eine Tatsache hinausbeuge, daß meinem Volk, daß mir solches zugesprochen worden ist, sowie ich recht ins Auge fasse, unter welchen Umständen, innerhalb welcher Pläne es geschah, drängt sich ein Widerspruch in meine Freude [...] Dies ist kein Tag der Selbstbesinnung, nur neuer, vielleicht noch tieferer Verstrickung, dieser Tag, an dem die angeblichen Vertreter der Völker, die Fahne der distributiven Gerechtigkeit über ihrem Zelt gehißt, Garantien unbegründeten Machtzuwachses austauschen, ohne jeweilig der heute bei dem so gesteigerten allgemeinen sittlichen Interesse zum Unterschied gegen frühere Friedenskonferenzen unentbehrlichen moralischen Deckungen zu vergessen. Wie jede idealistische Bewegung, so eignet sich auch der Zionismus – der, wenn er nicht zur Hand gewesen wäre, hätte erfunden werden müssen – zu solcher Dekkung. Aber kann er darin seine Erfüllung erblicken? Wenn dies der Tag des Zionismus wäre, so wäre der Zionismus nicht die Befreiung des Judentums. Kann das Judentum befreit werden, indem seiner immanenten Forderung, daß *Recht und Wahrheit zwischen den Völkern* seien, Gewalt angetan wird? [...]

Ich höre die Fiktivpolitiker, die sich Realpolitiker nennen (weil sie die Realität *eines* Tages, die ephemere Realität der Verstrickung notdürftig überschauen), sich erbosen: „Seht doch den heillosen Ideologen! Der möchte wohl *gar,* daß wir den Mächten Palästina zurückwiesen, weil wir mit ihrer Moral nicht einverstanden sind!"

Gemach! Ich meine nicht, daß wir dergleichen sollten, ja nicht einmal, daß wir es könnten. Daß wir in die Verstrickung, der wir zu Anfang des Krieges fernbleiben zu dürfen schienen, doch noch einbezogen wurden, war unausweichliches Schicksal; kein Volk, das von ihr erfaßt worden ist, kann sich als einzelnes aus ihr lösen. Mehr als das: daß wir unser Recht auf Palästina geltend machten, sobald es sich ankündigte, daß über das Land entschieden werden sollte, war unsere unabweisliche Pflicht (die Methoden der Geltendmachung sind hier nicht zu erörtern); wir mußten seither zu unserem Recht stehen, mußten es vor den Instanzen, die zur Zuständigkeit gelangten, mit energischer Deutlichkeit vertreten. Aber darauf kommt es an, was wir, nun es uns zugesprochen worden ist, mit diesem Recht anfangen. Davon wird unter anderem auch abhängen, ob wir es einst vor einem rechtmäßigeren Areopag, als diese Friedenskonferenz, erfolgreich werden verteidigen können. Doch nicht das allein: *alles* hängt für uns davon ab, ob aus der Folge eines Vorgangs, der wahrlich nicht das Antlitz der Erlösung trägt, doch die Erlösung hervorgehen kann.

Ich rede keineswegs gegen eine mittelnde Funktion des palästinensischen Judentums zwischen Abend und Morgenland – im Gegenteil! Wir, die wir *Orientalen und Europäer* sind, haben wahrlich Eignung und Beruf, das Tor des Geistes und des Lebens in der von der Geschichte aufgerichteten Mauer zwischen dem erhabenen Mutterkontinent und seiner überreichen und zerfahrenen Halbinsel zu werden; aber dieser unserer Aufgabe sollen wir nicht im Dienst eines mächtigen und gezeichneten, sondern im Bund mit einem noch schwachen, aber zukunftsheiligen jungen Europa entgegengehen, nicht vermittelnder Agent einer faulenden, sondern mittelnder Mitschöpfer einer jungen Kultur. [...]

Die Loyalität unserer Aktion und unserer Siedlung dem Völkerbund und seinem Beauftragten gegenüber ist selbstverständlich. Daß wir mit seinem gegenwärtigen Lebenssystem, dem des humanitätsbewimpelten Imperialismus, nichts zu schaffen haben wollen, haben wir lediglich dadurch zum Ausdruck zu bringen, daß wir uns aller „äußeren Politik" enthalten – bis auf die Schritte und Maßnahmen, die erforderlich sind, um ein dauerndes freundschaftliches Einvernehmen mit den Arabern auf allen Gebieten des öffentlichen Lebens, ja eine umfassende brüderliche Solidarität herbeizuführen und zu erhalten. [...]

## IN SPÄTER STUNDE
(1920)

[...] Als die Vertreter der siegreichen Mächte in Versailles zusammentraten, gab es kaum eine erhebliche nationalsozialistische Bewegung unter den palästinensischen Arabern, jedenfalls keine erhebliche mit aggressiver Tendenz. Sie ist erst in Versailles, in Paris und London großgezogen worden: durch das weithin sichtbare Bild eines Beutestreits, der insbesondere die Verhandlungen über das türkische Besitztum zu einer endlosen Penelope-Arbeit machte. Die arabischen Vertreter fanden in Europa an Stelle eines eindeutigen Ordnungswortes ein Durcheinander und Gegeneinander von Stimmen, das ihnen den scheuen Respekt vor den Beherrschern des Planeten bald genug austrieb; sie verstanden bald so gut wie die Türken, sich hin und her zu verbünden, sich von der einen Macht gegen die andere, von der anderen gegen die eine ausspielen zu lassen und die Beziehungen zu beiden zum eignen Vorteil auszunützen. Diese neue Haltung, das rasche Erziehungsprodukt des politischen Milieus Europas, wirkte notwendigerweise auf die arabische Bevölkerung zurück, die merkte, daß nicht, wie sie erst meinte, ein neues Stück, sondern ein neuer Akt des alten Spiels mit neuer Szenerie und neuer Besetzung begonnen hatte; zuletzt würde auch das palästinensische Arabertum davon berührt.

Als im Spätjahr 1917 die Kunde von der Balfour-Deklaration nach Palästina kam, waren die einzigen, die sie mit einem ausgesprochenen Mißvergnügen aufnahmen, die arabischen Großgrundbesitzer. Zwar war von unserer Seite versäumt worden, den Fellachen klarzumachen, daß sie von der jüdischen Einwanderung eine Hebung ihrer Lebenshaltung zu erwarten hatten; aber sie waren im allgemeinen den Juden in einer etwas animalischen Weise wohlgesinnt und geneigt, sich mit ihnen zu vertragen. Dagegen fühlten die Effendis ihren Besitzstand bedroht, und mit Recht; denn Latifundien vermöchten sich einer zielbewußten nationalen Kolonisation gegenüber nicht auf die Dauer zu behaupten. Was konnten sie aber, zumal nachdem die Besetzung Palästinas vollendet war, gegen die Deklaration beginnen? Nicht viel, wenn mit ihr Ernst gemacht wurde; andernfalls allerhand: sie konnten insbesondre die eigne Bedrohung den unkundigen Fellachen als Bedrohung *ihrer* Existenz darstellen, wie es die Ausbeuter aller Völker zu tun pflegen, wenn sie die von ihnen Ausgebeuteten vor der internationalen Solidarität in die nationalistische zu retten trachten.

Mit der Deklaration aber wurde nicht Ernst gemacht. Weder der verheißene Völkerbund noch der Ententerat noch die britische Regierung wandte sich mit einem Aufruf an die palästinensischen Araber, um ihnen die Lage eindeutig zu erklären und ihnen den wirtschaftlichen und kulturellen Gewinn darzulegen, der ihnen aus einer planvollen großen jüdischen Einwanderung erwachsen würde; von Europa aus geschah nichts, um das Einvernehmen zwischen Arabern und Juden im Interesse des künftigen Nationalheims zu befestigen. Von Palästina selbst aus aber, aus den Kreisen der eingesetzten Verwaltung geschah alles, um es zu verstören; denn die Verwaltung wollte, was die Okkupationsbehörden im nachnapoleonischen Zeitalter zu wollen pflegen (man vergleiche etwa Deutschlands Haltung in Polen): nur die gegenwärtige Situation sichern, nicht eine künftige vorbereiten (von der sie weder selbst begriff, noch aus London erfuhr, inwiefern ihre Herbeiführung im Interesse des Reiches liege); was angesichts des Mangels einer nachdrücklichen Direktive der Zentralinstanzen naturgemäß dazu führte, daß sie dieser Zukunftssituation entgegenarbeitete. Es ist nicht an der Zeit, die Einzelheiten dieser Tätigkeit zu erörtern, die im wesentlichen darin bestand, die eine Partei zu schikanieren und die andere aufzuhetzen. Sie wirkte mit dem unseligen Einfluß, den die Versailler Zerfahrenheit auf den Orient ausübte, einerseits, mit der aufgerüttelten Besitzangst des arabischen „Großkapitals" (europäisch gesprochen), andererseits, zu der Entwicklung zusammen, deren Frucht die Unruhe der jüngsten Monate, zuletzt der Pogrom von Jerusalem (1920) war.

Die Rückwirkung dieser Entwicklung und dieser Begebenheiten auf die britische Regierung blieb nicht aus. Die Stellung jener Politiker und Militärs, die den Standpunkt der Deklaration mit verschiedenartigen Argumenten bekämpft hatten, wurde gestärkt; und als dazu auch die Differenzen mit

Frankreich sich neuerdings wieder verschärften, kam der kritische Moment, da eine Desinteressementerklärung bevorzustehen schien. Dieser Moment ist nun überwunden, was großenteils auf das Verdienst unserer politischen Vertreter zurückzuführen ist. Aber sie werden dieses Verdienst erst dann zu einem wahrhaft unvergänglichen machen, wenn sie aus der Entwicklung der letzten anderthalb Jahre, aus den Begebenheiten der letzten drei Monate, aus der Krisis der letzten zwei Wochen die rechte Konsequenz ziehen werden: die Konsequenz der inneren Unabhängigkeit.

Denn es hieße, sich einer gefährlichen Täuschung ergeben, wenn man annähme, mit der Ersetzung der Entente durch den einen Mandatar und sodann der militärischen durch Zivilbehörden würde das Übel behoben. Wohl wird künftighin in Jerusalem voraussichtlich nicht mehr eine Horde jüdische Passanten mit dem Ruf: „Die Regierung ist mit uns!" angreifen können; aber darf man glauben, daß die nun einmal entfachte Bewegung sich durch die bloße Autorität Englands auslöschen lassen, daß sie nicht vielmehr in vielfältiger *chronischer* Form sich auswirken wird, wenn man sie nicht mit stärkeren Mitteln – stärkeren, aber nicht gewaltsamen, denn die könnten nie dauernde Abhilfe schaffen – zu beschwören vermag?! Und darf man glauben, daß eine gegenwärtige europäische Regierung oder eine ähnliche ihr nachfolgende befähigt wäre, die richtigen Mittel zu finden und anzuwenden? Daß sie befähigt wäre, in dieser Wendestunde des Orients eine überlegene und sinnvolle, eine *innere* Orientpolitik zu führen?

Ich habe zu Anfang des Kriegs das Zeitalter, in dem wir leben, das der asiatischen Krisis genannt. Sie ist seither in ihr zweites Stadium getreten: das der beginnenden Auflehnung. Diesem Prozeß gegenüber hat sich das Abendland, soweit es durch seine gegenwärtige Staatenordnung und deren Lenker vertreten ist, teils blind, teils leichtfertige teils ohnmächtig – jedenfalls ihm nicht gewachsen erwiesen. Haben die Großmächte die Aufgabe, Mitteleuropa neu aufzubauen, aufs gründlichste und verderblichste verpfuscht, so versagten sie schon an der Schwelle des Problems, eine neue Gestaltung Vorderasiens einzuleiten. Was in und an Palästina geschehen ist, darf von uns als ein besonders deutliches Symptom dieser tiefgründigen Unfähigkeit angesehen werden. Man gebe sich nicht der gefährlichen Täuschung hin, sie sei durch personale Änderungen zu bannen. Nur eine Systemänderung vom Grunde aus könnte helfen; eine solche aber ist nur von einer Änderung des europäischen Systems selber zu erwarten. Ich brauche wohl nicht zu sagen, daß ich damit keine Bolschewisierung meine, sondern eine aus den elementaren Gemeinschaftskräften, die sich heute in der Tiefe aller Völker regen, aus dem *eingeborenen*, organischen Sozialismus der Völker, der die große Macht von morgen und übermorgen ist, hervorbrechende Umbildung des öffentlichen Lebens. Das Prinzip, das sich zur Neuordnung des Orients wie zu der Europas unfähig erwiesen hat, ist eben das, das sich zum Neuaufbau der Gesellschaft unfähig erweist: das des zentralistischen Staates. Das Prinzip, das berufen ist, die Gesellschaft zu erneuern, ist eben das, dem allein die Regeneration der Völkerbeziehungen und so auch der Beziehungen zwischen Europa und Asien glücken kann: das des föderalistischen Sozialismus. Nur dezentralisierte, aus autonomen Werkgemeinden aufgebaute Gemeinwesen können sich zum wahren Völkerbund zusammenschließen; nur ein solcher wird dem Orient eine Hand reichen können, die brüderlich ergriffen wird; denn nur ein solcher Völkerbund wird nicht mehr vergewaltigen wollen. Wir, die wir als Mittler zwischen Europa und Asien nach Palästina gehen wollen, wir können nicht als Sendlinge eines untergangsreifen Abendlands vor den aus dumpfem Traum erwachenden Orient treten, um mit jenem sein berechtigtes Mißtrauen zu teilen; wir „sind zu Herolden eines neu werdenden Abendlands“ erkoren, die unseren morgenländischen Brüdern helfen sollen, im Bunde mit ihm und aus eigener Kraft ein echtes Gemeinschaftsleben zu begründen, nach dem auch nur recht eigentlich zu begehren bislang die Effendis des Orients und die des Okzidents sie wirksam verhindert haben. Die Brücke, die der Ungeist von Versailles nie zustande bringen wird, wir können sie erbauen: aus unserer eigenen sozialistischen Wahrheit. Indem wir den unterdrückten Schichten der asiatischen Völkerschaften unsere Botschaft der Befreiung bringen, werden wir sie auch von der Besessenheit des falschen, machtgierigen, aggressiven Nationalismus erlösen, mit dem ihre Unterdrücker, gelehrige Schüler des Europa von Versailles, ihre erwachenden Menschentumswünsche von deren natürlichem Ziel abzulenken streben. Aber das werden wir nur dann vermögen, wenn wir selber den letzten Ernst der Verwirklichung haben; wenn wir unsre Seele dem falschen Nationalismus aus den Klauen gerissen haben; wenn unser Sozialismus nicht Taktik und Propaganda, sondern aktive Sehnsucht und schaffender Wille ist. Dies sind die „stärkeren Mittel“, von denen ich gesprochen habe, dies die Seelenselbstwehr, die allein den uns in Palästina bedrohenden chronischen Seelenpogrom zu beschwören vermag. Es steht in unserer Hand, ob wir dem erwachenden Blick des Orients als verhaßte Agenten und Detektive oder als geliebte Lehrer und Bildner erscheinen werden.

## NATIONALISMUS
### Rede in Karlsbad anlässlich des XII. Zionisten-Kongresses
### (1921)

Ich spreche zu Ihnen in einem sehr unruhigen Moment des Kongresses und weiß nicht, wieviel Aufmerksamkeit Sie in diesem Augenblick herzugeben fähig sind. Dennoch habe ich mich entschlossen, das, was ich zu sagen habe, nicht aufzuschieben. Mein Verantwortungsbewußtsein gebietet mir es zu sagen, ehe die Verwirrung noch schlimmer wird. Und zwar geht es um eine unmißverständliche Abgrenzung gegen eine Art – eine Entartung – des Nationalismus, die sich in der letzten Zeit auch im Judentum auszubreiten beginnt.

Eine unmißverständliche Abgrenzung. Ich habe von dem, was ich in meinem Leben gegen das nationale Judentum – das heißt gegen jene Juden, für die das Judentum weniger Realitätsgehalt im Sinn des öffentlichen Lebens besitzt, als im Begriff der Nation liegt – ausgesprochen habe, nichts zurückzunehmen. Aber nun tut eine neue, nicht minder eindeutige Abgrenzung not: innerhalb unsrer nationalen Bewegung.

Wir sind aus der schweren Geschichtsstunde, in deren Mitte der Weltkrieg stand, in eine, wiewohl äußerlich sehr viel mildere, doch von innen gesehen noch schwerere getreten, in die Stunde der inneren Verwirrung. Zu ihr, gehört, daß in einer fast vorgängerlosen Weise in den einzelnen geistigen und politischen Bewegungen sich Wahrheit und Lüge, Recht und Unrecht miteinander vermischen. Dieser ungeheuerlichen und ungeheuerlich wachsenden Erscheinung gegenüber genügt die übliche Scheidung durch geläufige Allgemeinbegriffe nicht mehr. Ist doch in jedem dieser Begriffe nunmehr das Echte und das Falsche so verschränkt, verwoben, verschlungen, daß ihre bisher gepflogene Verwendung, als wären sie noch einheitlich, nur noch tiefer in die Irre führt. Eine Scheidung *innerhalb* der einzelnen Begriffe ist unerläßlich geworden, wenn wir aus der Verwirrung zu einer neuen Klärung kommen wollen.

Der *soziologische* Ursprung des modernen Nationalismus ist bekanntlich in der französischen Revolution zu finden, die in ihrer Auswirkung die die Völker überwölbenden, überpressenden alten Staatsgefüge auflockerte und die durch sie niedergehaltenen Nationen hervortreten ließ. In deren Hervortreten und Bewußtwerden werden sie immer mehr zugleich ihrer politischen Mängel, des Mangels an Selbständigkeit, territorialer Geschlossenheit, öffentlichem Einheitsausdruck inne und streben danach, diese Mängel zu beheben. Aber dieses Streben führt sie nicht zu neuer Gestalt. Sie wollen sich nicht *als Völker* konstituieren, das heißt in einer neuen, organischen, aus den natürlichen Formungen des Volkslebens sich aufbauenden Ordnung; sie wollen nur selber ebensolche Staaten werden, mächtige maschinell-zentralistische Staatsapparate wie nur irgendeiner zuvor. Sie verlangen in die gewesene Geschichte zurück, nicht über sie hinaus in eine andere, in ihrer *Strukturnational* bestimmte. Wir werden dies besser verstehen, wenn wir auch den *psychologischen* Ursprung des modernen Nationalismus betrachten. Die Jahrhunderte von der Reformation zur Revolution bedeuten die fortschreitende Vereinsamung des europäischen Menschen. Die einheitliche Christenheit zerbricht nicht nur mittendurch, sondern auch in unzähligen Rissen, und die menschlichen Personen entsinken dem tragenden Zusammenhang. Der Sicherung eines geschlossenen Kosmos verlustig steht das sich immer mehr zugleich differenzierende und isolierende Individuum in der schwindligen Unendlichkeit des neuen Weltbilds. Seinem zitternden Verlangen nach Bergung bietet sich das nun in die Erscheinung tretende Gemeinschaftsgebilde des Volkstums. Der einzelne fühlt sich fest und warm aufgenommen in eine ihn unzerbrechbar dünkende, weil „natürliche", erderwachsene Gesamtheit. Er findet einen Halt im *Gewordenen,* gegen das der Staat ihm „gemacht" und sogar die Kirche nur „aufgetragen" vorkommt: in dem großen leiblichen Haus der Nation. Aber da an der neuentdeckten Bindung das Bewußtsein ihrer Gewordenheit das am stärksten Wirkende ist, engt sich der Horizont ein, mehr noch, die Fruchtbarkeit der Volkselemente selber wird beeinträchtigt. Das ursprüngliche Volksgefühl, das sehr lange vor der modernen nationalen Bewußtwerdung im Kern der Seelen lebte, wird aus einer bildnerischen Mächtigkeit der Gemeinschaft im Individuum zu einem sich messenden Machtwillen des Individuums als Gemeinschaftsglied. Der Gruppenegoismus des einzelnen hat seine moderne Gestalt gefunden.

Macht ist nicht, wie ein großer Historiker (Jacob Burckhardt, 1818–1897) gemeint hat, böse, sie ist zuinnerst unschuldig als die zentrale Voraussetzung menschlicher Aktion. Machtwille, der nicht die Auswirkung einer „von selber" entstandenen inneren Macht, sondern die Erlangung, die Herstellung von Macht erstrebt, ist problematisch. Ein Machtwille, dem es nicht darum zu tun ist, mächtig, sondern darum, „mächtiger als" zu sein, wird zerstörerisch. Nicht die Macht, die Machthysterie ist böse.

Die Selbstbehauptung kann, wie im individuellen Leben der menschlichen Person so in ihrem Gruppenleben, echt und unecht, rechtmäßig und unrechtmäßig sein. Auch der echte Mensch behauptet sich gegen die Welt, aber er behauptet zugleich die Welt gegen sich. Das erfordert eine jeweilige Abgrenzung des eignen gegen das fremde Recht, für die keine ein für allemal gültigen Regeln aufgestellt werden können: nur im Geheimnis des stündlichen Verantwortungsaktes wird die zulängliche Demarkation vollzogen. Das ist, wie für die Personhaltung des einzelnen, so auch für seine nationale Haltung wahr.

Der moderne Nationalismus läuft stets Gefahr, der Machthysterie zu verfallen, die die Abgrenzungsverantwortung zersetzt.

Für die Scheidung zwischen zweierlei Nationalismen, um die es sich mir handelt, kommt alles darauf an, daß diese Verantwortung und diese Gefahr recht verstanden werden. Dazu aber müssen wir klären, was für ein Phänomen der Nationalismus ist und in welchem Verhältnis er zu Volk und Nation steht. Genauer noch: was bedeutet Volk? was bedeutet im Verhältnis dazu Nation? was bedeutet im Verhältnis zu beiden Nationalismus? Bei „Volk" denkt man wohl zunächst an eine Bluteinheit; aber für den *Ursprung* eines Volkes ist diese nicht notwendig konstitutiv: ein Volk kann nicht bloß aus einer Verschmelzung blutsverwandter Stämme, sondern auch aus einer von blutsverschiedenen hervorgehen. Aber immer entsteht Volk als *Schicksalseinheit*: indem Menschenscharen in einer gemeinsamen großen plastischen Stunde von einem gemeinsamen großen knetenden Schicksal zu einer neuen Ganzheit geformt werden. Diese neue „geprägte Form", die in der Reihe folgender Geschicke „lebend sich entwickelt", *erhält* sich durch die von nun an herrschende Bluteinheit, die nicht exklusiv zu sein braucht, aber auch in Zeiten starker Mischungen eine unerschütterte Dominante bleiben muß. Die Leiblichkeit dieser Erhaltung ist die Fortpflanzung der Art in der mehr oder weniger strengen Endogamie, ihre Seelenheit ist ein organisches, potentielles gemeinsames Gedächtnis, das sich in den neugeborenen Geschlechtern immer wieder als Erfahrungsstruktur, Sprache, Lebensgestaltung aktualisiert. Dieses natürliche (nicht bloß, wie bei der Kirche, symbolische) Hineingeborenwerden der neuen Individuen in die leibseelische Einheit des Volkes ist es, was dieses unter allen Verbänden kennzeichnet: es erhält sich biologisch, ohne selber von einer biologischen Kategorie erfaßt werden zu können. Hier verbinden sich Nation und Geschichte auf eine einzigartige Weise. In dem Maße, in dem ein Volk sich der durch seine Existenz gegebenen Abgehobenheit gegen andere Völker (die sich ursprünglich in dem sakralen Prinzip ausspricht, das die Endogamie bestimmt) als solcher bewußt wird und aus diesem Bewußtsein handelt, wird es zur Nation. Nation also ist ebendieselbe Einheit, in ihrer bewußt-aktiven Abgehobenheit gefaßt. Das Bewußtwerden aber, von dem ich spreche, ist geschichtlich zumeist die Folge einer inneren – sozialen oder politisch-organisativen Wandlung, in der und durch die das Volk die Sonderheit seines Baus und Werks erfährt und sich darin gegen andere abgrenzt. Volkbildend ist ein entscheidendes Tun und Leiden, vornehmlich in der Zeit von Wanderung und Landnahme; nationbildend ist eine entscheidende Änderung des gewonnenen Status von innen her, die als solche sich dem Selbstverständnis des Volkes eingräbt. So ist zum Beispiel für das alte Rom die Umwälzung, die es zur Republik macht, eben das, was es zur Nation macht. Erst das republikanische Rom ist eine Nation, die sich ihrer eigentümlichen Kraft, Ordnung und Aufgabe bewußt wird und sich darin abhebt. Diese Dynamik des Nationseins kann sich dann in einer besonderen historischen Ausformung der Aufgabe vollenden; so erlangt das französische Staatsvolk sein volles nationalles Dasein erst aus dem missionierenden Charakter der großen Revolution.

In bestimmten Momenten des nationalen Lebens tritt eine neue Erscheinung auf, die als Nationalismus bezeichnet wird. Sie hat die Funktion eines Krankheitsanzeigers. Wie ein Körperorgan erst dann zum Objekt der steten inneren Aufmerksamkeit wird, wenn es erkrankt ist, so auch hier: Nationalismus ist in seiner Wurzel das Innewerden eines Mangels, eines Gebrechens oder Siechtums. Das Volk spürt in wachsendem Maß die Tendenz, diesen Mangel zu füllen, dieses Gebrechen oder Siechtum zu heilen. Zwischen jener immanenten Aufgabe der Nation und deren innerem und äußerem Zustand ist ein Widerspruch entstanden oder erstarkt, der die Selbstempfindung des Volkes affiziert; dessen Reaktion im Geist gegen diesen Widerspruch nennen wir Nationalismus: Volkstum ist, wie wenn man einfach sehkräftige Augen im Kopf hat; Nation, wie wenn man deren Tätigkeit fühlen, um ihr Amt wissen gelernt hat; Nationalismus, wie wenn einem die Augen erkrankt sind und er sich nun dauernd mit der Tatsache befaßt, daß er Augen besitzt. Volk ist, ein Phänomen des Lebens; Nation (die eben nicht ohne Nationalgefühl besteht) eins des Bewußtseins, Nationalismus eins der Überbewußtheit. Bei dem Volk ist die Selbstbehauptung ein Trieb, der sich bildnerisch auswirkt, bei der Nation ist sie unlösbar mit der Aufgabe verbunden, eine Idee, beim Nationalismus wird sie Zweck und Programm.

Die Folge der Entwicklung zum Nationalismus kann zwiefacher Art sein. Entweder wird durch diese Reaktion und den Heilungsprozeß, der mit ihr anhebt, zugleich mit der Bedrohung auch der Nationalismus, der nun seine Funktion erfüllt hat, überwunden. Oder aber der Nationalismus setzt sich als bestimmendes Dauerprinzip ein, das heißt: er greift über seine Funktion hinaus, er verselbständigt sich, er verdrängt mit seiner Überbewußtheit das spontane Leben der Nation. Das kann, wenn sich keine Gegenkraft erhebt, der Beginn des Untergangs, eines nationalistisch gefärbten Untergangs des Volkstums sein.

Der ursprüngliche Nationalismus zeigt, wie gesagt, einen elementaren Mangel im Leben der Nation an, einen Mangel an Einheit, Freiheit, territorialer Fundierung, zu dessen Behebung er mahnt. Er fordert von der Welt das Lebensnotwendige, er fordert die Anwendung der ungeschriebenen *Droits de la nation* auf sein Volk, damit es sein Volksein und dadurch seine Aufgabe an der Menschheit erfüllen könne. Er befeuert das Volk zum Kampf um das ihm hierzu Fehlende. Überschreitet der Nationalismus jedoch diese sinnhaft gezogene Grenze, die der Heilung, der Überwindung des Mangels, dann begeht er das, was man im Leben geschichtlicher Personen die Hybris genannt hat, er überschreitet die heilige Grenze, er überhebt sich. Aus einem Krankheitsanzeiger ist er nun selber ein schwerer Krankheitskomplex geworden. Ein Volk kann die Rechte, um die es rang, erlangen, ohne zu genesen: weil der falsch gewordene Nationalismus an seinem Marke zehrt.

Wenn dieser falsche, das heißt unrechtmäßigerweise über seine schicksalhafte Funktion hinaus bestehende und wirkende Nationalismus nicht bloß in *einem* Volke, sondern in einer ganzen Völkerepoche herrschend wird, bedeutet dies, daß das Leben der Menschheit in ihrem Völkerbestande tief erkrankt ist. So ist es heute: es gewinnt einen neuen großen Wahrheitssinn, was ein jüdischer deutscher Dichter, Alfred Mombert, über den dritten Teil seiner Aeon-Trilogie als Motto geschrieben hat: Finis populorum. Die Grenze zwischen dem rechtmäßigen und dem unrechtmäßigen Nationalismus zu ziehen und im Gang der Situationen und Entscheidungen täglich neu zu ziehen ist Sache eines jeden besinnungsfähigen Menschen im Volk. Es ist vor allem Sache der Führer der Nation und der nationalen Bewegungen. Ob sie diese tiefe Gewissensprüfung üben und nicht ablassen es zu tun, davon hängt nicht allein das Schicksal einer Bewegung ab – die unabänderlicherweise, wenn sie Selbstzweck wird, sich zu zersetzen beginnt –, sondern oft auch das Schicksal der Nation: ob sie gesundet oder dem Verfall ausgesetzt wird. Das Ziehen der Grenze ist somit nicht ein moralisches und im übrigen unverbindliches Postulat: es ist eine Lebensfrage des Volkstums, das nicht tiefer erkranken kann, als wenn seine sich aus den Urkräften natürlich-geschichtlichen Daseins nährende Spontaneität durch einen von der Überbewußtheit gehandhabten Apparat verdrängt und ertötet wird.

Das Kriterium aber, von dem die Grenzziehung sich leiten lassen muß, kann der Nationalismus aus seinem Innern nicht beziehen; es ist nirgendwo anders herzuholen als aus der Erkenntnis der *übernationalen Verantwortung* der Nation. Für wen die Nation ein Letztes ist, letzte Wirklichkeit, letzte Instanz, für wen über der ungeheuren Vielfältigkeit der Völker nicht eine nennbare oder unnennbare Autorität steht, vor der die Gemeinschaften wie die Personen sich in der Stille ihres Daseins zu verantworten haben, der wüßte, wenn er sich sogar versuchen wollte, die Grenze zu ziehen, nicht, wie er das anfangen sollte.

Völker können als Element oder als Selbstzweck verstanden werden, können sich als das eine oder als das andere verstehen. Wer die Völker als Elemente versteht, sieht sie als die Grundstoffe, aus denen sich die Menschheit aufbaut und aus denen allein sich eine einheitlichere, geformtere, sinngerechtere aufzubauen vermag. Doch sind diese Elemente nicht den chemischen zu vergleichen, die in Mischungen eingehen und aus ihnen wieder zur Selbständigkeit gelöst werden können. Die geistigen Elemente müssen sich bewahren, weil ihnen das Sichverlieren droht. Aber sie werden, da sie eben Elemente sind, nicht „für sich" bewahrt, sondern für die Verwendung. Echtes Selbstbewußtsein eines Volkes heißt: sich als Element fühlen, ohne sich mit andern Elementen zu vergleichen; sich nicht andern überlegen dünken, aber seine Aufgabe unter die Sterne setzen – nicht weil sie größer als eine andre sei, sondern weil sie Schöpfung und Sendung ist. Es gibt keine Skala der Völkerfunktionen; keine von ihnen ist höher als andre zu stellen; Gott will, was er schuf, als Helfer zu seinem Werke brauchen. Der echte Nationalismus spricht in der Stunde der Krisis das echte Selbstbewußtsein des Volkes aus und aktiviert es. Wer dagegen die Nation als Selbstzweck versteht, für den gibt es den großen Bau nicht, es sei denn als Weltimperium seiner Nation. Die ungeheure Zerklüftung der Gegenwart will er durch Unterminierung, nicht durch Überwölbung bewältigen. Die Verantwortung ist ihm von Angesicht unbekannt. Die Nation ist ihm Richter in der eigenen Sache, sich allein verantwortlich – niemandem verantwortlich. So gefaßt, wird sie zum Moloch, dem die beste Jugend des Volks geopfert wird.

Die nationale Ideologie, der *Geist* des Nationalismus, bleibt so lange fruchtbar, als sie nicht die Nation zum Selbstzweck macht; so lange als sie der Aufgabe in dem großen Bau gedenkt, deren Innewerden erst das Volk zur Nation prägt, die begrifflich nicht zu definierende, aber immer wieder neu ideell aufzuzeigende und zu deutende Aufgabe, das Geheimnis des Volks: das Geheimnis, das im Volke träumt, in der Nation erwacht, im echten Nationalismus sich erkennt, aber an der Hybris des falschen vergehen kann. Sobald die nationale Ideologie die Nation zum Selbstzweck macht, hebt sie ihr eigenes Lebensrecht auf: sie wird unfruchtbar. Wir erleben in dieser Zeit mit der steigenden Macht des falschen Nationalismus den beginnenden Niedergang der nationalen Ideologie, die im 19. Jahrhundert und in den Anfängen des 20. ihre Blüte hatte. Dieser Niedergang kann selbstverständlich widerspruchslos mit zunehmenden Erfolgen der nationalistischen Politik zusammengehen. Wir leben im Moment der geistigen Selbstaufhebung des Nationalismus. Es ist der Moment einer Entscheidung, die davon abhängt, ob eine Scheidung sich vollzieht und in welcher Stärke sie sich vollzieht. An dieser Scheidung und dieser Entscheidung haben wir alle teil, können wir alle teilhaben.

Ich brauche in diesem Zusammenhang nicht viel zur Anwendung dieser Einsichten auf das Judentum und seine Sache zu sagen.

Das Judentum ist nicht eine Nation schlechthin. Es ist auch das, aber es ist noch mehr, denn es hat dazu die ihm eigentümliche Verbundenheit mit einer Glaubensordnung. Da es an Sonderart und Sonderexistenz nicht weniger als irgendeine Nation besitzt, darf es alle Lebensrechte einer solchen beanspruchen. Aber wir müssen dessen eingedenk bleiben, daß es doch eine res sui generis ist, die den Allgemeinbegriff, unter den man sie einreihen möchte, an einem Punkt von wesentlicher Bedeutung übergreift. Zum Volk wurde das Judentum einst in seiner plastischen Stunde durch ein großes knetendes Schicksal, die Befreiung der Stämme aus Ägypten. Zur Nation ist es durch eine große innere Umwandlung geworden, in deren Verfolge die Konzeption des Herrschertums Gottes ihre vorerst endgültige politische Form in dem „gesalbten", das ist gottesstatthalterlichen Königtum gewann.

Vom Beginn der Diaspora an tritt die Einzigartigkeit des Judentums in einer besondren Weise hervor: es sind nicht, wie bei andern Völkern, die nationalen Kräfte selber, die die eigentliche Bürgschaft der Volksdauer übernehmen, sondern dies tut jene Gewalt, von der ich sagte, daß sie das Judentum zu mehr als einer Nation macht, die dem Volkstum verbundene Glaubensordnung. Das zunehmende Nachlassen dieser inneren Sicherung von der Zeit der französischen Revolution an, das Wurzelloswerden der jüdischen Religion ist der Kern der Erkrankung, als deren Anzeiger dann um die Mitte des 19. Jahrhunderts der jüdische Nationalismus auftritt – der jedoch immer wieder in „Säkularisierungs"-Tendenzen verfällt und damit sein Ziel verkennt: nicht ein endgültiges Auseinandertreten von Volkstum und Glaubensordnung, sondern nur eine neue, organisch erneute Ordnung beider kann Israels Heilung und Heil sein.

Die Heilung führt über den Aufbau einer jüdischen Volksgemeinschaft in Palästina, die der jüdische Nationalismus in seiner folgerichtigen Gestalt anstrebt. Wir müssen aber dessen eingedenk bleiben, daß das Judentum in den Jahrtausenden seiner Diaspora nicht als eine der Nationen, sondern als die res sui generis „Judentum" nach Erez Israel verlangt hat, aus Antrieben und mit Intentionen, die sich aus der Kategorie der Nation allein nicht ableiten lassen. Jenes Urverlangen beharrt hinter allen Verkleidungen, die das moderne nationale Judentum dem modernen abendländischen Nationalismus entliehen hat. Die der eignen Einzigkeit vergessende Übernahme der Schlagworte und Parolen eines glaubensordnungslosen Nationalismus bedeutet nichts anderes als eine nationale Assimilation. Sofern er sich von dieser ihm wesensfremden Sprache fernhält, hat der jüdische Nationalismus eine besonders hohe, besonders klare Legitimität. Es ist der Nationalismus eines schollenlosen Volkes, eines Volkes, das sein Land verlor und diesen fundamentalen Mangel, den erst das Wurzelloswerden seiner Glaubensordnung ihm zum unbarmherzigen Vollbewußtsein gebracht hat, nun in entscheidender Stunde beheben will: cs will sein heilig-natürliches Leben zurückgewinnen.

Man mag hier danach fragen, wie es sich in diesem Zusammenhang mit der jüdischen Auserwählungsidee verhalte. Sie meint kein Uberlegenheitsgefühl, sondern ein Bestimmungsgefühl, sie geht nicht aus von einem Sich-mit-andern-vergleichen, sondern von der nicht seitwärts schielenden Hingebung an die Aufgabe – an eben jene Aufgabe, an deren frühen Erfüllungsversuchen einst das Volk zur Nation erwuchs. Sie ist von den Propheten geformt worden, die nicht abließen zu mahnen: Wenn ihr auf die Erwählung pocht und euch ihrer berühmt, statt sie zu verwirklichen, wenn ihr euch aus ihr einen Gegenstand zurechtmacht, statt ihr als Weisung zu gehorchen, geht ihr ihrer verlustig.

Wie steht es nun um die Gegenwart des jüdischen Nationalismus? Wir – ich meine jenen Kreis von Menschen, dem ich von Jugend auf angehöre und der sein Teil an der Erziehung des Volks zu üben versucht hat und weiter versucht –, wir haben zur Umkehr gerufen, nicht zum Dünkel, zur Heilung, nicht zur Durchsetzung. Wir haben den jüdischen Nationalius ausgerüstet mit einem nicht von uns geschmiedeten Rüstzeug: mit dem Bewußtsein einer einzigartigen Geschichte, einer einzigartigen Situation, einer einzigartigen Verpflichtung, die von dem Übernationalen her allein zu fassen sind und, wo immer sie ernst genommen werden, ins Übernationale weisen. So hofften wir ihn vor den Verirrungen der Volksvergötzung zu bewahren. Das ist uns nicht geglückt. Der jüdische Nationalismus ist zu einem großen Teil daran, sich auf den Weg „aller Völker" zu begeben, wo man nur noch sich gegen die Welt und nicht auch die Welt gegen sich behauptet. Auch er ist vielfach dem Trug verfallen, den Horizonthimmel, den man vom eignen Platz aus erblickt, für den Himmel zu halten. Auch er vergeht sich gegen das Wort der über allen Volksgemeinschaften aufgerichteten Gesetzestafel, daß jede Souveränität falsch und eitel wird, die nicht dem Souverän der Welt, der auch der Souverän meines Rivalen und meines Feindes ist, in allem Kampf um das Recht doch untenan bleibt. Er vergißt, von den Zwecksetzungen der „gesunden Selbstsucht" zu dem Herrn aufzublicken, der „die Kinder Israel aus Ägypten geführt hat *und* die Philister aus Kaftor *und* die Aramäer aus Kir".

Die Ideologie für seinen Irrweg lieferte ihm eine „formal"-nationalistische Theorie, gegen die in kritischer Stunde Anklage erhoben werden muß. Diese Theorie bestreitet mit Recht, daß bestimmte Inhalte, Gehalte des Volkstums ein Kriterium der Zugehörigkeit zu ihm und eine Grundlage seiner objektiven Konstituierung abgeben könnten, die vielmehr von formalen gemeinsamen Eigentümlichkeiten, wie Sprache und Kultur, aus aufzubauen sind. Aber er bestreitet zu Unrecht, daß jenen Gehalten eine zentrale normative Bedeutung zusteht, daß in ihnen die von urher zugeteilte Aufgabe ruht, an die das innere Leben dieses Volkes gebunden ist und an das innre das äußre. Ich wiederhole: die Aufgabe ist nicht als Begriff definierbar, aber sie ist fühlbar, aufzeigbar, darstellbar. Die Vertreter jener „Reform", die – unter den Bitternissen der Emanzipationsepoche vielleicht die bitterste – als Ersatz für die ausgebliebene Reformation des Judentums auftreten durfte, haben freilich alles getan, um die Aufgabe zu diskreditieren, indem sie sie zu verbegrifflichen suchten; aber von da aus der Aufgabe ihren zentralen Ort streitig machen heißt das Kind mit dem Bade ausschütten. Indem der formale Nationalismus die übernationale Aufgabe der jüdischen Nation – zu deren wahrhafter Erfüllung selbstverständlich eine Wiedergewinnung des natürlichen Lebens gehört, aber eine, die sich im wirkenden Zeichen der Aufgabe vollzieht – als *normatives* Konstituens leugnet, indem er überbewußterweise das Judentum aus seinen Weltzusammenhängen zu lösen und zu isolieren sich unterfängt, indem er die Nation als Selbstzweck verkündet, statt sie als Element zu erfassen, sanktioniert er den verantwortungsbaren Gruppenegoismus im Judentum. Wohl wird innerhalb seiner angesichts dieser Folgen der Versuch gemacht, den großgewordenen Gruppenegoismus von außen einzuschränken, ihn nicht von dem Wesen des Volkes aus, sondern von abstrakten sittlichen oder sozialen Postulaten aus zu humanisieren, aber alle derartigen Versuche müssen vergeblich bleiben. Auf einem Boden, auf dem Nation nun einmal als Selbstzweck gilt, ist für keine übernationale ethische Forderung mehr Raum, weil da keine echte übernationale Verantwortungsübung der Nation mehr besteht. Von der anorganischen Ethik her kann die Glaubenstiefe, von der die jeweilige Grenzziehung im nationalen Handeln eingegeben wird, da wo sie einmal des Glaubensgehaltes entleert worden ist, nicht wieder gefüllt werden: sie muß leer bleiben bis an den Tag der Umkehr.

Daß die Umkehr nicht zu spät komme, das ist unsre, der Rufer, lastende Sorge geworden. In die nationalistische Krisis der Menschenvölker ist die des Judentums mit überaus scharfen Zügen eingezeichnet. Deutlicher als irgendwo hat bei uns die Entscheidung zwischen Leben und Tod das Antlitz der Entscheidung zwischen legitimem und illegitimem Nationalismus angenommen.

## VORSCHLAG EINER RESOLUTION ZUR ARABISCHEN FRAGE (1921)

[…] Verhandlungen mit der nichtjüdischen Bevölkerung Palästinas waren eine logische Konsequenz der Balfour-Deklaration. Wenn sie leider nicht früher erfolgt sind, dann hätten sie so bald erfolgen müssen als es möglich war. Ich verkenne nicht die ungeheuren Schwierigkeiten; ich folge auch nicht dem Schlagwort, man solle mit Völkern und nicht mit Staaten verhandeln. Ich weiß, wie schwer das ist, mit Völkern zu verhandeln, die als Völker noch nicht konstituiert sind, noch nicht ihre legitime Vertretung haben. Und wie erst mit dem arabischen Volk! Trotzdem, es hätte etwas geschehen müssen, was nicht geschehen ist. Ganz gewiß nicht hie und da eine Verhandlung mit einem arabischen Notabeln. Allerdings haben die Verhandlungen zwei Voraussetzungen, damit sie Erfolg haben können. Die eine Voraussetzung ist ein der ganzen Welt sichtbarer planvoller Beginn einer großen realen Kolonisationsleistung, die zweite ein konkretes politisches und wirtschaftliches Programm als Basis der Verhandlungen. Mir scheint, daß beides gefehlt hat.

Die Stunde, in der wir stehen, ist gerade in diesem Sinne, von dem wir jetzt sprechen, eine furchtbar schwere Stunde. Sie mahnt uns zur Erkenntnis, zur Entschlossenheit. Aber nicht aus dem Augenblick heraus sollen wir erkennen und uns entschließen, sondern aus der geschichtlichen Einsicht und aus dem Einblick in die dauernde Wirklichkeit der vorderasiatischen Völker, ihrer Bestrebungen und Bewegungen, denen, wo sie aus reinem, echtem und gerechtem Lebenswillen stammen, unsere nationale Sympathie gebührt. Damit die Politik, die ich meine, noch in dieser späten Stunde vor der Welt inauguriert werde, muß deutlicher ausgesprochen werden, was wir meinen und was wir wollen, vor aller Welt. Wer es hören wird, wird es hören; wir jedenfalls wollen es so laut und so deutlich sprechen, als wir können. Und gleichviel, ob es gehört wird oder nicht, das Wort wird bleiben. Und darum, in diesem Sinn, lege ich Ihnen zum Schluß im Namen der Gruppe, die ich hier zu vertreten habe, der *Hitachdut Hapoel Haza'ir u-Zeire Zion,* mit dem Wunsch und in der Hoffnung, daß sie der Kongreß in gleichem Geiste, im unabgeschwächt gleichen Geiste beschließen möge, folgende Kundgebung in Form einer Deklaration vor: „In dieser Stunde, in der zum erstenmal wieder nach acht Jahren der Trennung die Vertreter des selbstbewußten jüdischen Volkstums sich versammelt haben, sei von neuem vor den Nationen des Abendlandes und denen des Morgenlandes erklärt, daß der starke Kern des jüdischen Volkes entschlossen ist, in seine alte Heimat zurückzukehren und in ihr, ein neues, auf unabhängiger Arbeit begründetes Leben aufzubauen, das als organisches Element einer neuen Menschheit wachsen und dauern soll. Diesen Entschluß, den Geschlechter unserer Pioniere durch ihr Leben und Sterben bekräftigt haben, vermag keine irdische Macht zu erschüttern. Jede Gewalttat, die um seinetwillen uns angetan wird, setzt der Urkunde unseres nationalen Willens ein Blutsiegel auf.

Aber dieser nationale Wille ist nicht gegen eine andere Nationalität gerichtet. Das jüdische Volk, seit zweitausend Jahren in allen Landen eine vergewaltigte Minderheit, wendet sich nun, da es wieder als Subjekt seiner Geschicke in die Weltgeschichte eintritt, mit Abscheu von den Methoden des Herrschaftsnationalismus ab, dessen Opfer es so lange war; Nicht um ein anderes Volk zu verdrängen oder zu beherrschen, streben wir in das Land zurück, mit dem uns unvergängliche historische und geistige Bande verknüpfen und dessen heute so dünn bevölkerter Boden, zumal bei intensiver und folgerichtiger Bewirtschaftung, Raum genug für uns und für die ihn gegenwärtig bewohnenden Stämme bietet. Unsere Rückkehr nach Erez Israel, die sich in den Formen einer stetig zunehmenden Einwanderung vollziehen muß, will kein fremdes Recht beeinträchtigen. In einem gerechten Bund mit dem arabischen Volke wollen wir die gemeinsame Wohnstätte zu einem wirtschaftlich und kulturell blühenden Gemeinwesen machen, dessen Ausbau jedem seiner nationalen Glieder eine ungestörte autonome Entwicklung sichert.

Unsere Kolonisation, die der Rettung und Erneuerung unseres Volkstums allein gewidmet ist, hat ja nicht die kapitalistische Ausbeutung eines Gebietes zum Ziel und dient nicht irgendwelchen imperialistischen Zwekken, ihr Sinn ist die schaffende Arbeit freier Menschen auf gemeinschaftlicher Erde. In diesem sozialen Charakter unseres nationalen Ideals liegt die mächtige Bürgschaft für unsere Zuversicht, daß zwischen uns und dem arbeitenden arabischen Volke eine tiefe und dauernde Solidarität der wirklichen Interessen sich offenbaren wird, die alle von den Verwirrungen des Augenblicks erzeugten Gegensätze überwinden muß.

Aus dem Bewußtsein dieser Verbundenheit wird sich in den Angehörigen beider Völker eine im öffentlichen und persönlichen Leben betätigte Gesinnung gegenseitiger Achtung und gegenseitigen Wohlwollens ausbilden. Dann erst wird wahrhaft sich in geschichtlicher Größe die Wiederbegegnung der zwei Völker vollziehen.

## DIE KONGRESS-RESOLUTION ZUR ARABISCHEN FRAGE
(1921)

„Mit Trauer und Empörung hat das jüdische Volk die Ereignisse der letzten Zeit in Palästina durchlebt. Die feindliche Haltung der durch gewissenlose Elemente verhetzten Teile der arabischen Bevölkerung Palästinas, die in blutigen Gewalttaten zum Ausdruck gekommen ist, kann weder unsere Entschlossenheit zur Errichtung des Jüdischen Nationalheims schwächen noch unseren Willen, mit dem arabischen Volk in einem Verhältnis der Eintracht und der gegenseitigen Achtung zu leben und im Bunde mit ihm die gemeinsame Wohnstätte zu einem blühenden Gemeinwesen zu machen, dessen Ausbau jedem seiner Völker eine ungestörte nationale Entwicklung sichert. Die zwei großen semitischen Völker, die schon einmal das Band gemeinsamer kultureller Schöpfungen verknüpfte, werden auch in der Stunde ihrer nationalen Wiedergeburt ihre Lebensinteressen zu gemeinschaftlichem Werk zu vereinigen verstehen. Der XII. Zionistenkongreß fordert die Exekutive auf, ihre Bemühungen um eine aufrichtige Verständigung mit dem arabischen Volk auf der Grundlage dieser Erklärung und unter uneingeschränkter Wahrung der Balfour-Deklaration in erhöhtem Maße fortzusetzen. Der Kongreß betont ausdrücklich, daß die jüdische kolonisatorische Arbeit die Rechte und Bedürfnisse des arbeitenden arabischen Volkes nicht beeinträchtigen wird."

## ZWISCHEN POLITIK UND WAHRHEIT
### Brief an Judah L. Magnes
(1947)

[…] Vor vielen Jahren, als ich auf dem Zionistenkongreß für einen jüdisch-arabischen Bund kämpfte, hatte ich ein Erlebnis, das mich erschreckte und mein späteres Leben bestimmen sollte. Ich hatte einen Resolutionsantrag entworfen, der die Gemeinsamkeit der Interessen der beiden Völker betonte und den Weg für eine Zusammenarbeit zwischen ihnen aufwies – der einzige Weg, der zum Heil des Landes und seiner beiden Völker führen kann. Bevor die Resolution dem Kongreß zur Bestätigung vorgelegt wurde, kam sie vor ein Redaktionskomitee, das die endgültige Formulierung festlegen sollte. Natürlich nahm ich an diesem Komitee teil. Da geschah etwas, was für einen Berufspolitiker etwas durchaus Gewohntes und Selbstverständliches ist, mich jedoch so erschreckte, daß ich mich bis heute nicht völlig von jenem Tag erholen konnte. In dem Redaktionskomitee, das zum großen Teil aus alten Freunden von mir bestand, schlug man eine kleine Änderung vor … Jede einzelne hatte scheinbar keine entscheidende Bedeutung, und alle wurden ausdrücklich damit begründet, daß man die Resolution für den Kongreß annehmbar formulieren müsse. Immer wieder hörte ich die Worte: „Kommt es Ihnen nur auf eine Demonstration an oder wollen Sie, daß der Kongreß den Grundsatz der jüdisch-arabischen

Zusammenarbeit annimmt, sich zu eigen macht und dafür kämpft? Wenn Sie letzteres wollen, so müssen Sie den kleinen Änderungen zustimmen." Natürlich kam es mir nicht nur auf eine Demonstration an, ich wollte einen Wandel in der Haltung der zionistischen Bewegung in der Araberfrage zustande bringen; darum rang ich jeweils um meinen Textvorschlag, aber ich gab auch immer wieder nach und verzichtete, wenn die Sache davon abhing. Als das Redaktionskomitee seine Arbeit beendet hatte und mir der vereinbarte Textvorschlag in Reinschrift ins Hotel gebracht wurde, sah ich zwar eine Reihe von schönen und überzeugenden Sätzen, aber das Mark und Blut meiner ursprünglichen Forderung waren nicht mehr darin. Ich habe die Sache angenommen und gab meine Zustimmung, die Resolution vor den Kongreß zu bringen. Ich habe mich damit begnügt, in einer persönlichen Erklärung, die der Vorlesung der Resolution und der Abstimmung vorausging, die *grundsätzliche Wende* zu betonen, die ich mit meinem Antrag beabsichtigt hatte. Aber ich fühlte: meine Rolle als „Politiker", d. h. als jemand, der an der politischen Aktivität einer Gruppe teilnimmt, war ausgespielt. Ich hatte eine Sache begonnen und mußte sie zu Ende führen; ich durfte keine neue Sache anfangen, wobei ich wieder vor die Wahl zwischen Wahrheit und Verwirklichung gestellt würde. Von nun an hatte ich auf „Resolutionen" zu verzichten und mich mit „persönlichen Reden" zu begnügen. [...]

## KONGRESSNOTIZEN ZUR ZIONISTISCHEN POLITIK
(1921)

[...] Wir dürfen nicht unsere historisch bestimmte überparteiliche Einstellung um seiner augenblicklichen Konjunktur willen aufgeben, wir dürfen die Anmeldung unseres Anspruchs nicht mit der eines fremden verquicken; das heißt: wir dürfen uns wohl mit einem Mandat Englands einverstanden erklären, aber wir dürfen dieses Mandat nicht solchermaßen verlangen, daß wir uns damit als unbedingten Parteigänger Englands deklarieren und hinfort als solcher angesehen würden.

[...] Da das Land bereits eine nichtjüdische Bevölkerung besitzt und alle Abmachungen mit einem Dritten ohne deren ausgesprochene oder schweigende Anerkennung in ihrer Verwirklichung schwer gehemmt würden, sind unverzüglich dahingehende direkte Verhandlungen auf wirtschaftspolitischer und etwa auch, sofern das Volk, zu dem der Großteil dieser Bevölkerung zählt, zuständig ist, auf allgemeinpolitischer Grundlage anzuknüpfen.

[...] Man kann die politische Tendenz freilich aus der öffentlichen Meinung nicht besser erschließen als aus den Äußerungen öffentlicher Personen. Die sogenannte „öffentliche Meinung“, d. h. das *redende* Volk, kommt oft als letztes dahinter, wiewohl das *stumme* Volk es oft zuallererst ahnt. Politische Tendenz ist ja nichts anderes als die sich unöffentlich vollziehende Änderung in den zur Erhaltung, Stärkung, Ausdehnung des Staatswesens erforderlichen Methoden; sie muß sich bei Gefahr der Schmälerung, Schwächung, ja des Untergangs des Staatswesens immer dann vollziehen, wenn die alten Methoden sich als nicht mehr zuverlässig zu erweisen beginnen (was „das stumme Volk“ oft zuallererst merkt, nur eben ohne es sich wahrhaft bewußt machen zu können). Zumeist handelt es sich dabei nur um einzelne innen- oder außenpolitische Fragen: um Einzelheiten der Verfassung, um die Stellung zu einem Nachbarstaat u. dgl. Aber es gibt außerordentliche Stunden, Krisenstunden, in denen die politische Tendenz ein ganzes großes Gebiet der staatlichen Funktionen umfaßt und dann leicht auf andere Gebiete, ja auf das gesamte Leben des Gemeinwesens übergreift, durch die Wandlung seiner Methoden seinen Charakter selber umwandelnd. In einer solchen befindet sich England, der wandlungsfähigste, elastischste, sich am genausten zur rechten Zeit umstellende, daher trotz allem widerstandsfähigste der gegenwärtigen europäischen Staaten. Daß unsere Vertreter für diese Realität nicht bloß blind waren, sondern noch immer kurzsichtig sind, das ist, was mich am meisten verwundert. Sie sind es noch immer; wenn sie schon nicht mehr umhin können zu bemerken, daß etwas geschieht, erkennen sie seine Tragweite nicht. Als ich in einer Tagung der politischen Kommission des Kongresses den zuständigsten Mann auf die angehobene Wandlung der britischen imperialistischen Methoden als auf die tiefe Ursache mancher Unstimmigkeiten hinwies, erwiderte er mir, er habe von ihr weder bei den offiziellen Persönlichkeiten noch in der öffentlichen Meinung Erhebliches wahrgenommen. Solch ein Nichtwahrnehmen ist ja öfter in der Geschichte passiert; aber es hat nie gut getan.

Die angehobene Wandlung der britischen imperialistischen Methoden ist nach dem bolschewistischen Umsturz das zweite der großen innerpolitisch beginnenden und sich außenpolitisch auswirkenden weltgeschichtlichen Ereignisse unserer Zeit. Sie entstammt der Notwendigkeit, einem Zerfall des Imperiums vorzubeugen; und sie besteht im wesentlichen darin, gerade durch die Lockerung des Zusammenhangs seiner Glieder, d.h. durch eine *zentral betriebene Dezentralisation* seinen Bestand zu festigen. Sie hat zuerst, wie jede neue politische Tendenz als „Ideologie" verschrien, in dem Kreis, der das Round-Table-Prinzip vertrat, Wurzel geschlagen, sie hat mit dem Beginn der indischen Verfassungsreform ihren, groß-realpolitischen Charakter erwiesen, sie hat die Konferenz der Dominions getragen, sie bestimmt heute die Verhandlungen mit Irland, deren Prophezeiung der Zeitungsleser von 1920 als Wahnsinn erklärt hätte. Sie betrifft unmittelbar das Verhältnis der Reichsteile zueinander und zum Reich, sie muß in fortschreitendem Maße dessen Verhältnis zu den Ländern beeinflussen, die ohne Reichsteile zu sein der britischen Machtsphäre zugehören, sie muß in fortschreitendem Maße sein Verhältnis zu den Völkern beeinflussen, die es in diese Machtsphäre in irgendeiner Weise einzubeziehen oder ihr zu nähern strebt. Sie muß für die weltpolitische Gestaltung der „Araberfrage" immer bestimmender werden. [...]

## STREIFLICHTER
(1922)

[... ] Ramsay MacDonald, ein „representative man" der englischen Arbeiterbewegung, hat nach der Rückkehr aus Palästina in einer Rede in seinem Wahldistrikt gesagt: „In Palästina erfuhr ich, daß während des Krieges unsere Regierung den früheren Oberkommissar ermächtigte, den Arabern mitzuteilen, wenn sie uns im Krieg unterstützten, würden wir ein arabisches Reich errichten ... Zugleich versprachen wir, den Juden Palästina als Heimstätte zu geben und die jüdische Einwanderung in jeder Weise zu erleichtern, so daß die Juden schließlich die Mehrheit in Palästina bilden würden. Zugleich trafen wir ein drittes Abkommen, und zwar mit Frankreich, wonach Syrien, Palästina und Mesopotamien zwischen England und Frankreich aufgeteilt werden sollten. Diese drei Verpflichtungen, von denen eine der anderen widerspricht, wurden also übernommen, und unter solchen Umständen muß nun der Oberkommissar sich bemühen, unsere Ehre, unser Ansehen und unsere Autorität zu wahren."

Die von MacDonald (sofern seine Rede korrekt wiedergegeben ist) vorgebrachten Einzelheiten ermangeln zum Teil der Präzision. Diese kleinen Ungenauigkeiten des Ausdrucks schmälern jedoch nicht die Bedeutung von MacDonalds Rede, die eben die Tatsache aufhellt, daß es sich um Schritte einer wahllos und bedenkenlos werbenden, daher notwendigerweise in ein Netz von Widersprüchen geratenden Kriegspolitik handelt; Widersprüchen, die erst von der jene ablösenden Friedenspolitik mit ihrer traditionellen Elastizität, erledigt werden sollten, nicht indem sie überwunden, sondern indem sie als nichtexistent behandelt wurden. Auf die Schwierigkeiten, die aus diesem System gewissen Funktionären in partibus infidelium, insbesondere Herbert Samuel, erwachsen sind, hat MacDonald hingewiesen.

[...] Das Bild wird freilich erst, vollständig, wenn man daran denkt, daß es außer den solchermaßen mit der Aufgabe eines eben durch die Regierungspolitik ungeheuer erschwerten Interessenausgleichs Betrauten und sie zu bewältigen Willigen auch ganz anders gesinnte offizielle und unoffizielle Vertreter der britischen Macht gibt, denen allem Anschein nach statt der von der Ehre befohlenen Pflicht eines Ausgleichs zwischen den Bevölkerungsteilen Palästinas die Machtlist des divide et impera oder gar die von anderen Staaten wohlerprobte Kunst der „Ablenkung auf den Juden" vor der Seele steht. „Ich fürchte", hat MacDonald in Palästina gesagt, „daß gewisse Kreise sehr darauf aus sind, den Haß zwischen den Arabern und den Juden zu schüren". :

Wie aber denken die Männer der Labour Party über den in der Palästinapolitik einzuschlagenden Weg? Sie denken ebensowenig wie irgend ein ernstzunehmehder englischer Politiker (was einige Antizionisten in dieser Richtung vorbringen, ist durchaus taktisch zu verstehen) daran, auf Palästina zu verzichten. Sie kennen, wie den strategischen, so auch den großen Verkehrs- und wirtschaftspolitischen Wert des Landes für das Imperium und werden ihn diesem zu erhalten bestrebt sein. Aber es ist offenbar, daß sie im Sinn haben, die im Zusammenhang mit der Dominions-Bewegung allmählich herrschend gewordene dezentralistische Tendenz zu ihrer vollen Auswirkung zu bringen, den Imperialismus des Zwangs vollends durch den des Ausgleichs und der Kooperation zu ersetzen. Sie werden, wenn sie zur Macht kommen, auf Irland und Ägypten Indien folgen lassen. [...]

Sie werden auch, wie Colonel Wedgewood sagte, „Palästina so bald als möglich auf der Basis der Selbstverwaltung einzurichten trachten".- „So bald als möglich" – wann aber wird dies möglich sein? Wir dürfen wohl als die Meinung der Labour Party annehmen: sobald ein ehrlicher, vollständiger und dauerverheißender Ausgleich zwischen den jüdischen und arabischen

Volksinteressen vollzogen worden ist. Aber wir haben allen Grund, ihn unsererseits sobald als möglich anzubahnen; was in Ehren – und vielleicht auch mit Aussicht auf Erfolg – zu tun mir, nach all den versäumten Gelegenheiten, jetzt wieder einmal ein Augenblick gekommen scheint.

## ZIONISMUS UND POLITIK

### Frage und Antwort

(1922)

*Frage: Du sagst, man solle sich nicht der europäischen Staatenpolitik verschreiben. Wie aber, wenn sie, ob wir uns ihr unterwerfen oder nicht, unser Schicksal in Erez Israel bestimmt? Du sagst, man solle mit dem Orient einen Bund schließen und als tätiges Glied an seiner Regeneration teilnehmen. Wie aber, wenn er sich mit uns gar nicht verbünden will? Was für positive Politik empfiehlst du?*

Antwort: Landespolitik

*Frage: Was verstehst du darunter?*

Antwort: Alle Anstrengung, die all unsere Kraft vermag, darauf richten, das Land aufzubauen. Nicht bloß die Nation im Lande, und dieses nur soweit es *ihr* Gedeihen erfordert, sondern wahrhaft und um seiner selbst willen: das Land. Gelingt uns das, dann sind wir gegen die europäische Staatenpolitik gefeit und sind dem Osten als unersetzliche Pioniere seiner Regeneration sichtbar, glaubwürdig, willkommen geworden. Wohlgemerkt aber: wenn wir nicht etwa einen sacro egoismo als Landespolitik maskieren – keine Maske kann heute noch täuschen–, sondern ihn untertauchen und untergehen lassen in ihr. In Landespolitik, sagte ich, aber ich will es wahrer sagen: in der Liebe zum Land.

*Frage: Und wenn wir trotzdem, trotz alledem, nachdem wir unsere Funktion am Aufbau des Landes erfüllt haben, „majorisiert“ werden, wenn man uns die Früchte unserer Arbeit entreißt?*

Antwort: O du Kleingläubiger! Gott stellt keine Wechsel aus. Aber wer sich ohne Schuldverschreibung leiht, ist gesegnet.

## BRIT SCHALOM

Im Frühjahr 1925 kam in Jerusalem eine Gruppe von Intellektuellen zusammen, um eine Vereinigung zur Förderung einer Art von Wirklichkeitszionismus (wie Buber dies zu nennen pflegte) zu gründen – eines in der vielschichtigen Wirklichkeit des Landes Israel verwurzelten Zionismus. Ins Leben gerufen von Arthur Ruppin (1876-1943), dem Hauptbaumeister zionistischer Siedlungspolitik, nannte sich die Vereinigung *Brit Schalom,* wörtlich: Friedensbund. Unter den Gründungsmitgliedern von *Brit Schalom* waren alteingesessene jüdische Bewohner von Palästina, Akademiker, Angehörige von *haPoel hazair, Misrachi* (der religiösen zionistischen Bewegung) und liberale Zionisten. Einer der Mitbegründer, Gershom Scholem, der damals gleichzeitig seinen Ruhm als Erforscher der jüdischen Mystik begründete, kennzeichnet als das Bindeglied zwischen den divergierenden, innerhalb des Kreises vertretenen Richtungen die Überzeugung, „daß das Land Israel zwei Völkern gehört, die einen Weg finden müssen, gemeinsam zu leben ... und für eine gemeinsame Zukunft zu arbeiten." Auf empirischem Wege waren sie zu dem Schluß gelangt, daß das Land Israel das Land zweier Völker sei – der bodenständigen arabischen Bevölkerung und der Juden, die ins Land ihrer Väter zurückkehrten. Wie Ruppin dem XIV. Zionistenkongreß im August 1925 in Wien klipp und klar erklärte: „Palästina wird ein Zweinationalitätenstaat sein. Meine Herren, dies ist ein Faktum, ein Faktum, das viele von Ihnen vielleicht noch nicht richtig zur Kenntnis genommen haben. Unter Umständen für etliche von Ihnen auch ein unangenehmes Faktum, aber daran ist nicht zu rütteln." Der Zwei-Völker-Staat, wie Ruppin und seine Gesinnungsgenossen ihn konzipierten, war ein *modus vivendi* von Zionismus und palästinisch-arabischem Nationalismus innerhalb des vorhandenen politischen Rahmens, des Mandats, unter der stillschweigenden Voraussetzung, daß die Engländer dieses aufgrund ihrer imperialistischen Macht und Interessen aufrecht erhalten würden. Somit mußte die jüdische nationale Heimstätte irgendwie innerhalb der binationalen Wirklichkeit des Mandats Palästina verwirklicht werden. Entsprechend ging *Brit Schalom* auf eine verfassungsmäßige Übereinkunft aus, wonach Juden und Araber, zusammengehalten durch die Klammer des Mandats, politische und bürgerliche Parität haben sollten – in ihren Augen die vernünftigste Lösung des Palästina-Problems. Ungeachtet dessen betrachtete sich *Brit Schalom* nicht als eine politische Partei, sondern nur als einen Studienkreis zur

Förderung sachkundiger und verantwortlicher Gespräche über die arabische Frage. Viele der engagiertesten Mitglieder leiteten ihre Auffassungen von Bubers Lehre zur arabischen Frage ab. Buber selbst trat *Brit Schalom* als aktives Mitglied bei.

Der Herausgeber

**Brit Schalom**

*(The Peace Association)*

Statutes

(1926)

§ 1. The name of the Association shall be „The Peace Association" (*Brit Schalom*).

§2. The seat of the Association shall be in Jerusalem. Branches may be established troughout Palestine and abroad.

§3. The object of the Association is to arrive at an understanding between Jews and Arabs as to the form of their mutual social relations in Palestine on the basis of absolute political equality of two culturally autonomous peoples, and to determine the lines of their Cooperation for the development of the country.

§4. Towards this end the Association will promote:

a) The study of the problems arising out of the existence of the two peoples in Palestine, and out of the Mandate under the League of Nations;

b) The spreading of verbal and written information among Jews and Arabs on the history and culture of both peoples, and the encouragement of friendly relations between them;

c) The creation of a public opinion favorable to a mutual understanding;

d) The creation of institutions calculated to advance these ends;

§5. Any person in agreement with the object of the Association and elected by a majority decision of its Committee (§ 8) is eligible for membership.

§ *6*. The membership fee shall be one Egyptian pound a year. The Committee (§ 8) is empowered to reduce this fee for labourers and other persons of limited means.

§ 7. A General Meeting of the Association shall take place every year. Members shall be advised at least a fortnight in advance by an announcement in three Palestinian papers which appear regulary. The first General Meeting shall be convoked before December 3ist, 1927.

§8. The Committee of the Association shall consist of between 7 and 15 members elected by the General Meeting. Branches of the Association in and outside of Palestine shall elect their local Committees on similar lines.

§9. Until the first General Meeting, the founders of the Association shall act as the Committee (§ 8) and shall have the right of co-optation.

## SELBSTBESINNUNG
(1926)

[...] Wir wollen aus der Problematik der Unselbständigkeit, des Von-außen-bestimmt-seins, des Aufgeteiltseins unter Souveränitäten, an deren Willenshandlungen wir keinen oder keinen erheblichen Anteil haben, heraus; wir wollen in Palästina ein selbstbestimmendes Gemeinwesen bilden, das, ob auch quantitativ noch gering, doch schon als subjektives und objektives Gegengewicht unserer Abhängigkeit wirkend werden kann. Wir unternehmen dies als ein nicht bloß staatloses, sondern auch staatlich ungeschütztes Volk (was freilich die meisten von uns lange zu erkennen sich weigerten). Welche Parole ergibt sich aus dieser Situation und welche haben wir ausgegeben? Die ausgegebene lautet: Mehrheitsbildung. Als ob ein Gemeinwesen, das unsere Problematik nur umkehrte, das uns nämlich (meinetwegen in humanerer Form) dort an anderen tun ließe, was gleichzeitig hier an uns getan würde, uns von der Problematik zu erlösen vermöchte! Die wahre Parole lautet: Dienst an der fremden Bevölkerung des Landes um des werden sollenden Gemeinwesens willen; Interessenvereinigung, aber auch Förderung ihrer besonderen Interessen, um sie die Wünschbarkeit und Möglichkeit der Interessenvereinigung fühlen zu lassen, aber über diesen Zweck hinaus, um ihres Wohls als eines Glieds der werden sollenden Gemeinschaft willen; daher unbefangenes Kennenlernen, zu dessen Voraussetzungen, außer der Kenntnis der Sprache und der Traditionen, vor allem das entschlossene Abstreifen des allzu sicheren Überlegenheitsgefühls gehört, in dem wir es kaum weniger weit gebracht haben als etwa die Polen uns gegenüber, und mit kaum größerem Recht. Wenn ich das den Leuten sage, die drüben leben, pflegen sie auf die besonderen Zuchtlosigkeiten der Araber hinzuweisen; aber es will mir scheinen, als hätte die Zucht, die wir unseren Traditionen verdanken, auch schon nicht wenig gelitten, und haben wir sie aber noch, wohl, so setzen wir sie im persönlichen und gesellschaftlichen Verkehr ein und lassen wir sie wirken! Das sind nicht etwa sogenannte „ethische" Postulate, sondern politische. Es wird hier keine andere Frage berücksichtigt als: Wie können wir unser Ziel erreichen? Aber eben unser Ziel! Wenn man ein Ziel täglich in Tageszwecke umwechselt, statt täglich etwas von ihm selbst zu realisieren, hat man es zuletzt vertan. Und ferner: Ob der Zweck die Mittel „heiligt" oder nicht, ist eine dialektische Frage, die mir keinen konkreten Sinn zu haben scheint; aber daß es von den angewandten Mitteln abhängt, ob das, was durch sie erreicht wird, überhaupt noch etwas von der Wirklichkeit des einst geschauten Ziels hat oder, unter seinem Namen, sein völliges Gegenteil darstellt, das ist eine politische Tatsache. [...]

## KEINE DEKLARATIONEN MEHR!
### Rede auf dem XVI. Zionisten-Kongreß
(1929)

[...] Ich spreche von der Araberfrage, den Blick ernst und klar auf die Tatsachen gerichtet, in all ihren harten und grausamen Schwierigkeiten. Trotzdem, nein, eben deshalb sage ich, daß sich auch in dieser Frage in unserer Mitte eine nationalistische Assimilation breitmacht. Erinnern wir uns daran – vielmehr, wir brauchen uns nicht erst zu erinnern, jede Stunde unseres Lebens trägt das Zeichen davon –, wie die anderen Völker uns angesehen haben und allerorten noch ansehen, als das Fremde, als das Niedrigere. Hüten wir uns davor, das, was uns fremd und nicht genügend bekannt ist, als das Niedrigere anzusehen und so zu behandeln! Hüten wir uns, das, was uns widerfahren ist, nunmehr selbst zu tun! Gewiß – ich betone es nochmals – ist Selbstbehauptung die selbstverständliche Voraussetzung aller unserer Handlungen; aber sie ist nicht genug; es gehört auch Phantasie dazu: die Fähigkeit, sich die Seele des andern, des Fremden nach der Wirklichkeit der eignen vorzustellen. Ich darf ein Bekenntnis nicht verschweigen: es war für mich erschreckend in Palästina, wie wenig wir den arabischen Menschen kennen. Ich täusche mich nicht, ich lüge mir nicht vor, daß gegenwärtig eine Interessenharmonie zwischen den Arabern und uns bestünde oder einfach hergestellt werden könnte. Aber dennoch, bei aller ernsten Interessenverschiedenheit, die nicht bloß aus Illusion und nicht bloß aus Politik kommt, bei all dem ist eine gemeinsame Landespolitik möglich, weil dort und hier dieses Land geliebt wird, dort und hier die Zukunft dieses Landes gewollt wird, also gemeinsam geliebt und gemeinsam gewollt wird: darum ist es möglich, für dieses Land gemeinsam zu arbeiten. Viele von uns sagen: Wir wollen nicht majorisiert werden; und ich sage es mit ihnen. Aber ich möchte nicht immer wieder zwischen diesen Worten, daß wir nicht majorisiert werden wollen, die Worte lesen müssen: sondern wir wollen majorisieren. Es muß heißen: Wir wollen nicht majorisiert werden und wir wollen nicht majorisieren. Verlangen Sie jedoch keine Rezepte von mir in einer Sache, welche die schwere Übung persönlicher Verantwortung in tausend kleinen Entscheidungen verlangt. Nicht Deklarationen wollen wir mehr abgeben, nicht mehr allgemeine Resolutionen fassen, sondern die praktische Wirklichkeit jeder Stunde soll zeigen, wie wir es meinen. In der Praxis haben wir es zu erweisen: in der Politik, in der Kultur, in der Gesellschaft und in den Beziehungen von Mensch zu Mensch. [...]

## JÜDISCHES NATIONALHEIM UND NATIONALE POLITIK IN PALÄSTINA (1929)

Ich bin der Aufforderung des *Brit Schalom*, hier zu Ihnen zu sprechen, gern gefolgt, vor allem deshalb, weil ich im *Brit Schalom*, der sich bedeutsamerweise so nennt, „Bund des Friedens“, eine Kundgebung sehe, daß das Judentum, gleichviel wie viele oder wie wenige es sind, die sich um ihn scharen, mit seinen Friedensgedanken ernst machen will und wo zum ersten Mal ihm, dem Judentum als Gemeinschaft, die Möglichkeit gegeben ist, mit seinem Friedensgedanken realiter in der Wirklichkeit und in der politischen Wirklichkeit Ernst zu machen. Über alle Manifestationen hinaus, über allen Messianismus, über alle Proklamationen des Friedens für die Menschheit hinaus, gibt es ein Jetzt und Hier, wo das Judentum als Gemeinschaft seinen großen von den Propheten zuerst verkündeten Friedensgedanken in die

Wirklichkeit seines Lebens, seines Handelns umsetzen kann. Das verstehe ich unter *Brit Schalom* und deshalb bin ich seiner Einladung gern gefolgt. Ich möchte aber hinzufügen, daß ich durchaus in eigenem Namen spreche. Es gibt kein festgelegtes Programm dieser Gruppe. Es gibt eine Richtung, die sie weist, keine theoretische, sondern eine Wegrichtung für das gemeinsame Handeln, aber innerhalb dieser Richtung hat jeder seine eigenen Gedanken. Ich möchte ein Wort sagen zu dem gegenwärtigen Augenblick, in dem ich spreche. Ich habe in den letzten Wochen, wenn ich das, was ich Ihnen sagen will, in irgendeiner Weise zu Menschen sagte, oft den Einwand gehört, wir haben doch in dieser Stunde, in dieser schweren Stunde des jüdischen Volkes, ein Recht auf Gefühlsreaktion. Es ist doch nicht angängig, in dieser Stunde von Vereinbarungen zu sprechen, da wir diese große Trauer haben um das, was uns widerfahren ist. Und ich wurde gefragt, ob es nicht Opportunismus sei, über diese Gefühlsreaktion, über diese eigentliche Pflicht dieser Stunde hinweg von Vereinbarungen als einer unbedingten Notwendigkeit dieses Augenblicks zu sprechen. Nun, das Recht auf Gefühlsreaktion ist uns selbstverständlich nicht abzusprechen, und ich glaube sagen zu dürfen, daß wir, die wir zu Ihnen reden in dem strengen, ernsten Sinn, in dem hier von den Dingen gesprochen wird, daß wir nicht minder als irgendwelche Andersdenkenden Hebron und Safed an unserem Leibe erlebt haben, und daß es nicht um Gefühl oder Mangel an Gefühl geht, sondern darum, ob man, wenn man durch das durchgegangen ist, durch das man durchzugehen hatte, nunmehr erkennt, daß dies eine Stunde der Entscheidung ist. Und daß man über diese Entscheidung vor allem über das Gefühl hinaus zu reden hätte, nicht weil man nicht fühlt, sondern weil man seine Seele in die Hand nehmen muß. Ich persönlich bin durch diese Stunde in meinen Anschauungen über den Gegenstand, von dem ich hier rede, nicht beeinflußt worden. Ich habe mich in vielem im Laufe des letzten Jahrzehnts gewandelt; in meiner Anschauung von dieser Sache, von unserem Verhältnis zum arabischen Volk habe ich mich nicht gewandelt. Es ist keine Folgerichtigkeit, deren ich mich zu freuen vermag, es ist eine Folgerichtigkeit, unter der ich schwer leide. Sie zwingt mich, den Ausdruck Opportunismus zurückzuweisen, obwohl es einen Opportunismus gibt, zu dem ich mich bekenne, dem, der darin besteht, den Blick zugleich zu richten auf die Idee und die jeweilige Situation, sich den Blick auf die Idee nicht trüben zu lassen durch den Blick auf die Situation und den Blick auf die Situation nicht durch den Blick auf die Idee, den Blick auf die Idee nicht ausarten zu lassen zum Doktrinarismus und den Blick auf die jeweilige Situation nicht ausarten zu lassen zu einer bloßen Anpassung. Wenn man dies Opportunismus nennen will, diesen doppelten Blick, dann bekenne ich mich dazu.

Es tut not, uns zunächst darauf zu besinnen, was das Judentum mit Palästina zu tun hat. Wir können das, was wir über unser Verhältnis zu den Arabern uns klar zu machen haben, nicht in seiner Bedeutung erkennen, wenn wir es nicht auf den Hintergrund gestellt sehen des großen Zusammenhangs, des großen ewigen Zusammenhangs zwischen Israel und Erez Israel. Man tut uns wissentlich oder unwissentlich schwer unrecht, wenn man unsere Anschauungen vor einen anderen Hintergrund stellt als diesen. Nur da sind sie verständlich. Wenn irgend einmal im Zionismus, so sind wir es, die dieses Verhältnis zwischen Volk und Land als ein Verhältnis einer großen geschichtlichen und übergeschichtlichen Notwendigkeit empfinden. Aber wir meinen, daß dieses Verhältnis von Volk und Land nicht ausgespannt werden darf in eine allgemein nationalistische Formel. Wir glauben, daß man weder von diesem Volk noch von diesem Land, noch von der Beziehung dieses Volkes zu diesem Land in den allgemeinen Formeln des Nationalismus reden kann, daß hier etwas einziges, einzigartiges, unvergleichbares besteht, was sich in diese Formel nicht einpressen läßt. Und diese Einzigartigkeit, diese Unvergleichbarkeit unserer Sache ist es, auf der wir stehen. Um es deutlicher zu sagen: Dieses jüdische Volk hat gedauert gegen alle Regeln der formulierbaren Weltgeschichte, gedauert, weil es ein einziges war, weil es nicht war wie alle Völker, weil es eine Aufgabe organisch in sich trug, eine noch nicht getane, aber begonnene Aufgabe, organisch nicht bloß in seinem Bewußtsein, nicht bloß in seinem Willen, sondern in seiner Existenz, in seiner Substanz, in seinem Dasein, für die es Geschlecht um Geschlecht sich aufsparen wollte, weil es für diese Aufgabe aufgespart war. Daß dieses Gefühl nicht eine Gruppenillusion war, nicht etwas, womit wir uns über die Jahrzehnte des Exils hinweg zu trösten suchten, sondern daß es die eigentliche Wahrheit war und ist, in der, von der, durch die wir leben, das ist die Grundlage dieser Sache, die wir Zion, Zionsverlangen, Zionismus nennen. Diese Aufgabe ist nicht formulierbar. Aber eins läßt sich von dieser Aufgabe sagen. Das ist, daß es hier nicht um personhaftes Leben und nicht um geistiges Leben, sondern um Gemeinschaftsleben geht. Die Aufgabe schließt die Bildung einer Gemeinschaft ein. Das Subjekt, das diese Aufgabe allein erfüllen kann, ist notwendig eine Gemeinschaft. Und notwendig – eine sich selbst bestimmende Gemeinschaft und notwendig die sich selbst bestimmende Gemeinschaft in unserem Lande. Und wenn vor einigen Jahrzehnten das Zionsverlangen die konkrete Form der Neubesiedlung Palästinas fand, wenn die große konzentrative Aktion diese Besiedlung in unserer Zeit vor einem halben Jahrzehnt angehoben hat, so hatte sie und hat sie einen doppelten Sinn. Gewiß zunächst erkennbar den Sinn der Erhaltung eines Volkstums, aber zugleich und von diesem Sinn unablösbar, wenn auch nicht so erkennbar, den Sinn des Wiederbeginns der Erfüllung einer Aufgabe. Diese Erhaltung, von der ich spreche, ist nicht ohne diese Aufgabe, ohne den Ansatz zu ihrer Erfüllung denkbar. Daß unsere Erhaltung in der Geschichte mit dieser Aufgabe organisch lebensmäßig zusammenhängt, bezeugt auch die Arbeit der Neubesiedlung Palästinas. Wer sie bloß als eine Selbstbehauptung sieht, verkennt ihren Charakter als Prüfung, als Einmaligkeit, als etwas, was sich in die historische Gesetzlichkeit nicht einreihen läßt, weil es über all dies hinaus ein Exemplar darstellt, nicht eine Gattung, sondern dieses Volk Israel mit seinem Schicksal und mit seiner Bestimmung.

Es wird so viel gefragt nach unserem Recht auf dieses Land. Ich glaube, wir können dieses Recht, wenn wir es überhaupt fassen sollen, dreifach fassen: Das erste, das ist unsere Urverbundenheit mit diesem Lande, nicht das „historische Recht“, nicht das Recht, um das sich Völker streiten, so wie man sagt, dieses Territorium sei zu dieser Zeit der Weltgeschichte von dem oder jenem Volk besessen gewesen. Nicht das meine ich. Denn die Weltgeschichte ist unbeständig. Und ehe ein Land diesem oder diesem Volke gehörte, war es der Besitz eines anderen Volkes. Mit diesem historischen Rechtsbegriff können wir unsere Sache nicht begründen, sondern es geht darum, daß innerhalb dieser Verschiedenheiten des territorialen Besitzes es diesen Moment in der Geschichte gab, wo das Volk Israel etwas Ungeheures, Beispielloses begonnen hat. Und von diesem Beginnen lebt das Abendland in seinen Hoffnungen. Wenn es Hoffnungen im Abendlande von einer vollkommenen Anschauung vom Menschenleben gibt, dann lebt dieses Gefühl, dieser Glaube an die Zukunft von dem, was damals angehoben hat und unterbrochen worden ist durch das Ende des jüdischen Gemeinwesens. Die Hoffnung der Jahrtausende des Exils ging ausgesprochen oder unausgesprochen auf den Wiederbeginn der Verwirklichung, dieses Urglaubens, dieser Urverbundenheit zwischen Volk und Land im Bau der wahren Gemeinschaft hinaus. Das ist das eine Recht. Das zweite ist etwas, was wir gar nicht zu formulieren brauchen. Denn es ist das Recht einer Tatsache, die wir heute vor unseren Augen sehen, das Recht, das wir uns erworben haben, das, was in diesem halben Jahrzehnt in Palästina geschehen ist, was wir aus diesem Lande gemacht haben, was die ganze Zeit hindurch, seitdem wir das Land verlassen mußten, niemand aus dem Lande gemacht hat, das

Recht unserer Produktivität. Diese Verbundenheit mit dem Lande haben wir praktisch bewiesen.

Und das dritte ganz im Zusammenhang mit den beiden anderen Rechten stehende Recht: die spürbare Aufgabe, dieses Spürbare, daß das, was dort geschieht, nicht dazu geschieht, um noch ein Volk neben den Völkern, noch einen kleinen Staat neben den anderen kleinen Staaten zu etablieren, noch ein Element des Zankes und Widerstreits, sondern einen Anfang darstellt, ein Werden, ein Neues. Ich möchte keine großen Worte gebrauchen und nur sagen, man schaue hin und sehe, was zu sehen ist. Daß freilich nicht in der ganzen Breite des Jischuw, aber doch da und da etwas Neues beginnt, in der kleinsten Gruppe vielleicht, etwas was hinausweist in die Bildung einer neuen menschlichen Gemeinschaft. Daß es so ist, wird, glaube ich deutlich, wenn man sich einmal fragt, was bedeutet die Sympathie für den Zionismus bei den verschiedenen Völkern. Dieser Philozionismus ist etwas anderes als etwa der Philhellenismus. Dieser war eine durchaus romantische Bewegung mit dem Interesse der Wiederherstellung eines Volkstums, das als Erbe einer großen Kultur betrachtet wurde. Ganz anders, ganz unromantisch ist gerade der wesentlichste Teil des Philozionismus bei den Völkern. Es geht hier um das Spüren, daß sich das Judentum aufgemacht hat, seine Aufgabe zu erfüllen, die für die Menschheit bedeutsam ist, daß hier etwas vorausgelebt wird, was für die Menschheit wichtig ist, etwas, was man programmatisch nicht fassen kann, vielleicht tastend. Daraus ergibt sich, daß diese unromantische Sympathie eine wachsame Sympathie ist, daß man etwas von uns erwartet und daß man genau zusieht, inwiefern wir das, so wenig es formulierbar sein mag, in der Tatsächlichkeit des palästinensischen Lebens erfüllen. Das heißt, wenn wir ein Ideal haben, das wir als Zionismus bezeichnen, die große Frage ist, wie weit reicht unsere Treue in der Verwirklichung dieses Ideals, wie weit sind wir jetzt, Stunde um Stunde bei den vielen großen und kleinen Entscheidungen, die wir in Palästina zu treffen haben, dem Ideal treu. Denn nicht das ist die Treue gegen das Ideal, daß man an seiner Durchsetzung arbeitet und erwartet, daß, wenn es einmal durchgesetzt ist, aus dem Füllhorn aller Segen kommt, sondern die wahre Treue ist, daß man im Alltäglichen die Durchsetzung des Ideals schon verwirklicht, daß man nicht scheidet zwischen einem Dort und Dann und einem Jetzt und Hier, sondern je mehr man jetzt und hier vom Ideal bewahrt, um so wahrer arbeitet man an seiner Verwirklichung. Und diese Verwirklichung hängt von unseren großen und kleinen Entscheidungen in dieser Stunde ab. Es hängt davon ab, wie sehr wir mit dem Ideal im Alltäglichen Ernst machen. Wir dürfen uns also keinem Irrtum hingeben über die Weltmeinung. Gerade die Meinung der für uns wichtigen Teile der Menschheit hängt von dieser unserer Verwirklichung ab. Ich möchte kurz zusammenfassen, wie die Politisierung der Palästina-Sache begonnen hat. Ich brauche über die Gründe Englands, das Mandat mit seinen bestimmten Bedingungen zu verknüpfen, nicht zu reden. Es gab eben eine historische Stunde, in der das britische Reich die Juden brauchte, gleichviel wie schwach oder stark diese Judenheit der Welt ist. Es gab ein starkes Interesse Englands an Palästina, und es wird Ihnen wohl klar sein, daß dieses eigentümliche Land, das eigentümlich vor allem auch dadurch ist, daß es die heiligen Stätten dreier Religionen einschließt, keiner Macht zufallen konnte, die keinen besonderen Rechtstitel auf dieses erheben konnte. Diesen Rechtstitel hat das Judentum, der Zionismus geliefert. Gleichviel wie dem ist, es gab eben in jener Stunde kein anderes Handeln für das Judentum. Es hatte nur den Weg, der eingeschlagen wurde. Es kam nun so, daß wir Juden, wir Zionisten, ein Verhältnis zu der Macht England hatten. Nun mache man sich gegenwärtig, daß wir, wenn wir von Kolonisation sprechen, etwas vollkommen anderes meinen als wenn England von Kolonisation spricht. Wenn England oder irgendeine andere Macht von Kolonisation spricht, so meint sie damit Expansion, eine Macht, die sich erweitert und sich neue Absatzmärkte, neue Rohstofflieferungen und Gelegenheiten für ihren Menschenüberschuß sucht etc., also Erweiterung einer vorhandenen Machtsphäre. Wenn wir von Kolonisation sprechen, so meinen wir nicht Machterweiterung, sondern Konzentration und meinen nicht einmal Machtgewinnung. Wir glauben, so wir Macht gewinnend meinten, wir die Aufgabe und den Sinn unseres Lebens verfehlten. Wir waren nun also in einem kolonisatorischen Unternehmen mit einer Macht verknüpft, deren Tendenz mit der unsrigen zuwiderlief. Nun war es vor allem anderen unsere Aufgabe, der Welt deutlich zu machen, England selbst deutlich zu machen, dem Abendland deutlich zu machen, dem Vorderen Orient deutlich zu machen, daß wir nicht Schrittmacher des britischen Imperiums sein wollen. Ich glaube, daß diese Pflicht der Manifestation nicht hinreichend erfüllt worden ist. Jedenfalls ist es so gekommen, daß wir so weit mit dem britischen Imperium identifiziert wurden, daß Aktionen, die letztlich gegen dieses Imperium gerichtet waren, sich auswirkten am Punkte des geringsten Widerstandes, und dieser Punkt sind immer wir. Glauben Sie nicht, daß der Imperialismus sich so zu uns verhält, daß wir die Methoden mitmachen können. Es ist die absterbende Methode. Es gibt eine Wandlung zu neuen Methoden.

Was brauchten wir in jenem Moment, wo wir in eine neue Situation verflochten waren, was brauchten wir in Palästina, was hatten wir zu fordern, welches mußte unsere Parole sein. Die Parole ergab sich aus dem, was uns not tat. Es tat uns not eine sich selbst bestimmende Gemeinschaft in Palästina, also: *echte Selbstbestimmung,* echte, weil diese Selbstbestimmung, die wir meinen mußten, unterschieden ist von dem, was man gewöhnlich unter den sogenannten Minderheitsrechten der Völker verstanden hat. Aber nicht hatte unsere Parole zu sein: „Majorität". Daß man die echte Selbstbestimmung, die wir unbedingt und unerläßlich in Palästina brauchen, mit Majorität zu identifizieren versuchte, das war der große Irrtum der zionistischen Politik. Wir hatten unsere Ziele nicht zu bestimmen im Verhältnis zu der vorhandenen Bevölkerung Palästinas und nicht zu erklären, wir suchten die Majorität im Lande zu erlangen und die Bevölkerung Palästinas dann samt ihren Nachkommen zu einer Minderheit herabzudrücken. Das ist schon in der Fragestellung falsch. Sondern wir hatten zu fragen, wie ist die Verfassung des Landes aufzubauen, wie können wir Palästina so konstituieren, daß unsere Selbstbestimmung – verbürgt ist. Es wurde die Formel vom „binationalen Staat" ausgesprochen, also Schaffung von gemeinsamen Agenden und nicht gemeinsamen. Auf keinen Fall hatten wir zu formulieren, wir wollen so schnell wie möglich eine Majorität in Palästina schaffen, sondern den Jischuw zu einer möglichst geschlossenen Siedlung, zu einer gemeinsamen Grundlage zusammenzuschließen. Wir wußten, daß sich in Palästina eine Bevölkerung befand, die ein ebenso reales Leben mit ebenso realer Entwicklung beanspruchte wie wir. Es wird erzählt, Max Nordau habe einmal genaues darüber erfahren, daß es Araber in Palästina gäbe, und da sei er entsetzt zu Herzl gekommen und hätte ihm gesagt: „Das wußte ich ja nicht, daß das so ist; dann tun wir ja Unrecht!" Nun, ich glaube sagen zu dürfen: gewiß, wir tun Unrecht. Genauso wie der Mensch, der lebt, Unrecht tut. Leben heißt Unrecht tun. Atmen, sich ernähren, wachsen, alle organischen Funktionen des Lebens schließen Unrecht ein. Der ganze Sinn des Menschenlebens ist, von Stunde zu Stunde vor die Verantwortung gestellt zu sein: ich will *nicht mehr Unrecht tun als ich muß,* um zu leben. Also, wir tun Unrecht. Vergegenwärtigen wir uns, daß *wir* in Palästina wären und die *anderen* kämen zu uns, dann werden Sie verstehen, was das heißt. – Aber nicht *mehr* wollen wir Unrecht tun, als wir tun müssen, um zu leben, denn wir leben ja nicht, um zu leben, sondern um unserer Aufgabe willen. Also müssen wir so viel Unrecht auf uns nehmen als not tut. Das ist viel schwerer als unschuldig sein wollen. Das ist viel schwerer als sich fernhalten vom Unrecht. Es ist auch viel schwerer als in das Unrecht hineintappen.

Unser Verhältnis zu den Arabern müßte auf allen Gebieten positiv aufgebaut werden; Wirtschaftlich dadurch, daß wir eine praktische Interessen-Solidarität aufbauen und nicht, wie es je und je geschehen ist, Versicherungen einer vorhandenen Interessen-Solidarität abgeben, sondern überall in allen Momenten, wo wirtschaftliche Entscheidungen zu treffen sind, das Interesse des arabischen Volkes berücksichtigen. Das ist nicht genug geschehen. Jeder, der die Situation kennt, weiß, daß hier viel versäumt worden ist.

Zur Frage der inneren Politik: es ging darum, zu verknüpfen die notwendige Selbständigkeit mit der möglichen Gemeinsamkeit, also das, was man binationalen Staat nennt. Die Frage der Volksvertretung besteht dann als erste Etappe hierzu. Es ist eine furchtbar schwere Entscheidung, die seit Jahren auf uns wartet; aber wir sind ihr ausgewichen. Sie werden-fragen, sind wir reif, diese Entscheidung zu treffen. Ich glaube wohl. Wenn wir dem arabischen Volk zusicherten, daß wir mit ihm zusammen eine Art Volksvertretung verlangen, so muß uns eine Bürgschaft für unsere Lebensrechte gegeben werden, daß heißt, ein Parlament kann nur errichtet werden mit dem Willen beider Völker auf der Grundlage einer Magna Charta, einer Urverfassung, die garantiert ist von den zuständigen Instanzen der Welt, die uns ebenso wie den Arabern unsere Lebensrechte sichert, daß heißt vor allem, das Recht auf Einwanderung. Es gibt vielleicht manche, die anders darüber denken. Für mich ist es selbstverständlich, daß es keine andere Verhandlungsbasis über eine Parlamentsfrage gibt, daß wir in unserer Lebensfrage schlechthin nicht majorisiert werden können.

Zur Frage der äußeren Politik: Ich erinnere mich, daß ich im Jahre 1921 in der politischen Kommission des Kongresses die Frage aufwarf, ob denn nicht eine Entwicklung in Betracht gezogen werden müßte, in der sich ein gewisser Zusammenschluß zwischen den einzelnen arabischen Staaten vorbereiten würde, ob wir nicht in unserer politischen Perspektive auch diese Möglichkeit einzubeziehen hätten. Da wurde mir von zuständiger Seite diese Möglichkeit als nicht aktuell bezeichnet. Ich will nicht untersuchen, wieweit sie aktuell geworden ist, aber daß wir in unserer Politik und in unseren Berechnungen, auch in Besprechungen und Verhandlungen, jedenfalls keinen Zweifel darüber lassen durften, daß wir nicht das Hindernis für eine solche Entwicklung sein würden, scheint mir außer Zweifel zu sein, daß wir nicht der Vortrupp einer Macht sein würden, die diese hindern möchte.

Zur Frage der Religion: Der Islam ist eine viel größere Realität als wir es gewöhnlich wahr haben wollen. Es gibt dieser Realität gegenüber die Pflicht des Kennenlernens. Ich muß Ihnen gestehen, daß mir die gegenwärtige religiöse Realität des Judentums weniger evident ist. Damit meine ich, daß die arabische Bevölkerung viel stärker vom Islam bestimmt ist als im allgemeinen die jüdische. Das Religiöse ist eine Sache der Kultur. Wir haben es daran fehlen lassen, den Islam kennenzulernen und uns mit den Autoritäten dieser Religion in Verbindung zu setzen. Ich habe es oft in Palästina beobachtet, daß die Menschen, die den Islam kennen, von den Arabern geliebt und verehrt wurden. Aber diese sind gezählt. Für einen persönlichen Kontakt ist zu allernächst Kenntnis der arabischen Sprache erforderlich. Eine Verständigung ist nur in arabischer Sprache möglich. Was Geselligkeit betrifft, gewiß, es gibt Verkehr zwischen jüdischen und arabischen Dörfern, sogar in sehr schönen echten orientalischen Formen. Aber es gibt in den Städten sehr viel weniger echten Verkehr von Volk zu Volk. Besser ist es in den proletarischen Kreisen; aber eine wirkliche Geselligkeit zwischen Arabern und Juden ist immer noch eine Ausnahme.

Damit zusammenhängend die kulturelle Frage. Selbstverständlich gibt es da nicht eine kulturelle Verschmelzung, aber es gibt einen kulturellen Ausgleich mit dem ganzen Arabertum, Austausch in den Erziehungsanstalten, in kulturellen Werten und Schöpfungen, wirkliche Zusammenarbeit. Zusammenhängend möchte ich sagen: Unsere Politik ist viel zu wenig *Landespolitik* gewesen, das heißt gerichtet auf die Erschließung, Entfaltung des ganzen Landes, auf die Interessen auch der eingesessenen Bevölkerung. Ich glaube, wenn eine solche Landespolitik von uns geübt worden wäre, wäre sie den Arabern sichtbar erkennbar geworden und wäre zu einer gemeinsamen Arbeit beider Völker geworden. Einer rückhaltlosen Landespolitik, einer aktiven Liebe zu diesem Lande als Ganzem steht bei manchen von uns eine gewisse Gemütsverfassung entgegen, die wir auch hier so charakterisieren wollen, wie sie wirklich ist. Ich möchte sie geradezu als einen Dünkel bezeichnen, als einen nationalen Dünkel. Ich möchte ein Beispiel anführen. Ich sprach einmal über die Araberfrage mit dem Leiter einer großen kulturellen Institution in Palästina. Er sagte: Sie können sich doch vorstellen, daß ich kein Chauvinist bin; aber die Araber sind doch eine niedrigere Rasse. Wir sollten vor allem, wenn wir einem anderen Volk gegenüberstehen, dieses andere Volk so messen, wie wir selbst gemessen werden wollen, das heißt nicht nach seinen niedrigsten, sondern nach seinen höchsten Exemplaren. Wo sich ein solcher Dünkel ausgewirkt hat, müssen wir entgegenwirken. Es gibt zwei Standpunkte, die ich charakterisieren will: der eine ist der einfache Macht-Standpunkt. Ich will nicht von Moral reden, ob Macht gut oder böse sei, obwohl ich überzeugt bin, daß für uns der moralische und der politische Standpunkt völlig identisch ist. Das Problem der Realisierung sieht für uns so aus, daß wir, um das zu erreichen, was wir wollen, immer bedacht sein müssen, in den Methoden schon die Idee zu verwirklichen. Also darf es keine Diskrepanz geben. Ich will reden vom Macht-Standpunkt. Man kann sich ja entschließen, sich mit dem Teufel zu verbünden. Aber ein Teufel muß klug sein, ein dummer Teufel ist eine Erbärmlichkeit. Und wenn schon Macht-Standpunkt, dann muß man wirklich Macht *haben.* Wie sieht die Machtfrage bei uns aus? Und zwar, wenn wir sie aller Phrasen enthoben betrachten. Nehmen Sie etwa England, das Judentum und das arabische Volk. Meinen Sie wirklich, daß alle Erklärungen, Zusicherungen und Vereinbarungen, die England unterzeichnet hat, ausreichen würden, um es in einem Moment, wo es Rücksicht zu nehmen hätte auf die Macht arabischer Völker oder eines arabischen Völkerbundes, es bestimmen würde, auf unserer Seite zu stehen? Oder wenn Sie über England hinausdenken, an den Völkerbund, meinen Sie wirklich, daß wenn die Entscheidung des Völkerbundes so zu treffen wäre, England oder das Judentum, daß innerhalb solcher Interessengegensätze lediglich das Faktum, das Judentum sei im Recht, den Völkerbund dazu bestimmen würde, sich gegen England zu wenden? Wie kann man eine solche Illusionspolitik vertreten !

Und wir selbst? Es ist nicht zu leugnen, daß wir eine gewisse Macht darstellen, wir, die Judenheit. Gerade die Entstehung der Balfour-Deklaration zeigt, daß nicht nur Palästina für England wichtig ist, sondern daß auch die Juden für England wichtig sind. Es gibt also geschichtliche Augenblicke, in denen wir wichtig sein können. Aber das sind außerordentliche Augenblicke. Und darauf, daß wieder ein außerordentlicher Augenblick ähnlicher Art kommen würde, wo wir von Wert, von Bedeutung sein könnten, darauf läßt sich eine Politik nicht errichten. Wir sind eine Macht. Aber wir dürfen diese Macht nicht in einer ihrer Art und ihrem Umfang nicht entsprechenden Weise aufbauschen und ausschreien. Wir treiben mit unserer realen Macht eine Bluffpolitik, nicht in dem Sinn, daß wir eine Macht vorgeben, die wir nicht haben. Wir gehen mit dieser Macht in einer Weise um, daß man mit der Zeit sogar daran zweifeln möchte, ob wir sie überhaupt haben. 1914 war das Ergebnis allgemeiner Bluffpolitik. Aber ich glaube, daß die Zeit hierfür vorüber ist. Wir reden uns selbst Dinge ein und versuchen dann, sie der Welt einzureden. Wir sind ja sehr geneigt, sie zu glauben, aber die Welt wird immer weniger geneigt hierzu.

Ich komme zu dem zweiten Standpunkt, den ich wesentlich ernster nehme, den ich den „Umschwungs-Standpunkt" nennen möchte, den ein großer Teil der Arbeiterschaft Palästinas vertritt. Es wird davon ausgegangen, daß die arabische Bevölkerung in Klassen geteilt ist. Man sagt, die Effendis stehen dem Proletariat gegenüber, und wir haben die Aufgabe, uns mit dem Proletariat solidarisch zu erklären, ihm zu zeigen, daß die Effendis seine wahren Feinde sind, daß sie es mit der nationalistischen Parole ködern und es von seinen eigenen sozialen Zielen ablenken wollen. Darin liegt ein starker Wahrheitsgehalt. Das Klassenbewußtwerden einer Volksmasse, wie sie in Palästina ist, ist ein langsamer Prozeß, der das soziologische Tempo innehat. Diesem soziologischen Entwicklungstempo steht das reale rasche Tempo der politischen Situation gegenüber. Dieses Tempo ist viel schneller als das Tempo der Entwicklung des Proletariats zum Klassenbewußtsein. Das Tempo der Ereignisse ist das, von dem hier zu reden ist. Schwierig ist die Tatsache, daß wir auch Effendis haben, nicht nur, weil wir eine Jewish Agency haben, sondern weil wir einen Zionismus haben, haben wir einen nationalen Bund zwischen den Effendis und uns. Bourgeoisie und Proletariat, das heißt nationale Bewegung. Wir wissen also, daß es bei uns trotz Effendis und Proletariat eine wirkliche nationale Einheit und Bewegung gibt, aber wir wollen zur gleichen Zeit nicht, daß es sie bei den Arabern gibt. Ich glaube, daß wir allen Grund haben, einzusehen, daß es auch bei den Arabern diese Einheit gibt und so übersieht man bei uns, daß es bei den Arabern eine echte nationale Bewegung geben kann. Die Situation lehrt, daß uns der Umschwungs-Standpunkt nicht hilft.

[...] Wir sind nach Jahrtausenden des Exils in die Situation gebracht worden, Palästina neu zu besiedeln. Ich glaube daran, daß dies eine Probe bedeutet, gleichviel ob man das religiös fassen will. Aber diejenigen, die wissen, was ich meine, verstehen mich. Aber wenn man es auch außerreligiös auffaßt, es ist eine historische Probe. Was wir in dieser furchtbar schweren Situation anzufangen haben, das ist , vielleicht die größte Frage, die wir zu beantworten haben und von der Antwort auf diese Frage hängt Unabsehbares ab.

## DIE KLAGEMAUER
(1929)

Es ist uns so ergangen, daß wir in Palästina im wesentlichen nicht mit den Arabern, sondern neben den Arabern gelebt haben und leben. Und die Folge davon, daß es kein Miteinander, sondern ein Nebeneinander, gewesen ist, die Folge davon ist, daß aus diesem *Neben* von unseren „Feinden" ein *Gegen* gemacht worden ist. Wären wir zu einem wirklichen Miteinanderleben bereit gewesen, wären die letzten Ereignisse nicht möglich gewesen.

Wir müssen hier auch auf die aktuellste Frage eingehen, auf die Frage, die den unmittelbaren Anlaß zu den Ereignissen gegeben hat, auf die Frage der Klagemauer. Aus dem Neben ist ein Gegen gemacht worden, und wir sind nicht unschuldig daran, daß dieses Gegen in der Form religiöser Fanatisierung Ausdruck fand. Ich darf von Ihnen beanspruchen, daß Sie wissen, daß die Klagemauer für mich ein Wert ist, daß Sie wissen, daß mir bekannt ist, was die Klagemauer bedeutet. Ich habe aber in den letzten Monaten nicht nur eine Entweihung der Klagemauer durch arabischen Mob erlebt, sondern auch eine Entweihung dadurch, daß sie von einem irre geleiteten Teil unserer eigenen Jugend zu einem Objekt nationalistischer Propaganda und Demonstration gemacht worden ist. Und dazu ist die Klagemauer höchst ungeeignet. Die Klagemauer ist die Sache derer, die an den Tempel glauben und um die Erneuerung des Tempels beten. Und wenn um die Klagemauer herum eine Front gebildet worden ist des Nationalismus, so ist das eine falsche und entheiligende Front. Während die Front auf der arabischen Seite wirklich gläubig aussah, während dort Menschen waren, für die es um eine wirklich heilige Sache ging, so sah die Front auf unserer Seite aus: Gläubige und Ungläubige. Es ist nicht mit Unrecht gesagt worden, daß wir in eine Falle gegangen sind, daß wir uns haben hineinziehen lassen in diesen Mißbrauch einer heiligen Sache. Und vielleicht haben wir selbst Anlaß gegeben zum religiösen Fanatismus der Masse. Das soll keine Rechtfertigung für die englische Regierung bedeuten. Über die Unzulänglichkeit, über die Verkehrtheit, über die Verantwortungslosigkeit der englischen Regierung und ihrer Organe kann es nicht zwei Meinungen geben. Ich brauche Ihnen die Situation nicht zu schildern. Sie ist wie sie ist. Wir fragen uns angesichts dieser Situation: was ist zu tun? Ich habe kein Rezept in der Tasche. Niemand hat es. Sagen wir uns die bittere Wahrheit: der Karren ist verfahren. Aber es ist noch manches zu tun. In diesem Augenblick wahrscheinlich nichts anderes" als Anfangsaktionen, große Anstrengungen zu machen, um den Karren herauszuziehen. Sagen Sie aber nicht, es ist wenig. Dies wenige ist das, was zu tun ist. Das sind zwei Dinge: das eine, das Aktuellste, ist: die Todesurteile dürfen nicht vollstreckt werden, und wir Zionisten, wir Juden, müssen intervenieren. Wir haben kein Recht, aber wir müssen manifestieren, wir müssen vor der Öffentlichkeit der Welt sagen, es ist unser Wille, daß die Todesurteile, die unseretwegen, wegen der Untaten an uns ausgesprochen wurden, nicht zu vollstrecken sind. Nicht ein Teil des Judentums, sondern die Vertretung des Judentums, die Jewish Agency muß intervenieren. Das zweite ist: die Frage der Klagemauer muß zu einer Sache werden, über die Menschen beider Lager miteinander reden. Das ist nämlich noch nicht geschehen. Mit beiden Lagern meine ich nicht die Bevölkerung Palästinas und uns, sondern den Islam und das Judentum. Das sind die Instanzen, die zusammen zu reden haben. Denn es handelt sich um eine heilige Stätte beider Religionen, es handelt sich darum, diese schwere Frage einer Lösung zuzuführen, zu versuchen, indem man zunächst versucht, miteinander zu reden, sich zusammen an einen Tisch zu setzen. Das ist nicht Sache der Engländer, sondern unsere Sache. Unsere Sache ist, Vertreter zu ernennen und um die Ernennung von Vertretern des Islam zu ersuchen. Es ist ein Versuch, der uns zusteht. Und sollte es gelingen, zunächst über die Klagemauer zu einer Vereinbarung zu gelangen, wäre ein erster Schritt getan. Es ist noch kein Locarno (Der „Locarno-Pakt" von 1925 bestand aus einer Reihe von Verträgen, die auf einer in Locarno [Schweiz] abgehaltenen Konferenz abgeschlossen wurden, an der Vertreter aus England, Frankreich, Deutschland, Italien, Belgien, der Tschechoslowakei und Polen teilnahmen. Der Pakt, der als Grundstein der europäischen Sicherheit gedacht war, wurde als Einführung in ein Zeitalter des Friedens begrüßt. [A.d.Hg.]) aber ein Schritt auf dem Wege zur Lösung.

## HANS KOHN:
## Der Zionismus ist nicht das Judentum

Jerusalem, 21. November 1929

[…] Es ist mir in der letzten Zeit immer bewußter geworden, daß die offizielle Politik der Zionistischen Organisation und die Gesinnung der weitaus überwiegenden Mehrheit der Zionisten in keiner Weise mit meinen Überzeugungen in Einklang gebracht werden kann und daß ich daher einen führenden Beamtenposten innerhalb der Zionistischen Organisation nicht mehr bekleiden kann. Der Zionismus, den ich seit 1909 vertreten habe, war niemals ein politischer Zionismus. Ich und eine Gruppe von Freunden sahen im Zionismus eine sittlich-geistige Bewegung, innerhalb derer wir unsere allgemein menschlichen Überzeugungen, unsern Pazifismus, Liberalismus und Humanismus verwirklichen können. Uns wurde oft entgegengehalten, daß wir innerhalb der europäischen Völker restlos für Pazifismus oder ethische Politik nicht eintreten können, weil wir dann als Volksfremde, als Verräter bezeichnet werden. Zion sollte die Verwirklichungsstatte unserer menschheitlichen Bestrebungen sein.

Von all dem ist die Wirklichkeit der Zionistischen Bewegung und der jüdischen Siedlung in Palästina weit entfernt. Sie wissen, daß ich seit Jahren innerhalb der zionistischen Bewegung den Kampf für jene Ideen gekämpft habe, die mir seit Anfang mit Zionismus gleichbedeutend waren. Sie kristallisierten sich mir später in dem, was man Araberproblem nennt. Hier lag für mich der Prüfstein des Zionismus. Nicht etwa aus irgendwelcher Sympathie für die Araber oder aus irgendwelcher positiven Einschätzung ihrer Qualitäten. Mir ging und geht es nicht um die Araber, sondern um die Juden, ihr Judentum und ihre menschliche Bewährung. Hierin hat die Zionistische Organisation, wie mir immer klarer wurde, völlig versagt. Das entscheidende Erlebnis wurde der nationale arabische Aufstand von August 1929.

Derartige Ereignisse wirken immer klärend und zwingen zu Entscheidungen, die in „normalen Zeiten" zwar ebenso fördernd bestehen, .aber uns nicht drängend bewußt werden. Hier war noch eine Möglichkeit zu einer Umkehr in der Krisis, zu einer neuen Einstellung aus. einer Erschütterung heraus, zu einer in Fragestellung der moralischen und geistigen Grundlagen des Zionismus und zum Versuche einer neuen Antwort. Sie,ist nicht wahrgenommen worden. Die überwiegende Mehrheit der Zionisten wurde in dem Weg noch bestärkt, den ich nicht .gehen kann. Für die wenigen Menschen, die so denken wie ich, war die Notwendigkeit einer ehrlichen und klaren Entscheidung gegeben. Ich bin als Jude und als Mensch, als jüdischer Mensch, was ich in mir untrennbar und in eine Richtung weisend weiß, Pazifist,, Anti-Imperialist, das, was man in Amerika ein Radical nennt. Ich hebe nur diese drei Punkte hervor, die durch die offizielle zionistische Politik in Frage gestellt sind. Ich kann nicht mittun, wenn die arabische Nationalbewegung so dargestellt wird, als sei es eine frevelhafte Agitation einiger Großgrundbesitzer. Ich weiß genau, daß unzähligemal die gleiche Darstellung von der reaktionärsten imperialistischen Presse in England und Frankreich gegen die nationalen Bewegungen in Indien, Ägypten, China, kurz überall verwendet wurde, wo die nationalen Bewegungen-unterdrückter Völker die Interessen der Kolonialmacht zu gefährden drohten. Ich weiß, wie falsch und verlogen diese Darstellung war. Ich kann sie erst recht nicht mitmachen, wenn es sich um die Sache eines Volkes handelt, das ich mit vollem Bewußtsein als ein auserwähltes Volk betrachte, um die Zukunft einer Bewegung, die ich mir nur denken kann, wenn sie auf sittlichen Fundamenten steht. Die Mittel bestimmen das Ziel. Sind die Mittel Lüge und Gewalt, kann das Ergebnis nicht gut sein.

Wir stellen uns als die unschuldig Angegriffenen hin. Selbstverständlich haben uns im August die Araber überfallen. Da sie über keine Armeen verfügen, konnten sie sich auch nicht an die Kriegsreglements halten. Sie verübten alle Barbareien, die einem Kolonialaufstand eigentümlich sind. Aber wir sind verpflichtet, die tieferen Ursachen zu sehen. Wir sind seit zwölf Jahren in Palästina, ohne auch nur einmal den ernstlichen Versuch gemacht zu haben, uns um die Zustimmung des Volkes zu kümmern, mit dem Volke zu verhandeln, das im Lande wohnt. Wir haben uns ausschließlich auf die Militärgewalt Großbritanniens verlassen. Wir haben Ziele aufgestellt, die notwendigerweise und in sich selbst zu Konflikten mit den Arabern führen mußten und von denen wir uns sagen mußten, daß sie Anlaß und zwar berechtigter Anlaß zu einem nationalen Aufstande gegen uns sind. Wir hätten das Weißbuch von 1922 uns nicht von außen aufzwingen, sondern als unsere eigene Ideologie entwickeln sollen. Da wir in das Land kamen, war es unsere Pflicht, mit verfassungsmäßigen Vorschlägen zu kommen, die ohne eine große Schädigung, ja Vernichtung der arabischen Rechte und Freiheiten uns eine freie kulturelle und soziale Entwicklung gestattet hätten. Wir aber haben zwölf Jahre lang getan, als ob die Araber nicht existierten und waren froh, wenn wir nicht an ihre Existenz erinnert wurden.

Nach dem Aufstand gelang es der arabischen Nationalbewegung, sich zum ersten Male umfassend zu organisieren und das ganze Volk zu ergreifen. Unsere Pflicht wäre gewesen, den offenen und nur durch das britische Militär niedergehaltenen Krieg so schnell als möglich durch Friedensvorschläge zu beenden, nicht aber alle möglichen Winkelzüge zu machen. Wir haben ebenso wie die Mächte im Weltkriege erklärt, daß wir gern Frieden schließen wollen, wenn wir erst einmal stark genug sind. Das heißt, wir erstreben ebenso wie die Mächte im Weltkriege einen Siegfrieden, einen Frieden, bei dem der Gegner das tut, was wir wollen. Natürlich will jeder den Frieden, vorausgesetzt, daß er das haben kann, was er für sich als wesentlich betrachtet. Dabei ist es das Volk, das entscheidet, was für es wesentlich ist, nicht eine höhere Instanz oder ein höheres Gewissen. So kann der Krieg noch lange fortgehen. Gegen diese Stellung der Mächte im Weltkriege, gegen diese Gesinnung sind die wahren Pazifisten aufgestanden. Ich würde mich freuen, wenn es auch bei uns einige solche Pazifisten gäbe. Es wäre gut, wenn die Juden in eigener Sache jenen Mut bewiesen, den z. B. die englischen Pazifisten im Weltkrieg bewiesen haben.

Jede Hinausschiebung des Friedensschlusses macht den Frieden nicht etwa möglicher, sondern erweitert die Kluft zwischen den beiden Völkern. Die arabische Nationalbewegung wächst und wird wachsen. Die Verständigung mit ihr wird in kurzer Zeit viel schwieriger sein als heute, selbst wenn wir dann um einige Zehntausend mehr im Lande sein sollten. Ich glaube, daß es möglich ist, daß wir uns mit englischer Hilfe und später mit Hilfe unserer eigenen Bajonette, die wir schamhaft Haganah nennen, weil wir den Mut zu unserer eigenen Politik nicht haben, noch lange in Palästina halten und wachsen können. Wir werden aber dann der Bajonette nie entbehren können. Das Mittel wird das Ziel bestimmt haben. Das jüdische Palästina wird nichts von jenem Zion haben, für das ich eingetreten bin. Heute noch können wir mit den Arabern zu einem Ausgleich kommen, der einen wahren Frieden sichert. [...]

Dieser Brief ist nur für Sie bestimmt. Er verlangt keine Antwort. Es handelt sich um Fragen, auf die ein jeder aus den letzten Entscheidungen seines Wesens heraus antworten muß und nur für sich allein antworten kann. Mit meinem Austritt aus dem K. H. schließt eine Epoche meines Lebens. Zwanzig Jahre ausschließlich zionistischer Tätigkeit, davon zehn Jahre im K. H., sind im Rahmen eines Menschenlebens nicht wenig. An einem solchen Abschnitt ist man sich und seinen Freunden Rechenschaft schuldig. Über den Weg, den ich bis heute zurückgelegt habe, habe ich oben geschrieben.

Über den Weg vor mir weiß ich noch wenig. Die alten ausgetretenen Wege nationaler Politik, wie sie im neunzehnten Jahrhundert die europäischen und im zwanzigsten die orientalischen Völker gehen und wie sie ihnen das jüdische Volk nachgeht, können nicht weiter beschritten werden. Wir müssen ganz andere, neue Wege suchen. Manchmal fühle ich noch die stolze Hoffnung, daß auf diesen neuen Wegen Juden, ihres Volkes bewußte Juden, vorangehen mögen.

[...]

Mit den herzlichsten Wünschen
und Grüßen, Ihr aufrichtig ergebener *Hans Kohn*

## WANN DENN?
## (1932)

Wir leben in einem Zeitalter der Entwertung des Wortes. Der sprachbegabte Geist hat allzu hemmungslos seine Sprache den jeweils mächtigen Strömungen zur Verfügung gestellt. Statt das Wort in der Stille der Verantwortung aus dem Gedanken wachsen zu lassen, hat er es mit einer beinah mechanisierten Kunstfertigkeit für den Bedarf hergestellt. Diesen „Verrat" haben nicht die Clercs allein zu büßen, deren Rede nun auf mißtrauische Ohren trifft; schlimmer ist es, daß ihre Hörerschaft, daß vor allem die ganze heute junge Generation das edelste Glück junger Menschen entbehren muß: dem Geist vertrauen zu dürfen. Es ist zu verstehen, daß viele von ihnen nunmehr in den Gebilden des Geistes nur noch „Ideologien" erblicken, prunkvolle Mäntelchen sehr simpler Gruppeninteressen; daß sie an eine Wahrheit, die über den Parteien, über den Machthabern und Machtbegierigen steht, nicht mehr glauben wollen. Sie sagen uns, einander und sich selbst, sie seien es müde, mit erhabenen Illusionen gefüttert zu werden; man müsse auf die „natürliche" Grundlage, auf die unverstellten Instinkte, zurückgreifen; auf der schlichten Selbstbehauptung sei, wie das Leben der Person, so das jedes Volkes zu errichten.

Wie immer es die andern halten: wir, meine Freunde, dürfen diesen Weg nicht gehen. Sind wir wirklich Juden, das heißt Träger einer Überlieferung und eines Auftrags, so wissen wir, was uns überliefert ist: daß es eine Wahrheit gibt, die „das Siegel Gottes“ ist, und wissen, was uns aufgetragen ist: diese eine Wahrheit sich in unserem vielfältigen Leben ausprägen zu lassen. Haben können wir sie freilich nicht, denn sie ist Gottes allein; siegeln können wir mit ihr nicht. Aber wir können das vielfältige Wachs sein, in dem sie sich ausformt; jeder ein anderes Wachs, von anderer Farbe und Art, aber alle aufnahmsfähig für die Ausgestaltung der Wahrheit – denn alle sind wir „im Ebenbild geschaffen“, darauf angelegt, Bilder des göttlichen Wesens zu werden. Gewiß, wir besitzen die Wahrheit nicht; aber deshalb sind wir weder auf bloße Ideologien noch auf bloße Instinkte angewiesen, denn jedem von uns ist die Möglichkeit eröffnet, in ein echtes Realverhältnis zur Wahrheit zu treten. Zu einem solchen Verhältnis genügt jedoch das Denken nicht, das ja nur ein Teil unseres Wesens ist; auch das Gefühl genügt dazu nicht; nur mit dem ungeteilten, einigen Leben, das von uns gelebt wird, erlangen wir es. Der Geist kann von seinem letzten Sündenfall, von der Entheiligung des Wortes, nur erlöst werden, wenn das Wort gedeckt und verantwortet wird durch das ganze gelebte Leben. Der Verrat der Geistigen kann nicht dadurch gesühnt werden, daß der Geist sich auf sich selber zurückzieht, sondern dadurch nur, daß er den falschen Wirklichkeitsdienst durch den wahren ersetzt und gutmacht. Er soll nicht den Mächten des Tages und dem, was sie Wirklichkeit nennen, dienen, nicht dem kurzlebigen Schein; er soll der echten großen Wirklichkeit dienen, in der die Wahrheit Gottes verwirklicht werden will; er soll dienen. Der Mensehengeist, der über den Situationen schweben will, wird, mag er noch so herrlich sein, der Lebendigkeit nicht teilhaftig werden; nur wenn er, ohne seinen obern Ursprung zu verleugnen, vielmehr gerade um ihn zu bewähren, in die Situation eingeht, wird er fruchtbar sein, wird er Leben zeugen und leben. Bleibet dem Geist treu, meine Freunde, aber bleibet ihm treu.in der Wirklichkeit! Unsre erste Frage muß sein: Was ist die Wahrheit, was ist Gottes Gebot an uns? Aber unsre zweite muß sein: Wie erfüllen wir es da, wo wir stehen?

Wir werden es nicht erfüllen, gar nicht, wenn wir unsre Welt und unser Leben teilen in einen Bezirk, in dem das Gebot Gottes herrscht, und in einen andern, der von den Gesetzen der Wirtschaft, der Politik, der „schlichten Selbstbehauptung“ der Gruppe ausschließlich bestimmt ist. Dieser Dualismus ist noch weit bedenklicher als jener Naturalismus, von dem ich vorher sprach. Ein Herausbrechen aus der Verbundenheit des Daseins mit dessen Sinn ist es, wenn man sich die Ohren stopft, um die Stimme von oben nicht zu hören; wer aber die Stimme hört und zugleich das Gebiet abgrenzt, außerhalb dessen sie keine Geltung beanspruchen dürfe, der stellt sich nicht wie jener abseits, sondern unmittelbar gegen Gott. Der Atheist kennt Gott nicht; aber der Anhänger einer Ethik, die da endet, wo die Politik anfängt, vermißt sich, dem Gott, den er zu kennen vorgibt, vorzuschreiben, wie weit seine Macht zu reichen hat. Die Polytheisten teilen die Welt und das Leben unter viele Gewalten auf, für sie hat Deutschland einen Gott und Frankreich einen anderen, es gibt einen Gott des Geschäfts und einen Gott des Staates, jeder dieser Bezirke hat sein eignes Gesetzbuch und untersteht keinem höheren Gericht; die Zivilisation des Abendlands bekennt sich zu Einem Gott und lebt in der Vielgötterei; wir Juden sind tausendfältig in diese Zivilisation verflochten – aber wenn wir ihren Dualismus von Bekenntnis und Leben mitmachen, haben wir unser Daseinsrecht verloren. Als ein Volk aus der Völkermenge wären wir naturgemäß längst tot; nur weil wir es gewagt hatten, mit der Einheit Gottes, mit der Alleinherrschaft Gottes Ernst zu machen, sind wir paradoxerweise noch da. Geben wir Gott auf, so wird er uns aufgeben; und wir geben ihn auf, wenn wir uns zu ihm in der Synagoge bekennen und ihn im Versammlungslokal verleugnen, wenn wir in unsrem persönlichen Leben sein Gebot walten lassen und das Leben der Gruppe, der wir angehören, andern Normen unterwerfen. Was für den einzelnen unrecht ist, kann nicht für die Gemeinschaft recht sein; denn sonst wäre Gott, der Gott vom Sinai, nur noch ein Herr der einzelnen und nicht mehr der Herr der Völker. Sind wir wirklich Juden, so glauben wir, daß Gott den Menschen seinen Willen für ihr Leben kundtut und daß es von der Erfüllung seines Willens abhängt, ob das Leben Sinn hat oder nicht. Und wenn wir nach unsrem innersten Wissen sagen wollen, was Gottes Gebot an die Menschheit ist, so werden wir nicht einen Augenblick zweifeln, daß es Friede heißt. Aber viele unter uns meinen, das gelte erst für eine bessere Zukunft; heute müsse man den Krieg aller gegen alle mitmachen, um nicht unterzugehen. Gerade wenn wir diesen Krieg mitmachen, werden wir untergehen; denn es gibt für uns nur den einen Untergang: daß Gott uns seiner Hand entgleiten läßt.

Ich höre oft in unserer Mitte erklären: „Auch wir wollen, daß der Geist des Judentums sich erfülle, auch wir tragen Verlangen danach, daß die Lehre von Zion ausgehe, und wir wissen, daß sie dazu nicht Wort allein, sondern gelebtes Leben sein muß; wir wollen, daß das Wort Gottes auf Zion zur Wirklichkeit werde.

Aber damit das geschehe, muß es doch erst wieder ein Zion auf der Welt geben; erst also wollen wir Zion erbauen, wir wollen es – mit allen Mitteln!“ Sollte es jedoch nicht am Ende Zions Eigentümlichkeit sein, daß es eben nicht „mit allen Mitteln“, sondern nur *bemischpat* (Jesaia I, 27), nur „mit Gerechtigkeit“ erbaut werden *kann?* Sollte Gott sich nicht weigern, sein Heiligtum aus den Händen des Teufels anzunehmen? Wenn einer sich vornimmt, sechs Jahre zu stehlen und zu rauben, um im siebenten aus dem so gewonnenen Gut einen Tempel zu erbauen, und wenn es ihm gelingt –, werden es dann wirklich Tempelwände sein, die er baut, und nicht vielmehr eine Räuberhöhle (Jeremia 7, II) oder ein Räuberpalast, auf dessen Tor er den Namen Gottes einzugraben wagt? Gewiß, Gott baut sich nicht selber sein Haus, er will, daß wir Menschen es mit Menschenhänden und mit Menschenkraft bauen, denn mit diesem Haus ist ja nichts andres gemeint als dies, daß endlich damit begonnen werde, Gottes Wort auf Erden zu leben! Aber bildet ihr euch ein, daß Gott nicht stark genug sei, uns dieses Haus, wenn wir es mit seinen Mitteln, *bemischpat,* begründet haben werden, auch mit seinen Mitteln vollenden zu lassen? Wenn ihr euch das einbildet, dann redet nicht mehr von Judentum, jüdischem Geist und jüdischer Lehre! Denn Judentum ist die Lehre, daß es in Wahrheit nur Eine Macht gibt, die zwar zuweilen duldet, daß die Scheinmächte der Welt etwas im Widerspruch gegen sie zustande bringen, aber nicht, daß es bestehe; was jedoch in ihrem Dienste geschaffen wird, so daß nicht das Ziel allein, sondern auch der Weg vom Geist des Rechten bestimmt ist, das mag eine Zeit schwer zu kämpfen haben, mag schwer bedroht erscheinen, schwach den starken Scheinmächten gegenüber, aber es wird bleiben.

Ich möchte das Wichtigste auch denen vergegenwärtigen, die die religiöse Sprache nicht verstehen können oder wollen und daher der Meinung sind, ich spräche von der Theologie. Ich spreche von der *Wirklichkeit der Geschichte.* In der Wirklichkeit der Geschichte geht es nicht so zu, daß man sich ein gerechtes Ziel setzt, einen Weg dazu wählt, wie ihn etwa die Gunst der Stunde darbietet, und auf diesem Weg das gesetzte Ziel auch erreicht. Damit das erreichte Ziel dem gesetzten gleiche, muß diesem der Weg in seinem Wesen gleichen. Ein falscher, das heißt: zielwidriger Weg führt zu einem falschen Ziel. Was durch Lüge zustande gebracht wird, kann die Maske der Wahrheit, was durch Gewalt zustande gebracht wird, die Maske der Gerechtigkeit vorbinden, und eine Weile mag die Täuschung gelingen; aber bald wird erkannt, daß die Lüge in ihrem Wesen Lüge und die Gewalt in ihrem Wesen Gewalt geblieben ist, und sie werden das geschichtliche Los alles Falschen erfahren. Ich höre manchmal sagen, eine Generation müsse sich opfern, sie müsse „die Sünde auf sich nehmen“, damit die kommenden Geschlechter frei werden, Gerechtigkeit zu üben. Aber es ist ein törichter Selbstbetrug, man könne selber ein wüstes Leben führen und seine Kinder zu guten und glücklichen Menschen erziehen: sie werden zumeist Heuchler oder Friedlose.

Die Geschichte hat uns viel zu lehren; aber man muß verstehen, sich von ihr belehren zu lassen. Die Momentserfolge, auf die man hinzuschauen pflegt, sind nur die Kulissen der Weltgeschichte; die echten Siege, die in der Verborgenheit erfochten werden, sehen für den Vordergrundsblick mitunter wie „Niederlagen aus. Die echten Siege geschehen langsam und unmerklich, aber sie wirken weithin. Vor den Kulissen nimmt sich unser Glaube, daß Gott der Herr der Geschichte ist, zuzeiten lächerlich aus; aber es gibt eine Heimlichkeit der Geschichte, die unsern Glauben bestätigt. Wer Frieden stiftet, so haben unsre Weisen gelehrt, ist ein Werkgenosse Gottes. Aber man stiftet Frieden nicht mit versöhnlichen Worten an die andern und nicht mit menschheitsfreundlichen Projekten; man stiftet ihn, man hilft, den Weltfrieden zu verwirklichen, indem man den Frieden selber da verwirklicht, wo man dazu berufen und aufgerufen ist: in der Aktivität der eigenen Gemeinschaft, da, wo sie selber ihr Verhältnis zu einer andern Gemeinschaft aktiv mitzubestimmen vermag. Die Friedensbotschaft der Prophetie an Israel gilt nicht erst für messianische Zeiten; sie gilt für den Tag, wo das Volk neu berufen wird, an der Gestaltung des Schicksals seiner Urheimat teilzunehmen – sie gilt für heute. „Wenn nicht jetzt, wann denn?“ Die Erfüllung im Dann ist an die Erfüllung im Jetzt mit geheimnisvollen Stricken gebunden.

## MAHATMA GANDHI:
## Zur Lage der Juden in Deutschland und Palästina
(1938)

Ich habe verschiedene Briefe erhalten, in denen ich gebeten werde, meine Ansichten über die arabisch-jüdische Frage in Palästina und die Verfolgung der Juden in Deutschland darzulegen. Nur zögernd wage ich, mich zu dieser schwierigen Frage zu äußern.

Mein Mitgefühl gehört durchaus den Juden. Ich habe sie in Südafrika eingehend kennengelernt. Einige wurden meine Freunde fürs Leben. Durch diese Freunde erfuhr ich viel über ihre jahrhundertelange Verfolgung. Sie waren die Unberührbaren der Christenheit. Die Parallele zwischen ihrer Behandlung durch die Christen und der Behandlung der Unberührbaren durch die Hindus liegt sehr nahe. In beiden Fällen hat man sich zur Rechtfertigung der unmenschlichen Behandlung, die man ihnen zufügte, darauf berufen, daß diese von der Religion gutgeheißen würde. Mein Mitgefühl für die Juden hat also, abgesehen von den Freundschaften, einen mehr allgemein-menschheitlichen Grund.

Aber mein Mitgefühl macht mich nicht blind gegenüber den Erfordernissen der Gerechtigkeit. Der Ruf nach einer nationalen Heimstätte für die Juden spricht mir nicht sehr zu. Seine Beglaubigung sucht man in der Bibel und der Ausdauer, mit der die Juden eine Rückkehr nach Palästina ersehnt haben.

Warum sollten sie nicht, wie andere Völker der Erde, jenes Land zu ihrer Heimat machen, wo sie geboren sind und ihren Lebensunterhalt erwerben?

Palästina gehört den Arabern, so wie England den Engländern, Frankreich den Franzosen, gehört. Es ist falsch und unmenschlich, die Juden den Arabern aufzuzwingen. Was heute in Palästina vorgeht, läßt sich durch kein Moralgesetz rechtfertigen. Die Mandate beruhen lediglich auf dem letzten Krieg. Es wäre sicher ein Verbrechen gegen die Menschlichkeit, die stolzen Araber zu erniedrigen, so daß Palästina den Juden ganz oder teilweise als ihre nationale Heimstätte wiedergegeben werden könnte.

Es wäre edler, auf einer gerechten Behandlung der Juden zu bestehen, wo immer sie geboren und erzogen wurden. Die Juden, die in Frankreich geboren sind, sind genauso Franzosen wie die Christen, die in Frankreich geboren sind.

Würden sich die Juden, wenn sie keine andere Heimat als Palästina haben, mit dem Gedanken befreunden, daß sie gezwungen sind, die übrigen Teile der Welt, in denen sie sich niedergelassen haben, zu verlassen? Oder wollen sie eine doppelte Heimat, wo sie nach Belieben bleiben können? Dieser Ruf nach der nationalen Heimstätte liefert eine raffiniert vorgetäuschte Rechtfertigung für die deutsche Judenvertreibung.

Aber die deutsche Judenverfolgung scheint keine Parallele in der Geschichte zu haben. Die Tyrannen von einst wurden niemals so wahnsinnig, wie es Hitler geworden zu sein scheint. Denn er verkündet einen neuen Glauben des exklusiven und militanten Nationalismus, in dessen Namen jede Unmenschlichkeit, zu einem Akt der Menschlichkeit wird, der hier und im Jenseits belohnt wird. Das Verbrechen eines offensichtlich verrückten, aber unerschrockenen Jugendlichen wird zum Anlaß genommen, seine ganze Rasse mit unvorstellbarer Grausamkeit zu verfolgen. Ein Krieg gegen Deutschland zur Verhinderung der frevelhaften Verfolgung einer ganzen Rasse wäre völlig gerechtfertigt, wenn es überhaupt einen gerechten Krieg im Namen der Menschlichkeit und für sie geben könnte. Aber ich glaube an keinen Krieg. Eine Erörterung der Für und Wider eines solchen Krieges liegt daher außerhalb meines Gesichts- und Wirkungskreises. Wenn es aber nicht einmal für ein derartiges Verbrechen, wie es jetzt an den Juden verübt wird, einen Krieg gegen Deutschland geben kann, kann es doch sicher kein Bündnis zwischen einer Nation, die für sich in Anspruch nimmt, für Recht und Demokratie einzutreten und einer, die der erklärte Feind beider ist, geben? Oder treibt England auf die bewaffnete Diktatur und alles, was damit verbunden ist, zu?

Deutschland zeigt der Welt, wie wirksam Gewalt angewendet werden kann, wenn sie nicht durch Heuchelei oder Schwäche, die sich als Menschlichkeit ausgeben, behindert ist. Es zeigt auch, wie scheußlich, schrecklich und.erschreckend sie in ihrer Unverhülltheit aussieht.

Können die Juden dieser organisierten und schamlosen Verfolgung widerstehen? Gibt es einen Weg für sie, ihre Selbstachtung zu bewahren, ohne sich hilflos, vernachlässigt und verlassen zu fühlen? Ich glaube, ja. Niemand, der an einen lebendigen Gott glaubt, braucht sich hilflos und verlassen zu fühlen. Jehova, der Gott der Juden, ist ein persönlicherer Gott als der Gott der Christen, Moslems oder Hindus, obwohl er tatsächlich wesensmäßig allen gemeinsam ohnegleichen und jenseits aller Beschreibung ist. Aber da die Juden Gott Persönlichkeitseigenschaften zusprechen und glauben, daß Er jede ihrer Handlungen lenkt, sollten sie sich nicht als hilflos betrachten.

Wenn ich ein Jude wäre, der in Deutschland geboren ist und dort seinen Lebensunterhalt verdient, würde ich Deutschland als meine Heimat beanspruchen geradeso wie der höchste nichtjüdische Deutsche, und ich würde ihn herausfordern, mich zu erschießen oder in den Kerker zu werfen; ich würde mich weigern, vertrieben zu werden oder mich einer diskriminierenden Behandlung zu unterwerfen. Und ich würde damit nicht warten, bis meine Glaubensbrüder sich meinem bürgerlich-rechtlichen Widerstand anschließen, sondern darauf vertrauen, daß die übrigen schließlich unfehlbar meinem Beispiel folgen würden. Wenn ein Jude oder alle Juden diesen Vorschlag annehmen sollten, könnten er oder sie nicht schlechter daran sein als sie es jetzt sind. Und das freiwillig erduldete Leiden wird ihnen eine innere Stärke und Freude geben wie noch so viele Sympathiekundgebungen, die in der Welt außerhalb Deutschlands veranstaltet werden, es ihnen nicht geben können, selbst wenn Großbritannien, Frankreich und Amerika Deutschland den Krieg erklären würden.

Die berechnete Gewalttätigkeit Hitlers könnte sogar zu einem allgemeinen Blutbad unter den Juden anstelle seiner ersten Antwort auf die Eröffnung solcher Feindseligkeiten führen. Aber wenn die Juden auf freiwillige Leiden vorbereitet werden könnten, könnte selbst das Blutbad, das ich für möglich halte, zu einem Tag des Dankes und der Freude werden dafür, daß Jehova die Hinopferung der Rasse, sei es auch durch die Hände des Tyrannen, beschlossen hat. Für den, der Gott fürchtet, hätte der Tod keinen Schrecken.

Ich halte es kaum für notwendig, darauf hinzuweisen, daß es für die Juden leichter als für die Tschechen ist, meinem Vorschlag zu folgen. Und – sie haben in dem indischen Satyagraha-Feldzug in Südafrika ein genaues Gegenstück. Dort nahmen die Inder durchaus denselben Platz ein wie die Juden heute in Deutschland. Die Verfolgung hatte gleichfalls eine religiöse Färbung. Präsident Krüger pflegte zu sagen, daß die weißen Christen die Auserwählten Gottes seien und die Inder niedere Wesen, geschaffen, um den Weißen zu dienen. Die Verfassung von Transvaal enthielt die grundlegende Bestimmung, nach der es keine Gleichheit zwischen den Weißen und den farbigen Rassen, einschließlich der Asiaten, geben solle. Auch die Inder wurden dort in Ghettos zusammengefaßt, die man als Niederlassungen bezeichnete. Die anderen Entrechtungen waren nahezu von der gleichen Art wie die der Juden in Deutschland. Die Inder, nur eine Handvoll, nahmen ihre Zuflucht zu *Satyagraha* ohne einen Rückhalt in der übrigen Welt oder bei der indischen Regierung. Die britische Beamtenschaft versuchte zwar, die Satyagrahis von ihrem geplanten Schritt abzubringen. Die Weltmeinung und die indische Regierung kamen ihnen nach acht Jahren Kampf zu Hilfe, und auch das nur durch diplomatischen Druck und nicht mit einer Kriegsdrohung. Aber die Juden in Deutschland können *Satyagraha* unter sicherlich besseren Voraussetzungen als die Inder in Südafrika bieten. Die Juden sind eine geschlossene, homogene Gemeinschaft in Deutschland. Sie sind weitaus begabter als die Inder in Südafrika. Sie haben die organisierte Weltmeinung hinter sich. Ich bin überzeugt davon, daß der Winter ihrer Verzweiflung in einem Augenblick zu einem Sommer der Hoffnung werden kann, wenn jemand mit Mut und Weitsicht unter ihnen aufstehen kann, um sie zu einer gewaltlosen Aktion zu führen. Und was heute eine entwürdigende Menschenjagd geworden ist, kann zu einem ruhigen und entschlossenen Widerstand werden, der von unbewaffneten Männern und

Frauen geleistet wird, welche die Stärke des Leidens besitzen, die ihnen von Jehova gegeben wurde. Dann wird ein wahrhaft religiöser Widerstand geleistet werden gegen die göttlose Raserei eines entmenschten Mannes. Die deutschen Juden werden einen bleibenden Sieg über die deutschen NichtJuden dadurch davontragen, als sie diese zu einer Wertschätzung der Menschenwürde bekehren werden. Sie werden ihren deutschen Mitbürgern einen Dienst erweisen und ihren Anspruch, die wahren Deutschen zu sein im Gegensatz zu jenen, die heute den deutschen Namen, wenn auch unbewußt, in den Schmutz ziehen.

Und nun ein Wort an die Juden in Palästina. Ich habe keine Zweifel, daß sie sich auf dem falschen Wege befinden. Das Palästina der Bibel ist kein geographisches Gebiet. Es liegt in ihren Herzen. Aber wenn sie das geographische Palästina als ihre nationale Heimstätte ansehen müssen, ist es falsch, es im Schatten der britischen Geschütze zu betreten. Eine religiöse Tat kann nicht mit Hilfe von Bajonetten und Bomben ausgeführt werden. Sie können sich in Palästina nur mit Zustimmung der Araber niederlassen. Sie sollten versuchen, die Herzen der Araber zu bekehren. Derselbe Gott, der die Herzen der Juden beherrscht, herrscht auch über die Herzen der Araber. Sie können *Satyagraba* vor den Arabern zeigen und sich selbst anbieten, um erschossen oder ins Tote Meer geworfen zu werden, ohne einen Finger gegen sie zu erheben. Sie werden die öffentliche Meinung der Welt bei ihren religiösen Bestrebungen auf ihrer Seite haben. Es gibt Hunderte von Möglichkeiten, mit den Arabern vernünftig zu verhandeln, wenn sie nur auf die Hilfe der britischen Bajonette verzichten. Solange das nicht geschieht, sind sie Spießgesellen der Briten bei der Ausplünderung eines Volkes, das ihnen nichts Übles angetan hat.

## MARTIN BUBER:
## **Brief an Gandhi**
## (1939)

Der Unglückliche hört nicht zu, wenn rings um ihn die eitlen Mäuler sein Schicksal beschwatzen; wenn aber, den leeren Lärm durchstoßend, eine Stimme ihn beim Namen anruft, die er seit langem kennt und verehrt, eine große ernste Stimme, horcht er auf. Was diese Stimme mir zu sagen hat – so denkt er –, das kann nur guter Rat und echter Trost sein, denn der da redet, weiß, was Leid ist, er weiß, daß der Leidende des echten Trostes fast noch mehr als des guten Rats bedarf, und er hat beides, Weisheit, um richtig zu raten, und jene schlichte Einheit von Glauben und Liebe, der allein sich das Geheimnis des Tröstens erschließt. Doch was er nun zu hören bekommt, enthält zwar Elemente einer ihm, eben aus dem Munde dieses Sprechers, wohlbekannten und an sich hohen Lobes würdigen Anschauung, aber auf ihn und seine Lage passen sie gar nicht, sie sind gar nicht wirklich an ihn gerichtet, jedem Wort merkt er an, daß es nur aus allgemeinen, wie gesagt sehr preisenswerten Grundsätzen geschöpft ist, und daß der Sprecher ihn, den Angerufenen, in dieser seiner Lage nicht sieht, ihn, ehe er das Wort ergriff, nicht angesehen hat, daß er ihn und seine Lage nicht kennt. Dazu kommt aber noch, daß sich mit Rat und Trost ein Drittes mischt, das beide übertönt: der Vorwurf. Nicht als wollte der Leidende in dieser Stunde von dem verehrten Manne keine Anklage entgegennehmen – im Gegenteil: erst wenn sich mit dem guten Rat und dem echten Trost der gerechte Vorwurf verbände und beiden ihren Sinn und Grund gäbe, erkenne er im Bringer des Wortes den Boten. Aber die Anklage, die da geäußert wird, ist eine ganz andere, als die er aus dem Sturm der Ereignisse und aus dem schweren Schlage des eigenen Herzens vernimmt, eine fast entgegengesetzte, – er prüft, er forscht, nein: sie ist nicht gerecht. Und das durchbohrt den Panzer seines Schweigens. Was das Wüten des Feindes nicht zustande brachte, bewirkt der freundliche Zuspruch: er muß antworten. Daß die Meister der Eishölle, ruft er, auf einen kunstfertig hergestellten Popanz meinen Namen kleben, ist in ihrem Wesen und im Wesen ihrer Beziehung zu mir begründet; aber du, Mann des guten Willens, wie weißt du nicht, daß man den sehen muß, den man anspricht, ihn in seiner Beschaffenheit, an seinem Orte, von seinem Schicksal umwittert!

Juden werden verfolgt, beraubt, mißhandelt, gepeinigt, umgebracht. Und Sie, Mahatma Gandhi, sagen, ihre Lage in dem Lande, in dem ihnen dies widerfährt, entspräche genau *(an exact parallel)* der Lage der Inder in Südafrika zur Zeit, als Sie dort Ihre berühmte „Wahrheitskraft"- oder „Seelenstärke"-*(Satyagraha-)* Kampagne eröffneten: dort hätten die Inder durchaus denselben Platz eingenommen *(there the Indians occupied precisely the same place)* und die Verfolgung habe auch dort eine religiöse Färbung *(a religious tinge)* gehabt. Auch dort habe die Verfassung die Gleichberechtigung zwischen Weißen und Farbigen, einschließlich der Asiaten, abgelehnt, auch dort seien den Indern Ghetti angewiesen worden, und die übrigen Disqualifikationen seien ebenfalls nahezu von der gleichen Art gewesen wie die der Juden in Deutschland *(almost of the same type as those of the Jews in Germany).* Ich habe diese Sätze Ihres Artikels wieder und wieder gelesen, ohne sie zu verstehen. Ich habe Ihre Reden und Schriften aus der südafrikanischen Zeit, obgleich ich sie gründlich kannte, nochmals gelesen und mir jede Beschwerde, die Sie darin vorbringen, mit aller Aufmerksamkeit und Phantasie vergegenwärtigt; ich habe dasselbe mit den Berichten Ihrer Freunde und Schüler über jene Zeit getan; aber all das hat mir nicht geholfen zu begreifen, was Sie von uns sagen. In Ihrem ersten mir bekannten Vortrag, von 1896, haben Sie, unter den Pfuirufen der Versammlung, zwei besondere Vorgänge als Zeugnis angeführt: daß eine Europäerbande einen indischen Dorfladen anzündete und einigen Schaden verursachte, und daß eine andere Bande brennende Raketen in einen anderen städtischen Laden warf. Wenn ich dagegen die Tausende und Tausende zerstörter und verbrannter jüdischer Geschäfte stelle, werden Sie vielleicht entgegnen, das sei nur ein Unterschied der Quantität, und die Handlungen seien doch *almost of the same type.* Aber wissen Sie nichts, Mahatma, von der Verbrennung der Synagogen und der Thorarollen? Wissen Sie nicht, was da an heiligem, zum Teil uraltem Gut der Gemeinschaft in Flammen aufgegangen ist? Ich habe nie davon gehört, daß Buren oder Engländer in Südafrika ein indisches Heiligtum verletzt hätten. Und dann finde ich noch eine konkrete Beschwerde in jenem Vortrag angeführt: daß drei indische Schullehrer, die sich entgegen dem Verbot nach neun Uhr abends auf der Straße befanden, verhaftet und erst danach freigesprochen worden seien. Das ist alles was Sie an Derartigem vorbringen. Aber wissen Sie, oder wissen Sie nicht, Mahatma, was ein Konzentrationslager ist und wie es darin zugeht, welches die Martern des Konzentrationslagers, welches seine Methoden des langsamen und des schnellen Umbringens sind? Ich kann nicht annehmen, daß Sie es wissen, dehn sonst wäre dieses tragikomische *„almost of the same type"* Ihnen doch wohl nicht über die Lippen gegangen. Die Inder wurden in Südafrika verachtet und verächtlich behandelt, aber rechtlos waren sie nicht, vogelfrei waren sie nicht, Geiseln für das erwünschte Verhalten des Auslandes waren sie nicht. Und meinen Sie etwa, ein Jude könnte in Deutschland auch nur einen einzigen Satz eines Vortrags wie jenes von Ihnen öffentlich aussprechen, ohne niedergeschlagen zu werden? Was für eine Bedeutung hat es, auf etwas Gemeinsames hinzuweisen, wenn man solche Verschiedenheit unbeachtet läßt?

Es scheint mir nicht überzeugend, daß Sie Ihre Weisung an uns, in Deutschland *Satyagraha* zu üben, mit dieser Ähnlichkeit der Voraussetzungen begründen. Ich habe in den fünf Jahren, die ich selbst unter dem gegenwärtigen Regime verbracht habe, viele Handlungen echter Seelenstärke von Juden erlebt, die sich ihr Recht nicht abdingen und sich nicht niederbeugen ließen, aber nicht allein keine Gewalt, sondern auch keine List gebrauchten, um den Folgen solcher Haltung zu entgehen. Aber diese Handlungen haben offenbar keinen Einfluß auf das Handeln der Gegenseite ausgeübt. Gewiß: Heil und Ehre jedem, der solche Seelenstärke bekundet! Aber als Parole der allgemeinen Haltung, die eine Wirkung zu tun geeignet erscheint, kann ich sie für die deutschen Juden nicht anerkennen. Man kann einsichtslosen Menschenseelen gegenüber eine wirksame Haltung der Gewaltlosigkeit einnehmen, auf Grund der Möglichkeit, ihnen dadurch allmählich Einsicht beizubringen, aber einer dämonischen Universalwalze kann man so nicht begegnen. Es gibt eine Situation, in der aus der *Satyagraha* der Seelenstärke keine *Satyagraha* der Wahrheitskraft werden kann. Das Wort „Martyrium" bedeutet Zeugenschaft; wenn aber kein Mensch da ist, der das Zeugnis entgegennimmt? Zeugenschaft ohne Zeugnis, unwirksames, unbeachtetes, verwehendes Martyrium, das ist das Los unzähliger Juden in Deutschland. Gott allein nimmt ihr Zeugnis entgegen; der „siegelnde" Gott, wie es in unseren Gebeten heißt, besiegelt es; aber eine Maxime des angemessenen Verhaltens kann man daraus nicht ableiten. Solches Martyrium wird getan; doch wer darf es fordern!

Aber Ihre Vergleichung der Lage der Juden in Deutschland mit der der Inder in Südafrika nötigt mich, Sie auf einen noch wesentlicheren Unterschied aufmerksam zu machen. Das ist freilich ein Unterschied, von dem ich, so groß er ist, recht wohl begreife, daß er Ihnen gar nicht bewußt war, als Sie die *exact parallel* aufstellten. Es ist so gut zu begreifen, daß es Ihnen, wenn Sie an Ihre südafrikanische Zeit zurückdenken, ganz selbstverständlich ist, daß es auch damals diese große Mutter Indien für Sie gegeben hat, wie es Ihnen auch damals selbstverständlich war, daß es sie gibt. Das war und ist für Sie so selbstverständlich, daß Sie sich offenbar gar nicht den fundamentalen Unterschied zwischen all den Völkern vergegenwärtigen, die solch eine Mutter haben – es muß nicht eine so große Urmutter sein, es kann auch ein kleines, schmales Mütterlein sein, aber eben eine Mutter, Mutterschoß und Mutterherz –, und einem Volk, das verwaist ist, oder dem man von seinem Lande sagt: Dies ist deine Mutter nicht mehr.

Als Sie in Südafrika waren, Mahatma, lebten dort etwa 150 000 Inder. Aber weit mehr als zweihundert Millionen lebten in Indien! Und diese Tatsache nährte die Seelen der hundertfünfzigtausend; ob sie es wußten oder nicht, sie hatten Kraft zu leben und Mut zu leben von dieser Tatsache her. Fragten Sie sie da, wie Sie die Juden fragen, *if they want a double home where they can remain at will?* Sie sagen den Juden, wenn Palästina ihr Heim sei, müßten sie sich mit dem Gedanken vertraut machen, daß sie genötigt würden *to leave the other parts of the world in which they are settled? Haben* Sie den Indern in Südafrika auch gesagt, wenn Indien ihr Heim sei, müßten sie sich mit dem Gedanken vertraut machen, daß sie genötigt würden, nach Indien zurückzukehren? Oder sagten Sie ihnen, Indien sei ihr Heim nicht? Und wenn, was freilich unvorstellbar ist, die Hunderte Millionen Inder morgen über die Erde verstreut würden, und übermorgen würde ein anderes Volk sich in Indien festsetzen, und die Juden würden erklären, daß trotzdem dort noch Platz sei für Begründung eines *National Home* für sie, das ihrer Diaspora eine starke organische Konzentration, die Errichtung einer lebendigen Mitte gewährt, soll dann ein jüdischer Gandhi – angenommen, daß es so etwas geben kann – ihnen antworten (was Sie den Juden antworten): *This cry for the National Home affords a colourable justification for your expulsion?* Oder sie belehren, ähnlich wie Sie die Juden belehren: Das Indien der vedischen Vorstellung ist nicht eine geographische Gegend, es ist in euren Herzen? Ein Land, von dem ein heiliges Buch den Söhnen dieses Landes erzählt, ist niemals bloß in den Herzen, ein Land wird nie zum bloßen Symbol. Es ist in den Herzen, weil es in der Welt ist; es ist ein Symbol, weil es eine Wirklichkeit ist. Zion ist das prophetische Bild einer Verheißung für die Menschheit; aber es wäre nur eine schlechte Metapher, wenn es den Zionsberg nicht wirklich gäbe. Dieses Land heißt „heilig", aber es ist nicht die Heiligkeit einer Idee, es ist die Heiligkeit eines Stücks Erde; was Idee ist und nichts anderes kann nicht heilig werden, aber ein Stück Erde kann heilig werden, wie ein Mutterleib heilig werden kann. Zerstreuung ist erträglich und zuweilen sogar sinnreich, wenn es irgendwo eine Sammlung, eine wachsende heimatliche Mitte gibt, ein Stück Erde, wo man nicht in der Zerstreuung, sondern in der Sammlung ist und von wo aus der Geist der Sammlung in allen Stätten der Zerstreuung hinaus wirken kann. Wo es das gibt, gibt es ein aufstrebendes gemeinsames Leben, das Leben einer Gemeinschaft, die heute zu leben wagt, weil sie morgen zu leben hoffen darf. Aber wo der Zerstreuung diese wachsende Mitte, dieses unablässige Geschehen der Sammlung fehlt, da wird sie zur Zerstückelung. Von da aus ist die Frage unseres jüdischen Schicksals unablösbar an die Möglichkeit der Sammlung, diese aber an Palästina gebunden.

„Warum sollen sie nicht", fragen Sie, „wie andere Völker der Erde jenes Land zu ihrer Heimat machen, wo sie geboren sind und ihren Lebensunterhalt erwerben?" Weil ihr Schicksal ein anderes ist als das aller anderen Völker der Erde, und zwar ein Schicksal, das nach Wahrheit und Gerechtigkeit keinem Volk der Erde zuzumuten ist. Weil ihr Schicksal Zerstreuung ist, nicht Zerstreuung eines Teils und Bewahrung des Kerns wie bei anderen Völkern, sondern nichts als Zerstreuung ohne Kern und Mitte, und weil jedes Volk fordern darf, einen lebendigen Kern der Sammlung zu besitzen. Weil hundert angenommene Heimaten ohne eine angestammte und selbstverständliche ein Volk krank und elend machen. Weil auf stiefmütterlichem Boden zwar Wohlstand von einzelnen und Leistung von einzelnen gedeihen mag, aber das Volkswesen verkümmert. Und wie Sie, Mahatmas wünschen, daß nicht bloß alle Inder leben und wirken können, sondern daß auch das indische Wesen, die indische Weisheit, die indische Wahrheit gedeihe und fruchtbar sei, so wünschen wir es für das Judentum. Ihnen braucht es gar nicht bewußt zu werden, daß das Gedeihen des indischen Wesens ohne die Verbindung der Inder mit ihrem Mutterboden und ohne ihre Sammlung auf ihm nicht gewährleistet wäre; aber wir wissen, worauf es ankommt: weil eben dieses uns versagt ist oder doch versagt war bis zu diesen Geschlechtern, die begonnen haben, an der Wiedergewinnung des Mutterbodens zu arbeiten.

Aber das ist noch nicht alles, ja, es ist für uns, für die Juden, die so denken wie ich, noch nicht das Entscheidende, so schmerzlich drängend es auch ist. Sie sagen, Mahatma Gandhi, für den Ruf nach einem nationalen Heim, der Sie „nicht sehr anspreche", werde eine Beglaubigung *(sanction)* „in der Bibel gesucht." Nein, so ist es nicht. Wir schlagen die Bibel nicht auf und suchen darin nicht nach Beglaubigungen. Eher ist es umgekehrt: die Verheißungen der Wiederkehr, der Wiederherstellung, die die Sehnsucht von hundert Generationen gespeist haben, geben auch denen von heute einen elementaren, von wenigen in seiner Bedeutung ganz erkannten, aber auch im Leben der vielen, die nicht an die Botschaft der Bibel glauben, wirksamen Antrieb. Auch dies jedoch ist noch nicht das Entscheidende für uns, die wir zwar nicht in jedem Satz der Schrift ein Stück göttlicher Offenbarung sehen, aber dem Geist vertrauen, der ihre Sprecher angeweht hat. Nicht die Verheißung des Landes ist für uns das Entscheidende, sondern die Forderung, deren Erfüllung an das Land, an die Existenz einer freien jüdischen Gemeinschaft in diesem Land gebunden ist. Die Bibel sagt uns nämlich, und unser innerstes Wissen bestätigt es, daß einst, vor mehr als dreitausend Jahren, unsere

Einwanderung in dieses Land im Bewußtsein eines Auftrags von oben geschah, hier, mit den Generationen unseres Volkes, eine gerechte Lebensordnung aufzurichten, wie sie eben nicht von einzelnen im Bereich der privaten Existenz, sondern nur von einem Volk in der Gestaltung seiner Gesellschaft zu verwirklichen ist: Gemeinschaftsbesitz am Boden, regelmäßig wiederkehrender Ausgleich der sozialen Unterschiede, Verbürgung der Unabhängigkeit jeder Person, gegenseitige Hilfe, gemeinsame Sabbatruhe, die Knecht und Tier als Wesen gleichen Anspruchs mitumfaßt, Sabbatjahr, in dem sich mit der Schonung der Natur ein freier Zugang aller zu ihren Früchten verbindet. Das sind nicht von weisen Männern zweckmäßig erdachte Gesetze, sondern was die Führung eines Volkes, offenbar selber überrascht und überwältigt, als die gesetzte Aufgabe, als die Bedingungen der Landnahme erfährt. Keinem Volk sonst ist dergleichen an den Anfang seines Weges gestellt worden. So etwas vergißt man nie, man entledigt sich seiner nie. Wir haben damals nicht zustande gebracht, was uns aufgetragen worden war, wir sind unverrichteter Sache ins Exil gegangen, aber das Gebot ist bei uns geblieben, und es ist drängender geworden als je. Wir brauchen eigene Erde, um es zu erfüllen, wir brauchen die Freiheit, unser eigenes Leben zu ordnen; auf fremdem Boden und unter fremder Satzung ist kein Versuch zu wagen. Es kann nicht sein, daß uns die Erde und die Freiheit zur Erfüllung versagt werden. Wir sind nicht begehrlich, Mahatma ; wir wollen nur endlich gehorchen können.

Nun mögen Sie freilich fragen, ob ich für das jüdische Volk spreche, wenn ich „wir" sage. Nein, ich spreche nur eben für die, die das Gerechtigkeitsgebot des biblischen Israel als Auftrag an sie selbst empfinden. Und wären dies nur wenige, so sind sie der Kern des Volkes und die Zukunft des Volkes hängt an ihnen, denn die Uraufgabe des Volkes lebt in ihnen, wie das Keimblatt im Kern der Frucht. Und im Zusammenhang damit muß ich Ihnen auch dies sagen, daß Sie zu Unrecht voraussetzen, die Juden von heute glaubten durchweg an Gott, und daraus ableiten, wie sie sich zu verhalten haben. Die Judenheit macht heute eine schwere Glaubenskrise durch; ja, es scheint mir, daß die Glaubenskrise der heutigen Menschheit, ihre Unfähigkeit, wirklich an Gott zu glauben, sich in dieser Krise der Judenheit konzentriert: hier ist sie noch schwerer, noch gefährlicher, noch entscheidungsvoller als irgendwo anders in der Welt. Und diese Glaubenskrise ist auch hier in Palästina .nicht überwunden; vielmehr erkennen wir hier – noch mehr als irgendwo sonst in der Judenheit, wie schwer sie ist. Aber wir erkennen zugleich, daß sie nur hier zu überwinden ist. Nicht aus dem

Leben von isolierten und preisgegebenen einzelnen kann sie überwunden werden, wiewohl erhofft werden darf, daß in ihrer großen Not das Fünklein des Glaubens erwacht. Die Überwindung kann nur aus dem Leben einer Gemeinschaft kommen, die den Willen Gottes zu tun beginnt, zumeist ohne ihn als solchen zu tun, ohne zu glauben, daß Gott ist und daß er dies will. Sie kann aus diesem Leben der Gemeinschaft dann kommen, wenn glaubende Menschen ihr zur Seite stehen, die nicht richten und fordern, nicht drängen und predigen, sondern mitleben, helfen, warten und bereit sind für den Augenblick, wo es an ihnen sein wird, Fragenden die wahre Antwort.zu geben. Dies ist die innerste Wirklichkeit des jüdischen Lebens in Palästina; vielleicht wird sie nicht bloß für die Überwindung der Glaubenskrise in der Judenheit, sondern auch für die Überwindung der Glaubenskrise in der Menschheit von Bedeutung sein. Die Begegnung dieses Volks mit diesem Land hat nicht bloß eine heilige Urgeschichte; wir fühlen ein noch unerschlossenes Geheimnis in ihr. Sie, Mahatma Gandhi, der Sie um den Zusammenhang von Überlieferung und Zukunft wissen, sollten nicht zu denen gehören, die ohne Ahnung und Teilnahme an dieser unserer Sache vorbeigehen.

Sie sagen aber – und es ist für mich das Gewichtigste von allem, was Sie uns sagen –, Palästina gehöre den Arabern, und es sei daher „unrecht und unmenschlich, die Juden den Arabern aufzuerlegen".

Hier muß ich etwas Persönliches einschalten, um Ihnen deutlich zu machen, von welchen Voraussetzungen aus ich diese These nun betrachten will.

Ich gehöre einem Menschenkreise an, der, seit Palästina von den Briten erobert worden ist, nicht aufgehört hat, dafür zu kämpfen, daß die Juden einen echten Frieden mit den Arabern suchen. Unter einem echten Frieden verstanden und verstehen wir, daß die beiden Völker gemeinsam das Land bewirtschaften sollen, ohne daß eins dem andern seinen Willen aufzwingen darf. Das erschien uns in Anbetracht der internationalen Gepflogenheiten unseres Zeitalters sehr schwierig, aber nicht unmöglich. Wir waren und sind uns dessen bewußt, daß es in diesem außergewöhnlichen, ja beispiellosen Fall darauf ankommt, neue Wege der Völkerverständigung und des Völkereinvernehmens zu suchen. Auch darin standen und stehen wir unter einem Gebot.

Grundlegend war für uns die Einsicht, daß hier zwei vitale Ansprüche sich einander gegenüber erheben, zwei Ansprüche verschiedener Herkunft und verschiedener Art, die nicht sachlich gegeneinander abgewogen werden können, zwischen denen nicht sachlich entschieden werden kann, dieser sei gerecht und jener ungerecht. Wir empfanden und empfinden es als unsere Aufgabe, den Anspruch, der dem unseren entgegentritt, zu verstehen, zu ehren und uns um eine Versöhnung beider Ansprüche miteinander zu bemühen. Auf den jüdischen Anspruch konnten und können wir nicht verzichten; ist doch an dieses Land noch Höheres als das Leben unseres Volkes, nämlich sein Werk, und das heißt: der göttliche Auftrag an es, gebunden. Aber wir waren und sind überzeugt, daß es möglich sein muß, einen Ausgleich zwischen diesem Anspruch und dem anderen zu finden, weil wir dieses Land lieben und an seine Zukunft glauben, und weil, da gewiß auch auf der anderen Seite solche Liebe und solcher Glaube vorhanden sind, ein Zusammenschluß zu gemeinsamem Dienst an dem Land nicht unerreichbar sein kann. Wo Glaube und Liebe sind, kann auch ein anscheinend tragischer Widerspruch zur Lösung gelangen.

Um diese unerhört schwierige Aufgabe erfüllen zu können, deren Anerkennung wir ja auch gegen einen ebenso törichten wie natürlichen innerjüdischen Widerstand durchzusetzen haben, bedurften wir des Beistands der wohlmeinenden Menschen aller Völker und hofften darauf. Nun aber kommen Sie und erledigen das ganze existentielle Dilemma mit der einfachen Formel: „Palästina gehört den Arabern." Was bedeutet das, ein Land gehöre einer Bevölkerung? Sie wollen mit Ihrer Formel doch offenbar nicht bloß einen Zustand beschreiben, sondern ein Recht deklarieren. Sie wollen damit offenbar sagen, ein Volk habe das ausschließliche Besitzrecht auf das Land, in dem es angesessen sei, ein so ausschließliches Besitzrecht, daß, wer darin ohne die Erlaubnis dieses Volkes siedelt, einen Raub begeht. Aber auf welchem Weg haben sich wohl die Araber das Besitzrecht auf Palästina erworben? Doch wohl auf dem der Eroberung, und zwar einer siedelnden Eroberung. Als einer solchen gestehen Sie ihr also zu, daß sie ein ausschließliches Besitzrecht begründe, während die nachfolgenden nur auf Herrschaft, nicht auf Siedlung ausgehenden Eroberungen der Mamluken und der Türken in Ihren Augen freilich keins begründen, sondern das des im Land verbliebenen früheren Erobervolkes unberührt lassen. Besiedlung durch Eroberergewalt begründet also für Sie ein Besitzrecht an Palästina, während eine Siedlung wie die jüdische, deren Methoden zwar nicht immer dem arabischen Lebensanspruch gerecht wurden, aber auch im bedenklichsten Falle von denen des Eroberers weit entfernt blieben, Ihrer Ansicht nach keine Anteilnahme an diesem Besitzrecht zu begründen vermag. Zu solcher Konsequenz gelangen Sie dadurch, daß Sie wie von einem Axiom von dem Satz ausgehen, ein Land gehöre seiner Bevölkerung. In einer Epoche der

Völkerwanderung würden Sie zunächst das Besitzrecht des Volkes vertreten, dem Verdrängung oder Ausrottung droht, ist diese aber vollzogen, müßten Sie, vielleicht nicht gleich, aber nach einer angemessenen Zahl von Generationen, nunmehr dem Vergewaltiger das Land „gehören" lassen.

Vielleicht ist die Zeit nicht fern, wo – etwa nach einer Katastrophe, deren Ausmaß wir uns heute noch nicht vorzustellen vermögen –, die Vertreter der Menschheit sich über eine Neuordnung des Verhältnisses zwischen Menschen, Völkern und Ländern, über eine Besiedlung dünnbevölkerter Territorien ebensowie über eine gemeinschaftliche Bewirtschaftung der notwendigen Rohstoffe und über eine folgerichtige Intensivierung des Bodenbaus des Erdballs werden verständigen müssen, um eine neue, ungeheuer vergrößerte Völkerwanderung zu verhüten, an der die Menschheit zugrunde zu gehen drohte. Soll dann den Männern, die die Rettung wagen, das Dogma des „Gehörens", des unabänderlichen Besitzrechts, des heiligen Status quo entgegengehalten werden? Gewiß, wir sind Zeugen, wie das in der Tiefe des Völkerlebens drängende Gefühl, dieses Dogma müsse angefochten werden, verhängnisvoll mißbraucht wird; aber sind an diesem Mißbrauch nicht jene Vertreter der mächtigsten Staaten mitschuldig, die jede Prüfung des Dogmas wie ein Sakrileg behandelten? Und wenn nicht die Völker wandern, aber ein Volk?

Und wenn dieses wandernde Volk zu seiner alten Heimat verlangt, wo neben jenem Volk, dem sie jetzt „gehört", auch noch für einen wesentlichen, für einen zentrumbildenden Teil von ihm Raum ist? Wenn dieses wandernde Volk, dem sie einst, freilich ebenfalls auf Grund siedelnder Eroberungsgewalt, gehörte und das einst aus ihr durch reine Herrschaftsgewalt vertrieben worden war, nun einen freien oder ohne Beeinträchtigung fremden Lebensraumes freiwerdenden Teil des Landes zu besetzen strebt, um endlich wieder eine *Volksheimat* zu haben, eine Heimat, wo seine Menschen *als Volk* leben können? Dann helfen Sie, Mahatma Gandhi, die Schranke vorziehen und helfen rufen: „Bleibt fort! Dieses Land gehört nicht euch!" Statt zu helfen, einen echten Frieden zu stiften, der uns gibt, was wir brauchen, ohne den Arabern zu nehmen, was sie brauchen, – auf der Grundlage einer gerechten Abmessung, was von ihnen wirklich gebraucht wird und was unserem Bedürfen zugestanden werden darf!

Eine solche Abmessung des Lebensraums für alle ist möglich, wenn man damit eine umfassende Intensivierung des gesamten palästinensischen Bodenbaus verbindet. Bei der gegenwärtigen, hilflos primitiven Fellachenwirtschaft ist der zur Ernährung einer Familie benötigte Raum um ein vielfaches größer als er dann wäre. Soll an den sinnlos gewordenen Formen einer überalterten Wirtschaft festgehalten, soll eine Produktivierung des Bodens vermieden werden, um einem Zuzug neuer Siedler ohne Beeinträchtigung der alten vorzubeugen? Ich wiederhole: ohne Beeinträchtigung. Das soll die Grundlage des Einvernehmens sein, das wir anstreben. Sie sorgen, Mahatma, nur um das „Besitzrecht" der einen Seite, nach dem Recht der anderen, der nach Erde hungernden, auf ein freies Stück Erde, fragen Sie nicht. Aber da ist noch jemand, den Sie nicht befragen und der doch, wenn es gerecht, das heißt auf Grund der ganzen erkennbaren Wirklichkeit, zugehen soll, befragt werden müßte: das ist diese Erde hier selbst. Fragen Sie sie, was die Araber in 1300 Jahren und was wir in 550 für sie getan haben! Muß ihre Antwort nicht ein gewichtiges Zeugnis in einer gerechten Verhandlung darüber sein, wem dieses Land „gehört"?

Mir scheint, Gott schenke überhaupt keinen Fleck seiner Erde so her, daß der Besitzer sagen dürfte, was Gott in der Schrift sagt: „Mein ist das Land." Auch den siedelnden Eroberern leiht er, meine ich, das eroberte Land nur her und wartet ab, was sie damit anfangen.

Man sagt mir aber, ich dürfe nicht bloß den Ackerboden ehren und die Wüste verachten. Man sagt mir, die Wüste wolle auf das Werk ihrer Kinder warten, uns Zivilisationsbeladene erkenne sie als ihre Kinder nicht mehr an. Ich habe Ehrfurcht vor der Wüste, aber ich glaube nicht an ihr unbedingtes Widerstreben, denn ich glaube an die große Ehe des Menschen (Adam) mit der Erde (Adama). Dieses Land erkennt uns an, denn es wird fruchtbar durch uns, und eben dadurch, daß es uns fruchtbar wird, erkennt es uns an. Unsere Siedler kommen nicht wie die abendländischen Kolonisatoren hierher, um Eingeborene für sich arbeiten zu lassen, sie setzen sich selber ein, ihre Kraft und ihr Blut, um dieses Land fruchtbar zu machen. Aber wir wollen seine Fruchtbarkeit nicht für uns allein. Die jüdischen Bauern haben angefangen, ihre Brüder, die arabischen Bauern, zu lehren, diesen Boden intensiver zu bebauen; wir wollen sie es weiter lehren, zusammen mit ihnen wollen wir ihn bearbeiten, das heißt auf Hebräisch: ihn bedienen. Je fruchtbarer dieser Boden wird, um so mehr Raum wird hier sein für uns und für sie. Wir wollen sie nicht verdrängen, wir wollen mit ihnen leben. Wir wollen sie nicht beherrschen, wir wollen mit ihnen dienen.

Sie haben einmal gesagt, Mahatma, die Politik umstricke uns heutzutag wie die Windungen einer Schlange, denen man nicht entschlüpfen könne, was immer man versucht; Sie begehrten daher, sagten Sie, mit der Schlange zu ringen. Hier ist die Schlange in ihrer größten Macht zu sehen. Juden und Araber haben Anspruch auf dieses Land, aber die Ansprüche lassen sich faktisch miteinander versöhnen, wenn sie nur auf das vom Leben selbst und von einem Willen zur Versöhnung bestimmte Maß zurückgeführt werden, das heißt, wenn sie in die Sprache von Bedürfnissen lebender Menschen für sich und ihre Kinder übersetzt werden. Statt dessen werden sie nun aber unter dem Einfluß der Schlange zu prinzipiellen, zu politischen Ansprüchen zugespitzt und werden mit all der Rücksichtslosigkeit vertreten, die die Politik den von ihr Geführten einflößt. Das Leben mit seinen Wirklichkeiten und Möglichkeiten entschwindet ebenso wie der Wille zur Wahrheit und zum Frieden, nichts wird mehr gewußt und gefühlt als die politische Parole allein. Die Schlange siegt nicht bloß über den Geist, sondern auch über das Leben. Wer will mit ihr ringen?

Mitten in Ihren Ausführungen, Mahatma, steht ein gutes Wort, das wir dankbar aufnehmen. Wir sollten suchen, sagen Sie, das arabische Herz zu bekehren. Nun denn, helfen Sie uns, es zu tun! Auch bei uns sind viele törichte Herzen zu bekehren, die jener völkischen Selbstsucht verfallen sind, welche nur den eigenen Anspruch kennt; das werden wir hoffentlich selbst zustande bringen. Aber zu dem anderen Werk der Bekehrung brauchen wir Ihre Hilfe. Ihre Rüge gilt jedoch nur den Juden, weil sie es dulden, daß die britischen Bajonette sie gegen die Bombenwerfer verteidigen. Über diese selbst äußern Sie sich wesentlich zurückhaltender: Sie sagen, Sie wünschten, daß die Araber den Weg der Gewaltlosigkeit gewählt hätten, aber *according to the accepted canons of right and wrong* sei nichts gegen ihr Verhalten zu sagen. Wie ist es nun möglich, daß Sie hier, was Sie doch sonst nirgends tun, den *accepted canons* eine, wenn auch nur bedingte, Geltung zugestehen! Sie werfen uns vor, daß wir, die wir selber kein Heer besitzen es zulassen, daß das britische manches blinde Morden verhindert; denen aber, die täglich, ohne hinzusehen, wen's trifft, den Mord in unsere Reihen tragen, lassen Sie in Anbetracht der *accepted canons* eine verständnisvolle Nachsicht angedeihen. Überschauen Sie alles, Mahatma, Tun und Lassen, Recht und Unrecht beider Seiten – sollten Sie da nicht erkennen, daß wir gewiß nicht am wenigsten Ihre Hilfe brauchen?

Wir haben in diesem Land neu zu siedeln begonnen, 35 Jahre ehe ihm der „Schatten des britischen Geschützes" nahte. Nicht wir haben diesen Schatten aufgesucht, nicht um unsere, sondern um die britischen Interessen zu wahren, ist er hier erschienen und geblieben. Wir wollen die Gewalt nicht.

Aber Sie, Mahatma Gandhi, haben nach den Beschlüssen von Delhi, Anfang März 1922, geschrieben: „*Have I not repeatedly said that I would have India become free even by violence rather than that she should remain in bondage?*“ Damit haben Sie etwas sehr Wichtiges ausgesprochen: daß die Gewaltlosigkeit für Sie ein Glaube und nicht ein politisches Prinzip ist –, daß aber das Verlangen nach der Freiheit Indiens in Ihnen *noch* stärker ist als Ihr Glaube. Um dessen willen liebe ich Sie.

Wir wollen die Gewalt nicht. Wir haben nicht, wie unser Volkssohn Jesus und wie Sie, die Lehre der Gewaltlosigkeit ausgerufen, weil wir meinen, daß ein Mann zuweilen, um sich oder gar seine Kinder zu retten, Gewalt üben muß. Aber wir haben von der Urzeit an die Lehre der Gerechtigkeit und des Friedens ausgerufen; wir haben gelehrt und gelernt, daß der Friede das Ziel der Welt und daß die Gerechtigkeit der Weg zu ihm ist. Also können wir nicht Gewalt üben *wollen*. Wer sich zu Israel zählt, kann nicht Gewalt üben wollen.

Nun aber sagen Sie, unsere Gewaltlosigkeit sei *of the helpless and the weak*. Das entspricht der Wirklichkeit nicht. Sie wissen nicht oder bedenken nicht, welche Seelenstärke, welche Satyagraha dazu gehört hat, hier, unter jahrelangen unaufhörlichen Taten der blinden Gewalt an uns, unseren Frauen und unseren Kindern, an uns zu halten und nicht mit Taten der blinden Gewalt zu antworten.

Und andererseits haben Sie, Mahatma, damals, 1922, die Worte geschrieben: „*I see that our non-violence is skin-deep … This non-violence seems to he due merely to our helplessness … Can true voluntary non-violence come out of this seeming fofced non-violence of the weak?*“ Als ich damals diese Worte las, begann meine Verehrung für Sie, eine so große, daß auch Ihre Ungerechtigkeit gegen uns ihr nicht Abbruch zu tun vermag.

Sie sagen, es sei *a Stigma* gegen uns, daß unsere Ahnen Jesus gekreuzigt haben. Ich weiß nicht, ob das wirklich geschehen ist; aber ich halte es für möglich. Ich halte es für ebenso möglich, wie daß das indische Volk unter anderen Umständen und wenn das, was Sie lehren, seiner eigenen Neigung stärker entgegen wäre *(„India“*, sagen Sie, *„is by nature non-violent“)*, Sie hingerichtet hätte. Völker verschlingen nicht selten das Große, das sie geboren haben. Wie kann man dergleichen ohne Widerspruch als „Stigma“ eines Volkes bezeichnen! Ich möchte Ihnen aber nicht verschweigen, daß ich zwar nicht unter den Kreuzigern Jesu, aber auch nicht unter seinen Anhängern gewesen wäre. Denn ich kann mir nicht verbieten lassen; dem Übel zu widerstreben, wo ich sehe, daß es daran ist, das Gute zu vernichten.

Ich muß, wie dem Übel in mir, so dem Übel in der Welt widerstreben. Ich kann nur darum ringen, es nicht durch Gewalt tun zu müssen. Ich will die Gewalt nicht. Aber wenn ich nicht anders als durch sie verhindern kann, daß das Übel das Gute vernichtet, werde ich hoffentlich Gewalt üben und mich in Gottes Hände geben.

*„India“*, sagen Sie, *„is by nature non-violent“*. Das war es nicht immer. Das Mahabharata ist ein Epos der kriegerischen, der disziplinierten Gewalt. In der größten seiner Dichtungen, der Bhagavad-Gitä, wird erzählt, wie Arjuna auf dem Schlachtfeld zur Einsicht kommt; er wolle die Sünde nicht begehen, seine Verwandten zu töten, die ihm entgegenstehen, und Bogen und Pfeile fallen läßt; aber der Gott verweist ihm solches Tun als unmännlich und schändlich: ein Besseres als einen gerechten Kampf gebe es für einen Ritter überhaupt nicht.

Ist das die Wahrheit? Wenn ich die meine zu bekennen habe muß ich sagen: Ein Besseres als die Gerechtigkeit gibt es für einen Menschen überhaupt nicht, es sei denn die Liebe; wir sollen für die Gerechtigkeit auch kämpfen können, aber liebend kämpfen.

Ich habe diesen Brief an Sie, Mahatma, sehr langsam geschrieben. Immer wieder habe ich ausgesetzt, zuweilen nach einem kurzen Absatz tagelang, um mein Wissen und meine Meinung nachzuprüfen. Immer wieder bin ich tage- und nächtelang mit mir ins Gericht gegangen, ob ich nicht an irgendeinem Punkte das Maß der von Gott einer menschlichen Gemeinschaft erlaubten und sogar anbefohlenen Selbsterhaltung überschreite und in die schlimme Verirrung der kollektiven Selbstsucht verfalle. Freunde und mein eigenes Gewissen haben, wo diese Gefahr drohte, mich dazu gebracht, mich zu reinigen. Darüber sind etliche Wochen vergangen, und eine Zeit ist gekommen, wo über die jüdisch-arabische Sache in der Hauptstadt des britischen Reiches verhandelt wird und, wie es heißt, auch entschieden werden soll. Aber die wahre Entscheidung kann in dieser Sache nicht von außen, sondern nur von innen kommen. Ich darf daher diesen Brief schließen, ohne das Ergebnis von London abzuwarten.

# GEGEN DIE UNTREUE
(1938)

Die Verwirrung im Land hat sich zu einem unerträglichen Maße gesteigert. Sie entlädt sich in Handlungen, die jedem jüdischen Menschen, der noch etwas davon weiß, was Judentum und was Menschentum ist, unerträglich sein müssen.

Die berufenen Institutionen haben ihr Wort gesprochen. Aber auch wir einzelne, ohne Berufung und Auftrag, die wir fühlen, daß dies nicht länger zu ertragen ist, dürfen nicht schweigen, und es ist gut, daß wir zu sprechen begonnen haben. Denn in unserem Gefühl liegt die Gewißheit: wieviel Unglück unser Volk auch von außen bedroht, nichts kann es verderben als die innere Untreue. Gegen sie müssen wir einzelne, die wir wissen, um was es geht, uns zusammentun. Um dieses Zusammenschlusses willen reden wir als einzelne. Die Untreue hat begonnen. Gruppen, die, solange die Treue dauert, nicht zur Macht gelangen können, zetteln die Untreue an, um aus ihr Gewinn zu ziehen. Sie trüben die Atmosphäre mehr und mehr, weil es nur in einer ganz trüben Luft Aussicht für sie gibt. Und draußen sehen ihrem Werk all jene mit Genugtuung zu, die eben dies wünschen, daß wir jetzt, gerade in dieser heimlich entscheidenden Stunde, unsere Sache so kompromittieren, daß man sich gegen sie auf uns selbst wird berufen können.

Daß die dunklen Mächte Erfolg haben, daß verblendete junge Menschen in ihren Dienst treten und Verblendete im Volk sich über deren blinde Gewalttaten begeistern, das ist nicht zu verwundern. Die Situation ist eine so bedrückende geworden, daß es zu begreifen ist, wenn mehr und mehr Leute im Volke rufen: „Können wir uns der Wölfe nicht erwehren, so laßt uns zu Wölfen werden!" und vergessen, daß wir dieses Werk in diesem Land dazu begonnen haben, um wieder zu ganzen *Menschen* zu werden.

Es ist, sage ich, zu begreifen, was sie rufen. Aber ist es auch richtig von ihrem Anliegen aus? Es ist nicht richtig. Was meinen unsere Verehrer der blinden Gewalt durch solche Taten erreichen zu können? Die Gewalttäter abzuschrecken? Das Gegenteil geschieht: wir erregen neuen, umfassenden Haß. An uns war es, durch unsere Haltung, durch unser Wort, unsere deutliche Bereitschaft zu einem Einvernehmen, eine Scheidung innerhalb der arabischen Bevölkerung herbeizuführen, die Wohlmeinenden zu ermutigen und die Terroristen zu isolieren; unsere Gewaltverehrer sind im Begriff, das Arabertum, im Land und außerhalb des Landes, gegen uns zusammenzuschweißen. Oder wollen sie auf die öffentliche Meinung des Abendlandes einwirken? Wir verscherzen uns vielmehr die echten und wertvollen Sympathien, wenn wir eine Methode, die wir bisher als unmenschlich brandmarkten, nunmehr dadurch, daß wir selbst sie üben, praktisch anerkennen.

Nichts ist für uns durch die blinde Gewalt zu gewinnen. Aber alles ist durch sie zu verlieren. Nach außen würden wir, wenn wir sie schalten lassen; den Weg zum Friedensschluß mit dem Volk verlieren, mit dem zusammenzuleben und zusammen dieses Land aufzubauen uns das geschichtliche Schicksal bestimmt, ein Schicksal, das sich uns als sinnreich enthüllen wird, sowie wir dazu gelangen werden, es ganz ernst zu nehmen. Aber einen so ungeheuren Verlust auch jenes bedeuten würde, noch Größeres würden *wir nach innen* verlieren. Unsere Bewegung hat ihren Antrieb und ihren Sinn in der Befreiung des jüdischen Menschen aus dem Widerspruch zwischen einer Seele, die sich zu Wahrheit und Gerechtigkeit als zu den höchsten Gütern der Erde bekennt, und einem Leben, in dem diese Seele ihr Bekenntnis nicht im Stoff der Wirklichkeit zu verleiblichen vermag. Unsere Bewegung hat hier ihre Arbeit getan, um dem jüdischen Menschen die Erfüllung in einem *Leben* der Wahrheit und Gerechtigkeit zu bereiten. Lassen wir die Übung der blinden Gewalt schalten, so wird jenes Bekenntnis zur Lüge, die Seele wird zersetzt, das Leben wird seines Gehalts entleert, und der Widerspruch, der elende Sohn des Exils, wird zum Herrn auf Zion erhoben. Das wäre der Tod der Bewegung und die Katastrophe des Volkes.

Oder wollen jene uns eine neue Seele anschaffen, eine unbefangene widerspruchslose Wolfsseele? Man kann die Seele in sich ersticken, umtauschen kann man sie nicht.

Die Untreue aber, hat begonnen. Und Instanzen, von denen erwartet werden durfte, daß sie lehrend und weisend versuchen, das Volk von seinem Irrweg abzubringen, haben statt dessen dazu beigetragen, die Opfer der Verblendung mit dem Nimbus von Helden und von „Heiligen" zugleich auszustatten. Aber wer Wehrlose, die gegen ihn nicht gekämpft haben und nicht kämpfen, tötet oder töten will, ist ebensowenig ein Held oder ein Heiliger, wenn er das in angeblicher Verteidigung tut, wie wenn er es im Angriff tut. Anschlag auf Unschuldige ist keine Verteidigung, und die Lehrer der Nation, die ihn als solche rechtfertigen, handeln wider die Lehre. Aber nicht das allein: sie wirken dadurch mit an der Entwertung der wahren Verteidigung.

Wir, die wir die Ungetreuen der Untreue anklagen, wir stehen auf dem Boden der wahren Verteidigung. Wenn ein Mann ins Zimmer tritt, in dem sein Kind spielt, und sieht einen Fremden mit angelegter Flinte im Fenster stehen, so tut er seine väterliche Pflicht und sein Recht, wenn er dem andern mit einem Schuß zuvorkommt, und wir dürfen hoffen, daß ihm vergeben wird: Aber wenn er, weil ein Räuber in sein Haus einfiel und mordete und sich aus dem Staube machte, nun einen des Wegs ziehenden Dritten überfällt, nur weil er mit jenem gleichen Blutes war, was für Pflicht und was für ein Recht kommen ihm zu?

Wir stehen auf dem Boden der wahren Verteidigung. Wo sie aber nicht möglich ist, was da? Da hält der Mann, dem es um die Wahrheit und die Gerechtigkeit zu tun ist, an sich. Er hat der Welt gezeigt, daß er sich zu verteidigen weiß; nun zeigt er ihr auch, daß er das Unrecht zu vermeiden weiß – er zeigt ihr, daß es lebendige Wahrheit und lebendige Gerechtigkeit gibt. Und wenn die Welt sich nicht in der gleichen Stunde zu ihm stellt, die Stunde muß kommen, wo sie es tut. Das Losungswort, das für diese Stunde ausgegeben worden war, hieß An-sich-Halten, „Hawlaga". Wir sagen nicht, daß, wer Hawlaga übt, ein „Held" sei; aber wir sagen, daß sie üben die wirkliche Stärke ist. Wir sagen auch nicht – auch wenn er auf seinem Posten fällt –, daß er ein „Heiliger" sei; aber wir sagen, daß er ein Zeuge ist und unzerstörbares Zeugnis ablegt für die Wahrheit und die Gerechtigkeit unserer Sache.

Es hat im Leben unseres Volkes wohl keine so schwere Heimsuchung gegeben wie die dieser Stunde. Und es hat darin wohl keine so harte *Probe* gegeben wie die dieser Stunde.

In solchen Stunden hilft einem Volk weder List noch Gewalt, sondern eines nur: mitten in der Heimsuchung die Probe bestehen und *treu bleiben*.

Die Untreue hat begonnen. Reißt ihr die Maske der Selbstbehauptung vom Gesicht und erkennt sie als das, was sie ist: Untreue an dem jüdischen Menschen, an seinem Judentum und an seinem Menschentum, Untreue an der Aufgabe, Untreue am Werk, Untreue am Weg, Untreue an der Bewegung, Untreue am Volk! Erkennt sie als das, was sie ist und behandelt sie als das, was sie ist! Nicht außen, sondern mitten unter euch bereitet sich das eigentliche, das unüberwindliche Unheil, wenn ihr nicht Einhalt tut.

Wahret die Treue! Wir können nicht wissen, ob sie schnellen Lohn bringt. Auch wer die Probe bestanden hat muß vielleicht auch dann noch, in der bittersten Pein, warten. Aber wenn die Ernte kommt, wann immer sie kommt, wird als die Einzige die Treue übers Feld gehen und ihre Garben sammeln.

All dies sage ich an unser eigenes Lager und nicht nach außen hin. Mag's von außen hören, wer's hört; die Ohren, für die es bestimmt ist, sind die des *jüdischen* Menschen. Aber darüber hinaus ist ein Wort *nach außen* zu sagen. Wir tragen Leid, tiefes Leid tragen wir, nicht nur mit unseren Verwundeten und den Hinterbliebenen unserer Gefallenen, sondern auch mit denjenigen arabischen Gefallenen, die getroffen wurden, ohne die Waffe gegen uns erhoben zu haben. Die Geschichte des Menschengeschlechts beginnt mit einem Brudermord und ist voller Brudermord; aber die *Bruderliebe* ist stärker als er.

„Wir", habe ich gesagt. Ich weiß nicht, wie viele das „Wir" umfaßt, in dessen Namen ich zu sprechen wage. Aber ich höre im ganzen Land bange Herzen im Eintakt mit meinem schlagen, und ich weiß, daß uns zwar keine Formel und kein Programm, aber ein großes Gefühl und eine große Gewißheit vereinigt. Um ihretwillen müssen wir uns zusammenschließen. Nicht zu einer Partei und nicht zu einem Verein. Aber zu einer kämpfenden Gemeinschaft.

## PSEUDO-SIMSONISMUS
(1939)

Ich stelle mir vor: Als die Philister, ein zielbewußtes, straff organisiertes, militärisch ebenso vorzüglich geschultes wie begabtes, technisch musterhaft ausgerüstetes Völkchen aus dem kretischen Kulturkreis, ihren Kampf um die Hegemonie in Palästina begannen und die benachbarten israelitischen Stämme unterjochten, tat sich eine kleine Schar verwegener Burschen im Stamme Dan zusammen und verschwor sich, die Haare sich wild wachsen zu lassen, wie es aus den Tagen Deboras von den Kampfverschwörern überliefert war, und keinen Tropfen Wein zu trinken, bis die Zinsherrschaft der Philister gebrochen sein würde. Da aber, die nicht unmittelbar betroffenen Stämme für eine Teilnahme an einem Befreiungskrieg nicht zu gewinnen waren und nicht einmal Waffen und sonstiges Kriegsmaterial liefern wollten, bereiteten die Verschworenen einen regelrechten Guerilla-Krieg vor. Mal um Mal überfielen etliche von ihnen in der Mittagsglut, wenn alles ruhte, die Plätze der Philister, steckten die Felder in Brand und machten die Mannschaften, die sich ihnen entgegenstellten, mit Berserkermacht nieder; dann verschwanden sie, ehe Hilfe eintraf, so schnell wie sie gekommen waren. Und wie das Heldenlied von Führern zu singen wußte, die ihrer jähen, unwiderstehlichen Feuernatur halber die Beinamen „Blitz" und „Fackelweib" erhielten, so hießen sie das Volk, wenn der Philister Abordnungen kamen und forschten, wer die Urheber des Angriffs seien, antworten: „Simson, der Sohn der verzehrenden Sonne, der Löwenzerreißer, hat es getan. Niemand vermag ihn zu fangen, denn gelänge es auch, ihn mit starken Stricken zu binden, an der Haut des Sonnensohns werden sie wie Flachs im Feuer verbrennen." Als sie aber doch endlich übermannt wurden, wehrten sie sich noch im Sterben mit solcher Gewalt, daß sie den Philistern in dieser letzten Stunde größere Verluste beibrachten als in der ganzen Zeit bis dahin. Das Volk in Dan aber, wie es gewohnt war zu antworten: „Simson hat es getan!" rief es sich nun von Dorf zu Dorf zu: „Simson ist tot!" Und die Sänger zogen hinaus in die Stämme Israels und sangen von den Taten und dem Tode des Sonnensohns, aber am Schlusse riefen sie: „Wehe dir, Dagon! Simson ist nicht tot!" Und man lernte das Lied singen von einem Ende des Landes zum anderen, in Silo sangen es die Priester, als sei es ein Psalm, und riefen damit zum Kampf auf, die im Gebirge Ephraim umherziehenden Prophetenhorden sangen es, als sei es ein Spruch des Geistes, und riefen damit zum Kampf auf, und in Benjamin weckte es den jungen Saul aus dem Traum.

Es scheint, daß es in dieser unserer Siedlung von heute Burschen gibt, die sich einbilden, Simsone zu sein. Als Simsons-Taten gelten anscheinend bei ihnen: Minen vor Fahrzeuge legen, in denen unbekannte, unschuldige, wehrlose Leute sitzen, Häuser überfallen, in denen unbekannte, unschuldige, wehrlose Familien leben, und dergleichen mehr. Sie sagen den Knaben auf der Gasse, jetzt sei die Stunde gekommen, Simsons-Taten zu tun; wenn sie Simsone werden wollten, brauchten sie nur in ihre Schule zu gehen; und sie finden natürlich Kindlein genug, die so etwas gern hören.

Das ist so gekommen:

Als wir nach einer langen Reihe von Jahrhunderten wieder in unser Land kamen, benahmen wir uns, als ob es leer wäre – nein, schlimmer noch, als ob die Bevölkerung, die wir sahen, uns nichts anginge, als ob wir uns um sie nicht zu kümmern brauchten, das heißt, als ob sie uns nicht sähe. Aber sie sah uns. Sie sah uns – nicht ebenso deutlich, wie wir sie gesehen hätten, wenn *wir* im Lande ansässig wären und nun ein anderes Volk in wachsender Zahl kommen und sich festsetzen sähen, nicht ebenso deutlich, aber deutlich genug. Sie sahen uns naturgemäß von Jahr zu Jahr immer deutlicher. Wir kümmerten uns nicht darum. Wir sagten uns nicht, daß es nur *ein* Mittel gab, uns vor den Konsequenzen dieses immer deutlicher Gesehenwerdens zu schützen: ernstlich gemeinsame Sache mit dieser Bevölkerung zu machen, sie an unserem Werk in diesem Land, an unserer Arbeit und ihren Früchten ernstlich zu beteiligen. Denjenigen in unserer Mitte, die es uns sagten, wollten wir nicht glauben. Wir hatten ja inzwischen, in einer weltpolitischen Konstellation, in der man uns merkwürdigerweise brauchte, von einer Weltmacht das Zugeständnis des Schutzes bei unserem Unternehmen erhalten. Der sogenannte Völkerbund hatte es bestätigt – war das nicht genug? Wir sagten uns nicht, daß solche Zugeständnisse in der politischen Welt, in der wir seit einem Vierteljahrhundert (und länger) leben, nur so lange gültig bleiben konnten, als die damals mit Hilfe ebendieser Zugeständnisse geschaffene weltpolitische Situation nicht in Frage gestellt wurde, daß wir also für diesen früher oder später kommenden Fall eine andere, andersartige Sicherung vorbereiten mußten, an Stelle einer Deklaration eine Realität eben die Realität gemeinsamen Werkes, gemeinsamer Interessen mit der Bevölkerung des Landes. Denjenigen in unserer Mitte, die es uns sagten, wollten wir nicht glauben. Und wer uns auf die wachsende arabische Nationalbewegung hinwies, dem antworteten wir, die sei nicht ernst zu nehmen, oder, man würde mit ihr schon fertig werden. Und dann kam alles, wie es kam. Die terroristischen Banden taten all das, was bei jenen Burschen unter uns als Simsons-Tat gilt. Vielleicht gab es auch unter den arabischen Terroristen solche, die sich als Simsone vorgekommen wären, wenn sie etwas von Simson gewußt, hätten; die Frage, wer in ihren Augen die Rolle der philistäischen Eindringlinge gespielt hätte, die Briten oder wir, mag offen bleiben – ich vermute, beide zusammen. Ich glaube nicht, daß es unter uns einen Menschen gibt, der die Mordbrenner als Simsone sah. Warum nicht? Weil die Simsone von Angesicht zu Angesicht gegen eine wohl bewaffnete Mehrheit kämpften; weil metzeln nicht kämpfen heißt. Wir weigerten uns, mit Ausnahme einiger Narren, in der gleichen Sprache zu antworten. Ich sage: einiger Narren. Damit meine ich aber „Narr" nicht im heroischen Sinn, das heißt einer, der für einen Narren gehalten wird, aber in Wirklichkeit ein Held ist, sondern mit „Narr" meine ich einfach einen Dummkopf und nichts anderes.

Und unsere Beziehung zu den Arabern? Wir haben zumeist zwischen den Banden und dem arabischen Volk zu unterscheiden gewußt; es ist aber nicht zu hoffen, daß die Araber auf die Dauer zwischen unseren Terroristen und dem jüdischen Volk zu unterscheiden wissen werden; und wie sollen wir dann zur Verständigung mit den Arabern gelangen? Gewiß, jene halten eine solche Verständigung für unnötig, ja für bedenklich; aber nur Illusionspolitiker wie sie, Illusionsfabrikanten, die nichts können, als nach dem Ende einer Illusion schon eine parat halten, die ebenso kurzlebig sein wird, vermögen zu wähnen, unsere Siedlung könne in alle Zukunft ohne ein Friedensabkommen und eine Arbeitsgemeinschaft mit den Arabern bestehen. Wer jetzt, in dieser, kritischen Stunde, ein blindes Wüten anzettelt, droht unsere Siedlung zugrunde zu richten; was mit solcher Mühsal, mit solchen Opfern, Stein um Stein aufgerichtet worden ist, würde in dem Chaos, zu dem uns das Pseudo-Simsontum führen kann, Mauer um Mauer niedergerissen werden. Jeder Hieb, den sie gegen Feinde zu führen vermeinen, trifft unseren eigenen Leib. Was sie treiben, ist Selbstmord; aber nicht einer, wie der Simsons, der zugleich mit sich dreitausend Philister begräbt, sondern eine sinnlose Zerstörung all dessen, was hingegebene Geschlechter mit dem Opfer ihrer Lebenskraft aus diesem Boden haben wachsen lassen. Wer mordet wie sie, mordet sein eigenes Volk.

Es gilt in dieser Stunde einen Kampf unserer ganzen Siedlung gegen das Weißbuch, das nicht bloß den Lebensanspruch unseres Volkes und den Entwicklungsanspruch unseres Werkes mißachtet, sondern auch die wahren Interessen Palästinas und den Charakter des Friedens, den es braucht, verkennt; es gilt einen geordneten, koordinierten, verantwortlichen Kampf. Dieser Kampf darf weder nach arabischem noch nach irischem Muster geführt werden. (Unsere Verherrlicher des irischen Terrors vergessen, daß es in der irischen Frage – von Ulster abgesehen – nur zwei, nicht wie in unserer drei Parteien gab: Die Tatsache, daß wir zum Unterschied von den Iren eine ungeheure Bevölkerungsmehrheit im Lande uns gegenüber haben, hinter der, teils mit größerem, teils mit geringerem Nachdruck, die 230 Millionen des Islam stehen, erweist den heute recht beliebten Vergleich als ein heilloses Geschwätz. Übrigens hat Irland nicht durch den Terror, mit dem man geschichtlich allenfalls den arabischen vergleichen könnte, und der bekanntlich unter anderem durch Lord Balfour höchst erfolgreich bekämpft worden war, sondern dank der klugen neoimperialistischen, durch Dezentralisierung neu zentralisierenden Round-Table-Politik Englands die Selbständigkeit gewonnen.) Wir dürfen in diesem unserem Kampf nichts tun, was die Bande zwischen uns und England zerschneidet, nichts, was ein künftiges Übereinkommen mit den Arabern unmöglich macht, nichts, was das Leben der Siedlung in Gefahr bringt. Wir haben das zu verwirklichen, was der Wille zum Wachstum unseres Siedlungswerkes erfordert, nicht weniger und nicht mehr. Das Werkzeug unseres Kampfes bleibt nach wie vor der Spaten, *der unerschrockene Spaten*. Erdgräber brauchen wir, die nicht weichen, nicht Bombenwerfer, deren Hauptkunst das Davonrennen ist. Führer zur Arbeit brauchen wir, die wissen, was sie wollen und wie es zu tun ist; Ordnungsstörer brauchen wir nicht – die Ordnung, die sie stören, ist die Ordnung unserer eigenen Arbeit.

## UND HEUTE?
(1939)

Einige von Euch sagen ja: „So sei es, wir haben uns also geirrt, wir gestehen es ein, aber jetzt kommt alles wie es kommt, es ist zu spät den Weg zu gehen, den Du gezeigt hast. Heute herrscht das strenge Gesetz des politischen Weltzustandes und dessen Folgen; es gibt heute keinen Ort mehr, an dem ein friedliches Leben möglich ist; wenn wir heute noch handeln müssen, können wir dies nur unter Berücksichtigung der Lage und ihrer Folgen tun – und dies ist eine andere Handlung, als die Du vorschlägst!"

Nein, nicht nur heute, schon Tage und Jahre redet Ihr so! Ihr habt immer gesagt: „Für den gestrigen Tag ist dein Ratschlag gut,- doch jetzt ist er schon veraltet, heute ist er nicht mehr möglich und hat nichts mehr zu sagen, heute hat sich alles geändert!" Und so wurde das Heute zum Gestern und wieder das Heute zum Gestern, ein Zustand ergibt den andern, und von Zeit zu Zeit wart Ihr auf der falschen Seite, und manchmal habt Ihr das Schlechte verstärkt, und manchmal wurde nicht gehandelt wo gerade hätte gehandelt werden können, und diese Untätigkeit beeinflußte die Zukunft. In jeder Phase und in jeder Situation, immer kann man etwas tun, das uns der Wahrheit näher bringt, und auf irgendeine Weise die nächste Stunde und die Art der nächsten Situation bestimmt. Die. Handlungsbedingungen ändern sich ständig, wir müssen immer etwas anderes, etwas neues tun, das auf den veränderten Zustand antwortet. Aber wir müssen die wahre Antwort finden! Statt dessen habt Ihr Euch immer an der listigen Antwort beteiligt, und Ihr habt nicht verstanden, daß die listige Abwägung uns immer die falschen Mittel gibt, und die Zukunft dem Augenblick opfert, wo wir, die wir die Zukunft so dringend brauchen, das Ziel nur durch beständige Zukunftsarbeit erreichen können. Die wahre Antwort heißt: Den Moment nicht mit dem Moment, sondern mit der Zukunft beantworten. Dies haben wir immer wieder versäumt. Aber wir können dies auch noch heute tun! Die Umstände sind zwar viel schwerer geworden, die Handlungsbedingungen haben sich sehr verschlechtert, so daß wir einen Weg wählen müssen, der uns in seinen Zwischenphasen keine sichtbaren Erfolge verspricht. Aber dies ist der richtige Weg. Auch die neue Lage stellt uns vor eine Wahl, und von unserem Entscheid wird die Zukunft auf unvorhersehbare Weise abhängig sein. Man kann heute noch nicht sagen, was wir morgen dann tun müssen. Aber heute kann man bereits sagen, wonach wir unser Handeln richten müssen, nämlich nach der Wahrheit und der Beachtung der ganzen jüdisch-arabischen Lebenswirklichkeit. Wenn das Gesagte die Wahrheit ist – und dies gesteht Ihr ein, da Ihr ja sagt: „Wir haben uns geirrt", – so ist es auch die Wahrheit von heute und von morgen, jetzt ist die Hauptsache mit der listigen Art aufzuhören und das Joch der Wahrheit auf uns zu nehmen. Sogar wenn die Lüge in der Welt siegt, ist die Verzweiflung nicht am Platz, außer wenn wir selbst an ihr teilhaben würden, denn so würden wir unsere Zukunft verraten. Wir müssen nicht verzweifeln, wenn wir uns gegen die Verführung durch die Lüge wehren und die Nichtigkeit ihrer Kraft erkennen und uns nicht durch Erfolg sondern durch Treue leiten lassen. Morgen werden wir vielleicht nur zwei Möglichkeiten haben: Wir können entweder unsere Fahne mit den Farben der Lüge bemalen und untergehen, wie der elendeste unter allen elenden Fahnenträgern, mit einem schwachen Jubelschrei auf unseren Lippen und mit stolzen Bewegungen, oder den kleinen Siegel der zwei Siegel Gottes in Obhut nehmen, die menschliche Wahrheit, und ihn in der Truhe des schweren Lebens bewahren wird, bis der Herrscher kommen wird, der ihn uns übergeben und zum neuen Tageslicht erheben wird.

## HABEN WIR EINEN EIGENEN WEG?
(1939)

Der Grundfehler der zionistischen Aktion hat darin bestanden, daß wir für unsere durchaus eigenartige Kolonisation keine selbständigen politischen Methoden ausgebildet haben. Während wir in unserer kolonisatorischen Arbeit selbst neue Wege beschritten und neue Formen der wirtschaftlichen und sozialen Organisation entdeckten, die unserer besonderen Zielsetzung und den besonderen Bedingungen unseres Werkes entsprachen, haben wir von den Staaten des modernen Abendlandes eine Kolonialpolitik übernommen, die unter ganz anderen Voraussetzungen entstanden war und in unserer Situation in keiner Weise paßte. Die Staaten und Handelsgesellschaften kolonisierten aus der Tendenz eines stark konzentrierten Volkes zur Expansion und ihre Unternehmung war auf der steten Bereitschaft zu Intervention einer der kolonialen Bevölkerung technisch weitaus überlegenen Militärmacht begründet. Wir kolonisieren aus der Tendenz eines völlig zerstreuten und kernlosen Volkes zur Konzentration.

Wir haben eine Legionspolitik ohne Legion gemacht; d. h. wir haben unsere konzentrierende Kolonisation auf die Militärmacht eines expansiven Staates gestützt. Wir sind dabei von der irrtümlichen Annahme ausgegangen, ein expansives und ein konzentratives Interesse könnten in einem sozusagen natürlichen Bündnis miteinander stehen, das von weltpolitischen Wandlungen unbeeinflußt bleibt. Dem ist nicht so. Der konzentrative Kolonisator ist auf das Land seiner Konzentration angewiesen und daran gebunden; der expansive kann nötigenfalls eine unbequem gewordene Position räumen oder beschränken, er kann Verbindungen umordnen, die einen reduzieren, die andern ausgestalten, je nach Bedarf. Für den Augenblick, wo das britische Reich in einer veränderten weltpolitischen Lage ein zweites Ägypten östlich des Suezkanals brauchen würde oder glauben würde es brauchen zu können, war zu erwarten, daß es versuchen würde, es sich von den Arabern oder einem Teil von ihnen liefern zu lassen; wir können es ihm nicht liefern. Ich bin zwar der Ansicht, daß die Araber, die es liefern könnten, es nicht liefern werden; es scheint mir, daß die britische Führung in dieser Stunde die Beziehungen zwischen den einzelnen arabischen Staaten nicht richtig sieht und daher unrichtig manövriert; aber das ändert nichts daran, daß unsere Lage jetzt so ist wie sie ist. Über den an uns begangenen „Verrat" klagen mag propagandistisch, zweckmäßig sein, vielleicht auch das nicht, politisch ist es jedenfalls wertlos. Wir haben die Zionsfahne einem Unternehmen zur Verfügung gestellt, das ohne sie nicht gelingen konnte, und beschweren uns nun darüber, daß der Unternehmer heute, da er die Fahne nicht mehr braucht, oder sie nicht mehr zu brauchen glaubt, sie zu kostspielig findet und den darüber abgeschlossenen Vertrag entsprechend interpretiert. Haben wir bis heute nicht gewußt, daß die Weltpolitik der Mächte in dieser Zeit eine Sache der Interessen der jeweiligen Stunde und nicht eine Sache der Grundsätze ist?

Unser Fehler war, daß wir das Schema der modernen Kolonialpolitik, in dem es nur zwei Parteien gibt, eine die die Kolonisation übt und eine die

die Kolonisation erleidet, blind auf unsere so völlig andersartigen Absichten anwendeten und uns somit Partei, dem Inhaber der Macht, angeschlossen und uns ganz und gar seiner Macht übergaben. Die Folge war, daß wir uns zu Handlangern eines Imperialismus abstempeln ließen, mit dem unsere Sache nicht wesensmäßig verbunden war. Und es ist ja bekannt, wie fragwürdig die Lage von Agenten beider Seiten ist. Wir galten als Agenten des britischen Imperiums noch als es es eigentlich nicht mehr gab, d. h. als an seiner Stelle unter dem alten Namen Imperium eine Assoziation zur Freihaltung des Handels in der Welt getreten war. Was hatten wir also zu tun? Wir hatten einerseits von der Macht, der ein Mandat über Palästina übergeben werden sollte mit der ausdrücklichen Begründung, unsere Siedlung zu fördern, eine einzige unbedingte Zusicherung zu erlangen, daß sie unser Recht auf freie Einwanderung und freien Bodenkauf anerkenne und niemals etwas unternehmen würde, um uns dieses Recht zu verkürzen. Eine solche einfache und eindeutige Zusicherung wäre nicht mehr so leicht wegzuinterpretieren gewesen. Andererseits aber hatten wir von den Arabern die Anerkennung desselben Rechts zu erlangen, ebenso einfach und eindeutig, und diese Anerkennung mußte ebenso wie jene Zusicherung von einer internationalen Instanz bestätigt werden. Diese Anerkennung konnte naturgemäß nur als Ergebnis von Verhandlungen auf Grund eines umfassenden Kolonisationsprogramms erfolgen, eines Programms, in dem das Wesen und die Aufgabe unserer konzentrativen Kolonisation einen zulänglichen Ausdruck gefunden hätten. Ein solches Programm war demgemäß nicht auf Palästina allein zu beschränken. Zu einem Zentrum dieser Art gehört ein fester Ring, der es umschließt. Dieser Ring konnte nur gebildet werden durch ein Einströmen von produktivem jüdischem Element in die arabischen Länder und das bedeutete eine programmierte Mitwirkung jüdischen Kapitals und jüdischer Arbeit am wirtschaftlichen Aufbau des arabischen Vorderasien. Das historische Schicksal solcher Mitwirkung, daß wir nämlich ausgeschaltet würden, nachdem wir unser Werk geleistet hatten, brauchten wir dann nicht zu befürchten, wenn ein historisches Novum von uns geschaffen würde, wenn nämlich im Mittelpunkte dieses Landes eine starke eigene Position, die palästinensische, stünde. Man muß sich klarmachen, daß Palästina damit nicht bloß das organische Zentrum des jüdischen Volkes, sondern auch das eines aufsteigenden Orients würde. Es wäre im Wesen unserer eigenen Kolonialpolitik gelegen, zu neuen politischen Formen zu führen, die auch dann standhalten würden, wenn Palästina sich einem föderativen Länderverband einfügte. Selbstverständlich hätten solche Verhandlungen nicht mit einigen Notabeln geführt werden können, und die Anerkennung, die ich meine, hätte auch nicht in der Form des Privatbriefs eines arabischen Fürsten erfolgen können. Wir brauchten einen adäquaten Verhandlungspartner, wenn er nicht da war, mußten wir ihn fordern, mußten wir ihn als eine zuständige Vertretung des ganzen Arabertums sich organisieren helfen. Natürlich war auch mit einer Vertreterschaft der palästinensischen Araber selbst über Leistung und Gegenleistung zu verhandeln; es wäre in der Konsequenz des Programms gelegen, sie an unserer palästinensischen Aufbauarbeit zu beteiligen, auf allen Gebieten organisative Formen einer Gemeinsamkeit der Interessen zu finden.

Das *kleine* Programm, das wir aufstellten, führte zum Kampf gegen die arabische Arbeit; ein *großes* hätte ihre Beteiligung nicht allein erlaubt, sondern notwendig gemacht. Das gleiche gilt auf dem politischen Gebiet. Das kleine Programm führte zu einer Betonung des Bedürfnisses nach der Erlangung einer Mehrheit im Lande; das große hätte gezeigt, daß es eine Koordination von Völkern geben kann, bei der die Frage des numerischen Verhältnisses ganz unwichtig wird.

Alles, was ich hier sage, ist schon vor 20 Jahren von mir und meinen Freunden gesagt worden, zu einem großen Teil in der Öffentlichkeit, besonders aber in den Ausschüssen der zionistischen Kongresse und in Beratungen zionistischer Gruppen. Es ist nicht zur Wirkung gelangt. Ich mache mir heute den Vorwurf, daß ich mich damals von dem bei uns allgemein herrschenden Vorurteil gegen die Öffentlichkeit habe beeinflussen lassen. Wahrscheinlich wäre, wenn wir dieses Vorurteil überwunden hätten, uns eine größere Wirkung gewährt gewesen. Wir stellten das Gebot der zionistischen Disziplin über das unserer eigenen politischen Einsicht; das hat sich als schwerer Fehler erwiesen.

Heute, wenn wir auf unsere damaligen Vorschläge und Warnungen hinweisen, wird uns vielfach entgegengehalten: Nun ja, ihr mögt ja recht gehabt haben, aber nun ist eben alles geworden wie es geworden ist, nun ist kein Einvernehmen mit den Arabern zu erzielen, es sei denn eines, das eine Abdikation bedeutete, das einen Verzicht auf den vitalen Anspruch unserer Siedlungsarbeit einschließen würde. Da bleibt eben nichts übrig als der rücksichtslose Kampf, komme was da wolle, der Kampf um unser Leben. Diese Erwiderung ist nichts als ein neues Ausweichen vor der großen schweren Aufgabe eines größeren Zionismus. Gewiß, echte Kooperation ist nur auf der Grundlage echten Vertrauens möglich, und wir haben tausend Keime des Vertrauens zerstört. Gewiß ist die Aufgabe noch ungeheuer viel schwerer geworden als sie war. Aber es ist nicht wahr, daß sie unerfüllbar geworden wäre. Es kommt darauf an, sich heute trotz allem für die Richtung zu entscheiden, in der man suchen und versuchen, in der man wagen und werben will. Eine große Entscheidung dieser Art ist fruchtbar. Schlagen wir unbeirrt, unabgelenkt eine Richtung ein, so wird sich zeigen, daß man in dieser Richtung auch wirklich gehen kann. Es ist nicht wahr, daß heute die Idee einer konzentrativen Kolonisation keinen großen politischen Ausdruck mehr finden kann; sie wird ihn finden, wenn wir sie ganz ernst nehmen. In dem Augenblick, wo wir erkennen, daß es für dieses Land kein Heil gibt, es sei denn auf der Grundlage eines umfassenden Bündnisses zweier Völker, werden wir die Möglichkeit gewinnen, auch den Arabern zu zeigen, daß es so ist. Mit Taktik irgendwelcher Art ist nichts mehr auszurichten, mit Wahrheit alles.

## FALSCHE PROPHETEN
(1940)

[...] Geschichte geschieht, und Geschichte bedeutet, daß eine Zeit nicht der anderen gleicht. Gott handelt in der Geschichte, und Gott ist nicht ein Apparat, der, einmal aufgezogen, so lange gleichmäßig läuft, bis er abgelaufen ist, sondern er ist ein lebendiger Gott. Auch das Gotteswort einer Stunde, dem man dadurch gehorcht, daß man sich ein Joch um den Hals legt, darf man nicht als ein Plakat dranhängen. Gott hat eine Wahrheit, die Wahrheit; aber er hat kein System. Seine Wahrheit äußert sich in seinem Willen; aber sein Wille ist kein Programm. Gott hat einen Willen für die Menschenwelt dieser Stunde; aber die Menschenwelt ist von ihm ebenfalls mit einem Willen begabt, mehr noch, sie ist von ihm in einem hinreichenden Maße mit der Macht ausgestattet, diesen Willen auszuführen; sie kann sich also in dieser Stunde ändern, und Gott, der sich um sie, um ihren Willen und um ihre möglichen Änderungen innig bekümmert, kann, wenn sie sich ändert, seinen Willen für sie ändern. Das heißt: die geschichtliche Wirklichkeit kann eine andere geworden sein. Man darf sich nicht auf sein Wissen verlassen. Man muß fortgehn und von neuem horchen.

[...] Die wahren Propheten sind die eigentlichen Realpolitiker; denn sie verkündigen ihre politische Botschaft von der ganzen geschichtlichen

Wirklichkeit aus, die zu schauen ihnen gegeben wird. Die falschen Propheten, die Illusionspolitiker, reißen mit der Macht ihres Wunsches einen Fetzen aus der geschichtlichen Wirklichkeit und weben ihn in ihre bunte Illusion ein. Wenn sie ihre Suggestivwirkung ausüben wollen, zeigen sie die prächtigen Farben vor; und wenn man sie nach dem Wahrheitsgehalt fragt, ziehen sie den Fetzen nach oben.

[...] Die falschen Propheten sind nicht gottlos. Sie beten den Gott „Erfolg" an. Sie bedürfen selber immerzu des Erfolgs und erlangen ihn, indem sie ihn dem Volk verheißen; aber sie sind auch ehrlich um den Erfolg für das Volk beflissen. Die Sucht nach dem Erfolg beherrscht ihre Herzen und bestimmt, was daraus aufsteigt; das ist's was Jeremia „den Trug ihrer Herzen" nennt: sie trügen nicht, sie werden betrogen und können in keiner anderen Luft atmen als in der dieses Trugs.

Die wahren Propheten kennen den kleinen aufgeblasenen Götzen Erfolg durch und durch; sie wissen, daß zehn Erfolge, die nichts als Erfolge sind; eine Niederlage ergeben können, hingegen zehn Mißerfolge, wenn der Geist sich in ihnen bewährt, einen Sieg. Sie selber können, so wie sie zum Volke reden, zumeist keinen Erfolg erringen, alles, was erfolgssüchtig ist im Volk, widerstrebt ihnen; aber wenn sie in die Grube geworfen werden, steht alles in Flammen, was es noch an Seele in Israel gibt; und in aller Stille beginnt die Umkehr, die mitten in der tiefsten Not zur Erneuerung führen wird.

Der falsche Prophet lebt vom Traum aus und verfährt, als ob der Traum die Wirklichkeit wäre. Der echte Prophet lebt vom wahren Worte aus, das er vernimmt, und muß es behandeln lassen, als ob es nur für irgendeine „ideologische" Sphäre, „Moral" oder „Religion", aber nicht für die Wirklichkeit des öffentlichen Lebens Geltung hätte. [...]

# KEINE PROVOKATIONEN!
## Brief an den Va'ad Le'umi (Nationalrat)
(Jerusalem, 3.3.1940)

Geehrte Herren!
Unter dem Eindruck der Ereignisse der letzten Tage wende ich mich an die verantwortlichen Institutionen der [zionistischen] Bewegung und des Jischuw mit folgenden Fragen:

1. Ist den verantwortlichen Institutionen bekannt, daß man noch niemals, seit es in Großbritannien eine parlamentarische Regierung gibt, die Mehrheit des Parlaments, die auf seiten der Regierung steht, durch Straßendemonstrationen beeinflußt hat? Ist ihnen bekannt, daß jedenfalls nichts so sehr auf die entscheidenden Kreise in England wirkt wie die öffentliche Fähigkeit der Führer eines Teiles der Bevölkerung, die Massen in einer Stunde besonderer Erregung zu zügeln, und daß daher die Demonstrationen der letzten Tage die erklärte Politik der Jewish Agency untergraben ?

2. Falls die Institutionen trotz der historischen Präzedenzfälle einen *parlamentarischen* Erfolg der Demonstrationen für möglich halten: ist ihnen klar, daß sich daraus nicht nur eine äußerst starke Verstimmung der palästinensischen Behörden ergeben würde, sondern daß ein solcher Pyrrhussieg wie wir ihn seinerzeit über die Verfassungsvorschläge von Sir Arthur Wauchope errungen haben, naturgemäß arabische Gegendemonstrationen nach sich ziehen und damit wieder die Straße die politischen Entscheidungen beeinflussen würde? Ist ihnen klar, daß die Gegendemonstrationen erfolgreicher als ihre eigenen sein werden, solange die Möglichkeit besteht, daß der Orient in den Krieg verwickelt wird, und die Verteidigung der Flanken das Gebot der Stunde ist, da die arabischen Herrscher in diesem Krieg – in völligem Gegensatz zu uns – mehr oder weniger die Freiheit der Wahl haben, sich auf Seiten Englands zu beteiligen, unparteiisch zu bleiben oder sich sogar einem Gegner Englands im Orient anzuschließen und es sich da nur um eine der beiden antisemitischen Mächte, Deutschland oder Italien, und vielleicht um das antizionistische Rußland handeln kann?

3. Stellt nach Ansicht der Institutionen die Veranstaltung solcher Demonstrationen in dieser Stunde ein geeignetes Mittel dar, um unser Volk wirksam im Sinne unserer Sache zu beeinflussen, oder können diese nicht im Gegenteil in der Masse Illusionen nähren oder erzeugen, die schädlich sind

und deren späteres Scheitern zu einer inneren Zerbröckelung des Jischuw führen kann?

4. Werden nicht nach Ansicht der Institutionen, durch solche Demonstrationen die seit Kriegsausbruch verstärkten Möglichkeiten, doch noch zu einer Verständigung mit den Arabern zu gelangen, aufs äußerste gefährdet? Und wenn, wie man annehmen darf, besonders nach Bildung eines Sonderausschusses bei der Exekutive [der Jewish Agency] Schritte zur Förderung einer solchen Verständigung unternommen wurden, was hat die Institutionen dazu bewogen, Demonstrationen zu dulden, die ihre eigene Politik zunichte machen?

5. Wenn die Institutionen, wie ich gehört habe, die Verantwortung für die Demonstrationen ablehnen, ist ihnen bekannt, daß die Jugend mit dem Bewußtsein auf die Straße ging, damit einer von den verantwortlichen Institutionen ausgegebenen Losung zu folgen? Und wenn das bekannt ist, was haben sie getan, um der Jugend mitzuteilen, daß diese Meinung irrig ist?

*6.* Wenn die verantwortlichen Institutionen der Bewegung und des *Jischuw* für die Demonstrationen nicht verantwortlich sind, wer ist dann für sie verantwortlich? Beabsichtigen die Institutionen die Verantwortlichen zur Rechenschaft zu ziehen? Darf man es nach Ansicht der Institutionen, zumal in einer solchen Stunde, dulden, daß es außerhalb der Institutionen Kreise oder Persönlichkeiten gibt, die imstande sind, Losungen auszugeben, die als Losungen der Institutionen verstanden werden? Und wenn das, wie ich annehme, auch nach Ansicht der Institutionen nicht geduldet werden kann, haben diese die erforderlichen Anweisungen gegeben, um eine fortdauernde Machtstellung dieser Kreise oder Persönlichkeiten zu verhindern?

# DAS PROGRAMM DES „ICHUD"
(1943)

1. Der Verband „Ichud" ist
a) ein Teil der Zionistischen Bewegung, als welcher er bestrebt ist, in Palästina das Nationale Heim des jüdischen Volkes zu errichten;
b) ein Teil der weltweiten Bewegung, die eine Neuordnung der internationalen Beziehungen anstrebt, welche darauf ausgeht, die großen wie auch die kleinen Völker zu vereinen, um ein Leben in Freiheit und Gerechtigkeit, ohne Furcht, Unterdrückung und Mangel zu gewährleisten.
2. In diesem Sinne ist der Verband „Ichud" bestrebt, die lebenswichtigen Probleme unseres Landes und dessen Aufbau auf dem Wege der Union des jüdischen und des arabischen Volkes in Angriff zu nehmen. In dieser Richtung wird der Verband „Ichud" den Weg suchen, auf dem die jüdische Welt mit der arabischen Welt auf allen Lebensgebieten – gesellschaftlichen, ökonomischen, kulturellen und politischen – zusammenarbeiten kann, um, die semitische Welt wiederzubeleben.
3. Die hauptsächlichen politischen Bestrebungen des Verbandes „Ichud" sind:
a) in Palästina eine Regierungsform auf Grund gleicher politischer Rechte für beide Völker auszuarbeiten;
b) das Einverständnis der sich ausweitenden jüdischen Ansiedlung und des gesamten jüdischen Volkes für eine föderative Union der Nachbarstaaten und Palästinas darunter einzuholen, welche dazu in der Lage ist, die nationalen Rechte aller Völker innerhalb der Union zu verbürgen;
c) ein Bündnis zwischen dieser föderativen Union und einer angloamerikanischen Union als Teil eines zukünftigen Bündnisses aller freien Völker zu schaffen.

Ein derartiges Bündnis der freien Völker hat als oberste Instanz die Verantwortung für die Herstellung geregelter Beziehungen und deren Schutz in der neuen Welt nach dem Kriege auf sich zu nehmen.

# IN STUMMEN TAGEN
(1943)

Wir sind heutzutage daran gewöhnt, jemandem direkt oder indirekt, auf dem Wege der Aussprache oder mit anderen Mitteln zu erklären: „Solche Dinge darf man nicht zum Ausdruck bringen, darf man nicht veröffentlichen, da dies die nationalen Belange gefährdet." Jedoch gerade dies ist die Frage, was denn die nationalen Belange sind und wodurch sie gefährdet würden. Menschen, die anderer Meinung sind, dadurch abzustempeln, daß die nationalen Belange ihrem Herzen nicht nahe oder nicht nah genug stünden, heißt die allgemeine Atmosphäre zu vergiften. Stimmen wie die, die in den hier veröffentlichten Aufsätzen zum Ausdruck kommen, entspringen gerade, jener tiefen Besorgnis, daß das, was heutzutage als nationale Belange dargestellt wird, die wirklichen, Belange der Nation ernstlich gefährden könne. Sie entspringen der tief empfundenen zwingenden Notwendigkeit, die wirklichen Belange der Nation den angeblichen, die Wirklichkeit der Illusion gegenüberzustellen. Sie entspringen der tiefen Angst vor dem Schicksal, in das uns die Illusionen führen. Sie entspringen der tief empfundenen Notwendigkeit, zu warnen, solange man noch warnen kann.

Wer sagt, „das ist verboten", hat natürlich eine andere Ansicht von den Belangen der Nation. Aber was haben solche Leute denn im Sinn, wenn sie behaupten, daß eine öffentliche, von ihrer Meinung verschiedene Meinungsäußerung die Belange der Nation gefährden könne? Wie können Meinungsäußerungen von Einzelpersonen dazu führen, wenn sie nicht ihre Grenzen, die Grenzen der Meinungsäußerung eines einzelnen, überschreiten? Zwar besitzt sogar die demokratischste Regierung das Recht zu verhindern, daß Staatsgeheimnisse aufgedeckt würden; im Ausnahmezustand hat sie das Recht, Aufhetzung zum Aufstand und Sabotage zu unterbinden. Aber welchen Schaden kann nach Ansicht derjenigen, die „verboten, verboten" rufen, das Wissen bringen, daß es einzelne Personen gibt, die nicht mit der allgemeinen Ansicht von den Belangen Israels übereinstimmen. Sollten sie sich vorstellen, daß heutzutage, in einer Zeit, in der totalitäre Systeme blühen, das Schweigen in den Augen der Welt als Beweis dafür angesehen wird, daß andere Meinungen nicht existierten? Im Gegenteil, wo ein derartiges Schweigen herrscht, neigt die Welt dazu, die von der offiziellen Meinung abweichenden Meinungen viel extremer auszumalen, als sie in Wirklichkeit sind. [...]"

## GLAUBE ES NICHT!
(1944)

In den Zeitungen wird berichtet, Weizman hätte in einer Rede in London gesagt: „Über die Frage der Immigrantenaufnahme können nur diejenigen entscheiden, denen dies eine Frage auf Tod oder Leben ist" und hätte hinzugefügt: „Es gibt nichts einfacheres als dieses." Wenn ich vor die Wahl gestellt bin, die erprobte politische Klugheit Weizmans anzuzweifeln oder den Zeitungen das Vertrauen zu entziehen, dann ziehe ich das letzere vor. Wer, wenn nicht Weizman, weiß, daß jede öffentliche Äußerung des Führers einer politischen Bewegung im exakten Sinne des Wortes politisch ist, d. h. daß es seiner Natur nach bestimmt ist, nicht nur die Hörer zu ermutigen, sondern um die gesamte politische Welt zu beeinflussen. Nehmen wir an, die Nachricht wäre richtig, was wäre ihr Einfluß in dem gegebenen Falle? Was würden sich die Politiker der Welt vorstellen, wenn sie hörten, daß die Zionisten ihnen nun das Recht absprächen, zu beraten und zu beschließen, wie viele Einwanderer in diesem Lande zu einer bestimmten Zeit und unter den wirtschaftlichen und technischen Bedingungen aufgenommen werden könnten? Sie, die Politiker der Welt, könnten sich darunter nur vorstellen, daß die Zionisten nicht mehr bereit seien, sie als Gesprächspartner in den Verhandlungen über die Einwanderungsfrage zu berücksichtigen, entzöge doch die erwähnte Forderung jeder Verhandlung den Boden unter den Füßen.

Bis jetzt hielt man für die zionistische Maximalforderung die Formulierung: nach dem Maße der Aufnahmemöglichkeit, die sich natürlich durch unser schöpferisches und befruchtendes Werk selbst ausdehnen ließe. An die Stelle dieser Formulierung tritt nun, wenn die oben erwähnte Nachricht doch richtig ist, der Satz: bis zu dem Maße, das der Vertretung der Juden in diesem oder jenem Augenblick erwünscht dünkt. Nicht mehr objektiver Maßstab (der seiner Natur nach verschiedene Auffassungen gestattet, aber auch zu einer relativ objektiven Entscheidung auf Grund gemeinsamer Erwägungen führen könnte), sondern die Angelegenheit würde vollkommen in die Hände dessen gelegt, „dem dies eine Frage von Tod oder Leben sei". Würden wir es denn für erträglich halten, daß in irgendeiner anderen Angelegenheit im Rahmen der Völkerpolitik die Meinung aller Parteien unterdrückt würde, außer, dem Willen dessen, den diese Angelegenheit am meisten angeht? Könnten wir uns wirklich ausmalen, daß irgendeine internationale Institution diesen Grundsatz akzeptierte? Und wenn wir uns dies nicht vorstellen können, welcher politische Sinn läge dann in einer derartigen Meinungsäußerung? Kann sich denn ein vernünftiger sachkundiger Mensch in seinem Innersten vorstellen; daß die Aufstellung von in keiner Beziehung zur Wirklichkeit, stehenden Forderungen, unserer Angelegenheit nützen könnte? Wir haben keinen vernünftigeren und sachkundigeren Mann als Weizman. Darum gebe ich dir einen klaren Rat, wenn die Zeitungen zu dir kommen und dich auffordern, du sollst es glauben, daß er diese Worte gesagt hat: glaube ihnen nicht!

Außerdem, wie verfährt man, wenn nicht einer, sondern zwei direkt an der Sache interessiert sind, und beide angeben, dies wäre für sie eine Frage auf Tod und Leben, und in der Stunde der Entscheidung forderte der eine alles und der andere verweigerte alles? Dann wäre der Zugang zu einem Kompromiß verschlossen, weil doch kein anderer als der Wille des einen anzuerkennen wäre, dem dies eine Frage auf Tod oder Leben sei. Nun ist es zwar möglich, daß der eine die Wahrheit sagt und es ihm wirklich eine Frage auf Tod und Leben ist, wie es auch möglich ist, daß der andere nicht die Wahrheit sagt und dies ihm nicht eine Frage von Tod und Leben ist; aber besitzt denn eine internationale Institution irgendeine Möglichkeit *darüber* zu entscheiden, über Wahrheit und Unwahrheit derartiger Angaben, um dem einen von beiden Seiten das allcinige, unbedingte Entscheidungsrecht zuzusprechen und dem anderen sogar die geringste Mitwirkung an einer Entscheidung zu versagen, die ihn direkt betrifft? Und wenn wir nicht dieser Meinung sind, welchen politischen Sinn hätte dann eine solche Meinungsäußerung? Reden unsere Vertreter nur, um mit fein zugespitzten Forderungen die mit der Lage verbundenen furchtbaren Zweifel aus dem Herzen der Zuhörer zu bannen, oder reden sie, um auf politischem Gebiet zu wirken? Und wer, wenn nicht Weizman, weiß, zu welchem Zwecke er spricht? Darum, wenn dir die Zeitungen den einfachen Satz vortragen, als käme er aus Weizmans Munde: „Es gibt nichts einfacheres als dieses", sage ich dir nochmals: Glaube ihnen nicht!

## NATHAN ROTENSTREICH:
## Ich habe es geglaubt – vorschnell?
## (1944)

Im Heft Nr. 3 der „Beajot" ist die Warnung Martin Bubers veröffentlicht, nicht der Presse Glauben zu schenken, welche im Namen von Ch. Weizmann überbrachte, „daß in der Frage der Immigrantenaufnahme nur diejenigen entscheiden könnten, denen dies eine Frage von Tod und Leben" sei. M. B. begründet seine Warnung mit zwei Argumenten: 1. „Würden wir es für erträglich halten, wenn in irgendeiner Angelegenheit im Rahmen der Völkerpolitik die Meinung aller Parteien unterdrückt würde, außer der Meinung desjenigen, den diese Sache am meisten angeht?" 2. „Wie wäre zu verfahren, wenn nicht nur einer, sondern zwei an dieser Sache direkt interessiert wären und alle beide den Anspruch erhöben, dies wäre für sie eine Frage auf Tod und Leben?"

Mir scheint, daß diese Argumente untersucht werden sollten. Aus dieser Untersuchung wird sich ergeben, daß ,wer dazu bewogen wurde zu glauben, daß Weizmann diese Worte wirklich gesagt hat, dies zurecht geglaubt hat.

Mit eigenen Augen und Ohren sehen und hören wir, wie lebenswichtige Angelegenheiten dem Bereiche des internationalen Lebens entzogen werden, und daß man dazu erklärt, dies seien definitiv Angelegenheiten, die besser unter den Völkern selbst entschieden werden sollten. Wir vernehmen fast täglich Erklärungen, daß die Entscheidung über die innere Staatsform in'Italien die Angelegenheit des italienischen Volkes sei – und das nachdem das italienische Volk im Laufe einer Generation eine Staatsform gewählt hat,. die beinahe zu seinem Untergang .führte. Beruhen doch die Beziehungen zwischen der Sowjetunion und England auf dieser Abgrenzung, welche die Angelegenheiten der Staatsform und der Lebensweise den Völkern selbst überläßt und diese Angelegenheiten, nicht mit den Beziehungen der Völker untereinander verbindet. Oft entspringen diese Erklärungen der Bequemlichkeit und vieler Berechnung, was z. B. Italien, Spanien und Frankreich betrifft, öfters jedoch entspringen sie der realistischen Einschätzung, daß. man nicht zuviel verlangen sollte, und daß man nicht auf allen Gebieten zwischen Völkern vergleichen und angleichen könne..Jedenfalls kann man hier nicht den Grundsatz aufstellen, den M. B. aufstellt.

Doch die Hauptsache liegt bei der zweiten Begründung, daß zwei Völker Anspruch auf Lebenswichtigkeit erheben könnr ten. Dies ist der Streitpunkt zwischen uns und unseren Nachbarn und auch die Meinungsverschiedenheit innerhalb unserer zionistische Familie. Denn auf diesem Gebiete fordern wir eine eindeutige Entscheidung von den Völkern, welche von beiden Sachen die lebenswichtigere ist; welche Sache eine Frage von Tod und. Leben ist, und welche sich in einer anderen Sphäre bewegt, die nichts mit den elementaren Erfordernissen eines Volkes zu tun hat. Unsere Forderung ist stets, in diesem Punkt zu entscheiden; nicht *Ausgleich* in Grundfragen, sondern *Entscheidung* zugunsten einer Seite. Jede Verhandlung über einen Ausgleich – wenn er etwas Greifbares wäre – kann einzig und allein auf Grund dieser Entscheidung beginnen und nicht vorher. Nachdem diejenigen Völker, in deren Händen sich. die. wirkliche Macht befindet und in deren Munde die Rede von Gerechtigkeit und Lebensanrecht ist, entschieden hätten, daß unsere Sache lebenswichtiger ist, daß sie das Schicksal eines ganzen Volkes betrifft und, ein weltweites Problem löst (diese Faktoren existieren für die arabische Bevölkerung in Palästina nicht), dann werden wir dazu berechtigt sein zu fordern, daß die Ausführung unserer Sache in die Hände unseres Volkes gelegt werde. M. B. warnt uns davor, die Worte Weizmanns für wahr zu halten, weil er der Auffassung der doppelten Verpflichtung in Palästina anhängt, die einem doppelten Interesse angemessen ist. Dies ist wieder ein Beweis dafür, wie politische Losungen, die der Bequemlichkeit und der Geistesvernebelung entsprungen sind, zu moralischen Grundsätzen und primären Erfahrungstatsachen werden. Doch jemand wie M. B., der für Grundsätze kämpft und mit kritischer Begabung und dem Vermögen ausgestattet ist, den Schleier zu lüften, der sollte doch unterscheiden, was zu unterscheiden ist.

Ich weiß nicht, ob Weizmann das, was ihm die Zeitungen zugeschrieben haben, auch gesagt hat. Ich glaube, er hat dies gesagt, nicht „weil es keine einfachere Sache gäbe", sondern weil es keine gerechtere gibt.

# EINE WEITERE KLARSTELLUNG
## Antwort an Nathan Rotenstreich
## (1944)

Ich sehe, daß eine weitere Klarstellung der Dinge nötig ist, von denen ich gedacht hatte, sie wären auch als Andeutung klar genug.

Man muß zwischen den Angelegenheiten der Politik im Bereiche einer Nation und denen der internationalen Politik unterscheiden.

Angelegenheiten einer Nation, wie die Regierungsform eines Landes, unterliegen im allgemeinen der Entscheidung eben dieser Nation, inwieweit sie nicht direkt die Interessen anderer Völker berühren und diese Entscheidung nicht infolge von Kriegen oder anderen Kampfhandlungen zeitweilig verschoben werden muß und dadurch die Ausübung des prinzipiell anerkannten Rechtes einstweilig aufgehoben wird. ,

Jedoch unter besonderen Kräftekonstellationen, wenn z. B. ein bedeutendes und lebenswichtiges Bündnis von Brüchen und Spaltungen bewahrt werden soll, ist es möglich, eine ganze Reihe von Fragen, die offensichtliche Interessen anderer Völker berühren, aus dem Bereich der internationalen Politik in den Bereich der Politik einer Nation zu überführen, was um so leichter zu, bewerkstelligen ist auf dem Boden der Fiktion, es gäbe überhaupt keine anderen Völker im Sinne des internationalen Rechtes.

Wer gegen mich mit Beispielen der ersten oder der zweiten Art argumentiert, entfernt sich von den Tatsachen, die die Wirklichkeit unseres Lebens bestimmen.

Die Probleme, mit denen unsere Existenz in Palästina verbunden sind, sind mit den Problemen der Existenz anderer derartig klar verknüpft, daß sie kein Mensch unter der ersten Klasse aufzählen würde, und an eine besondere Kräftekonstellation wird in unserem Falle kein Mensch mit politischem Bewußtsein denken.

Wenn schwierige Verhandlungen zwischen einer Großmacht und ihrem Widersacher geführt werden oder geführt werden sollen, und die eine Großmacht nach Objekten sucht, auf die sie zugunsten wirklich wichtiger verzichten kann, also „Tauschobjekte", wird zwar von Zeit zu Zeit auch unsere Angelegenheit erwähnt; wer aber nicht versteht, daß man auf diesem Schachbrett den Bauern nur des Austausches wegen vorrückt, wiegt sich in uns so lieb gewordenen und so unheilvollen Illusionen; (wir hatten diese einmal wirklich nötig, um den territorialen Anspruch zu rechtfertigen, aber das endigte, wie es nun endigte, und es gibt nicht das leiseste Anzeichen dafür, daß diese Begründung wiederkehren sollte). Wir lassen -uns von jedem listigen Streich in der internationalen Politik betrügen, welcher sich unserer Angelegenheit bedient, und wir setzen unsere Hoffnung auf eingebildete Chancen, deren Wirklichkeit nur im Manövrieren besteht, manchmal sogar nur in Wahlmanövern. Der grundsätzliche Mangel unserer Außenpolitik besteht darin, daß sie sich nicht auf die Erkenntnis der tatsächlichen Interessen der entscheidenden Völker und der tatsächlichen Kräfteverhältnisse gründet, und daß wir (wie der Kritiker meines ersten Aufsatzes) endgültige Entscheidungen fordern, zu welchen im Falle der erwähnten Kräftekonstellation einzig ein dringendes Interesse führen könnte.

Dieser Kritik entgegnen nun einige, daß man viel fordern muß, um weniger als das Geforderte zu erhalten; denen aber soll man, um in der Sprache der Händler zu. verbleiben, antworten, daß man ein Geschäft nie verdirbt, wenn man zu wenig fordert, das Ergebnis wäre nur, daß der Gewinn geringer wäre; demgegenüber aber kann man das gesamte Geschäft verderben, wenn man zuviel verlangt, denn dann besteht Gefahr, daß das' Geschäft überhaupt nicht getätigt wird.

Aber legen wir diese Händlerrechnungen beiseite und bedenken wir. ernsthaft derartige Aussprüche, von denen die Rede ist. Dann werden wir sehen, daß sie eigentlich die Forderung bedeuten, durch den Beschluß der Nationen einer gewissen Minderheit die durch keine internationale Aufsicht beschränkte Möglichkeit zu geben, sich zur Mehrheit aufzuschwingen. Diese Forderung ist nicht nur ohne Beispiel in der Geschichte, sie ist auch dermaßen weit von dem internationalen Brauch entfernt, daß sich meines Erachtens dem denkenden Menschen die Frage aufdrängen muß, was denn die tatsächlichen Interessen dieser oder jener Nation seien, auf denen wir diese Forderung begründen, und womit wir ihnen entgelten könnten, was die tatsächlichen Interessen aufwöge, die in einer ganz anderen Richtung liegen. Soweit ich sehe, gibt es keine Antwort auf diese Frage.

## ZWIEGESPRÄCH ÜBER „BILTMORE"
(1944)

*Der Getreue: Ich hätte gerne mit dir ein unverbindliches und offenherziges Gespräch geführt.*

Der Verräter: Ich bin einverstanden.

*Der Getreue: Sage mir doch, warum bist du gegen den Biltmore-Plan?*

Der Verräter: Grundsätzlich oder praktisch ?

*Der Getreue: Sei es grundsätzlich.*

Der Verräter: Darf ich eine Gegenfrage stellen?

*Der Getreue: Frage, was dir beliebt.*

Der Verräter: Warum spricht man jetzt auf der Straße soviel von den Gibeoniten?

*Der Getreue: Von den Gibeoniten?*

Der Verräter: Ja, von den Holzhackern und Wasserschöpfern.

*Der Getreue: Spricht man denn wirklich soviel über sie?*

Der Verräter: Ja, besonders seit der Verkündung des Biltmore-Planes.

*Der Getreue: Aber was haben denn beide Sachen miteinanr der zu tun?*

Der Verräter: Das hätte auch ich gerne gewußt.

*Der Getreue: Was ... Worauf zielst du bin?*

Der Verräter: Ich will sagen, daß die Zeit der Gibeoniten längst vorbei ist, und dies zwangsläufig.

*Der Getreue: Sicher ist die längst vorbei.*

Der Verräter: Wenn sie nun schon vorbei ist, warum spricht man soviel von ihnen auf der Straße?

*Der Getreue: Ich verstehe nicht, was du sagst.*

Der Verräter: Du verstehst sehr wohl.

*Der Getreue: Aber ... du wolltest mir doch sagen, warum du den Biltmore-Plan grundsätzlich ablehnst.*

Der Verräter: Ich habe dir das schon gesagt.

*Der Getreue: Bist du denn wirklich der Meinung, daß die Männer der Biltmore-Versammlung beabsichtigten, einen Teil der Bevölkerung des Landes zu Bürgern zweiter Klasse zu machen?*

Der Verräter: Natürlich, ihr wollt ihnen nur die politische kollektive Gleichstellung nehmen. Wenn aber zwei Völker in einem Staate leben und eines von beiden das herrschende, das „Staatsvolk" ist, und wenn die schöpferische Kraft und die Unternehmungsfähigkeit dieses Volkes in der Weltwirtschaft qualitativ größer ist, sinkt auf ganz natürliche Weise das zweite Volk so oder so auf die Stufe von Bürgern zweiter Klasse innerhalb der Staatswirtschaft herab: Das läßt sich nur dadurch vermeiden, daß das herrschende Volk ein großes moralisches Schwergewicht zugunsten des zweiten Volkes auf die Waage legt und es in jeder Hinsicht an seinem Schaffen beteiligt. Früher hatte ich einmal gedacht, daß das jüdische Volk schon in unseren Tagen dazu fähig sei. Nun hat mich die Straße eines anderen belehrt.

*Der Getreue: Was geht dich denn die Straße an? Die Politik wird nicht auf der Straße gemacht.*

Der Verräter: Warum läuft man ihnen denn wohl so nach?

*Der Getreue: Das stimmt, wir benötigen sie, damit wir im Namen des Volkes sprechen können, aber nicht die Straße entscheidet, was in Zukunft sein wird, wenn wir diesen Plan durchführen werden, wie sie sich diesen auch auslegen mögen.*

Der Verräter: Aber ihre Auslegung entscheidet messerscharf über das Leben, und für mich ist das Leben die Hauptsache.

*Der Getreue: Du bist ein sonderbarer Mensch.*

Der Verräter: Wieso denn?

*Der Getreue: Ich fordere Politik und du gibst mir Moral.*

Der Verräter: Du sprichst in Begriffen von kurzfristiger und ich in Begriffen von langfristiger Politik. Kurzfristige Politik verträgt sich nicht gut mit Moral, doch eine Politik von Dauer hat mit ihr irgendwo Gemeinsames.

*Der Getreue: Dies ist nicht die rechte Zeit, so etwas zu klären. Wäre es nicht besser, wir sprächen von Politik in genauerem Sinne?*

Der Verräter: Ich bin bereit.

*Der Getreue: Sage mir also, weswegen du den Biltmore-Plan aus praktischen Gründen ablehnst?*

Der Verräter: Weil es auf lange Sicht unmöglich ist, mit der einen Hand die Aufbauarbeit zu leisten und mit der anderen das Schwert zu halten. Das kann man beim Bau einer Mauer, aber nicht beim Aufbau des Landes. Ein Geschlecht ist dazu befugt, dem nachkommenden Geschlecht die Mauerkelle weiterzureichen, aber nicht die Mauerkelle und das Schwert zusammen; und wenn sie es dennoch tun, werden beide Hände schlechte Arbeit leisten und das hieße, daß sich sehr schnell weder eine Hand zum Halten des Schwertes noch zum Halten der Mauerkelle fände.

*Der Getreue: Wenn ich deine Worte recht begreife, dann gehst du wie wir von der Voraussetzung aus, daß der Biltmore-Plan ausführbar ist.*

Der Verräter: Nein, er ist unausführbar.

*Der Getreue: Aber du hast doch gerade jetzt darüber gesprochen, was deiner Meinung nach geschähe, wenn er zur Ausführung gelangte.*

Der Verräter: Nein. Ich hatte dir nur gesagt, als wir in grundsätzlicher Hinsicht sprachen, weswegen ich den Biltmore-Plan ablehne, unter der Voraussetzung, daß er durchzuführen wäre, und das ist nicht der Fall. Als wir in praktischer Hinsicht redeten, habe ich erklärt, was nach meiner Meinung geschehen würde, wenn man durchführte, was schätzungsweise die dazu Bevollmächtigten beschlössen, wenn das jüdische Volk auf der Biltmore-Forderung bestehen würde.

*Der Getreue: Was würde denn geschehen?*

Der Verräter: Das weißt du so gut wie ich: Teilung.

*Der Getreue: Wie kommst du zu dieser Behauptung?*

Der Verräter: Es gibt gewisse Gründe zu der Vermutung, daß man in dem Falle den Fordernden etwas an Stelle des nicht akzeptablen Biltmore-Planes anbieten möchte. Vermutlich wird das nicht die Fortsetzung des Mandates in anderer Form sein (und mit Verzicht zugunsten der Einwanderung) und sicher nicht der binationale Staat, den sie ja nicht als eine Art Entschädigung auf die Biltmore-Forderung vorschlagen können. Was sie vorschlagen werden, wäre die Teilung, und in ihr sehe ich ein Unglück ohne Beispiel.

*Der Getreue: Aber wir werden sie ja doch überhaupt nicht annehmen.*

Der Verräter: Es gibt verschiedene Arten, die Annahme zu verweigern. Die entscheidende Mehrheit wird sie in Form der Nicht-Annahme annehmen. Ihr habt ja dafür gesorgt, daß sie die Fata Morgana des „Staates", die in Wirklichkeit nur eine öde Wüste ist, jeder wirklichen Oase vorziehen.

*Der Getreue: Mit dir ist wirklich nicht zu reden.*

Der Verräter: So ist es.

*Der Getreue: Weißt du, was du bist?*

Der Verräter: Ich weiß, ein Verräter.

## MEHRHEIT ODER SO VIELE WIE MÖGLICH?
### Randbemerkungen zu einer Rede
(1944)

In seinem Vortrag im Gewerkschaftsrat hat Ben Gurion gesagt: „Die Hauptfrage ist die der Einwanderung, ob Massen von Juden nach Palästina kommen werden." Doch dem fügte er noch folgendes hinzu: „Nicht nur viele, denn was sind denn schon viele? Wir wollen Mehrheit!" Seiner Auffassung nach bedeutete das zwar auch „Mehrheit im Verhältnis zum gesamten jüdischen Volke", d. h., daß sich die Mehrheit des Volkes im Lande befände; doch in erster Linie heißt dies natürlich: die Mehrheit innerhalb der Gesamtbevölkerung des Landes.

Vor vielen Jahren hatte Sprinzak den Satz formuliert: „Keine Mehrheit, aber viele." Auch er wollte, daß große Massen einwanderten, doch er interpretierte „Massen" in seiner einfachen Bedeutung. Er wußte ja, was er sagte, als er betonte „keine Mehrheit". Nun hat Ben Gurion die Sache auf den Kopf gestellt. Weswegen und zu welchem Zwecke?

Man kann den Unterschied zwischen der Denkweise Ben Gurions und der unseren nicht besser klarstellen als dadurch, daß man beide Begriffe, „viele" und „Mehrheit", einander gegenüberstellt. Wir streben danach, daß so viele Juden wie möglich nach Palästina einwandern. Im Gegensatz dazu strebt Ben Gurion danach, daß die Juden die Mehrheit im Lande erreichen. In der Tat können „viele" natürlich mit der „Mehrheit" identisch sein, aber die Beziehung ist" nicht logisch – bewußtseinsmäßig, da man sich in dieser Hinsicht sogar eine Mehrheit vorstellen kann, ohne daß dies „viele" wären. Im Gegensatz zu Ben Gurion ist die Hauptsache eben nicht die Mehrheit, sondern gerade „viele": keine proportionelle Menge, d. h. im Verhältnis anderen Mengen gegenüber, sondern eine absolute Menge. Sind doch „viele" ein Begriff der Lebensverhältnisse an sich, wohingegen „Mehrheit" nur ein politischer Begriff ist. Im Grunde weist er uns im Bereich der Beziehungen zwischen verschiedenen Nationen darauf hin, daß in Zeiten der Entscheidung diese in den Händen des Mehrheitsvolkes liegt, welches das Schicksal des Minderheitsvolkes bestimmen kann. Gerade dies ist eben nicht das Ziel unserer Bestrebungen, genausowenig wie wir wollen, daß unser Schicksal in den Händen unserer Nachbarn läge, wollen wir die Macht haben, deren Schicksal zu bestimmen. Wir verstehen recht gut, daß sie vor uns Befürchtungen hegen, wir verstehen dies im Grunde unserer eigenen Seele. Ben

Gurion erklärt zwar, daß mit „unserem Staate", dem Judenstaat, den er anstrebt, ein Staat gemeint ist, in dem Gerechtigkeit und Gleichheit zwischen den Nationen herrschen, aber können wir denn von den Arabern erwarten, daß sie dieses Versprechen als eine Verpflichtung akzeptieren, die unsere Zukunft an sein Verhältnis ihnen gegenüber fesselt; eine Verpflichtung, der unsere künftigen Generationen in jedem Falle nachkommen werden? Die bisherigen Beziehungen zwischen Minderheits- und Mehrheitsvölkern sind nicht besonders ermutigend, und es ist nur natürlich, daß das Vertrauen der Araber uns gegenüber nicht größer ist als unseres ihnen gegenüber. Weist doch in diesem Zusammenhang Ben Gurion selbst auf den katastrophalen Zustand hin, der entsteht, wenn das Mehrheitsvolk die Bedürfnisse des Minderheitsvolkes nicht anerkennt. Trifft dies denn nicht zwangsläufig für beide Seiten zu? Ben Gurion geht ja noch viel weiter, wenn er sagt, daß alle nur auf dem Papier stehenden Versprechen niemals eine wirkliche Garantie für lebenswichtige Interessen des jüdischen Volkes darstellen können. Trifft nicht auch dies zwangsläufig für beide Seiten zu? Müssen wir nicht vielmehr bemüht sein, die Befürchtungen der palästinensischen Araber zu zerstreuen, die Entscheidung um ihr Schicksal könnte in unsere Hände fallen? Mit bloßen Worten können wir dies nicht schaffen; mit Erklärungen guten Willens zum Charakter des jüdischen Staates, den wir im Sinne haben, werden wir sie nicht dazu bringen, daß sie sich damit einverstanden erklären, aus einer Mehrheit eine Minderheit zu werden. Wir an ihrer Stelle wären dazu ja auch nicht mit Worten zu bewegen. Seinerzeit haben wir unseren Willen bekundet, weder als Mehrheit zu herrschen noch als Minderheit Untertan zu sein. Diesen Willen zu einer Wirklichkeit werden zu lassen, welche die Beziehungen mit unseren Nachbarn beeinflußt, wird uns nur dann gelingen, wenn wir die Frage nach der Mehrheit und ihrer ihr innewohnenden Auswirkung wegfallen lassen. Ist es denn unabdinglich, daß das Miteinanderleben zweier Völker von dem nur politischen Begriffskreis von Mehrheit und Minderheit abhängig ist? Ist es nicht an der Zeit, dies auf eine andere Grundlage zu stellen? Vielleicht stellt gerade dieser Punkt der Welt und diese unsere besondere Lage einen Grund dafür dar, mit einem solchen Versuch zu beginnen? Sicher ist dies schwer, sogar ungeheuer schwer; es ist ein großes Wagnis, und es braucht dazu mutiges, freies Denken, ein Denken, das für neue Ziele neue Wege sucht. Wer aber unsere wirkliche Lage genau kennt, weiß, daß wir keine andere Wahl haben. Nur hier, wenn überhaupt irgendwo, ist der wahre Weg zu finden; alles andere ist Lug und Trug. Es mag sein, daß die Pläne für einen binationalen Staat bisher unvollkommen sind; wir müssen sie dann verbessern. Nicht dieser oder jener Plan ist die Hauptsache, sondern die Richtung, in welcher wir den Weg suchen, und der Ernst und die Energie dieses Suchens. Wir sind gegen die Denkweise Ben Gurions, weil ihr diese Richtung, dieser Ernst und diese Energie fehlen. Sie besitzt eine klare Richtung, die unweigerlich in eine Sackgasse mündet; sie ist von großem Ernst, aber sie wagt es nicht, von den ausgefahrenen Begriffswegen eines Mehrheitsstaates abzuweichen und für ein neues Problem eine neue Lösung zu finden; sie besitzt eine wundervolle Energie, aber sie stößt im leeren Raum an. Wir lehnen sie ab, weil sie sich in einem Teufelskreis bewegt: um entscheidender Machtfaktor („Mehrheit") zu werden, muß uns die entscheidende Macht erst in die Hände gelegt werden, als seien wir schon die Mehrheit. So aber verhalten sich die Dinge in der Welt der politischen Wirklichkeit nicht. Wenn überhaupt zu irgend etwas, wird eine derartige Forderung nur zur Teilung des Landes führen, d. h. zur Errichtung eines vollkommen militarisierten, nicht existenzfähigen jüdischen Kleinstaates. Ich bin sicher, daß Ben Gurion heute keine Teilung will; aber mir ist genauso klar, daß, wenn seine an sich nicht zu verwirklichende Forderung zu der des gesamten jüdischen Volkes wird, sie auf dem gewöhnlichen Verhandlungsweg dazu führen wird; und ich sehe schon in unserem Lager mehr und mehr Persönlichkeiten, die sich dem anschließen, weil sie an der Verwirklichung eines großen Zionismus verzweifeln und bereit sind, sich mit einem Minimalzionismus zu begnügen, auch wenn sein Wesen dem einer Eintagsfliege gliche. Wir aber verzweifeln nicht; wir wissen, daß kein Grund zur Verzweiflung besteht, wenn wir nur den Weg in der rechten Richtung suchen.

Und siehe da, gegen alle Pläne zur Errichtung eines binationalen Staates (d. h. dessen Form die gegebene Wirklichkeit berücksichtigte) bringt Ben Gurion den Einwand vor, unsere Lage wäre eine besondere: „Der Zionismus besteht hauptsächlich in seiner Dynamik." Er hat recht damit, daß wir eine zahlreiche und stetige Einwanderung brauchen; dies sieht er besonders im Hinblick auf die Judenfrage; aber dies ist nicht weniger wahr im Hinblick auf das Leben der jüdischen Siedlung in Palästina, die in ihrem jetzigen Stadium der Gefahr der Levantinisierung ausgesetzt ist, wenn ihr nicht stetig neues Blut hinzugeführt wird. Ben Gurion fragt: „Was für eine Lösung gibt es dafür innerhalb der binationalen Staatsformel?" Die Lösung liegt darin, daß mit der „Formel" allein nicht gedient ist, sondern es muß ein Übereinkommen außerhalb ihres Rahmens gefordert werden. Das Recht zur Einwanderung – nehmen wir an bis zur zahlenmäßigen

Gleichheit (eine Aufgabe, die von uns ungeheure Anstrengung verlangt, weit mehr als alle Anstrengungen bis jetzt) – muß auf eine gesonderte Basis gestellt werden: es muß Teil einer „Magna Charta“ sein, die als Grundlage zur Entstehung einer palästinensischen Gemeinschaft dienen sollte und für die sich die Vereinten- Nationen verbürgen müßten. Einwanderung über die zahlenmäßige Gleichheit hinaus können wir sicher nur auf dem Wege eines zusätzlichen Abkommens erreichen, wenn es uns inzwischen gelingt, die Furcht der Araber vor einer jüdischen „Mehrheit“ als einer Macht, die ihr Schicksal bestimmte, zu zerstreuen, d. h. wenn der Modus, den wir gefunden haben, um soweit wie möglich die Aktualität der Majorisierungsfrage zu schwächen, durch einen adäquaten psychologischen Zustand beider Völker an Kraft gewonnen hat. Das Hauptmittel dazu wäre umfassende und intensive wirtschaftliche Zusammenarbeit, welche eine Interessengemeinschaft entweder entdeckt oder ins Leben ruft: An Stelle gesonderter Nationalwirtschaften muß eine gemeinsame palästinensische Wirtschaft treten, an deren Erfolg beide Völker interessiert wären und deren gemeinsame Förderung gegenseitiges Vertrauen zu erwecken in der Lage ist, was wiederum zu einem weitergehenden Übereinkommen führen kann. Die zugespitzten Tendenzen und Losungen der Politik lassen häufig den Anschein eines wirtschaftlichen Interessengegensatzes entstehen, der einer unbefangenen Überprüfung nicht standhält. Zu einer solchen Überprüfung gelangen wir wiederum nur auf dem Wege der Tat. Auch hier ist Not an mutigen Entscheidungen, und dazu muß man sich vom herkömmlichen Denken befreien. Die erwünschte Entwicklung könnte hauptsächlich durch den Eintritt der palästinensischen Gemeinschaft in eine Föderation der Staaten von Groß-Syrien unterstützt werden, eine Föderation, in welcher jüdischer Initiative und jüdischer Arbeit eine großartige Aufgabe zufallen mag. Wenn aber diese Föderation nicht zustande kommt? Zwar wird es dann viel schwerer sein, eine Atmosphäre von Verständnis und Vertrauen zu schaffen, doch auch dann wird es einen Weg geben, wenn es nur einen Willen gibt.

## ZUM PROBLEM „POLITIK UND MORAL“ (1945)

[...] An und für sich schließt Leben, eben als Leben, Unrecht ein Anaximan, der scheint sogar angenommen zu haben, daß die bloße Tatsache des persönlichen Daseins ein Unrecht dem Sein des Alls gegenüber bedeute, für die wir allen anderen Wesen Buße schulden; jedenfalls gibt es kein Leben ohne Lebensvernichtung. Wenn man genau zusieht, nimmt jeder irgendwem in jedem Augenblick seinen „Lebensraum“ weg, und wer von uns ganz genau zusähe, würde sein eigenes Leben nicht mehr ertragen können. Das eigentliche Menschsein (nicht die „Moral“) fängt damit an, daß man von gewissen Dimensionen an die Wirkungen des eigenen Tuns sich vergegenwärtigt und von da aus anderen Wesen nicht *mehr* wegnimmt, als man muß. Wieviel man im einzelnen Falle wirklich „muß“, das zu erkennen ist freilich nicht leicht, denn mächtige Triebe, der Besitzes-, der Herrschaftstrieb, mischen sich mit energischem Truge ein, aber es ist immer wieder möglich. Wir können nicht umhin, Unrecht zu tun; aber es ist uns gewährt, nicht *mehr* Unrecht tun zu müssen, als wir eben müssen, und das ist gleichbedeutend damit, daß es uns gewährt ist, Menschen zu sein. Der Sachverhalt kompliziert sich, wenn es nicht mehr um unser individuelles Leben, sondern um das unserer Gemeinschaft geht. Hier nämlich gelingt es jenen mächtigen Trieben nur allzu leicht, das Mißtrauen, das unsere Seele deren täuschenden Manövern gegenüber hegt, einzuschläfern. Was im individuellen Leben als Unrecht durchschaut worden war, behauptet sich hier als Recht. Wir brauchen bloß „wir“ statt „ich“ zu sagen, und wir bekommen schon ein gutes Gewissen geliefert. Aber insofern es mit uns so zugeht, bedeutet das, daß wir als Personen menschlich und als Volksmitglieder unmenschlich leben. Und das ist nicht bloß für uns einzelne, sondern naturgemäß auch für das Volk fatal, das sich aus uns aufbaut. Denn das Größenverhältnis zwischen menschlichem und unmenschlichem Leben in einem Volke entscheidet letztlich nicht bloß über seinen Wert, sondern auch über sein Schicksal.

Wanderung und Siedlung eines Volkes oder erheblicher Volksteile schließt in der heutigen Menschenwelt, wo es wirtschaftlich ergiebige freie Räume wohl nicht mehr gibt, offenkundiges „Unrecht“ anderen Bevölkerungen gegenüber ein, denen, wenn nicht ihr gegenwärtiger Lebensraum, so doch der ihrer kommenden Geschlechter genommen wird. Für die Frage nach dem „Müssen“ ist der Unterschied zwischen expansiver Kolonisation, die den Besitz- und Herrschaftsbereich eines Volkes zu erweitern strebt, und konzentrativer, mit der ein Volk, das seine organische Mitte verloren hat, sie wiederzugewinnen sich unterfängt, von entscheidender Bedeutung. Wir konzentrativ Kolonisierenden dürfen unser „Recht" gegen unser „Unrecht" in die Waagschale werfen, und wie erst in der Stunde einer so ungeheuren, so historisch unerhörten Volkskrisis, wo große Teile der Peripherie zerschlagen worden sind und die der organischen Mitte eigentümlich regenerierende Funktion dementsprechend wachsen muß. Aber auch hier kommt es wieder auf die Erkenntnis der Grenze an. Wo man bodenständige Menschen zwangsweise aus ihrer Heimat zu verschicken plant, da ist die Grenze; Hier steht ein untilgbarer Anspruch vor uns: der des bodenbebauenden Menschen, auf seiner Scholle bleiben zu dürfen. Ich werde nie zugeben, daß hier Unrecht auf dem Weg der Messung der Werte oder der Schicksale zu Recht werden könne. Und hier, wenn irgendwo, erhebt sich die ahnende Gerechtigkeit der Geschichte. Die „Transfer"-Tätigkeit, die Eroberer getrieben haben, hat sich an ihnen gerächt; ein Volk, das es ihnen in gleicher Münze heimzahlen will, wird das gleiche erfahren. Ich will mein Volk bewahren, indem ich es vor einer falschen Ziehung der Grenzlinie bewahren will.

In diesem Zusammenhang sei vermerkt, daß etliche Leser meinen kleinen Dialog über die Gibeoniten nicht verstanden haben, wie ich aus ihren Einwürfen entnehme. Ich hatte angenommen, daß ich unser Publikum nicht erst besonders auf II. Samuel 21 und seine innere Verknüpfung mit Früherem aufmerksam machen müsse.

Nun werden sich erfahrungsgemäß andere Leser finden, die, wenn sie bis hierher gelangt sind, den Spieß umdrehen und mich anschreien werden: „Also ist, was du von Moral redest, nur ein Deckmantel deines Defaitismus!" Es ist heute nämlich Sitte geworden, uns, die wir die Wirklichkeit sehen und zeigen wollen wie sie ist, abwechselnd „Humanitätsdusel" und „Defaitismus" vorzuwerfen, beides in jene Reihe erbärmlicher Schlagworte gehörig, mit denen eine ganz haltlos gewordene Politik sich einen Scheinhalt zurechtzuzimmern sucht. Ich bitte nur, die beiden Schlagworte nicht getrennt, sondern stets zusammen zu verwenden; denn mir ist um beides in einem bange: um die Zukunft des jüdischen Menschen als Menschen und um die Zukunft unseres Siedlungswerkes als eines kühnen und schwer bedrohten Versuches, diesen jüdischen Menschen zu regenerieren. Ich sage, daß es mir bange ist, im „Moralischen" und im „Politischen" zugleich – das ist mein Defaitismus; und ich sage, daß die ganze zionistische Politik für mich nur ein Mittel zum Zweck ist, den jüdischen Menschen aufzurichten, und daß ich das Mittel jeweils, immer wieder, daraufhin betrachten muß, wie weit es geeignet ist, den Zweck zu fördern –, das ist mein Humanitätsdusel.

Wir hören immerzu, man dürfe in politischen Erwägungen nicht moralische Motive hineintragen, und das ist insofern richtig, als politische Erwägung ihrem Wesen nach Abwägung der Tauglichkeit bestimmter Mittel zur Erreichung eines Gemeinschaftsziels ist und die Koordination von Ziel und Mitteln stets rein sachgemäß erfolgen muß. Wie aber, wenn das politische Ziel selber einen „moralischen" Charakter hat und wie, wenn „unmoralische" Mittel nur scheinbar zur Erreichung des Ziels beitragen, in Wahrheit aber von ihm entfernen? Wobei ich „unmoralisch" nenne: mehr Unrecht tun oder zu tun bereit sein, als man muß, und die Grenzlinie des Müssens nicht da sehen, wo sie wirklich ist, sondern da, wo Besitz- und Herrschaftstrieb sie uns vortäuschen. Man soll in politischen Erwägungen nicht moralische Motive hineintragen; wie aber, wo unmoralische Politik eine schlechte Politik ist?

Man pflegt Moral und Politik gewissermaßen als zwei Parallelen zu sehen, die sich erst im Unendlichen, also nicht an irgendeinem Punkte unserer Erfahrungswelt schneiden, woraus dann eben gefolgert wird, daß die Bezirke säuberlich voneinander zu scheiden seien. Man verwehrt es selbstverständlich den Staatsmännern nicht, in ihren Reden und Proklamationen sich moralischer Begriffe und Argumente zu bedienen, um den immerhin erwünschten Eindruck zu erzielen, daß zwischen ihrer Politik und der hergebrachten Moral kein Widerspruch bestehe; aber man würde es ebenso selbstverständlich für dilettantisch und gefährlich halten, wenn einer von ihnen mit diesen Begriffen und Argumenten im Zug politischer Planungen Ernst machen wollte. Und an dieser Meinung ist ein Körnchen Wahrheit: da Politik Koordination von Ziel und Mitteln in den Sachen des Gemeinwesens ist, ist für die zu treffenden Entscheidungen kein anderer Gesichtspunkt zulässig als der der Zielgemäßheit der zu verwendenden Mittel. Aber das bedeutet nicht, daß es in politischen Entscheidungen keinen Platz für moralische Motive gäbe. Es bedeutet nur, daß moralischen Motiven hier nur insofern Zugang gegeben werden kann, als sie in die Richtung auf die Erreichung des Ziels weisen. Um dies aber nicht mißzuverstehen, muß drei Wahrheiten volle Beachtung geschenkt werden.

Erstens: Die Setzung des Ziels selber greift ihrem Wesen nach über die Sphäre der Politik hinaus, so sehr auch sie auf politischer Erkenntnis aufbauen muß, Setzung eines echten politischen Ziels (also nicht eines bloßen Ministerialprogramms oder dergleichen) rührt immer an die Tiefe der Geschichte, an die Urkräfte, die Werden und Vergehen der Völker bestimmen. Das heißt aber, daß daran das „Moralische" zwar nicht als selbständiges Prinzip, wohl aber seinem tiefsten Wunsch nach, die mit den Wurzeln alles geistigen Wesens zusammenhängen, teilhat.

Zweitens: Die Erreichung eines solchen Ziels steht unter einem ganz anderen Gesetz als die Erzielung dessen, was man in der Politik einen Erfolg nennt. Nichts steht der Erreichung des Ziels so im Wege, nichts lockt so stark davon ab wie die sogenannten Erfolge, die sich vor das Ziel stellen und es verdecken. Nicht bloß die Kurzsichtigen nehmen nur den jeweils nächsten möglichen Erfolg wahr: auch mancher, der mit der begeisterten Schau eines edlen Zieles begann, endet mit der Jagd nach dem Erfolg, bei der er jene nur noch propagandistisch ausnützt. Auf dieser Jagd gelten freilich nur taktische Gebote; nicht so auf dem Weg zum Ziel.

Drittens: „Ein Ziel läßt sich nur erreichen, wenn das Mittel schon in der Farbe dieses Zieles gefärbt ist" (Gustav Landauer 1901). Wer Regeneration mit degenerativen Mitteln anstrebt, häuft Degeneration, – bis die Fahne im aufsteigenden Haufen verschwindet oder bis sie eingezogen wird.

Das Eindringen von Juden nach Palästina ist keine „unmoralische Handlung"; wenn wir aber im Zuge dieses Eindringens schlecht werden, haben wir bei noch so großen „Erfolgen" die Aussicht auf das verloren, um dessen Willen wir das Eindringen unternommen haben. Wir sind den Arabern gegenüber „nicht in einer inferioren Situation"; aber wehe uns, wenn wir unserem Ziel gegenüber in eine inferiore Situation geraten.

## UNSERE ANTWORT AUF EINE KRITIK UNSERER GEGNER (1945)

[...] Vor allem ist es unsere Pflicht, für Klarheit zu kämpfen, für Angleichung von Bewußtsein und Standpunkt, für politische Aufrichtigkeit. Mit politischer Aufrichtigkeit meine ich, die geplatzten Illusionen nicht so zu behandeln, als hätten sie keinen Schaden genommen; keine Erklärungen zu fordern, von denen man weiß, daß sie erstens nicht zu erreichen und zweitens nicht zu verwirklichen sind. Der vom Glauben beseelte Fanatiker hat es in der Hand, bestimmte Aktionen zu unternehmen und einen gewissen Einfluß auf der politischen Bühne auszuüben; ein zersprungener und wieder reparierter Glaube ist in politischer Hinsicht gleich Null, weil man ihm keine innere Kraft mehr zumißt.

Aus der Lage ergibt sich, daß die „offizielle" Polemik gegen uns ihre Grundlage verloren hat. Die Polemik der „Rechtsopposition" geht weiter; doch ist ihr Niveau so niedrig, daß wir uns nicht mit ihr näher befassen sollten. Demgegenüber hat sich gerade jetzt außerhalb des „parlamentarischen" Kampfschauplatzes in bestimmten Kreisen der Jugend, deren Tendenzen wegen ihrer persönlichen Ernsthaftigkeit der Aufmerksamkeit wert sind, die Kritik an unserem Standpunkt zu einem solchen wirklich grundsätzlichen Ausdruck verdichtet, daß wir uns zu einer weiteren grundsätzlichen Klarstellung angeregt fühlen.

Die Kritik beginnt mit einer höchst persönlichen Note. Sie unterstellt, daß die Redakteure und Autoren der Monatsschrift „hauptsächlich vom Scopusberge kommen (was für die Mehrheit der Autoren nicht zutrifft), und sagt, daß diese in der Tat Zuschauer seien, die nicht am Leben drunten teilhaben, sondern „von den Höhen des moralischen Olymps" ihre „leise, klare und vorwurfsvolle" Stimme erheben.

Der Kritiker irrt. Er stellt sich anscheinend vor, daß nur derjenige, der aufschreit, von Leiden gequält ist. Wer von tiefsten Leiden gequält ist, der schreit nicht mehr auf. Solange ein Mensch aufschreit, weiß er nicht, wie zu helfen ist. Diejenigen, die alle Stationen der Hölle durchquert und zum Tageslicht zurückgefunden haben, haben es gelernt, ruhig und klar zu reden. Denn die Wahrheit kann man nur so aussprechen, und nichts als die Wahrheit kann helfen. Und die Wahrheit ist des öfteren sehr bitter. Manchmal ist es schwerer, sie auszusprechen, als aufzuspringen und um sich zu schlagen und andere dazu aufzurufen, auch aufzuspringen und um sich zu schlagen. Wer aber um die Wahrheit weiß, die Wahrheit, die allein helfen kann, dem ist es auferlegt, sie auszusprechen, gleich ob ihm das Volk zuhört oder nicht.

Doch die Kritik wagt sich nun daran zu beweisen, daß das, was wir sagen, nicht die Wahrheit sei. Sie nimmt ihren Ausgang von der Annahme, daß wir grundsätzlich und absolut den Weg des Kompromisses weisen wollen. Das ist nicht so. Wir behaupten nur, daß es Situationen gibt, aus denen es keinen Ausweg außer den des Kompromisses gibt, und daß es die Hauptsache ist, solche Situationen zu erkennen, wenn man sich in ihnen befindet.

Wir denken nicht, daß der Kompromiß „der goldene Weg der Evolution" ist, wir sind nur der Meinung, daß es uns nicht erlaubt ist, vor ihm zurückzuschrecken, wenn er und nur er in der gegebenen Situation uns auf den goldenen Weg führen kann. Ein Kompromiß an sich ist weder gut noch schlecht; wenn er seinem Inhalt und Wesen nach dazu fähig ist, unsere Sache zu retten, wenn keine andere Rettung besteht, dann ist er gut. Er muß seinem Wesen und Gehalt nach unserer Sache angemessen sein; er darf nicht ihre Grundlagen erschüttern und ihre Prinzipien verfälschen, selbst wenn es den Anschein hat, daß er ihr Retter sei. Darüber hätten wir nachzudenken; wir hätten das Wesen des Kompromisses mit dem Wesen unserer Sache zu konfrontieren; und wenn das Ergebnis positiv ausgefallen wäre, hätten wir die Pflicht, es auf uns zu nehmen, diese bittere Wahrheit zu verkünden, daß uns kein leichter Weg aus einer beispielslos schweren Lage herausführen kann, nicht der Weg von Forderungen und Deklarationen, und auch nicht der Weg, aufzuspringen und um sich zu schlagen, sondern der mühselige Weg, der über den Kompromiß zur Möglichkeit unseres vollen Arbeitseinsatzes in diesem Lande führt. Dies ist doch das Endziel der Sache: daß wir in Frieden und ungestört unter Einsatz all unserer Kräfte arbeiten können – dies ist der goldene Weg, und es gibt keinen anderen. Unser Kritiker belehrt uns zwar in einer langen Reihe großartiger Beispiele, von den Propheten und Sokrates bis zu den Enzyklopädisten und Washington, daß „in großen, grundsätzlichen Angelegenheiten" kein Kompromiß erlaubt sei. Doch wenn wir diese Beispiele streng historisch betrachten, so zeigen sie uns in Wirklichkeit nur, daß es das allerwichtigste ist, praktisch den Unterschied zwischen dem Absoluten und dem Relativen zu finden. In allem, was das Absolute betrifft, darf man keinen Kompromiß schließen. Aber um seinetwillen, um des Absoluten willen, ist es erlaubt und angemessen, im relativen Raum das zu tun, was die Situation erfordert – wenn nur der Kompromiß nicht im Widerspruch zu dem Absoluten steht. Um das Volk und die Lehre zu retten, hat Jeremias in einer Katastrophensituation einen Ausweg vorgeschlagen, der nicht nur Kompromiß, sondern tatsächliche Unterwerfung bedeutete, was ich nicht wagen würde vorzuschlagen. Sokrates kannte keine Nachgiebigkeit, als man von ihm verlangte, die Wahrheit zu bekennen; aber sein Schüler Plato ist ihm nicht untreu geworden, als er, nachdem sich die ideale Staatsform als undurchführbar erwiesen hatte, ein zweitrangiges Programm vorschlug. Die Persönlichkeiten, die in der französischen Revolution von abstrakten Grundsätzen her agierten (und von Herrschaftsbegierden, die darauf fußen) und nicht von der Idee und der Erkenntnis der

Situation, haben zu ihrer Auflösung geführt. Unser Kritiker weiß Beispiele „von Prometheus bis Gandhi" anzuführen. Über die Politik von Prometheus besitze ich keine ausreichenden Informationen; die Mythen wissen zwar von seltsamen Kompromissen, die er mit den Göttern geschlossen hat, doch er betrog seine Vertragspartner. Noch mehr überrascht mich die Erwähnung Gandhis; wenn er Erfolg haben wird, wird dies nur dank eines Kompromisses geschehen, den er mit den Muslimen aushandeln wird.

Die Hauptsache ist natürlich, den richtigen Kompromiß zur rechten Zeit zu schließen. Aber gerade davon ist in dem Geschriebenen die Rede. Es gibt unter uns Leute, die sich die verrückte Losung „es ist schon nach zwölf" zum Vorbild genommen haben, das sollte wohl heißen, es gäbe nichts mehr zu verlieren. Unser Kritiker gehört nicht zu jenen. Er wird nicht aufhören, die ganze Welt und noch etwas dazu zu bekämpfen. Er hat den Weg des „Heroismus" gewählt. Dieser Heroismus besteht darin, daß der Mensch nicht geradeaus und nicht um sich blickt, sondern einherrennt und um sich schlägt. Dieser Heroismus steht nicht unter dem Zeichen von Prometheus, sondern unter dem Zeichen von Don Quijote -aber ein Don Quijote, der nur tragisch ist. Dieser mit tragischer Blindheit geschlagenen Jugend haben wir in jedem Heft unserer Monatsschrift unsere Antwort gegeben und werden sie in jedem Heft weiter geben. Sie beruht auf einer Vorstellung, die das Absolute berührt und keinen Kompromiß duldet. Diese Vorstellung ist der Glaube, den keine Katastrophe zu erschüttern vermag, daß dem jüdischen Volke noch ein großes Leben bevorsteht. Ihm, dem Bewahrer eines solchen Erbes, den Inhabern solcher Kräfte, ist es nicht bestimmt, sein Leben im Schafstall oder in einer Wolfsmeute von „kleinen Nationen" zu beenden. So wie es dasteht, bis auf ein Zehntel vermindert, ausgemergelt und entwürdigt, ist in ihm noch ein großer schöpferischer Auftrag verborgen. Der Beginn dieses Auftrages ist jetzt schon zu erkennen, in einer Stunde, die Aufgaben erteilt, wie es selten Stunden der Weltgeschichte getan haben, und dieser Beginn ist mit dem Aufstieg dieses Vorderasiens verbunden, an dessen wichtigstem Punkte sich der Rest Israels sammelt. In Isolation ist das nicht zu erreichen; in einer Isolation, bei der sich ringsherum Wellen von Haß und Verdächtigung auftürmen, ist dies undenkbar. Um dem jüdischen Volke ein großes Leben zu verschaffen, ist ein großer Frieden vonnöten. Kein imaginärer, zwerghafter Frieden, der nichts anderes als ein ohnmächtiger Waffenstillstand wäre, sondern ein großer Frieden mit den Nachbarn, der die gemeinsame Entwicklung dieses Landstriches als Pionier des aufsteigenden Vorderasiens ermöglichte. In den 25 Jahren, die uns zur Verfügung standen, haben wir diesen Frieden nicht vorbereitet, weder wirtschaftlich noch politisch. Einige Male, als er nahe schien, haben wir für unseren Teil tüchtig dazu beigetragen, ihn zu verhindern. Unsere Wirtschaft war mehr auf Abtrennung als auf Kontakt ausgerichtet, und anstatt eines konstruktiven Beruhigungsprogrammes hat unsere Politik den Großmächten stets nur Forderungen nach weiteren Rechten vorgetragen, als dies unserer Lage angemessen wäre. Ja, es gab Episoden, in welchen zionistische Führer, wenn nicht in der Tat so doch in Formulierungen, einige Schlußforderungen aus der Erkenntnis zogen, daß man unmöglich in einem Kartenhaus wohnen kann; aber die Erfahrung, daß sie mit Erklärungen von irrealen Forderungen, und nur mit ihnen, nach innen hin einen Erfolg nach dem anderen erzielten, hat die Erkenntnis der Wirklichkeit getrübt. Doch jetzt, gerade weil der außenpolitische Kampfschauplatz günstiger als zu jeder Zeit ist, und man in Kürze einer Lösung nicht ausweichen kann, sollte man am Horizont der Zeit die Stunde sehen, die uns mit harter Hand auf harten Boden stellt, und man wird an uns die Frage richten: „Was habt ihr für euren Teil zum stillen Aufstieg Vorderasiens anzubieten?" Denn diese Frage zu stellen werden auch diejenigen gezwungen sein, die nur unser Bestes wollen; und sie werden gezwungen sein, uns zu fragen, weil wir diejenigen sind, die kommen und fordern. In wessen Munde auch dann nur die Wiederholung der abgedroschenen Forderung sein wird, der wird nur auf taube Ohren stoßen. In der Stunde wird alles davon abhängen, ob dann auf unserer Seite eine andere, wirkliche Antwort gereift ist. Mit dem, was wir in dieser Monatsschrift sagen, begehren wir, den Boden zu bereiten.

## WAS BEDEUTET UNS DER ZIONISMUS?

### Bubers Aussage vor der anglo-amerikanischen Kommission

(15.3.1946)

Man kann das Problem, um dessen Lösung Sie sich bemühen, nicht überschauen, ohne den Zionismus in seinen Wurzeln zu verstehen. Nur dann nämlich erkennt man, daß hier etwas anderes vorliegt als einer der bekannten nationalen Interessengegensätze und daß demgemäß andere als die geläufigen, politischen Methoden erfordert werden.

Der moderne politische Zionismus, wie er sich in den fast 50 Jahren, die ich der zionistischen Bewegung angehöre, ausgebildet hat, ist durch die Entwicklung des modernen Antisemitismus nur ausgelöst, nicht verursacht worden. In Wahrheit ist er die späte Einkleidung einer Urtatsache der Menschengeschichte, daran zumindest die gesamte christliche Kultur interessiert zu sein Grund hat. Diese Tatsache ist die völlig einzigartige Verknüpfung zwischen einem Volk und einem Land. Das Volk, von dem die Rede ist, ist einst aus der Macht einer Tradition entstanden, die einige halbnomadische Stämme gemeinsam hatten. Sie wanderten mitsammen, unter sehr schwierigen Umständen, aus Ägypten nach Kanaan, weil sie sich durch die Tradition verbunden fühlten; Kanaan sei ihnen von Urzeiten her als „Erbe" verheißen. Das Merkwürdige und für die Geschichte Bedeutsame an dieser Tradition aber ist, daß sie dem neuen Volke eine Aufgabe stellte, die es nur als Volk erfüllen konnte: die nämlich, im Lande Kanaan ein vorbildliches, ein „gerechtes" Gemeinwesen zu begründen. Ein einzigartiger Stand, der der „Propheten" deutete später diese Aufgabe dahin, es sollten von dem neuen Gemeinwesen Ströme der sozialen und politischen Gerechtigkeit in die Welt gehen: Damit war die paradoxeste und fruchtbarste aller Ideen, die messianische, der Menschheit geschenkt. Sie stellte das Volk Israel in die Mitte einer Arbeit am Kommen des Reiches Gottes auf Erden, als einer Arbeit, an der alle Völker teilnehmen sollten. Sie befahl jeder Generation, mit ihren Kräften und Mitteln an der heiligen Zukunft zu bauen. Ohne diese Idee, in all ihrer Paradoxie und Konkretheit zugleich, wären weder Cromwell noch Lincoln möglich gewesen. Der große Antrieb, der die christlichen Völker in Zeiten der Enttäuschung und Ermüdung immer wieder von neuem befeuert hat, sich an eine Neugestaltung des öffentlichen Lebens zu wagen, stammt von ihr her: die Hoffnung auf ein echtes und gerechtes Zusammenleben der Menschen und der Völker aus Freiwilligkeit. Aber für das Volk, aus dem sie einst hervorgegangen war, ist diese Idee zu einer Kraft von ganz eigentümlicher Vitalität erwachsen. Aus dem Lande der Verheißung vertrieben, ist dieses Volk fast zwei Jahrtausende lang durch die Zuversicht der Wiederkehr der Erfüllung der Verheißung, der Verwirklichung der Idee am Leben erhalten worden. Es wäre zu wenig, hier von einer Kontinuität des Gefühls zu reden: unter Umständen, die bei jedem anderen Volke längst zur völligen Auflösung hätten führen müssen, hat der innere Zusammenhang mit seinem Land, der Glaube an die verheißene Wiedervereinigung mit ihm diesem Volk immer wieder Blut und Mark erneuert.

Daraus auch ist zu verstehen, daß im Zeitalter der nationalen Bewegungen das Judentum nicht einfach eine nationale Bewegung nach dem europäischen Typus, sondern eine eigenartige, einen „Zionismus", die moderne Gestalt des Strebens nach „Zion", erzeugt hat. In diesem Zeitalter sind die feindlichen Kräfte, die ob bewußt oder unbewußt, im Judentum die messianische Mahnerin bekämpfen, immer ungehemmter gegen es angerannt. Gleichzeitig aber hat sich in ihm selber eine große Regeneration zu vollziehen begonnen. Die regenerative Bewegung hat aus innerer Notwendigkeit sich die Wiederverbindung mit Boden und Bodenarbeit zum Ziel gesetzt, und zwar, wieder aus innerer Notwendigkeit, die Wiederverbindung mit dem Boden Kanaans und seiner Bearbeitung. Und mit innerer Notwendigkeit sind in den Mittelpunkt der Neubesiedlung dieses Bodens durch Juden Dorfgemeinschaften getreten, die, bei verschiedenen organischen Formen, doch alle eine echte und gerechte Gemeinschaft aus Freiwilligkeit anstreben. Was hier versucht wird, ist weit über die Grenzen Palästinas und über die Grenzen des Judentums hinaus von Bedeutung. Diese lebendigen sozialen Versuche werden, wenn man ihnen die Chance zu freier Entwicklung gibt, immer deutlicher der Welt zeigen, daß es möglich ist, soziale Gerechtigkeit auf der Freiwilligkeit zu erbauen. Mit Recht hat Sir Arthur Wauchope, der von 1931 bis 1938 in der führenden Stellung dieses Land und dieses Werk kennengelernt hat, darauf hingewiesen, daß diese so „erstaunlich erfolgreichen" Gemeinschaftsdörfer, Kibbutzim, ein Beispiel der Kooperation für die ganze Welt sind und von großer Bedeutung für die Stiftung einer neuen gesellschaftlichen Ordnung werden können.

Die Produktivität des Volkes Israel in diesem Lande ist einst im höchsten Sinne eine kollektive gewesen; dasselbe ist von der Produktivität zu sagen, die in unseren Tagen die ins Land wiedergekehrten Juden zu entfalten begonnen haben; es ist eine Produktivität der Gemeinschaft für die Verwirklichung der Gemeinschaft und eben als solche wichtig für die Zukunft der Menschheit. Die Menschheit hat ein fundamentales Interesse an der Erhaltung eines lebendigen und produktiven Judentums, und ein solches kann nur aus der Macht der einzigartigen Verknüpfung zwischen diesem Volke und diesem Lande erwachsen.

Aus der Urtatsache, auf die ich hingewiesen habe, ergibt sich das Prinzip des Zionismus: Konzentration der einer Reproduktivierung fähigen Volkskräfte in Palästina, und daraus ergeben sich die unabdinglichen drei zionistischen Postulate.

Das erste ist: Freiheit des Bodenerwerbs in einem Ausmaße, das eine erneuerte Verbundenheit mit der Urproduktion gewährleistet, von der das jüdische Volk Jahrtausende abgetrennt war, eine erneuerte Verbundenheit mit ihr, aus der allein selbständige geistige und soziale Produktivität der Gemeinschaft hervorgehen kann.

Das zweite: Ermöglichung eines ununterbrochenen starken Zuflusses von Siedlern, insbesondere von siedlungswilliger Jugend, um das Werk des Aufbaus immer neu zu beleben und es von den Gefahren der Stockung, Isolierung und Levantinisierung zu bewahren.

Das dritte: Selbständigkeit der jüdischen Gemeinschaft in der Bestimmung ihrer Lebensformen und Institutionen und Sicherung ihrer unbehinderten Entwicklung als Gemeinschaft.

Diese Postulate lassen sich in dem der Welt bekannten, aber von ihr zumeist nicht hinreichend erfaßten Begriff eines *national home* zusammenfassen. Aus der von mir gekennzeichneten Tradition der innerhalb jeder Gemeinschaft und zwischen den Gemeinschaften zu verwirklichenden Gerechtigkeit geht hervor, daß die Erfüllung dieser Postulate ohne Beeinträchtigung der Lebensrechte einer anderen Gemeinschaft geschehen muß. Die eigene Selbständigkeit darf nicht auf Kosten einer fremden Selbständigkeit gewonnen werden. Und da jene Tradition auf die Zukunft dieses Landes nicht weniger als auf die des jüdischen Volkes gerichtet ist, ergibt sich daraus und aus den geschichtlichen Gegebenheiten eine große, schwere und unumgängliche Aufgabe, – die neue Gestalt jener uralten. Das regenerierte jüdische Volk in Palästina muß nicht bloß ein friedliches Zusammenleben mit dem arabischen anstreben, sondern auch eine umfassende Kooperation mit ihm an der Erschließung und Entfaltung des Landes.

In die Basis einer solchen Kooperation lassen sich Grundrechte des jüdischen Volkes in Sachen des Bodenerwerbs und der Einwanderung-ohne Verletzung der Grundrechte des arabischen Volkes einbauen. Das Postulat der Selbstbestimmung muß nicht, wie der größte Teil des jüdischen Volkes meint, zur Forderung eines „jüdischen Staates" oder zu der einer „jüdischen Majorität" führen. Solche Formeln stammen aus einem unelastischen politischen Denken, das die Bedeutung hergebrachter politischer Formen zu überschätzen geneigt ist. Die neue Situation, und ihr Problem verlangen neue Lösungen, für die die gewohnten politischen Kategorien nicht ausreichen. Was not tut ist ein international zu garantierendes Übereinkommen zwischen den beiden Gemeinschaften, in dem der gemeinsame Bereich der Interessen und Tätigkeiten und die nicht-gemeinsamen Bereiche gegeneinander abgegrenzt werden und den nicht gemeinsamen die gegenseitige Unabhängigkeit gewährleistet wird. Die Verantwortung derer, die an der Vorbereitung einer Lösung des palästinensischen Problems arbeiten, geht weit über die Grenzen des Nahen Ostens wie über die des Judentums hinaus. Wenn die Lösung gelingt, wird ein erster vielleicht bahnbrechender Schritt zu einer gerechteren Gestaltung des Lebens zwischen Volk und Volk getan sein.

## EIN TRAGISCHER KONFLIKT?
(1946)

Ich eröffne die Konferenz des Ichud und begrüße die Versammelten. Diese Konferenz findet in einer Stunde statt, in der wir deutlich empfinden, daß ein Schritt, den wir getan haben, uns irgendwohin gebracht hat, wahrscheinlich weiter, als wohin wir zu kommen erwarteten, – wir wissen aber noch nicht, wohin er uns gebracht hat. Das werden wir auf dieser Konferenz auch nicht durch Erörterung zu erfahren vermögen, denn es spielen da unbekannte Faktoren hinein, auf deren Enthüllung wir warten müssen. Eins aber ist uns offenkundig, daß man nunmehr nicht auf der Stelle treten, sondern weitergehen muß, genauer gesagt, daß man weitere Schritte vorbereiten muß. Darüber ist auf dieser Konferenz zu reden, und Dr. Magnes wird dafür einiges vorzuschlagen haben. Ich möchte ihm nicht vorgreifen, sondern nur ein paar grundsätzliche Worte über die innerste und allgemeinste Bedeutung des Schrittes sagen, den wir getan haben. Ich sehe diese Bedeutung konzentriert in einem Gesichtspunkt, den Dr. Magnes ebenfalls in seinem Vortrag vor der Kommission in seinen Antworten auf die Fragen betont hat. Er sagte, man solle in diesem Land Institutionen und Verwaltungsformen schaffen, die ihrem Wesen nach notwendig dazu führen, daß ‚the demands of life itself' ein reales Einvernehmen zwischen den Juden dieses Landes und den Arabern dieses Landes hervorbringen. Man kann, sagte er von diesem Einvernehmen, ‚reach it through life'.

Das sind meines Erachtens grundlegend wichtige Worte, grundlegend wichtig für unsere Sache, grundlegend wichtig über unsere Sache hinaus für die Sache des Weltfriedens.

Wir hören oft die Meinung äußern, das jüdisch-arabische Problem in diesem Lande habe den Charakter eines Dilemmas, für das es eine echte, einen unproblematischen Zustand herbeiführende Lösung gar nicht gibt. Man konnte sogar aus dem, was einzelne Mitglieder der Kommission sagten, die Befürchtung heraushören, daß es sich so verhalte. Dieser fatale Irrtum stammt daher, daß die ‚demands of life' ganz zugedeckt und für fast alle Beteiligten unsichtbar gemacht worden sind durch die ‚demands of politics'.

Zwischen allen Gruppen in der Welt, die miteinander im gleichen Raum leben, nationalen, religiösen, wirtschaftlich sozialen Gruppen gibt es reale Interessenkonflikte in irgendeinem Maße. Solange diese Konflikte im Bereich des Lebens selbst ausgetragen werden, bringt diese Austragung selber Lösungen hervor, sei es in der Form eines bloß negativen Kompromisses, durch Reduktion beiderseitiger Ansprüche auf das Unumgängliche, sei es in der Form eines positiven, synthetischen, schöpferischen Kompromisses, durch gemeinsame Schaffung neuer, ein Zusammenwirken ermöglichender und fördernder Lebensbedingungen. Anders verhält es sich, wenn die Konflikte aus dem Bereich des Lebens in die Politik übergehen, und in dem Maße anders, als die Politik mächtig wird über das Leben. Es entsteht nunmehr nämlich, was ich den politischen Konfliktüberschuß nenne. Die Politik hat als solche, also um ihre souveräne Domäne dem Leben gegenüber zu behaupten, ein Interesse daran, die Interessen der verschiedenen Gruppen als mit einander unverträglich zu behandeln. Da sie es aber de facto nicht sind, muß sie sie dazu machen. Das erreicht sie dadurch, daß sie mit ihren Mitteln der politischen Propaganda, den realen Interessenkonflikt zu einem irrealen, aber mit der ganzen fürchterlichen Macht der politischen Illusion ausgestatteten, steigert. Die Politik einer Gruppe erzeugt in den Gemütern von deren Mitgliedern die Empfindung eines Konflikts, dessen Maß weit über das des realen hinausgreift, ja, der sogar einen anderen Charakter hat als der reale, einen sozusagen absoluten Charakter. Die Differenz zwischen dem realen und dem illusionären, aber politisch mächtigen Konflikt ist das, was ich den politischen Konfliktüberschuß genannt habe. Dieser Überschuß ist zwar nur im Geiste des politisch aktiven Teils einer Gruppe vital wirksam, aber die Propaganda führt mit ihren mannigfaltigen Mitteln die unbedingte Hegemonie dieses Teils über den Rest herbei, mit anderen Worten: die Herrschaft der Politik über das Leben.

Aus einer Entwicklung dieser Art in beiden Lagern ist die gegenwärtige jüdisch-arabische Situation mit ihrer scheinbaren Ausweglosigkeit entstanden. Als ich vor acht Jahren ins Land kam, hat ein arabischer Großkaufmann im Gespräch die Lage mit etwas naiver, aber im Kern richtigen Formulierung gekennzeichnet. „Wir zwei", sagte er, „Ihre Freunde und meine Freunde, können uns verständigen, denn wir wollen etwas aus diesem Lande machen und ihr wollt etwas aus diesem Lande machen, zusammen könnten wir das viel besser als wenn jeder für sich ist, wir könnten uns verständigen, zusammen etwas aus diesem Land zu machen. Aber es gibt bei uns Leute und es gibt bei Ihnen Leute, die ein Interesse daran haben zu verhindern, daß wir uns miteinander verständigen. Diese Leute sind die Politiker. Und wer weiß, vielleicht werden sie es noch so weit bringen, daß wir nicht einmal mehr miteinander werden reden können, wie wir jetzt miteinander reden." Sie haben es in der Tat recht bald so weit gebracht.

Was ist für uns, die wir die Lage erkennen und nach ihrer Änderung streben, zu tun? Sollen wir etwa, da es nun im allgemeinen so um das Wirken der Politik in der Welt bestellt ist, auf politische Arbeit verzichten? Das hieße ja, das Leben vollends der Politik ausliefern. Nein, wir müssen, so paradox das klingt, eine Politik der Depolitisierung inaugurieren. Wir müssen politisch arbeiten, um eine Gesundung des pathologisch gewordenen Verhältnisses zwischen Leben und Politik herbeizuführen. Wir müssen von innen, mitten in der politischen Sphäre stehend, die Hypertrophie der Politik bekämpfen. Das Ziel ist, den politischen, illusionären Konfliktüberschuß zu beseitigen, die realen Interessen und die wahren Grenzen der Interessenkonflikte bewußt zu machen. Wir wissen freilich, daß wir das durch bloße Aufklärung über die Wahrheit nicht zustande bringen werden; sie allein ist nicht stark genug, das Werk der politischen Propaganda zunichte zu machen und die suggestive Macht der Illusion zu brechen. Abhilfe ist nur durch Institutionen zu schaffen, die den Forderungen des Lebens Vormacht geben über die Forderungen der Politik und so der Aufklärung über die Wahrheit ein großes reales Fundament geben. Auf solche Institutionen hat Dr. Magnes hingewiesen. Durch sie wird man zu einem positiven, synthetischen, schöpferischen Kompromiß gelangen können.

Man kann mir nun freilich die Frage entgegenhalten: Von wem erwartet ihr die Schaffung solcher Institutionen? Sind die, an die ihr euch wendet, nicht selber Vertreter politischer Mächte, riesenhafte politische Gruppen, deren Führer, mag es auch unbewußt geschehen, das gleiche politische Spiel der unablässigen Herstellung politischen Konfliktüberschusses treiben? Wie sollten sie fähig sein, an diesem einen Punkt den Zauberkreis zu durchbrechen? Auf diesen Einwand – der, wenn er aus echter und ehrlicher Erkenntnis kommt, *alle* Machtgruppen der Erde umfaßt – gibt es meines

Erachtens nur eine Antwort. Diese Antwort beruht freilich nur auf einer Hoffnung, aber wenn es diese Hoffnung nicht gäbe, müßte man nicht bloß an der Zukunft dieses Landes und an der Zukunft unseres Volkes, sondern auch an der des Menschengeschlechts verzweifeln. Es ist die Hoffnung, daß es in jenen Machtgruppen Männer gibt, Männer von Einfluß und Verantwortung, die wie wir sehen, daß die Hegemonie der Politik zum Untergang führt, und wie wir sich drangeben, ihn zu verhüten. Sie sind es, an die wir appellieren, dem Leben sein Recht zu geben. Von der Macht der Wahrheit in ihren Herzen hängt heute wie das Schicksal der Länder und der Völker, so auch das Schicksal dieses Landes und dieses Volkes ab. Die Hoffnung auf sie und ihren Zusammenhang mit uns wird uns helfen, für unsern nächsten Schritt Kraft und Richtung zu finden.

## NEIN, ES IST NICHT GENUG!
(1946)

Nein, es ist nicht genug.

Es ist nicht genug, daß wir unser Entsetzen ausdrücken. Wir haben zu sagen, daß wir teilhaben an dieser Schuld, die unser Entsetzen erregt.

Wir alle, jeder, der, in irgendeinem Maße, durch sein Amt oder durch seinen Einfluß, an der Führung und Lenkung dieser unglücklichen Gemeinschaft beteiligt ist, wir sind mitschuldig.

Wir haben nicht zum Grundstein des Jischuw die Einsicht eingesetzt, daß die Wiederherstellung einzig unter der Herrschaft heiliger Normen gelingen kann.

Diese Normen, deren oberste die Achtung fremden Lebens, fremden Eigentums und fremder Ehre sind, welcher Nutzen uns auch, aus ihrer Mißachtung erwachsen zu können scheint, und die Gerechtigkeit gegen den Mitmenschen, welchen Vorteil uns auch die Ungerechtigkeit zu bringen scheint, hat das Volk durch die Exile getragen. Hier, im Land, das in den Exilen sein Ziel war, hat es sie abgeworfen, und wir, da wir sie nicht als unerschütterliche Macht über allen Häuptern aufgerichtet haben, haben zur Abwerfung beigetragen. Wir haben die wachsenden Geschlechter nicht gelehrt, zwischen echten Lehren der Geschichte und Irrlehren, die sich zu Unrecht auf die Geschichte berufen, zu unterscheiden. Es ist eine verhängnisvolle Irrlehre, daß man ein Volk durch Gewalttaten regenerieren könne. Auf diesem Weg entsteht nicht Befreiung und Heilung, sondern neue Entartung und neue innere Versklavung. Diese zentrale Wahrheit haben wir nicht in unseren Schulen gelehrt.

So ist es gekommen wie es gekommen ist. In Australien sind aus deportierten Verbrechern Menschen von sozialem Verantwortungsgefühl geworden, in Zion sind aus Menschen, die unter heiliger Fahne herkamen, Verbrecher geworden. Und wir tragen an diesem Verbrechen mit.

Heute rufen wir auf, der *Jischuw* solle sich dagegen erheben. Zu *spät!* Gestern war die Zeit zum Ruf, vorgestern und alle Tage vor diesem, Tag um Tag.

Es steht uns nicht zu zu sprechen: (Dt. 21,7) „Unsere Hand hat dieses Blut nicht vergossen und unsere ‚Augen haben es nicht gesehen". Unsere Augen haben gesehen was sie gesehen haben, und unser Mund hat nicht gesprochen, was zu sprechen war – was waschen wir da unsere Hände über dem gebrochenen Nacken der Kalbin am Bach!

Was geschehen ist, wird seine Folgen nach sich ziehen. Uns aber liegt ob, unabhängig von dem was erfolgt, endlich in uns zu gehn und unsern Weg zu ändern, ehe er uns noch tiefer ins Verderben geführt hat. Es gilt unerschütterliche heilige Normen aufzurichten, für die sich das Volk als Volk den ungetreuen Gereden gegenüber einsetzt. Fürs bloße Rufen ist es zu spät, für Handeln ist es nicht zu spät.

## EIN GNADENGESUCH

An Seine Exzellenz
den Hochkommissar,
Regierung von Palästina,
Jerusalem (Jerusalem, 21. August 1946)

Exzellenz,
Wir, die Unterzeichneten, wagen mit der Bitte an Euer Exzellenz heranzutreten, im Falle der 18 jungen Leute, die vom Militärgericht in Akko am 16. August zum Tode verurteilt worden sind, Gnade vor Recht ergehen zu lassen.

Wir verabscheuen Terrorismus in jeglicher Form und sind seit dem Aufkommen des Terrorismus innerhalb der jüdischen Gemeinschaft nach Kräften dagegen vorgegangen. Bereits 1939, als die ersten vereinzelten Gewaltakte einsetzten, haben wir und andere die jüdische Gemeinschaft erfolgreich zum Kampf gegen den Terrorismus aufgerufen. Wir sind fest entschlossen, diesen Kampf fortzusetzen und unsere Anstrengungen zur völligen Ausmerzung des Terrorismus zu verdoppeln; dieses Ziel suchen wir dadurch zu erreichen, daß wir der jüdischen Gemeinschaft die politische Situation erläutern und ihr ein weiteres Mal die moralischen Grundsätze vor Augen stellen, auf die sich der Zionismus gründet. Ungeachtet aller Hindernisse und Rückschläge hegen wir die Hoffnung, daß unsere Bemühungen von Erfolg gekrönt sein werden, denn im Grunde genommen glaubt die jüdische Gemeinschaft als ganze sowohl aufgrund ihrer geschichtlichen Überlieferung als auch der traurigen Erfahrungen, die sie im Kampf um Leben und Tod machen mußte, nicht wirklich an Gewalt.

Die jungen Leute, die Gewalt angewandt haben, sind in unseren Augen irregeleitet. Was sie getan haben, ist weniger ihre Schuld als das Resultat von Umständen und die Folge einer Atmosphäre, die auch nicht von selbst entstanden ist. Deshalb sollen sie freilich nicht straflos ausgehen, aber insbesondere in Anbetracht ihrer Jugend und der Tatsache, daß außer Mitgliedern der Gruppe selbst glücklicherweise niemand getötet worden ist, stellen wir Euer Exzellenz ernstlich anheim, das Recht der Begnadigung auszuüben und das Urteil zu mildern.

Wir haben oben auf unsere ständige Terrorismusgegnerschaft hingewiesen. Wir dürfen vielleicht noch hinzufügen, daß 1930 einige der Unterzeichneten unter ähnlichen Umständen an den damaligen Hochkommissar ein Gesuch gerichtet haben, die über 23 Araber wegen der Ermordung von Angehörigen der jüdischen Gemeinschaft in Palästina verhängte Todesstrafe aufzuheben. Damals wie heute haben wir an den Leiter der Regierung von Palästina appelliert im festen Glauben daran, daß Mittel wie Erziehung und Überzeugung auf lange Sicht aussichtsreicher sind – mag der Weg auch noch so lang sein – wohingegen der Vollzug der Todesstrafe in den Augen der überlebenden Mitglieder der jeweils angreifenden Gruppe sowie in den Augen gewisser Elemente der Gesamtgemeinschaft „Märtyrer“ schafft.

## ZWEI VÖLKER IN PALÄSTINA
(1947)

Ich will Ihnen von Palästina erzählen nicht zu dem Zweck allein, um Ihnen über einen für die ganze Welt wichtigen Sachverhalt eine tiefer reichende Auskunft zu geben, als die Sie aus den Zeitungen und zeitungsähnlichen Büchern empfangen haben; sondern auch um Ihnen als an einem furchtbar deutlichen Beispiel die Wirkungen eines Übels zu zeigen, an dem die heutige Menschheit wie an kaum einem anderen leidet, und mit dem sich doch fast niemand ernstlich befaßt, geschweige denn es zu bekämpfen versucht. Ich meine die Überspannung des politischen Prinzips in dieser Weltstunde, seine abnorme Vorherrschaft den Prinzipien des Lebens gegenüber. Daß sie so wenig als das erkannt wird, was sie ist, liegt zu großem Teil daran, daß das politische Prinzip in alle Sphären des Lebens eingedrungen ist und in jeder von ihnen sich in ihre Farben kleidet und in ihrer Sprache spricht. Man pflegt z. B. das wirtschaftliche Prinzip für das eigentlich bestimmende zu halten; aber dieser Anschein ist dadurch zustande gekommen, daß das politische Prinzip die Wirtschaft durchsetzt hat, so daß die Lebensgrundlage allen echten Wirtschaftens, der Trieb zur Herstellung nützlicher Güter und die Kooperation mit Menschen gleicher Voraussetzung und gleicher Zielsetzung, durch den leeren Machttrieb und den ungezügelten Wettkampf verdrängt worden ist. „Schaffen was man braucht" ist der Impuls aller natürlichen Wirtschaft, „mehr bekommen als man braucht" ist die Parole der politisierten. Überall will die politisierte Menschengruppe mehr durchsetzen als sie wirklich braucht, und der politische Wahn hat sich ihrer aller so bemächtigt, daß sie zwischen diesem „wirklich" und jenem „mehr" gar nicht mehr zu unterscheiden vermögen. So kämpfen alle gegen alle, nicht um das „wirklich", sondern um das „mehr", und da sie keine übergeordnete Autorität mehr kennen, die zwischen ihnen entscheiden könnte, gibt es kein Innehalten auf dem Weg zum gemeinsamen Verderben.

Vor nahezu 70 Jahren haben Juden in Palästina zu siedeln begonnen. Der äußere Antrieb waren Verfolgungen, aber sie lösten nur einen inneren, tiefen, in die Tiefe der Urgeschichte zurückreichenden Antrieb aus; den Antrieb, den Kontakt mit der Urheimat wieder zu gewinnen und durch ihn nach Jahrtausenden der Zerstückelung wieder zu einem lebenden Volksleib zusammenzuwachsen. Um diesen Antrieb recht zu verstehen, muß man sich vergegenwärtigen, daß die Juden, ob sie es wahrhaben wollen oder nicht,

nicht ein Volk wie alle Völker sind, sondern etwas Einmaliges und Unvergleichbares, nämlich eine Gemeinschaft, in der von der Urzeit her ein Volkstum und ein Glaube unlösbar verschmolzen sind. Und dieser Glaube hat wieder sich von seinem Ursprung her an dieses Land gebunden als an das, in das kein anderer als der Herr der Welt dieses Volk geschickt hat, damit es dieses Land zur Vollkommenheit bringe und damit dieses Land es zur Vollkommenheit bringe, beides in einem um des Beginns des Gottesreiches auf Erden willen. Wiewohl diese Aufgabe nicht erfüllt worden ist und das Band zwischen Land und Volk Jahrtausende hindurch zerrissen war, und wiewohl ein nicht geringer Teil des jüdischen Volkes seinem Bewußtsein nach den Glauben verloren hat, ist doch dessen unbewußte Macht so groß geblieben, daß in der historischen Stunde, da sich jüdische Wanderer und Siedler der Urheimat zuwandten, ihr Antrieb von den Wurzeln der Glaubenskraft her gespeist wurde und, ob die Siedler es wahrhaben wollten oder nicht, zu einem religiösen Antrieb, zum Antrieb zur Wiedergeburt einer Gottesgemeinschaft erwuchs.

In diesen 70 Jahren haben die Generationen der jüdischen Siedler mit einer Begeisterung und einer Energie ohnegleichen an diesem Land gearbeitet, sie haben an seiner Repro-duktivierung nicht minder Erstaunliches als an ihrer eigenen vollbracht. Bei diesem ihrem leidenschaftlichen und opfermutigen Schaffensdrang ist es wohl zu verstehen, daß sie einer wichtigen Tatsache nicht volle Aufmerksamkeit schenkten, der nämlich, daß es in diesem Land bereits eine Bevölkerung gab, die es ebenfalls als ihre Heimat empfand, wenn auch in einer dumpferen, vegetativeren Weise als die jüdischen Pioniere: die Araber, die sich hier vor 13 Jahrhunderten niedergelassen haben. Die vitale Frage einer planvollen Kooperation in der Erschließung des Landes wurde von keiner der beiden Seiten mit hinreichender Klarheit erörtert oder gar mit der erwünschten Intensität in Angriff genommen.

Und doch, lagen für ein aktives Zusammenwirken starke Voraussetzungen vor. Zunächst solche vom gemeinsamen Ursprung her: die Sprachen sind nah verwandt, die Tradition vom gemeinsamen Stammvater verknüpft beide Völker mit der semitischen Urzeit, und sogar in den Sitten, zumal wenn man die der in Palästina seßhaften orientalischen Judengemeinschaften ins Auge faßt, gibt es manches Verbindende. „Es ist nichts Beiläufiges, daß in der jüdischen Diaspora die spanisch-arabische Epoche eine Blütezeit des Geistes gewesen ist. Eine zweite grundwichtige Voraussetzung ist eben die gemeinsame Liebe zum Land, die zwar bei den Arabern wesentlich passiver ist, aber auch bei ihnen zur Teilnahme an einer gemeinsam betriebenen großen Arbeit an der Reproduktivierung des Landes hätte ausgebildet werden können. Gewiß, die Juden hatten, im Abendland weilend, in ihrer Art und Lebensweise viel mehr von ihm aufgenommen als die auf der Brücke zwischen Orient und Okzident wohnhaften palästinensischen -Araber; gewiß, das Tempo des Lebens und der Tätigkeit war hier und dort ein sehr verschiedenes, und man kann es wohl verstehen, daß manche Teile der Ansässigen sich mit der Überwindung der Wüste gar nicht zu sehr beeilen mochten und das unablässige Pioniertum der Neuankömmlinge als etwas ihnen Aufgezwungenes empfanden. Dennoch hätten zweifellos die, in gemeinsamem Ursprung und gemeinsamer Aufgabe gegründeten Potenzen der Kooperation den Sieg über alle Hemmungen, erfochten, wenn nicht das politische Prinzip dazwischengetreten wäre. Noch bis in die letzte Zeit hinein gibt es überall, wo ländliche arabische Bevölkerung unpolitisiert geblieben ist, die schönste friedliche Nachbarschaft, die weitherzigste gegenseitige Hilfe zwischen jüdischen und arabischen Dorfleuten. Jüdische Bewässerungs- und Meliorationsanlagen sind den Fellachen häufig nicht bloß zugute gekommen, sondern diese Lebenserleichterung ist von ihnen auch als ein Positivum auf dem Konto der Juden gebucht worden, und an nicht wenigen Punkten sind die Methoden intensiverer Wirtschaft gern gelehrt und gern gelernt worden. Ich bin wiederholt in jüdischen Dörfern Zeuge von Festlichkeiten gewesen, an denen die arabischen Nachbarn nicht bloß als geachtete Gäste, sondern in einer bis zur echten Verbrüderung gesteigerten Freudigkeit teilnahmen. Immerhin darf nicht unerwähnt bleiben, daß manches aus den Lebensgrundlagen des jüdischen Siedlungswerkes erschwerend wirkte, ohne daß es gegen die Araber als solche gerichtet war; so hatte der gesund regenerative Grundsatz, die Juden zur produktiven Tätigkeit überzuführen, zur Folge, daß die arabischen Kräfte auf dem Arbeitsmarkt oft nicht genügende Geltung erlangten. Und doch wäre sicherlich der Weg zu einer gemeinsamen jüdischen-arabischen Wirtschaft aus innerer Notwendigkeit eingeschlagen worden, wenn nicht das politische Prinzip, das Mehr-Durchsetzen-wollen als man wirklich braucht, auf beiden Seiten störend und hindernd dazwischengetreten wäre. Immer lauter wurden hier und hier die Staatsparolen – arabischer Staat, Judenstaat – ausgeschrien. Lassen Sie uns einen Augenblick das Maß ihrer Begründung im tatsächlichen Bedürfen beider Völker prüfen. Das im Regenerationsprozeß begriffene jüdische Volk in Palästina bedarf einer wohlausgebauten Autonomie, d. h., es muß nicht bloß seine eigene verjüngte hebräische Kultur frei entwickeln und wahren können, sondern es muß auch seine Gesellschaftsformen, die auf eine soziale Erneuerung aus dem Geiste der Gemeinschaft abzielen, selbständig bestimmen und entfalten können. Auch das arabische Volk in Palästina bedarf einer wohlausgebauten Autonomie. Keins der beiden Völker darf das freie Wachstum der geistigen und sozialen Werte des anderen unterbinden. Dazu kommt noch auf der Seite der Juden ein Doppeltes: damit das Siedlungswerk nicht stagniere und damit es seine Funktion erfülle, der Weltjudenheit in dem von ihrer Situation erforderten Maß ein heimatliches Lebenszentrum zu schaffen, muß die Einwanderung im jeweiligen rechten Verhältnis zur wirtschaftlichen Aufnahmefähigkeit des Landes freigegeben werden; und damit die Grundlage des regenerativen Siedlungswerkes, die Wiederverbindung des unproduktiv gewordenen jüdischen Menschen mit dem Boden und der Bodenarbeit, nicht erschüttert werde, muß die Möglichkeit gewährt sein, Boden zu erwerben und in steigendem Maße zu bebauen. Beides aber muß so verwirklicht werden, daß den tatsächlichen Bedürfnissen der arabischen Bevölkerung kein Abbruch geschieht. Das Ausmaß der echten beiderseitigen Bedürfnisse, die Gerechtigkeit in den beiderseitigen Ansprüchen muß somit immer wieder neu gemeinsam, in der Atmosphäre eines sich aus der Kooperation ergebenden gegenseitigen Vertrauens geprüft und festgesetzt werden. Die wachsende Hypertrophie des politischen Prinzips hat im wachsenden Maß der ohnehin höchst schwierigen, aber doch möglichen Entstehung eines solchen Vertrauens entgegengewirkt.

Was jedes der beiden in Palästina nebeneinander und durcheinander lebenden Völker tatsächlich braucht, ist Selbstbestimmung, Autonomie, freie Entscheidungsmöglichkeit. Das bedeutet aber keineswegs, daß es einen Staat braucht, in dem es dominiert. Die arabische Bevölkerung braucht zur freien Entfaltung ihrer Kräfte keinen arabischen Staat und die jüdische braucht zur freien Entfaltung der ihren keinen jüdischen; beides kann in einem binationalen Gemeinwesen gewährleistet werden, in dem jedes Volk seine spezifischen Angelegenheiten verwaltet und beide miteinander ihre gemeinsamen. Die Forderung des arabischen Staates und die Forderung des Judenstaates gehören beide jener Kategorie des politischen „Mehr" an, des Mehrhabenwollens als man wirklich braucht. Ein binationales Gemeinwesen mit möglichst weitgehend abgegrenzten Siedlungsbezirken und zugleich mit möglichst weitgehender wirtschaftlicher Kooperation, mit vollkommener Gleichberechtigung beider Partner ohne Rücksicht auf die jeweilige zahlenmäßige Proportion, und mit einer auf diesen Voraussetzungen aufgebauten gemeinschaftlichen Souveränität würde beiden Völkern das geben, was sie wirklich brauchen. Keins der beiden hätte dann noch zu fürchten, durch das andere majorisiert zu werden, und die für das jüdische Siedlungswerk wie gesagt unerläßlich notwendige weitere Einwanderung nach Maßgabe der Extensivierung und Intensivierung der Produktion könnte den Arabern nicht mehr als eine Bedrohung ihres Bestandes erscheinen. Wenn anderseits die Selbstbestimmung und die Entwicklungsfreiheit der jüdischen Gemeinschaft unerschütterlich gesichert wären, könnte das binationale Gemeinwesen recht wohl sich einer Föderation arabischer Staaten anschließen, wodurch wieder der arabischen Bevölkerung Palästinas eine zusätzliche Sicherung gegeben wäre.

Heute scheint dieser Weg durch die zu einem schlechthin pathologischen, an das Katastrophale grenzenden Übermaß angewachsene Politisierung verbaut zu sein. Ich hege dennoch den festen Glauben, daß er nicht endgültig verbaut ist. Freilich sind, damit er freigemacht werde, zwei Aktionen von außergewöhnlicher Art vonnöten, eine wirtschaftlich-technische und eine geistig-politische, wobei ich den Begriff des Politischen hier natürlich nicht wie bei der Betrachtung der hypertrophen Politisierung seinem negativen Gehalt nach im Auge habe, sondern in seinem großen, in seinem platonischen Sinn, im Sinn des Geistes, der das öffentliche Wesen baut und gestaltet, aber auch das Technische meine ich hier von seiner Höhenschicht aus, wo es vom Geiste bestimmt ist, von dem Willen des Geistes zu einem großen und fruchtbaren Frieden der Menschenvölker.

Mit der wirtschaftlich-technischen Aktion meine ich eine umfassende Unternehmung zur Erschließung des Landes, in deren Mitte ein ungeheures Bewässerungswerk stünde, das zugleich die landwirtschaftlich bebaubare Fläche auf ein Vielfaches vergrößern und einer weitausgespannten bodenständigen Industrie die Kraftstationen liefern könnte, die ihr eine zentrale Stellung in der Wirtschaft Vorderasiens erringen würden. Eine solche Aktion müßte das ganze Leben des Landes dynamisieren; statt eines aus dem stark dynamischen jüdischen Element und dem noch überwiegend statischen arabischen zusammengesetzten Gebietes würde ein einheitliches Gebiet der intensiven Produktion erstehen. Dazu ist freilich not, daß die arabische Bevölkerung sowohl aktiv wie rezeptiv in vollem Maße in die Aktion einbezogen werde. Es ist in diesem Zusammenhang beachtenswert, daß dies meiner Kenntnis nach in allen von jüdischer Seite entworfenen Plänen vorgesehen ist. Wird es durchgeführt werden, so werden sich mit dem allgemeinen Habitus der Bevölkerungsmehrheit auch die Beziehungen zwischen Juden und Arabern grundlegend verändern, vorausgesetzt, daß in jedem Stadium der Aktion der rechte Geist, der Geist der Gemeinsamkeit, der Solidarität und der Kooperation bestimmend bleibt. Es gilt, die von der Politisierung verdunkelte Gemeinsamkeit der Interessen offenbar zu machen, es gilt sie zu gemeinsamer Produktivität in gemeinsamer Liebe zu diesem wunderbaren Land zu erhöhen.

Die andere Aktion, die ich als die geistig-politische bezeichnet habe, muß mit dieser zusammengehen. Um sie aber Ihnen deutlich zu machen, muß ich ein wenig auf einen bedeutsamen Faktor eingehen, von dem ich bisher nicht gesprochen habe und auch jetzt nur mit einiger Zurückhaltung sprechen mag. Ich habe Ihnen bisher die beiden Völker so vorgeführt, als ob ihre Beziehungen zueinander nur von ihnen selber abhingen; aber das ist keineswegs der Fall. Vielmehr sind diese Beziehungen in wachsendem Maße, und zwar im wesentlichen negativ beeinflußt worden von dem internationalen politischen Getriebe, das, wie so viele andere Völkerkonflikte, so auch diesen in sein Machtspiel gezogen und darin verwendet hat. Wenn es in unserer Zeit eine echte übernationale Autorität gäbe, die richtet und schlichtet, so könnte von dieser Sphäre aus naturgemäß eine wohltätige Wirkung auf solche Konflikte ausgehen. Da es aber eine solche Autorität nicht gibt und daher der ganze internationale Bereich sich in letztlich fruchtlosen Kämpfen um Macht und Besitz verzehrt werden, wie allgemein bekannt ist, die Differenzen der kleinen Völker nicht so sehr als Übelstand behandelt, um dessen Behebung man sich gemeinsam bemühen muß, als vielmehr als interessante Komplikationen, die sich im großen Kampf ausnützen lassen. Die politisierten kleinen Völker selbst aber versuchen diese Ausnützung ihrerseits auszunützen, und in diesem hoffnungslosen Zirkel verschärfen sich ihre Konflikte mehr und mehr. So hat es sich auch in den Beziehungen zwischen Juden und Arabern in Palästina begeben und begibt sich in dieser Stünde erst recht. Dieser Sachlage gegenüber müssen wir, denen es um die Zukunft des Homo sapiens bange zu werden beginnt, von dem herrschenden politischen Ungeist an den heute kaum in die Erscheinung tretenden, aber zweifellos noch in den unsichtbaren Tiefen des Geschehens lebendigen Geist politischen Bauens und Gestaltens, Richtens und Schlichtens appellieren. Sei dieses vielleicht schwierigste aller politischen Probleme der Gegenwart, die jüdisch-arabische Situation, die Probe aufs Exempel: aus allen Völkern müssen unabhängige Geister, die dem Kampf aller gegen alle um Macht und Besitz nicht verfallen sind, zusammentreten und eine gerechte Bewältigung der Situation vorbereiten. Sie müssen aber auch über die Stunde hinaus Sorge tragen. Einem gemeinsamen höchsten Rat beider Völker, der in der notwendigen Übergangszeit zum binationalen Gemeinwesen die gemeinsamen Angelegenheiten zu verwalten haben wird, sollen aus diesem zu schaffenden Kreis Männer beigegeben werden, die an der Entwicklung der Solidarität und Kooperation, an der Entwicklung des gegenseitigen Vertrauens arbeiten und die immer wieder sich zu erheben drohende Konfliktmaterie niederhalten. Wird es möglich sein, diese geistig-politische Aktion einzuleiten und durchzuführen? Es ist die Probe aufs Exempel. Geheimnisvoll sind in dieser Stunde das Schicksal Palästinas und das Schicksal der Menschheit aneinander gebunden.

## DEN TOTEN PUNKT ÜBERWINDEN
(1946)

*Crossman: Wir sind uns also soweit darüber einig, daß wir das Scheitern in Palästina irgendwie gar nicht auseinandergesetzt haben; und wenn wir dieses Grundproblem auch in Zukunft nicht ernst nehmen, werden wir nichts zu seiner, wie immer gearteten, Lösung beitragen. Es war viel die Rede von einer Regelung zwischen Juden und Arabern auf der Grundlage beidseitiger Zustimmung. Ist es völlig illusorisch, wenn ein Politiker nach einer Lösung sucht, der die auf beiden Seiten bestehenden Organisationen zustimmen können?*

Atiyah: Ich meine, ein Abkommen zwischen den Arabern und den Zionisten ist absolut unmöglich.

*Buber: Ich halte es zur Zeit für etwas schwierig, aber nicht für unmöglich.*

Atiyah: Es ist unmöglich, denn der Konflikt spielt zwischen der bodenständigen Bevölkerung Palästinas, welche die Mehrheit hat und fest entschlossen ist, ihr Land zu behalten, und sofort unabhängig werden will, und einer Gruppe von Juden – nicht der gesamten Judenheit –, die einen Rechtsanspruch auf Palästina erheben, ohne zahlenmäßige Begrenzung einwandern und einen jüdischen National-Staat errichten wollen. Zwischen diesen beiden Fronten gibt es keinen Kompromiß.

*Buber: Politische Organisationen können wechseln bzw. können ihre Meinung ändern. Eigentlich geht es nicht um Organisationen, sondern um die Wirklichkeit. Auch nicht um Mehrheit oder Minderheit.*

Crossman: Sie halten also nichts von einer Volkszählung in Palästina?

*Buber: Weder dort noch in irgendeinem anderen Land. Aber es ist dringend notwendig, eine neue politische Form zu finden, wie zwei Völker gemeinsam leben und schaffen können.*

Crossman: Die Frage, die wir Ihnen stellen, lautet ganz schlicht: Wenn wir warten wollen, bis die Jewish Agency und das Hochkommissariat der Arabischen Liga sich auf eine gemeinsame Lösung einigen, können wir dann warten, bis wir schwarz werden?

*Buber: Auf eine so gestellte Frage habe ich keine Antwort. Das eigentliche Hindernis sehe ich in der geradezu krankhaften ausschließlichen Orientierung an politischen Kategorien, wodurch diese beiden Völker nicht zu einer Verständigung auf der Grundlage ihrer wirklichen gemeinsamen Interessen gelangen können.*

Reid: Es ist ziemlich hoffnungslos, auf eine Einigung zwischen politischen Zionisten und politischen Arabern zu rechnen. Von einem engen Standpunkt aus betrachtet, wäre es für sie politisch unklug, ihre Forderungen an die auswärtigen Mächte herabzusetzen.

*Atiyah: Nicht nur die arabischen Politiker würden einer zionistischen Lösung niemals zustimmen, sondern das ganze arabische Volk..*

Crossman: Könnten Sie sich auf der Grundlage einer aufgezwungenen Lösung eine Zusammenarbeit vorstellen?

[…]

*Buber: Das kommt ganz auf die Art der Lösung an. Wenn sie gut ist, d. h., wenn sie die beiden Völker in ihren gemeinsamen Interessen zusammenbringt, kann sogar eine aufgezwungene Lösung das Nötige veranlassen.*

Atiyah: Nicht nur eine aufgezwungene Lösung könnte eine Möglichkeit zur Zusammenarbeit bieten. Es gibt noch die Alternative, Palästina jeglicher Beeinflussung von außen zu entziehen und Araber und Juden den Konflikt dort allein entweder friedlich oder kriegerisch austragen lassen. Das ist vielleicht keine sehr wünschenswerte Lösung, und die erforderlichen Voraussetzungen lassen sich vielleicht gar nicht schaffen, aber wenn man das versuchen könnte, würde sich ein natürliches Gleichgewicht einspielen, möglicherweise nach einem Kampf. Wenn die Zionisten sich nicht mehr auf militärische Unterstützung von außerhalb verlassen könnten, würden sie merken, wie sehr sie auf den guten Willen der Araber angewiesen sind.

[…]

*Crossman: … Damit nähern wir uns dem Ende unseres Gesprächs und fragen uns, wie unseres Erachtens eine Lösung beschaffen sein könnte, die von einer Kommission geboten und von den Großmächten durchgesetzt werden könnte. Unsere*

*Leser werden wissen wollen, was für eine Art von Lösung erstens gerecht und zweitens machbar sein könnte.*

Buber: Eine Lösung, die einer der beiden Seiten die Vorherrschaft zuspräche, würde unmittelbar in die Katastrophe führen. Die einzige Lösung, die nicht zu einer Katastrophe, sondern nur zeitweilig zu einer schwierigen Situation führen würde, ist die Schaffung eines Zwei-Völker-Staates. Das heißt, man setzt Juden und Araber in einer Art Kondominium zusammen und gibt ihnen das Maximum an dann möglicher gemeinsamer Verwaltung. Die beiden Nationen wären als Nationen gleichberechtigt, ohne Rücksicht auf Zahlen.

*Crossman: In einem Staat mit solcher Art von Parität wären sämtliche lebenswichtigen Belange blockiert; das würde bedeuten: keine jüdische Einwanderung, denn in je dem solchermaßen blockierten Bereich dürfte man nichts unternehmen.*

Buber: Ich meine, in der Verfassung des Staates sollte das Recht der Einwanderung von Juden bis zur Erreichung von Zahlengleichheit verankert sein; aber Gleichberechtigung sollte von vornherein bestehen, nicht nur zwischen Individuen, sondern zwischen Nationen.

*Reid: Welche Rechtsgrundlage haben Sie dafür, Herr Professor, Einwanderer in ein Land strömen zu lassen, bis sie ebenso zahlreich sind wie die eingeborene Bevölkerung?*

Buber: Meines Erachtens ist es für das Judentum eine Uberlebensfrage, ein Organismus mit einer lebendigen Mitte zu werden, und es sollte überleben, nicht nur für sich selbst, sondern für die Menschheit. Das Arabertum dagegen steht vor keiner vergleichbaren Alternative.

*Atiyah: Ich halte einen Zwei-Völker-Staat auf der Grundlage absoluter Parität für entweder unnötig oder unmöglich, denn nur genügend guter Wille von beiden Seiten wird einen solchen Staat vor dem toten Punkt und völliger Lähmung retten. Bei genügend gutem Willen aber ist ein solches künstliches Gebilde überflüssig.*

Buber: Dann ergibt sich wieder das Problem der Mehrheit, und genau das möchte ich vermeiden. In den vergangenen 30 Jahren haben sich die Chancen für eine Verständigung zwischen Juden und Arabern auf die zunehmende Politisierung hin immer weiter verschlechtert. Ich sehe keine andere Lösung als weitmöglichste Entpolitisierung. Das heißt, die Schlagworte wieder auf den Grund und Boden der Realität zu stellen und darauf zu bauen.

*Reid: Ich bin von der Aufrichtigkeit und Mäßigung Ihrer Anschauungen sehr beeindruckt, Herr Professor, aber Sie sagten zu Anfang, Sie glaubten nicht an eine Volkszählung zur Erreichung der Mehrheit, aber wenn Sie auf eine Lösung zu spre-*

*chen kommen, bestehen Sie doch darauf, daß die Einwanderung weitergehen muß, bis die Juden zahlengleich mit den Arabern sind.*

Buber: Mir geht es nicht um Formulierungen. Wenn Ihnen das lieber ist, können Sie auch sagen: Juden dürfen einwandern, soweit die wirtschaftlichen Bedingungen des Landes dies zulassen.

*Crossman: Ich persönlich halte Dr. Bubers Lösung, den sogenannten Zwei-Völker-Staat, für ein verfassungsmäßiges Phantasiegebilde. Arbeiten die Beteiligten zusammen, so ist sie überflüssig, tun sie dies nicht, dann funktioniert die Verfassung nicht. Was Herrn Atiyah betrifft, so bin ich auch der Ansicht, daß Unabhängigkeit das erste Ziel sein muß, aber für beide Seiten, Juden und Araber. Von Teilung halte ich nichts, denn in meinen Augen ist es ein Verbrechen, dieses kleine Land auch noch zu teilen, aber ich sehe keine andere Möglichkeit, Juden und Araber praktisch an der Verantwortung zu beteiligen und den Juden das Recht auf Einwanderung nach Palästina zuzuerkennen.*

Buber: Leider reicht unsere Zeit nicht aus, das Problem einer Teilung ausführlich zu diskutieren. Ich bin dagegen, denn ich bin für ein lebendiges und schöpferisches Palästina.

*Crossman: Wäre Ihnen eine Teilung lieber als ein autonomer arabischer Staat ?*

Buber: Ja, natürlich, aber nur, weil ich darin das kleinere Übel sehe. Sie sagten vorhin, Ihrer Ansicht nach würde ein Zwei-Völker-Staat nicht funktionieren. Dieses Argument ist schon häufig gegen so ein Gebilde vorgebracht worden. Außerdem bin ich dafür, nicht dagegen, daß der Zwei-Völker-Staat Palästina als autonomes Mitglied in einen syrischen Staatenbund eintritt.

*Crossman: Wenigstens in diesem Punkt sind wir uns also einig.*

## EINE BINATIONALE AUFFASSUNG DES ZIONISMUS (1947)

Im Mittelpunkt der Motive, aus denen einst ein Kreis jüdischer Menschen aus Jerusalem und anderen Orten Palästinas zur Gründung der Vereinigung „Ichud" zusammentrat und später ihr Organ, die Zeitschrift *Beajot* ins Leben rief, stand, was man hierzulande „die arabische Frage" zu nennen pflegt. Was gemeint ist, ist die Frage der *intranationalen* Basierung der jüdischen Siedlung in Palästina.

Es gehört zu den wichtigsten Charakteristika der umstürzenden Zeit, in der wir leben, daß der *intranationale* Gesichtspunkt, d. h. Betrachtung der wirtschaftlichen und politischen Tatsachen und Erwägung der in ihrem Bereich zu treffenden Entscheidungen, ausgehend von den konkreten Beziehungen benachbarter, lebensmäßig aufeinander angewiesener Völker zueinander, immer stärker wird gegenüber dem *internationalen* Gesichtspunkt, d. h. Betrachtung und Erwägung, ausgehend von den, notwendigerweise viel abstrakteren, Gesamtbeziehungen der zivilisierten Nationen zueinander. Der naturgegebene Primat des Internationalen war so lange zurückgedrängt, als die traditionelle Kolonialpolitik, die „legitime" Verwaltung der Schicksale fernster Völker, unangefochten herrschte. Mit dem wachsenden Selbstbewußtsein und Selbstbestimmungsdrang jener Völker mußte die geographische Konkretheit an absolutem und relativem Gewicht zunehmen, zumal wo sie an geschichtliche Zusammenhänge, ja an lebendige Möglichkeiten neuen, gemeinsamen Geistesbaus und neuer, gemeinsamer Gesellschaftsformung rührt. Daraus wieder ergab sich, daß die internationale Sphäre zunächst immer mehr zum Schauplatz der Auseinandersetzung zwischen dem kolonialen und dem nachbarlichen Gesichtspunkt geworden ist. Das wird sich vermutlich erst in einem künftigen Stadium der planetarischen Entwicklung grundlegend ändern, wenn namentlich eine ungeheure, nur noch durch eine faktische und umfassende Zusammenarbeit der Völker zu bewältigende Not der internationalen Tätigkeit einen gewaltigen konkreten Inhalt geben wird.

Die zur Rettung der jüdischen Volksindividualität als solcher unternommene jüdische Siedlungsarbeit in Palästina – in wirtschaftlicher, sozialer, kultureller Hinsicht ein Werk von Weltbedeutung – hatte einen Grundfehler, der ihre Vorzüge an der ihnen angemessenen Entfaltung verhindert hat: die politische Führung stand im Bann der traditionellen Kolonialpolitik, die in Palästina so wenig am Platze war wie vielleicht an keinem anderen Punkte der Erde, und ganz gewiß dem jüdischen Volke weniger als irgendeinem anderen anstand, und ließ sich daher im wesentlichen vom internationalen statt vom intranationalen Gesichtspunkt bestimmen. Sie konfrontierte die eigene Tendenz mit der internationalen Lage und ihrer wechselnden Problematik, nicht aber mit der geographischen Realität, in der diese Tendenz verwirklicht werden sollte. Sie isolierte Palästina vor einem Hintergrund internationaler Verwicklungen und Entwirrungsversuche, statt es in den organischen Zusammenhang eines aufstrebenden Vorderasiens unter großen geistig-strukturellen und gesellschaftsformenden

Perspektiven einzufügen. Wer auf dieses als auf einen maßgebenden politischen Faktor der Zukunft hinwies, stieß bei der zionistischen Öffentlichkeit und ihrer Führung auf eine Wirklichkeitsblindheit, die sich verhängnisvoll auswirken mußte. Daß das Selbstbewußtsein und der Selbstbestimmungsdrang bei der arabischen Bevölkerung Palästinas die militante Form angenommen haben, die sie angenommen haben, ist zu einem erheblichen Teil auf den Einfluß dieser Wirklichkeitsblindheit und ihrer praktischen Konsequenzen zurückzuführen.

Auch ein Volk, das einen Weltmachtsrückhalt besitzt, könnte in dieser Epoche, in der die Kolonialpolitik, in die Defensive gedrängt, Position um Position aufgeben muß, es nur dann wagen, in einem Land mit aufstrebender Bevölkerung zu siedeln, wenn es in allem Ernst auf die Schaffung einer realen Interessengemeinschaft mit dieser ausginge, das heißt, bereit wäre, unter Bringung der unvermeidlichen Opfer die Erschließung des Landes als gemeinsame Sache zu betreiben, den Partner zur aktiven Teilnahme daran zu befähigen und am Genuß der erzielten Vorteile zu beteiligen.

Wie erst ein Volk, das keinerlei Weltmachtrückhalt sein eigen nennen kann und sich wohl hüten muß, die jeweiligen Interessenkonstellationen dieser oder jener Weltmacht damit zu verwechseln. Hier hätte am Anfang des Siedlungsunternehmens – jedenfalls des modernen, unter weltpolitischen Auspizien begonnenen – ein klares ausgebautes Programm des *do ut des* stehen müssen, ein Programm, in dem die kollektive Einbeziehung der wirtschaftlich rückständigen arabischen Bevölkerung in die eigene starke Wirtschaftsaktion geboten und dafür die für unsere Rettung der jüdischen Volksindividualität als solcher unerläßlichen Ansprüche – Einwanderung, Bodenerwerb, Selbstbestimmung – gesichert werden sollten. Was geschah, mußte, mochte es, wie z. B. das Prinzip der „jüdischen Arbeit",[14] noch so sehr von wirklichen Bedürfnissen eingegeben sein, sich fast wie das Gegenteil eines solchen Programms auswirken. Unter solchen Umständen hatten jene im arabischen Lager, denen daran liegen mußte, der erwachenden nationalen Bewegung einen negativen, abwehrenden, statt eines ihre Interessen nicht bedrohenden, positiv-sozialen Inhalts zu geben, gewonnenes Spiel.

14 Das bedeutet, daß alle Lohnarbeiter, sowohl in der Industrie wie in der Landwirtschaft, ausschließlich Juden sein mußten. Erstens weil nur so die jüdische Einwanderung in Palästina in die Wirtschaft des Landes aufgenommen werden konnte, zweitens weil arabische Arbeiter, da sie meistens nicht in Gewerkschaften organisiert waren, billiger waren und das sozialistisch-zionistische Prinzip nur organisierte Arbeit zuließ. (Anmerkung von Buber)

In dieser Fehlentwicklung der arabischen Bewegung macht sich, wie in der unserer eigenen, ein zweites Charakteristikum unserer Zeit in erschreckender Weise geltend: die Hypertrophie der politischen Belange im Verhältnis zu den wirtschaftlichen und kulturellen. In Wahrheit sollte in der modernen Welt, die von den maßlos gewachsenen Lebensproblemen aus auf eine Aktualisierung der Realitäten den Phraseologien gegenüber zugedrängt wird, das Politische nur eine Fassade sein, die die Wirklichkeit des Baues, die Wirklichkeiten der Wirtschaft und der Kultur, nur repräsentieren, nicht beeinträchtigen darf. Statt dessen maßt es sich an, das allein entscheidende, allein entscheidend tätige Prinzip zu sein. Das bedeutet praktisch, daß bei realen, d. h: im wesentlichen in der wirtschaftlichen Sphäre begründeten Interessenkonflikten zwischen zwei Völkern, der Kampf nicht von dem tatsächlichen Maß der Interessengegensätze, sondern von einem überspannten, übertriebenen, eben politisierten Aspekt aus geführt wird. Dieses durch die politischen Fiktionen erzeugte Plus ist in der öffentlichen Arena mächtiger geworden als die wirtschaftlichen Realitäten selber, die ja gerade im Konfliktsfall keine andere aktive Vertretung haben als eine politische oder politisierte und daher für deren Übergriffe aufzukommen haben.

Es ist ein fataler Zirkel: die politischen Fiktionen treiben die Krise, die in den realen Konflikten nur latent und daher unschwer zu überwinden ist, durch die Wirkung des Plus mehr und mehr empor, und die wachsende Krise steigert die Macht der Berufspolitiker. Man hört oft sagen, die Wirtschaftsführer hätten die Macht; aber das kann nur für das normale Leben gelten, und dieses ist ganz zugedeckt im allgemeinen vom kollektiven Fiktionsrausch, ohne den die meisten Menschen in der unheimlich kompliziert gewordenen Welt nicht mehr zu leben verstehen, und dazwischen von den Katastrophen, in denen die Fiktionen furchtbare Wirklichkeit werden, weil man ihnen freies Spiel gelassen hat. Über die Berauschten herrschen die Berufspolitiker fast unbehindert; in den Katastrophen müssen sie freilich ein gut Teil ihrer Macht an Militärs oder Legionen führende Bandenführer abgeben, sofern sie nicht beide Ämter in ihrer Hand zu vereinigen vermögen, etwa indem sie das eine offiziell, das andere nur faktisch innehaben. Für all dies ist die Geschichte der „jüdisch-arabischen Frage" ein Schulbeispiel geworden.

Wie soll man die Kassandra unserer Zeit nennen? Es kommt aufs gleiche hinaus, ob man den stolzen Namen „Männer des Geistes" oder den halbverächtlichen „gewisse Intellektuelle" vorzieht. Ich meine die Menschen und die Menschenkreise, die, von der Machtbesessenheit der „Führer" und dem Fiktionsrausch der „Geführten" frei, die Katastrophe kommen sehen. Sie warnen nicht bloß, sie versuchen auch einen Weg zu zeigen, auf dem sie vermieden, immer noch vermieden werden kann. Der Weg ist nicht unwandelbar vorgezeichnet; wenn das Verderben weiter vorgeschritten ist, muß man den Wegplan ändern, ihn den noch übrig gebliebenen Möglichkeiten anpassen. Es sind die Menschen, die das Ziel nicht demonstrieren, sondern erreichen wollen; so müssen sie die wechselnde, die durch das Suggestionsspiel der Fiktionen und seine Auswirkung heftig wechselnde Wirklichkeit immer wieder erforschen, um eben von ihr aus doch noch zum Ziel gelangen zu können. Weil sie auf die tatsächliche Erreichung des Zieles erpicht sind, weil sie sich weigern, aussichtslose heroische Gebärden als Ersatz für den wirklichen Sieg der nationalen Rettungsaktion über die ungeheuren Hindernisse zu akzeptieren, werden sie als Defaitisten denunziert. Weil sie der Idee treu bleiben und nicht dulden wollen, daß der Asmodaeus eines politischen Wahngebildes sich auf ihren Thron setze, gelten sie als Quislinge. Und weil sie Tag um Tag und Nacht um Nacht alle Kräfte ihrer Seele aufbieten, um der Verzweiflung nicht zu verfallen und erneut die Vernunft anrufen, heißt es von ihnen, die Not ihres Volkes rühre nicht an die Tiefe ihrer Herzen.

Ich habe die Gesinnung und das Los des Menschenkreises geschildert, die aus dem „Ichud" und „Beajot" hervorgegangen sind.

Handelt diese Kassandra? Auch sie redet ja nur. Sie „handelt" nicht, weil sie keine Vollmacht hat und an diesem Punkte ein Handeln ohne Vollmacht wahnwitzig wäre. Aber ihre Rede ist eine Tat, weil sie einen Weg zeigt. Die Geschichte unseres und des kommenden Geschlechts wird uns bestätigen, daß diese Rede eine Tat und dieser Weg der einzige war, der zum Ziel der Regeneration des jüdischen Volkes in Palästina führen konnte.

Wir pflegen unser Programm als das eines binationalen Staates zu bezeichnen. Damit soll gesagt sein, daß ein Gemeinwesen angestrebt wird, das auf der Realität des Zusammenlebens zweier Völker errichtet ist und dessen konstruktive Grundlagen daher andere sein müssen, als die gewohnten und verbrauchten von Majorität und Minorität. Wir meinen aber damit nicht einen beliebigen binationalen Staat, sondern eben diesen besonderen, unter diesen besonderen Voraussetzungen entstandenen, einen also, in dessen konstruktive Grundlage die unerläßlichen Postulate der Rettungsaktion des jüdischen Volkes als Magna Charta Reservationum einzubauen sind. Wir meinen, daß dies uns not tut, und nicht ein „Judenstaat", weil ein winziger

Nationalstaat mitten in einer großen feindlichen Umwelt den organisierten nationalen Selbstmord bedeuten würde und eine lose internationale Basis die fehlende intranationale unter keinen Umständen ersetzen könnte. Aber dieses unser Programm ist nur die Anpassung des Weges zu einer bestimmten, geschichtlichen Situation, nicht aber notwendigerweise der Weg selbst. Der Weg ist ein (natürlich auch auf die produktive Teilnahme der kleineren nationalen Gruppen bedachtes) Zweivölker-Einvernehmen, das unseres Erachtens zu einer jüdisch-arabischen – jüdischerseits in einer starken palästinensischen Siedlung zentrierten – Zusammenarbeit an der Entwicklung eines aufstrebenden Vorderasien führen wird, einer Zusammenarbeit, die zwar auf den Tatsachen des Wirtschaftslebens basiert sein muß, aber unter der großen Perspektive einer geistig umfassenden und gesellschaftsbildenden Verbundenheit sich wird entfalten dürfen.

Die Prinzipien, die für ein solches Einvernehmen maßgebend sein müssen, sind die zwei, auf die ich als maßgebend für die nächste Zukunft hingewiesen habe: Der Primat der Wirtschaft vor der Politik, und der Primat des Intranationalen vor dem Internationalen.

Die Entgiftung des Verhältnisses zwischen Juden und Arabern in Palästina ist heute sehr viel schwerer als sie (nachweisbar) noch vor einigen Jahren gewesen ist. Das ist vor allem eine Folge des völlig fiktiven, keine Möglichkeit eines politischen Erfolgs in sich tragenden Biltmore-Programms, das den Boden eines realistischen Zionismus der Arbeit und des Aufbaus zugunsten einer Haltung preisgab, die schon vor 35 Jahren mit einem drastischen, aber treffenden Ausdruck[15] als Problemationismus bezeichnet worden ist. Dieses Programm hat die Araber nicht nur zutiefst gegen die offizielle zionistische Politik aufgereizt, als gegen die nunmehr eingestandene Bemühung einer Minderheit, das Land durch internationale Machinationen zu „erobern", es hat auch die Bestrebungen zur Herbeiführung eines jüdisch-arabischen Einvernehmens dem Verdacht ausgesetzt, daß da die Absichten verschwiegen werden, die man sonst offiziell eingestand.

Dennoch ist auch heute noch eine solche Entgiftung, die eine unerläßliche Voraussetzung für die Anbahnung eines Einvernehmens ist, nicht aussichtslos. Sie kann aber nur auf dem Boden des Primats der Wirtschaft versucht werden. Es kommt darauf an, daß Bedingungen geschaffen werden, unter denen die beiderseits von den politischen Parolen übertäubte Interes-

15 Von meinem verstorbenen Freund und Schüler Oskar Epstein (1888-1940).

sengemeinschaft sich als realer, als vitaler, als mächtiger erweisen kann denn die bisher von den Berufspolitikern so erfolgreich verkündete Interessenverschiedenheit. Das ist was J. L. Magnes in seiner Aussage vor der angloamerikanischen Untersuchungskommission genannt hat: ein Einvernehmen, „nicht durch Diskussion, sondern durch das Leben "selbst" (through life and not through discussion) zu erzielen. Man soll den Realitäten des Lebens die Chance geben, die Kruste der politischen Fiktionen zu durchbrechen. Magnes ging mit Recht so weit auf diesem Wege sogar ein „Einverständnis der politischen Führer" (agreement among the political leaders) selbst zu erhoffen: das Leben wird, wenn man ihm seine Chance gibt, sich stark genug erweisen, um sogar den Politikern eine neue Linie des Handelns vorzuschreiben. Nicht die Politik als solche ist vom Übel, sondern ihre Hypertrophie.

Ebenso maßgebend für das erstrebte Einvernehmen muß der Primat des Intranationalen sein. Die herrschende zionistische Politik ist bisher von dem Axiom ausgegangen, ein internationales Abkommen müßte dem intranationalen, dem mit den Arabern, vorausgehen, vielmehr: es bereits determinieren. Die umgekehrte Reihenfolge ist die Gebotene: es geht darum, ein intranationales Einvernehmen herbeizuführen, das sodann internationale Sanktion erlangen soll. Diese Reihenfolge wird sich aber auch den Arabern als die gebotene erweisen, so wenig dies auch heute ihre politischen Führer wahrhaben wollen; denn der von ihnen angestrebte palästinensische Staat wird in der gegenwärtigen weltpolitischen Konstellation nicht anders entstehen können; als von einer gemeinsamen Forderung der Juden und Araber, somit von einem vollzogenen jüdisch-arabischen Abkommen aus.

Die Verteilung der Funktionen zwischen dem intranationalen und dem internationalen Prinzip in der weltpolitischen Realität wird sich notwendigerweise immer mehr in der Richtung entwickeln, daß dem ersten die konstruierende, dem zweiten die sanktionierende Funktion zufällt; mit andern Worten: es werden notwendigerweise durch Vereinbarungen zwischen Völkern übervölkische Gebilde entstehen, äußerlich gebunden durch gemeinsame Wirtschaftsinteressen, innerlich durch gemeinsame geistige Strukturtendenzen und gemeinsame Grundprinzipien neuer Gesellschaftsbildung. In diesen Gebilden werden gemeinsame Wirtschaft, gesonderte Kultur und teils gemeinsame, teils gesonderte Politik nebeneinander, über alledem aber große gemeinschaftliche schöpferische Zielsetzungen walten; und diese Gebilde werden in einen größeren, überstaatlichen, überterritorialen, dem heutigen „internationalen" Prinzip entsprechenden, aber lebensfähigeren und aktionsfähigeren Zusammenhang eingeführt werden.

In Vorderasien wird kein solches umfassendes Gebiet ohne echtes Einvernehmen zwischen Juden und Arabern und seine internationale Sanktionierung entstehen. Aber ebenso können die vitalen jüdischen Postulate nur durch ein solches Einvernehmen realisiert werden. Nur wenn sie der Welt den Frieden Vorderasiens bieten, soweit er von ihnen abhängt, wird sie ihnen jene gewähren. Denn was immer man sagen mag: nicht bloß die oder jene Großmacht, sondern die Völkerwelt braucht den Frieden Vorderasiens.

Seit wir unseren Kampf gegen den politischen Fiktivismus begonnen haben, ist seine Macht im Jischuw dem Anschein nach immer mehr gewachsen. Erst stellte man ein Programm auf, das mit politischen Mitteln nicht zu erreichen war; als dies offenkundig wurde, wandte sich ein verzweifelnder und waghalsiger Teil der Jugend dem Mittel der Gewalt zu – mit dem noch weniger zu erreichen ist. Die ganze Geschichte der nationalen Bewegungen, in der naturgemäß aufständische Gewaltmaßnahmen keine geringe Rolle spielen, mußte herhalten, um eine Lehre zu liefern, die keine war; denn man kann naturgemäß für eine gegebene Situation erst dann von der Geschichte lernen, wenn man zuvor die Situation in allem Spezifischen erkannt hat. Macht- und Interessenverhältnisse, das ganze System der an diesem Punkte wirksamen Dynamik, der zwischen den Staaten, aber auch innerhalb der einzelnen zuständigen Staaten; eben diese Voraussetzung aber ist unerfüllt geblieben – sie hätte, erfüllt, die Absurdität einer Gewaltpolitik in unserer Situation bloßgelegt. Man darf freilich nie außer acht lassen, daß hier echte Verzweiflung waltete, erregt durch Vernichtungsvorgänge, wie sie nie zuvor einem Volke widerfahren waren, und durch die Stumpfheit der Völkerwelt ihnen gegenüber; und Verzweiflung pflegt nicht zur Situationserkenntnis, sondern zum Fiktionsrausch ihre Zuflucht zu nehmen. Gewiß haben Berufspolitiker, wie kämpfende Berufspolitiker es überall tun, all dies, Volksnot, Rettungsverlangen, Verzweiflung, in ihre Rechnung eingestellt; aber nicht die Rechnung ist das Wichtige, sondern die Wirklichkeit, und die Berufspolitiker der zuständigen Weltmächte haben auf die Rechnung statt auf die Wirklichkeit geschaut und von da aus gehandelt, wodurch die Verzweiflung naturgemäß immer noch gesteigert wurde, zumal nach solchen Vernichtungsvorgängen die arme Menschenseele getrieben ist, überall lauernde Vernichter zu sehen.

Dennoch mehrt sich im Jischuw die Einsicht, daß etwas in der herrschenden zionistischen Politik nicht in Ordnung ist, ja, daß Möglichkeiten zerschlagen worden sind, die kaum wiederherzustellen sind. Die Zahl der sich Besinnenden, die Zahl der Besonnenen, mehrt sich. Unsere mühselige Arbeit ist doch nicht ohne Einfluß geblieben. Worauf es jetzt ankommt ist, darauf hinzuwirken, daß die Besinnung entschlossen-konstruktiv und nicht hoffnungslos und zersetzend werde. Deshalb muß jetzt nachdrücklicher als je gezeigt werden, daß es auch heute noch eine Lösung gibt. Sie ist schwerer zu erlangen als vordem, sie ist weniger befriedigend als vordem, aber es gibt sie noch, die Lösung, die uns wieder auf unseren Weg, den der Arbeit und des Aufbaus, führt. Die Aufgabe, diese Lösung unter den so erschwerten Umständen zu zeigen und anzustreben, ist nur durch eine höchst intensivierte Arbeit zu erfüllen. Dazu suchen wir Bundesgenossen in aller Welt und rufen sie auf.

## LASSEN WIR ES NICHT ZU, DASS UNS DIE STRASSE BEHERRSCHT! (1948)

In Blitzesschnelle verbreitet sich Brutalität im Konflikt, der im Lande besteht, und macht keinen Halt vor alten Leuten, Frauen und Kindern. Nur vor einigen Wochen war es der Stadtverwaltung Tel Avivs noch möglich zu verkünden, daß ein ruhiger und friedliebender Araber sich nicht fürchten muß, durch die Straßen der Stadt zu gehen. Heute lauert Todesgefahr dem Juden, der es wagt, ins arabische Viertel zu gehen, und so auch dem Araber, der jüdisches Gebiet betritt. Zwar geschieht es immer wieder, daß unter Lebensgefahr Juden durch Araber und Araber durch Juden gerettet werden.

[...]

Vor kurzer Zeit wurde in der Siedlung Katamon ein jüdischer Arzt, der mit seinem Auto einer jüdischen Familie beim Möbeltransport behilflich war, von Arabern ermordet. Vor einigen Tagen wurden in dem Stadtviertel Meah Shearim zwei Araber von einer jüdischen Menge ermordet, als sie dort mit einem Lastwagen vorbeifuhren, der ihren Hausrat und Möbel von Liftah in ein ruhigeres arabisches Viertel bringen sollte.

Bis heute haben wir noch gar keine Reaktionen von Seiten jüdischer oder arabischer Institutionen gehört, die solch niederträchtige Taten verurteilen.

Es verbreitet sich bei uns eine Psychose des Krieges, eine Psychose der Angst, die jeden fremd aussehen läßt -Verbrecher und Mörder, Angreifer und Feind. Diesem seelischen Zustand entsprechend, handelt die Menge und tötet und mordet alle fremden Vorübergehenden. Wir fordern die Bevölkerung Jerusalems, doch vor allem unsere jüdischen Brüder auf, unsere Namen und unsere Ehre nicht zu entweihen. Aber wenn auch wir den Weg des aufgehetzten Pöbels einschlagen, werden wir keinen Erfolg haben, sondern nur eine Verschlechterung der Situation, sowie Verstärkung des Hasses und zusätzliche Handlungen ohne Rücksicht und Erbarmen herbeiführen. Wir fordern die öffentliche Meinung und die jüdischen Institutionen auf, alle Mittel zu ergreifen, um Überfälle und Schädigungen zu vermeiden. Wir fordern strenge Befehle für die Leute der „Volkswache", welche Ihnen bei Ihrer schweren Arbeit helfen werden und Ihnen immer die Möglichkeit geben werden, für Ordnung und Sicherheit in der jüdischen Straße zu sorgen. Wir fordern klare und strenge Anweisungen für die Bevölkerung, welche alle Überfälle und Einbrüche in den Straßen der Stadt verbieten und bestrafen. Jeder Überfall kann nur vor das Hauptquartier der „Volkswache" gebracht werden, wo er mit Verantwortung und Klarheit behandelt wird.

Es sollen doch die letzten traurigen Ereignisse eine Warnung für uns sein, lassen wir es nicht zu, daß die Straße uns beherrscht! Laßt uns nicht die moralischen Grundlagen unseres Lebens und unserer Zukunft eigenhändig zerstören!

## EIN GRUNDLEGENDER IRRTUM, DEN MAN BERICHTIGEN SOLLTE (1948)

„Wenn doch die Juden zwanzig Jahre in aller Stille gearbeitet hätten!" (Aus dem Munde eines hohen Offiziers im Jahre 1938!)

Der grundlegende Irrtum unserer politischen Führung war zu meinen, daß es das Anliegen des Zionismus sei, eine schnelle Entscheidung über den politischen Status der Ansiedlung herbeizuführen. Sicher hat uns die analoge Denkweise dazu verführt. Wir hatten die Situation nach dem ersten Weltkrieg mit Erfolg genützt; daraus hat man gefolgert, daß es möglich sei, auch die Situation nach dem zweiten Weltkrieg auszunützen, weil man nicht den Hauptunterschied zwischen den beiden berücksichtigte; ein sich ausbreitendes Britannien brauchte uns, um eine Begründung für das Mandat zu haben; demgegenüber ist es eben das Anliegen eines Britanniens, das nur noch seine Wirtschaftsbasis zu retten versucht, die langen Verkehrslinien abzusichern, und es ist nicht in unserer Hand, ihm diese Sicherung zu verschaffen. Von dieser Blindheit der Situation gegenüber rührte wahrscheinlich auch die fieberhafte Eile, mit der man von unserer Seite sich bemühte, die Ausrufung eines jüdischen Staates zu erreichen, als wäre dies die letzte Stunde, in der man das zionistische Programm ausführen könnte. Diese krankhafte Voreiligkeit hat uns in die Krise gedrängt, in welcher wir uns heute befinden.

In Wirklichkeit ist es für uns die Hauptsache, Zeit zur Entwicklung der Ansiedlung zu erhoffen. Wie uns allen bekannt ist, haben wir auf dem Gebiet der Einwanderung nur einen Bruchteil dessen ausgeführt, was uns auferlegt war, in all den Jahren, in denen wir die Handlungsfreiheit in reichlichem Maße in den Händen hielten. Als wir diese Handlungsfreiheit verloren hatten, begannen wir uns selbst zu täuschen, als müßten wir, um sie zurückzugewinnen, uns beeilen, eine Festsetzung des politischen Status der Ansiedlung herbeizuführen – und dies in der Form eines jüdischen Staates, um uns der vollkommenen Freiheit zu versichern. Damit haben wir an die Stelle ruhiger, zielbewußter organischer Arbeit das kurzatmige politische Kartenspiel und alles auf eine Karte gesetzt.

Um die Freiheit zur Entwicklung der Ansiedlung zu erringen, ist ein jüdischer Staat nicht notwendig. Dazu ist nur die Bewilligung jenes Maßes von Einwanderung notwendig, die in unserer wirtschaftlichen Existenz zu integrieren jeweils wirklich in unserer Macht steht; jenes Maß von Ansiedlung, die zu bewältigen unsere Kräfte genügen; jenes Maß von Selbständigkeit, das erforderlich ist, um beides zu errichten und zu leiten. Hätten wir dies gefordert, hätten wir es ganz sicher erhalten ohne unsere Zukunft zu gefährden – was wir mit jener „Errungenschaft“ getan haben, die wir vor vier Monaten erreicht haben, (d. h.: Die Abstimmung der UNO am 29. 11. 1947 für die Teilung Palästinas.)

Doch um dies zu erreichen, war ein entscheidender Faktor nötig: Vertrauen der Araber darauf, daß es nicht unser Ziel im Lande sei, über sie zu herrschen. Dieses Vertrauen haben wir eigenhändig durch das Biltmore-Programm zerstört, das man draußen notwendigerweise so auslegen mußte. Als wir danach für die Teilung waren, wurde das nicht als Verzicht auf dieses Programm als Endziel verstanden, und wir haben nicht gehörig dafür gesorgt, daß dies anders verstanden werde.

Es ist viel leichter Vertrauen zu verlieren als einen Verdacht zu entkräften. Trotz allem ist auch dies möglich, sogar in dieser so furchtbar späten Stunde.

Doch nicht auf dem Weg des Taktierens, sondern nur auf dem Wege innerer Entschlüsse. Eine Änderung der Tendenz ist notwendig. Nicht allein in unseren Erklärungen, sondern auch, in unseren Herzen haben wir jegliche Absicht auf eine Majorisation zu irgendeiner Zeit zu entfernen. Ohne diese Änderung können wir keinen Umschwung bewirken.

Wir müssen klar aussagen, was wir nötig haben und was nicht. Wir haben Zeit und Freiheit für unser Aufbauwerk nötig, und nicht um einen Vorteil zu genießen. Wir haben Einwanderung, Ansiedlung und gesellschaftliche Selbständigkeit nötig, nicht um stärker als andere zu werden, sondern damit wir unser Leben gestalten können. Dazu bedarf es keines jüdischen Staates, dazu bedarf es nur eines auf Vertrauen beruhenden Vertrages. Vertrauen ist nur unter wirklicher Zieländerung zu erringen und dadurch, daß man dies offen und glaubwürdig bekannt gibt.

## SCHLUSS MIT LEEREN WORTEN!
(1948)

Es ist bezeichnend für den totalen Krieg, daß jede kämpfende Seite innerlich davon überzeugt ist, daß sie einen Verteidigungskrieg führe. Seitdem die Volksmassen an den Kriegshandlungen teilnehmen, ist es unmöglich, die Bereitschaft des Volkes zu erhalten, an Front und in der Heimat kämpfend, auszuharren, wenn es nicht von der Gewißheit durchdrungen ist, es selbst sei der Angegriffene, der um sein Leben ringt. Es ist offensichtlich, daß diese Gewißheit leicht entsteht und ebenso leicht gefestigt werden kann: gibt es doch keinen wirklichen Streit zwischen zwei Nachbarn ohne das starke Gefühl im Innern eines jeden, daß ihm Unrecht geschah; um so mehr auf dem Gebiete der kollektiven Psychologie, d. h. innerhalb der Grenzen der atmosphärischen Suggestion. Nicht Gründe und Beweise, Niederlagen (strategischer oder politischer Natur) allein sind in der Lage, diese lebenswichtige Gewißheit zu erschüttern.

Tag für Tag lesen wir in unseren Zeitungen, wir befänden uns in einem Verteidigungskrieg, weil wir doch angegriffen seien.

Die Tatsachen sind ziemlich einfach. Vor zweitausend Jahren bewohnte dieses Land ein Volk, das große Dinge bewirkt hatte und welches danach, auf dem ganzen Weltkreis verstreut, die innere Verbindung mit ihm bewahrte. Zu unserer Zeit bewohnte dieses Land ein anderes Volk, das hier nichts besonderes geschaffen hatte, sondern hier eben nur einfach lebte, seine Äcker bestellte, als gäbe es keine moderne Technik, alte Gebräuche übte, als sei keine moderne Zivilisation vorhanden, und seine Massen sprachen ihre volkstümliche Sprache, als existiere keine Literatursprache. Gegen Ende des vorigen Jahrhunderts begannen kleine, später immer größer werdende Gruppen des ersten Volkes in das Land einzudringen mit der Absicht, dort eine Grundlage für seine Sammlung aufzubauen. Im gleichen Maße, wie sich zu dieser Aktion politische Forderungen gesellten, sah man bei dem anderen Volk Zeichen des Unwillens, der Gegnerschaft und des Hasses. Im Anfang akzeptierte dieses Volk das Eindringen mit Duldung, zum Teil sogar mit gutem Willen aus dem instinktiven Gefühl für das gemeinsame Interesse an der Entwicklung des Landes, obwohl von Zeit zu Zeit die Befürchtung aufkam, es könnte ihm ein seiner Lebensweise fremder Rhythmus aufgezwungen werden. Jetzt aber entsteht eine viel realere Befürchtung, man wolle ihm die Lebensgrundlagen entziehen, und wenn nicht ihm selbst, so doch den Nachkommen. Als nun das erste Volk von Worten zu Taten schritt und die internationalen Instanzen dazu bewegte, ihm politische Rechte über den besseren Teil des Landes zu gewähren, brach ein offener Konflikt aus.

Sicher, dieser Ausbruch wurde dadurch ermöglicht, daß die Regierungen wie üblich den Geisteszustand des Volkes ausnutzten; sonst hätten sie nichts in die Tat umsetzen können. Und jetzt „sind wir angegriffen worden“. Wer hat uns denn angegriffen? Doch diejenigen, welche sich im Grunde von uns angegriffen fühlten, d. h. durch unsere friedlichen Eroberungen. Sie klagen uns an: „Ihr seid Räuber ...“. Und was antworten wir? „Dies ist unser Land, in welchem wir vor zweitausend Jahren große Dinge geschaffen haben“. Sollten wir wirklich erwarten, daß sie dies unverzüglich anerkennen würden? Täten auch wir dieses an ihrer Stelle ?

Genug davon! Machen wir doch endlich Schluß mit leeren Worten! Die Wahrheit ist, daß wir den Angriff „friedlich“ begonnen hatten, als wir in das Land eindrangen. Wir taten dies, weil wir dazu gezwungen waren, für unser Volk ein selbständiges, produktives, ihm angemessenes Leben zu erreichen. Da dies auf die Dauer nur in Übereinkunft mit dem zweiten Volk gelingen kann, hängt alles davon ab, ob wir das zweite Volk – mit Taten natürlich und nicht nur mit leeren Worten – davon überzeugen können, daß unser Angriff schließlich kein Angriff sei, d. h., daß auf diese Weise das Gefühl für eine, Interessengemeinschaft entstünde. Welcher Art sollten die

Taten sein, die diesen Weg vorbereiteten? Dies wäre in positiver Hinsicht die Entwicklung *wirklicher* Interessengemeinschaft durch die Eingliederung des zweiten Volkes in unsere Wirtschaftstätigkeit hier im Lande. In negativer Hinsicht sollten wir alle Deklarationen und einseitigen politischen Aktionen vermeiden. Dies bedeutete, alle politischen Entscheidungen aufzuschieben, bis diese Interessengemeinschaft ihren genügenden Ausdruck findet.

Jeder, der weiß, was Verantwortung ist, sollte aufgrund dieser Tatsachen unser Tun und Lassen gewissenhaft überprüfen.

## GIDEON FREUDENBERG: „KRIEG UND FRIEDEN"
**Ein offener Brief an Martin Buber**
(1948)

### I.

In diesen Tagen voller Blutvergießen habe ich Ihren Aufsatz „Schluß mit leeren Worten!" *(Beajot baSman,* 1.10.48) gelesen und erschauderte.

Sie behaupten in diesem Aufsatz, daß „wir Tag für Tag in unseren Zeitungen lesen, dies wäre ein Verteidigungskrieg, seien wir doch angegriffen worden." Doch „die Wahrheit ist", – es fällt mir schwer, Ihre Worte auch nur zu wiederholen – „daß wir mit dem Angriff begonnen haben", wenn auch „auf friedlichem Wege", und wir hätten „das andere Volk lehren müssen, daß unser Angriff schließlich und endlich kein Angriff sei".

Glauben Sie denn wirklich, daß die Worte „Verteidigungskrieg" und „wir sind angegriffen worden" nur deshalb im Munde des Volkes sind, weil wir sie „Tag für Tag in unseren Zeitungen lesen"? Sollte' es notwendig sein vor Ihnen nachdrücklich hervorzuheben, daß diese Worte ein naiver und natürlicher Ausdruck dessen sind, was das Volk im Innersten bewegt? Sicherlich ist dies kein Beweis dafür, daß dieses Gefühl *berechtigt* ist,, und es ist Ihnen in jeder Hinsicht gestattet, sich Gedanken zu machen und zu erklären, daß dieses Gefühl grundlos sei und nur auf Grund von im politischen Ehrgeiz, Machtgelüsten usw. wurzelnden Wortverdrehungen entständen sei.

Es scheint mir jedoch merkwürdig, daß M. Buber in einer so schwerwiegenden Angelegenheit ein Argumentum ad homi-nem benutzt, wenn er den Anschauungsgegensatz zwischen „wir sind angegriffen worden" und „wir begannen den Angriff" ,'quasi als einen Gegensatz zwischen „leeren

Worten" und „einfachen Tatsachen" darstellt. , Weiß denn der Politiker Buber nicht, was der Denker Buber sehr wohl weiß, daß es in dieser Welt keine „einfachen Tatsachen" gibt – auch nicht in den exakten Wissenschaften –, da alles auf verschiedene Weise *ausgelegt* werden kann; der Mensch muß nur, soweit es ihm möglich ist, zeigen, daß *seine Auslegung* die richtige ist.

II.

Der Gegensatz in der Einschätzung des gegenwärtigen Krieges ist kein Gegensatz zwischen „leeren Worten" und „einfachen Tatsachen", sondern ein Gegensatz zwischen zwei Auslegungen; auf beiden Seiten sucht jeder vergeblich einen sozusagen mathematischen Beweis für seinen Standpunkt. Dieser Gegensatz trennt Sie heute von uns, nicht nur von den „Aktivisten" aller.Parteien, sondern von *Tausenden Juden,* die nicht weniger als Sie bedauern, daß es mit uns soweit gekommen ist und die genauso wie Sie der Meinung sind, daß in unserem Verhältnis zum arabischen Volke schlimme Fehler begangen worden sind und weiter begangen werden. Es sind Tausende, die Ihren Kampf gegen den Terror, für die Reinheit unseres Aufbauwerkes und unseres öffentlichen Lebens unterstützt haben und weiter unterstützen. Diese haben die scharfe Kritik verstanden, die Sie als Humanist geübt haben, der fast einsam und isoliert seinen Stand gegen die Strömung behauptet – doch gewissen politischen Plänen, welche von den Leuten des „Ichud" nach dem Plane des verstorbenen Dr. Magnes gemacht wurden, versagten sie ihre Zustimmung. Die Begründung ist Ihnen bekannt: Sie, und mit ihnen auch ich, sahen keine Möglichkeit, den Arabern, freiwillig das Recht einzuräumen, die Einwanderung einzuschränken oder aufhören zu lassen, wie dies aus dem Magnesplan hervorging, und wenn auch nur in der Zukunft, nachdem wir zur zahlenmäßigen Parität zwischen Juden und Arabern hier im Lande gelangt wären.

Wie viele andere bin auch ich ein Flüchtling der Hitlerverfolgungen; aus inneren wie aus Gewissensgründen konnte ich damit nicht einverstanden sein, daß, nachdem es mir gelungen ist. einzuwandern, die Tore des Landes wieder geschlossen würden. Ich kann den Frieden, d. h. den Frieden für mich und meine Nachkommen, nicht auf Kosten meines Bruders erkaufen, der noch draußen steht. Selbst wenn wir von jetzt,an Ihren Forderungen gemäß uns den Arabern gegenüber sehr vorsichtig verhielten, können wir keineswegs sicher sein, daß sie in der Zukunft mit der Fortsetzung der Einwanderung und der Flüchtlingsaufnahme einverstanden wären, wenn in der Diaspora ein neuer Bedrücker aufstünde, dessen Unterdrückungsmaßnahmen so hart.wie die Hamans[16], wären. Sogar die Einsicht in den praktischen Nutzen des Magnesplanes, der die sofortige Einwanderung von einigen hunderttausend Juden sogar ohne Krieg ermöglichte, wenn beide Seiten ihn annähmen, wäre nicht imstande, die innere Ablehnung niederzuringen.

Um wieviel mehr, was den Krieg betrifft. Sind Sie sich dessen so sicher, daß er sich „einzig und allein" auf der Basis des Magnesplanes, auf der Basis der Beschränkung der zukünftigen Einwanderung, hätte vermeiden lassen? Ist denn die Vermutung, daß trotz aller Fehler von *unserer Seite* heute kein Krieg wäre, wenn die Großmächte und hauptsächlich England ihn zu verhindern willens gewesen wären und wirklich den Frieden zwischen beiden Völkern angestrebt hätten, in Ihren Augen so unsinnig und unbegründet? Richtig, Sie haben „hunderte von Malen vor dem Weg des offiziellen Zionismus gewarnt, der unabwendbar zum Krieg führe" (so mein Freund N. Chofschi in *Beajot haSman,* 29. 10. 48), doch der Krieg brach aus! Sollte das heißen, „daß Sie recht hätten, weil das *Ergebnis* Ihnen recht gibt"? (nach Lessing).

Ich meine, daß der Grund für die Ablehnung des Magnes-planes von Seiten der großen Mehrheit der Einwohnerschaft bewußt oder unbewußt in jenem inneren Widerstand liegt und nicht auf Ehrgeiz, Nationalismus oder auf politischer wie parteipolitischer Berechnung beruht. Wenn auch derartige unberechtigte Beweggründe im Innern des Volkes mitgewirkt haben und auch noch weiter wirken, – glaube ich doch nicht, daß dies die Beweggründe sind, die die Kraft hatten, die Opferbereitschaft und den Heldenmut hervorzubringen, die unsere Jugend in eben diesen Tagen zeigt. „Auch dies, auch dieser Schutz des Werdenden, des Auferstehenden gegen die Horden der Gewalt ist Krieg, wenn ihr es so nennen wollt; aber ein anderer, einer von urwesenhaft anderer Art. Lauschet in die hohe Stille über den galiläischen und judäischen Gräbern: so werdet ihr den Hall der Schofaroth anheben hören, vor denen Jericho fiel." Dies hat ein großer jüdischer Erzieher vor dreißig Jahren von den Opfern gesagt, die in den ersten Zusammenstößen zwischen unseren Verteidigungskräften (die Leute des *„Schomer")* und den Arabern fielen. Diesen Worten bin ich treu geblieben, obwohl Sie, M.

16 Haman ist ein Name, der stellvertretend genannt wird für die Judenverfolgung. Nach dem Buch Esther hatte sich Haman als hoher Beamter am Hofe des Königs Ahasverus geschworen, alle Juden in Persien zu töten. (Anm. d. Hrgs.)

Buber, der Sie sie damals niedergeschrieben haben (im Vorwort zur deutschen Ausgabe der Sammlung *Jiskor*, Berlin 1918), diese Ansicht heute nicht mehr vertreten möchten.

III.

Ich glaube nicht, daß es viel Sinn hat, bei dem gegenwärtigen Konflikt die Frage zu erörtern, wer zuerst das im Lande ansässige Volk angegriffen hat, ob es nun unser Urvater Abraham gewesen ist oder die Soldaten Josuas, die Araber unter dem Kalifen Omar, die Türken oder die Engländer unter General Allenby – ich weiß das nicht. Doch ich weiß wohl, daß die Leute der Arbeiteransiedlung – von den Leuten der zweiten Einwanderungswelle bis zu der „Jugendeinwanderung", um die sich die verstorbene Henriette Szold so verdient gemacht hat – es für unsinnig betrachten, daß sie mit ihrer Arbeit, mit der Trockenlegung von Sümpfen, mit dem Bau von Straßen, mit der Entsteinung der Felder und mit der Errichtung von Dörfern den Angriff auf das andere Volk begonnen hätten; Auch ihre Nachbarn, die arabischen Fellachen, Ackerbauern wie sie, hatten in ihnen keinen Eindringling und Feind gesehen. Auch Sie sind sicherlich nicht der Meinung, daß ein derartiger „friedlicher Angriff" etwa zu einem unfriedlichen Gegenangriff und Blutvergießen berechtigte. So wenig Sinn auch die Frage hat, wer damit begonnen hat, fest steht, daß mit dem Blutvergießen die Araber sowohl 1921, 1929, 1936 als auch 1947 angefangen haben.

Wer die Frage nach dem Schuldigen untersuchen will, darf die *Frage nach dem Recht* nicht übersehen. Immerhin hat eine internationale Institution; die Sie sicher nicht gering schätzen, einen Beschluß gefaßt. Ich bin sicher, daß Sie strikt dagegen gewesen wären, hätten wir denselben damals nicht als Recht und verbindliches Gesetz anerkannt, wie dies die Revisionisten vorschlugen, die diesen Beschluß uns gegenüber ungerecht empfanden. Sie hätten sich auf Sokrates berufen können, der das Todesurteil annahm, ohne das Urteil zu rechtfertigen – nur damit das Gesetz und die Staatsordnung eingehalten würden, ohne welche sich das Leben des einzelnen, der Gesellschaft und des Volkes nicht entfalten kann. Als aber die Araber, die Anführer der Araber, mit Waffengewalt versuchten, den Beschluß der UNO zu vereiteln, haben wir kein Wort des Tadels aus Ihrem Munde vernommen; Sie verstehen die Araber, „fühlten sie sich doch von uns angegriffen". Mir scheint, daß man mit diesem Vorwand jedem Gesetzesbrecher recht geben kann, einem Bankräuber zum Beispiel mit der Begründung, daß er – vielleicht zu Recht- „fühlte“, daß das (kapitalistische) Recht und die bestehende Ordnung ihm zu Unrecht seinen Teil am Nationaleinkommen vorenthielten.

Die blutigen Überfälle der Araber sind nicht zu rechtfertigen, auch wenn sie sich durch uns angegriffen fühlten. Sicher, wären wir nicht eingewandert, wären sie nicht zu diesem Gefühl gekommen, aber daraus folgt nicht, daß wir daran schuld wären, daß sie sich angegriffen fühlten. Wenn wir für unseren Teil daran schuld sind, so doch nicht wegen unserer Einwanderung, sondern wegen unserem Verhalten, nachdem wir ins Land gekommen waren. Und nicht nur wir allein sind schuld, daß sie sich angegriffen fühlten. Sie begannen einen niederträchtigen Krieg mit Mord aus dem Hinterhalt, Mord an Frauen und Kindern. Ihr sagt: „Kann man sich denn wundern, daß die Araber rebellierten, nachdem wir sozusagen ihr Haus betraten und erklärten, daß dieses Haus von nun an unseres wäre?“ (N. Chofschi, mündlich). Meiner Meinung nach darf man die Frage nicht so stellen. Denn dann wäre noch eine andere Frage am Platze: Kann man sich denn wundern, daß die Juden, wo doch jedermann weiß, was ihnen widerfahren ist, sich empörten und englische Beamte und Soldaten ermordeten? Solche Gedankengänge sind nicht erlaubt; Mord bleibt Mord, und es ist mir nicht erlaubt, Unterschiede zu machen, weder zugunsten der Juden noch zugunsten der Araber. Unser Gut und Leben ist von den Arabern angegriffen worden, und das nicht um irgendeinen bestimmten politischen Plan zu verwirklichen, der das Recht im Auge hat, nach dem Vorbilde des Magnesplanes etwa oder des UNO-Beschlusses, sondern mit dem offen bekannten Ziel, dem Zionismus ein Ende zu bereiten, uns des Ertrages unserer Arbeit in mehr als fünfzig Jahren zu berauben und unsere letzte Hoffnung auf ein Wiedererstehen und auf das Weiterbestehen unseres Volkes zu vernichten.

1936 riefen die Führer der jüdischen Einwohnerschaft zur Politik der Zurückhaltung auf, mit Ausnahme der Revisionisten, die damals noch ziemlich wenige waren, hat sich das Volk an dieses Gebot gehalten. In den bitteren Jahren nach dem zweiten Weltkrieg, als die Zahl der Revisionisten anstieg und sie ihre verderblichen Aktionen durchführten -auch damals bis zum Dezember 1947 sind mir keine blutigen Überfälle auf Araber bekannt. Sogar im Dezember 1947, als unsere Verteidigungsorganisation in voller Kraft und Bereitschaft stand, verging eine ganze Woche arabischer Angriffe, die uns viele teure Opfer kosteten, ohne eine aktive Reaktion von unserer Seite. Erst nach einer nachdrücklichen Warnung, die von der Organisation unter den Arabern verbreitet wurde und keine Wirkung zeigte, ging die

Organisation zu „aktiven Verteidigungsmaßnahmen" über. Alle diese Aktionen, auch wenn darunter unverantwortliche, niedrige und greuliche Taten fallen, welche von den Revisionisten oder den Männern der „Hagana" verübt worden sind, und wenn auch im Endergebnis Tausende schuldlose Araber mehr als die arabischen Angreiferbanden litten – all dies kann unser Argument nicht ändern, daß wir doch angegriffen wurden und zum Schutz des Werdenden, des Auferstehenden in den Krieg gezogen sind.

So lege ich die Ereignisse unserer Tage aus; und wenn Sie sie anders auslegen – sollten wir doch gegenseitig unsere Ansichten achten. Erkennen wir die Gegensätze, diskutieren und untersuchen wir die Dinge, soweit dies einem Menschen gegeben ist, sie zu prüfen und die Wahrheit zu erfassen. Doch wir sollten nicht die Hauptsache und den Charakter dieser Gegensätze dadurch vertuschen, daß wir in den Aussprüchen unserer Gegner nur „leere Worte" sehen.

## IV.

Glauben Sie mir, geehrter Prof. Buber – Sie kennen mich ja gut genug –, daß ich im Herzen durchaus nicht dazu neige, Ihre Worte geringzuschätzen. Ich beabsichtige nur, Ihnen verständlich zu machen, daß Sie mit dem Extremismus Ihres erwähnten Aufsatzes jene Tausende friedliebende Juden, die ich vorher erwähnte, von sich abstoßen, Tausende, die Sie um sich sammeln könnten, nicht um das Unheil des Krieges zu beweinen und nicht um sich wegen unserer Fehler in der Vergangenheit zu kasteien, sondern um der Zukunft und des morgigen Friedens willen.

Wir befinden uns noch im Krieg, aber die Gefahr der Vernichtung unseres Aufbauwerkes, der Vernichtung des Jischuw ist auf wunderbare Weise gebannt. Doch eine andere Gefahr ist noch nicht gebannt, die Gefahr der Vernichtung der Seele unseres Werkes, der Seele des Zionismus durch den Geist der Gewalttätigkeit, des Nationalismus, des Militarismus. Diese Gefahr erkennen heute weite Kreise auch innerhalb der herrschenden Parteien, und wir wissen alle, daß diese Gefahr ganz natürlich mit jedem an sich erfreulichen und ruhmvollen militärischen Sieg und mit jedem ihn begleitenden politischen Erfolg wächst. Wir hatten erwartet, daß Sie zum Kampf gegen diese Gefahr aufrufen, gegen diesen Ungeist, gegen einen jüdischen Krieg, „um die Grenzen zu erweitern", gegen Raub und Plünderung, gegen Benachteiligung der Araber, gegen die Zerstörung ihrer Dörfer und für die

Wiederaufnahme der Flüchtlinge. Wir hatten erwartet, sie riefen uns zum Kampf gegen Haß und Vergeltung. Tausehde Arbeiter in Stadt und Land sind zu diesem Kampfe bereit, Menschen, die den Krieg hassen und ihn nicht wollten, selbst wenn Sie damit recht haben, daß sie nicht alles darangesetzt hatten, ihn *vielleicht* zu vermeiden. Um des Friedens willen sind sie bereit, den Arabern alle Rechte zuzugestehen,.die jene auf allen Gebieten des öffentlichen und wirtschaftlichen Lebens fordern können, nur nicht das Recht, die Einwanderung einzuschränken. Diese Tausende sind heute überall zerstreut. Und Sie, die Sie zu Notzeiten nicht schwach wurden und an ihrer Stelle an der Jerusalemer Front ausharrten und der Sie all das Leid des halben Jahres der Belagerung, des Hungers und des Bombardements erduldeten, Sie, Martin Buber, der nach seinem ganzen Lebenswerk dazu bestimmt ist, der Führer dieser Tausende zu sein – ist es denn möglich, daß Sie geringschätzen und nicht als Bundesgenossen anerkennen wollen, solange sie nicht reuig bekennen: „Wir haben gesündigt, wir sind an dem vergossenen Blut schuldig?" Sind denn nur jene würdig. an ‚der Rettung, aus dem Feuer mitzuwirken, die vor ihm gewarnt haben oder, bekennen, daß das Feuer durch ihre Schuld ausgebrochen ist? – Ob zum Guten .öder zum Schlechten, die Geschichte ist über den Magnesplan hinweggegangen, wie sie auch über den Biltmore-Plan hinweggegangen ist, und das ist nicht mehr rückgängig zu machen. Der Weg zu einem anderen Plan steht offen. Der Weg steht offen zu einem Friedensstaat für Juden und Araber, die willens sind, innerhalb seiner Grenzen zu leben, einem Staat des Rechtes und der Gerechtigkeit für unser Volk, von dem Moses Hess, Pinsker und Herzl geträumt haben.

Unsere Pionierjugend ist bereit, sich mit Tat und Seele für diesen Friedensstaat einzusetzen, *denn ihn hatten sie im Herzen und für ihn haben sie in den Stunden der Kämpfe ihr Leben eingesetzt.*

## FAKTEN UND ERFORDERNISSE
### Antwort an Gideon Freudenberg
(1948)

Sie sagen, es gebe keine einfachen Tatsachen, nur Interpretationen. Dies bestreite ich und habe es immer bestritten. Man kann die Tatsache, daß das französische Volk im Jahre 1789 eine Revolution gemacht hat, aus sozialen oder aus politischen oder aus moralischen Motiven oder aus allen miteinander erklären, die Tatsache bleibt. Tatsache ist, daß in dieser Stunde zwischen Ost- und Westeuropa ein Konflikt besteht, und wer behauptet, daß dessen Ursache „ideologische" Verbreitung ist, gibt nur eine Auslegung dieser Tatsache; und wer behauptet, es handle sich um eine „imperialistische" Tendenz, gibt nur eine Erklärung dieses Prozesses. Es ist hier nicht der Ort, dieses allgemeine Problem zu klären, aber im vorliegenden Falle bin ich bereit, eingehender zu erklären, um welche Tatsachen es hier in der Hauptsache geht. Die erste Haupttatsache ist, daß wir unsere Besiedlungsarbeit unternommen haben, ohne uns mit der Bevölkerung dieses Landes über deren Grundlagen und Bedingungen zu verständigen. Statt dessen haben wir uns darüber (wenn auch sehr unvollständig) mit einem Staat verständigt, der auf eine Herrschaftsstellung in diesem Land keinen Anspruch hatte und dem wir diesen Anspruch durch Verknüpfung unserer Sache mit der Erteilung eines „Mandats" an ihn verschafft haben. Daraus hat sich ergeben, daß diejenigen Araber, die sich um die Zukunft ihres Volkes Gedanken und Sorgen machten, uns in zunehmendem Maße nicht als Gruppe, die mit ihnen zusammenleben und zusammenwirken will, sondern als Eindringlinge und Vertreter fremder Interessen betrachteten. (Es sind jetzt 30 Jahre, seit ich auf diese Tatsache hinzuweisen begonnen habe.) Die zweite Tatsache ist, daß wir der Bevölkerung dieses Landes ihre wichtigsten natürlichen Wirtschaftspositionen genommen haben, ohne diese dadurch zu kompensieren, daß wir sie an unserer Wirtschaftsaktion und ihren Erfolgen beteiligt hätten. Zahlung eines Kaufschillings an Besitzer und einer Entschädigung an" Pächter bedeutet keine Kompensation an ein Volk. Darum mußten die denkenden Vertreter dieses Volkes unser Vordringen so verstehen, daß deren nächsten Generationen immer mehr von dem für ihre Entfaltung notwendigen Boden schlechthin weggenommen werde.

Nur durch eine große Wirtschaftspolitik zum Aufbau gemeinsamer Interessen hätte man dieser Auffassung und ihren notwendigen Folgen entgegentreten können. Wir haben es nicht getan:

Die dritte Tatsache ist, daß wir, sobald sich die Möglichkeit einer baldigen Beendigung des „Mandats" am Horizont zeigte, der arabischen Bevölkerung dieses Landes nicht bloß keinen Vorschlag machten, ein jüdisch-arabisches Kondominium an dessen Stelle zu setzen, sondern- aus unserem Vordringen nunmehr die politischen Folgerungen zogen, den Anspruch auf die Beherrschung des ganzen Landes zu erheben (Biltmore-Programm). Damit schufen wir unseren Feinden innerhalb des arabischen Volkes den Rückhalt der öffentlichen Meinung, durch den der kriegerische Angriff auf uns erst ermöglicht wurde. Denn nun erschien unsere ganze vieljährige Aktion des Bodenerwerbs als Vorbereitung zum Anunsreißen der Herrschaft über das Land.

Die vierte Tatsache, die das betrifft, was im November 1947 vor sich gegangen ist, ist hier nicht zu erörtern, aber ich bin gern bereit, es im persönlichen Gespräch zu tun. Infolge der genannten vier Tatsachen droht uns die fünfte: Daß der Friede, wenn er kommt, kein Friede sein wird; daß es nicht der echte, positive große, bauende, schaffende, Gemeinschaft stiftende, große Kulturwerke ermöglichende Friede sein wird, den wir brauchen, sondern nur ein negativer Friede, ein Nichtkrieg, der in jedem Augenblick, in jeder veränderten Konstellation in einen neuen Krieg umschlagen kann. Und wie wollen Sie dann, in der Epoche eines solchen Scheinfriedens, gegen den „Geist des Militarismus" kämpfen? Dann, wenn die Führer eines extremen Nationalismus in unserer Mitte es leicht haben werden, die Jugend zu überzeugen, daß es um der Erhaltung unseres Volkes willen unerläßlich ist?

Der Kampf wird aufhören, – aber wird das Mißtrauen aufhören, wird das Ressentiment aufhören, wird Durst nach Revanche aufhören? Und werden wir nicht rüsten und rüsten müssen, um dagegen'gerüstet zu sein? Werden sich nicht unsere besten Kräfte darin aufzehren? „Mit der einen Hand die Arbeit tuend und die andre hält das Kurzschwert" – so kann man eine Mauer bauen, aber keinen Tempel. Sie sprechen, Gideon Freudenberg, von den Tausenden, die angeblich darauf warten, daß ich sie zum Kampf gegen die Gefahr des inneren Verfalls aufrufe. Wenn die Tausende wirklich da sind, müssen sie mit der grausamen Erkenntnis der Tatsachen beginnen: Das kann ihnen nicht erlassen werden, denn ich verlange von niemand eine Selbstanklage. Aber sie werden sich fragen müssen: „Wie sind diese Tatsachen entstanden?", und dann erst eine Antwort finden auf die Frage: „Was müssen wir tun, um neue und noch gefährlichere zu verhüten?" Für äußere „Erlösungen" kann man mit Blut zahlen, die innere Erlösung muß man damit erkaufen, daß man der Wahrheit standhält und umkehrt.

## NACH BERNADOTTES ERMORDUNG
(1948)

Ein Unglück, das sich in diesen Tagen ereignet hat, hat uns vor Augen geführt, daß diese Gemeinschaft sich nicht etwa auf dem Wege zum Abgrund befindet, sondern in der Tat davor steht. Ich sage „hat uns vor Augen geführt" – aber wer sind denn diese „wir"? Die sehen, was zu sehen ist, sind entsetzlich wenige. Der einfache Mann auf der Straße spricht über das Vorgefallene in einer Sprache, die noch schlimmer ist als das, was vorgefallen ist. So ist es denn den Sehenden aufgebürdet, die Wahrheit noch energischer zu verkünden, als dies notwendig wäre, wenn die Umstände anders als die gegebenen wären. Überall, wo man die Wahrheit verkündet, sogar im begrenzten Kreise der Gesinnungsgenossen, ist es Pflicht, sie so zu verkünden, als spräche man zur ganzen Nation. Dies ist zu verkünden: Mord und Mordanschlag bewirken niemals Leben und Wiederauferstehung. Wer es wagt, im Namen seines Volkes zu morden, tötet die Keime der Zukunft eben dieses Volkes. Ja, er tötet noch mehr als diese Keime, je mehr sein Volk, das Volk rings um ihn, ihn dadurch bestätigt, daß es ihm nicht widerspricht. Ist es doch kein rechter Widerspruch, wenn der Mord in öffentlichen Verlautbarungen getadelt wird. Die Hauptsache ist, was im privaten Gespräch ausgedrückt wird. Die Hauptsache ist, was sich in den Herzen bewegt. Die Hauptsache ist die Wirklichkeit *der* öffentlichen Meinung. Hier fehlt der Widerspruch. Wo sind die, die sich gegen die Mörder auflehnen, die überall, wo ihr Wort gehört wird, der Forderung des Augenblicks entsprechend laut oder flüsternd erklären: „Wehe denen, die das Schlechte gutheißen!" Die Stunde ist gekommen, die Worte des Propheten wieder in die Vorfälle des Tages zu schleudern: „Ach wie ist sie zur Hure geworden, die getreue Burg. Von Recht war sie erfüllt, Wahrspruch nachtete drin, jetzt aber Mordgeübte!" (Jes. 1, 21). Wer aber gegen uns argumentiert und sagt: „Für unsere gute und gerechte Sache sind wir gezwungen zu kämpfen, für unseren guten und gerechten Krieg sind wir gezwungen, Schuld auf uns zu nehmen; die künftigen Geschlechter unseres Volkes werden uns recht geben und uns segnen", dem antworten wir: Schändliche Mordtaten werden unserem Volke nur Schaden und Verachtung einbringen. Es wird nicht gelingen, eine Nation einzuschüchtern, die sich rühmt, niemals vor einer Drohung zurückgewichen zu sein; es wird nur gelingen, sie in Erregung zu bringen und ihren Zorn über uns zu bringen. Wenn wirklich Israel an dem

Vorgefallenen beteiligt ist, werden die Söhne jener Nation noch in zukünftigen Geschlechtern sagen: „Dies geschah in jenen Tagen, als die Juden einen Mordanschlag auf den Abgesandten des Königs verübten." Diese Erinnerung wird auf die Realität des Völkerlebens ihren Einfluß haben. Wenn wirklich Israel an dem Vorgefallenen beteiligt ist, werden die zukünftigen Geschlechter unseres Volkes jene Täter nicht rechtfertigen, sondern schuldig sprechen, nicht segnen, sondern verfluchen.

Die Häupter der Täter – oder der mutmaßlichen Täter – sind heute in den Augen des Mannes auf der Straße vom Glanz der Lüge umgeben, vom Heiligenschein einer niederträchtigen Romantik. Alle diejenigen, die es in den Krisenjahren versäumt hatten, das Richtige zu wollen und vorzubereiten, erheben nun die wirklichen oder die angeblichen Mörder in den Rang von Helden und Fahnenträgern der Nation. Doch Mord aus dem Hinterhalt ist immer nur gemein und abscheulich, und jeder Mord ist immer nur Verbrechen und Untat. Ein im Namen des Volkes begangener Mord zersetzt das Leben und die Lebenshoffnung eben dieses Volkes. In dem Wort „Du sollst nicht morden!" verstehen wir auch das Gebot: Du sollst nicht die Seele deines Volkes ermorden!

## DER MORALISCHE CHARAKTER DES STAATES ISRAEL
### Ein Gespräch mit David Ben Gurion
(1949)

Zu Beginn, meine Herren, möchte ich den Ministerpräsidenten zu seiner guten Absicht beglückwünschen, dieses Treffen zwischen ihm und den Geistesarbeitern zu einer festen Einrichtung zu machen.[17] Dies sollte von uns nicht zu gering geschätzt werden, denn man ist gewöhnt, sich der Denker der schönen Dekoration wegen zu bedienen; doch wer dies zu einer festen Einrichtung zu machen gewillt ist, hat sicherlich eine wirkliche Zusammenarbeit im Sinne. Es besteht keine Notwendigkeit, dem Ministerpräsidenten, der die Bücher Platons im Urtext liest, die Worte dieses Weisen über die erstrebenswerte Herrschaft der Philosophen, der Intelligenzler im heutigen Sprachgebrauch, in Erinnerung zu rufen – eine Idee, die bis auf

17 Tatsächlich haben zwei solche Zusammenkünfte stattgefunden.

den heutigen Tag nicht verwirklicht worden ist. (Zwi Woislawski[18]: Marcus Aurelius!) (Der Ministerpräsident Ben Gurion: der beschäftigte sich hauptsächlich mit Kriegen!) Es gab zwar einige Herrscher, denen die Philosophie sozusagen eine Nebenbeschäftigung war, aber das hatte Plato ja nicht gemeint, ist doch ein Herrscher und Philosoph in einem eine Erscheinung, die zur Geistesgeschichte gehört und nicht zu dem Ablauf der Geschichte im allgemeinen zu rechnen ist. Zweitausendeinhundert Jahre aber nach Plato kam ein anderer Denker, Kant; in seinem Buche „Der Weg zum ewigen Frieden" ging er mit seiner Forderung nicht so weit, daß die Herrschaft in die Hände der Denker gelegt werde, sondern er begehrte nur, daß man ihre Worte anhöre, und auch dieses sein Begehren wurde nicht erfüllt. Wolle Gott, daß es diesmal geschehe und die gute Absicht des Ministerpräsidenten zur Ausführung komme.

Ist doch der Regierung eine gewaltige Aufgabe auferlegt, die sie ohne die Zusammenarbeit mit den Männern des Geistes nicht lösen kann – dies ist, was man die geistige Integration nennt. In der neueren Geschichte habe ich keine Aufgabe so schwer wie diese gefunden: jene Massen aufzunehmen, die Tag für Tag ins Land kommen, sie wirklich zu integrieren und ihre Gestalt nach dem Muster der Nation zu prägen. In der Einladung zu dieser Sitzung war von der Prägung der Gestalt der Nation die Rede, doch geprägt wird immer nur das Material. Wir müssen eine Form für das Menschenmaterial finden, gibt es in der Geschichte der letzten Generationen doch nichts, was an ein derartiges Menschenmaterial gemahnt, welches so sehr bereit ist, eine Form anzunehmen. Das heißt, daß dies eine Aufgabe ohne Beispiel ist. Viel, sehr viel hängt vom Willen, von der Tatkraft und der Ausdauer jener Menschen ab, die dazu befähigt sind, Material, auch Menschenmaterial, zu formen und ihm Gestalt zu geben – den Männern des Geistes; sehr viel hängt davon ab, ob deren Fühlung mit den Massen wirklich und wirksam ist. Ist doch im allgemeinen den Männern des Geistes keine Vollmacht zur Ausführung ihrer Ideen gegeben.

Es ist unerläßlich, daß die Männer der Tat, die Regierung und ihre Organe, die Männer des Geistes an ihrem Tun beteiligen. Zwar sind die meisten von ihnen „schwierige" Menschen, und untereinander fast über alles geteilter Meinung. Es mag leichter sein, einigen die Parteien und deren Vertreter hinzuzugesellen und nicht die Männer des Geistes. Trotz allem

18 Zwi Woislawski (1889-1957), Verfasser soziologischer und philosophischer Essays.

gibt es eine Tätigkeit, bei welcher Aussicht zur Einigung der Männer des Geistes besteht, nämlich auf dem Gebiete der Erziehung. Es ist möglich, die Männer des Geistes in einem Erziehungswerk zu vereinen, das eine wirkliche Stütze für diese uns auferlegte schwere Aufgabe wäre.

Es gibt keinen anderen Weg, diese Aufgabe zu erfüllen, als eine große Institution zur Volkserziehung zu schaffen.[19] Um die Mitte des vorigen Jahrhunderts, in den Jahren des „kalten und heißen" Krieges zwischen den Dänen und Deutschen, stand ein Mann des Geistes, Sven Grundtvig,[20] auf und schuf ein großes Werk zur Volksbildung. Auf diesem Wege gelang es ihm und seinen Nachfolgern, der Krise Herr zu werden, die vor und nach der Niederlage über das dänische Volk kam, und es ist wie ein Wunder, daß die Entfaltung und der Erfolg des Werkes sich nach der Niederlage einstellten. Dieses Werk lehrt uns eine wichtige Regel, welche lautet, daß die Volkserziehung vor allem von dem festen Band zwischen Lehrern und Schülern (in Dänemark waren die Lernenden Bauernsöhne und Bauersknechte) und von der vitalen Beschaffenheit des Einflusses der Lehrer abhängig ist, ein Einfluß, der hauptsächlich nicht in insgesamt, besteht. Und nicht nur dies, die Lernenden werden Lehrende, und dieser Vorgang erneuert sich unbegrenzt. Es entstand eine dynamische Stufenfolge zwischen den Männern des Geistes und dem Volke.

Nur auf diesem Wege können wir Gruppen auf Gruppen einer Auslese (elites) aus den Massen aufstellen, nicht eine Elite, die hoch und fest ihre Stellung über dem Volke einnimmt, sondern eine dynamische Einstufung von Einwanderern, die in einer endlosen Kettenreihe neue Einwanderer nach sich ziehen und emporbringen. Ohne diese Kontinuität von „Kader auf Kader"[21] ist es nicht möglich, in dieser Zeit der Sammlung der Exile die Gestalt der Nation zu prägen.

Unsere historische Situation ist zwar völlig von der Situation der Dänen zur Zeit Grundtvigs verschieden. Dies ist die Stunde unseres Sieges und nicht der Niederlage. Doch ich befürchte, daß die Krise bei uns gerade aus dem Siege entstehen kann. Meiner Meinung nach rückt die in-

19 Zu diesem Zweck begründete Buber 1949 das Seminar für Erwachsenenbildung, dessen Aufgabe es war, aus den Kreisen der Neueinwanderer Lehrer auszubilden.

20 Sven Grundtvig (1783-1872), ein dänischer Erzieher, der zur Volkserziehung aufrief; er gründete ein System von Volkshochschulen, die noch heute weltweites Interesse erwecken.

21 Vgl. Sprüche der Väter 5,9.

nere Krise immer näher, und es ist das Gebot der Stunde, uns gegen sie zu wappnen, sich ihr entgegenzustellen. Ich achte die gewaltigen Aufgaben- auf dem Gebiet der Wirtschaft, der Politik und der Sicherheit nicht gering, doch noch größer als alle diese Aufgaben und schwerer als alle zusammen ist die Aufgabe der wirklichen Integration. Die Tat, die wir zu vollbringen haben, wird dem Werke Grundtvigs nicht ähneln. Es ist erforderlich, daß sie unserer Notlage und unseren Zwecken entspricht, daß sie dem Menschenmaterial, das zu uns kommt und noch kommen wird, angemessen ist, ein Menschenmaterial, dessen Beschaffenheit und Lage in der Welt ohne Beispiel ist.

Ein weiteres wichtiges Wort habe ich heute abend aus dem Munde des Ministerpräsidenten vernommen. Er hat gesagt: „Kein Volk wie andere Völker". Vielleicht ist es erlaubt hinzuzufügen: „Kein Staat wie andere Staaten". Ein Staat pflegt sich an das, was man *raison d'etat* nennt, zu halten; jedesmal, wenn er etwas zu leisten oder ein Problem zu lösen hat, wählt er den Weg, in welchem er nicht mehr und nicht weniger als den Nützen des Staates in dieser Stunde sieht. Für dieses Volk, diesen Staat und diese Stunde, in der sich dieses Volk und dieser Staat befindet, genügt die Staatsraison nicht.

Hier erhebt sich die Frage: Was kann man denn mehr als die Staatsraison tun? (Der Ministerpräsident Ben Gurion: etat de raison). Das ist ein guter Ausdruck, doch ich ziele auf die Tat ab. Es lohnt sich, dafür ein Beispiel zu geben. Der Ministerpräsident hat ja noch ein Drittes gesagt, was in meinen Augen auch wichtig ist. Er gebrauchte das Wort „Moral" in bezug auf die Tätigkeit der Regierung. Und da habe ich mich daran erinnert, daß vor etwa sieben Jahren, in der Biltmore-Epoche, Sie, Herr Ben Gurion, mich in einem privaten Gespräch gefragt haben, weshalb ich über Politik und nicht über Moral rede, denn wenn ich über Moral geredet hätte, hätten Sie es in der Hand gehabt, mir zu beweisen, daß Eure Stellung sich auf eine moralische Grundlage stützt. (Der Ministerpräsident Ben Gurion: sehr richtig!) Ich beabsichtige nicht, vor dieser Versammlung zu polemisieren, wir werden noch darauf zurückkommen. Doch in welcher Weise wird ein Mensch moralischen Einfluß besitzen, wenn er an der Spitze der Regierung Israels steht? – Nur als Beispiel und Vorbild für alle.

Ich gebe zu, daß, wenn eine Regierung dies tut, es so aussieht, als wäre dies aus der Sicht der Staatsraison überflüssig, doch solche „überflüssigen" Taten, Taten, deren „Begründung" nicht offenkundig ist, diese eben bedeuten das wirkliche Wohl des Staates, das wirkliche Wohl des Volkes und der Völker.

Zum Beispiel die Frage der arabischen Flüchtlinge. Die Regierung hatte es in der Hand, und vielleicht ist es immer noch in ihrer Hand, eine große moralische Tat zu tun, die zu einer moralischen Erweckung der Allgemeinheit führen könnte, und deren Einfluß auf die Welt sicher nicht zu unseren Ungunsten wäre. Sie hätte die Initiative ergreifen können für einen internationalen, interkonfessionellen Kongreß in Zusammenarbeit mit uns und unseren Nachbarn – einen Kongreß, der möglicherweise noch kein Beispiel hat. Ich habe hier nicht diese oder jene Verzichte im Sinne. Die Hauptsache ist, daß dies gerade mit unserer Initiative geschieht, waren wir doch Flüchtlinge in den Ländern des Exils.

Heute morgen, als ich mich aufmachte, nach Tel Aviv zu kommen, um an diesem Gespräch teilzunehmen, habe ich in der Zeitung gelesen, daß die Vermittlungskommission[22], die zur Zeit in Beirut weilt, einen internationalen Kongreß in der Flüchtlingsangelegenheit einberufen will. Ich hoffe, daß diese Nachricht falsch ist. Auf diese Initiative haben die kein Recht, sondern wir haben das Recht darauf. Und wenn die Staatsraison dagegen Einspruch erhebt, dann leidet sie unter Kurzsichtigkeit.

## NACH DER POLITISCHEN NIEDERLAGE
(um 1950)

Als ich vor kurzem einen Jerusalemer Laden betrat, dessen Inhaber uns in früheren Jahren wiederholt seiner Sympathie für unsere Bestrebungen versichert hatte, wurde ich mit den Worten begrüßt: „Nun, eine so vollständige politische Niederlage wie die, die Ihr Kreis erlitten hat, kommt nicht oft vor – daraus werdet Ihr wohl für eine Weile die Konsequenz des völligen Schweigens ziehen müssen." Es ist doch gut, daß es so rückhaltlose Leute gibt, durch die wir erfahren, was viele über uns denken, aber in einem höflichen Herzen verwahren. Mir jedenfalls hat die angeführte Äußerung den Anstoß gegeben, mich mit einer Frage zu befassen, die ich bis dahin gar

22 Von der UNO im Dezember 1948 begründete Palästina-Vermittlungs-Kommission (bestehend aus Vertretern der USA, Frankreich und der Türkei), die den Auftrag hatte, den in den arabischjüdischen Konflikt verwickelten Ländern zu einer friedlichen Lösung zu verhelfen, einschließlich der Einordnung oder Entschädigung der arabischen Flüchtlinge.

nicht überlegt hatte, weil ich das, was in diesen Tagen geschehen ist, unter ganz anderen Kategorien zu betrachten pflegte, die ich jetzt aber, da sie mir durch die öffentliche Meinung in so drastischer Form präsentiert wurde, als bedenkenswert erkannte. Ich weiß Ihnen zur Eröffnung dieser Tagung nichts Passenderes zu sagen, als Sie mit den Ergebnissen meiner Überlegung vertraut zu machen, nur daß ich Sie nicht zu vergessen bitte, daß es sich dabei lediglich um meine persönliche Überlegung und freilich auch um meine persönliche Überzeugung handelt. Die Frage, die ich überlege, war *nicht,* ob man aus einer politischen Niederlage die Konsequenz des öffentlichen Schweigens zu ziehen habe.

Denn ist die Sache, für die wir mit dem Wort gekämpft haben, eine gute Sache, und ist sie besiegt worden, so ergibt sich doch daraus nur, daß wir uns nunmehr erst recht für sie einzusetzen haben, nur eben in einer durch die veränderte Situation modifizierten Weise, mit neuem Programm, mit neuen Parolen und neuen Argumenten, die den neuen Voraussetzungen Rechnung tragen. So viel müssen wir doch von den Propheten Israels gelernt haben, daß die Sache Gottes selber von Mißerfolg zu Mißerfolg ihren Weg bis zu der furchtbaren und erleuchtenden Stunde geht, wo ihre Wahrheit und ihr Heil allen offenbar werden. Freilich, da wir nicht wie die Propheten immer wieder von oben her die Bestätigung der Wahrheit und des Heils empfangen, liegt es nahe, nach einer Niederlage uns zu fragen, ob wir uns nicht in unserer Detaillierung der guten Sache und in unseren Vorschlägen für ihre Verwirklichung in diesen und jenen Punkten geirrt haben und etwa gar dadurch zu der Niederlage beigetragen haben. Erst recht liegt es nahe uns zu fragen, ob wir der guten Sache mit hinreichender Energie, mit hinreichender Hingabe gedient haben, uns zu fragen, ob diese unsere Sache nicht eine so außergewöhnliche, so aus der gewohnten Bahn der Geschichte tretende war und ist, daß sie zu ihrer Verwirklichung den Menschen, der ihr dient, in einem Maße fordert, das wir ihr nicht gewährt haben. Beides haben, wie ich weiß, manche unter uns getan, und ich gehöre zu ihnen. Nicht zu schweigen haben wir also, wenn die geliebte Sache besiegt worden ist, sondern richtiger als bisher und stärker als bisher für sie zu zeugen.

Nicht danach also ist zu fragen, denn das wissen wir ja im Grunde alle, wir machen es uns nur nicht bewußt genug, weil es so schwer ist, mitten in der veränderten Situation unserer Sache praktisch treu zu bleiben, das heißt, die neuen Mittel zu finden und anzuwenden, mit denen unter so völlig neuen Umständen nun doch wieder ihre Verwirklichung anzustreben ist. Wohl aber haben wir uns zu fragen, ob und inwiefern zu Recht von einer

Niederlage zu reden ist, die unsere Sache erlitten habe. Das ist nicht mehr die Frage nach einer Aufgabe, die im Kern eben nicht von den Wechselfällen der Geschichte bestimmt werden darf, sondern die Frage nach einer Tatsache. Diese Frage hat mich damals beschäftigt, nachdem mir eröffnet worden war, wir, die wir in der Zeit, als die Geschichte noch ihr Gesicht hinter den Wolken von Biltmore verbarg, die Wahrheit ausgesprochen haben, wie wir sie kannten, hätten nunmehr zu schweigen, weil die siegreiche Geschichte das Wort ergriffen habe und es einzig ihr gebühre.

Die Antwort, zu der ich gelangte, ist, daß zwar von einem Mißerfolg unserer Gruppe, aber keineswegs von einer Niederlage unserer Sache geredet werden darf. Der zu erwartende Mißerfolg, das heißt, daß unser Aktionsprogramm der sich entwickelnden Situation nicht gewachsen sein würde, war mir zur höchsten Wahrscheinlichkeit in der Stunde geworden, als ich sah, daß eine Vereinbarung der angelsächsischen Großmächte über die Vorschläge der anglo-amerikanischen Kommission nicht zustande kommen würde.

Denn das gigantische historische Grundfaktum, von dem allein man die Entwicklung der Situation begreifen kann, war ja die Vernichtung der Millionen durch Hitler und das Verbleiben der geretteten Hunderttausende in den Lagern. Der daraus entstehenden unheimlichen Dynamik mußte entweder aktiv Rechnung getragen werden, und dann konnte es im Jischuw zu einer Entspannung kommen, die den Weg zu einer binationalen oder föderativen Kompromißlösung von unserer Seite öffnete, oder es war zu erwarten, daß die Dynamik im Jischuw sich zum fessellosen Einsatz aller Kräfte für die Erkämpfung des Staates, als des einzig übrigbleibenden Mittels zur Masseneinwanderung, steigern würde. Gewiß, das Symbolwort für unsere eigne Verblendung ist Biltmore, denn die Proklamation des Anspruchs auf die rein arabischen Teile des Landes mußte das äußerste Mißtrauen der arabischen Welt provozieren und hat es provoziert, ein Mißtrauen, das fürchte ich, in dem Krieg der sieben Staaten nur erst seinen ersten gewaltsamen Ausdruck gefunden hat und das im besten Fall, das heißt, wenn unsere Sache siegt, Generationen brauchen wird, um zu erlöschen. Aber das Symbolwort für die Verblendung Englands, durch die England seine Basis in Haifa, die Welt aber die Chance eines echten produktiven vorderasiatischen Bundes verlor, ist Exodus.[23] Und zu diesen beiden Verblendungen, zu unsrer expan-

23 Im Juli 1947 legte das Schiff. „Exodus 1947" mit 4500 illegalen jüdischen Einwanderern, Flüchtlingen aus dem NS-Europa, in Haifa an. Die Mandatsregie-

sionistischen und zu der englischen imperialistischen, trat als dritte, jenen nur noch in die Hände arbeitende, die illusionistische arabische hinzu, die nicht erkennen wollte, daß nur durch einen großen Friedensbund mit den Juden Vorderasien schon in dieser problematischen Epoche sich zu neuer Größe erheben konnte. Hier, für die dritte Verblendung, fehlt das Symbolwort, in dem sie ihren öffentlichen Ausdruck gefunden hatte. Aber eine unöffentliche, fast in der Stille verlaufenen Handlung hat es auch hier gegeben; das war die Ermordung des Arabers – gewiß keines hervorragenden repräsentiven Menschen, aber eines Menschen guten Willens –, der bereit war, gemeinsam mit uns den großen Friedensbund vorzubereiten, durch seine arabischen Brüder.[24] Aus dem ungewußten und ungewollten Zusammenwirken dieser drei Verblendungen, von denen jede dauernd die beiden andern verstärkte, sind dann die Geschichtswellen emporgeschlagen, die außer allem andern auch die Chancen unseres Programms für diese Stunden hinweggespült haben.

Bedeutet dies aber eine Niederlage unserer Sache? Dies ist es, was ich leugne.

Ich habe sagen gehört, der offizielle Zionismus habe sich dem unseren überlegen gezeigt, indem er die zionistische Idee realisiert habe, was uns nicht gelungen sei. Diese Behauptung beruht auf einem fundamentalen Mißverständnis. Das am Zionismus, was in Wahrheit den Namen einer Idee verdient, ist nicht das Streben nach Verpflanzung jüdischer Massen nach dem Lande; das ist nur ein Mittel, es ist nicht einmal das Streben nach Selbständigkeit, auch das ist nur ein Mittel: es ist das Streben nach Regeneration. Regeneration, sei es eines einzelnen, sei es eines Volkes, ist nicht ein Ziel, das auf beliebigen Wegen erreicht werden kann; das Ziel schreibt hier den Weg unerbittlich vor, und wer einen Weg einschlägt, der nicht in

---

rung zwang das Schiff, nach Europa zurückzukehren, wo die Passagiere in Deutschland aussteigen mußten. Die „Exodus"-Affäre machte einen tiefen Eindruck auf die öffentliche Meinung in aller Welt.

24 Am 11. November 1946 unterzeichnete die Liga für arabischjüdische Verständigung ein Abkommen mit „Falastin al-Jedida" (Das neue Palästina), einer arabischen Organisation unter Leitung von Fauzi Derwish El-Husseini (1896-1946). Das Schriftstück, unterzeichnet von Fauzi und vier weiteren Mitgliedern, enthielt die Idee eines binationalen Palästina und eine Kampfansage gegen „jüdische Einwanderung im Einklang mit der Aufnahmefähigkeit des Landes". Weniger als zwei Wochen nach Unterzeichnung des Abkommens wurde Fauzi von arabischen Nationalisten ermordet. Dazu Aaron Cohen, Israel and the Arab World.

jedem Stück mit seinem Charakter auf den Charakter des Zieles hindeutet, mag was immer erlangen, Regeneration wird es nicht sein. Von hier aus war das zionistische Werk bestimmt mit höchstem Bewußtsein bei seinen geistigen Führern, aber gefühlhaft in der kleinsten Gemeinschaft lebendig, die an dem Werk teilnahm. Daß das Werk langsam vor sich geht durch Arbeit der Arbeitenden; daß es von einer Avantgarde der mit ihm innerlich Verbundenen, von einer natürlichen Elite geleistet wird; daß diese in weitere Kreise ausstrahlt, sie heranzieht, sie erzieht, sie aktiviert, sie immer wieder sich gleich macht: all das gehört mit zum Wesen des Werkes, weil es zum Wesen des Zieles gehört. Und ebenso hängt es mit seinem Wesen zusammen, daß es ein Friedenswerk ist. Man will mit den Nachbarn zusammen das Land erschließen; man will eine Gemeinschaft der Interessen aufrichten; und die wahrhaft Kühnen sind nicht, die Konquistadoren-Träume träumen, sondern die eine Zukunft schaun, wo zwei Brüdervölker gemeinsam Vorderasien neu erblühen lassen. Man stellt Wächter auf, wie es sein muß, und sie kämpfen wie es sich gehört; aber kämpfende Wächter sind keine Soldaten. Es geht nicht ohne inneren Widerspruch ab; man „erobert Arbeit" und eifert gegen fremden Zuzug, aber man hilft dem fremden Nachbardorf auf, rät und belehrt. Freilich, wenn ein Kreis aufsteht, um die Wahrheit auszusprechen: daß es um einen „Friedensbund", daß es um ein einiges „Vorderasien" geht, wird er unpopulär, weil man meint, das lähme den Geist des Vordringens; aber die Ehrlichen gestehen in Stunden stillen Gesprächs, daß es die Wahrheit des Wegs ist. Und im Nachbarvolk gibt es, neben natürlichem und künstlichem Widerstand, trotz eines zunehmenden, teils gewachsenen, teils gemachten Nationalismus, doch auch nicht wenig Verständnis und guten Willen; es gibt manchen, der der gemeinsamen großen Aufgabe zugänglich ist, und man ist kein Illusionär, wenn man die Stunde nahen sieht, wo ein erstes starkes Einvernehmen die Werkbewußten umfaßt. Da, in den Tagen von Grabski[25] und Hitler, bricht die „Geschichte" aus und zertrampelt alle zarten Keime. Es wird zum unabweislichen Gebot der Stunde, Massen ins

25 Wladyslaw Grabski (1874-1938) fungierte in den zwanziger Jahren als Finanzminister in verschiedenen polnischen Regierungen; von 1923-1925 war er Premierminister. Seine Finanzpolitik und sein Steuersystem waren für jüdische Kaufleute und Ladenbesitzer äußerst ungünstig. Die daraus entstehende Krise in der wirtschaftlichen Situation der polnischen Juden führte zu einer wachsenden Auswanderung von Juden aus Polen, von denen 60 000 nach Palästina gingen. Die vierte Einwanderungswelle der Jahre 1924-1926 war daher scherzhaft unter dem Namen „Grabski-Alija" bekannt.

Land aufzunehmen, die mit ihm und mit dem Werk unverbunden sind; die ausstrahlenden und erziehenden Eliten werden überflutet; und an die Stelle des organischen Tempos des Wegs tritt das von der Geschichte aufgezwungene. In dieser Aktion ist keine Willkür; die Notwendigkeit waltet. Und nun kommt, wieder zum Teil aus natürlicher Beunruhigung, zum Teil aus Verhetzung, die Reaktion aus dem andern Lager. In dieser Stunde hätte wohl der Versuch, ein großes gemeinsames Wirtschaftswerk auf breiter Grundlage zu errichten, große Wirkung üben können; es ist zu verstehen, daß unsere Führer die Freiheit und die Kraft dazu, zumal in solcher Zeit, nicht aufbrachten. Jetzt aber holt die Geschichte zu ihrem Hauptschlag aus. Der Dämon des Weltkriegs schafft das Weißbuch; aus dem Weißbuch steigt der Terror auf. Die drei Verblendungen werden groß und steigern einander. Das Ende des Weltkrieges stellt das her, was man die Konstellation nennt; daß sie ausgenutzt wird, wie sie ausgenutzt wird, ist die Folge der ungeheuren Dynamik, die zur Massenalija drängt, und die sie verhindernde Verblendung in einem; Verblendung antwortet der Verblendung, und nun ereignet sich was sich ereignet. Das Heer Israels, landverbundene und landunverbundene Elemente[26] ineinander verschweißt, hält stand; aber kein Triumph kann den Klaräugigen darüber hinwegtäuschen, daß die Seele des Zionwerks verwüstet ist. Wir stehen an der Schwelle der bitteren Erkenntnis.

Man sagt uns, ein Ziel sei erreicht. Ein Ziel ist erreicht, aber Zion ist es nicht. Es ist nicht, wonach einst die Sehnsucht Israels nach Erlösung sich aufgemacht hatte. Welcher Nüchterne und Redliche, der sich in dieser unserer heutigen Wirklichkeit umsieht, wird meinen, daß wir uns in einem Prozeß der Regeneration befänden ?

Man sagt: „Sammlung der Exile“[27] – man sollte sagen: Zusammenstoppelung der Exile. Unverknüpft drängen sie sich aneinander, jedes ringt um die Notdurft des Lebens, kein Geist der Liebe weht von Exil zu Exil im

26 Buber nimmt hier Bezug darauf, daß die .Verteidigungskräfte des Staates Israel durch Vereinigung verschiedenartiger Elemente gebildet waren: aus der Hagana, die ihre Truppen weitgehend aus den verschiedenen zionistischen Bewegungen bezog, die das Ideal des Pioniertums und der gemeinschaftlichen Besiedlung des Landes Israel vertraten, und aus dem Irgun mit seiner anderen Auffassung von jüdischer Erneuerung.

27 Eine idiomatische Wendung, gründend auf der biblischen Verheißung von der Heimführung der Israeliten aus dem Exil (vgl. Jes. 11, 12). Mit der Errichtung des Staates Israel wurde die Vorstellung von der wunderbaren Heimholung der Zerstreuten auf die Einwanderung von Juden „von den vier Enden der Erde“ angewandt.

Lande Israel. Wir haben nun die Selbständigkeit in ihrer äußersten Form, wir haben den Staat mit allem was dazugehört, aber wo ist das Volk zu diesem Staat, wo ist der Geist zu diesem Volk? Und noch etwas. Wir haben eine geschlossene jüdische Wirtschaft, wir haben statt einer Wirtschaftsgemeinschaft mit den Arabern eine fast araberlose Wirtschaft bekommen -aber wir haben damit eine große Aufgabe verloren, und vielleicht haben wir noch etwas anderes, grundlegendes verloren, was unsere Wirtschaft noch empfindlich zu fühlen bekommen wird. Es gibt nichts Leichtfertigeres als die so verbreitete Freude über das Entfallen der arabischen Bevölkerung. Ich sehe noch nicht, wie wir den Fellachen, die Karyatide der palästinensischen Wirtschaft, ersetzen werden.

Nein, eine Niederlage unserer Sache bedeutet all dies nicht. Unsere-Sache ist verdrängt, verdunkelt worden, aber besiegt ist sie nicht worden. Sie wäre es worden, wenn das Zionsziel auf dem Weg erreicht worden wäre, der eingeschlagen worden ist; aber es ist auf diesem Weg nicht zu erreichen. Können wir denn aber überhaupt noch von diesem schicksalhaften, verhängnishaften Irrweg auf den wahren Weg zurückgelängen? Eine Rückkehr gibt es nicht. Was uns geblieben ist, ist die Hoffnung, über tiefe Enttäuschungen und bittere Leiden, durch strenge Selbstbesinnung und Desillusionierung, durch Wahrheitswillen und Wahrheitserkenntnis auf ein neues, anderes Stück des wahren Wegs, des Wegs der Arbeit und des Friedens, der nach Zion führt, zu gelangen. Wie dieses Wegstück aussehen wird, das können wir uns heute noch gar nicht vorstellen; nur dessen können wir gewiß sein, daß von dem Punkt, wo wir stehen, sehr viel schwerer als von einem früheren dahin zu gelangen ist. Einst wird uns wohl der Triumphweg, auf den unser Volk so stolz ist, als grausamer Umweg erscheinen.

Es gibt freilich viele unter unsern früheren Anhängern, die für den Friedensbund, für den binationalen Staat, für die föderative Lösung nur deshalb eingetreten sind, weil sie nicht glaubten, daß wir im Kampf den Arabern standhalten würden; das sind die, die zwar aus der Geschichte der Menschen nichts anderes zu lernen verstanden haben, als daß Gott mit den stärkeren Bataillonen sei, aber eben der Meinung waren, wir hätten die schwächeren. Ihre Sache, wenn sie eine hatten, ist von der herrschenden Richtung besiegt worden die die stärkeren Bataillone aufzustellen und zu verwenden verstanden hat. Wir aber, die wir, ohne die Vordergrundslehren der Geschichte zu mißachten, als ihre große Hintergrundlehre gelernt haben, daß die Stärke der Bataillone nur für die Stunden, die Kraft des schaffenden Völker-Einvernehmens allein aber für die Geschlechter entscheidet; wir, die wir zwar um den Ausgang der Kämpfe gezittert haben wie jeder schlichte Jude,- aber an ihrem Ende auch im allerbesten Fall nicht Zion am geschichtlichen Horizonte aufstrahlen sahen, sondern dessen Scheinbild; wir, die wir den Spruch, Zion werde durch Gerechtigkeit erlöst werden[28] weder für eine dichterische Metapher noch für eine idealistische Hyperbel, sondern für die Prophetie der Wahrheit gehalten haben und halten: wir sehen heute, in tiefem Leiden um das, was geschehen ist und geschieht und in der Treue zu unserer Sache ungebrochen einer neuen Phase unserer Aufgabe entgegen. Es fällt uns schwer zu reden – ich gestehe, daß es mir sogar schwer geworden ist, heute zu Ihnen, meine Genossen, zu reden – aber wir dürfen nicht schweigen. Wir haben in der neuen Situation und ihrer Bedingtheit gemäß, unser Wort neu zu sprechen, wie es unsere Sache gebietet. Wir haben nach Kräften unserer Fassung und unserer Darstellung jeweils das Falsche zu zeigen und das Rechte zu fordern, wir haben der Lüge und der noch gefährlicheren Mischung aus Wahrheit und Lüge die unvollständige menschliche Wahrheit entgegenzustellen, so gut wir sie eben zu erkennen vermögen; wir haben überall, wo sich etwas bessern läßt und wir das Bessere wissen, es vorzuschlagen und zu entwerfen; und wir haben von den neuen Voraussetzungen aus, unter diesen so sehr erschwerenden Voraussetzungen, den neuen Weg zum Ziel Israels im lebendigen Wort zu verkünden. Noch sind weithin die Ohren taub, aber mit den Erfahrungen jedes Tages wächst die Zahl der Hörenden und muß sie wachsen. Noch widerstrebt unsre eigene Kehle dem neuen Wort, ja unser Herz, in dem es sich gebären soll, widerstrebt es auszutragen; aber es will gesprochen werden und, heute oder morgen, werden wir ihm gehorchen müssen.

## DIE SÖHNE AMOS'
(1950)

Die Sehnsucht, die Selbständigkeit wiederzugewinnen, ist dem jüdischen Volk in der Form eines modernen Staatswesens in Erfüllung gegangen. Für das Judentum bedeutet diese historische Tatsache, daß es nunmehr der schwersten Krisis seiner Geschichte entgegensieht.

28 Vgl. Jes., 1, 27.

Die herrschende Ansicht ist dieser entgegengesetzt. Man meint zumeist, gerade erst die Konstituierung als Staat schaffe die Grundlage für einen großen Aufschwung des jüdischen Geistes, somit des Judentums.

Aber nicht bloß, daß Macht eines Staates und Blüte, einer Kultur durchaus nicht immer parallel gehen: wichtiger ist, daß auch die reiche geistige Produktivität des jüdischen Volkes in seinem Lande keineswegs ein neues großes Leben des Judentums zur Folge haben mußte.

Versteht man Judentum streng in seinem Einzigkeitscharakter, dann kann es keinen anderen Sinn haben als diesen: göttliches Geheiß über einem Volke, als Volk, stehend.

Nur ein einziges Mal ist es geschehen, daß ein Volk, sich auf den Weg seiner Geschichte begebend, ihn als einen von Gott gewiesenen und gebotenen sah, als eine von ihm zu vollziehende göttliche Satzung.

Wie sehr auch der faktische Weg seiner Geschichte von jenem abwich, jede Abweichung ist eben als solche gekennzeichnet und gerügt worden: jeder Punkt des faktischen Wegs ist auf einen des befohlenen, des „Weges Gottes", des Wegs der Gerechtigkeit, bezogen worden. Stets wurde die „Umkehr" zu ihm gefordert, stets blieb der eine „Weg Gottes" sichtbar.

Dieses, als Volk auf den Weg Gottes bezogen zu sein, ist Judentum, oder es hat nie ein Judentum gegeben.

Aber man verkenne nicht, was damit gemeint ist! Etwas anderes als was wir leichten Herzens Moral zu nennen pflegen! Gott will – das war die Botschaft – daß Israel ein Volksleben in Gerechtigkeit nach innen und nach außen lebe: nicht bloß gerechte Institutionen, sondern gerechte Beziehungen, ein Lebenssystem gerechter Beziehungen in Wirtschaft, Gesellschaft und Staat, gerechter Beziehungen auch als Volk zu anderen Völkern. Das heißt: Gott will, daß Israel mit der Gerechtigkeit auf Erden beginne. Daß es beginne, mit der Gerechtigkeit auf Erden Ernst zu machen. Welch ein Risiko! und welch eine Verheißung!

Das Volk hat versagt. Aber es hat nicht gezweifelt. Es hat nicht allein daran nicht gezweifelt, daß Gott, Gott selber, von ihm, von Israel, lebende Gerechtigkeit erwartet: es hat auch, in all den Zeiten des Exils, daran nicht gezweifelt, daß es sie verwirklichen würde, wenn es seine Selbstbestimmung, die Freiheit, seine eigenen Lebensformen als Volk zu bestimmen, wiedererlange!

Jetzt, nach fast zwei Jahrtausenden, hat Israel die Voraussetzungen der Verwirklichung wiedererlangt.

Nun aber scheint es dafürzuhalten, daß ihm als Staat, allen modernen Staaten gleich, das Recht und die Pflicht zuteil geworden seien, in der

Forderung seiner jeweilen Interessen, wie seine Vertreter sie verstehen, die entscheidende, ja die absolute zu sehen. Die göttliche ist wie verschwunden. Einst, in der ersten Staatszeit Israels, hatten sich – an diesem Ort allein und in jener Stunde allein auf Erden – Propheten erhoben und hatten das Volk und seine Herrscher ermahnt, wo das Interesse des Augenblicks, das was im gegebenen Augenblick als das Interesse der Gemeinschaft erscheint, im Gegensatz zum umwandelbaren göttlichen Willen, dem Willen zur Gerechtigkeit, steht, da dürfe man nur diesem und nicht jenem folgen, sonst drohe Unheil und Zerfall. Unheil und Zerfall sind gekommen. Das große Exil hat begonnen. Heute, da in seine Mauern eine breite Bresche geschlagen ist, scheint die Situation, in der die Propheten sprachen, wiederkehren zu sollen, noch verschärft durch die Scheinweisheit der modernen Staatsraison und den zur vollkommenen Ausbildung gediehenen Irrglauben, daß es die Augenblickserfolge seien, die den Gang der Geschichte bestimmen.

Gewiß, man sagt der prophetischen Überlieferung nicht ab. Man ehrt und verehrt sie, aber nicht als verbindliche Lebenswahrheit, nur als einen ideellen Besitz der Nation, geeignet, in der nationalen Propaganda zweckmäßig verwendet zu werden. Nichts Schlimmeres als dies kann der menschlichen Artikulation göttlichen Worts widerfahren. Es ist an der Zeit, die Prophetie Israels dem Zugriff der Phrase zu entwinden, indem man sie ernst nimmt und sie, das wahre Licht der Menschenwelt, dem trügerischen Gefunkel der sogenannten Interessen entgegenstellt. Es ist die Wahrheit: durch Gerechtigkeit allein kann der Mensch als Mensch, können die Menschenvölker als Menschenvölker bestehen. Menschliches aber, das nicht mehr menschlich, das heißt, in der Verwirklichung des Geistes, bestehen kann, ist dem Los alles Nur-Stofflichen, der Zersetzung, überantwortet.

Wohl haben wir keine Propheten mehr, die zum Ausweis ihrer Botschaft sagen dürfen: „So hat Gott gesprochen." Aber jedem, der um die Wahrheit der Propheten weiß, liegt es ob, sie in das Drohen der Krisis hinein zu sprechen. Denn was einst gesagt wurde, ist auch für eine Stunde wie diese gesagt, und vielleicht mehr für sie als für irgendeine frühere. Es ist ja das Erdenreich des Menschen, es ist der Menschenbestand selber, der zu zerfallen droht, weil er nicht auf Gerechtigkeit gebaut ist. Wir Juden sind nur wie einst und wie immer das leibhafte Paradigma, an dem dargelegt wird, was dargelegt werden soll, – aber eben ein selber entscheidungsfähiges, selber Entscheidung übendes und das heißt: ein Paradigma für Heil und Unheil. Was heute für Israel gesprochen wird, wird für das ganze elende Menschengeschlecht dieser Stunde gesprochen. Aber zu Recht wird es gerade für Israel gesprochen, das einzige Volk, das unter einem göttlichen Geheiß auf den Weg seiner Geschichte ausgesandt worden ist.

Liebe kann sich je und je nur im Dasein von einzelnen, Gerechtigkeit kann sich nur im Volksleben und im Völkerleben erfüllen. Weil die Propheten den Weg nannten, der über wahres Volksein zu einer wahren Menschheit führt, haben sie über jede andere Forderung die der Gerechtigkeit gestellt. Nur ein Volk kann, wie zwischen seinen Gliedern – Individuen und Gruppen – untereinander, so auch in seinen eigenen Beziehungen zu anderen Völkern Gerechtigkeit stiften, sich selber und einer werdenden Menschheit zum Heil.

Dazu bedarf es der Selbständigkeit und Selbstbestimmung, eben dessen, das Israel jetzt wiedererlangt hat. Was wird es damit beginnen? Das ist die Frage der Krisis.

Die Propheten haben einst die „Erlösung", die Befreiung vom Joch der Völker, nicht um seiner selbst willen verheißen, sondern um dessen willen, was es zu vollbringen hat. Aber man bilde sich nicht ein, daß was man zu vollbringen hat eben eine „nationale Kultur" sei! Es gibt für Israel keine lebendige Kultur ohne Gerechtigkeit. Und es wird auch dann keine Wahrheit daraus, wenn man das zu Vollbringende als „religiöse Erneuerung" bezeichnet. Denn es gibt für Israel keine lebendige Religion ohne Gerechtigkeit.

Nicht gerechte Gesetze und gerechte Institutionen allein sind gemeint, so unerläßlich sie als Grundlage sind. Gemeint ist in allem und jedem das echte Streben nach dem Gerechtsein, den Personen und den Gemeinschaften gegenüber. Gemeint ist die *Richtung,* die für das öffentliche wie für das private Leben maßgebend werden soll. Es geht um die Konstituierung der heiligen Lebensnorm.

Hierzu aufzurufen liegt heute jedem ob, im Staate Israel und in der Gola, der um die prophetische Wahrheit weiß.

Einige Menschen in Jerusalem haben sich zusammengetan, um mit dem Dienst an diesem Werk zu beginnen. Sie wollen keine Partei und keinen Verein gründen, nur gemeinsam der Wahrheit dienen. Sie sehen die ewige prophetische Wahrheit als verbindlich, sie wollen einander helfen, sie von der Wirklichkeit jeder Stunde aus immer neu als verbindlich zu erkennen, sie wollen sie als verbindlich von neuem deutlich machen, sich selber und anderen; wie es je und je die Stunde erfordert, so gut sie es wissen und so gut sie es können.

Sie nennen sich mit dem Namen des Propheten, der vor allem die Botschaft der Gerechtigkeit als solche verkündigte und die Völker geißelte, weil sie an den Brudervölkern Unrecht verübten: *Bnei Amos* (Söhne Amos').

Ihr Kreis, hier und in aller Welt, mag wachsen, schnell oder langsam, viele mitreißend oder nur einzelne überzeugend, wie Gott will.

## VORWORT ZU EINEM GEPLANTEN BAND ÜBER ARABISCH-JÜDISCHE VERSTÄNDIGUNG

(um 1950)

Dieses Buch enthält eine Auswahl von charakteristischen Äußerungen aus einem kleinen, langsam wachsenden Kreise, der von den Anfängen der modernen jüdischen Besiedlung Palästinas an bis heute die Überzeugung gehegt und ausgesprochen hat, daß ein umfassendes Zusammenwirken mit dem arabischen Nachbarvolk die Grundbedingung für ein echtes und dauerndes Gelingen dieses Siedlungswerkes ist. Die Menschen dieses Kreises haben aber auch immer klarer erkannt, daß es von dem Zustandekommen einer jüdischarabischen Kooperation abhängt, ob der Nahe Orient einer neuen großen Blütezeit entgegengeht oder trotz aller Anstrengungen dem Verfall geweiht ist. Anderswo mag es genügen, die „Koexistenz" zweier einander entgegengesetzter Gesellschaftssysteme anzustreben, – hier kann und darf es auf nicht weniger ankommen als auf eine intensive und weitreichende Zusammenarbeit. Die Situation latenten oder aktuellen Konflikts kann und darf hier durch nichts Geringeres als durch die Anbahnung einer aktiven Gemeinschaft der beteiligten Völker abgelöst werden. Das haben die Menschen dieses kleinen Kreises immer tiefer verstehen gelernt.

Unausgesprochen lag diese Tendenz dem modernen „zionistischen" Siedlungswerk von Anbeginn zugrunde. Die große Epoche dieses Siedlungswerks, die sich bis nah an den Zweiten Weltkrieg erstreckt, hat einen selektiven und evolutionären Charakter. Die Träger der Kolonisation waren Generationen von Pionieren, stetig durch neu einwandernde Gleichgesinnte und durch in der gleichen Gesinnung aufwachsende Söhne vermehrte Scharen von Menschen, die sich zum Lebensziel erwählt hatten, mit ihrer Arbeit dieses Land, gerade dieses Land, das biblische „Land Israel", als die objektive Grundlage einer Wiedergeburt des jüdischen Volkes neu aufzubauen. Das Werk, das der Kern für die große konzentrative Siedlung schaffen sollte, vollzog sich in einem organischen Tempo. Dazu gehörte, daß im friedlichen Kontakt mit der eingesessenen Bevölkerung, in wohlwollender und hilfreicher Nachbarschaft deren Vertrauen gewonnen werden sollte, was für das künftige Gemeinschaftsleben unentbehrlich war. Das glückte nicht immer aus Ursachen, die auf beiden Seiten lagen, aber es glückte vielfach und zunehmend. Dann aber griff die sogenannte Weltgeschichte in der Gestalt erst der polnischen, dann in weit größeren Dimensionen der deutschen Judenverfolgung ein. Massen mußten wandern, und für die Massen war Palästina – so heilig es ihnen in der Überlieferung geblieben war – nicht „das" Land, das sie neu aufbauen wollten, sondern ein Land, das sich eben nicht weigerte, sie aufzunehmen. Das selektivevolutionäre Prinzip und das organische Tempo wurden vom Ansturm überrannt. Das Mißtrauen der Araber, das sich bisher sporadisch geltend gemacht hatte, wuchs in einer starken Welle an. Das kam: ehe noch das Vertrauen hatte Fuß fassen können. Die offiziellen Vertreter der zionistischen Sache hatten diesem Mißtrauen keine programmatische Deklaration der Versöhnung und des geplanten Zusammenwirkens entgegenzusetzen. Die Massen mußten politisch gesichert werden; die Staatsform erschien nun nicht mehr als ein künftig zu erwartendes Ergebnis des Siedlungswerks, sondern als das Gebot der Stunde. Gegen die resultierende Forderung des „Judenstaats" stellte unser kleiner Kreis alternativisch die eines binationalen-Staates oder die einer vorderasiatischen Föderation, in die der neue Staat als gleichberechtigtes Mitglied unter Garantierung der nationalen Anliegen eintreten sollte. Diese Forderung, die dem Glauben an die Möglichkeit neuer, höherer Formen des Zusammenlebens von Völkern entsprang, setzte sich in der öffentlichen Meinung nicht durch. Man hörte immer wieder, diese Gruppe von „Idealisten" rechne nicht mit der Wirklichkeit der Situation. Manche von denen, die damals so sprachen, beginnen heute an der Richtigkeit dieses Urteils zu zweifeln, – sofern es sich um die Vergangenheit handelt. Heute, wo eine wesentliche Voraussetzung eines Föderativpakts, die arabische Einigkeit, nicht mehr besteht, scheint ein solcher Friede unerreichbar geworden zu sein. Aber ein Ende des kalten Weltkriegs würde ihn wieder ermöglichen. Wie dem auch sei, ein Friede zwischen Juden und Arabern auf der Grundlage einer beginnenden Kooperation hat eine starke Realisierungschance: er und nur er vermöchte die geschichtliche Lage *beider* Partner entscheidend zu bessern.

# EIN PROTEST GEGEN DIE ENTEIGNUNG ARABISCHER BÖDEN (1953)

Herrn Joseph Sprinzak
Vorsitzender der Knesset
Jerusalem

Jerusalem, den 7. 3. 53

Sehr geehrter Herr!
Diese Woche wurde der Knesset das „Gesetz zur Erwerbung von Boden“ zur zweiten und letzten Lesung vorgelegt. Dies bedeutet, einer bestehenden Tatsache Gesetzeskraft zu verleihen, d. h. der Beschlagnahmung von Böden arabischer Bürger, die nicht aus Gnade, sondern von rechts wegen in Israel ansässig sind (keine *Flüchtlinge*!). Es ist uns unverständlich, daß nach dem, was in den Zeitungen steht, sich bis jetzt unter den jüdischen Knessetabgeordneten kaum einer gefunden hat, der seine Stimme gegen ein Gesetz erhoben hätte, welches eine gesetzliche Billigung für Maßnahmen und Aktionen gäbe, in denen jeder einzelne Knessetabgeordnete ein himmelschreiendes Unrecht sähe, geschähe dies seinem Eigentum oder dem Eigentum eines Juden.

Wir verstehen zwar, daß wirkliche Sicherheitserfordernisse – d. h. nicht solche Erfordernisse, deren wirkliche Tendenzen das Wort Sicherheit deckt – Wegnahme von Besitz und Böden in bestimmten Gebieten notwendig machen. Aber auch dies nur mit zwei Einschränkungen: a. daß der Besitz nur soweit angegriffen werde, wie es für die Sicherheitserfordernisse notwendig ist, d. h. nur solange Ausnahmezustand herrscht, was die Berechtigung zur endgültigen Wegnahme auf alle Zeiten negiert; b. daß die rechtmäßigen Besitzer das Recht erhalten, sich mit der Forderung an das Gericht zu wenden, zu überprüfen und festzustellen, ob wirklich Sicherheitserfordernisse hinter der Wegnahme stehen.

Wie uns jedoch bekannt ist, gibt es viele Fälle, in denen nicht Sicherheitserfordernisse, sondern ganz andere Ziele, z. B. die Erweiterung des Gebietes von bestehenden Ansiedlungen, zur Wegnahme der erwähnten Böden führte. Nach unserer Meinung sind diese Fälle in keiner Weise dazu angetan, die Tatsache zu rechtfertigen, daß die jüdische Legislative ihnen den Anschein der Rechtmäßigkeit verleiht. Uns sind außerordentlich bevölkerte Dörfer bekannt, in denen die beschlagnahmten Böden mehr als zwei Drittel des gesamten Bodens ausmachen.

Als Juden und als Bürger des Staates Israel fühlen wir uns verpflichtet, gegen den Gesetzesvorschlag zu protestieren, der allem, was den Namen Jude trägt, in keiner Weise Ehre macht.

Darum schlagen wir vor – in allgemeinen Linien: a) Soweit wirkliche Sicherheitserfordernisse es notwendig machen und solange der gegenwärtige Ausnahmezustand besteht, ist es dem Sicherheitsminister (oder jedem anderen Minister, den das Gesetz dazu ermächtigt) vorbehalten – unter Berücksichtigung der oben erwähnten Einschränkungen – das Recht zur Benutzung eines jeden Bodens aufzuheben, ohne daß diese Beschlagnahme das rechtmäßige Eigentum anficht, b) Auch im Falle des Paragraphen a soll dem Bodeneigentümer genug Boden gelassen werden, um seine wirtschaftliche Existenz durch die Bearbeitung des Bodens zu gewährleisten. Hier ist nach den im „Befehl zur Verteidigung des Pächters" festgelegten Regeln zu verfahren. Selbstverständlich hat der Eigentümer auch in diesem Fall ein Anrecht auf Entschädigung, c) In jedem anderen Falle, wo Böden nicht, wie oben erwähnt, aus Sicherheitserfordernissen weggenommen worden sind, soll man das Eigentum in den vollen Besitz des Eigentümers zurückführen, in einem Zeitraum, dessen Maximum das Gesetz festlegt und unter der Bedingung, daß dem Eigentümer das Recht verbleibt, die Wiedererstattung seines Besitzes vor Ende des erwähnten Zeitraumes vor Gericht einzuklagen.

Wir wenden uns an Sie mit der Bitte, unseren Vorschlag zur Kenntnis zu nehmen und ihn an die Knessetabgeordneten weiterzuleiten, um zu verhindern, daß sich die jüdische Legislative dazu hergibt, ein Gesetz anzunehmen, das mit allen Grundsätzen des Judentums und mit allen feierlichen Erklärungen der israelischen Regierung zur Zeit der Staatsgründung im Widerspruch steht.

Der Zentralausschuß, Jerusalem, „Ichud"-Gesellschaft.

# WIR BRAUCHEN DIE ARABER – DIE ARABER BRAUCHEN UNS!

**Ein Interview**

(1955)

*Frage: Professor Buber, angesichts der Tatsache, daß der gegenseitige Haß im Nahen Osten immer größer wird, besteht Ihrer Meinung nach noch immer die Hoffnung auf ein Übereinkommen beider Völker?*

Antwort: Ich bezweifle, daß zur Zeit eine Hoffnung auf einen Frieden besteht, dessen Bedeutung nicht nur die Beendigung des kalten Krieges zwischen Israel und den Arabern wäre. Doch ich glaube, daß der Tag nicht fern ist, an dem es möglich ist, zu einem Abkommen zu gelangen, was Zusammenarbeit und dessen äußere Form die Beteiligung Israels an einer Föderation der Völker des Nahen Ostens bedeutete. Ich befürworte ja eine solche Föderation schon seit vielen Jahren. Es ist selbstverständlich, daß eine solche Föderation nur so zu errichten ist, daß ihre Grundbedingungen nicht auf dem gewöhnlichen Wege abgeändert würden, daß eine Mehrheit ihren Willen der Minderheit aufzwänge, denn wenn dies der Fall wäre, wäre unser nationaler Bestand gefährdet. Das heißt, das Grundgesetz der Föderation müßte so etwas wie eine internationale Magna Charta sein; dies ist nicht der richtige Platz auf Einzelheiten einzugehen.

*Frage: Fassen Sie dabei eine Föderation nur in Palästina oder im ganzen semitischen Raum ins Auge?*

Antwort: Ich meine nicht nur Palästina, sondern das gesamte Gebiet des Nahen Ostens. Alle unsere Probleme hängen mit ihm zusammen, und es ist unmöglich, sie davon zu trennen. Ich sah das schon 1917, da ich mich mit dieser Frage zu beschäftigen begann, als wir mit einer neuen Situation konfrontiert wurden. Seitdem habe ich nicht aufgehört, darüber nachzudenken und mich danach zu sehnen.

*Frage: Im gesamten Raum?*

Antwort: Ja, ich sah, daß das Schicksal dieses Erdteiles, den man den Nahen Osten nennt, von der Zusammenarbeit der Völker, die ihn bewohnen, abhängt. Ohne diese Zusammenarbeit werden weder wir noch die Araber Erfolg haben. Sie brauchen uns genauso nötig, wie wir sie brauchen. Dieser Weltteil braucht beide Völker, die Zusammenarbeit zwischen beiden. Darum ist dies eine weltpolitische Angelegenheit.

*Frage: Sind Sie der Überzeugung, daß wir nicht genug unternommen haben, uns dieser Zusammenarbeit zur rechten Zeit zu versichern?*

Antwort: Meiner Meinung nach bestand unser Hauptfehler darin, daß wir nicht, sofort nachdem wir hierher kamen, bemüht waren, Vertrauen im Herzen der Araber zu erwecken, politisch und wirtschaftlich. Wir haben dem Argument vorgearbeitet, daß wir Fremde seien, Leute von draußen, und daß wir an einem Zusammenschluß mit den Arabern nicht interessiert wären. Dies öffnete allen späteren Konflikten Tür und Tor.

*Frage: Sie und Ihre Freunde haben doch davor gewarnt?*

Antwort: Wir haben das unsere gesagt. Doch unsere Stimme wird nicht gehört. In der Politik urteilt man nach dem Erfolg. Als der Staat errichtet wurde, verließen uns mehrere Weggenossen. Sie meinten, das Problem wäre gelöst. Ich habe ihnen nicht geantwortet, denn in meinem Herzen war Furcht. Doch in der jetzigen Situation ist es Pflicht jedes seiner Sache ergebenen Mannes, seine Meinung offen zu sagen.

*Frage: Sind Sie davon überzeugt, daß die Situation heute ernster als vor zehn Jahren ist?*

Antwort: Die günstigste Stunde war sofort nach unserem Siege. Kluge Leute wußten das. Deswegen versuchten sie Verhandlungen mit Abdallah[29] anzuknüpfen. Ich möchte keine Einzelheiten aufzeigen, doch scheint es, daß es möglich war mit einem gewissen Verzicht ein Abkommen zu erreichen.

*Frage: Und weswegen sind die Verhandlungen gescheitert?*

Antwort: Anscheinend dachten unsere Abgesandten, daß wir, wenn wir abwarten, bessere Bedingungen erhalten werden, nur haben sie die Tatsache außer acht gelassen, daß alle Menschen einmal sterben und daß viele Söhne nicht in den Bahnen ihrer Väter wandeln. Jetzt jedenfalls ist es beinah sicher, daß in absehbarer Zeit eine neue Stunde des Glücks schlagen wird nach gewissen Änderungen in der internationalen Politik. Alles hängt davon ab, ob wir diese Stunde zu nützen wissen, und das heißt, wenn wir uns darauf verstehen, uns schon jetzt darauf vorzubereiten.

*Frage: Wenn wir nun diese von Ihnen angedeutete Möglichkeit nicht beachten, glauben Sie, daß die Zeit gegen uns arbeitet?*

Antwort: Dies möchte ich nicht behaupten. Ich weise nur auf die Notwendigkeit gesteigerter Aufmerksamkeit hin. Vor etwa drei Jahren war ich

29 Abdallah ibn Hussein (1882-1952), erster König des Haschemitischen Königreichs Jordanien, bemühte sich um eine Verständigung mit Israel. Er wurde am 20. Juli 1951 ermordet.

mit einigen anderen Leuten zu einer Unterredung mit einem der Führer des Staates geladen. Wir unterhielten uns über die Gestaltung des Wesens der israelischen Nation. Ich wurde gefragt: „Wie kann die Regierung auf die Gestaltung des geistigen und moralischen Wesens der Nation Einfluß nehmen?" Ich antwortete: „Es ist nicht in der Hand der Regierung durch Gesetze rund Verfügungen den Volkscharakter zu bestimmen. Aber sie kann bewirken, daß die Menschen nachzudenken beginnen und nach dem Sinn fragen. Hauptsächlich schlug ich eine Aktion vor, die das Gewissen des Volkes wecken würde: die Initiative zu ergreifen und alle interessierten Staaten, auch kirchliche Organisationen, zu einem Kongreß einzuladen, um zusammen mit ihnen das Problem der arabischen Flüchtlinge zu klären.

*Frage: Was war die Reaktion dieses Führers?*

Antwort: Nach der Versammlung sagte er mir privat nur kurz: „Sie müssen nicht denken, daß ich mit dem, was Sie sagten, nicht einverstanden wäre. Doch in der Geschichte gibt es sowohl Verfrühtes wie auch Verspätetes. So wird ja, was du zu dieser Stunde in den Händen hältst, in späterer Stunde vielleicht nicht mehr in deinen Händen sein, wie unsere Weisen gesagt haben: ‚Sage nie, wenn ich dafür frei bin ...' Nicht-wenige Tage vergingen und man stellte Versöhnungs- und Vermittlungsausschüsse auf, und die Initiative entfiel unseren Händen."

*Frage: Was für einen politischen Vorschlag würden Sie heute machen?*

Antwort: Eine ihres Namens würdige Politik ist keine Angelegenheit von Entschlüssen und Taten allein. Vor allem braucht man eine klare Richtung, welcher die Entschlüsse und Taten je nach der sich ändernden Situation entspringen. Meiner Meinung nach war unsere politische Richtung in der besprochenen Angelegenheit irrig und irreführend. Das erste, was wir tun sollten, ist die Richtung zu ändern.

*Frage: Von wem erhoffen Sie sich dies?*

Antwort: Es ist beinahe sicher, daß die Sache zunächst nicht populär sein wird, lauert doch im demokratischen System jede Partei auf den Mißerfolg der anderen. Es gehört viel Mut dazu, diese Änderung hervorzurufen.

*Frage: Brauchen wir eine neue Persönlichkeit?*

Antwort: Nicht die Persönlichkeit ist die Hauptsache, sondern die allgemeine Erneuerung. Wie die Bibel sagt: „Ein neuer Geist erstand in meinem Innern." Auf jeden Fall wird der Marin, der unbeugsam das Gebot der Stunde in die Tat umsetzt, der wahrhafte Held der Nation sein. Wir alle sind verpflichtet, diesem Mann den Weg zu bahnen, obwohl ich

z. Z. keinen sehe. Ich habe den Eindruck, daß einige wichtige Leute die Wirklichkeit sehen, so wie sie ist, aber sie bringen nicht den Mut auf, darüber zu reden.

*Frage: Prof Buber, ist Ihr Ausgangspunkt politischer oder moralischer Art?*

Antwort: Ich mache keinen grundsätzlichen Unterschied zwischen dem, was in moralischer oder politischer Hinsicht richtig ist. Eine unmoralische Tat mag manchmal Nutzen für kurze Zeit bringen, abeu nicht für Generationen, nicht einmal für eine Generation. Die Grundanschauung der Propheten Israels war ausgesprochen real-politisch. Sie waren keine Defaitisten. Am Ende gibt es keinen Widerspruch zwischen Realpolitik und moralischer Politik; Manchmal fordert diese einen Verzicht auf den momentanen Nutzen um des Bestehens in der Zukunft willen.

*Frage: Was Sie nun herbeiwünschen, ist eben eine geistige Erneuerung?*

Antwort: Sie haben recht. Ein politisches Unternehmen wird keine Wirkung zeigen. Wenn sich jedoch jene neue, oben von mir erwähnte Richtung anbahnt, wird das unvermeidlich auf das Geistesleben Einfluß nehmen. Wir haben es mit gegenseitiger Einflußnahme zu tun. Sicher ist die innere Erneuerung der ausschlaggebende Faktor.

*Frage: Was wäre Ihrer Meinung nach die Hauptsache dieser Erneuerung?*

Antwort: Wir befinden uns in einem entsetzlichen geistigen und moralischen Niedergang. Aber ich verzweifle nicht. Wir müssen zu der uns auszeichnenden Wahrheit zurückfinden, zum nationalen Universalismus, der auch durch unsere geopolitische Situation unbedingt erforderlich ist. Dies war schon immer das Programm des Zionismus, der des Namens Zion würdig ist. Nationaler Universalismus heißt, der Nation eine feste Grundlage für ihren Anteil bei der Verwirklichung echter Menschlichkeit zu sichern. Wir wurden Zionisten, um diese Angelegenheit aus dem Bereiche des Wortes in den Bereich der Tat zu führen. Zum nationalen Universalismus zurückzufinden heißt, jene Verderbnis zu bekämpfen, die uns die Tore zum Nationalismus geöffnet hat.

*Frage: Würden Sie denn sagen, daß der Staat Israel die Verwirklichung dessen bedeutete, was Sie sich vor fünfzig Jahren erträumt haben?*

Antwort: Ich und meinesgleichen haben niemals die nationale Unabhängigkeit für ein Ziel an sich gehalten, sondern für eine Grundlage, ohne die die Erneuerung nicht zu verwirklichen ist. Unsere Hoffnung war, daß uns Zeit gegeben würde, die Ansiedlung organisch zu entwickeln, um sie zu einer gesunden gesellschaftlichen und politischen Körperschaft zu machen.

*Frage: Wurde diese Hoffnung enttäuscht?*

Antwort: Man darf niemandem dafür die Schuld geben, daß dies nicht zur Ausführung kam. Die tragische Geschichte unseres Volkes kam über uns in einer Wolke von Drangsal und Verfolgungen und erschwerte unseren Weg. Es entstand ein Druck von Heimatlosen und Evakuierten, ein Druck, dem nicht nur die Zionisten nicht widerstehen konnten, auch einige internationale Staatsmänner sahen die Sache als ein Urteil der Geschichte an. So entstand der Staat aus einer momentanen Zwangslage. Natürlich sind viele übereilte Schritte unternommen worden, die der Entwicklung des Staates in der Zukunft geschadet haben.

*Frage: Ihr Kreis, Prof. Buber, hatte einen Staat anderer Art im Sinne?*

Antwort: Die meisten Zionisten wollten vor allem einen Staat, die Leute unseres Kreises betonten demgegenüber, die Hauptsache sei, auf welche Weise wir dazu gelangen würden. Sie wollten eine organische Entwicklung, an deren Ende ein Staat erblühte, der das Lebenszentrum des Nahen Ostens würde. In ihm würden die Juden ihre verborgenen schöpferischen Kräfte wiederentdecken. Wir hofften auch, daß diese Schöpfung sich allgemein auf dem Glauben aufbaute und insbesondere auf gegenseitigem Vertrauen.

*Frage: Würden Sie sagen, daß eine Kulturrevolution notwendig ist?*

Antwort: Vor allem müssen wir wissen, daß wir in Wirklichkeit noch keine lebendige eigenständige Kultur haben. Wir haben eine große Erbschaft, wir haben begabte Leute, Schriftsteller, Dichter, Künstler, Denker, Wissenschaftler und Forscher und auch ausgezeichnete erzieherische und kulturelle Institutionen, aber wir haben keine Kultur im eigentlichen Sinne, eine Kultur, die in allen Lebensbereichen des Volkes ihren besonderen Ausdruck findet.

*Frage: Sind Sie nicht der Meinung, daß im Lande eine neue Kultur im Entstehen ist?*

Antwort: Alle großen Kulturen, besonders die orientalischen, sind auf dem absoluten Gebot der Gerechtigkeit und der Wahrheit aufgebaut. Auch die Kultur Griechenlands, deren Wiege hier in Kleinasien stand. Ein gemeinsamer Zug des gesamten Orients ist die Erkenntnis, daß es im Himmel eine wahrhafte Ordnung gibt, die die Menschen auf der Erde zu verwirklichen verpflichtet sind. So war es bei den alten Chinesen, Indern und Persern, und so war es auch in den alten Zeiten unseres Volkes. Die Gerechtigkeit mag monotheistisch sein oder nicht, jedenfalls ist sie keine wahrhafte Gerechtigkeit, wenn sie nicht ein absolutes Gebot ist, das die Lebensweise bestimmt. Ich habe diesen Gegenstand ausführlich in meiner Rede „Judentum und Kultur" erörtert, die in meinem Buch „An der Wende" veröffentlicht wurde.

*Frage: Auf welchem Wege ist diese Erneuerung zu erwecken?*

Antwort: Ich weiß das nicht und ich meine, daß kein Mensch von vornherein den Weg festlegen kann. Aber ein großer Umschwung kann jederzeit stattfinden. Wenn Sie die Geschichte der Menschheit betrachten, werden Sie sehen, daß es Zeiten gab, wo die Menschen überhaupt keine Erneuerung erwartet hatten, und diese ereignete sich sozusagen urplötzlich. Danach kamen die Historiker und interpretierten die Ereignisfolge auf verschiedene Weise. Doch gibt es in der Geschichte kein Urteil, das der Mensch nicht zu zerreißen und zu verändern vermag. Deswegen erwarte ich jederzeit mit ganzem Herzen den Umschwung, der auf alle Fälle kommen wird.

## AN STELLE VON POLEMIK
(1956)

Die an sich wichtige Rede Rabbi Benjamins hat mich von neuem zu einer Erwägung veranlaßt, die mich im Lauf meines Lebens immer wieder und wieder dringlicher beschäftigt hat. Es handelt sich um das Verhältnis zwischen der praktischen Politik und den moralischen Prinzipien. Auf der einen Seite stehen die Politiker, die meinen, sich um nichts anderes kümmern zu müssen, als was ihrer Meinung nach im gegebenen Augenblick das Interesse des Staates erfordert. Sie würden sich freilich empören, wenn wir ihnen sagten, daß ihr Vorgehen amoralisch sei; sie halten ihren Standpunkt vielmehr für den richtigen moralischen, weil er dem Leben der Nation dient; als ob der kollektive Egoismus moralischer wäre als der individuelle! Ihnen treten die Männer der Prinzipien entgegen, sie halten den Politikern allgemeine Sätze entgegen, was Recht und was Unrecht ist, und ziehen aus diesen Sätzen jeweils Folgerungen in bezug auf die gegenwärtige Situation, ohne aber jeweils zu prüfen, was unter den gegebenen Bedingungen realisierbar ist, ohne das Leben der Nation zu schädigen – eine Prüfung, in der zweierlei zusammenwirken muß: ein unbeirrbares Gewissen und ein zuverlässiger Blick für die Wirklichkeit. Die Politischen haben keine überpolitische Richtung, die allein ihnen jeweils weisen könnte, was über die kleinen Rechnungen der Stunde hinaus das wirkliche Lebensinteresse der Nation für die kommenden Geschlechter ist; die Prinzipiellen haben keine Einsicht in die rechte Richtung, aber eben nur diese, sie hat das Maß und die Möglichkeit dessen, was in der rechten Richtung jetzt und hier unternommen werden kann und darf. Sie sehen in den Politikern machtberauschte Diktatoren, die kein Gebot kennen, das über ihrem Willen stünde; die Politiker sehen in ihnen von hohen Worten besessene Ideologen, die nur befähigt sind, in den Wolken, und nicht auf der harten Erde mit ihren Widersprüchen zu weilen. Und dazwischen geht die Möglichkeit verloren, in dieser Stunde so viel vom Rechten zu verwirklichen, als die Tatsachen erlauben. Was das jeweils konkret bedeutet, ist freilich stets sehr schwer zu bestimmen; aber es ist möglich, wenn sich die Menschen guten Willens zusammentun, für die die übliche Politik zu kurzsichtig und eine noch so edle Prinzipienverehrung zu theoretisch ist. Ich meine Menschen, die so sprechen und handeln, als ob sie selber die Verantwortung für die heute und morgen zu treffenden Entscheidungen zu tragen hätten. Und alle echte menschliche Verantwortung ist eine doppelte: dem Himmel und der Erde gegenüber. Diese doppelte Verantwortung läßt sich nicht auf dem Weg der Prinzipien in eine einzige unheilige zusammenzwingen, sondern nur auf dem Weg immer neuer Prüfung und Begrenzung. Der Mensch als Mensch kann nicht leben ohne schuldig zu werden, und das Volk kann es nicht als Volk. Es geht einzig darum, Tag um Tag, nicht mehr Schuld auf sich zu laden, als man auf sich laden muß, um fortzuleben. Und das ist nicht ein Gebot der reinen Moral: unter dem Übermaß der Schuld gehen wie Menschen so Völker zugrunde. Die große Politik, die auf das wahre Interesse der kommenden Geschlechter bedacht ist, ist eine Politik, die darauf achtet, daß das Volk nicht zuviel Schuld auf sich lade. Eine solche Politik kann man freilich nicht von Prinzipien aus machen; man muß immer wieder das Schwerste auf sich nehmen und beiden Forderungen in einem gerecht werden: der der Wahrheit und der des Lebens.

Zur Zeit unseres Siedlungswerks, das faktisch eine – zwar friedliche – Eroberung war, haben sich die Besten unter uns nie dem Gefühl völliger Unschuld hingegeben in diesem Kampf um diese unsere nationale Existenz; um unseren zukünftigen Generationen Raum zu sichern, waren wir gezwungen, den Raum für die zukünftigen Generationen der Araber einzuschränken. Aber wir waren darauf bedacht, nicht mehr Unrecht zuzufügen, als unser Vorhaben uns auferlegte.

In der Stunde, in der die Geschichte uns zwang, das System der Auswahl und der Vorbereitung der Immigranten in ein System der Massenimmigration zu verwandeln und danach für diese internationale Sicherheit zu erstreben, war es unserer politischen Führung noch möglich, die Form dieser Sicherheit mitzubestimmen. Wir wären dazu verpflichtet gewesen, das Höchstmaß von Gerechtigkeit auszuüben, mit dem wir friedlich leben können (dies war die Absicht der Programme eines binationalen Staates oder einer Föderation der Staaten des Nahen Ostens). Da diese Stunde vorüber ist, ohne daß etwas in dieser Richtung unternommen wurde, ist das Problem der (arabischen) Flüchtlinge entstanden, und dadurch hat unsere objektive Schuld gewaltig zugenommen.

Das kleine Häuflein des Ichud hat seither diese Frage immer wieder als eine zentrale behandelt und gefordert – vergebens gefordert –, daß die politische Staatsführung sich mit ihr als mit einer solchen befasse. Wir tun es heute wie je, und ich glaube nicht, daß zwischen uns darüber Meinungsverschiedenheiten bestehen. Wir alle stellen der bloß-politischen (und daher auch politisch falschen) Betrachtungsweise der Staatsführung eine ethisch-politische entgegen. Darüber hinaus aber besteht innerhalb unseres Kreises eine nicht unerhebliche Differenz. Die einen proklamieren ein ideelles Prinzip und verlangen seine volle Anwendung. Diese würde konsequent gefaßt weit mehr bedeuten als das Abbrechen der Alija, das vorgesehen worden ist; es würde bedeuten, daß wir angenommen haben, alle Flüchtlinge wollten zurückkommen und da es an Platz für sie fehlte, wäre man bereit, die erforderliche Zahl von Juden zu enteignen und des Landes zu verweisen. Die anderen unter uns treten dem Volk nicht wie der Schuldlose einem Schuldigen gegenüber, sie stellen ihm nicht ein reines Prinzip gegenüber und fordern von ihm, daß es dieses Prinzip ohne auf irgend etwas anderes zu achten, verwirkliche; sie verlangen, daß wir von unserer objektiven Schuld soviel gutmachen, als unter den gegebenen Voraussetzungen unseres Lebens im Lande möglich ist. Diese Voraussetzungen müssen unter diesem Gesichtspunkt aufs strengste und gewissenhafteste geprüft und auf Grund dieser Prüfung muß ein zuverlässiger Siedlungsplan ausgearbeitet werden; darin muß geklärt werden, wie viele Flüchtlinge, welche Flüchtlinge wir aufnehmen, wo und wie wir sie ansiedeln wollen, das heißt können. Dieser Plan sollte, meine ich, als der von uns beizusteuernde Abschnitt eines Gesamtplans für die Lösung der Flüchtlingsfrage verstanden werden. Ein solcher Gesamtplan könnte nur aus einem Zusammenwirken aller beteiligten Faktoren hervorgehen. Zu einem solchen Zusammenwirken aber, zunächst zu einer einleitenden Beratung, sollten wir die Initiative ergreifen, – was wir freilich nur könnten, wenn wir unseren eigenen Beitrag beschlossen und ausgearbeitet haben. Eine Initiative dieser Art habe ich schon in den ersten Jahren nach der Staatsgründung gefordert. Ich wiederhole die Forderung heute, in der heutigen Situation. Sie involviert natürlich die Forderung einer veränderten Richtung für unsere Staatspolitik. Sie soll kein Prinzip realisieren, aber sie soll so gerecht werden, daß sie unsere Zukunft nicht die gegenwärtig herrschende Politik zum Schein, sondern in Wirklichkeit, sichert.

## DER „ICHUD" UND DIE VORFÄLLE IN DEN ARABISCHEN DÖRFERN WÄHREND DES SINAI-FELDZUGS

### Ein Brief an den Ministerpräsidenten
(1956)

An den Ministerpräsidenten
Herrn David Ben Gurion
Jerusalem

Jerusalem, 15.11.56

Sehr geehrter Herr!
Der erweiterte Rat des Verbandes „Ichud" hat in seiner Sitzung vom 15.11.56 beschlossen, sich in folgender Angelegenheit an Sie zu wenden:

In der Ratssitzung haben glaubwürdige Leute einen Überblick über die furchtbaren Taten gegeben, die von den Polizisten des Grenzschutzes in Kafr Kassem und anderen Orten begangen worden sind. Nach diesen Berichten wurde am 29.10.56 um fünf Uhr nachmittags über die Dörfer in den arabischen Gegenden ein Ausgangsverbot verhängt. Den Dorfvorständen wurde das Ausgangsverbot erst kurz vor seinem Inkrafttreten mitgeteilt. Auf die Frage der Dorfvorstände, was denn mit den zahlreichen Arbeitern geschehen solle, die erst nach Beginn der Ausgangssperre von ihren Arbeitsplätzen zurückkehrten, erhielten diese die Antwort, daß dies in Ordnung sein werde. Als die mit Arbeitern und Arbeiterinnen voll besetzten Lastwagen in die Nähe des Dorfes kamen, wurden ihre Insassen herausgeholt, an den Straßenrand gestellt und mit Maschinengewehren erschossen. Es wurde von einer großen Zahl von Ermordeten berichtet. In den Stunden des Ausgangsverbotes wurden auch Frauen und Kinder, die ihre Häuser verlassen hatten, verwundet und getötet. Der Rat hat zwar auch andere Schilderungen gehört, doch diese scheinen ihm in dem erforderlichen Maße unbegründet, so daß er diese nicht annahm. Der Rat hat die Tätigkeit der Regierung mit hoher Achtung hervorgehoben, welche einen besonderen Untersuchungsausschuß aufgestellt hat, der schon zu bestimmten Folgerungen gelangt ist. Mit Rücksicht auf die gespannte Lage innerhalb der jüdischen und arabischen Bevölkerung im Zusammenhang mit den letzten Vorfällen, bei der die Gefahr für erneute Ausschreitungen besteht, hat der Rat des „Ichud“ beschlossen, von der Regierung zu fordern:

a) Alle Schuldigen sofort vor ein Gericht zu stellen. Man darf sich nicht damit begnügen, irgendeinen örtlichen Befehlshaber zu beschuldigen, sondern es müssen alle Verantwortlichen in allen Rängen und Funktionen vor Gericht angeklagt werden.

b) Die Gerichtsverhandlungen sollen öffentlich sein und nicht hinter verschlossenen Türen stattfinden.

c) Den Familien der Ermordeten sollen volle Entschädigungen nach den für die jüdische Bevölkerung geltenden Regeln ausgezahlt werden.[30]

Wir möchten Ihre geschätzte Aufmerksamkeit auf den betrüblichen Eindruck lenken, den die erwähnte Aktion innerhalb weiter Kreise im In- und Ausland gemacht hat und sprechen unsere Hoffnung aus, daß Sie energisch und wirksam dahingehend wirken, daß der Name des Staates Israel in der Öffentlichkeit gereinigt werde.

30 Tatsächlich wurden an die Familien der Opfer Entschädigungen gezahlt und die verantwortlichen Militärs vor Gericht gestellt. Auf einer Sondersitzung der Knesset am 12. Dezember 1956 verlieh Ben Gurion seiner tiefen Besorgnis Ausdruck „angesichts der Tatsache, daß so etwas möglich gewesen ist – ein Schlag ins Gesicht der heiligsten Grundlagen menschlicher Moral“. 1958 verurteilte ein Militärgericht die acht beteiligten Soldaten zu Gefängnisstrafen zwischen sieben und vierzehn Jahren; Ende 1959 wurden sie allerdings alle begnadigt.

## SOZIALISMUS UND FRIEDEN
(1956)

[...]
Das neue soziale Leben, das in Palästina entstanden ist, hat keine geringen Auswirkungen auf die Beziehungen zwischen Israel und seiner Umwelt, und insbesondere auf Israels Verhältnis zu den anderen Völkern des Mittleren Ostens, vor allem den Arabern. Ich gehöre einer Gruppe an, die dadurch eine Lösung für Israels Isolierung im Mittleren Osten zu finden hoffte, daß sie einen Weg zur Zusammenarbeit zwischen Israel und den Arabern suchte. Freunde von mir sahen in einem binationalen Staat die beste Form für solche Zusammenarbeit, ich persönlich dachte eher an eine Föderation. Diese Frage ist nun überholt, da die Geschichte sich gegen die eine wie die andere Lösung ausgesprochen hat. Aber das Grundproblem ist geblieben: „Wie wird die Beziehung zwischen unserem Volk in Israel und seinen Nachbarn aussehen?" Das ist die Hauptfrage sowohl für Israel als auch für seine Nachbarn. Meines Erachtens ist kein Wiederaufbau des Mittleren Ostens gemäß der großen Aufgabe der Moderne möglich ohne echte Zusammenarbeit all dieser Völker. Aber wie kann eine solche Zusammenarbeit zustande kommen?

Die meisten von uns sind so im politischen Denken befangen, daß wir unser Zeitalter als eines betrachten, in dem der heiße vom kalten Krieg abgelöst worden ist, und wir glauben, daß eines schönen Tages auch der kalte Krieg aufhören und Friede sein wird. Das halte ich für eine ungeheure Illusion. Ein Friede, der durch Aufhören von heißem oder kaltem Krieg zustande kommt, ist kein echter Friede. Echter Friede, der eine wirkliche Lösung darstellt, müßte organischer Art sein. Umfassender Friede aber heißt nichts anderes als Zusammenarbeit. Weniger als das wäre nichts. Wie läßt sich ein organischer Frieden herbeiführen? Das scheint mir, zugegebenermaßen, furchtbar schwierig, und ich glaube nicht, daß es mit politischen Mitteln allein möglich ist. Dem politischen Handeln muß ein revolutionärer Wandel unter den Völkern des Mittleren Ostens vorausgehen. Unter revolutionär verstehe ich nicht den Einfluß gewisser Systeme, die sich selbst als „sozialistisch" bezeichnen, ganz im Gegenteil, ich betrachte diese Systeme als sehr gefährlich. Das einzige, wodurch meiner Meinung nach echter Friede, echte Zusammenarbeit, zustande kommen könnte, ist der Einfluß des Besten, was Israel hervorgebracht hat, nämlich der neuen sozialen

Lebensformen, auf das arabische Volk. Die Araber brauchen diesen Einfluß. Sie brauchen eine umfassende Agrarreform, eine gerechte Bodenverteilung und die Bildung kleiner Gemeinschaften, welche die organischen Zellen dieser neuen Wirtschaft und Gesellschaft werden könnten.

Glauben Sie nicht, daß ich einen Vorschlag zur Verwirklichung dieser endgültigen Lösung in der Tasche habe! Ich weiß nicht, wie das Ziel zu erreichen ist, aber ich sehe die Richtung; es gibt keine andere. Durch eine erneute und immer intensivere Entwicklung unserer neuen sozialen Formen, durch eine Wiedergeburt dieser sozialen Formen trotz aller Schwierigkeiten, von denen sie jetzt bedroht sind, können wir eine andere Art von Revolution zustande bringen als das, was gemeinhin mit diesem Namen bezeichnet wird.

In einem Kapitel meines Buches „Pfade in Utopia" habe ich mich recht unvollkommen mit einigen dieser Probleme befaßt. Am Schluß dieses Kapitels habe ich Jerusalem und Moskau gegenübergestellt, wobei jede dieser Städte für eine bestimmte Art von Sozialismus steht. Ein recht verständiger Kritiker hat die Frage gestellt, ob es denn angehe, daß ich Jerusalem als den Vertreter des „utopischen Sozialismus" hinstelle, mit dem es historisch doch so wenig zu tun habe: (Eine Feststellung, die historisch allerdings nicht ganz richtig ist.) Was bedeutet, fragt er, die Gemeinschaft von Gemeinschaften konkret, und welche Ebene oder Ebenen sozialer Wirklichkeit werden sie ins Leben rufen? Und schließlich fragt er, ob ich überhaupt das Recht hätte, die Menschheit vor die Alternative von zweierlei Sozialismus zu stellen, wo die Welt sich doch weit ernsteren und dringlicheren Fragen gegenübersehe? Selbst in Israel, behauptet er, seien der sozialistische Impetus und der Glaube an die *Kibbuzim* weitgehend erschöpft. Letztere Feststellung ist ganz und gar nicht richtig. Das ist die maßlose Übertreibung einer tatsächlich bestehenden Krise, die als solche erkannt und überwunden werden muß. Solche Krisen gehören zum Leben des Menschen und der Gesellschaft.

Eigentlich glaube ich nicht, daß es heutzutage etwas Wichtigeres gibt als die Wahl zwischen diesen beiden Typen von Sozialismus. Entscheidend ist, daß wir wissen, daß es zwei Möglichkeiten gibt und daß wir aufgerufen sind, zwischen ihnen zu wählen. Die eine ist ein sogenannter Sozialismus, der von oben herunter kommandiert wird und den Leuten erlaubt, auf nur eine und keine andere Art zu leben; die andere ist ein Sozialismus von unten, ein spontaner Sozialismus, der aus dem wirklichen Leben der Gesellschaft herauswächst. In dieser neuen Form von Gesellschaft leben Menschen gerecht miteinander, nicht weil ihnen das aufoktroyiert würde, sondern weil sie so leben wollen. Zu diesem spontanen Sozialismus gehört die Möglichkeit, in dieser oder jener Art von Siedlung zu leben, wobei aber allen Siedlungsarten gerade dieses Zusammenleben in einer echten Gemeinschaft gemeinsam ist.

Ich glaube, daß die Entscheidung zwischen diesen beiden Arten von Gesellschaft und Sozialismus die wichtigste ist, welche die nächsten Menschheitsgenerationen zu treffen haben werden, und ich meine, daß die künftige Stufe der Menschlichkeit, die aus dieser großen Krise des Menschen hervorgehen wird, in erheblichem Maße von eben dieser Entscheidung abhängt. Sie hängt davon ab, ob es möglich sein wird, Moskau eine andere, spontane Art von Sozialismus gegenüberzustellen, den ich sogar heute Jerusalem zu nennen wage.

## ÜBER „AKTIVE NEUTRALITÄT"
(1957)

Sehr geehrter Herr!
Die Redaktion des „Ner" beabsichtigt, die nächste Nummer der Auseinandersetzung mit der Idee der „aktiven Neutralität" zu widmen.

Angesichts des kalten Krieges zwischen den Machtblöcken in West und Ost hat sich unter den Völkern Asiens und Afrikas die Tendenz ausgebreitet, sich neutral zu erklären und sich nicht mit einem der beiden zu identifizieren oder zu verbünden. Diese Losung fand auch in Israel Sympathien und entfachte viele Diskussionen in verschiedenen Kreisen, insbesondere nach der Erklärung von Dr. Nahum Goldmann, des Vorsitzenden des Jüdischen Welt-Kongresses.

Wir meinen, daß der Staat Israel sich indem entscheidenden Kampf zwischen den Weltmächten nicht mit einer passiven Stellung begnügen und sich abwartend verhalten darf. Er ist verpflichtet und auch in der Lage, anstatt dessen eine „aktive Neutralität" vorzuschlagen, um die kämpfenden Kräfte zu einen und in ein großes Friedenswerk einzuordnen. Verpflichtet sind wir dazu auf Grund des historischen moralischen Vermächtnisses des jüdischen Volkes, des Volkes der Propheten, und weil wir ein unter die Völker und Blöcke verschlagenes verstreutes Volk sind. Wir sind dazu in der Lage, denn es bietet sich uns die Gelegenheit, einen Weg zur Lösung eines

Problems aufzuzeigen, das den Weltfrieden bedroht und welches nur mit internationaler Zusammenarbeit seine Lösung finden kann: das Problem der arabischen Flüchtlinge.

Wir schlagen vor, daß die israelische Regierung sich bereit erklärt, – ohne von vornherein eine bestimmte Zahl festzusetzen – arabische Flüchtlinge innerhalb der Grenzen Israels aufzunehmen und auch Entschädigungen zu zahlen. Dies unter der Bedingung, daß alle daran beteiligten Parteien (die arabischen Staaten, die Flüchtlinge, die UNO und die Großmächte) sich mit ihr an einen Tisch setzen, um über die Ausführung des Planes zur Einordnung der Flüchtlinge in Israel und den arabischen Staaten zu beraten und mit der Verwirklichung dieses großen Unternehmens zu beginnen. Eine derartige Erklärung wird ein großes weltweites und positives Echo in der ganzen arabischen, westlichen und östlichen Welt finden; tritt doch an Stelle der Forderung nach Waffen die Forderung nach einer sofortigen gemeinsamen Aktion, mit einer konstruktiven Lösung des Problems zu beginnen, das den Frieden im Nahen Osten gefährdet. Unter den Flüchtlingen, die immer mehr in Armut, Bitternis und Haß verkommen, wird es ein Erwachen geben. In den „gemischten Ausschüssen für die arabischen Flüchtlinge" und anderweits wird eine Kooperation zwischen Juden und Arabern entstehen. Die Grenzen würden geöffnet, viel Kapital aus jüdischen und nicht-jüdischen Quellen würde in das Gebiet strömen, und mit der Zeit könnten die Staaten die Sicherheitskosten senken, um die Gelder auf positive Ziele zu lenken.

Die Hauptsache ist, daß in einer Zeit, in der Geistesverwirrung und Furcht in der Welt herrschen, von Zion und Jerusalem, der Friedensstadt, ein Aufruf an alle Völker ergehe: Frieden und Aufbau anstatt Krieg und Zerstörung. Wir wenden uns an Sie mit der Bitte, die Losung „aktive Neutralität" aufmerksam zu bedenken. Wir würden uns sehr freuen, wenn Sie uns Ihre Meinung zu dieser Losung und Ihre Stellungnahme zu deren Verwirklichung wissen ließen.

## BRIEFE VON ARABERN AN BUBER

Nazareth, den 7. Februar 1958

Mein lieber Professor Buber!
Am Vorabend Ihres 80. Geburtstags möchte ich Ihnen meine aufrichtigsten Wünsche für ein sehr glückliches, produktives und friedliches Leben entbieten und sehr herzlich gratulieren.

Obgleich wir nur selten zusammen waren und obgleich wir nur wenig Kontakt hatten, machten Sie auf mich immer einen wunderbaren Eindruck. Ich fühlte sogar, trotz des großen Unterschieds des Standes, der Erfahrung, der Kultur und des Alters, daß Sie meiner Seele nah sind. Der Eindruck, den Sie auf unseren verstorbenen und sehr geliebten Freund, Rabbi Benjamin,[31] machten, verstärkte auch meine Gefühle für Sie.

Es ist mein bescheidener Wunsch, daß Sie, bevor Sie sich zu alt fühlen, um etwas zu sagen und zu tun, die israelische Regierung auf die Not hinweisen, mehr Gerechtigkeit und bessere Demokratie und volle Rechte den arabischen Bürgern dieses Landes zu geben, welche mit Leichtigkeit eine Brücke für den Frieden zwischen unserem kostbaren Staat und den umgebenden Staaten sein könnten. Dies ist kein Scherz. Meiner bescheidenen Ansicht nach hat unsere Regierung nicht einmal eine Politik gegenüber den Arabern in diesem Lande. Ich habe mit den Autoritäten ausführlich über dies und andere Themen gesprochen. Aber ein Wort oder eine Handlung von Ihnen könnte viel mehr erreichen.

Ich hoffe auch, daß es Ihnen gelingen wird, die Aufmerksamkeit der jüdischen öffentlichen Meinung auf die hier erwähnten Punkte zu lenken und so die erwünschte Einstellung der Regierung zu ermöglichen.

Darf ich mit meinen aufrichtigsten Wünschen enden, daß Gott Sie und die Ihrigen glücklich und gesegnet erhalten möge.

Ich bin,
Herr Professor,
herzlich und respektvoll,
Ihr Farid-Wajdi Tabari

31 Pseudonym für Yehoschua Radler-Feldmann (1880–1958), einem der frühesten und leidenschaftlichsten Fürsprecher der arabisch-jüdischen Annäherung.

Akko, 4. 5. 1958 Sehr geehrter Herr Martin Buber, Schalom! Entschuldigen Sie, daß ich Sie mit diesem Brief belästige. Ich bin ein junger Mann, Sohn dieses Landes und.werde in meinem Personalausweis als Araber bezeichnet. Ich bin als Sohn katholischer Eltern zur Welt gekommen. Es ist hier nicht meine Absicht, Ihnen lange Geschichten zu erzählen, wie man mich bezeichnet und wie ich die anderen bezeichne, sondern ich habe dies so geschrieben wie ich mich fühle – einfach als Mensch. Ihnen nun schreibe ich nicht als einem Professor oder als einem Juden, ich schreibe Ihnen als einem – wie mir scheint – großen Menschen und weiter nichts. Ich bin Ihnen, mein sehr geehrter Herr, einmal begegnet, ich sah Sie bei der Gedenkfeier für Rabbi Benjamin. Ich bin der junge Mann, der die (arabischen) Worte von Bischof Hakim[32] ins Hebräische übersetzt hat. Mein Herr und Meister!

Ich arbeite für die Zeitung „Ha'olam Haseh“[33] als Reporter für Minderheitenfragen. Von dieser Arbeit bestreite ich meinen Lebensunterhalt mit einiger Schwierigkeit, doch brauche ich, Gott sei Lob und Dank, nicht zu klagen. Allerdings weine ich, weine ich Tag und Nacht darüber, daß ich keine erfreulichen Dinge sehen kann. Tagtäglich stoße ich bei Schritt und Tritt auf schändlichste Handlungen aller möglichen Menschen, aller möglichen Institutionen, und ich weiß nicht, ob ich daraus schließen muß, daß sie schlecht ist, diese unsere Welt. Ist es unmöglich, eines strahlenden Morgens aufzuwachen, und alles ist gut und schön? Ist die jüdisch-arabische Feindschaft etwas Ewiges? Gibt es keine Möglichkeit, daß sich diese unsere Welt zum Besseren verändert? Ich frage Sie – und zwar hier als Mensch und nicht als Journalist – als junger und lediger Mensch: Ist es nicht ein Verbrechen gegen das Gewissen, zu heiraten und Kinder in die Welt zu setzen, die unter solchen Bedingungen zu leben hätten?

Warum wende ich mich mit solchen Fragen an Sie? Weil ich glaube, daß ein großer Mensch mir raten und helfen kann.

[...]

Ihr Atallah Mansur

---

32 Archidiakon Georg Hakim von der griechisch-orthodoxen Diözese Haifa war einer der führenden Sprecher der christlichen arabischen Gemeinschaft Israels. Sein Nachruf für Rabbi Benjamin ist in englischer Sprache in *Ner*, IX, 5-7 (Februar-April 1958), S. 58-62, veröffentlicht worden.

33 *Ha'olam Haseh* (Diese Welt). Hebräische Wochenzeitschrift, die besonders für die Verständigung mit den Arabern eintritt, wurde von Uri Avnery gegründet.

Januar 1965

Sehr geehrter Professor Buber!
Ich bin ein in Haifa, 1936, geborener christlicher Araber und lebe seit 1948 als Flüchtling im Libanon. In letzter Zeit beschäftige ich mich in der Hauptsache mit der Notwendigkeit, eine Basis für einen Frieden zwischen den arabischen Ländern und Israel zu bereiten. Ein Sonderdruck Ihrer Rede vom 27. September 1953, gelegentlich der Entgegennahme des Friedenspreises des Deutschen Buchhandels in der Paulskirche in Frankfurt a. Main[34] bewegte mich dazu, mich Ihnen vorzustellen, in der Hoffnung, daß es aller Wahrscheinlichkeit nach möglich ist, daß Sie und ich die Initiative zu einem Gespräch ergreifen, das, nach Ihren eigenen Worten, als erster Schritt so dringend nötig ist – um den politischen Stacheldraht, der uns trennt, zu überwinden; nicht etwa diese Trennung zu übersehen, sondern mit Entschlossenheit, sie gemeinsam zu tragen.

Unsere beiden Völker haben gelitten, und wer Leid gekostet hat, weiß, wie bitter und hart es einen machen kann. Aber diejenigen, die das bittere Gift des Leids überlebt haben, schmerzt es, daß der Jude 1945 in einem deutschen Konzentrationslager vernichtet wurde. Es schmerzt, daß der Palästinenser 1965 noch heimatlos in einem mittelöstlichen Flüchtlingslager haust. Der Jude hat seine Suche nach seiner Identität als Israeli gefunden – auf Kosten der Vernichtung der Identität des Palästinensers. Das ist einfach die Feststellung einer Tatsache – der Stacheldraht, der uns trennt. Ich bin im Begriff von Amerika nach Beirut zurückzukehren, wo ich das Pflanzen der Setzlinge des Friedens fortsetzen werde, an den ich mit ganzem Herzen glaube. Es ist mir noch nicht klar, wie ich dies bewirken kann, doch eine Lösung wird sich mit der Zeit finden!

Ihr M. B.

34 Siehe: „Das echte Gespräch und die Möglichkeiten des Friedens", in: Martin Buber, Nachlese, Heidelberg 1965, S. 2i9ff.

# MEMORANDUM ÜBER DAS MILITÄRREGIME (1958)

Wir ersuchen Sie, verehrter Herr Ministerpräsident, erneut die Frage der Einschränkung des Gebietes sowie auch der Autorität des Militärregimes zu überprüfen. Eigentlich sind wir für Aufhebung des Militärregimes, doch die schweren Sicherheitsprobleme, die dieser Akt mit sich bringt, dürfen nicht übersehen werden. Mit großer Sorge haben wir festgestellt, daß die Öffentlichkeit zu einer gewissen „Ideologie des Militärregimes" neigt, als ob für einen Teil der Bevölkerung im Staate Israel, nämlich für die arabische Minderheit, das für die Einwohner des Staates bestehende Bürgergesetz aufgehoben werden soll. Gemäß den Worten des verehrten Herrn Ministerpräsidenten, daß sich das Militärregime nur mit Militär- und Sicherheitsfragen der Grenzgegenden befassen soll, bitten wir, alle Gegenden, die sich nicht an der Grenze befinden, aus dessen Zuständigkeitsbereich herauszunehmen, und im Grenzgebiet gleiche Rechte für alle Einwohner, ohne jegliche Diskriminierung walten zu lassen. Das Militärregime muß sich nicht mit Arbeitsbewilligungen, Baubewilligungen, Heiratsbewilligungen und ähnlichen Angelegenheiten befassen. Wir schlagen vor, daß alle Angelegenheiten, deren Durchführung nicht mit Sicherheitsfragen verbunden sind, der bürgerlichen Autorität, den bürgerlichen Beamten übergeben werden. Dies wird auch die Aufnahme intelligenter Araber in die lokale Beamtenschaft ermöglichen, was verständlicherweise bei einem Militärregime, wie es heute besteht, nicht möglich ist. Wenn man das Militärregime von solchen bürgerlichen Aufgaben befreit, wird dies allen zugute kommen und es wird keine Notwendigkeit mehr bestehen, etwa Reisebewilligungen für Studenten zu gewähren, eine Situation, welche nach den Worten des verehrten Ministerpräsidenten „absurd" ist und zehn Jahre lang das Leben und das Studium arabischer Studenten an der hebräischen Universität erschwert hat. [...]

# ISRAEL UND DAS GEBOT DES GEISTES
(1958)

In einer Rede, die ich Ende April in New York gehalten habe, ist von mir ein besonders wichtiger Gegenstand nicht mit der erwünschten Klarheit und Genauigkeit dargelegt worden. Ich fühle mich daher verpflichtet, seine Klärung öffentlich nachzuholen.

Als ich vor 60 Jahren in die zionistische Bewegung eintrat, sah ich mich schon sehr bald genötigt, in dem Streit zwischen der „politischen" und der „praktischen" Richtung Stellung zu nehmen. Ich entschied mich ohne Zögern für die letztere und bin ihr treu geblieben, so mannigfaltige Formen sie im Laufe der Zeit auch angenommen hat. Man wird in meinen Schriften von 1901 an und in spezifisch verstärktem Ausdruck von 1917 an die programmatische und konkrete Äußerung davon finden.

Man pflegt die Frage, um die es ging, nicht ernst und tief genug zu verstehen. Es handelte sich im Grunde nicht darum, welche Tätigkeit vordringlicher sei, die Erlangung politischer Zugeständnisse oder die faktische Siedlungsarbeit. Unsere, der „Praktischen", Tendenz, erst eine Wirklichkeit zu schaffen und dann Rechte für sie anzustreben, entstammte nicht taktischen Erwägungen. Sie entstammte der Einsicht, daß das ungeheure Doppelwerk der vollkommenen Wiedergeburt des jüdischen Volkes und seiner Eingliederung in die vorderasiatische Welt nicht durch eine plötzliche, unzureichend vorbereitete Massensiedlung, sondern nur durch die bereitende Tätigkeit von Generationen im Lande zu schaffen ist. Wir erstreben keineswegs, wie vordem so viele *Choveve Zion*[35], ein kleines Zentrum, wir wollten ein großes produktives jüdisches Gemeinwesen gründen; aber als den Weg dahin erkannten wir ein mehrere Generationen langes Pioniertum der Arbeit und des Friedens, das mehrere Generationen lange Walten eines selektiven, organischen Entwicklungsprinzips. Das bedeutet erstens, daß eine Arbeitselite von Menschen, die ihre Zukunft und die ihrer Kinder in dem Aufbau eben dieses Landes sehen, in so vielen Generationen diesen verwirklichen sollte, bis der tragfähige Kern eines jüdischen Gemein-

35 *Choveve Zion* – „Zions, Freunde" (Anhänger der *Chibbat Zion* = Zions Liebe), eine „zionistische" Bewegung unter den Juden von Rußland und Rumänien, die der Gründung der zionistischen Weltorganisation durch Herzl voranging. Ihre praktische Tätigkeit beschränkte sich auf Siedlungsarbeit in kleinem Rahmen in Palästina.

wesens im Sinne der vollkommenen Wiedergeburt entstanden wäre; eines Gemeinwesens, das auf eine autonome Verfassung Anspruch hätte und sie demgemäß von der Welt verlangen könnte. Und zweitens bedeutet jenes Entwicklungsprinzip, daß in kooperativem Zusammenleben mit den Nachbarn, in helfender Teilnahme an ihrem Wirtschaftsleben ein Verhältnis der Solidarität ermöglicht werden sollte, aus dem sodann ein umfassendes Zusammenwirken beider Völker hervorginge. Diese zweite Bedeutung des selektiven, organischen Prinzips muß hier, wegen ihrer Wichtigkeit für unseren Gegenstand, etwas genauer erläutert werden.

Manche von uns hatten früh erkannt, daß ein neuer, aufstrebender Faktor im Völkerbestand des Nahen Ostens sich nicht als Enklave der westlichen Welt etablieren und behaupten kann, daß es also eines echten, nicht bloß taktischen Einvernehmens mit den umgebenden Völkerschaften bedarf. Es konnte keineswegs genügen, das Vertrauen der Araber in der Absicht zu erwerben, daß sie später unserem Autonomiebegehren nicht entgegenstehen sollten; nicht scheinbare, sondern wirkliche, objektiv fundierte, umfassende Solidarität war gemeint. Nur sie konnte den von außen kommenden Erschütterungen standhalten, auf die man gefaßt sein mußte. Dazu kam, daß einige von uns vor mehr als 40 Jahren die beginnende Weltkrise erkannten, in der der Nahe Osten immer mehr als ein wesentliches Element sich auswirken mußte: entweder als ein Element großer Konstruktion oder als eines großen Zerfalls. Gingen wir wahrhaft in die Lebenssphäre des Nahen Ostens ein, so könnten wir einen starken Anteil an der Entscheidung dieser Alternative gewinnen.

Die politische Seite dieses Postulats ist von uns da zum Ausdruck gebracht worden, wo darüber zu sprechen war, von mir insbesondere 1921 in dem politischen Ausschuß des Zionistenkongresses, wo ich der von mir betonten Möglichkeit einer Föderierung der arabischen Staaten den Gedanken einer vorderasiatischen Föderation entgegenstellte, an der wir teilzunehmen hätten.[36] Aber die unerläßliche Voraussetzung einer politischen Aktivität in dieser Richtung war eben die Erzeugung eines gemeinsamen Bewußtseins der Solidarität.

In dem Zeitalter der beginnenden Weltkrise hat die Chaluziut, unser Pioniertum, einen erheblichen Teil des ersten Postulats, der Schaffung des Kerns eines Gemeinwesens, verwirklicht, ohne sie bereits zur Vollendung

36 Vgl. dazu auch *Vorschlag einer Resolution zur arabischen Frage* (Beitrag 5 in diesem Band).

bringen zu können. Dagegen ist das zweite Postulat, das der Erweckung eines jüdisch-arabischen Solidaritätsbewußtseins, nur fragmentarisch, in sporadischen, lokal begrenzten Unternehmungen guter Nachbarschaft, realisiert worden; weder eine organisierte Arbeit daran, noch auch nur ein praktisches Programm umfassender Kooperation ist entstanden. In diesem Stande befand sich unser Siedlungswerk, als sein Prinzip, das Prinzip der selektiven, organischen Entwicklung, von den Folgen des grauenhaftesten Ereignisses der modernen Geschichte, der Ausrottung von Millionen Juden durch Adolf Hitler, überrannt wurde. Die gepeinigten, gehetzten Massen drängten nach Palästina, nicht wie die Chaluzim als in das Land, der jüdischen Wiedergeburt, für dessen Aufbau kein Opfer zu groß war, sondern – wiewohl die Tradition der messianischen Verheißung in ihnen fortlebte – als in ein Land der Rettung und der Sicherheit. Wer hätte es über sich gebracht, diesem Ansturm der Heimlosen gegenüber die Fortsetzung der selektiven Methode zu vertreten! Die Massen kamen, und mit ihnen kam die Notwendigkeit politischer Sicherung. Sie kam zu einer Zeit, da das erste Postulat noch keine zureichende Erfüllung gefunden hatte und das zweite nicht über einzelne Versuche hinausgelangt war. Der erste Mangel hat mannigfache Schwierigkeiten erzeugt, aber die Wirkungen des zweiten Mangels waren verhängnisvoll. Da eine jüdisch-arabische Solidarität weder in der Form von Tatsachen noch auch nur in der eines verkündeten Programms der Kooperation eingeleitet war, empfanden führende Araber die Masseneinwanderung als eine Bedrohung und die zionistische Bewegung als einen „Mietling des Imperialismus", beides zu Unrecht, beides ohne von uns praktisch darin gestört zu werden. Unser geschichtlicher Wiedereinzug in unser Land ist durch ein falsches Tor erfolgt.

Aber jene Weltstunde, in der das Niederträchtige vor aller Augen das Mächtige geworden war und alles ihm Verhaßte straflos vertilgen zu können schien, hat auch einen unheilvollen inneren Einfluß ausgeübt. Die schädlichste aller Irrlehren, wonach der Weg der Geschichte von der Macht allein bestimmt werde, schlich sich überall in das Denken der Völker und ihrer Regierungen ein, wobei der Glaube an den Geist als unverbindliche Phraseologie beibehalten werden konnte. Was wir heute erleben, die allem Gebot des Geistes widerstrebende allgemeine Akkumulation von Macht der Vernichtung, ist nur durch diese innere Zersetzung möglich geworden, wiewohl seither etliche wieder umgelernt haben. In einem Teil des jüdischen Volkes, das durch jenen Sieg des Untermenschlichen über das Menschliche am grausamsten betroffen worden war, hat die Irrlehre auch dann noch fortgewirkt, als der Untermensch gestürzt war. Und hier, im Judentum, bedeutet sie in einer ganz besonderen Weise die große Untreue. Durch den Geist war dieses Volk, dem unseligsten Schicksal zum Trotz, ungebrochen durch die Zeiten erhalten worden. Mit den Mitteln des Geistes allein hatte die Zionsbewegung ihre Position in Palästina geschaffen und auch schon die ersten Rechtstitel politischer Art für sie errungen. Nur wenn sie den Geist als Führer bewahrte, konnte sie hoffen, Größeres hervorzubringen als einen Staat mehr unter den Staaten der Welt. Wer hier dem Geist untreu wurde, wurde auch einer großen Aufgabe untreu.

Wie tief in einen Teil des Volkes das Übel eingedrungen war, haben wir erst erkannt, als die Tatsache nicht mehr zu übersehen war. Inzwischen war, im Gegensatz zu den Vorschlägen eines binationalen Staates oder eines jüdischen Anteils an einer vorderasiatischen Föderation, die unglückliche Teilung Palästinas erfolgt, die Kluft zwischen den beiden Völkern war weit aufgerissen worden, der Kampf tobte.[37] Alles ging mit einer furchtbaren Folgerichtigkeit und zugleich mit einer furchtbaren Sinnlosigkeit vor sich. Es ist aber eines Tages geschehen, daß, außerhalb aller geordneten Kriegsführung, eine Schar bewaffneter Juden ein arabisches Dorf überfiel und vernichtete.[38] Oft hatten in früheren Zeiten arabische Horden Untaten dieser Art verübt, und meine Seele hatte mit den Opfern geblutet; hier aber ging es um unser eigenes, um mein eigenes Verbrechen, um das Verbrechen des Juden am Geist. Ich kann auch heute noch nicht daran denken, ohne mich schuldig zu fühlen. Zu schwach ist unser kämpferischer Glaube an den Geist gewesen, um die Ausbreitung und den Ausbruch der dämonischen Irrlehre zu verhindern.

All dies geht die Vergangenheit an, eine nie zu vergessende Vergangenheit. Aber ich muß noch einige Worte über etwas gegenwärtig Gebliebenes, etwas höchst aktuell Gebliebenes sagen, damit deutlicher werde, wo ich nicht stehe und wo ich stehe.

---

37 Anmerkung von Buber: „Ich muß hier eine persönliche Bemerkung einfügen, weil ich in diesem Punkte zwar für viele, aber nicht für alle meine Gesinnungsfreunde sprechen kann. Ich bin kein radikaler Pazifist. Ich glaube nicht daran, daß man überall auf Gewalt mit Gewaltlosigkeit zu antworten habe, ich kenne die Tragödie von Angesicht."

38 Am 9. April 1948, während der Belagerung von Jerusalem, überfiel eine vereinigte Truppe des Irgun und der Stern-Gang Deir Yasin, ein arabisches Dorf, das die Straße nach Jerusalem beherrschte, und tötete – nach Berichten – 254 seiner Einwohner, – Männer, Frauen und Kinder. Die Jewish Agency verurteilte die Tat.

Ich habe die aus dem Krieg hervorgegangene Form des neuen jüdischen Gemeinwesens, den Staat Israel, als den meinen akzeptiert. Ich habe nichts mit jenen Juden gemein, die ihn, die faktische Gestalt der jüdischen Selbständigkeit, bestreiten zu dürfen meinen. Das Gebot, dem Geist zu dienen, ist jetzt von uns in diesem Staat, von ihm aus zu erfüllen. Wer aber dem Geist wahrhaft dienen will, muß all das einst Verfehlte wiedergutzumachen suchen; er muß daran arbeiten, die verschüttete Bahn für ein Einvernehmen mit dem arabischen Volke von neuem freizumachen. Heute erscheint es vielen absurd, jetzt noch – zumal in der gegenwärtigen innerarabischen Situation – an eine jüdische Teilnahme an einer Föderation zu denken; morgen, mit einer Änderung gewisser weltpolitischer Momente, kann diese Möglichkeit in eine höchst positive Beleuchtung rücken. Es gilt, soweit es von uns abhängt, den Boden dafür vorzubereiten. Es kann heute keinen Frieden zwischen Juden und Arabern geben, der nur ein Aufhören des Krieges wäre; es kann nur noch einen Frieden der echten Zusammenarbeit geben. Unter so vielfach erschwerten Umständen ist es noch heute und mehr als je das Gebot des Geistes, die Zusammenarbeit der Völker anzubahnen.

## ZUM FLÜCHTLINGSPROBLEM

### Offener Brief des „Ichud" an David Ben Gurion

(1961)

1. Die „Ichud"-Gesellschaft drückt ihr tiefstes Bedauern über die Bekanntmachung des Ministerpräsidenten von Israel vom 11. 10. 61 aus, in welcher er den „hinterhältigen Vorschlag zur freien Wahl der Flüchtlinge" zwischen Rückkehr nach Israel und Entschädigungen und ihrer Konsolidierung anderenorts nachdrücklich ablehnt.

2. Der Standpunkt des Ministerpräsidenten steht nicht nur im Widerspruch zu wiederholten Entschlüssen der Generalversammlung der Vereinten Nationen, sondern auch im Gegensatz zu allen Grundsätzen, die aus humanitären Gründen in der zivilisierten Welt angenommen worden sind und im Gegensatz zur Erklärung der Menschenrechte, auf Grund deren Massen von Flüchtlingen, unter ihnen eine große Anzahl von Juden, an ihre vorherigen Wohnorte zurückgekehrt sind.

3. Die „Ichud"-Gesellschaft läßt die vielen Schwierigkeiten und schweren Probleme, besonders die Sicherheitsprobleme, die mit der Lösung des Flüchtlingsproblems verknüpft sind, nicht außer acht. Doch glauben wir, daß, wenn bei gutem Willen auf allen Seiten Hunderttausende von Flüchtlingen einem produktiven Leben, dem Leben friedliebender Bürger, in den arabischen Staaten und auch in Israel zugeführt werden, sich auch Mittel und Wege zur friedlichen Lösung dieser Probleme werden finden lassen.

4. Die Lösung des arabischen Flüchtlingsproblems ist nur in voller Zusammenarbeit aller beteiligten Seiten möglich: Israel, die arabischen Staaten, die Flüchtlinge und die UNO. Der Anfang wäre die Errichtung *gemeinsamer* Fachausschüsse. Diese sollen gemeinsam den Plan und die Art und Weise der Konsolidierung der Flüchtlinge mit „konstruktiver Einstellung und im Geiste der Gerechtigkeit und des Realismus" (Hammarskjöld) beraten, wobei die wirtschaftlichen, demographischen, menschlichen und besonders die Sicherheitsbedingungen, die mit dem Unternehmen verbunden sind, berücksichtigt werden müssen. Insbesondere fiele ihnen die Aufgabe zu, dafür zu sorgen, daß die Wahl der Flüchtlinge wirklich frei wäre, auf Grund objektiver Kenntnis der Bedingungen in Israel und in den arabischen Staaten. Deswegen wendet sich die „Ichud"-Gesellschaft

a) sowohl an den Staat Israel wie auch an die arabischen Staaten mit dem Aufruf, ihre gegenwärtigen Standpunkte zu ändern, die in immer wiederholten Verlautbarungen ihren Ausdruck gefunden haben; sie sollen sich einverstanden erklären, das Flüchtlingsproblem auf dem Wege der Zusammenarbeit und in gegenseitigem Verständnis zu lösen.

b) an alle Nationen der Welt mit dem Aufruf, die beteiligten Seiten mit allen ihnen zur Verfügung stehenden Mitteln zu unterstützen, damit es zu einer anerkannten Lösung der arabischen Flüchtlingsprobleme als ersten Schritt zu einem wahrhaften Frieden im Nahen Osten kommt.

## DAVID BEN GURION UND DIE ISRAELISCHEN ARABER
(1962)

In einem Interview mit der französischen Zeitung „Le Figaro" äußerte sich Ministerpräsident David Ben Gurion auch zu den Arabern in Israel.

Der Ministerpräsident erklärte, Araber in Israel erfreuten sich „besserer wirtschaftlicher, sozialer und Bildungsverhältnisse als in jedem arabischen Land, und trotzdem hegen sie Groll oder Haß gegen Israel".

Herr Ben Gurion hat offenbar vergessen, was wir aus Geschichte und Ideologie der zionistischen Bewegung gelernt haben, nämlich selbst zugunsten ausgezeichneter wirtschaftlicher, sozialer und Bildungsverhältnisse weder individuell noch national auf ein Leben der Gleichberechtigung und Würde zu verzichten. Bei der Errichtung des Staates Israel wurde der arabischen Bevölkerung volle Gleichberechtigung ohne jegliche Diskriminierung zugesichert. In den vergangenen dreizehn Jahren hat die Regierung jedoch Gelegenheiten verpaßt und Dinge getan, die bei der arabischen Bevölkerung den Eindruck erwecken mußten, sie seien Bürger zweiter Klasse.

Daher fordert der „Ichud" die Regierung auf, alles zu tun, um das den arabischen Mitbürgern gegebene Versprechen einzulösen, sämtliche im Staat bestehenden Einschränkungen ihrer Rechte aufzuheben, darunter in erster Linie die Militärverwaltung.

## ECHTE GLEICHBERECHTIGUNG FÜR DIE MINDERHEIT!
(1962)

Vor einigen Tagen hat der Ministerpräsident auf einer Pressekonferenz gesagt, daß es unmöglich sei, von Menschen zu verlangen, Engel zu sein, und daß das arabische Volk ein Engel sein müßte, um nicht vom arabischen Radio mit seiner Hetze gegen Israel und seiner Propaganda beeinflußt zu werden.

Dies gab der Ministerpräsident als Grund an, die Militärregierung, wenn auch mit gewissen Einschränkungen, beizubehalten.

Meiner Meinung nach ist dieser Gedankengang falsch und irreführend, vor allem wenn von einer nationalen Minderheit in unserem Lande die Rede ist. Wenn eine nationale Minderheit täglich hört, daß das beherrschende Volk sie haßt, ist es das Gebot der politischen Weisheit, diese Propaganda mit Tatsachen zu widerlegen. Hier, wie überall und immer, wenn wir auf lange Sicht hin handeln müssen, hat nicht die politische Taktik, sondern die politische Strategie das Wort. Die Taktik sagt, daß, wenn es einen Grund für dieses Mißtrauen gibt, wir alles tun müssen, was das Mißtrauen von uns erfordert. Der Ausgangspunkt der politischen Strategie ist in einem solchen Falle jedoch, daß das aktive, ungezügelte Mißtrauen den Grund des Mißtrauens verstärken kann und sogar neue Gründe schaffen kann. Blindes Vertrauen schadet zwar den einzelnen und auch den Nationen, aber kritisches Vertrauen, das Vertrauen in die Möglichkeit, den Mitmenschen durch mein positives und konstruktives Verhalten zu beeinflussen, erweist sich mehr und mehr als richtig, obwohl wir dies nicht gleich sehen und die Folgen nicht sofort für alle sichtbar werden. Wenn wir diese Erkenntnis auf das Gebiet unserer Beziehung zur arabischen Minderheit übertragen, heißt dies, daß wir dieser Minderheit eine echte Gleichberechtigung geben müssen, in einem Maße, das uns unsere Sicherheitslage erlaubt. Nicht mehr, aber auch nicht weniger. Die Hauptsache ist, jeweils genauestens zu prüfen, was jetzt das konstruktive und positive Maximum ist, und es auch auszuführen.

Meiner Meinung nach haben wir nicht so gehandelt.

Es scheint mir, daß in der Außenpolitik des Ministerpräsidenten die Strategie weniger wichtig ist als seine erstaunliche Taktik. Dies hängt offensichtlich mit dem Pessimismus zusammen, von dem er letzthin an einem Offizierstreffen gesprochen hat. Er sagte ihnen, und zwar nicht im Tone einer Vermutung, sondern als Zukunftsaussicht, daß Israel eine schwere militärische und politische Auseinandersetzung bevorsteht. Politische? – gut – aber auch militärische?

Wer jetzt daran glaubt, daß der Krieg eine unabänderliche Tatsache ist, trägt willentlich oder unwillentlich, bewußt oder unbewußt zum Kommen des Krieges bei.

Hier muß ich daran erinnern, daß nach dem Ministerpräsidenten die Schlacht sich auf zwei Ebenen abspielen wird: die kleine Ebene des Nahen Ostens und die große der ganzen Welt. Wer sich weigert, daran zu glauben, daß es unmöglich sei, den Krieg zu verhindern, einen Krieg, mit den technologischen Bedingungen unserer Zeit, die Zerstörung und allumfassende Vernichtung bringen, der trägt mit seinen Teil zur Sache des Friedens bei.

# ÜBER DIE ENTWICKLUNG GALILÄAS

## Ein Briefwechsel zwischen Martin Buber und Levi Eschkol (1964)

*Martin Buber an Ministerpräsident Levi Eschkol*

Jerusalem, 26.10.1964

Teurer Herr Eschkol!
Ich möchte Ihnen persönlich den Beschluß mitteilen, der gestern auf einer Vorstandssitzung des „Ichud" in meinem Hause gefaßt wurde.

Wir haben einstimmig beschlossen, unsere Ansicht über die Verschlechterung der jüdisch-arabischen Beziehungen im Lande auf Grund der Bodenenteignung bei Karmi'el zu veröffentlichen.

Wir begrüßen zusammen mit dem ganzen *Jischuw* den Plan zur Entwicklung von Galiläa, betonen aber die lebenswichtige Notwendigkeit, diesen Plan zum Wohle der Juden wie der Araber durchzuführen. Dazu ist es erforderlich, einen umfassenden Plan vorzulegen, der von vornherein die Bedürfnisse beider Gruppen von Bürgern berücksichtigt.

Wenn das die Richtlinie ist, so wird weder im Inland noch im Ausland der Eindruck erweckt, daß arabische Bauern von dem Boden ihrer Väter vertrieben werden, anstatt sie in einen gemeinsamen Entwicklungsplan einzubeziehen.

Erlauben Sie mir, ein persönliches Wort hinzuzufügen. Seit Sie das Amt des Ministerpräsidenten übernommen haben, ist eine deutliche Änderung im Ton und in einem gewissen Maß auch in der Linie der Politik auf wichtigen Gebieten zu spüren, einschließlich der Haltung zu den arabischen Bürgern Israels. All das ist nur zum Besten. Ich habe die Hoffnung, daß Sie die Kraft haben, diesen Weg in einer Stunde fortzusetzen, die vielleicht schicksalhaft sein wird.

*Levi Eschkol an Martin Buber*

Jerusalem, 4.11.1964

Teurer Professor Buber!
Ich danke Ihnen für Ihren Brief vom 26.10. und für die Form, in der Sie Ihre Kritik äußerten. Ich hoffe, daß Sie auch in Zukunft nicht zögern werden, mir Ihre Einwände und Stellungnahmen zu schicken, wenn Sie es für nötig oder nützlich halten.

Der Beschluß des Vorstandes des Ichud steht in Einklang mit dem, was ich in der Knesset (und bei anderen Gelegenheiten) über die Entwicklung Galiläas sagte. Meines Erachtens wird dieses Werk allen seinen Bewohnern, den alten wie den neuen, Segen bringen.

Sie haben gewiß meinen Worten bei der Einweihungsfeier von Karmi'el am letzten Donnerstag Beachtung geschenkt, und Sie konnten sich davon überzeugen, daß zwischen uns keine Meinungsverschiedenheiten über die Ziele der Entwicklung bestehen. Aber es geht nichts über das Sehen mit eigenen Augen – und an Ort und Stelle ist mir immer wieder klar geworden, daß die von mir proklamierte Entwicklungspolitik sich in der Praxis verwirklicht.

Tatsache ist, daß Karmi'el, unsere jüngste Entwicklungsstadt, den arabischen Bewohnern der Gegend schon Segen gebracht hat. Zeugen dafür sind Dutzende von Arbeitern aus den Nachbardörfern, die schon heute dort beschäftigt sind und nicht mehr zu weiten Pendelfahrten gezwungen sind; die Wasserleitung, die den Nachbardörfern Wasser zum Trinken und zum Bewässern bringt; die Elektrizitätsleitung, die bis zu den Dörfern geführt ist.

Bitte nehmen Sie zur Kenntnis, daß 90% des Bodens, der von den Planern für die Errichtung der Stadt bestimmt ist, Stein- und Felsboden ist, der für landwirtschaftliche Nutzung nicht in Frage kommt. Nur 500 von 5000 Dunam[39] sind als landwirtschaftliche Nutzfläche eingestuft. Es ist schade, daß Sie keine Gelegenheit haben, solche Gebiete vor und nach ihrer Erschließung und Bebauung zu sehen.

Ich, der ich viele Jahre in der Landwirtschaft tätig war, bedaure vielleicht mehr als viele andere den Verlust von vielen Dunam guten landwirtschaftlichen Bodens – sei es Besitz der Regierung, des Nationalfonds oder von jüdischen Privatleuten – die im Zuge der Entwicklung der letzten fünf-

39 Flächenmaß, 1 Dunam = 1000 qm.

zehn Jahre in der Umgebung unserer Großstädte „aufgefressen“ wurden. Zur Zeit sehe ich auch keine Möglichkeit, das zu verhindern, auch wenn man ständig versuchen muß, den Schaden möglichst gering zu halten. Den Besitzern der Ländereien ist Entschädigung, wenn irgend möglich, durch entsprechenden Grund und Boden oder aber in Geld zugesichert.

Die Leute, die den Plan in Karmi'el durchführen, sorgen auch dafür, daß auf dem Verhandlungswege entsprechende und anständige Entschädigungen für den enteigneten Boden festgesetzt werden. Es ist gut möglich, daß wir schneller hätten Fortschritte machen können, wenn da nicht die organisierte Aufwieglung wäre, die zusammen von feindseligen Elementen und einzelnen Wirrköpfen gegen jedes Siedlungs- und Entwicklungsprojekt in Galiläa betrieben wird.

Der „luddistische“[40] Widerstand gegen die Entwicklungspläne erinnert mich an jüdische Fuhrleute in den Städtchen im Ansiedlungsrayon[41], die sagten, daß nur über ihre Leiche die Eisenbahn ins Städtchen führe, und die sich mit der Peitsche in der Hand auf den Boden legten, um den Bau aufzuhalten. Die Eisenbahn wurde trotzdem gebaut, und sie gewöhnten sich zu ihrem eigenen Wohl an das neue Zeitalter. So wird es gewiß auch bei uns gehen. Ich wundere mich nur darüber, daß Menschen, deren Denkweise weit davon entfernt ist, primitiv zu sein, es für richtig halten, sich mit diesem Aufstand gegen den Fortschritt zu identifizieren. Über Ihre persönlichen Grüße habe ich mich gefreut, und ich danke Ihnen dafür.

40 Englische Bewegung von Maschinenstürmern – hauptsächlich unter den von der Industrialisierung bedrohten Handwebern – im zweiten Jahrzehnt des 19. Jahrhunderts.

41 Westprovinzen des zaristischen Rußlands, außerhalb derer Juden nur ausnahmsweise wohnen durften.

# ES IST AN DER ZEIT, EINEN VERSUCH ZU MACHEN! (1965)

Ich kann zu der erfreulicherweise von der „Jeune Afrique" eingeleiteten Diskussion nur einiges mir grundsätzlich wichtig Scheinende beitragen.

1. Es besteht für mich kein Zweifel daran, daß es die Schicksalsfrage des Nahen Orients ist, ob eine Verständigung zwischen Israel und den arabischen Völkern zustande kommt, solange noch eine Möglichkeit dazu besteht. Wie lange eine solche Möglichkeit besteht, ist uns zu wissen nicht gegeben. Der Ruf zur Verständigung, der jetzt zum erstenmal aus einem arabischen Lande zu uns dringt, kann, wenn er im arabischen Volk überhaupt ein Echo findet, von historischer Bedeutung werden.

2. Ebenso gewiß ist es mir, daß eine Verständigung zwischen den arabischen Völkern und Israel auf nichts Geringeres ausgehen darf, als auf eine Föderation oder, wie ich lieber formuliere: Konföderation (wie einige meiner Freunde und ich sie schon zur Zeit der Entstehung des Staates Israel gefordert haben). Man darf die Situation, in der unsere Völker stehen, mit der heutigen Weltlage überhaupt vergleichen: Der Untergang des Menschengeschlechts wäre nicht verhütet, er wäre nur verlangsamt, wenn an Stelle des kalten Krieges nur der Nichtkrieg träte: es muß nicht weniger als echte Kooperation an den großen gemeinsamen Problemen werden.

3. Es ist freilich unerläßlich, daß zunächst eine Klärung erfolgt, was im gegebenen Fall unter dem Begriff einer Föderation zu verstehen ist. Der Verfasser des Aufsatzes in der „Jeune Afrique" denkt an ein Verhältnis wie „zwischen Texas und Kalifornien". Die Voraussetzungen sind aber hier und dort grundverschieden. In allen Teilen der USA lebt die gleiche, gleich gemischte Bevölkerung; im Nahen Osten handelt es sich um zwei verschiedene, wenn auch verwandte, Nationen. Zum Vergleich könnte man immerhin etwa die Schweiz heranziehen. Daher ist hier unerläßliche Voraussetzung einer föderativen Verbindung, daß jedem der beiden Partner die volle nationale Autonomie gewahrt bleibt; keiner von beiden darf den nationalen Bestand des andern in irgendeinem Punkte verletzen. (Daher dürfen weder die Juden den Arabern noch auch die Araber den Juden – wie es

leider im Aufsatz der „Jeune Afrique" geschieht – an der Form ihrer nationalen Bewegung Kritik üben).

4. Damit ein so großes, so fast präzedenzloses Werk gelingt, ist unerläßliche Voraussetzung, (auch darin hat der Verfasser des Artikels unbedingt recht), daß geistige Vertreter der beiden Völker miteinander in ein echtes Gespräch kommen, in dem sich gegenseitige Aufrichtigkeit und gegenseitige Anerkennung verbinden. Nur ein solches Gespräch kann zu einer Reinigung der Atmosphäre führen, einer Reinigung, ohne die schon die ersten politischen Schritte auf dem neuen Wege mißglücken würden. Die geistigen Vertreter müssen in vollem Sinne des Wortes unabhängige Menschen sein, Menschen also, die durch keinerlei Rücksicht gehindert werden, der Sache, die sie als wahr und gerecht erkannt haben, rückhaltlos zu dienen. Ob jetzt und hier ein solches Gespräch zwischen solchen Menschen zustande kommt, wird weit über das Gebiet des Nahen Ostens hinaus von Bedeutung sein: es wird sich daran zeigen, ob in dieser späten Stunde des Menschengeschlechts der Geist wirklich Einfluß auf die Geschichte hat.

# II. REDEN ÜBER DAS JUDENTUM

# DIE FRÜHEN REDEN
(1909-1918)

## Vorrede
(1923)

*Die Reden, die hier gesammelt sind – die sieben Reden über das Judentum*[42] *und die Rede über Jugend und Religion*[43] *–, haben einen wesentlichen Gehalt gemeinsam, um dessen willen sie, wenn ich selbst auch es erst allmählich erfuhr, gesprochen worden sind. Sie handeln im Grunde alle vom Judentum als einem Phänomen der religiösen Wirklichkeit.*

*Um dies recht klar zu machen, sind sie hier vereinigt worden; denn mancher ungenaue, ja uneigentliche Ausdruck der frühen Reden klärt sich durch die späteren, meinem eignen Weg zur Klarheit gemäß. Da ich aber die entscheidende Klarheit erst erlangte, nachdem (kurze Zeit nachdem) die letzte dieser Reden gesprochen war, obliegt es mir, ihnen eine Erläuterung vorauszuschicken, geeignet, alles bisher durch das Ungenaue und Uneigentliche begünstigte Mißverstehen aufzulösen, soweit mein Wort dies vermag. Eine Erläuterung meine ich damit zu geben und nicht eine Berichtigung: da ich das, was mir widerfahren ist, nur als eine Klärung und nicht als eine Bekehrung bezeichnen darf. Eine Erläuterung aber auch und nicht eine Auslegung: denn zu der Klärung gehörte, daß sich mir eben meine Rede selber klärte und ich verstand, was ich zu sagen gehabt hatte und was meinem unzulänglichen Sagen sich doch als Zulänglichkeit eingetan hat.*

*Die Reden handeln vom Judentum als einem Phänomen der religiösen Wirklichkeit. Das bedeutet, daß es eine religiöse Wirklichkeit gibt, die sich im Judentum und durch es kundgetan hat und um deren willen, aus deren Kraft und in deren Sinn das Judentum besteht. Es ist also nicht zu fragen, was hier unter Judentum verstanden sei, Kultur oder Lehre, geschichtliches oder seelisches Wesen; denn diese und andre Teilbegriffe mögen in ihm umfaßt sein; aber eben nur aus der religiösen Wirklichkeit, die sich in ihm kundtut, kann es bestimmt werden, und jede Definition, die sie*

42 Die ersten drei, von 1909-1911, veröffentlicht 1911 unter dem Titel „Drei Reden über das Judentum"; die zweiten drei, von 1912-1914, veröffentlicht 1915 in dem Buch „Vom Geist des Judentums"; die siebente, „Der heilige Weg", vom Mai 1918, veröffentlicht 1919.

43 Unter dem Titel „Cheruth" veröffentlicht 1919.

*nicht einbezöge, verfehlte das Gemeinte. Eines freilich ergibt sich daraus: daß unter Judentum nicht eine Abstraktion verstanden sein kann.*

*Ein Phänomen der religiösen Wirklichkeit – genügte es nicht zu sagen: ein religiöses Phänomen? Das wäre wieder ungenau. Denn mit „religiös" wird heutzutage wesentlich etwas bezeichnet, was sich in der „Innerlichkeit" begibt, sowie dessen Äußerungen, insofern sie eben auf die Innerlichkeit zurückwirken. Ich aber meine etwas, was sich zwischen dem Menschen und Gott, in der Wirklichkeit des Verhältnisses, der gegenseitigen Wirklichkeit von Gott und Mensch begibt.*

*Damit aber ist schon gesagt, daß ich mit „Gott" weder eine metaphysische Idee, noch ein sittliches Ideal, noch eine „Projektion" eines psychischen oder sozialen Gebildes, noch irgend etwas vom Menschen „Erschaffenes" oder im Menschen „Gewordenes", sondern Gott meine. Den freilich der Mensch nicht anders als in den Ideen und Gestalten „hat"; aber diese Ideen und Gestalten sind nicht ein Werk „freier Schöpfung", sondern die Erzeugnisse gottmenschlicher Begegnungen, die jeweiligen Fassungen eines dem Menschen Widerfahrenden, die Fingerspuren des Geheimnisses: „Nicht Gott ist es, der sich wandelt, die Theophanie wandelt sich", heißt es in der letzten dieser Reden. Theophanie aber ist kein Dort; sie geschieht am Menschen, und er hat seinen Anteil an ihr wie Gott den seinen. Gestalten und Ideen gehen aus ihr hervor; was aber in ihr sich offenbart, ist nicht Gestalt noch Idee, sondern Gott. Die religiöse Wirklichkeit heißt so, weil sie das ungeschmälerte Verhältnis zu Gott selber ist. Der Mensch hat Gott selber nicht; aber er begegnet ihm selber.*

*Unser Geschlecht ist geneigt, in der Religion eine eigentümliche Form der menschlichen Produktivität zu sehen, die eben zu einer regelrechten Kulturepoche mit gehört, ohne die das Geistesleben eben unvollständig wäre, und die im übrigen von ihrer Zeit „morphologisch" bestimmt ist; Gott als „Objekt" der Religion wird demgemäß als das Produkt einer halbkünstlerischen Weltdeutung betrachtet, eine Fiktion, die man sowohl ihres ästhetischen Wertes als ihrer mannigfaltigen wohltätigen Wirkungen wegen – Stärkung des Lebensmuts, Befestigung der Moral, Beglaubigung des Geistes – als erhaltenswert billigen darf. Aber das, woraus alle Religion lebt, die religiöse Wirklichkeit, geht der Morphologie ihres Zeitalters voraus und übt die entscheidende Wirkung auf sie; sie dauert im Kern der von der Kultur und ihren Phasen morphologisch bestimmten Religion fort, so daß diese in einem doppelten Einfluß steht, einem kulturhaft begrenzenden von außen und einem ursprunghaft entgrenzenden von innen; sie wirkt von dem Augenblick an, wo sie sich einer Religion einverleibt hat, zwar nicht mehr direkt, aber eben durch diese auf alle Bereiche des Lebens; – die Theophanie zeugt die Geschichte. Gäbe es aber die religiöse Wirklichkeit nicht, gäbe es Gott nur in einer Fiktion, so wäre es eine Anstandspflicht des Menschentums, sie zu vernichten; denn ich kann mir kaum etwas Schaleres und Unan-*

*ständigeres denken als das sanktionierte Fingieren Gottes, und einer, der programmatisch so verfährt, „als ob es einen Gott gäbe", verdiente wohl (im Gegensatz zum rechtschaffnen Gottesleugner), daß Gott so verführe, als ob es ihn, den Fingierer, nicht gäbe.*

*Ungenau ist somit das Wort der fünften Rede, ob Gott „transzendent" oder „immanent" sei, sei nicht eine Sache Gottes, sondern eine Sache des Menschen. Es ist, in der Wirklichkeit der Geschichte betrachtet, die Sache der Theophanie, an der Gott und Mensch Anteil haben. Es ist, in der Wirklichkeit des persönlichen Lebens betrachtet, die Sache des Verhältnisses zwischen Gott und Mensch, das, wenn es wirklich ist, ein gegenseitiges ist. Ein Beispiel, das für beide, geschichtliche und persönliche Wirklichkeit gilt: Der Leidende will nicht von Gott getröstet werden, er will ihn in der Leidenssubstanz selber kosten; er „will", sage ich, aber daß er es wollte, erfährt er erst in der Erfüllung: da ihm Gott nicht von drüben zuspricht, sondern sich von hüben, als der „Funke" in der „Schale", als der Geist überm Chaos, als das ewige Leben im zeitlichen Vergehen ihm zuteilt. Die Theophanie, die das befreite Volk zur Landnahme rüstet, geschieht in niederfahrender Gewalt, und das irdische Ereignis, Blitz und Bergesfeuer, erscheint im Zeichen der Bewegung von „oben" nach „unten", in der Transzendenz des Worts. Aber es gibt eine Theophanie des Exils, des Nimmerverworfenseins in der Schmach und Erniedrung; nicht aus der Wolke zuckt da die Offenbarung herab, aus den niedern Dingen selber, im Verströmen der Alltage flüstert sie uns an, ganz nah, ganz hüben ist sie lebendig, mitverbannt, mitharrend wohnt die Schechina bei uns, unser Leiden heilt und heiligt sich an der Immanenz des Worts. Das ist die Geschichte Israels, wie es die Geschichte der menschlichen Person ist, aber es ist wohl die Geschichte der Welt, das von ihr, was wir bisher zu lesen und zu schreiben bekommen haben.*

*Uneigentlich ist somit ferner der Satz der zweiten Rede, „dieser Gott" sei aus dem Streben nach Einheit hervorgegangen. Hervorgehen kann nicht „Gott", nur Gottgestalt, „Gottesidee", und auch sie nie aus dem Menschlichen allein, nur aus dem Aneinanderrühren von Göttlichem und Menschlichem, aus der Begegnung. Wohl gibt es nie eine rechtmäßige „Konzeption", eine Empfängnis also, ein Gestaltwerden Gottes ohne die äußerste mitbildende Teilnahme der Beschaffenheit einer Menschenperson, einer Volksperson, ohne deren besondere, in letzter, passionhafter Aktion ausbrechende Bereitschaft; aber was da am Werk ist, das ist nicht etwas in sich Kreisendes, eine mythenauswerfende Phantasie, ein Hinausstellen reifer Gebilde aus der Seelenwerkstatt in die zeiträumliche Unendlichkeit: es ist das redliche Auf-Gott-zu, der rückhaltlose Hinschwung, die Entgegenkunft des Menschen. Mythos, wo er dies wirklich ist, also anderes und Größeres ist als Fabel, ist Bericht, den nicht der Mensch sich, der vielmehr dem Menschen sich einbildet, freilich eben dieser vom glühenden Farben- und Formtrieb durchwirbelten Wesenheit Mensch; Gottesbilder entstehen nicht im Gehirn, sondern im Auge, in des vollständigen Menschenwesens Augenkraft, die durch eine welthafte Schau, etwa die irdische von Blitz und Bergesfeuer, von einem göttlichen Strahl getroffen wird – nicht also in einem einsamen Seelenkern, sondern an der aufgetanen Wesensfläche, die freilich auf menschliche Art spiegelt, aber das, was ein anderes ist als der Mensch. Das Geheimnis überläßt uns nur dann uns selber, wenn wir ohne persönliche Wesenshandlung uns mit ihm als mit dem „unauflösbaren Rest in der Erscheinung" oder mit der „innersten Subjekthaftigkeit des Denksubjekts" oder dergleichen zu befassen unterfangen; wenn wir ihm entgegengehen, ihm gegenübertreten, es ansprechen, ist es uns entgegengekommen, und das entgegenkommende Geheimnis heißt unser Heil.*

*Ich meine also keineswegs, wie mir kürzlich in einer publizistischen Fehde zwischen zwei Gruppen der deutschjüdischen Jugendbewegung zugeschrieben worden ist, daß Gott „später" sei als das religiöse Erlebnis des Individuums oder des Volkes. Das „Erlebnis" geht mich nur noch insofern an, als es Ereignis ist, mit anderm Wort: als es mit dem wirklichen Gott zu tun hat. Die Gott-Verseelungen, die mit „Vergottungs"-Gefühlen ausgestatteten Seelenüberschwänge des aus der vollständigen Wirklichkeit losgeschnittenen Selbstmenschen sind mir nur noch perspektivisch merkwürdig, wie ein Seiltanz zwischen zwei Klippen; was sich am* Rande *begibt, in der Sphäre, deren Reiz und Zauber darin besteht, das schwindlige Nichts zu meistern, ist immer merkwürdig und niemals wichtig; und letztlich ahne ich in dieser wunderlichen ereignislosen Erlebnishaftigkeit eine mehr als psychische, eine kosmische Perversion. Im Grunde kommt es ja überhaupt nicht auf das „Erleben", also auf die abgelöste Subjektivität, sondern auf das Leben an; nicht auf das religiöse Erleben, das eine Abteilung der Psychik betrifft, sondern auf das religiöse Leben, das heißt auf das* vollständige *Leben des Menschen, des Volkes, im wirklichen Umgang mit Gott und der Welt. Die „Verabsolutierung" des Menschlichen bedeutet dessen Herausreißen aus dem vollständigen Leben, aus der Wirklichkeit; und habe ich je – soviel ich weiß, unwissentlich – zu ihrer Förderung beigetragen, so obliegt es mir nun, um so nachdrücklicher auf die Dimensionen der Wirklichkeit hinzuweisen.*

*Es ist daher noch zum dritten der Begriff klarzustellen, der zwar letztlich nicht uneigentlich oder ungenau ist, aber an einigen Stellen dieser Reden ins Ungenaue oder Uneigentliche geraten ist – der Begriff der „Verwirklichung Gottes". Dieser Ausdruck, den ich in einem fundamentalen, noch klarzulegenden Sinn verantworten darf, wird uneigentlich, wenn, wie in der ersten Rede, davon gesprochen wird, Gott aus einer Wahrheit zu einer Wirklichkeit zu machen; denn so kann er zu der schillernden Meinung verführen, Gott sei eine „Idee", die erst durch den Menschen „Realität" werde, und weiter zu der hoffnungslos verkehrten, Gott sei nicht, sondern werde – im Menschen oder in der Menschheit. Hoffnungslos verkehrt nenne ich eine solche, heute in allerlei Varianten auftretende Meinung, nicht als ob mir ein göttliches Werden in der Immanenz nicht gewiß wäre, sondern weil wir nur aus der Urgewißheit des göttlichen Seins den Geheimnis-Sinn göttlichen Werdens, das Sichzuteilen Gottes an die Schöpfung und seine Teilnahme an dem Schicksal ihrer Freiheit, zu berühren vermögen, ohne jene Urgewißheit aber nur ein verblasener Mißbrauch des Gottesnamens walten kann.*

*Berechtigt dagegen erscheint das Wort von der Verwirklichung zunächst, wenn und solange wir unter Wirklichkeit einen „Beziehungsbegriff des Denkens auf die Empfindung" verstehen, mit Cohen, der denn auch (in seinem letzten und bedeutendsten Werk, der „Religion der Vernunft aus den Quellen des Judentums") folgert, Gott könne keine Wirklichkeit haben. Denn dann ist es die Berufung unsres Menschseins, die Entzweiung von Sein und Wirklichkeit zu überwinden, das Göttliche in der empfindbaren Welt aufkeimen, wachsen, reifen zu lassen. Wie könnten wir dulden, daß der Erdboden, in den wir versenkt sind, dem Leben Gottes verschlossen bleibe!*

*Aber müßten wir es nicht dulden, wenn Sein und Wirklichkeit unbedingt getrennt wären? Gäbe es dann für uns etwas anderes zu tun als zu warten, bis Gott eine neue, eine einige Seinswirklichkeit schafft? Wären wir dann nicht berufen und gelähmt zugleich? Wir merken, daß so das Losungswort unsrer Berufung nicht richtig ausgesprochen wird. Und in der Tat, wir dürfen bei dem Begriff einer relativen, gottfernen Wirklichkeit nicht stehenbleiben. Wir dürfen es nicht, weil dieser Begriff nicht von der Gott-Welt-Fülle herkommt, in der wir leben, uns regen und sind, sondern von einer Einschränkung unsres Lebensverhaltens; er geht von einer Scheidung zwischen dem „denkenden" und dem „empfindenden" Verhalten des „Subjekts" aus und macht aus dieser psychologisch relativen Zweiheit von Funktionen eine absolute Zweiheit von Sphären, so absolut, daß die eine von ihnen dem Anhauch Gottes wesensnotwendig entzogen bleibt.*

*Gehen wir nicht von der künstlichen Enge des „Subjekts" aus, sondern fassen wir uns in der wirklichen Gott-Welt-Fülle, in der wir leben, dann erkennen wir, daß „Gott verwirklichen" bedeutet: Gott die Welt zu einem Ort seiner Wirklichkeit bereiten; der Welt beistehen, daß sie gottwirklich werde; mit anderm, heiligem Wort: die Wirklichkeit einen. In diesem unsern Dienst am Werden des Reichs erscheint die Entgegenkunft des Menschen zu welthaftem Wirken erhöht.*

*Vermögen wir so viel? Wir vermögen unsern Anteil an dem einen, um dessen willen wir auf Erden sind; dem einen, das Gott ohne uns nicht vermögen will.*

*Alle Menschen kennen irgendwie, noch so dumpf, diese Berufung unsres Menschseins. Aber einst erfuhr ein Volk sie, als Volk, an ihr zum Volk werdend, bewahrte seine Kenntnis unverbrüchlich, allem Makel, aller Schwäche, allem Versagen zum*

*Trotz. Alle Menschen wissen irgendwann, noch so flüchtig, um die Begegnung. Aber eine Menschenart weiß darum in der Dauer – nicht in den Gnaden allein, vielmehr auch noch in allen Stürzen, und bis in jeden Augenblick des Zerfallens, mit der Wesensgewißheit des lebendigen Gewissens.*

*Alle Menschen kommen Gott irgendwo, in irgendeiner Einsamkeit ihres Schmerzes oder ihres Gedankens, nah; es gibt keinen unverwundbaren Heiden. Aber der Jude wagt es, weltverhaftet, welteingebannt zu Gott in der Unmittelbarkeit des Ich und Du zu stehn – eben als Jude. Das ist die Urwirklichkeit des Judentums.*

*Diese Schar hat einst als erste, wie vor ihr nur der Einzelne, dem Sprechenden geantwortet. Sie wird nach all ihrem Versagen, inmitten ihres Versagens nicht ablassen, sich neu für die Zukunft seines Worts zu bereiten.*

## Das Judentum und die Juden

Die Frage, die ich Ihnen und mir heute vorlege, ist die Frage nach dem Sinn des Judentums für die Juden.

Warum nennen wir uns Juden? Weil wir es sind? Was bedeutet das, daß wir es sind? Ich will zu Ihnen nicht von einer Abstraktion sprechen, sondern von Ihrem eigenen Leben, von unserem eigenen Leben. Und nicht von seinem äußeren Getriebe, sondern von dieses Lebens innerem Recht und Wesen. Warum nennen wir uns Juden? Deshalb nur, weil es unsere Väter getan haben: aus Erbgewohnheit? Oder nennen wir uns Juden aus Wirklichkeit?

Aus Erbgewohnheit? Tradition ist edelste Freiheit dem Geschlechte, das sie hell und sinnvoll lebt, aber elendste Sklaverei den Erbgewohnten, die sie zäh und träge übernehmen. Welchen *Sinn* hat uns dieses Überlieferte, Name, Losung und Wegbefehl: Judentum? Welcher Art ist die Gemeinschaft, von der wir Zeugnis ablegen, wenn wir uns Juden nennen? Was meint diese unsere Fahrt durch den Abgrund – fallen wir durch den Nebelraum der Jahrtausende ins Vergessen, oder trägt uns der Mächte eine in die Erfüllung? Was bedeutet das, daß wir dauern wollen, nicht nur als Menschen, Menschengeist und Menschensame, sondern, den Zeiten und der Zeit selber zum Trotz, als Juden?

In der großen Vorratskammer der Begrifflichkeit liegen allerlei stattliche und gefügige Antworten bereit für die Klugen, die sich das Lebensgeschäft nicht dadurch erschweren wollen, daß sie den Fragen allzu tief und allzu lang ins Auge sehen. Solche Antworten gibt es auch hier, ihrer zwei zur Wahl; sie heißen Religion und Nation. Aber die Antworten sind unserem Blick nichts anderes als vermummte Fragen.

Gibt es eine jüdische Religion?

Ich sagte es schon: ich frage nicht nach den Formationen des äußeren Lebens, sonden nach der inneren Wirklichkeit. Das Judentum hat für die Juden so viel Sinn, als es innere Wirklichkeit hat.

Gibt es eine in sich wirkliche jüdische Religiosität? Nicht Dogma und Norm, Kult und Regel: gibt es ein heute von Menschen gelebtes eigentümliches Verhältnis zum Unbedingten, das seinem Wesen nach als jüdisch zu bezeichnen ist und das sich in einer Gemeinschaft der Juden konstituiert?

Das wissen wir, daß es eine jüdische Religiosität gegeben hat. Die Zeit, die Jakob mit dem Gotte um den Segen ringen, und die Zeit, die Mose in einem Kuß des Gottes sterben ließ, die Zeit des „Urchristentums", die sich vermaß, den Menschen, der sich vollendet, zu Gottes Sohn zu erheben, und die späte Zeit des Chassidismus, die sich unterfing, Gottes Schicksal auf Erden zu schmieden, im Zusammensein und Zusammenwirken von Mensch zu Mensch, diese Zeiten hatten eine jüdische Religiosität. Aber unsere Zeit? Wo gibt es eine Gottesinbrunst von Juden, die sie hinausjagte aus dem Zweckgetriebe der Gesellschaft in ein wahrhaftes Leben, in ein Leben, das Gott *bezeugt,* ihn aus einer „Wahrheit zu einer Wirklichkeit macht, weil es „in seinem Namen" gelebt wird? Freilich, es gibt auch heute ein Bekennen, nein, allerhand Bekennen: ein Bekennen aus Treue; ein Bekennen aus Stolz; ein Bekennen aus Trägheit, wie der durch den Raum fallende Stein seine Richtung bekennt. Aber wo gibt es ein *Erfüllen?* Wo gibt es eine Gemeinschaft, in der nicht jüdisches Beharrungsvermögen (was sie „Tradition" nennen) und nicht jüdisches Anpassungsvermögen (jenes „geläuterte", das ist entseelte „Judentum" einer mit „Monotheismus" verbrämten „Humanität") sich betätigte, sondern unmittelbare jüdische Religiosität, elementares Gottgefühl?

Auf die innere Wirklichkeit hin betrachtet, ist jüdische Religiosität eine Erinnerung, vielleicht auch eine Hoffnung, aber keine Gegenwart.

Und die andere Antwort sagt, die Juden seien eine Nation. Ja gewiß, sie sind eine; wie es der Form nach eine jüdische Religion gibt, so gibt es der Wirkung nach eine jüdische Nationalität: sie erweist sich im Leben der Juden zwischen den Völkern. Aber wir fragen ja nicht nach der Wirkung, sondern nach der Wirklichkeit des Judentums für das Selbst der Juden. Wie äußert sich hier die nationale Existenz? Wie der Jude, erleidend und reagierend, zur außerjüdischen Welt steht, was ihm als Juden von dieser zugefügt und wie es von ihm verarbeitet wird, mag seine Art seit siebzig Geschlechtern mitgestalten, ein begründendes Element seines inneren Judentums kann es nicht abgeben; denn sonst wäre er nur Trotzjude, wäre Jude nicht aus eignem Wesen und Bestand, sondern auf Kündigung der Völker; und auf einen Wink der Völker würde sein Judentum nicht mehr lebendige Substanz sein, nur noch Gedächtnisleid und Gedächtnisgebild wie die Spuren der Jahre und der Lose in unserm Gesicht. Es muß etwas anderes sein: autonome Wirklichkeit. Was ist es aber, das einem Menschen sein Volk zur autonomen Wirklichkeit in seiner Seele und in seinem Leben macht? Was macht es, daß er das Volk nicht bloß um sich: daß er es in sich fühlt?

Der einzelne erwachsene Mensch wiederholt auf höherer Ebene einen Prozeß, den schon das Kind durchmacht. Das Kind erlebt zunächst die Umwelt und entdeckt erst allmählich sein Ich, lernt allmählich erst seinen Körper als Sonderexistenz aus der Masse der Dinge scheiden. Dieses Stadium der Wahrnehmungsorientation wiederholt gleichsam seinen Rhythmus in dem späteren Prozeß der Geistesorientation. Der Einzelne erlebt in diesem zuerst die Wandelwelt der Eindrücke und Einflüsse, die Umwelt, und zuletzt entdeckt er sich, die in den Wandlungen dauernde Substanz.

Ursprünglich findet sich der Einzelne eingestellt in einen Kosmos, der sich aus seinen Eindrücken aufbaut und in dem das Ich nur die Gefühlsbetonung hergibt. Aus diesem Kosmos werden ihm zwei große Bezirke durch ihre Umgrenztheit und Deutlichkeit vor allen gegenwärtig: die Heimat, Erde und Himmel in ihrer vertrauten Besonderheit, und der Menschenkreis, der sich ihm in der Grundform des Verkehrs, in der Sprache, und in der Grundform des Handelns, in der Sitte, mitteilt, ihn einbezieht und teilnehmen läßt. Auf diesen drei konstanten Elementen seines Erlebens, Heimat, Sprache und Sitte, baut sich das Zugehörigkeitsgefühl des Einzelnen zu einer Gemeinschaft auf, die weiter ist als die urgegebene Gemeinschaft der Familie und die wahlgeborene Gemeinschaft der Freunde. Er fühlt sich denen zugehörig, die mit ihm die gleichen konstanten Elemente des Erlebens haben, und ihre Gesamtheit empfindet er auf dieser Stufe als sein Volk.

Viele bleiben auf dieser Stufe stehen. Uns kommt es darauf an, den zu betrachten, der weiter geht. Was ihn weiter führt, ist das eingeborene, bei vielen Menschen sich abstumpfende, bei anderen aber wachsende und reifende Verlangen nach Dauer, nach bleibender Substanz, nach unsterblichem Wesen. Er entdeckt, daß es nicht allein konstante Formen des Erlebens gibt, sondern auch eine konstante Existenz, alles Erlebens stetigen Träger. Wie das

Kind das Ich seiner Körperhaftigkeit, so entdeckt er das Ich seines Geistes zuletzt: als dauernde Substanz.

Das Kind erfuhr bei der Entdeckung des Ich seine Begrenztheit im Raum; er erfährt seine Unbegrenztheit in der Zeit. Das Verlangen nach Dauer leitet seinen Blick in der Entdeckung seines Ich über die eigene Lebensspanne hinaus. Dies ist die Zeit jener seltsam weitschwingigen, pathetischen und schweigsamen Gefühle, die nie hernach in gleicher Gewalt wiederkehren, auch wo sie sich zur Idee klären und runden: Unsterblichkeit der Seele, Unsterblichkeit der Kraft, Unsterblichkeit des Werkes und der Tat. Dieser junge Mensch, den der Schauer der Ewigkeit angerührt hat, erfährt in sich, daß es ein Dauern gibt. Und er erfährt es noch nackter und noch heimlicher zugleich, mit all der Einfalt und all dem Wunder, die um das Selbstverständliche sind, wenn es *angesehen* wird: in der Stunde, da er die Folge der Geschlechter entdeckt, die Reihe der Väter und der Mütter schaut, die zu ihm geführt hat, und inne wird, was alles an Zusammenkommen der Menschen, an Zusammenfließen des Blutes ihn hervorgebracht, welcher Sphärenreigen von Zeugungen und Geburten ihn emporgerufen hat. Er fühlt in dieser Unsterblichkeit der Generationen die Gemeinschaft des Blutes, und er fühlt sie als das Vorleben seines Ich, als die Dauer seines Ich in der unendlichen Vergangenheit. Und dazu gesellt sich, von diesem Gefühl gefördert, die Entdeckung des Blutes als der wurzelhaften, nährenden Macht im Einzelnen, die Entdeckung, daß die tiefsten Schichten unseres Wesens vom Blute bestimmt, daß unser Gedanke und unser Wille zu innerst von ihm gefärbt sind. Jetzt findet und empfindet er: die Umwelt ist die Welt der Eindrücke und Einflüsse, das Blut ist die Welt der beeindruckbaren, beeinflußbaren Substanz, die sie alle in ihren Gehalt aufnimmt, in ihre Form verarbeitet. Und nun fühlt er sich zugehörig nicht mehr der Gemeinschaft derer, die mit ihm gleiche konstante Elemente des Erlebens haben, sondern der tieferen Gemeinschaft derer, die mit ihm gleiche Substanz haben. Einst kam er zu dem Gefühle der Zugehörigkeit aus der äußeren Erfahrung, nun aus der inneren. Auf der ersten Stufe repräsentierte das Volk ihm die Welt, nun die Seele. Jetzt ist ihm das Volk eine Gemeinschaft von Menschen, die waren, sind und sein werden, eine Gemeinschaft von Toten, Lebenden und Ungeborenen, die zusammen eine Einheit darstellen; und diese ist eben die Einheit, die er als den Grund seines Ich empfindet, seines Ich, das in diese große Kette als ein notwendiges Glied an einem von Ewigkeit bestimmten Orte eingefügt ist. Was alle Menschen in dieser großen Kette geschaffen haben und schaffen werden, das empfindet er als das Werk seiner innersten Eigentümlichkeit;

was sie erlebt haben und erleben werden, das empfindet er als sein innerstes Schicksal. Die Vergangenheit seines Volkes ist sein persönliches Gedächtnis, die Zukunft seines Volkes ist seine persönliche Aufgabe. Der Weg des Volkes lehrt ihn sich selbst verstehen und sich selbst wollen.

Dieses Sicheinstellen in die große Kette ist die natürliche Situation des Einzelnen in seinem Verhältnis zum Volke, von der Subjektivität aus betrachtet. Der natürlichen subjektiven Situation entspricht aber nicht immer eine natürliche objektive. Diese ist dann gegeben, wenn das Volk, dem sich der Einzelne auf der ersten Stufe, und das Volk, dem er sich auf der zweiten Stufe zugehörig fühlt, dasselbe sind; wenn die Gemeinschaft derer, die mit ihm die gleichen konstanten Elemente haben, und die Gemeinschaft derer, die mit ihm die gleiche Substanz haben, dieselbe sind; wenn die Heimat, in der er aufwuchs, zugleich die Heimat seines Blutes ist, wenn die Sprache und die Sitte, in denen er aufwuchs, zugleich die Sprache und die Sitte seines Blutes sind; wenn das Volk, das ihm die Art seines Erlebens gab, eben das ist, das ihm den Inhalt des Erlebens gibt.

Diese natürliche objektive Situation ist in dem Verhältnis des Juden, insbesondere des Westjuden, zu seinem Volke nicht gegeben. Alle Elemente, die ihm die Nation konstituieren, sie ihm zu einer Wirklichkeit machen könnten, fehlen, alle: das Land, die Sprache, die Lebensformen. Das Land, in dem er wohnt, dessen Natur ihn umfängt und seine Sinne erzieht, die Sprache, die er spricht und die seine Gedanken färbt, die Sitte, an der er teilhat und von der sein Tun die Bildung empfängt, sie alle sind nicht der Gemeinschaft seines Blutes, sind einer andern Gemeinschaft zugehörig. Die Welt der konstanten Elemente und die Welt der Substanz sind für ihn zerfallen. Seine Substanz entfaltet sich nicht vor ihm in seiner Umwelt, sie ist in tiefe Einsamkeit gebannt, und die einzige Gestalt, in der sie sich ihm darstellt, ist die Abstammung.

Und wenn sie dennoch dem Juden eine Wirklichkeit werden kann, so liegt das eben daran, daß die Abstammung nicht bloß Zusammenhang mit dem Vergangenen bedeutet: daß sie etwas in uns gelegt hat, was uns zu keiner Stunde unseres Lebens verläßt, was jeden Ton und jede Farbe in unserem Leben, in dem was wir tun und in dem was uns geschieht, bestimmt: das Blut als die tiefste Machtschicht der Seele.

Die Gewalten, aus deren Wirkung sich das Menschenleben, Wesen und Geschick, aufbaut, sind Innerlichkeit und Umwelt: die Disposition, Eindrücke zu verarbeiten, und das eindringende Material. Die tiefste Schicht der Disposition aber, die dunkle schwere Schicht, die den Typus, das Knochengerüst der Personalität, hergibt, ist das, was ich das Blut nannte: das in uns, was die Kette der Väter und Mütter, ihre Art und ihr Schicksal, ihr Tun und ihr Leiden in uns gepflanzt haben, das große Erbe der Zeiten, das wir in die Welt mitbringen. Das tut uns Juden not zu wissen: nicht die Art der Väter allein, auch ihr Schicksal, alles, Pein, Elend, Schmach, all dies hat unser Wesen, hat unsere Beschaffenheit mitgeformt. Das sollen wir ebenso fühlen und wissen, wie wir fühlen und wissen sollen, daß in uns lebt die Art der Propheten, der Sänger und der Könige Judas.

Jeder von uns, der auf sein Leben zurück, in sein Leben hinein zu blikken vermag, wird die Spuren dieser Macht erkennen. Wer sich das Pathos seiner inneren Kämpfe vergegenwärtigt, wird entdecken, daß etwas in ihm weiterlebt, das sein großes nationales Urbild in dem Kampfe der Propheten gegen die auseinanderstrebende Vielheit der Volkstriebe hat. In unserer Sehnsucht nach einem reinen und einheitlichen Leben werden wir den Ruf tönen hören, der einst die große essäische und urchristliche Bewegung erweckte. Aber wir werden auch das uns entartende Schicksal der Väter fühlen in der Ironie des modernen Juden, die ja nur daraus stammt, daß wir Jahrhunderte lang, wenn wir ins Gesicht geschlagen wurden, nicht zurückschlugen, sondern, der Zahl und der Kraft nach unterlegen, uns zur Seite wandten und uns mit gespannter Überlegenheit als „die geistigen Menschen" fühlten. Und diese lebensferne, gleichgewichtfremde, gleichsam außerorganische Intellektualität selber ist daran groß geworden, daß wir Jahrtausende lang kein gesundes, gebundenes, vom Rhythmus der Natur bestimmtes Leben kannten.

Und was frommt es uns, all dies zu wissen?

In jenen stillsten Stunden, in denen wir uns auf Unaussprechliches besinnen, fühlen wir eine tiefe Zwiespältigkeit unserer Existenz; eine Zwiespältigkeit, die uns so lange unüberwindlich scheint, als wir die Erkenntnis, daß unser Blut das Gestaltende in unserem Leben ist, noch nicht zu unserem lebendigen Eigentum gemacht haben. Um aus der Zwiespältigkeit zur Einheit zu kommen, dazu bedarf es der Besinnung auf das, was unser Blut in uns bedeutet, denn in dem Getriebe der Tage werden wir uns immer nur der Umwelt und der Wirkung der Umwelt bewußt. Vertiefen wir den Blick der stillsten Stunden: schauen wir, erfassen wir uns selber. Erfassen wir uns: ziehen wir unser Leben in unsere Hand, wie man einen Eimer aus dem Brunnen zieht, sammeln wir es in unsere Hand, wie man zerstreute Körner zusammenrafft. Wir sollen uns entscheiden; wir sollen in uns eine Ausgleichung setzen zwischen den Mächten.

Wo die natürliche objektive Situation des Einzelnen in seinem Verhältnis zum Volke gegeben ist, verläuft sein Leben in Harmonie und gesichertem Wachstum; wo sie nicht gegeben ist, gerät der Einzelne, je bewußter er ist, je ehrlicher er ist, je mehr Entschiedenheit und Deutlichkeit er von sich fordert, desto tiefer in einen Konflikt, er wird desto unausweichlicher vor eine Wahl gestellt zwischen Umwelt und Innenwelt, zwischen der Welt der Eindrücke und der Welt der Substanz, zwischen Atmosphäre und Blut, zwischen dem Gedächtnis seiner Lebensspanne und dem Gedächtnis von Jahrtausenden, zwischen den Zwecken, die ihm die Gesellschaft darbietet, und der Aufgabe, seine Eigenkraft zu befreien. Eine Wahl: das kann nicht so gemeint sein, als ob es darauf ankäme, das eine oder das andere auszuschalten, aufzugeben, zu überwinden; es wäre sinnlos, sich etwa von der umgebenden Kultur freimachen zu wollen, die ja von unseres Blutes innersten Kräften verarbeitet und uns eingeeignet worden ist. Wir wollen und dürfen uns bewußt sein, daß wir in einem prägnanteren Sinne als irgendein anderes Volk der Kultur eine Mischung sind. Aber wir wollen nicht die Sklaven, sondern die Herren dieser Mischung sein. Die Wahl meint eine Entscheidung über die Suprematie, über das, was das Herrschende und was das Beherrschte in uns sein soll.

Dies ist es, was ich die persönliche Judenfrage nennen möchte, die Wurzel aller Judenfragen, die Frage, die wir in uns selbst finden, in uns selbst klären und in uns selbst entscheiden müssen.

Es ist einmal – von Moritz Heimann – gesagt worden: „Was ein auf die einsamste, unzugänglichste Insel verschlagener Jude noch als ‚Judenfrage' anerkennt, das einzig ist sie." Ja, das einzig ist sie.

Für den aber, der sich in der Wahl zwischen Umwelt und Substanz für die Substanz entschieden hat, gilt es, nunmehr wahrhaft von innen heraus Jude zu sein und aus seinem Blute, mit dem ganzen Widerspruch, mit der ganzen Tragik und mit der ganzen Zukunftsfülle dieses Blutes als Jude zu leben.

Wenn wir uns aus tiefster Selbsterkenntnis derart bejaht haben, wenn wir zu uns selbst, zu unserer ganzen jüdischen Existenz Ja gesagt haben, dann fühlen wir nicht mehr als Einzelne, dann fühlt jeder Einzelne von uns als Volk, denn er fühlt das Volk in sich. Und so werden wir uns zur Vergangenheit des Judentums nicht stellen als zu der Vergangenheit einer Gemeinschaft, der wir angehören, sondern wir werden darin die Vorgeschichte unseres Lebens sehen, jeder von uns die Vorgeschichte seines eigenen Lebens, und wir werden anders, als wir es sonst vermochten, Werden und Bestimmung erkennen. Und ebenso werden wir der Gegenwart innewerden. Diese Menschen da draußen, diese elenden, gebückten, schleichenden Menschen, die von Dorf zu Dorf herumhausieren und nicht wissen, woher und wozu sie morgen leben werden, und diese schwerfälligen, fast betäubten Massen, die auf Schiffe verfrachtet werden und nicht wissen, wohin und wozu, sie alle werden wir nicht etwa bloß unsere Brüder und Schwestern empfinden, sondern jeder von uns, der sich so in sich selber gesichert hat, wird fühlen: Diese Menschen sind Stücke von mir. Ich leide nicht mit ihnen, sondern *ich* leide das. Meine Seele ist nicht bei meinem Volke, sondern mein Volk *ist* meine Seele. Und in diesem gleichen Sinn wird dann jeder von uns die Zukunft des Judentums fühlen, er wird fühlen: Ich will weiterleben, ich will meine Zukunft, will ein neues, ganzes Leben, ein Leben für mich, für das Volk in mir, für mich im Volke. Denn das Judentum hat nicht nur eine Vergangenheit, ja trotz allem, was es geschaffen hat, meine ich: das Judentum hat vor allem nicht eine Vergangenheit, sondern eine Zukunft. Ich glaube: das Judentum ist in „Wahrheit noch nicht zu seinem Werke gekommen, und die großen Kräfte, die in diesem tragischsten und unbegreiflichsten aller Völker leben, haben noch nicht ihr eigenstes Wort in die Geschichte der Welt gesprochen.

Die Selbstbejahung des Juden hat ihre Tragik und ihre Größe. Denn wenn wir uns bejahen, dann fühlen wir, wie ich schon sagte, die ganze Entartung mit, aus der wir unsere kommenden Geschlechter befreien müssen. Aber wir fühlen auch, daß noch Dinge in uns sind, die nicht hinausgestellt worden sind, daß noch Gewalten in uns sind, die auf ihren Tag warten. Und diese Tragik und diese Größe des sich bejahenden Juden, diese nun ganz ins eigene Leben aufnehmen, das heißt als Jude leben. Nicht auf ein Bekenntnis kommt es an, nicht auf die Erklärung der Zugehörigkeit zu einer Idee oder einer Bewegung, sondern darauf, daß der, wer seine Wahrheit in sich aufgenommen hat, sie lebe, daß er sich von den Schlacken der Fremdherrschaft reinige, sich aus der Zwiespältigkeit finde zur Einheit.

Als ich ein Kind war, las ich eine alte jüdische Sage, die ich nicht verstehen konnte. Sie erzählte nichts weiter als dies: „Vor den Toren Roms sitzt ein aussätziger Bettler und wartet. Es ist der Messias." Damals kam ich zu einem alten Manne und fragte ihn: „Worauf wartet er?" Und der alte Mann antwortete mir etwas, was ich damals nicht verstand und erst viel später verstehen gelernt habe; er sagte: „Auf dich".

## Das Judentum und die Menschheit

Bei einem Volke, das auf eigener Scholle ein sicheres, freies, vollständiges Leben führt, tut es gar nicht not, daß der Einzelne sich auf seine Zugehörigkeit zum Volke besinne; denn ob er sich dessen bewußt wird oder nicht, er gehört seinem Volke von vornherein unverbrüchlich zu durch seine natürliche Teilnahme an dessen Tun und Denken, an dessen Sprache und Sitte. Anders bei einem Volk, das des freien und vollständigen Lebens entbehrt: da steht der Einzelne nicht von vornherein in der Gemeinschaft, sondern er muß sich erst in sie einstellen; sein Zugehörigkeitsbewußtsein erzieht ihn erst zur wahren Zugehörigkeit, zum Mitleben und zur Mitarbeit, und zwar um so stärker, je tiefer er zugleich in seine persönliche Besonderheit, in das Geheimnis seiner Einzigkeit eindringt und je wahrhafter er entdeckt, was er und kein anderer diesem Volke zu geben berufen ist. Ein Ähnliches ist von dem Verhältnis eines Volks zur Menschheit zu sagen. Ein Volk, das im Bau der Menschheit seinen bestimmten, festen, sicheren Ort hat, das nach Land, Sprache und Lebensformen klar und deutlich bestimmt ist, braucht sich gar nicht auf seine Bedeutung für die Menschheit zu besinnen. Indem es seine eigenen Geschäfte besorgt, dient es der Menschheit auf seine Art, und es bedarf keines weiteren Nachweises seiner Daseinsberechtigung. Nicht so ein Volk wie das jüdische, das seinen natürlichen Ort seit Jahrtausenden verloren hat, keine einheitliche Sprach- und Lebensgemeinschaft mehr besitzt und dem immer wieder die Frage nach der Berechtigung seines Daseins und nach der Notwendigkeit seiner Erhaltung entgegengehalten wird – entgegengehalten wird auch aus seiner eigenen Mitte. Hier tut es not, sich auf das zu besinnen, was an diesem Volk einzig und ewig ist. Es tut not, sich darauf zu besinnen, welches Urelement der Menschenseele, welche Grundform des Menschenlebens sich im Judentum reiner und stärker und wirksamer realisiert hat als in irgend einem anderen Volke und was dieses Urelement, diese Grundform für die Menschheit bedeutet hat und bedeutet: wozu die Menschheit des Judentums bedurft hat, seiner bedarf und in aller Zukunft seiner bedürfen wird als der deutlichsten Verkörperung, als der vorbildlichen Darstellung eines der höchsten Elementartriebe des Geistes. Es geht hier um Größeres als das Schicksal eines Volkes und den Wert eines Volkstums; es geht um urmenschliche und allmenschliche Dinge.

Um uns darauf zu besinnen, müssen wir das Problem des Judentums in seiner Tiefe erfassen, müssen auf seinen Grund tauchen, dahin, wo sich aus dem Widerspruch das Ewige gebiert. Denn das ist die Natur und das

Los des Judentums, daß sein Höchstes an sein Niederstes gebunden ist und sein Erlauchtes an sein Schändliches. Das Judentum ist nicht einfach und eindeutig, sondern vom Gegensatz erfüllt. Es ist ein *polares* Phänomen.

„Dies ist sicher: ein Schauspieler oder ein wahrer Mensch; der Schönheit fähig und doch häßlich; lüstern und asketisch, ein Scharlatan oder ein Würfelspieler, ein Fanatiker oder ein feiger Sklave, alles das ist der Jude." In diese Worte hat Jakob Wassermann einst das gefaßt, was ich als das Grundproblem des Judentums, als den rätselhaften, furchtbaren und schöpferischen Widerspruch seines Daseins empfinde: seine Dualität. Man mag dieses Volk selbst betrachten, insonderheit da, wo es in geschlossener Gemeinschaft lebt; man mag sich sein Erleben wiederaufbauen, wie es sich in seiner Geschichte ausgesprochen hat; man mag sein Schrifttum durchforschen, in dem sein Wesen zum Werke wurde: immer wieder werden die Gegensätze starr und unvermittelt vor einen treten, wie sie in keinem anderen Sozialgebilde je so ins Äußerste getrieben nebeneinander standen: die mutigste Wahrhaftigkeit neben der Verlogenheit des innersten Lebensgrundes; der letzte Opferwille neben der gierigsten Selbstsucht. Kein anderes Volk hat so niederträchtige Spieler und Verräter, kein anderes Volk so erhabene Propheten und Erlöser hervorgebracht. Und nicht etwa in verschiedenen Epochen, nicht etwa, daß das Hohe das Urjudentum und das Niedrige die Entartung wäre (wiewohl man das geschichtliche Element nicht verkennen darf); sondern in jeder Zeit stehen sie beieinander, ja es sind oft dieselben Menschen, in denen und um die das Ja mit dem Nein ringt und die durch seltsame Erschütterungen, Krisen, Entscheidungen den einen oder den anderen Pol erreichen. Ich sagte: Es sind *oft* dieselben Menschen. Ich hätte sagen sollen: In *allen* Juden lebt beides irgendwie. Keiner kann wie der Jude verstehen, was es heißt, durch sich selbst versucht zu werden; keiner hat solche Fülle der Anlage und solche Fülle der Hemmung wie der Jude. Die Lebensgeschichte eines Volkes ist ja im Grunde nichts anderes als die ins Große projizierte Lebensgeschichte eines Volksmitgliedes, und was uns die Historie des Judentums lehrt, das kann von jedem einzelnen Juden durch Selbstbetrachtung ergänzt und bestätigt werden, wenn er nur unerschrocken und klarsichtig und ehrlich genug ist. Und das gilt es zu sein: unerschrocken und klarsichtig und ehrlich; denn es geziemt uns nicht, der tiefen Wirklichkeit unseres Daseins auszuweichen, und es wird uns kein Heil werden, ehe wir ihr gegenübergetreten sind und ihr standgehalten haben.

Damit aber, daß die Frage, ohne die Sphäre des Volkslebens zu verlassen, in die Sphäre des Lebens des Einzelnen eintritt, wird es auch offenbar, daß sie im Grunde etwas Größeres als eine ethnische, daß sie eine menschheitliche Frage ist.

Es ist eine Grundtatsache der psychischen Dynamik, daß die Vielfältigkeit seiner Seele dem Menschen immer wieder als *Zweiheit* erscheint, ja man kann, da in der Welt des Bewußtseins Erscheinen und Sein dasselbe bedeutet, sagen, daß sie immer wieder die Form der Zweiheit annimmt. Der Mensch erlebt die Fülle seiner inneren Wirklichkeit und Möglichkeit als eine lebendige Substanz, die nach zwei Polen hinstrebt; er erlebt seinen inneren Weg als eine Wanderschaft von Kreuzweg zu Kreuzweg. Die beiden Gegensätze, zu denen es im Menschen hinstrebt, mögen noch so wechselnde Inhalte und Namen haben, die Wahl am Kreuzweg mag als persönliche Entscheidung oder als äußere Notwendigkeit oder gar als Zufall empfunden werden: die Grundform selbst bleibt unverändert, eines der wesentlichen, bestimmenden Urdinge des Menschenlebens, ja vielleicht das wesentliche unter allen, da sich darin das Mysterium der Urzweiheit und damit die Wurzel und der Sinn alles Geistes ausspricht. In keinem Menschen aber war und ist diese Grundform so stark, so beherrschend, so zentral, wie sie im Juden war und ist. Nirgends hat sie sich so rein und restlos verwirklicht, nirgends hat sie so bestimmend auf Art und Schicksal gewirkt. Nirgends hat sie etwas so Ungeheures, so Paradoxes, so Heroisches, so Wunderbares geschaffen wie dieses Wunderbare: das Streben des Juden nach Einheit. Das Streben des Juden nach Einheit ist es, was das Judentum zu einem Phänomen der Menschheit, die Judenfrage zu einer menschheitlichen Frage macht.

Es ist hier nicht der Ort und der Augenblick, die Ursachen und die Entwicklung des extremen Dualitätsbewußtseins im Judentum darzulegen, aber wer in der Geschichte zu lesen versteht, wird ihr von der Zeit der ersten Urkunden bis auf die Gegenwart wieder und wieder begegnen. Ihr stärkster Ausdruck in der Urzeit ist der in das Buch Genesis aufgenommene Mythus vom Sündenfall. Dieser Mythus, dessen Ursprünglichkeit auch die Babylonisten nicht in Frage gestellt haben, setzt die Elemente Gut und Böse, die deutlichsten und wirksamsten aller Inhalte der inneren Dualität, und er tut es mit einer unvergleichlichen Macht und Klarheit. Er stellt das, was dem Menschen aufgegeben ist, als eine Wahl, als eine Entscheidung dar, und er macht die Zukunft von dieser Entscheidung abhängig. Er spricht die Erkenntnis des Menschen aus, der in der Zweiheit steht. Man vermeine nicht etwa, dies sei auch im altpersischen Dualismus geschehen. Der persische Dualismus bezieht sich nur auf das *objektive* Sein, nicht auf das *subjektive.* Er ist eine Weltdeutung, keine Selbstentdeckung. Die Zweiheit des Persers ist ein Stück der Wirklichkeit, keine Schuld. Der Mensch ist in seiner Auffassung aufgeteilt wie die Welt. Für den antiken Juden ist die Welt nicht aufgeteilt; auch der Mensch ist für ihn nicht aufgeteilt, sondern er ist geschieden, gefallen, unzulänglich geworden, gottungleich geworden. Das objektive Dasein ist für ihn einheitlich, Satan ein Diener Gottes. Gespalten ist das subjektive Dasein, die äußere Welt aber nur als dessen Symbol. – Man könnte versuchen, das Sündenbewußtsein der babylonischen Bußpsalmen als eine Erkenntnis der inneren Dualität darzustellen; aber hier handelt es sich nur um unerfüllte Riten und um sonstige äußere Unbotmäßigkeit; ein Wissen um Gut und Böse ist nirgends auch nur geahnt.

Ich habe das klassische Beispiel des Sündenmythus herausgegriffen und kann hier nicht weitere geben. Aber man öffne die große Urkunde der jüdischen Antike, an welcher Stelle immer; man lese in den Geschichtsbüchern die Erzählungen vom Abfall von Gott, in den Büchern der Propheten die Anrufe zur Überwindung der Ungerechtigkeit, in den Psalmen den immer wiederkehrenden Aufschrei nach Reinigung durch Gott, im Buche Hiob die Worte der Einsicht in die Notwendigkeit der inneren Dualität, die der reine Wille nicht überwinden, der der um sich Kämpfende nicht entrinnen kann, aus der nur die Erlösung hinausführt: und man wird überall das Gefühl und die Erfahrung der Entzweiung finden – und überall das *Streben nach Einheit.*

Das Streben nach Einheit. Nach Einheit im einzelnen Menschen. Nach Einheit zwischen den Teilen des Volkes, zwischen den Völkern, zwischen der Menschheit und allem Lebendigen. Nach Einheit zwischen Gott und der Welt.

Und dieser Gott selbst war aus dem Streben nach Einheit hervorgegangen, aus einem dunklen, leidenschaftlichen Streben nach Einheit. Er war nicht aus der Natur, sondern aus dem Subjekt erschlossen. Der gläubige Jude „fragte nicht nach Himmel und Erde, wenn er Ihn nur hatte" (so übersetzte Luther die Psalmworte frei und herrlich getreu zugleich): weil er ihn nicht aus der Wirklichkeit, sondern aus der Sehnsucht geschöpft hatte, weil er ihn nicht in Himmel und Erde *erschaut,* sondern ihn sich als die Einheit über der eigenen Zweiheit, als das Heil über dem eigenen Leid *erbaut* hatte. Der gläubige Jude (und der gläubige Jude war der *vollständige* Jude) fand in seinem Gott seine Einheit; er rettete sich in ihm zu jener mythischen Zeit, zu jener kindheitlichen Zeit ursprünglichen, noch unzertrennten Daseins zurück, da, wie Hiob sagt (29,4), „Gottes Einvernehmen mir überm Zelt war"; er rettete sich in ihm in jene künftige, messianische Zeit der Wiedervereinigung hinüber; er *erlöste* sich in ihm von aller Dualität.

Denn wie die Idee der inneren Zweiheit, so ist auch die Idee der Erlösung von ihr eine jüdische. Wohl steht ihr die indische Erlösungsidee als die reinere und unbedingtere gegenüber; aber sie bedeutet das Freiwerden nicht von der Dualität der Seele, sondern von ihrer Verstrickung in die Welt. Die indische Erlösung meint ein Erwachen, die jüdische eine Umwandlung; die indische ein Abstreifen des Scheins, die jüdische ein Ergreifen der Wahrheit; die indische ein Verneinen, die jüdische ein Bejahen; die indische begibt sich im Zeitlosen, die jüdische meint den Weg der Menschheit. Sie ist wie alle historische Anschauung die unwesenhaftere, aber die bewegtere. Sie allein kann wie Hiob (19,25) sprechen: „Ich weiß, mein Auslöser lebt" und wie der Psalmist (51,12): „Einen festen Geist erneue in meinem Innern". In ihr wurzelt die Erlösungsidee des Juden Jesus. Aus ihr nahm das messianische Ideal des Judentums seine Menschlichkeit. Und als sich in der jüdischen Mystik der ursprüngliche Charakter der Gottesidee wandelte, als die Zweiheitsanschauung in die Vorstellung von Gott selbst hineingetragen wurde, da wuchs die jüdische Erlösungsidee zur Höhe der indischen empor: sie wurde zur Idee der *Erlösung Gottes;* zur Idee der Wiedervereinigung des Gotteswesens, das den Dingen entrückt ist, mit der Gotteseinwohnung, die wandernd, irrend, verstreut bei den Dingen weilt; zur Idee der Erlösung Gottes durch die Kreatur: dadurch, daß jede Seele aus ihrer Zweiheit zur Einheit kommt, daß jede Seele eins wird in sich, wird Gott eins in sich.

Das Streben nach Einheit ist es, was den Juden schöpferisch gemacht hat. Aus der Entzweiung des Ich nach Einheit strebend, schuf er die Idee des Einheitsgottes. Aus der Entzweiung der Menschengemeinschaft nach Einheit strebend, schuf er die Idee der All-Gerechtigkeit. Aus der Entzweiung alles Lebendigen nach Einheit strebend, schuf er die Idee der All-Liebe. Aus der Entzweiung der Welt nach Einheit strebend, schuf er das messianische Ideal, das eine spätere Zeit, auch wieder unter führender Mitwirkung des Juden, verkleinert, verendlicht und Sozialismus genannt hat.

*Unmittelbare* Einheit, unmittelbares naives ursprüngliches Erleben der Einheit im Ich und in der Natur war dem Juden versagt. Er ging nicht von der Einheit aus, er kam zu ihr. Als Spinoza den einheitlichsten „Weltaufbau des Menschengedankens schuf, hatte auch er die Einheit nicht in der

Natur, sondern in der Forderung erlebt, im schöpferischen Willen, *im einsgewordenen Ich*. Sein Ich war Einheit geworden: so konnte er Einheit in die Welt setzen.

Denn das ist der Urprozeß des Juden, der Urprozeß, den die großen Juden, in denen das tiefste Judentum lebendig wurde, an ihrem persönlichen Leben mit der ganzen Gewalt asiatischer Genialität zur Erscheinung gebracht haben: das Einswerden der Seele. Das große Asien lebte sich in ihnen dem Okzident vor, das Asien der Schrankenlosigkeit und der heiligen Einheit, das Asien Laotses und Buddhas, welches das Asien des Mose und der Jesaiasse, des Jesus und des Paulus ist.

Am Streben nach Einheit entzünden sich im Juden die schöpferischen Kräfte; im Einswerden der Seele wurzelt seine schöpferische Tat. „Nur wenn du ungeteilt bist, hast du teil an dem Herrn deinem Gott" heißt es im Midrasch. Die schöpferischen Juden sind die Siege über die Dualität, ihre *positiven* Überwindungen, das Ja über dem Nein, das Schaffen über der Verzweiflung, der Triumph der Sehnsucht. Sie sind das „Es werde Licht" des Judentums. In ihrem Leben, in ihrem Werk erlöste sich das Volk.

Wir können, wenn wir dies ganz erfaßt haben, von hier aus in den innersten Sinn dessen blicken, was wir „Galuth", Exil nennen. Auf die große schöpferische Epoche folgte das lange Zeitalter, das man in Wahrheit das Zeitalter des Exils nennen kann, denn es hat uns aus unserem Urwesen verbannt: die Epoche der unproduktiven Geistigkeit, jener Geistigkeit, die fernab vom Leben und vom lebendigen Streben nach Einheit sich von Bücherworten, von Deutungen der Deutungen nährte und in der Luft der ideenlosen Abstraktion ein armseliges, verzerrtes, krankes Dasein fristete. Die natürliche Einheit des Landes und der bodenständigen Gemeinschaft, die nährende Einheit der Erde hatte einst gehindert, daß die innere Entzweiung in Zerrissenheit und Haltlosigkeit ausarte, und sie hatte immer wieder die Kräfte gezeugt, die nach Einheit strebten und Einheit schufen. Nun waren sie verloren. Der fruchtbare Kampf innerhalb der Gemeinschaft, der weckende aufrufende Kampf derer, die die Einheit gefunden hatten, gegen die, die sich von ihren auseinanderstrebenden Trieben tragen ließen, der schöpferische Kampf der Propheten und Erlöser gegen die Gottlosen und Selbstzufriedenen war erloschen. Es begann der in seinem Wesen notwendige, aber in seiner Wirklichkeit unfruchtbare Kampf gegen den Einfluß der Welt, der Kampf um die Wahrung der Art. Er war unschöpferisch, ja er richtete sich mehr und mehr gegen das Schöpferische selbst, gegen alles Freie, Neue und Bewegende; denn alles Freie, Neue und Bewegende schien den letzten Bestand des entwurzelten Judentums erschüttern zu wollen. Dieser Kampf entstammte einem Grundtrieb gesunder Selbstbehauptung; aber er artete in blinde Selbstzerstörung aus. In diesem grausamen, verketzernden, einsichtslosen, besinnungslosen Kampf des *offiziellen* gegen das *unterirdische* Judentum verflachten die großen Einheitsideen zu einer immer geistesleerer werdenden Tradition; und wo das Streben nach Einheit zu neuen Ideen, zu neuen Formen rang, wurde es gewaltsam niedergedrückt. Dazu kam die namenlose Pein des äußeren Lebens, das längste und ein schmerzensreiches Martyrium, wie es kaum ein anderes Volk auf Erden erlitten hat. In dieser ewigen Qual, in diesem Widerstreit von innen und von außen erlahmte das Streben nach Einheit. Das Volk blieb unerlöst. Die großen Stunden der Stille und der Kraft, in denen einst jüdische Menschen den ewigen Zwiespalt erlebt und sich ihm entschwunden hatten, wurden immer seltener. Außer der Ideenwelt eines großen Denkers lebten sie nur fort in der glühenden Innerlichkeit der jüdischen Ketzer und Mystiker. Da schufen sie ein Werk erhabenen Geheimnisses, da wirkten sie an einer unterirdischen Kontinuität, sie gaben die Fackel von Hand zu Hand weiter und hielten die Seele des Judentums bereit für den Augenblick der Befreiung.

Ist dieser Augenblick gekommen? Gibt es einen solchen Augenblick?

Das Judentum ist nicht in seiner Geschichte allein, nicht im gegenwärtigen Leben des Volkes allein, es ist auch, es ist vor allem in uns selbst. Solange wir in uns das alte Judentum fühlen, solange wir in uns die Urzweiheit finden und das Streben nach Einheit, können wir nicht glauben, der Urprozeß sei beendet und das Judentum habe seinen Sinn erfüllt. Solange die Elemente gegeben sind, ist die ungeheure Aufgabe gegeben. Und sie wird in jedem von uns zur persönlichen Aufgabe, zum Ethos des Einzelnen, das sich in Stille und Reinheit vollziehen soll. An dem großen Prozeß des Judentums wirkt jeder mit, der die Einheit seiner Seele gewinnt, der sich in sich für das Reine und gegen das Unreine, für das Freie und gegen das Unfreie, für das Fruchtbare und gegen das Unfruchtbare entscheidet, jeder, der die Schacherer aus seinem Tempel jagt. Und wie in uns selbst, so müssen wir im Volke entscheiden und den Negativen, den Schauspielern, den Lüsternen, den Würfelspielern, den feigen Sklaven die Gemeinschaft absagen. Denn die Ausstoßung des Negativen ist wie im Einzelnen so auch im Volke der Weg zum Einswerden. Es gilt hier nicht die Sache zwischen Nationalisten und Nichtnationalisten oder dergleichen; das ist alles Oberfläche und unwesentlich; es gilt hier die Sache zwischen Wählenden und Geschehenlassenden, zwischen Zielmenschen und Zweckmenschen, zwischen Schaffenden und

Zersetzenden, zwischen Urjuden und Galuthjuden. Urjude aber nenne ich den, der in sich der großen Kräfte des Urjudentums bewußt wird und sich für sie, für ihre Aktivierung, für ihr Werkwerden entscheidet.

Knüpfen wir also an das innerste Leben des Urjudentums an, streben wir zur Einheit in unserer Seele, reinigen wir das Volk, und wir haben an seiner Befreiung mitgewirkt. Daran, das Judentum wieder frei zu machen für seine Tat in der Menschheit.

Dieses ist, wie wir gesehen haben, immer die Bedeutung des Judentums für die Menschheit gewesen und wird es bleiben: daß es an sie immer wieder die Forderung der Einheit heranbringt; die aus der eigenen Entzweiung und der Erlösung von ihr geboren wird. Das Judentum kann nicht, wie andere Völker, der Menschheit neue Gegenstände, neue Inhalte geben, dazu ist das Verhältnis des Juden zum gegenständlichen Dasein, zu den Dingen nicht stark genug; es kann ihr vielmehr nur immer neue Einheit für ihre Inhalte geben, immer neue Möglichkeiten der Synthese. Es war religiöse Synthese in den Zeiten der Propheten und des Urchristentums, es war gedankliche Synthese in der Zeit Spinozas, es war gesellschaftliche Synthese in der Zeit des Sozialismus. Zu welcher Synthese bereitet sich heute der Geist des Judentums? Vielleicht zu einer, die eine Synthese all jener Synthesen sein wird. Aber welches Angesicht immer sie haben wird, eines wissen wir von ihr: daß sie wieder dem tausendfältigen, zerklüfteten, widerstreitenden Getriebe der Menschheit gegenüber die Forderung der *Einheit* erheben wird, daß sie wieder zur Menschheit sagen wird: „All das, was ihr sucht und übt, wonach ihr strebt und hastet, all eure Taten und all eure Werke, all eure Opfer und all eure Genüsse, all das ist sinnlos, wesenlos ohne die Einheit." Ein Jude hat einst das Wort gesprochen: *Eins tut not.* Damit sprach er die innerste Seele des Judentums aus, die weiß, daß alle Inhalte nichtig sind, wenn sie nicht zur Einheit zusammenwachsen, und daß es in allem Leben auf eins ankommt: die Einheit zu besitzen. Nicht immer stand die Seele des Judentums auf der Höhe dieser Anschauung; aber die Zeiten, in denen sie sich rein und stark zu ihr bekannte, waren die großen, die ewigen Momente der jüdischen Geschichte. In diesen Momenten war das Judentum der Apostel des Orients vor der Menschheit; es war der Apostel des Orients, weil es aus seiner Erfahrung der inneren Entzweiung und der Erlösung von ihr die Macht und die Leidenschaft schöpfte, die Menschenwelt das Eine zu lehren, das not tut. Das Judentum hat einst das große Sinnbild der inneren Entzweiung aufgestellt, die Scheidung von Gut und Böse, die Sünde; aber es hat auch immer wieder die Überwindung dieser Scheidung gelehrt: in

Gott, bei dem, wie es im Psalm (130,7) heißt, „die Huld und der Abgeltung viel“ ist; im Leben des heiligen Menschen, der die Sünde, die Scheidung von Gut und Böse, nicht mehr kennt, der „rein von Sünde“ ist; und in der messianischen Welt, in der, wie es im Buche Henoch heißt, die Sünde für ewig vernichtet wird. So ist und bleibt dies die Grundbedeutung des Judentums für die Menschheit, daß es, der Urzweiheit im innersten Wesen wie keine andre Gemeinschaft bewußt, wie keine andre sie kennend und sie darstellend, eine Welt verkündet, in der sie aufgehoben ist: eine Gotteswelt, die im Leben des Einzelnen und im Leben der Gesamtheit verwirklicht werden will: die Welt der Einheit.

## Die Erneuerung des Judentums

Wenn ich von Erneuerung spreche, bin ich mir bewußt, daß dies ein kühnes, ja schier verwegenes Wort ist, das der unserer Zeit geläufigen Welt- und Lebensanschauung widerspricht und von ihr nicht anerkannt werden kann. Die typischen Menschen dieser Zeit werden in ihrem Tun von dem Begriff der Evolution beherrscht, das ist von dem Begriff der allmählichen, aus dem Zusammenwirken vieler kleinen Ursachen hervorgehenden Veränderung – oder, wie man wohl auch zu sagen pflegt, Verbesserung. Dieser Begriff, der – man beginnt es zu erkennen – auch auf dem Gebiete des Naturgeschehens nur eine relative Geltung beanspruchen kann, der allerdings die Naturwissenschaften in reichem Maße angeregt und gefördert hat, hat im Bereich des Geistes und des Willens höchst verderblich gewirkt. Mit nicht geringerer Wucht als einst durch den Calvinismus das Gefühl der unentrinnbaren Prädestination wurde nun das Gefühl der unentrinnbaren Evolution auf die Seelen der Menschen gelegt. Es ist zu einem erheblichen Teil diesem Gefühl zuzuschreiben, wenn das heroische, das unbedingte Leben in unserer Zeit abgestorben ist. Einst war der große Täter gewärtig, mit seiner Tat das Angesicht der Erde zu ändern und seinen Sinn dem Werden aufzuprägen; er fühlte sich den Bedingungen der Welt nicht unterworfen, weil er in der Unbedingtheit des Gottes stand, dessen Wort er in seinen Entschlüssen spürte wie das Blut in seinen Adern. Diese übermenschliche Zuversicht ist zersetzt worden; das Bewußtsein Gottes und der Tat wurde einem schon in der Wiege abgeschnürt; man durfte nur noch hoffen, der Exponent eines kleinen „Fortschritts“ zu werden; und wer das Unmögliche nicht mehr zu begehren vermag, kann nur noch das Allzumögliche vollbringen. So trat an die Stelle der Seelengewalt die Betriebsamkeit und an die Stelle der Opfermacht die Vertragskunst. Und sogar die Sehnsucht nach einem neuen heroischen Leben wurde von dieser Tendenz der Zeit verdorben; das tragischste Beispiel ist wohl das des Menschen, in dem diese Sehnsucht stark war wie in keinem und der dennoch sich dem Evolutionsdogma nicht zu entziehen vermochte: Friedrich Nietzsches.

Ich bin mir also bewußt, daß ich, wenn ich von Erneuerung spreche, den Boden dieser Zeit verlasse und den einer neuen, kommenden Zeit betrete. Denn ich meine mit Erneuerung durchaus nichts Allmähliches und aus kleinen Veränderungen Summiertes, sondern etwas Plötzliches und Ungeheures, durchaus nicht Fortsetzung und Verbesserung, sondern Umkehr und Umwandlung. Ja, gerade so, wie ich für das Leben des einzelnen Menschen daran glaube, daß es darin einen Moment des elementaren Umschwungs geben kann, eine Krisis und Erschütterung und ein Neuwerden von der Wurzel bis in alle Verzweigungen des Daseins, gerade so glaube ich für das Leben des Judentums daran.

Der letzte Jesaia (65,17) läßt den Herrn sprechen: „Ich schaffe den Himmel neu, die Erde neu", und der Autor der Apokalypse bekennt: „Ich sah einen neuen Himmel und eine neue Erde." Das ist keine Metapher, sondern unmittelbares Erlebnis. Es ist das Erlebnis des Menschen, dem sein Wesen und damit das Wesen der Welt neu geworden ist. Er ist derselbe geistbegabte Körper, der er war, und keine Kraft ist in ihn getreten, die nicht schon in ihm gewesen ist; aber seine Kräfte sind in der großen Erschütterung zur Einheit zusammengeschlossen, und es gibt keine Gewalt, die der Urgewalt der Einheit gliche. Dieses eben ist es, woran ich für das Judentum glaube: nicht lediglich eine Verjüngung oder Neubelebung, sondern eine wahrhafte und vollkommene Erneuerung.

Wenn auch die Idee der Erneuerung in diesem absoluten Sinn den um den Fortbestand des Judentums besorgten Geistern in unserer Zeit zumeist fremd geblieben ist, so haben sie doch erkannt, daß wir in einem Augenblick der höchsten Spannung und der endgültigen Entscheidung stehen, in einem Augenblick mit doppeltem Antlitz, das eine nach dem Tode, das andere nach dem Leben blickend, und daß das Judentum nicht mehr durch bloße Fortsetzung erhalten werden kann, sondern daß es einzugreifen und umzubilden, zu heilen und zu lösen gilt. Sie halten aber, dem Geist der Zeit getreu, eine relative, das heißt allmähliche und teilweise Erneuerung für das Notwendige und für das Mögliche. Ich kann den Sinn, den das Wort Erneuerung für mich hat, nicht besser darlegen, als wenn ich erörtere, was von diesen Männern und von den durch sie repräsentierten geistigen Strömungen darunter verstanden wird.

Es sind dies im wesentlichen zwei Grundauffassungen; und sie sehen das Wesen der *Erneuerung* in verschiedener Weise an, weil sie das Wesen des *Judentums* in verschiedener Weise ansehen: die erste betrachtet das Judentum als eine konfessionelle, die andere als eine nationale Gemeinschaft. Ich will beide nicht nach den Anschauungen ihrer durchschnittlichen, sondern nach denen ihrer höchsten und führenden Vertreter erörtern. Für die erste ist dies nichts Leichtes, da ich unter ihren Bekennern keinen eigentlich selbständigen und überragenden Geist gefunden habe; ich will einen der besten, Moritz Lazarus, wählen. Hingegen bietet sich für die zweite die repräsentative Persönlichkeit dar; es ist die des neuhebräischen Denkers Achad Haam.

Lazarus, ein kluger und liebenswürdiger Popularphilosoph, kommt für uns hier schon deshalb besonders in Betracht, weil kürzlich aus seinem Nachlaß eine kleine Schrift herausgegeben worden ist, welche „Die Erneuerung des Judentums" betitelt ist. Mit einem seltsamen Gefühl der Erwartung habe ich auf dem Titelblatt diese Worte gelesen, die seit manchem Jahr als ein dunkles und noch unerschlossenes Heiligtum in meinen Gedanken ruhten. Und meine Erwartung schien zunächst nicht enttäuscht werden zu sollen. Auf einer der ersten Seiten stand ein Wort, das mich ins Herz traf. Da hieß es, das Ziel sei „die Wiederbelebung, die wirkliche Einführung des prophetischen Judentums". Ich erschauerte vor der Größe dieses Ziels. „Die wirkliche Einführung des prophetischen Judentums"! Was war denn das prophetische Judentum anderes als die Forderung, in *unbedingter* Weise zu leben? Nicht im Bekenntnis Gott und im Tun den Nutzzwekken des kleinen Lebens dienstbar sein, nicht im Denken zu Ende gehen und im Handeln auf halbem Wege stehen bleiben, sondern ganz sein zu allen Stunden und in allen Dingen, und sein Gottgefühl allezeit *verwirklichen,* auf daß, wie Amos spricht, die Gerechtigkeit sich offenbare wie ein starker Strom! Niemals in der Geschichte der Menschheit ist die Losung „Alles oder Nichts" mit so gewaltiger Stimme ausgegeben worden. Und das sollte nun erfüllt werden! Wir sollten endlich Juden sein, wie die Propheten sie forderten, das heißt: unbedingte Menschen! Wir sollten uns frei machen von dem Zweckgetriebe der modernen Gesellschaft und anheben, eine Wahrheit aus unserem Leben zu machen! Mochten die Halben, die Trägen, die Gierigen sich immerhin weiter Juden nennen, die allein würden es *sein,* die mit der Einführung des prophetischen Judentums Ernst machen! Ja, das mußte zur Erneuerung des Judentums führen – und zur Erneuerung des Menschentums! – Aber ich las weiter, und mein Traum zerrann. Ach, das was hier des weitern gepredigt wurde, war etwas ganz, ganz anderes. Diese „Wiederbelebung des prophetischen Judentums" war im Grunde nur eine jüdische Variante dessen, was Luther mit der Wiederbelebung des evangelischen Christentums meinte. Rationalisierung des Glaubens, Vereinfachung des Dogmas, Milderung des Zeremonialgesetzes – das war alles. Negation, nichts als Negation! Nein, es war unrecht, Luthers Namen zum Vergleich heranzuziehen – Luthers Konzeption eines evangelischen Lebens war unendlich schöpferischer gewesen. Dies hier war nicht Reformation, es war nur Reform – nicht Umbildung, nur Erleichterung – nicht Erneuerung des Judentums, sondern dessen Fortsetzung in einer leichteren, eleganteren, europäischeren, salonfähigeren Form. Wahrlich, tausendfach lieber sind mir die Dumpfen und Schwerfälligen, die in der Einfalt ihres Herzens Tag für Tag all das unverkürzt vollziehen, was sie als das Gebot ihres Gottes, des Gottes ihrer Väter empfinden! Wie durfte sich dieses schwächliche Programm eine Wiederbelebung des prophetischen Judentums nennen! Gewiß, die Propheten sprachen von der Nichtigkeit aller Zeremonien, aber nicht um das religiöse Leben zu erleichtern, sondern um es zu erschweren, um es wahrhaft und ganz zu machen, um die Heiligkeit der *Tat* zu proklamieren. Fordern wir etwas anderes als diese sogenannte „geläuterte Religion", fordern wir die Tat in ihrer reinen Unbedingtheit, dann nur dürfen wir uns auf die Propheten Israels berufen!

Eine ganz andere, unvergleichlich tiefere und echtere Welt eröffnen uns die Gedanken Achad Haams. Hier ist wirklich etwas von dem Geiste des prophetischen Judentums, freilich nicht in seiner ursprünglichen Glut und ekstatischen Gewalt, sondern in talmudische Problematik und maimonideische Abstraktheit getaucht, aber in der Wahrhaftigkeit des inneren Blickes und der Rücksichtslosigkeit der Forderung an das Erbe des Prophetentums gemahnend. Dennoch ist auch hier die Idee einer *absoluten* Erneuerung des Judentums nicht zu finden. Achad Haam erhofft die Erneuerung von der Bildung eines geistigen Zentrums des Judentums in Palästina. Es ist viel darüber gesprochen worden, daß ein solches Zentrum nicht ohne die Grundlage einer wirtschaftlichen Siedlung ins Leben treten könnte, und in der Tat, man kann eine Kolonie irgend einer Art nur auf die natürlichen Daseinsbedingungen aufbauen, sonst bleibt sie ein künstliches Gebilde, das auf die Dauer dem ununterbrochenen Ansturm der zweckbestimmten Umwelt keinen Widerstand zu leisten vermöchte. Aber nicht dies ist hier das Wesentliche. Wie immer sie sich auch gestalten mag, zweifellos würde eine zentrale jüdische Siedlung in Palästina etwas Großes, etwas in der Geschichte fast Beispielloses bedeuten: die Möglichkeit, daß sich ein gesundes jüdisches Kernvolk bilde, das sicherlich im Laufe der Generationen auch kulturelle Werte erzeugen würde. Wahrscheinlich würde sie auch auf die jüdische Diaspora einen stärkenden und zusammenhaltenden Einfluß ausüben. Aber .eine Erneuerung des Judentums im absoluten Sinn könnte sie nicht verbürgen; und das Zentrum des jüdischen Volkes wird nur dann auch das Zentrum des Judentums werden, wenn es nicht um der Erneuerung willen, sondern *aus* der Erneuerung und *durch* sie geschaffen wird. Ein geistiges Zentrum kann wissenschaftliche Arbeit fördern, es kann sogar Ideen – wenn auch nicht schaffen, so doch verbreiten und propagieren, ja, es könnte vielleicht auch ein soziales Vorbild werden; aber das, wovon ich einzig das Absolute erwarte, die Umkehr und Umwandlung, den Umschwung aller Elemente, wird es nicht bewirken können. Ja, es will mir scheinen, daß für die Erschütterung von Grund aus, die ihm vorangehen muß, die ungeheure Zerrissenheit, die schrankenlose Verzweiflung, die unendliche Sehnsucht, das pathetische Chaos vieler heutigen Juden ein günstigerer Boden sind als das normale und zuversichtliche Dasein des Siedlers im eigenen Lande.

Um aber zu begreifen, was den Umschwung, von dem ich spreche, allein bewirken könnte, tut es not, sich darauf zu besinnen, was das Judentum ist, nach dessen Erneuerung wir Verlangen tragen. Man berührt nur die gröbste Tatsächlichkeit der Organisationsform, wenn man es als Konfession betrachtet; man hat eine tiefere Wirklichkeit erreicht, wenn man es als Volkstum anspricht; aber man muß noch tiefer schauen, um sein innerstes Wesen zu erfahren. Das Judentum ist ein geistiger Prozeß, der sich in der inneren Geschichte des Judenvolkes und in den Werken der großen Juden dokumentiert hat. Man hat einen zu kleinen Begriff von ihm, wenn man es, wie es, jeder in seiner Sprache, sowohl Lazarus als auch Achad Haam tun, mit der jüdischen Einheitslehre und mit dem Prophetismus identifiziert. Die jüdische Einheitslehre ist nur ein Element und der Prophetismus nur ein Stadium des großen geistigen Prozesses, der Judentum heißt. Nur wer diesen in seiner ganzen Größe faßt, in der Fülle seiner Elemente und in den vielfältigen Wandlungen seiner geschichtlichen Offenbarung, kann die Bedeutung dessen verstehen, was hier von mir Erneuerung genannt wird.

Der geistige Prozeß des Judentums vollzieht sich in der Geschichte als das Streben nach einer immer vollkommeneren Verwirklichung dreier untereinander zusammenhängender Ideen: der Idee der Einheit, der Idee der

Tat und der Idee der Zukunft. Wenn ich von Ideen spreche, meine ich selbstverständlich nicht abstrakte Begriffe, sondern natürliche Tendenzen des Volkscharakters, die sich mit so großer Kraft und mit so großer Dauer äußern, daß sie einen Komplex von geistigen Werken und Werten erzeugen, welcher als *das absolute Leben des Volkes* angesprochen werden darf. Jedes Volk von starken spezifischen Gaben hat solche ihm eigentümliche Tendenzen und eine solche von diesen geschaffene Welt ihm eigentümlicher Werke und Werte, so daß es gleichsam zweimal lebt, das eine Mal flüchtig und relativ in der Folge der Erdentage, der kommenden und schwindenden Geschlechter, das andre Mal – gleichzeitig – bleibend und absolut in der Welt des wandernden und suchenden Menschengeistes. Wenn in dem einen, dem relativen Leben, alles zufällig und oft beängstigend sinnlos scheint, zeigen sich in dem andern, dem absoluten, Schritt für Schritt die großen, leuchtenden Linien des Sinnes und der Notwendigkeit. Das relative Leben bleibt der Besitz des Volksbewußtseins, das absolute geht unmittelbar oder mittelbar in das Bewußtsein der Menschheit ein. Unter den Völkern gibt es aber keines, bei dem diese konstante Erzeugung eines absoluten Lebens, dieser geistige Prozeß des Volkstums so sichtbar und deutlich wäre wie bei dem jüdischen. Im relativen Leben des jüdischen Volkes, sowohl in dem, was man gewöhnlich seine Geschichte nennt, als in dem Alltag seiner Gegenwart, wimmelt es von Zwecken, von Hast, von Sucht, von Pein; aber aus alledem lösen sich strahlend und riesengroß die Ziele und schreiben ihre unzerstörbaren Zeichen an den Himmel der Ewigkeit. Und dem Blick, der das relative Leben durchdringt und in das absolute schaut, offenbart es sich, daß all das Gewimmel in jenem nur dazu da war, daß dieses daraus erstehe, und daß im Grunde dieses die Wirklichkeit ist und jenes nur der bunte, vielfältige Schein. Das zeigt sich am Judentum so klar und eindeutig wie nirgendwo anders, und deshalb durfte ich gerade das Judentum einen geistigen Prozeß nennen.

Dieser Prozeß vollzieht sich, wie ich schon sagte, als das Streben nach der Verwirklichung dreier Ideen oder Tendenzen, die untereinander zusammenhängen, ja die im Volkscharakter ein Einheitliches sind und nur der Darstellung wegen voneinander gesondert werden müssen, weil in der Geschichte einmal die eine, ein andermal eine andere vorherrscht. Das Streben nach ihrer Verwirklichung ist keineswegs ein steter und gleichmäßiger Strom, sondern immer wieder durch Abläufe geschwächt, von Dürre heimgesucht, bald in der breiten hindernislosen Ebene verflachend, bald in der Enge der Felsenwildnis sich windend und an tausend Hemmungen zersprühend. Der geistige Prozeß des Judentums vollzieht sich in der Form eines *Geisteskampfes,* eines ewig erneuten inneren Kampfes um die reine Erfüllung der Volkstendenzen. Dieser Kampf erklärt sich daraus, daß, wie im Leben des einzelnen Menschen die entscheidenden Tugenden nichts anderes sind als die geformten, umgelenkten, zur Idealität erhobenen Leidenschaften, gerade so im Leben des Volkes die entscheidenden Ideen nichts anderes sind als die ins Geistige und Schöpferische gehobenen Volkstriebe. Und wie im Leben des einzelnen Menschen die Leidenschaften der Formung und Umlenkung widerstreben, in den Bezirk der Tugend einbrechen und ihre reine Erfüllung stören, so widerstreben die Volkstriebe der Vergeistigung und trüben die Reinheit ihrer Erfüllung, das ist ihre Erhebung in das absolute Leben des Volkes. So kämpfen die Ideen recht eigentlich um sich selber, um ihre Befreiung aus der Enge der Volkstriebe, um ihre Verselbständigung und Erfüllung. Ich will dies an den drei Ideen des Judentums – Einheit, Tat, Zukunft – andeutungsweise darzulegen versuchen, wobei ich aber von den Stadien des Geisteskampfes nur einzelne besonders denkwürdige herausgreifen kann.

Die Idee und Tendenz der Einheit ist im Volkscharakter darin begründet, daß der Jude von je mehr den Zusammenhang der Erscheinungen als die einzelnen Erscheinungen selbst wahrnimmt. Er sieht den Wald wahrhafter als die Bäume, das Meer wahrhafter als die Welle, die Gemeinde wahrhafter als den Menschen. Darum hat er mehr Stimmungen als Bilder, und darum auch treibt es ihn, die Fülle der Dinge, ehe sie noch ganz durchlebt wurde, im Begriff zu binden. Aber er bleibt nicht beim Begriff stehen; es verlangt ihn, zu höheren Einheiten fortzuschreiten, zu einer höchsten, die alle Begriffe trägt und krönt, gründet und überwölbt, als der Begriff der Begriffe, sie in eins bindend, wie in ihnen die Erscheinungen in eins gebunden wurden. Aber es gibt eine zweite, tiefere Quelle der Einheitstendenz im Juden. Es ist die, von der ich schon einmal gesprochen habe: seine Sehnsucht, sich aus seiner inneren Entzweiung in eine absolute Einheit zu retten und zu erheben. Beide Quellen strömen in der Gottesidee der Propheten zusammen. Es entsteht die Idee der transzendenten Einheit: des weltschaffenden, weltbeherrschenden, weltliebenden Gottes. Das ganze Pathos der Propheten, das gewaltigste Pathos der Menschheitsgeschichte, dient dieser Idee. Aber dies ist ein Gipfel des geistigen Prozesses. Die äußere Quelle wird stärker als die innere, die Begriffsbindung stärker als die Sehnsuchtsbindung. Die Idee verdünnt, entfärbt sich, bis aus dem lebendigen Gott ein unlebendiges Schema geworden ist, welches die Herrschaft des späten Priestertums und die des beginnenden Rabbinismus charakterisiert. Aber die Einheitstendenz läßt sich nicht niederziehen. Der Kampf zwischen dem Schema und der Sehnsucht wogt unaufhörlich; er findet eine vorübergehende Ausgleichung in der Anschauung Philos, entzündet sich von neuem zwischen den Meistern des Talmuds, durchzieht die Bewegung des Urchristentums, füllt die Exkurse der Midraschim, ist die Seele der Kabbala. Aber im Kampf wandelt sich das Wesen der Einheitsidee selber. Der Gott neigt sich zur Welt herab; die Scharen seiner Emanationen, der Sefiroth, kommen, ihn mit ihr zu verbinden; seine „Einwohnung", die Schechina, steigt zur Welt nieder, um bei ihr zu wohnen; in die Seele des Menschen fallen Funken des Göttlichen. Aus der transzendenten Einheit wird eine immanente: die des weltdurchdringenden, weltbelebenden, weltseienden Gottes: deus sive natura. Es ist der Gott Baruch Spinozas. Wieder ist ein Gipfel des geistigen Prozesses erreicht, eine Synthese der Begriffsbindung und der Sehnsuchtsbindung gefunden. Aber wieder beginnt ein Niedergang, wieder wogt der Kampf. Für einen Augenblick erhebt sich die lebendige Einheitstendenz noch einmal im Chassidismus, dann erlahmt die Bewegung, erlahmt der Kampf; die unfruchtbare Zeit hebt an, unsere Zeit hebt an. Wo sind die Kräfte geblieben, die den Kampf getragen haben? Wo ist die ringende Idee geblieben? Wüstensand ist um unsere Füße; als ein Geschlecht der Wüste wandern wir und wissen nicht wohin. Aber unsere Sehnsucht ist nicht tot. Sie hebt das Haupt und ruft in die Wüste hinaus, wonach sie begehrt, wie einst der Täufer in einer Zeit wie die unsere in der Wüste rief: nach der Erneuerung.

Die zweite Idee des Judentums ist die der Tat. Sie ist im Volkscharakter darin begründet, daß der Jude mehr motorisch als sensorisch veranlagt ist: sein Bewegungssystem arbeitet intensiver als sein Sinnensystem, er hat im Handeln mehr Substanz und mehr Persönlichkeit als im Wahrnehmen, und seinem Leben ist wichtiger, was er zustande bringt, als was ihm widerfährt. Darum hat zum Beispiel alle Kunst des Juden so viel Gebärde, darum ist sie im Ausdruck selbständiger als im Sinn. Und darum auch ist ihm am Menschen die Tat wesentlicher als das Erlebnis. So stand schon in uralter Zeit im Mittelpunkt der jüdischen Religiosität nicht der Glaube, sondern die Tat. Dies darf ja wohl überhaupt als ein fundamentaler Unterschied zwischen Orient und Okzident angesehen werden: für den Orientalen ist die Tat, für den Okzidentalen der Glaube die entscheidende Verbindung zwischen Mensch und Gott. Dieser Unterschied hat sich beim Juden besonders nachdrücklich ausgeprägt. In allen Büchern der Bibel ist vom Glauben recht wenig, vom Handeln um so mehr die Rede. Man denke aber nicht, daß damit seelenlose Werkheiligkeit oder sinnfremde Zeremonien gemeint seien; vielmehr war jede Tat, auch die geringste und scheinbar gleichgültigste, irgendwie auf das Göttliche bezogen, und das spätere Wort (Vätersprüche II 12) „All dein Tun sei um Gottes willen" gilt schon hier in einem besonders prägnanten Sinn. In der Zeit des naivsten Verhältnisses zu Gott meinten die anbefohlenen Handlungen eine geheimnisvolle, magische Verbindung mit ihm; so war das Tieropfer ein symbolischer Ersatz der Hinopferung des eigenen Lebens, die Flamme des Altars wurde als ein Bote der Seele zum Himmel empfunden. Aber die Handlungen verlieren ihren Sinn, und doch heischt das Gebot die sinnlos gewordenen weiter, weil, wie Jochanan ben Sakkai erklärt, Gott eine Satzung eingesetzt, eine Entscheidung getroffen hat. So entsteht aus der Religiosität der Tat das Zeremonialgesetz. Gegen diese Erstarrung empört sich die Tattendenz, sie sondert sich ab und schafft jene Lebensgemeinschaften, die an Stelle des leergewordenen Gesetzes wieder die lebendige, mit Gott verbindende Tat zu üben begehrten. Die erste uns bekannte waren wohl jene im Buch Jeremias erwähnten Rechabiten, deren Ideen und Organisation die gesetzestreuen Redaktoren des Kanons, wohl nicht ohne Absicht, mißdeutet zu haben scheinen. Von ihnen führte wahrscheinlich eine ununterbrochene Tradition bis zu den Essäern, deren uralte Überlieferungen die Historiker bezeugen. Auf diesem Weg ist die Tattendenz gewachsen, die Idee der Tat ist immer reiner, die Anschauung einer Verbindung mit Gott immer größer und heiliger geworden. Aber zur gleichen Zeit wurde das Zeremonialgesetz immer starrer und lebensfremder. Da geschah es, daß die Bewegung aus den sich absondernden Lebensgemeinschaften mitten ins Volk überschlug und hier jene Geistesrevolution entflammte, die heute, irriger und irreführender Weise, Urchristentum genannt wird; sie könnte viel eher, freilich in einem andern Sinne als dem historischen, Ur-Judentum heißen, denn sie hat mit dem Judentum weit mehr als mit dem zu schaffen, was man heute als Christentum bezeichnet. Es ist eine eigentümliche Erscheinung der Galuthpsychologie, daß wir, bloß deshalb, weil sich an diese Bewegung rein äußerlich, ohne ihr Wesen mit zu übernehmen, vielmehr sie mit fremden Elementen so durchsetzend, daß von ihr selbst nicht viel mehr übrigblieb, der christliche Synkretismus anschloß, daß wir, sage ich, bloß deshalb geduldet, ja selber aufs heftigste dazu beigetragen haben, daß dieser bedeutende Abschnitt unserer Geistesgeschichte aus ihr herausgerissen wurde. Was an den Anfängen des Christentums nicht eklektisch, was daran schöpferisch war, das war ganz und gar nichts anderes als Judentum. Es war jüdisches Land, in dem diese Geistesrevolution entbrannte; es waren uralte jüdische Lebensgemeinschaften, aus deren Schoße sie erwacht war; es waren jüdische Männer, die sie ins Land trugen; die, zu denen sie sprachen, waren – wie immer wieder verkündet wird – das jüdische Volk und kein anderes; und was sie verkündeten, war nichts anderes als die Erneuerung der Religiosität der Tat im Judentum. Erst im synkretistischen Christentum des Abendlandes ist der dem Okzidentalen vertraute Glaube zur Hauptsache geworden; im Mittelpunkt des Urchristentums steht die Tat. Was aber der Inhalt des Tatstrebens war, das ist in einem der ursprünglichsten Stücke der Evangelien, das am zweifellosesten auf eine schöpferische Personalität hinweist, in Matth 5, dem ersten Kapitel der Bergpredigt, aufs deutlichste bezeugt. „Ihr sollt nicht wähnen, daß ich kommen bin, das Gesetz oder die Propheten aufzulösen; ich bin nicht kommen aufzulösen, sondern zu erfüllen"; und was damit gemeint ist, geht aus den darauffolgenden Vergleichen der alten und der neuen Lehre hervor: daß die neue gar nicht neu, sondern die alte, im *absoluten* Sinn gefaßt, sein will; daß sie der Tat die ihr ursprünglich zugedachte Freiheit und Weihe, die durch die karge Herrschaft des Zeremonialgesetzes geschmälert und verdunkelt worden ist, wiedergeben, die Tat aus der Enge der sinnlos gewordenen Bestimmungen zur Heiligkeit der tätigen Gottverbindung, zur Religiosität der Tat befreien will. Damit aber alles Mißverstehen zunichte gemacht werde, heißt es in Matth 5 weiter: „Denn ich sage euch wahrlich: bis daß Himmel und Erde zergehe, wird nicht zergehen der kleinste Buchstabe, noch ein Tüttel vom Gesetz, *bis daß es alles geschehe";* das heißt: bis die Lehre der Unbedingtheit in aller Reinheit, mit aller Seelenmacht erfüllt wird, bis die Welt durch die absolute Tat geheiligt, vergöttlicht ist. Das Urchristentum lehrt, was die Propheten lehrten: die Unbedingtheit der Tat. Denn einer großen Religiosität ist letztlich nicht daran gelegen, *was* getan wird, sondern daran, ob es in menschlicher Bedingtheit oder in göttlicher Unbedingtheit getan wird. Und dieses Kapitel, die Ur-Bergpredigt, schließt mit den Worten, die in bedeutsamer Weise ein Wort der Thora (Lev 11,44) variieren: „Darum sollt ihr vollkommen sein, *gleichwie* euer Vater im Himmel vollkommen ist." Sind alle diese Worte, ist vor allen dieses Wort Gleichwie nicht ein *jüdisches* Bekenntnis im allerinnersten Sinn? Und können wir nicht denen, die uns neuerdings eine „Fühlungnahme" mit dem Christentum anempfehlen, antworten: Was am Christentum schöpferisch ist, ist nicht Christentum, sondern Judentum, und damit *brauchen* wir nicht Fühlung zu nehmen, brauchen es nur in uns zu erkennen und in Besitz zu nehmen, denn wir tragen es unverlierbar in uns; was aber am Christentum nicht Judentum ist, das ist unschöpferisch, aus tausend Riten und Dogmen gemischt, und damit – das sagen wir als Juden und als Menschen – *wollen* wir nicht Fühlung nehmen. Freilich dürfen wir dies nur antworten, wenn wir den abergläubischen Schrecken, den wir vor der nazarenischen Bewegung hegen, überwinden und sie dahin einstellen, wohin sie gehört: in die Geistesgeschichte des Judentums.

Allerdings ist diese Bewegung, die im absoluten Leben des jüdischen Volkes so Großes bedeutet, in dessen relativem Leben eine Episode geblieben, die die fortschreitende Erstarrung des Gesetzes nicht aufzuhalten vermochte. Aber der Kampf um die Tatidee ließ nicht nach; in ewig neuen Formen füllte er die Jahrtausende; er war dialektisch und innig, öffentlich und verborgen; er redete in den Lehrhäusern die Sprache des Scharfsinns und in den Wohnungen die Sprache der Frauen; er war groß in den verstoßenen Ketzern, klein in den kleinen Kühnheiten des Ghettos; und so spielte und brannte er um den gekrönten Leichnam des Gesetzes herum, bis wieder eine große Bewegung kam, die ins Innerste der Wahrheit griff und des Volkes Innerstes bewegte: der Chassidismus. Man kann den ursprünglichen Chassidismus – der mit dem heutigen fast so wenig gemein hat wie das Urchristentum mit der Kirche – nur dann verstehen, wenn man dessen inne wird, daß er eine Erneuerung der Tatidee ist. In der *Tat* offenbart sich ihm der wahre Sinn des Lebens. Es kommt hier in noch deutlicherer und tieferer Weise als im Urchristentum nicht darauf an, was getan wird, sondern *jede* Handlung, die in Weihe, das heißt: in der Intention auf das Göttliche geschieht, ist der Weg zum Herzen der Welt. Es gibt nichts an sich Böses; jede Leidenschaft kann zur Tugend, jeder Trieb „ein Wagen für Gott" werden. Nicht die Materie der Handlung, nur ihre Weihung entscheidet. Jede Handlung ist heilig, wenn sie auf das Heil gerichtet ist. Die Seele des Täters allein bestimmt das Wesen seiner Tat. Damit erst ist die Tat in Wahrheit zum Lebenszentrum der Religiosität geworden. Und zugleich wird das Schicksal der Welt in die Hand des Täters gelegt. Durch die in ihrer Intention geheiligte Handlung werden die gefallenen göttlichen Funken, die in den Dingen und Wesen verstreuten irrenden Seelen befreit, und indem er dies tut, wirkt der Handelnde an der Erlösung der Welt. Ja, er wirkt an der Erlösung Gottes selber, da er durch die höchste Sammlung und Spannung der Tat die verbannte Gottesglorie für die Gnadenzeit eines unmeßbaren Augenblicks ihrem Quell nähern, in ihn eintreten lassen kann. So ist der Tat hier eine Machtfülle und Erhabenheit gegeben, derengleichen, freilich in ganz anderer Art, sie nur noch in der altindischen Religiosität besitzt, wo der in der Intention Gesammelte die Götterwelt, die Brahmawelt, erzittern macht. Nun kann die freie Tat dem Gesetz gegenübertreten als das, um ein Wort des „Urchristentums" zu gebrauchen, vollkommene Gesetz der Freiheit. Darum ist für den Chassidismus der letzte Zweck des Menschen dieser: selbst ein Gesetz, eine Thora zu werden. So wollte, wie das Urchristentum, auch der Chassidismus das Gesetz nicht aufheben, sondern erfüllen, das heißt es zugleich aus dem Bedingten ins Unbedingte heben und aus der Starrheit der Formel ins flutend Unmittelbare wandeln. Er hat es nicht vermocht, da er aus Ursachen, die hier nicht zu erörtern sind, schon bald nach seiner Blütezeit zersetzt wurde und der Entartung verfiel. Im absoluten Leben des jüdischen Volkes bedeutet er den bisher höchsten Triumph der Tatidee: in dessen relativem Leben ist auch er eine Episode geblieben. Auf ihn folgte ein Niedergang, in dem der Kampf zwischen Gesetz und Tat seinen tiefsten Stand erreichte; ich meine das ideen- und geistlose Geplänkel zwischen Orthodoxen und Reformern. Es ist wohl die bitterste Ironie unseres Schicksals, daß die Reformer in diesem Zeitalter als die Vorkämpfer der Tatidee und des prophetischen Judentums auftreten dürfen. Wir müssen, wenn wir wieder ein großes Judentum haben wollen, dem Kampf um die Tatidee seine Größe wiedergeben. Wenn es heute wieder Menschen gibt, die den ganzen Stolz und die ganze Herrlichkeit des Judentums in ihrer Seele erleben, müssen sie danach Verlangen tragen, daß das Streben des Volksgeistes nach der Tat sich erneuere und daß ihm eine neue Gestalt nach unserem eigenen neuen Weltgefühl gegeben werde.

Die dritte Tendenz des Judentums ist die Idee der Zukunft. Sie ist im Volkscharakter darin begründet, daß der Zeitsinn des Juden weit stärker entwickelt ist als sein Raumsinn: die malenden Epitheta der Bibel sprechen – im Gegensatz zum Beispiel zu den homerischen – nicht von Form und Farbe, sondern von Schall und Bewegung, die adäquateste künstlerische Ausdrucksform der Juden ist die spezifische Zeitkunst, die Musik, und der Zusammenhang der Generationen ist ihm ein stärkeres Lebensprinzip als der Genuß der Gegenwart. Sein Volks- und sein Gottesbewußtsein ziehen ihre wesentliche Nahrung aus dem historischen Gedächtnis und der historischen Hoffnung, wobei die Hoffnung das eigentliche positive und aufbauende Element ist. Wie nun jede der drei Tendenzen ihre vulgäre und ihre erhabene Seite hat, wie die Einheitstendenz die Begriffskonstruktionen des Rabbinismus und die große Gottessehnsucht der Propheten erzeugt hat, wie die Tattendenz zum seelenleeren Panritualismus und zum heiligen Unbedingtheitswillen geführt hat, so ist es auch mit der Zukunftstendenz: sie jagt den Juden einerseits in ein Getriebe von Zwecken hinein und stachelt seinen Erwerbsdrang, der freilich nicht auf das eigene Behagen, sondern auf das Glück der kommenden Generation gerichtet ist, der kommenden Generation, der hinwieder, ehe sie noch zum Bewußtsein ihrer selbst gekommen ist, schon die Aufgabe gestellt wird, für eine weitere zu sorgen, so daß alle Realität des Daseins sich in der Zukunftsfürsorge auflöst; anderseits aber erweckt diese Tendenz im Juden den Messianismus, die Idee der absoluten Zukunft, die aller Realität der Vergangenheit und Gegenwart gegenübersteht als das wahre und vollkommene Leben. Der Messianismus ist die am tiefsten originale Idee des Judentums. Man bedenke: in der Zukunft, in der ewig urfernen, ewig urnahen Sphäre, fliehend und bleibend wie der Horizont, in dem Reich der Zukunft, in das sich sonst nur spielende, schwankende, bestandlose Träume wagen, hat der Jude sich unterfangen, ein Haus für die Menschheit zu bauen, das Haus des wahren Lebens. Was sonst alles in den Völkern an Sehnsucht, an Hoffnung, an Wunsch sich um das Gefühl der Zukunft rankte, war alles relativ: es konnte so kommen, in naher Zeit, in ferner Zeit, es konnte auch anders kommen – man wünschte, man träumte sein Kommen, aber wer wußte es, ob es kommen würde, wer konnte wagen daran zu glauben, wenn der kalte, klare Tag zum Fenster hereinschien? Hier aber waltete etwas von Grund aus anderes; hier konnte es nicht kommen, sondern es mußte kommen, denn jeder Augenblick verbürgte es und das Blut verbürgte es und Gott verbürgte es; und das Kommen war nicht in naher Zeit, nicht in ferner Zeit, es war in der endgültigen Zeit, in der Fülle der Zeit, am Ende der Tage: in der absoluten Zukunft. Und das, was kommen sollte, das war wohl oft etwas Relatives, die Befreiung eines gepeinigten Volkes und seine Sammlung um Gottes Heiligtum, aber auf den Gipfeln war es das Absolute, die Erlösung des Menschengeistes und das Heil der Welt, und da war jenes Relative als das Mittel zu diesem Absoluten gefühlt. Hier war zum erstenmal in aller Macht das Absolute als das *Ziel* verkündet, als das in der Menschheit und durch sie zu verwirklichende Ziel. Und zugleich schuf der Messianismus für die beiden andern Tendenzen des Judentums, die Einheitsidee und die Tatidee, gleichsam den Boden ihrer endgültigen und vollkommenen Verwirklichung. Aber wie um jene, so ist auch um ihn ein unablässiger Kampf geführt worden; und wir finden oft in derselben Zeit die erhabenste Konzeption des messianischen Ideals neben den vulgärsten Vorstellungen des dereinstigen Wohlbehagens. So mischen sich in den messianischen Bewegungen das Heiligste und das Profanste, Zukunftswille und Zügellosigkeit, Gottesliebe und lüsterne Neugier. Auch hier widerstreben die Volkstriebe der Vergeistigung und trüben die Reinheit der Erfüllung. – Es darf nicht unerwähnt bleiben, daß auch das Urchristentum von dem Gedanken der absoluten Zukunft, des „Endes der Tage", der nicht geschehenen, sondern erst künftig geschehen sollenden Welterlösung bestimmt war; auch hier entbrannte ein Kampf, der Kampf zwischen dem messianischen Ideal und der Übertragung messianischer Vorstellungen auf die Person des Führers und Meisters. – Und noch ein bedeutsames Phänomen gibt es, das – ebenso wie in dem Bezirk der Einheitsidee die Philosophie Spinozas – zwar dem absoluten Leben des Judentums angehört, aber über dessen relatives Leben hinausragt und daher nicht in das Volksbewußtsein eingegangen ist, und das einen verweilenden Blick fordert. Ich meine den Sozialismus. Der moderne Sozialismus hat zwei psychologische Quellen: die eine ist die kritische Einsicht in die Wesenheit des Zusammenlebens von Menschen, in die Wesenheit der Gemeinschaft und Gesellschaft, die andere das Verlangen nach einem reineren, schöneren, wahrhafteren, nach einem reinen, einem wahrhaften Zusammenleben, nach einer auf Liebe, auf gegenseitigem Verständnis und gegenseitiger Hilfe aufgebauten Menschengemeinschaft. Die erste dieser Quellen hat, wenn auch vielleicht nicht ihren Ursprung, so doch ihre Stärke aus abendländischer Weisheit empfangen; Platon ist der Meister, dessen Bild über dem ersten Schwellen ihrer Wasser steht. Die zweite Quelle entspringt dem Judentum und hat vom Judentum immer neuen Zufluß erhalten. Die Propheten waren die ersten, die die Botschaft ausgerufen haben; die Essäer die erste Gemeinschaft, die sie in Unbedingtheit zu leben versuchte; zu einer Zeit offenbar, zu mancher andern verdunkelt, ist das Verlangen doch niemals erloschen. Und als die Juden aus dem Ghetto in das Leben der Völker eintraten, flossen beide Quellen in ihnen zur Lehre und zum Apostolat des modernen Sozialismus zusammen. Dieser moderne Sozialismus ist eine Verkleinerung, Verengung, Verendlichung des messianischen Ideals, wenn auch von der gleichen Kraft, der Zukunftsidee, getragen und genährt. Die Zukunftsidee wird sich über ihn hinaus wieder in das Unendliche, in das Absolute heben. Wir können ihre künftige Gestalt nur ahnen, aber unsere Ahnung ist selber ein Zeichen, daß auch diese Idee des Judentums fortlebt, ein stummes, unterirdisches Leben, und auf ihren Tag wartet, auf den Tag der Erneuerung.

Nun erst können wir überschauen, was die Erneuerung des Judentums bedeutet. Der große geistige Prozeß, dessen Grundlinien ich dargelegt habe, ist abgebrochen. Wenn das Judentum nicht weiter ein Scheinleben führen, wenn es zu einem wahren Leben auferstehen soll, muß sein Geist erneuert werden, muß sein Geistesprozeß von neuem anheben. Das wahre Leben des Judentums, wie jedes schaffenden Volkes wahres Leben, ist das, welches ich das absolute genannt habe; dieses einzig ist fähig, ein nicht lediglich aggressives oder defensives, sondern ein positives Volksbewußtsein, das Bewußtsein der unsterblichen Substanz des Volkes zu schaffen. In der Gegenwart kennt das jüdische Volk nur das relative Leben; es muß das absolute Leben, es muß das lebendige Judentum wiedergewinnen.

In einer chassidischen Legende wird erzählt, wie ein abgeschiedener Geist in der Ewigkeit von Tor zu Tor und von Macht zu Macht wandert. Plötzlich aber bleibt er stehen, er kann nicht weiter. Da sieht er einen alten Mann vor sich, der fragt ihn: „Warum stehst du hier?" Er antwortet: „Ich kann nicht weiter." Darauf der Alte: „Nicht gut ist das Ding. Denn verweilst du dich hier und gehst nicht weiter und weiter, dann kannst du das Leben des Geistes verlieren und bleibst an diesem Ort wie ein stummer Stein." Dies ist die Gefahr, die dem jüdischen Volke droht: daß es das Leben des Geistes verliere. Man tröste sich nicht darüber hinweg mit einem Hinweis auf das Aufblühen eines neujüdischen Schrifttums und auf jene andern Werte, die wir, mit einem Worte der Hoffnung mehr denn der Erfahrung, als „jüdische Renaissance" zu bezeichnen pflegen. Ich habe so oft auf diese Anfänge hingewiesen, daß ich nicht fürchte mißverstanden zu werden, wenn ich sage, daß all dies noch keineswegs eine Erneuerung des Judentums bedeutet. Die muß in tieferen Schichten anheben, auf dem Grunde des Volksgeistes, da wo einst die großen Tendenzen des Judentums geboren wurden. Der Kampf um die Erfüllung muß von neuem beginnen.

Aber daran ist es nicht genug. Denn wir wissen nunmehr, was die innerste Krankheit, das abgründigste Verhängnis des entwurzelten Judenvolkes ist: daß sein absolutes und sein relatives Leben auseinanderfallen, daß eben das, was für das absolute der Gipfel und das Ewige war, von dem relativen gar nicht oder fast gar nicht wahrgenommen wird oder ihm bestenfalls eine bald vergessene Episode ist. Darum muß die Erneuerung auch dies bedeuten: daß der Kampf um die Erfüllung das ganze Volk erfasse, daß die Ideen die Wirklichkeit der Tage durchdringen, *daß der Geist ins Leben komme!* Dann erst, wenn das Judentum sich wieder ausreckt wie eine Hand und jeden Juden bei dem Haare seines Hauptes faßt und ihn im Sturme zwischen Himmel und Erde gen Jerusalem trägt, wie einst die Hand des Herrn Ezechiel, den Priester, im Lande der Chaldäer faßte und trug, dann erst wird das jüdische Volk reif sein, sich ein neues Schicksal zu erbauen, wo einst das alte zerbrach. Die Bausteine mögen, ja müssen schon jetzt zusammengetragen werden, aber das Haus wird erst dann errichtet werden können, wenn das Volk wieder zum Baumeister geworden ist.

Und auch daran ist es nicht genug, daß die einzelnen Ideen erneuert werden, die eine oder die andere, oder auch die eine neben der anderen. Denn kein Stückwerk kann das Judentum erneuern, sondern nur ein ganzes und geeintes Werk. Und da wir dieses wissen, die wir uns aufgemacht haben, den Sinn der Zeiten und den Sinn dieser Zeit zu erkennen, da wir dieses wissen, dürfen wir es aussprechen, was wir als den Inhalt der Erneuerung des Judentums ahnen: eine schöpferische Synthese der drei Ideen des Judentums nach dem Weltgefühl des kommenden Menschen.

Ich habe schon gesagt, daß diese Ideen nicht etwas Abstraktes, Starres und Fertiges sind, daß sie vielmehr natürliche Tendenzen des Volksgeistes sind, die nach immer reinerer Erscheinung, nach immer zulänglicherer Form, nach immer vollkommenerer Erfüllung streben. Sie können und sie müssen eine neue Erscheinung, eine neue Form, eine neue Erfüllung finden, verschmelzend in einem neuen Weltgefühl.

In einem neuen Weltgefühl. Ich meine das Weltgefühl, das in uns Heutigen, in uns Vorangehenden, Vorübergehenden zu keimen beginnt und das in den Menschen eines kommenden Geschlechtes aufblühen wird. Unser, heute noch unaussprechliches, menschliches Weltgefühl. Die Gestaltung dieses Weltgefühls und die Erneuerung des Judentums sind zwei Seiten *eines* Vorgangs. „Denn das Heil kommt von den Juden": die Grundtendenzen des Judentums sind die Elemente, aus denen immer wieder ein neues Weltenwort sich aufbaut. Und so meinen und wollen unserer Seele tiefstes Menschentum und unserer Seele tiefstes Judentum dasselbe.

Wie aber jene künftige Synthese beschaffen sein, wie sie geboren werden möchte, darüber kann kein Wort, kein Wort der Ahnung und kein Wort der Vermutung gesagt werden. Wir wissen, daß es kommen wird, wir wissen nicht, wie es kommen wird. Wir können nur bereit sein.

Aber bereit sein heißt nicht unbewegt warten. Bereit sein heißt sich und die andern zu dem großen Selbstbewußtsein des Judentums erziehen, zu dem Selbstbewußtsein, dem der Geistesprozeß des Judentums in seiner ganzen Größe, in der Fülle seiner Elemente, in den vielfältigen Wandlungen seiner geschichtlichen Offenbarung und in dem namenlosen Geheimnis seiner latenten Gewalten sich kundtut. Bereit sein heißt noch mehr; es heißt die großen Tendenzen des Judentums *in unserem persönlichen Leben* verwirklichen: die Tendenz der Einheit, indem wir unsere Seele zu einer Einheit bilden, auf daß sie fähig werde, Einheit zu konzipieren; die Tendenz der Tat, indem wir unsere Seele mit Unbedingtheit erfüllen, auf daß sie fähig werde, die Tat zu bewähren; die Tendenz der Zukunft, indem wir unsere Seele aus dem Getriebe der Zwecke losbinden und sie hinwenden auf das Ziel, auf daß sie fähig werde, der Zukunft zu dienen.

Wir lesen in Jesaia (40,3) „Stimme eines Rufers: In der Wüste bahnt den Weg des Herrn! Bereitet in der Steppe eine Straße für unseren Gott!" Bereit sein heißt: bereiten.

## Der Geist des Orients und das Judentum

### I.

Im Ausgang des achtzehnten Jahrhunderts und im Beginn des neunzehnten wußten Herder und Goethe, Novalis und Görres, daß der Orient eine Einheit ist. Wohl kannten sie die Vielfältigkeit seiner Völker, die in ihren geschichtlichen und literarischen Urkunden damals recht eigentlich erst von Europa entdeckt worden waren, aber sie blickten durch die Schale der Vielfältigkeit in den einigen Kern des Geistes. Das Morgenland war ihnen kein poetischer Tropus, sondern eine einheitliche, wirkende Wirklichkeit, deren Berührungen sie erfuhren und deren großes Leben sich ihrer ehrfürchtigen Ahnung auftat. Diese Einsicht blieb lebendig, bis die Rassentheorie unseres Zeitalters ihr mit breitem Erfolg entgegentrat. Wie die Anwendung der naturwissenschaftlichen Methode auf die Psychologie, so hat hier deren Anwendung auf die Geschichte den edelsten Besitz der erkennenden Menschheit zu zersetzen versucht: eine Totalität. Das Verhältnis zwischen Reizstärke und Empfindungsstärke mag errechenbar sein, von der Wirklichkeit seelenhaften Geschehens weiß diese Rechnung nichts auszusagen; es mag noch so exakt feststellbare Rassenunterschiede geben, die überrassenhaften Gebilde – Völker und Völkerverbände – bleiben, solcher Untersuchung unzugänglich, die Wirklichkeit des Geistes. Als eine Totalität ist der große Völkerverband des Orients zu erweisen, als ein Organismus, in dessen Gliedern, mögen sie funktionell noch so verschieden sein, eine gleichartige Struktur und eine gleichartige Vitalität waltet und der dem Abendland in eignem Recht gegenübersteht.

Man hat den Orientalen zuweilen als eine primitive Bildungsstufe, gleichsam als den stehengebliebenen Menschen angesehen – eine karge und schematisierende Betrachtungsweise. Wohl aber darf man vom Orientalen hervorheben, daß die bestimmende Zeit seines inneren Schicksals, die Zeit, die seinen geistigen Charakter geprägt und seine schöpferische Kraft bestimmt hat, daß die Stunde seiner entscheidenden Plastizität in eine frühere Epoche der Erdgeschichte fällt als die plastische Stunde des Europäers. Was China und Indien, Ägypten und Vorderasien in dem ungeheuren dritten Jahrtausend vor Christi Geburt an formenden Gewalten erlebten, läßt sich aus den aus diesem und dem folgenden Jahrtausend erhaltenen Resten ihrer riesenhaften Schöpfungen, dem Schi-King und den Veden, den Pyramidensprüchen und dem Gilgameschepos nur in der Ahnung erschließen; etwas deutlicher wird uns, *was* damals geschah, wenn wir die Männer begreifen, die in der Zeit, als über Griechenland die Blüte kam, im Orient erstanden: Männer der Restauration und Regeneration, Verkünder der Umkehr und Wiederherstellung – die jüdischen Propheten und die Denker der Upanischaden, Zarathustra und Laotse. Man wird daraus verstehen, warum man vom Orientalen, wie etwa von der ägyptischen Plastik aus dem Anfang des dritten Jahrtausends, sagen darf, daß er zugleich primitiv und vollendet ist.

Ich möchte den orientalischen Menschentypus, wie er ebenso in den Urkunden der asiatischen Antike wie im heutigen Chinesen oder Inder oder Juden erkennbar ist, im Gegensatz zum abendländischen, der etwa durch den Griechen der perikleischen Zeit oder durch den Italiener des Trecento oder durch den Deutschen unserer Tage repräsentiert wird, als den motorischen im Gegensatz zum sensorischen ansprechen. Ich nenne sie so nach den Vorgängen, die bei dem einen und bei dem andern im Mittelpunkt des seelischen Prozesses stehen; wobei ich wohl weiß, daß ich vereinfachen, Vermischtes rein, Fließendes starr machen muß, um das Wesentliche aufzuzeigen.

Der psychische Grundakt des motorischen Menschen ist zentrifugal: ein Antrieb geht von seiner Seele aus und wird zur Bewegung. Der psychische Grundakt des sensorischen Menschen ist zentripetal: ein Eindruck fällt in seine Seele und wird zum Bilde. Beide sind empfindende, beide handelnde Menschen; aber der eine empfindet in Bewegungen, der andre handelt in Bildern; der erste hat, wenn er wahrnimmt, das Erlebnis der Tat, der zweite hat, wenn er tut, das Erlebnis der Gestalt. Beide denken; aber des einen Denken meint Wirken, des andern Denken meint Form.

Ich sagte: der motorische Mensch empfindet in Bewegungen; er tut gleichsam seine Empfindung. Sie wächst nicht in ihm, sondern schlägt durch ihn; sie nistet nicht einsam in seinem Gehirn, sondern breitet sich allem verbunden in dem erregten Leibe. Die Sinne dieses Menschentypus sind miteinander und mit dem dunklen Leben des Organismus eng verbunden; der Eindruck, der einen seiner Sinne trifft, geht als Stoß durch alle, und die spezifischen Sinnesqualitäten erblassen vor der Wucht des Gesamtzustands. Beim sensorischen Menschen sind die Sinne voneinander und von dem undifferenzierten Boden des organischen Lebens gelöst; sie stehen unter der Hegemonie des gelöstesten, unabhängigsten, objektivsten unter ihnen, des Gesichtssinns; der Triumph des Griechentums in der Welt der reinen Gestaltung ist das Werk dieser Hegemonie. Beim motorischen Menschen ist das Sehen nicht souverän, es dient nur der Vermittlung zwischen der bewegten Welt und der latenten Bewegung des eignen Leibes, der befähigt ist, jene mitzuempfinden und mitzuerleben; die Bewegung der Welt ist es, die er mit dem Gesicht wie mit den andern Sinnen aufnimmt und die sich in ihm fortpflanzt. Er wird weniger des vielfältigen, ruhenden Seins der Dinge inne als ihres Geschehens und ihrer Beziehung, ihrer Gemeinsamkeit und ihrer Gemeinschaft; weniger des Umrisses als der Gebärde; weniger des Nebeneinander als des Nacheinander; weniger des Raums als der Zeit. Dieser Gegensatz ist auch noch in den innerlichsten Erlebnissen des Geistes mächtig. Platon schaut die von je ruhenden Ideen; was der indische Mystiker schaut, ist nicht Ruhe, sondern das Aufhören der Bewegung. Platon schaut, und da ist nichts weiter als das Schauen; der jüdische Prophet schaut Gott nur, um sein Wort zu vernehmen. Platon nennt das Wesen der Dinge Eidos, das heißt Gestalt; der chinesische Philosoph nennt das Wesen der Dinge Tao, das heißt die Bahn.

Das Weltbild des Orientalen ist von seiner Seelenartung bestimmt. Dem sensorischen Menschen, der unter der Führung des objektivsten Sinnes, des Gesichts, steht, objektiviert sich die Welt als eine Vielheit von Dingen, die sich vor seinen Augen ausbreitet und zu denen auch er selber, sein Leib gehört. Dem motorischen Menschen bekundet sich die Welt als die schrankenlose Bewegung, die ihn durchdringt. Er nimmt die Einzeldinge wahr, aber nicht jedes als ein für sich Seiendes, in sich Ruhendes und Beschlossenes, sondern alle nur als Knotenpunkte der unendlichen Bewegung, die durch ihn selber geht. Nur in diesem Sinn ist es berechtigt, den Orientalen einen subjektiv gerichteten Menschen zu nennen; er betrachtet naturgemäß die Welt zunächst als etwas, was an ihm geschieht; er spürt sie mehr, als er sie wahrnimmt; denn sie erfaßt und durchfährt ihn, sie, die dem Okzidentalen gegenübertritt. Der Okzidentale begreift seine Empfindung aus der Welt, der Orientale die Welt aus seiner Empfindung. Der Okzidentale geht in seinem Weltbild von der Gegenständlichkeit der Welt aus, auch wo er von ihr zu den obersten Abstraktionen aufsteigt oder sich in die seelenhaftesten Geheimnisse versenkt, der Orientale von der Innerlichkeit der Welt, die er in seiner Innerlichkeit erlebt. Aber diese seine Innerlichkeit, in der alle Bewegung seines Leibes und seiner Seele gegründet ist, ist selbst nicht Bewegung; er fühlt sie in sich unantastbar und unwandelbar ruhen, aller Vielfältigkeit, allem Gegensatz urgrundhaft enthoben, den Mutterschoß, der alle Vielfältigkeit und allen Gegensatz gebiert und verschlingt, den namenlosen Kern und Sinn. Und wie er die Bewegung, die bewegte Erscheinung der Welt aus seiner Empfindung begreift, so ist es dieses sein Wissen um den Kern und Sinn seines Lebens, woraus er den Kern und Sinn der Welt erschließt; dieser offenbart sich ihm in jenem, und in der letzten Wahrheit sind beide eins. In dieser Identifizierung wurzelt die schöpferische Gewalt des orientalischen Geistes. Der Okzidentale schreitet stufenweise von der Erscheinung zur Wahrheit der Welt oder dringt in aufblitzender Intuition zu ihr vor, der Orientale trägt die Wahrheit im Kern seines Lebens und findet sie in der Welt, indem er sie ihr gibt. Dieses Geben und Finden in einem ist der religiöse Akt des Orientalen. Jedes Weltbild ist ja, seinem Wesen als Bild gemäß, eine Vereinfachung und Vereinheitlichung der Welt; aber der Grieche etwa vereinfacht sie, indem er ihre Phänomene unter allgemeine Begriffe einordnet, der Asiate, indem er aus seiner Innerlichkeit, aus der Einheit im Geiste, die einige Welt aufbaut. Sein Einheitstrieb ist der elementarere.

Die einige Welt aber soll – und hier begegnen einander alle großen asiatischen Religionen und Ideologien – nicht bloß konzipiert, sie soll realisiert werden. Sie ist dem Menschen nicht gegeben, sondern aufgegeben; es ist seine Aufgabe, die wahre Welt zur wirklichen Welt zu machen. Hier bewährt sich der motorische Charakter des Orientalen in seiner höchsten Sublimierung: als das Pathos der Forderung. Die Forderung mag durch eine ganz innerliche Tat erfüllt werden; so meint es der Inder des Vedanta, der, das Gewebe des Scheins zerreißend, sein Selbst als mit dem Selbst der Welt identisch erkennt und die wahre, die einige Welt in der allumfassenden Einsamkeit seiner Seele verwirklicht. Oder aber die Forderung geht auf die Aktivität der ganzen Lebenshaltung. Auf eine Aktivität etwa, die das Werden der inneren Welt in der äußeren gegen die Übergriffe der gewaltsamen Extreme schützt; so meint es der taoistische Chinese, in dessen uraltem Weltbild das Geschehen der Welt aus einem Gegenspiel zweier

Prinzipien, des hellen und des dunklen, quillt, der aber als das einige Urprinzip, in dem beide stehen, das Tao, die Bahn, erkennt, das Tao, welches der Weise auf Erden mit seinem Leben verwirklicht, nicht eingreifend und doch durch die Wesenhaftigkeit seines Tuns und seines Nichttuns den einigen Sinn der Welt in der Wirklichkeit durchsetzend. Oder auf eine Aktivität, die das Hindernde, das böse Prinzip bekämpft und so dem Durchbruch der Einheit in der entzweiten Welt dient; so meint es der Perser des Avesta, für den es nicht gilt, das Gleichgewicht zwischen Licht und Finsternis zu halten, sondern für das Licht rückhaltlos Partei zu nehmen und dessen Krieg zu führen, bis es die Finsternis völlig vernichtet hat und die Welt unter seinem ausschließlichen Walten geeinigt ist. Immer aber, in allen Gestalten, ist es die gleiche beschwingte Forderung nach dem rechten Leben, dem erfüllenden Leben, nach dem „Weg". Immer tritt das Wissen um die Beschaffenheit der Welt, auf dem der Okzidentale fußt, der sie bewältigen will, zurück vor dem Wissen um den *Weg;* von aller Lehre des Orients ist zu sagen, was von Buddha gesagt wird, er habe nicht vorgetragen, ob die Welt ewig oder zeitlich sei, er habe einzig den Weg gelehrt. Auch Sokrates wollte den Weg und nicht das Wissen lehren; aber hier fehlt das Gefühl der oberen Lebenswahrheit: daß das innere Schicksal der Welt von der Handlung des Handelnden in einem Maße abhängt, das keiner zu ermessen vermag. Diese Wahrheit bedeutet der „Weg" der orientalischen Lehren. Es ist die Wahrheit des Wortes „Eins tut not".

Die Erkenntnis des Orients ist: daß die Innerlichkeit der Welt in ihrer Äußerung und Offenbarung gehemmt ist, daß die urgemeinte Einheit gespalten und entstellt ist, daß die Welt des Menschengeistes bedarf, um sie zu lösen und zu einigen, und daß das Leben des Menschen auf der Welt einzig darin seinen Sinn und seine Macht hat. Das Sein steht in der Entzweiung: in der Entzweiung von Ja und Nein, sagt die chinesische Formulierung, von Gut und Böse, die persische, von wahrer Welt und Scheinwelt, die indische. Der Mensch ist berufen, das Sein aus der Entzweiung zur Einheit zu bringen. Die Welt harrt des Menschen, daß er sie einige. Der Pfade, die ihn zu diesem Werke führen, sind viele, aber der Weg ist der eine, ἡ ὁδὸς τοῦ ϑεοῦ (Mc 12, 14), der Weg Gottes in der Welt.

Das aber ist die ewige Größe des Orients und seine ewige Bedeutung für das Menschentum, daß diese Erkenntnis ganz ins Leben gekehrt ist: ob sie in Einsamkeit oder in Gemeinschaft, in der Stille oder im Kampf zu verwirklichen ist, ihr Wesen ist, daß sie verwirklicht zu werden heischt. Als Erkenntnis ist sie nur angelegt, vollendet ist sie erst als Tat. Die gedachte

Idee ist dem Orient ein Entwurf, der erst in der gelebten zur Realität wird. Diese, die gelebte, allein *ist*.

## II.

Das Grundprinzip des Orients, das ich dargelegt habe, ist in allen seinen Völkern, die sich ein geistiges Haus erbauten, zur Entfaltung gelangt. Aber in einem unter ihnen, in dem kleinsten und spätesten, an der räumlichen Scheide zwischen Morgen- und Abendland gesiedelt und an der zeitlichen Scheide zwischen Blüte des Morgenlands und Blüte des Abendlands sich erschließend, hat es eine Wendung erfahren, welche das Geschick der Menschheit für die bis zu uns reichende Epoche entschieden hat.

Die Juden sind ein Spätling des Orients. Sie erscheinen zu einer Zeit, da die großen Völker des Orients längst aus der Ära der Plastizität, der bestimmend formenden Erfahrungen getreten waren, und ihre schöpferische Kraft beginnt sich zu offenbaren, als jene Völker die ihre längst in weitausgespannten Kulturen ausgeprägt hatten. Zwei dieser Kulturen, von denen die biblischen Urkunden der ältesten Wanderungen Israels zu erzählen wissen, die babylonische und die ägyptische, haben das junge Volk der Juden beschenkt. Eine Gruppe von Gelehrten hat aus dieser Tatsache die Unselbständigkeit und Unproduktivität des jüdischen Geistes ableiten zu können geglaubt. Aber all ihr Bemühen geht von einer grundfalschen Voraussetzung aus: es bestehe die produktive Selbständigkeit eines Menschen oder eines Volkes darin, daß die Inhalte seiner Schöpfung nicht von andern hergenommen sind. Das Gegenteil ist wahr; schaffen heißt die Elemente in sich versammeln und zum Gebilde verschmelzen, und es gibt keine andre zulängliche Selbständigkeit als die der Gestaltung. Nicht wo einer ein „Motiv" findet, sondern was er daraus bildet, ist historisch entscheidend. Wenn ein ägyptischer Priester des zweiten Jahrtausends prophezeit, es werde eine Hungersnot über das Land kommen, dann aber werde ein König erscheinen, der den früheren Wohlstand wiederherstellt, so mag damit ein „Schema" tradiert sein, aber es ist gehaltlos und unfruchtbar; wenn aber tausend Jahre danach Amos von Tekoa dieses Schema ergreift und mit seiner Inbrunst lebendig macht, wenn er verkündet, Gott der Herr werde Israel unter allen Völkern sieben, daß kein Korn zur Erde falle, und werde die zerfallene Hütte Davids aufrichten, dann ist hier und nicht dort Schöpfung, hier und nicht dort Anfang. Und das gleiche ergibt sich, wenn man einen babylonischen Bußpsalm mit einem jüdischen vergleicht; dort die Beteuerung des Beters, er habe nur unwissentlich gegessen, was seinem Gott ein Greuel ist, hier die Bitte: Gib mir einen neuen und gewissen Geist. Was kann es gelten, wieviel da etwa übernommen wurde, gegenüber dem unsäglichen Prozeß der Verinnerlichung, der sich daran vollzogen hat? Verinnerlichung – so dürfen wir es nennen, was das jüdische Volk an den geistigen Elementen des Orients, die in seine Hand kamen, getan hat. Aber mit diesem Namen meine ich nichts Allgemeines, sondern etwas durchaus Eigentümliches.

Alles, was ich vom Orientalen gesagt habe, gilt mit besonderer Deutlichkeit vom Juden. Er repräsentiert den motorischen Menschentypus in seiner deutlichsten Ausprägung. Das Tun ist ihm wesentlicher als das Erleben, oder richtiger: sein wesentliches Erleben ist in seinem Tun. Wie der Orientale überhaupt, so wird ganz besonders der Jude mehr der Gebärde der Dinge als ihres Umrisses inne, mehr des Nacheinander als des Nebeneinander, mehr der Zeit als des Raums. Er erfährt die Welt weniger in dem gesonderten vielfältigen Einzeldasein der Dinge als in ihrer Verbindung, ihrer Gemeinsamkeit und Gemeinschaft. Beim Griechen ist der Begriff der Abschluß eines seelischen Prozesses, beim Juden der Anfang. Aber weit tiefer wurzelt in ihm des Orientalen elementarer Einheitstrieb, der in ihm, wie ich schon sagte, eine denkwürdige Wendung genommen hat.

Auch der Jude sieht die Innerlichkeit der Welt in ihrer Äußerung und Offenbarung gehemmt, die urgemeinte Einheit gespalten und entstellt; auch er sieht die Welt in der Entzweiung stehen. Aber er erfährt die Entzweiung nicht bloß als etwas, was sich ihm in der Welt kundgibt, wie der Chinese, oder im Verhältnis zwischen der Welt und dem erkennenden Subjekt, wie der Inder, oder im Verhältnis zwischen der Welt und dem handelnden Subjekt, wie der Perser. Sondern er erlebt sie vor allem andern zuinnerst in sich selber: als die Entzweiung seines eignen Ich. Die einige Welt, die aufgebaut werden soll, ist im Menschen selber gemeint und angelegt als der „Wille Gottes"; aber im Menschen selber steht ihr das Hemmende, das Widerstrebende entgegen. Er fühlt sich zu jenem berufen, aber in dieses eingebettet; er erlebt sich als den Schauplatz des ungeheuersten Widerspruchs. Ein in diesem Belange repräsentativer Jude, Paulus, hat diese Erfahrung in erschütternd einfachen Worten ausgesprochen: „Denn das Gute, das ich will, das tue ich nicht, sondern das Böse, das ich nicht will, das tue ich." Der Mensch, dem dies widerfährt, steht in der Unfreiheit der Entzweiung, in der Bedingtheit, im Zwiespalt, in der „Sünde"; denn Sünde bedeutet gar nichts andres als zwiespältig, unfrei leben. Er ist der Träger der Weltentzweiung, er erlebt an sich selber das Schicksal der Welt, die aus der Freiheit in die Unfreiheit, aus der Einheit in die Entzweiung gefallen ist. Es ist aber in seine Macht gegeben, auch der Träger der Welteinung zu sein. Wie der Inder die Welt zur Einheit bringt, indem er erkennt, so bringt der Jude die Welt zur Einheit, indem er sich entscheidet. Beides ist scheinbar nur ein Vorgang im und am Individuum, in Wahrheit ist es ein Vorgang im und am Wesen der Welt. (Der im Geist lebende Orientale fühlt sich nicht als ein von den andern getrenntes Individuum, sondern als Subjekt schlechthin, ebenso wie er die Gemeinde nicht als eine Gruppe von Individuen, sondern als Subjekt schlechthin empfindet.) Das Wesen der Welt ist es, das in der Erkenntnis des Inders und in der Entscheidung des Juden zu sich selber, zu seiner Einheit und Ganzheit kommt. Darin offenbart sich nicht etwa bloß einem Menschen die Einheit seines Geistes mit dem Weltgeist, sondern es erfüllt sich die Einheit des Seins. In der Entscheidung entscheidet sich die entzweite Welt zur Einheit. Der in der Entscheidung steht, weiß nichts, als daß er zu wählen hat, und auch das weiß er nicht mit dem Denken, sondern mit dem Sein; aber wenn er mit der ganzen Seele wählt, vollzieht sich das Mysterium, und der Geist Gottes schwingt über den Wassern.

Mit der ganzen Seele. Wer sich mit der ganzen Seele entscheidet, entscheidet sich zu Gott; denn alle Ganzheit ist Gottes Ebenbild, und in jeder leuchtet er selber auf. In der wahrhaften, geeinten Entscheidung, in der die Zweiheit aufgehoben ist, erfüllt sich in ewiger Erstmaligkeit der Ursinn der Welt. Von ihr sagt ein jüdisches Wort: „Die Welt ist um der Wahl des Wählenden willen erschaffen worden."

Dem Menschen, der sich entscheiden soll, stellt sich seine Entzweiung als die von Gut und Böse dar, das heißt von Richtung und Kraft. Nur wo sich eine Seele nicht zur Ganzheit zusammenzuschließen vermag, ergreift sie das Böse: läßt sie die richtungslose Kraft gewähren; die aus ihrer Einheit entscheidet, in der sind Kraft und Richtung vereint, die ungeschmälerte Gewalt des leidenschaftlichen Antriebs und die unabgelenkte Geradheit der Intention. An dem ihm anvertrauten Bereich vollendet dieser Mensch das Werk der Schöpfung. Jedes Dinges Vollendung aber, des größten und des geringsten, rührt an das Göttliche.

Man kann von diesem Ort aus überschauen, wie unter allen Orientalen der Jude der offenbarste Widerpart des Griechen ist. Der Grieche will die Welt bewältigen, der Jude will sie vollenden; für den Griechen ist sie da, für den Juden *wird* sie; der Grieche steht ihr gegenüber, der Jude ist ihr verbunden; der Grieche erkennt sie unter dem Aspekt des Maßes, der Jude unter dem des Sinns; für den Griechen ist die Tat in der Welt, für den Juden ist die Welt in der Tat.

Jene höchste Sublimierung des motorischen Charakters des Orientalen, das Pathos der Forderung hat im Judentum seine größte Intensität gewonnen. Daß er die Entzweiung der Welt in sich als die seine erlebt, gibt dem Einheitsverlangen des Juden den siegreichen Antrieb. Er hat das Bangen der Welt nicht bloß erfahren, er hat es erlitten; in seinem Willen zum Einswerden pocht die Sehnsucht der Welt; und was er, befreiend und einend, an sich selber und an den Wesen und Dingen vollbringt, die ihm zugeteilt sind oder ihm begegnen, das tut er in urgeheimem Zusammenhang dem Herzen der Welt. In allem Ereignis bekundet sich ihm jene obere Lebenswahrheit des Orients, von der ich gesprochen habe: daß das innere Schicksal der Welt von der Handlung des Handelnden in einem Maße abhängt, das keiner zu ermessen vermag. Die Grundanschauung des Judentums ist die Anschauung von dem *absoluten* Wert der Tat als einer Entscheidung. Scheinbar ist die Tat unentrinnbar eingestellt in das eherne Gefüge der Ursächlichkeit, aus dessen Regeln sich ihr Gewicht ergibt; aber in Wahrheit wirkt sie tief und heimlich ins Schicksal der Welt, und wenn sie sich auf ihr göttliches Ziel, die Einheit, besinnt, wenn sie sich von der Bedingtheit losmacht und im eignen Lichte, das ist im Lichte Gottes wandelt, ist sie frei und gewaltig, mit Gottes Tat im Bunde.

Unter allen Geistesgestaltungen der Menschheit ist das Judentum die einzige, in der die Entscheidung des Menschen solcherweise Mitte und Sinn alles Geschehens wird.

Teschuwa, Umkehr – so heißt der Akt der Entscheidung in seiner letzten Steigerung: wenn er die Zäsur eines Menschenlebens, den erneuernden Umschwung mitten im Verlauf einer Existenz bedeutet. Wenn mitten in der „Sünde“, in der Entscheidungslosigkeit, der Wille zur Entscheidung erwacht, birst die Decke des gewohnten Lebens, die Urkraft bricht durch und stürmt zum Himmel empor. An dem Umkehrenden geschieht die Schöpfung aufs neue; an seiner Erneuerung erneuert sich der Bestand der Welt. Ehe die Welt erschaffen war, heißt es, war da nichts als Gott allein und sein Name; da geriet es in seinem Sinne, die Welt zu erschaffen, und er zeichnete sie vor sich hin; aber er sah, daß die Welt nicht bestehen konnte, weil sie keine Grundfeste hatte; da schuf er die Umkehr.

Durch die Inbrunst seiner Forderung der Umkehr und durch die Inbrunst seines Glaubens an die Macht und Herrlichkeit der Umkehr, durch seine neue Magie, die Magie der Entscheidung, hat das Judentum den Okzident für die Lehre des Orients gewonnen. Durch sie ist es recht eigentlich der wirkende Orient geworden.

## III.

Keine der großen religiösen Lehren ist im Abendland entstanden; das Abendland steht ihnen rezeptiv gegenüber. Es verarbeitet, was der Orient ihm darreicht, es paßt es seinen Denk- und Gefühlsformen an und modelt es nach ihnen um, zuweilen gelingt es ihm, es auszubauen; niemals aber vermochte es den riesenhaften Sinnbildern Asiens ein eignes gegenüberzustellen, niemals, die fugenlose Welt einer Gotteslehre auf überrationalem und unerschütterlichem Grunde aufzurichten. Europa hat Ideologien von unvergleichlicher Reinheit, Sicherheit und Geschlossenheit, aber keiner von ihnen eignet die elementare Gewalt der großen Lehren; es hat Dichtungen von heiliger Bildkraft, aber keine von ihnen kennt jene Metaphern des Namenlosen, welche die Sprache der großen Lehren sind; es hat religiöse Genies von innerster Legitimität, aber keins von ihnen hat das Mysterium selbeigen aus dem Abgrund gehoben, und in die Welt der Menschen eingesetzt, sie alle haben es empfangen, getragen und kundgetan – auch der größte unter ihnen, Eckhart, ist nur ein später Sendbote des morgenländischen Meisters.

Was ist es, was Europa fehlt, wessen es allezeit bedarf und was es aus sich nie erzeugen kann? Es hat das umfänglichste und ausgebildetste Wissen und findet aus sich nicht den Sinn; es hat die strengste und reinlichste Zucht und findet aus sich nicht den Weg; es hat die reichste und freieste Kunst und findet aus sich nicht das Zeichen; es hat den innigsten und geradesten Glauben und findet aus sich nicht den Gott. Was ihm fehlt, kann nicht die Einheitsfunktion sein, all sein Denken wurzelt in ihr; es kann nicht die Symbolfunktion sein, all sein Bilden kommt aus ihr her; es kann nicht die Kraft des Aufbaus sein. Was ihm fehlt, ist die Ausschließlichkeit der Kunde vom wahrhaften Leben, die eingeborne Gewißheit jenes Eins tut not. Dies ist es, was in den großen Lehren des Orients und einzig in ihnen schöpferisch besteht. Sie setzen das wahrhafte Leben als das fundamentale, von nichts anderm abgeleitete, auf nichts andres zurückzuführende metaphysische Prinzip; sie verkünden den Weg. Es gibt, so sprechen sie, dem Menschen nirgendwo anders den Sinn als im wahrhaften Leben, das die Welt einigt und befreit, es gibt ihm nirgendwo anders die Wahrheit als im wahrhaften Leben. Wer den Weg geht, geht in den Fußtapfen Gottes.

Unter den großen Geistesgestaltungen des Orients mußte die entscheidende Wirkung auf den abendländischen Menschen die ausüben, in der die Verkündigung des wahrhaften Lebens als Forderung an jeden Menschen erging, für die es nicht das Vorrecht des Weisen, des Erlesenen war, sondern jedem gleicherweise zugänglich, und die gerade den Verirrten, den Richtungslosen, den „Sünder“ am mächtigsten beschwor: die jüdische Lehre von der Entscheidung und der Umkehr. Die andern haben auf Weise, auf Erlesene gewirkt, diese auf die Völker, auf das Volk des Abendlands. Daß jedem, der das Rechte ergreift, die Pforten des Gottesreichs offenstehen, daß, wer sich nach dem Trost des Unbedingten sehnt, das Unbedingte nur handelnd zu erwählen braucht, das zwang die Weisen und die Einfältigen in eine Gemeinde zusammen. Die erste große werbende Eigentümlichkeit der jüdischen Lehre war diese Alloffenheit, die zweite war ihre Richtung auf die positive Tat. Sie wollte nicht, wie etwa der Buddhismus, von der Welt weg, sondern ins Herz der Welt führen; sie forderte von dem tätigen Menschen nicht, daß er auf das Tun verzichte, sondern daß er das Rechte tun lerne; sie tötete die lebendige Energie der Leidenschaft nicht ab, ja sie wollte sie noch steigern durch den ungeheuren Anspruch, den sie an sie stellte. Beide Prinzipien der Lehre sind in den feierlichen Worten des Buches Tanna debe Eliahu vereinigt: „Ich nehme zu Zeugen den Himmel und die Erde, daß auf Heiden und Juden, auf Mann und Weib, auf Knecht und Magd der heilige Geist ruhen kann, alleinzig nach der Tat des Menschen.“ Von beiden Prinzipien war die urchristliche Bewegung getragen, durch deren Entwicklung die jüdische Lehre das geistige Schicksal des Abendlandes gestaltete.

Wohl hat diese Bewegung nicht mit ihrem ursprünglichen Wesen, sondern synkretistisch vermischt das Abendland überwältigt; wohl hat sie vom Hellenismus mehr angenommen als Bilder und Worte; aber das dauernd Zeugende im Christentum war jüdisches Urgut. Es ist bedeutsam, daß das erste Wort der Predigt Jesu bei den Synoptikern, das die johanneische Predigt wiederholt, das Grundwort der Propheten ist: Kehret um, und in seinem innern Sinn nur aus der überlieferten Lehre von der Teschuwa verstanden werden kann. Die Schwungkraft der Botschaft Jesu ist die altjüdische Forderung der unbedingten Entscheidung, die den Menschen wandelt und ins Gottesreich hebt. Und sie ist die Schwungkraft des Christentums geblieben, auf die es zurückgriff, sooft es sich erneuern wollte – und wenn es sich noch so sehr zu entjuden vermeinte.

## IV.

Die urchristliche Bewegung war im Judentum keine isolierte Erscheinung. Wie sie aus dem Schoße alter jüdischer Lebensgemeinschaften entstanden war, so war sie auch in ihrer Zeit selbst nur eine der Äußerungen einer neuen geistigen Blüte, von der uns das Schrifttum bedeutende, wenn auch fragmentarische Zeugnisse überliefert hat. Mitten in dieser Epoche großer Fruchtbarkeit kam über die Juden das Verhängnis: der Untergang ihres Staates. In welcher Fülle seiner Lebenskraft dieses Volk gebrochen wurde, zeigte sechs Jahrzehnte nach der Zerstörung Jerusalems der große Aufstand Bar-Kochbas, der so gewaltig war, daß Rom um seinen ganzen orientalischen Besitz bange wurde und daß, als ihm im vierten Jahr unablässiger Anstrengungen seiner besten Feldherrn und Truppen die Niederwerfung des judäischen Völkleins gelang, Hadrian in seiner Siegesmeldung an den Senat die übliche Formel „Ich und mein Heer befinden uns wohl" wegließ. Was damals dem Judentum geschah, läßt sich in seiner tragischen Tiefe nur ahnen; wie ein ungeheuerliches Sinnbild mutet der Bericht an, daß auf dem Markt an der Terebinthe Abrahams zu Hebron Juden um den Preis eines Pferdes verkauft wurden. So kamen sie an das Abendland.

Dieses Ereignis hat die Geschichte des Judentums entzweigebrochen, wie es wohl nie zuvor und darnach einem Volke widerfuhr. Indem es seiner morgenländischen Erde entrissen wurde, wurde es zugleich der Kontinuität seines geistigen Werdens entrissen. Das ist aus zwei Dingen zu verstehen: aus dem Zusammenhang des antiken Juden mit seinem Lande und aus der Genese seiner geistigen Produktivität.

Einige Gelehrte, die sich mit der Psychologie des Judentums befaßt haben, sprechen mit axiomatischer Sicherheit die Ansicht aus, Israel sei ein Nomadenvolk gewesen und geblieben, und leiten allerlei wirkliche oder angebliche jüdische Eigenschaften davon ab. Diese Ansicht wird etwa damit begründet, daß in den biblischen Büchern, so bei den meisten Propheten, uns überall Bilder und Gleichnisse aus dem Hirtenleben entgegenträten, wogegen die aus dem Bauernleben äußerst selten seien. Das trifft auf keines der Bücher zu; ja in den älteren der prophetischen Bücher, deren Urheber am stärksten mit dem natürlichen Leben des Volks zusammenhingen, wie etwa beim ersten Jesaia, kommt auf zwanzig Bilder aus Feld, Garten und Weinberg kaum eins aus der Viehzucht. In Wahrheit haben wir von der Zeit vor der Eroberung Kanaans zu wenig zuverlässige Kenntnis, um die Behauptung wagen zu dürfen, die Juden seien damals ein reines Nomadenvolk gewesen; und soweit wir die biblischen Erzählungen als Quelle anzusehen berechtigt sind, können wir aus ihnen ganz anderes herauslesen. Isaaks Segen an Jakob ist der Segen eines Ackerbauers und Josefs Traum vom Garbenbinden der Traum eines Ackerbauers. In der palästinensischen Zeit aber zeugt das ganze Schrifttum von einer Liebe zur Scholle, von einer Verklärung des Bodenbaus, wie wir sie bei wenigen andern Völkern finden; göttliche Drohungen und göttliche Verheißungen haben fast immer den Acker zum Gegenstand; und Jesus Sirach spricht das Gefühl der Jahrhunderte aus, wenn er sagt, der Pflüger erhalte die ewige Schöpfung in ihrem Bestand. Selten hat es ein Volk gegeben, das so in seiner Seßhaftigkeit beschlossen und beseligt war. Und das ganze geistige und religiöse Leben des alten Judentums war eng verbunden mit dem Leben der Erde, mit dem Leben dieses vertrauten Bodens; Gott war der Lehnsherr des Ackers, seine Feste waren Ackerfeste und sein Gesetz ein Ackergesetz; zu welcher Höhe allgemeinen Geistes sich die Prophetie auch erhob, sie wurzelte immer in diesem natürlichen Leben und ihre Forderung wollte in diesem natürlichen Leben verwirklicht werden – immer wollte ihr Geist sich mit einem Leib aus dieser besonderen kanaanäischen Erde bekleiden. Die jüdische Religion lehrte (und das außerpaulinische Urchristentum ist ihr darin treu geblieben) nicht wie das paulinische Christentum ein Hinaustragen der Botschaft in die Völker, nicht wie der Islam ein Erobern der Welt für den Glauben, sondern die Einwurzelung im heimatlichen Boden, die Bewährung des rechten Lebens in der Enge, die vorbildliche Gestaltung einer Menschengemeinschaft auf der schmalen kanaanäischen Erde. Und die am tiefsten ursprüngliche Schöpfung des Judentums, der Messianismus, ist nur die gleiche Idee, als letzte Erfüllung gedacht, in die absolute Zukunft projiziert, da der Herr auf dem Berge Zion allen Völkern „ein Mahl richten wird von reinem Wein, darinnen keine Hefe ist". Alles Schaffen nahm seine Kraft und seine Gestalt aus dem organischen Zusammenhang mit dieser Erde. Und nun wurde dieser Zusammenhang zerrissen; mit ihm zerriß der innere Zusammenhang des jüdischen Geistes. Gott wurde aus einem Lehnsherrn des Ackers der Schutzherr der Frömmigkeit, seine Feste aus Ackerfesten Feste der Synagoge und sein Gesetz aus einem Ackergesetz ein Ritualgesetz; der Geist wurde von seinen Wurzeln gelöst. Damals *wurden* die Juden ein Nomadenvolk.

Aber noch ein Zweites kam hinzu. Das geistige Leben der orientalischen Völker, in dem die Gefahren des motorischen Menschen mit seinen sublimsten Möglichkeiten verknüpft sind und die Preisgabe des Selbst an den Taumel der Welt sich von den gleichen Wurzeln nährt wie die Besinnung des Selbst auf seine und der Welt unwandelbare Innerlichkeit, entwickelt sich oft in der Form eines Kampfes: des Kampfes der schöpferischen Geister, der Führer und Erlöser, gegen die Richtungslosigkeit der Volkstriebe. Eine besondere Intensität und Fruchtbarkeit hat dieser Kampf im alten Judentum. Aus dem Erlebnis der inneren Entzweiung und aus der immanenten Forderung der Entscheidung, das heißt des Einswerdens der Seele, ergab sich das Auseinanderfallen des Volkes in zwei geistige Klassen, die der Wählenden, der sich Entscheidenden, der zur Unbedingtheit Durchdringenden, der ans Ziel Hingegebenen, und die der Geschehenlassenden, der Entscheidungslosen, der träge in der Bedingtheit Verharrenden, der zweckhaft Selbstsüchtigen und Selbstzufriedenen; biblisch gesprochen, die der Diener Gottes und die der Diener Baals, wobei zu beachten ist, daß diese sich keineswegs etwa für Baal und gegen Gott entschieden, sondern nach dem Worte Elias (I Könige 18,21) „auf den zwei Ästen hüpfen". Im Kampf gegen sie entzündet sich allezeit die spezifische Genialität der Propheten und Lehrer Israels; sie ist eine kämpferische Genialität, und die jüdische Fruchtbarkeit ist eine kämpferische Fruchtbarkeit. Im Gegensatz zu der des Abendlandes, die auf das Werk geht und an ihm ihre Grenze hat, hat die jüdische Produktivität Form, aber keine Grenze; sie hat, darf man wohl sagen, die Form des Unendlichen, denn sie hat die Form des Geisteskampfes.

Mit der Zerstörung des jüdischen Gemeinwesens wurde die Fruchtbarkeit des Geisteskampfes geschwächt. Die geistige Kraft sammelte sich nunmehr auf die Erhaltung des Volkstums gegen die äußeren Einflüsse, auf die strenge Umzäunung des eignen Bereiches, um das Eindringen fremder Tendenzen zu verhüten, auf die Kodifizierung der Werte, um aller Verschiebung vorzubeugen, auf die unmißverständliche, unumdeutbare, also konsequent rationale Formulierung der Religion. An die Stelle des gotterfüllten, fordernden, schöpferischen Elements trat immer mehr das starre, nur erhaltende, nur fortsetzende, nur abwehrende Element des offiziellen Judentums; ja, es richtete sich immer mehr gegen das Schöpferische, das ihm durch seine Kühnheit und Freiheit den Bestand des Volkstums zu gefährden schien, es wurde verketzernd und lebensfeindlich. In der sterilen Atmosphäre dieses Kampfes entwickelte sich eine abgelöste Geistigkeit, eine von dem Wurzelgrund des natürlichen Lebens und von den Funktionen des echten Geisteskampfes abgelöste Geistigkeit, neutral, substanzlos, dialektisch, die sich an alle Gegenstände, auch an die indifferentesten, hingeben konnte, um sie begrifflich zu zergliedern oder in Beziehung zueinander zu setzen, ohne auch nur einem wirklich schauend-triebhaft anzugehören. Die gebrochene, des Zusammenhangs beraubte schöpferische Kraft, die Kraft der Unbedingtheit lebte nur noch fort in Ketzern, die zumeist machtlos und gestaltlos blieben und im Dunkel untergingen, zuweilen, wie der große Spinoza, die Umzäunung durchbrachen und die Welt anredeten, daß sie stille wurde, um ihnen zu lauschen; in messianischen Bewegungen, die in Flammenwirbeln gläubiger Begeisterung aufstiegen und zusammenfielen; und in der tiefen Welt der jüdischen Mystik, die das heilige Feuer der alten Gottverbundenheit unterirdisch hütete und es nur einmal, ein einziges spätes Mal ins Volk aufflammen ließ: in der großen religiösen Erhebung des Chassidismus, die im achtzehnten Jahrhundert die polnische Judenheit erfaßte; er offenbarte noch einmal die schrankenlose Gewalt des orientalischen Menschen aus den entbrannten Seelen, aber im Bann der Ängste um die Wahrung der Art befangen, wagte er die Umzäunung nicht anzutasten und vermochte sich daher die Funktionen des echten Geisteskampfes nicht anzueignen.

So konnte es geschehen, daß im neunzehnten Jahrhundert, als die Emanzipation das Judentum auf einen hohen Berg führte und ihm die Reiche der Welt und ihre Herrlichkeit zeigte, die Umzäunung durchbrochen und niedergetreten wurde nicht von einer elementaren, zu neuer Schöpfung drängenden Kraft, sondern von blassen, schwächlichen Reformversuchen, die ihre Gedanken und Formen den Musterbüchern des europäischen Aufklärertums und der sogenannten fortgeschrittenen Religionen entnahmen. Wir leben in der problematischen Situation, die auf diese Versuche gefolgt ist: in der im Judentum der letzte alte Aufbau des orientalischen Geistes erschüttert und einem neuen kein Grund gelegt scheint.

Und doch besteht dieser Grund, besteht unerschüttert fort. Dieser Grund ist die Seele des Juden selbst. Denn der Jude ist Orientale geblieben. Er ist aus seinem Lande getrieben und über die Länder des Abendlands geworfen worden; er hat unter einem Himmel wohnen müssen, den er nicht kannte, und auf einem Boden, den er nicht bebaute; er hat das Martyrium erduldet und, was schlimmer ist als Martyrium, das Leben in der Erniedrigung; die Sitten der Völker, bei denen er wohnte, haben ihn angerührt, und er hat die Sprachen der Völker gesprochen; und in alledem ist er Orientale geblieben. Er hat die motorische Schrankenlosigkeit des Grundwesens mit ihren Begleiterscheinungen, der Herrschaft des Zeitsinns und der schnellen Begriffsfunktion, in sich bewahrt, er hat den elementaren Einheitstrieb und die immanente Forderung in sich bewahrt, zuweilen verschüttet, nie völlig erdrückt. Man wird sie im angepaßtesten Juden entdecken, wenn man sein Gemüt zu erschließen vermag; und welcher aus dem Inhalt seines Denkens den letzten Rest des Judentums ausgerottet hat, der trägt es in der Form seines Denkens unausrottbar fort. Aber weithin erkennbar leben sie in den an Fertigkeiten der Zivilisation armen, aber an Macht des ursprünglichen Ethos und des unmittelbaren Geistes trotz eindringender Verderbnis und Zersetzung reichen jüdischen Volksmassen Osteuropas. Man sehe etwa den epigonenhaften, dennoch auch jetzt noch wundersamen Chassid unsrer Tage an; man sehe ihn zu seinem Gotte beten, von der Inbrunst geschüttelt, mit seinem ganzen Leibe das gleiche aussprechend, das seine Lippen sagen, ein grotesker und erhabener Anblick; man sehe ihn mit königlichen Gebärden und gesammelter Weihe das heilige Mahl des Sabbatausgangs begehen, an dem die Geheimnisse der Welterlösung hangen; und man wird fühlen: hier ist, verkümmert, verzerrt, dennoch unverkennbar, asiatische Gewalt und asiatische Innerlichkeit.

Auf diesem offenbaren oder latenten Orientalismus, diesem unter allen Einflüssen erhaltenen Seelengrund des Juden baut sich mein Glaube an eine neue geistig-religiöse Schöpfung des Judentums auf. In der Abgelöstheit und Aufgelöstheit seiner abendländischen Existenz kann ihm freilich nur Stückwerk geraten; kühne Wagnisse des Geistes können unternommen, starke Worte des Geistes können geprägt werden; religiöse Erregungen können aus dem wetterschweren Dunkel des Volksschicksals aufblitzen; aber eine große Schöpfung, die sie alle in einer Synthese vereinigt, die die Kontinuität des jüdischen Werdens wiederaufnimmt und dem unsterblichen jüdischen Einheitstrieb wieder adäquaten Ausdruck gewährt, wird nur erstehen können, wenn die Kontinuität des palästinensischen Lebens wiederaufgenommen wird, aus dem einst die großen Konzeptionen dieses Einheitstriebs erwuchsen. Der Jude ist nicht der gleiche, der er damals war; er ist durch alle Himmel und Höllen des Abendlands hindurchgegangen und hat an seiner Seele Schaden gelitten; aber seine Urkraft ist unversehrt geblieben, ja sie ist geläutert worden. Wenn sie ihren mütterlichen Boden berührt, wird sie wieder schöpferisch sein. Der Jude kann seinen Beruf unter den Völkern nur dann wahrhaft erfüllen, wenn er von neuem und mit seiner ganzen, unversehrten, geläuterten Urkraft daran geht, zu verwirklichen, was seine Religiosität ihn in der Vorzeit lehrte: die Einwurzelung im heimatlichen Boden, die Bewährung des rechten Lebens in der Enge, die vorbildliche Gestaltung einer Menschengemeinschaft auf der schmalen kanaanäischen Erde.

## V.

Das Zeitalter, in dem wir leben, wird man einst als das der asiatischen Krisis bezeichnen. Die führenden Völker des Orients sind teils unter die äußere Gewalt, teils unter den innerlich vergewaltigenden Einfluß Europas gekommen; sie haben ihre heiligsten Güter, die großen Traditionen ihres Geistes nicht gewahrt, ja sie haben sie zuweilen selber preisgegeben. Die Unterjochung Indiens, die Selbsteuropäisierung Japans, die Schwächung Persiens, zuletzt die Zerrüttung Chinas, in dem der altorientalische Geist unantastbar sicher zu wohnen schien, sind einige Stadien dieses Prozesses. Die Seele Asiens wird gemordet, und es selber tut bei diesem Morde mit. Die Welt ist im Begriff, das unersetzlichste Gut zu verlieren, und kümmert sich nicht darum, vielmehr, sie spendet den Nationen Beifall, die es zerstören. Selbstbesinnung, Einkehr, Umkehr tut not. Europa muß sich unterfangen, eine neue Ära der Erhaltung des Orients und des Einvernehmens zwischen ihm und dem Abendland zu gegenseitiger Förderung und gemeinsamer menschheitlicher Arbeit zu begründen, eine Ära, in der Asien durch Europa nicht vergewaltigt, sondern aus seinen eignen Keimkräften heraus entfaltet, und Europa durch Asien nicht bedroht, sondern zu den großen Lebenswahrheiten hingeführt wird.

Für diese weltgeschichtliche Mission bietet sich Europa ein Mittlervolk dar, das alle Weisheit und Kunst des Abendlandes erworben und sein orientalisches Urwesen nicht verloren hat, das berufen ist, Orient und Okzident zu fruchtbarer Gegenseitigkeit zu verknüpfen, wie es vielleicht berufen ist, den Geist des Orients und den Geist des Okzidents in einer neuen Lehre zu verschmelzen. Wie dies geschehen mag, ist heute noch nicht zu umgrenzen. Aber dies eine sei gesagt, daß Jerusalem immer noch, ja mehr als je das ist, als was es im Altertum galt: das Tor der Völker. Hier ist der ewige Durchgang zwischen Orient und Okzident. Hierher lenkte das antike Asien seinen Schritt, wenn es, wie unter Nebukadnezar und Kyros, erobernd gen Abend zog, hierher das Europa Alexanders und der Römer, wenn es das Morgenland zu überwältigen gedachte. Unter dem Ansturm von Osten nach Westen brach der erste jüdische Staat zusammen, unter dem Ansturm von Westen nach Osten der zweite. Seither hat sich die Weltbedeutung Palästinas verdichtet und vertieft. Heute ist in einem noch schwereren, noch umfänglicheren, noch drohungs- und verheißungsvolleren Sinn Jerusalem das Tor der Völker. Es gilt das Heil Jerusalems zu suchen, welches das Heil der Völker ist.

## Jüdische Religiosität

Die jüdische Religiosität ist nicht, wie viele meinen, ein Gegenstand zwar von besonderer Würde, aber von unerheblicher Aktualität für die sogenannte „Lösung der Judenfrage", sondern sie ist, wie von je, so auch jetzt, für das Judentum der einzige Gegenstand von unbedingter Aktualität, Triebkraft seines Schicksals, Richte seiner Bestimmung, die Gewalt, deren Aufflammen es neu beleben, deren völliges Verlöschen es dem Tode überantworten würde. Erneuerung des Judentums bedeutet in Wahrheit: Erneuerung der jüdischen Religiosität. Man kann, ohne sich um die jüdische Religiosität zu bekümmern, die Auflösung des Judentums wünschen, fordern, proklamieren; man kann, ohne sich um sie zu bekümmern, die „Erhaltung", das heißt die unmerkliche Auflösung des Judentums wünschen, fordern, proklamieren: nicht aber eine Erneuerung des Judentums. Wer diese ersehnt, der will, daß es wieder ein mit allen Sinnen lebendiges, ein aus allen Kräften tätiges, ein zu heiliger Gemeinde verbundenes Judentum gebe; er hat erkannt, daß dahin aus der Gegenwart des jüdischen Daseins kein anderer Weg führt als durch Absage und Neubeginn. Dem aus solchem Willen und solcher Erkenntnis eine Erneuerung des Judentums Ersehnenden wird, je aktiver seine Sehnsucht ist, desto gewisser offenbar werden, daß Erneuerung des Judentums Erneuerung der jüdischen Religiosität bedeutet.

Ich sage und meine: Religiosität. Ich sage und meine nicht: Religion. Religiosität ist das stets neu werdende, stets neu sich aussprechende und ausformende, das staunende und anbetende Gefühl des Menschen, daß über seine Bedingtheit hinaus und doch mitten aus ihr hervorbrechend ein Unbedingtes besteht, sein Verlangen, mit ihm lebendige Gemeinschaft zu stiften, und sein Wille, es durch sein Tun zu verwirklichen und in die Menschenwelt einzusetzen. Religion ist die Summe der Bräuche und Lehren, in denen sich die Religiosität einer bestimmten Epoche eines Volkstums ausgesprochen und ausgeformt hat, in Vorschriften und Glaubenssätzen festgelegt, allen künftigen Geschlechtern ohne Rücksicht auf deren neu gewordene, nach neuer Gestalt begehrende Religiosität als für sie unverrückbar verbindlich überliefert. Religion ist so lang wahr, als sie fruchtbar ist; dies aber ist sie so lang, als die Religiosität, das Joch der Vorschriften und Glaubenssätze auf sich nehmend, sie doch – oft ohne es zu merken – mit neuem glühenden Sinn zu erfüllen und zuinnerst zu verwandeln vermag, daß sie jedem Geschlecht erscheinen, als wären sie ihm selber heute offenbart, seine eignen, den Vätern fremden Nöte zu stillen. Sind aber die Riten und Dogmen einer Religion so erstarrt, daß die Religiosität sie nicht zu bewegen vermag oder sich ihnen nicht mehr fügen will, dann wird die Religion unfruchtbar und damit unwahr. Es ist also Religiosität das schaffende, Religion das organisierende Prinzip; Religiosität beginnt neu mit jedem jungen Menschen, den das Geheimnis erschüttert, Religion will ihn in ihr ein für allemal stabiliertes Gefüge einzwingen; Religiosität meint Aktivität – ein elementares Sichinverhältnissetzen zum Absoluten –, Religion meint Passivität – ein Aufsichnehmen des überlieferten Geheißes; Religiosität hat nur ihr Ziel, Religion hat Zwecke: aus Religiosität stehen die Söhne wider die Väter auf, um ihren selbeignen Gott zu finden, aus Religion verdammen die Väter die Söhne, weil sie sich ihren Gott nicht auferlegen ließen; Religion bedeutet Erhaltung, Religiosität bedeutet Erneuerung.

Worin immer aber ein andres Volk sein Heil finden mag, dem jüdischen ist es nirgendwo anders erschlossen als in der lebendigen Macht, an die sein Volkstum von je gebunden war und durch die es bestanden hat: nicht in seiner Religion, wohl aber in seiner Religiosität. Ein Wort des Baalschem spricht es aus: „Wir sagen ‚Gott Abrahams, Gott Isaaks und Gott Jakobs', wir sagen nicht ‚Gott Abrahams, Isaaks und Jakobs', damit dir gesagt sei: Isaak und Jakob stützten sich nicht auf Abrahams Überlieferung, sondern selber suchten sie das Göttliche."

Ich will versuchen, das besondere Wesen der jüdischen Religiosität aus dem Schutt, mit dem es Rabbinismus und Rationalismus bedeckt haben, herauszulösen.

Der Akt, der in allen Zeiten dem Judentum als der Wesensgrund aller Religiosität erschien, ist der Akt der Entscheidung als der Verwirklichung der göttlichen Freiheit und Unbedingtheit auf Erden. Der spätjüdische Spruch „Die Welt ist um der Wahl des Wählenden willen geschaffen worden" ist nur die reife Formulierung einer Idee, die unformuliert schon in der biblischen Zeit lebendig und wesenhaft war. Wie die Reihe der Sinai-Gebote durch den Ruf zur ausschließenden und unbedingten Entscheidung für den Einen eröffnet wird, so dienen die größten unter den Worten Mose (Dt 18,13; 6,5) der gleichen Forderung: „Ganz sollst du mit dem Herrn deinem Gotte sein" und „So liebe denn den Herrn deinen Gott mit all deinem Herzen und all deiner Seele"; und das gleiche verkünden die Propheten von Elia an, der zum Volke spricht: „Wie lange noch wollt ihr auf den zwei Ästen hüpfen?" Das nachbiblische Schrifttum bildet die Idee immer prägnanter aus. Die Mischna (Berachot IX, 5) deutet das Wort „So liebe denn den Herrn deinen Gott mit all deinem Herzen" dahin, daß gemeint sei: mit deinen beiden Trieben, mit dem „guten" und dem „bösen" Trieb; das heißt: mit der Entscheidung und durch sie, also daß die Inbrunst der Leidenschaft gewandelt wird und mit ihrer ganzen Kraft in die einige Tat eingeht; ist doch an sich kein Antrieb böse, sondern der Mensch macht ihn dazu, wenn er sich ihm ergibt statt ihn zu regieren. Der Midrasch läßt Gott zum Menschen sprechen: „Du hast die Leidenschaft, die in deine Hand gegeben ist, böse gemacht." So wird auch das Wort des Psalmisten (119, 80) „Mein Herz sei ganz in deinen Gesetzen" dahin gedeutet, David habe zu Gott gesprochen: Laß nicht den bösen Trieb mich teilen, sondern mache mein Herz ganz." Und noch nachdrücklicher heißt es: „Nur wenn du ungeteilt bist" (das heißt wenn du die innere Zweiheit durch die Entscheidung überwunden hast,) „hast du teil an dem Herrn deinem Gott." Die Trägheit, die Entscheidungslosigkeit aber wird als Wurzel alles Übels bezeichnet; Sünde ist im Grunde nichts andres als Trägheit. Wer ihr verfallen war, dann aber sich durch die gewaltigste Entscheidung ihr entwand, wer in den Abgrund der Entzweiung versunken war und sich daraus einen Weg zur Einheit brach, wer sich selber wie einen trägen Erdenkloß in die Hände nahm und zu einem Menschen knetete, der ist unter allen Gott der liebste; oder, in der Sprache der Gemara (Chulin, 89) „an dem Ort, wo die Umkehrenden stehen, vermögen die vollkommenen Gerechten nicht zu stehen". Die große Entscheidung ist der höchste Augenblick des Menschenlebens, ja des ganzen Weltlebens; „besser", heißt es in den Vätersprüchen (IV, 17), „ist eine Stunde der Umkehr in dieser Welt, als das ganze Leben der kommenden Welt"; denn diese ist nur noch Sein, jene aber ist das große Werden. Sünde heißt nicht frei, das ist sich entscheidend, sondern unfrei, bewirkt, bedingt leben; der Umkehrende entzündet das Mysterium der Freiheit, er schwingt sich aus der Bedingtheit in die Unbedingtheit, er ist, wie es im Sohar heißt, „lebendig an allen Seiten und vereinigt im Baume des Lebens".

Kein Mensch kennt den Abgrund der inneren Zweiheit wie der Jude, aber keiner wie er das Wunder der Einung, das nicht geglaubt, das nur erlebt werden kann. Darum kann ihm kein Verwirklichtes, sondern nur die mit jedem neuen Menschen neu anhebende Tat, die Verwirklichung selber Genüge tun. Das ist die Absicht der Umkehr-Lehre, daß jeder selbeigen aus seiner Tiefe und Finsternis nach göttlicher Freiheit und Unbedingtheit ringe: kein Mittler kann ihm helfen, kein Getanes ihm seine Tat erleichtern, da eben an der durchbrechenden Kraft seines Ansturms alles gelegen ist und jede Hilfe, jeder „Anschluß" diesen Ansturm nur zu schwächen vermag.

Deshalb wurde die urchristliche Bewegung für den Juden unfruchtbar, als sie aus der wahrhaft jüdischen Verkündigung Jesu, *jeder* könne durch unbedingtes Leben Gottes Sohn werden, die Lehre machte, allein der Glaube an den *eingebornen* Sohn Gottes könne dem Menschen die Ewigkeit gewinnen. Deshalb mußte der Chassidismus seine volkerneuernde Wirkung verlieren, als er an die Stelle jener unmittelbaren Verbindung mit Gott, darin der Mensch „bis zur Wurzel aller Lehre und alles Gebotes kommt, zu Gottes Ich, der einfachen Einheit und Schrankenlosigkeit, wo alle Flügel der Gebote und Gesetze niedersinken", weil er sich durch seine Unbedingtheit über sie alle erhoben hat – als er an die Stelle dieser wunderbaren Selbstbefreiung die Vermittlung des Zaddiks setzte. Es ist keine Übersteigerung dieser Grundanschauung der jüdischen Religiosität, sondern nur ihr stärkster Ausdruck, wenn gesagt wird, über den Menschen, der sich selbst reinigt und heiligt, ergieße sich der Heilige Geist.

Man fälscht den Sinn des Aktes der Entscheidung im Judentum, wenn man ihn als einen bloß ethischen behandelt; er ist ein religiöser, vielmehr: er ist der religiöse Akt; denn er ist die Verwirklichung Gottes durch den Menschen.

In der Auffassung dieser Verwirklichung sind in der jüdischen Religiosität drei Schichten zu unterscheiden, in deren Aufeinanderfolge sich das Werden jenes unterirdischen Judentums kundgibt, welches, heimlich und unterdrückt, das wahrhafte, das zeugende ist im Gegensatz zum offiziellen Scheinjudentum, das ohne Berufung herrscht und ohne Legitimität repräsentiert.

In der ersten, frühesten Schicht wird der Akt der Entscheidung als eine Verwirklichung Gottes durch Nachahmung, als eine imitatio Dei aufgefaßt. Gott ist das Ziel des Menschen, das Ursein, dessen „Bild" zu *werden* er streben soll, denn „Gott schuf den Menschen sich zum Bilde", das ist, damit er es werde. Grundlegend für diese Auffassung ist das Wort des Buches Leviticus (20,26): „Werdet mir heilig, denn heilig bin ich". Es wird so gedeutet: „Wie ich abgesondert" – das ist von keinem Ding bestimmt, allem Bedingtsein entrückt, aus mir selber wirkend – „bin, so sollt ihr abgesondert sein"; und weiter heißt es: „Wie Gott einig und einzig ist, so sei euer Dienst einig." Gott ist einig; so soll der Mensch seine Entzweiung überwinden und einig werden. Gott ist unbedingt; so soll sich der Mensch den Fesseln der Bedingtheit entwinden und unbedingt werden. Am schlichtesten und überzeugendsten wird diese Anschauung in einem Wort Abba Schauls überliefert; in einer Erklärung eines Verses des Liedes Mose am Schilfmeer („Das ist mein Gott, ich rühme ihn"), sprach er: Das ist mein Gott – ich und er; das ist: ich will wie er werden. Daß es aber dazu keinen anderen Weg gibt als den der Entscheidung und der Unbedingtheit, das erweist die Mythe des Sündenfalls: die Menschen vermaßen sich „wie Gott zu sein" und dadurch den Sinn des Lebens vereiteln, der darin besteht, wie Gott *zu werden;* so erlangten sie nichts anderes als das Wissen um die Zweiheit von Göttlichem und Menschlichem, die „Erkenntnis von Gut und Böse".

In der zweiten Schicht wird der Akt der Entscheidung als eine Verwirklichung Gottes durch Steigerung seiner Wirklichkeit aufgefaßt. Gott ist um so wirklicher, je mehr er vom Menschen in der Welt verwirklicht wird. Eine paradox klingende und doch unmittelbar ergreifende Formulierung dieses Gedankens ist es, wenn zu dem Wort (Jes 43,10) „‚Ihr seid meine Zeugen', Erlauten des Herrn" eine Deutung des geheimnisumwitterten Rabbi Schimon bar Jochai angeführt wird: „Wenn ihr meine Zeugen seid, bin ich der Herr, und wenn ihr nicht meine Zeugen seid, bin ich nicht der Herr." Gott ist das Ziel des Menschen; so fließt jede Gewalt menschlicher Entscheidung dem Meere göttlicher Kraft zu. In diesem Sinn wird das Psalmwort (68,35) „Übergebet die Macht Gott" durch den Spruch erklärt: Die Gerechten mehren die Kraft der oberen Herrschaft. Das spätere, insbesondere das kabbalistische Schrifttum hat den Gedanken, der unbedingt handelnde Mensch sei Gottes Genosse und Helfer in dem ewigen Schöpfungswerk, vielfältig ausgebaut. So wird der Gerechte eine Säule, die von der Erde zum Himmel geht und das Weltall trägt. So erklärt der Sohar das Psalmwort (111,7) „Die Taten seiner Hände ... sind Treue und Recht" durch den Einfluß des treu und rechtschaffen handelnden Menschen auf das Werden der Welt; und der Satz (Gen 2,5) „Gott hatte nicht regnen lassen auf die Erde, und es war kein Mensch, den Acker zu bebauen" wird ebenda dahin erläutert, es habe kein Werk von oben gegeben, weil es keine Tat von unten gab; dann aber „stieg aus der Erde ein Dunst auf und tränkte die Fläche des Bodens", das heißt: durch Wirkung von unten geschah Werk von oben.

In der dritten Schicht endlich, die erst in der Kabbala in die Erscheinung tritt, steigert sich die Auffassung der Verwirklichung Gottes durch den Menschen zur Idee einer Einwirkung der Menschentat auf Gottes Erdenschicksal. Seine Schechina ist in die Welt des Bedingten gefallen, sie ist wie Israel in der Zerstreuung, der Galuth, sie wandert und irrt wie Israel, ausgeschüttet ins Reich der Dinge, sie will wie Israel erlöst, will mit dem Gotteswesen wiedervereinigt werden. Dazu aber kann nur der wirken, der in sich das Bedingte zum Unbedingten erhebt: durch ihn vollzieht sich die Erhebung der Welt, das ist die Erhebung der Schechina. Darum sagt ein chassidisches Wort von den Umkehrenden, daß sie Gott loskaufen. Und wie in dem Eintritt der Seele in den Menschenleib der König, Gott, sich der Königin, der Schechina, in Liebe zuneigt, so hebt sich in der Bezwingung des Bedingten durch die umkehrende, die wiedergeborene Seele die Königin in Liebe zum König empor; durch solche Liebeseinung wird das Sein ewig erneuert. „So wächst das Leben von oben und von unten, der Urquell füllt sich ewig, ewig füllt sich das Meer und alles ist ernährt."

Allen drei Schichten gemeinsam und der jüdischen Religiosität ureigentümlich ist die Anschauung von dem *absoluten* Wert der Menschentat, der nicht mit der dürftigen Erkenntnis irdischer Ursachen und Wirkungen ermessen werden kann. In irgendeiner Tat irgendeines Menschen mündet Unendliches, Unendliches entströmt ihr. Nicht am Handelnden ist es zu fassen, welcher Mächte Abgesandter, welcher Mächte Beweger er ist, aber er wisse, daß die Fülle des Weltgeschicks in namenlosen Verknüpfungen durch seine Hände geht. Es heißt in der Gemara (Sanhedrin 4. 5): „Jeder soll sprechen: ‚Um meinetwillen ist die Welt erschaffen worden'" und wieder heißt es: „Jeder soll sagen: ‚Auf mir steht die Welt'": eine chassidische Schrift bekräftigt: „Ja, er ist der Einzige in der Welt und ihr Bestand hangt an seiner Tat."

In der Unbedingtheit seiner Tat erlebt der Mensch die Gemeinschaft mit Gott. Nur für den Lässigen, den Entscheidungslosen, den Geschehenlassenden, den in seine Zwecke Verstrickten ist Gott ein unbekanntes Wesen jenseits der Welt; für den Wählenden, den sich Entscheidenden, den um sein Ziel Entbrennenden, den Unbedingten ist er das Nächste, das Vertrauteste, das er selber handelnd ewig neu verwirklicht und erlebt, und eben darin das Geheimnis der Geheimnisse. Ob Gott „transzendent" oder „immanent" ist, ist nicht eine Sache Gottes; es ist eine Sache des Menschen. Zu der Erzählung der Genesis, wie die drei Männer zu Abraham „in der Glut des Tages" kommen, bemerkt der Sohar: „Wenn die untere Welt im Verlangen nach der oberen auflodert, steigt diese zu ihr herab, und beide Welten vereinigen und durchdringen einander alsdann im Menschen." Im gleichen Sinn kann das Psalmwort (145,18) erklärt werden: „Nah ist der Herr den ihn Rufenden allen, allen, die ihn mit der Wahrheit rufen"; das heißt: mit der Wahrheit, die sie *tun*.

Mit der Wahrheit, die sie tun. Diese Wahrheit ist kein Was, sondern ein Wie. Nicht der Inhalt der Tat macht sie zur Wahrheit, sondern ob sie in menschlicher Bedingtheit oder in göttlicher Unbedingtheit geschieht.

Nicht die Materie der Tat bestimmt darüber, ob sie im Vorhof, im Reich der Dinge verläuft oder ins Allerheiligste dringt, sondern die Macht der Entscheidung, die sie hervorbringt, und die Weihe der Intention, die ihr innewohnt. Jede Handlung, auch die zu den profansten gezählt wird, ist heilig, wenn sie in Heiligkeit, in Unbedingtheit getan wird.

Die Unbedingtheit ist der spezifische religiöse Gehalt des Judentums. Nicht auf einem Glaubenssatz und nicht auf einer ethischen Vorschrift ist die jüdische Religiosität aufgebaut, sondern auf einem Grundgefühl, das dem Menschen seinen Sinn gibt: auf dem Grundgefühl, daß eins not tut.

Wo die Religiosität gemeinschaftsbildend, religionstiftend wirkt, wo sie aus dem Leben des Einzelnen in das Leben zwischen den Menschen eintritt, wird dieses Grundgefühl zur Forderung. Im Zeichen der Forderung und des Kampfes um sie steht die Stiftung der jüdischen Religion, stehen alle ihre wesentlichen Erhebungen.

Als Forderung und Kampf vollzieht sich die Stiftung der jüdischen Religion. Wenn Mose, das Feuer des Dornbusches in den Augen, vor die Ältesten Israels tritt, fühlt man schon alles vorbestimmt, was geschehen wird. Ich kenne in Weltgeschichte und Weltmythos keinen größeren Vorgang, keinen furchtbareren. Das Volk ist von dem abgefallen, den es noch nicht zu fassen vermochte – die Söhne Levis durchschreiten auf Moses Geheiß das Lager und erschlagen dreitausend ihrer Brüder. Das ausziehende Geschlecht hält den Prüfungen der Wüste nicht stand – es muß in der Wüste hinsterben. In der Vernichtung alles Halben und Unzulänglichen offenbart sich der verkündete Gott als das verzehrende Feuer der Unbedingtheit.

Schon hier treten nebeneinander und gegeneinander die zwei führenden Menschentypen, zwischen denen die innere Geschichte des Judentums sich als ein Kampf austrägt: der Prophet und der Priester. Mose ist der Fordernde, der auf nichts hört als auf die *Stimme* und nichts anerkennt als die Tat. Aaron ist der Vermittelnde, der den Stimmen ebenso zugänglich ist wie der Stimme und das Volk durch seinen richtungsbaren Formendienst zuchtlos macht. Der Prophet will die Wahrheit, der Priester will die Macht. Es sind ewige Typen in der Geschichte des Judentums.

Im Kampf wurde die jüdische Religiosität aus dem Geiste Moses zur Religion; im Kampf muß sie sich immer wieder mitten in der Religion erneuern, deren Formenzwang droht sie zu ersticken, muß immer wieder die erstarrte Masse mit ihrer glühenden Forderung umzuschmelzen versuchen. Niemals gelingt es ihr, dem offiziellen Judentum die Herrschaft zu entreißen; immer aber wirkt sie, sei es offenbar, sei es heimlich, tief auf das Werden des Volksgeistes ein. Zuweilen erhebt sich die Religion zu einem neuen, höheren Leben. Zuweilen sprengt sie das Gefüge der Gemeinschaft. Zuweilen zerfällt sie nach einem kurzen Aufblühen. Für jede dieser Möglichkeiten gibt uns die Geschichte des Judentums ein repräsentatives Beispiel.

Der Opferkult Israels mag aus dem primitiven Bedürfnis nach einer lebendigen Gemeinschaft mit dem Gott durch den sakramentalen Akt etwa eines gemeinsamen Mahles entstanden sein; sicherlich wirkte bald ein ganz anderes Gefühl mit: das Bedürfnis nach einer Hingabe, welche die eigentlich gewollte und gemeinte Selbsthingabe sinnbildlich vertreten und darstellen mochte. Unter der Leitung des Priesters aber wird das Symbol zum Ersatz. Der Opferkult wird so ausgearbeitet und kodifiziert, daß in jeder Lage des Menschenlebens, in jedem Augenblick des Menschenschicksals ein vorgeschriebenes Opfer zur Verfügung steht, um die Verbindung mit Gott herzustellen, und hinwieder besteht diese Verbindung in nichts anderm mehr als in dem Opfer. Es tut nun nicht mehr not, wenn Leid einen anfaßt oder die eigne Sünde einen erschreckt, sich ringend, hingegeben, im Sturm der Entscheidung an Gott zu schließen, bis der Schrei der Kreatur verstummt vor der heimlichen Stimme; man bringt das Opfer, man tut, was angeordnet ist, und der Gott ist versöhnt. Wohl tritt sein Opferkult mit dem Anspruch der Wahrheit dem vielfältigen Götzendienst im Volke entgegen, und noch Elia weiß es nicht anders zu sagen, als daß er für Gott und wider Baal streite; aber ob ein Dienst Götzendienst oder Gottesdienst ist, darüber entscheidet nicht, unter welchem Namen man seinen Gott anruft, sondern wie man ihm dient. Das ist die große Erkenntnis der späteren Propheten, die ein Jahrhundert nach Elia zum Volke zu reden beginnen. In Worten einer gebieterischen Leidenschaft verwerfen Amos und Micha, Jesaia und Jeremia den „Greuel" des Opferkults und fordern den wahrhaften Gottesdienst: die „Gerechtigkeit", das heißt das *unbedingte* Leben mit Gott und mit den Menschen. Die inhaltlichen Bestimmungen, die sittlichen Normen hat die Botschaft der Propheten mit Lehren anderer Völker gemein; das Einzige, das Jüdische an ihr ist der Atem der Unbedingtheit, der sie durchweht, das Postulat der Entscheidung, das in jedem ihrer Worte und noch in dem fordernden Rhythmus ihrer Sätze tönt: ihre Religiosität. Jede Konstruktion einer „reinen Ethik" des Judentums ist von Grund aus verfehlt; da ist der Kern des Judentums, wo das Unbedingte ein verhülltes Gottesangesicht ist, das in der Menschentat offenbart werden will.

Die Propheten wollten den intentionsleeren Opferkult vernichten. Sie haben seine Herrschaft nicht zu schmälern vermocht; der Priester behielt die Führung in Händen. Und doch haben sie die jüdische Religiosität, haben die Seele des Volkstums erneuert; so unsichtbar vollziehen sich die Siege des Geistes.

Im zweiten Staat tritt eine neue religiöse Institution in den Mittelpunkt: die Schrift. Sie wird als der festgelegte Ausdruck der Staatsreligion allmählich kanonisiert. Aus der Fülle überlieferten Materials scheiden dem Priestertum botmäßige Körperschaften alles aus, was ihnen mythisch, verdächtig erscheint. So entsteht das Buch, welches das hinfort allein gültige Schrifttum umfaßt; es wird so alleingültig, daß alle nicht in den Kanon aufgenommenen Bücher untergehen. Aber nicht nur über das übrige Schrifttum siegt es, auch über das Leben. Die Schrift ist fortan die Wahrheit; man kann zu Gott nur dadurch gelangen, daß man sich in allem an die Schrift hält. Sie wird aber vom Priester, hernach von dem ursprünglich freier gesinnten Schriftgelehrten nicht als eine im Leben auszugestaltende, mit neuem Lebenssinn zu füllende Verkündigung, sondern als eine Satzung, eine Summe von Vorschriften behandelt, vom Priester formalistisch abgegrenzt, vom Schriftgelehrten dialektisch ausgesponnen, immer aber ins Enge, Starre, Unfreie gewandt, die lebendige Religiosität nicht fördernd, sondern unterbindend. Dieser Tendenz des offiziellen Judentums erwächst einerseits eine mehr vermittelnde Gegenaktion im eigenen Lager, deren späten literarischen Niederschlag wir in der Agada finden, anderseits eine radikalere Gegenaktion in der sich absondernden essäischen Gemeinschaft und der um sie flutenden Bewegung, die zuletzt im Urchristentum mündet. Von beiden gilt in ihrem Verhältnis zur Schrift, was von den Therapeuten gesagt wird: die ganze Gesetzgebung scheine ihnen einem lebendigen Wesen vergleichbar, dessen Leib die Worte, dessen Seele der verborgene Sinn sei; in diesem schaue die Menschenseele ihr eignes Selbst an. Beide weisen der Veräußerlichung gegenüber, die der Schrift angetan worden war, auf ihre Innerlichkeit hin. Und auch die urchristliche Bewegung wendet sich – wie die Propheten nicht gegen den Opferkult an sich – gegen die Schrift, sondern dagegen, daß deren Sinn vom Unbedingten ins Bedingte gekehrt wird; sie will das Pathos der Forderung wiederherstellen. Aber keiner dieser Strömungen gelingt es, die jüdische Religion zu erneuern; der Agada nicht, weil sie nur fragmentarisch wirkte und ihre Kräfte nicht zusammenschloß; dem Essäismus nicht, weil er sich einer unfruchtbaren Absonderung ergab und nicht ins Volk strebte; das Urchristentum aber war für eine Erneuerung des Judentums verloren, als es sich selber untreu wurde und den großen Gedanken, der es emporgetragen hatte, die Idee der gotterobernden Umkehr, zum gnadenreichen

Anschluß an den Christus verengerte: – damals gewann es die Völker und gab das Judentum preis, indem es das Gefüge seiner Gemeinschaft sprengte. Das Christentum ist von da aus zur Herrschaft über die Völker aufgestiegen, das Judentum in Erstarrung, Erniedrigung, Entartung gesunken; aber sein Kern hat unerschütterlich den Anspruch gewahrt, die wahre Ekklesia, die treugebliebene Gemeinde der göttlichen Unmittelbarkeit zu sein.

Seit der Zerstörung Jerusalems steht die Tradition im Zentrum des religiösen Lebens des Judentums. Ein Zaun wurde um das Gesetz gezogen aus der Absicht, das Fremde und Gefährdende fernzuhalten, aber er hielt oft genug auch die lebendige Religiosität fern. Wohl bedarf die Religiosität der Formen, wenn sie sich in einer Gemeinschaft von Menschen darstellen, eine Gemeinschaft bilden und erhalten – wenn sie als Religion bestehen will; denn nur in gemeinsamen Lebensformen ist dauernde, von Geschlecht zu Geschlecht gehende religiöse Gemeinschaft möglich. Wenn aber die Religion, statt die Menschen zur Freiheit in Gott zu verbinden, sie unter dem umwandelbaren Gesetz hält und ihr Verlangen nach Freiheit verdammt; wenn sie, statt ihre Formen als die Bindung zu betrachten, auf deren Grunde sich die wahrhafte Freiheit aufbauen kann, sie als die Bindung betrachtet, die alle Freiheit ausschließt; wenn sie, statt dem Gesetz den großen urzeitlichen Zug zu lassen, es in einen wimmelnden Formelnkram verwandelt und die Entscheidung über rechtes und unrechtes Handeln zu einer spitzfindigen Kasuistik ausarten läßt: – dann ist sie nicht mehr Formung, sondern Knechtung der Religiosität. Dieser Prozeß kennzeichnet die Geschichte der jüdischen Tradition. Die Gegenaktion der Religiosität hat zweierlei Gestalt. Die eine ist die von einer Zeit zur andern aufflackernde Auflehnung der Ketzer, oft mit gewaltigen, das ganze Volk aufwühlenden messianischen Bewegungen verbunden. Die zweite ist die stetige, aufbauende Tätigkeit der jüdischen Mystik, die den erstarrten Ritus durch die Idee der Kawana, der Intention zu beleben und jeder religiösen Handlung einen heimlichen, auf Gottes Schicksal und die Erlösung der Welt gerichteten Sinn zu geben strebt. In der älteren Kabbala wohnt dieser Tendenz noch ein theologisch-allegorisierendes Element inne, das ihr Volkstümlichwerden verhindert. Erst in der späteren lurjanischen Kabbala wird sie unmittelbar-gefühlsmäßig, und im Chassidismus wächst sie zur großen Volksbewegung. Dieser will das Gesetz nicht schmälern, er will es lebendig machen, will es aus dem Bedingten wieder ins Unbedingte heben: jeder soll durch wahrhaftes Leben selbst eine Thora, ein Gesetz werden. Aus dem Chassidismus hätte die jüdische Religiosität wie nie zuvor erneuert werden können. Aber vom offiziellen Judentum verketzert, verleumdet, denunziert, durch die Schwäche des Volkes, das der Entschiedenheit seiner Lehre noch nicht gewachsen war, entartend, zerfiel er, ehe er sein Werk getan hatte.

Allen drei Bewegungen, der prophetischen, der essäisch-urchristlichen, der kabbalistisch-chassidischen ist es gemeinsam, daß sie nicht darauf ausgehen, das Leben des Menschen zu erleichtern, sondern es zu erschweren, zugleich freilich, es zu beseelen und zu beseligen. Allen gemeinsam ist der Antrieb, die *Entscheidung* als die bestimmende Macht in aller Religiosität wiederherzustellen. Durch die Erstarrung des Opferkults, durch die Erstarrung der Schrift, durch die Erstarrung der Tradition wird die freie Entscheidung im Menschen niedergehalten; nicht die aus der Entscheidung geborene, in Unbedingtheit atmende Tat gilt als der Weg zu Gott, sondern die Erfüllung der Vorschriften. Das Prophetentum aber, das Urchristentum, der Chassidismus besinnen sich auf die Entscheidung als auf die Seele der jüdischen Religiosität und rufen zu ihr auf. Das ist der ewige Sinn dieser Bewegungen für das Judentum; das macht sie uns wichtig für das Werk der Erneuerung: nicht worin sie ausgingen, sondern woraus sie herkamen, nicht die Formen, sondern die Kräfte. Das sind die Kräfte, die im Judentum nie zulängliche Form, nie Herrschaft gewannen, die vom offiziellen Judentum, das ist von der allzeit herrschenden Unkraft, allzeit niedergedrückt worden sind. Es sind nicht Kräfte vonselbeigen Volkszeiten und Volksteilen, es sind nicht Kräfte der Auflehnung und des Sektierertums, es sind die Kräfte, die den Geisteskampf des lebendigen Judentums gegen die Unfreiheit kämpfen, es sind die ewigen Kräfte. Aus ihnen allein kann die religiöse Erschütterung kommen, ohne die keine Erneuerung des jüdischen Volkstums geraten kann.

Religiosität, sagte ich, ist das Verlangen des Menschen, mit dem Unbedingten lebendige Gemeinschaft zu stiften, und sein Wille, es durch sein Tun zu verwirklichen und in die Menschenwelt einzusetzen. Echte Religiosität hat somit nichts gemein weder mit den Träumereien schwärmerischer Herzen, noch mit dem Selbstgenuß ästhetisierender Seelen, noch mit den tiefsinnigen Spielen einer geübten Intellektualität. Echte Religiosität ist ein *Tun*. Sie will das Unbedingte im Stoff der Erde ausformen. Gottes Angesicht ruht unsichtbar im Block der Welt; es muß hervorgeholt, herausgemeißelt werden. Daran arbeiten heißt religiös sein, nichts anderes. Am innigsten und unmittelbarsten ist uns diese Aufgabe zugeteilt im Leben der Menschen, das unserer Einwirkung erschlossen ist wie kein anderes Ding der Welt. Hier wie nirgendwo ist uns eine Vielheit in die Hand gegeben, um sie zur Einheit zu bilden, eine gewaltig formlose Masse, in der wir die göttliche Gestalt ausprägen sollen. Die Gemeinschaft der Menschen ist ein angelegtes Werk, das unser harrt; ein Chaos, das wir zu ordnen, eine Diaspora, die wir zu sammeln, ein Widerstreit, den wir zu versöhnen haben. Dies aber können wir einzig dadurch, daß jeder von uns an seinem Platz, im natürlichen Bereich seines Zusammenlebens mit den Menschen das Rechte, das Einigende, das Gestaltende tut: weil Gott durch ihn nicht geglaubt, nicht erörtert, nicht verfochten, sondern verwirklicht werden will.

## Der Mythos der Juden

### I.

Wir können uns unser eigenes Gefühl vom Mythos zunächst nicht besser deuten, als wenn wir uns den Sinn des Wortes etwa von Platon mitteilen lassen. Wir finden dann, daß Mythos bedeutet: ein Bericht von göttlichem Geschehen als einer sinnlichen Wirklichkeit. Es ist demnach nicht Mythos zu nennen, wenn das göttliche Geschehen als ein transzendenter Hergang oder als ein Erlebnis der Seele zu erzählen versucht wird: ein theologischer Vortrag, sei er auch von evangelischer Einfalt und Größe, oder eine Nachricht von ekstatischen Visionen, sei sie von noch so ergreifender Sichtbarkeit, stehen außerhalb des eigentlich Mythischen.

Dieser ursprüngliche Gehalt der sprachlichen Überlieferung ist so tief und dauernd berechtigt, daß man es recht wohl begreifen kann, wie sich aus ihm die Ansicht bilden mußte, die mythenbildende Kraft sei einzig jenen Völkern eigen, denen das Göttliche als eine sinnlich gegebene Substanz galt, und die daher auch sein Tun und Leiden als einen Zusammenhang rein sinnlicher Begebenheiten auffaßten. Man ging weiter und stellte die polytheistisch empfindenden Völker den monotheistisch empfindenden als die mythenschaffenden den mythenlosen gegenüber. Zu diesen, den mythenlosen Völkern wurde das jüdische gezählt und als solches verherrlicht oder verachtet; verherrlicht, wenn der Beurteilende im Mythos eine niedere Vorstufe der Religion sah, verachtet, wenn er in ihm den sich über aller Religion erhebenden Gipfel des Menschentums, die natürliche und ewige Metaphysik der Menschenseele erblickte. Solche – zumeist einflußreiche – Versuche, das Wesen von Völkern zu bewerten, statt es zu erkennen, sind immer töricht und unnütz; am meisten dann, wenn sie wie hier auf Unkenntnis oder Entstellung der geschichtlichen Realität gegründet sind. Unkenntnis und Entstellung sind ja die Grundpfeiler der modernen rassenpsychologischen Behandlung des Judentums; man entdeckt etwa einen rationalistischen oder utilitaristischen Zug in einigen Aussprüchen oder Gepflogenheiten des offiziellen Judentums und beteuert, den Rationalismus oder den Utilitarismus des Judentums erwiesen zu haben; ohne zu ahnen oder ahnen zu wollen, daß jenes nur unbedeutende, wiewohl geltungsmächtige Stockungen in der großen, aber demütigen Flut der inbrünstigen, hingegebenen, überzweckhaften jüdischen Volksreligiosität bedeutet. Und die jüdischen Apologeten hinwieder, deren armseliger Eifer darauf geht, darzulegen, daß das Judentum gar nichts Besonderes, sondern nur die pure Humanität sei, tun das gleiche auf ihre Weise: weil sie selbst in der Korruption des Rationalismus und Utilitarismus befangen sind. So hat man denn auch von beiden Seiten die Existenz von Mythen im Judentum lange Zeit geleugnet. Das war nicht gar schwer. Das nachbiblische Schrifttum blieb in seinem Wesen lange unbekannt: die Agada als müßiges Phantasiespiel oder als flache Parabeldichtung, der Midrasch als spitzfindige und unfruchtbare Kommentarsammlung, die Kabbala als sinnlose und groteske Zahlentüftelei; den Chassidismus kannte man kaum dem Namen nach oder tat ihn als eine krankhafte Schwärmerei mit geringschätziger Gebärde ab. Die Bibel aber mochte auch mancher redlichen Erforschung so erscheinen, als sei ihr alles Mythische fremd; ist sie doch in die Form, in der sie auf uns gekommen ist, durch eine vom Geist des offiziellen spätjüdischen Priestertums inspirierte Körperschaft gebracht worden, die die nährende Quelle aller wahrhaften Religiosität, den Mythos, als den Erbfeind der Religion, wie sie sie dachte und wollte, ansah und daher aus der Fülle überkommener Schriften alles Mythische nach bestem Wissen ausschied. Glücklicherweise war dieses ihr Wissen kein vollständiges, und manches entging ihr, dessen ursprünglicher Charakter ihr nicht mehr gegenwärtig war. So finden sich in allen Büchern der Bibel versprengte Adern des edlen Erzes. Als sie durch die neue Forschung aufgedeckt wurden, konnte man die Existenz des jüdischen Mythos nicht länger leugnen; aber man bestritt nunmehr seine Selbständigkeit. Wo man bei einem anderen vorderasiatischen Volke ein verwandtes mythisches Motiv fand, wurde es als das Original, das jüdische als Abklatsch gekennzeichnet, und wo man keins fand, da nahm man eben an, das Original sei verloren gegangen. Es tut nicht not, hier diesen Kleinlichkeiten (die dem tief fundierten, aber aussichtslosen Verlangen des heutigen Abendländers entsprungen sind, sein Christentum, auf das er nicht verzichten kann, zu entjuden) nachzugehen; denn was sehr viel wesentlicher ist, als sie einzeln zu widerlegen: die ganze Geschichtsauffassung, die sie erst möglich macht, ist eine ungeheuerliche Verirrung. Es ist ein verkehrtes und vermessenes Beginnen, einen solchen zyklopischen Bestand wie den Mythenbesitz eines Volkes unter dem kläglich ephemeren Gesichtspunkt der „Originalität" zu betrachten. Wo der Geist vor uns steht, da gilt nicht Originalität, sondern Realität; und die Werke des Geistes sind nicht dazu da, daß wir sie zerlegen und die Produkte der Analyse daraufhin prüfen, ob sie hier zum erstenmal vorkommen – dieses „zum erstenmal" kann nur der kümmerliche Maulwurfsverstand konzipieren, der die unendliche Geschichte des Geistes und seine ewig neuen Bildungen aus dem ewig gleichen Material nicht ahnt –; die Werke des Geistes sind dazu da, als geformte Ganzheit, als einige Gestalt, als Realität empfangen, erlebt, verehrt zu werden. Und eine solche Realität ist der Mythos der Juden, wie wir ihn trotz aller jüdischen und antijüdischen Anschläge uns wiederaufzubauen vermögen. Er mag allerlei „Motive" mit denen anderer Völker gemein haben, und es wird kaum je möglich sein, wahrhaft zu ermitteln, welche davon auf einer Wanderung von Volk zu Volk – wie sie ja *alle* Völker, die sogenannten produktiven und die sogenannten rezeptiven, gebend und nehmend erfahren – beruhen, welche hingegen auf der Artgemeinsamkeit, die zwischen den Juden und jenen anderen Völkern bestand oder besteht: der Gemeinsamkeit der Formen des Erlebens und der Formen, das Erlebte auszusprechen, aber auch auf der Gemeinsamkeit der Erde und des Schicksals: der Gemeinsamkeit der Inhalte des Erlebens. Das, sage ich, wird wohl nie völlig zu ermitteln sein. Aber nicht das ist uns Nachgeborenen wesentlich, sondern die Reinheit und Größe des schöpferischen Menschentums, das all dies, wie Cellini seinen ganzen Hausrat, in den Gußofen wirft und daraus die unsterbliche Gestalt errichtet.

Gleichzeitig mit der Bibel wurde auch das spätjüdische Schrifttum, wenn auch nicht in gleichem Grade, Gegenstand der neuen Forschung. Und obgleich auch in ihm, wie in der Bibel, das Walten mythenfeindlicher Elemente, des Rigorismus des Gesetzes und der rabbinischen Dialektik, sich kundgibt und die Äußerung beschränkt, konnte man nicht umhin, darin eine Fülle mythischen Stoffes zu entdecken. Was als willkürliche Kommentierung biblischer Stellen gegolten hatte, erwies sich als ein Schöpfen und Umbilden ältesten Volksguts; sagenhafte Überlieferungen, die man bei der Redaktion des Kanons zu ersticken versucht hatte, blühten hier in urweltlichem Reichtum, eine von Mund zu Ohr durch die Geschlechter wandernde Übergabe heiliger Geheimnisse, und doch auch ein unablässiges Neuwerden, bis in die große Umdichtung aus dem Geist der jüdischen Mystik. Wie die antijüdischen Rassentheoretiker nach dem Bekanntwerden der mythischen Elemente der Bibel, so konnten nach dem Bekanntwerden der mythischen Elemente des nachbiblischen Schrifttums die rationalistischen jüdischen Apologeten die Fiktion, es gebe keinen jüdischen Mythos, nicht länger aufrechterhalten. Sie betraten daher einen neuen Weg: sie unterschieden nunmehr ein negatives, mythologisches und ein positives, monotheistisches Judentum; jenes verwarfen sie als Hemmung und Trübung, dieses feierten sie als die wahre Lehre; sie sanktionierten den Kampf des Rabbinismus gegen den Mythos als die fortschreitende Reinigung eines bedeutenden Ideengehalts und stellten sich gleichsam selbst in diesen Kampf ein. Ein namhafter jüdischer Gelehrter, der dieser Richtung nahesteht, obgleich er sich größere Ziele als die Apologetik setzt, David Neumark, formulierte diese Ansicht in dem Satz: „Die Entwicklungsgeschichte der jüdischen Religion ist in Wahrheit die Geschichte der Befreiungskämpfe gegen die eigene und fremde, altehrwürdige und neugedichtete Mythologie." Dieser Satz enthält eine Wahrheit, aber sie ist so parteiisch ausgedrückt, daß sein Wahrheitsgehalt verdunkelt erscheint. Wir wollen ihn wiederaufhellen und dem Satz eine gerechtere Fassung geben: Die Entwicklungsgeschichte der jüdischen Religion ist in Wahrheit die Geschichte der Kämpfe zwischen dem natürlichen Gebilde der mythisch-monotheistischen Volksreligion und dem intellektualen Gebilde der rational-monotheistischen Rabbinenreligion. Ich sagte: der mythisch-monotheistischen Volksreligion; denn es ist gar nicht wahr, daß Monotheismus und Mythos einander ausschlössen und ein monotheistisch empfindendes Volk somit der mythenbildenden Kraft entbehren müßte. Vielmehr ist jeder lebendige Monotheismus des mythischen Elements voll, und nur solang er dies ist, ist er lebendig. Allerdings bemühte sich das Rabbinentum in seinem blinden Streben nach „Abgrenzung" des Judentums um die Herstellung eines vom Mythos „gereinigten" Gottesglaubens; aber was es dabei zustande brachte, war ein elender Homunkulus. Und dieser Homunkulus war der ewige Exilarch, er hatte die Herrschaft über die Geschlechter der Galuth; unter seiner Tyrannei mußte die lebendige Kraft des jüdischen Gott-Erlebens, der Mythos, sich in den Turm der Kabbala verschließen oder sich am Spinnrocken der Frauen verstecken oder aus den Mauern des Ghettos in die Welt flüchten: er wurde als Geheimlehre geduldet oder als Aberglaube verachtet oder als Ketzerei verstoßen. Bis der Chassidismus ihn auf den Thron, auf den Thron eines kurzen Tages setzte; von dem er herabgestoßen wurde, um als ein Bettler unsere schwermütigen Träume zu durchirren. Und doch ist er es, dem das Judentum in den Zeiten der Gefahr seine innerste Geschlossenheit verdankte. Nicht Josef Karo, sondern Isaak Lurja hat im sechzehnten, nicht der Gaon von Wilna, sondern der Baalschem hat im achtzehnten Jahrhundert das Judentum wahrhaft gefestigt und abgegrenzt: da sie die Volksreligion zu einer Macht in Israel erhoben und die Persönlichkeit des Volkes erneuerten aus den Wurzeln seines Mythos. Und wenn es den Juden unserer Generation so schwer wird, ihre menschliche Religiosität mit ihrem Judentum zu einer Einheit zu verschmelzen, so ist dies die Schuld des Rabbinismus, der das jüdische Ideal entmannt hat; wenn aber dennoch der Weg zur Einheit uns noch geöffnet steht und es uns gewährt ist, indem wir unser Menschentum vollenden, zugleich unser Volkstum zu gewinnen, und indem wir nach unserem selbeigenen Gefühl das Göttliche verehren, die Flügel des jüdischen Geistes über unserem Haupte rauschen zu hören, so hat uns dies die hohe Kraft unseres Mythos erwirkt.

## II.

Wollen wir das Wesen des monotheistischen jüdischen Mythos erkennen und dadurch zugleich das Wesen des Mythos überhaupt tiefer erfassen lernen, so liegt uns ob, die Entstehung des jüdischen Monotheismus zu betrachten, wie sie sich uns aus der Bibel kundgibt. Wir entdecken dann drei Schichten, die wir klar zu sondern vermögen. Von diesen drei religionshistorischen Schichten – die mit den textgeschichtlichen der modernen Bibelkritik nicht verwechselt werden dürfen – steht die erste unter dem Namen Elohim, die zweite unter dem Namen JHWH, die dritte benutzt beide Namen, um ein in Wahrheit namenloses Gotteswesen in seiner zwiefachen Erscheinung als Allgott und als Volksgott anzudeuten; und jede dieser Schichten hat ihre spezifische Mythologie; in ihnen baut sich der jüdische Mythos auf.

Der Name „Elohim" tritt in der Bibel gewöhnlich als Singular auf, aber es ist unverkennbar, daß er ursprünglich ein Plural war und etwa „die Gewalten" bedeutete. Wir finden manche Spuren dieser Gottvielheit, die nicht in verschiedene, individual bestehende Gestalten von persönlicher Art und persönlichem Leben differenziert ist, sondern gleichsam eine im Wesen gesonderte, im Handeln verbundene Mehrheit kosmischer Kräfte, ein Aggregat schaffender, erhaltender und zerstörender Mächte, eine über die Erde ziehende, sich in sich selber beratende und aus ihrem Rat beschließende Götterwolke darstellt. Man kann verwandte Erscheinungen bei anderen Völkern aufzeigen; aber das sind alles sekundäre Gottheiten, Hilfsgottheiten – dem monumentalen Monopluralismus des Elohim-Mythos ist nichts anderes an die Seite zu setzen. Einzigartig ist auch seine weitere Entwicklung. Innerhalb der Vielheit des Elohim bildet sich eine dominierende Gewalt, ein namentragendes Hauptwesen heraus, das immer größere Macht an sich reißt und sich endlich, mit den mythischen Insignien eines alten Stammesgottes geschmückt, als selbständiger Herrscher loslöst: JHWH. Noch wird gesungen: „Wer gleicht dir unter den Göttern?" bald aber führt er die Mächte, die ihm einst Gefährten waren, als dienende Heerschar mit sich, mit der er auch seinen Namen ergänzt JHWH der Scharen, JHWH Zebaoth. Zuletzt sinkt das Elohim zu einem bloßen Attribut herab: JHWH Elohim wird der Einzige genannt; aber auch in seinen anderen Namen, so in Schaddai, mag die einstige Polydämonie nachschwingen. Und noch viel später, als er schon ins Unsinnliche gehoben worden ist, redet er zuweilen, als spräche er noch zu der urweltlichen Göttervielheit.

JHWH ist der göttliche Heros seines Volkes, und die uralten Hymnen, die uns wie aus einer früheren geologischen Epoche bewahrt in den prophetischen Schriften, im Hiob, in den Psalmen versprengt erhalten geblieben sind, preisen seine Siegestaten, jede ein echter Mythos: wie er das Untier des Chaos zerschmetterte und unter dem Jubel der morgendlichen Sterne die Pfeiler der Erde in die Tiefe senkte.

Und nun greift jene supreme Tendenz des Judentums ein, die sich mit keinem Einheitsgebilde bescheidet, sondern von jedem zu einer höheren, vollkommeneren Einheit fortschreitet, und weitet diesen kosmisch-nationalen JHWH zum Gott des Alls, zum Gott der Menschheit, zum Gott der Seele. Aber der Gott des Alls darf sich nicht mehr am Abend unter den Bäumen seines Paradieses ergehen, und der Gott der Menschheit darf nicht mehr mit Jakob bis zum Morgengrauen ringen, und der Gott der Seele darf nicht mehr im unversehrten Dornbusch brennen. Der JHWH der Propheten ist keine sinnliche Wirklichkeit mehr; und die alten mythischen Bilder, in denen er verherrlicht wird, sind nur noch Gleichnisse seiner Unaussprechlichkeit. So scheinen denn die Rationalisten nun doch noch recht zu bekommen und der jüdische Mythos ein Ende gefunden zu haben. Aber dem ist nicht so. Schon deshalb nicht, weil *das Volk* die Idee eines sinnlich nicht erlebbaren Gottes noch Jahrtausende später nicht wahrhaft angenommen hatte. Vor allem aber deshalb nicht, weil die Rationalisten den Begriff des Mythos zu eng und zu klein fassen.

Wir haben damit begonnen, Mythos den Bericht von göttlichem Geschehen als einer sinnlichen Wirklichkeit zu nennen. Aber weder Platon noch unser Sprachgefühl versteht diese Definition so wie die Rationalisten sie verstehen: als ob nur der Erzählung von dem Tun oder Leiden eines als sinnliche Substanz gegebenen Gottes der Name eines Mythos zukäme. Vielmehr ist dies ihr Sinn: daß wir Mythos alle Erzählung von einem sinnlich wirklichen Geschehen zu nennen haben, die es als ein göttliches, ein absolutes Geschehen empfindet und darstellt.

Um dies mit aller Klarheit zu erfassen, müssen wir noch einmal nach dem Allgemeinen ausschauen und danach fragen, wie denn Mythos entsteht.

## III.

Die Welterkenntnis des „zivilisierten" Menschen ist getragen von der Funktion der Kausalität, von der Betrachtung der Weltvorgänge in einem empirischen Zusammenhang der Ursachen und Wirkungen. Durch diese Funktion wird erst eine Orientierung, ein Sichzurechtfinden im unendlichen Geschehen ermöglicht; zugleich aber wird der Sinn des einzelnen Erlebnisses geschwächt, weil es so nur aus seiner Beziehung zu anderen Erlebnissen, nicht vollkommen aus sich selber erfaßt wird. Beim primitiven Menschen ist die Funktion der Kausalität noch recht schwach ausgebildet. Fast ausgeschaltet ist sie bei ihm Ereignissen wie Traum und Tod gegenüber, die ihm eine Sphäre darstellen, in die forschend, wiederholend, nachprüfend einzudringen nicht in seiner Macht ist; Menschen wie Zauberer und Helden gegenüber, die in sein Leben mit einer gebieterischen Dämonie eingreifen, welche er nicht nach der Analogie seiner eigenen Fähigkeiten zu deuten vermag. Er reiht diese Ereignisse nicht in den ursächlichen Zusammenhang ein wie die kleinen Begebenheiten seines Tages, er reiht die Taten dieser Menschen nicht in die Kette des Geschehens ein wie die seinen und die seiner Vertrauten, er registriert sie nicht mit kundigem Gleichmut wie das Gewohnte und Verständliche, sondern er nimmt sie, von der kausalen Funktion ungehemmt, mit der ganzen Spannung und Inbrunst seiner Seele in ihrer Besonderheit auf und bezieht sie nicht auf Ursachen und Wirkungen, sondern auf ihren eigenen Gehalt, auf ihren *Sinn* als Äußerungen des unsagbaren, undenkbaren, nur eben in ihnen sich darstellenden Sinns der Welt. Daraus ergibt sich die unzulängliche Empirie und Zwecksicherheit des Primitiven solchen elementaren Erlebnissen gegenüber, aber zugleich auch sein hohes Gefühl für das Irrationale des einzelnen Erlebnisses, für das, was daran nicht aus anderen Vorgängen zu begreifen, sondern nur aus ihm selbst zu erschauen ist, für seine Bedeutung als Signum eines geheimen, überkausalen Zusammenhangs, für die *Anschaulichkeit des Absoluten*. Er stellt die Vorgänge in die Welt des Absoluten, des Göttlichen ein: er mythisiert sie. Sein Bericht von ihnen ist eine Erzählung von einem sinnlich-wirklichen Geschehen, die es als ein göttliches, ein absolutes Geschehen empfindet und darstellt: ist Mythos.

Diese mythisierende, mythenbildende Fakultät erhält sich im späteren Menschen trotz aller Entfaltung der kausalen Funktion. In Zeiten hoher Spannung und Intensität des Erlebens fällt gleichsam vom Menschen die Fessel der Kausalitätsfunktion ab: er erkennt das Geschehen der Welt als ein überkausal sinnvolles, als die Äußerung eines zentralen Sinns, der aber nicht etwa mit dem Gedanken, sondern nur mit der wachen Kraft der Sinne und dem glühenden Schwingen der ganzen Person zu erfassen ist, als eine anschauliche, in aller Vielheit gegebene Wirklichkeit. So etwa ist noch immer das Verhältnis des wahrhaft lebendigen Menschen zu der Gewalt und dem Schicksal des Helden beschaffen; er vermag ihn in die Ursächlichkeit einzustellen und mythisiert ihn dennoch, weil ihm die mythische Betrachtung eine tiefere, ganzere *Wahrheit* eröffnet als die kausale und ihm so erst die geliebte, beseligende Gestalt im Innersten erschließt.

So ist denn der Mythos eine ewige Funktion der Seele.

Es ist nun seltsam und bedeutsam, wie diese Funktion der fundamentalen Anschauung der jüdischen Religiosität begegnet und wie sie doch auch wieder in dieser ein wesensverschiedenes, sie umwandelndes Element findet: wie sozusagen von Natur der jüdische Mythos eine geschichtliche Kontinuität darstellt und wie er doch zugleich sein besonderes, den anderen, namentlich den okzidentalen Mythen fremdes Gepräge besitzt.

Die fundamentale Anschauung der jüdischen Religiosität und der Kern des so vielfach mißverstandenen, so grausam rationalisierten jüdischen Monotheismus ist die Betrachtung aller Dinge als Äußerungen Gottes, alles Geschehens als einer Kundgebung des Absoluten. Während dem anderen großen Monotheisten des Orients, dem indischen Weisen, wie er sich uns in den Upanischaden darstellt, die sinnliche Wirklichkeit ein Schein ist, den man abstreifen muß, um in der Welt der Wahrheit einzukehren, ist dem Juden die sinnliche Wirklichkeit eine Offenbarung des göttlichen Geistes und Willens. Darum ist für den indischen Weisen, wie später für den Platoniker, aller Mythos eine Metapher, für den Juden ist er ein wahrhafter Bericht von der Kundgebung Gottes auf Erden. Der antike Jude kann gar nicht anders als mythisch erzählen: weil ihm erst dann eine Begebenheit erzählenswert ist, wenn sie in ihrem göttlichen Sinn gefaßt worden ist. Alle erzählenden Bücher der Bibel haben *einen* Inhalt: die Geschichte von den Begegnungen JHWHs mit seinem Volke. Und später, als er aus der Sichtbarkeit der Feuersäule und der Hörbarkeit des Donners über dem Sinai in das Dunkel und Schweigen der Unsinnlichkeit eingegangen ist, bricht diese Kontinuität des mythischen Erzählens nicht ab; wohl kann JHWH nicht mehr wahrgenommen werden, aber wahrgenommen werden können alle seine Äußerungen in Natur und Historie. Aus diesen baut sich der unendliche Gegenstand des nachbiblischen Mythos auf.

Es geht wohl schon aus dem Gesagten hervor, was das ist, was ich das besondere Gepräge des jüdischen Mythos genannt habe. Er hebt die Kausalität nicht auf, er setzt nur an die Stelle der empirischen eine metaphysische Kausalität, einen ursächlichen Zusammenhang der erlebten Vorgänge mit dem Wesen Gottes. Das ist aber nicht etwa in dem Sinn allein gemeint, daß sie von Gott bewirkt sind, sondern immer stärker bildet sich die tiefere und fruchtbarere umgekehrte Konzeption heraus: die von dem Einfluß des Menschen und seiner Tat auf Gottes Schicksal. Diese Anschauung, die schon früh eine zugleich naive und mystische Gestaltung findet und die im Chassidismus ihren höchsten Ausdruck gewinnt, lehrt, daß das Göttliche in den Dingen schlummert und nur durch den erweckt werden kann, der die Dinge in Weihe empfängt und sich in ihnen heiligt. Die sinnliche Wirklichkeit ist göttlich, aber sie muß in ihrer Göttlichkeit *verwirklicht* werden durch den, der sie wahrhaft erlebt. Die Schechina ist in die Verborgenheit gebannt, sie liegt gebunden auf dem Grunde jeglichen Dinges, und sie wird in jedem Ding erlöst durch den Menschen, der schauend oder handelnd dieses Dinges Seele freimacht. So ist ein jeder berufen, mit seinem eigenen Leben Gottes Schicksal zu bestimmen; so steht jeder Lebendige tief verwurzelt im lebendigen Mythos.

Diesen zwei Konzeptionen entsprechen die zwei Grundformen, in denen sich der jüdische Mythos ausgebildet hat: die Sage von den Taten JHWHs und die Legende vom Leben des zentralen, des vollkommen verwirklichenden Menschen. Die eine folgt dem Gang der Bibel, so daß sich um den Bestand der Schrift eine zweite, gleichsam eine in unzähligen Schriften verstreute Sagenbibel geformt hat; doch schließt sich auch manches Stück späterer Geschichte und manche zeitlich nicht lokalisierte Erzählung an. Die zweite Grundform berichtet zunächst von einigen biblischen Personen, insbesondere von jenen geheimnisvollen Gestalten, die der kanonische Text vernachlässigt hat, wie Henoch, der aus Fleisch zu Feuer gewandelt wurde und aus einem Sterblichen zu Metatron, dem Fürsten des göttlichen Angesichtes; sodann erzählt sie in kosmischer Weite das Leben der heiligen Männer, die der inneren Welt walteten. Die erste stellt gleichsam den ewigen Zusammenhang, die zweite die ewige Erneuerung dar. Die eine lehrt uns, daß wir Bedingte sind; die andere, daß wir Unbedingte werden können. Die eine ist der Mythos der Welterhaltung, die andere der der Welterlösung.

## Der heilige Weg

*Ein Wort an die Juden und an die Völker*

*Dem Freunde*
*GUSTAV LANDAUER*
*aufs Grab*

Anklage muß der Anfang sein, wenn es gilt, die Wirklichkeit des Judentums an seiner Wahrheit zu messen. Denn was hier an Geheimnis des Metalls und der Schlacke zu erfahren ist, das kann nicht von außen erfahren werden; es gibt sich nur dem kund, der sich selber in das prüfende Feuer wirft. In dieser Prüfung aber erkennen wir, daß wir Juden allesamt Abtrünnige sind. Nicht deshalb, weil uns Landschaft, Sprache, Kultur anderen Volkstums Seele und Leben durchdrungen haben; es könnte uns die eigne Landschaft, die eigne Sprache, die eigne Kultur geschenkt werden, ohne daß wir jenes innerste Judentum wiedergewännen, dem wir untreu geworden sind. Auch deshalb nicht, weil unser viele den Normen der jüdischen Überlieferung und dem System der von ihr anbefohlenen Lebensformen entsagt haben; die sie unverletzt in all ihrem Ja und Nein bewahrten, haben jenes innerste Judentum nicht mehr bewahrt als die andern. All diese sogenannte Assimilation ist äußerlich gegen die verhängnisvolle Angleichung, die ich meine: die Angleichung an den abendländischen Dualismus, der die Spaltung des menschlichen Seins in zwei aus eignem Recht bestehende und voneinander unabhängige Gebiete, die Wahrheit des Geistes und die Wirklichkeit des Lebens, sanktioniert, die Angleichung an die Gesinnung des *Vertrags.* All der Verzicht auf Güter der nationalen Kultur oder der religiösen Tradition ist gering gegen den unseligen Verzicht auf das kostbarste Erbe des klassischen Judentums: auf die Tendenz der *Verwirklichung.*

Diese Tendenz bedeutet, daß das wahre Menschenleben das Leben im Angesichte Gottes ist. Gott ist dem Judentum keine kantische Idee, sondern elementar gegenwärtige Wesenheit – weder ein von reiner Vernunft Gedachtes, noch ein von einer praktischen Postuliertes, sondern die Unmittelbarkeit des Daseins schlechthin, das Geheimnis der Unmittelbarkeit, dem der fromme Mensch standhält, der unfromme ausweicht – er ist die Sonne der Seelen. Aber nicht der hält stand, nicht der lebt im Angesichte Gottes, der sich von der Welt der Dinge abwendet und selbstvergessen in die Sonne starrt, sondern der in ihrem Lichte atmet, in ihrem Lichte wandelt, sich und alle Dinge in ihrem Lichte badet. Wer sich von der Erde abkehrt, erfaßt Gott nur als Idee, nicht als Wirklichkeit, er wird nur seiner Einheit, nicht auch seiner Allheit habhaft, er hat ihn im Erlebnis, er hat ihn nicht im Leben. Aber auch wer sich der Erde zukehrt und Gott in den Dingen schauen will, lebt nicht wahrhaft in seinem Angesicht. Gott ist in den Dingen nur keimhaft zu schauen; aber er ist zwischen den Dingen zu verwirklichen. Wie die Sonne die Substanz ihres Seins unter den Sternen hat und doch ihr Licht im irdischen Raume fließt, so ist es den Kreaturen gewährt, in ihrer Mitte die Glorie des Unerfaßlichen erstrahlen zu sehen. Sie dämmert in den Wesen, in allen, aber sie wird nicht in ihnen, nur zwischen ihnen leuchtend. In jedem Wesen ist Allsein angelegt, aber es kann sich nicht anders entfalten als in dieses Wesens Allverbundenheit, in der reinen Unmittelbarkeit seines Gebens und Nehmens, die es als eine Lichtsphäre umgibt und in die Einheit der Welt einfügt. Das Göttliche kann sich im Einzelnen erwecken, kann sich aus dem Einzelnen offenbaren, aber seine irdische Fülle erlangt es je und je, wo zum Gefühl ihres Allseins erwachte Einzelwesen sich einander öffnen, sich einander mitteilen, einander helfen, wo Unmittelbarkeit sich zwischen den Wesen stiftet, wo der sublime Kerker der Person entriegelt wird und Mensch zu Mensch sich befreit, wo im Dazwischen, im scheinbar leeren Raum sich die ewige Substanz erhebt: der wahre Ort der Verwirklichung ist die Gemeinschaft, und wahre Gemeinschaft ist die, in der das Göttliche sich zwischen den Menschen verwirklicht.

Dies sind Grundzüge der Lehre, auf der sich die Berufung des Judentums aufbaut. Aber diese Lehre, die ich hier aus dem Geist eines heutigen Menschen und in der Sprache eines heutigen Menschen zu Worte zu bringen versucht habe, hat im Judentum nicht als Wort, sondern als lebendige Tendenz bestanden, und die Rede diente ihr stets nur als Werkzeug, nicht als Ausdruck. Diese Lehre schwebte nicht als Theorie über dem Leben, sondern war als bestimmende Kraft ihm mitten eingetan. Die Lehre der Verwirklichung bewährte sich so schon in der Art, wie sie sich darstellte. Nicht das gedankliche Erfassen des Geistes, nicht sein bildnerisches Aussprechen ist die dem Judentum vorbehaltene Aufgabe, sondern des Geistes Verwirklichung. Es ist ihm eigentümlich, daß ihm die Wahrheit als Idee und die Wahrheit als Gestalt, die Wahrheit des Philosophems und die Wahrheit des Kunstwerks nicht zu genügen vermag: die Wahrheit als Tat ist sein Ziel, ihr zuzustreben sein Sinn und Bestand. Der Wille ist ihm eingegeben, die wahre Gemeinschaft auf Erden zu schaffen. Sein Verlangen nach Gott ist das Verlangen, ihm in der wahren Gemeinschaft eine Stätte zu bereiten; sein Bewußtsein von Israel ist das Bewußtsein, daß von ihm die wahre Gemeinschaft ausgehen soll; sein Harren auf den Messias ist das Harren auf die wahre Gemeinschaft. Darum will es nichts von einem jenseitigen Gott wissen, da es seinem Gott wohlgefällt, zwischen irdischen Wesen zu ruhen, als seien sie die Cherubim auf der Bundeslade; aber nichts auch von einem in den Dingen wohnenden, da ja nicht das Sein der Dinge, nur ihre Vollendung sein Ort ist. Darum darf es sich nicht den Völkern gleichsetzen, da es sich als den Erstling der Erfüllung weiß, und darf sich doch auch nicht höher schätzen als sie, da es hinter dem ihm vorgesetzten Bilde so weit zurückgeblieben ist, daß es zuweilen es kaum noch deutlich zu gewahren vermag. Darum wird es nie, solange das Reich Gottes nicht erstanden ist, einen Menschen als den gekommenen Messias anerkennen; und wird doch nicht aufhören, vom Menschen die Erlösung zu erwarten, weil es des Menschen Sache ist, Gottes Macht in der Erdenwelt zu begründen.

Das Sonderwesen des Judentums haust somit weder im Religiösen noch im Ethischen, sondern in der Einheit beider Elemente. Der Einheit und nicht der Verknüpfung; beide sind nur zwei Seiten des gleichen Grundverhältnisses. Das Gute tun heißt die Welt mit Gott erfüllen; Gott wahrhaft dienen heißt ihn ins Leben ziehen. Im echten Judentum gibt es weder Sittlichkeit noch Glauben als abgesonderte Sphären; sein Ideal, die Heiligkeit, ist wahrhafte Gemeinschaft mit Gott und wahrhafte Gemeinschaft mit den Wesen in *einem;* die Zerrgebilde einer *geteilten* Geisteswelt, Werkheiligkeit und Gnadenheiligkeit, sind ihm fremd. Und ebenso sind ihm das nationale und das soziale Prinzip nicht voneinander geschieden: das nationale bezeichnet das Material, das soziale die Aufgabe, beide sind vereint in der Idee, daß es gilt, das Volk zur wahren Menschengemeinschaft, zu einer heiligen Gemeinde zu gestalten. Nationalismus als isolierte Lebensanschauung und Sozialismus als isolierte Lebensanschauung sind dem echten Judentum gleich fremd. Die moderne Geisteswelt, in der diese Sphären, die ethische und die religiöse, die nationale und die soziale, sich voneinander abgelöst, abdifferenziert haben und jede von ihnen, um die anderen unbekümmert, eigenen Gesetzen folgt; diese Welt, in der man Wohltaten übt, ohne die Seele daran zu heiligen und Gottes in der eigenen Tat inne zu werden; in der man Gottesdienst übt, ohne die Botschaft zu vernehmen, die befiehlt, in die Welt zu gehen und den göttlichen Sinn, trotz Widerstand und Widerstreben, und sei es um den Preis des Untergangs, in dem spröden Stoff des Lebens, des Menschenlebens und des Völkerlebens auszuprägen; diese Welt, in der die Liebe zum Volk ein Machtgelüst und der Wille zur Gesellschaft eine Parteiung bedeutet: – diese Welt ist durchaus unjüdisch, und die Individuen jüdischer Konfession oder Nation, die deren Götzen anbeten und ihren Geboten gehorchen, usurpieren den Namen Juden, ob sie nun die Schaufäden unter dem Rock oder das Zionsabzeichen an ihm tragen. Die Welt des wahren Judentums ist die Welt der Einheit alles Erdenlebens, einer Einheit nicht des Seins, sondern des Werdens, und eines Werdens nicht aus sich selber, sondern aus der Gestaltung durch den Geist – den Menschengeist, den sich der Gottesgeist erkor, wie das hohe jüdische Wort verkündet, sein „Genosse am Werk der Schöpfung" zu sein, die angelegte Arbeit des sechsten Tages zu vollenden und das Unbedingte da zu verwirklichen, wo es noch nicht Gestalt gewonnen hat: in der alle anderen umschließenden und beschließenden Sphäre der Gemeinschaft.

Verwirklichung – das ist das Geheimnis des Bundes zwischen Gott und Mensch, wie es sich in der dreifachen Erzählung der Schrift darstellt: des ersten Bundes mit dem Lehmkloß, dem der knetende Schöpfer mit dem Einhauch seines Mundes das eigene Bild eintut, daß er es in seinem Leben entfalte, zur Offenbarung, daß nicht das Sein, sondern das Werden des Menschen Sache ist; des zweiten Bundes mit dem erwählten Stammvater, des Bundes, der mit der Abscheidung von Heimat und Sippe anhebt und mit der Forderung des Sohnesopfers sich schließt, zur Offenbarung, daß die Verwirklichung den äußersten Einsatz, die unbedingte Hingabe heischt; des dritten Bundes mit dem Volke in der Wüste Sinai, dessen erstes Geheiß (Exodus 19,5f.) ist: „Ihr sollt mir werden ein Königsbereich von Priestern, ein heiliger Stamm", zur Offenbarung, daß die Verwirklichung des Göttlichen auf Erden sich nicht im Menschen, sondern zwischen den Menschen erfüllt, daß wohl ihr Ausgang im Leben des Einzelnen ihre Vollendung aber im Leben der wahren Gemeinschaft ist. Es heißt aber im Talmud von diesem Bund: „In der Stunde, da Israel sprach: ‚Wir tuns, wir hörens', erst tun und dann hören, ging eine Himmelsstimme aus und redete zu ihnen: ‚Wer hat meinen Kindern das Geheimnis kundgetan, das die Dienstengel üben?' Wie es heißt (Psalm 103,20): ‚Segnet den Herrn, ihr seine Engel, ihr starken Helden, die ihr sein Wort tut, die Stimme seines Wortes zu hören' – erst das Tun und dann das Hören." Es sei erlaubt, den talmudischen Spruch zu deuten: die Tat selber offenbart, aus der eigenen Tat vernimmt der Mensch, vernimmt das Volk die Stimme Gottes.

Nicht die Wahrheit als Idee und nicht die Wahrheit als Gestalt, ich wiederhole es, sondern die Wahrheit als Tat ist Aufgabe des Judentums, sein Ziel ist nicht das Philosophem und nicht das Kunstwerk, sondern die wahre Gemeinschaft. Hierin wurzelt die rätselhafte Größe, hierin aber auch die Paradoxie der jüdischen Existenz. Denn Idee und Gestalt haben ihr Ende in sich selbst; wem die Gunst zuteil wurde, ein vollkommenes Philosophem oder Kunstwerk zu schaffen, der hat ein seliges Gebilde den Säulengängen des Geistes eingefügt und die Vollendung geschaut, ob auch die ruhelose Seele schon schmerzlich am neuen Block sich versucht; unberührt, unberührbar leuchtet das Eidos, die geformte Wahrheit, in die Welt. Nicht so die Tat. Sie weist ihrem Wesen nach über sich hinaus, sie ist, mag sie noch so frei in ihrer Intention und noch so rein in ihrer Erscheinung sein, ihren Folgen preisgegeben, und die erhabenste, die sich, in die Welt eintretend, mit keinem Blick an die Niederungen der Kausalität verlor, wird in deren Schlamm gezogen, sowie sie der Sichtbarkeit angehört. Und gar erst die Tat am Werden der Gemeinschaft! Alles steht ihr entgegen, die Starrheit der Erbgewohnten und die Trägheit der Augenblickssklaven, aber nicht minder der eilfertige Doktrinarismus und die verantwortungslose Demonstrationslust; die karge Selbstsucht und die unfügsame Eitelkeit, aber auch die hysterische Selbstvergeudung und das richtungslose Getue; der Kultus des sogenannten „reinen Gedankens" Hand in Hand mit dem Kultus der sogenannten „realen Politik"; und zudem alle bestehenden Mächte, die sich in der Übung ihrer Gewalt nicht stören lassen wollen. All das tobt in einem trüben, trübenden Wirbel um den Einsamen und Hingegebenen, der sich vermißt, an der wahren Gemeinschaft bauen zu wollen – mit welch einem Material! Hier ist nirgends unberührbare Vollendung, überall wagt sich zerrend, verzerrend das Unreine an das Reine, dem heroischen Opfer meldet ringsum ein schadenfrohes Lächeln seine Vergeblichkeit, und zu dem sieglos Sterbenden redet der Abgrund sein unbarmherziges Wort.

In diesem Verhängnis der Gemeinschaftsgestaltung wurzelt die Paradoxie des Judentums und die der Führer, in denen sich seine Kraft und seine Lehre sammelte und darstellte. Von hier aus ist die innere Geschichte seiner klassischen Zeit zu verstehen. Diese Gesetzgebung, die nie ganz ausgeführt wurde, und diese Prophetenrufe, die nie ganz gehört wurden, dieses auf dem Wüstenzug immer wieder murrende, im eignen Land immer wieder in den Baalsdienst verfallende Volk; dieser auch in der Stunde äußerster Gefahr und erbittertster Feindesabwehr fortwogende innere Kampf; diese

Restaurationsversuche und diese Zersetzungen; diese messianische Inbrunst und diese Anpassungskunst: all dies ist, im Positiven und im Negativen, ein Ausdruck der Paradoxie, die sich aus der leitenden Tendenz, das Göttliche an der Gemeinschaft zu verwirklichen, und dem natürlichen Widerstreben des Materials, an dem sich die Verwirklichung vollziehen sollte, mit tragischer Folgerichtigkeit ergibt. Ich sage: dem natürlichen Widerstreben, und meine damit nicht die besondre Natur dieses mit solcher Eindringlichkeit von seinen Führern als halsstarrig und widerspenstig gescholtenen Volkes, so bedeutsam sie auch ist, sondern die allgemeine, von der ich gesprochen habe, jene allgemein menschliche Natur der zähen Masse, die dem Formungswillen der Förderung mit aller wirkenden und latenten Energie widerstrebt und die Tat in ihre zerreibenden Kreise niederzieht; die die Umgestaltung nicht etwa bloß hindert, sondern, weit schlimmer, die angehobene befleckt, verzerrt, zersetzt.

Von welcher Art und Größe aber der Formungswille der Forderung im alten Judentum war, das ist wohl am klarsten zu ermessen, wenn man das schönste soziale Gebilde der Antike danebenhält, die griechische Polis. Hier ist strenge gestalthafte Einheit, ein Gemeinwesen, in dem ein Eidos lebt wie in dem Philosophem und in dem Kunstwerk, reines Gebild. Aber dies auf der Grundlage einer Differenzierung der Volksteile, in der sogar der Name der Guten oft genug den Vornehmen, das ist Vermögenden allein zukommt. Auch die sozialen Ideologien, wie die platonische, stellen nur eine Verklärung dieser radikalen Ungleichheit, ihr Umbiegen ins Geistige, nicht eine ihr gegenübertretende Forderung eines alle umfassenden Gemeinschaftslebens dar; der Demos, das „großeTier“, hat lediglich die Aufgabe, durch seine Arbeit den höheren Ständen Freiheit und Herrschaft zu sichern. Dieser Ordnung der grundsätzlichen Ungleichheit, die nur zeitweilig gewaltsam durch politische Umwälzungen für Augenblicke, äußerlich und unvollständig, aufgehoben wurde, steht in der altjüdischen Gesetzgebung die Idee des rhythmischen Ausgleichs gegenüber, eines sozialen Rhythmus, der wie der natürliche des Jahres die Entwicklung immer wieder ins Gleichgewicht bringt und neu beginnen läßt; der durch die jeweiligen Krisen nur unterbrochenen gesetzmäßigen Statik steht hier eine gesetzmäßige Dynamik gegenüber. Die Ungleichheit des Besitzes wird nicht abgeschafft, aber ihr statischer Charakter wird ihr genommen; im siebenten Jahr soll alle Schuld erlassen und die Knechtschaft losgesprochen, im fünfzigsten aber soll aller Grundbesitz ausgeglichen werden, und jedermann soll zu dem Seinen kommen. „Nicht werde das Land in die Dauer verkauft; denn mein ist das Land; denn Gäste und Beisassen seid ihr bei mir.“ (Leviticus 25,23) Dieser einem Griechen unfaßbare Gedanke Gottes als des einzigen Eigentümers alles Bodens ist der Grundstein der jüdischen sozialen Konzeption; ihr entspricht in der politischen Sphäre die Idee der Gottesherrschaft, der Gedanke Gottes als des alleinigen Herrschers des Gemeinwesens. Mochte diese Idee zuweilen von einer machtsüchtigen Priesterschaft mißbraucht werden, so tritt sie doch in der jüdischen Gesetzgebung in unbedingter Reinheit auf, und von Mose bis Samuel sind die Führer nur Beauftragte Gottes, das Volk der Idee nach, ob es auch jetzt schon wie später immer wieder abfällt und Abgötterei treibt, eine gottunmittelbare Gemeinde. Am deutlichsten wird das in der denkwürdigen Szene, die dieses Zeitalter abschließt und ein neues beginnt: der Szene zwischen Samuel und den Ältesten, die von ihm verlangen, daß er einen König über sie setze. (Ich sehe hier davon ab, ob der Niederschrift dieses Vorgangs und ihren Voraussetzungen historischer Charakter zukommt oder ob sie das Gepräge einer späteren Zeit und Anschauung trägt; ihre innere Wahrheit ist unverkennbar.) Den unmittelbaren Anstoß hierzu gibt ein Vergehen Samuels selbst gegen den Sinn der Gemeinschaft. Bis dahin wird jeder Richter von Gott berufen; daß Gottes Geist über Otniel kam, daß Gott den Ehud zum Helfer erweckte, Debora mit Prophetie begabte, Gideon von der Kelter wegholte, Simson im Mutterschoß auserwählte und Samuel sich im Traum offenbarte, das war der Ausweis ihres Auftrags und ihres Amtes; in unserer Sprache ausgedrückt, es war jeweilig der Beste, der Hilfreichste und Hilfsfähigste, der im Namen Gottes richtete. Samuel aber macht seine unwürdigen Söhne zu Richtern und führt so ein fremdes Prinzip, das der erblichen Führung, in die Gemeinschaft ein. Nunmehr will diese sich des Prinzips völlig bemächtigen und verlangt einen König, wie ihn alle Völker haben. Und auf die Mahnungen und Warnrufe der Alten weiß die Menge nur eins zu antworten (I Samuel 8,20): „Wir wollen werden wie die Weltstämme alle.“ Gott aber hat zu Samuel gesprochen (V. 7): „Höre auf die Stimme des Volks, … nicht dich ja haben sie verworfen, mich ja haben sie verworfen, König über sie zu sein.“ Dieser Augenblick ist die eigentliche Wende der jüdischen Geschichte. Bis dahin bestand, wiewohl unvollkommen realisiert, die einige Gemeinschaft, die lebendige Einheit von weltlicher und geistlicher Ordnung, das Durchdrungensein des Gemeinwesens von der lenkenden Gegenwart des Göttlichen, die Gottunmittelbare Gemeinde; nun beginnt der weltliche Staat und mit ihm die Entzweiung. Wohl werden die Könige noch von Gott berufen und abgesetzt, wohl gerät noch in der Berufung der Geist Gottes über sie – und das bedeutet hier Größeres als das mittelalterliche Gottesgnadentum, es bedeutet die Verwandlung, die Erneuerung des Herzens –; aber die ursprüngliche Einheit des Lebens ist gespalten, und als der Zerfall des Volkstums in zwei Reiche sich vollzieht, mutet er uns wie ein Sinnbild an. Schon unter David hat die große Reihe der Propheten begonnen, die die Sache Gottes und seiner Verwirklichung gegen den König führen: die sichtbarsten Gestalten sind Nathan gegen David, Achia gegen Jerobeam, Elia gegen Ahab, Amos gegen den zweiten Jerobeam, Jeremia gegen Joahas, Jojakin, Jehonia und Zedekia. Der Sinn dieses Gegenübertretens wird am deutlichsten an dem letzten, an Jeremias Wort gegen Zedekia: es betrifft das Nichteinhalten des Gebotes vom Freijahr, dem siebenten Jahr, da alle Knechtschaft losgesprochen werden soll. Dieses Gebot, so erfahren wir aus der Rede des Propheten, war lange Zeit nicht eingehalten worden; als sich aber das Volk von neuem dazu verpflichtete, schlug es bald wieder um und entheiligte von neuem den göttlichen Namen. Noch einmal wird uns hier, unmittelbar vor dem Sturz des Reiches und der Hinwegführung nach Babel, die innere Tragödie aufgetan, noch einmal treten in unerbittlicher Klarheit der Formungswille der Forderung und die Herzensträgheit des halsstarrigen Volkes einander gegenüber; der Geist, der Gottes Sinn in dem spröden Stoff des Gemeinschaftslebens ausprägen will, züchtigt mit seinem brennenden Wort den Staat, der das Gemeinschaftsleben nach den Ansprüchen der Mächtigen einrichten will und nun eine Beute des mächtigeren Staates wird.

Man muß diese große Haltung der Propheten recht sehen und begreifen. Sie kämpfen nicht gegen den Staat an sich, ob er auch eine gottunmittelbarere Form der Gemeinschaft verdrängt hat, sondern gegen den entgotteten, entgeisteten Staat. Dem jüdischen Gedanken getreu, können sie das Seiende nicht verneinen, sich von ihm nicht abwenden, sie müssen es mit dem Geist, mit dem Geist der wahren Gemeinschaft durchdringen wollen. Sie erfahren Mal um Mal das ungeheure Widerstreben dieses Seienden gegen den Geist, sie erfahren an ihrer aller Pein und Schmach ausgelieferten Person seine Übergewalt; aber sie lassen nicht ab. Es ist ihnen undenkbar, einen Vertrag mit dem Bestehenden zu schließen, es ist ihnen aber auch undenkbar, von ihm weg in den Bereich des inneren Lebens zu fliehen; durch Pein und Schmach unaufhaltsam braust ihr Wort über die Reichen, die Machthaber, die Fürsten hin. Sie haben kein Haus in der Welt und haben auch keine Herberge in der Wüste: unerbittlich hat sie die Hand des Herrn an ihr aussichtsloses Werk gestellt. Sie wissen mit dem letzten Funken ihrer Kraft, daß es ums Letzte geht; sie schrecken nicht zurück, die Güter der Zivilisation zu verwerfen, wo deren Behagen das gerechte Leben hindert und um der Erleichterung des äußeren Verkehrs willen der innere Verkehr der Menschen untereinander verwüstet ist – ja, sie schrecken, wo es not tut, auch davor nicht zurück, die Unabhängigkeit ihres Staates zu opfern, wenn es gilt, einen Rest des Volkes vor dem äußersten Verfall zu retten und zum Kern einer künftigen neuen Gemeinschaft zu bewahren. Niemals aber scheiden sie zwischen Geist und Welt, zwischen dem Reiche Gottes und dem Reiche des Menschen; das Reich Gottes ist ihnen nichts anderes als das Reich des Menschen, wie es *werden* soll. Wenn sie an der gegenwärtigen Erfüllung verzweifeln müssen, werfen sie das Bild ihrer Wahrheit in die absolute Zukunft; die Ausgestaltung des Messianismus ist der schöpferische Ausdruck dieser Verzweiflung. Aber auch er meint keinen Gegensatz zu dieser Menschenwelt, in der wir leben, sondern ihre Reinigung und Vollendung; keine Gemeinschaft zwischen abgelösten Geistern, sondern zwischen Menschen, aber eben *wahre* Gemeinschaft zwischen wahren Menschen; „einen neuen Himmel und eine neue Erde" (Jes 65,17), aber errichtet auf der Erneuerung des Menschenherzens. Dieses ist das Vermächtnis der jüdischen Propheten.

Die Geschichte des ersten Staates ist von dem Kampf zwischen der Idee der wahren Gottesherrschaft und dem sich ihr entfremdenden Staat durchzogen; in der Geschichte des zweiten realisiert sich ein Zerrbild dieser Idee. Schon unter Esra beginnt die Entwicklung, von der politischen Lage bestimmt. Da die Grundlinien der weltlichen Ordnung von dem persischen Weltreich gezogen werden, tritt die Tendenz, das Göttliche im Aufbau der Gesellschaft auszuprägen, bei den führenden Männern zurück; das ihnen allein überlassene Gebiet ist das der geistlichen Ordnung. Sodann wird der Gedanke der Gemeinschaftsformung auch durch das ebenfalls von der Lage eingegebene Streben nach Wahrung der Rasse und der nationalen Eigenart gegen die Gefahren der Diaspora zurückgedrängt. Ritualismus und Nationalismus vereinigen sich gegen ihn. Die sogenannte Theokratie, die sich in dem aller Säfte eines freien Gemeinschaftslebens beraubten Gemeinwesens ausbildete, gipfelt endlich, da auch jene erhaltenden Kräfte zeitweilig nachlassen, in der karikaturhaften Gestalt des hellenistischen Hohenpriesters. Wohl wird diese von der makkabäischen Erhebung hinweggespült; aber auch die hasmonäischen Herrscher wissen nur religiöse Hoffnungen für politische Umtriebe zu mißbrauchen, religiöse Macht mit politischer zu verquicken – der Gedanke der Gestaltung des politischen Lebens durch den religiösen Geist ist diesen typisch orientalischen Despoten urfremd. Und der Geist selbst scheint gelähmt; keine Führer zur Tat erstehen; auf den aktiven Messianismus, der die Welt zum Gottesreich bereiten will, ist der passive gefolgt, der wartet, daß Gott sich selbst sein Reich baue. Die Epoche der um die Gottesherrschaft kämpfenden Prophetie hatte den Widerstand des Materials gegen die Verwirklichung erfahren, der die Umgestaltung hindert; die Epoche der falschen Theokratie erfuhr den niederziehenden Einfluß des Materials, der die Umgestaltung befleckt, verzerrt, zersetzt.

Aus dieser tiefen Enttäuschung ist die Wendung zu verstehen, die scheinbar in einen Gegensatz zur Verwirklichungstendenz trat, in Wahrheit aber ihr nur eine neue, der Not des Zeitalters antwortende Gestalt gab: die Wendung, die sich im Verborgenen entfaltete und irgendwie bis an diesen Tag den Augen des Volkes verborgen geblieben zu sein scheint – das Essäertum. Seine Anfänge sind in Dunkel gehüllt, aber wir haben Grund anzunehmen, daß es in einer Gruppe von „Chassidim" wurzelte, die die makkabäische Erhebung kämpfend mitmachten, aber die hasmonäische Erfolgsherrschaft nicht mitmachen wollten, und die anscheinend alte Sonderüberlieferungen bewahrten. Die spärlichen erhaltenen Nachrichten deuten nur dem flüchtigen Blick auf eine esoterische Sekte. Sie besagen zwar, wiewohl nicht übereinstimmend, daß die Essäer abseits von den Städten wohnten, weil sie, wie es bei Philon heißt, die verseuchte Luft der unheilbaren Ansteckung wegen mieden. Aber weder Meditation noch ein abseitiger Kult war es, dem sie in ihrer Abgeschiedenheit oblagen, sondern durch strenge Arbeit, vornehmlich auf dem Acker, und deren natürliche Unterbrechungen war ihr Tag gegliedert; auch mancherlei Handwerk trieben sie, mit Ausnahme der Verfertigung von Waffen; den Handel unterließen sie, an seine Stelle traten Tausch und freie Gabe. Das Eigentum war gemeinsam, Besitzanhäufung unbekannt, ein stilles Wohlwollen der Atem des Verkehrs. Reinlichkeit und Reinheit verschwistert durchstrahlten das Leben, denn der Leib galt, wiewohl sterblich, kaum weniger als die Seele. Das Mahl war ihnen heilig, das Linnen heilig, vor allem heilig das Licht der Sonne. Zölibat waltete in einzelnen Gruppen, allgemein verpflichtende Kraft stand ihm nicht zu. Führer erwählten sie sich, deren Anordnungen sie unbedingt gehorchten, aber sie verwarfen die Herrschaft des Menschen über den Menschen als „ungerecht und gottlos". Die Essäer waren mehr als eine Sekte oder ein Orden; sie waren eine volle, lebendige Gemeinschaft mit wirtschaftlicher Autarkie und sozialer Konsistenz. Der Verwirklichungswille hat hier nicht umgeschlagen, er ist nur gleichsam in sich gegangen. Die Essäer haben, der Not und Enttäuschung des Zeitalters antwortend, mit der Verwirklichung bei sich selber begonnen. Darin liegt keineswegs ein Verzicht auf die Umgestaltung des Staates, wohl aber ein Verzicht auf den Versuch der Umgestaltung durch das Wort allein. Bauende Begier liegt darin, die nicht warten will, bis Gott den Anfang macht, sondern ahnt, sie werde mitten im Bauen des mitbauenden Gottes inne werden. Formungswille, der ansetzt, wo allein angesetzt werden kann: jetzt und hier. Der Messianismus entschlossener Menschen, denen das eigne ungeteilte Leben gerade gut genug ist, ein Körnchen des messianischen Reiches zu werden. Ein vitaler Reinheits- und Einheitssinn, der mitten im Wust und Gewimmel einer zerfallenden Gesellschaft sich unterfängt, mit Gott und der Gemeinschaft in einem, mit Gott in der Gemeinschaft Ernst zu machen. „Beginne zu sein" – das ist der glockentönige Stundenschlag vom Turm der Elemente. „Beginnet Juden zu sein" – das ist das heimliche Vermächtnis der Essäer, für das Ohr eines späten Jahrhunderts bestimmt.

Nicht Schritt um Schritt kann ich heute der Geschichte folgen. Aber eines zentralen Juden muß ich gedenken, in dem sich der jüdische Verwirklichungswille sammelte und durch den er sich brach. Es ist urjüdischer Geist der wahren Gemeinschaft, wenn er lehrt, wo zwei auf Erden eins würden, könnten sie alles von Gott erlangen, wenn er lehrt, wer seine Hand an den Pflug gelegt habe und zurückblicke, tauge nicht zum Reiche Gottes. Was er das Reich Gottes nennt, das ist – mag es noch so sehr vom Gefühl des Weltendes und der wunderbaren Verwandlung bestimmt sein – doch keine jenseitige Tröstung, keine vage himmlische Seligkeit; es ist auch keine geistliche oder kultische Vereinigung, keine Kirche; es ist das vollkommene Zusammenleben der Menschen, es ist die wahre Gemeinschaft, die eben dadurch die unmittelbare Herrschaft Gottes, seine Basileia, sein irdisches Königtum ist. (Auch das johanneische Wort von dem Reich, das nicht von dieser Welt ist wurzelt noch im Sprachgebrauch des Judentums, in dem „dieser" Welt nicht eine jenseitige, sondern die *„kommende"* Welt gegenüberstand.) Das Reich Gottes ist die kommende Gemeinschaft, in der alle, die da hungert und dürstet nach der Gerechtigkeit, satt werden, und die nicht aus göttlicher Gnade allein, sondern nur aus ihrem Zusammenwirken mit dem Menschenwillen und der geheimnisvollen Verbindung beider hervorgehen kann. Jesus will – worin immer sonst er sich von der überlieferten Lehre scheiden mag – wie die Propheten Israels die Gesellschaft nicht aufheben, sondern erfüllen; er will wie die Essäer die weltliche Gemeinde nicht fliehen, sondern sie in Wahrheit als die *wahre* geistliche aufbauen. Dies, daß Gott in der Welt und Weltlichkeit durch deren glühende Reinigung und bildnerische Vollendung verwirklicht werden will, daß die Welt das verwüstete Haus ist, das für den Geist gerichtet werden soll, und daß, solange dies nicht geschehen ist, der Geist nicht hat, wo er sein Haupt hinlege, dieses abgründige Wissen ist Jesu tiefstes Judentum. Und doch ist ein Wort von ihm überliefert, das in einem Gegensatz dazu zu stehen scheint. Es ist das Wort, das er denen erwidert, die ihn fragen, ob man dem Kaiser Zins geben solle: „Gebt dem Kaiser was des Kaisers ist und Gott was Gottes ist." Hier ist scheinbar eine Trennung ausgesprochen zwischen Welt und Geist, zwischen der verrotteten und kolossalischen Tatsächlichkeit, deren Dasein man hinnehmen müsse, und der reinen Idealität, in der man sich von ihr erlöse; jener sei der Tribut des äußerlichen Lebens zu zollen, dieser gehöre das Herz. Aber diese Trennung ist nur scheinbar. Jesus stand nicht mehr einem Staate gegenüber, den man als Ganzes umzuschmelzen versuchen konnte, indem man seinem Herrscher, wie der Prophet dem König von Juda oder Israel, ins Auge sah, nicht einem Staat, den man mit der Idee schlagen und überwinden konnte; es war Rom, es war der nackte Staat, der über sich nichts kannte und anerkannte, der auch die Götter nur als die Hüter seiner Macht und seines Gesetzes duldete, wenn er es nicht vorzog, seinen Kaiser selber zum Gott einzusetzen; es war der Zwangsverein, der alle natürliche Genossenschaft verdrängt hatte; es war die legitimierte Willkür, das sanktionierte Sakrileg, der Mechanismus mit der Maske des Organischen, die Organisation mit der Maske des Geistes. Diesem massiven Gemächte stand der jüdische Verwirklichungswille, der Wille zur reinen Gemeinschaft, in neuer Kraft und Größe auferstanden, in dreifacher Gestalt gegenüber: beiseitetretend und die Lehre rettend, damit in ihr eingeschlossen der göttliche Auftrag sich für eine günstigere Zeit bewahre, so Jochanan Ben Sakkai, der im Jahre der Zerstörung Jerusalems mit Erlaubnis des Kaisers das Lehrhäus zu Jabne begründet; kämpfend, einen der heldenmütigsten, weil gegen die überlegensten Waffen auf das aussichtsloseste geführten Befreiungskriege der Weltgeschichte, und heldenhaft erliegend, so die großen Rebellen, von den Führern im Jüdischen Krieg bis auf Bar-Kochba; eine neue Gemeinschaft stiftend, die im Leibe des Ungeheuers wachsen und ihn sprengen wollte, so Jesus. Er, der das Wort sprach: „Niemand kann zwei Herren dienen", hat nicht gemeint, man könne Gott und Rom dienen. Er hat gemeint, Aufstand und Revolution seien unnütz und müßten sich in sich verzehren, solange nicht aus der Erneuerung der Seele ein neues echtes Gebilde menschlichen Zusammenlebens geboren werde, das erstarkend das alte ekle Gefüge zu erschüttern bestimmt sei. Ein anderes seiner Worte „Widerstrebet nicht dem Übel!" bedeutet: Widerstrebet dem Übel, indem ihr das Gute tut, schlaget nicht auf das Reich des Übels los, sondern tut euch alsbald zum Reich des Guten zusammen – dann wird die Zeit kommen, wo das Übel euch nicht mehr zu widerstreben vermag, nicht weil ihr es besiegt, sondern weil ihr es erlöst habt. Jesus wollte aus dem Judentum den Tempel der wahren Gemeinschaft erbauen, vor deren bloßem Anblick die Mauern des Gewaltstaates zerfallen müßten.

Aber nicht so haben ihn die kommenden Geschlechter verstanden. Eine ungeheuerliche Mißdeutung seiner Lehre füllt zwei Jahrtausende abendländischer Geistesgeschichte. An Stelle des jüdischen Wissens um die einige Welt, die von Trübung und Verwirrung befallen ist, aber durch den ringenden Menschenwillen aus Trübung und Verwirrung gelöst werden kann, des Wissens, daß an diesem Werden sich der menschliche Wille zum göttlichen erhebt, das Ebenbild sich vollendet, und daß hier in Wahrheit sich ewige Geburt aus Gott ereignet, an Stelle dieses echt jüdischen Wissens tritt die Annahme einer grundsätzlichen und unüberbrückbaren Zweiheit von Menschenwillen und Gottesgnade. Der Wille ist nicht mehr zwar abgefallen, aber durch das Geheimnis der Umkehr unendlicher Heilkraft gewärtig und zu unendlichem Heilwerk berufen, sondern er ist unbedingt böse und der Erhebung aus eigner Kraft unfähig; nicht er in all seinem Widerspruch und all seiner Möglichkeit ist der Weg zu Gott, sondern der Glaube ist es und das Harren auf die Berührung der Gnade. Das Böse ist nicht mehr die „Schale", die durchbrochen werden muß, sondern es ist eine Urgewalt, die der des Guten als der große Widersacher gegenübersteht. Der Staat ist nicht mehr die Verdichtung des verirrten Gemeinschaftswillens und daher vom rechten Willen durchdringbar und erlösbar, sondern er ist entweder, wie für Augustin, das Reich der auf ewig Verdammten, von dem sich die Erwählten somit auf ewig zu scheiden haben, oder, wie für Thomas, eine Vorstufe und Vorschule der wahren Gemeinschaft, welche eine geistliche ist. Die wahre Gemeinschaft ist nicht mehr im vollständigen Leben der Menschen miteinander, in der verklärten Weltlichkeit zu verwirklichen, sondern in der Kirche; sie ist als Gemeinschaft des Geistes von der der Welt, als Gemeinschaft der Gnade von der der Natur grundsätzlich getrennt. Auch der Protestantismus hat über diese Scheidung nicht hinausgeführt; auch ihm ist das Leben in zwei Reiche, das der Werke und das des Glaubens, zerfallen; er fordert das Bestehen der Kirche neben dem Staat, nicht das Aufgehen beider in einer höheren Einheit, der wahren Gemeinschaft. Nur in der Mystik leben das Gefühl des ungeteilten Seins, das Wissen um die Bedingtheit des Bösen und die Unbedingtheit der Menschenseele fort; aber ihr fehlt das Element der Aktivität in der Unbedingtheit, die Tendenz der Verwirklichung des ungeteilten Lebens in der Menschenwelt, in der Welt des Miteinander. So haben denn die Völker des Abendlands, indem sie in der Lehre Jesu jüdische Lehre übernahmen, deren Wesentliches nicht übernommen; die Tendenz der Verwirklichung ist in die geistigen Grundlagen des Völkerlebens nicht eingegangen. „Wohl loderte ihre Flamme immer wieder in der Leidenschaft ketzerischer, sektiererischer Gemeinden auf, die mit dem Reich Gottes beginnen wollten; aber sie erlosch immer wieder in der Luft, in der die Völker atmen, der Atmosphäre der Abfindung mit der Zweiheit. Es ist die Atmosphäre, in der noch unsre heutige Zeit steht, die des Dualismus von Wahrheit und Wirklichkeit, Idee und Tatsache, Moral und Politik; es ist die Atmosphäre, in der das Christentum dem römischen Kaiser so lange gegeben hat, was „des Kaisers" war, bis es ihm nichts mehr zu verweigern hatte; in der das Christentum so lange dem Übel nicht widerstrebt hat, bis es, als es seinen rasendsten Exzessen zu widerstreben versuchte, erkennen mußte, daß es dessen unmächtig geworden war.

Vergessen wir aber nicht, daß auch er ein Jude, ein repräsentativer Jude gewesen ist, dessen Werk diese Brechung des Judentums in seiner Übermittlung an die Völker war. Um diesen Gewalttäter des Geistes recht zu verstehen, muß man das Urerlebnis des Juden in ihm aufsuchen, das Urerlebnis, aus dem die Tendenz der Verwirklichung ewig neu erwächst. Dieses Urerlebnis ist ein elementares Gefühl jener inneren Entzweiung, die allen Menschen in irgendeinem Maße, den Juden aber mit einer eigentümlichen Energie innewohnt, und der Wille, sie durch die Verwirklichung der Einheit zu überwinden. Saul, der Mann aus Tarsos, hat die vorgefundene Entzweiung in so strenger und eindeutiger Art wie kein andrer Mensch ausgesprochen in den Schicksalsworten, die den christlichen Äon einleiten: „Denn was ich vollbringe, erkenne ich nicht; nicht was ich will, tue ich ja, sondern was ich hasse, das tue ich." Aber diese furchtbare und paradoxe Einsicht ist ihm nicht, was sie dem Juden einst war und wieder werden muß: ein übermächtiger Stachel, den unmöglich scheinenden Ansturm zu wagen, die Schale zu durchbrechen und in dem Einswerden des eigenen Willens den göttlichen zu verwirklichen; sie ist ihm nicht der schwankende Boden, auf den allein die Leiter, die auf jedem festen wankt, die Himmelsleiter sich stützen kann; sondern sie ist ihm ein gigantischer Verzicht. Dieser Mensch zieht die

Summe all der ungeheuren Enttäuschung, die der Tendenz der Verwirklichung im Judentum bis auf seine Tage angetan wurde, er zieht mit der nationalen die menschheitliche Summe und erklärt, daß wir nichts vollbringen können, aus uns selber nichts, sondern einzig durch die Gnade Gottes, oder, was für ihn dasselbe bedeutet, durch den gläubigen Anschluß an den einen, in dem sichtbarlich die Gnade gewesen war, den einen, der, wie es heißt, „von keiner Sünde wußte". Daß damals anscheinend von den ersten dreißig Jahren Jesu nichts mehr zuverlässig bekannt war, daß von der Zeit seiner Kämpfe und Überwindungen auch in der Legende nur das Sinnbild der dreifachen Versuchung zeugt, diese scheinbar ohne vorangehendes Auseinanderstreben auftretende Harmonie hat Paulus seine Ideologie erleichtert. Durch diese verwandelt übermittelt er die Lehre Jesu den Völkern und reicht ihnen das süße Gift des Glaubens, der die Werke verschmähen, den Gläubigen der Verwirklichung entheben und die Zweiheit in der Welt stabilisieren soll. Es ist das paulinische Zeitalter, dessen Todeszuckungen wir heute Lebenden mit starren Augen betrachten.

Während die Völker des Abendlandes solcherart jüdische Lehre verarbeiteten und vernichteten, ging das jüdische Volk verhüllten Angesichts durch ihre Mitte als ein Verbannter, nicht bloß aus seinem Lande und Zusammenhange, sondern auch aus seiner Aufgabe verbannt. Denn mochte sich einst die mosaische Gesetzgebung noch so unzulänglich durchsetzen, so lagen die Hindernisse ihrer Durchsetzung doch einzig im Volke selbst, und in den Augenblicken tiefer Besinnung fühlte es, es würde die Hindernisse durch einen Akt innerer Verwirklichung hinwegräumen können; jetzt aber stand es unter fremden Gesetzen, unter fremde Gesetzgebungen verteilt, und konnte von der eigenen nur das Äußerlichste in den oberirdischen Katakomben der Ghettos hüten, bis auch dies im Strudel der Emanzipationen versank. Mochten die Anrufe der Propheten zum wahren Leben einst noch so oft von der Trägheit überhört, von der Lüge übertönt werden, so kamen sie doch immer wieder auch an die Ohren freier Männer, die daran gingen, in ihrem Lande das Recht einzurichten; jetzt aber war ein Neues aufgestanden, das lähmender war als Trägheit und Lüge: die Gewalt der fremden Welt, die die Seelen zwang, ihre Kraft halb in Anpassung, halb in Abwehr, immer in Einstellung, positiver oder negativer, auf das Fremde zu verbrauchen. So mußte das Volk wahrlich erkennen, daß nicht nur es selbst bloß, daß auch die Schechina, die dem menschlichen Element einwohnende göttliche Gegenwart, ins Exil gegangen war. Denn dann nur ist die Schechina daheim, wenn der Wille zum Bunde mit Gott, das Streben nach seiner Verwirklichung mächtig ist, wenn der Mensch sich unterfängt, im Angesicht des Unbedingten zu leben; wenn der Bund sich lockert, das Streben erschlafft, wenn der Mensch im Rücken des Unbedingten lebt, dann ist die Schechina im Exil. Es ist aber dahin gekommen, daß der Jude im Rücken des Unbedingten es sich sogar halbwegs wohnlich einzurichten verstanden hat. Das ist grauenhafter als Kreuzzugsgemetzel und Inquisitionsfoltern, grauenhafter als alle Pogrome.

Die Abhängigkeit von der Gewalt einer fremden Welt muß, wo man sie, wie hier, nicht durch Befreiungskämpfe abzuschütteln versuchen kann, zur Einstellung auf das Fremde führen, zu einer doppelten Einstellung: durch Abwehr und durch Anpassung. Ich verstehe darunter für das Judentum nicht die kleinlichen modernen Vulgärformen beider, sondern die großen der Jahrtausende. Unter der Einstellung durch Abwehr verstehe ich die Ausbildung des reinen Ritualismus, der dem Eindringen fremder Lehren und Sitten vorbeugen sollte und vorbeugte, der aber zugleich der jüdischen Religiosität ihr inneres Leben, das Streben nach der Verwirklichung verkümmerte; denn der Wille zum Bund mit Gott durch die vollkommene Wirklichkeit des Lebens in wahrer Gemeinschaft kann nur da in Kraft erstehen, wo man nicht den Bund mit Gott bereits im wesentlichen durch die Einhaltung vorgeschriebener Formen erfüllt glaubt. Unter der Einstellung durch Anpassung aber verstehe ich die Ausbildung der reinen Geldwirtschaft, die dem Volke ermöglichen sollte, unter dem äußersten Druck zu dauern, die aber den eigentlichen Bereich der Verwirklichung, das Leben mit den Menschen und den Dingen, verdarb; denn wo das Geld nicht als Zeichen des Tausches, sondern als trennende und zersetzende Materie zwischen den Menschen ist, da kann keine Unmittelbarkeit zwischen den Menschen sein; und wo die Dinge nicht in ihrem lebendigen Fürsichsein, sondern im Zerrspiegel ihres Geldwertes gesehen sind, kann die göttliche Kraft in ihnen nicht fruchtbar werden. Der Tiefstand des heutigen Judentums ist da, wo beides zusammentrifft, wo die religiösen Formen so von ihrem Urgrund abgelöst sind, daß sie sich mit den niedersten Entartungsformen des kapitalistischen Geistes vertragen können. Widerlich unter allen Menschen ist mir der glatte Kriegswucherer, der keinen Gott zu betrügen braucht, weil er von keinem weiß, und der jüdische widerlicher als der nichtjüdische, weil er tiefer abgefallen ist; aber den innersten Schauder erregt mir jener andre, der den Gott betrügt, den er weiß, und tefillintragend von seinen Geschäftsaussichten redet. Eine wundersame Sage erzählt von den Tefillin, die Gott selber legt und in denen der Spruch eingeschlossen ist: „Wer ist wie dein Volk Israel ein einzig Volk auf Erden"; eine wundersame Legende erzählt, Rabbi Levi Jizchak von Berdyczew habe Gott zugerufen: „Deine Tefillin sind zu Boden gefallen!" Verfall des Volkes Israel, zu Boden gefallene Gottes-Tefillin, das ist die Botschaft, die der Anblick des tefillinlegenden Wucherers uns verkündet. Er ist der Mann des doppelten Vertrags; er hat einen Vertrag mit Gott und einen Vertrag mit dem Satan, und beide vertragen sich miteinander. Aber das ist nur der krasseste Anblick; von ihm geht es stufenweise bis in die subtilste Geistigkeit hinein. Und wer unter uns dürfte sich des Anteils an dieser Schuld entschlagen wollen?

Von einem andern chassidischen Rabbi berichtet die Sage, er habe den Juden, die vor ihn traten, an der Stirn abgelesen, ob die Herkunft ihrer Seele von Abrahams Samen oder vom Erew Raw, der mit Israel aus Ägypten mitgelaufenen Mischbrut, war. Seit seinen Tagen scheint der Erew Raw furchtbar überhandgenommen zu haben. Am deutlichsten ist dies an der Entwicklung eben des Chassidismus erkennbar. Er ist in der Spätzeit der Diaspora als der verwegene Versuch entstanden, mitten in ihrem Wirrsal, unter das Joch der Fremde gebeugt und vom Anhauch der Entartungen versehrt, die wahre Gemeinschaft zu errichten, aus dem ganzen Volke, soweit in ihm noch unverbrauchtes Volkstum lebte, eine brüderliche Einung, eine reine Stätte der Verwirklichung Gottes zu schaffen: aufgebaut auf der einzelnen Gemeinde, in der innige Verbindung des Zaddiks mit den Chassidim und dieser untereinander in steter gegenseitiger Hilfe Leibes und der Seele den Weg zum Unbedingten bahnt. Die Grundanschauung, auf der sich dieser Aufbau erhob, spricht ein chassidisches Buch folgendermaßen aus: „Wir können von diesem Geschlecht sagen, daß es ein Geschlecht des Wissens ist, aber jedermann begehrt nur seine eigne Vollendung und kümmert sich nicht um die Gemeinschaft. Die Erlösung jedoch hangt daran, daß man die Vollendung der Welt begehre." Kein Einzelner kann das Vogelnest – so nennt der Sohar den Ort des Messias – erreichen, aber hundert Männer vereint können es, wenn sie, einer auf die Schultern des andern steigend, eine himmelanragende Leiter bilden. Was hier angedeutet ist, begann in der ersten schöpferischen Epoche des Chassidismus Gestalt zu gewinnen. Aber nur für eine kurze Zeit. Nach hundert Jahren hatten die Wirkungen des Seelenzwanges der Fremde, der Nötigung zu Abwehr und Anpassung ihre Übermacht bewährt. Der Ritualismus, der von den ersten Chassidim durch eine Neubeseelung und Vertiefung, durch das Hinzutreten der auf das Schicksal Gottes gerichteten Intention zu dem hergebrachten Stoff der Gebete und Bräuche verklärt worden war, entartete bald von neuem, indem die Geheimnisse der Intention zu vulgärmagischen Formeln und Buchstabenoperationen schematisiert wurden. Der Mammonismus, der durch Lehre und Tat des unbedingten Einanderhelfens überwunden worden war, drängte sich von neuem überallhin, ja sogar in das heilige Verhältnis zwischen Führer und Gemeinde zersetzend ein und untergrub mit der Rechtlichkeit des Zaddiks auch die innere Rechtmäßigkeit seiner Autorität. Aber am erschreckendsten zeigte sich die verderbliche Bedeutung von Abwehr und Anpassung in dem Verhältnis des späten Chassidismus zu den Realitäten des öffentlichen Lebens, in seiner Politik. Um sich die ungestörte Freiheit der Religionsübung zu sichern, verzichtete er auf alle Kundgebung des jüdischen Ethos nach außen und verkaufte sich den jeweiligen Machthabern: das widerwärtige Beispiel einer Abwehr durch Anpassung. Der jüdische Geist ist hier unter dem Einfluß der Galuth-Situation von dem hohen Wagnis reinen Verwirklichungswillens in die Schmach der niedersten Vertragsmache gesunken. Hier ist mehr als ausgesprochen, hier ist gezeigt, was Galuth bedeutet.

Von Rabbi Jaakob Jizchak von Pžysha, der gemeinhin mit dem bloßen Namen „der Jehudi", „der Jude", bezeichnet wird, erzählt man, er habe eines Nachts nicht geschlafen, sondern unablässig geseufzt. Von seinem Lieblingsschüler nach dem Grund befragt, sagte er: „Ich muß daran denken, daß nach Mose die Richter kamen, nach den Richtern die Propheten, dann die Männer der großen Versammlung, sodann die Tannaim und Amoraim, hierauf die Ermahner, und als auch dies verdarb und falsche Ermahner sich mehrten, standen die Zaddikim auf. Darüber aber seufze ich, daß ich sehe, auch dies wird verdorben werden. Was wird Israel tun?"

Wir hundert Jahre nach dem Tode des „Jehudi" Lebenden, die wir heute auf die Geschichte der jüdischen Verwirklichungstendenz zurückblicken, haben das Seufzen verlernt. Wir fragen: Was *soll* Israel tun?

Was soll Israel tun? Was soll es tun, um sich von der gespenstischen Unwirklichkeit seiner Gegenwart zu erlösen, um zu seiner Verwirklichung, der Verwirklichung seiner Wahrheit zu gelangen?

Drei Wege werden uns zur Antwort gewiesen: der Weg des Humanitarismus, der Weg des formalen Nationalismus, der Weg des religiösen Konservativismus. Wir wollen sie prüfen.

Die Humanitarier – ich wähle die besten unter ihnen – sagen: „Geht in die Welt, Kinder Israel, und verwirklicht den Geist in der Menschheit! Eure Sünde war, daß ihr mit eurer Sehnsucht nach dem wahren Gemeinschaftsleben euch abgesondert habt, eure Sühne muß sein, daß ihr euch völlig hingebt! Werft den Brand eurer Sehnsucht in die Welt! Rüttelt die Herzen auf, sprenget die Tore des Willens, stürmet die Bastille des Geistes! Kämpfet um die neue Menschheit! Auf die Tribünen, auf die Barrikaden mit euch, Kinder Israel! Wußtet ihr nicht auf den Scheiterhaufen zu sterben, als es um die Absonderung ging? So wisset noch größer zu sterben, nun es um die Vereinigung, um die Vereinigung der Völker geht!"

Darauf antworten wir: Sprecht leiser. Ihr schreit wie Menschen, die während eines Erdbebens erwacht sind. Wir aber haben manche Welten zusammenbrechen sehen und nichts davon vergessen. Ihr redet von unsrer Sehnsucht mit unkeuschen Lippen; ihr wißt nichts von ihr. Sie ist älter als eure, ob die nun ein oder vier oder zehn Jahre alt ist; sie ist Jahrtausende alt; man sollte meinen, sie habe warten gelernt, und doch ist sie ungeduldiger als eure, denn sie weiß, daß sie sterben muß, wenn sie länger das unwirkliche, das gespenstische Leben erträgt. Sie ist ungeduldiger; denn sie will sich nicht damit begnügen, Menschenrechte zu verkündigen – oder wird es diesmal „Völkerrechte" heißen? –, damit auf die Verkündigung eine Epoche wie die jüngste folge. Sie will sich nicht begnügen, Bastillen des Geistes zu stürmen, damit der befreite so heimatlos werde, wie er heute ist; sie will dem Geist ein festes Wohnhaus bauen, das Haus der Gemeinschaft. Wo anders aber kann das gebaut werden, als da, wo Volk, Volkszusammenhang, Volksgemeinsamkeit besteht, wo uralter Blut- und Schicksalsbund bereits die Grundfesten der Gemeinschaft gelegt hat? Nicht kann unsere Sehnsucht jedoch auf den Grundfesten fremder Völker das Haus erbauen. Auf den Tribünen kann der Jude mitreden, auf den Barrikaden mitkämpfen, aber wo es ans Bauen geht, versagt er zumeist auf fremdem Boden. In der Theorie ist er führend, in der Propaganda fördernd, aber in der Durchsetzung zeigt es sich, daß er nur einen Entwurf des geplanten Baus, nicht aber die vorhandenen Grundfesten kennt, denen er jenen anzupassen hätte, daß er das nicht kennt, nicht ehrt, nicht berücksichtigt, was es gerade in diesem fremden Volke, in dessen Seele, dessen Leben, dessen Geschichte an besonderen Ansätzen einer wahren Gemeinschaft gibt. Das hat in unseren Tagen den tragischen Konflikt zwischen Doktrin und Volkstum mitgeschaffen, der das vorläufige Ergebnis der russischen Revolution bildet. Eigenes Material, eigenen Boden brauchen wir zu unsrem Bau. Nicht als Einzelne, als Volk wollen wir bauen. Einzelne Juden werden, sonderlich als Lehrende, dem Abendland noch Wesentliches zu geben haben; die bauende Sehnsucht des jüdischen Volkes weist anderswohin, weist in sein Land.

Da aber sprechen die Nationaldogmatiker zu uns: „Gut so! Das jüdische Volk muß endlich sein Schicksal in seine eignen Hände nehmen. Wenn es die eigenen Gaben ungehemmt entfaltet, dient es der Menschheit am besten. So laßt uns ihm die Bedingungen der ungehemmten Entfaltung schaffen! Aber greift ihr nicht vor! Macht der Nation keine Vorschriften darüber, welchen Weg sie einzuschlagen habe! Überlasset es ihr, sich wie jede andre im freien Spiel ihrer Kräfte den rechten Weg zu bahnen, die rechte Form zu finden! Was Israel tun soll, können wir heute noch nicht wissen; aber lösen wir nur seine Fesseln, dann wird es schon das Seine tun. Und warum soll gerade unser Volk die Aufgabe aufgebürdet bekommen, die wahre Gemeinschaft aufzurichten? Warum wollt ihr ihm die schwere Arbeit seiner Wiederherstellung noch mehr erschweren, indem ihr ihm diese Last aufladet? Wir brauchen uns nicht anders zu verwirklichen als die andern Völker: indem wir unsre Eigenart sich entwickeln lassen. Lasset uns sein wie alle Völker, Haus Israel!"

Darauf antworten wir: Nicht jene, die uns dem wahren Gott in der Fremde dienen lassen wollen, sondern ihr seid die Angepaßten, die ihr für die Heimat jeden Götzendienst zu billigen bereit seid, wenn die Götzen nur jüdische Namen haben! Angepaßt seid ihr an das herrschende Dogma des Jahrhunderts, das heillose Dogma der Souveränität der Nationen. Jede Nation, so lehrt das Dogma, ist ihr eigener Herr und ihr eigener Richter, sich allein verpflichtet, sich allein verantwortlich; was sie zum eignen Vorteil tut, ist wohlgetan, was sie als ihre Sache verficht, ist die gute Sache; ihr Handeln ist durch ihr Bedürfnis, ihr Ethos durch ihre Eigenart, ihr Recht durch ihren Machttrieb hinreichend begründet. Dieses Dogma feiert heute seinen vielfältigen Triumph; wo immer es, nackt oder in allerlei Gewandung auftritt, wird es als entscheidende Instanz angesehen, und welcher der politischen Faktoren sich ihm nicht beugen will, muß doch vorgeben, es zu tun. Aber an diesem blutigsten der Erdentage hat auch schon der Niedergang des Dogmas begonnen. Man verstehe uns recht: die Erkenntnis der Nation als einer grundlegenden Realität des Menschheitslebens kann aus dem Bewußtsein der Menschheit nicht mehr getilgt werden und soll es auch nicht; aber sie muß und wird durch die Erkenntnis ergänzt werden, daß kein Volk der Erde souverän, daß souverän einzig der Geist ist. Der Geist aber – was immer der perverse Relativismus eines geistverlassenen Geschlechts dagegen vorbringen mag – der Geist, der den Lehmkloß der Völker zu Gestalten bildet, ist einer und unteilbar. Solange die Völker sich seinem Gebot entziehen und im Rücken des Unbedingten leben, werden sie einander aufzehren; je mehr eins seine Liebe verwerfen und den Erfolg wählen wird, um so nichtiger wird es vor der Ewigkeit werden; welches aber als erstes sich dem Taumel entwindet und zu seinen Füßen hinstürzt, das wird er an seine Hand nehmen. Unser Wort geht an das jüdische Volk, das säkulare Volk des Geistes, ihm die Treue zu wahren und der Anpassung an das Dogma nicht zu verfallen. Leicht wird es ihm nicht werden; leicht wollen wir es ihm aber auch nicht machen. Wir gedenken nicht, es sich selbst zu überlassen. Das haben seine rechtmäßigen Führer nie getan. Nicht die „Eigenart" des Volkes befragten sie nach der Richtung des Wegs – es hatte manche Eigenart, die sie mit Feuerruten geißelten –, sie befragten einzig den einen, unteilbaren Geist, der sich ihnen, der sich in ihnen offenbarte. Und so wird es fürder bleiben. Wir wollen dem Geiste botmäßig sein, daß er durch uns zur Wirklichkeit werde. Nur solange wir des Geistes sind, haben wir den Samen des wahren Lebens in uns; an dem Tag, an dem wir wie alle Völker würden, verdienten wir nicht mehr zu sein.

Nun aber nehmen die Gesetzesdogmatiker das Wort: „Ihr redet recht. Aber welches ist der Geist, den ihr bekennt, und welches sein Gebot, das ihr verkündet? Dieser Geist bleibt ein Schatten und dieses Gebot ein leerer Schall, wenn ihr ihnen nicht Leben und Bewußtsein leiht aus dem einzigen Ort, an dem ihr sie schöpfen könnt, aus dem Quellbrunnen der jüdischen Überlieferung. Sonst gebt ihr die Richtung nach Willkür an und nicht nach Notwendigkeit. Die wahre Gemeinschaft wollt ihr – aber wo anders wollt ihr ihr Gesetz vernehmen als aus Gottes Wort, das er zu seinem Volke sprach? Und wie könnt ihr in Gottes Wort scheiden zwischen dem, was euch noch frisch und verwendbar, und dem, was euch alt und verbraucht erscheint? Es ist nicht anders: wollt ihr Juden sein und Judentum verwirklichen, so müßt ihr zurückkehren zu der gläubigen Ergebenheit an Gott und sein Gesetz. Nur in diesem, in der einzigen volksgemeinsamen jüdischen Form, könnt ihr mit dem Volk wieder zusammenwachsen und festen Boden unter eure Füße bekommen."

Darauf antworten wir: O ihr Sicheren und Gesicherten, die ihr euch hinter der Brückenwehr des Gesetzes berget, um nicht in Gottes Abgrund blicken zu müssen! Ja, ihr habt festen ausgetretenen Boden unter den Füßen, wir aber hängen ausschauend über der unendlichen Tiefe. O ihr Erben und Erbeserben, die ihr die uralten Goldmünzen nur in blanke neue Scheine umzutauschen braucht – wir aber sitzen, einsame Bettler, an der Straßenecke und harren, daß unser Helfer komme. Aber wir wollen unsre schwindlige Unsicherheit und unsre losgelöste Armut nicht hingeben für eure Zuversicht und eure Fülle. Denn euch ist Gott einer, der einstmals schuf und nicht weiter; uns aber ist er der, von dem das Volk bekennt, daß er „an jedem Tage das Werk der Schöpfung erneut", und wahrlich, er erneut es an uns und durch uns und will durch uns zu neuer Wirklichkeit eingehen; wie er zur Welt sich beschränkte und begrenzte, so beschränkt und begrenzt er sich in uns zum Werk des Menschentums. Euch ist Gott einer, der einmal offenbarte und nicht wieder; zu uns aber redet er aus dem brennenden Dornbusch der Gegenwart und aus den Urim und Thumim unsres innersten Herzens.

Wir ehren das Gesetz, die von ehrwürdigen Mächten geschmiedete Rüstung des Volkstums; wir grüßen jeden, der, unmittelbar gewiß, daß Gott diesen Panzer, wie er ist, dem Volke mit eigener Hand umgetan habe, von seiner Schwere ungehemmt mit uns ins Blachfeld reitet; doch wir beklagen jene, die ihn ohne diese Gewißheit tragen und denen er die Glieder starr und steif macht, daß sie zum Werk nicht ausziehen können und die ehrwürdige Rüstung wie ein historisches Paradekostüm am Leibe haben; die aber durch die Berufung auf das Vorhandensein des Gesetzes uns hindern wollen, aus des lebendigen Gottes Händen neue Waffen zu empfangen, derer werden wir uns erwehren. Denn wir können nichts dulden, was sich zwischen uns und die Verwirklichung Gottes stellt.

Freilich, ihr könnt von Gott aussagen: „Dies und dies hat er befohlen, wir wissen Bescheid um alles, was er von uns begehrt"; wir Ausschauenden, wir Bettler aber wissen von seinem Willen nur erst das Ewige, das Zeitliche müssen wir uns selbst befehlen, selbst sein ewiges Geheiß immer neu im Stoff der Wirklichkeit ausprägen. Ihr habt die Formen und meint, den rechten Gehalt nicht mehr im Unendlichen suchen zu müssen, dieweil er in den Formen beschlossen liege; wir spannen unsere Seele ins Unendliche, den Gehalt neu zu empfangen, dem die neue Form geschaffen werden soll. Euch ist der Weg in den Büchern vorgezeichnet, und ihr kennt euch aus; wir aber müssen ihn im nebelnden Chaos der Gegenwart mit unseren Händen ertasten. Aber nicht Willkür leitet uns, sondern urtiefe Notwendigkeit; denn uns leitet die Stimme. Das Urjüdische gebietet sie uns, das jüdischer ist als alle Formen und Normen: Verwirklichung, Aufbau der Gottesgemeinschaft, Neubeginn. „Erackert euch einen Acker", so spricht sie (Jeremia 4,3), „säet nimmer unter die Dornen." Wir wollen ihr gehorchen. Wir wollen den Weg nach Zion, das ist den Weg nach der gelebten Wahrheit gehen. Nicht indem wir ein Gesetz, wie ihr es uns empfehlt, statt aus den Händen Gottes aus denen des Volkes empfangen, sondern in gemeinsamer

Verwirklichung, in gemeinsamem Aufbau, in gemeinsamem Neubeginn werden wir mit dem Volk zusammenwachsen. Dann wird auch die Stunde kommen, da das Wortlose sich zu Worten, zum neuen Wort begrenzen wird. Im wahrhaften Leben zwischen den Menschen wird das neue Wort sich uns offenbaren. Erst werden wir tun, dann erst es vernehmen: aus unserer eigenen Tat. Die wahre Gemeinschaft ist der Sinai der Zukunft.

Indem wir die Wege prüften, die uns zur Antwort auf die Frage, was Israel tun solle, gewiesen wurden, indem wir sie prüften und verwarfen, haben wir den rechten Weg, den einzigen, gefunden. Es ist der Weg, der über Zion zur Erneuerung der menschlichen Gemeinschaft führt.

In den messianischen Träumen und Ausbrüchen der Galuth waren stets Volkliches und Menschliches, Befreiungsverlangen und Erlösungssehnsucht, das Streben nach dem eignen Lande und das Streben nach der wahren Gemeinschaft verschmolzen; sie verhießen dem Juden in Israel und dem Menschen in Israel gleicherweise Erfüllung; sie waren die Zuflucht der Verwirklichungstendenz. Als der moderne Zionismus den Willen zu einem jüdischen Palästina zum Mittelpunkt einer politischen Bewegung machte, faßte er diesen Willen vorwiegend volklich; er wollte im wesentlichen eine nationale Bewegung sein, wie es deren im Abendland hinlänglich viele gibt, nur eben mit einer besondren kolonisatorischen Absicht ausgestattet. Wohl zeichneten seine Führer das Bild einer „gerechteren Gesellschaft“ und begünstigten moderne Siedlungsideen, aber das unverkennbar tiefere Pathos, die unverkennbar stärkere Farbe traten zutage, wenn es galt, die Grundlinien einer nationalen Renaissance, einer neuen Nationalkultur aufzuzeigen: hier war unzweifelbar der geistige Schwerpunkt der Bewegung. Aber niemals ist eine echte Renaissance aus rein nationalen Tendenzen hervorgegangen; ihr Ziel bildeten niemals spezifische Formen; vielmehr lag ihr stets die leidenschaftliche Erfassung erneuter menschlicher Inhalte, lag ihr ein „Humanismus“ zugrunde, und zu besonderen Formen gedieh sie, weil die Wucht der Inhalte die hergebrachten Formen sprengte. Die nationalen Sprachkulturen Europas entstanden, weil eine neue geistige Welt zu freiem Ausdruck drängte. Nicht der Hebraismus, sondern der hebräische Humanismus – das Wort in seinem großen historischen Sinn gefaßt – muß der Kern einer jüdischen Regenerationsbewegung sein. Das bedeutet: es gilt die leidenschaftliche Erfassung und Erneuerung der großen menschlichen Inhalte des Judentums; noch präziser: es gilt seinen größten, selbständigen Inhalt, seine Verwirklichungstendenz zu erfassen und neu zu leben – dann wird sich die große nationale Form von selber bilden. Kultur ist nicht die Produktivität, die sich in einem Volke vollzieht, nicht die Summe der Werke, die von ihm hervorgebracht werden; erst da ist Kultur, wo gemeinsames Werk aus gemeinsamem Geist und Leben quillt. So bedeutet denn die Tatsache, daß die jüdische Verwirklichungstendenz sich anschickt, sich des Zionismus zu bemächtigen, nicht eine Schwächung, sondern eine Stärkung seines nationalen Charakters; sie bedeutet, daß die nationale Idee in ihm Substanz gewinnt – daß er aus einer nationalen Bewegung eine nationale Wirklichkeit zu werden anfängt. Erst wenn in neuer Gestalt Volkliches und Menschliches, Befreiungsverlangen und Erlösungssehnsucht, das Streben nach dem eignen Lande und das Streben nach der wahren Gemeinschaft verschmelzen, wird sich die Regeneration des jüdischen Volkes vollziehen.

Den Nurpolitikern sei im Vorübergehen ein Wort der Mahnung zugerufen. Ein jüdisches Gemeinwesen soll in Palästina errichtet werden. Wenn das eins wird, das eine wesenlose Existenz führt wie all die wimmelnden Kleinstaaten, in dem Geist und Volk getrennt sind wie überall im heutigen Abendland, der Geist als lebensferne Intellektualität und das Volk als ideenferne Masse nebeneinander hinschwinden; ein Gemeinwesen, wo Geltung an die Stelle des Seins, gegenseitige Ausnutzung an die Stelle gegenseitiger Hilfe tritt und die Menschen einander nur deshalb nicht vernichten, weil sie einander fürchten oder brauchen; wenn ein jüdisches Gemeinwesen in Palästina gegründet wird, das solchermaßen sich in den Krieg aller gegen alle einstellt, ob es sich auch tausendmal als „neutral“ deklariert, dann wird das Getriebe der Intrigen es erdrücken. Nur wenn es eine geistige Macht wird, wird es dauern. Eine geistige Macht; das bedeutet nicht intellektuelles Niveau und nicht kulturelle Leistung. Es bedeutet vielmehr Realisierung des Geistes, der in den Völkern als Leid, als Erbitterung, als Empörung, als Sehnsucht, als Wunschgebilde lebt, aber nicht zur Gestalt gerät, weil das Reich des Übels um die Völker und in ihnen ihn niederhält. Es bedeutet Vermählung, gegenseitige Durchdringung von Geist und Volk. Es bedeutet die Überwindung des Dualismus von Wahrheit und Wirklichkeit, Idee und Tatsache, Moral und Politik. Es bedeutet Verdrängung des durch Konvention gemilderten Allkriegs durch Gemeinsamkeit. Es bedeutet Religion, Religion des gemeinschaftlichen Lebens, der Offenbarung Gottes in der Gemeinschaft, gelebte Religion. Nichts andres kann an dieser Wende der Zeiten als geistige Macht gegenüber den Mächten des Zeitalters wie Mose dem Pharao gegenüber bestehen. Dieses Eine aber wird es können; denn das Land, darin sich das Wunschgebilde zuerst erfüllte, wird das neue Heiligtum der Völker werden, das Volk, das in der Erfüllung voranging, dessen ewiger und unantastbarer Priester.

Welches andre Volk aber könnte in diesem Werk vorangehn als eins, das keiner Verfassung Ballast trägt und doch alle genugsam erfahren und erlitten hat? Das die Berufung zur wahren Gemeinschaft, tausendfach befleckt, tausendfach verleugnet, doch unentreißbar im Gedächtnis seines Blutes und seines Schicksals trägt? Und in welchem Land könnte es sich zuerst erfüllen als in jenem, das schauererregender Spuren eines ungeheuren Wollens und Ringens voll und doch wieder jungfräulicher Acker, Neuland sozialer Gestaltung ist?

Was die abendländischen Revolutionen an der reinen Auswirkung hindert, ist, daß in den Einrichtungen, die sie vorfinden, vermorschte Herrschaftswurzeln und von Urzeit lebendig erhaltne Gemeinschaftskeime ineinander verschlungen sind. So geschieht das Verhängnisvolle: Entweder die Revolution reißt beides aus dem Boden; alsdann wird mit dem Vernichtungswürdigen auch das pflegebedürftige gute Wachstum zerrissen; diejenigen unter den Trägern der Umwälzung, die den unersetzlichen Wert der organischen Zusammenhänge kennen, weichen den Vertretern einer selbstherrlichen Intellektualität, und diese bemühen sich nun vergeblich, alles aus dem Verstande neu zu machen. Oder aber die Revolution bleibt in dem Gewirr stecken; sie scheut sich – aus Furcht vor der Aufgabe der Neuschöpfung oder aus Furcht, das Keimende zu versehren – an das Morsche Hand anzulegen, und das Ergebnis ist, daß dieses von neuem jenes unterjocht, daß entgeistetes Sinnbild aufgefrischt wird, entseelte Form neuen Zaubernamen empfängt und die heilig lebendigen Gemeinschaftskeime weiter ungepflegt und ungefördert ihrer Stunde harren.

Anderes dürfen wir für die revolutionäre Kolonisation erhoffen, die uns obliegt. Revolutionäre Kolonisation, sage ich, weil wir nicht bestehende Struktur umzubauen, sondern siedelnd neuen Bestand zu stiften haben, aber eben darin berufen sind, Umgestaltung, Neugestaltung zu wirken. Wir finden nicht Institutionen vor, die unser Werk behindern; es ist unsere Sache, unser Gemeinwesen in den Formen aufzurichten, in denen es, seine Idee immer reiner verwirklichend, zu einem Gebilde der wahren Gemeinschaft erwachsen kann. Aber es sind dies nicht Formen, die aus dem luftleeren Raum der Intellektualität in die Wirklichkeit eingesetzt werden: in unserem Volksgedächtnis, unserer inneren Geschichte überliefert tragen wir hohes Gebot gemeinschaftsechter, noch unrealisierter Einrichtung; es gilt, das

Reine und Ewige dieser Überlieferung vom trüben Zeitlichen zu scheiden und in das Werk zu leiten. Was an den Institutionen so schwer zu vollziehen ist, daß es immer wieder verfehlt wird, Sonderung des niedergehaltenen Lebenden vom herrschenden Toten, werden wir es am Erbe unserer Seele nicht vollziehen können? Unsere, die siedelnde Revolution, mit der wir uns als *konstruktives* Element in die beginnende Menschheitsrevolution einstellen, bedeutet die Erfüllung einer Tradition der Aufgabe; aber eine wählende Erfüllung. Daß sie wählend und somit zugleich verwerfend ist, macht eben ihren revolutionären Charakter aus. Aber diese Wahl, diese Auslese, ich wiederhole es, ist nicht Willkür. Ein größrer Wille ist in unsrem persönlichen mächtig. Aussprechend lauschen, gebietend gehorchen wir ihm.

„Eine Erneuerung des ganzen Menschen" – nicht zulänglicher kann ich heute als vor nahezu zwanzig Jahren den Gehalt des großen Vorgangs benennen, als dessen Außenelemente die angehobenen Ereignisse, die Auswanderung eines Teils der Juden nach Palästina und dessen Ausstattung mit einer mehr oder minder weitgehenden Selbstverwaltung erscheinen. Aber wie alle Erneuerung im Leben der Einzelnen und der Völker, der Gesellschaften und der Lehren, so kann auch diese nicht meinen, daß in die Seele ein neues, ihr bislang unbekanntes Triebwerk gesteckt, ihr ein neues, nie gesehenes Antlitz verliehen wird, sondern daß verschüttetes Urgut aufgedeckt, vergessene Richtung wiedergefunden, vernachlässigte Anlage wieder wirksam gemacht wird: daß ein in der Vorzeit als erworbene Lebensform oder als eingeborenes Streben Besessenes und seither Verlorenes neu in Besitz genommen wird, und daß damit freilich in einer neuen Zeit und Beschaffenheit, in einer neuen Seelenverfassung und Schicksalslage, in einer neuen Fülle des Stoffes und Spannung des Gestaltens eben doch wesenhaft Neues geschieht. Als erworbene Lebensform oder als eingeborenes Streben. Als erworbene Lebensform: die wiederaufgenommen und neu geübt werden will, freilich unter von Grund aus gewandelten Verhältnissen und aus einer durch viele Verstrickungen und Verirrungen hindurchgegangenen Seele; solch eine Inbesitznahme wäre die Wiedergewinnung der alt-hebräischen Verbundenheit mit Erde, Erdarbeit und Erdgenuß. Oder als eingeborenes Streben: da wäre es aber eine armselige, sinn- und würdelose, fiktive Inbesitznahme, es sich so wieder zu eigen zu machen, daß man sich nunmehr von neuem nach dem Aufbau eines wahren Gemeinwesens fortsehnte, bis „die Zeit erfüllt ist"; das hieße verschüttetes Urgut ausgraben, um es als Schaustück aufzustellen, vernachlässigte Anlage wiederbeleben, um sie in Kundgebungen zu verherrlichen. Vielmehr kann ein in der Vorzeit als eingeborenes Streben Besessenes und seither Eingebüßtes oder Geschwächtes einzig dadurch wahrhaft in Besitz genommen werden, daß alsogleich, mitten im Ringen des erneuernden Augenblicks, mit der Erfüllung begonnen wird; und der verkennt furchtbar die schicksalhafte Tiefe eines solchen Jetzt, wer sich damit getröstet, es würde sich später einmal „nachholen" lassen. Hier offenbart sich am deutlichsten der revolutionäre Gehalt unserer siedlerischen Aufgabe.

Beides aber erweist sich in unserer Sache dem Schauenden und Wollenden als zuinnerst verbunden; denn im alten Judentum war jenes Streben auf nichts anderes als auf die Erhebung, Heiligung, Vollendung jener Lebensform gerichtet. Das alte Judentum wollte nicht im reinen Geist, sondern im naturhaften Leben das Göttliche verwirklichen. Wie seine Religion eine Bauernreligion war, so war seine Gesetzgebung eine Agrargesetzgebung, die Menschlichkeit, die seine Propheten forderten, eine erdgebundene Menschlichkeit, und noch das Essäertum zog die Weihe seiner Tage aus dem Werk des Pflügers und Sämanns. Der Aufbau des wahren Gemeinwesens kann nicht geschehen ohne Erhebung des Ackerlebens, des Lebens aus der Kraft der Erde, zu einem wahren Dienste Gottes, der die andern Stände mitergriffe und gleichermaßen an Gott und an die Erde bände. Die Gesetze des Geistes sind die recht verstandenen Gesetze der Erde; die „Diktatur des Geistes" vollstreckt das Diktat der menschgewordnen, gottwollenden Natur.

Unsere, die siedelnde Revolution bedeutet die wählende Erfüllung einer Tradition der Aufgabe. Es gilt in dieser Tradition das zu erwählen, was Erdnähe, verklärte Weltlichkeit, Einatmen des Göttlichen durch die Natur ist; es gilt in ihr zu verwerfen, was Erdferne, abgelöste Rationalität, Verbannung der Natur von Gottes Angesicht ist.

Wenn solchermaßen unsre innere Geschichte, das Gedächtnis des jüdischen Willens zur Verwirklichung, schauend erkannt wird, stellen sich uns dessen immanente Grundsätze in weltweiten Zeichen dar:

die Gemeinschaft als die Verwirklichung des Göttlichen im Zusammenleben der Menschen;

die Erde als das mütterliche Element solches Zusammenlebens, von Gott der Gemeinschaft allein und keinem Einzelnen verliehen;

die Arbeit als der immer wieder vollzogene Bund des Menschen mit der Erde, geweiht, wo sie mit dem ganzen leiblich-seelischen Erdenwesen, in frei opferndem Gemeinschaftsdienst, Gottesdienst getan wird;

die Hilfe, gegenseitige Hilfe Leibes und der Seele, als das Einanderhalten und Einandertragen, das Einanderfreimachen der Menschen zum Werk der Verwirklichung, und so wahrhaft an Gott geleistet;

das Führertum als das Amt der Hilfreichsten und Hilfsfähigsten, verwaltet im Auftrag Gottes, des alleinigen Herrschers, nicht von geistlich spezialisierten Menschen, die zur Welt niedersteigen, sondern von weltlich allgemeinen, die sich zum Geist erheben;

die Gemeinde in ihren mannigfachen Formen, Ortsgemeinde, Genossenschaft, Kameradschaft, Brüderschaft, als die Zelleneinheit aller Gemeinschaft, darin sich die *unmittelbare* Beziehung zwischen den Menschen, die Trägerin des Göttlichen, zur dauernden Gestalt aufbaut;

das Gemeinwesen als der Verband lebenskräftiger, verwirklichungserfüllter Gemeindezellen, die in der gleichen Unmittelbarkeit, die in jeder von ihnen waltet, zueinander treten, auf gemeinschaftlich besessener Erde, in gemeinschaftlich geordneter Arbeit, in einem von Vertreterschaften der Gemeinden getragenen System gegenseitiger Hilfe, von den in der Auslese dieses Systems als die zuverlässigsten Helfer Erwiesenen geführt;

die Menschheit als ein Verband solcher Gemeinwesen, die in der gleichen Unmittelbarkeit zueinander treten;

der Geist als der prophetische Lehrer der Treue und der Erneuerung: der Mahner zur Treue gegen die Verwirklichung und ihre Gesetze, zum Festhalten an den Einrichtungen, die der wahren Gemeinschaft dienen, aber auch der Hüter der sozialen Dynamik, daraus alle Einrichtung und Gemeinschaftsform sich in ewigem Rhythmus erneuern muß, daß sie nicht erstarre und nicht, wie in aller bisherigen Menschenwelt, ein Totes die Lebenden regiere;

über allem aber der Name des Namenlosen, des Ziels aller Verwirklichung, sprachlos vertraute Gnade allen zur Verwirklichung Entschlossenen, ob sie auch, alter Worthaftigkeit entwachsen, sich Gott entwachsen wähnen, grauenvoll unbekannt den Verwirklichungsträgen, die ihnen sinnlose Gottbezeichnungen im Munde führen.

In *einem* Wort lassen sich die Grundsätze zusammenschließen, in einem Losungswort: von innen! Das Neue kann nicht gestiftet werden, indem man einem Lande die autokratische Verfassung vom Kopfe reißt und die kommunistische aufstülpt, während das Leben zwischen Mensch und Mensch das gleiche bleibt und so auch die Methoden der Herrschaft unverändert beharren. Die Beziehungen zwischen den Menschen müssen sich verwandeln, damit aus ihnen wahre Wandlung der Gesellschaft, wahre Wiedergeburt geschehe. Unsere Hoffnung wurzelt in dem Glauben, daß in einem Judengeschlecht, das in diesem Augenblick unserer Geschichte, nach solcher Erschütterung und aus solcher Entscheidung in die Heimat zurückkehrt, die Vorbedingungen für die Verwandlung der Beziehungen zu einer noch nicht gewesenen Kraft gesteigert sind.

Es gehört meiner heutigen Aufgabe nicht zu, über dieses Allgemeine und Innerliche hinaus von dem Aufbau eines wahren Gemeinwesens in Zion zu reden. Auch kann es nicht an uns sein, schematisierende Konstruktionen dem Kommenden auferlegen zu wollen, dessen Einzelfügung sich vielmehr aus den fruchtbaren Zusammenstößen eines Zeitalters des Anbeginns und des Opfers wird entfalten müssen. Der Geist muß die Grenzen erkennen, jenseits derer er sich nicht dem Leben auferlegen darf, sondern warten soll, bis er selber in neuem Wort und Gesetz dem Leben entspringt. Aber innerhalb dieser selbsterkannten, selbstgezogenen Grenzen muß der Geist anfangen, muß bestimmen, muß befehlen. Und er wird es tun.

Wir wissen wohl, daß ein Kampf gegen unermeßlichen Widerstand unser harrt; wir vergessen nicht, daß der Tat am Werden der Gemeinschaft alles entgegensteht: die Starrheit der Erbgewohnten und die Trägheit der Augenblickssklaven, der eilfertige Doktrinarismus und die verantwortungslose Demonstrationslust, die karge Selbstsucht und die unfügsame Eitelkeit, die hysterische Selbstvergeudung und das richtungslose Getue, der Kultus des „reinen Gedankens" und der Kultus der „realen Politik"; wir vergessen nicht die Natur der ewigen Masse, die dem Formungswillen der Forderung mit aller wirkenden und latenten Energie widerstrebt und die Tat in ihre zerreibenden Kreise niederzieht. Und dennoch hoffen wir, dennoch entwerfen wir, dennoch fangen wir an. Wohl kennen wir den Erew Raw zur Genüge, die vertragssüchtige, verwirklichungsfeindliche Mischbrut, die alles reine Werden im Judentum schändet, und wir wissen nicht, wieweit es uns gelingen wird, sie vom Lande fernzuhalten, wo sie vielleicht doch Gelegenheit zu Ausbeutung und Profit wittern wird. Aber weit tiefer sind wir, über alle gewesene und künftige Enttäuschung hinaus, Israels gewiß und Gottes gewärtig.

## Cheruth

*Eine Rede über Jugend und Religion*

> „Gottes Schrift eingegraben auf den Tafeln" – lies nicht charuth: eingegraben, sondern cheruth: Freiheit.
>
> *Sprüche der Väter*

Unter allen Problemen des gegenwärtigen jüdischen Lebens bedarf das Verhältnis der Jugend zur Religion wohl am meisten der Aufhellung. Aber – so möchte gefragt werden – gibt es denn ein besonderes religiöses *Jugend*problem? Was hat Jugend *als solche* überhaupt mit Religion zu schaffen?

Was hat Jugend mit Religion zu schaffen? Das will sagen: die einzelnen jungen Menschen mögen je nach Anlage, Erziehung, Einfluß der Umwelt religiös oder irreligiös sein – wie aber käme der Jugend als solcher ein positives Verhältnis zur Religion zu? Ist es berechtigt, es von ihr zu fordern? Die Jugend ist die Zeit der Alloffenheit. Mit allwärts offenen Sinnen empfängt sie die Fülle und Vielfältigkeit der Welt, mit allwärts offenem Willen schenkt sie sich dem unendlichen Leben hin. Noch ist sie nicht auf eine Wahrheit eingeschworen, um derentwillen sie vor allen andersartigen Perspektiven die Augen zu schließen hätte; noch hat sie sich nicht auf eine Norm verpflichtet, vor der alle andersartigen Wünsche zu schweigen hätten. Ihr Streben nach Erkenntnis kennt keine andere Grenze, als die die eigene Erfahrung sie wahrnehmen lehrt, ihre Vitalität keine andere Verantwortung als die vor der Ganzheit des eigenen Lebens. Sie selber wird früher oder später Wissen und Wollen der einschränkenden Gewalt von Seins- und Sollens-Gesetzen unterstellen müssen und der Unendlichkeit verlustig gehen; man überlasse es ihr, ob sie sich alsdann religiösen oder anderen Theoremen, religiösen oder anderen Vorschriften ergibt. „Wer der Jugend Religion auferlegt, verschließt ihr von den tausend Fenstern ihres Rundbaus alle bis auf eines, von tausend Wegen ins Weite alle bis auf einen.

Diese Mahnung möchte zu Recht bestehen, wenn Religion in der Tat ihrem Wesen nach orientierend und normierend, eine Summe von Glaubenssätzen und eine Summe von Vorschriften wäre. Sie ist aber ihrem Wesen nach keins von beiden. Glaubenssätze und Vorschriften sind nur das wechselnde Ergebnis der Versuche des Menschengeistes, das Wirken des Unbedingten, das sich an ihm ereignet, in einer sinnbildlichen Ordnung des Wißbaren und Tubaren zu fassen. Die primäre Wirklichkeit ist das Wirken des Unbedingten am Menschengeist. Der Menschengeist hält dem Übergewaltigen stand durch die Kraft seiner Schau: so widerfährt es ihm als das große Gegenüber, als das Du an sich. Er faßt das in sich Unerfaßliche durch die Schöpfung des Sinnbilds: so offenbart sich ihm in Zeichen und Spruch der uneinschränkbare Gott. Das Strömen der Allflut schöpft der Menschengeist in die Schale einer Aussage, so und nicht anders sei das Walten des Herrn beschaffen; den Blitz des Urlichts fängt er in dem Spiegel einer Anordnung auf, so und nicht anders sei dem Ewigen zu dienen. Mit beidem aber ist er nicht unwürdig, nicht ungetreu; sondern zu solcher Gestalt wirkt sich das Unbedingte selber in ihm aus, und nicht weiter ist er zu dieser Zeit ihm zum Werkzeug gediehen. „Denn reifen will das Göttliche in der Menschheit." In deren großen Gezeiten entwächst es in unsichtbarem Werden alter Symbolik, blüht es zu neuer auf; immer innerlicher, immer herznäher wird das Bild, immer tiefer senkt es sich in das Leben selber ein, und der es vor fünftausend Jahren in den Sternen schaute, erblickt es heute im Auge des Freundes. Nicht Gott ist es, der sich wandelt, die Theophanie wandelt sich, die Kundgebung des Göttlichen durch den sinnbildschaffenden Menschengeist: bis kein Sinnbild mehr zureicht und keines nottut und das Leben selbst im Wunder seines Miteinander zum Sinnbild wird – bis Gott leibhaft gegenwärtig wird, wenn ein Mensch einem Menschen die Hände reicht.

So aber ist die geheimnisvolle Bindung des Geistes, daß – in diesem wesentlichsten Belang vor allen andern – in jeder Person das ganze Geschlecht und in jedem Schicksal die ganze Geschichte keimhaft enthalten ist. Jeden Menschen rührt einmal, noch so kurz, noch so dämmerhaft, das Wirken des Unbedingten an; die Zeit des Lebens, in der dies an allen geschieht, nennen wir die Jugend. Jeder Mensch erlebt in dieser Zeit die Stunde, da das Unendliche sich ihm zuneigt, ob er ihm standhalten möchte: standhalten durch Kraft der Schau und durch Schöpfung des Sinnbilds, durch Hingabe und Erwiderung. Jeder Mensch ist in diesem innersten Sinn zur Religiosität bestimmt; das eben bedeutet jene Alloffenheit, die den Jugendlichen umrauscht: sein Geist ist nicht nur für alles, er ist auch dem All offen. Aber die meisten leben an ihrer Bestimmung vorbei. Gleichviel ob sie im Seelenkreis einer angestammten Religion bleiben oder sich ihr entfremden, ob sie weiter glauben und üben, was die sinnbildliche Ordnung dieser Religion sie glauben und üben heißt, oder ihrem Geheiß die Gefolgschaft weigern: sie halten der Berührung des Unbedingten nicht stand, sondern weichen ihr aus, sie fassen es nicht mit der schauenden und schaffenden Kraft, mit hingebender und erwidernder Tat, sie wenden sich von ihm weg der Bedingtheit zu. Darunter aber sind nicht etwa die Dinge der Welt zu verstehen, sondern die ihrer Weihe entkleideten, ihrer Heiligung entzogenen, der Verbindung mit dem Unbedingten beraubten Dinge. Denn wer diesem sich darbringt – wie immer er es nennen mag –, dem weihen und heiligen sich alle Dinge, in seinem Verkehr mit ihnen bekundet sich göttliche Gegenwart, und alles ist unsterblich. Wer sich aber dem Unbedingten versagt, der lebt inmitten unheiliger Bedingtheiten sein Leben ab, das Getümmel umlagert ihn allezeit, und die Erfüllungen zerfallen in seiner Hand.

Nicht darum also geht es, der Jugend Religion aufzuerlegen, sie in eine Ordnung des Wißbaren und Tubaren einzustellen, sondern darum, in ihr ihre eigene latente Religion zu erwecken; das ist: die Bereitschaft, der Berührung des Unbedingten standzuhalten. Es gilt nicht, der Jugend zu predigen, diese und keine andere sei Gottes Offenbarung, sondern ihr zu zeigen, daß kein Ding unfähig ist, ein Gefäß der Offenbarung zu werden; nicht, ihr zu verkünden, durch diese und keine andern Handlungen sei Gott zu dienen, sondern ihr zu enthüllen, daß jede Tat geweiht ist, in der die Einheit aufstrahlt; nicht, von ihr zu fordern, daß sie als einzig verpflichtend für ihr Leben anerkenne, was zu irgend einer Stunde der Vergangenheit geschehen ist, sondern ihr zu bestätigen, daß „jeder Mensch seine Stunde hat", da die Pforte sich ihm auftut und das Wort ihm vernehmlich wird. Wir wollen der Jugend nicht ein Wissen um Gottes Wesen und Werke vermitteln, die wir Ehrfurcht vor dem Unwißbaren hegen; wir wollen ihr Leben nicht durch gottabgeleitete Gesetze und Vorschriften regeln, die wir das Leben für göttlicher erachten, als Gesetze und Vorschriften; wir wollen ihr helfen, an ihrer Bestimmung nicht vorüberzugehn, ihre metaphysische Selbstentdeckung nicht zu verschlafen, dem Wirken des Unbedingten an ihrem Geist würdig zu erwidern. So schmälern wir der Jugend ihre Alloffenheit nicht, sondern fördern und festigen sie zutiefst darin; wir verhängen keines ihrer Fenster, sondern lassen sie, als sei sie ganz Auge geworden, den allumschließenden Rundblick tun; wir versperren keinen Weg vor ihr, sondern erleichtern ihr inne zu werden, daß alle Wege, in Wahrhaftigkeit und Weihe begangen, zur göttlichen Schwelle führen.

Es möchte aber gefragt werden: „Wenn der Grundgehalt der Religion nicht in den Lebensformen und Einrichtungen einer durch Lehre und Kult verbundenen Gemeinschaft, sondern im Auswirken einer allen Menschen eingeborenen Innerlichkeit, somit in einem ‚allgemeinmenschlichen' Akt zu finden ist, inwiefern kann von einem eigentümlichen Verhältnis der *jüdischen* Jugend zur Religion die Rede sein?" Oder allgemeiner gefaßt: „Inwiefern kann von einem eigentümlichen Verhältnis der Jugend irgend eines Volkes zur Religion die Rede sein?"

Zunächst ist die Antwort auf die allgemein gefaßte Frage zu suchen, dann erst zu prüfen, ob nicht bei dem Judentum und seiner Jugend besondere, bei keinem andern Volk auffindbare Elemente hinzutreten.

Ich habe auf die Abirrung hingewiesen, die alle jungen Menschen bedroht und der sehr viele verfallen: daß sie der Berührung des Unbedingten nicht standhalten, sondern ihr ausweichen. Aber es gibt eine andere, schwerere Abirrung: daß sie *zum Schein* standhalten. Zum Schein nicht etwa bloß vor den andern, sondern vor sich selber. Das Unbedingte wirkt sich am Menschen dann aus, wenn er sich in seinem ganzen Wesen von ihm ergreifen, durchschüttern, verwandeln läßt, wenn er ihm mit seinem ganzen Wesen antwortet: mit dem Geist durch Fassung des Göttlichen im Sinnbild, mit der Seele durch die Liebe zum All, mit dem Willen durch Bewährung im tätigen Leben. Aber es kann die wunderliche Perversion eintreten, daß einer sich in dem Wahn gefällt, er habe sich dem Unbedingten ergeben, dieweil er sich ihm von Grund aus entzogen hat, indem er das Ereignis seiner Berührung zum „Erlebnis" mißbrauchte; er ist in seinem ganzen Wesen unergriffen, unverwandelt geblieben, aber er hat eine sublime Stunde genossen; er kennt die Antwort nicht, er kennt nur die „Stimmung"; er hat Gott psychologisiert.

Die erste dieser Abirrungen, das Ausweichen, war besonders einer früheren Generation eigen, die einem oberflächlichen Rationalismus zuneigte; die zweite, die Scheinaufnahme, ist in der neuen Generation verbreitet, die einem nicht minder oberflächlichen Emotionalismus ergeben ist. Diese Abirrung ist die weitaus schwerere, wie ja immer die Scheinbejahung bedenklicher ist als die Verneinung. In den Ausgewichenen kann doch noch irgendwie die Religiosität eindringen, in den dem Schein Verfallenen nicht. Man kann auf eine religiöse Weise Rationalist, Freidenker, Atheist sein; man kann nicht auf eine religiöse Weise Erlebnissammler, Stimmungsprotz, Gottschwätzer sein. Wenn das Gewimmel des Marktes sich in die Nacht verlaufen hat, leuchten über dem stillgewordnen die Gestirne wie über dem Schweigen der Berge; aber in den Dunst der Redeschänke dringt kein ewiges Licht.

Wie nun kann man die Jugend dieser Verirrung entreißen? Oder richtiger: wie kann die Jugend sich dieser Verirrung entreißen?

Ein großer Helfer steht ihr zur Seite; das ist die lebendige Volksgemeinschaft. Nur der Abgelöste, der aus keinem tieferen Brunnen zu schöpfen hat als aus den Erfahrungen seiner privaten Existenz, wird den Anhauch des Unendlichen zum Erlebnis degradieren und auf die Musik der Sphären mit Literatur antworten. Der wahrhaft Verbundene kann nicht fehlgreifen; nicht weil ihm die in den Volksjahrtausenden für Schau und Dienst des Unbedingten geschaffenen Sinnbilder und Lebensformen fertig zur Verfügung stehen, sondern weil ihm aus der Verbindung mit dem Volkstum die bild- und formschaffende Kraft selber zuströmt. Der wahrhaft Verbundene; denn schon hier ist darauf hinzuweisen, daß Bekenntnis zum Volke noch keine Verbindung mit ihm darstellt, sondern bestenfalls den Wunsch nach einer Verbindung.

Dreifach ist das Element der lebendigen Volksgemeinschaft dem Verbundenen gegenwärtig. Vor ihm als das heilige Werk des Volkstums in Schrifttum und Geschichte: die aus Wort und Tat zusammengesetzte Rolle, deren Zeichen die Chronik des Umgangs dieses Volkes mit seinem Gott erzählen. Um ihn als die gegenwärtige Volksmasse, in der, und sei sie noch so entartet, die Gegenwart des Göttlichen, eingebettet in die trübe Tragik des Alltags, aber sie mit dem Glanz des Urfeuers überstrahlend, fortlebt. In ihm als das verschwiegene Zeitengedächtnis der tiefsten Schichten seiner Seele, daraus, wenn er es nur zu erschließen vermag, ihm wahrere Kunde quillt als aus den seichten Wellen seiner privaten Erfahrungen; aber diesen tiefen Brunnen entsiegelt nur, wer sich mit dem ganzen Ernst zur Verbundenheit entschieden hat.

Dreifaches Element der lebendigen Volksgemeinschaft, dreifache Kraftquelle des jugendlichen Menschen, dreifacher Halt für das Verhältnis zum Unbedingten!

Ich erinnere daran, daß das Wirken des Unbedingten an der einzelnen Person gleichsam eine Abbreviatur seines Wirkens am Menschengeist darstellt. Wie könnte denn in der Person eine zureichende Antwort, die Konzeption eines rechtmäßigen Sinnbilds entstehen ohne innerlichen Anschluß an das, was sich bis auf sie im Menschengeist vollzogen hat! Dies aber ist jedem nur in dem absoluten, das ist dem religiös schöpferischen Leben seines Volkstums *unmittelbar* gegeben. Hier verdichtet sich ihm das wortlose Gespräch der Menschheit mit Gott zu der Seelensprache, die allein er nicht bloß zu verstehen, in der er auch selber neue, noch ungesagte Sätze zu fügen vermag. Ohne sie könnte er nur stammeln oder fehlreden. Schließen sich doch sogar die Stifter neuer Religionen, so neu ihr Wort und ihr

Tun erscheinen mag, in Wahrheit innig an die Schöpfung ihres Volkes in Sinnbild und Lebensgestalt, und wenn sie Wasser aus dem Felsen schlagen, so sprudelte es doch schon unsichtbar und unhörbar in ihm, ehe ihr Stab ihn traf. Alle religiöse Stiftung, alle echte persönliche Religion ist Entdekkung und Hebung eines uralten Schatzes, Enthüllung und Befreiung der unterirdisch gewachsenen Volksreligion. Ohne Verbundenheit mit seinem Volke bleibt der Mensch vag und verweht, wenn Gott ihn anruft; erst aus der Verbundenheit gewinnt er Umriß und Substanz, daß er dem Rufenden gegenüberzutreten wagt.

Was ich vom Verhältnis des jugendlichen Menschen zum religiösen Leben seiner Volksgemeinschaft sagte, gilt mit einer ganz besonderen Prägnanz im Judentum. Und das aus zwei Gründen.

Der eine ist die *Autonomie* der religiösen Entwicklung im Judentum, die die abendländischen Völker nicht kennen. Bei diesen hat in das natürliche Wachstum der religiösen Triebe und Gestaltungen ein geistiges Prinzip von außen beschränkend und umbildend eingegriffen, das Christentum; und trotz aller kunstreichen Bemühungen der Kirche, ihrer Lehre und ihrem Dienst die das Herz der Völker bewegenden Urkräfte, die in heidnischem Mythos und heidnischer Magie walteten, einzuverleiben, ist keine vollkommene Einheit zustandegekommen. Daher muß dort der junge Mensch, wenn er für sein persönliches Verhältnis zum Unbedingten in der Verbindung mit seiner Volksgemeinschaft Nahrung und Halt gewinnen will, sich weniger an die eigentliche Religion als vielmehr an die in den treuen Gebilden volkstümlichen Lebens, in Brauch und Sage, Lied und Spruch heimlich dauernden Urkräfte wenden. Im Judentum dagegen entsprang das religiöse Werden ungeachtet aller Einflüsse immer wieder keinen anderen Gewalten, als denen der Volksseele selber, und an den Kämpfen, die es begleiteten, nahm kein fremdes Element teil. Daher steht hier dem jugendlichen Menschen ein einheitlicher Bereich gegenüber, und wenn ihm die offizielle Erscheinungsform seiner Religion die Hilfe, deren er bedarf, nicht gewährt, braucht er nicht von ihr weg sich in eine andere Sphäre des Volkslebens zu begeben, er braucht nur in deren eigene Tiefe, zu den unterirdischen, nicht zur Herrschaft gelangten Verzweigungen jüdischer Religiosität hinabzusteigen.

Noch wesentlicher aber ist, daß er in keine andere Sphäre des Volkslebens sich begeben *kann:* weil es im jüdischen Volksleben keine gibt, die mit der religiösen unverknüpft wäre. Nicht allein die spezifische Produktivität, auch die spezifische Lebenskraft des Judentums ist an sein Verhältnis zum Unbedingten gebunden. Die Differenzierung der Kräfte, wie sie den meisten anderen Völkern eigentümlich ist, bleibt seinem Wesen fremd; die außerreligiösen Elemente sind entweder peripherer Art und am schöpferischen Ausdruck unbeteiligt, oder sie sind irgendwie vom Religiösen bestimmt und abhängig. Es ist bezeichnend, daß sogar der Urabfall des Volks von dem Gott der biblischen Religion eine religiöse Form annimmt: die abfallende Menge begnügt sich nicht damit, sich ihren freigewordenen Trieben zu überlassen, ihre führende Leidenschaft äußert sich im Zusammentragen der Schätze zum Guß des Götzenbilds. Nichts anderes bedeutet es, wenn ein hebräischer Dichter unserer Zeit sich nicht damit begnügt, dem alten Gott die Gefolgschaft abzusagen, sondern die Bildsäule Apollons anbetet. In welcher Gestalt immer sich die religiöse Produktivität des Judentums umsetzt, sie verliert zuinnerst ihren Grundcharakter nicht. Das größte philosophische Genie, das es der Welt geschenkt hat, Spinoza, ist zugleich der einzige unter den großen Philosophen, der in Wahrheit keinen anderen Gegenstand des Denkens kennt als Gott; und in den Ideologien jüdischer Sozialisten leben uralte messianische Träume fort.

Ich weiß wohl, daß es seit der Verdichtung jüdischen Regenerationsverlangens in unseren Tagen Menschen gibt, die, allem flachen Aufklärertum fern, dennoch die Übermacht des Religiösen im Judentum beklagen, die darin eine Verengung des Volkslebens, eine Verdünnung der Volkssäfte, eine Ablenkung der Volkskraft von ihren natürlichen Aufgaben erblicken und eine Verweltlichung des Judentums fordern, und ich verkenne die Berechtigung dieses Standpunkts gegenüber dem Galuth-Vegetieren nicht, darin die religiösen Ansprüche im engsten Sinn oft genug die gesunde Vitalität des Volkes überwucherten. Aber im Grunde beruht dieser Standpunkt doch auf einer fundamentalen Verwechslung der großen religiösen Schöpferkraft des Judentums mit historischen Erscheinungsformen seiner Religion. Nur da wird die Entfaltung der Volkskräfte durch die Religion beeinträchtigt, wo diese – wie sie es allerdings in der Diaspora in steigendem Maße tat – sich auf den Ausbau des Nichtsollens, die minutiöse Scheidung von Erlaubtem und Verbotnem konzentriert und darüber ihre wahre Aufgabe vernachlässigt, welche ist und bleibt: die menschliche Antwort an das Göttliche, die Antwort des *ganzen* Menschen – mithin die Einung von Geist und Welt: die Verwirklichung des Geistes und die Verklärung der Weltlichkeit, die Heiligung der Beziehung zu allen Dingen, die Freiheit in Gott. Aber schon der Chassidismus, so sehr er noch an die Tradition des Nichtsollens gebunden war, stellt einen großen, wiewohl mißglückten Versuch der Synthese weltlicher und geistlicher Ordnung, der Verschmelzung religiösen Grundgefühls mit der Unbefangenheit und Fülle des natürlichen Lebens dar – und in der Richtung auf diese Synthese, nicht in der auf eine Ausschaltung der Religiosität, liegt die Zukunft des schöpferischen Judentums. In dem wachsenden Streben nach dieser Synthese ist die Bürgschaft enthalten, daß die Jugend, wenn sie um Seelenhilfe in die Tiefen der jüdischen Religion niedersteigt, nicht zerfallendes Gestein, sondern Wasser des wahren Lebens findet.

Der Jugend des heutigen Europa hat die Intellektualisierung, die sich, seit Jahrhunderten vorbereitet, in den letzten Generationen vollzogen hat, eine bedrückende Vereinsamung gebracht. Unter Intellektualisierung verstehe ich die Hypertrophie des aus dem Zusammenhang des organischen Lebens herausgebrochenen, parasitär gewordenen Intellekts im Gegensatz zu einer organischen Geistigkeit, in die sich die Totalität des Lebens umsetzt. Diese Intellektualisierung macht einsam, denn nur von Mensch zu Mensch und so von Geist zu Geist, nicht aber von Denkapparat zu Denkapparat führt die Brücke unmittelbarer Gemeinsamkeit, heiße sie nun Liebe, Freundschaft, Kameradschaft, Genossenschaft. Sie macht einsam, nicht mit der Höheneinsamkeit der Voransteigenden, die schweigsamen Herzens der zurückgebliebenen Gefährten harren, sondern negativ einsam, mit der Abgrundeinsamkeit der Verirrten und Verlorenen. Aus der Angst und Schwermut solcher Einsamkeit sehnt sich die Jugend des heutigen Europa nach Gemeinschaft; sie sehnt sich nach ihr so unbändig, daß sie, wie wir genugsam erfahren haben, sich jedem Trugbild von Gemeinschaft hinzuopfern bereit ist. Aber bei der jüdischen Jugend ist die Intellektualisierung, infolge der Anomalie des Galuthlebens, noch weiter vorgeschritten, die Einsamkeit noch gesteigert; und bei einem großen Teil der jüdischen Jugend, vornehmlich der westjüdischen, kommt dazu, daß sie von ihrem natürlichen Volkstum abgeschnitten ist und die Illusion eines organischen Zusammenhangs mit einem andern ihr allmählich zerrinnt. Und so ist auch ihre Gemeinschaftssehnsucht gesteigert.

Was diese Sehnsucht der jüdischen Jugend allein zu stillen, die Einsamkeit ihrer Intellektualisierung allein zu überwinden vermag, ist die wahrhafte Verbundenheit mit dem religiös-schöpferischen Leben ihrer Volksgemeinschaft.

Ich habe schon gezeigt, wie die Jugend zum Aufbau ihres innern religiösen Lebens dieser Verbundenheit bedarf: um dem Unbedingten nicht in der stimmungshaften Willkür des „erlebenden" Schwärmers, sondern in der rechtmäßigen Bereitschaft des Kämpfers und Arbeiters gegenüberzutreten, der in aller persönlichen Freiheit doch an die Volksschöpfung anknüpft und sie in seinem Leben fortsetzt. Aber die Jugend bedarf der Verbundenheit nicht minder für ihr inneres *nationales* Leben. Sie sollte sich nicht länger der Illusion hingeben, sie könnte durch das bloße Lesen Bialikscher Gedichte und Absingen jiddischer Volkslieder den entscheidenden Anschluß gewinnen, oder es sei damit getan, wenn sie noch ein paar scheinreligiöse Sentimente und Lyrismen dazutut. Sie sollte einsehen, daß es ein Größeres, ein Großes gilt: das ernste, kampf- und arbeitsreiche Mitdurchwandeln eines gewaltigen Schöpfungsprozesses in all seinen Widersprüchen und ihrer werdenden Versöhnung, das innere Nachschaffen dieses Prozesses mit ehrfürchtiger Seele und erkennendem Geist, das Sich-Einstellen in ihn nicht mit der Innerlichkeit allein, sondern mit dem ganzen, das Gefundene bewährenden und auswirkenden Leben – das Bereiten der Erneuerung. Denn die Idee der Erneuerung darf nicht – wie es in der kurzatmigen jüdischen Bewegung unserer Tage so oft den Ideen widerfährt – zum bequemen Schlagwort ausarten, das der Mühe des Ringens, der Mühe des Lernens, der Mühe des Bauens enthebt, zum Schlagwort, darin das Gefühl schwelgt und der Geist erschlafft; sie muß das Panier sein, das auf dem Weg des Ernstmachens vorangetragen wird. Erneuerung bereitet sich, wenn der Geistesprozeß des Judentums, der ein religiös-kämpferischer, religiös-schöpferischer Prozeß ist, von einem ernstmachenden Geschlecht in Wort und Leben wiederaufgenommen wird.

Wiederaufnahme verlangt etwas Ursprünglicheres als bloßen Anschluß, aber sie kann nicht ohne Anschluß geschehen. Und hier erhebt sich die Grundfrage: Welcher Art soll dieser Anschluß sein? Woran soll er erfolgen?

Zweierlei Anschluß an die jüdische Religion wird dem werdenden Geschlecht anempfohlen, je nachdem ihr Wesen in der Lehre oder im Gesetz erblickt wird: Anschluß an die jüdische Lehre, Anschluß an das jüdische Gesetz.

Ich will zunächst von der ersten dieser Richtungen sprechen. Von ihren bedeutendsten Vertretern wird die vielfältige und lebenskräftige Fülle der Religion zu einem System abstrakter Begriffe sublimiert, wobei das nährende zeugende, unauflösbare Element der Religion, das Geheimnis ihrer Überrationalität, verlorengeht. Es werden da Glaubenssätze, vornehmlich der von der Einheit Gottes, und sittliche Gebote, vornehmlich das der

Nächstenliebe, herausgelöst und in – zumeist der einen oder andern herrschenden philosophischen Schule angepaßten – Formulierungen zusammengefaßt, so daß dem mit der überrationalen Fülle jüdischer Religiosität Unvertrauten das Judentum als ein wunderlicher, umständlicher, historisch immerhin wohl unvermeidlicher, nunmehr aber herzhaft überflüssig gewordener Umweg zu diesen modernen Philosophemen, etwa zu der Idee Gottes als einem Postulat der praktischen Vernunft oder zum kategorischen Imperativ, erscheinen mag.

Die Urheber solcher Theorien übersehen, daß die religiöse Wahrheit keine begriffliche, sondern eine vitale ist, das heißt, daß sie in der Sprachform nur angedeutet, dagegen erst im Leben des religiösen bewährenden Menschen, im Leben der religiösen bewährenden Menschengemeinschaft zulänglich kundgetan wird; ja, daß das Wort der Lehre seinen religiösen Charakter verliert, sobald es aus dem Lebenszusammenhang des Stifters und seiner Nachfolge gelöst und zu einem für sich bestehenden, in sich erkennbaren und anerkennbaren, durchaus außerpersönlichen Satz umgearbeitet wird. Zur Aussage über ein Sein oder Ansage eines Sollens erstarrt, stellt sich das Wort der Lehre als eine beschwingtere aber primitivere Abart metaphysischer oder ethischer Ideologie dar; als Teiläußerung eines großen und begrifflich nicht zu bewältigenden Lebens geschaut, ist es der Sphäre aller Ideologien entrückt und ihren Kriterien nicht unterworfen, ist Wahrheit sui generis, keiner andersartigen botmäßige, religiöse Wahrheit. Nicht das Wort für sich ist hier Wahrheit, sondern das Leben, das gelebte und zu lebende Leben, und das Wort nur kraft des Lebens. So gehört zur Wahrheit der Gotteseinheit im Judentum – wohlverstanden, nicht etwa bloß zu ihrer Darstellung, sondern zu ihrer Wahrheit – nicht das „Ich werde dasein" allein, sondern das ganze Leben Moses, nicht das „Höre, Israel" allein, sondern das ganze Sterben der Märtyrer.

Die Urheber jener Theorie übersehen ferner, daß die religiöse Wahrheit keine statische, sondern eine dynamische ist, das heißt, daß sie keinem einzelnen geschichtlichen Zeitmoment zugehörig und mit ihm abgeschlossen ist, keinem einzelnen entnommen werden kann, daß vielmehr auch der offenbarungsstärkste Augenblick der Vergangenheit, daß jede religiös-schöpferische Epoche nur ein *Stadium* dieser Wahrheit ist. So gehört zur Wahrheit der Gotteseinheit im Judentum ihr ganzes Werden und alle ihre Wandlungen: die Vielheit der biblischen Gottesnamen in ihrer Abstufung von naturhafter Pluralität zu geisthafter Singularität gehört dazu und nicht minder die der wachsenden Erkenntnis von der Unvollkommenheit der empirischen Welt entsprechende Abspaltung der Schechina; die Himmelsscharen gehören dazu, an die die Aufforderung zur Erschaffung des Menschen ergeht, und die Sefiroth, durch die das Göttliche sich in die Schöpfung einsenkt, sie alle, die die Einheit nicht schmälern, sondern nur noch vertiefen; manches Spätere gehört dazu, und ich wage zu sagen: manches Künftige.

Die religiöse Wahrheit ist zum Unterschied von der philosophischen kein Satz, sondern ein Weg, keine These, sondern ein Prozeß. Daß Gott barmherzig sei, ist eine abgelöste Aussage; um über sie hinaus zur religiösen Wahrheit vorzudringen, dürfen wir uns nicht scheuen, die Bibel an einer ihrer furchtbarsten Stellen aufzuschlagen: wo Gott Saul, seinem Gesalbten, dem er einst in der Erwählung einen neuen Geist gab, verwirft, weil er Agag, den besiegten Amalekiterkönig, am Leben gelassen hat. Wehren wir dem Schauder nicht, der uns erfaßt, aber gehen wir den Wegen dieses Schauders in der um Gott ringenden Volksseele nach, und wir stoßen auf jene wundersame Talmudstelle (Sanhedrin 105 a), wo nach einer alten Schriftdeutung Gott sich an Goliats Seele erfreut und den Engeln, die ihn an David erinnern, antwortet: „An mir ist es, sie einander zu Freunden zu machen"; nun überschauen wir eine religiöse Wahrheit. – Die Reinheit der Seele ist ein ethischer Begriff; aber lassen wir es uns nicht verdrießen, im dritten Buche Mose die Abschnitte nachzulesen, wo die Reinigung durch das Blut der Schafe und Tauben und die große Reinigung durch den Sündenbock beschrieben wird; und wenn unser Herz unter dem Anhauch der urzeitlich großen aber auch urzeitlich fremden Symbole erzittert, folgen wir dem Weg der um ihre Reinheit ringenden Volksseele über Propheten und Psalmisten bis zu dem befreienden Ausruf Akibas (Mischna, Joma VIII 9): „Gott ist das Tauchbad Israels!" – nun erst werden wir ganz der religiösen Wahrheit inne, die jenem Begriff entspricht. – Unserem Welt- und Lebensgefühl ist die Verknüpfung von Tugend und Lohn unerträglich geworden; aber wir dürfen dieses Gefühl nicht in die Urkunden altjüdischer Religion hineinlesen, wo vom Bund Gottes mit den Erzvätern über Moses Segen und Fluch bis zu den Verheißungen und Drohungen der Propheten der Glaube an Lohn und Strafe die selbstverständliche Grundlage der sittlichen Forderung bildet, die er noch in der Abstraktion der maimonideischen Glaubensaxiome geblieben ist. Wir dürfen uns aber auch dem Anblick des Ringens nicht verschließen, in dem der heilige Wille der wahrhaften Menschen im Volke sich immer entschiedener dieser Grundlage enthob, von der hohen talmudischen Losung „Um ihrer (der Thora) selbst willen" bis zu jener chassidischen Geschichte, wo der Baalschem[44] eines Vergehens halber des Lebens der kommenden Welt verlustig gehen soll und in jubelnden Dank ausbricht, weil er Gott nun ganz um seiner selbst willen dienen könne: so entfaltet sich uns die religiöse Wahrheit.

Wir müssen uns somit dem Anspruch, den Anschluß an die jüdische Lehre als an etwas Fertiges und Eindeutiges zu vollziehen, verweigern. Die Lehre ist uns nicht etwas Fertiges und Eindeutiges, sondern ein gewaltiger Prozeß geistiger Schöpfung, schöpferischer Antwort an das Unbedingte, der noch nicht abgeschlossen ist. In ihn wollen wir uns mit unserem bewußten, tätigen Leben einstellen, dem auch der schöpferische Funke nicht versagt bleiben möge. Um dies aber zu vollbringen, müssen wir diesen Prozeß wahrhaft erkennen, nicht einzelne Stadien und Ergebnisse bloß, nicht Sätze und Thesen, sondern aus ernstem Wissen, mit innerem Nachschaffen umschließend das ganze bisherige Werden. Doch nicht genug daran: wir müssen ihn wahrhaft *wollen,* von seinen Anfängen, über all seine Höhen und Niederungen, durch all seine Widersprüche und Versöhnungen, bis zu uns geringen und gottbegeisterten Söhnen eines Geschlechts des Übergangs und, durch den Zufluß unseres besten Könnens, sei dies wie es sei, verstärkt, über uns hinaus.

Die andere der beiden Richtungen, von denen ich gesprochen habe, übersetzt Thora nicht mit Lehre, sondern mit Gesetz; den Anschluß an das jüdische Gesetz fordert sie von der jüdischen Jugend. Unter Gesetz versteht sie die Summe dessen, was nach der Überlieferung Gott dem Mose auf dem Berge Sinai vor den Ohren des versammelten Volkes Israel an alsbald schriftgebundenem und an vorerst schriftlos dauerndem Geheiß übergab. Die Tradition dieser Übergabe, verfestigt durch das Leben und Sterben einer großen Geschlechterkette, ist so machtvoll und ehrwürdig, daß etwas von ihrer Macht und Würde auf jeden übergeht, der wahrhaft in ihr steht, das ist, der mit seinem ganzen Leben ihren Geboten und Verboten nachfolgt, nicht weil er in ihnen von Eltern und Lehrern unterwiesen und eingewöhnt worden ist, sondern weil er in seiner ganzen Seele die Gewißheit trägt, daß diese sechshundertunddreizehn Gebote und Verbote der zentrale Inhalt des Gotteswortes an Israel sind. Mit vollkommnem Recht stellt Samson Raphael Hirsch eben dieses Prinzip, das sein Antipode Mendelssohn als Hauptargu-

44 Das gleiche wird auch von seinem bedeutendsten Jünger, dem großen Maggid, erzählt.

ment für die Wahrheit des Judentums im Streit gegen Lavater verwandte, in den Mittelpunkt seiner Gesetzesbetrachtung, indem er auf den Hinweis, ganz Israel habe unmittelbar die Stimme des Herrn gehört, die Worte folgen läßt: „Diese Tatsache, die jede Täuschung ausschloß, ist's, die alle Geschlechter hinab für alle Zeit unwandelbar die Thauróh verbürgt." Von dieser Gewißheit der Offenbarung und ihres in den 613 Mizwoth und ihrem Rahmen getreu erhaltenen Inhalts ist die wahrhafte Bejahung des Gesetzes unablösbar; nur insofern sie von dieser Gewißheit getragen ist, hat sie religiösen Wert. Wer auf ihrem Grunde das Gesetz erfüllt, ist in der Rechtmäßigkeit seines Lebens unantastbar, in der Rechtmäßigkeit seiner Wahrheit unwiderlegbar; ihm gebührt, zumal wenn er, um es erfüllen zu können, die tausendfachen Schwierigkeiten und Versuchungen der gegenwärtigen Gesellschaft opferfreudig überwindet, Achtung und Anerkennung. Geht ihm aber die Gewißheit ab, so hat seine Opferfreudigkeit, gleichviel ob sie ein Erzeugnis der Pietät oder der Gewohnheit ist, ihren religiösen Sinn und damit ihre entscheidende Weihe verloren. Die Gebote erfüllen, weil man nur so auf Erden im Namen Gottes leben zu können weiß oder fühlt, besitzt eine Legitimität, die ihrem Wesen nach aller Kritik von außen unzugänglich bleibt, weil sie deren Kriterien ablehnen darf; die Gebote ohne dieses Grundgefühl, erfüllen, heißt sich und sie der Prüfung an den Kriterien eines autonomen Ethos preisgeben. Das Verhältnis zum Unbedingten ist ein Verhältnis des ganzen, in Geist und Seele ungeteilten Menschen; die Handlungen, die diesem Verhältnis zum Ausdruck bestimmt sind, von dem Jasagen der ganzen Menschenseele ablösen, sie von der Übereinstimmung mit dem ganzen Menschengeist unabhängig machen, heißt sie entheiligen. Dies aber tun jene Epigonen, die heischen, daß das Gesetz nicht aus Gewißheit seines göttlichen Ursprungs, sondern aus Gehorsam gegen die Autorität des jüdischen Nationalwillens angenommen werde; die erklären, es wolle zunächst und vor allem befolgt sein, alles andere werde sich finden, das Gesetz binde den Willen, lasse aber die Persönlichkeit frei. Diese Dialektik verwerfen wir von Grund aus. Dem Menschenbild, dem wir zustreben, sind Überzeugung und Wille, die Persönlichkeit und ihre Tat eins und unteilbar, und mag sich diese Einheit auf allen anderen Gebieten nur in langen, unsäglich schweren Kämpfen gegen die ungeheuren Widerstände von Umwelt und Innenwelt durchsetzen, auf *einem* Gebiet darf sie nicht länger säumen, Wirklichkeit zu werden: auf dem der Religiosität. Denn diese ist eben der wahre Ort der Einheit, der Ort, wo der überall sonst noch geteilte, gespaltene, vom Widerspruch zerrissene Mensch in jedem Augenblick ganz und einig werden kann, in jedem Augenblick so, daß er als ein Ganzes der Ganzheit, als ein Eines der Einheit gegenüberzutreten vermag. Mit dieser obersten Einsicht ist jedem, dem jene Gewißheit, von der ich gesprochen habe, *nicht* zuteil geworden ist, ein Weg vorgezeichnet, der mit der Annahme des überlieferten Gesetzes nicht vereinbar ist. Niemand aber, der das neue religiöse Gefühl einer neuen Jugend kennt, diesen noch glühend unverdichteten Wandelstern, der nur erst das Kreisen um die eigne Achse weiß, den Lauf um die unbekannte Sonne kaum erst ahnt, – niemand, der dem Geheimnis dieses Werdenden genaht ist, wird meinen, es könne darin das Element des Glaubens an eine einmalige, restlos überlieferte, für immer verbindliche Offenbarung enthalten sein.

Es will nun aber scheinen, als ob das leidenschaftliche Gemeinschaftsverlangen der jüdischen Jugend, von dem ich gesprochen habe, sie doch wieder auf den Anschluß an Lehre und Gesetz verwiese. Der Antrieb wird in ihr immer stärker, zu ihrem Volk wahrhaft zurückzufinden, nicht bloß zu berichteter Vergangenheit und erträumter Zukunft – auch zur leibhaftigen Gegenwart dieses Volkes, mit ihr zusammenzuwachsen, zu verschmelzen. Und da erscheint es manchem, diese Verschmelzung könne nur geschehen durch Annahme der besondern Lehrmeinungen und Lebensformen der jüdischen Volksmasse, welche die Lehrmeinungen und Lebensformen der jüdischen Tradition sind; und diese Ansicht wird ihr von Mahnern und Eiferern bestätigt, die durch den jüdischen Nationalismus unbefriedigt hindurchgeschritten sind – unbefriedigt ihrer Meinung nach, weil er nicht jüdisch genug sei, unbefriedigt in Wahrheit, weil er nicht menschlich genug war – und die nun als das letzte und lösende Wort die Hingabe an das volksgemeinsame Gesetz verkünden. Aber die nach diesem Glauben greifen, sind blind den Zeichen, die in dieser Stunde am Himmel unsres und des Weltschicksals stehen, taub dem heimlichen Flügelrauschen zwischen Himmel und Erde. Ein Großes ist diese Masse und ehrfurchtgebietend ihre Treue zum Gesetz; aber ein Größeres ist das Walten des Volksgeistes, und wer ihm die ahnende Seele erschlossen hat, weiß, daß ein Neues aus ihm werden will. Auch dieses Neue wird nicht aus dem Nichts aufsteigen, auch dieses wird Bestehendes fortbilden und umbilden, auch dieses wird Entdeckung und Hebung eines uralten Schatzes, Enthüllung und Befreiung eines unterirdisch Gewachsenen sein. Darum geziemt es, das Alte mit Herz und Geist zu fassen; und es geziemt, an das Alte nicht Herz und Geist zu verlieren. Getreu wollen wir bleiben dem Sinn der großen geistigen Bewegung, die wir die jüdische Bewegung nennen und die eine Wiedergeburt und keine Romantik ist. Denn, mögen es auch die Mahner und Eiferer nicht wahr haben wollen: Romantik ist es allezeit, wenn der Geist auf seiner Suche nach Volk sich den in nationaler Vergangenheit gewordenen und aus ihr in Wort und Sitte überlieferten Gebilden beugt und ergibt; Wiedergeburt ist es allezeit, wenn der Geist die in den Gebilden eingeschlossenen Urkräfte beschwört und zu neuer Schöpfung beruft – wenn er Volk findet, indem er Volk fruchtbar macht.

Unter dem Aspekt dieser Erkenntnis wollen wir der Frage, die uns beschäftigt, die Antwort finden. Aber vorerst muß ich erklären, von wem ich hier „wir" sage, mit wem ich mich in Frage und Antwort vereinige. Es sind die, denen diese meine Rede zugedacht ist; es sind wenige; es sind jene Glieder der jüdischen Jugend, die an dem werdenden religiösen Gefühl einer werdenden Menschheitsgeneration in aller Echtheit teilnehmen. Die meine ich, denen es nicht um Sicherung im Chaos der Gegenwart durch Einfügung in eine erprobte Ordnung des Wißbaren und Tubaren geht, sondern einzig darum, der Berührung des Unbedingten in dieser zwielichtigen Stunde, einer Stunde des Todes und der Geburt, wahrhaft standzuhalten. Das abgelöste Leben ihrer eigenen Person kann ihnen Umriß und Substanz zu solchem Standhalten nicht gewähren; sie müssen sich, um sie zu gewinnen, innerlich an das schließen, was sich bis auf sie im Menschengeist vollzogen hat und jedem nur in dem absoluten, das ist religiös-schöpferischen Leben seines Volkstums unmittelbar gegeben ist; sie müssen dessen Geistesprozeß in Wort und Leben wiederaufnehmen. Wohl verlangt Wiederaufnahme Ursprünglicheres als bloßen Anschluß, aber sie kann nicht ohne Anschluß geschehen. Wir fragten uns, welcher Art dieser unser Anschluß sein soll. Wir wollen unsrer Frage nun die Antwort finden.

Es kann, das sahen wir, nicht ein Anschluß an die jüdische Lehre als an etwas Fertiges und Eindeutiges, nicht einer an das jüdische Gesetz als an etwas Geschlossenes und Unwandelbares sein. Es kann nichts anderes sein als der Anschluß an die Urkräfte, die lebendigen religiösen Kräfte, die sich in dem ganzen Bestande der jüdischen Religion, in Lehre und Gesetz, wirkend kundgaben, aber in Lehre und Gesetz nicht zulänglichen Ausdruck gewannen. Gestaltlos umringten sie beide, glühten über beide hinaus in den Träumen der Volksseele, stürmten in deren Entladungen, standen in der stummen Inbrunst der Volksseele auf und traten vor Gottes Thron. Es sind die ewigen Kräfte, die nicht dulden, daß das Verhältnis zum Unbedingten je ganz zu Geglaubtem und Gesolltem gerinne, die von der Summe von Glaubenssätzen und Vorschriften immer wieder an die Freiheit in Gott appellieren. Die Lehre mag dem Göttlichen ein Drüben zuweisen, von dem aus unsre Welt nur befehligt, belohnt und bestraft wird; die Urkräfte führen über die Trennung hinaus (scheinbar ohne die Lehre anzutasten), indem sie in der freien Tat des vollkommenen Menschen die Einheit sich gebären lassen. Das Gesetz mag die Scheidung zwischen Heiligem und Profanem proklamieren; die Urkräfte überwinden sie (scheinbar ohne das Gesetz anzutasten), indem sie in der freien Tat des vollkommenen Menschen alles Weltliche sich heiligen lassen. Ihre Aufgabe ist die menschliche Antwort an das Göttliche, die Antwort des *ganzen* Menschen – mithin die Einung von Geist und Welt: die Verwirklichung des Geistes und die Verklärung der Weltlichkeit, die Heiligung der Beziehung zu allen Dingen, die Freiheit in Gott. Gottes Schrift ist Freiheit auf den Tafeln: die Zeichen der Gottesfreiheit wiederzufinden, mühen sich die religiösen Kräfte je und je. Gottes Urtafeln sind zerbrochen: die Kräfte der ewigen Erneuerung mühen sich je und je, auf den zweiten Tafeln, den Tafeln der Lehre und des Gesetzes, verwischte Züge der Gottesfreiheit wiederherzustellen. Ihr ewig erneuter Versuch bedeutet das Streben, das religiöse Grundgefühl mit der Unbefangenheit und Fülle des natürlichen Lebens zu verschmelzen, wie sie auf Gottes Urtafeln verschmolzen waren. Ein neuer Versuch sagt sich an. Wir glauben an das Gelingen, glauben an das Neue, das aus dem Volksgeist werden will. Es bereiten zu helfen, soll ein Ernst machendes Geschlecht, das gewillt ist, den Geistesprozeß des Judentums in Wort und Leben wiederaufzunehmen, sich an die Urkräfte schließen. Sie sind der Schatz, den es zu entdecken und zu heben, das unterirdisch Gewachsene, das es zu enthüllen und zu befreien gilt. Ihres Beistands bedürfen wir, um in dieser Stunde des Todes und der Geburt der Berührung des Unbedingten standzuhalten.

Die religiöse Sehnsucht der Menschheit, die in dieser Stunde erwachende, ist den Urkräften des Judentums verwandt. Aufs letzte unerträglich ist heute den sich Besinnenden die Zweiheit von Geist und Welt, der Gegensatz einer ideellen Unabhängigkeit der Seele und einer tatsächlichen Abhängigkeit des Lebens vom entseelten Getriebe. Sie wollen nicht länger das Joch dieses von den Kirchen sanktionierten Widerspruchs tragen, wollen die Einheit von Geist und Welt fassen und verwirklichen, und durch sie die wahre Freiheit, die Freiheit in Gott. Der aufgeteilte Mensch ist notwendigerweise unfrei, nur der geeinte wird frei. Der aufgeteilte Mensch wird immer wieder nur Aufteilung wirken können, nur der geeinte wird die Einheit errichten. Der geeinte, der einende, der vollkommene Mensch, der in Gott freie ist das Ziel der Menschheits-Sehnsucht, die in dieser Stunde erwacht; und er ist der Sinn der religiösen Urkräfte des Judentums. Hier ist die Macht, die allein das Judentum, es über Entartung und Erstarrung emportragend, zu ermächtigen vermag, noch einmal sein Wort in die Geschichte der Welt zu sprechen.

Aber zum Anschluß an die Urkräfte genügt es wahrlich nicht, ihre Grundtendenz zu erfassen. Dieses Erfassen ist nur der Eingang dazu, ihres *Weges* inne zu werden. Es gilt, ich wiederhole es – und im Licht der gewonnenen Einsicht wird nun deutlich, was damit gemeint ist – das ernste, kampf- und arbeitsreiche Miterleben eines gewaltigen, religiös-kämpferischen, religiös-schöpferischen Geistesprozesses in all seinen Widersprüchen und ihrer werdenden Versöhnung, das innere Nachschaffen dieses Prozesses mit ehrfürchtiger Seele und erkennendem Geist, und auf Grund des so vollzogenen Anschlusses erst die eigentliche Wiederaufnahme, das aktive Sich-Einstellen in diesen Prozeß, nicht mit der Innerlichkeit allein, sondern mit dem ganzen, das Gefundene bewährenden und auswirkenden Leben.

Das Miterleben des Geistesprozesses, das innere Abschreiten des Weges der Urkräfte kann aber nicht das Werk des bloßen Gefühls, es muß das Werk einer ehrfürchtigen und unbefangenen Erkenntnis sein, einer Erkenntnis, die zwar den Zugang zum Herzen der Dinge stets der Intuition zu verdanken haben wird, die aber, ehe sie ihn jeweilig findet, des Rüstzeugs einer zuverlässigen Sammlung, Sichtung und Untersuchung nicht wird entraten können. Erst die Verschmelzung des Gefundenen wird Sache des selbständig bildnerischen Gefühls sein.

Ich spreche von einer ehrfürchtigen und unbefangenen Erkenntnis. Es ist ein schmerzlicher Mangel unserer Jugend, daß sie an die Dinge der jüdischen Religion zu einem Teil ohne Ehrfurcht, zu einem andern ohne Unbefangenheit herantritt. Der Ehrfurcht ermangeln nicht etwa bloß die irreligiös Gestimmten zumeist, vielmehr auch jene religiös Gestimmten, die sich an der Stimmung genug sein lassen und die großen geschichtlichen Ordnungen der Religion als überwunden oder doch als für das religiöse Gefühl nicht belangvoll behandeln. Wenn sie nicht in dessen Besitz schwelgten, sondern sich darauf besännen, ob es denn in ihnen wirklich mehr als Stimmung sei, ob es Substanz habe, würden sie erkennen, daß es ihm daran fehlt; würden fortschreitend erkennen, daß ohne Nahrung aus den Urkunden und Gestaltungen, in denen das Wirken des Unbedingten an ihrem Volksgeist in vier Jahrtausenden eines geheimnisvollen Wegs Erscheinung geworden ist, ihr Gefühl leer bleiben wird, so schwungvoll es sich auch anläßt. Hinwieder verfallen die andern leicht der Befangenheit, die jene Urkunden und Gestaltungen, sofern sie die Sanktion der offiziellen Überlieferung erhalten haben, als ein ungeteiltes und unteilbares Ganzes ansieht, innerhalb dessen zwischen lebendigen und abgestorbenen Kräften, zwischen sinnstarken und sinngeschwächten Symbolen gar nicht geschieden werden darf; aber ohne unbefangen sondernden Blick kann wohl hingenommen, nicht jedoch, worauf es hier entscheidend ankommt, gewählt werden.

Zum Gegenstand einer ehrfürchtigen und unbefangenen Erkenntnis muß uns unser religiöses Schrifttum werden. Wer vor allem die Bibel solchermaßen liest, aus dienendem Wissen um die urhebräische Sprachseele, aber nicht als Literaturwerk, sondern als des Wirkens des Unbedingten am jüdischen Volksgeist fundamentale Urkunde; die Erklärungen alter und neuer Exegese kennend, aber über sie hinweg nach dem ursprünglichen Sinn jeder Stelle schürfend; mit den Quellenscheidungen der modernen Wissenschaft vertraut, aber über sie hinaus zu tieferen Scheidungen und Bindungen vordringend; das mythische Element, auch das zunächst fremdartigste, unerschrocken schauend und hebend, wo es sich noch so tief, doch in seinem Wesen unverkennbar birgt, aber mythische Deutung nicht hineintragend, wo die geschichtliche zureicht; mit Verständnis für dichterische Form, aber mit Intuition für das Überdichterische, das alle Form überwächst – wer solchermaßen die Bibel liest, dem wird sie ein heimliches Gut offenbaren, ein Walten der Urkräfte, daraus sich der Kern seiner jungen Religiosität ernähren und aufbauen kann. Ein ernstes Studium des späteren und späten Schrifttums muß sich anschließen, darin neben dem sich sogleich als wahlverwandt Darbietenden auch das Spröde und scheinbar Unergiebige nicht fehlen darf.

Und zum Gegenstand einer ehrfürchtigen und unbefangenen Erkenntnis muß uns auch die jüdische Volksmasse in all ihrem Glauben und Brauch werden. Es gilt ihrem inneren Leben nahezukommen, sich in die von keiner Not geminderte, von keiner zu mindernde Innigkeit und Glut dieses Lebens zu versenken, zu sehen, wie hier in verzerrter und zuweilen erniedrigter Gestalt dennoch die alte Gottesinbrunst des Judenvolkes dauert und wie immer noch, und immer noch ungestillt, das Verlangen brennt, alles Irdische zu heiligen und den Bund mit Gott an allen Dingen der Welt zu bewähren. Es gilt beides zugleich zu erkennen: daß dieses Volk der Regeneration bedürftig und daß es ihrer fähig ist, weil es neben den Elementen der Verderbnis die der Reinigung und Erlösung in seiner Seele trägt.

Aus beidem aber, aus der Erforschung des Schrifttums und der Ergründung des Volkslebens, wird es einem ehrfürchtig und unbefangen erkennenden Geschlecht möglich werden, den Weg der Urkräfte abzuschreiten bis an dieses Zeitalter, in dem es selber steht.

Es ist, für uns deutlicher noch als für alles Menschenvolk, ein Zeitalter des Verhängnisses und der Befreiung, des Sich-Verlaufens und der Umkehr. Für das Schicksal des Menschenvolks ist entscheidend, ob in diesem Augenblick das werdende religiöse Gefühl einer neuen Menschheitsgeneration zur Entfaltung und sodann zur Führung gelangt. Für das besondere Schicksal des Judentums ist entscheidend, ob das Geschlecht der Wende den Weg der Urkräfte wieder aufzunehmen vermag; und das bedeutet: ob es die erkannten, in ihrem Kampf und ihrem Schaffen erfahrenen als kampffreudige und schaffensfähige Kräfte in der eigenen Seele wiederfindet. Beides aber, jenes Allgemeine und dieses Besondere, ist im Kern verbunden. Denn die in dieser Stunde erwachende religiöse Sehnsucht der Menschheit ist den Urkräften des Judentums verwandt.

Den Weg der Urkräfte abschreitend, kommt das Geschlecht der Wende zu sich selber: nur so kann es zu sich kommen. Findet es die Kräfte, die es erkannte, nun in sich wieder – jetzt erst kann es in der eigenen Seele Auslese halten und den innersten Energien die Richtung zuteilen.

Wenn in Wahrheit die Urkräfte in einem neuen jüdischen Geschlecht leben und aus ihm wirksam werden wollen, muß es, an sie geschlossen, ihr Werk wieder aufnehmen, muß daran gehen, in seiner Gemeinschaft ihnen die neue Werkstätte zu schaffen: auf dem Boden, wo noch Funken von der alten Esse unter Schutt und Asche fortglimmen.

Es gilt eine Gemeinschaft zu schaffen, verbunden durch gemeinsames Werk und gemeinsames Opfer, die Gemeinschaft derer, die im Namen des namenlosen Gottes zum Zion seiner Erfüllung fahren. Das Geheimnis ihres Herzens schwillt über alle Schranke der Lehre und des Gesetzes dem noch Unsäglichen, noch Formlosen zu. Die Erkenntnis der Urkräfte hat ihnen die Macht kundgetan, die es zu neuem Leibwerden beschwören kann: die menschliche Antwort an das Göttliche, die Einung von Geist und Welt. Aus dem Verhängnis des Zeitalters führt nur *eine* Befreiung: die zur Freiheit in Gott führt. Wenn wir dies wissen, nicht begrifflich und stimmungshaft, sondern mit wahrem entschloßnem Lebenswissen, haben wir, so abgelöst von der Überlieferung wir dem stumpfen Blick erscheinen, den Anschluß an den großen Gang des Judentums vollzogen.

# AN DER WENDE
(1951)

## Vorwort

*In den Jahren 1909-1918 habe ich in Prag, Wien und Berlin sieben Reden über das Judentum gehalten, die aufrührend und aufbauend gewirkt haben. Zuerst in Sonderpublikationen erschienen, sind sie, mit einer Vorrede, die mir wichtig geblieben ist, 1923 in einem „Reden über das Judentum" betitelten Band gesammelt worden.*

*In einer gewandelten Menschenwelt, in der die vordem nur geahnte Krisis des Judentums ihrer äußeren Seite nach, als eine große Heimsuchung, manifest geworden war, sprach ich zum erstenmal wieder über das Judentum, erst 1939 in Jerusalem, dann dieselbe Rede mit einigen durch das inzwischen Geschehene bestimmten Änderungen 1941 in London. Es ist die in dieses Buch unter dem Titel „Der Geist Israels und die Welt von heute" aufgenommene. 1951, in einer Zeit, da nun auch, bei scheinbarer Sicherung durch die Erneuerung des Staatswesens, die innere Krisis fühlbar zu werden beginnt, sind in Jerusalem, London und New York die drei anderen hier vereinigten Reden gesprochen worden. In diesem Zusammenhang sind die neuen vier Reden, als in solchen Schicksalsstunden von einem Juden an Juden gerichtet, zu lesen. Aber was er sagt, geht den gegenwärtigen Menschen in seiner Menschheit an.*

## Die erste Rede

### *Der Geist Israels und die Welt von heute*

Seit manchem Jahr fragen überall die Juden einander: „Wie soll das enden? Sind wir völlig in die Hand des Bösen gegeben? Wird die Frevelgewalt immer stärker werden? Oder dürfen wir etwa hoffen, mit bebendem Herzen hoffen, daß der Geist Israels sich als siegreich erweist?"

Wenn ich so gefragt werde, antworte ich mit einer Gegenfrage: „Was habt ihr im Sinn, wenn ihr von dem Geist Israels redet? Euern eigenen

Geist? Oder jenen, den wir verraten haben und weiter Tag um Tag verraten?" Die wahre Erwiderung auf die Frage all der Juden hängt von ihrer Erwiderung auf meine Frage ab.

Es gibt eine jüdische Überlieferung von siebzig Engeln, als die „Fürsten" bekannt, die über die siebzig Völker der Welt gesetzt sind. Jeder von ihnen führt die Aufsicht über sein Volk und vertritt es vor dem Thron der Herrlichkeit. Wenn ihre Völker widereinander streiten, streiten sie widereinander. Die „Fürsten" sind die eigentlichen Sieger und die eigentlichen Besiegten; und ihre Kriege, ihre Siege und Niederlagen, ihr Auf- und Niedersteigen auf der großen Leiter sind das, was die Geschichtsschreiber als Geschichte bezeichnen. Jeder von ihnen hat einen eigenen Zweck und eine eigene Aufgabe, und solang ein Fürst das Seine tut, solang er seinen Zweck und seine Aufgabe erfüllt, ist er mit Macht begabt. Aber er ist seinem Herrn verantwortlich und ist gehalten, ihm Rechenschaft zu legen. Daher, wenn er sich an seiner Macht berauscht, bis zum Vergessen, wer er und was seines Amtes ist, und übermütig wähnt, er selber sei der Herr und Meister, fällt die Hand seines Herrn auf ihn – sei es plötzlich wie ein Blitz, der ihn in den Abgrund der Nichtigkeit schleudert, sei es mählich wie ein steter Regen, der ihn in den Abgrund der Nichtigkeit hinabschwemmt.

Nun heißt es wohl, auch das jüdische Volk habe solch einen ihm zugeordneten Fürsten; dem gegenüber aber wird erklärt, die Kinder Israel hätten sich einst geweigert, das Joch eines Engels anzunehmen, und hätten alles Joch verworfen bis auf das des Königtums Gottes allein. Und nur dieser, nicht jener Glaube entspricht der biblischen Grundanschauung von der Beziehung zwischen Israel und der Gottheit.

Der Urquell Israels ist nicht in jenem Bereich der Vielheit zu finden, wo die „Fürsten" miteinander ringen, sondern in dem der einen Wahrheit, die freilich den Menschenwesen nur eine Andeutung ihres Seins gewährt. Doch ist es an dieser Andeutung genug gewesen, für das Volk Israel genug, um es wissen zu lassen, daß die eine Wahrheit über ihm ist, und daß weder dieses Volk noch dessen Fürst ihr Inhaber ist, sondern der Fürst der Fürsten und Herr der Welt allein.

Der typische Mensch unserer Zeit hält sich für unfähig, an Gott zu glauben, aber es erscheint ihm sogar unmöglich, an seine eigene Substanz zu glauben, da er keinen Boden mehr kennt, der sie trüge; und so hält er fest am Glauben an sein erweitertes Ich, seine Nation, die eben die höchste ihm zugängliche Instanz ist. Und da er keine echte und lebendige Beziehung zu der Wahrheit hat, die über den Völkern ist, ihr, die von den Völkern fordert, sie zu verwirklichen, verwandelt er die Persönlichkeit seiner Nation in einen Götzen; er macht den „Fürsten" aus einem dienenden Engel zu einem Gott. Da es aber für ihn keine Sphäre über den Völkern, keinen Appellationshof in der Höhe gibt, muß das Ende dies sein, daß die Völker und ihre Fürsten mit allen Mitteln, über die sie verfügen, aller Scheu und Scham ledig, gegeneinander kämpfen, bis sie alle vernichtet sind.

Diese heimlichen Gestalten, die „Fürsten", sind heutzutage nichts anderes mehr als die Zentren der Staatsmythen, die von den Führern und Verführern der Nationen verwendet werden, um deren Selbstsucht mit dem Trug eines illusionären Idealismus zu befeuern. Dieses ist die Stunde, in der die Fürsten vergessen, wer sie sind und was ihres Amtes ist, und ihren Übermut spielen lassen; jeder von ihnen dünkt sich, der oberste Herr zu sein. Aber die Hand ihres Herrn ist über ihnen.

Und was ist's nun um uns Juden? Wir reden von dem Geiste Israels und bilden uns ein, wir seien nicht wie alle Völker, weil es den Geist Israels gibt. Wenn jedoch der Geist Israels uns nicht mehr ist, als die synthetische Persönlichkeit unserer Nation, nicht mehr als eine schöne Rechtfertigung für unseren kollektiven Egoismus, nicht mehr als ein in einen Götzen verwandelter „Fürst" – nachdem wir uns geweigert hatten, einen anderen anzunehmen als den Herrn des Alls selber! –, dann sind wir wahrlich wie alle Völker und trinken mit ihnen vom Becher der Betörung.

Wenn wir aber trunken werden wie sie, dann werden wir schwächer als alle und sind schutzlos in ihre Hand gegeben.

Nur wenn wir wirklich nicht ihresgleichen werden, nur wenn wir mit dem Wort „Geist" nicht uns selber, sondern die lebendige Wahrheit meinen, die nicht in unserem Besitz ist, aber uns in Besitz nehmen kann, die nicht von uns abhängt, aber wir von ihr, und die dennoch unser bedarf, um etwas hier unten, etwas Konkretes, etwas „Historisches" zu werden, – dann, und nur dann haben wir Bestand.

Es möchte aber sein, daß einer von Ihnen mich im stillen fragt: „Was ist denn dieser Geist Israels, von dem du redest?"

Es ist der Geist der Verwirklichung. Verwirklichung wovon? Verwirklichung der schlichten Wahrheit, daß der Mensch mit einem Ziel geschaffen worden ist. Die Schöpfung hat ein Ziel; das Menschengeschlecht hat ein Ziel, eins, das wir uns nicht selber zurechtgemacht oder untereinander ausgemacht haben. Wir haben nicht beschlossen, dies oder jenes solle fortan das Ziel unserer Existenz sein. Nein, das Ziel selber hat uns sein Antlitz enthüllt, und wir haben es angeschaut.

Was wir geschaut haben, kann nicht in Begriffen expliziert werden; und doch, wir wissen und sagen, daß Eintracht und nicht Zwietracht das Ziel der Schöpfung ist; daß diese nicht zu einer gegenseitigen Vernichtung der Nationen verdammt ist. Unser Ziel ist der Bau des großen Friedens. Und wenn die Völker dereinst in einem echten Verband geeint sind, werden sie, nach einem Spruch unserer Weisen, einander sühnen. Mit anderen Worten: Die Menschenwelt ist bestimmt, ein einziger Leib zu werden; bislang ist sie nichts als ein Haufe von Gliedern, von denen jedes meint, einen ganzen Körper zu bilden. Des weiteren ist die Menschenwelt bestimmt, dies durch das Tun und Lassen der Menschen selber zu werden. Wir Menschen sind betraut, unsern eignen Teil des Alls, die Menschenwelt, zu vollenden. Und es gibt ein Volk, daß diese Betrauung so laut und klar vernahm, daß sie ihm in die Tiefe der Seele drang. Es nahm den Auftrag an, nicht als Menge, sondern als Volk. Als ein Volk nahm es die Wahrheit an, die von dem Menschenvolk, von dem ganzen Menschengeschlecht verwirklicht werden will. Dieser ist sein Geist, der Geist von Israel.

Die Betrauung war nicht an Einzelne, sondern an ein Volk gerichtet. Denn nur ein ganzes Volk, das vielerlei Menschen umfaßt, kann dem Menschengeschlecht ein Leben der Einheit und des Friedens, ein gerechtes Leben als Beispiel und Beginn vorleben. Eine wahre Menschheit, das heißt, ein aus Völkern gefügtes Volk, muß mit einem bestimmten, wahren Volk beginnen. Das vernehmende Volk war betraut, ein wahres Volk zu werden. Einzig die Verwirklichung der Wahrheit in den Beziehungen zwischen den verschiedenen Teilen eines Volkes, zwischen seinen Gruppen und Klassen, vermag eine Verwirklichung der Wahrheit zwischen den Völkern und das Werden einer wahren Völkergemeinschaft, eines Volkes aus Völkern, zu eröffnen. Einzig Völker, deren jedes ein wahres Volk ist, das im Licht der Gerechtigkeit lebt, vermögen in rechte Beziehungen zueinander zu treten. Das Volk Israel war betraut, auf dem Weg dahin voranzugehen.

Zeitalter um Zeitalter hat das Volk Israel sein Erbe, die Betrauung, behütet. Solang es im eigenen Land lebte, stellte es sie den andern Völkern dar. Als es aus seinem Lande verbannt wurde, brachte es sie den andern Völkern ein. Das Volk Israel verkündete sie in jenem Bekenntnis, dem es bis ins Martyrium treu blieb, und es verkündete sie durch seine bloße unzerstörbare Existenz: die Existenz derer, die das Erbe hüten. Aber die jüdische Nation bewährte sie nicht. Viele Generationen hindurch haben die Juden die sechshundertunddreizehn Vorschriften der überlieferten Thora gehalten; aber die Betrauung, die alle Vorschrift überragt, ist nicht erfüllt worden. Das Leben des Volks als solches ist nie ein Leben in Gerechtigkeit geworden. Das Volk wurde nicht zu einem wahren Volk, das den Völkern in der Verwirklichung der Wahrheit vorangeht.

Ein einziger großer Versuch wurde unternommen, unter den beschränkenden Daseinsbedingungen des Exils ein konkretes Gemeinschaftsleben, das brüderliche Miteinanderleben der Söhne Eines Gottes zu erbauen. Dies war das Unternehmen des Chassidismus, und auch er drang nicht bis zur Kernfrage durch. Zudem verlor die Ortsgemeinde, die einzige soziale Grundlage im Leben der Diaspora, immer mehr von ihrer Selbständigkeit in Form und Gehalt; und wie kann die Gemeinschaft Israels essentiell fortleben, wenn es keine essentiell lebenden Gemeinden mehr gibt?

Jetzt aber, da wir aufs neue, wiewohl nur für einen Teil des Volkes, die freie Selbstbestimmung im eigenen Lande erlangt haben, was haben wir getan? Wohl sind wichtige soziale Experimente gemacht worden. Selbständige Formen der Genossenschaft sind entstanden, insbesondere mannigfache Typen der Gemeinschaftssiedlung, denen eine hohe Bedeutung für die Entwicklung der neuen menschlichen Gesellschaft zukommt. Aber in welchem Maße hat die Gemeinschaftssiedlung die jüdische Gesamtheit in Palästina beeinflußt? Welches Gewicht hat sie im Werdegang der sozialen Form dieser Gesamtheit? Und hat sie selber die Höhe echter Brüderlichkeit erreicht?

Geschlecht um Geschlecht hat das jüdische Volk an die messianische Botschaft geglaubt. Es glaubte an sie und verkündigte sie; zuweilen erhob es sich auf den Ruf von „Messiassen" und schloß sich ihnen an. Aber es verwirklichte nicht, was den Einzelnen und dem Volke obliegt: den Beginn. Freilich ist es das Werk des Himmels, das Reich Gottes herbeizuführen; aber die Bereitung der Welt für das Reich, der Beginn einer Erfüllung der Wahrheit fordert Menschen und ein Menschenvolk. Und jetzt, nach einer Verkündigung ohne Erfüllung, ist ein gewisses Maß von Erfüllung ohne Verkündigung in die Erscheinung getreten; man gebärdet sich, als ob das Reich anbräche – und weiß doch von keinem König und keinem Königswillen mehr.

Der Geist Israels ist ein Geist der Verwirklichung. Aber wo ist seine Stätte? Wenn er keine Stätte hat, hat er keine Kraft. Nicht allein besitzen wir keine irgend angemessene Verwirklichung der Wahrheit, sondern der Glaube an sie wird unter uns immer dürftiger. Tag um Tag nimmt unter uns die Zahl derer zu, die sagen: „Die Zeit der Humanität ist vorüber! Man kann nicht gegen den Strom schwimmen! Diese messianische Botschaft, Erfüllung der Gerechtigkeit, war nichts als der Ausdruck unserer Schwäche! Laßt uns stark werden!" Ihr einziger Wunsch ist, dem großen Wolfsrudel nachzutun. Von allen Arten der Assimilation, die wir im Laufe unserer Geschichte geübt haben, ist diese, die nationale Assimilation, die schlimmste und gefährlichste.

Wenn wir die von den christlichen Völkern vorgebrachten Gründe des Judenhasses betrachten, finden wir, daß sie alle oberflächlich und flüchtig sind. Aber es gibt einen tiefen unbewußten Grund, der für alle Zeiten des Exils gilt. Das ist, daß in den Kreis dieser Völker ein Volk eintrat und sich darin zerstreute, das Träger einer in einem Buch aufgezeichneten himmlischen Betrauung war, und daß dieses Buch den Völkern heilig wurde, als sie das Christentum annahmen. Es ist einzig in der Menschengeschichte, einzig und unheimlich: der Himmel stellt eine besondere Forderung an die Erde, und diese Forderung ist in einem Buch bewahrt, und dieses Buch ist das Erbe eines Volkes, das unter diese Völker zerstreut ist, mitsamt diesem seinem heiligen Buch, das auch ihnen allen heilig ist. Die Forderung schwebt über allen Völkern, eine allumfassende Forderung, die Gott an sie stellt. Und die Völker weigern sich, ihr genugzutun. Wohl wünschen sie, den Gott zu behalten, den sie empfangen haben, aber zugleich verwerfen sie seine Forderung. Dabei stützen sie sich auf die Lehren Sauls, des Juden aus Tarsos, der erklärt hat, es sei unmöglich, jene zu erfüllen, und es sei not, ihr Joch abzuschleudern, was rechtmäßig nur im Anschluß an jenen anderen Juden, Jesus von Nazareth, geschehen könne, der eben das Unmögliche tat, indem er sie erfüllte und eben dadurch auflöste: nichts sei mehr gefordert als der Glaube. So dachten die Völker, die in Sauls Fußspuren gingen. Aber ihrer Bestreitung der Thora stand dieses unselige jüdische Volk entgegen und trug das Buch in den Händen, das sein eigenes Buch und doch auch ein Teil des heiligen Buches der Völker war. Dies ist der wahre Grund ihres Hasses. Ihre Theologen erklärten, Gott habe dieses Volk verworfen, das kein Erbe mehr habe, da sein Erbe an die Christenheit übergegangen sei. Aber das jüdische Volk fuhr fort zu bestehen, und das Buch war in seiner Hand, und auch vom Scheiterhaufen her waren die Worte des Buches zu hören. Dies ist der beständige Grund des Judenhasses. In diesem Sinn ist es wahr, was ein hebräischer Dichter des frühen Mittelalters zu Gott spricht: „Wir werden gehaßt, weil wir dich lieben, Heiliger!"

Es gab einen einzigen Weg, den Haß zu vertilgen: die Verwirklichung der Wahrheit. Hätten wir ihn beschritten und hätten Saul von Tarsos durch unsere Tat widerlegt, hätten wir den Völkern unmittelbar durch unsere Tat den Zugang zu einem besseren Leben auf Erden gezeigt, wir hätten aufgehört, ihnen ein Widerspruch und ein Entsetzen zu sein, und wären geworden, was wir in Wahrheit sind, ihr älterer Bruder. Die Völker haben das Evangelium angenommen, aber mit ihm kam die Thora Israels, die drei Dinge umfaßt: die Geschichte der Schöpfung, die sich zum Geschick Israels entfaltet; die Offenbarung Gottes, die zu vorderst seine Offenbarung an Israel war; und die messianische Weissagung, in deren Mitte das Ringen des Volkes Israel um die Erlösung der Menschheit steht. Und es sind die Bücher der Evangelien, die das Leben Jesu, des Juden, in dem sie den Erlöser selber sehen, erzählen, wie er es inmitten seines Volkes lebte; und eins von ihnen läßt ihn ausdrücklich sagen, er sei zu keinem andern als zu den „abgeirrten" (dies bedeutet das Wort, das der Grieche mit „verloren" wiedergibt) Schafen des Hauses Israel gesandt. Es war eine schwere Bürde für die Völker, dies als ihren eigenen Glauben voll anzunehmen. Darum lehnten sie sich immer wieder dagegen auf. Saul von Tarsos selber hatte zwar die Einheit der hebräischen Heiligen Schrift aufrecht erhalten. Aber kaum zwanzig Jahre nach seinem Tode wurde ein Mann geboren, der sich unterfing, sie voneinander zu trennen.

Das war der Gnostiker Marcion, der sich als einen Jünger Paulus' verstand. Zur selben Zeit, da Hadrian den Aufstand Bar Kochbas niederwarf, Jerusalem zur römischen Kolonie machte und an der Stätte des zweiten Tempels einen Jupitertempel erbaute, kam Marcion aus Kleinasien nach Rom und brachte sein eignes Evangelium als einen geistigen Beitrag zur Zerstörung Israels mit. In seinem Evangelium schied er nicht allein das Neue vom Alten Testament und die Geschichte der Christenheit von der Israels, sondern auch den Gott der Christen von dem jüdischen Gott: dieser, als der Schöpfer einer so unvollkommenen Welt, mußte auch selber unvollkommen, nur noch ein gerechter, nicht ein guter Gott sein, wogegen der andere, der „fremde" Gott, der in seiner Urferne nichts mit der Welt gemein hat, sich ihrer erbarmt und sie erlöst. Daraus folgte die gnostische Umwertung: die körperhafte Welt ist wertlos, und an ihre Verbesserung ist kein Gedanke zu wenden. Es gibt aber eine andere Folgerung, die Marcion nicht äußerte, und die ihm wohl gar nicht ins Bewußtsein getreten sein mag. Wenn es mit Gott und der Welt sich so verhält, wie er meinte, dann ist diese unbeschränkt in den Händen der weltlichen Mächte. Jesus hieß seine Anhänger dem Cäsar, was des Cäsars ist, und Gott, was Gottes ist, geben. Aus dem Kontext erfahren wir, daß es darum geht, die auferlegte Steuer zu zahlen und nicht zu rebellieren, die ganze Wirklichkeit des Lebens aber Gott vorzubehalten. Marcion hingegen gab dem Cäsar diese Welt und Gott die andere. In seiner Lehre sind die Völker der Forderung des Himmels durch einen extremen Dualismus enthoben: die erlöste Seele auf der einen, die bestehende Gesellschaft auf der anderen Seite. Dort gibt es keine Gerechtigkeit, sondern Gnade allein, hier aber auch jene nicht wahrhaft.

Die Kirche ist Marcion nicht gefolgt: sie wußte, daß, würden Schöpfung und Offenbarung auseinandergerissen, ihr die ganze Grundlage ihres Einflusses auf die Ordnungen dieser Welt entzogen wäre. Auch die Reformation, wiewohl den Lehren Marcions näher stehend, nahm sie nicht an. Aber im Jahre 1920 schrieb Adolf von Harnack, der keineswegs ein „Antisemit", vielmehr der Repräsentant eines breiten Liberalismus und eben deshalb der Meinung war, der nach Abzug der Propheten und der Psalmen verbleibende Teil des Alten Testaments hindere die innere Entwicklung des Christentums, in seinem Buch über Marcion: „Das Alte Testament seit dem 19. Jahrhundert als kanonische Urkunde im Protestantismus noch zu konservieren ist die Folge einer religiösen und kirchlichen Lähmung."

Harnack starb 1930; drei Jahre danach war sein Gedanke, der Gedanke Marcions, in Handlung umgesetzt, nicht, mit Mitteln des Geistes, sondern mit denen der Gewalt und des Terrors. Der Staat, dessen Bürger Harnack gewesen war, stellte die Kirchen vor die Wahl, entweder den Geist Israels gänzlich auszuschalten und damit allem Einfluß auf die Geschäfte dieser Welt, die des Staates und der Gesellschaft, zu entsagen oder mitsamt dem Judentum liquidiert zu werden. Marcions Gabe an Hadrian war in andere Hände übergegangen.

Inzwischen sind diese Hände abgehauen worden. Aber wir wissen nicht, in wessen Händen sich Marcions Gabe wiederfinden wird, wissen heute nicht, wann die Kirchen wieder vor die Wahl zwischen den Verzicht, welcher der innere Tod ist, und den äußeren Untergang, welche die Aussicht auf Wiedergeburt aus dem Dunkel der Katakomben bedeutet, gestellt werden.

Dies jedoch wissen wir, daß die Entfernung des jüdischen Elements aus dem Christentum die Entfernung der göttlichen Forderung und des konkreten Messianismus bedeutet.

Was aber ist es um uns Juden?

Wir haben kein Recht, den Begriff „Geist Israels", wie wir gewohnt sind, als einen Namen des „Fürsten" unseres Volkes zu gebrauchen, eine unter all den widereinander streitenden nationalen Kräften. Wir dürfen ihn nicht als eine metaphorische Maske für unsere eigene Selbstsucht gebrauchen. Der wahre Geist Israels ist die göttliche Forderung, die in unsere Herzen gepflanzt ist. Wir dürfen nicht auf ihn stolz sein, denn wir haben ihn verraten. Unser erster Schritt in dieser Stunde sollte sein, uns volle Rechenschaft zu geben über unsere Seelen, ohne uns irgend etwas zu verhehlen; ein Inventar unserer Wirklichkeit aufzunehmen, in das kein fiktiver Wert Einlaß findet.

Die Frage, die einst Israel in der Wüste fragte, „ob Gott in unserer Mitte wese oder nicht", darf auch von uns gefragt werden, aber nur mit einer echten Intention. Dann wird die Frage bedeuten: Ist wahre Ergebenheit an Gott in unserer Mitte oder nicht? Und wahre Ergebenheit an Gott heißt: der Wille, seine Wahrheit zu verwirklichen. Und dies wieder heißt: ihm seinem Willen nach helfen, die Absicht seiner Menschenschöpfung ins Werk zu bringen, durch Konstituierung eines Volkes, dessen König er ist. Wie aber wäre es uns gegeben, dies zu erfüllen, wenn nicht, indem wir die rechte Gemeinschaft unseres Volkes in seinem Land erbauen, von den Gemeinschaften der Familie, der Nachbarschaft und der Siedlung bis zu der der Gesamtheit? Denn es gibt keine wahre Volksgemeinschaft, wenn sie nicht aus wahren Familien und wahren Nachbarschaften und wahren Siedlungen besteht.

Aber es gibt desgleichen keine wahre Volksgemeinschaft, wenn sie ihre Wahrhaftigkeit nicht auch in den Beziehungen eines fruchtbaren Friedens mit den andern Völkern bewährt. Ein wahres Volk ist eine Macht des großen Friedens, der überallhin ausstrahlt. Nur wenn wir nach innen und nach außen ein Leben der Wahrheit zu leben uns anschicken, nehmen wir, unter von Grund aus veränderten Bedingungen und selber von Grund aus verändert, dennoch die Existenz des Volkes wieder auf, das im Anfang seiner Weltfahrt den Herrn der Welt zu seinem König erkor.

Wenn wir in unserem eigenen Umkreis an die Verwirklichung gehen, werden wir auch berechtigt sein, den Geist Israels gegen den offenen oder versteckten Marcionismus der Völker zu setzen: gegen den Dualismus der erlösten Seele in einer der Unerlöstheit preisgegebenen körperlichen Welt das Leben der Verantwortung im Dienste der Einheit.

## Die zweite Rede

### *Judentum und Kultur*

Um das Wesen dessen zu erkennen, was wir eine „große Kultur“ nennen, müssen wir die uns geschichtlich hinreichend bekannten großen Kulturen nicht in der Zeit ihrer vollen Entwicklung, sondern in ihrer Frühzeit betrachten. Wir sehen dann, daß jede von ihnen nur als Lebenssystem zu erfassen ist. Zum Unterschied von einem Denksystem, das die Bereiche des Seins von einer zentralen Idee aus beleuchtet und durchleuchtet, ist als Lebenssystem die reale Einheit anzusehen, in der sich je und je die Daseinsbereiche einer historischen Gemeinschaft um ein höchstes Prinzip aufbauen. Dieses Prinzip tritt nur in hohen Stunden des Geistes ins zulängliche Bewußtsein und in die zulängliche Sprache, aber seine Lösung durchdringt, in mannigfaltigen Verzweigungen und Gestaltungen, und freilich auch in verschiedenen Graden der Intensität, das ganze Dasein der Gemeinschaft. Sein Charakter ist stets zugleich ein religiöser und ein normativer. Ein religiöser, denn es bedeutet eine Bindung des menschlichen Lebens an das Absolute, die sich zwar dem begrifflichen Verständnis erschließt, aber in ihrem Wesen konkret ist, Konkretes meint und auf Konkretes hinweist. Und als normativ ist der Charakter des Prinzips zu bezeichnen, weil es sich zwar immer auf ein transzendentes Sein bezieht, das in dem ganzen Kosmos waltet, aber dieses Sein als für den Menschen vorbildlich verkündigt, als das, was allein, von ihm in seiner Lebenshaltung und in seinem Gemeinschaftsaufbau nachgeahmt, dem irdischen Dasein Anspruch und Sinn verleiht, ja von dessen irdischer Verwirklichung durch den Menschen dessen Bestand schlechthin abhängt. Ich exemplifiziere an einigen großen Kulturen der alten Welt, doch gilt das, was ich meine, mit Modifikationen auch von der christlichen Kultur des Abendlandes. Ob wir an das chinesische Tao denken, die „Bahn“, in deren ewigem Rhythmus sich Widerstreit und Ausgleich aller Gegensätze vollziehen, oder an das indoarische Rita oder Urta, die „Zusammenfügung“, das Prinzip des Richtigen und Rechten, oder an das Zedek Israels, in dem sich Wahrheit und Gerechtigkeit vereinigen, oder auch an die Dike der Griechen, den strengen Gang des Weltprozesses und das dadurch bestimmte Maß – überall hat das Sein eine dem Menschen zugekehrte Seite, die ein Sollen ist; überall hat der Mensch, wenn er als Mensch existieren will, einem übermenschlichen Vorbild nachzuleben; überall sind die Grundlinien einer wahren menschlichen Gesellschaft im Himmel vorgezeichnet. Alle Gebiete des Daseins sind zunächst von diesem Prinzip, von dem Verhältnis zu ihm bestimmt; die Weisheit will sein Wirken ergründen, die Kunst will es gestalten, und wo man die Wahrheit in das öffentliche Leben selber einzuführen sucht, schaut man zu den Sternen auf und über sie hinaus.

Der Mensch, wie er ist (der in all diesen Lehren mehr oder weniger als ein der ursprünglichsten Eintracht mit dem Sein entfallener verstanden wird), widerstrebt naturgemäß dem Geheiß, das er, der Mensch, entweder dem Kosmos abgelesen oder von einer ihm und dem Kosmos überlegenen Macht unmittelbar vernommen hat. Er will, und will nicht, die himmlische Wahrheit zur irdischen Wirklichkeit machen. Er lehnt sich praktisch auf gegen das, was er nicht bloß grundsätzlich anerkennt, sondern schaut und empfängt. Aber aus diesem stummen Ringen des Menschen mit dem Geist geht der Aufstieg der großen Kultur hervor. Der Geist bezwingt und wird bezwungen, er dringt vor und hält ein, er stößt auf die menschliche Materie und findet seine Schranke an ihr, und hier, in der jeweiligen Kampfpause zwischen Himmel und Erde, entstehen immer wieder die spezifischen Formen einer Kultur, die auch für all ihre Weisheit und all ihre Kunst bestimmend sind.

Unter den großen Kulturen der alten Welt ist eine gewesen, in der die Einwirkung des religiösen und normativen Prinzips auf alle Bereiche des öffentlichen Daseins in einer besonderen, ihr eigentümlichen Prägnanz hervorgetreten ist. Allen anderen war, wenn auch in verschiedener Stärke der Ausbildung, die Grundlehre von der himmlisch-kosmischen Gesellschaft gemeinsam, der die irdische, die menschliche entspricht, oder vielmehr entsprechen soll, einst, etwa im Goldenen Zeitalter, entsprochen hat, oder dereinst, etwa im vollkommenen Siege des Lichtes über die Finsternis, entsprechen wird. Im alten Israel steht an Stelle dieser Lehre die vom Herrn alles Seins und alles Werdens, der, wie die Sonne an den Himmel, so das Gebot der Wahrheit und Gerechtigkeit in die Menschenwelt gesetzt hat. Wohl war auch in den anderen Kulturen das normative Prinzip von göttlichen Wesen getragen und gebürgt, die jene obere Gesellschaft regierten; aber nur Israel kannte einen Gott, der sich es, ein Menschenvolk, ausersehen hatte, daß es ihm durch die Verwirklichung der Gerechtigkeit die erschaffene Erde zum Königreich bereite. Für Israel ist das Prinzip die Norm und das Gesetz, für Israels Gott ist es das durch die Bundeslade symbolisierte bewegliche Fundament, auf das er seinen irdischen Thron stellen will. Darum bindet es hier

Gottheit und Menschheit in jener nichts anderem vergleichbaren Konkretheit, die als Bund bezeichnet wird. Und eben damit wird hier, und nur hier, ein geheimnisvolles Ja und Nein in einem zur Kultur gesprochen: Gott will die ganze Kultur des Menschen – aber als eine nicht sich selbst überlassene, sondern ihm, Gott, gehörige.

Nun verhält es sich aber allgemein so, daß der Widerstand des Menschen gegen die geistige Forderung, der sich, wie gesagt, bereits in der Entstehungszeit einer Kultur bekundet, sich entscheidend steigert, wenn sie sich ihrer Höhe nähert. Im Maße der Ausbildung ihrer spezifischen Formen strebt jede Kultur immer stärker danach, „autonom" zu werden, das heißt, sich von ihrem Prinzip unabhängig zu machen. Das kommt in den großen westlichen Kulturen teils dadurch zum Ausdruck, daß ihre einzelnen Bereiche sich verselbständigen und jeder von ihnen sich seine eigene Grundlage und seine eigene Ordnung erringt, teils dadurch, daß entweder das Prinzip selber seines absoluten Charakters und seiner absoluten Gültigkeit beraubt wird, so daß die Norm zur menschlichen Konvention herabsinkt, oder aber daß man die Bindung an das Absolute eingestandener oder uneingestandener Weise auf einen nur noch symbolischen Anspruch reduziert, der auf kultischem Gebiet zureichend befriedigt werden kann. Jetzt mögen in einer Kultur auf den verschiedenen Einzelgebieten herrlichere Werke geschaffen werden, als sie sie je zuvor hervorbrachte: die Einheit im Geiste ist ihr verloren. Beispiele dafür sind das perikleische Athen und die Hochrenaissance. Teilweise anders vollzieht sich die Entwicklung in den Kulturen des Orients. Hier emanzipieren sich die Sonderbereiche nie völlig von der Einheitsbindung, aber auch hier wird das Prinzip immer mehr zum Gegenstand der Doktrin statt der Lebensbeziehung, und sein Dienst wird aus einem die reale Existenz umfassenden immer mehr zu einem nur noch formalen und symbolischen. Und überall, hier wie dort, untergräbt die Kultur, indem sie das Prinzip, aus dessen Erscheinung sie einst entstand, aus einer wirkenden Realität zu einer verehrten Fiktion macht, sich den eigenen Grund.

Überall hat es Menschen gegeben, die den Gang in den Abgrund in seinem Wesen erkannten und ihn aufzuhalten suchten. Aber in einer einzigen Kultur hat sich ein elementarer und alle geistige Leidenschaft des Volkes umfassender Protest gegen die Entmächtigung des Prinzips erhoben. Es war dies naturgemäß eben jene Kultur, in der, wie in keiner anderen, das Absolute einen Bund mit der ganzen Sphäre der menschlichen Existenz geschlossen hatte und sich weigerte, irgendeinen Bestandteil dieser Sphäre der Relativität zu überlassen. Nie und nirgends sonst in der Menschenwelt ist dem Geiste, Generation um Generation, so kämpferisch gedient worden, wie es die Propheten Israels getan haben. Die Männer des Geistes in ihren Geschlechtern haben es hier auf sich genommen, jenes Ja und Nein zur Kultur in der Aktualität der historischen Stunden zur Tat werden zu lassen. Der Kampf richtete sich gegen alle, die von dem Gebot der Verwirklichung der Gotteswahrheit in der Fülle des Alltags von Individuum und Volk in das Nur-formale, das Nur-rituale, also in das Unverbindliche auswichen, alle, die dieses Ausweichen lehrten und praktizierten und damit den angerufenen Namen Gottes zu einer sorgsam gehüteten Fiktion degradierten. Dieser Kampf wird für die Ganzheit und Einheit der Kultur geführt, als die nur als eine Gott geheiligte ganz und eins sein kann. Der Prophet, der von den Machthabern die Abschaffung des sozialen Unrechts, um Gottes willen, forderte, kannte den Begriff der Kultur nicht, aber er setzte sein Leben ein, um sie zu retten. Damit war der Protest gegen die falsche Emanzipation der Kultur auf eine solche Weise angemeldet, daß er in alle Zukunft der Menschheit, ganz besonders aber in die Problematik der auf ihn folgenden Kultur, der des christlichen Abendlandes, mahnend und warnend hineinwirken mußte und hineingewirkt hat. Seine stärkste Wirkung steht ihm freilich meiner Überzeugung nach noch bevor.

Um die Bedeutung der prophetischen Religion für die Menschheit und ihre Kultur in der Vergangenheit und der Zukunft recht zu verstehen, muß man sich vergegenwärtigen, weshalb gerade in Israel der große Protest des normativen Prinzips laut geworden ist, sein Protest gegen all jene Entwicklung der Kultur, die es seiner absoluten Geltung oder gar seines Wirklichkeitscharakters zu berauben strebte. Zur Antwort ist auf den Israel eigentümlichen religiösen Realismus hinzuweisen, der in der Menschenwelt keine abstrakt bleibende, selbstgenügsame, über der Wirklichkeit schwebende Wahrheit erträgt, sondern alle Wahrheit mit einer Forderung verbunden sieht, die vom Menschen, vom Volk, von Israel die integrale Erfüllung in der irdischen Wirklichkeit heischt. Und integrale Erfüllung, das bedeutet zweierlei: sie muß erstens das ganze Volksleben, die ganze Volkskultur, Wirtschaft, Gesellschaft und Staat umfassen, und zweitens, sie muß den ganzen Menschen, sein Gefühl und seinen Willen, sein Tun und sein Lassen, sein Arbeiten und sein Feiern, sein Leben im Haus und auf dem Markt, im Tempel und in der Volksversammlung umfassen – das heißt, sie bedeutet die Ganzheit und Einheit der Kultur in all ihrer Mannigfaltigkeit. Naturgemäß widerstreben die Menschen, und insbesondere die Inhaber der Herrschaft und des Besitzes, der Forderung nach integraler Erfüllung der göttlichen

Wahrheit und Gerechtigkeit; daher sind sie bemüht, den konkreten Dienst Gottes auf das sakrale Gebiet zu beschränken, auf allen andern aber seine Autorität nur mit Worten und Symbolen anzuerkennen. Hier eben setzt der prophetische Protest ein.

Ein beredtes Beispiel mag veranschaulichen, um was es geht. Im alten Orient wurde der König im allgemeinen als ein Sohn des obersten Gottes angesehen; man sah ihn als von Gott adoptiert oder als von diesem gezeugt an. Auch Israel war diese Vorstellung, natürlich in der ersten Form, nicht fremd; der Psalmist läßt Gott zum König in der Stunde, da er auf dem heiligen Berg zum König gesalbt wird, sprechen: „Mein Sohn bist du, selber habe ich heut dich gezeugt." Die Salbung im Namen Gottes machte den Throninhaber Gott verantwortlich, und zwar nicht bloß wie der Statthalter, der er war, dem Herrscher verantwortlich ist, sondern wie ein Sohn dem Vater. Auch andere Völker des alten Orients kannten dieses besondere Verhältnis des Königs zum Gott; aber in Babylon wurde die Verantwortung dadurch allein zum Ausdruck gebracht, daß am Neujahrsfest, als an dem Tage, da die Welt sich erneut und alles von neuem beginnt, der Priester dem König einen symbolischen Schlag auf die Wange versetzte, womit für die Dauer des kommenden Jahres genug geschehen war; in Ägypten hatte es sein Bewenden bei heimlichen Gesprächen des Königs mit seinem „Vater", aus denen sich nichts ergab. Anders in Israel. Hier steht der Prophet immer wieder vor dem König als der ihn im Namen Gottes zur realen Verantwortung Ziehende: Dieser prophetische Realismus konzentriert sich in dem Gottesspruch, den der Prophet Natan dem König David übermittelt: Gott wolle Davids Sohn zu seinem, Gottes, Sohn adoptieren, wenn er sich aber verfehle, werde er ihn, wie eben ein Vater seinen Sohn, züchtigen, und zwar durch Menschenhand, durch die Hand der Feinde Israels, denen ein die Gerechtigkeit nicht erfüllendes Israel erliegen muß.

Das Beispiel der prophetischen Stellungnahme zu den untreuen Königen ist aber geeignet, uns das Wesen der Beziehung zwischen Judentum und Kultur noch deutlicher zu machen. Man darf hier nicht, wie es nicht selten geschehen ist, an einen Konflikt zwischen Religion und Kultur denken: es besteht nur ein Konflikt innerhalb der Kultur (das Wort im weitesten Sinne verstanden), nämlich zwischen ihrem führenden Prinzip, aus dessen Wirkung sie hervorgegangen ist, und den verselbständigten Bereichen, die sich seiner Oberhoheit fortgehend entziehen. Die Kampflinie führt aber oft genug auch quer durch die Religion selbst, dann nämlich, wenn sich die beamtete religiöse Autorität, die Priesterschaft, auf die Seite der Macht schlägt und sie deckt; hier gibt die Religion ihren Anspruch, Beweger des Ganzen zu sein, auf, um auf Grund ihres Bündnisses mit den Machthabern sich im Besitz des ihr angewiesenen Sondergebiets zu erhalten. Dieser Koalition von eingesetzter Macht und eingesetzter Autorität steht dann der Prophet als der Mann gegenüber, der beides nicht hat – und nicht haben soll. Nur in der Frühzeit Israels, vor der Entwicklung, die den Protest hervorruft, sehen wir Gestalten wie Mose und Samuel, die zugleich prophetischen Charakter haben und mit geschichtsbestimmender Macht und Autorität begabt sind; später gehört die Preisgegebenheit des Propheten zum innersten Wesen der Situation.

Aber das Beispiel, das ich gewählt habe, kann uns noch tiefer in das Wesen unsers Gegenstands einführen. Denn aus der Erfahrung, daß die göttliche Forderung unerfüllt bleibt, wird die messianische Verheißung geboren, und wie im Mittelpunkt der Erfahrung die Nichterfüllung durch den König stand, so steht der erfüllende König im Mittelpunkt der Verheißung. Weil er den Auftrag, den die Könige in der Salbung erhalten, endlich verwirklicht, heißt er „der Gesalbte", der Messias. Endlich soll der Mensch Gott entgegenkommen. Um ihn soll sich erst Israel, dann das Menschenreich als das erfüllte Königtum Gottes erbauen. Dieses aber ist nicht als die Überwindung und Aufhebung der mißglückten Menschenkultur gemeint, sondern als ihre Heilung, die ihre Läuterung und Vollendung ist. Wenn das durchgebildete Menschenleben in all der Mannigfaltigkeit seiner Bereiche ein dem Göttlichen geweihtes Ganzes und Eines wird, dann wird, wie einst von Abraham über seinem Altar, der Name Gottes über der Erdenwelt als dem Herrschaftsbesitz ausgerufen werden, den er antritt.

In der altpersischen Lehre wird im weltschmelzenden Brande die menschliche Substanz verwandelt: ein neues Gotteswerk tritt an Stelle des zerfallenen Menschenwerkes. Wie die Apokalyptik des hellenistischen Peripherie-Judentums, so hat das Christentum diese Grundkonzeption entfaltet. Das zentrale Judentum hat sie verworfen. In sein Weltexil ist es mit der prophetischen Lehre gegangen, nach der die zerrüttete menschliche Substanz auf die Umkehr aus ihrem Abgrunde zu Gott die Erwiderung seiner rettenden Kraft erfährt, die die Schöpfung des Menschen mit dessen Hilfe vollendet. Die an sich verzweifelnde Kultur bringt sich Gott dar und wird von seiner Hand zu ihrer Wahrheit erlöst.

Diesen festen realistischen Glauben an die Zukunft des göttlichen Ebenbildes, an dessen Verlust Israel nie geglaubt hat, kann man nicht mit dem billigen Schlagwort eines Kulturoptimismus abtun. Es ist der Glaube, daß, wie jeder umkehrende Sünder, so auch die sündige Kultur Vergebung finden kann. Wie der Mensch sich nicht durch Abstrich von seiner Existenz, nicht durch Primitivierung seiner Lebensform heiligt, so wird eine geheiligte Menschenkultur auch ohne Abstrich Aufnahme finden.

Hier wie überall sonst gibt sich das religiös-normative Prinzip Israels als ein seinem ganzen Wesen nach geschichtliches kund. Wie seine Stiftung sich in einem Vorgang der Volksgeschichte darstellt, so trägt auch sein höchstes Ziel geschichtlichen Charakter. Das Übergeschichtliche prägt das Geschichtliche, aber es ersetzt es nicht.

Mit diesem realistischen und messianischen Geschichtsglauben in seinem Buch und in seiner Seele ist das jüdische Volk in sein Weltexil gezogen, das heißt im wesentlichen in eine Kultur, deren religiös-normatives Prinzip das christliche war. Von entscheidender Bedeutung für dieses Verhältnis war die Tatsache, daß das Christentum seinen Ursprung in einer deformativen Spätphase des jüdischen Messianismus hatte, in der er sich die Geschichte nicht mehr erringen, sondern ihr in eine reinere Sphäre entrinnen wollte, daß es sich aber in einer Gruppe von Völkern niederließ, die eben ausgezogen waren, sich die Geschichte zu erobern. In ihr Dasein und ihren Widerspruch war nun das jüdische Volk mit seinem Dasein und seinem Widerspruch eingesprengt, angewiesen, mit seinem unerfüllten Geschichtsglauben unter ihnen gleichsam geschichtslos zu leben – unter ihnen, die der Geschichte verhaftet waren, und deren Glaube sie die Geschichte überwinden hieß. Wir wissen, was sich aus dieser Grundsituation auf dem Weg der Zeiten ergeben hat. Unser Prinzip, die Wahrheit und Gerechtigkeit Gottes, die sich im Raum des Menschenlebens und der Menschengeschichte erfüllen will und das messianische Bild der Erfüllung an die Himmelsdecke dieses Raumes malt, strahlte zwar immer noch aus unserem Buch in die Welt, und manche christlichen Glaubensmänner wurden von seinen Strahlen getroffen, bis der eine und andere von ihnen den Gedanken faßte, von seinem Volke sei wie einst von Israel gefordert, ein heiliges Volk zu werden und seine Kultur in all ihren Bereichen zu heiligen. Uns selber war die Aktualisierung in der Welt und an ihr versagt. Im inneren Leben der jüdischen Gemeinschaft ist in der Zeit der Zerstreuung Großes geschehen, auf Gott zu und auf die Brüder zu; aber eine Volksgestalt zu formen, die den göttlichen Sinn darstellt, war uns nunmehr dadurch verwehrt, daß wir keine selbständige Gemeinschaft, keine „Selbstbestimmung" mehr hatten. Die messianische Glaubensidee, von der natürlichen Stätte ihrer Verwirklichung abgeschnitten, verlor sich immer mehr in spätgnostischen Spekulationen und in stürmenden Kollektivekstasen. Und doch wußten wir im innersten Herzen nach wie vor: auf die Bewährung mitten in der Geschichte kommt es an.

Als wir endlich aus dem Ghetto in die Welt traten, geschah uns von innen her Schlimmeres, als uns je von außen geschehen war: in das Urfundament, die einzigartige Einheit von Volk und Religion, war ein tiefer Riß gekommen.

Er ist seither immer tiefer geworden. Auch das bedeutsame Ereignis unserer Tage, der Wiedereintritt der Juden in die Geschichte der Völker durch den Wiederaufbau eines jüdischen Staates, ist zuinnerst durch diesen Riß beeinflußt und gekennzeichnet. Die eigene Stätte und die Freiheit zur Verwirklichung unseres Seinsprinzips sind uns von neuem geschenkt, aber Israel und sein Prinzip sind auseinandergeraten. Wir sind nunmehr, so sagt man, der Erneuerung einer lebenden jüdischen Kultur gewiß; aber wann wäre je eine echte Kultur anders denn als die Entfaltung solch eines Urprinzips gewachsen! Man sucht den Riß zuzudecken, indem man religiöse Grundbegriffe, wie Gott, Israel und Messias, auf nur-politische Vorgänge anwendet; und die bereitliegenden Worte leisten keinen Widerstand – aber die heilige Wirklichkeit, die mit ihnen gemeint war, entzieht sich solcher Rede, wenn die Rede nicht eben sie, nicht eben die Erfüllung der Wahrheit und Gerechtigkeit meint. Gewiß, es ist ein schweres, furchtbar schweres Werk, die Pflugschar des normativen Prinzips in die harte Scholle der politischen Wirklichkeit zu treiben; aber billiger als so erwirbt man das Recht nicht, einen geschichtlichen Moment ins übergeschichtliche Licht zu heben.

So das neue jüdische Gemeinwesen. Wie aber steht es um die trotz all der ungeheuren Zerstörung und Zerrüttung immer noch kräftig lebendige Diaspora? Nirgends, soweit ich sehe, ist hier ein großes Streben bemerkbar, den Riß zu heilen und unser faktisches Gemeinschaftsleben zu heiligen. Und kann dort, im eigenen Lande, die Frage nach der Existenz des Judentums durch all die Kämpfe und Gefahren noch verhüllt werden, in der Diaspora tritt sie uns in dieser Stunde schon nackt gegenüber. Sind wir noch Juden? Mit unserem Leben noch Juden? Lebt das Judentum noch?

Indessen aber ist in der Menschheit die große Krisis ihrer Kulturen und ihrer Kultur, die eine Krisis des Menschen ist, immer deutlicher angebrochen. Alle Urbindungen scheinen sich zu lösen, aller Urbestand sich zersetzen zu wollen. Der Mensch kostet, wie er sagt, das Nichts und läßt auch es noch auf seiner Zunge zergehen; oder er füllt den des Sinns entleerten Raum des Daseins mit der Masse der Programme.

Woran ist die Welt? Ist heute, wie einst an einer anderen Wende ein Jude am Jordan zu Recht und doch zu Unrecht meinte, die Axt den Bäumen an die Wurzel gelegt? Und wenn es so wäre, wie ist der Zustand der Wurzeln selber? Sind die Wurzeln noch so gesund, daß sie in den überbleibenden Stumpf neuen Saft treiben und einen neuen Trieb aus ihm emporjagen können? Sind die Wurzeln zu retten? Wie sind die Wurzeln zu retten? Wer kann sie retten? In wessen Hut sind sie gegeben?

Erkennen wir uns selber: wir sind die Hüter der Wurzeln.

Wir sind es. Wie können wir es werden?

Wie werden wir, die wir sind?

## Die dritte Rede

### *Die heimliche Frage*

Es ist mir zuweilen, als hörte ich aus der Tiefe der Stille eine Frage, aber der sie fragt, weiß nicht, daß er fragt, und der gefragt wird, weiß nicht, daß er gefragt wird. Es ist die Frage, die die moderne Welt, ohne es zu wissen, an die Religion richtet. Die Frage lautet: „Bist etwa du es, die mir helfen kann? Kannst du mir helfen, daß ich glauben lerne? Nicht an Phantasmagorien und an Mystosophien, nicht an Ideologien und an Parteiprogramme, nicht an irgend etwas klug Ausgedachtes und geschickt Vorgetragenes, das nur so lange wahr scheint, als es Erfolg hat oder Aussicht auf Erfolg hat, sondern an Unbedingtes und Unerschütterliches? Daß ich an die Wirklichkeit, an das Bestehen, an die Existenz glauben lerne? Glauben lerne, daß mit der Wirklichkeit etwas gemeint ist, daß das Bestehen irgendwohin zielt, daß es Sinn hat, dazusein? Wer sonst könnte mir dazu helfen, wenn du es nicht kannst?" Natürlich wird die moderne Welt aufs heftigste bestreiten, daß sie geneigt oder auch nur imstande sei, so zu fragen: sie wird leidenschaftlich beteuern, daß sie die Religion für eine Illusion, und vielleicht nicht einmal eine schöne, halte; und sie wird das sozusagen mit gutem Gewissen tun, denn solcherart ist die Sicherheit ihres Bewußtseins; aber im innersten Grunde ihres Herzens, da wo die Verzweiflung wohnt, regt sich auch immer wieder, scheu und jedesmal sogleich niedergezwungen, die Frage. Sie wird stärker, sie wird stark werden.

Die Frage ist an die Religion überhaupt, an die Religion als solche gerichtet. Aber wo ist die zu finden? Um die isolierte gläubige Individualität kann es sich nicht handeln, denn wie sollte sie einem solchen Anspruch, in solcher Stunde, gewachsen sein! Nur die historischen Religionen können die konkreten Empfänger der Frage sein, diese und jene unter ihnen. Freilich wird nicht ihre Dogmatik und nicht ihr Zeremoniell die Antwort erteilen können; die eine ist dazu da, den seinem Wesen nach überbegrifflichen Glauben nachträglich in begrifflichen Sätzen zu formulieren, das andere dazu, die Beziehung zum Schrankenlosen in festen und regelmäßigen Handlungen auszudrücken, beide haben ihre spezifische Einflußsphäre, aber beide sind nicht befähigt, der modernen Welt zu helfen, glauben zu lernen. Das in den geschichtlichen Religionen, woran sie zu appellieren berechtigt ist, ist die Glaubenswirklichkeit in ihnen, das, was hinter aller Formulierung und allem Ausdruck steht, aber eben da ist, das, was immer neu in dem gelebten Leben menschlicher Personen volle Existenz gewinnt. Auf dieses eine kommt es an: auf die persönliche Existenz, die den Ursinn einer Religion verwirklicht und damit deren Leben bezeugt.

Wer aber auf die Frage, von der ich spreche, genau hinhorcht, merkt, daß sie auch an das Judentum gerichtet ist, ja daß dieses sich in der vordersten Reihe der Angesprochenen befindet. In der letzten Zeit habe ich häufig Äußerungen aus aller Welt erhalten, aus denen herauszuhören ist, daß man vom Judentum Sinn-Aufzeigung und Weg-Weisung erwartet. Diesen Äußerungen war anzumerken, daß ihre Urheber für viele Schweigenden sprachen. Das ist ein Neues, daß die Welt etwas vom Judentum erwartet. Viele Jahrhunderte lang war die Tiefe des Judentums unbekannt und unbeachtet: im Zeitalter des Ghettos, weil die Wirklichkeit der jüdischen Existenz gar nicht gesehen wurde, im Zeitalter des Auszugs aus dem Ghetto, weil nur Juden, nicht das Judentum in die Erscheinung trat. Etwas scheint sich da ändern zu wollen. Woran liegt das? An der Hinmetzelung der Millionen? Die kann es nicht erklären. Oder an der Errichtung eines jüdischen Staates? Die kann es ebensowenig erklären. Und doch gehören beide irgendwie als Voraussetzung dazu, daß man die Tiefe des Judentums zu sehen beginnt. An großen Phänomenen des Sterbens und des Lebens hat sich endlich der Welt das Dasein der Judenheit als eine positive Tatsache aufgetan, und von da aus beginnt man auch das Judentum zu sehen. Und dabei entdeckt man allmählich etwas an ihm, was der geistigen Not unserer Zeit in einer besonderen Weise abzuhelfen geeignet erscheint. Zu entdecken ist dies freilich nur, wenn man das Judentum in seinem Gesamtweg, vom Dekalog bis zum

Chassidismus, als eine Einheit erfaßt, in der ihm eigentümliche Grundtendenzen sich immer umfassender entfaltet haben.

Diese Einheit, diese Grundtendenzen und ihre Entfaltung sind freilich auch den Juden unserer Zeit, auch den am ernstesten den Weg der Wahrheit suchenden, zumeist noch unerkannt geblieben. Das wird uns besonders deutlich, wenn wir auf jene unter den geistig repräsentativen jüdischen Zeitgenossen achten, deren religiöses Bedürfnis vom Judentum unbefriedigt geblieben ist. Es ist ja ein höchst charakteristisches Faktum, daß in der Frühzeit der modernen Gesellschaft geistig wichtige Juden sich dem Christentum nicht als der christlichen Religion, sondern als der christlichen Kultur zugewandt haben, wogegen heute die bemerkenswerten Sympathien geistiger jüdischer Menschen für das Christentum in einem Gefühl religiösen Mangels und religiösen Verlangens wurzeln.

Die Betrachtung zweier Beispiele wird uns erläutern, um was es hier geht, und uns zugleich unseren Gegenstand, die religiöse Bedeutung des Judentums für die Welt in dieser Stunde, wesentlich erschließen. Das eine Beispiel bietet uns Bergson, der Denker, der, wie Nietzsche, seine Philosophie auf der Bejahung des Lebens aufbaut, aber, im Gegensatz zu Nietzsche, als das Wesen des Lebens nicht die Macht, sondern die Anteilnahme an der Schöpfung ansieht und daher, wieder im Gegensatz zu Nietzsche, die Religion nicht bekämpft, sondern als den Gipfel des menschlichen Lebens preist. Das andere Beispiel ist die jung verstorbene Simone Weil, in deren hinterlassenen Aufzeichnungen eine starke und theologisch tiefgreifend begründete Verneinung des Lebens zum Ausdruck kommt, die folgerichtig zur Verneinung sowohl des Ich wie der Gesellschaft führt. Beide, Bergson und Simone Weil, waren Juden, beide waren gewiß, in der christlichen Mystik die religiöse Wahrheit gefunden zu haben, die sie suchten; Bergson freilich sah in der Prophetie Israels eine Vorstufe des Christentums, wogegen Simone Weil Israel und das Judentum schlechthin verwarf. Beide sind nicht zum Christentum übergetreten, Bergson wohl, weil es ihm widerstrebte, die Gemeinschaft der Verfolgten und Mißhandelten zu verlassen, Simone Weil aus Gründen, die ihr von ihrer religiösen Anschauung eingegeben waren, worunter anscheinend von erheblichem Gewicht war, daß ihr die Kirche noch zu jüdisch erschien. Prüfen wir, wie der eine, wie die andere das Judentum sah, und wie sich das Judentum, das sie sahen, zu der jüdischen Glaubenswirklichkeit, zu jener sich in den Zeiten entfaltenden Einheit verhält, die, wie gesagt, auch den meisten Juden unserer Tage verborgen geblieben ist.

Das Bild, das Bergson sich vom Judentum macht, ist das konventionell-christliche, in dessen Ursprung die Absicht steht, die neue Religion als eine Erlösung vom Joch der alten zu erweisen. Danach wäre auf einen Gott der Gerechtigkeit, der im wesentlichen an seinem eigenen Volke, Israel, Gerechtigkeit übt, ein Gott der Liebe gefolgt, einer Liebe zur ganzen Menschheit. Erst mit dem Christentum läßt Bergson einer sozialen Moral eine humane, einer statischen eine dynamische, einer Moral der geschlossenen Seele eine der offenen Seele gegenübertreten.

Simone Weil geht in der gleichen Richtung viel weiter. Sie wirft Israel Götzendienst vor, den einzigen wirklichen Götzendienst, nämlich der Kollektivität, die sie, ein Gleichnis Platons verwendend, das große Tier nennt. Das Soziale ist ihr der Bereich Satans, denn die Kollektivität maßt sich an, einem zu diktieren, was gut und böse sei, sie tritt zwischen Gott und die Seele, ja sie verdrängt Gott, sie etabliert sich als Gottersatz. In dem alten Rom sieht Simone Weil das „große Tier" als atheistischen Materialisten, der nur sich selber anbetet, in Israel sieht sie es in religiöser Gestalt; aber sein Gott sei eben der gewesen, den es verdiente, ein schwerfälliger, ein „Fleisch"-Gott, ein Stammesgott, letztlich nichts anderes als die vergottete Nation. Den Pharisäer – dessen Begriff Simone Weil offenbar nur aus den neutestamentlichen Streitreden kannte – definiert sie als einen Menschen, „der aus Gehorsam dem großen Tier gegenüber tugendhaft ist". Und alles, was ihr in der neueren Geschichte widerwärtig war, Kapitalismus und Marxismus, kirchliche Unduldsamkeit und moderner Nationalismus, schrieb sie dem Einfluß dessen zu, was sie den „Totalitarismus" Israels nannte.

Für Bergson ist das soziale Prinzip eine Übergangsstufe, für Simone Weil, die übrigens eine Zeitlang intensiv an der revolutionären Aktion der äußersten Linken teilgenommen hatte, war es das große Hindernis. Für beide verkörperte es sich in Israel, und beide strebten nach seiner Überwindung im Christentum, in dem Bergson das rein Humane, Simone Weil hingegen das Übernatürliche fand.

Selten ist es mir so deutlich geworden wie hier, daß eine halbe Wahrheit irreführender sein kann als ein ganzer Irrtum. (Bei Simone Weil ist es freilich kaum eine Viertelwahrheit.)

Was man in der Wirklichkeit der Religion Israels als das soziale Prinzip bezeichnen kann, ist etwas anderes, als was Bergson, etwas ganz anderes, als was Simone Weil meint.

Gewiß, die Gruppe, die unter dem Einflüsse gemeinsamen Gottesglaubens aus Sippen und Stämmen zusammengewachsen ist, das Volk, ist in Israel eine *religiöse* Kategorie. Aber es ist dies nicht in seiner Tatsächlichkeit, nicht so wie der Prophet, der es anredet, es vor Augen hat. Der religiöse Charakter des Volkes besteht gerade darin, daß mit ihm etwas anderes gemeint ist, als was es eben ist, daß es etwas anderes werden soll, daß es das wahre Volk, das „Volk Gottes" werden soll. Gerade in der Religion Israels ist es unmöglich, die Kollektivität zum Götzen zu machen, denn die religiöse Haltung zu ihr ist ihrem Wesen nach kritisch und postulativ. Wer in der Nation oder in der Gesellschaft etwas Unbedingtes und Selbstgenügendes sieht, hat die Religion Israels verraten.

Was aber heißt das, ein Volk Gottes werden? Nicht der gemeinsame Gottesglaube und Gottesdienst macht ein Volk zum Volk Gottes, sondern daß es Gottes ihm offenbarte Eigenschaften, die Gerechtigkeit und die Liebe, in seinem eigenen Leben, und das bedeutet: in dem Leben seiner Mitglieder miteinander, verwirkliche, und zwar Gerechtigkeit in dieser Menschen mittelbaren, auf Sachen und Werte gerichteten gegenseitigen Beziehungen, Liebe in ihren unmittelbaren, auf ihr eigenes Sein gerichteten gegenseitigen Beziehungen. Von den beiden aber ist die Liebe das höhere, das entscheidende Prinzip. Das wird unüberbietbar deutlich daran, daß man gegen Gott nicht gerecht sein kann, wohl aber Gott lieben kann und soll. Und die Liebe zu Gott ist es, die sich auf die Menschen überträgt: Gott liebt den Fremdling – so wird uns gesagt (Dt 10,18f.) –, „so sollt denn ihr ihn lieben". Wer Gott liebt, liebt auch den, den Gott liebt.

Es ist nicht wahr, der biblische Gott habe, wie Simone Weil es ausdrückt, „bis zum Exil zu niemands Seele gesprochen". Er spricht durchaus zu den Seelen der Einzelnen, auch schon im Dekalog; wem sonst als der Seele des Einzelnen könnte geboten werden, nicht zu begehren, was des andern ist, das heißt ihn nicht zu beneiden? Aber dieser Gott spricht zu den Einzelnen, wie sie eben ihre reale Existenz haben; und im vorexilischen Zeitalter haben sie diese eben noch als Mitglieder ihres Volkes, ihm eingetan und von ihm unablösbar. Die Zehn Gebote sind nicht an ein Ihr, sondern allesamt an ein Du gerichtet: dieses Du ist jeder Einzelne, und da jeder Einzelne noch durchaus dem Volk eingetan ist, wird er eben als dem Volke eingetan so angesprochen. Erst in dem Maße, als sich in der geschichtlichen Wirklichkeit der Einzelne als solchen entdeckt und empfindet, spricht Gott als zu solchem zu ihm. Aber auch noch in der individualisiertesten Generation wird der Einzelne von jenem Du getroffen, wenn er sich ihm nicht vorsätzlich verschließt.

Bergsons konventionelle Unterscheidung zwischen jüdischem Partikularismus und christlichem Universalismus ist ebenso unbegründet. Es ist der älteste der Schriftpropheten, der gerade an den Erzfeinden Israels exemplifiziert, daß die Wanderungen aller Völker von Gott selber angeführt werden, und er sagt es nicht als etwas Neues, sondern als etwas allgemein Bekanntes. Es ist nur eben ein Universalismus nicht der Individuen, sondern der Nationen, und der Individuen lediglich durch die Nationen hindurch. Innerhalb dieses Universalismus gibt es freilich einen Partikularismus der Berufung: Israel soll mit der Verwirklichung der Gerechtigkeit und Liebe Gottes auf Erden *beginnen*, es ist „der Anfang seiner Ernte".

Es trifft nicht zu, daß Israel der Innerlichkeit nicht ihr Recht gegeben habe; es hat sich nur mit der Innerlichkeit nicht begnügt. Seine Lehre bestreitet die Autarkie der Seele: die innere Wahrheit muß Lebenswirklichkeit werden, sonst bleibt sie die Wahrheit nicht. Ein Tropfen der messianischen Vollendung muß jeder Stunde eingemischt werden, sonst ist sie gottlos, trotz aller Frömmigkeit.

Das, was man das soziale Prinzip in der Religion Israels nennen mag, ist somit allem „großen Tier" von Grund aus unähnlich. Es geht um die soziale Humanität, denn die menschliche Gesellschaft ist hier erst dann legitim, wenn sie sich auf echten Beziehungen ihrer Mitglieder zueinander aufbaut; und es geht um die religiöse Humanität, denn die echte Beziehung zu Gott kann hier nicht erlangt werden, wenn es an der echten Beziehung zur Welt und zum Mitmenschen mangelt, – beides, die Liebe zum Schöpfer und die Liebe zu seiner Schöpfung, sind letztlich eins. Um diese Einheit zu verwirklichen, muß der Mensch freilich die erschaffene Welt aus Gottes Händen annehmen, und zwar nicht, um sie zu besitzen, sondern um an dem noch unvollendeten Werk der Schöpfung liebend teilzuhaben. Die Schöpfung ist unvollendet, denn der Unfriede herrscht in ihr, und der Friede kann nur von den Geschöpfen herkommen. Darum wird der Mensch, der Frieden stiftet, in der jüdischen Tradition der Gefährte Gottes im Werk der Schöpfung genannt. Eben diesen Gedanken der Berufung des Menschen zum Mitarbeiter Gottes spricht Bergson nachdrücklich als das Ziel der Mystik aus, die er rühmt und die er im Judentum nicht gefunden hat; aber es ist ein urjüdischer Gedanke.

Beide, Bergson und Simone Weil, wandten sich von einem Judentum ab, das sie nicht kannten; in Wahrheit wandten sie sich von einem konventionellen, vom Christentum geschaffenen Begriff des Judentums ab. Aber Bergson stand dem wirklichen Judentum, das er nicht kannte, nah, Simone Weil stand auch diesem fern. Wenn sie den Gott Israels einen „natürlichen", den des Christentums einen „übernatürlichen" Gott nennt, verkennt sie zwar das Wesen des ersten ganz und gar, denn er ist nicht „natürlich", sondern er ist, wie der Gott des Geistes, so auch der Gott der Natur, und beidem überlegen. Aber auch dieser wahre Gott Israels hätte Simone Weil, wenn sie ihn gekannt hätte, wohl nicht genugtun können, denn er ist der Natur, der er überlegen ist, zugewandt, Simone aber wollte der Natur entkommen, wie sie der Gesellschaft entkommen wollte: die Wirklichkeit war ihr unerträglich geworden, und Gott war ihr die Macht, die sie der Wirklichkeit entführte. Das aber ist in der Tat etwas, was der Gott Israels nicht tut, es wäre seinem Verhältnis zu seiner Schöpfung und seinen Geschöpfen entgegen; er hat den Menschen in die Wirklichkeit gestellt, daß er ihr standhalte. Simone Weil wollte den Menschen dienen, und es zog sie immer wieder zu schwerer Feldarbeit hin; aber ihre Seele war auf der Flucht vor der Wirklichkeit. Und sie begann bei sich selbst: sie bestritt das Ich; es sei Pflicht, meinte sie, das Ich zu töten. „Wir besitzen nichts in der Welt", schreibt sie, „als die Macht, Ich zu sagen. Dies ist es, was wir Gott geben sollen, das heißt, was wir zerstören sollen." Dieses Grundgefühl steht in der Tat im Gegensatz zum Judentum; denn die echte Beziehung, die das Judentum lehrt, ist eine Brücke, die sich über zwei festen Pfeilern, dem Ich des Einzelnen und dem seines Partners spannt, – so die Beziehung zwischen Mensch und Gott, so auch die zwischen Mensch und Mensch. Das Judentum verwirft das Ich der Selbstsucht und des Hochmuts, aber es bejaht und bestätigt das Ich der echten Beziehung, das Ich des „Ich und Du", das Ich der Liebe. Denn die Liebe löscht das Ich nicht aus, sondern sie verbindet es mit dem Du; sie sagt nicht: „Du wirst geliebt", sondern: „Ich liebe dich". Und ebenso ist es mit dem Wir, von dem Simone Weil meint: „Man soll nicht Ich sein, aber man soll noch weniger Wir sein." Das Judentum verwirft das Wir des Gruppenegoismus, des Nationaldünkels und der Parteiexklusivität, aber es postuliert das Wir, das sich auf echten Beziehungen seiner Glieder zueinander erhebt und echte Beziehungen zu anderen Wir unterhält, das Wir, das in Wahrheit sagen darf: „Unser Vater!"

Simone Weil kennt weder die alte Religion Israels noch ihren späteren Weg, der eine neue Entfaltung ihrer Grundtendenzen unter veränderten geschichtlichen Bedingungen bedeutet. Bergson kennt die Propheten Israels – freilich ohne wahrzunehmen, wie in ihrer Botschaft das Prinzip der Gerechtigkeit, das er in ihr findet, durch das der Liebe ergänzt wird –, aber er kennt den Weg der jüdischen Religion nicht, und darum sieht er auch die Propheten nicht im Zusammenhang der ganzen jüdischen Glaubensgeschichte. Die Propheten bedeuten den Protest gegen das religiöse

Versagen Israels, dagegen also, daß die Forderung Gottes, seiner Gerechtigkeit und seiner Liebe eine Stätte auf Erden zu schaffen, von dem Volke und von dem Einzelnen im Volke nicht zulänglich, das heißt nicht in dem mit den gegebenen Kräften und unter den gegebenen Bedingungen möglichen Maße, erfüllt worden ist. Und die Saat der Propheten geht auf, spät, aber immer stärker. Wohl konnte in der Diaspora eine umfassende Verwirklichung der Gerechtigkeit nicht angestrebt werden, weil es dazu einer selbständigen Volksordnung, selbständiger nationaler Institutionen bedarf, die erst von der Heimführung ins Heilige Land erhofft werden konnte; aber das höhere, das entscheidende Prinzip, in dem allein die Beziehung zu Gott und die Beziehung zu den Mitmenschen sich miteinander verbinden können, das Prinzip der Liebe bedarf keiner Ordnung und keiner Institutionen, es kann immer und überall zu Wirklichkeit werden. Jedoch beschränkte sich der Wille zur Verwirklichung nicht auf das individuelle Leben. In der Gemeinschaftsform, die an die Stelle des Staates getreten war, der lokalen Gemeinde, sehen wir immer wieder die aktive Liebe in der Gestalt der gegenseitigen Hilfe als tragendes soziales Element. Diese Struktur hat ihre Vollendung erst vor zwei Jahrhunderten im Chassidismus gefunden, der sich aus kleinen, auf brüderlicher Liebe errichteten Gemeinden aufbaute. Dem aber entspricht eine innerreligiöse Entwicklung von höchster Bedeutung, die danach strebt, die Distanz zwischen der Liebe zu Gott und der Liebe zu den Menschen aufzuheben. Zur vollen Auswirkung ist auch diese Tendenz in der chassidischen Bewegung gelangt. Sie lehrt, die Nächstenliebe habe ihren Sinn nicht darin, daß Gott sie uns geboten habe und wir seinen Befehl vollziehen, sondern daß wir durch sie und in ihr zu Gott gelangen. Das wird an der Interpretation jenes Gebotes dargelegt. Es steht nicht lediglich geschrieben (Lev 19,18): „Halte lieb deinen Genossen dir gleich“, so daß damit der Satz zu Ende wäre, sondern geschrieben steht: „Halte lieb deinen Genossen dir gleich, ich bin der Herr.“ Der erste Satz, in dem das Verb „lieben“ ausnahmsweise nicht mit dem Akkusativ, sondern mit dem Dativ konstruiert ist, bedeutet: Du sollst deinem Genossen – das heißt jedem Menschen, dem du auf dem Wege deines Lebens begegnest – Liebe erweisen als einem dir Gleichen. Der zweite Satz aber – und hier setzt die chassidische Deutung ein – fügt dem hinzu: „Ich bin der Herr – du meinst, ich sei dir fern, aber in dieser deiner Liebe zu deinem Genossen wirst du mich finden; nicht in seiner Liebe zu dir, sondern in deiner Liebe zu ihm.“ Der liebende Mensch bringt Gott und Welt zusammen.

Die chassidische Lehre ist die Vollendung des Judentums. Und das ist ihre Botschaft an jedermann: Du mußt selber anfangen. Das Sein wird dir sinnlos bleiben, wenn du nicht selber, liebend-tätig, in es eingehst und den Sinn in ihm erschließest; alles will geheiligt, das heißt in seinem Sinn erschlossen und verwirklicht werden durch dich. Um deines Anfangens willen hat Gott die Welt erschaffen. Er hat sie aus sich entfernt, damit du sie ihm nahebringst. Begegne ihr mit deinem ganzen Wesen, und du begegnest ihm. Das ist seine Gnade, daß er deine Gabe an die Welt selber entgegennimmt. Willst du glauben lernen, liebe!

Bergson spricht von einer „aktiven Mystik". Wo wäre sie, wenn nicht hier! Nirgends sonst ist die Wesenshandlung des Menschen so innig mit dem Geheimnis des Seins verbunden worden. Und eben deshalb wird hier und nur hier der modernen Welt die zulängliche Antwort auf ihre heimliche Frage gegeben. Wird die Welt das merken? Aber wird die Judenheit selber merken, daß von der religiösen Erneuerung ihrer Existenz ihre Existenz abhängt? Mag der jüdische Staat die Zukunft eines Volkes von Juden, und sogar eines mit einer eigenen Kultur verbürgen, das Judentum wird nur leben, wenn das urjüdische Verhältnis zu Gott, Welt und Mensch wieder zu Leben wird.

## Die vierte Rede

### *Der Dialog zwischen Himmel und Erde*

Das Wichtigste von allem, was die biblische Daseinsbetrachtung für alle kommenden Zeiten erschlossen hat, wird uns kenntlich, sowie wir die heilige Schrift Israels mit allen unabhängig von ihr entstandenen heiligen Büchern der Völker vergleichen. Keines dieser Bücher ist so wie sie von einem Dialog zwischen Himmel und Erde erfüllt. Es wird uns erzählt, wie Gott immer wieder den Menschen anspricht und vom Menschen angesprochen wird. Gott sagt dem Menschen an, was er für die Welt im Sinn hat, er läßt ihn, wie der älteste der Schriftpropheten es ausdrückt (Amos 4, 13), „sein Selbstgespräch" erfahren, er gibt ihm seinen Willen bekannt und fordert ihn an, an dessen Verwirklichung teilzunehmen; aber der Mensch ist kein blindes Werkzeug, er ist als ein freies Wesen erschaffen, frei auch Gott gegenüber, frei, sich ihm zu ergeben oder sich ihm zu versagen. Auf Gottes souveräne Anrede gibt der Mensch seine selbständige Antwort; auch wenn er schweigt, ist es eine Antwort. Sehr oft hören wir Gottes Stimme allein, so zumeist in den prophetischen Büchern, wo nur in einzelnen Fällen, wie in einigen Visionsberichten und in den tagebuchartigen Aufzeichnungen Jeremias, die Erwiderung des Propheten laut wird, und zuweilen nehmen diese Aufzeichnungen geradezu eine dialogische Form an; aber auch da, wo Gott allein redet, wird uns zu spüren gegeben, daß der von ihm Angeredete mit seiner wortlosen Seele antwortet, daß er also in der dialogischen Situation steht. Und sehr oft hören wir die Stimme des Menschen allein, so zumeist in den Psalmen, wo nur in einzelnen Fällen der Beter uns die göttliche Entgegnung zu kennen gibt; aber auch hier ist die dialogische Situation offenbar, offenbar wird es uns, daß der klagende, flehende, dankende, preisende Mensch sich von dem, an den er sich wendet, gehört und verstanden, angenommen und bestätigt erfährt. Die Grundlehre, die die jüdische Bibel füllt, ist diese, daß unser Leben ein Gespräch zwischen Oben und Unten ist.

Aber gilt das noch für unser heutiges Leben? Gläubige und Ungläubige bestreiten es. Unter den Gläubigen ist die Ansicht verbreitet, gewiß sei alles, was in der Schrift stehe, buchstäblich wahr, gewiß habe Gott damals zu den von ihm erwählten Menschen geredet, aber seither sei der heilige Geist von uns genommen worden, der Himmel schweige uns, und nur durch die Bücher der schriftlichen und der mündlichen Überlieferung werde uns Gottes Wille für unser Tun und Lassen zu wissen getan; und wohl stehe auch heute der Beter unmittelbar vor seinem Schöpfer, aber wie könnte er es wagen, wie der Psalmist Worte der persönlichen Erwiderung, der persönlichen Gewährung als unmittelbar zu ihm gesprochen der Welt zu berichten! Und was die Ungläubigen betrifft, so braucht von den Atheisten selbstverständlich gar nicht geredet zu werden, sondern nur von den Anhängern eines mehr oder weniger philosophischen Gottesbegriffs, mit dem sie die Vorstellung eines göttlichen Anredens und Angeredetwerdens nicht in Einklang bringen können; für sie ist die ganze Dialogik der Schrift nichts als ein Mythenbild, geistesgeschichtlich lehrreich, aber für unser Leben unverwendbar.

Beiden Meinungen gegenüber muß der zugleich treue und unbefangene Leser der Schrift die Einsicht vertreten, die er von ihr gelernt hat: was einst geschah, geschieht jetzt und immer, und dies, daß es uns geschieht, verbürgt uns, daß es geschah. Einem ewig wiederkehrenden Geschehen hat die Bibel in der Form der verklärten Erinnerung den bildhaft entscheidenden Ausdruck verliehen. In den unendlichen, ewig wechselnden, aber dem wahrhaft Aufmerkenden offenbaren Zeichen der Begebenheiten und Situationen spricht in den Wesensstunden des persönlichen Lebens die Transzendenz zu unserem Herzen. Und es gibt eine Sprache, in der wir antworten können; das ist die unserer Handlungen und Haltungen, unserer Reaktionen und unserer Unterlassungen; in der Gesamtheit dieser Antworten ist das beschlossen, was wir im eigentlichen Sinn unsere Verantwortung nennen dürfen. Diese fundamentale Interpretation unseres Daseins verdanken wir der jüdischen Bibel; und so oft wir wahrhaft in ihr lesen, wird uns unser Selbstverständnis erneuert und vertieft.

Aber nicht bloß der Einzelne wird in der Schrift von oben angeredet, sondern auch die Gemeinschaft, in einer Weise, wie wir sie in keinem andern der heiligen Bücher der Menschheit finden.

Hier steht das Volk als Volk Gott gegenüber und empfängt als Volk seine nie abbrechende Unterweisung. Wie der Einzelne, so wird auch es angefordert, an der Verwirklichung des göttlichen Willens auf Erden teilzunehmen. Wie der Einzelne in seinem persönlichen, so soll das Volk in seinem gemeinschaftlichen Leben sich heiligen, es soll ein „heiliges Volk" werden. Wie der Einzelne, so ist es in die Freiheit gestellt, auf den göttlichen Anruf zu antworten, mit seinem Tun und Lassen zu Gott Ja oder Nein zu sprechen. Das Volk ist nicht eine Summe von Einzelnen, die Gott anredet, sondern es ist etwas darüber hinaus Existentes, und zwar etwas Wesentliches und Unersetzliches, das als solches von Gott gemeint ist, als solches von ihm beansprucht wird und als solches sich vor ihm zu verantworten hat. Gott führt es und fordert von ihm, daß es seiner Führung allein folge. Er hat nicht bloß den Menschen als Individuum, die Menschen als Individuen, er hat auch die Menschen Völker geschaffen; und wie jener, so bedient er sich auch dieser zu seinem Ziel, zur Vollendung seiner Weltschöpfung. Er nimmt sich ihrer in ihrer Geschichte an; nicht bloß Israel, sondern alle Völker werden – so lehren die Propheten – von ihm, wenn sie von anderen Völkern versklavt werden, in die Freiheit geführt, und in der Freiheit sollen sie ihm dienen, und zwar eben als Völker, jedes in seiner eigenen Art und nach seinem eigenen Wesen. Wohl rügt er Israel mit besonderer Strenge, weil es, entgegen seinem Auftrag, die göttliche Gerechtigkeit nicht im Leben der Gemeinschaft erfüllt hat, aber er rügt auch die andern Völker, weil sie, die auch seine Kinder sind, nicht brüderlich aneinander handeln. Einst jedoch werden, so wird verheißen (Jes 2), ihrer aller Vertreter sich um den Berg Moria scharen und hier, wie einst Israel allein am Berge Sinai, Gottes Belehrung über den großen Frieden zwischen den Völkern empfangen, die sie zu einem Volk aus Völkern zusammenschließen wird. „Versammelt sind die Edeln der Völker", sagt der Psalmist (Ps 47,10), „das Volk von Abrahams Gott" – Abrahams, der ja „der Vater der Völkermenge" genannt wird. Weil die Weltgeschichte der Weg der Völker zu diesem Ziel ist, ist sie zuinnerst heilige Geschichte.

Darum redet in der Schrift die göttliche Stimme auch den Einzelnen nicht als isoliertes Individuum, sondern immer zugleich als ein Glied des Volkes an. Ehe es noch ein Volk Israel gibt, wird in Abraham dessen Vater, als Vater, angesprochen: in seinem Samen soll er „ein Segen" werden. Und in der Gesetzgebung, so im Dekalog wie in den ihn ergänzenden Satzungen, wendet sich Gott immer wieder an ein Du, das wohl das Du jedes Einzelnen in allen Volkgeschlechtern, aber jedes Einzelnen eben in seinem Zusammenhang mit dem Volke ist, auf dessen Gemeinschaftsleben diese Gesetzgebung abzielt, und so versteht ein jeder, wenn ihm aus einem Gebot der Wille Gottes für sein eignes Leben entgegentönt, sich selber als die individuelle Verdichtung des Volkes. Diese Grundanschauung entfaltet sich bis zur höchsten Stufe menschlichen Daseins: „Mein Knecht bist du, das Israel du, mit dem ich prangen darf, spricht Gott (Jes 49,3) zu seinem Erwählten: in dem Menschen, der den dem Volk erteilten Auftrag erfüllt, verkörpert sich die Wahrheit der Volksexistenz.

Von hier aus ist das moderne Leben, das der Völker und das der Personen, gerichtet und ist ihm das Urteil gesprochen. Dieses Leben ist entzweigeteilt: was in den Beziehungen zwischen Personen als strafwürdig gilt, gilt in den Beziehungen zwischen Völkern als rühmlich. Dem steht die prophetische Forderung gegenüber: der Prophet zeiht (Amos 1,9) ein Volk der Schuld an einem andern Volk, weil sie „des Bruderbundes nicht gedachten". Aber jene Zweiteilung setzt sich naturgemäß im Leben des modernen Menschen als Einzelnen fort: sein Dasein ist in ein privates und ein öffentliches geschieden, die unter sehr verschiedenen Gesetzen stehen. Was er in dem ersten Bereich beim Mitmenschen und bei sich selber mißbilligt, billigt er im zweiten, beim Mitmenschen und bei sich selber; die Lüge degradiert den Privatmann, aber sie steht dem Parteimann wohl an, vorausgesetzt, daß sie kunstreich und erfolgreich genug gehandhabt wird. Diese Zerspaltung der sittlichen Werte ist für den biblischen Glauben unerträglich: Betrug gilt hier unter allen Umständen für schändlich (so zum Beispiel bei den Erzvätern, wie wir aus der prophetischen Beurteilung Jakobs und aus manchen andern Hinweisen ersehen), auch wenn ihm die Absicht zugrundeliegt, der Sache der Gerechtigkeit, die einer vertritt, zur Herrschaft zu verhelfen, ja er ist dann am verderblichsten, weil er das Gute, dem er dienen will, vergiftet und zersetzt.

Wenn die erste biblische Grundlehre lautet: „Der Mensch wird von Gott in seinem Leben angesprochen", so lautet die zweite: „Das Leben des Menschen ist von Gott als eine Einheit gemeint".

Nach dem biblischen Verständnis des Daseins, so haben wir gesehn, spricht Gott die menschliche Person und das Menschenvolk auf das hin an, was durch diese Person, durch dieses Volk verwirklicht werden soll. Das bedeutet, daß der Mensch in die Freiheit gestellt und daß jede Stunde, da er in der eben jetzt gegebenen Situation sich selber angesprochen weiß, eine Stunde der echten Entscheidung ist. Er entscheidet zunächst freilich nur über sein eigenes Verhalten, aber damit nimmt er – in irgendeinem Maße, das zu ermessen er weder fähig noch berufen ist, – an der Entscheidung daran teil, wie die nächste Stunde beschaffen sein wird, und also auch, wie die Zukunft überhaupt beschaffen sein wird.

Von da aus ist die große biblische Erscheinung der Prophetie zu verstehen. Die wesentliche Aufgabe der Propheten Israels war nicht, eine bereits festgelegte Zukunft vorherzusagen, sondern Mensch und Volk in Israel jeweils in die Alternative zu stellen, die der Situation entspricht. Es wird nicht angekündigt, was unter allen Umständen geschehen wird, sondern was geschehen wird, wenn die Hörer der Botschaft den Willen Gottes verwirklichen, und was geschehen wird, wenn sie sich der Verwirklichung seines Willens verweigern. Die göttliche Stimme wählt sich den Propheten gleichsam zu ihrem „Munde", um dem Menschen immer wieder seine Freiheit und deren Folgen ganz unmittelbar zu vergegenwärtigen. Auch wenn der Prophet nicht in alternativischer Form spricht, sondern bedingungslos ansagt, nach dieser und dieser bestimmten Zeit werde die Katastrophe eintreten, birgt sich in dieser Ansage, wie wir aus dem paradigmatischen Buche Jona lernen, eine geheime Alternative: das Volk wird in die Verzweiflung getrieben, aber gerade in ihr entbrennt der Funke der Umkehr, es kehrt zu Gott um – und bleibt bewahrt. Durch die äußerste Bedrohung des Daseins soll der Mensch im Grunde seiner Seele aufgerührt und zur innersten Entscheidung für Gott gebracht werden, aber diese seine Entscheidung ist zugleich eben eine Schicksalsentscheidung im genauesten Sinn.

Nachbiblische religiöse Denker haben darüber gegrübelt, wie sich die Freiheit des menschlichen Willens (und die sich daraus ergebende Unentschiedenheit der Zukunft) mit der göttlichen Voraussicht und Vorherbestimmung vereinbaren lasse. Unter allem, was aus der Bemühung um die Überwindung des Widerspruchs gesagt worden ist, ragt der Spruch Akibas „Alles steht in der Sicht, und die Befugnis ist gegeben" hervor, der bedeutet, die Zeiten seien Gott, der sie zusammensieht, nicht als aufeinanderfolgend, sondern in der ablauflosen Ewigkeit gegenwärtig, im zeitlichen Ablauf hingegen, in dem der Mensch lebe, walte die Freiheit je und je im konkreten Augenblick der Entscheidung; darüber hinaus ist die menschliche Weisheit nicht gelangt. In der Bibel selbst wird nicht gegrübelt; sie befaßt sich nicht mit dem Wesen Gottes, sondern mit seiner Kundgebung an das Menschengeschlecht; die Wirklichkeit, von der sie handelt, ist die der Menschenwelt, und für diese gilt die unverbrüchliche Wahrheit der Entscheidung.

Für den schuldigen Menschen ist damit die Entscheidung zur Umkehr, der Umkehr von seinem Irrweg auf den Weg Gottes, gemeint. Hier zeigt es sich am klarsten, was es in der biblischen Anschauung bedeutet, daß unsere Verantwortung zuinnerst unser Antworten auf eine göttliche Anrede ist. Die zwei großen Beispiele dafür sind Kain und David. Beide haben gemordet (so versteht die Schrift auch Davids Tat, da sie den Gottesboten zu ihm sagen läßt, er habe Uria „mit dem Schwert erschlagen"), und beide werden von Gott zur Verantwortung gezogen. Kain versucht, sich zu entziehen: „Bin ich der Hüter meines Bruders?" Er ist der Mensch, der dem Zwiegespräch mit Gott ausweicht. Nicht so David. Er antwortet: „Ich habe an dem Herrn gesündigt". Das ist die wahre Antwort: an wem immer einer schuldig wird, in Wahrheit wird er es an Gott. David ist der Mensch, der sich zur Beziehung zwischen Gott und ihm bekennt, aus der seine Verantwortung quillt, und erkennt, daß er sich gegen sie vergangen hat.

Es geht der jüdischen Bibel um die furchtbare und gnädige Tatsache der *Unmittelbarkeit* zwischen Gott und uns. Auch in der dunkeln Stunde, nachdem der Mensch an seinem Bruder schuldig geworden ist, ist er den Mächten des Chaos nicht ausgeliefert. Gott selber sucht ihn auf, und auch wenn er Rechenschaft zu fordern kommt, ist sein Kommen Erlösung.

Es gibt jedoch in biblischer Anschauung eine dritte und allerweiteste Sphäre des Sprechens Gottes. Er spricht nicht bloß zum Einzelnen und zur Gemeinschaft in den Grenzen und Bedingungen einer bestimmten biographischen oder historischen Situation. Alles, das Seiende und das Werdende, Natur und Geschichte, ist wesentlich eine Aussprache Gottes, ein unendlicher Zusammenhang von Zeichen, die von wahrnehmenden und verstehenden Wesen wahrzunehmen und zu verstehen sind.

Ein grundwichtiger Unterschied besteht hier aber zwischen der Natur und der Menschengeschichte. Die Natur sagt als Ganzes und in allen ihren Elementen etwas aus, was als eine mitteilbare Selbstmitteilung Gottes an alle sie zu empfangen Bereiten aufgefaßt werden darf. Das ist es, was der Psalm meint, der Himmel und Erde wortlos die Herrlichkeit Gottes „erzählen" läßt. Anders die menschliche Geschichte – anders schon deshalb, weil an ihrem Gange unablässig das in die Freiheit gestellte Menschengeschlecht mitwirkt, – anders aber ganz besonders deshalb, weil in der Natur der schaffende Gott redet, dessen Akt der Schöpfung nie unterbrochen wird; in der Geschichte hingegen ist es der offenbarende Gott, der spricht, Offenbarung aber ihrem Wesen nach kein steter Vorgang ist, sondern immer wieder in das Geschehen eindringt und es durchstrahlt. Die Natur ist der Rede Gottes voll, man muß sie nur vernehmen – aber was hier gesagt wird, ist immer das Eine und freilich alles Umfassende, eben das, was der Psalm die Herrlichkeit Gottes nennt; in der Geschichte dagegen wechseln Zeiten des großen Wortes, da man in der Fügung der Begebenheiten die Spur des göttlichen Waltens erkennt, mit gleichsam stummen Zeiten ab, in denen alles, was sich in der Menschenwelt ereignet und den Anspruch auf geschichtliche Bedeutung erhebt, uns gottesleer erscheint, nirgends ein Wink seines Fingers, nirgends ein Zeichen, daß er gegenwärtig ist und in diese unsere geschichtliche Gegenwart hinein wirkt. In solchen Zeiten ist auch dem Einzelnen, und erst recht dem Volke, sehr schwer, sich als von Gott angesprochen zu verstehen; die Erfahrung der konkreten Verantwortung tritt immer mehr zurück, weil man im scheinbar gottesleeren Geschichtsraum es verlernt, das Verhältnis zwischen Gott und Mensch dialogisch ernst zu nehmen.

In einer Stunde, da die Exulanten in Babylon Gottes Schreiten durch die Weltgeschichte so vernahmen wie nach der biblischen Erzählung (II Sam 5,24) David im Philisterfeldzug sein Herbeiziehn im Rauschen der Maulbeerbaumwipfel vernahm, der Stunde, als Kyros sich anschickte, jene zu befreien und heimzusenden, ließ der namenlose Prophet des Exils, der wie kein Früherer sich berufen fühlte, die Geschichte der Völker zu deuten, in einer seiner Flugschriften (Jes 48,16) Gott zu Israel sprechen: „Nie, von der Frühe an, habe ich im Verborgenen geredet". Die Geschichtsrede Gottes ist unverborgen, denn sie ist dazu da, von den Völkern vernommen zu werden. Aber Jesaia, dessen Buch die Weissagungen des namenlosen Propheten angegliedert worden sind, weiß nicht bloß (8,17) von einer Zeit zu melden, in der Gott „sein Antlitz dem Hause Jakobs verbirgt", er weiß auch (28,21), daß es Zeiten gibt, in denen wir Gottes eigene Taten in der Geschichte nicht als seine Taten zu erkennen und anzuerkennen vermögen, so unheimlich und so „barbarisch“ muten sie uns an. Und in demselben Abschnitt des Exilspropheten, in dem Gott spricht (45,11): „Über den „Weltlauf befraget mich“, wird angekündigt (V 14f.), es würden in der Stunde der Völkerbefreiung die Scharen, die Ägypten zur Fronarbeit zwang und Äthiopien als Sklaven verkaufte, sich unverzüglich, gleichsam noch die Ketten der Knechtschaft am Leibe tragend, zu Gott hinwenden, sich niederwerfen und beten (Jes 45,15): „Gewiß, du bist eine Gottheit, die sich verbirgt, Israels Gott, Befreier!“ In den langen Zeiten der Versklavung war es ihnen gewesen, als gebe es nichts Göttliches mehr und die Welt sei rettungslos der Gewalt der Gewalthaber preisgegeben; jetzt erst erkennen sie, daß ein Befreier ist, und daß er Einer ist, der Herr der Geschichte. Und nun wissen und bekennen sie: er ist ein Gott, der sich verbirgt, genauer: der Gott, der sich verbirgt und sich offenbart.

Es muß jedoch beachtet werden, daß die Bibel zwei sehr verschiedene Arten von Zeiten kennt, in denen der Kontakt zwischen Himmel und Erde wie unterbrochen ist. Die eine Art ist die, von der ich eben sprach; die andere wird in der Erzählung von der Knabenzeit des Propheten Samuel mit den Worten gekennzeichnet (1 Sam 3,1): „In jenen Tagen war Anrede von dem Herrn kostbar geworden, keine Schauung brach durch“. Hier kommt das Hindernde offenkundig von unten, vom Menschen: die Fehlhaftigkeit der Generation ist so groß, daß sich gleichsam eine trübende Atmosphäre zwischen ihren Blick und den Himmel legt. Von der entarteten Priesterschaft jener Zeit wird gesagt (2,12), daß sie „den Herrn nicht erkannte“ (erkennen bedeutet im biblischen Hebräisch den unmittelbaren Kontakt von Person zu Person), und so dauert die Ferne zwischen Gott und Israel an, bis sich ein treuer Diener, eben Samuel, findet, der „den Herrn kennt“ (3,7), und ihm offenbart sich nun das Wort. Hier handelt es sich somit darum, daß der unwürdige Mensch den Zugang zu Gott, den Kontakt mit ihm nicht gewinnt. Anders verhält es sich mit den Zeiten der Verborgenheit: da geht die unheimliche Initiative von Gott selber aus, wenn auch wohl zur Erwiderung auf menschliche Untreue – es ist, als entziehe er sich gänzlich der Erde, als nehme er an ihrem Dasein nicht mehr teil. Der ersten Art, den Zeiten der unterbrochenen Gotteserkenntnis, kann der Mensch widerstreben, er kann durch treuen Dienst den Kontakt wiedererringen. Nicht so die Zeiten der Verborgenheit, des von Lärm und Gerede erfüllten, aber des Gottesatems ledigen Geschichtsraums. Sie scheinen vom Menschen aus unüberwindlich. Wie kann man da leben! Wer an den lebendigen Gott glaubt, wer um ihn weiß, und ihm ist bestimmt in einer Zeit seiner Verborgenheit das Leben zu verbringen – wie kann er leben!

Es gibt einen Psalm, den 82., da wird uns in einem unerhört grausamen Bild das Leben in einer Zeit der Verborgenheit beschrieben. Gott hat, so wird da vorausgesetzt, die Herrschaft über das Menschengeschlecht einer Engelschar anvertraut und hat ihr geboten, die Gerechtigkeit auf Erden zu verwirklichen und die Schwachen, die Armen und die Verlassenen vor dem Zugriff der Bösen zu schützen. Sie aber „richten falsch" und „erheben das Antlitz der Frevler". Da schaut der Psalmist in seiner Vision, wie Gott die ungetreuen Engel vor sein Angesicht zieht, über sie richtet und ihnen das Urteil spricht: sie sollen sterblich werden. Aber der Psalmist erwacht aus seiner Vision und sieht um sich: noch herrscht mit uneingeschränkter Gewalt das Unrecht auf Erden. Und er schreit zu Gott: „Erhebe dich, Gott, richte das Erdreich!"

Dieser Aufschrei ist als ein später, aber noch verstärkender Widerhall jener kühnen Rede des mit Gott rechtenden Erzvaters zu verstehen: „Aller Erde Richter, wird er nicht das Recht tun?!" Er verstärkt und erweitert diesen noch; wir hören heraus: „wird er das Unrecht weiter herrschen lassen?!" Und so wird der Schrei, den uns die Schrift übermittelt, zu unserm eigenen, der uns in einer Zeit der Verborgenheit Gottes aus dem Herzen bricht und auf die Lippen drängt. So eben wirkt das biblische Wort an uns: es trägt uns die menschliche Anrede als eine zu, die trotz allem gehört wird und trotz allem der Antwort gewärtig sein darf.

In dieser Zeit wird gefragt und gefragt: Wie ist nach Auschwitz ein jüdisches Leben möglich? Ich möchte diese Frage richtiger fassen: Wie ist in einer Zeit, in der es Auschwitz gibt, noch ein Leben mit Gott möglich? Die Unheimlichkeit ist zu grausam, die Verborgenheit zu tief geworden. „Glauben" kann man an den Gott noch, der zugelassen hat, was geschehen ist, aber kann man noch zu ihm sprechen? Kann man ihn noch anrufen? Wagen wir es, den Überlebenden von Auschwitz, dem Hiob der Gaskammern, zu empfehlen: „Danket dem Herrn, denn er ist gütig, denn in Weltzeit währt seine Huld!"?

Aber wie ist das mit Hiob selber? Er klagt nicht nur, er klagt Gott an, daß er ihm „sein Recht beseitigt habe", daß also der Richter der ganzen Erde wider das Recht handle. Und er empfängt von Gott eine Antwort. Aber was Gott ihm sagt, beantwortet die Anklage gar nicht, es berührt sie gar nicht; die wahre Antwort, die Hiob empfängt, ist die Erscheinung Gottes allein, dies allein, daß die Ferne zur Nähe sich wandelt, daß „sein Auge ihn sieht" (42,5), daß er ihn wiedererkennt. Nichts ist erklärt, nichts ausgeglichen, das Unrecht ist nicht Recht geworden und die Grausamkeit nicht Milde. Nichts ist geschehen, als daß der Mensch wieder Gottes Anrede vernimmt.

Das Geheimnis ist ein Rätsel geblieben, aber es ist ihm, dem Menschen, zu eigen geworden.

Und wir? Was ist es mit uns? Stehen wir bezwungen vor dem verborgenen Antlitz Gottes, wie der tragische Held der Griechen vor dem antlitzlosen Verhängnis? Nein, sondern wir rechten auch jetzt noch, auch wir noch, mit Gott, eben mit ihm, den wir einst, wir hier, ihn, den Herrn des Seins, zu unserm Herrn erwählt haben. Wir schicken uns nicht in das irdische Sein, wir ringen um seine Erlösung, und wir rufen rechtend die Hilfe unseres Herrn, des wieder und noch Verborgenen, an. In solchem Stande harren wir seiner Stimme, komme sie aus dem Sturm oder aus einer Stille, die darauf folgt. Mag seine künftige Erscheinung keiner früheren gleichen, wir werden unsern grausamen und gütigen Herrn wiedererkennen.

# III. DIE GRUNDLAGEN

# DER GLAUBE DES JUDENTUMS

*(Dieser für die staatswissenschaftlichen Kurse in Reichenhall 1928 erbetene Vortrag konnte erst danach im Rahmen des Kieler Weltwirtschaftlichen Instituts nachgeholt werden.)*

## *1. Der Weg des Glaubens*

Es ist nicht die Religion, sondern nur der Glaube des Judentums, über den ich zu Ihnen sprechen will; nicht Kult, Ritual, sittlich-religiöse Norm, sondern Glaube; aber Glaube im ernsten und strengen Sinn. Nicht der „Glaube", an den sich das Wort „daß" knüpft, nicht jene wunderliche Mischform von Wähnen und Erkennen, sondern der Glaube, der mit dem Dativ konstruiert wird, der also, der Vertrauen und Treue bedeutet. Damit hängt es zusammen, daß ich nicht von einer jüdischen Theologie ausgehe, sondern von der tatsächlichen Wesenshaltung des gläubigen Juden bis auf unsere Zeit. Wenn ich auch notwendigerweise in theologischen Begriffen von dieser Glaubenswelt spreche, darf ich doch in keinem Augenblick das volkstümliche Material, aus dem ich sie schöpfe, die Volksliteratur und meine eigenen Eindrücke aus dem jüdischen Volksleben, namentlich dem Osteuropas – aber nichts ist im Osten, wovon nicht etwas auch im Westen wäre –, aus den Augen verlieren. Wenn ich auf das volkstümliche Material hinweise, begegnet es mir oft, daß ich gefragt werde: Sie meinen wohl den Chassidismus? Eine gewiß naheliegende Frage. Aber so ist es nicht. Ich sehe im Chassidismus nur eine konzentrative Bewegung; die stärkste Konzentration der Elemente, die in unverdichteter Gestalt überall im Judentum zu finden sind, auch im Bereich des „Rabbinismus", nur eben hier nicht in der sichtbaren Gemeinschaftsstruktur, sondern in dem unzugänglichen Bau des persönlichen Lebens waltend. Was ich also zu formulieren suche, sind Theologumena einer Volksreligion.

Keines von ihnen werde ich aus einer einzigen Epoche ableiten dürfen; es ist mir um die Darstellung der Einheit in den Wandlungen zu tun. Aber die religiösen Wahrheiten sind ja überhaupt dynamischer Art: Wahrheiten, die nicht von einem Querschnitt der Geschichte aus, sondern gerade nur in der geschichtlichen Gesamtlinie, in ihrer Entwicklung, in der Dynamik ihrer Wandlungen als solche erfaßbar sind. Ihre Selbstläuterung und Selbstvollendung, das Ringen um die Reinheit einer religiösen Konzeption, ist das wichtigste Wahrheitszeugnis dieser Konzeption. Die Wahrheit der Religionsgeschichte ist das Wachsen des Gottesbildes, der *Weg* des Glaubens. Vom Weg des jüdischen Glaubens habe ich also, wenn auch nicht in geschichtlicher Form, zu reden.

## *2. Die dialogische Situation*

Man hat oft die Frage aufgeworfen, ob es eine jüdische Dogmatik gibt. Man sollte eher nach der relativen Mächtigkeit des Dogmas im Judentum fragen. Daß es in ihm Dogmen gibt, bedarf keiner Erörterung, da die dreizehn maimonideischen Glaubensartikel in die Gebetsordnung aufgenommen worden sind. Aber das Dogma bleibt sekundär. Primär im religiösen Leben des Judentums ist nicht das Dogma, das ja erst in der Abhebung vom konkreten, gelebten Augenblick – die in der Dogmatik leicht als Erhebung über ihn mißverstanden wird – erstehen kann, sondern Erinnerung und Erwartung einer konkreten Situation: der Begegnung Gottes mit dem Menschenvolk. Alles, was in abstracto, was in der dritten Person vom Göttlichen ausgesagt wird, jenseits des Gegenüber von Ich und Du, ist nur Projektion auf die begriffliche, konstruierte Ebene, eine Projektion, die immer wieder als uneigentlich, wenn auch unentbehrlich, empfunden wird.

Von hier aus ist das Problem des sogenannten Monotheismus zu betrachten. Israels Du-Erfahrung der direkten Beziehung, die schlechthin singularische Erfahrung, ist so gewaltig, daß die Vorstellung einer Mehrheit von Prinzipien nicht aufkommen kann. Demgegenüber ist der „Heide" der Mensch, der Gott in seinen Erscheinungsformen *nicht wiedererkennt;* vielmehr: der Mensch ist in dem Maße Heide, als er Gott in seinen Erscheinungsformen nicht wiedererkennt.

Die Grundhaltung des Juden ist durch den Begriff des *Jichud,* der „Einung", bezeichnet, der vielfach mißverstanden wird. Es geht um die unablässig erneute Bestätigung der göttlichen Einheit in der Vielfältigkeit der Erscheinungen, und zwar ganz praktisch gefaßt: immer wieder geschieht durch menschliche Wahrnehmung und Bewährung, angesichts der ungeheuren Gegensätzlichkeit des Lebens, und insbesondre angesichts jenes sich mannigfaltig kundgebenden Urwiderspruchs, den wir die Zweiheit von Gut und Böse nennen, dieser Gegensätzlichkeit nicht zum Trotz, sondern zu Liebe und Versöhnung, die Einung, das heißt: die Erkennung, Anerkennung,

Wiedererkennung der göttlichen Einheit. Nicht im Bekenntnis allein, sondern in der Erfüllung des Bekenntnisses. Also keineswegs in pantheistischem Theorem, sondern in der Realität des Unmöglichen, in der Verwirklichung des Ebenbildes, in der imitatio Dei. Das Geheimnis dieser Wirklichkeit vollendet sich im Martyrium, im Sterben mit dem Einheitsruf des „Höre Israel“ auf den Lippen, der hier zur Bezeugung im lebendigsten Sinn wird.

Ob der Weise des Mittelalters redet: „Mein Gott, wo finde ich dich, aber wo finde ich dich nicht?“, ob der heutige ostjüdische Bettler in das Grauen der härtesten Stunde zärtlich und unbeirrbar seinen nicht zu übersetzenden, einfältigen, aber in der Aussprache so abwandlungsreichen Kosenamen „Gottenju“ hineinflüstert: es ist das gleiche Wiedererkennen, das gleiche Immer-wieder-Anerkennen des Einen.

Was so zu erhabenem oder kindhaftem Ausdruck kommt, ist die dialogische Situation, in der der Mensch steht.

Die Sprache wird vom Judentum als ein über das Dasein des Menschen und der Welt hinausgreifendes Geschehen erkannt. Gegenüber der Statik der Logosidee erscheint hier das Wort in seiner vollen Dynamik, als das, was sich begibt. Der Schöpfungsakt Gottes ist Sprache; aber auch jeder gelebte Augenblick ist es. Die Welt wird dem sie wahrnehmenden Menschen zugesprochen, und das Leben des Menschen selbst ist ein Zwiegespräch. Was ihm widerfährt, sind die großen und kleinen, unübertragbaren, aber unverkennbaren Zeichen einer Anrede; was er tut und läßt, kann Antwort oder Versagen der Antwort sein. Und so ist die ganze Geschichte der Welt, die heimliche, wirkliche Weltgeschichte, ein Dialog zwischen Gott und seiner Kreatur; ein Dialog, in dem der Mensch echter, rechtmäßiger Partner ist, der sein eigenes selbständiges Wort von sich aus zu sprechen befugt und ermächtigt ist.

Ich bin weit entfernt davon zu behaupten, daß die Erfahrung und Erfassung der dialogischen Situation eine Besonderheit des Judentums sei. Aber es ist mir gewiß, daß keine andere Menschenschar an diese Erfahrung solche Kraft und Innigkeit hingegeben hat wie die Juden.

### *3. Das menschliche Handeln*

Die Voraussetzung eines solchen Ernstnehmens der gelebten Dialogik, des Augenblicks als Wort und Antwort, ist freilich, das Eingesetztsein des Menschen auf Erden ernst zu nehmen.

Das Weltgeschehen vollzieht sich der jüdischen Konzeption nach, im stärksten Gegensatz etwa zur iranischen mit ihren vielfachen Ausläufern, nicht zwischen zwei Prinzipien, Licht und Finsternis, Gut und Böse, sondern zwischen Gott und dem Menschen, diesem sterblichen, brüchigen Menschen, der dennoch Gott gegenübersteht und seinem Wort standzuhalten vermag.

Das sogenannte Böse ist also elementhaft völlig in die Gewalt Gottes eingefügt, der „Licht bildet und Finsternis schafft" (Jes 45,7). Dem göttlichen Walten erwidert kein an sich Böses, sondern die menschliche Person, durch die erst das sogenannte Böse, die richtungslose Kraft, zum wirklichen Bösen werden kann. Die menschliche Wahl ist nicht ein psychologisches Phänomen, sondern letzte Realität, die in das Mysterium des Seienden selbst aufgenommen ist. Es ist dem Menschen in Wahrheit freigestellt, Gott zu wählen oder zu verwerfen, und zwar nicht in einem weltledigen Glaubensverhältnis, sondern in der ganzen Fülle des Alltags. Der „Sündenfall" ist nicht einmal geschehen und zum Verhängnis geworden, sondern in all seiner Wirklichkeit geschieht er jetzt und hier. Jeder Mensch ist, trotz aller geschehenen Geschichte, trotz allen Erbstoffs der Vererbungen, in der nackten Adamssituation; jedem Menschen ist Entscheidung zugeteilt. Freilich nicht so, als ob man aus dieser die weiteren Ereignisse herausspinnen könnte, vielmehr ist damit nur gesagt, daß die Wahl des Menschen die ihn als den zum Handeln Berufenen angehende Seite der Wirklichkeit ist.

Nur wenn die Wirklichkeit logisiert wird, wenn also A und Non-A nicht mehr beieinander wohnen dürfen, gibt es als einander ausschließend Determinismus und Indeterminismus, Prädestinationslehre und Freiheitslehre. Dem logischen Wahrheitsbegriff nach kann nur eins von beiden wahr sein, aber in der Wirklichkeit des gelebten Lebens sind sie voneinander unablösbar. Der Mensch, der sich entscheidet, weiß, daß das keine Selbsttäuschung ist; der Mensch, der gehandelt hat, weiß, daß er in der Hand Gottes stand und steht. Die Einheit beider ist das Geheimnis im Herzen des Zwiegesprächs.

Ich sagte schon: das „Böse" ist zunächst nur als Element zu fassen, menschlich gesprochen: als Leidenschaft. Die Leidenschaft ist nur dann böse, wenn sie in der Richtungslosigkeit verharrt, sich der Richtung verwehrt, die Richtung auf Gott zu – es gibt keine andere – nicht annehmen will. In vielfachen Varianten kehrt im Judentum die Einsicht wieder, daß die Leidenschaft, der „böse Trieb", das Element schlechthin ist, aus dem allein die großen menschlichen Werke, auch die heiligen Werke entstehen. Der Satz der Schrift, der Gott am Ende des letzten Schöpfungstags seinem Werk anmerken läßt, daß es „sehr gut" ist, wird von der Tradition auf den sogenannten bösen Trieb bezogen. Unter allem Erschaffnen ist die Leidenschaft das sehr Gute, ohne das man Gott nicht dienen, nicht wahrhaft leben kann. Das Wort „So liebe denn IHN deinen Gott mit all deinem Herzen" wird gedeutet: mit deinen beiden Trieben, dem „guten" und dem „bösen", dem Trieb der Richtung und dem Trieb der Kraft. Und von diesem sogenannten bösen Trieb sagt Gott zum Menschen: „Du hast ihn böse gemacht". So ist also in der Trägheit verharren die Wurzel alles Übels. Der Vorgang der Entscheidung bedeutet, daß der Mensch sich nun nicht länger von dem richtungslosen Wirbel der Leidenschaft tragen läßt, sondern ihre ganze Mächtigkeit in die eine Richtung, zu der er sich entscheidet, einbezieht. Das Böse ist also nur die „Schale", die Umhüllung, Umkrustung des Guten, die Schale, die aktiv durchbrochen werden will.

Aber das ist nicht, wie kürzlich ein katholischer Theologe meinte, der der Gnade unkundige „jüdische Aktivismus". Dem Ernstnehmen der göttlichen Gnade wird durch das Ernstnehmen der menschlichen Entscheidung nicht bloß kein Abbruch getan, sondern dieses führt die Seele auf einem nur so erreichbaren Weg auf jenes hin. Keineswegs wird dem Menschen hier eine Machtvollkommenheit zugesprochen; bestimmend ist vielmehr die gebotene Perspektivik des konkreten Handelns, das man nicht vorwegnehmend einschränken darf, sondern das sowohl Beschränkung wie Begnadung selbeigen, eben im Gang der Handlung, zu erfahren hat.

Die große Frage, die unsere Zeit immer tiefer aufrührt: Wie können wir handeln, gilt unser Handeln im Angesicht Gottes, oder, ist es von Grund aus gebrochen und unbefugt? beantwortet sich so für das Judentum durch das Ernstnehmen des Eingesetztseins des Menschen als eines Ursprungs von Geschehen, als eines wirklichen Partners des wirklichen Zwiegesprächs mit Gott. Diese Antwort bedeutet eine Ablehnung aller Sonderethik, aller Ethik als Sondersphäre, wie sie uns aus der Geistesgeschichte des Abendlandes nur allzu bekannt ist. Das ethische ist unausschmelzbar eingegangen in das religiöse Leben. Es gibt keine Verantwortung ohne den, dem man sich verantwortet, denn es gibt keine Antwort ohne Ansprache. Mit dem „religiösen

Leben" aber ist letztlich nichts andres gemeint als die Konkretheit selbst, die ganze Konkretheit des Lebens *ohne Reduktion,* dialogisch gefaßt, in das Zwiegespräch einbezogen.

Es gibt also in dem Zwiegespräch immer wieder ein echtes Ansetzen des Menschen. Es gibt etwas, das unbegreiflicherweise dem Menschen zuteil geworden ist, das Anfangen. Der Mensch kann nicht vollenden und muß doch selber beginnen, und zwar im äußersten Wirklichkeitsernst. Wie es in etwas paradoxer Deutung des ersten Satzes der Genesis einmal von chassidischer Seite ausgesprochen wird: Im Anfang – das heißt: um des Anfangs willen, um des Anfangens willen schuf Gott Himmel und Erde. Um des menschlichen Anfangens willen: damit es einen gebe, der auf ihn, auf Gott zu anfangen kann und soll.

So ist auch jener große Satz zu verstehen, den am Schluß des vom Versöhnungstag handelnden Mischna-Traktats Rabbi Akiba zu Israel spricht: „Oh, über euer Glück, Israel! Vor wem reinigt ihr euch und wer macht euch rein? Euer Vater im Himmel." Hier ist die Tat des Menschen in ihrer Wirklichkeit und in ihrer Unzulänglichkeit zugleich ausgesprochen, die Wesenhaftigkeit des menschlichen Handelns und sein Angewiesensein auf die Gnade. Und sinnmächtig endet der Spruch mit den Worten, die auf eine kühne Schriftauslegung zurückgehen: „Er ist das Tauchbad Israels."

### *4. Die Umkehr*

Dieses Anfangen des Menschen bekundet sich am stärksten in dem Vorgang der Umkehr. Man sagt gewöhnlich „Buße", aber das ist eine irreführende Psychologisierung; man tut besser, das Wort in seiner ursprünglich-sinnlichen Bedeutung zu fassen, denn was mit ihm gemeint ist, begibt sich nicht in der Innerlichkeit der Seele, so daß es außerhalb ihrer nur etwa „Folgen" oder „Wirkungen" hätte, sondern es begibt sich unmittelbar in der Wirklichkeit zwischen Mensch und Gott. Die Umkehr ist so wenig ein „seelisches" Ereignis, wie Geburt und Tod des Menschen; sie geschieht an der ganzen Person, mit der ganzen Person, und sie geschieht nicht im Verkehr des Menschen mit sich selbst, sondern in der schlichten Realität der Ur-Gegenseitigkeit.

Die Umkehr ist eine menschliche Tatsache, aber sie ist auch eine weltumgreifende Macht. Als Gott, so wird erzählt, seine Schöpfung vorbedachte und sie vor sich auf einen Stein hinritzte, wie ein Baumeister sich den Grundriß zeichnet, sah er, daß die Welt keinen Bestand haben würde. Da schuf er die Umkehr: nun hatte die Welt Bestand, denn nun war ihr, wenn sie sich von Gott weg, in die Abgründe der Selbstheit verlief, die Rettung erschlossen, der in eigner Bewegung zu vollziehende Rückschwung gnadenhaft gewährt.

Die Umkehr ist die größte Gestalt des „Anfangens". Wenn Gott zum Menschen spricht: „Öffne mir die Pforte der Umkehr so schmal wie eine Nadelspitze, und ich will sie so weit öffnen, daß Wagen einziehen können", oder wenn Gott zu Israel spricht: „Kehret um, und ich werde euch zu einer neuen Schöpfung umschaffen", zeigt sich uns in großer Klarheit der Sinn des menschlichen Anfangens. In der Umkehr ersteht der Mensch neu als Gottes Kind.

Da die Umkehr so Gewaltiges bedeutet, versteht man die Sage, daß Adam von Kain die Kraft der Umkehr lernte, versteht jenen an ein neutestamentliches Wort anklingenden, aber von ihm ganz unabhängigen Spruch: „An dem Ort, wo die Umkehrenden stehen, vermögen die vollkommen Gerechten nicht zu stehen."

Wir sehen wieder, daß es im Judentum keine Sonderethik gibt. Dieses höchste „ethische" Moment ist völlig in das dialogische Leben zwischen Gott und Mensch aufgenommen. Die Umkehr ist nicht Rückkehr zu einem früheren, „sündenfreien" Zustand, sondern sie ist Wesensumschwung – das im Umschwung Hingetragenwerden auf den Weg Gottes. Dieser aber, ἡ ὁδὸς τοῦ θεοῦ, bedeutet nicht etwa bloß einen Weg, den Gott dem Menschen anbefiehlt, sondern er, Gott selber, geht in seiner Schechina, in seiner „Einwohnung", einen „Weg durch die Geschichte der Welt; er nimmt Weg, nimmt Weltschicksal auf sich. Wer umkehrt, gerät in die Wegspur des lebendigen Gottes.

Von da aus ist auch jenes Wort, mit dem im Neuen Testament erst der Täufer, dann Jesus, dann die Sendlinge ihre Predigt beginnen, in seiner vollen Prägnanz zu verstehen, jenes durch das griechische μετανοεῖτε, das auf einen *geistigen* Prozeß hindeutet, falsch wiedergegebene Wort, das im hebräischen oder aramäischen Original kein anderes gewesen sein kann als der alte Prophetenruf „Kehret um". Und von da aus auch, wie mit jenem Predigtanfang der folgende Satz verknüpft ist: „denn nah herbeigekommen ist ἡ βασίλεια τῶν οὐρανῶν", was nach dem hebräischen oder aramäischen Sprachgebrauch der Zeit nicht bedeutet haben kann „Himmelreich" im Sinne einer „anderen Welt": Schamajim, Himmel, ist damals eine der Umschreibungen des Gottesnamens; Malchut Schamajim, ἡ βασίλεια τῶν οὐρανῶν bedeutet nicht Himmelreich, sondern das Königtum Gottes, das sich an der ganzen Schöpfung erfüllen und sie so vollenden will. Das Reich Gottes kommt dem Menschen nah, es will von ihm ergriffen und verwirklicht werden, nicht durch theurgische „Gewalttat", sondern durch den Umschwung des ganzen Wesens; und nicht, als ob er durch den etwas auszurichten vermöchte, sondern weil die Welt um seines Anfangens willen erschaffen worden ist.

### *5. Gegen Gnosis und Magie*

Von zwei religiös gewandeten Geistesmächten vor allem ist die Einsicht in die religiöse Wirklichkeit, in die dialogische Situation des Menschen, bedroht: von Gnosis und Magie. Sie greifen nicht von außen an, sie dringen in die Religion selber ein und geben sich dann als deren Wesen aus. Indem das Judentum sich immer wieder ihrer erwehrte und gegen sie abgrenzte, hatte es zumeist einen inneren Kampf auszutragen. Dieser Kampf ist häufig als einer gegen den Mythos mißverstanden worden. Aber nur ein abstrakttheologischer Monotheismus kann des Mythos entraten, ja darf in ihm seinen Feind sehen; der lebendige braucht ihn, wie alles religiöse Leben ihn braucht, als die spezifische Gedächtnisform, in der sich seine zentralen Ereignisse bewahren und dauernd einverleiben.

Gnosis und Magie traten Israel zuerst in den zwei großen nachbarlichen Kulturen gegenüber; Gnosis, die Kunde vom wißbaren Geheimnis, als die babylonische Lehre von der Sternenmacht, der das irdische Schicksal verhaftet ist – sie baute sich später zu der iranischen Lehre von der Gefangenschaft der Weltseele im Kosmos aus; Magie, die Kunde von dem zu bezwingenden Geheimnis, als die ägyptische Lehre von der Überwindung des Todes und Erringung unsterblichen Heils durch vorgeschriebene Formeln und Gebärden. Die Jakobstämme konnten zu Israel nur werden, indem sie sich von beiden losmachten: wer das Geheimnis zu wissen und innezuhaben wähnt, kann ihm nicht mehr als seinem Du gegenübertreten, und wer es beschwören und benützen zu können meint, ist unfähig zum Wagnis der echten Gegenseitigkeit. Der gnostischen Versuchung erwidert die „Weisung", die Thora, mit dem wahrhaft grundlegenden Ruf (Dt 29,28): „Das Geheime ist bei IHM, unserem Gott, / das Offenbare ist bei uns und unseren Söhnen / auf immer: / alle Worte dieser Weisung zu tun." Die Offenbarung handelt nicht vom Geheimnis Gottes, sondern vom Leben des

Menschen, aber von ihm eben als von einem, das dem Geheimnis Gottes gegenüber und auf es zu gelebt werden kann und soll, vielmehr: gelebt wird, wenn es das wirkliche Leben des Menschen ist. Und der magischen Versuchung tritt das Gotteswort im brennenden Dornbusch entgegen: auf das Bedenken Mose, er wisse nicht, was er dem Volke sagen solle, wenn es ihn fragen würde, was es um den Namen des Gottes sei, als dessen Bote er zu ihnen spreche (nicht, welches der Name des „Gottes der Väter“ sei!), das heißt, wie es in seiner Not sich des Geheimnisses dieses Namens nach allgemeinem primitiven Völkerbrauch bemächtigen, den Gott beschwören und zwingen könne, ihnen zu erscheinen und sie zu retten, antwortet Gott mit der Erschließung eben des Namens, indem er das, was dieser in der Form der dritten Person birgt, in der ersten Person ausspricht. Nicht jenes angebliche „Ich bin der ich bin“ der Metaphysiker – Gott macht keine theologischen Aussagen –, sondern den Spruch, dessen seine Kreatur bedarf und der ihr frommt: „Ich werde dasein als der ich dasein werde“; das heißt: Ihr braucht mich nicht zu beschwören, denn ich bin da, bin bei euch, aber ihr könnt mich auch nicht beschwören, denn ich bin jeweils so bei euch, wie ich jeweils sein will, ich selber nehme keine meiner Erscheinungen vorweg, ihr könnt mir nicht begegnen lernen, ihr begegnet mir, wenn *ihr* mir begegnet (Dt 30,12ff.): „Nicht im Himmel ist es, daß du sprächest: / Wer steigt für uns zum Himmel und holt‘s uns / und gibt‘s uns zu hören, daß wir‘s tun? / … Nein, sehr nah ist dir das „Wort, / in deinem Mund und in deinem Herzen, / es zu tun.“

In seinem innern Kampf gegen das Eindringen von Gnosis und Magie ist auch die Dynamik des späteren Judentums zu verstehen, insbesondre auch jener ärgerliche Talmud. Um was es in mancher seiner scheinbar lebensfernen Diskussionen geht, ist nur zu erfassen, wenn wir uns diese stete doppelte Bedrohung der religiösen Wirklichkeit vergegenwärtigen: durch die Gnosis in der Gestalt der spätiranischen Lehre von den Doppelprinzipien und den Mittlersubstanzen, durch die Magie in der Gestalt der hellenistischen Praxis der Theurgie. Diese beiden verschmolzen innerjüdisch in der Kabbala, dem unheimlich gewaltigen Unternehmen des Juden, sich der Konkretheit der dialogischen Situation zu entwinden. Die Kabbala ist dadurch bezwungen worden, daß sie so, wie sie war, in die urjüdische Konzeption des dialogischen Lebens eingewandelt wurde; dies ist das bedeutende Werk des Chassidismus. Er läßt alle Mittlersubstanzen verblassen vor dem Verhältnis zwischen Gottes Transzendenz, dem nur in der Aufhebung alles begrenzten Seins, als der „Uneingeschränkte“ zu Benennenden, und seiner Immanenz, der „Einwohnung"; das Geheimnis dieses Verhältnisses aber ist nun nicht mehr ein wißbares, sondern es wird unmittelbar auf das schlagende Herz der menschlichen Person gelegt, als der „Jichud", als die von ihr in allen Lebensmomenten und an allen Weltdingen zu bekennende und bewährende Einung. Und die Theurgie wird vom Chassidismus entgiftet, indem er zwar keineswegs die Einwirkung des Menschlichen auf das Göttliche verneint, aber über alle Formeln und Gebärden, über alle Übung, Kasteiung, Zurichtung, Absichtlichkeit hinaus und hinweg als ihren, der Einwirkung, einzigen wahren Träger die Heiligung des ganzen Alltags verkündet, also die Technik der Intention auflöst, kein ein für allemal gültiges, kein „anwendbares" Sondermittel bestehen läßt. So erneuert der Chassidismus die Einsicht in die mit dem rückhaltlosen Lebenseinsatz zu wagende Gegenseitigkeit, in die dialogische Beziehung des ungeteilten Menschen zum ungeteilten Gott in der Fülle der irdischen Gegenwart und ihrer unvorhersehbaren, uns Augenblick um Augenblick antretenden Situationen; die Einsicht in jene Scheidung von „Geheimnis" und „Offenbarung" und in jene Vereinigung beider in dem nicht wißbaren, nur immer wieder erfahrbaren „Ich werde dasein"; die Einsicht in die Wirklichkeit der Begegnung.

Die Gnosis verkennt die Begegnung, die Magie verletzt sie; der Sinn der Offenbarung ist, daß sie bereitet werde; der Chassidismus deutet es aus: daß sie an der ganzen Wirklichkeit des menschlichen Lebens bereitet werde.

### *6. Der Dreiklang der Weltzeit*

Auf der Einsicht in die dialogische Situation, richtiger, auf dem Durchdrungensein von ihr gründet sich das unzerstörbare Wissen des Judentums um die Dreiheit im Dreiklang der Weltzeit: Schöpfung, Offenbarung, Erlösung.

Innerhalb des frühen Christentums hat zuerst das Johannesevangelium die Dreiheit durch eine Zweiheit zu ersetzen gesucht, indem es Offenbarung und Erlösung in eins band: das Licht, das in der Finsternis scheint und von der Finsternis nicht empfangen wird, das den ganzen Menschen erleuchtende Licht, das in die Welt kommt – das ist Offenbarung und Erlösung zugleich, in seinem In-die-Welt-Kommen offenbart sich Gott und wird die Seele erlöst. Das Alte Testament schrumpft zum Prolog des Neuen zusammen. Marcion ist weiter gegangen: er hat die Zweiheit durch eine Einheit zu ersetzen gesucht, indem er die Schöpfung aus der religiösen

Wirklichkeit verbannte, Schöpfergott und Erlösergott auseinanderriß, und jenen der Anbetungswürdigkeit, also der Gottheit verlustig erklärte: der „fremde" Gott, der sich erlöserisch offenbart, erlöst die Seele vom Kosmos und von dessen Werkmeister, dem nur „gerechten", nicht „guten" Judengott, dem Demiurgen und Gesetzgeber, dem Scheingott dieses Äons, zugleich. Das Alte Testament wird als widergöttliches Buch verworfen. Marcions Werk ist von der Kirche nicht rezipiert, ja in großer Weise bekämpft worden; wie aktuell es dennoch für das christliche Denken geblieben ist, hat neben vielem anderen in unseren Tagen die marcionisierende These Harnacks erwiesen, der die „Konservierung" des Alten Testaments als kanonischer Urkunde im Protestantismus als „die Folge einer religiösen und kirchlichen Lähmung" brandmarkt und von jenem nur noch den Propheten eine religiöse Gültigkeit zuspricht. Aber mit einem Sieg dieser These würde mehr erzielt als die Trennung zweier Bücher und die Entheiligung des einen für die Christenheit: der Mensch wäre von seinem Ursprung losgeschnitten, die Welt verlöre ihre Schöpfungsgeschichte und damit ihren Schöpfungscharakter, oder die Schöpfung selber würde zum Sündenfall, das Sein zerfiele nicht bloß kosmologisch, sondern in letzter religiöser Betrachtung unaufhebbar in eine „Welt" der Materie und des Moralgesetzes und in eine Überwelt des Geistes und der Liebe. Hier findet die iranische Zweiprinzipienlehre ihren abendländischen Ausbau und die Zwiegespaltenheit des der natürlichen, lebensmäßig vertrauenden Gläubigkeit entfremdeten Menschen ihre theologische Sanktion. Erlösung wird aus einer Vollendung des Schöpfungswerkes zu dessen Überwindung, die Welt kann nicht mehr *als solche* zum Reich Gottes werden. Der „Unbekannte", der hier angebetet wird, ist der Geist der *Reduktion*.

Was das Judentum vor diesem Ausgang – der für es nicht nur wie für die abendländischen Völker eine drohende Zersetzung, sondern die unvermeidliche Auflösung gewesen wäre – bewahrte, ist nicht, wie die Marcioniten wohl meinen möchten, daß es die „Tragik", den Widerspruch des Weltgangs nicht tief genug erfahren hätte, vielmehr daß es ihn in der dialogischen Situation erfuhr, das heißt: daß es *den Widerspruch als Theophanie* erfuhr. Die Welt dieses Widerspruchs, ungekürzt, ungemildert, unvergläattet, unvereinfacht, unreduziert, eben sie ist es, die zum Reich – nicht überwunden: vollendet, ja vollendet werden soll, denn sie ist es, eben sie, in deren ganzer Gegensätzlichkeit das Reich angelegt ist, so daß dieses durch allen Abstrich nur gehemmt, jedoch durch alle Einung der Gegensätzlichkeit bereitet wird: durch Erlösung nicht vom Bösen, sondern des

Bösen, als der von Gott zu seinem Dienst und zum Wirken seines Werkes erschaffenen Kraft.

Steht die ganze Welt, das ganze Weltgeschehen, die ganze Weltzeit unreduziert in der dialogischen Situation, bedeutet ihre Geschichte in Wahrheit das Zwiegespräch Gottes mit seiner Kreatur, dann ist die Dreiheit, in der diese Geschichte geschaut und vernommen wird, nicht ein beiseitezuschiebendes menschliches Orientierungsschema, sondern die geschehende Wirklichkeit selber. Was aus dem Abgrund des Ursprungs in die Sphäre unserer nicht erfassenden Fassung, unseres stammelnden Berichtes tritt, ist der schöpferische Ruf Gottes an das Nichts. Noch lagert das Schweigen ihm gegenüber, aber schon erstehen die Dinge und antworten, ihr Gewordensein ist ihre Antwort, und indem Gott sie segnet und beauftragt, hat die Offenbarung, die Beziehung von Geben und Empfangen, aber auch die vom Gebenwollen und Empfangversagen, begonnen. Sie währt, bis die echte Antwort der umkehrenden Kreatur lautbar und von Gottes Erlösergnade aufgenommen wird, so daß in der ungeminderten Vielheit und Vielfältigkeit, aus dem Element der Gegensätzlichkeit selber gestaltet, die Einheit sich erhebt und die Gemeinschaft der Kreaturen im Namen und im Angesicht Gottes stiftet.

Und wie Schöpfung nicht die Seele anruft, sondern die Ganzheit der Dinge, wie Offenbarung nicht die Seele ermächtigt und erheischt, sondern die Ganzheit der Wesen, so ist es auch nicht die Seele, sondern die Ganzheit der Welt, deren Erlöstwerden von der Erlösung gemeint ist. Erschaffen richtet sich der Mensch auf, ein einiger Leib, beseelt in der Verbundenheit mit den Geschöpfen, begeistet in der Verbundenheit mit dem Schöpfer; dem einig leibhaften, beseelten und begeisteten Menschen gegenwärtigt sich der Herr der Offenbarung und begabt ihn mit seiner Botschaft, in eben diese Ganzheit hinein, so daß er nicht bloß mit dem Denken und mit dem Gefühl, sondern auch noch mit Sohlen und Fingerspitzen die Zeichenrede der sich ereignenden Wirklichkeit empfängt; am einig leibhaften Leben muß die Erlösung geschehn. Nicht weniger als seine ganze Schöpfung will Gott der Schöpfer vollenden, nicht weniger als seine ganze Offenbarung will Gott der Offenbarer zur Tatsächlichkeit machen, nicht weniger als alles Erlösungsbedürftige will Gott der Erlöser an sich ziehen.

## DIE BRENNPUNKTE DER JÜDISCHEN SEELE

*(Rede auf einer von den vier Judenmissionsgesellschaften deutscher Zunge einberufenen Studientagung in Stuttgart im März 1930.)*[45]

Sie haben mich aufgefordert, zu Ihnen über die Seele des Judentums zu sprechen. Ich bin dieser Aufforderung gefolgt, obwohl ich der Sache, die diese Ihre Tagung trägt, entgegen bin, und zwar entgegen nicht bloß „eben als Jude", sondern auch in Wahrheit als Jude, das heißt als einer, der des Gottesreiches, des Reichs der *Einung,* harrt und alle solche „Mission" als eine Verkennung seines Wesens und Hinderung seines Kommens sieht. Wenn ich trotzdem Ihrem Ruf gefolgt bin, so war es deshalb, weil ich meine, wenn man angerufen wird, eine Auskunft zu erteilen, habe man nicht zu fragen: „Warum habt ihr mich angerufen?", sondern man habe die Auskunft zu geben, so gut man kann, – und das ist meine Absicht.

Es gibt aber einen wesentlichen Gegenstand innerhalb des Gebiets „Judentum", über den zu Ihnen zu reden ich mich nicht befugt fühlen würde; das ist das „Gesetz". Meine Anschauung dieses Gegenstands weicht von der überlieferten ab, sie ist gewiß kein Anomismus, aber auch kein Nomismus. Ich darf hier daher weder die Tradition vertreten noch statt der gewünschten Auskunft eine persönliche Stellungnahme aussprechen. Doch scheint mir das Problem des Gesetzes gar nicht in das Thema zu gehören, das ich zu behandeln habe. Anders verhielte es sich, wenn mir obläge, die Lehre des Judentums darzulegen. Denn die Lehre des Judentums ist eine sinaitische, sie ist eine Moseslehre. Aber die *Seele* des Judentums ist vorsinaitisch, es ist die Seele, die an den Sinai *herantritt* und da empfängt, was sie empfängt, sie ist älter als Mose, sie ist urväterhaft, eine Abrahamsseele, besser noch (da es um das *Produkt* eines urtümlichen Zeitalters geht): eine Jakobsseele. Das Gesetz tut sich ihr an und sie ist hinfort nie mehr jenseits seiner zu verstehen, aber sie selber ist nicht gesetzhaft. Wenn man von ihr reden will, muß

45 Obgleich diese Rede sich in manchem Punkt mit der vorigen berührt, habe ich sie in das Buch aufgenommen, um unzutreffenden Darstellungen den Wortlaut, soweit er noch – nach den Niederschriften einiger Hörer – rekonstruiert werden konnte, entgegenzusetzen. Man wird sehen, daß ich nicht, wie Prof. Adolf Köberle, der nach mir über die Seele des Christentums sprach, meint (Die Seele des Christentums, Berlin 1932, S. 12), „wie ein feurig werbender Anwalt des modernen Lebensbewußtseins" geredet habe.

man alle ihre Zeiten und Wandlungen bis auf diesen Tag betrachten, aber nie vergessen, daß immer noch sie es ist, sie auf ihrem Weg.

Mit dieser Einschränkung jedoch ist die Aufgabe eher schwerer geworden. „Ich müßte Ihnen jetzt", so schrieb Franz Rosenzweig 1917 an einen christlichen Freund jüdischer Herkunft, „das Judentum von innen zeigen, ähnlich hymnisch wie Sie mir, dem Draußenstehenden, das Christentum zeigen können: und aus demselben Grund, aus dem Sie es können, kann ich es nicht. Das Christentum hat seine Seele in seinen Äußerungen, das Judentum hat außen seine harte schützende Schale und von seiner Seele kann man nur drinnen reden." Wenn ich es hier, also draußen, dennoch zu tun wage, kann ich nicht eine Darstellung dieser Seele im Sinn haben, sondern nur einige Hinweise auf ihr Grundverhalten.

Daß dieses Grundverhalten nichts anderes ist als das Glaubensverhältnis, seiner menschlichen Seite nach erfaßt, brauche ich nicht zu erörtern. „Glaube" darf dabei freilich nicht so verstanden werden, wie ihn etwa der Hebräerbrief (11,6) versteht: glauben, daß Gott ist. Das ist der Jakobsseele nie zweifelhaft gewesen: wenn sie ihren Glauben, ihre Emuna bekannte, bekannte sie damit nur, sie *vertraue* dem seienden Gott, daß er, wie es der Stammvater erfuhr (Genesis 28,20; 35,3), *bei ihr da sei,* und sie vertraue sich ihm, dem bei ihr Daseienden, an. Dieser Tiefe israelitischen Glaubensverhältnisses wird Franz Baader aus der Tiefe der deutschen Sprache gerecht, wenn er „Glauben als Geloben, das heißt als ein sich Verbinden, Vermählen oder Eingehen" erklärt.

Das Angelobtsein des Juden ist die Substanz seiner Seele. Da aber der, dem die Angelobung gilt, der lebendige Gott ist, der an der Unendlichkeit der Dinge und Begebnisse die Unendlichkeit seiner Erscheinungsträger hat, ist dies dem Angelobten Stachelung und Stetigkeit zugleich: in der Fülle der Manifestationen immer wieder den Einen wiederzuerkennen, dem man sich anvertraut, angelobt hat. Das Urwort, das von Gott aus auf dieses Wiedererkanntwerden hin gesagt ist, ist sein Spruch an Mose im brennenden Dorn: „Ich werde dasein als der ich dasein werde." Er ist je und je da, je und je seiner Kreatur gegenwärtig, aber jeweils als der, als der er eben jetzt und hier da ist, so daß der Geist des Menschen nicht vorzuwissen vermag, im Gewande welcher Existenz und welcher Situation sich Gott je und je bezeigen wird. Es gilt, ihn in jedem seiner Gewänder wiederzuerkennen. Ich kann keinen Menschen schlechthin einen Heiden nennen, ich kenne nur Heidnisches im Menschen, aber insofern es Heidentum gibt, besteht es nicht darin, Gott nicht zu erkennen, vielmehr darin, ihn nicht als Denselben wiederzuerkennen, wogegen es mir gleichsam das Jüdische im Menschen zu sein scheint, Gott je und je wiederzuerkennen. Von der jüdischen Seele also will ich, in einigen Hinweisen auf ihr Grundverhalten, zu Ihnen sprechen als von der Verdichtung dieses menschlichen Elements in volkhafter Art, als von dem volksgestaltigen Instrument solches Angelobtseins und Wiedererkennens.

Ich sehe die Seele des Judentums elliptisch um zwei Punkte schwingen.

Der eine ist die Urerfahrung, daß Gott vom Menschen durchaus abgehoben, seiner Fassung durchaus entrückt, und daß er doch in unmittelbarer Beziehung eben diesem ihm in unbedingter Weise inkommensurabeln Menschen gegenwärtig und zugewandt ist! Beides zugleich zu wissen, so daß das eine vom andern nicht getrennt werden kann, das macht das Leben im Kern jeder gläubigen Judenseele aus. Beides: „Gott im Himmel", das ist im absoluten Geheimnis, und der Mensch „auf Erden", das ist in der Gebrochenheit seiner Sinnen- und Verstandeswelt, Gott in der Vollkommenheit und Unbegreiflichkeit seines Wesens und der Mensch im abgründigen Widerspruch dieses wunderlichen Hierseins von Geburt zu Tod – und zwischen beiden das Unmittelbare! Wenn der naiv-fromme Jude auch noch des heutigen Ostens, dem jüdischen Frommen der vorchristlichen Zeit ähnlich (vergleiche zum Beispiel Weisheit Salomos 2,16), diesen Gott „Väterlein" ruft, sagt er nicht etwas, was er gelernt hat, sondern eine Erkenntnis, die aus ihm selbst gewachsen ist, die der Vaterschaft und der Sohnschaft. Nicht als ob dieser Mensch nicht wüßte, daß Gott auch urfern ist, aber er weiß zugleich, daß die Gottferne niemals Gott unverbunden macht mit ihm, daß der gottfernste Mensch sich aus der Gegenseitigkeit nicht losschneiden kann. Er weiß, daß trotz der unbedingten Distanz zwischen Gott und Mensch das Ebenbildszeichen, das Gott dem Menschen schaffend an- und eingetan hat, zwar verblassen, aber nicht verwischt werden kann. Es ist das Zeichen, das nach der chassidischen Legende der Baalschem dem Dämon Samael, den er beschwor, auf den Stirnen der Jüngerschaft zeigte, und der Überwundne bat, als der Meister ihn nun gehen hieß: „Söhne des lebendigen Gottes, erlaubt mir noch eine Weile stehen zu bleiben und das Ebenbildszeichen der Gottheit auf euren Gesichtern anzuschauen!" Verwirklichung des Ebenbilds ist das eigentliche Gebot Gottes an den Menschen.

„Furcht Gottes" bedeutet demgemäß dem Juden nicht sich vor Gott fürchten, sondern: erschauernd seiner Unbegreiflichkeit inne werden. Furcht Gottes ist das kreatürliche Wissen um das von keiner unsrer Geistesmächte zu berührende Dunkel, von dem aus Gott sich offenbart. Darum wird sie zu Recht (Prov 1,7) „der *Anfang* der Erkenntnis" genannt. Sie ist das dunkle Tor, durch das der Mensch gehen muß, um in die Liebe Gottes zu kommen. Wer den Gang durch dieses Tor meiden will, wer also damit beginnt, sich einen erfaßlichen Gott zu besorgen, der so und nicht anders beschaffen sei, läuft Gefahr, in der Tatsächlichkeit des Geschichts- und Lebenslaufs an ihm verzweifeln zu müssen oder der inneren Lüge zu verfallen. Nur durch die Furcht Gottes tritt der Mensch so in die Liebe Gottes, daß er aus ihr nicht mehr geworfen werden kann. Aber Furcht Gottes ist eben ein Tor, sie ist nicht ein Haus, in dem man sich wohnlich einrichten kann; wer darin verweilen wollte, würde in der Anbetung die Erfüllung jenes eigentlichen Gebots versäumen. Gott ist unbegreiflich, aber er ist erkennbar in der Verbundenheit mit ihm. Gott ist nicht wißbar, aber er ist nachahmbar. Das Leben des gottungleichen Menschen kann doch in der imitatio Dei gelebt werden. Ihm, dem Ungleichen, ist doch das „Gleichnis" nicht verschlossen. Es ist letzter Ernst, wenn die Schrift den Menschen anweist, auf Gottes Weg, in seine Fußstapfen zu treten. Der Mensch kann aus eigner Kraft keinen Weg, kein Wegstück vollbringen, aber er kann den Weg betreten, er kann diesen ersten, immer wieder diesen ersten Schritt tun. Der Mensch kann nicht „wie Gott sein", aber in aller Unzulänglichkeit einer jeden seiner Stunden kann er in jeder, mit dem Vermögen dieser Stunde, Gott nachfolgen – und wenn er dem Vermögen dieser seiner Stunde genug tut, hat er genug getan. Das ist nicht ein bloßer Glaubensakt, es ist ein Eingehen in das in dieser Stunde zu Lebende mit der ganzen Tätigkeitsfülle der geschöpflichen Person. Dieses Eingehen *vermag* der Mensch: unverkümmert, unverkümmerbar ist das Vermögen von Geschlecht zu Geschlecht immer wieder da. Auch keinem urzeitlichen „Sündenfall", so folgenreich er ist, billigt Gott die Macht zu, dieses zentrale Bestimmungsgut zu verkürzen: göttliche Schöpfungsintention ist mächtiger als die Sünde des Menschen. Das Wissen um Schöpfung und Geschöpflichkeit sagt dem Juden, daß es wohl Belastung durch Urzeit und Zeit, aber keine übermächtige Erbsünde gibt, die ihn, den Spätgebornen, hinderte, im Entscheidenden frei wie Adam zu sein und, wie Adam frei Gottes Hand fahren ließ, so frei sie zu ergreifen. Wir sind auf die Gnade gewiesen; aber wir tun Gottes Willen nicht, wenn wir uns unterfangen, bei ihr statt bei uns zu beginnen. Unser Beginnen, unser Begonnenhaben, eben es in seiner Not und nur es, führt uns der Gnade zu. Gott hat sich keine Werkzeuge gemacht, er bedarf keiner; er hat sich Partner des Weltzeit-Gesprächs erschaffen, gesprächsfähige Partner.

In diesem Gespräch redet Gott jeden Menschen mit dem Leben an, das er ihm gibt und immer wieder gibt. So kann der Mensch ihm nur mit dem ganzen Leben – damit, wie er dieses ihm gegebene Leben lebt – entgegnen. Der jüdischen Einheitslehre von Gott entspricht die jüdische Ganzheitslehre vom Leben. Da Gott dem Menschen nicht bloß den Geist, sondern das Dasein, von dessen „Unterstem" bis zu dessen „Oberstem", verleiht, kann das Partnertum des Menschen sich in keiner Geisteshaltung, in keiner Andacht erfüllen, in keinem heiligen Obergeschoß, es bedarf des ganzen Lebens dazu, all seiner Bezirke und Verhältnisse. Es gibt keinen echten menschlichen Anteil am Heiligen ohne die Heiligung des Alltags. Indem das Judentum sich in seiner Glaubensgeschichte entfaltet, solange es sich in ihr entfaltet, steht es immer entschiedener gegen die „Religion" als gegen den Versuch, Gott, der das Ganze anspricht und beansprucht, mit einem festgesetzten Teil abzufinden. Aber diese Entfaltung des Judentums ist wirklich dies und nicht eine Veränderung. Am Beispiel des Opferkults sei erläutert, was damit gemeint ist. Von den beiden Grundelementen des biblischen Tieropfers ist das eine die Sakralisierung des natürlichen Lebens: wer ein Tier schlachtet, weiht der Gottheit davon zu und heiligt so sein Essen. Das andere Grundelement ist die Sakramentalisierung der vollständigen Lebenshingabe; das sind die Opferarten, bei denen der Opfernde die Hände auf den Kopf des Tieres stemmt, um sich mit ihm zu identifizieren, und so leiblich äußert, daß er in der Kreatur sich selber darzubringen im Sinn hat. Wer jenes ohne dieses, ohne die Ausrichtung der Seele vollzieht, verkehrt den Kult ins Sinnlose, ja Sinnwidrige; ihm gilt der Kampf der Propheten gegen den entseelten Opferdienst. Im Judentum der Diaspora tritt an die Stelle des Opfers das Gebet; aber es wird auch um die Wiederherstellung des Kults, als um die Wiederkehr der heiligen Einheit von Geist und Leib, gebetet. Und in der Vollendung des Diaspora-Judentums, in der chassidischen Frömmigkeit, verbinden sich jene beiden Grundelemente zu einer neuen und doch den Sinn des Ursprünglichen erfüllenden Konzeption: wenn der gereinigte und geheiligte Mensch in Reinheit und Heiligkeit Speise aufnimmt, dann ist das Essen ein Opfern, der Tisch ein Altar, und der Mensch weiht sich selber der Gottheit zu. Hier ist kein Abstand mehr zwischen dem Natürlichen und dem Sakralen; und hier tut keine Stellvertretung mehr not; hier ist der natürliche Vorgang selber Sakrament geworden.

Das Heilige strebt danach, das ganze Leben zu erfassen. Das Gesetz scheidet zwischen dem Heiligen und dem Profanen, aber es will zur messianischen Aufhebung der Scheidung, zur Allheiligung hinleiten; und die chassidische Frömmigkeit erkennt nichts schlechthin und unüberwindlich Profanes mehr an: „das Profane“ ist ihr nur eine Bezeichnung für das noch nicht Geheiligte, aber zu Heiligende. Alles Körperliche, alles Triebhafte, alles Kreatürliche ist Materie der Heiligung. Aus derselben Leidenschaftsgewalt, die, richtungslos verbleibend, das Böse erzeugt, ersteht, wenn sie die Richtung auf Gott empfängt, das Gute. Man dient eben Gott nicht mit dem Geist, sondern mit der ganzen Wesenswirklichkeit ohne Abstrich. Es gibt nicht ein Reich des Geistes und ein Reich der Natur, es gibt nur ein werdendes Reich Gottes, und Gott ist nicht Geist, sondern was wir Geist nennen und was wir Natur nennen stammt gleicherweise von dem beiden in gleicher Unbedingtheit überlegenen Gott, dessen Reich in der vollkommenen Einheit von Geist und Natur seine Fülle gewinnt.

Der andere Brennpunkt der jüdischen Seele ist das Grundgefühl, daß die erlösende Kraft Gottes überall und immer wirkt und daß doch nirgends und niemals ein Erlöstsein besteht. Der Jude erfährt als Person, was jeder aufgeschlossene Mensch als Person erfährt: in der Stunde der tiefsten Verlassenheit das Angewehtwerden von drüben her, die Nähe die Berührung, die Heimlichkeit des Lichtes aus der Finsternis; und der Jude erfährt als Teil der Welt, so heftig wie vielleicht kein Teil der Welt sonst, ihre Unerlöstheit. Er spürt diese Unerlöstheit an seiner Haut, er schmeckt sie mit seiner Zunge, die Last der unerlösten Welt liegt auf ihm. Von diesem seinem leiblichen Wissen aus *kann* er nicht zugeben, daß die Erlösung geschehen sei: er weiß, daß sie nicht geschehen ist. Wohl vermag er in der geschehenen Geschichte Vorbildungen der Erlösung zu erblicken, aber eben nur jene immer und überall wirkende Heimlichkeit des Lichtes aus der Finsternis, nicht eine artandere, wesenhaft einmalige, zukunftentscheidende, die nur noch zu ihrem Ende zu führen wäre. Und vollends könnte es ihm nur durch Verleugnung seines Sinns und seiner Sendung möglich werden, eine Vorwegnahme als erfolgt anzuerkennen, durch die in einer unerlöst verbliebenen Welt die menschliche Seele oder gar nur die Seele des in einer bestimmten Bedeutung gläubigen Menschen erlöst worden wäre. Mit einer Kraft, die Urgnade in ihn getan und keins der Gerichte ihm entzogen hat, wehrt sich der Jude gegen die radikale Scheidung von Seele und Welt, die dieser Vorstellung zugrunde liegt; er wehrt sich gegen das Bild einer göttlichen Zerspaltung des Daseins; er wehrt sich am leidenschaftlichsten gegen den furchtbaren Begriff einer massa perditionis. Der Gott, an den er glaubt, hat das All nicht dazu erschaffen, um es in eine selige und eine verdammte Hälfte auseinanderbrechen zu lassen; wohl ist seine Ewigkeit vom Menschen nicht zu fassen, aber es kann

– so wissen wir Juden bis in unsre Sterbestunde – keine Ewigkeit sein, in der nicht *alles* in seine Versöhnung aufgenommen wäre, wenn er die Zeit in die Ewigkeit zurückgenommen hat. Gibt es aber ein Stadium der Welterlösung, in dem sie sich erst an einem *Teil* der Welt erfüllt, so leiten wir aus unserem Glauben keinen Anspruch auf Erlöstwerden ab, geschweige denn aus sonst einem Bestand. „Und willst du Israel noch nicht erlösen, so erlöse doch die Gojim allein!" pflegte der Kosnitzer Rabbi zu beten.

Man könnte mir entgegenhalten, daß es doch auch im Judentum eine andere Eschatologie gegeben habe als die von mir gekennzeichnete, neben der prophetischen die apokalyptische. Es ist in der Tat wichtig, sich den Unterschied beider zu vergegenwärtigen. Der prophetische Endzeitglaube ist in allem Wesentlichen autochthon, der apokalyptische ist in allem Wesentlichen aus Elementen des iranischen Dualismus aufgebaut. Demgemäß verheißt jener eine Vollendung der Schöpfung, dieser ihre Aufhebung, ihre Ablösung durch eine andere, durchaus andersartige Welt; jener läßt die jetzt richtungslosen Mächte, das „Böse", die Richtung auf Gott finden und sich ins Gute einwandeln, dieser sieht am Ende der Tage Gut und Böse endgültig getrennt, das eine erlöst, das andre auf ewig unerlösbar; jener glaubt an die Heiligung der Erde, dieser verzweifelt an der hoffnungslos verderbten; jener läßt den schöpferischen Urwillen Gottes sich ohne Rest erfüllen, dieser das ungetreue Geschöpf über den Schöpfer mächtig sein, indem es ihn zwingt, die Natur preiszugeben. Es hat eine Zeit gegeben, in der es unsicher erscheinen mußte, ob die aktuelle Apokalyptik nicht dem überlieferten prophetischen Messianismus obsiegen würde; zu vermuten ist, daß, wäre dies geschehen, das Judentum seinen zentralen Glauben nicht überlebt hätte – ausgesprochenerweise oder unmerklich wäre es in dem von jenem Dualismus so stark beeinflußten Christentum aufgegangen. Indem die Tannaiten in einer Epoche ohne Prophetie dem prophetischen Messianismus zum Triumph über die Apokalyptik verhalfen, retteten sie das Judentum.

Noch ein wichtiges Merkmal aber scheidet die beiden Gestaltungen jüdischen Endzeitglaubens. Die Apokalyptiker wollen ein unabänderlich feststehendes künftiges Ereignis voraussagen; auch damit wurzeln sie in iranischen Vorstellungen, die die Geschichte in gleichmäßige Jahrtausendzyklen einteilten und das Weltende, den Endsieg des Guten über das Böse, zahlengenau vorbestimmten. Anders die Propheten Israels: sie weissagen „auf die Umkehrenden hin", das heißt: sie sagen nicht etwas an, was auf jeden Fall geschehen werde, sondern etwas, was geschehen werde, wenn die zur

Umkehr Aufgerufenen nicht umkehren. Geradezu paradigmatisch berichtet das Buch Jona, was Prophetie ist. Nachdem er umsonst versucht hat, dem Auftrag Gottes zu entfliehen, wird Jona von ihm mit der Prophezeiung des Untergangs nach Ninive geschickt. Aber Ninive kehrt um – und Gott wendet das Verhängnis. Jona verdrießt es, daß das Wort, um dessen willen der Herr seinen Widerstand gebrochen hatte, nun zunichte gemacht worden ist: wird man gezwungen zu prophezeien, so müßte es dabei bleiben; aber Gott meint es anders, er will keine Wahrsager beschäftigen, sondern Boten an Menschenseelen – an Menschenseelen, die zu entscheiden vermögen, welchen Weg sie beschreiten, und durch deren Entscheidung mitentschieden werden darf, was mit der Welt geschehen soll. Der Umkehrende wirkt mit an der Erlösung der Welt.

Das Partnertum des Menschen in dem großen Zwiegespräch hat hier seine höchste Realität. Es ist nicht so, als ob eine bestimmte Tat des Menschen die Gnade herniederziehen könnte; und doch erwidert die Gnade der Tat, in unvorhersehbarem Walten, unerreichlich und doch sich nicht versagend. Es ist nicht so, als ob der Mensch dies oder jenes zu tun hätte, um die Erlösung der Welt zu „beschleunigen" – „wer vertraut, wird nichts beschleunigen wollen" (Jesaia 28,16); und doch wirkt der Umkehrende an der Erlösung der Welt mit. Diese der Kreatur zugewiesene Teilnahme steht im Geheimnis.

Wer hier von Aktivismus spricht, mißkennt das Geheimnis. Die Tat ist keine äußere Gebärde. „Die Posaune", sagt ein haggadisches Wort, „auf dem Gott an jenem Tag blasen wird, wird aus dem rechten Horn des Widders sein, der einst Isaak beim Opfern vertrat." Der „Knecht", den Gott „zu einem blanken Pfeil" macht, um ihn dann scheinbar ungenützt in seinem Köcher zu bergen (Jesaia 49,2), der in die Verborgenheit gebannte Mensch, nicht einer, sondern diese Menschenart wiederkehrend Geschlecht um Geschlecht, der im Schatten der Gotteshand Versteckte, der „auf der Gasse seine Stimme nicht hören läßt" (42,2), er, der im Dunkel um Gottes willen leidet (53), er eben ist es, der den Weltstämmen zum Licht gegeben ist, daß Gottes „Freiheit werde bis an den Rand des Erdreichs" (49,6). Als ein Geheimnis der Verborgenheit, auch im Verhältnis der Person zu sich selber, geht das Geheimnis der Tat, des menschlichen Anteils an der Bereitung der Erlösung, durch das Dunkel der Zeiten, bis es einst ins Offenbare emportritt. Auf die Frage, warum der Messias nach der Überlieferung am Jahrestag der Zerstörung Jerusalems geboren werden solle, antwortet ein chassidischer Rabbi: „Die Kraft kann nicht auferstehn, wenn sie nicht in die große Verborgenheit eingeht … In der Schale des Vergessens wächst die Macht des Gedenkens. Das ist die Macht der Erlösung. Am Tag der Zerstörung, da liegt die Macht auf dem Grunde und wächst. Darum sitzen wir an diesem Tag am Boden, darum gehen wir an diesem Tag auf die Gräber, darum wird an diesem Tag der Messias geboren."

Diese zwei Brennpunkte der jüdischen Seele, die auch noch für den „säkularisierten" Juden, soweit er nicht entseelt ist, fortbestehn, wiewohl ihrer eigentlichen Namen beraubt, die Unmittelbarkeit zum Seienden und das Wirken der versöhnenden Kraft in einer unversöhnten Welt, mit anderen Worten: die Inkarnationslosigkeit des dem „Fleisch" sich offenbarenden und ihm in der gegenseitigen Beziehung gegenwärtigen Gottes und die Zä-surlosigkeit der auf Erfüllung ausgerichteten und immerdar Entscheidung erfahrenden Menschengeschichte sind das letztlich Sondernde zwischen Judentum und Christentum.

Wir „einen" Gott, indem wir lebend und sterbend seine Einheit bekennen; wir einen uns ihm nicht. Der Gott, den wir glauben, dem wir angelobt sind, vereint sich nicht mit menschlicher Substanz auf Erden. Eben das aber, daß wir nicht vermeinen, uns ihm einen zu können, befähigt uns, so inbrünstig danach zu verlangen, „daß die Welt in der Königschaft des Gewaltigen zurechtgebracht werde".

Wir spüren das Heil geschehen; und wir verspüren die ungeheilte Welt. Uns ist nicht an einem Punkt der Geschichte ein Heiland erschienen, daß eine neue, erlöste mit ihm begänne. Da nichts Gekommenes uns beruhigt hat, sind wir ganz ausgerichtet auf das Kommen des Kommenden.

So von euch gesondert, sind wir euch beigegeben. „Denn ihr", schreibt Franz Rosenzweig in dem angeführten Brief, „die ihr in einer ecclesia triumphans lebt, habt einen stummen Diener nötig, der euch allemal, wenn ihr in Brot und Wein Gott *genossen* zu *haben* glaubt, zuschreit: Herr, gedenke der letzten Dinge!"

Was ist uns und euch gemeinsam? Wenn wir es völlig konkret fassen: ein Buch und eine Erwartung.

Für euch ist das Buch ein Vorhof, für uns ist es das Heiligtum. Aber in diesem Raum dürfen wir gemeinsam weilen, gemeinsam die Stimme vernehmen, die in ihm spricht. Das bedeutet, daß wir gemeinsam arbeiten können an der Hervorholung der verschütteten Gesprochenheit dieses Sprechens, an der Auslösung des eingebannten lebendigen Wortes.

Eure Erwartung geht auf eine Wiederkehr, unsre auf das unvorweggenommene Kommen. Für euch ist die Phrasierung des Weltgeschehens von einer unbedingten Mitte, jenem Jahr Null, aus bestimmt; für uns ist es eine einheitlich gestreckte Tonfolge, ohne Einhalt von einem Ursprung zu einer Vollendung strömend. Aber wir können des Einen Kommenden gemeinsam harren, und es gibt Augenblicke, da wir ihm gemeinsam die Straße bahnen dürfen.

Vormessianisch sind wir schicksalsmäßig getrennt. Da ist der Jude für den Christen unverständlich als der Verstockte, der nicht sehen will, was sich begeben hat, unverständlich der Christ dem Juden als der Verwegene, der in der unerlösten Welt ihre vollzogne Erlösung behauptet. Das ist eine von keiner Menschenmacht überbrückbare Spaltung. Aber sie verwehrt nicht das gemeinsame Ausschauen in eine von Gott her kommende Einheit, die, all eure und unsre Vorstellbarkeit überfliegend, das Eure und das Unsre bestätigt und verwirft, verwirft und bestätigt, und alle Glaubenswahrheiten der Erde durch die Seinswahrheit des Himmels ersetzt, die Eine ist.

Euch und uns, jedem geziemt es, den eignen Wahrheitsglauben, das heißt: das eigne Realverhältnis zur Wahrheit, unverbrüchlich festzuhalten; und euch und uns, jedem geziemt die gläubige Ehrfurcht vor dem Wahrheitsglauben des andern. Das ist nicht, was man „Toleranz" nennt: es ist nicht an dem, das Irren des andern zu dulden, sondern dessen Realverhältnis zur Wahrheit anzuerkennen. Sobald es uns, Christen und Juden, wirklich um Gott selber und nicht bloß um unsre Gottesbilder zu tun ist, sind wir, Juden und Christen, in der Ahnung verbunden, daß das Haus unsres Vaters anders beschaffen ist, als unsre menschlichen Grundrisse meinen.

## FREIHEIT UND AUFGABE

*Dem Gedächtnis Chajim Nachman Bialiks (Sommer 1934)*

In zwei haggadischen Deutungen, die Motive biblischer Erzählungen aufnehmen und ausgestalten, hat sich die Lehre von Israels Platz und Beruf in der Geschichte so verdichtet, daß wir, sie lesend wie sie gelesen werden wollen, unmittelbar erfahren, was uns von unsrer geschichtlichen Bestimmung zu wissen not tut: daß sie uns eröffnet worden ist und daß wir sie verfehlt – verfehlt, aber noch nicht verwirkt haben.

Die erste findet sich nirgends ganz, man muß sie aus talmudischen und midraschischen Stellen zusammenfügen (Schabbat 156a; Midr. Rabba zu Gen 15,5; Midr. Tanchuma zu Gen 25,1).

Entgegen andrer, vorher vorgetragener Auffassung wird da gelehrt: Es gibt keinen Schicksalsstern für Israel: Israel darf nicht, wie die von der Sternenmacht besessenen Völker, an ein unabänderliches, vom Himmel ablesbares Verhängnis glauben. In den Tagen Jeremias, von dem Sternengläubigen Babylon bedroht, begehren die von Israel auch zu solcher Zukunftskunde zu gelangen, aber Gott verwehrt ihnen die falsche Weisheit (Jer 10,2): „Von den Zeichen des Himmels lasset euch nimmer bestürzen, / mögen denn die Weltstämme bestürzt sein vor denen!“ So hatte einst schon Abram der Mesopotamier, von Gott aus dem Land des Sternenglaubens in ein andres Land gebracht, an der vorgeblichen Schicksalskunde zu haften gesucht, aber Gott hatte es ihm verwehrt. Abram nämlich, der Kinderlose, sprach zu Gott: „Der Schicksalsstern bedrängt mich und sagt zu mir: ‚Abram, du bist kein Zeugender!‘“ Gott aber, wie es in der Schrift heißt (Gen 15,5), „führte ihn hinaus ins Freie“: Gott aber, der ihm den Sohn seines Greisentums verhieß, zeigte ihm die Sphären des Firmaments und sprach zu ihm, ähnlich wie damals, als er ihn aus dem Zweistromland geschickt hatte: „Geh hinaus aus deiner Sternguckerei! Du bist ein Künder, du bist kein Astrolog!“

Ein Künder und kein Astrolog. Der Astrolog redet von der Voraussetzung aus, daß alles Künftige schon festgelegt, schon „in den Sternen geschrieben“ sei, eine vollgeschriebene Rolle, die nur noch weiter abzurollen habe, und dieses Abrollen heiße Geschichte. Der Künder aber kündet auf die Entscheidungsmächtigkeit des Augenblicks hin, „auf die Umkehrenden hin“, wie unsre Überlieferung es ausdrückt: das sündige Ninive, zu dem Jona mit der Prophezeiung des Untergangs gesandt war, kehrt um, und der Schicksalsspruch wendet sich. Es gibt kein unabänderliches Verhängnis, denn Gott lebt und der Mensch lebt; der Mensch wandelt sich, und Gott nimmt dessen Wandlung in den Wandel der Dinge, nimmt sie in die Entscheidungsmächtigkeit des Augenblicks auf. Es gibt keine ablesbare Sternenschrift. In der talmudischen Variante unserer Erzählung folgen in der Gottesrede auf den Spruch: „Geh hinaus aus deiner Sternguckerei!“ die Worte: „Denn es gibt keinen Schicksalsstern für Israel. Meinst du etwa, weil der Jupiter im Westen steht? Ich wende ihn und setze ihn in den Osten.“

Wir kennen aber noch eine andere Tradition zur Deutung von Abrahams Sternenschau. Da wird erzählt, Gott habe ihn über das Gewölb des Firmaments entrückt, er habe ihn über die Gestirnwelt „hinausgeführt“

und habe nun zu ihm gesprochen: „Blicke doch auf den Himmel!" Das Verb, das hier durch „blicken" wiedergegeben ist, bezeichne immer ein Sehen von oben nach unten. „Wer unter dem Wandelstern ist", habe Gott zu Abraham gesagt, „mag ihn fürchten! Du, der du darüber bist, erhebe darüber das Haupt!"

Was heißt das, daß Abraham, daß Israel über dem Wandelstern sei? Ein Privileg hat Israel nicht; das sprechen die Thora und die Propheten unmißverständlich aus. Nur insofern es dem Verhängnisglauben entsagt, sich aus ihm hinaus und hinauf führen läßt, sich Gott und seiner Freiheit – das Geheimnis des Umgangs mit Gott ist ja eben das Geheimnis der Freiheit – angelobt, nur so und nur dann ist es erhoben. Nur wer die Gottesfreiheit glaubt und sie menschlich bewährt, ist frei. Der braucht vor dem Wandel der Dinge, vor der Geschichte nicht zu zittern, denn es ist ihm erlaubt, uneingeschränkt sich selber einzusetzen. Es gibt kein Verhängnis außer dem Glauben an das Verhängnis.

Freiheit aber ist kein Belieben und keine Willkür, sie hat ihren Sinn und ihr Ende im Erfüllen der Berufung. Freiheit in der Geschichte ist die Freiheit, die Geschichte durch Erfüllen der Berufung zu bestehen. Geschichtlich frei ist der geschichtlich Verantwortende.

Von der geschichtlichen Berufung und der geschichtlichen Verantwortung Israels handelt die zweite haggadische Deutung (Pesikta de R. Kahana XXIII, ed. Buber 150b, Midr. Tanchuma zu Gen 28,12).

An der Leiter, die auf die Erde gestellt ist und deren Haupt an den Himmel rührt, sieht Jakob „Boten Gottes" aufsteigen, niederschreiten. Diese Boten sind die himmlischen „Völkerfürsten", jeder der Schirmherr einer Nation. Ihr Auf- und Niedersteigen ist der Gang der Völker durch die Geschichte, deren Auf- und Niederstieg. So schaut Jakob den Fürsten Babylons, den Fürsten Mediens, den Fürsten Griechenlands, den Fürsten Roms auf- und niedersteigen. Da ruft Gott ihm zu: „Auch du hast aufzusteigen!" Aber Jakob fürchtet sich. Er spricht zu Gott: „Wie es für diese einen Abstieg gibt, so würde es auch für mich einen Abstieg geben." Gott antwortet ihm mit der großen Ermutigung: „Wenn du aufsteigst, wird es für dich keinen Niederstieg geben." Jakob aber glaubt nicht und steigt nicht auf. Nun redet Gott zu ihm: „Da du nicht geglaubt hast, werden deine Kinder den Reichen dieser Völker verknechtet sein." Verstört fragt Jakob: „Soll das für Weltzeit gelten?" Da spricht der erbarmende Gott ihm die jeremianische Tröstung zu (Jer 30,10): „Fürchte dich nimmer, mein Knecht Jaakob, / Jissrael, laß dich nimmer bestürzen! / denn, wohlan, ich befreie dich fernher, / aus ihrer Gefangenschaft Land deinen Samen." Auf den jeremianischen Spruch folgt eine merkwürdige Aufzählung: „aus Babylon und Medien, aus Griechenland und Rom, aus Gallien und Spanien und ihren Nachbarländern". Danach setzt die prophetische Verheißung wieder ein: „Dann kehrt Jaakob heim / und ist still und ist sorglos / und keiner scheucht auf. / Denn ich bin bei dir, dich zu befreien." Und die Gottesrede schließt mit dem unüberbietbar deutlichen Wort: „Züchtigen nur will ich dich, um dich zu läutern von deinen Verfehlungen."

Es ist der Eintritt in die weltgeschichtliche Existenz, den Gott Israel zumutet und vor dem es zurückscheut, weil er ihm das geschichtliche Schicksal, das Verhängnis, bedeutet. Zu Unrecht bedeutet er ihm das, so weist Gott es zurecht: es würde mitten in der weltgeschichtlichen Existenz dem Völkerschicksal entgehn. Was heißt das, daß es für Israel, wenn es aufstiege, keinen Abstieg gäbe? Soll für Israel das Gesetz der Geschichte, das Völkergesetz der Abfolge von Sieg und Erliegen, Machtfülle und Untergang aufgehoben werden? Für Israel nicht, aber durch Israel. Ein Privileg hat Israel nicht, aber es hat eine Aufgabe. Es ist eine übergeschichtliche Aufgabe, aber es ist eine Aufgabe an der Geschichte, und sie kann nur erfüllt werden, indem der Erfüllende die geschichtliche Existenz auf sich nimmt. Diese Aufgabe ist die Einführung des andern Gesetzes, des Gesetzes des *Bundes,* eines echten Gottesbundes der Völker (dem falschen Bund, der in unsrer an karikaturhaften Scheinverwirklichungen großer Forderung und Verheißung überreichen Zeit unter dem angemaßten Namen gespenstert, so unähnlich, wie Gott einem Götzen), in die Geschichte, so daß es jenes erste Gesetz überwinde und allein herrsche. Die Israel zugedachte Aufgabe ist die messianische Durchsäuerung der Geschichte. Erfüllt werden kann sie nicht durch Predigt, durch Botschaft, durch Geist, also nicht durch Einzelwirkung Einzelner, sondern ihrem geschichtlichen und völkerhaften Wesen gemäß nur durch geschichtliches Darleben des Bundwesens im Geschichtsleben eines Volkes.

Diese Lehre unsrer haggadischen Überlieferung ist keine „Utopie". Sie und einzig sie ist das konkrete menschliche Ernstmachen mit der Messianität *in* der Geschichte, wie die frühe Prophetie sie verkündigt hat.

Israel ist seiner Berufung ausgewichen, und es ist dafür in die Verknechtung geschickt worden. Aber verheißen ist ihm, daß es, von seiner Verfehlung geläutert, „heimkehren" soll. Nicht bloß zu einem Lande, einer Selbständigkeit, einer Unabhängigkeit, sondern zur wahren Freiheit, die es einst innegehabt und vertan hat: der Freiheit, mit der Erfüllung seiner Berufung zu beginnen.

## DER JUDE IN DER WELT

*Aus einer Frankfurter Lehrhausrede (Januar 1934)*

Im ernsten Sinn des Wortes gibt es den „Juden in der Welt“ erst von einem ganz bestimmten Zeitpunkt an. Das ist nicht etwa der Zeitpunkt der Zerstörung des jüdischen Staatswesens durch Titus, wohl aber der des Zusammenbruchs des Bar-Kochba-Aufstands. Als Jerusalem aufhörte, eine jüdische Stadt zu sein, als der Jude in seinem Land nicht mehr heimisch sein durfte, da erst wurde er in den Weltabgrund geschleudert. Seither steht er in der Welt als der schlechthin ungesicherte Mensch. Innerhalb der allgemeinen Ungesichertheit, die das Zeichen menschlicher Existenz überhaupt ist, gibt es seit jener Zeit eine Menschenart, deren Schicksal es ist, auch jener problematischen Sicherheit der Menschen zu entraten. Ob sie es jeweils weiß oder nicht, sie lebt stets auf einem einsturzbereiten Boden. Jede Symbiose, in die sie eintritt, ist trügerisch, jedes Geschichtsbündnis enthält eine unsichtbare Kündigungsklausel, jeder Kulturverknüpfung wohnt eine heimliche trennende Kraft ein. Es ist dieses schicksalhafte Ungesichertsein, das wir meinen, wenn wir die jüdische Diaspora als „Galuth“, das heißt Vertriebenheit, bezeichnen.

Was ist die Ursache dieses Ungesichertseins? Die jüdische Gemeinschaft ist schlechthin uneinreihbar, sie widerstrebt allen geschichtlichen Kategorien und Allgemeinbegriffen, sie ist einzig. An dieser Einzigkeit Israels muß das natürliche Bedürfnis der Völker nach Erklärung – und Erklärung bedeutet immer Einordnung in Kategorien – zerschellen. Was sich aber nicht einreihen, sich also nicht verstehen läßt, das ist durch sein Dasein erschreckend. Die Bemerkung, der Antisemitismus sei eine Gespensterfurcht, hat in diesem Sachverhalt ihren Wahrheitsgrund. Die wandernde, irrende, preisgegebene Gemeinschaft, anders beschaffen als jede andere und keiner vergleichbar, hatte für die Völker, in deren Mitte sie lebte, in ihrer Uneinreihbarkeit stets etwas Gespenstisches, und das konnte wohl nicht anders sein – sie war in Wahrheit ein „Unheimliches“, Heimloses. Dieses Uneinreihbare, mit dem man nicht vertraut wird, ist jeweils das erste Opfer enthusiastischer Massenbewegungen (Kreuzzüge im 11. Jahrhundert), es trägt die Schuld am Massenunglück („der Jude hat den Schwarzen Tod verursacht“), die Einreihung mißglückt ihm auch bei äußerster Anpassung (auf das Maranentum folgt die Inquisition).

Sehen die Völker uns als Gespenst (mythisch in der Gestalt des Ahasver eingefangen), so müssen wir Wesen und Erscheinung auseinander halten. Wir wissen ja von innen her, daß wir kein Gespenst sind, sondern eine lebende Gemeinschaft. So erhebt sich uns die Frage, was unsere Uneinreihbarkeit in der Erscheinung ihrem Wesen nach bedeutet. Ist das nur ein Mangel im Sehen und Denken der Völker? Sind wir eigentlich einzureihen, und sie bringen es nur nicht zustande? Ist unsere Uneinreihbarkeit also nur eine *negative* Erscheinung, eine Erscheinung auf Zeit, ein Nichteingereihtwerdenkönnen so lange, bis es einst doch gelingt?

Es gibt nur *eine* Möglichkeit, zu erfahren, daß dies Negative Ausdruck eines Positiven ist. Der Zugang ist der Glaube. Das Ja zu jenem Nein ist nur erkennbar, weil es bekennbar ist. Anders als vom Glauben her erfaßt, ist die Uneinreihbarkeit unerträglich als das Widergeschichtliche, Widernatürliche, unser Dauern selber geht gegen die „Gesetze der Völkerhistorie"; vom Glauben her gefaßt aber ist die Uneinreihbarkeit der im gelebten Bekenntnis sich erschließende Grund und Sinn unseres Daseins: die Einzigkeit Israels. Diese Einzigkeit ist nicht die eines Exemplars, wie jedes Wesen und jedes Gruppenwesen einzig ist. Die Einzigkeit Israels bedeutet, daß etwas da ist, was seinem Wesen, seiner Geschichte, seiner Berufung nach so einzig ist, daß es eben darum nicht eingereiht werden kann.

Israel widersteht auch den beiden Kategorien, deren Anwendung zu seiner Einreihung am häufigsten versucht wird: der Kategorie „Nation" und der Kategorie „Glaubensgemeinschaft". Völker und Glaubensgemeinschaften sind durch ein kennzeichnendes Merkmal voneinander zu unterscheiden. Völker erfahren ihre Geschichte als Völker; was die Einzelnen als solche erfahren, auch das, worin die Erfahrung des Einzelnen zur Gestalt wird – Dichtung, Philosophie, Kunst –, ist nicht die Geschichte. In den Glaubensgemeinschaften wird das Bestimmende durch einzelne Menschen erfahren; es ist das, was man in seiner höchsten und reinsten Form „Offenbarung" nennt. Bringen sie das Erfahrene den Scharen zu, und ihre Botschaft stiftet Gemeinschaft, dann ist eine Glaubensgemeinschaft geboren. So scheiden Völker und Glaubensgemeinschaften sich, wie Geschichte und Offenbarung sich scheiden. Es gibt nur ein Einziges, wo beides zusammengeht. Israel empfängt seine entscheidende Glaubenserfahrung *als Volk:* nicht der Prophet, sondern die Gemeinschaft als solche. Sie erfährt Geschichte und Offenbarung entscheidend in einem, jene als diese und diese als jene. In der Stunde des Glaubens wird die Schar zum Volk, nur als Volk kann sie vernehmen, was sie zu vernehmen hat. Die Einheit von Volkstum und Glaubensgemeinschaft, welche die Einzigkeit Israels ausmacht, ist nicht bloß empirisch-schicksalhaft; hier rührt das Göttliche an die Menschheit.

Es kommt nun für das Verständnis unserer Situation in der Welt darauf an, zu erkennen, wie in der Geschichte des Diaspora-Judentums ein doppeltes Streben durchbricht: der ungesicherte Jude strebt nach Sicherung, die uneinreihbare jüdische Gemeinschaft strebt nach dem Eingereihtwerden. Diese zwei sind durchaus nicht gleichzusetzen. Das Streben nach Sicherheit ist wie jedes menschliche Streben nach Sicherung in seinem Kern rechtmäßig. Der Mensch kann nicht dazu verurteilt sein, sein Leben in Unsicherheit zu verbringen. Nicht das Streben nach Sicherung kann also in Frage gestellt werden, wohl aber die Wege, die eingeschlagen werden, um sie zu erlangen.

Das Streben nach Sicherung kennen wir schon aus der Geschichte des alten judäischen Staates, in dem die Ungesichertheit der Diaspora in eigentümlicher Weise vorgebildet war. Zwischen die beiden großen Machtgebilde des Alten Orients, Ägypten und Babylonien, geworfen, versuchte er immer wieder, seine geopolitische Unsicherheit machtpolitisch zu überwinden. Man lavierte und paktierte bald nach der einen Seite und bald nach der andern in der Hoffnung, sich so zu behaupten. Es ist der eigentliche politische Inhalt der prophetischen Rede, daß sie vor solcher falschen Sicherung warnt. Die Propheten wissen und sagen es voraus, daß Israel mit all seinem Lavieren und Paktieren untergehen muß, wenn es *nur* als politisches Gebilde existieren will. Bestehen kann es – und das ist das Paradox ihrer Mahnung und das Paradox der jüdischen Geschichtswirklichkeit – nur dann, wenn es *auf seinem Beruf der Einzigkeit beharrt:* Wirklichkeit zu machen aus dem im Bund gesprochenen Wort Gottes. Sagen die Propheten, daß es für Israel keine andere Sicherheit gebe, als die in Gott, dann ist das nicht unirdisch-„religiös“ gemeint, sondern es geht um das Wirklichmachen des Gemeinschaftsdaseins, zu dem Israel im Gottesbund berufen worden ist, und das in eben der ihm allein möglichen Weise durch die Geschichte zu tragen seine Berufung ist. Die Propheten rufen dazu auf, daß ein Volk, *das erstmalig Gemeinschaft verwirklicht,* vorbildlich unter die Völker der Weltgeschichte trete, durch sein Beispiel ihre innere Struktur und ihr Verhältnis zueinander wandle und so zugleich mitten unter ihnen, im Werden einer Menschheit, sich seine ungefährdete Existenz, seine wahre Sicherheit, erringe.

In der Spätzeit der Diaspora nimmt das Sicherungsbedürfnis die absonderliche Form des Bedürfnisses nach Einreihung an. Ist die Uneinreihbarkeit die Ursache dafür, daß wir den Völkern unheimlich erscheinen, dann, meinte man, muß die Uneinreihbarkeit beseitigt werden. Auch hier ist das Ereignis in der alten Geschichte vorgebildet: in dem „Wie-alle-Völker-sein“-wollen der samuelischen Krise. Aber die innere Glaubensmächtigkeit leistet da und seither immer wieder Widerstand. Eine eigentliche geschichtliche Form (wenn auch eine karikaturhaft-geschichtliche) gewinnt das Bedürfnis eben erst in der Spätzeit des Exils, in der Emanzipation. An deren Gebrechen, daß die Juden nicht als Gemeinschaft rezipiert worden sind, sondern als Einzelne, sind sie freilich nicht primär schuldig. Am Anfang der Emanzipation stand die Frage der Völker, ob dies uneinreihbare Israel etwa doch in eine der üblichen Kategorien einzureihen sei, und so fragten sie, ob die Juden eine Nation seien oder eine Religion. Die Auseinandersetzungen, die der Emanzipation in Frankreich vorangingen, nehmen schon alles vorweg, was in späterer Zeit an Meinungsverschiedenheiten sich an solches Fragen knüpfte. Aber auch ein Wort wie dieses findet sich darunter, von dem französischen Kultusminister Portalis in einem von Napoleon angeforderten Bericht über die Juden im Jahre 1802 niedergeschrieben, ein keineswegs, wie Dubnow meint, „schwülstiges“, sondern eine Ureinsicht nur eben rhetorisierendes Wort: „Die Regierung konnte nicht umhin, die Ewigkeit dieses Volks zu betrachten, das durch alle Umwälzungen und alles Mißgeschick der Jahrhunderte sich in unsere Zeit hinübergerettet hat, da es … den Vorzug genießt, Gott selber zum Gesetzgeber zu haben.“ Hier hätte sich eine rechtmäßige Erkenntnis anschließen können. Doch hat keines der Völker die ungeheure Aufgabe wahrgenommen, die jüdische Gemeinschaft als diese einmalige Gemeinschaft frei zu machen und zu rezipieren, und kein Jude hat daran gedacht, dieser Ahnungslosigkeit der Völker sein Urwissen als Forderung entgegenzusetzen. Auf Bestellung zerfiel das Judentum in die Atome, deren Lieferung verlangt war. Der Einreihungsdrang wurde zum Krampf. Israel wurde durch Konfessionalisierung entwirklicht. Der in der Gegenwirkung dazu in unserem Zeitalter erfolgte Wiederherstellungsversuch durch Nationalisierung hat das Eigentliche verfehlt: die Einzigkeit blieb preisgegeben.

Aber es gibt für Israel keine andere Wiederherstellung, wie es für es keine andere Sicherung gibt, als daß es seine durch menschliche Kategorien nicht zu fassende, weil faktisch eine übermenschliche Kategorie darstellende Einzigkeit auf sich nehme: das Joch des Königtums Gottes.

Dazu tut, da es nur im vollständigen Leben der Gemeinschaft zu erfüllen ist, Volksammlung, tut Bodenständigwerden, tut Selbstbestimmung not – aber nur als *Voraussetzungen*. Nur wenn die Gemeinschaft sie lebensmäßig als solche erkennen und als solche verwirklichen wird, werden sie ihr Heil begründen.

# „PHARISÄERTUM"

*(Aus einem Sonderheft des „Juden" über Antisemitismus und deutsches Volkstum, 1925)*

1

In den Beiträgen dieses Hefts, die die Redaktion mir vor der Drucklegung zugänglich gemacht hat, finde ich immer wieder das Wort „Pharisäer", „pharisäisch", „Pharisäertum", und zwar so verwendet, daß damit zunächst eine historische Kategorie, dann aber ein (nicht *das* zwar, wohl aber *ein)* Grundwesen des Judentums bezeichnet werden soll. Dabei wird nun so viel Irriges und Irreführendes vorgebracht, daß ich, von der Redaktion ersucht, mich zu dem oder jenem in den Beiträgen erörterten Gegenstand zu äußern, mich für diesen entschieden habe, weil seine Klärung besonders wichtig ist. Stellen sich doch die Verfasser mit diesem Wortgebrauch in eine Reihe, die von den Evangelisten eröffnet wird und die in ihrem Zug durch die Zeiten dem Juden weit bedenklicher sein muß als die ganze Phalanx der „Antisemiten". Aber nicht dem Juden allein. Die paar Hinweise auf die Wahrheit, die ich hier geben kann, arbeiten zu ihrem Teil an einer menschheitsgeschichtlich bedeutsamen Berichtigung mit.

2

Zum Anfang eine kleine Tatsachen-Feststellung.

In einem der Beiträge, dem von Oscar A. H. Schmitz, wird „der Pharisäismus" als ein Hemmnis des Juden bezeichnet, und der Autor setzt erklärend hinzu: „Ich verstehe dieses Wort nicht in der heutigen moralisch entwertenden Bedeutung des Sprachgebrauchs, sondern im alttestamentarischen Sinn". Da das Alte und das Neue Testament (welch letzteres ja die „moralisch entwertende Bedeutung" begründet hat) hier nicht verwechselt sein können, muß die Meinung doch wohl die sein, daß das Wort „Pharisäer" im Alten Testament vorkomme; denn wie sonst könnte es einen alttestamentarischen Sinn besitzen? Und in der Tat heißt es an anderer Stelle, diesen „bösen Dämon" gebe es schon „im Alten Testament". So darf ich denn der humoristischen Situation nicht ausweichen, zum Anfang feststellen zu müssen, daß der erst nach den Makkabäerkriegen erscheinende Name im Alten Testament nicht vorkommt. Und die Sache auch nicht.

3

Gleichviel, antwortet der Autor: wenn nur zugegeben werden muß, daß das Pharisäertum „dem weltlichen Sadduzäertum immer entgegengesetzt" war.

Aber das ist nicht wahrer als was vom „alttestamentarischen Sinn" gesagt wird, nur unpräziser, und daher nicht durch eine kleine Tatsachen-Feststellung zu erledigen. Wir müssen nun schon zu fragen beginnen, „was das eigentlich ist".

Also die weltlichen Sadduzäer und – somit – die geistlichen Pharisäer!

Nun verhält es sich doch aber so, daß diese weltlichen Sadduzäer die Partei der Priester waren (ob nun ihr Name zu Recht als Anhänger der „Söhne Zaddoks", des salomonischen Ahnen des Priestergeschlechts, gedeutet wird oder nicht), und daß diese geistlichen Pharisäer die hasmonäische Dynastie vornehmlich deshalb bekämpften, weil sie, von ihrer Geschichts- und Zukunftsanschauung aus, dem Priesterkönigtum dieser Dynastie entgegen sein mußten, wie Dante der weltlichen Gewalt des Papstes.

4

Aber vertraten denn die Pharisäer nicht, im Unterschied von den Sadduzäern, den Standpunkt des „starren Gesetzes"?

Die umgekehrte Behauptung käme der Wahrheit näher.

Die Sadduzäer erklärten die geschriebene Thora für bindend, ausschließlich sie, sie aber mit unerbittlicher Strenge. Die Pharisäer sahen in der geschriebenen Thora nur den Kern einer lebendigen Überlieferung, die zwar grundsätzlich nichts anderes als Übernahme eines Übergebenen, eines mündlich Erhaltenen, sein wollte, aber in ihrer Wirklichkeit doch in jedem neuen Geschlecht zu neuer Situation neuen Spruch tat; neuen Spruch, der sich freilich aus seiner Verknüpftheit mit der Tradition legitimieren mußte, aber deren Bestand eben doch erweiterte, modifizierte, ja wandelte. Die Sadduzäer mußten für die gesetzlichen Bedürfnisse einer neuen Situation priesterliche Verordnungen herbeischaffen, die sich nicht auf ein mündlich überliefertes Gottesgesetz beriefen; den Pharisäern galt nur die eine Weisung Gottes, diese aber sprach ihren Sinn in jeder Versammlung der Berufenen mit einer Mächtigkeit aus, die sogar der von himmlischen Stimmen überlegen war. So rissen die Sadduzäer die in heiliger Geschichte und heiligem Buch wohnende Weisung und den gelebten Augenblick auseinander, sie entrückten jenes dem Weg des Menschen; damit aber stellten sie sich gegen das Walten des lebenden Geistes, der sich je und je eben aus dem Menschenmunde bekundet. Die Pharisäer aber, indem sie sich unterfingen, das Schriftwort „auszulegen", hoben es in den Raum des Weltgeschehens ein. Gerade weil ihre Auslegung letztlich dem wandlungsreichen Leben treuer war als dem unwandelbaren Text, gerade weil sie den festen Buchstaben nur deuteten, um die strömende Wirklichkeit im Namen Gottes zu bewältigen, dienten sie Ihm, der seine Manifestation nicht verkapseln lassen will, sondern, wie das Werk seiner Schöpfung, so auch das seiner Offenbarung „an jedem Tag erneuert".

5

Was soll's denn nun aber heißen, was ein andrer der Beiträge dieses Heftes, der von Otto Flake, uns sagt: „daß der Pharisäer als menschlicher Typus und der reine, vom Leiden des Volkes bewegte Mensch" – Jesus – „damals in einer unvergeßlichen Tragödie zusammenstießen?"

In welchem erdenklichen Sinn könnte mit Fug der Pharisäer – natürlich nicht ein beliebiger, sondern einer der Führer – als nicht „rein" oder als nicht „vom Leiden des Volkes bewegt" bezeichnet werden?

Zunächst auch hier eine Feststellung, freilich nicht mehr eine kleine und leichte, sondern eine sehr schwerwiegende.

Flake geht von der geläufigen Annahme aus, Jesus sei „von den Pharisäern getötet worden", ja, er meint sogar, daß, wenn dem nicht so wäre, „die Gestalt Christi die Idee und den Sinn verlöre". Doch wohl nur die falsche Idee und den falschen Sinn, um eine rechte und einen rechten zu gewinnen! Jedenfalls: Jesus ist nicht von den Pharisäern getötet worden. Welchen Anteil immer die Juden an Jesu Verurteilung gehabt haben mögen, das eine ist gewiß, daß in ihrer obersten Behörde, der die richterliche Gewalt zustand, dem Synhedrion, die Pharisäer damals eine Minderheit waren, „als homines novi, Eindringlinge in ein Gebiet, das eigentlich nicht das ihre war", denn „der eigentliche Ort ihrer Herrschaft war nicht das Synhedrion, sondern die Schule und das Leben" (Wellhausen); eine Minderheit also, und zwar eine volkstümliche und römerfeindliche der opportunistischen priesterlichen Aristokratie gegenüber. Und in der Tat, auch die evangelische Darstellung weiß als an dem Vorgehen gegen Jesus beteiligt nur Namen von Priestern, von Sadduzäern anzuführen.

Aber das Neue Testament bietet uns mehr als diesen negativen Erweis; es erzählt auch (Apostelgeschichte 5,34ff.), wie sich ein führender Pharisäer in einer ähnlichen Situation verhielt. Als nämlich, kurze Zeit nach dem Tode Jesu, „der Hohepriester und alle, die mit ihm waren, welches ist die Sekte der Sadduzäer", die Apostel gefangennehmen ließen und anklagten, „da stund auf im Rat ein Pharisäer mit Namen Gamaliel", das ist der Enkel Hillels, „in Ehren gehalten vor allem Volk", und sprach: „... Lasset ab von diesen Menschen und lasset sie fahren. Ist dieser Rat oder dieses Werk aus den Menschen, so wird's untergehen; ist's aber aus Gott, so könnet ihr's nicht dämpfen; auf daß ihr nicht erfunden werdet als die wider Gott streiten wollen." Das ist dieselbe Haltung und derselbe Glaube, die sein Wort in den Sprüchen der Väter bezeugt (5,17); „Jede Parteiung, die um Gottes willen geschieht, wird letztlich bestehen, und die nicht um Gottes willen geschieht, wird letztlich nicht bestehen" (vergleiche auch 4,11 sowie Aboth de-Rabbi Nathan 40 bzw. 46, wo statt „Parteiung" „Versammlung" steht). Das ist die echte pharisäische Haltung und der echte pharisäische Glaube[46].

Und dem Menschen dieser Haltung und dieses Glaubens soll Jesus als „der reine, vom Leiden des Volkes bewegte Mensch" gegenüber gestanden haben? Beide sind in Wahrheit Eines Geschlechts, und was immer sie auch wider einander sprachen, sie können einander in aller Ewigkeit nicht entfremdet werden. „Seid vollkommen wie euer Vater im Himmel vollkommen ist" ist Jesu Wort, aus zwei Worten des Alten Testaments (Lev 11,45 und 19,2; 5 Dt 18,13) zusammengebildet; und das der Pharisäer, an das gleiche Leviticus-Wort näher gelehnt (Sifra zu den Stellen): „Wie Ich heilig bin, so sollt auch ihr heilig sein; wie Ich abgesondert bin, so sollt auch ihr abgesondert sein." Abgesonderte, „Peruschim"-Pharisäer. Abgesondert – das heißt nicht vom Leben des Menschenvolkes geschieden, sondern, eben nach dem Vorbild Gottes, dessen überreine Herrlichkeit „inmitten ihrer Makel wohnt" (Lev 16,16), eingetan und unentweiht zugleich. Und so denn auch, wie sie von Gott sagen, daß er um sein Volk Leid trage, selber alles Weh der Nation und alle Pein der Menge in der aufgetanen Seele erprobend.

46 Man vergleiche den Bericht über die Stellungnahme der Pharisäer zur Anklage gegen Paulus (Apostelgeschichte 23).

Wie also verhält es sich mit dem Gegensatz zwischen Jesus und den Pharisäern?

Drei Schichten sind zu unterscheiden.

Die äußerste: Bearbeitung der Wirklichkeit durch die Verfasser der Evangelien, die ja im Kampf gegen das die christliche Lehre ablehnende pharisäische Judentum stehen. Ein besonders augenfälliges Beispiel: die Geschichte von dem Pharisäer, der Jesus nach dem größten Gebot fragt und zur Antwort die Worte des Alten Testaments von der Liebe zu Gott (Dt 6,5) und zum Nächsten (Lev 19,18) gesagt bekommt. In dem zweifellos ältesten Text, bei Markus, fragt der Pharisäer im Ernst und empfängt Jesu Antwort im Ernst, sie durch seine eigene bekräftigend; und auf diese wieder entgegnet ihm Jesus, er sei nicht fern vom Reiche Gottes. Aber die zwei andern Synoptiker lassen den Pharisäer schon hinterlistig reden, um Jesus zu „versuchen", und der Fortgang des Gesprächs, die Replik der Einigung im Zeichen des Gottesworts, ist gestrichen worden.

Die zweite Schicht: Jesu Schelten der heuchlerischen Pharisäer ist freilich nicht das Erzeugnis einer Bearbeitung; aber was im Talmud (Jeruschalmi Berachoth IX, 5; Bawli Sota fol. 22b) von den Pharisäern selbst in einer bildstarken Ironie über die fünf pharisäischen Heuchlerklassen, über die „Gefärbten" gesagt wird, ist in seinem Pathos der Selbstreinigung dem Pathos in Jesu Reinigungswillen nicht unterlegen. Hier steht nicht der reine Mensch gegen den andern, sondern die Gefahr, die dem an die Gesetzesübung Hingegebenen von der Verkehrung des Motivs und der Erlahmung der Seelenintention aus droht, wird hier wie dort erkannt und bezeichnet; nur daß der Pharisäer sorglich zwischen Wahrheit und Lüge, Echtheit und Verstellung scheidet, Jesus aber als ein von einer mehr nach außen gerückten Position aus Kämpfender diese Sorgfalt unterläßt und die ganze Menschenart, als wären sie alle Heuchler, im gleichen Anathema zu umfangen scheint.

Aber die dritte, innerste Schicht: da ist freilich eine ganz wirkliche Gegnerschaft, deren Anblick vor jeder Verdunklung bewahrt werden muß. Nur muß eben auch deutlich wahrgenommen werden, um was es geht.

Ich sagte schon: die Pharisäer stellen die Weisung in die lebendige Überlieferung ein, die, indem sie sie auslegt, sie abwandelt, wogegen die Sadduzäer eine unüberbrückbare Kluft zwischen ihr und dem Leben aufreißen. Wie steht nun Jesus zur Thora?

Er lehnt die sadduzäische Entzweiung von Dort und Hier, von Sinai-Offenbarung und dem gelebten Augenblick ab; aber um die Einheit beider zu finden, will er nicht wie die Pharisäer in die Situation des Jetzt eingehen, vielmehr, er will noch weiter zurückgehen als die Sadduzäer, der Sinai genügt ihm nicht, er will in die Wolke überm Berg, aus der die Stimme schallt, er will dringen in die Urabsicht Gottes, in die Ur-Unbedingtheit der Weisung, wie sie war, ehe sie sich in der menschlichen Materie brach, er will die Thora „erfüllen", das heißt, er will ihre Urfülle aufrufen und wirklich machen. Daß das Volk jetzt nicht eher als damals im Urreinen wird atmen können, rührt ihn ebenso wenig an, als daß ihn etwa die Ahnung anwandelte, wie die Völker, denen seine Lehre sich auferlegen wird, nur durch Aufreißung einer viel tieferen Kluft, als die sadduzäische war, der Kluft zwischen gemeintem und gelebtem Leben, den Schein seiner Nachfolge zu erzeugen vermögen werden.

Nicht so die Pharisäer. Sie wollen die Wirklichkeit, nicht irgendeine Wirklichkeit, sondern eben die Wirklichkeit aus dem Wort, sie wollen das Leben, nicht irgendein Leben, sondern eben das Leben im Angesicht, sie wollen das Volk, das Volk Gottes, aus Gott wirkend, auf Gott zu lebend; und so müssen sie die Brechung wollen, müssen sich im Diesseits der Wolke bescheiden. Die Pharisäer sind die Menschen eines heiligen Verzichts.

Jesus spricht (Mk. 2,27): „Der Sabbat ist um des Menschen willen gemacht, und nicht der Mensch um des Sabbats willen"; und er wendet an, indem er, in einem außerkanonischen, aber augenscheinlich echten Wort (Codex Bezae zu Lk. 6,4) zu einem am Sabbat arbeitenden Mann sagt: „Mensch, wenn du weißt, was du tust, Heil dir; wenn du es aber nicht weißt, bist du verflucht und ein Übertreter des Gesetzes." Die Pharisäer können, eingedenk, daß der Sabbat aus der Schöpfung stammt, nicht sagen, er sei um des Menschen willen gemacht; aber sie sagen (Joma 85b; Mechilta zu Ex 31,14): „Der Sabbat ist euch übergeben, nicht ihr dem Sabbat!" und sie wenden an: Also liegt es uns ob, euch zu ermöglichen, Gottes Sabbat als Menschen zu halten.

## 6

So ist es denn auch unrichtig zu sagen, wie Wilhelm Michel es tut, das pharisäische Judentum habe sich und seine Gottesbeziehung in einem Kodex festgestellt. Vielmehr wurde das rabbinische Judentum im selben Maße, als es die Überlieferung aus dem Aggregatzustand der unablässigen korrektiven Erörterung, des unablässigen Gegeneinander mit seinem kristallisationsgleichen Übergang zum Miteinander, also einer zwar schlechthin nachprophetischen, aber der Inspiration nicht unverwandten Lebendigkeit im Geist – und das ist die wahre Beschaffenheit des talmudischen Daseins – in den Aggregatzustand der abgeschlossenen Gültigkeit versetzte, der pharisäischen Lebensform untreu; und die gegenwärtige westliche Orthodoxie vollends ist ein neosadduzäisches Gebilde, nur daß aus dem sadduzäischen Heiligtum der Bibel ein das ganze talmudisch überlieferte Gesetz mitumfassendes geworden ist.

Wenn also Schmitz behauptet, der Pharisäer verneine die Welt aktiv, er sorge dafür, daß möglichst nichts Gestalt annehme, so ist das nicht einfach eine irrige Behauptung, sondern es ist etwas Bemerkenswertes, nämlich das genaue Gegenteil der Wahrheit. Der Pharisäer ist der Mensch, der für nichts anderes sorgt, als eben dafür, daß das Wort in allen Dingen Gestalt annehme; der Mensch, der nicht bloß mit etwelchen seiner Lebensäußerungen, sondern mit allen die Welt, als Gottes Welt, aktiv bejaht. Und nicht das Übermächtigwerden, sondern das Absterben des Pharisäertums hat dem Judentum Schaden getan. Freilich wäre es sinnlos, das Pharisäertum erneuern zu wollen, es ist nicht mehr an dem und wir haben eines Anderen gewärtig zu sein, aber jenes verleugnen hieße sich diesem verschließen.

Das Bedenklichste in Schmitzens auch sonst recht unzulänglich fundierten Ausführungen (auf leichtfertige Phrasen wie die vom „pharisäischen Klassenhaß“ mag ich nicht eingehn) ist, daß er sich nicht scheut, in solcher Ausrüstung sich auf das Gebiet des messianischen Glaubens zu begeben. Da weiß er zu berichten, der Pharisäer sei „wohl der Träger der Messiashoffnung, zugleich aber auch der Wächter darüber, daß ja kein Messias aufkomme“, denn „der Messias muß irreal bleiben“. Darum offenbar wird im Talmud jede messianische Weissagung der Propheten nach ihrem ganz konkreten, irdischen, „lebbaren“ Gehalt ausgelegt, darum offenbar wird alles Hinausgreifen über das Messianische hinaus ins Eschatologische, über die Erlösung der Menschheit hinaus in die Verwandlung der Welt immer wieder verpönt! Und darum offenbar sind in den zwei großen messianischen Bewegungen, die in die Blütezeit des Pharisäismus fallen, der „geistlichen“ Jesu und der „weltlichen“ Bar Kochbas, die führenden Herolde und Werber zwei Pharisäer, Paulus und Akiba, gewesen!

7

Am tiefsten greift Wilhelm Michels Wort von der „pharisäischen Hybris“, aber auch es greift, eben in der Tiefe, fehl. Er sieht eine, sich im Pharisäertum am deutlichsten kundgebende, „uranfängliche und welthistorische Verfehlung“ des Judentums darin, daß es sich „unfromm gegen den Tod gesträubt“ habe, im Gegensatz zu der „geheimen Todeslust“, die dem deutschen Wesen eigne. Mir scheint, daß hier nicht genügend zwischen zwei Sphären geschieden wird, der des Volks und der des Einzelnen. Beim Judentum meint Michel zweifellos beide: das Volk sträube sich gegen den Volkstod und der Einzelmensch gegen den Einzelmenschentod; und er sagt ja, im Augenblick, wo er bei einem Juden den Tod in Achtung und Ehrfurcht sehe, sei (nicht etwa seine Auffassung des jüdischen Charakters erschüttert, sondern) dieser Mensch für ihn entjudet. Aber meint er auch beim Deutschtum beide? Wo und wann in der Geschichte hätte sich das deutsche Volkstum nicht gegen den Volkstod gesträubt? Oder irgendeines, ehe seine Stunde geschlagen hatte? Und wer vermäße sich, die des Judentums von der Weltuhr ablesen zu wollen?

Sollen aber jene äußersten heldischen Momente gemeint sein, in denen Scharen eines andern Volks „lieber tot als Sklaven“ sein mochten, wohl, so haben wir unser Massada und unser Betar gehabt, da wir an tödlicher Entschlossenheit waren „wie alle Völker“, und mehr als die meisten, und den Scharentod zu sterben wußten, als wollten wir aller Zeit unvergeßlich machen, daß wir nur deshalb „keine Ehre haben“, weil uns keine zu haben geziemt.

Wie verhält es sich denn nun mit dem jüdischen „Wehren gegen den Unter- und Übergang“? Gewiß, alle Verheißungen sagen: Leben. So entsprechen sie den naturgerechten Grundfesten des Judentums. Aber ist das wirklich das Leben des Einzelnen, oder nicht vielmehr immer wieder das des „Samens“? Auch wo dem Einzelnen ein langes Leben verheißen wird, erweist sich der Sinn als auf den Zusammenhang der Geschlechter gerichtet. Der Zusammenhang der Geschlechter aber ist nirgends ein Selbstzweck; er dient einem fernen Ziel, das durch die Verheißung hindurch immer wieder uns entgegenleuchtet.

Wohl, der einzelne Jude hält sich unbändig am Leben. Aber nur bis an den Augenblick, wo er von Gott angerufen wird: da gibt er sich noch unbändiger her. Nein, lieber Herr Michel, da bedarf es gar keines „Zugriffs Gottes“, sondern sowie ihn der Anruf nur berührt, schon ist er, Abraham, zu dem Opfer bereit, das, Sie wissen es, größer als das des eignen Lebens ist. Blutzeugen, lieber Herr Michel, sind dieser Jude Jesus mit den Seinen, Blutzeugen aber auch gar viele von diesen Pharisäern. Haben Sie vergessen, was geschah, als einer dieser Vielen, weil er dem Verbot der Römer zum Trotz die Thora öffentlich gelehrt hatte, in eine Thorarolle gehüllt auf dem Scheiterhaufen stand? Die Flamme hatte, durch die zerfallende dringend, ihn erfaßt: „Das Pergament verbrennt", schrie er, „die Lettern fliegen empor"; da sprang der römische Scharfrichter zu ihm ins Feuer.

Todeslust, aber erst um Gottes willen, erst aus Gottes Willen, und bis an ihn heran Lebenslust, aber eben eine, in der die Bereitschaft zu jener ruht – ich nenne das Frömmigkeit.

Und das Volk – sollte sein Sichsträuben gegen den Tod nicht in jener Verheißung des Lebens für den „Samen", den zu einem fernen Ziel gebrauchten, begründet sein? Sollte es nicht deshalb leben wollen, weil ihm das Leben befohlen ist? Nicht irgendein Leben, aber das Leben im Angesicht Gottes? Das Leben, das es verfehlt und verfehlt hat, dessen Verheißung ihm aber noch immer nicht entzogen worden ist? Und zu dem zu reifen, zu dem sich zu läutern, zu dem durchzubrechen es immer noch, und vielleicht gar immer mehr, hoffen darf, hoffen muß?

Verfehlt und verfehlt! An das Haus des jüdischen Seins, meinen Sie, habe die Schuld noch nicht angeklopft? Seit der Stunde, da Mose vom Berg niederstieg, und seit vielen andern Stunden schüttelt sie es, ohne es zu stürzen, wie der Sturm die Binsen, und jedes Juden Herz weiß es von Geburt an in seiner Lebens- und Todeslust. Aber das ist etwas, was jeder von uns mit Gott allein auszumachen hat.

Und ihr, liebe Christen, lernt von Gamaliel das gläubige Wort: „Ist dieser Rat oder dieses Werk aus den Menschen, so wird's untergehen; ist's aber aus Gott, so könnet ihr's nicht dämpfen; auf daß ihr nicht erfunden werdet als die wider Gott streiten wollen."

## BERICHT UND BERICHTIGUNG

*(Äußerung zu einer Antwort von Schmitz auf den vorigen Aufsatz; aus einem Sonderheft des „Juden" über Deutschtum und Judentum, 1926)*

Umsonst habe ich versucht, eine Entgegnung auf den Aufsatz von Oscar A. H. Schmitz „Der jüdisch-christliche Komplex" abzufassen. Ich habe dabei wieder einmal, und besonders eindringlich gemerkt, daß es eine Grenze gibt, jenseits deren für mich die Möglichkeit des Entgegnens aufhört und nur noch die der „tatsächlichen" Berichtigung verbleibt. Ich kann wider einen Gegner kämpfen, der mir durchaus entgegen steht; ich kann nicht wider einen Gegner kämpfen, der auf einer anderen Ebene steht. Es sei erläutert, was ich damit meine.

Schmitz urteilt über die Pharisäer, ohne sie aus anderer Quelle zu kennen als aus dem Mund ihrer Feinde, die eben den Terminus „pharisäisch" in die Welt gesetzt haben. Das ist, wie wenn man über das frühe Christentum einzig auf Grund der neoplatonischen Polemik, oder über die griechische Religion auf Grund der kirchenväterlichen Verdammungen urteilen wollte. Es wäre ja nicht nötig gewesen, sich mit dem Talmud selbst zu befassen. Schmitz hätte bloß das Buch eines christlichen Theologen über den Gegenstand, „The Pharisees" von R. Travers Herford (London 1924), durchzublättern gebraucht, um Stück für Stück auf die Haltlosigkeit seiner Behauptungen hingewiesen zu werden, bis er auf der vorletzten Seite, als Ergebnis einer gründlichen Forschungs- und Erkenntnisarbeit, dieses Urteil über sein, Schmitzens, ja nur allzu verbreitetes Urteil fände: „A greater misreading of history it is scarcely possible to imagine." Und nun nennt Schmitz, der so, sagen wir: selbstsicher verfährt, die Pharisäer „selbstgerecht"! Auf dieser Ebene kann ich nicht Fuß fassen. Und wenn er dann mit der gleichen Selbstsicherheit vom Leben und Sterben Gustav Landauers redet, eines der reinsten, echtesten, edelsten, mutigsten, treusten Menschen dieses Zeitalters; wenn er fragt, was in aller Welt die deutschen Proletarier, mit denen Landauer in großer, opfermächtiger Brüderlichkeit zusammenfühlte und zusammenlebte, ihn angingen, ihn, Landauer, der zeitlebens herzdeutsch und herzproletarisch empfand; wenn er dekretiert, daß der Martertod dieses Märtyrers, der wie Polykarp nicht floh, als ihm die ehrenvolle Flucht freistand, und das Bekenntnis zum Menschentum bis vors Angesicht seiner Mörder bewahrte, nicht mit dem „Heldentod im Feld" (womit anscheinend nicht bloß der Tod der Unzähligen, die nicht wußten, was sie taten, sondern auch der der Unzähligen, die es nicht wollten, gemeint ist) „verwechselt" werden dürfe: dann brennt mir mein eigner Boden unter den Füßen, und die Wangen dazu. Mögen andere, denen Gustav Landauer weniger nah war und ist als mir, mit Schmitz darüber diskutieren, welche Juden erwünscht und welche unerwünscht seien! Ich vermag es nicht.

Also berichtige ich nur noch, was eben berichtigt werden kann und muß:

1. Schmitz schreibt: „Mit Buber Paulus als einen Pharisäer anführen, der den Messias erkannt habe, das ist nicht weniger als ein Bekenntnis zum christlichen Erlebnis." Ich aber habe nicht Paulus angeführt, sondern, was etwas ganz anderes ist, Paulus und *Akiba*. „Wenn Paulus Jesus als den Messias „erkannt" hat, so hat Akiba Bar Kochba als den Messias „erkannt". Und dies von Akiba aussagen hieße also auch „ein Bekenntnis zum christlichen Erlebnis"! In allen Zeitaltern der christlichen Ära hat es Juden gegeben, die zugleich, wie die Pharisäer, in der Überlieferung behaust waren und einen Menschen ihrer Zeit als Messias „erkannten". Hatten sie alle das christliche Erlebnis? Und heißt von ihrem Messianismus berichten, sich zum christlichen Erlebnis bekennen? Das scheint mir denn doch der Widersinn selber zu sein! Das „christliche" Erlebnis sei dieses Immerwiederüberwältigtwerden vom eigenen Messiasglauben mitten in der Geschichtszeit? Doch wohl eher das jüdische, die eine Hälfte des jüdischen: die andere hatten nur die, welche ihr Überwältigtwerden überwältigten – um der wahren Welterlösung willen.

2. Schmitz schreibt: „Buber sagt, das jüdische Gesetz bedeute einen heiligen Verzicht auf das Unmögliche, während seine Erfüllung möglich sei." Das habe ich nicht gesagt. Ich sagte, die Pharisäer seien Menschen eines heiligen Verzichts gewesen. Das ist etwas ganz anderes: das Gesetz bedeutet keinen Verzicht. Das etwa von seinen Geboten, welches Jesus als „das erste" anführt – „Liebe Ihn deinen Gott mit all deinem Herzen, mit all deiner Seele, mit all deiner Macht" – ist unerfüllbar, und das, welches er als „das andere" anführt – „Liebe deinen Genossen dir gleich" – ebenso. Und doch sind beide erfüllbar: im Soviel-ich-vermag jedes wirklichen Menschentags. So erfüllbar auch das unerfüllbarste, das die Tiefe der Unerfüllbarkeit offenbarende: „Werdet heilig, denn heilig bin ich." Erfüllbar sind sie, und doch graut den Menschen immer wieder vor ihrer Unerfüllbarkeit. Jesus ist der Mensch, der, von der Erfahrung des eigenen Erfüllens emporgehoben, das Erfüllen *schlechthin* in seiner Nachfolge verheißt (Matthäus 5,17f.). Paulus

nimmt sein Wort wieder auf (Römerbrief 3,31), aber seine Verzweiflung an der erfahrenen Unerfüllbarkeit übertönt es (7,22ff.) und klingt aus in einem Bekenntnis, in dem die Erfüllung zur Auflösung wird (10,4). Die Pharisäer aber sind die Menschen, die, der Unerfüllbarkeit bewußt, die Erfüllbarkeit im Soviel-ich-vermag jedes wirklichen Menschentags lehren. Das nenne ich einen heiligen Verzicht. Ich habe in meinem ersten Buch (1906) das „Wollen des Unmöglichen" als wesentliche Eigenschaft des Judentums dargelegt und unter den großen Beispielen dafür Jesus und Paulus genannt; später erst zeigte ich als die andere wesentliche Eigenschaft das Streben nach der Verwirklichung auf. In dieser Spannung steht, in ihr geschieht die jüdische Geschichte. Das Wollen des Unmöglichen droht immer wieder mit Zersprengung des Bestands; das „pharisäische" Streben nach der Verwirklichung wirkt immer wieder einfassend, wahrend, erhaltend. Wäre dies Erhaltung eines Volks um seiner selbst willen, so wäre es, wenn auch von einigem geschichtlichen Belang, letztlich eitel und unwichtig; aber es ist die Erhaltung eines Volks um seines Amts willen, eines langen, eines frühen und späten, eines verratenen und bewährten Amts, in dessen noch unfaßbarem Vollzug die Spannung zwischen Unmöglichem und Wirklichem, Unerfüllbarkeit und Erfüllung ihren übergeschichtlichen Ausgleich finden, nicht in geistiger Synthese, sondern in faktischer Vollendung.

## DAS JUDENTUM UND DIE NEUE WELTFRAGE

*(Der Westdeutsche Rundfunk hatte mich 1930 ersucht, in einem Zyklus „Die Religion und das neue Weltbild" über das Judentum zu sprechen. Zwanzig Minuten standen dafür zur Verfügung. Hier ist der Wortlaut meiner Rede.)*

Der notwendige Anspruch jeder Religion geht dahin, die Zeiten zu überwölben und an die Ewigkeit zu rühren. Dennoch halte ich es für gut, daß jede Religion auch dem jeweils gegenwärtigen Zeitalter gegenüber ausweise, was sie gerade ihm, seinen besonderen Nöten und Bedürfnissen, zu bieten vermag. Das geschieht vom Judentum aus naturgemäß ohne missionierende Tendenz, aber mit dem Wunsch, daß anderswo, in anderer Gestalt, das Verwandte erstarke und bestimmend werde. Das Verwandte also in den andern Gemeinschaften wird hier mit angeredet und aufgerufen.

Was das Judentum zum neuen Weltbild zu sagen hat, weiß ich noch nicht, weil ich einem neuen *Bild* der Welt bisher nicht begegnet bin. Aber zu der neuen Welt*frage*, zu ihrer Klärung und wohl auch schon zu ihrer Beantwortung, hat es einen wichtigen Beitrag zu leisten. Die neue Weltfrage nämlich gibt es wirklich, wenn es auch nicht leicht sein mag, sie in einem Fragesatz auszusprechen – es sei denn, man begnüge sich mit diesem ganz einfachen, angstvollen, an dem heute so viele Menschen vergehen: Wie bekomme ich es fertig, jetzt noch und wieder an einen *Sinn* des Lebens zu glauben, der nicht vom Menschen gemacht ist, sondern der den Menschen und die Welt macht und trägt?

Der Beitrag des Judentums zu dieser Frage wird am besten von der Tatsache aus erfaßt, daß da ein Glaube und ein Volk unablösbar miteinander verknüpft sind. Unter Volk verstehe ich hier lediglich eine sich natürlich fortpflanzende und dabei ihre Ganzheit und Geschlossenheit bewahrende Menschengemeinschaft. Von der jüdischen Religion also ist das jüdische Volk, von dem jüdischen Volk die jüdische Religion nicht wegzudenken. Andere Religionen können von Volk auf Volk übergehen, sie können, wenn sie ihre ursprüngliche Leiblichkeit eingebüßt haben, in einer neuen fortbestehen, sie haben die Möglichkeit der Seelenwanderung. Der jüdischen Religion ist diese Möglichkeit nicht gegeben. Eines einzelnen, einzigen Volkes Leben ist ihr Leben und sein Tod wäre ihr Tod. Denn sie ist unter allen Religionen der Erde in einem eigentümlichen Sinn *Geschichts*religion. Sie ist auf Ereignisse gegründet, zu denen ihre Bekenner sich bekennen, indem sie sich zu ihr bekennen, und zwar als in blutsmäßiger Überlieferung damit verbunden. Sie fühlen sich als die *Söhne* derer, die aus Ägypten geführt wurden und am Sinaiberg standen, und damit als *eben dieselben:* die Geschichte wird immer wieder für ein ganzes Volksgeschlecht gelebter Augenblick, und der Glaube, der eben ein Geschichtsglaube ist, haftet am Zusammenhang dieser Geschlechter. Und anderseits – wie viele kleingläubige, schlechtgläubige, ungläubige Juden es auch geben mag – von dem *Volk* ist sein Glaube nicht abzulösen, mit dieser seiner Seele würde ihm auch das Leben genommen. Denn es hat seine Geschichte in so unbedingtem Sinn gefaßt, daß es von diesem Sinn abgeschnitten zugleich die organische Existenz verlöre.

Die dargelegte Tatsache spricht vom Judentum her und in seiner Sprache die Wahrheit aus, daß es sowohl dem Glauben ohne Leben als dem Leben ohne Glauben an *Wirklichkeit* mangelt: ein Glaube, der über dem Leben schwebt, ohne sich in ihm zu verleiblichen, ist kein wirklicher Glaube, und ein Leben, das unter dem Glauben treibt, ohne sich von ihm beseelen zu lassen, kein wirkliches Leben. Diese Wahrheit ist für das Judentum so allesbeherrschend, daß es keine Glaubenslehre dulden kann, die vital gleichgültig, also für die Lebensführung gleichgültig wäre, und keinen Lebensvorgang, der religiös gleichgültig, also für das Verhältnis zum Sinn des Daseins gleichgültig wäre. Zwar scheidet das Gesetz zwischen einem Lebensbereich des Heiligen und einem Lebensbereich des Profanen, ja zwischen Reinem und Unreinem; aber die ganze religiöse Entwicklung des Judentums, das Glaubensringen dreier Jahrtausende zeigt, daß es hier nur um die jeweilige Abgrenzung des bereits für die Heiligung des Lebens eroberten Gebiets geht, gleichsam um die Feststellung des bisher schon der Heiligung Zugänglichen; und der Chassidismus geht in Wahrheit auf die Erfüllung des Gesetzes aus, wenn er verkündigt, alle Dinge, denen ein jüdischer Mensch begegnet, und alle Handlungen, die er zu verrichten hat, wollten durch ihn geheiligt werden. Das Heilige hat eben sein Wirken darin, daß es die ganze Welt, die ganze Weltlichkeit durchheiligen will.

Ein Chassid wird nach dem Tode seines Lehrers gefragt, was für diesen das Wichtigste im Leben gewesen sei. Er antwortet: „Das, womit er sich gerade abgab." In jedem Augenblick hat jeder Mensch einen echten Zugang zum Sinn des Daseins: eben das, womit er sich gerade, im natürlichen Gang seines Lebens, jetzt und hier abgibt. In der Heiligung dieses Jetzt und Hier, also in der leiblichen Einheit von Glauben und Leben, hat er den einzigen echten Zugang zum Sinn. Er wird diese Einheit freilich nur sehr unzulänglich verwirklichen; aber wenn er in der Heiligung die ganze gesammelte Kraft seines Wesens einsetzt, hat er das Seine getan, das Weitere ist nicht mehr seine Sache. Der Mensch kann nur anfangen; aber um dieses Anfangens willen, das ihm niemand abnimmt, ist er da. „Wer sich zu reinigen kommt, dem steht man von oben bei."

Der Verlauf des menschlichen Daseins wird vom Judentum, für das alles Weltgeschehen von der Schöpfung bis zur Erlösung im Zeichen der *Sprache* steht, als ein Zwiegespräch empfunden. Der Mensch wird durch das, was ihm widerfährt, was ihm geschickt wird, durch sein Schicksal *angeredet;* durch sein eigenes Tun und Lassen vermag er auf diese Anrede zu *antworten,* er vermag sein Schicksal zu *verantworten.* Diese Antwort mag stammelnd erfolgen – wenn nur eine unbedingte *Entscheidung* des Menschen in ihr rückhaltlos zum Ausdruck kommt. Die menschliche Person ist in der Auffassung des Judentums, trotz aller Belastung vom Ursprung her bis auf heute, immer noch in der Lage des ersten Menschen; sie steht in der Freiheit, auf die Anrede, die vom schöpferischen Geheimnis aus an sie ergeht, die Lebensantwort zu geben oder sie zu versagen – das anvertraute Stück Welt zu heiligen oder es zu entweihen. Denn was nicht geheiligt wird, wird entweiht.

Dieser *dialogische* Charakter des Lebens verstärkt und vertieft sich noch in der Geschichte des *Volkes*. Das Schicksal, das es zum Volk zusammenfügt, der Akt der Befreiung aus der Knechtschaft, ist zugleich ein Akt der Prüfung, eine Anrede und Befragung. Was ihm abgefordert und zugetraut wird, ist das Höchste, das scheinbar Unmögliche, die Nachahmung Gottes: „Werdet heilig, denn heilig bin ich". Aber dies soll eben nicht durch eine Abkehr von der Welt, durch eine Erhebung über die menschlichen Bedingtheiten geschehen, sondern dadurch, daß gerade diese geheiligt werden. Es gilt, eine Menschengemeinschaft aufzubauen, die sich in der ganzen Breite und Fülle des wirtschaftlichen, gesellschaftlichen, kulturellen Lebens als Gemeinschaft bewährt, die nicht jenseits der natürlichen und sozialen Bindungen, sondern in ihnen die Unmittelbarkeit von Ich zu Du verwirklicht. Die Agrargesetzgebung, die im Mittelpunkt der Thora steht, zielt auf einen periodischen Ausgleich der Besitzesunterschiede ab, der verhüten soll, daß die Gemeinschaftlichkeit von den immer wieder aufkommenden Differenzen überwuchert werde. Die Gemeinschaft ist es, durch deren immer reinere Vollendung der Mensch die Nachahmung Gottes vollziehen soll: die Gemeinschaft als Werk der *Einung*. Die Menschen, die miteinander Gemeinschaft, also lebendige Einheit stiften, verwirklichen das Bild des einigen Gottes im Stoff der im Widerstreit wogenden Welt. Alle Heiligung bedeutet Einung zwischen Wesen und Ding, zwischen Wesen und Wesen; die höchste Stufe der Weltheiligung aber ist die Einung der Menschengemeinschaft im göttlichen Angesicht. Sie erst ist die zureichende Antwort der Schöpfung an den Schöpfer, sie erst die angemessene Leiblichkeit des Geistes.

Von hier aus ist zu verstehen, warum für die jüdische Religion das *Volk* so wesentlich ist. Es geht nicht um das Volk als Selbstzweck, sondern um das Volk als Anbeginn des *Reichs*. Die echte Gemeinschaft, die das Volk aus sich errichten soll, ist schon von den Propheten als der Erstling jener Menschheitsgemeinschaft verkündigt worden, zu der sich einst die Völker zusammenschließen werden: die Einung der Verschiedenen, das bruderhafte Einanderfinden der Gesonderten in der gemeinsamen Sohnschaft soll sich zuerst in diesem Volksleib Israel darstellen. Die „Auserwähltheit" des Judentums ist nicht eine zu Macht und Herrlichkeit, sondern zu diesem langen Weg der Pein und Überwindung, durch immer neue Prüfung, immer neue Anrede und Befragung, immer neues Antwortversagen, Falschantworten, Halbantworten endlich zur echten Antwort zu gelangen, zur Heiligung des zwischenmenschlichen Bereichs, zur Stiftung der beginnenden Gemeinschaft.

Der Beitrag, den das Judentum zu der neuen Weltfrage leistet, besteht in der von ihm nicht nur gelehrten, sondern schicksalhaft dargelebten Erkenntnis, daß man den Sinn weder in einer isolierten Sphäre des Geistes noch in einer isolierten Sphäre des Lebens zu finden vermag, wohl aber in beider Vermählung. Der Sinn, der nicht vom Menschen gemacht wird, sondern der den Menschen und die Welt macht und trägt, kann nicht erdacht und nicht erfühlt werden; und erst recht führt ein Leben, das ohne Verbindlichkeit des Geistes gelebt wird, nicht zu ihm hin. Man wird des Sinns nur inne, indem man den Geist verleibt, das Leben heiligt, den Glauben erfüllt. Das heißt: man findet ihn nicht, wenn man ihn sucht, sondern nur, wenn man ihm *dient*.

Die Bibel berichtet, das Volk Israel hätte auf den Zuruf Gottes am Sinai geantwortet: „Wir tuns, wir hörens.“ Man möchte meinen, erst müsse das Hören kommen und dann das Tun. Aber es ist in Wirklichkeit unser eigenes Tun, aus dem sich uns der Sinn erschließt. Wir vernehmen die Stimme, wir heben an zu tun, was sie gebietet, und in diesem Tun selber vollendet sich die offenbarende Rede. Wir erfahren den Sinn, indem wir ihn tun.

## DAS GESTALTENDE

*Nach einer Ansprache (1912)*

Wer von Ihnen in Florenz gewesen ist, der hat gewiß, wenn es in früheren Jahren war, in einer künstlichen Grotte des Boboligartens, wenn es in der jüngsten Zeit war, in der Akademie jene vier Torsi des Michelangelo gesehen, in denen in denkwürdiger Art die Form in die Materie versenkt ist. Man fühlt, wie die Idee des Meisters den Block nicht zu bewältigen vermochte, aber man fühlt auch, daß dies nicht eine Unzulänglichkeit des Künstlertums ist, sondern daß hier ein fundamentaler Gegensatz, ein unausgeglichener und unausgleichbarer Widerstreit waltet, daß diese Bildwerke Urkunden eines Kampfes sind: des Kampfes zwischen dem gestaltenden und dem gestaltlosen Prinzip, zwischen dem Prinzip, das Form geben, und dem, das sich nicht formen lassen will. Und das ist ein Kampf nicht allein in der Seele dieses großen Künstlers, sondern wir nehmen hier in Stein gehauen etwas wahr, was als ein ewiger Prozeß durch die Geschichte des Geistes geht. Aus dem Gegensatz dieser zwei Prinzipien, des Gestaltenden und des Widerstrebenden, hat sich allezeit wieder und wieder das Leben des Geistes erneut. Mitten durch ihre Kriege führt der Weg des Geistes in der Menschheit.

Ich bitte Sie aber, dies nicht so aufzufassen, als ob, um die Terminologie eines bedeutenden Zeit- und Stammesgenossen, Constantin Brunners, zu gebrauchen, unter dem einen Prinzip die „Geistigen", unter dem anderen das „Volk" zu verstehen wäre. Ich halte diese Terminologie und den dialektischen Radikalismus, der sie geschaffen hat, für einen Irrtum. Ich glaube nicht, daß es solche durch eine größere oder geringere Kluft voneinander gesonderte Menschenklassen gebe, die absolut verschiedene Denkformen oder Denkinhalte hätten. Der Gegensatz, von dem ich spreche, ist denn auch in seinem letzten Grunde für mich kein zwischenmenschlicher, sondern ein Gegensatz in jeder einzelnen Menschenseele, und der große Kampf, der sich in der Geschichte vollzieht, ist nur die Projektion eines sich in der Person vollziehenden in das Leben der Gemeinschaft. In jedem einzelnen Menschen leben und wirken beide Prinzipien: das Gestaltlose und das Gestaltende, die ungeschiedene Materie, die dem schöpferischen Akt unterworfen ist, und der „Archeus", der sie zum geistigen Leben zu bilden strebt und dem das Werk doch nie völlig gelingt. Es ist die Not und Notwendigkeit des Einzelnen, das Erlebnis der Grenze, des Unformbaren, des unbewältigten Seelenblocks zu erfahren; aber es ist seine Möglichkeit und sein Aufschwung, die Macht der Formung zu erleben, die dennoch täglich neues Land zu erobern und die Grenzpfähle weiter zu stecken vermag. Die, in und an denen die bildnerische Kraft sich solchermaßen offenbart, die wahrhaft Gestalteten sind die Gestaltenden in der Menschheit. In denen aber die träge Materie obsiegt, die sind das ewige Heer des Widerstrebens.

Es ist jedoch so in der Gemeinschaft der Menschen, daß das Geformte nicht reine Gestalt bleibt: daß das Gestaltlose immer wieder in dessen Bereich einbricht und die Form zersetzt. Was einst als ein Sieg des Gestaltenden über das Gestaltlose geschaffen worden ist, das Gemeinschaftsgebilde, die Norm und Ordnung, die Institution, alle die Schöpfung des Geistes ist allzeit ausgeliefert dem entstellenden Einfluß des Gestaltlosen und wird darunter starr und taub und sinnlos, und will doch nicht sterben, sondern bleibt in ihrer Erstarrung und Betäubung und Sinnlosigkeit bestehen, denn sie wird von der Macht des widerstrebenden Prinzips am Leben erhalten. Deshalb ist Gestalten Umgestalten, und deshalb ist der formende Kampf ein Prozeß, der stets von neuem beginnt. Der Gestaltende führt seinen Krieg nicht allein gegen das Gestaltlose, sondern auch gegen dessen ungeheuren Bundesgenossen, gegen das Reich der verwesenden Gestalt.

So ist es denn selbstverständlich und doch ein immer neues Ereignis, daß die Gestaltenden im empirischen Verlauf des Lebens besiegt werden. Es kann nicht anders sein, als daß das Gestaltlose, „der große Krumme", über den Geist im Empirischen siegt. Es kann nicht anders sein, als daß das, was geschaffen wird, wie jene Torsi des Michelangelo ist: Zeugnis des Unbewältigten. Aber wie in den Torsi ist die Niederlage des Geistes nur Schein, die Wahrheit ist sein Sieg. Und in Wahrheit sind, die zusammenbrechen, die verketzert und gesteinigt werden, die ewigen Sieger des Geistes über das Chaos – über das doppelte: das nackte und das in verwesende Form gekleidete Chaos. In Wahrheit sind sie es, die das Gesetz des inneren Geschehens in die steinernen Tafeln graben.

Das Judentum ist ein seltsamer, seltsam vorbestimmter Sonderfall dieses ewigen Prozesses. Es ist, als ob diese kleine Gemeinschaft wie ein Beispiel, wie ein Paradigma vor die Menschheit hingestellt wäre: weil in ihr der Vorgang, von dem ich spreche, sich reiner, stärker, deutlicher vollzieht als in irgendeiner anderen Menschengruppe. Es ist, namentlich im letzten Jahrzehnt, oft versucht worden, darzulegen, was das unterscheidende Grundmerkmal, das „Wesen" des Judentums sei. Dieses Wesen wird niemals in einer rein qualitativen Bestimmung gefunden werden können. Was dem Judentum zutiefst zu eigen ist, beruht darauf, daß jene Zweiheit, jene Polarität, die in jeder Menschenseele lebt und die sich, wie ich gezeigt habe, in der Menschheit entfaltet, nirgendwo anders so mächtig und so wirksam besteht wie im Judentum. Im Einzelnen und im Volke; im Volke, weil im Einzelnen. In keinem anderen Menschen ereignen sich so leidenschaftliche, so schicksalvolle und schicksalbestimmende Kämpfe und Entscheidungen wie im Juden. Und in keiner anderen Gemeinschaft gibt es sich wie in der jüdischen kund, daß die Menschen, die sich in sich entschieden, die sich in sich gestaltet haben, die Aufgabe erkennen und auf sich nehmen, das Volk zu gestalten. Denn wie im einzelnen Juden, so ist im Judentum, sichtbarer als sonstwo in der Welt, ein Kampf zwischen dem Gestaltenden und dem Gestaltlosen.

Die Geschichte des Judentums und die Geschichte der großen Juden ist in ihrem Kern nichts anderes als eine Darstellung dieses urmenschlichen, allmenschlichen, hier aber besonders verdichteten und verdeutlichten Prozesses. Ewig wiederholt sich das Los der Gestaltenden, der Sieg in der Niederlage; ewig wiederholt sich ihr Schicksal und ihre Bestimmung. Die zentralen Menschen, die in der Wirklichkeit und in dem Mythos der jüdischen Geschichte stehen, sind Träger und Verkünder dieses einen großen Vorgangs. So baut sich das führende Leben Moses auf dem gewaltigen Rhythmus einer zwiefältigen Bewegung auf: der Versuche des abgesandten Mannes, aus einer trägen Masse gewohnter Knechte ein freies und einiges Volk zu schaffen, und des unablässigen Anstemmens und Anrennens dieser Masse gegen die formende Idee. Das Wort, das Datan und Abiram dem Mose als Botschaft zuschicken, als er sie vor sich fordert – Lo naale! Wir wollen nicht hinaufgehn! – ist das Urwort dieses Schicksals und dieser Tat. Denn mitten in all diesen Niederlagen, mitten in seinem Leiden und Erliegen siegt Mose seine großen Siege, und sein Tod, der ein Sinnbild all seines Nichtvollbringens ist, der Tod im Angesicht des Landes, ist zugleich ein Sinnbild dieses Sieges in der Niederlage, des äußeren Zusammenbrechens, des inneren Überwältigens. Und von der gleichen Art ist Los und Werk der Propheten. Unter diesen Männern, die aufstanden, um die von seinen unbewältigten Trieben auseinandergezerrte, der Gestaltung widerstrebende Judenheit zur Einheit im Dienst des Geistes zu erziehen und zusammenzuzwingen, hat nur einer eine Lebensgeschichte, alle anderen haben ihre Worte allein hinterlassen. Ein einziger, Jeremia, erzählt sein Leben, und dieses Leben spricht noch stärker vielleicht als das Mose die Wahrheit aus, daß der Kampf um die Gestalt nirgends so groß und so tragisch war wie im Judentum. Lesen Sie diese Lebensgeschichte, lesen Sie, wie der Mann Jeremia gegen die Machthaber und gegen das Volk streitet, weil beide, Machthaber und Volk, seiner Forderung widerstreben, lesen Sie, wie er geschlagen, in den Stock gelegt, in die Grube geworfen wird – „in die Grube, da nicht Wasser, sondern Schlamm war, und Jeremia sank in den Schlamm" (Jer 38,6) – lesen Sie, wie die Leute von Anathoth, seinem Geburtsort, zu ihm kommen und ihm sagen (11,21): „Künde nicht im Namen des Herrn, willst du nicht von unsrer Hand sterben!" Und noch ein drittes Beispiel will ich anführen, das Beispiel nicht einer Lebensgeschichte, sondern eines Mythos; aber wenn die Lebensgeschichte die Wirklichkeit eines Einzelnen ist, so ist der Mythos die Wirklichkeit eines Volkes, denn in ihm wird die innerliche Struktur des Volkswesens, das Geheimnis der Seele und der Bestimmung eines Volkes wirklich und offenbar, und so ist er, von der großen Historie aus gesehen, realer als irgend etwas, was man historisch nennt. Solch einen Mythos, in dem das Vergangene zusammenschoß und das Künftige keimte, hat das jüdische Volk für das Ohr Gottes und das der Menschen gedichtet im 52. und 53. jesaianischen Kapitel, in dem Kapitel vom Knechte des Herrn, der nicht mehr durch äußeres Tun, sondern durch die unsichtbare und wirkende Gewalt seines Lebens, dadurch, daß „seine Seele arbeitet", das Gestaltlose, das Reich der „Sünde", zum Reiche Gottes gestaltet; er wird geschlagen und gemartert, er wird „von dem Lande des Lebendigen abgeschnitten", aber er siegt in der Wahrheit, denn „die Sache des Herrn gerät durch seine Hand".

Alle die Menschen der jüdischen Geschichte und des jüdischen Mythos, von denen ich spreche, wollen gestalten, und sie wollen vor allem *ihr Volk* gestalten. Denn sie alle, die die Urkraft des Volkes entsendete, daß sie ihre Hand und ihr Mund werden, suchten ihre Aufgabe in keiner Ferne des Allgemeinen, sondern da, wo sie ihnen unmittelbar gegeben war, ihnen gegeben war durch das unabweisbar eindringliche Phänomen der Entzweiung im Juden und im Judentum und durch die Größe des dem Juden eingeborenen Strebens nach Einheit, welches das Streben nach Gestalt ist. Sie wollen ihr Volk gestalten, und eben dadurch gestalten sie die Menschheit. Denn der Jude ist ja nicht ein Wesen besonderer Art, und das, was ich von ihm gesagt habe, ist nicht eine besondere qualitative Bestimmung, sondern es ist so, daß dieser urmenschliche und allmenschliche Vorgang, daß das Geheimnis und Urgeschick der Dualität hier, im Judentum, stärker, reiner, fordernder als in irgendeiner anderen Gemeinschaft hervortritt, daß die Aufgabe der Überwindung hier die größte ist – daß aber eben deshalb durch ihre Erfüllung Vorbildliches, Lenkendes für die Menschheit geschieht. So ist denn auch im jüdischen Messianismus, im Glauben an das kommende Reifen der Welt zu göttlicher Gestalt, beides eins geworden: das vom Geiste gestaltete Volk und die vom Geiste gestaltete Menschheit sind eins, die Sache des Judentums und die Sache des Menschentums sind eins. Es ist die Sache der Gestaltung; es ist die Sache des Geistes, der sich der Wirklichkeit der Menschengemeinschaft aufprägen will; es ist die Sache des Herrn, der sein Bild im Erdenkloß ausformte.

Ich habe von den Menschen der jüdischen Vorzeit gesprochen; der Zeit, in der aus der Gewalt des Gegensatzes, aus dem Kampf der beiden Prinzipien die Fruchtbarkeit, die Schöpfung des Volkes gedieh und das Volk in den Gewittern der Niederlagen und Siege seine Fesselung und seine Lösung erlebte. Aber es ist nicht so geblieben. Und wenn wir zwischen einer Epoche der jüdischen Antike und einer Epoche nicht des jüdischen Mittelalters – der Begriff wäre unrechtmäßig –, wohl aber der spezifisch jüdischen Epoche einer „Galuth" zu scheiden berechtigt sind, so sind wir es vor allem deshalb, weil die Galuth dem Judentum eine tiefe soziale Erkrankung gebracht hat. Denn jener Gegensatz und Widerstreit des Gestaltenden und des Gestaltlosen, das war, so furchtbar sie sich auch zuzeiten darstellen mochte, die *Gesundheit* des Judentums. Seine Krankheit in der Galuth, das ist die Ohnmacht und die Entfremdung der Gestaltenden. Es geschah, daß jener ewige Prozeß im Judentum nicht mehr zum Austrag kommen konnte, weil mit einer unerhörten Kraft sich ereignete, wovon ich vorher gesprochen habe: daß das Gestaltlose in den Bereich des Geformten einbrach und die Form zersetzte, das Gemeinschaftsgebilde seinem entstellenden Einfluß ausgeliefert und darunter starr und taub und sinnlos wurde, und das Reich des gestaltenden Geistes verdrängt wurde von dem Reich der verwesenden Gestalt. So blieb die ewige Aufgabe im Judentum jahrhunderte-, jahrtausendelang ertötet. Wohl gab es noch die Art von Menschen im Judentum, die ich die Gestaltenden genannt habe, aber sie waren verurteilt, entweder zu einem unterirdischen oder zu einem außerjüdischen Leben. Die einen verzehrten sich in krampfhaften und verflackernden Versuchen, ihre natürliche Funktion im Volke wiederzuerlangen, ohnmächtigen Fortsetzungen jener großen Kämpfe der Vorzeit; die anderen wurden dem Judentum entfremdet und entsagten ihm, um Raum für ihr Werk zu gewinnen. All diese Ohnmacht und Entfremdung der Gestaltenden aber deutet darauf hin, was das Gepräge der Galuth ist: *das Gestaltlose wird Herr in Israel.* Und das Schicksal des Judentums kann sich nicht wenden, ehe der Widerstreit in seiner alten Reinheit aufersteht, ehe von neuem der fruchtbare Kampf zwischen dem Gestaltenden und dem Gestaltlosen beginnt. Was uns in der Zeit der Erniedrigung und des Widersinns, in der wir leben, mit Kraft und Zuversicht ausstattet, ist die Ahnung, daß sie doch zugleich auch der Beginn einer dritten Epoche ist, in der die Gestaltenden wiederkehren.

# IM ANFANG
(1924)

Die ersten Worte der Schrift „Im Anfang schuf Gott" haben unsere Weisen so gedeutet: „Um des Anfangs willen – um der Thora willen, die Anfang genannt ist, um Israels willen, das Anfang genannt ist." Eins der weisesten chassidischen Bücher, der „Raw Jewi", aber führt die Deutung aus: „Gott verlangt vom Menschen nur das Anfangen: daß er anfange, das Rechte zu tun, und Gott wird ihm helfen, es zu vollenden, denn ohne Hilfe von Gott kann man ja nichts zu Ende führen. Wenn aber Gott ihm hilft, womit dient er Gott? er hat ja selber nichts getan! Damit verhält es sich so: Das Wesen des Dienstes ist eben das Anfangen, da gehört die Tat dem Menschen; dann aber ist sie nicht mehr sein, denn vom Himmel wird ihm beigestanden. Das ist der Sinn des Wortes ‚Im Anfang': um des Anfangens in allem Rechttun willen hat Gott die Welt erschaffen."

Wie tief werden wir durch diese Lehre belehrt! Es gibt also etwas, was uns in Wahrheit zugewiesen ist, was wir und nur wir selber zu tun vermögen, was niemand, auch Gott nicht, uns abnimmt. Dieses eine zu tun und immer wieder zu tun sind wir da, das ist mit uns gemeint, das ist unser und aller Schöpfung Sinn. Es kommt also nicht darauf an, ein „Ideal" zu verkünden und seine Erfüllung zu fordern, zu verfechten und abzuwarten, sondern darauf, an jedem Morgen mit der Verwirklichung des Rechten neu zu beginnen, ohne zu wissen, wie weit man heute kommt, wissend, daß es am nächsten Tag erneuten Anfang gilt – und daß in diesem All-Tag verborgen unser Vollenden und unsere Vollendung ruht.

Wird Zion Gottes Werk oder der Menschen Werk sein? Es kann nur Gottes Werk sein; und es kann sein Werk nur sein, wenn es der Menschen Werk ist.

# IV. WIEDERGEBURT

# REGENERATION EINES VOLKSTUMS
(1943)

## 1. Was heißt „Regeneration"?

Die Wandlung, die sich an dem Kern der in Palästina angesiedelten jüdischen Gemeinschaft vollzogen hat, darf man als Regeneration bezeichnen.

Was ist unter Regeneration zu verstehen?

Es sind zwei verschiedene Bilder, die beim Nennen dieses Begriffs in unserer Vorstellung auftauchen können. Das eine entstammt der psychologischen, das andere der biologischen Sphäre.

Wir sagen von einem Menschen, der, insbesondere unter religiösem Einfluß, einen für seine Lebenshaltung entscheidenden Prozeß seelischer Erneuerung erlebt hat, er habe eine Regeneration erfahren. Damit wollen wir, im Anschluß an jüdische und christliche heilige Texte, zum Ausdruck bringen, daß er, nachdem sein Leben einen andern als den rechten Lauf genommen hat, nun Dank einem völligen inneren Umschwung gleichsam von neuem beginnen darf, daß er gleichsam zum zweiten Mal zur Welt gekommen ist; er fühlt sich neu geboren, neu erzeugt, regeneratus. Was hier geschehen ist, hat sich auf dem Gebiet der Menschenseele begeben. Gewiß, es braucht keineswegs im Bereich der Seele zu verbleiben, ja, es wäre gar nicht das, was dieser Mensch fühlt, wenn es sich nicht auch in dem ganzen Umkreis seines äußeren Lebens auswirkte; aber der Vorgang selber, den wir hier Regeneration nennen, ist ein Vorgang der Seele.

Dagegen ist das andre Bild, an das wir denken können, wenn wir von „Regeneration" sprechen hören, dem Bezirke der Änderungen entnommen, die an organischer Substanz zu beobachten sind. Wir reden da von Regeneration, wo zerfallenes Zellengewebe durch gesundes ersetzt wird, unbrauchbar gewordene Strukturen sich von innen her verjüngen, ja an Stelle zerstörter Glieder neue wachsen und ihre Funktionen restlos erfüllen. Der grundlegende Vorgang vollzieht sich hier nicht wie dort im Bewußtsein, sondern an der belebten Materie selber. Wenn dort an eine Wirkung des Geistes gedacht wird, pflegen wir hier zu sagen, es sei die Natur, die den Körper neuschafft. Ein lebendiges Wesen ging, wenn nicht schon als Ganzes, so doch in wesentlichen Teilen der Vernichtung entgegen; da geschieht eine Regeneration, und das Verlorene hat sich neu entfaltet. Regeneration ist hier gleichsam die Gegenbewegung zur Degeneration.

Wenn, um einen bedeutsamen Abschnitt in der Geschichte eines Volkes oder Volksteils zu kennzeichnen, der Begriff der Regeneration verwendet wird, ist es zumeist das erste dieser beiden Bilder, das in unserer Vorstellung überwiegt. Die Absicht ist, deutlich zu machen, daß sich in der Seele dieses Volkes oder Volksteils etwas Wesentliches geändert hat. Sein, etwa in der Folge bestimmter geschichtlicher Ereignisse oder Entwicklungen, gesunkenes Selbstbewußtsein hat sich wieder erhoben; das Volk glaubt, wie wir zu sagen pflegen, wieder an sich selber; es verzweifelt nicht mehr an seiner Zukunft, es „traut sich wieder etwas zu", es wagt seinen Weg gleichsam neu zu beginnen. Und dieses wiedergeborene Vertrauen zum Schicksal steigert nun auch die Kräfte der Nation, es befeuert sie zu Taten der Befreiung und des Sieges, es befähigt sie zu Werken gesellschaftlicher und kultureller Konsolidation.

Es gibt aber andere, seltene Erscheinungen einer nationalen Regeneration, für deren Erfassung dieses Bild nicht zureicht. Sie erwecken in uns den Eindruck, daß sich nicht bloß in Bewußtsein, Willen und Haltung des gewandelten Volkes oder Volksteils eine entscheidende Änderung vollzogen hat, vielmehr ist seine Substanz selber anders geworden, als sie vor dem Beginn des regenerativen Prozesses gewesen war. Es sind dies Fälle, in denen die Degeneration, der Abfall von dem „genus", von der ursprünglichen Art des Volkes, tief in den Bestand des nationalen Organismus eingedrungen war, ja das Mark des Volksleibes ergriffen hatte. Um ihrer zersetzenden Tätigkeit zu steuern, genügt es nicht, die Seele heilsam zu beeinflussen. Die erneuerungsfähigsten Teile des Volkes müssen in wesensverschiedene Lebensbedingungen gebracht werden, die so beschaffen sind, daß sie auf die organische Substanz der Siedlerschaft eine regenerierende Wirkung ausüben können; das heißt aber, daß sie dem genus, der ursprünglichen Art des Volkes, entsprechen müssen. Die Voraussetzungen sind am günstigsten, wenn die veränderten Lebensbedingungen eben die sind, welche einst jene Art hervorgebracht oder großgezogen haben. Sind die Voraussetzungen erfüllt, dann kann es geschehen, daß sich vor unseren Augen die totale Regeneration einer Gemeinschaft zu vollziehen beginnt – eine Regeneration, in der nicht bloß Volksbewußtsein und Volkswille zu neuer Lebenskraft gelangen, sondern auch die objektive Existenz des Volkes sich im Wachstum neuen Zellengewebes, neuer Strukturen, neuer Glieder verjüngt: wir werden Zeugen eines seltenen und tröstlichen Phänomens der Menschengeschichte. Dieser Art ist die Wandlung, die sich an dem Kern der in Palästina angesiedelten jüdischen Gemeinschaft vollzogen und damit an dem jüdischen Volke zu vollziehen begonnen hat, wofern dem Werk die zureichende Entfaltung beschieden ist.

## 2. Das Prinzip der Auslese

Daß es sich so verhält, wird mancher nicht wahr haben wollen, der Palästina als eilfertiger Tourist besichtigt oder das jüdische Volk im Lande Abrahams nicht anders als durch Urlaubereinkäufe in Tel-Awiwer Läden kennenlernte. Er wird behaupten, die Menschen aus Israel, mit denen er hier zu tun bekam, hätten sich durchaus unregeneriert ausgenommen. Und er wird vielleicht gar nicht so unrecht haben. Mit Bedacht habe ich betont, daß ich vom „Kern" rede. Nur wer bis zur unmittelbaren Berührung mit ihm vordringt, wird die Tatsache der Regeneration in jenem umfassenden Sinn zu bezeugen bereit sein. Was ist das denn aber für ein Kern, wo findet er sich und welches ist das Verhältnis zwischen ihm und all dem andern, was nicht Kern ist? Wie ist er entstanden und was ist von ihm zu erwarten?

Die Antwort auf diese Fragen und überhaupt den Zugang zum Verständnis des uns beschäftigenden Phänomens einer Regeneration können wir nur durch Einsicht in das eigentümliche Prinzip der *Auslese* gewinnen, das hier gewaltet hat und waltet, und zugleich in seine eigentümliche Problematik, in die Sphäre der Widerstände und Hindernisse, die seiner Wirksamkeit entgegengetreten sind.

Die Erkenntnis, daß etwas so Großes und Beispielloses wie die Regeneration eines schwer erkrankten Volkstums durch produktive Wiederansiedlung in seiner Urheimat nur dann wahrhaft gelingen kann, wenn der Bau der Grundlagen wesentlich von einem Prinzip der Auslese beeinflußt ist, wurde in aller Klarheit zuerst von dem so vielfach mißdeuteten Achad-Haam ausgesprochen. Zum Unterschied von allen anderen Einwanderungsländern – schreibt er 1891 in dem ersten seiner palästinensischen Reiseberichte, einem Meisterwerk realistischen Denkens – bedeute in Palästina jeder einzelne Einwanderer „einen einzelnen Stein, einen kleinen oder großen, an den Fundamenten eines vollständigen Baus, der für den Bestand des Gesamtvolks, dessen Heil und dessen Ehre in der Folge der Tage bestimmend ist, und von der Beschaffenheit und Gestalt dieses Fundaments hängt die ganze Zukunft des Baus ab". Es müsse daher die Gesamtheit mit aller Kraft darauf bedacht sein, „daß die Einwanderer, insbesondere die ersten, *fundamentlegend* seien, nicht ein Gemisch von armen und reichtumssüchtigen Vertriebenen, die dem Ganzen nicht frommen werden, sondern gesunde, gute und redliche Männer, die die Arbeit lieben und in Frieden und rechten Ordnungen leben". Denn von ihnen allein sei zu erhoffen, daß sie, „wenn sie in Palästina eine Antwort auf die Ernährungsfrage suchen, in Schweigen und Geduld alle Mühsal und Beschwer ertragen und ungeachtet aller Hindernisse mutig auf dem Weg fortschreiten, den sie sich einmal erwählt haben, bis sie auf ihre Frage eine würdige Antwort *in einer rechtschaffenen und nützlichen Arbeit* im Schweiße ihres Angesichts gefunden haben, die sie dem ganzen Volk zum Vorbild macht". Dagegen sei bei Einwanderern, die sich auf den in der Diaspora gewohnten Wegen bereichern wollen, die Gefahr nah, daß sie, wenn ihre großen Hoffnungen versagen, „sich auf jeden ihnen zugänglichen ‚Erwerb' stürzen, sei es auch ein unsauberer, wenn er nur ihrem Wunsch gemäß leicht ist", dies aber führe nur zu „innerer Zerstörung".

Diese Worte Achad-Haams – aus denen sich übrigens unzweideutig ergibt, daß es ihm nicht um eine neue „Geistigkeit", sondern um ein regeneriertes Volksleben, und nicht um eine Elite von Intellektuellen um kultureller Leistungen willen, sondern um eine Auslese opferwilliger Menschen der Arbeit um der Grundlegung eines Volkslebens willen ging – enthalten bereits in nuce die spätere „chaluzische" Gesinnung der „eigenen Arbeit" als des Wegs zur Regeneration. Sie sind aber sogar von Achad-Haams engeren Anhängern kaum in ihrer vollen Tragweite erfaßt worden. Sie haben weder damals noch in der Frühzeit der zionistischen Organisation das Programm der kolonisatorischen Tätigkeit beeinflußt; der Gedanke der Auslese ist lange Zeit weder systematisch noch praktisch ausgebaut worden. Numerischer Zuwachs wurde mit Vermehrung der Kraft und des Werks verwechselt. Aber das *Prinzip* der Auslese hat sich dennoch jenseits von Gedankensystemen und Aktionsprogrammen, nicht als bewußtes, aber als wirkendes Prinzip Raum geschaffen, ja es hat schon die frühe Siedlungsarbeit in hohem Maße durchsetzt. Man kann es in diesem Entwicklungsstadium, das etwa bis zum Ende des vorigen Weltkriegs reicht, als eine Auslese durch Gesinnung bezeichnen; ermöglicht wurde sie durch den Tiefstand der privaten Erwerbschancen. Solchermaßen hat es, wie Artur Ruppin alsbald nach dem Krieg in dem Aufsatz „Die Auslese des Menschenmaterials" (veröffentlicht Ende 1918 in der von mir herausgegebenen Zeitschrift

„Der Jude") formuliert hat, „automatisch" gewirkt, indem es „die schlechten Elemente ausstieß".

In diesem grundwichtigen Aufsatz hat Ruppin darauf hingewiesen, daß von der richtigen Lösung des Auslese-Problems „die ganze Struktur des zukünftigen jüdischen Gemeinwesens in Palästina abhängt", daß die Würdigung dieser Tatsache aber bis dahin durch den „Kultus der Zahl" verhindert wurde, „der alle Bedenken wegen der körperlichen, beruflichen und moralischen Beschaffenheit der Einwanderer hinwegschwemmte". Daß es trotzdem nicht zu schweren Schäden gekommen ist, sei unter anderem eben jener „automatischen" Wirkung des Ausleseprinzips zu verdanken: „Diejenigen Elemente, die raschen Gelderwerb zum Ziele hatten, kamen entweder gar nicht nach Palästina oder verließen das Land wieder nach kurzem Aufenthalt." Es blieben in der Regel diejenigen, die eine aktive Gesinnung in dieses Land geführt hatte, und somit jene, in denen Achad-Haam mit Recht „die Fundamentlegenden" sah.

Die aktive Gesinnung, von der hier die Rede ist, darf man mit einem aus der Frühzeit der modernen Palästinabewegung bekannten Begriff als „Zionsliebe" bezeichnen. Zion ist hier selbstverständlich kein bloßer Ortsname; es hat den vollen Klang und Gehalt des Symbols – es steht für die regenerierte Einheit von Volk und Land. Den von der Liebe zu Zion, von der vitalen Zionsgesinnung Geleiteten wird ihr Streben nach einer persönlichen Erlösung aus der „Galuth", aus der Verbannung in eine Welt des Widersinns, identisch mit dem Streben nach der Regeneration Israels. Sie geben sich ganz her, um die Ganzheit für ihr verstümmeltes, zerstückeltes Volk, die Ganzheit für ihr zerrissenes, zerspaltenes Selbst im Volk zu erringen. Je mehr im Organismus der neuen jüdischen Gemeinschaft in Palästina dieses Element der mächtigen Hingabe überwiegt, um so echter, stärker und substantieller wirkt in ihr die Kraft der Regeneration.

In dem zweiten Entwicklungsstadium, das bald nach dem Ende des vorigen Kriegs beginnt, verändert sich die Lage. Durch das wachsende Interesse der angelsächsischen Welt an Vorderasien und die Sicherung der Rechtsverhältnisse vollzieht sich die eigentliche Angliederung Palästinas an die kapitalistische Wirtschaft. Das Land wird dem Rhythmus von Flut und Ebbe der Konjunkturen unterworfen. Die Zeiten der steigenden Prosperität ziehen investierungslustiges Kapital, noch mehr aber spekulationslustige Gemüter ins Land. Der seelischen Attraktionskraft Palästinas stellt sich die ökonomische zur Seite, und das heißt: entgegen. Daß diese Entwicklung keine schweren negativen Folgen gezeitigt hat, daß trotz ihrer in diesem Stadium das Gewicht des regenerierten und regenerativen Elements im wesentlichen ungeschmälert geblieben ist, das ist vornehmlich dem Umstand zu verdanken, daß das bewußte, das *planende* Ausleseprinzip in die kolonisatorische Nachkriegsarbeit eingebaut worden ist. Die chaluzische Bewegung wächst erst jetzt ins Große, sie gewinnt ihre selbständige Gestalt, und mit den starken Ordnungen ihrer Bereitungsarbeit in der Diaspora, harter, zäher, heldischer Arbeit, konstituiert sie die positive Auslese, die Auslese durch Hingabe. Ruppin und die seiner Anschauung Nahestehenden gewinnen führenden Anteil an der kolonisatorischen Tätigkeit und damit die Möglichkeit, die Grundsätze durchzuführen, die er schon in jenem Aufsatz als für die Zeit nach dem Krieg unumgänglich notwendig dargelegt hatte, und, wie er es dort ankündigte, die Politik des ‚laisseir aller' durch eine zielbewußte Einwanderungspolitik zu ersetzen. Das Zurückgehen der „automatischen" Auslese wird durch die planende ausgeglichen.

Aber die Sturzwelle der Judennot, die schon vor dem Beginn des nationalsozialistischen Regimes einsetzt, überschwemmt alle Planung. Neben denen, für die die Ereignisse nur der Anlaß sind, die längst beabsichtigte Umstellung ihres Lebens nunmehr durchzuführen, pochen an die Tore Palästinas Unzählige, denen Zion nie Sinnbild und Ziel bedeutet hat, sie drängen sich hierher, weil sie anderswo nicht Eingang finden. Neben einer Jugend, die sich dem chaluzischen Ideal geweiht und in Farmen und Werkstätten Europas die „Hachschara", die spezifische Vorbereitung und Ausbildung für die chaluzische Arbeit empfangen hatte, stürmen Scharen junger Menschen herüber, die bisher den besonderen Aufgaben palästinensisch-jüdischen Lebens innerlich und äußerlich fremd geblieben waren, ungeschult, ungerüstet, unwissend, oft genug unfühlend. Sie sind fremd, aber sie sind Juden; sie sind fremd, aber sie leiden. Wie könnte man der Woge jüdischen Leidens den Damm eines Prinzips entgegenstellen, wie zwischen Tauglichen und Untauglichen, Erwünschten und Unerwünschten scheiden! So wird die Auslese überrannt. Die festen Burgen der Regeneration sind von einem lockeren, zwar formlosen, aber großenteils fast unbildsamen oder doch nur sehr schwer zu formenden Element umflutet. Man versucht heran und herein zu ziehen, was irgend man glaubt einbewältigen, sich angleichen zu können. Aber sehr vieles widerstrebt der regenerativen Einwirkung. In den Städten drängt sich zwischen die gemeinschaftbauenden Volksteile eigensüchtiges, gemeinschaftswidriges Unvolk ein. Den „Kern" umgibt nun eine Schale, die zu einem Teil nicht mehr *seine* Schale ist. Die Problematik der inneren Schichtung wächst. An bestimmten Punkten kann sie bis zu einer neuen Pathologie anwachsen. Die Früchte der regenerativen Bewegung werden fragwürdig, wenn es nicht gelingt, dem festen Kern wieder die autoritative Stellung und die souveräne Wirksamkeit im Verhältnis zu der schwanken Peripherie wiederzugewinnen. Für jeden, der an „Zion“ glaubt, ist es eine Lebensfrage, ob dies gelingt.

### 3. Die innere Schichtenordnung

Es ist offenbar, daß man das, was ich im regenerativen Sinne den Kern nenne, mit keinerlei Gruppen identifizieren darf, weder mit einer gesinnungsmäßigen noch mit einer beruflichen oder dergleichen mehr. Selbstverständlich kann man ein leidenschaftlicher Zionist oder auch zionistischer Sozialist sein, ohne damit etwas von jener entscheidenden Wandlung der Seele und der Beziehung zur Welt, der Lebensweise und Lebensgestalt erfahren zu haben, in der sich die wahre Teilnahme an der Regeneration darstellt. Bekenntnis ist etwas sehr Wichtiges, aber die regenerative Wandlung ist nicht eine Sache des Bekennens, sondern eine Sache des Seins eines Menschen. Das eigentümliche, dem historischen Urteil noch kaum zugängliche Phänomen der Erneuerung ist auf keinen Gesinnungsbezirk beschränkt. Es handelt sich um einen neuen Menschentypus, einen wesensgesünderen, unbefangeneren, gelasseneren, eben „regenerativen“ Typus, den das Leben des „Kerns“ geprägt hat. Und woran erkennt man diesen Typus? An mancherlei. Daran, daß der Kopf leicht und frei sich aus dem Nakken hebt, weder gebeugt noch zurückgeworfen; daß die Augen mit ruhiger Klarheit, ohne Anstrengung und Geblinzel, die Weltfülle fassen und halten; daß die Arme nicht schlenkern und die Hände nicht zappeln, sondern die Rast so zulänglich leisten wie die Mühe; daß die Füße weder schlurren noch jagen, sondern mit gutem elastischem Gleichmaß über die Erde gehen; daß der Atem aus der Tiefe des Leibes kommt und sich austrägt, so daß das Ein und Aus des Lebensrhythmus mit Funktion und Pause sich wie von selbst regelt; daß, wenn nicht die Situation ein anderes fordert, das ganze Muskelsystem sich entspannt; daß die Laute rein und kräftig aus der Kehle steigen, ohne von der Unruhe der Nerven versehrt zu werden. Gewiß sind diese Züge selten in einer Person vereinigt, wir müssen uns im allgemeinen mit einzelnen von ihnen begnügen, und doch, welch eine Wandlung, wenn ich etwa an den gehetzten Händler des polnischen Städtchens denke. Da ist ein Mensch aus der Dumpfheit des Ghettos in die freie Luft der Natur getreten, um von ihren Gnaden zu leben. Aber das Wesentlichste ist etwas anderes. Es ist der Lebenszusammenhang, in den sich all dies einfügt und von dem es seinen eigentlichen Sinn und Wert empfängt. Es ist die Atmosphäre einer *selbstverständlichen* Menschlichkeit, die diesen Typus umgibt. Menschlichkeit ist hier kein Programm, kein Moralgebot; sie ist natürlich wie Luft und Licht. Man ist menschlich, wie man lebendig ist. Gewiß, auch schon dort, im Städtchen, hat eine echte Menschlichkeit gewaltet; aber dort hat man es gewollt und gewußt; hier *lebt* man es nur noch, mit der franken Selbstverständlichkeit dessen, dem die Regeneration ins Blut eingegangen ist.

Auf das Gemeinschaftsleben hin betrachtet, ist zweifellos am meisten von der Art des „Kerns" auf dem Land vorhanden; hier ist er recht eigentlich in seiner Gemeinschaftsform zu finden, und zwar in den verschiedensten Siedlungsgruppen, sowohl den mehr „individualistisch" aufgebauten, als den mehr „kollektivistischen". Unter oft sehr schweren gemeinsamen Lebensbedingungen bildet sich doch zwischen den Arbeits- und Schicksalsgenossen ein seelischer Überschuß heraus, eine Zugewandtheit zu einander und eine Bereitschaft für einander, die zur Grundlegung echter Gemeinschaftlichkeit nicht weniger wichtig sind als Grundsätze und Institutionen. Es ist nicht bloß dies, daß jenes umfassende Solidaritätsgefühl, das schon alle Geschlechter des Diaspora-Judentums getragen und dessen edelste Blüte, die alte Gemeinde, gezeitigt hat, nun in dem Zusammenhangsgefühl der in einer Siedlungsgruppe Vereinigten, in dem Eintreten aller für den gemeinsamen Bestand, eine neue, verjüngte Gestalt gewonnen hat: dazu kommt, daß die Zusammenlebenden sich auch als Personen miteinander verknüpft empfinden. Man ist nicht bloß jederzeit willig, dem hilfsbedürftigen Gefährten zu helfen: man vergegenwärtigt sich ihn in seinem eigenen Wesen und Dasein und gibt ihm etwas her, dessen zu bedürfen der andre auch wohl sich selber nicht eingestehen mag, etwas von der stillen Wärme des brüderlichen Herzens. Die gemeinsame Verbundenheit mit der Mitte, das ist mit dem Heil und der Zukunft der Siedlung und mit dem Größeren, das sich darin darstellt, verbindet die Genossen miteinander. Auch wenn, wie es in Gruppen mit stark angewachsener Mitgliederzahl unvermeidlich ist, alle nicht mehr alle persönlich zu kennen imstande sind, so ist doch auch hier der Sinn des Zusammenlebens derselbe, daß nämlich jeder für jeden aufgeschlossen, jeder jedem unmittelbar zugänglich ist. Gemeinschaft zwischen den Verbundenen kann nicht eine dauernde Wirklichkeit sein; aber es kommt darauf an, daß sie stets möglich bleibe, unbehindert durch die Vorurteile und Vorbehalte, die überall auf Erden Stunde um Stunde unübersteigliche Mauern zwischen einem Menschen und seinem Bruder errichten.

Ich sage keineswegs, daß dieser Sinn des Zusammenlebens in den Gruppen erfüllt sei; vermutlich ist er es in keiner. Aber angelegt und mehr oder weniger entfaltet ist er wohl in jeder. Und was das Wichtigste ist: dieser Sinn ist überall in den Menschen lebendig, die ich den Kern nenne. Er ist mit ihrem eigenen Lebenssinn identisch. Sie leben ihn, und er strahlt von ihrem Leben aus. In jeder Siedlungsgruppe ist um den Kern eine Schicht von anderen gelegt, vielmehr eine Reihe von Schichten: eine Schicht von nur teilweise Ergriffenen, eine Schicht von nur ideell, nicht vital Ergriffenen, eine Schicht von Indifferenten. Sie sind in verschiedenen Graden der Einwirkung durch den Kern ausgesetzt. Diese Einwirkung geschieht selbstverständlich nicht absichtlich und bewußt, sondern auf dem Weg der schlichten Existenz. Die Elite, die hier der Kern genannt wird, ist eine erzieherische Elite. Innerhalb der vielfältigen Erziehungsinteressen des jüdischen Palästina ist dies das am wenigsten beredete, aber das beachtenswerteste. Der Kern wächst stetig durch seine vorbildhafte Wirkung. Er wirkt unmittelbar in verschiedenen Graden auf die unvollständig Ergriffenen unter den Gefährten, auf den Nachwuchs, auf die vielen Gruppen angegliederte „Ali-jath ha-noar" (die im letzten der drei Entwicklungsstadien, besonders aus Mitteleuropa im organisativen Zusammenhang eingewanderte Jugend). Er wirkt mittelbar, durch die verschiedenen Jugendbewegungen, auf einen qualitativ bedeutenden, aber auch an Zahl zunehmenden Teil der städtischen Jugend, die aufs Land strebt.

In einem seiner letzten Briefe (1921) schreibt der Künder des palästinensischen Pioniertums, A. D. Gordon: „Nicht bloß daß ich für die Kwuza (die Siedlungsgenossenschaft) keine Auserlesenen fordere, vielmehr möchte ich im Gegenteil, daß in die Kwuza alle Arten Leute von der Gasse kommen und dort zu rechtschaffenen wichtigen Menschen werden." Aber die erzieherische Wirkung der Gruppe als solcher genügt nicht, wesentlicher noch ist die der „Auserlesenen", die man freilich nicht aufrufen kann und darf, die aber, wenn sie da sind, durch ihr Dasein „allen Arten Leute" helfen, zu „rechtschaffenen wichtigen Menschen" zu werden. Selbstverständlich sind diese Auserlesenen im allgemeinen nicht von jenen, die man „Männer des Geistes" zu nennen pflegt; es sind Männer des Lebens – es sind Männer jenes Geistes, der so ganz ins Leben eingegangen ist, daß man ihn gar nicht mehr als Geist wahrnimmt.

Unvergleichlich schwieriger und widerspruchsvoller ist das Verhältnis zwischen Kern und den Schalenschichten in den Städten. Hier hat das regenerative Element im wesentlichen nur eine individuelle Erscheinungsform, wiewohl die Menschen, die ihm angehören, sich in ihren „Kreisen" und „Strömungen" zusammenfinden. Ein organischer Zusammenschluß auf der Grundlage des Zusammenlebens ist größtenteils unmöglich, die erzieherische Wirkung demgemäß fast durchweg sporadisch und fragmentarisch, weit mehr intellektual als vital. Dazu kommt aber noch etwas ungeheuer Behinderndes: während auf dem Lande die „Indifferenz" nur eine seelische ist, die Schicht aber, die ich die indifferente genannt habe, am Leben der Gruppe stetig teilnimmt und also der erzieherischen Einwirkung dauernd ausgesetzt ist, sind in den Städten breite Schichten einer Indifferenz gelagert, die dem Leben des Kerns und dem der ihm zugänglichen Schichten fast unüberbrückbar fern bleiben. Ihr passiver Widerstand gegen das regenerative Element ist teils ein konservativer – so verhält es sich mit dem Großteil der orientalischen Gemeinschaften, die dem „alten Jischuw", der vor der modernen Einwanderung hier ansässigen jüdischen Bevölkerung Palästinas angehören –, teils ein skeptisch-utilitarischer – dies ist der Fall bei einem nicht geringen Teil der Einwanderung des letzten Jahrzehnts, „nämlich bei den palästinafremd gebliebenen; aber auch unter den Zionisten ist eine rein nationalistische, den Tendenzen zu einer Regeneration des jüdischen Menschentums und des jüdischen Gemeinschaftslebens gegenüber ungläubige oder ablehnende Gesinnung nicht weniger verbreitet. In diesen Schichten ist im wesentlichen nur die Jugend aufzulockern und für das regenerative Prinzip empfänglich zu machen. Damit dies in weitem Umfang gelinge, müssen die Schalen mehr, als es heute der Fall ist, mit dem Geist eines regenerativen Humanismus im wahren Sinn dieses Wortes erfüllt werden. Eine Landes-Volkshochschule, die diesem Geist dient, muß dieses Werk überspannen und ergänzen.

Das Kräfteverhältnis zwischen dem Kern, den seiner Wirkung zugänglichen und den seiner Wirkung widerstrebenden Schichten ist der Gradmesser für den jeweiligen Stand der Regeneration des jüdischen Volkstums in Palästina.

## 4. Der Chaluz

Der neue Typus, der in der Regeneration entsteht und sie ausdrückt, verdichtet sich im Chaluz.

Jede elementare nationale Bewegung – jede Bewegung, der das Streben eines Volkes nach Verwirklichung seines Wesens, nach Erfüllung seiner Bestimmung zugrunde liegt – gipfelt darin, daß sie, sei es auch nur zeitweilig, einen neuen Menschentypus hervorbringt: den Menschen, der befähigt und berufen ist, die konkrete historische Situation zu bewältigen, die durch sie gestellte konkrete historische Aufgabe auszuführen, den Menschen also, der der geschichtlichen Stunde, ihrer Not und ihrer Größe, ihrer Forderung und ihrer Problematik gewachsen ist. Damit, daß dieser Typus sein Werk tut, aber auch damit, wie er es tut, also mit seinem Dasein selber, trägt er wesentlich dazu bei, daß sich die entscheidende Wende im Leben des Volkes vollzieht. Das Werk, das er zu tun hat, ist im allgemeinen das, was man nationale Befreiung zu nennen pflegt, die äußere, aber auch die innere – die Abschüttelung des Fremdjochs, das die Schultern der Nation niederbeugt, aber auch die Verselbständigung ihres Geistes, so daß er nicht mehr der Macht des Fremden erliegt, sondern alles, was ihm die Kultur der Völker zubringt, in seine eigene Grundform einschmilzt und eingestaltet.

Die Bewegung des jüdischen Volkes unterscheidet sich von den anderen dadurch, daß sie keine äußere Befreiung anzustreben hat und daß die innere für sie nur eine der Voraussetzungen des eigentlichen Werkes ist. Dieses ist seinem Wesen nach weit mehr als eine Befreiung: es ist eine innere und äußere Umwandlung des Volkslebens, eine Läuterung und Gesundung der Volksart. Im Zentrum dieses Werkes steht die Aufrichtung der palästinensischen Gemeinschaft, eine Arbeit, die ihrem Wesen nach auf eine Reihe von Geschlechtern verteilt ist. Demgemäß ist hier der neue Typus nicht der Täter einer einmaligen historischen Tat: es liegt ihm ob, das neue Leben zu begründen, aber auch, es auszubauen, an ihm aktiv teilzunehmen, seine Kontinuität zu gewährleisten. Wenn es überall in den nationalen Bewegungen die Aufgabe des neuen Typus ist, die Antwort eines Volksgeschlechts auf seine geschichtliche Situation zu geben, so kann sie sich hier nicht auf eine Handlung oder eine Reihe von Handlungen beschränken, sie kann ebensowenig in einem Programm wie in einer Ideologie beschlossen sein: die Antwort muß eine lebensmäßige, eine in der Sprache des Lebens selber gegebene Antwort sein. Der Chaluz, in dem sich der regenerative Typus des jüdischen Volkes verdichtet, ist „Pionier" nicht bloß der Erschließung und

Fruchtbarmachung eines Landes, er ist der Pionier eines neuen Lebens. Das Land baut sich um ihn auf und das Volk baut sich um ihn auf.

Die objektive geschichtliche Situation, der die Volksgeneration hier gegenüberstand, war im wesentlichen die, daß die in ihrer sozialen Schichtung pathologische, unzureichend produktive, sehr wenig urproduktive Judenheit von der auf ihre Elimination abzielenden neuen Wirtschaftspolitik eines zunehmenden Teils der „Wirtsvölker" in ihrem Bestande bedroht wurde. Es geht hier um Rettung des *Volks.* Die Tendenz der Antwort war naturgemäß auf Produktivierung gerichtet. Produktivierung eines Volkes kann nur in einem großen konzentrativen Werke glücken. Konzentration des Judentums kann geographisch nie anders heißen als: Aufbau Palästinas. Es geht um Erschließung des *Landes.* Aber diese Antwort bedurfte zu ihrer wahrhaften Realisierung einer Menschenart, die nicht bloß die Notwendigkeit der Antwort erkannte, nicht bloß ihre Energien in deren Dienst stellte, sondern die eigene persönliche Lebensnotwendigkeit mit ihr identifizieren konnte. Diese Menschenart erstand im Chaluz. Weil die Chaluzim die Lebensnot des Volkes in ihrer eigenen persönlichen Not zu fühlen und zu kennen bekamen, sein Verlangen in dem eigenen Verlangen, sein Ziel in dem eigenen Ziel, darum erkannten sie mit ihrer ganzen Seelenkraft, daß nunmehr alles von dem persönlichen Selbstvollzug der konzentrativen Produktivierung abhängt, und gaben ihre ganze Person zu diesem Selbstvollzug her. Es geht um die Entdeckung der *Arbeit* in dem hohen, ja heiligen Sinn, den dieses Wort in der Chaluziuth gewonnen oder vielmehr wiedergewonnen hat.

Diese Menschen banden das Heil ihrer Person an das Heil des Volkes in dem Land durch die Arbeit. Diese Bindung war ihre Wandlung. Durch sie erwuchsen sie zum neuen Typus: dem des Selbstvollzugs, des Pioniertums des Lebens, der Chaluziuth.

Auch die chaluzische Bewegung ist im letzten Entwicklungsstadium durch manches entstellt worden, das sich ihr anheftete, ohne in Wahrheit chaluzischen Wesens zu sein, und das erst allmählich durch ihren Einfluß im Leben ihr angeglichen werden muß, aber der echte Chaluz ist mitten darin so sichtbar wie je. Der echte, der ursprüngliche Chaluz ist der Mensch der aktiven Identifizierung von Volksbefreiung und Selbstbefreiung. Zum erstenmal in der modernen Diaspora wird auf die allgemeine Situation der Stunde – die der Judenheit – mit einer persönlichen Wesenshaltung, einer Haltung des ganzen persönlichen Wesens – als jüdischer Mensch – geantwortet. Weil der Chaluz das Volksschicksal so von seinem eigenen Schicksal aus versteht und die Volksentscheidung so mit seiner eigenen Entscheidung ausspricht, sind ihm das Nationale und das Menschliche grundsätzlich nirgends voneinander getrennt. „Vielleicht ist diese Bewegung“, sagt Berl Kaznelson (schon 1918) mit Recht von der Chaluziuth, „die die nationale Zukunft durch die Gestaltung des persönlichen Lebens zu schaffen sucht, darin wesentlich verschieden von den übrigen gesellschaftlichen Bewegungen unserer Zeit ... Vielleicht ist dies die einzige praktische Bewegung in unserer Zeit, in deren Mittelpunkt nicht die Leitung, nicht das Programm steht, sondern das Leben des Menschen und seine Arbeit. Der Genosse selber ist das Ziel. Sein Leben, seine Erfahrungen; seine Niederlagen und seine Siege, seine Schwäche und seine Stärke – sie sind es, die die Substanz der Bewegung ausmachen.“ Daß es so sein konnte, liegt eben daran, daß die Idee hier nicht als etwas Allgemeines zu dem individuellen Erleben hinzutrat, – sie war ganz und gar nichts andres als das Gemeinsame dieses Erlebens, gemeinsamer Traum, gemeinsamer Ruf, gemeinsamer Aufbruch.

Zugleich aber ist das Menschliche hier stets unlöslich mit dem Sozialen verbunden. „Leben“ heißt für diesen Menschen: mit den Menschen leben. Er braucht sie und er will, daß sie ihn brauchen. „Gesellschaft“ heißt für ihn weder das große unfaßbare Kollektivum, in dem die Individuen nebeneinander stecken, ohne einander zu kennen, noch auch eine Gruppe, bei der lediglich an Stelle des Individualegoismus die kollektive Selbstsucht getreten wäre, so daß das „Wir“ im Munde jedes Mitglieds nichts andres wäre als ein „Ich“ mit gutem Gewissen: „Gesellschaft“ zieht für ihn ihr Recht und ihren Sinn von den unmittelbaren und rechtschaffenen Beziehungen zwischen Mensch und Mensch in ihr. Und „Volk“ ist für ihn die Gesellschaft, in der durch die Gemeinsamkeit der Voraussetzungen und der Zielsetzungen, der Sprache und des Loses, die günstigsten Bedingungen für das Entstehen und Bestehen solcher Beziehungen gegeben sind. Man kann den Chaluz nur verstehen, wenn man an ihm die völlige Vereinigung des Nationalen und Sozialen erkennt. Das ist nicht eine nachträgliche Synthese zweier Prinzipien, sondern das organische Verschmolzensein, dem gegenüber die Prinzipien wie unwirkliche Abstraktionen erscheinen.

Der Typus des Chaluz und sein Lebensgefühl sind nicht erst in Palästina entstanden, aber sie sind durch Palästina entstanden, im Werben um das Land, im Dienen und Ringen um es, und das Land, das die Menschen aufnahm, hat in harter Arbeit, in schlimmer Entbehrung, in Enttäuschungen und Überwindungen den Typus und sein Lebensgefühl gereift, geformt, vollendet. Leid der Galuth hat den Chaluz gezeugt, Leid der Heimat hat ihn ausgetragen und geboren. Sohn zweier Leiden, zweierlei Leiden, des von Babel und des von Zion, dessen, das man überkommen will, und dessen, das man auf sich nimmt, weil es das „Leid des Landes Israel" ist, ohne das man es nicht wahrhaft erwerben kann, steht der Chaluz vor uns und sieht uns und der Welt ins Angesicht, mit nüchternem und tapferem Blick. Beilinson, der ein Chaluz als Journalist war, hat (1929) von der „Hachschara", der Ausbildungszeit in der Diaspora, gesagt, sie enthalte seelische Momente, denen entscheidende Wichtigkeit zukommen: „die Bedeutung dieser Hachschara ist, daß der Chaluz weiß, was ihn erwartet, und bereit ist, ‚die Leiden des Landes' in Liebe auf sich zu nehmen". Und ein andermal, in einem Rückblick auf die ersten zehn Jahre der chaluzischen Organisation: „Die Kraft des Chaluz hat darin bestanden, daß er die Verantwortung für die Verwirklichung des Werkes auf sich nahm – die gerade unmittelbare persönliche Verantwortung." Und in einer am gleichen Tag veröffentlichten Rede sagte Bialik, der wie alle wahren Dichter nicht bloß die gewordene, sondern auch die werdende Wirklichkeit mit Augen sah, die Juden der Diaspora seien nie, wie man sie so oft beschuldige, Parasiten im gewöhnlichen Sinne gewesen, sie hätten erhebliche Arbeit geleistet, aber sie hätten die Verantwortung für ihr Werk gescheut, „und das ist vielleicht der Grund, weshalb es uns so schwerfällt von dort loszukommen – vor Furcht, ohne Herren und für unsre Arbeit Verantwortliche zu bleiben. Die Chaluz-Bewegung ist die erste, die diese Verantwortung nicht gescheut hat und sich nicht fürchtete, auf ihre jungen und schwachen Schultern die Last der Selbstverantwortung für das Werk und für seine Ergebnisse zu laden, und darin finde ich die Wurzel ihrer sittlichen Kraft".

Verantwortung ist in der Tat der entscheidende Begriff, um das Phänomen des Chaluz in seinem Wesen zu erfassen. Vor nahezu einem Vierteljahrhundert, als die in unseren Tagen evident gewordene schwere Bedrohung des Judentums sich noch kaum am Horizonte abzuzeichnen begann und den Wissenden doch schon offenbar wurde, wie grundwichtig für die Rettung des Judentums die Schaffung einer Arbeitselite in Palästina war, nahm die chaluzische Bewegung ihre feste Gestalt an. Aber Chaluzim gab es schon lange vorher. Es gab sie von der Stunde an, da jüdische Menschen für die Bewältigung der Situation ihres Volkes mit dem Einsatz ihres persönlichen Lebens die Verantwortung übernahmen. Diese Verantwortung war ihre Antwort auf die Situation. Sie suchten sich ihr Werk nicht aus, sie akzeptierten das Unvermeidliche, sie sahen, daß es keinen anderen Ausweg als diesen gab, und sie gingen ihn. „Die Empfindung, daß es keinen Ausweg gibt", sagt Bialik in jener Rede, „ist die mächtigste und heiligste Wahrheit. Nur wo die Empfindung ist, daß es keinen Ausweg gibt, ist Selbstaufopferung, und Selbstaufopferung ist der Prüfstein aller Wahrheit in der Welt." So vollzieht sich Regeneration. „Euer Werk", redet der Dichter die Chaluzim an, „ist der Beginn der Gesundung unseres Volksleibes."

### 5. Die sozialen Versuche

Wenn man den äußeren Aspekt einiger der frühesten Siedlungen, die nichts als ein Konglomerat kleiner privater Wirtschaften darstellen, mit einigen der neuen vergleicht, die aus dem Gemeinschaftswillen einer kooperativen Gruppe entstanden sind, merkt man, daß hier noch etwas ganz anderes vorliegt als nur eins der Zeugnisse für die Entwicklung der modernen Architektur. Dort mutet uns die schwanke Doppelreihe der formlosen Häuslein wie die Straße eines moldavischen Städtchens an, von dem man sich wundert zu hören, daß es einen Eigennamen hat; hier erinnert die sinnreiche und harmonische Aufreihung der Wohnstätten rings um ein funktionales Zentrum an jene edlen Vorstädte Amsterdams, in denen je eine gesinnungsmäßig verbundene Arbeiterschaft den räumlichen Aufbau ihres Lebens rings um eine feste Mitte, Kultort oder Volkshaus, errichtet hat. Es ist ein Anderswerden des Lebenssinns, was sich hier ausspricht. Keineswegs ist hier etwa an eine einfache Entwicklung von einem „Individualismus" zu einem „Kollektivismus" zu denken, sind doch gerade auch unter den halbindividualistischen Arbeitersiedlungen, den „Moschawe owdim", die befriedigendsten architektonischen Lösungen zu finden; vielmehr geht hier die Linie von einer zerfallenden zu einer neuen organischen Konzeption des Zusammenlebens. Nicht daß diese Konzeption schon ihre gültige Formel, ihren zulänglichen Ausdruck gefunden hätte; verschiedenartige Versuche der Lebensordnung ringen miteinander um den Preis der „Richtigkeit", aber eben in diesen Versuchen, in ihrem Nebeneinander und Gegeneinander vollzieht sich das Werden der neuen Gestalt. Die scheinbaren Gegensätze, Kwuza und Moschaw, sind beide nur Entwürfe eines Zukünftigen, das niemand noch kennt; immerzu entstehen neue Abstufungen, und auch sie gehören mit zum Weg; alle Mühsal, alle Enttäuschung, aller Widerstreit gehören mit dazu.

Ein entscheidendes geschichtliches Merkmal hebt die Gesamtheit dieser Versuche toto genere von all den merkwürdigen und zum Teil absonderlichen, meist kurzlebigen Gründungen kommunistischer, anarchistischer usw. Prägung ab, die in den letzten Jahrhunderten, insbesondere in Nordamerika, unternommen worden sind. Überall dort steht eine Doktrin am Anfang, entweder eine von religiösen oder religionsähnlichen oder auch eine von profan-sozialen Motiven bestimmte, eine Doktrin, die sich in einem Schema dessen, was sein soll, verdichtet; eine schematisierende Phantasie setzt fest, welches die einzig wahre Art des Gemeinschaftslebens ist, und die Gefolgschaft führt nun das Festgesetzte in mehr oder minder strenger Regelung aus. Wesensmäßig anders verhält es sich bei der Entstehung jener neuen palästinensischen Siedlungen, die auf dem Prinzip der Selbstarbeit errichtet sind. Hier steht am Anfang nicht das Spinnen von Gemeinschaftsphantasien, sondern die harte Gegebenheit tatsächlicher Verhältnisse. Die Frage steht am Anfang: wie ist ein bestimmter, zumeist nur unter äußerster Aufbietung der Menschenkraft fruchtbar zu machender Boden unter bestimmten, zumeist äußerst schwierigen politischen Bedingungen bei einem bestimmten, zumeist äußerst knappen Etat zu „erobern"? Wie ist er durch eine bestimmte Menschengruppe zu erobern, von der, mögen auch ihre physischen Voraussetzungen zuweilen unzulänglich sein, das eine feststeht, daß sie der äußersten Hingabe an ihre Aufgabe fähig ist? Am Anfang steht die Not, die heilige Not. Sie ist es, die zur Kooperation, zur gegenseitigen Hilfe und gemeinsamen Verantwortung treibt. Freilich nicht sie allein. Ihr gesellt sich das inbrünstige Verlangen dieser Menschen nach einem menschenwürdigen Leben. Und für sie, die durch die Eishölle der Preisgegebenheit unter die Gewalt der Fremden gegangen sind, bedeutet „menschenwürdig" nicht das isolierte Leben eines Einzelnen, wie immer es beschaffen sei, sondern das Leben in Gemeinschaft mit seinesgleichen, ein Leben gegenseitigen Vertrauens, gegenseitiger Hilfe, gegenseitiger Verantwortung, ein Leben, in dem die Gemeinschaft die Person und die Person die Gemeinschaft verantwortet. Dieses Verlangen hat sich nicht in einer Doktrin, nicht in schematisierenden Phantasien niedergeschlagen, es ist biegsam und bildsam geblieben, und eben deshalb konnte es so auf die tatsächlichen Verhältnisse eingehen und je und je die zweckgemäße Form finden, die ihnen und ihm selber zugleich gerecht wurde. Dieses Siedlungswerk ist nicht utopisch, sondern eminent *topisch,* das heißt: von Orten und Bedingungen bestimmt, aber eben topisch nicht im Sinn einer Unterwerfung unter den Zwang von

Orten und Bedingungen, sondern im Sinn einer Begegnung mit ihnen. Was die Tatsachen forderten, entsprach der Seele.

Dazu kommt noch etwas anderes, freilich damit eng Verbundenes, was die palästinensische Arbeitssiedlung von all jenen Experimenten gründlich abhebt. Es ist dies, daß sie ihrem Wesen nach antipartikularistisch ist. Das heißt: hier geht es niemals um die einzelne Gruppe als solche; jede weiß sich vielmehr als ein Stück von dem in Bewegung gekommenen Volkselement, das viele vorhandene und mögliche Gruppenbildungen umfaßt, und jede weiß das, was sie tut und was ihr widerfährt, als ein Teilgeschehen im Werden des Regenerationswerkes. Jede Gruppe ist mit all ihrem Willen und all ihren Kräften in die Aufgabe einbezogen, die an diesem Volke in diesem Lande zu erfüllen ist. Gewiß, sie hat notwendigerweise sich selber im Sinn, ihr eigenes Schicksal und ihre eigene Fähigkeit, aber nicht als etwas, was für sie besteht und sich selber Genüge tut, hat sie sich selber im Sinn, sondern als dienendes Glied des in der Regeneration begriffenen Ganzen, als Glied, dessen gedeihliche Entwicklung unmittelbar die des Ganzen fördert. Sie arbeitet hart an der Urbarmachung des Bodens – es ist nicht „ihr" Boden, sondern der des Volkes, was sich ja schon in der fundamentalen Tatsache dokumentiert, daß der Boden, auf dem sich dieses Siedlungswerk vollzieht, größtenteils besitzrechtlich Gemeineigentum der Nation und die Gruppe mit ihm nur belehnt ist; sie schafft und modifiziert im Gang der Ereignisse die Formen der gemeinsamen Existenz; was hier an Neuem und Lebensfähigem errungen wird, geht sogleich in das Denken und Planen aller verwandten Gruppen ein und wirkt sich dort gestaltend, umgestaltend aus. Es besteht hier von Anfang an bei den einzelnen Gruppen die im Wesen der Sache begründete Tendenz, miteinander – und zwar zunächst mit den ihrem Charakter und ihrer Struktur nach nahestehenden – in Verbindung zu treten, Erfahrungen auszutauschen, gemeinsam zu beraten und zu beschließen, ja, soweit es angeht, gemeinsam dazusein, das gemeinschaftliche Ziel in allen Stadien des Wegs wirksam werden zu lassen. Daraus hat sich eine lebendige Zusammenhangstendenz entwickelt, die ihren knappsten Ausdruck in dieser Formel des „Gesetzes der Kwuzoth" gefunden hat: „Gegenseitige Hilfe zwischen den Kwuzoth als Fortsetzung des Kwuza-Gedankens"; in umfassenderer Formulierung: „Übertragung der in jeder Kwuza herrschenden gesellschaftlichen Bindung auf die Beziehungen der Kwuzoth zueinander". Damit ist etwas gesagt, dem eine weittragende besondere und allgemeine Bedeutung zukommt: die kollektiven Zellen sollen sich miteinander nach ebendem Strukturprinzip zusammenschließen, nach dem sich die Zellen gebildet haben; mit anderen Worten: die größere Gemeinschaft entsteht rechtmäßig dann, wenn die lokalen Gruppen, aus denen sie sich aufbaut, zueinander in ebensolche Beziehungen treten wie die, in denen die Einzelnen zueinander stehen, aus denen sich die lokale Gruppe aufbaut. Hier ist grundsätzlich erkannt, daß echte große Gemeinschaft nur als Verband kleiner, relativ autonomer Gemeinschaften entstehen kann, die in derselben Weise zusammenwachsen, wie jede von ihnen erwachsen ist. Und praktisch ist hier wohl die Gefahr des kollektiven Egoismus in „seiner abkapselnden Macht erkannt als auch als Mittel, diese Gefahr zu überwinden.

Von großer Bedeutung ist auch dies, daß die gemeinsame Grundlage, auf der die verschiedenen sozialen Versuche in Palästina entstanden sind, das innere Gebot der Selbstarbeit ist. Auch diese Wiederentdeckung der Arbeit ist, ebenso wie die Entstehung der verschiedenen Formen des Zusammenlebens auf dieser gemeinsamen Grundlage, nicht eine Übernahme fremder Ideen, sondern ein originaler Vorgang. Die gegenwärtige Welt hat den gläubigen Zusammenhang mit dem Sinn der Arbeit verloren und macht keine Anstalten ihn wiederzugewinnen. Daß der Chaluz, der den Kibbuz und den Moschaw baut, den reinen Geschmack der Arbeit von neuem kosten gelernt hat, verdankt er der Tatsache, daß das tiefe Leiden, mit dem der moderne Diaspora-Jude an sich selber leidet, an die Einsicht in die Sinnwidrigkeit seiner Arbeit gebunden ist: seine Arbeit ist entweder unfruchtbar, nicht Erzeugung, sondern nur Aneignung und Umsetzung von Werten, oder sie geht doch in das Bewußtsein der Gesellschaft, der er angehört, nicht als fruchtbar ein. Aus seiner Sehnsucht nach einem wirklichen und von der Gesamtheit, der man angehört, aufgenommenen Fruchttragen hat der Chaluz die Arbeit wiederentdeckt. Und aus seinem gläubigen Arbeitswillen sind, unter verschiedenen äußeren und inneren Bedingungen, die verschiedenen Gemeinschaftsformen dieser Versuche entstanden. Die gemeinsame Voraussetzung läßt sich in den Satz zusammenfassen: Die Menschen mit den Familien, die sie gründen, können auch bei fortschreitend zunehmender Bevölkerungszahl aus dem Boden die Güter ziehen, deren sie – in der Form des direkten Verbrauchs und in der des Tausches – zum Leben bedürfen, wofern sie Produktion und Konsum gemeinsam regeln (das Maß dieser Gemeinsamkeit ist je nach der sozialen Form verschieden), einander helfen und einander ergänzen.

Die Menschenart, die in diesem kühnen Vorstoß in Neuland die Führung hat, die Menschen des „Kerns“ sind streng in der Forderung, die sie an sich und an die Gefährten stellen; sie sind auch streng in der jeweiligen Prüfung und Beurteilung des Geleisteten, des Erreichten. Ihre produktive Selbstkritik ist ein wesentlicher Faktor in der Entwicklung der Versuche. Sie messen immer wieder die Wirklichkeit, die die Stunde ihnen zeigt, an der Möglichkeit, die sie in ihrer ahnenden Seele tragen. Ja, es gibt immer wieder Momente, wo gleichsam die ganze Gruppe innehält und sich besinnt: „Wo stehen wir? wo halten wir? sind wir vom rechten Weg nicht abgekommen? wie finden wir ihn wieder? Aber die Selbstkritik ist eine von vitalen Motiven und nicht eine von Dogmen bestimmte; das Bild in der Seele ist nicht von einem abstrakten Sollen, sondern von der Schau des Möglichen und doch noch Unerfüllten eingegeben; so treiben sie vorwärts. Die Losung ist hier nicht die erhabene und verhängnisvolle „Alles oder nichts", sondern die heilig-nüchterne „In jeder Stunde so viel, als in ihr möglich ist". Wir finden diese Gesinnung etwa in folgenden Worten von Jakob Rabinowitsch (1925) ausgesprochen: „Das Streben nach hohen und gerechten Lebensformen ist nicht ein Streben nach einer unerreichbaren Vollkommenheit, sondern nach einem annähernd rechtschaffenen Leben. Und in dem Maße, daß der Mensch den Umfang der Ausbeutung verringert und sich der Selbstarbeit nähert, wird eine Lösung gegeben. Nur darf man nach der andern Seite nicht übertreiben. Die Formen haben sich noch nicht herauskristallisiert, es gibt noch keine freie Wahl, die Menschen gehen von Form zu Form über, alles fließt noch, und keiner berühme sich seiner Vollkommenheit. Klügeln wir nicht! Überlassen wir es der Arbeit und der Duldung, ihren Weg zu finden." Dies trifft auch noch auf die heutige Lage zu.

Zwischen den sozialen Formen des neuen Siedlungswerks spielt sich in aller Stille ein dauernder Wettbewerb ab. Es geht darum, welche von ihnen die größte Leistung hervorbringt, welche den gegebenen Bedingungen am meisten entspricht und ihnen die besten Produktionsergebnisse abzugewinnen vermag. Dabei entwickelt sich freilich zuweilen eine übermäßige Versachlichung, die leicht dazu führen kann, das Ziel der ganzen Arbeit, die Regeneration des jüdischen Menschen, aus den Augen zu verlieren. Aber auch vom Gesichtspunkte der Höchstleistung selber ist es für eine Planung, die nicht nach Jahren, sondern nach Generationen mißt, von entscheidender Bedeutung, nie zu vergessen, daß der Mensch selber die wichtigste der gegebenen Bedingungen ist und daß man ihn als Ganzes, mit seinem Lebensraum und Lebensrhythmus, mit seinen leiblichen und seelischen Befriedigungen und Entbehrungen, mit seinem positiven und negativen Verhältnis zu seiner Umwelt und seinem Dasein, an die Spitze der Rechnung stellen muß, damit sie auf die Dauer stimme. Rationalisierung tut freilich not, aber die Ratio muß dessen eingedenk bleiben, zu welchem Ende sie eingesetzt worden ist. Insbesondere ein Werk wie dieses, das ohne das große Verlangen der chaluzischen Jugend nach einem sinngerechten Leben nie zustandegekommen wäre, muß, damit das Ungeheure weiter Tag um Tag und in künftige Geschlechter hin getan werde, darauf bedacht sein, daß das Verlangen die jeweils höchstmögliche Erfüllung finde. In dieser Hinsicht darf noch manche Verbesserung des gegenwärtigen Standes der verschiedenen Siedlungsformen erhofft werden.

Nicht bloß auf die wirtschaftliche Leistungsfähigkeit hin vollzieht sich eine Art Wettbewerb zwischen den verschiedenen Siedlungsformen, sondern auch auf die Fähigkeit hin, den Siedlern und ihren Kindern das dauernde Gefühl eines richtigen, guten, wunschgemäßen Lebens zu verleihen und in der Folge der aufwachsenden Generation über die Begeisterung des „revolutionären" Stadiums hinaus den Willen, an ihrem Ort zu bleiben und diese Existenzform beizubehalten, den Willen zur Kontinuität der Teilnahme an der Aktion; nur daß man hier nicht wie dort bewußt wetteifert, sondern im allgemeinen ganz unbewußt. Jede Gemeinschaftsform bringt den Genossen bestimmte äußere und innere Vorteile, die ihr eigentümlich sind; jede von ihnen hat mit einer besonderen Lebenshaltung auch ein besonderes Lebensgefühl entwickelt, in dem sich positive und negative Elemente mischen; man darf aber sagen, daß in jeder es die positiven sind, die entscheiden und ihr den wesentlichen Ton verleihen. Die Wahrnehmung der negativen Lebenselemente führt einerseits immer wieder zu einer Änderung der Formen und anderseits zur Entstehung neuen Zwischenformen. Alles „fließt" noch, heute sogar noch mehr als in der vorhergehenden Epoche. Jenseits der bewußten Aktionen vollzieht sich eine Umwälzung, vollzieht sich eine Siebung und Lese, ein Selektionsvorgang, dessen künftige Ergebnisse noch nicht zu ahnen sind.

# RENAISSANCE UND BEWEGUNG[47]

## I.
(1903)

Um das Phänomen der jüdischen Renaissance zu begreifen, muß man es als Ganzes erfassen, es bis in seinen Ursprung zurückverfolgen, in jene Zeit in der zweiten Hälfte des achtzehnten Jahrhunderts, da in das erstarrte Dasein des Judentums von innen und von außen zugleich in zwei mächtigen Strömen – Chassidismus und Haskala – ein neues, unerhörtes und ungeahntes Leben eindrang.

Bis um die Mitte des achtzehnten Jahrhunderts war die Kraft des Judentums nicht bloß von außen niedergehalten, von Angst und Qual, von Lebensenge und Lebensnot, nicht bloß von der Knechtung durch die „Wirtsvölker", sondern auch von innen, von der Zwingherrschaft des „Gesetzes", das heißt einer mißverstandenen, verschnörkelten, verzerrten religiösen Tradition, von dem Bann eines harten, unbewegten, wirklichkeitsfremden Sollens, der alles triebhaft Helle und Freudige, alles Schönheitsdurstige und Beflügelte verketzerte und vernichtete, das Gefühl verrenkte und den Gedanken in Fesseln schlug. Und das Gesetz erlangte eine Macht, wie sie in keinem Volke und zu keiner Zeit ein Gesetz besaß. Die Erziehung der Generationen geschah ausschließlich im Dienste des Gesetzes. Es gab kein persönliches, gefühlgeborenes Handeln: nur das Handeln nach dem Gesetze konnte bestehen. Es gab kein selbständiges, schöpferisches Denken: nur dem Grübeln über die Bücher des Gesetzes und die Hunderte von Büchern der Deutung des Gesetzes und die Tausende von Büchern der Deutung jener Deutungsbücher war die Mitteilung gewährt. Gewiß, es gab immer und immer wieder Ketzer; aber was konnte der Ketzer wider das Gesetz? Dogmen, die zu glauben sind, können von Ketzern erschüttert werden, die die Vernunft wider den Glauben anrufen. Aber ein Lebensgesetz, das das Tun bestimmt, kann nur durch die Entwicklung der Menschen zur Selbstbestimmung aufgehoben oder durch die Entwicklung der Menschen zu ei-

47 Ich habe hier zwei Stücke aus verschiedenen Zeiten zusammengefügt, weil das zweite das erste in einem wesentlichen Punkte ergänzt.

nem höheren Lebensgesetz überwunden werden. Hier geschah endlich beides. Jahrhundertelang wird es wohl gleichsam unterirdisch gerungen haben, und jene stets von neuem auftauchenden und stets von neuem erstickten Ketzereien waren doch wohl Kundgebungen dieses das Gesetz unterminierenden Ringens. Dann aber gab es sich in einem doppelten Ansturm gegen die Weltanschauung und Doktrin des Gesetzes, gegen den Rabbinismus, die jüdische Scholastik, kund. Zuerst gelangte zum Ausdruck die Entwicklung zu einem höheren Lebensgesetze: in dem Chassidismus, der neujüdischen Mystik, der Befreiung des Gefühls; dann die Entwicklung zur Selbstbestimmung: in der Haskala, der neujüdischen Aufklärung, der Befreiung des Gedankens. Beide führten zu geistigen und leiblichen Kämpfen, die oft von einer ergreifenden Tragik erfüllt waren, zuweilen ins Groteske ausarteten. Beide führten, ohne es zu wollen und ohne es zu wissen, die jüdische Renaissance herbei.

Chassid bedeutet: der Fromme, und Chassidismus wäre somit fast mit Pietismus zu übertragen. Das wäre falsch, wenn man dieses Wort in seinem gewöhnlichen Sinne nimmt. Die chassidische Lebensanschauung entbehrt aller Sentimentalität; es ist eine ebenso kräftige wie gemütstiefe Mystik, die das Jenseits durchaus ins Diesseits aufnimmt und dieses von jenem gestaltet werden läßt, wie der Körper von der Seele gestaltet wird; ein ursprüngliches, volkstümliches und lebenswarmes Gegenstück zum Neoplatonismus, eine zugleich höchst gotterfüllte und höchst realistische Anleitung zur Ekstase. Es ist die Lehre von dem tätigen Gefühl als dem Band zwischen Mensch und Gott. Das Schaffen währt ewig; die Schöpfung dauert heute und immerdar fort, und der Mensch nimmt an der Schöpfung teil in Macht und Liebe. Alles, was reinen Herzens geschieht, ist Gottesdienst. Das Ziel des Gesetzes ist, daß der Mensch selbst ein Gesetz werde. Damit ist die Zwingherrschaft gebrochen. Aber die Stifter des Chassidismus waren keine Verneiner. Sie negierten die alten Formen nicht, sie taten in sie einen neuen Sinn, und damit befreiten sie sie. Der Chassidismus, oder vielmehr die tiefe Seelenströmung, die ihn erzeugte und trug, schuf den im Gefühl regenerierten Juden.

Einen anderen Weg ging die Haskala, die natürlich gegen den Chassidismus ebensowohl ankämpfte wie gegen den Rabbinismus, weil beide auf „Glauben“ und nicht auf „Wissen“ beruhten. Die Haskala tritt im Namen des Wissens, der Zivilisation und Europas auf. Sie will aufklären und ist ebenso oberflächlich wie alle Aufklärung, insofern sie von der Erkenntnis als von einem sicheren und unproblematischen Ding ausgehen zu dürfen glaubt; sie will popularisieren und ist ebenso geistlos wie alle Populärphilosophie, die wie ein rechter Parasit von dem Blute anderer lebt. Was sie vor den meisten voraus hat, ist zunächst ihr Feind, die starrste und gefestigteste aller Orthodoxien, dann ihr frisches junges Losgehen, und daß sie in jedem Augenblick durchdrungen war von dem Gefühl eines heiligen Krieges um die Selbstbestimmung, um das Bestimmtwerden des Handelns nicht durch die Tradition, sondern durch eigenes Denken. Aber auch positiv jüdische, zukunftsvolle Elemente trug sie in sich, so sehr sie auch glaubte, alle Überlieferung aufzuheben. Sie wollte die Juden europäisieren, aber sie dachte nicht daran, sie zu entnationalisieren. Sie widmete der Sprache der Bibel einen intensiven Kultus. Sie machte das erstarrte und der Wirklichkeit entfremdete Hebräisch zum Werkzeug eines lebendigen Kampfes, und so bereicherte und kräftigte sie es. Und was für die Sprache getan ist, ist für das Denken getan. So diente die Haskala auch mittelbar der gedanklichen Regeneration des jüdischen Volkes.

Aus den inneren Umwälzungen, deren Äußerung und Werkzeug zugleich Chassidismus und Haskala waren, wurde die jüdische Renaissance geboren. Es ist beachtenswert, daß hier dieselben Elemente einander bekämpfend zusammenwirkten wie in der großen Zeit des Trecento und Quattrocento: das mystisch-gefühlsmäßige, das dort als Gottesweisheit auftrat, und das sprachlichideelle, das dort Humanismus hieß, und daß wie dort beide Geistesbewegungen nicht etwas Neues, sondern nur Erneuerung versunkener Größe sein wollten. Die Anknüpfung an die klassische Zeit des Judentums ist Chassidismus und Haskala gleich eigen; den Inhalt des altjüdischen Geisteslebens, das große Gottgefühl, nimmt der Chassidismus, dessen Sprachform die Haskala auf; jener hat die jüdische Uridee, diese den Hebraismus erneuert. Erneuert: nicht wiederholt. Die jüdische Renaissance ist, wie ihre größere Namensschwester, mehr als eine Neuknüpfung zerrissener Fäden. Auch sie bedeutet – dies sei noch einmal hervorgehoben – nicht eine Rückkehr, sondern eine Wiedergeburt des ganzen Menschen: eine Wiedergeburt, die sich sehr langsam, sehr allmählich von den Tagen der Haskala und des Chassidismus an bis in unsere Zeit vollzieht und weiter vollziehen wird. Langsam und allmählich entsteht ein neuer Judentypus.

Der Jude der Gesetzesära war ein passiver Held. Er ertrug alle Stadien des Martyriums ohne Schrei und ohne Stolz, mit stummen Lippen und stummem Herzen, regungslos. Sein einziger Widerstand war seine Verschlossenheit, und nichts konnte diesen Widerstand brechen. Aber die Passivität hatte nicht nur Größe, sondern auch Elend und Erbärmlichkeit. Der Jude kämpfte nicht bloß, er handelte und dachte auch passiv. Ein einziger, Spinoza, hatte der natura naturans genug in sich, um schaffend und ruhevoll aus dem Ghetto in den Kosmos zu treten und Fuß zu fassen im Unendlichen wie keiner vor ihm; aber wieviel der köstlichsten Endlichkeit mußte er aufgeben, wieviel des unersetzlichsten Gefühlszusammenhangs mit seines Blutes gewesenen und kommenden Geschlechtern, welch neues und unsägliches Martyrium mußte er auf sich nehmen und hinübernehmen in seine große Ruhe; welches kaum geahnte Rätsel einer ungeheuren Verschlossenheit hat uns dieser befreite Jude der Gesetzesära hinterlassen! Der neue Jude, der Jude der Befreiungsära, wandelt in den Wegen Spinozas, ohne Genie, aber mit einem dämonischen Wagemut. Er war nicht mehr passiv, sondern freitätig; er handelte nicht mehr nach dem Gesetze, sondern nach eigenem Denken und Gefühl; und er strebte nach dem Schöpferischen. Das Schöpferische blieb ihm lange versagt und hat sich ihm in seinen letzten Geheimnissen – Selbstentladung, Selbstläuterung, Selbsterlösung – auch heute noch nicht geschenkt. Aber auch die ruhige Betätigung war ihm zunächst nicht gewährt. Der befreite Geist stürmte ins Uferlose, statt im Gegebenen zu wirken oder Neues zu geben. Der unersetzliche Zusammenhang wurde geopfert und nichts Größeres gewonnen. Die Wiedergeburt des Juden setzt mit einer tragischen Episode ein, die noch heute nicht zu Ende ist und die nicht einmal die Bedeutung einer Befreiung der Rasse von unedlen Elementen hatte: denn auch manche der Besten konnten ihr nicht standhalten; ja gerade diese waren es, die der Wagemut am wildesten durchglühte und am weitesten fortriß. Immerhin erlangten einzelne originale Naturen am Anfang des neunzehnten Jahrhunderts einen eigentümlichen Kosmopolitismus, ein Zuhausesein im Kosmos; aber dieser konnte in seiner Schönheit nur so lange bestehen, als der Geist dieser Menschen sich die Freiheit erobern mußte und dadurch eine faszinierende Leuchtkraft gewann. Als die „Geistesfreiheit“ aber für den Juden ein fertiges Gut geworden war, das man nur zu übernehmen brauchte, artete auch dieser Kosmopolitismus in Assimilation aus. Die europäische Zivilisation war von außen über die Juden zu rasch und zu unvermittelt hereingebrochen, als daß die Haskala sie hätte in Ruhe verarbeiten können. So wurde ein Teil des Volkes verlockt, seinen unausgesprochenen Selbständigkeitsidealen untreu zu werden und statt das Neue langsam zu erwerben und zu eigen zu machen, es fertig und auf Kosten der eigenen Seele aus den Händen der zivilisier-teren Nationen zu nehmen. Diese pathologische Erscheinung wurde durch zwei Umstände begünstigt: durch die räumliche Zersprengung und durch die von der großen Revolution bewirkte ganz anormale Beschleunigung des Emanzipationsprozesses.

Daß trotz alledem die Assimilation die Renaissance nicht aufzuheben vermochte, daß sie für diese nur ein retardierender Akt geworden ist, ist in einer Haupttatsache des jüdischen Problems begründet: in der fundamentalen Verschiedenheit des östlichen und des westlichen Judentums in Wesen und Schicksal. Das osteuropäische Judentum war seit jeher weniger zersprengt als das westliche; es hatte mehr den Charakter einer großen und geschlossenen Gemeinschaft und in der Folge auch mehr eigene Kulturelemente. Dazu kam, daß die Zivilisation nach dem Osten nur langsam hinströmte und daß der Emanzipationsprozeß hier fast gar keine Gültigkeit hatte. So konnte die Haskala, die wie alle Faktoren der Renaissance hier ihre eigentliche Stätte hatte, das Zivilisationsmaterial allmählich und organisch verarbeiten. Mußten ferner die westlichen Juden der Umwelt schon deshalb erliegen, weil sie keine Sprache hatten und mit den fremden Worten auch fremdes Vorstellungs- und Gedankenwesen aufnahmen, so gewannen die östlichen einen Halt in einer überaus merkwürdigen, durchaus anormalen und doch durchaus heilvollen Sprachentwicklung. Es entstand nämlich auf der einen Seite eine reiche, alle Gebiete umfassende hebräische Literatur und Publizistik, und die Sprache der Bibel wurde immer mehr zu einem vollkommenen Werkzeug der modernen Wissenschaft und der modernen Ideen und zugleich zu dem herb, aber voll tönenden Instrument einer originalen Dichtung; daneben aber und gleichzeitig entwickelte sich das Idiom des Volkes, das Jiddische, der fälschlich so genannte „Jargon", der keineswegs (wie gewöhnlich angenommen wird) ein Dialekt schlechthin, sondern eine res sui generis ist, zu einer völlig gleichberechtigten Sprache, weniger abstrakt, aber wärmer als die durch sie ergänzte hebräische, ohne deren reingeistiges Pathos, aber voll unvergleichlich sanfter und derber, zärtlicher und boshafter Akzente; im Jiddischen ist das Volkstümliche selbst Sprache geworden; und diese vielverachtete Sprache hat die Anfänge einer reizvollen Poesie, eine schwermütig verträumte Lyrik und eine kräftige, mit guten Augen beobachtende Novellistik geschaffen. Dieser Dualismus ist das stärkste Symptom der jüdischen Renaissance in dem Reichtum ihrer Strebungen und der Pathologie ihrer Äußerungsformen.

Man sieht nun, wie es kam, daß, während im Westen Stück für Stück abbröckelte, im Osten die Renaissance Fuß fassen und positive Werte schaffen konnte. Ihr stärkster Ausdruck wurde die jüdische Bewegung, die man auch mit einem mitunter irreführenden Namen als nationaljüdische Bewegung zu bezeichnen pflegt. Sie ist weiter und tiefer angelegt, als nationale Bewegungen zu sein pflegen, ursprünglicher und tragischer. Ihr Inhalt ist national: das Streben nach nationaler Freiheit und Selbständigkeit; aber ihre Form ist übernational. Der Ideenkomplex, den sie erzeugt hat, gehört dem Denken der Menschheit an. Und die Befreiung, die sie meint, rührt an das große Symbol der Erlösung.

Die jüdische Bewegung ist in ihrem letzten Sinn das Streben nach freier und vollkommener Betätigung der neuerwachten Volkskräfte. Wenn man sich das Volk in der Renaissance (ohne Berücksichtigung aller widerstrebenden oder noch unentwickelten Elemente) im Bilde eines Organismus vorstellen will, so ist die nationale Idee sein Bewußtsein, die nationale Bewegung sein Wille. Und wie der Wille zuerst reflexmäßig und triebhaft auftritt, dann unter dem Einfluß des sich entwickelnden Bewußtseins immer differenzierter und geistbestimmter wird, so entwickelte sich die jüdische Bewegung unter dem Einfluß des Renaissancegedankens vom Selbsterhaltungstrieb zum Ideal.

## II.

(1910)

Die innere Befreiung des Judentums ging der äußeren „Befreiung“, der Emanzipation, voraus. Hätte erst die eine, dann die andere die ganze Judenheit ergriffen, so hätte die Renaissance sich in konstanter Entwicklung durchsetzen können; denn dann wären die Juden fähig gewesen, aus der bereits gewonnenen seelischen Erneuerung heraus die neu zufließenden Güter der europäischen Zivilisation schöpferisch zu verarbeiten. Aber es gab damals, wie früher und später, ein östliches und ein westliches Judentum, zwei Welten, ein Judentum der Gemeinschaft und ein Judentum der Versprengtheit. Und das Tragische geschah: die innere Befreiung in Chassidismus und Haskala ergriff nur das östliche, das Judentum der Gemeinschaft, die äußere Befreiung, die Emanzipation, wurde nur dem westlichen, dem Judentum der Versprengtheit zuteil. Und so fehlte dem östlichen Juden die Materie, dem westlichen die Gewalt des Schaffens. Der östliche hatte sich auf die Urelemente seines Wesens besonnen, die Kräfte seiner nationalen Persönlichkeit waren losgebunden, aber er war nach wie vor tausendfältiger Pein und Schmach preisgegeben, er hatte nicht die Unbefangenheit und nicht den Frieden zum Schaffen, die neue Sehnsucht zerrieb sich im Kampfe um die Luft, die er zum Atmen brauchte, die neue Macht zerrann in Lebensnot und Auflehnung. Man fragt, warum der Chassidismus entartete, warum die Haskala keine „Flora unsterblicher Werke" hervorbrachte. Daß sie überhaupt entstanden, daß sie – Gestirne, die keiner voraussah, keiner vorausahnte – am Nachthimmel des Judenvolkes aufgingen und eine gnadenreiche Stunde lang leuchteten, das ist das Wunderbare. So war es im Osten. Und der westliche Jude hatte alles, nur nicht das Element der Elemente, die wiedergeborene schöpferische Urkraft; statt der innerlichen Befreiung durch Anknüpfung an die klassische Zeit seines Blutes und Volkstums erwarb er von außen die „Geistesfreiheit"; er nahm die Güter des Geistes fertig und auf einmal aus den Händen der kultivierten Nationen, statt sie im Feuer einer befreiten Seele allmählich umzuschmelzen und umzuschmieden.

So erfuhr die jüdische Renaissance eine schwere Hemmung, die es verhinderte, daß der neue Judentypus, der sich in Chassidismus und Haskala vorbereitet hatte, zu voller Entfaltung kam. Diese Hemmung aber war nur so lange unüberwindlich, bis sie ins Bewußtsein trat. Das erwachende Bewußtsein der Hemmung erzeugte die nationale Bewegung; der neue Wille, die Hemmung zu beseitigen, wird Zionismus genannt. Darum habe ich den Zionismus als den bewußten Willen der Renaissance bezeichnet. Die Renaissance des Judentums will sich erfüllen; sie weckt das Verlangen nach dem neuen, freien, selbständigen Leben, in dem allein sie sich erfüllen kann. Sie verbindet den Westen mit dem Osten. Indem Westen und Osten einander durchdringen, entsteht neue Fruchtbarkeit – spezifisch jüdische Fruchtbarkeit, die jüdische Art, jüdische Anschauung, jüdische Werte zur Gestalt werden läßt.

# VÖLKER, STAATEN UND ZION

## I. Begriffe und Wirklichkeit

*Brief an Hermann Cohen (Juli 1916)*

1.

Sie veröffentlichen, hochgeehrter Herr Geheimrat, einen Aufsatz unter dem Titel „Zionismus und Religion", der mir in mancherlei Hinsicht, und zwar in seinen Behauptungen ebensosehr wie in seinen Bestreitungen, bemerkenswert scheint, zu bemerkenswert, als daß man ihn summarisch behandeln dürfte, oder ohne vorher seinen Gedankengang sorgfältig nachgezeichnet zu haben.

Sie begründen die Ihnen ungewohnte publizistisch-polemische Äußerung mit der Befürchtung, die Gefahr, die der Zionismus Ihrer Meinung nach darstellt, werde infolge der gesteigerten internationalen Spannung immer größer und aktueller. Das Anwachsen des Antisemitismus lasse die Assimilation als vergeblich, den Zionismus als die einzige Zuflucht erscheinen. Andererseits aber sei es gerade der Zionismus, der die Empfindlichkeit für die nationale Differenz verfeinere und solchermaßen viele, da sie diese nicht zu überwinden vermögen, zu dem Entschluß verleite, sie wenigstens für ihre Kinder durch die Taufe aufzuheben. Der in gleicher Weise glaubens- wie vaterlandstreue liberale Jude aber werde „vom Zionismus verspottet und verachtet", als „ein Feigling und ein Heuchler" bezeichnet. Als ein Heuchler aber auch in seiner Religiosität, denn die Zionisten sprächen jedem, der kein jüdisches Nationalgefühl habe, auch die Religiosität ab. Hingegen täten sie, die Zionisten, sich in einem unnatürlichen Bündnis mit der Orthodoxie zusammen, obgleich sie selber dem Pantheismus huldigten und der jüdischen Rasse das Merkmal der Heiligkeit zusprächen. „Wenn nun", fahren Sie fort, „der Zionismus Religion und Nationalität gleichsetzt, so erheben wir zunächst den Einspruch, daß wir Nichtzionisten keineswegs die Religion außer Verbindung setzen mit der Nationalität. Wir setzen nur beide nicht identisch, sondern machen die Nationalität zu einem anthropologischen Mittel für die Fortpflanzung der Religion." Die Nationalität sei, so erklären Sie, „die naturgemäße Bedingung und Grundlage für den Fortbestand der Religion". Aber Nationalität sei eben etwas ganz anderes als Nation. Nationalität sei eine Naturtatsache, Nation hingegen eine Schöpfung des Staates. „Der Staat erst stiftet und begründet die eine Nation, mit der er sich gleichsetzt. Aber diese eine, durch den Staat definierte Nation kann viele Nationalitäten in sich vereinigen." Auch die deutsche Nation umfasse mehrere Nationalitäten, darunter „unsere fortbestehende jüdische Nationalität". Der Zionismus aber spreche von der jüdischen *Nation;* dazu hätte er nur ein Recht, „wenn er grundsätzlich und ausnahmslos den jüdischen Staat erstrebt". Er hingegen fordere nur die „öffentlich-rechtliche" [soll heißen: öffentlich-rechtlich gesicherte] Heimstätte. Indem er aber diese für den Juden fordere, ohne die Einschränkung zu machen: „für diejenigen Juden, die annoch einer solchen entbehren", mache er sich nicht allein einer Kränkung des Vaterlandsgefühls der eine Heimstätte bereits besitzenden Juden, sondern auch einer Zweideutigkeit schuldig, die für Sie „den ganzen Zionismus zu einer schier unbegreiflichen Unwahrhaftigkeit macht". Ohne Wahrhaftigkeit aber gebe es keine „richtig orientierte" Religiosität. Und in der Tat: wie die Zionisten durch ihren Pantheismus der jüdischen Religion widersprächen, so ergehe sich die zionistische Literatur, auch in Schriften deutscher Rabbiner, in frivoler Verhöhnung der höchsten Idee der jüdischen Religiosität, der Idee der messianischen Menschheit. Diesem Zionismus, der das allgemeine Vorurteil der Christen gegen uns, daß wir keine Religiosität hätten, bestätige, müsse entgegengehalten werden, daß wir „in irgendeiner Naturtatsache, wie der der nationalen Abstammung", nicht „den eigentlichen und einzigen Halt für unser Selbstbewußtsein" suchen könnten. „Wer mit der ganzen Glut des Herzens, mit Zittern und Beben sein Schma Jisrael betet, der, und er allein, befestigt sein jüdisches Ich unerschütterlich in Geist und Seele." Von diesem Gesichtspunkt aus sei auch die zionistische Forderung einer Wiederbelebung der hebräischen Sprache zu betrachten; wohl sei es unsere Pflicht, die hebräische Sprache zu pflegen, aber nicht als eine profane Umgangssprache, sondern als die Sprache unseres Gebetes; so viel Hebräisch müsse demgemäß (so präzisieren Sie Ihre Forderung) jeder gebildete Jude sich anzueignen bestreben, als zum Verständnis der wichtigsten Gebete erforderlich ist. Durch solche Befestigung und Vertiefung ihres Verhältnisses zum Judentum würden die deutschen Juden, so meinen Sie, den Zionismus überwinden.

Ich kann heute nur auf jene Punkte Ihres Aufsatzes eingehen, die mir besonders wichtig scheinen, und auch auf sie nicht mit der wünschenswerten Ausführlichkeit.

2.

„Wenn nun der Zionismus Religion und Nationalität gleichsetzt, so erheben wir zunächst den Einspruch, daß wir Nichtzionisten keineswegs die Religion außer Verbindung setzen mit der Nationalität."

Wir Nichtzionisten! Glauben Sie wirklich, im Namen der Nichtzionisten diese Erklärung abgeben zu können? Oder auch nur im Namen der liberalen Juden, als deren Sprecher Sie, und gewiß mit Recht, wenige Sätze vorher auftreten?

Seit einem Jahrhundert und länger betonen die mehr oder minder liberalen Juden in allen Zungen und Tonarten, es gebe überhaupt keine jüdische Nationalität, oder, wie Moritz Lazarus, ein akkreditierter Vertreter, offenbar in Verallgemeinerung der Ergebnisse seiner Selbstbetrachtung es formulierte: „Die Juden haben keine eigene Nationalität mehr; es gibt schlechterdings keinen Juden mehr, der nur noch einen jüdischen Geist hat." Sie aber, Herr Geheimrat, sprechen, als sei die Anerkennung der jüdischen Nationalität ein integrierender Bestandteil der nichtzionistischen, insbesondere der liberal-jüdischen Lebensanschauung, und verargen es dem Zionismus, daß er diesen Bestandteil nun einmal nicht wahrzunehmen vermag.

Allerdings betonen Sie, daß Sie in der Nationalität, die wir als eine *historische* Kategorie aufzufassen gewohnt sind, nur eine „Naturtatsache" sehen; und in der Tat gebrauchen Sie auch sonst, in Ihren Schriften die Termini „Nationalität" und „Stamm" oder „Abstammung" als Synonyma. Aber wie vermögen Sie, von Ihrem Standpunkt des strengen altjüdischen Monotheismus, die Abstammung als eine „Naturtatsache" zu behandeln? Das jüdische Urwort „Samen", das nirgends fehlt, wo Gott mit Abraham und Abrahams Geschlecht seinen Bund schließt und erneuert, nicht beim Bund über dem Fünftieropfer, nicht beim Bund auf dem Berge Morija und nicht beim Bund zu Beth-El – dieses Prinzip des Bundes wäre nicht in der Geschichte wirkender Gotteswille und Gottessinn, sondern eine Naturtatsache?

Aber Sie selber halten im Fortgang Ihrer Ausführungen diese Definition nicht aufrecht oder setzen sich in Widerspruch zu ihr. Sie sagen: „Die Nationalität hat freilich ein Moment, durch dessen Stärkung der Zionismus sich scheinbar ein Verdienst erwirbt: die hebräische Sprache." Sehen wir vorerst von der Frage des „scheinbaren" Verdienstes ab – unmißverständlich erklären Sie an dieser Stelle die hebräische Sprache als ein Moment der jüdischen Nationalität. Ist das immer noch die Naturtatsache, die bloße Abstammung, das „anthropologische Mittel" – diese Nationalität, zu deren Momenten eine *Sprache* gehört? Wird auch die Sprache mit der Geburt besessen? Und gar diese Sprache, die ihr Fortleben – mit Ausnahme ihrer beginnenden Erneuerung in Palästina – nicht der „natürlichen" Aneignung des Kindes, sondern dem bewußten, *gegen* die Naturtatsache des Umgebungseinflusses sich durchsetzenden nationalen Willen der ausharrenden Generationen zu verdanken hat!

Nein, mit dem Begriff der Naturtatsache ist die Nationalität nicht zu definieren. Sie ist eine geschichtliche Wirklichkeit und eine sittliche Aufgabe. Gewiß hat auch sie ihre Wurzeln im Naturhaften. Aber auch unser Menschentum hat seine Wurzeln im Naturhaften, und doch kann es uns in dessen Grenzen sein Wesen nicht erschließen, sondern erst im Geisteskampf der Menschheit, in dem unendlichen Streben, *die Idee des Menschen zu erfüllen*. Und nicht anders ist es mit der Liebe, mit der Kunst, mit der Erkenntnis. Sie alle haben ihre Wurzeln in Naturtatsachen, aber wir können ihres Sinnes nicht innewerden, ehe wir zum Woher das Wohin tun, zum Ursprung das Ziel, zur Einsicht, woraus sie geworden sind, diese andere, was aus ihnen werden soll, zu dem, was uns gegeben ist, das, was uns aufgegeben ist, zur Natur den Geist. Eine Wirklichkeit des Geistes und des Ethos ist die Nationalität, und in doppeltem Sinn. Eine Wirklichkeit des Geistes und des Ethos in der Geschichte, da sie ihrer Idee dient nicht als das anthropologische Mittel zu deren Fortpflanzung, sondern als ihrer Idee Träger und Leiblichkeit, der Idee immer wieder und immer neu und anders sich bemächtigend, sie tausendfach wandelnd und in aller Wandlung rein bewahrend, sie und sich mit ihr tausendfach verlierend und sie und sich mit ihr aus aller Verlorenheit in heiliger Kraft wiederfindend, wiedererringend, wiedergebärend – dies der eine Sinn der Nationalität. Und der andere: all dies in unser persönliches Leben verpflanzt, in eines jeden von uns, in Ihr, in mein persönliches Leben als Schicksal und Aufgabe verpflanzt, all dies – auf daß wir werden, was wir sind, und als Prüfung, und als Reinigung, und als Auslese; wie jene Terebinthe des Jesaia (6,13), von der ein Stumpf geblieben ist: „sein Stumpftrieb ist Same der Heiligung".

Nie hat der Zionismus, wie Sie behaupten, Religion und Nationalität gleichgesetzt; aber nie auch wird er das Volkstum zu einem anthropologischen Mittel für die Fortpflanzung der Religion verkleinern lassen. Sondern auch jeder Zionist, für den wie für mich die Religiosität im Zentrum des Judentums steht, wird wie ich wissen und bekennen: daß die jüdische Religiosität – wohlgemerkt, ich meine nicht eine Erscheinungsform und nicht eine Auffassung der Religion, sondern die ganze unendliche Religiosität des Judentums, die undefinierbar, unbegrenzbar, über Glaubenssätze und Sittenlehren dahinflutend, sie alle umschließt und von keinem umschlossen werden kann, wandlungsmächtig und doch im Kern unwandelbar, – daß die jüdische Religiosität, sage ich, eine Funktion, die oberste Funktion des mächtigen jüdischen Volkstums ist, eine Funktion, die ohne ihren Träger nicht, wie Sie meinen, sich bloß nicht fortpflanzen, nein, die ohne ihn nicht bestehen könnte: die aus seinem Blute lebendig, aus seinen Kräften stark, aus seinem Willen wirksam ist und die ohne seine Vitalität, ohne seine eifernde und duldende Gewalt keine Stätte auf Erden hätte. Es gilt für die Geschichte und für das Leben des Einzelnen: die Idee kann nicht realisiert werden, wenn nicht das Volkstum realisiert wird. Darauf aber, auf das Realisieren kommt es einzig an. Die Nationalität als bloße Naturtatsache ist eine Fiktion, wie das Menschentum als bloße Naturtatsache eine Fiktion ist; erst wenn wir sie als eine Wirklichkeit des Geistes und des Ethos anschauen, können wir sie auch in unserem eigenen Leben zur Wirklichkeit machen.

3.

Ist die Nationalität aber keine Naturtatsache, sondern eine geistige Realität in Geschichte und persönlicher Aufgabe, dann kann zwischen ihr und der Nation wohl nur ein Unterschied des Grades – der Größe der selbständigen Kulturschöpfung, der Größe des geschichtlichen Lebens, der Größe des einheitlichen Willens und so weiter – nicht aber einer der Gattung sein, wie Sie behaupten. Diese Behauptung ist Ihnen nur dadurch ermöglicht, daß Sie, wie Sie den Begriff der Nationalität von seiner Entfaltung im Geistigen ablösten, so umgekehrt den der Nation von seiner Verwurzelung im Naturhaften ablösen; wie Sie den einen zu einer bloßen Naturtatsache machen, so den andern zu einer rein geschichtlichen Existenz: indem Sie die Nation erst durch den Staat „gestiftet" und „begründet" werden lassen.

Es muß einer exakteren Erörterung, als sie in diesem Brief gegeben werden kann, vorbehalten bleiben, darzulegen, daß diese Ihre Terminologie weder durch die Sprachgeschichte, noch durch den gegenwärtigen

Sprachgebrauch, noch auch durch die tatsächlichen Verhältnisse der Gegenwart legitimiert erscheint. Ich bin bereit, den Beweis dafür anzutreten. Hier will ich nur auf einen besonders wichtigen Punkt mit wenigen Worten eingehen.

Nation und Staatsgemeinschaft sind für Sie schlechthin identische Begriffe. Die russische Nation deckt sich in Ihren Augen mit der russischen Staatsgemeinschaft, die türkische Nation mit der türkischen Staatsgemeinschaft und so weiter. „Aber diese eine, durch den Staat definierte Nation kann viele Nationalitäten in sich vereinigen." Es ist also die *Nation,* deren Teile die Nationalitäten sind. Wie steht es nun um die Nationalitäten, die sich von den herrschenden Nationen ihrer Staaten unterdrückt wissen oder wähnen? Nun, alle diese Nationalitätsfragen werden nunmehr auf die einfachste Art gelöst, ja aus der Welt geschafft, nämlich durch die terminologische Methode. Diese Nationalität da, die sich beschwert – sie ist doch ein Teil der Nation, über die sie sich beschwert, denn diese herrschende Nation ist ja mit der Nation ihres Staates identisch (oder nicht? dann gäbe es also eine russische Nation, die Staatsnation, und eine russische – Nationalität, die herrschende): wie könnte sie von ihr unterdrückt werden, von dem Organismus, dem sie angehört? Alle Leiden der Nationalitäten wären somit eingebildete Leiden und deren Heilung eine Aufgabe der Lehre von den richtigen Begriffen.

Verzeihen Sie den scherzhaften Ton in einer so ernsten Sache. Ich glaubte Ihnen so am besten vorführen zu können, welche Paradoxien die folgerichtige Anwendung Ihrer Terminologie erzeugt. „Nur wenn er (der Zionismus) grundsätzlich und ausnahmslos den jüdischen Staat erstrebt, hätte er ein Recht, von der jüdischen Nation und nicht, wie wir, von der jüdischen Nationalität zu sprechen."

Nehmen Sie das nicht zu genau? Kein anderer als Sie selbst schrieb eben erst (1913): „Nur der Lehren wegen sind und bleiben wir *Nation*" (Hermann Cohen, Das Gottesreich, im Sammelbuch „Soziale Ethik im Judentum", S. 124). Und doch haben Sie nicht grundsätzlich und ausnahmslos den jüdischen Staat erstrebt. Aber der Zionismus müßte es tun, wenn ihm der Gebrauch des Wortes Nation gestattet werden sollte. Warum müßte er das?

Die Tatsache, daß der österreichische Staat in diesem Krieg seinen Zusammenhalt erwiesen hat, daß seine Nationalitäten ihre Streitigkeiten zurückgestellt haben, um gemeinsam für den sie umfassenden Staat gegen andere Staaten zu kämpfen, diese Tatsache, sagen Sie, habe gezeigt, daß die

Terminologie verändert werden müsse: daß man die Staatsgemeinschaft, und sie allein, nunmehr als Nation anzusprechen habe. Ich vermag der angeführten Tatsache dieses Müssen nicht zu entnehmen. Vielmehr beweist sie mir nur, daß der Staat und die Staatsgemeinschaft – die ja zumeist auch eine Kulturgemeinschaft ist, so die österreichische trotz aller nationalen Differenzen eine Kulturgemeinschaft von eigentümlicher Art – eine große Macht über die Seelen der Menschen haben, unter Umständen eine größere als die Nation und die nationale Gemeinschaft. Aber ist deshalb die Staatsgemeinschaft – nicht etwa eine bestimmte, besonders einheitliche, sondern die Staatsgemeinschaft an sich, und gar sie allein, eine Nation zu nennen? Österreich hat zusammengehalten – müssen deshalb die Völker Österreichs, und unter ihnen auch die Teile der deutschen Nation, der italienischen Nation, der polnischen Nation, die österreichische Kronländer bewohnen, samt und sonders zu Nationalitäten, ihre Gesamtheit aber zu einer Nation erklärt werden? Wenn Sie sagten, daß die Definition sich aus Ihrer Philosophie ergebe, würde ich das gewiß nicht zu bestreiten wagen – aber wie sie sich aus den Tatsachen ergeben soll, ist mir nicht ersichtlich. Und wenn zu irgendeiner Zeit irgendein anderer aus mehreren Nationen oder Nationalitäten zusammengesetzter Staat zerfiele, wie das ja in der Geschichte schon etliche Male vorgekommen ist, so würde auch daraus sich nichts anderes ergeben, als daß die Macht über die Seelen der Menschen, von der ich sprach, nicht immer und überall die gleiche ist, und daß es *andere* Umstände geben kann, unter denen sie geringer ist als die der nationalen Gemeinschaft.

Wahrlich, es trägt nicht zur Klärung, sondern zur Trübung der Begriffe bei, wenn man Nation und Staatsgemeinschaft als identisch behandelt.

4.

Klärung der Begriffe – aber geht es hier um Begriffe? Kann man die jüdische Volksfrage durch eine Terminologie „erledigen"? Kann „die Natürlichkeit und Aufrichtigkeit eines Nationalgefühls" durch eine Definition erwiesen werden?

Es gibt ethnische Gruppen in Europa, die vermeinen, sich einen breiteren Lebensanspruch zu erwerben, wenn sie beweisen, daß sie eine Nation und keine Nationalität seien: durch eine Definition. Es gibt andere Gruppen, die vermeinen, diesen Lebensanspruch aus der Welt zu schaffen, indem sie den Gegenbeweis führen: durch eine andere Definition. Wollen wir dieser Argumentationsweise mitten im Judentum Platz schaffen?

Nation oder Nationalität, gleichviel. Das Judentum ist ein undankbares Exempel für Definitionen. Es gibt Schichten des deutschen Judentums, bei denen ich das Gefühl „Nationalität" kaum noch aufbringe; sie sind nicht etwa übernational, sondern unternational – das artlose, gedächtnislose, substanzlose Randgezücht. Aber ich brauche nur einen Vers von Bialik oder einen Brief aus Erez Israel zu lesen und ich fühle: hier ist Nation, nein, hier ist mehr als Nation – hier ist Volk.

Sie schreiben: „Solange dort die Losung besteht, eine ‚öffentlich-rechtliche Heimstätte' *für die Juden* zu gründen ..." Diese Losung besteht nicht und hat nie bestanden. Sondern die öffentlich-rechtlich gesicherte Heimstätte wird *„für das jüdische Volk"* erstrebt. Und von dieser Losung sagen Sie, nachdem Sie sie so grundverkehrt zitiert haben, ihre Zweideutigkeit mache den ganzen Zionismus für Sie „zu einer schier unbegreiflichen Unwahrhaftigkeit"! Worin besteht diese Unwahrhaftigkeit? Ob diese oder jene Juden sich bereits im Besitz einer Heimstätte fühlen, das ist ihre Sache; aber besitzt *das jüdische Volk* eine Heimstätte?

Das jüdische Volk – keine Naturtatsache, sondern eine keiner anderen vergleichbare geschichtliche Wirklichkeit; kein Begriff, sondern ein ungeheures Leben und Sterben vor Ihren und meinen Augen; kein Mittel für die Fortpflanzung der Religion, sondern dieser Religion und mit ihr aller jüdischen Ideologie, alles jüdischen Ethos, aller jüdischen Sozialität zum Staube erniedrigter Träger. Mögen Juden an allerlei Orten, in diesem oder jenem Vaterlande „ihrem politischen Bewußtsein und Gefühle nach eine Heimstätte besitzen", das jüdische Volk ist der große Heimlose. Alle Gottesflüche der Schrift meinen Zerstreuung, alle göttlichen Segnungen und Tröstungen meinen Sammlung – für wen? Für die Juden aller Vaterländer? Für die ihrem politischen Bewußtsein und Gefühle nach Besitzenden? Oder nicht vielmehr für das Volk? Und in denen alsdann das Volk lebendig ist, diese sind *der Rest,* dem der Prophet die Rückkehr kündet.

Im Zeichen der alten Segnungen und Tröstungen steht die neue Losung. Sie fordert eine Heimstätte – für das jüdische Volk, das, um mit Ihren Worten zu sprechen, „annoch einer solchen entbehrt".

5.

Die messianischen Segnungen und Tröstungen – aber Sie werfen ja gerade dem Zionismus vor: die zionistische Literatur „ergehe sich in frivoler Verhöhnung dieser höchsten Idee der jüdischen Religion", des Messianismus.

Wo und wann hat sie sich darin ergangen?

Ich glaube die zionistische Literatur zu kennen; ich kann mich auf eine Stelle, auf die Ihre Behauptung zutrifft, nicht besinnen. Vielmehr ist in ihr von Moses Heß bis auf (um ein naheliegendes Beispiel aus der heutigen Generation zu wählen) meine eigenen Schriften der Messianismus als die führende Idee des Judentums dargestellt worden.

Noch einmal, wo und wann?

Was der Zionismus bekämpft, das ist nicht die messianische Idee, sondern ihre Entstellung und Verzerrung, wie sie in einem beträchtlichen Teil der liberaljüdischen antizionistischen Literatur zu finden ist. Die Entstellung und Verzerrung, die unter Berufung auf den Messianismus die Zerstreuung, die Erniedrigung, die Heimlosigkeit des jüdischen Volkes als etwas absolut Wertvolles und Segensreiches verherrlicht, als etwas, das bewahrt werden müsse, weil es die messianische Menschheit vorbereite.

Auch wir sehen als das Ziel „die Erlösung des Menschengeistes und das Heil der Welt" (Buber, Drei Reden, S. 92), aber als den Weg dahin sehen wir „die Befreiung eines gepeinigten Volkes und seine Sammlung um Gottes Heiligtum" (das). Oder, wie Moses Heß es 1864 (Schriften, S. 44) ausgesprochen hat: „Uns fehlt das Land, um das historische Ideal unseres Volkes zu verwirklichen, welches kein anderes Ideal ist als die Herrschaft Gottes auf Erden, die messianische Zeit, die von allen unseren Propheten verkündet worden ist." Es fällt uns nicht bei, wie Sie meinen, „das Judentum in seiner Grundlehre grundsätzlich für das jüdische Volk reserviert zu halten". In der *messianischen* Menschheit mag das Judentum dereinst aufgehen, mit ihr verschmelzen; nicht aber vermögen wir einzusehen, daß das jüdische Volk in der *heutigen* Menschheit untergehen müsse, damit die messianische erstehe: vielmehr muß es eben darum mitten in ihr, ja mitten in dieser heutigen Menschheit verharren, aber nicht als eine stetig abbröckelnde Naturtatsache im Verein mit einer immer breiter konfessionalisierten Religion, sondern als ein sein Ideal um dieser Menschheit willen und ihr gegenüber frei und ungehindert verwirklichendes Volkstum. „Die jüdische Religion lehrte nicht wie das paulinische Christentum ein Hinaustragen der Botschaft in die Völker, nicht wie der Islam ein Erobern der Welt für den Glauben, sondern die Einwurzelung im heimatlichen Boden, die Bewährung des rechten Lebens in der Enge, die vorbildliche Gestaltung einer Menschengemeinschaft auf der schmalen kanaanitischen Erde. Und die am tiefsten ursprüngliche Schöpfung des Judentums, der Messianismus, ist nur die gleiche Idee, als letzte Erfüllung gedacht, in die absolute Zukunft projiziert, da der Herr allen Völkern auf dem Berge Zion ein Gelage bereiten wird „von firnen Weinen, klargeseihten" (Jes 25,6). „Das Streben nach der Heimstätte" ist ein nationales; ihr eigenes Streben, das Streben des jüdischen Gemeinwesens in Palästina wird ein übernationales sein müssen. Wir wollen Palästina nicht „für die Juden": wir wollen es für die Menschheit, denn wir wollen es für die *Verwirklichung* des Judentums.

6.

So verhält es sich mit Ihrer Beschuldigung, die zionistische Literatur verhöhne die messianische Idee. Und nicht besser belegt ist Ihr anderer Vorwurf. Die „Koalition" des Zionismus mit der Orthodoxie, sagen Sie, sei unnatürlich, „denn Vertreter des Zionismus haben es oft genug ausgesprochen, und ihre schöne Literatur strotzt von diesem Zynismus: daß die pantheistische Weltanschauung über die Religion eines jenseitigen Gottes erhaben ist".

„Ihre" schöne Literatur? Die schöne Literatur der „Vertreter des Zionismus"? Was für eine Literatur meinen Sie damit? In der schönen Literatur pflegt man im allgemeinen doch nicht vergleichende Weltanschauungsstudien zu treiben. Ich halte es übrigens zwar für keinen „Zynismus", eine Weltanschauung über eine Religion zu stellen, aber gleichviel: welche Vertreter des Zionismus meinen Sie, und welche Äußerungen von ihnen, in denen sie die pantheistische Weltanschauung solchermaßen mit der Religion eines jenseitigen Gottes verglichen haben? Nicht, als ob das in meinen Augen ein Grund wäre, irgendeine Koalition „unnatürlich" erscheinen zu lassen: es liegt in der Natur der Koalitionen, daß sie einen gemeinsamen Gegner und nicht eine gemeinsame Weltanschauung zur Voraussetzung und Legitimation haben; und nun sollen gar *alle* Vertreter beider Teile auf eine gemeinsame Weltanschauung eingeschworen sein! Aber es wäre mir lieb, zu erfahren, wen und was Sie meinen, um auf diesen Punkt so ausführlich, wie er es verdient, eingehen zu können.

Nun weiß ich zwar nichts von einer „Koalition" zwischen Zionismus und Orthodoxie; es sei denn, Sie meinten damit die von Fall zu Fall, für Wahlen und dergleichen, gegen einen gemeinsamen Gegner getroffenen Vereinbarungen. Aber wenn auch nicht eine formulierte und organisierte Koalition, es gibt da eine trotz aller ungeheuren Verschiedenheiten – deren größte darin besteht, daß die zionistische Partei zu der religiösen Frage überhaupt keine exklusive Stellung nimmt und somit Anhänger aller religiösen Richtungen und Anschauungen umfaßt – unzweifelhaft bestehende innere Gemeinsamkeit, nicht eigentlich zwischen Zionismus und Orthodoxie, aber zwischen einem wahrhaften, begeisterten Zionisten und einem wahrhaften, begeisterten Gesetzesjuden: die leidenschaftliche Auflehnung gegen das fiktive Judentum und das leidenschaftliche Verlangen nach einem realen.

Was fiktives Judentum sei? Sie selber sagen es. „Mit der Negation und Abwehr allein ist es nicht getan", rufen Sie Ihren Lesern zu; „wir müssen zu ganz anderen, positiven Leistungen uns aufraffen." Das Judentum, das es sich bisher an Negation und Abwehr hat genügen lassen und dennoch den Anspruch erhob, Judentum genannt zu werden – dieses nenne ich das fiktive. Reales Judentum, das ist gelebtes Judentum. Die Unterscheidung gilt auch für alle anderen Gemeinschaften, die religiösen, die nationalen und die politischen. Reales Christentum ist nicht proklamierte, sondern gelebte christliche Lehre. Reales Deutschtum ist nicht proklamierter, sondern gelebter deutscher Geist. Realer Sozialismus ist nicht proklamierte, sondern gelebte sozialistische Gesinnung. Und so ist ein wahrhafter Jude nicht, wer das Judentum proklamiert – und wahrlich, es gilt mir gleich, ob es ein religiöses oder ein nationales Judentum ist, das er im Munde führt, und die gelten mir nicht als Zionisten, denen der Zionismus nur eine Parole und ein Bekenntnis ist –, sondern das ist ein wahrhafter Jude, der mit seinem Judentum in seinem Leben und seinem Tun Ernst macht. Ein Stück Ernst ist es freilich schon, wenn er, wie Sie sagen, „mit der ganzen Glut des Herzens, mit Zittern und Beben sein Schma Jisrael betet" (ich muß freilich gestehen, daß ich deren an den Andachtsstätten des liberalen Judentums nicht gar viele gefunden habe) – ein Stück schönen Ernstes, aber nicht mehr, geschweige, wie Sie meinen, eins und alles. Das Ganze hat erst, in dessen Leben das Judentum wirkendes, formendes Element geworden ist. Ich kenne nur zwei Versuche, dies zu erreichen. Der eine ist der des begeisterten gesetzestreuen Juden, der nicht aus Erbgewöhnung und Pietät, sondern aus großer Gläubigkeit sein Leben in die alten Formen fügt – dieser Versuch geschieht nur dann in Wahrheit, wenn das echte jüdische Ethos sich mit den Formen paart. Dieser Versuch heißt: das manifeste Judentum erhalten. Der andere heißt: das verschüttete Judentum freimachen; das ist der Weg des Zionismus. Dieser Versuch, der allein zu einem neuen und *ganzen* Judentum führen kann, wird sich erst in Palästina, in den nationalen Formen jenes übernationalen Strebens, von dem ich gesprochen habe, vollenden; unternommen wird er im persönlichen Leben jedes wahrhaften Zionisten, denn jeder wahrhafte Zionist ist auch im innerlichsten Sinn *unterwegs.*

In diesem Brief ist nicht der Ort, auseinanderzusetzen, wovon ich schon wiederholt gesprochen habe und noch mehr zu sprechen gedenke. Aber eines möchte ich hier herausheben, weil Sie selbst es getan haben und weil daran recht deutlich wird, was ich meine: die Frage der hebräischen Sprache.

Sie sagen: Die hebräische Sprache ist für uns deutsche Juden keine profane Umgangssprache, aber auch keine tote Sprache; sie ist die Sprache unseres Gebetes – und „soviel Hebräisch muß demgemäß jeder gebildete Jude sich anzueignen bestreben, daß er die wichtigsten Gebete mit der ganzen poetischen Kraft der Ursprache zum tiefsten Schatz seines Gemütes macht". Und deshalb offenbar nennen Sie das Verdienst des Zionismus um die hebräische Sprache ein scheinbares, weil er sie als „profane Umgangssprache" behandle, ja Sie sprechen sogar von „Gefahr und Unsegen".

Ich vermag nun freilich nicht zu erkennen, welche Gefahr und welchen Unsegen es bedeuten könnte, wenn Hebräisch wo immer als Umgangssprache behandelt würde. Aber ich sehe, und die meisten Zionisten mit mir, im Hebräischen für die Diaspora nicht in erster Reihe eine Umgangssprache, sondern vor allem die Sprache, in der allein die großen Werte des Judentums unverkürzt und unverfälscht aufgenommen werden können. Wir sehen in ihm nicht eine „profane", wohl aber eine im hohen Sinn weltliche, alles Geistliche mitumfassende Sprache, die Sprache des mächtigen geschichtlichen Zusammenhangs, des ganzen einigen Volkstums, zu dem auch die Gebete, aber nur als ein einzelner Abschnitt dieses großen Buches gehören. Und ferner sehen wir im Hebräischen die Sprache, in der sich die ursprüngliche jüdische Geistesart verdichtet hat und aus der sie – unabhängig von allen Inhalten – sich jedem erschließt, der sie vollkommen aufnimmt (womit ich allerdings eine tiefere Kenntnis meine, als die zum Verständnis der wichtigsten Gebete genügt). So ist sie uns zwiefach ein Wegbahner zum verschütteten Judentum; inhaltlich, indem sie uns wesentliche und verschollene Werte übermittelt: sowohl die urzeitlichen, die von den notwendigerweise paraphrasierenden Übersetzungen[48] verdeckt werden, als auch jene späteren, von denen überhaupt keine Übersetzung Kunde bringt und die auch dem, der Hebräisch schon erlernt hat, erst erschlossen werden müssen; formal, indem sie die alten jüdischen Denkformen, die von denen der europäischen Kultursprachen, unserer „Muttersprachen", verdrängt worden sind, in uns wieder lebendig macht, wie es nur die Sprache, in der sie sich einst verkörperten, in innerlicher Wirkung vermag. So wird Ödland in uns urbar, das reale Judentum wächst, Stück um Stück wird dem fiktiven entrissen. So und mit verwandten Mitteln haben wir begonnen, junge Menschen zu erziehen, so werden wir viele erziehen, eine Auslese des neuen Judengeistes, eine Gideonschar, erprobt und gesiebt, zum Streit gegen das innere Midjan, gegen das fiktive Judentum. Und wenn es mit rechten Dingen zuginge, müßten Sie, Herr Geheimrat, diesen unseren Streit mitkämpfen, statt die „Gefahr" und den „Unsegen" des Zionismus „überwinden" zu wollen.

## II. Der Staat und die Menschheit

*Bemerkungen zu Hermann Cohens „Antwort" (September 1916)*

I.

Hermann Cohen veröffentlicht eine „Antwort auf das offene Schreiben des Herrn Dr. Martin Buber an Hermann Cohen". Antwort nennt er seinen Aufsatz; aber es ist keine Antwort, sondern ein Anmirvorbeireden. Da spricht jemand, der nicht meine Worte – die er fast nirgends zu widerlegen versucht –, sondern die leicht umzustürzende erdachte Schlagwortargumentation eines erdachten Zionistentypus vernimmt.

In seinem ersten Aufsatz hatte Cohen die These aufgestellt: „Der Staat erst stiftet und begründet die eine Nation, mit der er sich gleichsetzt". Ich habe diese These an ein paar Beispielen aus der Gegenwart als unhaltbar

48 Nicht bloß die christlichen, wie Sie meinen, modeln den ursprünglichen Sinn und Geist, alle tun es, denn keine abendländische Sprache vermag die Urworte der Bibel, jedes einzelnen elementare Wucht und ihrer Verbindungen zyklopische Fügung, wiederzugeben.

erwiesen und mir eine exaktere Darlegung für den Fall einer Bestreitung meiner Beweisführung durch Cohen vorbehalten. Er versucht sie aber gar nicht zu bestreiten; er begnügt sich damit, zu wiederholen, „daß erst durch den Staat die Nation kraft eines Aktes der politischen Sittlichkeit konstruiert wird". Also hat es bis 1870 keine deutsche Nation gegeben! Es scheint mir überflüssig, diese geschichtswidrige Terminologie durch weitere Gegenexempel ad absurdum zu führen. Um so überflüssiger, als mir die Bedeutung des Terminologischen hier maßlos überschätzt erscheint. Es kommt nicht darauf an, ob die Juden eine Nation oder eine Nationalität sind; es kommt darauf an, was wir zu tun haben, damit dieser Gemeinschaft, wie immer sie genannt wird, ein neues selbständiges Leben, eine erneute Spontaneität des Tuns und Schaffens zuteil werde – dieweil sie heute wie seit nahezu zwei Jahrtausenden nicht von ihren eignen Willenskräften, sondern von dem Getriebe der Völker, von denen sie abhängt, bestimmt wird. Es kommt nicht darauf an, ob die Staatsgemeinschaft den Namen einer Nation und die ethnischen Einheiten, aus denen sie besteht, den von Nationalitäten führen oder ob man die beiden verwandten Namen den ethnischen Einheiten beläßt und der Staatsgemeinschaft ihren eigenen zuteilt; es kommt darauf an, daß kein Staat irgendeins der Völker, die er umschließt, wie immer sie genannt werden, in dessen vitalen Rechten schmälere, daß keine herrschende Nation, die sich als Staatsnation „konstituiert", die von ihr beherrschten in der rechtmäßigen Entfaltung und Auswirkung ihrer Sonderart beeinträchtige, sondern daß sie am Leben und am Werk des Ganzen ungehemmt teilnehmen dürfen.

Cohen stellt diese Forderung nicht auf. Sein Grundmotiv ist nicht Forderung, sondern Abwehr. Zwar schreibt er den gewichtigen Satz nieder: „Die Staaten sagen *in ihrer Verblendung*[49]: es sollen keine Gruppen unter uns sein, die unter irgendeiner Fiktion ein staatsartiges Sonderdasein führen". Aber dieser „Verblendung" hält er nicht die zwingende Wahrheit über das Verhältnis zwischen Staat und Volk entgegen, sondern die abwehrende Versicherung: „allein und ausschließlich unsere Religion sei der Unterschied zwischen uns und unserem Staate und demgemäß auch unserer Nation". Er will nicht die verblendeten Augen heilen, er will nur das „moderne Judentum" den Folgen der Verblendung entziehen.

Nicht so wir. Wir haben zwar den von Cohen angeführten Satz von den Gruppen und dem Sonderdasein nicht aus dem Munde der Staaten,

49 Bei Cohen nicht kursiv.

sondern lediglich aus dem einiger allerdings verblendeten Staatsfanatiker vernommen; aber auch jenen selber würden wir, täte es not, die Wahrheit entgegenhalten, daß die nationalen Gruppen innerhalb des Staates keineswegs ein „staatsartiges", sondern eben ein nationales Dasein führen wollen, und daß sie auf dieses ein unvertilgbares Recht haben. Denn sie, die Völker, sind in der Geschichte des Menschentums die schaffenden, jene die ordnenden Prinzipien; und allzeit hat das ordnende Prinzip die Herrschaft seiner Ordnung immer exklusiver zu befestigen gesucht, obgleich es die Kräfte nur zu verschieben, nicht zu erzeugen vermag; allzeit aber hat das schaffende Prinzip standgehalten und hat seinen im Urgesetz des Lebens selbst begründeten Anspruch gewahrt. Und so wird es bleiben, bis das Königtum Gottes auf Erden ersteht; bis in der messianischen Gestalt der Menschenwelt Schöpfung und Ordnung, Volk und Staat in einer neuen Einheit, in der Gemeinschaft des Heils verschmelzen.

Eine Selbstverständlichkeit unter allen rechtlich Denkenden ist der des Nachdrucks, mit dem er vorgebracht wird (als gälte es eine entgegengesetzte Behauptung zu entkräften), durchaus unbedürftige Satz Cohens: „Keine Einschränkung der bürgerlichen Gleichberechtigung darf uns an dem absoluten Pflichtgedanken und Pflichtgefühl für den Staat beirren, dem wir uns anschließen". Kein wahrhafter Jude, wie immer seine Auffassung des Judentums sein mag, wird durch die Einschränkung seiner bürgerlichen Gleichberechtigung sein Verhältnis zu dem Staat, dem er angehört, bestimmen lassen; das hieße das Verhältnis zur Gemeinschaft überhaupt zu einem Schachergeschäft degradieren. Aber hinwieder vermeine ich, daß es den wahrhaften Juden nicht zukommt, wie Cohen überschwenglich auszurufen: „*Unser ganzes Gefühlswesen* ist in unserem Staatsbewußtsein konzentriert". Man lege diese Worte in den Mund Samuels, Elias, Amos', man lege sie in den Mund Jeremias, und man wird inne werden, wie diese Anschauung von der des alten Judentums abgeirrt ist: jener Männer ganzes Gefühlswesen war nicht in ihrem Staatsbewußtsein, sondern in ihrem Gottesbewußtsein konzentriert, und wenn der Staat von Gott abfiel, führten sie Gottes Sache gegen den Staat. Oder man lege jene Worte in den Mund eines der jüdischen Gesetzeslehrer in Babylon, und man wird verstehen, warum Hermann Cohen, dem weisen und ehrwürdigen Mann, der Rang eines Resch Gelutha, eines „Fürsten des Exils", den ihm einer meiner Freunde zubilligen möchte, nicht gebührt: weil er wohl die Weisheit, nicht aber auch die Seele eines Resch Gelutha hat. Der ist nicht zum geistigen Exilarchen berufen, der nicht dieses Exil, ja dieses ganze Exil mit all seinem Elend und all seiner Schande, als das Exil der Schechina, der „Einwohnung" Gottes, erlebt; wer nicht diese erniedrigte Gemeinschaft über alle hohen, den Jammer der Diaspora über den Stolz der Staaten hebt und lieber von diesen bitteren Wassern als von den köstlichen Weinen der Völker trinkt; wer nicht, ob er auch seine Pflichten gegen die Staatsgemeinschaft, der er angehört, mit allem Ernst und in aller Strenge empfindet, ein Höheres kennt: den Befehl, der einst an Abraham erging, aus dem Staat der Chaldäer, an Mose, aus dem Staat der Ägypter zu gehen – den Befehl Gottes an Israel um der Menschheit willen.

2.

In einem tiefen Sinn hängt damit ein anderes zusammen.

Ich empfinde meine Pflichten gegen die Staatsgemeinschaft, in der ich lebe, mit allem Ernst und in aller Strenge; als die oberste dieser Pflichten aber habe ich diese erkannt, die jedes aus Gott lebenden Menschen Pflicht ist: dem Staat das Bild der wahren Menschheit vorzuhalten, sooft er sich dagegen verfehlt. Denn die Menschheit – das, Herr Professor Cohen, auszusprechen, ist in diesen Tagen mehr als je die Pflicht jedes aus Gott lebenden Menschen – die Menschheit ist ein Größeres als der Staat. Nicht die gestrige „europäische" Scheinmenschlichkeit, die unfähig war, die Staaten aus ihrer Verstrickung in den unsichtbaren Krieg aller gegen alle zu lösen, sondern die werdende, die durch das Rote Meer gegangen ist, die erwachte, in der sich die künftige, um den lebendigen Gott gesammelte bereitet, deren Organe die Völker und deren Werkzeuge die Staaten sein werden. Das ist nicht die verlogene oder verstiegene „Humanität" von gestern, die Karikatur eines verschollenen Ideals, die nicht wußte und nicht wissen wollte, was Staaten sind und was sie vermögen, und über sie hinwegschwatzte, sondern eine neue, hellsichtige, die es genugsam erfahren hat und die Erfahrung nicht zu wiederholen wünscht.

Cohen sieht in der Idee des Staates die „Quintessenz der Ethik". Der Staat „vollzieht" nach ihm „die Realisierung der Sittlichkeit auf Erden", und es ist nur eine Ergänzung dieses Satzes, wenn er sagt: „Wir kontrollieren unsere Religion an unserer Ethik". Ich aber verneine diese Welt, in der die Religion an der Ethik und die Ethik am Staat „kontrolliert" wird. Meine Ethik ist eine Exekutive meiner Religion: der Wille, die Macht Gottes auf Erden zu mehren und die Macht des Übels zu mindern. Und der

Staat ist eines der Gebilde, an denen sich diese Ethik bewähren kann. Eines der Gebilde: formaler als die im Leben verwurzelten der Familie, der Gemeinde, des Volkes, und daher mehr noch als sie alle der „Kontrolle" bedürftig: ob er die Macht Gottes auf Erden mehrt und die des Übels mindert. Diese Kontrolle aber vermag kein anderer auszuüben als der zur legitimen Autorität gewordene Geist, dem die Völker und die Staaten Untertan sind: die *lebendige* Religion. Cohen, der die Religion durch eine Ethik kontrolliert, deren Quintessenz die Idee des Staates ist, will, ob es ihm auch nicht bewußt wird, den Geist unter den Staat beugen; ich will den Staat unter den Geist beugen. Nur unter der offenbaren Autorität des Geistes könnte sich auch der Staatenbund aufbauen, von dem Cohen redet, dessen „Symbol" für ihn der Staat ist – eine irreführende Abstraktion, solange nicht gesagt wird, daß, was heute allerorten Staatenbund heißt, der Bund von Staaten gegen Staaten, nimmermehr ein Weg zur wahren Menschheit werden kann.

3.

In *einem* Punkte aber redet Cohen nicht an mir vorbei: er erkennt, daß der Streit zwischen uns (nicht zwar zwischen ihm und „dem Zionismus", von dem ich keinen Auftrag habe und zu dessen Interpreten ich nicht bestellt bin, wohl aber zwischen ihm und mir, der ich hier meine persönliche Anschauung äußere) zuinnerst um das Verhältnis zwischen Staat und Religion geht; ich könnte auch sagen: zwischen Staat und Geist, oder: zwischen Staat und Menschheit. Für mich ist die Religion nicht wie für ihn „eine der konzentrischen Spezialitäten innerhalb der Einheit der sittlichen Kultur" und der Staat nicht „der Schwerpunkt aller Menschenkultur". Eher umgekehrt: einzig im religiösen Leben stellt sich mir die *Einheit* des wahren Menschentums dar, im Staat nur eine seiner Bewährungen.

Sowie er aber diese erkannte allgemeine Differenz auf das jüdische Problem anwendet, geht Cohen irre. „Unser Streit", meint er, „dreht sich nicht sowohl um das jüdische Volk als vielmehr um den jüdischen Staat. Eigentlich erkennt also der Gegner meine Definition, daß der Staat erst das Volk definiere, seinerseits an, aber er schließt daraus auf einen Sonderstaat für das jüdische Volk." Welch eine Paradoxie! Wie mir als Menschen der Staat überhaupt, so ist mir als Juden der „jüdische Staat" nicht das bestimmende Ziel. Und das „Machtbedürfnis eines lebensfähigen Stammes", von dem

Cohen weiter redet, ist mir vollends fremd; ich habe von den Werken des leeren Machtbedürfnisses zu viel gesehen und gehört.

Es geht um etwas anderes. Es geht nicht um den jüdischen Staat, der ja, wenn er heute entstünde, auch wieder auf denselben Prinzipien aufgebaut sein würde wie jeder moderne Staat; es geht nicht um ein kleinwinziges Machtgebilde mehr in dem Gewimmel; es geht um eine Siedlung, die, vom Getriebe der Völker unabhängig und der „äußeren Politik" enthoben, alle Kräfte um den inneren Ausbau und damit um die Verwirklichung des Judentums versammeln kann.

Ich habe in meinem Brief gesagt und wiederhole es: Wir wollen Palästina nicht „für die Juden": wir wollen es für die Menschheit, denn wir wollen es für die *Verwirklichung* des Judentums. Am Werk der neuen Menschheit, das wir meinen, kann die spezifische Gewalt des Judentums nicht entbehrt werden – die Gewalt, die einst dem Menschen einen so urstarken Antrieb zum wahrhaften Leben gab. Sie ist nicht erstorben; sie lebt mitten in der Entartung fort und bewahrt die Keime des Heils für die Zukunft. Aber seit sie jenes vollbrachte, ist sie aus dem zwiespältigen, doch aus dem Zwiespalt den großen Geist immer neu erzeugenden Leben Israels ins Exil gefallen: in die Herzen einzelner Juden, abgesonderter, unverbundener Einzelner in jedem Geschlecht. Entzogen war ihr der Zustrom aus der Vitalität des Volkes, die sich nunmehr auf *eine* unablässige Anstrengung sammeln mußte: unter den widrigsten Umständen, denen jedes andere erlegen wäre, zu dauern. Das Element der Dauer, das jeder Nation außer in Momenten der Katastrophe naturhaft verliehen ist, mußte hier Tag um Tag neu erkämpft werden – und mit keinen anderen Mitteln als der Leidenschaft der Seele und der Abgrenzungskraft des Geistes. Von jenem Zustrom abgeschnitten, *bedachten* und *besannen* nun die Einzelnen, was einst die von ihm gespeisten Propheten und Lehrer *getan* hatten, die das Volk geißelten, aber mit seiner Vitalität tief verbunden waren. Die alte jüdische Schöpfung des Geistes war, auch wo sie aus dem Widerspruch hervorging (und sie ging fast stets aus dem Widerspruch hervor), ihrem Wesen nach *Volks*schöpfung; in Individuen konnte sie nur latent fortleben. So geschah es, daß das Judentum noch anregen und hinweisen, aber seine umwandelnde Tat an der Menschheit nicht mehr erneuern konnte. Auch der größte Versuch, die Erstarrung des Volksgeistes zu lösen, der Chassidismus, jenes wundersame Experiment geistiger Alchimie, das die Erneuerung aus der ungeschmälerten Masse des überlieferten Stoffs herausholen wollte, mißlang und mußte mißlingen. Als das Judentum sodann nach Jahrtausenden der Abgeschlossenheit sich den

Völkern näherte, vermochte es nur zu nehmen und zu verarbeiten, nicht aber Entscheidendes zu geben.

Freilich geht heute wieder ein Erwachen durch die vom Geist berührten Einzelnen in der Judenheit, von Stunde zu Stunde wachsend stürmt der Schöpfungstrieb in den Seelen. Die Keime des Heils leben auf, ein Unsagbares geschieht – mein einst geäußerter Glaube hat mich nicht getrogen: „in diesem fiebernden Land, in dieser schreienden Stunde wird das Heilige geboren". Aber es wird vergehen, wie aller Aufschwung im Exil verging, ja mehr noch, es wird, da auch die Volkseinheit dahingeschwunden ist, auf der der Chassidismus sich gründete, Gedanke, Rede, Schrifttum bleiben und nicht leibhaftes Leben werden, wenn die Kraft des Volkes nicht von dem unfruchtbaren Kampf um die nackte Dauer erlöst und der Vollendung seiner Religiosität zurückgegeben wird. Das aber ist es, was ich mit Palästina meine. Keinen „Staat", nur diese alte Erdkrume, die verheißene Bürgschaft der *endgültigen* und *geheiligten* Dauer, die harte Scholle, in der allein der Same der neuen Einheit aufgehen kann. Und nicht aus „Machtbedürfnis", einzig aus dem Bedürfnis nach Selbstverwirklichung; welches das Bedürfnis ist, Gottes Macht auf Erden zu mehren.

4.

„Die gesamte Geschichte des Judentums", sagt Cohen, „lehrt, in Übereinstimmung mit der Weissagung der Propheten, daß die Verwirklichung des Judentums an unsere Zerstreuung unter die Völker der Erde gebunden ist."

Wir haben von der Geschichte die entgegengesetzte Lehre empfangen: daß wir hier, in dem nicht von uns selber bestimmbaren Leben der Zerstreuung, das Judentum nicht verwirklichen können. Bekennen können wir hier, aber nicht tun; mit dem Dulden für Gott zeugen, aber nicht mit dem Schaffen; das Jobeljahr preisen, aber nicht es einführen.

Und auch von der Weissagung der Propheten haben wir die entgegengesetzte Lehre empfangen. Keiner ist unter ihnen, dem die Zerstreuung anders erschienen wäre als Jeremia, auf den Cohen sich vor allen beruft: „wie Spreu, die in den Wind der Wüste dahinfährt"[50], keiner, dem die Samm-

50 Das von Cohen angeführte Gleichnis Michas vom Tau (5,6) lese man *vollständig,* nicht bloß die aus dem Zusammenhang gelöste erste Hälfte. Micha sagt ganz eindeutig: „Wie Tau und Regen nicht vom Tun der Menschen, sondern von Gott allein abhängen, so Israel unter den umgebenden Völkern." Und er fährt

lung anders erschienen wäre als ihm (33,10f.): „Hören soll man noch an diesem Ort, davon ihr sprecht: Verödet ist er, ohne Menschen, ohne Vieh – in den Städten Jehudas und in den Gassen Jerusalems, Stimme von Wonne und Stimme von Freude, Stimme von Bräutigam und Stimme von Braut." Und wahrlich, dem Mann, der zur Zeit des großen Schreckens, inmitten des Wirrsals vor der Hinwegführung des Königs und des Volkes nach Babel und inmitten der Verzweiflung nach ihr, auf judäischer Erde zu den „müden und verschmachtenden Seelen" seine Trostworte redete, war „dieser Ort", auf den er zeigte, nicht ein „Symbol", zu dem es Cohen in seinem Munde verkehren will, sondern er war eben das Land, darauf seine und ihre Augen schauten. Niemals ist mit dem hohen Begriff des Symbols ein schlimmerer Mißbrauch getrieben worden. Wenn aber Cohen die Worte der Propheten, ganz einsammeln wolle Gott den Überrest Israels, dahin umdeutet, die Völker würden mit Israel zu dem Lichte Gottes, das heißt zu der Lehre der Propheten strömen, so finden wir dies in Wahrheit in den prophetischen Büchern einzig im Sinn der Verkündigung, daß die Völker *dem wiederhergestellten Zion* zuströmen werden als dem „heiligen Berge", dem „Hause des Gottes Jakobs"; „denn mein Haus, das Haus des Gebets wird es gerufen werden bei allen Völkern". (Jes 56,7).

Und eben dies ist unser Glaube: daß das wiederhergestellte Zion das Bethaus für alle Völker und die Mitte der neuen Erde wird, die zentrale Stätte des Geistesfeuers, in dem „das blutbefleckte Kriegskleid verbrannt" (Jes 9,4) und „die Schwerter zu Pflugscharen umgeschmiedet werden" (2,4).

Die neue Menschheit braucht uns. Aber sie braucht uns nicht zerstreut und auseinanderstrebend, sondern gesammelt und geeint, nicht von Getue und Gerede besudelt, sondern gereinigt und bereit, nicht Gott bekennend mit unserem Wort und Gott verratend mit unserem Leben, sondern Gott getreu dienend durch die *Bildung einer Menschengemeinschaft nach seinem Sinn*. Nicht dies liegt uns ob der neuen Menschheit zu geben, daß wir ihr erklären und beteuern, es sei ein Gott, sondern dies, daß wir ihr zeigen, wie Gott in uns lebt – wie er in uns *das wahrhafte Menschenleben* lebt: daß wir uns selbst und Gott in uns verwirklichen.

---

fort: „Wie ein Löwe unter den Tieren des Waldes mächtig ist, so Israel unter den umgebenden Völkern." Cohen aber deutet: „Es ist unser stolzes Bewußtsein, als göttlicher Tau *inmitten* der Völker fortzuleben, und unter ihnen und für sie fruchtbar zu bleiben." Daß Michas Wort sich nicht auf die Zerstreuung bezieht, geht schon daraus hervor, daß unmittelbar vorher von der Rettung vor Assur die Rede ist, „wenn es in unser Land eindringt".

5.

Im Lichte dieser Anschauung unserer Aufgabe erscheint mir das Verhältnis des Judentums zu den Völkern, erscheint mir das Verhältnis des einzelnen Juden zu dem, was sich aus diesem oder jenem der Völker ihm einverleibt hat. Der Behauptung Cohens, „Probleme und Schwierigkeiten, geschweige Konflikte des modernen Kulturlebens" gebe es „für die Enge dieses Nationalismus nicht", stelle ich die Sätze gegenüber, die ich vor sieben Jahren in der deutschen und tschechischen Stadt Prag zu jungen Juden deutscher und tschechischer Muttersprache gesprochen habe und denen ich nichts hinzuzufügen, von denen ich nichts abzuziehen, in denen ich nur einige Worte zu unterstreichen habe:

„Wo die natürliche objektive Situation des Einzelnen in seinem Verhältnis zum Volke (die ungestörte Einheit und Geschlossenheit des Volksgefühls) gegeben ist, verläuft sein Leben in Harmonie und gesichertem Wachstum; wo sie nicht gegeben ist, gerät der Einzelne, je bewußter er ist, je ehrlicher er ist, je mehr Entschiedenheit und Deutlichkeit er von sich fordert, desto tiefer in einen Konflikt, er wird desto unausweichlicher vor eine Wahl gestellt zwischen Umwelt und Innenwelt, zwischen der Welt der Eindrücke und der der Substanz, zwischen Atmosphäre und Blut, zwischen dem Gedächtnis seiner Lebensspanne und dem Gedächtnis von Jahrtausenden, zwischen den Zwecken, die ihm die Gesellschaft darbietet, und der Aufgabe, seine Eigenkraft zu erlösen. Eine Wahl: das kann nicht so gemeint sein, als ob es darauf ankäme, das eine oder das andere auszuschalten, aufzugeben, zu überwinden; es wäre sinnlos, sich etwa von der umgebenden Kultur freimachen zu wollen, die ja von unseres Blutes innersten Kräften verarbeitet und uns eingeeignet worden ist. Wir wollen und dürfen uns bewußt sein, daß wir in einem prägnanteren Sinne als irgendein anderes Volk der Kultur eine Mischung sind. Aber wir wollen nicht die Sklaven, sondern die Herren dieser Mischung sein. Die Wahl meint eine Entscheidung über die Suprematie, über das, was das Herrschende und was das Beherrschte in uns sein soll … Für den aber, der sich in der Wahl zwischen Umwelt und Substanz für diese entschieden hat, gilt es, nunmehr wahrhaft von innen heraus Jude zu sein und aus seinem Blute, *mit dem ganzen Widerspruch, mit der ganzen Tragik und mit der ganzen Zukunftsfülle dieses Blutes* als Jude zu leben."

In diesem Sinn sind wir *unterwegs.* Das Wort meines Briefs, daß jeder wahrhafte Zionist auch im innerlichsten Sinn unterwegs ist, ist fast das einzige, auf das Cohen eingeht, allerdings ohne es recht zu verstehen, denn er faßt nur den äußerlichsten Sinn davon. Seine Entgegnung lautet: „Mit diesem einen Worte allein ist unsere ganze Kulturdifferenz gekennzeichnet. Der Zionist ist unterwegs. Wir aber wollen durchaus überall nur daheim sein und immer mehr uns heimisch machen."

Ja, mit diesem Wort *ist* unsere ganze Differenz gekennzeichnet. Unterwegs – ja, wir sind unterwegs, wir mit unseren alten Wanderherzen und dem jungen Richtungswillen in ihnen. Alle Judenseelen wandern immer noch Tag um Tag und wissen es nicht, und auch die „sich heimisch machen", sind Irrfahrer und ruhelos, und ihre Parole vom Daheimsein ist nur wie der Rabe, den Noah aussandte. Wir aber sind die, die aus der Irrfahrt der Seelen die Wanderung nach dem Ziel gemacht haben. Aber eben deshalb sind *wir* es, die nicht mehr unstet und flüchtig sind, wir *im Ziel* Wurzelnden, wir „Söhne des Messias".

Jene versichern etwa den Deutschen, sie seien nicht *anders* als sie, um nicht *als fremd* zu gelten. Wir aber sagen aus, daß wir anders sind, und dürfen als eine Wahrheit unserer Seele, die niemand verkennen kann, hinzufügen, daß wir nicht fremd sind. Die Irrfahrer rammen die Pfähle ihrer Begriffe ein, um sich daran zu lehnen, und wenn es Begriffe gilt, kann Deutschtum wie Judentum und Judentum wie Deutschtum erscheinen. Wir aber, die wir unterwegs und unserer Richtung herzhaft bewußt sind, wir sehen die uns wesensverschiedene, aber nicht wesensfremde, die vertraute Wirklichkeit und gestehen, daß wir sie lieben: die Sprache, die uns zum Denken, die Landschaft, die uns zum Schauen erzog, die schaffende Tiefe eines großen Volkstums, der wir für beglückendes Geschenk zu danken haben. Wir hängen uns nicht bei den andern ein, aber wir grüßen sie, wie nur die grüßen können, die nach dem Ziele wandern: Freunde, wir sind unterwegs, um unsertwillen, um euretwillen – um des Heils willen.

## Noten zu „Völker, Staaten und Zion"

1.

Seite 280, Zeile 15: *„zu dem Entschluß verleite, sie wenigstens für ihre Kinder durch die Taufe aufzuheben."*

Auf diese Behauptung Cohens erübrigt es sich wohl einzugehen; es genügt, auf sie als ein Kuriosum hinzuweisen. „Wer also den Indifferenten ein positives, sinnvolles, begeisterndes und beseligendes Judentum weist – nicht jenes allgemeingültige, das mit dem „geläuterten" Protestantismus zu vertauschen nicht gar so schwierig sein mag[51], sondern ein Judentum mit eigner Seele und eignem Angesicht, eines, das bewußt und getreu zu erleben für das Leben ihrer Kinder einen höheren Wert bedeutet als alle „Beseitigung der Reibungen" – wer, sage ich, ein Judentum weist, um dessen willen die Reibungen selber nicht Verdruß und Verbitterung, sondern das tiefe Glücksgefühl erzeugen, für die Würde und Hoheit des eignen Urwesens einzustehen, von dem erklärt Cohen, er verleite die Indifferenten dazu, sich zu sagen: „Meine Kinder sollen dieses Unglücksgefühl nicht mehr in sich zu tragen haben, daher sollen sie Christen werden" (so wörtlich bei Cohen).

2.

Seite 280, Zeile 20: *„die Zionisten sprächen jedem, der kein jüdisches Nationalgefühl habe, auch die Religiosität ab."*

Im Gegenteil: sie behaupten, wer jüdische Religiosität habe, der habe auch, ob er es auch sich selber nicht zugebe, ein jüdisches Nationalgefühl, allerdings zuweilen ein zum Nationalitätsgefühl verkümmertes. Darum aber wird ihn kein billig Denkender als Heuchler bezeichnen.

51 „Im wissenschaftlichen Sinne und Geiste kann man jetzt überhaupt nicht schlechthin mehr sagen, daß eine wahrhaft sittlich-religiöse Differenz zwischen Judentum und Christentum bestünde." (Hermann Cohen in der Sammelschrift „Vom inneren Frieden im deutschen Volke", Leipzig 1916)

3.

Seite 289, Zeile 22: „*In der messianischen Menschheit mag das Judentum dereinst aufgehen.*"

Cohen schickt seinem Zitat dieses Satzes die Worte voraus: „Es ist zu beachten, daß Buber den Gegensatz des jüdischen Volkstums zur messianischen Menschheit anerkennt" und die Worte nach: „Das Sophisma tritt klar zutage". Er versucht aber weder den „Gegensatz" noch das „Sophisma" aufzuzeigen. In Wahrheit äußert sich hier keinerlei Gegensatz. Die *messianische* Menschheit greift nicht über das jüdische Volkstum allein, sondern über *alles* Volkstum als abgesonderten Bestand hinaus. In einer Menschheit, in der die Völker als in einer höheren Einheit wahrhaft und vollkommen vereinigt sein werden, wird auch das Judentum, das alsdann seinen Beruf erfüllt haben wird, auf seine Absonderung verzichten dürfen. Damit aber diese Menschheit komme, muß es sich rein halten, sich sammeln und bewahren, um sein wegbereitendes Amt an ihr zu erfüllen. Es ist nicht wahr (was auch von national-jüdischer Seite behauptet worden ist), daß die Zerstreuung sich zur „Verbreitung der jüdischen Ideen" eigne. Diese Behauptung träfe etwa zu, wenn es um theoretische Anerkennung dieser Ideen ginge. Aber es ist eben deren Eigentümlichkeit, daß sie nicht anerkannt, sondern geübt werden wollen. Anerkannt entarten sie zu Schlagworten, geübt erlösen sie die Welt. Es ist ihnen damit nicht genug getan, daß sie in die Vernunft der Menschen eingehen: der Ort, den sie suchen, ist das gelebte Leben. Man kann aber Ideen zum *Leben* nicht durch Worte bringen, sondern nur durch das Leben selber. Die jüdischen Ideen verkünden, wie die Menschen miteinander leben sollen; die Gestaltung eines wahrhaften Gemeinschaftslebens ist es, die Mose in seinen Institutionen vorgebildet, um deren Verwirklichung die Propheten gerufen haben. Von einer „Verbreitung" dieser Ideen durch die von vielfältiger seelischer und sozialer Entartung heimgesuchten und in der Gestaltung ihres Gemeinschaftslebens überdies der Willkür der Völker preisgegebenen Juden zu reden, ist eine klägliche Phraseologie; aber auch das *Buch* der Juden hat ihre Ideen nur als *Worte* verbreitet, die zu Schlagworten entarteten; das sind die Schlagworte, die der „europäischen" Menschheit gut genug sind, die Nichtigkeit und Gottwidrigkeit ihres Lebens zu verdecken. Erst wenn die Kerntruppen der Juden daran gegangen sind, in Freiheit ein wahrhaftes Gemeinschaftsleben zu gestalten; erst wenn darin die jüdischen Ideen zu leibhaften Institutionen zwischen und über den Menschen geworden sind; erst wenn sie endlich dazu gelangt sind, wozu sie Mose bestimmte und was die Propheten forderten: zur Erfüllung in einem gottgerechten jüdischen Gemeinwesen: erst dann werden sie – nicht „verbreitet" werden, nein, erhöht vor den Augen der Menschheit werden sie sie *zwingen,* ihnen nachzuleben.

4.

Seite 290, Zeile 22: *„welche Vertreter des Zionismus meinen Sie, und welche Äußerungen von ihnen …"*

Cohen hat meine Frage unbeantwortet gelassen und mir das Material zu einer Erörterung seiner Vorwürfe nicht geliefert. Ich muß mich daher begnügen, meine eigene Anschauung anzudeuten. Für mich sind Theismus und Pantheismus, Jenseitigkeit und Diesseitigkeit nur unzulängliche Metaphern, die das biblische Gefühl des *nahen* Gottes unendlich überragt. Der Mensch der jüdischen Religiosität, der jüdische Urmensch aller Zeiten ist *mit Gott vertraut;* er erlebt ihn als Jenseits, wenn er ihn anbetet, als Diesseits, wenn er ihm dient; Transzendenz und Immanenz sind nur die Phasen seiner Frömmigkeit – wie sollte er Gott in die Enge einer von ihnen bannen wollen! Er wird auch nicht mit Cohen sagen, Gott sei nicht eine Person, sondern eine Idee. Er erlebt Gott als Idee, wenn er ihn denkt, als Person, wenn er ihn dichtet; Idealismus und Personalismus sind nur die Pole seiner Andacht – wie sollte er Gott in die Enge eines von ihnen bannen wollen!

Vielleicht kann ein Hinweis auf das Leben zwischen den Menschen unmittelbarer verständlich machen, was ich meine. Wer einen Menschen aus der Ferne des Interesses, der Bewunderung, der Verehrung betrachtet, wird imstande sein, ihn charakterologisch einzureihen, ihn einer moralischen Kategorie zuzuteilen; wer aber mit ihm vertraut wird, wird es nicht mehr vermögen: er ist mit dem *Geheimnis,* mit der *Unendlichkeit* des andern vertraut geworden. So ist der Mensch der jüdischen Religiosität mit Gott vertraut.

5.

Seite 293, Zeile 12: *„die alten jüdischen Denkformen …"*

Hierzu Cohen: „Abgesehen aber von dem Problem der hebräischen Sprache, müssen die besonderen jüdischen Denkformen überhaupt als eine verhängnisvolle Absurdität gebrandmarkt werden. Lieber lasse ich mir noch den jüdischen Schädel gefallen, als die spezielle jüdische Logik. Und wenn die zionistischen Stilisten die Denkformen auf ein allgemeineres und angeblich intimeres Gebiet hinüberspielen möchten, so wird dadurch an der entscheidenden Bedeutung der Denkformen nichts geändert."

Es wird nicht ganz klar, was Cohen, insbesondere mit dem letzten Satze, meint; niemand hatte an „der entscheidenden Bedeutung der Denkformen" gerüttelt. Was ich meine, sei hier in aller Kürze dargelegt.

Die „Varietäten im natürlichen Hang ganzer Völker", die Kant auf deren „Blutmischung" zurückführt, sind nicht auf das gesellschaftliche Verhalten, das er vorzugsweise behandelt, beschränkt; sie verleihen der Sinnestätigkeit und den Gemütsbewegungen, aber auch dem Denken eines Volkes seine besondere Färbung und bestimmen nicht etwa bloß den Inhalt, vielmehr in ganz besondrer Weise die Form des Denkprozesses mit: den Rhythmus seiner Spannungen und Lösungen, die Verteilung seiner Intensitäten, Tendenz und Tempo seiner Assoziationen, die „Vorstellungsdichtigkeit" seiner Begriffsbildung und so weiter. Diese nationale Individualität des Denkens prägt sich am einfachsten und deutlichsten in der Sprache eines Volkes aus. So kommt, um ein Beispiel von unmittelbarer Evidenz zu wählen, das Überwiegen des Dynamischen über das Statische im jüdischen Denken, auf das ich wiederholt aufmerksam gemacht habe, zu reinem Ausdruck in der Struktur des hebräischen Satzes und, rein quantitativ betrachtet, in dem Überwiegen des verbalen Elements über das adjektivische in dem hebräischen Schrifttum. Der Jude, der sich seine Sprache wahrhaft zu eigen macht, erlebt, wie die Dynamik des Satzbaus auf sein Denken einwirkt, nicht Neues hineinbringend, sondern erstarrtes Erbgut neu belebend und fruchtbar machend.

## 6.

Seite 297, Zeile 24: *„in der Idee des Staates …"*

Zwei Worte Cohens über diesen Gegenstand seien noch angeführt.

Das eine lautet: „Das Ich des Menschen bleibt eine empirische Zweideutigkeit, solange es nicht zur Reinheit objektiviert wird im politischen Selbstbewußtsein." So steckt also offenbar (um ein Beispiel aus dem gegenwärtigen Zeitalter zu wählen) das Ich Tolstojs tief in der Zweideutigkeit, dieweil das der Politiker, die unsern Tag beherrschen, in eindeutiger Reinheit leuchtet.

Und das andere: „Moderne Menschen stehen samt und sonders unter dem bewältigenden Problem des Staates.“ Ich weiß nicht, was ein bewältigendes Problem ist, doch will es mir scheinen, daß ich zu der genannten Menschenklasse nicht gehöre. Wenn dies die modernen Menschen sind, wie heißen jene, die hier nicht unter einem bewältigenden, sondern *vor* einem *zu bewältigenden* Problem stehen und sich dafür einsetzen wollen, daß es bewältigt werde? Ich will sie gern die Antimodernen nennen – sie, die sich dem Zwang auch der mächtigsten aller Moden zu entringen wissen.

7.

Seite 301, Zeile 3: *„von der Weissagung der Propheten …“*

„Die Propheten alle“, sagt Cohen, „versetzen uns in die Mitte der Völker hinein. Die Weltmission des ‚Restes Israels‘ ist ihre einheitliche Perspektive.“

Diese hundertjährige Redensart ist von Grund aus unwahr. „Die Propheten alle …“ Man lese alle Stellen der Propheten nach, die hier irgend gemeint sein können. Unter all diesen Stellen ist *auch nicht ein einziges Wort* zu finden, das „die Weltmission“ mit dem Verweilen Israels in der Mitte der Völker verknüpfte; wohl aber binden sie nahezu alle unzweideutig den Weltberuf Israels an die Sammlung des Restes auf Zion: durch die Sammlung wird Gott unter den Völkern geheiligt, aus ihr erwächst das Heiligtum der neuen Erde. Nicht von den Zerstreuten – von den Eingesammelten heißt es in dem achten Sachariakapitel, dem gewaltigen Manifest, das an unsere Zeit vor allen Zeiten gerichtet ist: „Und es wird geschehen, wie ihr ein Fluch gewesen seid den Völkern, Haus Juda und Haus Israel, so will ich euch erretten, und ihr werdet ein Segen sein.“ Nicht von den Zerstreuten – von den Eingesammelten gilt der Anfang des unmittelbar vorangehenden Verses, den Martin Luther vermutlich unrichtig und doch wundersam wahr folgendermaßen übertragen hat: „Sondern sie sollen Same des Friedens sein“.

„Weissagungen“ im hergebrachten Sinn sehe ich in den angeführten Stellen nicht; die Unberührbarkeit der Zukunft ist ein Element meines Weltgefühls, und die Propheten sind mir keine sublimierten Wahrsager. Sie sind mir aber Menschen, in denen sich die Seele und das Schicksal ihres Volkes so verdichtet hatten, daß sie diese Seele und dieses Schicksal wahrhaft *auszusagen* wußten. Daß sie aus dem Sturm ihrer Geschichte Begebenheiten ankündigten, war das Bedingte an ihnen; daß sie das Schicksal aussagten, gehörte dem Unbedingten an. Denn Begebenheiten sind jeweilig künftig, das große Schicksal aber ist ewig gegenwärtig. Die erfahren es, in denen sich Volk, Menschheit, Welt zur persönlichen Substanz verdichtet haben. Ihnen ist „die Hand des Herrn" allzeit nahe, aus ihnen redet die Stimme.

## NATIONALISMUS

*(Rede in Karlsbad anläßlich des XII. Zionistenkongresses, am 5. September 1921)*[52]

Ich spreche zu Ihnen in einem sehr unruhigen Moment des Kongresses und weiß nicht, wieviel Aufmerksamkeit Sie in diesem Augenblick herzugeben fähig sind. Dennoch habe ich mich entschlossen, das, was ich zu sagen habe, nicht aufzuschieben. Mein Verantwortungsbewußtsein gebietet mir es zu sagen, ehe die Verwirrung noch schlimmer wird. Und zwar geht es um eine unmißverständliche Abgrenzung gegen eine Art – eine Entartung – des Nationalismus, die sich in der letzten Zeit auch im Judentum auszubreiten beginnt.

Eine unmißverständliche Abgrenzung. Ich habe von dem, was ich in meinem Leben gegen das anationale Judentum – das heißt gegen jene Juden, für die das Judentum *weniger* Realitätsgehalt im Sinn des öffentlichen Lebens besitzt, als im Begriff der Nation liegt – ausgesprochen habe, nichts zurückzunehmen. Aber nun tut eine neue, nicht minder eindeutige Abgrenzung not: innerhalb unsrer nationalen Bewegung.

Wir sind aus der schweren Geschichtsstunde, in deren Mitte der Weltkrieg stand, in eine, wiewohl äußerlich sehr viel mildere, doch von innen gesehen noch schwerere getreten, in die Stunde der inneren Verwirrung. Zu ihr gehört, daß in einer fast vorgängerlosen Weise in den einzelnen geistigen und politischen Bewegungen sich Wahrheit und Lüge, Recht und Unrecht miteinander vermischen. Dieser ungeheuerlichen und ungeheuerlich wachsenden Erscheinung gegenüber genügt die übliche Scheidung

52 Ich kann diese Rede, des mangelhaften Stenogramms wegen, nur in skizzenhafter Gestalt mitteilen, zumal ich an den Formulierungen nichts ändern wollte.

durch geläufige Allgemeinbegriffe nicht mehr. Ist doch in jedem dieser Begriffe nunmehr das Echte und das Falsche so verschränkt, verwoben, verschlungen, daß ihre bisher gepflogene Verwendung, als wären sie noch einheitlich, nur noch tiefer in die Irre führt. Eine Scheidung *innerhalb* der einzelnen Begriffe ist unerläßlich geworden, wenn wir aus der Verwirrung zu einer neuen Klärung kommen wollen.

Der *soziologische* Ursprung des modernen Nationalismus ist bekanntlich in der französischen Revolution zu finden, die in ihrer Auswirkung die die Völker überwölbenden, überpressenden alten Staatsgefüge auflockerte und die durch sie niedergehaltenen Nationen hervortreten ließ. In deren Hervortreten und Bewußtwerden werden sie immer mehr zugleich ihrer politischen Mängel, des Mangels an Selbständigkeit, territorialer Geschlossenheit, öffentlichem Einheitsausdruck inne und streben danach, diese Mängel zu beheben. Aber dieses Streben führt sie nicht zu neuer Gestalt. Sie wollen sich nicht *als Völker* konstituieren, das heißt in einer neuen, organischen, aus den natürlichen Formungen des Volkslebens sich aufbauenden Ordnung; sie wollen nur selber ebensolche Staaten werden, mächtige maschinell-zentralistische Staatsapparate wie nur irgendeiner zuvor. Sie verlangen in die gewesene Geschichte zurück, nicht über sie hinaus in eine andre, in ihrer *Struktur* national bestimmte.

Wir werden dies besser verstehen, wenn wir auch den *psychologischen* Ursprung des modernen Nationalismus betrachten. Die Jahrhunderte von der Reformation zur Revolution bedeuten die fortschreitende Vereinsamung des europäischen Menschen. Die einheitliche Christenheit zerbricht nicht nur mittendurch, sondern auch in unzähligen Rissen, und die menschlichen Personen entsinken dem tragenden Zusammenhang. Der Sicherung eines geschlossenen Kosmos verlustig steht das sich immer mehr zugleich differenzierende und isolierende Individuum in der schwindligen Unendlichkeit des neuen Weltbilds. Seinem zitternden Verlangen nach Bergung bietet sich das nun in die Erscheinung tretende Gemeinschaftsgebild des Volkstums. Der Einzelne fühlt sich fest und warm aufgenommen in eine ihn unzerbrechbar dünkende, weil „natürliche", erderwachsene Gesamtheit. Er findet einen Halt im *Gewordenen,* gegen das der Staat ihm „gemacht" und sogar die Kirche nur „aufgetragen" vorkommt: in dem großen leiblichen Haus der Nation. Aber da an der neuentdeckten Bindung das Bewußtsein ihrer Gewordenheit das am stärksten Wirkende ist, engt sich der Horizont ein, mehr noch, die Fruchtbarkeit der Volkselemente selber wird beeinträchtigt. Das ursprüngliche Volksgefühl, das sehr lange vor der modernen nationalen

Bewußtwerdung im Kern der Seelen lebte, wird aus einer bildnerischen Mächtigkeit der Gemeinschaft im Individuum zu einem sich messenden Machtwillen des Individuums als Gemeinschaftsglieds. Der Gruppenegoismus des Einzelnen hat seine moderne Gestalt gefunden.

Macht ist nicht, wie ein großer Historiker gemeint hat, böse, sie ist zuinnerst unschuldig als die zentrale Voraussetzung menschlicher Aktion. Machtwille, der nicht die Auswirkung einer „von selber“ entstandenen innern Macht, sondern die Erlangung, die Herstellung von Macht erstrebt, ist problematisch. Ein Machtwille, dem es nicht darum zu tun ist, mächtig, sondern darum, „mächtiger als“ zu sein, wird zerstörerisch. Nicht die Macht, die Machthysterie ist böse.

Die Selbstbehauptung kann, wie im individuellen Leben der menschlichen Person so in ihrem Gruppenleben, echt und unecht, rechtmäßig und unrechtmäßig sein. Auch der echte Mensch behauptet sich gegen die Welt, aber er behauptet zugleich die Welt gegen sich. Das erfordert eine jeweilige Abgrenzung des eignen gegen das fremde Recht, für die keine ein für allemal gültigen Regeln aufgestellt werden können: nur im Geheimnis des stündlichen Verantwortungsaktes wird die zulängliche Demarkation vollzogen. Das ist, wie für die Personhaltung des Einzelnen, so auch für seine nationale Haltung wahr.

Der moderne Nationalismus läuft stets Gefahr, der Machthysterie zu verfallen, die die Abgrenzungsverantwortung zersetzt.

Für die Scheidung zwischen zweierlei Nationalismen, um die es sich mir handelt, kommt alles darauf an, daß diese Verantwortung und diese Gefahr recht verstanden werden. Dazu aber müssen wir klären, was für ein Phänomen der Nationalismus ist und in welchem Verhältnis er zu Volk und Nation steht. Genauer noch: was bedeutet Volk? was bedeutet im Verhältnis dazu Nation? was bedeutet im Verhältnis zu beiden Nationalismus?

Bei „Volk“ denkt man wohl zunächst an eine Bluteinheit; aber für den *Ursprung* eines Volkes ist diese nicht notwendig konstitutiv: ein Volk kann nicht bloß aus einer Verschmelzung blutsverwandter Stämme, sondern auch aus einer von blutsverschiednen hervorgehen. Aber immer entsteht Volk als *Schicksalseinheit:* indem Menschenscharen in einer gemeinsamen großen plastischen Stunde von einem gemeinsamen großen knetenden Schicksal zu einer neuen Ganzheit geformt werden. Diese neue „geprägte Form“, die in der Reihe folgender Geschicke „lebend sich entwickelt“, *erhält* sich durch die von nun an herrschende Bluteinheit, die nicht exklusiv zu sein braucht, aber auch in Zeiten starker Mischungen eine unerschütterte Dominante bleiben muß. Die Leiblichkeit dieser Erhaltung ist die Fortpflanzung der Art in der mehr oder weniger strengen Endogamie, ihre Seelenheit ist ein organisches, potentielles gemeinsames Gedächtnis, das sich in den neugeborenen Geschlechtern immer wieder als Erfahrungsstruktur, Sprache, Lebensgestaltung aktualisiert. Dieses natürliche (nicht bloß, wie bei der Kirche, symbolische) Hineingeborenwerden der neuen Individuen in die leibseelische Einheit des Volkes ist es, was dieses unter allen Verbänden kennzeichnet: es erhält sich biologisch, ohne selber von einer biologischen Kategorie erfaßt werden zu können. Hier verbinden sich Nation und Geschichte auf eine einzigartige Weise.

In dem Maße, in dem ein Volk sich der durch seine Existenz gegebenen Abgehobenheit gegen andere Völker (die sich ursprünglich in dem sakralen Prinzip ausspricht, das die Endogamie bestimmt) als solcher bewußt wird und aus diesem Bewußtsein handelt, wird es zur Nation. Nation also ist ebendieselbe Einheit, in ihrer bewußt-aktiven Abgehobenheit gefaßt. Das Bewußtwerden aber, von dem ich spreche, ist geschichtlich zumeist die Folge einer inneren – sozialen oder politisch-organisativen – Wandlung, in der und durch die das Volk die Sonderheit seines Baus und Werks erfährt und sich darin gegen andre abgrenzt. Volkbildend ist ein entscheidendes Tun und Leiden, vornehmlich in der Zeit von Wanderung und Landnahme; nationbildend ist eine entscheidende Änderung des gewonnenen Status von innen her, die als solche sich dem Selbstverständnis des Volkes eingräbt. So ist zum Beispiel für das alte Rom die Umwälzung, die es zur Republik macht, eben das, was es zur Nation macht. Erst das republikanische Rom ist eine Nation, die sich ihrer eigentümlichen Kraft, Ordnung und Aufgabe bewußt wird und sich darin abhebt. Diese Dynamik des Nationseins kann sich dann in einer besondern historischen Ausformung der Aufgabe vollenden; so erlangt das französische Staatsvolk sein volles nationelles Dasein erst aus dem missionierenden Charakter der großen Revolution.

In bestimmten Momenten des nationalen Lebens tritt eine neue Erscheinung auf, die als Nationalismus bezeichnet wird. Sie hat die Funktion eines Krankheitsanzeigers. Wie ein Körperorgan erst dann zum Objekt der steten inneren Aufmerksamkeit wird, wenn es erkrankt ist, so auch hier: Nationalismus ist in seiner Wurzel das Innewerden eines Mangels, eines Gebrechens oder Siechtums. Das Volk spürt in wachsendem Maß die Tendenz, diesen Mangel zu füllen, dieses Gebrechen oder Siechtum zu heilen. Zwischen jener immanenten Aufgabe der Nation und deren innerem und äußerem Zustand ist ein Widerspruch entstanden oder erstarkt, der die Selbstempfindung des Volkes affiziert; dessen Reaktion im Geist gegen diesen Widerspruch nennen wir Nationalismus. Volkstum ist, wie wenn man einfach sehkräftige Augen im Kopf hat; Nation, wie wenn man deren Tätigkeit fühlen, um ihr Amt wissen gelernt hat; Nationalismus, wie wenn einem die Augen erkrankt sind und er sich nun dauernd mit der Tatsache befaßt, daß er Augen besitzt. Volk ist ein Phänomen des Lebens, Nation (die eben nicht ohne Nationalgefühl besteht) eins des Bewußtseins, Nationalismus eins der Überbewußtheit.

Bei dem Volk ist die Selbstbehauptung ein Trieb, der sich bildnerisch auswirkt, bei der Nation ist sie unlösbar mit der Aufgabe verbunden, eine Idee, beim Nationalismus wird sie Zweck und Programm.

Die Folge der Entwicklung zum Nationalismus kann zwiefacher Art sein. Entweder wird durch diese Reaktion und den Heilungsprozeß, der mit ihr anhebt, zugleich mit der Bedrohung auch der Nationalismus, der nun seine Funktion erfüllt hat, überwunden. Oder aber der Nationalismus setzt sich als bestimmendes Dauerprinzip ein, das heißt: er greift über seine Funktion hinaus, er verselbständigt sich, er verdrängt mit seiner Überbewußtheit das spontane Leben der Nation. Das kann, wenn sich keine Gegenkraft erhebt, der Beginn des Untergangs, eines nationalistisch gefärbten Untergangs des Volkstums sein.

Der ursprüngliche Nationalismus zeigt, wie gesagt, einen elementaren Mangel im Leben der Nation an, einen Mangel an Einheit, Freiheit, territorialer Fundierung, zu dessen Behebung er mahnt. Er fordert von der Welt das Lebensnotwendige, er fordert die Anwendung der ungeschriebenen droits de la nation auf sein Volk, damit es sein Volksein und dadurch seine Aufgabe an der Menschheit erfüllen könne. Er befeuert das Volk zum Kampf um das ihm hierzu Fehlende. Überschreitet der Nationalismus jedoch diese sinnhaft gezogene Grenze, die der Heilung, der Überwindung des Mangels, dann begeht er das, was man im Leben geschichtlicher Personen die Hybris genannt hat, er überschreitet die heilige Grenze, er überhebt sich. Aus einem Krankheitsanzeiger ist er nun selber ein schwerer Krankheitskomplex geworden. Ein Volk kann die Rechte, um die es rang, erlangen, ohne zu genesen: weil der falsch gewordene Nationalismus an seinem Marke zehrt.

Wenn dieser falsche, das heißt unrechtmäßigerweise über seine schicksalhafte Funktion hinaus bestehende und wirkende Nationalismus nicht bloß in *einem* Volke, sondern in einer ganzen Völkerepoche herrschend wird, bedeutet dies, daß das Leben der Menschheit in ihrem Völkerbestande tief erkrankt ist. So ist es heute; es gewinnt einen neuen großen Wahrheitssinn, was ein jüdischer deutscher Dichter, Alfred Mombert, über den dritten Teil seiner Aeon-Trilogie als Motto geschrieben hat: finis populorum.

Die Grenze zwischen dem rechtmäßigen und dem unrechtmäßigen Nationalismus zu ziehen und im Gang der Situationen und Entscheidungen täglich neu zu ziehen ist Sache eines jeden besinnungsfähigen Menschen im Volk. Es ist vor allem Sache der Führer der Nation und der nationalen Bewegungen. Ob sie diese tiefe Gewissensprüfung üben und nicht ablassen es zu tun, davon hängt nicht allein das Schicksal einer Bewegung ab – die unabänderlicherweise, wenn sie Selbstzweck wird, sich zu zersetzen beginnt –, sondern oft auch das Schicksal der Nation: ob sie gesundet oder dem Verfall ausgesetzt wird. Das Ziehen der Grenze ist somit nicht ein moralisches und im übrigen unverbindliches Postulat: es ist eine Lebensfrage des Volkstums, das nicht tiefer erkranken kann, als wenn seine sich aus den Urkräften natürlich-geschichtlichen Daseins nährende Spontaneität durch einen von der Überbewußtheit gehandhabten Apparat verdrängt und ertötet wird.

Das Kriterium aber, von dem die Grenzziehung sich leiten lassen muß, kann der Nationalismus aus seinem Innern nicht beziehen; es ist nirgendwo anders herzuholen als aus der Erkenntnis der *übernationalen Verantwortung* der Nation. Für wen die Nation ein Letztes ist, letzte Wirklichkeit, letzte Instanz, für wen über der ungeheuren Vielfältigkeit der Völker nicht eine nennbare oder unnennbare Autorität steht, vor der die Gemeinschaften wie die Personen sich in der Stille ihres Daseins zu verantworten haben, der wüßte, wenn er sich sogar versuchen wollte die Grenze zu ziehen, nicht, wie er das anfangen sollte.

Völker können als Element oder als Selbstzweck verstanden werden, können sich als das eine oder als das andere verstehen. Wer die Volker als Elemente versteht, sieht sie als die Grundstoffe, aus denen sich die Menschheit aufbaut und aus denen allein sich eine einheitlichere, geformtere, sinngerechtere aufzubauen vermag. Doch sind diese Elemente nicht den chemischen zu vergleichen, die in Mischungen eingehen und aus ihnen wieder zur Selbständigkeit gelöst werden können. Die geistigen Elemente müssen sich bewahren, weil ihnen das Sichverlieren droht. Aber sie werden, da sie eben Elemente sind, nicht „für sich" bewahrt, sondern für die Verwendung. Echtes Selbstbewußtsein eines Volkes heißt: sich als Element fühlen, ohne sich mit andern Elementen zu vergleichen; sich nicht andern überlegen dünken, aber seine Aufgabe unter die Sterne setzen – nicht weil sie größer als eine andre sei, sondern weil sie Schöpfung und Sendung ist. Es gibt keine Skala der Völkerfunktionen; keine von ihnen ist höher als andre zu stellen; Gott will, was er schuf, als Helfer zu seinem Werke brauchen. Der echte Nationalismus spricht in der Stunde der Krisis das echte Selbstbewußtsein des Volkes aus und aktiviert es.

Wer dagegen die Nation als Selbstzweck versteht, für den gibt es den großen Bau nicht, es sei denn als Weltimperium seiner Nation. Die ungeheure Zerklüftung der Gegenwart will er durch Unterminierung, nicht durch Überwölbung bewältigen. Die Verantwortung ist ihm von Angesicht unbekannt. Die Nation ist ihm Richter in der eigenen Sache, sich allein verantwortlich – niemandem verantwortlich. So gefaßt, wird sie zum Moloch, dem die beste Jugend des Volks geopfert wird.

Die nationale Ideologie, der *Geist* des Nationalismus, bleibt so lange fruchtbar, als sie nicht die Nation zum Selbstzweck macht; so lange als sie der Aufgabe in dem großen Bau gedenkt, deren Innewerden erst das Volk zur Nation prägt, die begrifflich nicht zu definierende, aber immer wieder neu ideell aufzuzeigende und zu deutende Aufgabe, das Geheimnis des Volks: das Geheimnis, das im Volke träumt, in der Nation erwacht, im echten Nationalismus sich erkennt, aber an der Hybris des falschen vergehen kann. Sobald die nationale Ideologie die Nation zum Selbstzweck macht, hebt sie ihr eigenes Lebensrecht auf: sie wird unfruchtbar.

Wir erleben in dieser Zeit mit der steigenden Macht des falschen Nationalismus den beginnenden Niedergang der nationalen Ideologie, die im 19. Jahrhundert und in den Anfängen des 20. ihre Blüte hatte. Dieser Niedergang kann selbstverständlich widerspruchslos mit zunehmenden Erfolgen der nationalistischen Politik zusammengehen. Wir leben im Moment der geistigen Selbstaufhebung des Nationalismus.

Es ist der Moment einer Entscheidung, die davon abhängt, ob eine Scheidung sich vollzieht und in welcher Stärke sie sich vollzieht. An dieser Scheidung und dieser Entscheidung haben wir alle teil, können wir alle teilhaben.

Ich brauche in diesem Zusammenhang nicht viel zur Anwendung dieser Einsichten auf das Judentum und seine Sache zu sagen.

Das Judentum ist nicht eine Nation schlechthin. Es ist auch das, aber es ist noch mehr, denn es hat dazu die ihm eigentümliche Verbundenheit mit einer Glaubensordnung. Da es an Sonderart und Sonderexistenz nicht weniger als irgendeine Nation besitzt, darf es alle Lebensrechte einer solchen beanspruchen. Aber wir müssen dessen eingedenk bleiben, daß es doch eine res sui generis ist, die den Allgemeinbegriff, unter den man sie einreihen möchte, an einem Punkt von wesentlicher Bedeutung übergreift.

Zum Volk wurde das Judentum einst in seiner plastischen Stunde durch ein großes knetendes Schicksal, die Befreiung der Stämme aus Ägypten. Zur Nation ist es durch eine große innere Umwandlung geworden, in deren Verfolge die Konzeption des Herrschertums Gottes ihre vorerst endgültige politische Form in dem „gesalbten", das ist gottesstatthalterlichen Königtum gewann.

Vom Beginn der Diaspora an tritt die Einzigartigkeit des Judentums in einer besondern Weise hervor: es sind nicht, wie bei andern Völkern, die nationalen Kräfte selber, die die eigentliche Bürgschaft der Volksdauer übernehmen, sondern dies tut jene Gewalt, von der ich sagte, daß sie das Judentum zu mehr als einer Nation macht, die dem Volkstum verbundene Glaubensordnung. Das zunehmende Nachlassen dieser innern Sicherung von der Zeit der französischen Revolution an, das Wurzelloswerden der jüdischen Religion ist der Kern der Erkrankung, als deren Anzeiger dann um die Mitte des 19. Jahrhunderts der jüdische Nationalismus auftritt – der jedoch immer wieder in „Säkularisierungs"-Tendenzen verfällt und damit sein Ziel verkennt: nicht ein endgültiges Auseinandertreten von Volkstum und Glaubensordnung, sondern nur eine *neue,* organisch erneute Ordnung beider kann Israels Heilung und Heil sein.

Die Heilung führt über den Aufbau einer jüdischen Volksgemeinschaft in Palästina, die der jüdische Nationalismus in seiner folgerichtigen Gestalt anstrebt. Wir müssen aber dessen eingedenk bleiben, daß das Judentum in den Jahrtausenden seiner Diaspora nicht als eine der Nationen, sondern als die res sui generis „Judentum" nach Erez Israel verlangt hat, aus Antrieben und mit Intentionen, die sich aus der Kategorie der Nation allein nicht ableiten lassen. Jenes Urverlangen beharrt hinter allen Verkleidungen, die das moderne nationale Judentum dem modernen abendländischen Nationalismus entliehen hat. Die der eignen Einzigkeit vergessende Übernahme der Schlagworte und Parolen eines glaubensordnungslosen Nationalismus bedeutet nichts anderes als eine nationale Assimilation.

Sofern er sich von dieser ihm wesensfremden Sprache fernhält, hat der jüdische Nationalismus eine besonders hohe, besonders klare Legitimität. Es ist der Nationalismus eines schollenlosen Volkes, eines Volkes, das sein Land verlor und diesen fundamentalen Mangel, den erst das Wurzelloswerden seiner Glaubensordnung ihm zum unbarmherzigen Vollbewußtsein gebracht hat, nun in entscheidender Stunde beheben will: es will sein heilig-natürliches Leben zurückgewinnen.

Man mag hier danach fragen, wie es sich in diesem Zusammenhang mit der jüdischen Auserwählungsidee verhalte. Sie meint kein Überlegenheitsgefühl, sondern ein Bestimmungsgefühl, sie geht nicht aus von einem Sich-mit-andern-vergleichen, sondern von der nicht seitwärts schielenden Hingebung an die Aufgabe – an eben jene Aufgabe, an deren frühen Erfüllungsversuchen einst das Volk zur Nation erwuchs. Sie ist von den Propheten geformt worden, die nicht abließen zu mahnen: Wenn ihr auf die Erwählung pocht und euch ihrer berühmt, statt sie zu verwirklichen, wenn ihr euch aus ihr einen Gegenstand zurechtmacht, statt ihr als Weisung zu gehorchen, geht ihr ihrer verlustig.

Wie steht es nun um die Gegenwart des jüdischen Nationalismus? Wir – ich meine jenen Kreis von Menschen, dem ich von Jugend auf angehöre und der sein Teil an der Erziehung des Volks zu üben versucht hat und weiter versucht –, wir haben zur Umkehr gerufen, nicht zum Dünkel, zur Heilung, nicht zur Durchsetzung. Wir haben den jüdischen Nationalismus ausgerüstet mit einem nicht von uns geschmiedeten Rüstzeug: mit dem Bewußtsein einer einzigartigen Geschichte, einer einzigartigen Situation, einer einzigartigen Verpflichtung, die von dem Übernationalen her allein zu fassen sind und, wo immer sie ernst genommen werden, ins Übernationale weisen. So hofften wir ihn vor den Verirrungen der Volksvergötzung zu bewahren. Das ist uns nicht geglückt. Der jüdische Nationalismus ist zu einem großen Teil daran, sich auf den Weg „aller Völker" zu begeben, wo man nur noch sich gegen die Welt und nicht auch die Welt gegen sich behauptet. Auch er ist vielfach dem Trug verfallen, den Horizonthimmel, den man vom eignen Platz aus erblickt, für den Himmel zu halten. Auch er vergeht sich gegen das Wort der über allen Volksgemeinschaften aufgerichteten Gesetzestafel, daß jede Souveränität falsch und eitel wird, die nicht dem Souverän der Welt, der auch der Souverän meines Rivalen und meines Feindes ist, in allem Kampf um das Recht doch Untertan bleibt. Er vergißt, von den Zwecksetzungen der „gesunden Selbstsucht" zu dem Herrn aufzublicken, der „die Kinder Israel aus Ägypten geführt hat *und* die Philister aus Kaftor *und* die Aramäer aus Kir".

Die Ideologie für seinen Irrweg lieferte ihm eine „formal"-nationalistische Theorie, gegen die in kritischer Stunde Anklage erhoben werden muß. Diese Theorie bestreitet mit Recht, daß bestimmte Inhalte, Gehalte des Volkstums ein Kriterium der Zugehörigkeit zu ihm und eine Grundlage seiner objektiven Konstituierung abgeben könnten, die vielmehr von formalen gemeinsamen Eigentümlichkeiten, wie Sprache und Kultur, aus aufzubauen sind. Aber er bestreitet zu Unrecht, daß jenen Gehalten eine zentrale normative Bedeutung zusteht, daß in ihnen die von urher zugeteilte Aufgabe ruht, an die das innere Leben dieses Volkes gebunden ist und an das innre das äußre. Ich wiederhole: die Aufgabe ist nicht als Begriff definierbar, aber sie ist fühlbar, aufzeigbar, darstellbar. Die Vertreter jener „Reform", die – unter den Bitternissen der Emanzipationsepoche vielleicht die bitterste – als Ersatz für die ausgebliebene Reformation des Judentums auftreten durfte, haben freilich alles getan, um die Aufgabe zu diskreditieren, indem sie sie zu verbegrifflichen suchten; aber von da aus der Aufgabe ihren zentralen Ort streitig machen heißt das Kind mit dem Bade ausschütten. Indem der formale Nationalismus die übernationale Aufgabe der jüdischen Nation – zu deren wahrhafter Erfüllung selbstverständlich eine Wiedergewinnung des natürlichen Lebens gehört, aber eine, die sich im wirkenden Zeichen der Aufgabe vollzieht – als *normatives* Konstituens leugnet, indem er überbewußterweise das Judentum aus seinen Weltzusammenhängen zu lösen und zu isolieren sich unterfängt, indem er die Nation als Selbstzweck verkündet statt sie als Element zu erfassen, sanktioniert er den verantwortungsbaren Gruppenegoismus im Judentum. Wohl wird innerhalb seiner angesichts dieser Folgen der Versuch gemacht, den groß gewordenen Gruppenegoismus von außen einzuschränken, ihn nicht von dem Wesen des Volkes aus, sondern von abstrakten sittlichen oder sozialen Postulaten aus zu humanisieren, aber alle derartigen Versuche müssen vergeblich bleiben. Auf einem Boden, auf dem Nation nun einmal als Selbstzweck gilt, ist für keine übernationale ethische Forderung mehr Raum, weil da keine echte übernationale Verantwortungsübung der Nation mehr besteht. Von der anorganischen Ethik her kann die Glaubenstiefe, von der die jeweilige Grenzziehung im nationalen Handeln eingegeben wird, da wo sie einmal des Glaubensgehaltes entleert worden ist, nicht wieder gefüllt werden: sie muß leer bleiben bis an den Tag der Umkehr.

Daß die Umkehr nicht zu spät komme, das ist unsre, der Rufer, lastende Sorge geworden. In die nationalistische Krisis der Menschenvölker ist die des Judentums mit überaus scharfen Zügen eingezeichnet. Deutlicher als irgendwo hat bei uns die Entscheidung zwischen Leben und Tod das Antlitz der Entscheidung zwischen legitimem und illegitimem Nationalismus angenommen.

# ZUR GESCHICHTE DER NATIONALEN IDEE[53] (1949)

Im Dezember 1840 eröffnete Mickiewicz am Collège de France seine Vorlesungen über die slawischen Literaturen, jedoch erst 1842 äußerte er in ihnen grundlegende Gedanken über das Wesen und die Bestimmung der Nationen, wobei er sich zunächst auf Worte zeitgenössischer slawischer Dichter und Denker stützte, um sodann eine eigene Auffassung und eine eigene Formulierung auszusprechen.

Vertiefen wir uns in diese Gedanken Mickiewicz' in ihrer Grundbedeutung, so sehen wir, daß sie einen wichtigen Platz in der Geschichte der modernen nationalen Idee einnehmen.

Das wahre historische Dasein der Völker, jedes große nationale Dasein – so können wir diese Lehre zusammenfassen – gründet sich auf einer besonderen Offenbarung, die diesem Volk auf dem Weg seiner Entwicklung zuteil wurde. Eine Offenbarung, deren Träger und Verkünder zwar Einzelne sind, die aber an das Gesamtvolk als Volk gerichtet ist. Wesentlich ist hier, daß das Volk die Wahrheit, die sich ihm offenbart, als Volk annehme und als Volk verwirkliche, nicht als ein Zusammenschluß von Einzelnen, sondern eben als Volk. Jedes große Volk besteht, um diese Wahrheit zu verwirklichen, zu diesem Behuf, und nur zu diesem Behuf besteht es. Was vordem das Werk Einzelner innerhalb der Völker war – die Ergreifung der Wahrheiten und ihre Aktualisierung –, wurde im Gang der Geschichte zum Werk der Völker selbst. Diesen Weg hat vor allen andern Völkern Israel betreten, „der erstgeborene Bruder", der „das geistigste unter allen Völkern der Erde ist", begabt mit der vorzugsweisen Fähigkeit, „das Erhabenste der Menschheit zu erfassen". Da es das erste war, das die Offenbarung als Volk empfing, wurde ihm der ursprünglich wesentliche Glaube an das Ziel der Völker, der messianische Glaube zuteil. Die messianische Verkündigung gelangte zu den Völkern in einem neuen Gewand, im Gewand des Christentums. Die Völker nahmen jedoch das Christentum als Einzelne und nicht als Völker an. Deshalb verblieben sie, obgleich sie den Glauben bekannten, im Bereich heidnischen Gesetzes und Rechtes. Die Botschaft, die nur von den Einzel-

53 Diese Rede wurde bei der Jubiläumsfeier gehalten, die in der Hebräischen Universität, Jerusalem, am 150. Jahrestag der Geburt des großen polnischen Dichters Adam Mickiewicz stattfand.

nen als solchen angenommen wurde, konnte nicht im politischen Leben der Nationen ihren Nährboden finden. Nur ein einziges Volk, sagt Mickiewicz, und zwar das polnische, empfing die kollektive Taufe. Sein Eintritt in den Bund der christlichen Religion war nicht das Werk des Anschlusses von Einzelnen, die diese Religion annahmen, sondern ein umfassender und einmaliger Akt. Daher ist dieses Volk dazu bestimmt, das erste zu sein, das das Bekenntnis des Christentums in das Nationalleben einsetzt und in dessen Raum verwirklicht. Diese Bestimmung bezeichnet Mickiewicz mit einem Begriff, der uns durch unseren A. D. Gordon geläufig ist und der bei ihm anscheinend nicht auf Mickiewicz‘ Einfluß beruht. Mickiewicz selbst bringt ihn im Namen eines andern slawischen Denkers. Und zwar ist dies der Terminus „Mensch-Volk“, ein Volk also, das seine Wahrheit in seinem Leben ebenso verwirklicht, wie dies der einzelne Mensch tut. In dieser Hinsicht nun sieht Mickiewicz ein geheimes Band zwischen dem polnischen Volk und Israel. Die Leiden beider Völker haben einen tiefen, einen messianischen Sinn: „Gott“, so sagt Mickiewicz in einer Rede jener Zeit in einem Freundeskreis, „hat Polen so gepeinigt, um aus ihm die Essenz der Kräfte hervorzuholen“ um der Erfüllung seines, des Volkes, Werkes willen. Und in einer anderen Rede aus der gleichen Zeit sagt er: „Bei uns in Polen gibt es Männer eines großen und mächtigen Geistes, sowohl unter den Juden als auch in unserm Volk.“

Im gleichen Jahr, in dem Mickiewicz in Paris seinen Vorlesungszyklus begann, starb in einem polnisch-jüdischen Städtchen ein Mann, der die Lehre von der Bestimmung der Völker, den geistig-nationalen Gedanken, in einer besonderen, spezifisch jüdischen Weise durchdachte und formulierte, die dabei Mickiewicz‘ allgemeiner Anschauung nahe verwandt ist. Dies war Nachman Krochmal. Mickiewicz wußte gewiß nichts von Krochmals Buch, das damals noch nicht erschienen war. Welch eine Begegnung zweier Gedankensphären, deren keiner etwas vom Bestehen der andern bekannt war!

Dieser merkwürdigen Ähnlichkeit steht ein nicht weniger merkwürdiger Kontrast gegenüber. Siebzig Jahre bevor Mickiewicz im Collège de France seine Anschauungen über die nationale Sache vortrug, äußerte Rousseau in den Betrachtungen über die polnische Regierung, die er auf Wunsch polnischer Adliger niederschrieb, eine völlig verschiedene Ansicht über die Aufgaben eines Volkes. Rousseau rät dem polnischen Volk, sich fast völlig von den andern Völkern abzusondern. Zu diesem Zweck sei es vonnöten, der geistigen Sphäre ein nationales Gesicht zu verleihen, das zwischen den

Polen und den anderen Völkern unterscheide und sie daran verhindere, sich diesen anzugleichen. Und zu diesem Zweck müssen sie die Volksbräuche pflegen, denn – so sagt er wörtlich – „diese Bräuche, sogar wenn sie bedeutungslos sind, ja sogar wenn sie in mancher Hinsicht schlecht sind, wenn sie es nur nicht von Grund aus sind, werden stets den Vorzug haben, den Polen ihr Land liebzumachen und ihre natürliche Abneigung gegen die Vermischung mit fremden Völkern zu verstärken". Mit anderen Worten, ein Volk soll seine alten Traditionen neu beleben, nicht weil in ihnen eine Lebenswahrheit den dem Wesen und der Bestimmung dieses Volkes entsprechenden Ausdruck findet, sondern weil sie geeignet sind, es in seiner Absonderung zu bewahren. Und Rousseau bleibt seinem System treu, wenn er in dem Abschnitt über die Erziehung Worte äußert, denen er besonderes Gewicht beimißt, nämlich: „An der Erziehung ist es, den Seelen die nationale Form zu verleihen und ihre Meinungen und Beweggründe so anzuleiten, daß sie unbewußt patriotisch seien, vom Antrieb, von der inneren Nötigung aus." Die Aufgabe, die er der Erziehung zudenkt, enthält bereits eine Art Hinweis auf das, was man heute als Propaganda zu bezeichnen pflegt. Diese praktischen Ansichten Rousseaus, des Ideologen der Demokratie, sind nicht allzufern von gewissen, im Grunde antidemokratischen, Meinungen unserer Zeit.

Es sei an uns, das Unsere zu pflegen, weil es unser ist. Wir dürften nicht fragen, ob es gut ist oder nicht, ob es angetan ist, uns zum Guten oder zum Üblen zu bringen; es genüge uns, daß es unser ist. Mussolini in seinem „sacro egoismo" hat eigentlich nichts anderes gemeint als dies: der Einzelne, der in seiner Persönlichkeit schlechte Gewohnheiten und dadurch schlechte Eigenschaften pflegt und entfaltet, ist tadelnswert; ist er jedoch darauf bedacht, diejenigen schlechten Gewohnheiten und schlechten Eigenschaften zu hüten, die ihm und seinem nationalen Kollektiv gemeinsam sind, ist er lobenswert.

Dieser unheilsschwangeren Lehre stellt Mickiewicz seine Lehre von der nationalen Bestimmung gegenüber. Die Daseinsberechtigung der Völker macht er ausdrücklich davon abhängig, inwiefern sie der Sache des Menschen und der Menschheit dienen. Dem Volk, das heißt: seiner Führerschaft, liegt es ob, zur Erkenntnis der Bestimmung und zum Dienste an ihr zu erziehen. An der Schwelle dieser Erziehung steht die Unterscheidung zwischen Gut und Böse, das heißt zwischen dem, was der Entwicklung des Volks zur Erfüllung seiner Aufgabe nützt und dem, was ihm schadet. Man darf ins Volk nichts pflanzen, was seinen Uranlagen fremd ist. Es ist an dir, in ihm eben seine Uranlagen zu entfalten, aber nicht all das, was sich im Gang der Zeiten seiner Seele angeheftet hat.

Unsere Epoche hat sich der Anschauung vom „heiligen Egoismus“ verschrieben; aber die Aussichten auf einen Völkerfrieden, auf das Wachstum einer echten Menschheit – und nicht dies allein, sondern auch die echte Erlösung jedes einzelnen Volks hängt davon ab, ob der Glaube an die Bestimmung der Völker, dem Mickiewicz anhing, und der Wille, der ihn beseelte, die Völker auf ihre Bestimmung hin zu erziehen, wieder erwachen, neue Gestalt annehmen und aus der Potentialität in die Aktualität umgesetzt werden, neuer und erneuernder Verwirklichung entgegen.

## ZION UND DIE NATIONALEN IDEEN
(1950)

Solange man „Zion“ lediglich als eine der nationalen Ideen versteht, kennt man seine eigentliche Bedeutung nicht.

„Wir sprechen von einer nationalen Idee, wenn ein Volk seine Einheit, seinen inneren Zusammenhang, seinen geschichtlichen Charakter, seine Überlieferungen, seine Ursprünge und Entfaltungen, sein Schicksal und seine Bestimmung zum Gegenstand seines Bewußtseins und zur Motivation seines Willens erhebt. Demgemäß ist die Zionsidee des jüdischen Volkes in unserer Epoche eine nationale Idee zu nennen. Aber das Wesentliche an ihr ist eben das, was sie von allen unterscheidet.

Es ist kennzeichnend für den Sachverhalt, daß diese nationale Idee sich nicht wie die andern nach einem Volke, sondern nach einem Orte benannte. Damit ist die Tatsache zum Ausdruck gebracht worden, daß es hier nicht um ein Volk an sich, sondern um seine Verbindung mit einem Land, mit seinem heimatlichen Land geht. Und zwar hat sich die Idee nicht nach einer der Bezeichnungen dieses Landes – Kanaan oder Palästina oder Erez Israel – benannt, sondern nach der alten Jebusiterfestung, die David zu seiner Residenz machte und deren Name von Dichtern und Propheten auf die ganze Stadt Jerusalem, aber vornehmlich nicht als Sitz der Königsburg, sondern als Sitz des Heiligtums erstreckt wurde, wie denn auch der Tempelberg selbst nicht selten so heißt: der Name hat schon früh die Weihe eines heiligen Ortes empfangen. Zion ist „Burg des mächtigen Königs" (Ps 48,3), das heißt Gottes als des Königs Israels. Diese Weihe ist dem Namen geblieben. Im Gebet und im Lied haben sich Trauer und Sehnsucht des Volkes im Exil an ihn geknüpft, die Heiligkeit des Landes war in ihm verdichtet, und in der Kabbala wurde Zion mit einer der göttlichen Emanationen gleichgesetzt. Als die nationale Idee des jüdischen Volkes diesen Namen zu dem ihren machte, nahm sie die ganze Fülle dieser Assoziationen auf sich. Sie mußte es tun. Denn zum Unterschied von den nationalen Ideen anderer Völker war die mit diesem Namen bezeichnete nicht ein Novum, nicht ein Produkt der gesellschaftlichen und politischen Wandlungen, deren historische Kundgebung die Französische Revolution war, sondern nur eine Fortsetzung, nur die der allgemeinen Form der nationalen Bewegungen im 19. Jahrhundert angepaßte Neugestaltung einer uralten, zugleich religiösen und volkstümlichen, geistigen Realität. Diese Realität war die im Namen Zion zentrierende heilige Ehe eines „heiligen" Volkes mit einem „heiligen" Land.

Es ist ein verhängnisvoller Irrtum der modernen Bibelkritik gewesen, diese Kategorie des Heiligen, wie sie in der Schrift auf Volk und Land angewandt wird, später priesterlicher Anschauung zuzuweisen, für die der Anspruch des Kults der bestimmende war. Diese Kategorie ist vielmehr in ihren Anfängen einem *primitiven* Begriff des Heiligen zugehörig, wie wir ihn bei naturnahen Volksstämmen finden, denen es Bedürfnis ist, gerade die zwei Hauptträger des nationalen Lebens, den Menschen und die Erde, als mit sakraler Kraft ausgestattet zu verstehen. In den Stämmen, die sich zu „Israel" zusammenschlossen, hat sich dieser Begriff auf eine besondere Weise entwickelt und gewandelt: die Heiligkeit ist nicht mehr ein Machtstoff, ein magisches Fluidum, das wie Menschen und Menschengruppen, so auch Ortschaften und Gegenden innewohnen kann, sondern sie ist eine Eigenschaft, die diesem Volk und diesem Land dadurch verliehen wird, daß ein Gott beide *erwählt,* um dieses Volk, sein Volk unter allen, in dieses Land, sein Land unter allen, zu führen und sie miteinander zu verbinden. Seine Erwählung heiligt das Volk als die Schar, der er unmittelbar gebietet, und das Land als seinen Königssitz, und weist sie aufeinander an. Dies ist eher eine politische, theopolitische, als eine kultische Kategorie der Heiligkeit: der Kult ist nur erst der konzentrierte Ausdruck der Gottesherrschaft. Abraham baut Altäre, wo der Gott ihm erschien, aber er tut es nicht als Priester, sondern als Herold des Herrn, der ihn ausgeschickt hat, und wenn er über dem Altar den Namen seines Herrn ausruft, meldet er damit dessen königlichlichen Besitzanspruch auf das umliegende Land an. Das ist nicht späte Umfärbung der Urzeit, sondern Urgefühl und Urwort, dessen Verwandtes wir bei anderen frühen Völkern finden, aber nirgends in solch einer geschichtlichen Konkretheit wie hier. „Heiligkeit" bedeutet hier noch: dem Gott angehören, nicht bloß an den dem Kult gewidmeten Zeiten und Stätten und im kultischen Sinnbild, sondern allumfassend und faktisch, in der ganzen Breite des öffentlichen Lebens, als Volk und als Land. Erst spät spezialisiert sich die Kategorie des Heiligen auf den Kult, und zwar in dem Maße, als der Bereich des öffentlichen Lebens der Gottesherrschaft entzogen wird.

Daß der Gott es ist, der dieses Volk mit diesem Land zusammentut, ist nicht nachträgliche Geschichtsperspektive: die wandernden Scharen waren immer wieder von der Verheißung an die Väter befeuert, und die Entflammtesten unter ihnen sahen den Gott selber dem Volk in das Land vorausgehen. Es ist unmöglich, ein geschichtliches Israel zu konstruieren, das zu irgendeiner Zeit ohne den Glauben an seinen Gott besteht und ihn erst danach annimmt: eben durch die Botschaft der gemeinsamen Führung schließen sich die wandernden Scharen zum Volk zusammen. Und ebenso ist es unmöglich, diesen Glauben als vorher und außerhalb Israels bestehend zu konstruieren: er ist ganz und gar Geschichtsglaube, Glaube an einen Gott, der erst die Väter und dann das Volk in geschichtlich determinierten Zeiten um göttlich geschichtlicher Ziele willen in das Land führt. Es gibt hier keine „Nation" als solche und keine „Religion" als solche, sondern nur ein Volk, das seine geschichtlichen Erfahrungen als die Taten seines Gottes versteht.

Dieser Glaube an die Führung ist aber zugleich Glaube an einen Auftrag. Wieviel auch von der uns in der Schrift erhaltenen Gesetzgebung man späteren literarischen Schichten zuweisen mag: daß mit dem Auszug aus Ägypten die Gebung eines als Verfassungsurkunde des göttlichen Herrschers verstandenen Gesetzes verbunden war, ist nicht anzuzweifeln, und der sichere Kern, um den sich das Spätere ankristallisiert hat, ist seinem Wesen nach Anweisung für die Begründung einer „heiligen" Volksgemeinschaft in dem zu besiedelnden Land. Wir dürfen uns die Scharen als solche vorstellen, für die die himmlische Führung Befehle auch für die Zukunft im Land einschloß, und auf diesem Grunde wuchs die Überlieferung und die Lehre. Die Erzählung von Abraham, die die Schenkung von Kanaan mit dem Gebot, ein Segen zu werden, verknüpft, ist eine knappste Zusammenfassung der Tatsache, daß die Verbindung dieses Volkes mit diesem Land im Zeichen eines Auftrags stand. Es kam in das Land, um ihn zu erfüllen; durch jede der Auflehnungen gegen ihn erkannte es sein Bestehen an; und seine Propheten waren dazu bestellt, vergangenes und künftiges Schicksal daraus zu deuten, daß das Volk den gerechten Staat Gottes nicht errichtet hatte, den zu errichten es in das Land gebracht worden war. Zu keiner Zeit Israels ist dieses Land einfach Volksbesitz gewesen; immer war es zugleich Forderung, aus ihm zu machen, was Gott aus ihm gemacht haben wollte.

So steht von Uranbeginn die einzigartige Verbindung zwischen diesem Volk und diesem Land im Zeichen dessen, was sein soll, was werden, was verwirklicht werden soll. Zu dieser Verwirklichung kann das Volk nicht ohne das Land und das Land nicht ohne das Volk gelangen: nur die getreue Verbindung beider führt zu ihr. Es ist dies aber eine Verbindung, in der das Land nicht als toter, passiver Gegenstand, sondern als lebendiger und tätiger Partner erscheint. Wie das Volk, um sein volles Leben zu gewinnen, des Landes bedarf, so bedarf das Land des Volkes, um sein volles Leben zu gewinnen; im Zusammenwirken des voll Lebendigen mit dem voll Lebendigen wird sich das Werk vollziehen, das ihrer Gemeinschaft aufgegeben ist. Weil das lebendige Land wie das lebendige Volk daran beteiligt ist, wird das zugleich ein Werk der Geschichte und ein Werk der Natur sein. Die in unserem Wissen getrennten Gebiete der Natur und der Geschichte sollen sich, wie sie in der Schöpfung des Menschen vereint waren, in dem Werk vereinen, zu dem das erwählte Land und das erwählte Volk zusammenwirken sollen. Die heilige Ehe beider zielt auf die Ehe der Seinssphären hin.

Dies ist das auf einen kleinen und verachteten Teil des Menschengeschlechts, auf einen kleinen und verödeten Teil des Erdballs bezogene und doch weltenweite Motiv, das sich im Namen Zion birgt. Das ist nicht einfach ein Sonderfall der nationalen Idee und der nationalen Bewegung: das Besondere, das hier zum Allgemeinen hinzutritt, konstituiert eine eigene Gattung, die weit über die Grenze nationaler Probleme hinaus an Menschheitliches, an Kosmisches, ja an das Sein selber rührt. Das Volk Israel mag sonst als ein Volk unter den Völkern und das Land Israel als ein Land unter den Ländern angesehen werden: in ihrer Beziehung zueinander und in ihrer gemeinsamen Aufgabe sind sie ein Einziges und Unvergleichbares. Und Geheimnis ist und bleibt, was sich zwischen beiden begeben hat, begibt und begeben soll, trotz alles namhaft und historisch Faßlichen doch noch Geheimnis. Diesem Geheimnis haben die Geschlechter des jüdischen Volkes nachgesonnen und nachgesonnen.

Als die nationale Bewegung dieses Volkes das Geheimnis erbte, wurde in ihr trotz des Einspruchs ihrer wichtigsten geistigen Führer der Wille mächtig, es aufzulösen. Es erschien als zur „Religion" gehörig, und die Religion war auf zwiefache Art diskreditiert: im Westen wegen ihrer Bestrebung in der Emanzipationsepoche, sich zu entnationalisieren, im Osten wegen ihres Widerstandes gegen die Europäisierung des jüdischen Volkes, auf der sich die nationale Bewegung aufbauen wollte. Die säkularisierende Tendenz im Zionismus richtete sich auch gegen das Geheimnis Zions. Ein Volk wie alle Völker, ein Land wie alle Länder, eine nationale Bewegung wie alle nationalen Bewegungen – das wurde und wird als Postulat des gesunden Menschenverstandes gegen alle „Mystik" proklamiert. Und von da aus wurde und wird der urzeitliche Glaube bekämpft, daß das Gelingen der Wiederverbindung dieses Volkes mit diesem Land an ein Gebot, an eine Bedingung geknüpft ist. Dem jüdischen wie jedem anderen Volk freie Entfaltung all seiner Kräfte in seinem Land, mehr ist nicht not, das eben heißt „Auferstehung" – so lautet die Losung.

Ihr gegenüber wird hier die Gewißheit der Geschlechter Israels zum Zeugnis aufgerufen, daß es an dem nicht genug ist. In tieferen Regionen des Erdreichs wurzelt, in höhere Regionen des Ätherreichs erhebt sich der Gedanke Zions, und beides an ihm, Wurzeltiefe und Wipfelhöhe, Gedächtnis und Ideal, beide gleichen Gewebes, dürfen nicht verleugnet werden. Wenn Israel auf das Geheimnis verzichtet, verzichtet es auf den Kern der Wirklichkeit selber. Nationale Formen ohne den ewigen Sinn, aus dem sie entstanden sind, bedeuten das Ende der spezifischen Fruchtbarkeit Israels. Eine freie Entfaltung der Kräfte ohne einen höchsten Wert, um dessen willen sie sich entfalten, ohne eine ihrer Entfaltung gesetzte Richtung auf die Verwirklichung dieses Wertes, bedeutet nicht Auferstehung, sondern das Spiel einer gemeinsamen Selbsttäuschung, hinter dem der Tod der Seele lauert. Wenn Israel weniger will, als was mit ihm gemeint ist, wird es auch das Wenigere verfehlen.

Für jede neue Begegnung dieses Volkes mit diesem Lande stellt sich die Aufgabe neu, von der geschichtlichen Lage und ihren Problemen aus, und sie bleibt die eine Aufgabe. Unbewältigt bedeutet sie Zerfall des Gebauten, ihre Bewältigung wäre der Beginn einer neuen Art menschlicher Gemeinschaft. Gewiß, es erweist sich, daß die Aufgabe mit jedem Mal schwerer wird. Es ist schwerer, im Lande eine gerechte Lebensordnung aufzurichten, wenn man unter der Oberhoheit einer fremden Macht steht wie nach der Rückkehr aus Babylon, als wenn man, wie nach der ersten Landnahme, in seiner Selbstbestimmung verhältnismäßig frei ist; und noch schwerer ist es, wenn man mit der Koexistenz eines andern Volkes im Lande zu rechnen hat, verwandten Ursprungs und verwandter Sprache, aber an Überlieferung, an Struktur, an Tendenzen überwiegend fremd, und diese Lebenstatsache aus der gestellten Aufgabe nicht zu eliminieren ist. Aber in diesem Immerschwerer-werden scheint ein hoher Sinn zu walten. Auch im Dasein des Einzelnen ist das Versäumte nie wieder im gleichen Bereich und unter den gleichen Bedingungen einzuholen; aber es wird einem zuweilen gewährt, das Verfehlte in einer ganz anderen Situation, in einer ganz anderen Gestalt wiedergutzumachen, und es ist sinnreich, daß die neue Situation widerspruchsvoller, die neue Gestalt schwieriger zu verwirklichen ist als die alte, und daß es von Mal zu Mal eines immer stärkeren Aufschwungs bedarf, um das Werk zu vollbringen; eben solcher Art ist der harte und doch nicht gnadenlose Weg des Lebens. Nicht anders scheint es sich mit dem Dasein Israels zu verhalten.

## JÜDISCHES NATIONALHEIM UND NATIONALE POLITIK IN PALÄSTINA

*(Aus einer am 31. Oktober 1929 in Berlin gehaltenen Rede)*[54]

Das Problem der Beziehung zwischen den Juden und den Arabern in Palästina kann nur dann richtig erkannt werden, wenn man es sich von dem Hintergrund des großen Zusammenhangs von Israel und Erez Israel abzeichnen sieht. Wenn irgend jemand in der zionistischen Bewegung, so sind wir, die man gern als Verräter am nationalen Ideal bezeichnet, es, die die-

54 Die mir vorliegenden Aufzeichnungen nach dieser Rede ermöglichten mir nur einige Bruchstücke von ihr auszuarbeiten, die ich der Wichtigkeit des Gegenstandes halber hier doch nicht fehlen lassen wollte. Nicht einbezogen habe ich die Erörterung der Aktualitätsmomente: die Stellungnahme zu der nach den Araber-Unruhen des August 1929 eingetretenen Situation und insbesondre die Forderung einer jüdischen Intervention gegen die Vollstreckung der damals gefällten Todesurteile sowie den Vorschlag von Verhandlungen zwischen einer Gesamtvertretung des Judentums und einer Gesamtvertretung des *Islam* über die strittige Frage der Klagemauer. Mit einer Realisierung dieses – von mir auch unmittelbar der auf unserer Seite zunächst zuständigen Instanz unterbreiteten – Plans wäre erstmalig und, wie ich vermute, in folgenreicher Weise ein *anderer* Verhandlungspartner gegeben gewesen.

sen Zusammenhang von Volk und Land als eine hohe geschichtliche und übergeschichtliche Tatsache empfinden. Aber wir meinen, daß er nicht in eine allgemein-nationalistische Formel eingespannt werden darf. Weder von diesem Volk noch von diesem Land noch von ihrem gegenseitigen Verhältnis kann rechtmäßig in den Schlagworten des geläufigen Nationalismus gesprochen werden: hier ist etwas Einzigartiges und Unvergleichbares. Auf eben der Einzigartigkeit und Unvergleichbarkeit unserer Sache stehen wir. Das jüdische Volk hat entgegen allen Geschichtsregeln gedauert, weil es eine Aufgabe organisch in sich trug, nicht etwa bloß in seinem Bewußtsein und seinem Willen, sondern in seiner Substanz; eine Aufgabe, für die es aufgespart war. Daß der Glaube an sie nicht eine Gruppenillusion war, mit der wir uns über die Realität unserer Zersprengtheit hinwegzutrösten suchten, vielmehr an die Wahrheit unsrer Existenz rührte, das ist der Grundstein dessen geworden, was wir Zionismus nennen. Von dieser nicht definierbaren Aufgabe kann eines jedenfalls ausgesagt werden: daß sie nicht in geistigem Werk, sondern nur in der Totalität des gelebten Lebens, und nicht in der des persönlichen, sondern erst in der des Gemeinschaftslebens zu erfüllen ist. Die Erfüllung der Aufgabe schließt also die Bildung einer ihre Lebensformen selbst bestimmenden Gemeinschaft ein, und zwar in dem Land, mit dem die organische Aufgabe urgeschichtlich-konstitutiv ebenso eng wie mit dem Volk verknüpft ist. Wenn vor einigen Jahrzehnten das Zionsverlangen die festumrissene Gestalt der Arbeit an der Neubesiedlung Palästinas gewann, lag darin ein doppelter Sinn: Erneuerung eines Volkstums und zugleich, davon unablösbar, Wiederbeginn der Erfüllung einer Aufgabe. Wer unsre siedlerische Aktion nur im Zeichen der nationalen Selbstbehauptung sieht, verkennt in verhängnisvoller Weise den Einzigkeitscharakter unserer Sache.

Der Zionismus spricht von dem *Recht* des jüdischen Volkes auf die Wiedereinwurzelung in Palästina. Es bedarf einer Klärung, was darunter zu verstehen ist. Von einem dreifachen Recht können wir legitim reden.

Das erste ist auf unserer Urverbundenheit mit dem Land gegründet. Das ist aber etwas anderes, als was man „unser historisches Recht" zu nennen pflegt. Ein historisches Recht in dieser allgemeinen Bedeutung gibt es überhaupt nicht; denn zu jedem Stadium der Weltgeschichte, auf das man sich bei der Begründung seines Anspruchs beruft, gibt es ein Vorher, von dem sich vielleicht ein anderer Anspruch ableiten läßt. Zeitlich ist ein Vorrang nicht zu motivieren. Gesetzt, es würde heute irgendwo der Rest eines Bestandteils der durch Israel aus Kanaan verdrängten „Urbevölkerung" aufgefunden, könnte der uns jenes „historische Recht" streitig machen? Die Urverbundenheit, von der ich spreche, ist etwas völlig anderes. Es geht hier um das, was aus dieser Verbindung hervorgegangen ist: nicht eine „Kultur" – das wäre, auch wenn sie vom höchsten Rang wäre, doch nur ein Ding unter den Dingen der Weltgeschichte –, sondern ein ewiger Antrieb für das Menschengeschlecht. Wer ihn kennt, muß unsern Anspruch erkennen.

Das zweite Recht ruht auf einer gegenwärtigen Tatsache: darauf, was wir nach brachen Jahrtausenden in den Jahrzehnten unsrer Arbeit aus dem Land, sofern es uns erschlossen war, gemacht haben. Dieses, das Recht der Produktivität, ist das eigentliche kolonisatorische Recht. Für die in unserem Zeitalter herrschende Geschichtsbetrachtung ist das historische Geschehen von Machtverteilung und Machtauswirkung, vom Zusammenstoß der Machteinsätze bestimmt. Das ist eine sehr unzulängliche Perspektivik. Selbstverständlich muß man, um etwas zustandezubringen, dem geschichtliche Geltung zukommt, „Macht" besitzen, spezifische Macht, eben die Fähigkeit nämlich, das zustandezubringen, was man vorhat. Aber das ist etwas ganz anderes als die von den politischen Historikern unsrer Zeit so verehrte quantitative Machtüberlegenheit. Das Entscheidende in den großen Geschichtssituationen ist nicht, wer in einem Machtkonflikt „mehr" Macht hat, sondern wer die eigentümliche Mächtigkeit hat, die erforderlich ist, um die Problematik der Situation und der Folgezeit zu bewältigen: wer der verborgenen Forderung gewachsen ist. Freilich gibt es auch reine Machtsiege, ohne Berufung; aber sie münden im Chaos. Das kolonisatorische Recht ist das der Mächtigkeit, die der Siedlungssituation gewachsen ist. Wobei wir jedoch zu beachten haben – das sei schon hier vorweggenommen –, daß zu unsrer Siedlungssituation das Leben der einheimischen Bevölkerung gehört, das wir nicht eliminieren können, das wir also in unser Werk einbeziehen müssen, wenn wir die besondre Problematik wirklich bewältigen wollen.

Das dritte Recht weist auf das Werdende, das Kommende hin. Was dort durch uns geschieht, geschieht nicht, um noch ein Völkchen neben den Völkern, noch ein Staatlein inmitten der Staaten zu etablieren, einen Partner des Weltgezänks und der Weltintrige mehr; es ist der Anfang eines Neuen und ebendeshalb Wiederbeginn der Erfüllung einer Aufgabe. In aller Stille begibt sich in den kleinen Gemeinschaftsbildungen des jüdischen Palästina etwas, was auf die Bildung einer neuen Menschengemeinschaft deutet, die doch nur ein Uraltes, eben jenen Antrieb, den einst Israel empfing und dem Menschengeschlecht übermittelte, zu verwirklichen hat. Man mag diese

Versuche genossenschaftlichen Lebens in ihrer Vielfältigkeit ein Experimentieren nennen; letzthin sind mir die kleinen Experimente, in denen sich ein neues Miteinander bereiten will, wichtiger als das ungeheure russische, das trotz allem doch nur auf einen Staatszentralismus mehr hinausläuft. Wer gar von Romantik, von Utopik redet, dem hat der zeitgeläufige Doktrinarismus die unbefangene Anschauung geraubt, denn wenn irgendwo in der heutigen Welt ist in diesen palästinensischen Genossenschaften ein großer Realismus zu Hause, ein großer, nicht begriffsverblendeter eben, der alle romantische Selbsttäuschung verschmäht und der tätigen Verwirklichung den Sinn des Lebens abgewinnt; und wenn irgendwo in der heutigen Welt ist hier Topos, Ort: Konkretheit einer sozialen Umwandlung nicht in Institutionen und Organisationen, sondern in der zwischenmenschlichen Unmittelbarkeit selber, und zugleich eine Verwachsenheit mit dem angestammterwählten Erdboden, der dieser Konkretheit notwendige, unaustauschbare Voraussetzung ist. Hier wird der Menschheit etwas Grundwichtiges vorausgelebt, tastend, tappend, zuweilen verfehlend, dennoch vorausgelebt. Hier ist ein im höchsten Sinn gerechter Anspruch an diese Menschheit, soweit sie sich ihrer wahren Not und ihres wahren Bedürfens bewußt ist.

Aber nun erst recht erhebt sich vor unserm Blick unsre Verantwortung für unser Verhältnis zu dem Volk, dessen Landes- und in manchem Belang auch Schicksalsgenossen wir in Palästina geworden sind. Aufbau echten Gemeinschaftslebens in unserm Umkreis und ein alles gemeinschaftlichen Wesens bares Nebeneinanderhausen mit denen, deren Lebensbestand und Lebenshoffnung wie die unsern an die Zukunft dieses Landes geheftet sind, welch ein Widerspruch im Angesicht der ewigen Aufgabe!

Es wird erzählt, Max Nordau sei, als er zum erstenmal Genaueres darüber erfuhr, daß es Araber in Palästina gibt, entsetzt zu Herzl gekommen und habe gerufen: „Das habe ich nicht gewußt – dann begehen wir ja ein Unrecht!“ In den letzten Jahren ist es mir wiederholt begegnet, Leute, die sich sonst gern auf Nordau berufen, äußern zu hören: „Leben schließt Unrecht ein; wer nicht unrecht tun will, muß auf das eigne Leben verzichten. Das darf ein Volk nicht!“

Es ist wahr, daß Leben Unrechttun einschließt. Das Faktum, daß kein Organismus atmen und sich ernähren kann, ohne organische Existenz zu vernichten, ist von sinnbildlicher Bedeutung für unser menschliches Dasein. Aber die Menschlichkeit dieses Daseins beginnt da, wo wir uns sagen: Wir wollen nicht *mehr* Unrecht tun, als wir müssen, um zu leben. Erst indem wir uns das sagen, fangen wir an, das Leben zu *verantworten.* Diese Lebensverantwortung kann ihrem Wesen nach keine prinzipielle, keine ein für allemal festgelegte sein; das Maß des jeweils unerläßlichen Unrechttuns kann nicht vorausbestimmt, sondern nur jeweils, immer neu im Wetterdunkel der Seele, aus dem der Blitz des Entschlusses fährt, erkannt werden. Es zuverlässig, im ungebrochnen Ernst des personhaften Gewissens erkennen, heißt *als Mensch* leben. Und eben dies heißt *als Menschenvolk* leben. Denn die Lebensverantwortung der Gruppe kann von der des Einzelnen nicht wesensverschieden sein; sonst würden die Mitglieder der Gruppe ihre Verantwortung nur insofern wahrhaft ausüben, als sie Einzelne sind; was in ihrer Seele Gruppe ist, würde in seinem Gesetz und seinem Verhalten dem entgegen bestehen, was in ihrer Seele Person ist, es zersetzen und entwerten: wer als Einzelner verantwortungsstreng und als Gruppenglied verantwortungslässig ist, der ist, ob er es weiß oder nicht, auch in seiner persönlichen Verantwortung zersetzt und entwertet.

Alles verantwortliche Verhältnis zu den andern fängt mit echter aktueller *Phantasie* an. Wenn wir im Zeichen der Verantwortung uns vergegenwärtigen wollen, *was* wir in Palästina tun, müssen wir uns gründlich, mit leiblicher Phantasie vorstellen, *wir* wären die Eingesessenen und die andern die Anwärter, die nun ins Land gekommen sind und von Jahr zu Jahr mehr davon in Besitz nehmen wollen! Wie würden wir das uns Widerfahrende empfinden? Wie würden wir darauf reagieren? Erst wenn wir das wissen, werden wir lernen, jeweils nicht *mehr* unrecht zu tun, als wir müssen, um zu leben. Das freilich, leben, dürfen wir nicht bloß, wir sollen es. Denn wir leben ja um der ewigen Aufgabe willen, die wir in uns tragen.

Die Fanatiker der leeren Macht werden mir entgegnen, das Postulat der Lebensverantwortung sei „nur ein ethisches". Es ist ein politisches im höchsten Sinn. Freilich kommt es darauf an, was man anstrebt. Wem es um die bloße Konsolidierung eines Volkstums mit kräftigen nationalen Merkmalen, normalen Lebensfunktionen und weitgehender „Selbstbestimmung" geht – eine freilich der ganzen Beschaffenheit des konkreten Judenwesens widersprechende Zielsetzung –, der mag sich immerhin (wiewohl sie auch ihn enttäuschen müssen) an die landläufigen Methoden einer kurzatmigen Allerweltpolitik halten, für die es den Begriff des „Unrechts" nur zu rhetorischer Verwendung gibt; wer die Erneuerung des jüdischen Menschen ersehnt, wird den Weg zu ihr nicht mit einem Moratorium der Gerechtigkeit beginnen. Wenn er es täte, wäre das nicht etwa nur eine sittliche, sondern auch eine politische Verfehlung; denn er würde sein Ziel nicht erreichen.

Der Kampf, der im Zionismus, im Judentum um die Lebensverantwortung den Arabern gegenüber gekämpft wird, wird um das wahre Ziel und um seine wahre Erreichung gekämpft.

Für die Begründung eines positiven Verhältnisses zu den Arabern ist die Zeit der Kundgebungen vorüber. Kundgebungen bedeuten den Aufbau einer Plattform; wenn man auf der dann keinen lebendigen Menschen sich bewegen sieht, wäre es besser, sie wäre nicht aufgebaut worden.

Aber es wäre auch falsch, zu folgern, man habe somit die allgemeinen Resolutionen nunmehr durch ein Bündel von praktischen Einzelmaßnahmen zu ersetzen. Dergleichen wäre ein künstliches und unfruchtbares Beginnen. Es kann sich überhaupt nicht darum handeln, daß wir uns und anderen sagen: „Wohl, wir haben all die Zeit nichts unternommen, jetzt aber wollen wir tun, und zwar wollen wir das und das und das tun!" Nicht mit einem Programm geänderten Verhaltens auf allen Gebieten kann eine Wende in der Beziehung zweier Völker anheben, sondern allein mit einem *Gesinnungswandel,* der freilich so echt, so gründlich, so faktisch sein müßte, daß er sich alsbald auf allen Gebieten in einem geänderten Verhalten auswirken würde – aber eben in einem, das nicht von vornherein detailliert festgelegt worden ist, sondern das Tag um Tag von einer gewandelten *Spontaneität* eingegeben wird und im einzelnen von Tag zu Tag, je nach den zeitlichen und örtlichen Umständen verschieden sein mag, aber einheitlich bleibt als Ausdruck der einheitlichen neuen Gesinnung.

Es ist von großer Wichtigkeit, deutlich zu erkennen, daß damit eine *politische* Gesinnung gemeint ist. Was sich vorhin bei der Erörterung des Begriffs des „Unrechts" in allgemeinen Zügen gezeigt hat: daß wir, wenn wir eine unsittliche Politik machen, eine schlechte Politik machen, das prägt sich in aller Klarheit aus, ob wir die wirtschaftspolitische, ob wir die außenpolitische Lage unsrer palästinensischen Unternehmung betrachten.

Eine Gemeinschaft, die sich unterfängt, in den Bestand des heutigen, im stärksten Nationalisierungsprozeß begriffenen Orients ohne Großmachtdeckung neu einzutreten, muß in ihrem Denken über die Kategorie der Nationalität hinausgreifen. Sie durfte bei dieser Kategorie stehen bleiben, solange der Orient noch nicht bei ihr hielt; heute würde sie mit solchem Stehenbleiben ihre Chance einbüßen. Ein nationalisierter Orient ist nicht mehr gewillt, neuen Völkern Einlaß zu gewähren; denn die Nationaltendenz bringt die Inanspruchnahme „freien", noch ungenützten oder doch unausgenützten Bodens für die Expansion der eignen kommenden Geschlechter mit sich. Eine Gemeinschaft mit der gekennzeichneten Absicht ist daher darauf angewiesen, nicht mehr bloß in Nationen, sondern auch in Wirtschaftseinheiten zu denken. Politisch ausgedrückt: sie muß ihre Kräfte in eine, eben dadurch erst eigentlich begründete, Wirtschaftseinheit einbringen, für die diese Kräfte im Sinn des Kapitalzuflusses sowie des Einsatzes von Intelligenz und Energie von so großem Wert für die baldige Nutzung des Ungenützten sind, daß die entgegenstehenden nationalen Sonderinteressen sich der übernationalen, wirtschaftseinheitlichen Solidarität unterwerfen, das heißt sich innerhalb ihrer soziologisch-kulturhaft konstituieren. Wir können in Palästina eine jüdische Wirtschaft mit Aussicht auf Dauerbestand nur dann aufbauen, wenn wir allen Ernstes darauf ausgehen, eine gesamt-palästinensische Wirtschaft aufzubauen. Wir können das Land für uns nur erschließen, wenn wir wirklich *das Land* erschließen wollen. Wir können dort unsere Interessen nur dann sicher begründen, wenn wir sie mit denen der eingesessenen Bevölkerung assoziieren. Treiben wir eine ehrliche, unbefangene, rückhaltlose gesamtpalästinensische Landespolitik, und sie wird auch jetzt noch, trotz des – großenteils durch unsere Schuld – so ungeheuer gewachsenen Widerstands, sichtbar und wirksam werden.

Ich sagte: eine Gemeinschaft ohne Großmachtdeckung. Als wir nach dem Weltkrieg „unter dem Schutze" des britischen Reiches in neuen Formen und Dimensionen die Arbeit an der Besiedlung Palästinas wiederaufnahmen, sahen nur wenige unter uns (es sind dieselben, die heute von unseren „Patrioten" des Verrats an der nationalen Sache bezichtigt werden) voraus, daß dieser „Schutz" nur *uns* eine faktische Bindung mit ihren Folgen auferlegen würde: wir mußten in den Ruf von „Schrittmachern eines Imperialismus" kommen, an denen sich die im Grunde gegen ihn gerichtete Feindschaft, als an dem Punkt des geringsten Widerstands – der wir, wie überall, so auch hier sind –, entladen würde; wogegen die „Schutzmacht" sich uns nicht tiefer verpflichtet zu fühlen brauchte, als der Spieler einer Spielkarte verpflichtet ist, die für ihn im wesentlichen nur die Bedeutung hat, im passenden Augenblick zweckentsprechend ausgespielt zu werden. Soweit in der britischen Orientpolitik noch das Prinzip des divide et impera herrscht, waren wir mit unsrer araberfremden Haltung ein geeignetes Objekt dafür; und seit mit dem wachsenden Nationalisierungsprozeß der morgenländischen Völker eine neue weitsichtigere Methode, die des ernsthaften Rechnens und Verhandelns mit den Komponenten künftiger Nationalmacht, sich ausbildet, werden unsere Ansprüche vollends zurückgedrängt. Wozu noch mit besonderer Wirkung dies kommt, daß wir hinsichtlich des

Kapitalzuflusses weit hinter den Erwartungen Londons zurückgeblieben sind; immerhin liegen hier und nirgendwo anders unsre etwaigen Aussichten auf englische Unterstützung für eine Zeit weltwirtschaftlichen (und vornehmlich amerikanischen) Aufschwungs.

Es ist ein tragikomischer Vorgang, daß eben die Leute, die, als wir andern so nachdrücklich und so erfolglos auf den illusionären Charakter der Schutzmachtpolitik hinwiesen, nicht müde wurden, die britischen Kanonen zu preisen, nunmehr den Völkerbund entdecken. Daß der Völkerbund noch nie auch nur einen ernsthaften Beschluß gegen das Interesse einer westlichen Großmacht gefaßt hat, scheinen sie für einen bei- und vorläufigen Umstand zu halten, den sie mit der Wucht ihres Appellierens überrennen würden.

Aber es soll ja angeblich nicht lediglich appelliert werden. Ich höre sagen, wir sollten „unsere Macht einsetzen". Ich würde gern erfahren, was ich mir darunter vorzustellen habe. Mir ist nämlich im allgemeinen kein anderer Machteinsatz für uns bekannt als den ich vorhin andeutete: Kapital in Palästina investieren, und Menschenkraft dazu. Ganz sicher ist auch dieser Einsatz nicht, aber er ist eine Realität. Alles andere ist Illusion.

Insofern wir Judenheit eine opferbereite Leidenschaft, ein Menschen und Geld hergebendes Verlangen nach einem jüdischen Leben in Palästina haben, sind wir eine Macht, und nur insofern. Aber wir schwächen die Geltung dieser Macht, wenn wir, statt sie realiter einzusetzen, sie ausschreien; wenn wir statt der Macht unsrer Opferfähigkeit die Macht unsrer „öffentlichen Meinung" geltend machen. In halbwegs normalen Zeiten hat unsre öffentliche Meinung einen genau so hohen Kurswert, als sie sich in Opferfähigkeit umsetzt. Staaten haben es in diesem Belange besser als staatslose Völker, aber nur weil hinter ihrer öffentlichen Meinung andere Realitäten stehen, die die zeitweiligen Mängel der Opferbereitschaft auszugleichen vermögen.

Nun gibt es freilich auch anormale Zeiten, in denen neben dem wirklichen Machteinsatz der Machtbluff herrscht. Auf eine solche herrliche Zeit, wie wir sie um 1914 erlebt haben, hoffen letztlich unsre „Herrenvolk"-Politiker. Wir haben damals, so sagen sie sich, als Ganzes auch ohne unmittelbaren Machteinsatz (von dem Spezialstolz der erwähnten Politiker, der berühmten, aber kriegsgeschichtlich sehr unbeträchtlichen Legion abgesehen) was gegolten und durften demgemäß bei der Verteilung der Beute mitgenannt werden; so eröffnen sich uns neue Aussichten bei einem kommenden Krieg. Von diesen edlen Hoffnungen möchte ich schweigen; ich rate nur jedem, den sie locken sollten, seinen gesunden Menschenverstand aufzubieten und mit dessen Hilfe die irgend wahrscheinlichen Konstellationsmöglichkeiten des nächsten Weltkonflikts zu überdenken.

Es ist ja auch die Losung ausgegeben worden, wenn es um das Leben des jüdischen Volkes gehe, würde man sich mit dem Teufel selber verbünden. Das klingt recht imposant, und ich möchte in diesem Zusammenhang keine sittlichen Bedenken anmelden; wovor ich die Herren warnen will, ist, immer wieder den Teufel so an die Wand zu malen, wie sie ihn zuletzt kennengelernt haben: wenn er wiederkehrt, wird er ganz anders aussehen und mit sich vermutlich nicht reden lassen.

Besonders unerquicklich ist es mir, wenn man gegen die folgerichtige Verständigungspolitik an den „nationalen Stolz" appelliert. Ein echter nationaler Stolz muß uns den Arabern *nähern,* weil wir nur im Einvernehmen mit ihnen unser Werk, in das wir unsre nationale Ehre eingesetzt haben, den Aufbau des Landes, weiten und sichern können. Was uns von den Arabern entfernt, ist der nationale *Dünkel.*

Ich sprach einmal, vor einer Reihe von Jahren, über die Araberfrage mit dem Leiter einer großen kulturellen Institution des Jischuw. Er sagte mir etwa: „Sie kennen mich ja, Sie wissen, daß ich kein Chauvinist bin, aber – das ist eine niedrigere Rasse!" So ähnlich redet man mancherorten in Europa von *uns.* „Wer hat recht? Solange wir uns ein Volk, dessen Lebensimpulse und Lebensnormen von den unsern wesensverschieden sind, nicht „von innen" vergegenwärtigen, solange wir nicht seine Innerlichkeit kennen und verstehen lernen, die sich in jenen äußert, werden wir geneigt sein, seine Anderheit als seine Minderwertigkeit zu empfinden. Die innere Wirklichkeit jedes Volkes ist werteigen und jede Skala trügerisch.

Das geschlossene System des landläufigen Nationalismus, dem in der verderblichsten aller Assimilationen so viele unter uns verfallen sind, heißt jeden sein Volk absolut und alle andern relativ fassen, sein Volk nach dessen Gipfeln und alle andern nach ihren Niederungen einschätzen. Wenn diesem System die Herrschaft zufällt, muß es zu einer Katastrophe von planetarischen Ausmaßen führen.

Das offene System einer nationalen Humanität, für das wir heute „proarabischen" Kämpfer schon warben, als wir für den Zionismus zu werben begannen, fordert von uns, das andre Volk so zu beurteilen, wie wir wollen, daß man uns beurteile, das heißt: nicht nach seinen niedersten, sondern, wenn nicht nach seinen höchsten, so doch nach seinen charakteristischen und repräsentativen Erzeugnissen. Nur dieses System wird eine in den namenlosen Fährlichkeiten des kommenden Zeitalters lebensfähig bleibende Menschheit erziehen.

An den palästinensischen Arabern mag uns allerhand nicht gefallen (mir gefällt, in anderer Weise, an uns allerhand nicht): wir dürfen doch die Tatsache nie aus den Augen verlieren, daß die Verbundenheit mit dem Land bei ihnen – bei uns noch lange nicht – eine vitale, ja vegetative Gestalt, die Gestalt der unreflektierten Selbstverständlichkeit angenommen hat. Sie, nicht wir, besitzen etwas, was man die palästinensische Form nennen darf. Die Lehmhütten der Fellachendörfer sind aus diesem Boden geschossen, die Häuser von Tel-Awiw sind ihm aufgesteckt. Die Verneigung Abrahams, mit der er die Vorüberziehenden ins Haus lädt, können wir heute noch anschaun, aber nicht in unseren Kreisen. Man rede nicht von „ästhetischen" Gesichtspunkten: das ist die für uns – obgleich wir selbstverständlich keine ihrer vorgefundenen Gestaltungen rezipieren können – dennoch grundwichtige Seinsart eines Erdstrichs, die die Zeiten überdauert hat, grundwichtig, weil dieser Erdstrich eben Kanaan ist.

Wesentlich ernster als der Standpunkt des „nationalen Stolzes" ist jener andre zu nehmen, den ich als den Umschwungs-Standpunkt bezeichnen möchte und dem ein großer Teil unsrer Arbeiterschaft ergeben ist.

Er geht von der Klassenscheidung in der arabischen Gesellschaft aus. Man sagt uns, die Herren, die Effendis, reizten das Proletariat, die Fellachen, gegen uns auf, um sie vom erwachenden Klassenbewußtsein, von der Auflehnung gegen die soziale Unterdrückung abzulenken; die arabische nationale Bewegung in Palästina sei somit ein Kunstprodukt und als solches zu behandeln; wir täten unrecht, mit den Effendis, den unrechtmäßigen Volksvertretern, Verhandlungen anknüpfen zu wollen; wir müßten vielmehr die unnatürliche Front, die sie mit den Proletariern bilden, durchbrechen, indem wir diesen zur Entfaltung des Klassenbewußtseins verhelfen und uns mit ihnen zu einer sozialistischen Querfront verbinden: dann würden sie sich nicht mehr von der nationalistischen Parole ködern lassen.

Darin liegt gewiß ein erheblicher Wahrheitsgehalt, und was praktisch daraus abgeleitet wird, die Kooperation der beiden Arbeiterschaften, die Förderung der arabischen proletarischen Organisationen und Institutionen, die sozialerzieherische Einwirkung ist gegenwärts- und zukunftswichtig. Aber die Lage wird doch in einer unzulässigen Weise vereinfacht.

Zunächst müssen wir uns klarmachen, daß das Klassenbewußtwerden einer arabischen Volksmasse sich naturgemäß, auch bei intensivster Nachhilfe, wesentlich langsamer vollzieht als ihr Nationalbewußtwerden, das zum Teil ja nur die terminologische Neuausstattung des alten religiösen Fanatismus bedeutet. Gewiß, der soziale Prozeß hat die Gründlichkeit voraus, aber der politische das Tempo, und wie die Dinge liegen, kann uns dieser Umstand nicht gleichgültig sein.

Darüber hinaus jedoch ist der Begriff der Künstlichkeit der palästinensisch-arabischen Nationalbewegung überhaupt fragwürdig. Sowie man historisch denkt, also von der Entwicklung der gesamtarabischen Selbständigkeitstendenz ausgeht, die je nach den politischen Voraussetzungen der einzelnen Länder verschiedene Formen und Kampfrichtungen annimmt, versteht man auch die innere Umwandlung, die sich in Palästina vollzogen hat, als eine dieser territorialen Teilbewegungen. Und schließlich haben ja auch wir unsere Effendis, nicht erst seit wir die erweiterte Jewish Agency haben, sondern schon seit wir den Zionismus haben, der ja auf einem Bündnis von Bourgeoisie und Proletariat errichtet ist. Wir wissen, daß es bei uns trotz dieser zwiespältigen Grundlage eine echte nationale Einheit und eine echte nationale Bewegung gibt; warum sollen wir annehmen, daß es sie bei den Arabern nicht gebe? Freilich, unsern Effendis sind wohl für Palästina die klassenkampfzersetzenden Absichten der arabischen im allgemeinen fremd; aber walten nicht auch bei diesen neben den Motiven der sozialen Selbstbehauptung Motive der völkischen Begeisterung? Ja, sind neben den problematischen Gestalten nicht auch rechtschaffene nationale Politiker zu erblicken, die voraussichtlich mit der Zeit jene verdrängen werden?

Ich kenne nichts, was für das politische Handeln verderblicher wäre, als die Schematisierung, Verformelung des Partners oder Gegners. In dem Maße, in dem wir uns einreden, mit dem andern verhalte es sich „einfach so und so“, liefern wir uns der Irrationalität seiner Existenz aus; nur wenn wir uns vergegenwärtigen, daß es drüben nicht schlechthin anders aussieht als hüben, sind wir der Wirklichkeit gewachsen.

Wir haben in Palästina nicht mit den Arabern, sondern neben ihnen gelebt. Das Nebeneinander zweier Völker auf dem gleichen Territorium muß aber, wenn es sich nicht zum Miteinander entfaltet, zum Gegeneinander ausarten. So droht es auch hier zu geschehen. Zum bloßen „Neben“ führt kein Pfad zurück. Aber zum „Mit“ kann, so groß sich auch die Hindernisse aufgetürmt haben, immer noch vorgedrungen werden. Ich weiß nicht, wie lange noch. Ich weiß nur, daß wir, wenn wir dahin nicht gelangen, nicht zu unserm Ziel gelangen werden. Zum dritten Mal werden wir an dem Lande erprobt.

## WANN DENN?

*An die in Antwerpen versammelten Vertreter jüdischer Jugend (Ende Juli 1932)*
*(Die Tagung, an die diese Botschaft gerichtet war, hatte zum Gegenstand: „Israel und der Weltfrieden".)*

Wir leben in einem Zeitalter der Entwertung des Wortes. Der sprachbegabte Geist hat allzu hemmungslos seine Sprache den jeweils mächtigen Strömungen zur Verfügung gestellt. Statt das Wort in der Stille der Verantwortung aus dem Gedanken wachsen zu lassen, hat er es mit einer beinah mechanisierten Kunstfertigkeit für den Bedarf hergestellt. Diesen „Verrat"[55] haben nicht die clercs allein zu büßen, deren Rede nun auf mißtrauische Ohren trifft; schlimmer ist, daß ihre Hörerschaft, daß vor allem die ganze heute junge Generation das edelste Glück junger Menschen entbehren muß: dem Geist vertrauen zu dürfen. Es ist zu verstehen, daß viele von ihnen nunmehr in den Gebilden des Geistes nur noch „Ideologien" erblikken, prunkvolle Mäntelchen sehr simpler Gruppeninteressen; daß sie an eine Wahrheit, die über den Parteien, über den Machthabern und Machtbegierigen steht, nicht mehr glauben wollen. Sie sagen uns, einander und sich selbst, sie seien es müde, mit erhabenen Illusionen gefüttert zu werden; man müsse auf die „natürliche" Grundlage, auf die unverstellten Instinkte, zurückgreifen; auf der schlichten Selbstbehauptung sei, wie das Leben der Person, so das jedes Volkes zu errichten.

Wie immer es die andern halten: wir, meine Freunde, dürfen diesen Weg nicht gehen. Sind wir wirklich Juden, das heißt Träger einer Überlieferung und eines Auftrags, so wissen wir, was uns überliefert ist: daß es eine Wahrheit gibt, die „das Siegel Gottes" ist, und wissen, was uns aufgetragen ist: diese eine Wahrheit sich in unserem vielfältigen Leben ausprägen zu lassen. Haben können wir sie freilich nicht, denn sie ist Gottes allein; siegeln können wir mit ihr nicht. Aber wir können das vielfältige Wachs sein, in dem sie sich ausformt; jeder ein anderes Wachs, von anderer Farbe und Art, aber alle aufnahmsfähig für die Ausgestaltung der Wahrheit – denn alle sind wir „im Ebenbild geschaffen", darauf angelegt, Bilder des göttlichen Wesens zu werden. Gewiß, wir besitzen die Wahrheit nicht; aber deshalb sind wir weder auf bloße Ideologien, noch auf bloße Instinkte

55 Vgl. Julien Benda, La trahison des clercs.

angewiesen, denn jedem von uns ist die Möglichkeit eröffnet, in ein echtes Realverhältnis zur Wahrheit zu treten. Zu einem solchen Verhältnis genügt jedoch das Denken nicht, das ja nur ein Teil unseres Wesens ist; auch das Gefühl genügt dazu nicht; nur mit dem ungeteilten, einigen Leben, das von uns gelebt wird, erlangen wir es. Der Geist kann von seinem letzten Sündenfall, von der Entheiligung des Wortes, nur erlöst werden, wenn das Wort gedeckt und verantwortet wird durch das ganze gelebte Leben. Der Verrat der Geistigen kann nicht dadurch gesühnt werden, daß der Geist sich auf sich selber zurückzieht, sondern dadurch nur, daß er den falschen Wirklichkeitsdienst durch den wahren ersetzt und gutmacht. Er soll nicht den Mächten des Tages und dem, was sie „Wirklichkeit nennen, dienen, nicht dem kurzlebigen Schein; er soll der echten großen Wirklichkeit dienen, in der die Wahrheit Gottes verwirklicht werden will; er soll dienen. Der Menschengeist, der über den Situationen schweben will, wird, mag er noch so herrlich sein, der Lebendigkeit nicht teilhaftig werden; nur wenn er, ohne seinen obern Ursprung zu verleugnen, vielmehr gerade um ihn zu bewähren, in die Situation eingeht, wird er fruchtbar sein, wird er Leben zeugen und leben. Bleibet dem Geist treu, meine Freunde, aber bleibet ihm treu in der Wirklichkeit! Unsre erste Frage muß sein: Was ist die Wahrheit, was ist Gottes Gebot an uns? Aber unsre zweite muß sein: Wie erfüllen wir es da, wo wir stehen?

Wir werden es nicht erfüllen, gar nicht, wenn wir unsre Welt und unser Leben teilen in einen Bezirk, in dem das Gebot Gottes herrscht, und in einen andern, der von den Gesetzen der Wirtschaft, der Politik, der „schlichten Selbstbehauptung“ der Gruppe ausschließlich bestimmt ist. Dieser Dualismus ist noch weit bedenklicher als jener Naturalismus, von dem ich vorher sprach. Ein Herausbrechen aus der Verbundenheit des Daseins mit dessen Sinn ist es, wenn man sich die Ohren stopft, um die Stimme von oben nicht zu hören; wer aber die Stimme hört und zugleich das Gebiet abgrenzt, außerhalb dessen sie keine Geltung beanspruchen dürfe, der stellt sich nicht wie jener abseits, sondern unmittelbar gegen Gott. Der Atheist kennt Gott nicht; aber der Anhänger einer Ethik, die da endet, wo die Politik anfängt, vermißt sich, dem Gott, den er zu kennen vorgibt, vorzuschreiben, wie weit seine Macht zu reichen hat. Die Polytheisten teilen die Welt und das Leben unter viele Gewalten auf, für sie hat Deutschland einen Gott und Frankreich einen andern, es gibt einen Gott des Geschäfts und einen Gott des Staates, jeder dieser Bezirke hat sein eignes Gesetzbuch und untersteht keinem höheren Gericht; die Zivilisation des Abendlands bekennt sich zu Einem Gott und lebt in der Vielgötterei; wir Juden sind tausendfältig in diese Zivilisation verflochten – aber wenn wir ihren Dualismus von Bekenntnis und Leben mitmachen, haben wir unser Daseinsrecht verloren. Als ein Volk aus der Völkermenge wären wir naturgemäß längst tot; nur weil wir es gewagt hatten, mit der Einheit Gottes, mit der Alleinherrschaft Gottes Ernst zu machen, sind wir paradoxerweise noch da. Geben wir Gott auf, so wird er uns aufgeben; und wir geben ihn auf, wenn wir uns zu ihm in der Synagoge bekennen und ihn im Versammlungslokal verleugnen, wenn wir in unsrem persönlichen Leben sein Gebot walten lassen und das Leben der Gruppe, der wir angehören, andern Normen unterwerfen. Was für den Einzelnen unrecht ist, kann nicht für die Gemeinschaft recht sein; denn sonst wäre Gott, der Gott vom Sinai, nur noch ein Herr der Einzelnen und nicht mehr der Herr der Völker. Sind wir wirklich Juden, so glauben wir, daß Gott den Menschen seinen Willen für ihr Leben kundtut und daß es von der Erfüllung seines Willens abhängt, ob das Leben Sinn hat oder nicht. Und wenn wir nach unsrem innersten Wissen sagen wollen, was Gottes Gebot an die Menschheit ist, so werden wir nicht einen Augenblick zweifeln, daß es Friede heißt. Aber viele unter uns meinen, das gelte erst für eine bessere Zukunft; heute müsse man den Krieg aller gegen alle mitmachen, um nicht unterzugehen. Gerade wenn wir diesen Krieg mitmachen, werden wir untergehen; denn es gibt für uns nur den einen Untergang: daß Gott uns seiner Hand entgleiten läßt.

Ich höre oft in unserer Mitte erklären: „Auch wir wollen, daß der Geist des Judentums sich erfülle, auch wir tragen Verlangen danach, daß die Lehre von Zion ausgehe, und wir wissen, daß sie dazu nicht Wort allein, sondern gelebtes Leben sein muß; wir wollen, daß das Wort Gottes auf Zion zur Wirklichkeit werde. Aber damit das geschehe, muß es doch erst wieder ein Zion auf der Welt geben; erst also wollen wir Zion erbauen, wir wollen es – mit allen Mitteln!" Sollte es jedoch nicht am Ende Zions Eigentümlichkeit sein, daß es eben nicht „mit allen Mitteln", sondern nur *bemischpat* (Jesaia 1,27), nur „mit Gerechtigkeit" erbaut werden *kann*! Sollte Gott sich nicht weigern, sein Heiligtum aus den Händen des Teufels anzunehmen? „Wenn einer sich vornimmt, sechs Jahre zu stehlen und zu rauben, um im siebenten aus dem so gewonnenen Gut einen Tempel zu erbauen, und wenn es ihm gelingt –, werden es dann wirklich Tempelwände sein, die er baut, und nicht vielmehr eine Räuberhöhle (Jeremia 7,11) oder ein Räuberpalast, auf dessen Tor er den Namen Gottes einzugraben wagt? Gewiß, Gott baut sich nicht selber sein Haus, er will, daß wir Menschen es mit Menschenhänden und mit Menschenkraft bauen, denn mit diesem Haus ist ja nichts andres gemeint als dies, daß endlich damit begonnen werde, Gottes Wort auf Erden zu leben! Aber bildet ihr euch ein, daß Gott nicht stark genug sei, uns dieses Haus, wenn wir es mit seinen Mitteln, *bemischpat,* begründet haben werden, auch mit seinen Mitteln vollenden zu lassen? Wenn ihr euch das einbildet, dann redet nicht mehr von Judentum, jüdischem Geist und jüdischer Lehre! Denn Judentum ist die Lehre, daß es in Wahrheit nur Eine Macht gibt, die zwar zuweilen duldet, daß die Scheinmächte der Welt etwas im Widerspruch gegen sie zustandebringen, aber nicht, daß es bestehe; was jedoch in ihrem Dienste geschaffen wird, so daß nicht das Ziel allein, sondern auch der Weg vom Geist des Rechten bestimmt ist, das mag eine Zeit schwer zu kämpfen haben, mag schwer bedroht erscheinen, schwach den starken Scheinmächten gegenüber, aber es wird bleiben.

Ich möchte das Wichtigste auch denen vergegenwärtigen, die die religiöse Sprache nicht verstehen können oder wollen und daher der Meinung sind, ich spräche von der Theologie. Ich spreche von der *Wirklichkeit der Geschichte.* In der Wirklichkeit der Geschichte geht es nicht so zu, daß man sich ein gerechtes Ziel setzt, einen Weg dazu wählt, wie ihn etwa die Gunst der Stunde darbietet, und auf diesem Weg das gesetzte Ziel auch erreicht. Damit das erreichte Ziel dem gesetzten gleiche, muß diesem der Weg in seinem Wesen gleichen. Ein falscher, das heißt: zielwidriger Weg führt zu einem falschen Ziel. Was durch Lüge zustandegebracht wird, kann die Maske der Wahrheit, was durch Gewalt zustandegebracht wird, die Maske der Gerechtigkeit vorbinden, und eine Weile mag die Täuschung gelingen; aber bald wird erkannt, daß die Lüge in ihrem Wesen Lüge und die Gewalt in ihrem Wesen Gewalt geblieben ist, und sie werden das geschichtliche Los alles Falschen erfahren. Ich höre manchmal sagen, eine Generation müsse sich opfern, sie müsse „die Sünde auf sich nehmen", damit die kommenden Geschlechter frei werden, Gerechtigkeit zu üben. Aber es ist ein törichter Selbstbetrug, man könne selber ein wüstes Leben führen und seine Kinder zu guten und glücklichen Menschen erziehen: sie werden zumeist Heuchler oder Friedlose.

Die Geschichte hat uns viel zu lehren; aber man muß verstehen, sich von ihr belehren zu lassen. Die Momentserfolge, auf die man hinzuschauen pflegt, sind nur die Kulissen der Weltgeschichte; die echten Siege, die in der Verborgenheit erfochten werden, sehen für den Vordergrundsblick mitunter wie Niederlagen aus. Die echten Siege geschehen langsam und unmerklich, aber sie wirken weithin. Vor den Kulissen nimmt sich unser Glaube, daß

Gott der Herr der Geschichte ist, zuzeiten lächerlich aus; aber es gibt eine Heimlichkeit der Geschichte, die unsern Glauben bestätigt.

Wer Frieden stiftet, so haben unsre Weisen gelehrt, ist ein Werkgenosse Gottes. Aber man stiftet Frieden nicht mit versöhnlichen Worten an die andern und nicht mit menschheitsfreundlichen Projekten; man stiftet ihn, man hilft, den Weltfrieden zu verwirklichen, indem man den Frieden selber da verwirklicht, wo man dazu berufen und aufgerufen ist: in der Aktivität der eigenen Gemeinschaft, da, wo sie selber ihr Verhältnis zu einer andern Gemeinschaft aktiv mitzubestimmen vermag. Die Friedensbotschaft der Prophetie an Israel gilt nicht erst für messianische Zeiten; sie gilt für den Tag, wo das Volk neu berufen wird, an der Gestaltung des Schicksals seiner Urheimat teilzunehmen – sie gilt für heute. „Wenn nicht jetzt, wann denn?" Die Erfüllung im Dann ist an die Erfüllung im Jetzt mit geheimnisvollen Stricken gebunden.

## FRAGE UND ANTWORT

*(September 1922)*

*Frage:* Du sagst, man solle sich nicht der europäischen Staatenpolitik verschreiben. Wie aber, wenn sie, ob wir uns ihr unterwerfen oder nicht, unser Schicksal in Erez Israel bestimmt? Du sagst, man solle mit dem Orient einen Bund schließen und als tätiges Glied an seiner Regeneration teilnehmen. Wie aber, wenn er sich mit uns gar nicht verbünden will? Was für positive Politik empfiehlst du?

*Antwort:* Landespolitik.

*Frage:* Was verstehst du darunter?

*Antwort:* Alle Anstrengung, die unsere Kraft vermag, darauf richten, das Land aufzubauen. Nicht bloß die Nation im Lande, und dieses nur soweit es *ihr* Gedeihen erfordert, sondern wahrhaft und um seiner selbst willen: das Land. Gelingt uns das, dann sind wir gegen die europäische Staatenpolitik gefeit und sind dem Osten als unersetzliche Pioniere seiner Regeneration sichtbar, glaubwürdig, willkommen geworden. Wohlgemerkt aber: wenn wir nicht etwa einen sacro egoismo als Landespolitik maskieren – keine Maske kann heute noch täuschen –, sondern ihn untertauchen und untergehen lassen in ihr. In Landespolitik, sagte ich, aber ich will es wahrer sagen: in der Liebe zum Land.

*Frage:* Und wenn wir trotzdem, trotz alledem, nachdem wir unsere Funktion am Aufbau des Landes erfüllt haben, „majorisiert" werden, wenn man uns die Früchte unserer Arbeit entreißt?

*Antwort:* O du Kleingläubiger! Gott stellt keine Wechsel aus. Aber wer sich ihm ohne Schuldverschreibung leiht, ist gesegnet.

## ZWEIERLEI ZIONISMUS

(Mai 1948)

Es gibt von den Anfängen des modernen Zionismus an zwei Grundtendenzen in ihm, die zu einander in einem bis in die Tiefe der menschlichen Existenz reichenden Gegensatz stehen. Dieser Gegensatz ist lange nur als ein ideeller empfunden worden, aber mit der wachsenden Konkretheit der politischen Situation und der von ihr erforderten Entscheidungen ist er immer realer geworden, bis er in den letzten Jahren eine bestürzende Aktualität gewann.

Man kann die beiden Tendenzen in ihrem Ursprung als zwei verschiedene Interpretationen des Begriffs „Wiedergeburt" erfassen.

Die eine verstand unter „Wiedergeburt", daß von neuem ein echtes Israel aufkomme, in dem nicht, wie auf dem Wüstengang des Exils, Geist und Leben nebeneinander bestehen, jedes von beiden ein Bezirk eignen Gesetzes, sondern der Geist sich das Leben baut wie sein Haus, ja wie sein Fleisch. Mit Wiedergeburt ist hier somit nicht ein gesicherter Fortbestand des Volkes anstatt des bisherigen ungesicherten gemeint, sondern eine Existenz der Verwirklichung anstatt der bisherigen, in der unverwirklichte Ideen und ideenlose Wirklichkeit einander stießen.

Die andere Tendenz verstand unter „Wiedergeburt" einfach: Normalisierung. Zu einem „normalen" Volk gehören Land, Sprache und Selbständigkeit; diese müssen wir wiederbekommen, alles andere braucht uns nicht zu bekümmern, das wird sich schon von selber fügen. Wie die Menschen in dem Land miteinander leben, was die Menschen in dieser Sprache sagen, in welchem Verhältnis diese Selbständigkeit zur übrigen Menschenwelt steht, das gehört gar nicht zum Kapitel der Wiedergeburt. Werde normal und du bist wiedergeboren!

Diese beiden Tendenzen sind im Grunde nur eine neue Gestalt jener zwei, die schon einst in der Frühzeit Israels wider einander standen: das mächtige Bewußtsein der Aufgabe, im ganzen Volksleben, nach innen und nach außen, Wahrheit und Gerechtigkeit zu erfüllen und damit der Menschenwelt Vorbild und Anleitung zu werden, und das natürliche, nur allzu natürliche Verlangen, „wie alle Völker" zu sein. Es ist damals den Juden nicht gelungen, normal zu werden.

In dieser Stunde scheint es ihnen in einem furchtbaren Maße zu gelingen.

Nie im Lauf unserer Geschichte waren Geist und Leben so fern voneinander wie jetzt in dieser Epoche der „Wiedergeburt". Oder will man etwa die kollektive Selbstsucht, die kein höheres Kriterium anerkennt und sich keinem höheren Gebote beugt, als „Geist" bezeichnen? Wo werden hier noch, nach außen und nach innen, Wahrheit und Gerechtigkeit zur Richtschnur des Handelns genommen? (Ich sage auch „nach innen", denn Verrohung nach außen führt unausweichlich zur Verrohung nach innen.) Dieser „Zionismus" entweiht den Namen Zion; er ist nichts mehr als einer der krassen Nationalismen unserer Zeit, die keine höhere Autorität als das – vermeintliche! – Interesse der Nation anerkennen. Damit aber entpuppt er sich als eine Form der *nationalen Assimilation,* die gefährlicher ist als jede individuelle war, denn diese verdarb nur die sich assimilierenden Einzelnen und Familien, die nationale aber zersetzt den Wesenskern Israels.

Aus der klaren Erkenntnis der einander gegenüberstehenden Tendenzen ergibt sich aber auch die der praktischen Grundfrage, an die wir geraten, wenn wir die Wurzeln all unserer politischen Tagesprobleme aufgraben.

Die Tendenz der Verwirklichung sagte: Wir wollen zum Boden zurück, um die natürlichen Voraussetzungen eines den Geist verwirklichenden Volkslebens zu gewinnen. Wir wollen nicht zu irgendeinem Boden, sondern zu dem zurück, dem wir entstammen, weil wir nur von ihm eine erneute Wirkung jener geschichtlichen und übergeschichtlichen Kräfte erwarten dürfen, die Geist an Leben und Leben an Geist binden. Dieser Boden ist heute nicht menschenleer, wie er es damals nicht war, als ihn unser Volk, aus der Wüste vordringend, betrat. Aber heute betreten wir ihn nicht als Eroberer. Einst mußten wir ihn erobern, weil damals seine Bevölkerung in ihrem Wesen dem Geiste „Israels" widerstrebte: die Gefahr der „Baalisierung“, das heißt, der Unterwerfung des Geistes unter die Herrschaft der Triebe, ist ja auch durch die Eroberung nicht völlig beseitigt worden. Heute brauchen wir den Boden nicht zu erobern, weil unserem geistigen Wesen und unseren Lebensformen von der Seite der gegenwärtigen Bevölkerung des Landes keine Gefahr droht. Anders als in der Urzeit dürfen wir mit dem jetzt darin ansässigen Volk einen Bund schließen, um gemeinsam mit ihm das Land zum Vorland Vorderasiens zu entwickeln – zwei selbständige Völker gleichen Rechtes, jedes Herr in seiner Gesellschaft und Kultur, aber beide vereint in dem gemeinsamen Werk der Erschließung und Pro-duktivierung an der gemeinsamen Heimat und in der gemeinsamen föderativen Verwaltung der gemeinsamen Geschäfte. Mit diesem Bund wollen wir wieder in den Verband der Völker Vorderasiens eintreten, vorderasiatische Wirtschaft aufbauen, vorderasiatische Politik führen und, wenn es die Gnade will, wieder von Vorderasien aus die lebendige Idee in die Welt aussenden. Und der Weg dazu? Arbeit und Friede – ein auf der gemeinsamen Arbeit aufgebauter Friede.

Dem stellte die andere Tendenz, die nach bloßer Sicherheit, eine einzige Forderung gegenüber: Souveränität. Diese Forderung wurde nacheinander in zwei verschiedenen Formen kundgetan und vertreten. Die erste kristallisierte sich um den „demokratischen“ Begriff der Majorität: es sollte eine jüdische Majorität in einem palästinensischen Gesamtstaat angestrebt werden. Daß dieses Programm offenen Kampf mit den Nachbarn und somit auch mit der arabischen Welt überhaupt bedeutete, war offenbar: welches Mehrheitsvolk würde sich kampflos in den Status einer Minderheit niederdrükken lassen! Als das Programm sich als illusorisch herausgestellt hatte, wurde es durch ein separatistisches ersetzt: Losreißung, und im losgerissenen Teil wieder Majorität; das hieß „Judenstaat“. Man opferte so leichten Herzens die Ganzheit des Landes, das zu „erlösen“ der Zionismus einst ausgezogen war: wenn man nur einen Staat, eine Souveränität bekam! Der Lebensbegriff „Selbständigkeit“ wurde durch den Machtbegriff „Souveränität“ ersetzt, die Friedensparole durch eine Kampfparole. Und diese in einer Zeit, in der die Souveränität der kleinen Staaten im Eiltempo entwertet wird! Statt danach zu streben, die Initiativgemeinschaft im Rahmen eines vorderasiatischen Verbandes zu werden, setzte man sich ein Staatlein zum Ziel, das Gefahr lief, in einem steten Gegensatz zu seiner natürlichen geopolitischen Umgebung zu leben und seine besten Kräfte an militärische, statt an soziale und kulturelle Werte hergeben zu müssen.

Das ist die Forderung, um die heute Krieg geführt wird.

Als ich vor 50 Jahren um der Wiedergeburt Israels willen mich der zionistischen Bewegung anschloß, tat ich es mit einigem Herzen. Heute geht durch mein Herz ein Riß. Ein Krieg um politische Struktur droht ja immer, in einen Krieg um die nationale Existenz umzuschlagen. Darum kann ich gar nicht anders, als an ihm mit meiner eigenen Existenz teilzunehmen, und mein Herz bebt heute wie das Herz jedes jüdischen Menschen. Aber auch einem Sieg entgegen vermag ich mich nicht zu freuen, denn ich fürchte, daß ein Sieg der Juden eine Niederlage des Zionismus bedeuten wird.

## DER CHALUZ UND SEINE WELT

*Aus einer Rede (1936)*

Darüber, was in der Volksgeschichte wie in der Lebensgeschichte des Einzelnen wesenhaft ist und was nicht, entscheiden nicht die Situationen allein, sondern erst zusammen mit den Haltungen, durch die sie beantwortet werden. Erst wenn auf eine Situation, die einen unversehens antrat, auf eine unvorhersehbare, auf eine ‚neue' Weise haltungsmäßig erwidert worden ist, gibt es das volle Ereignis. Doch muß hier noch innerhalb des Begriffs der Haltung eine grundwichtige Unterscheidung gemacht werden. Man versteht darunter oft eine bloße Aktion, Reaktion, die gar nicht wirklich der Tiefe des Täters zu entspringen braucht, sondern ihn nur augenblickhaft ‚angewandelt haben' mag, ihm kaum innerlicher als die Situation, die ihn antrat, oder gar etwas Angenommenes, Scheinbares, das seiner eigentlichen Art geradezu widersprechen kann. Aus beidem wird sich etwas ergeben, das, ob es auch einem Ereignis irreführend ähnlich sieht, mit ihm keinen Gran Wirklichkeit gemeinsam hat. Unter Haltung ist hier demnach lediglich die *Wesenshaltung* zu verstehen, als in der sich einer Lage gegenüber das Wesen einer Person oder einer Gemeinschaft neu verleiblicht. Nur aus dem Wesen kommt Wesenhaftes. In der Wesenshaltung wandelt sich nicht bloß die Erscheinung, sondern die Gestalt selber des durch sie auf eine Situation Antwortenden. Das, was man an ihm noch nicht kannte, was er selbst an sich noch nicht kannte, gewinnt Gestalt und Kenntlichkeit. Er ist ‚ein neuer Mensch' geworden.

Von der Person aus ist die Gemeinschaft zu erfassen.

Das Kriterium der Echtheit einer Volksbewegung, ihrer volksgeschichtlichen Gültigkeit ist dies, ob durch sie eine neue Wesenshaltung und daraus eine neue Menschenart, ein neuer Typus entsteht. Die Träger der neuen Wesenshaltung im Volk wandeln sich, ihrethalben und durch sie.

Die palästinopetale Bewegung des Zeitalters, die ‚zionistische' hat ihre Geschichtsechtheit durch die Gestalt des Chaluz erwiesen.

Die Voraussetzung für die Entstehung eines neuen Typus ist, wie wir sahen, eine doppelte: eine objektive Situation und eine freie, also nicht durch die ‚Verhältnisse' aufgenötigte Lebenshaltung zu ihr als die Antwort des Geschlechts auf sie. Die wahre Antwort eines Geschlechts auf seine Lage kann sich nicht im Ideologischen, Programmatischen, Politischen verschränken: sie muß lebensmäßig, in der Sprache gelebten Lebens, vollzogen werden. In ihrem Durchbruch entsteht der neue Typus.

Für uns läßt sich die objektive Situation vereinfacht dahin kennzeichnen, daß das in seiner sozialen Schichtung pathologische, unzureichend produktive, sehr wenig urproduktive Judentum der neuen, eliminatorischen Wirtschaftspolitik der – zunächst der östlichen – Wirtsvölker nicht gewachsen war. Es geht hier um das Volk.

Die Antwortstendenz zielte naturgemäß auf Produktivierung ab. Produktivierung kann nur in einem großen konzentrativen Werk glücken. Konzentration des Judentums kann geographisch nie anders heißen als: Aufbau Palästinas. Es geht um das Land.

Aber zur Wesenshaltung erwuchs die Antwortstendenz erst durch die Menschen, die mit ihrer ganzen Seelenkraft erkannten, daß nunmehr alles von dem personhaften Selbstvollzug der konzentratischen Produktivierung abhängt und ihre ganze Person zu diesem Selbstvollzug hergaben. Es geht um die Arbeit.

Diese Menschen banden das Heil ihrer Person an das Heil des Volkes in dem Land durch die Arbeit. Diese Bindung war ihre Wandlung. Durch sie erwuchsen sie zum neuen Typus: des Selbstvollzugs, des Pioniertums, der Chaluziuth.

Der Chaluz, der ursprüngliche, der echte Chaluz ist der Mensch der aktiven Identifizierung von Volksbefreiung und Selbstbefreiung. Zum erstenmal in der modernen Diaspora wird auf die allgemeine Situation der Stunde – die der Judenheit – mit einer persönlichen Wesenshaltung – als Jude – geantwortet.

Man kann den Chaluz nur verstehen, wenn man an ihm die völlige Vereinigung des Nationalen und des Sozialen erkennt. Die Synthese von Volk, Land und Arbeit ist eine soziale: „die arbeitende jüdische ‚Gesellschaft' in Palästina". Und in dem Wort ‚Gesellschaft' klingt an: Erfüllung der Gemeinschaftsidee, Verwirklichung dessen, was mit ‚Gesellschaft', richtiger: mit ‚Gemeinschaft', eigentlich gemeint ist, aber bisher unverwirklicht blieb.

Aber diesen Verwirklichungswillen hat der Chaluz nicht aus sich, nicht aus seinem Zeitalter und nicht aus der Welt des Abendlandes. Ob er es weiß oder nicht, ob es ihm gefällt oder nicht, es ist das urjüdische Verlangen nach der Verleiblichung der Wahrheit und insbesondere nach dem Realwerden der wahren Gemeinschaft, was in ihm waltet. Der neue Typus ist aus der gewandelten Entfaltung frühester Züge entstanden. ‚Israel' ist das Produkt einer Urentscheidung. Nirgends sonst in der Welt ist das Schicksal eines Volkes so an seine Urentscheidung und an deren Verwirklichung gebunden geglaubt worden; darum hat es nur hier die prophetische ‚Stechmücke' in der reinen Ausbildung dieser Gattung gegeben.

Inder spätgaluthischen Krisis unserer Epoche bricht, nach dem tragischen Ausgang des großen chassidischen Gemeinschaftsversuchs die unerfüllte jüdische Realisierungstendenz wieder aus und schafft sich den neuen Menschentypus. Er wird in der Stunde der Säkularisierung des Judentums geboren und dadurch bestimmt. Inmitten einer mißbrauchten und entweihten Religionsordnung aufwachsend, lehnt er sich gegen die Glaubensbindung des Verwirklichungswillens auf, er will dessen Autonomie aufrichten. Sozialgesetz und Heiligungsgesetz, Sozialität und Heiligung waren einst in Israel unlöslich verschmolzen; nun soll das Soziale entmischt, die soziale Zielsetzung selbständig und souverän werden.

Jeder neue Menschentypus ist problematisch und bedroht.

Die Welt des Chaluz, die sich aus den drei Elementen Volk Land Arbeit aufbaut, ist eine leidenschaftlich-aktuale, aber geschichtslose Welt. Der Augenblick will nur von sich selber, nicht von den Zeiten ermächtigt sein. Es ist eine intensiv sinnreiche, aber selbstgenügsame Welt: ihr Sinn will nicht in einen von je bestehenden Sinnzusammenhang gefügt und von ihm getragen sein.

Volk und Land werden hier nur als fundamentale Tatsachen, nicht als Geheimnisse, nicht als mit Urkräften geladen erfahren.

Die Arbeit kennt in einer geschichtslosen Welt nur eine Zielsetzung, nicht eine Bestimmung.

Der geschichtslose Chaluz kann leicht einem technischen Naturalismus verfallen, der die drei großen Elemente seiner Welt ihres Sinnespathos berauben würde.

Das Sinnespathos solch einer ‚selbstgenügsamen' Welt ist vergänglich, weil es nicht aus einer letzten Seinsbindung immer neu gespeist wird.

Hier birgt sich eine Problematik und Bedrohung des chaluzischen Innenlebens, deren Zeichen schon mancherorten wahrzunehmen sind.

Wer aber diese Zeichen recht zu erkennen weiß, merkt etwas Merkwürdiges: daß sich eben da, zugleich mit der immer stärkeren Empfindung eines Mangels, eine Wandlung anzumelden beginnt. Etwas Neues, neu und anders Erfüllendes scheint in Schmerzen entstehen zu wollen.

Ist es vermessen, es schon heute als das Kommen einer Seinsbindung zu deuten, die in jüdischer Gemeinschaft nicht ohne eine Geschichtsbindung denkbar ist?

Das weiß ich: erst wenn dem Chaluz seine Entscheidung aus der Urentscheidung Israels quillt als deren heutige Wirklichkeit, wird die Problematik seiner Welt überwunden, wird diese in ihren Elementen erneuert.

## ARBEITSGLAUBE
(1929)

Es gibt zweierlei Zeiten in der Menschheit, gläubige und ungläubige.

Unter „Gläubigkeit" verstehe ich hier nicht den Glauben an irgend etwas Bestimmtes, sondern die gläubige Gesinnung zum Leben, das „Trotzdem!" des Menschenherzens.

Man kann gläubige und ungläubige Zeiten nicht nach ihren Vokabeln unterscheiden. Es gibt ungläubige Zeiten, die von Gott zu reden lieben. Es gibt gläubige Zeiten, die das Geheimnis beschweigen. Aber an etwas anderm kann man sie voneinander unterscheiden. In den gläubigen Zeiten arbeiten die Menschen gern; wie sie ans Leben glauben, so glauben sie auch an die Arbeit. In den ungläubigen Zeiten ertragen die Menschen die Arbeit als einen unüberwindlichen Zwang. In den gläubigen Zeiten entdekken die Menschen den Segen, der in dem Fluch „Im Schweiß deines Angesichts" verborgen liegt; in den ungläubigen vergessen sie den Segen und wissen nur noch den Fluch.

Die Zeit, in der wir leben, ist leicht als eine ungläubige zu erkennen.

Aber hie und da wird in ihre massive Ungläubigkeit eine Bresche geschlagen.

Solch eine Bresche war die Arbeitsgläubigkeit der „zweiten Alija", Ahron David Gordons und der Seinen Glaube an den kosmischen Sinn und Wert der Arbeit – daran, daß die Arbeit den Menschen mit der Erde, den „Adam" mit der „Adama" vermählt.

Das ist in der Stille dieses Ländchens geschehen, und man hat anderswo nicht viel davon erfahren.

Aber die Stille dieses Ländchens hat schon zuweilen erwiesen, daß sie eine langsam und zuverlässig in die Ferne wirkende Kraft hat.

Wer weiß –?

## WIE KANN GEMEINSCHAFT WERDEN?

*(Auf der Tagung des Verbandes der jüdischen Jugendvereine Deutschlands in München, Juni 1930, gesprochen.)*

Vertreter jüdischer Jugend Deutschlands, ihr habt mich hierher gerufen, damit ich eine Antwort auf eure Fragen zu geben versuche, wie Gemeinschaft werden könnte. Ihr habt mich nicht gerufen, um euch über dieses Thema eine schöne Predigt zu halten, und ich halte es mit Rabbi Baruch, dem Enkel des Baalschem, der einmal, als ein Gast ihn reden hörte und zu ihm sagte: „Rabbi, Ihr redet so schön", antwortete: „Eher als daß ich schön rede, will ich stumm werden".

Ihr habt mich also nicht *dazu* gerufen, sondern, wenn ich recht verstehe, dazu, damit euch ein Mensch, der um Erkenntnis, um Wahrheit ringt, mitteile, welche harte und eben deshalb herrliche Wahrheit er auf diese Frage, wie Gemeinschaft werden könne, als die einzige, die schwere, aber fruchtbare Antwort gefunden hat. Ich vermute, daß ihr mit der Frage: Wie kann Gemeinschaft werden?, die nicht ich mir, sondern ihr mir gestellt habt, Sorgen eures Verbandes habt ausdrücken wollen, Sorgen etwa dahingehend, wie es möglich sei, in einem Verband, der eine Masse darstellt, den Gemeinschaftssinn, Gemeinschaftsgeist zu pflegen, dessen Wesen die Masse zu widerstreben, der nur in einem kleinen geschlossenen Kreis gedeihen zu können scheint. Weiter aber eine ernste Sorge dieses Tages, in dem wir leben: wie man Menschen, die in das Getriebe der heutigen Wirtschaft, in diesen ungeheuren Apparat mit ihren Kräften, mit ihrer Zeit einbezogen sind, die Luft echter Gemeinschaft zuführen könne, die in diesem Getriebe keinen Ort zu haben scheint.

Aber mit eurer Frage, die aus aktuellen Sorgen eures Verbandslebens hervorgegangen ist, habt ihr an eine Frage der Welt gerührt, an eine Sehnsucht der Welt. Ja, die Welt selbst hat die Sehnsucht, Gemeinschaft zu werden. Und insofern die Welt in der Menschheit sich sammelt und ausspricht: die Menschheit, vielmehr das Menschengeschlecht, das sich Menschheit nennt ohne es noch zu sein, hat die Sehnsucht, Gemeinschaft zu werden. Und zwar nicht eine Sehnsucht, die diese Welt sich erträumt hat, sondern es ist eine Sehnsucht, die wesensmäßig in sie hineingelegt, schöpfungsmäßig in ihr angelegt ist. Welt und Menschengeschlecht sind schöpfungsmäßig darauf angelegt, Gemeinschaft zu werden.

Wenn wir das große religiöse Wort, vielleicht das größte auf die Welt hinweisende Wort der Religion, „malchuth schamajim: Königtum des Himmels, Reich Gottes" nicht von oben, sondern von unten, von uns her, aus unserem Leben fassen wollen, dann bedeutet es eben dies, daß die Welt, daß das Menschengeschlecht zu einer echten, dauernden, allumfassenden Gemeinschaft werde. So ist es der Welt und der Menschheit verheißen und so fühlt sie es in sich selbst als Anlage, als eine Verheißung der eigenen Seele. Aber zugleich erfährt sie, erfährt die Welt, erfährt die Menschheit immer wieder, Zeitalter für Zeitalter und Stunde für Stunde, daß sie nicht Gemeinschaft wird. Ja, sie erfährt es in einer grausamen Weise je und je, wie sie nicht Gemeinschaft werden *kann,* weil sie im gewaltigen Widerstreit steht, in einem zuzeiten mehr, zuzeiten weniger deutlichen, aber nie ganz aussetzenden Kampf aller gegen alle. Sie fühlt, daß sie aus sich allein die Kräfte nicht hervorbringt, welche aus ihr, nicht aus Stücken von ihr, sondern aus ihr ganz und gar, aus dieser Gattung Mensch Gemeinschaft zu bilden vermöchten. Und verhehlen wir uns nicht die schlimmste Wahrheit – es ist nicht die ganze Wahrheit, aber eine, die wir uns unerbittlich vergegenwärtigen müssen –: es sieht so aus, als ob die Menschheit immer weniger Gemeinschaft werden könnte. Wenn wir unter Gemeinschaft nicht Gemeinschaftsgefühle, Gemeinschaftsstimmungen, sondern einende, lebende, wirkende, wirkliche Gemeinschaft verstehen, so sieht es so aus, als würde die Menschheit sie immer weniger kennen. Und dieses Zeitalter, in dem wir leben, ist das, in dem das Menschengeschlecht sich über diese schlimmste seiner Erfahrungen, über dieses Immer-weniger, über den wachsenden Widerstreit zwischen allen hinwegtäuscht durch die Gründung von allerlei Scheingemeinschaften, von allerlei Scheinbünden zwischen den Völkern, über die Völker weg, Scheinbünden, die, was immer sie an Gutem mit sich bringen, wahre Lebensgemeinschaft zu stiften nicht vermögen, die den Widerstreit, der nicht nur an der Oberfläche, sondern auch im Kern dieses Menschengeschlechts besteht, nicht zu überwinden imstande sind. Zu eben der Zeit, in der das Menschengeschlecht stolz ist, zum erstenmal in seiner Geschichte einen Völkerbund, mindestens dem Namen nach, begründet zu haben, weiß jeder, der Augen hat zu sehen und einen Sinn sich zu besinnen, daß eben diesem stolzen Menschengeschlecht die Selbstvernichtung droht. Da es so ist – und ich sage es noch einmal, es ist nicht die *ganze* Wahrheit, aber der Teil der Wahrheit, der zu wenig erkannt wird –, liegt es uns heute zunächst ob, wenn wir diese Stunde der ernsten Betrachtung, wie Gemeinschaft werden könne, widmen wollen, uns in aller Nüchternheit deutlich zu machen, was Gemeinschaft ist und was sie nicht ist.

Fürchten Sie nicht, daß ich nunmehr eine tiefgründige wissenschaftliche Erörterung beginnen werde. Wenn ich keine Predigt vorhabe, habe ich auch keine Vorlesung vor, sondern ich will nur so viel sagen, wie nötig ist, damit Sie mich verstehen.

Ein großer deutscher Soziolog, Max Weber, unterschied zwischen Gesellschaft und Gemeinschaft oder, wie er es formulierte, Vergesellschaftung und Vergemeinschaftung, zwischen dem Werden von Gesellschaft und dem Entstehen von Gemeinschaft, auf folgende Weise: Vergesellschaftung sei auf Interessen, also auf Interessengemeinsamkeit begründet, Vergemeinschaftung sei auf Gefühlsgemeinsamkeit begründet. Das scheint mir nicht ganz zulänglich zu sein. Ich bin überhaupt bedenklich, wenn man eine objektive Wirklichkeit, sei es in der Theorie oder Praxis, auf Gefühlen zu gründen versucht; eine objektive Wirklichkeit ist eine des *Seins,* muß also auf einer Voraussetzung beruhen, die nicht bloß in den Seelen steckt, sondern die alle umschließt, die in ihr stehen. Das Gefühl reicht nicht zu, um zu begründen, was Gemeinschaft sei. Wenn sich Menschen, die mit den bestehenden Verhältnissen leidenschaftlich unzufrieden sind, die das leidenschaftliche Gefühl der Auflehnung gegen die gegenwärtige Gesellschaftsordnung haben, zusammentun zu einem revolutionären Verein, so legen sie ihre Leidenschaften, ihre Unzufriedenheits- und Auflehnungsgefühle zusammen, aber eine Gemeinschaft ist dadurch dieser Verein noch lange nicht geworden, sondern er ist schlecht und recht doch nur ein Verein. Es kann sein, daß eine Gemeinschaft aus ihm wird, aber dadurch, daß er die Gefühle der zusammengeschlossenen Personen zusammengelegt hat, dadurch ist zwischen diesen Personen Gemeinschaft noch lange nicht entstanden.

Ich möchte nicht unterscheiden zwischen Interessen- und Gefühlsverband, sondern zwischen Interessen- und Lebensverband. Gesellschaft nenne ich einen Interessenverband, Gemeinschaft einen Lebensverband. „Wenn Menschen ihre Interessen besser, erfolgreicher durchsetzen zu können meinen, dadurch, daß sie gleiche oder ähnliche Interessen zusammentun, dann entsteht ein gesellschaftlicher Verband, wenn aber Menschen nicht weniger als ihr Leben – aber ersetzen Sie das Wort Leben ja nicht durch etwas Gefühlsmäßiges, nicht durch etwas, das nur in irgendeiner Festtagsstunde erklingt, Leben ist Alltag, ist alle Tage, Tag um Tag, Stunde um Stunde, hohe und niedere Situationen, Ansprüche des Himmels und der Erde, alles zusammen, nichts weniger meine ich, wenn ich sage Leben, Verband des Lebens – wenn also Menschen ihr *Leben* zusammentun, miteinander leben wollen, dann, wenn dies nicht bloß Beschluß bleibt, wenn dies nicht bloß etwas ist, was doch nur vom Geist ausgegangen ist und im Geiste bleibt, sondern wenn das wirklich in das Erdreich des Lebens fällt, dann entsteht als Schicksal und Berufung zwischen den Menschen Gemeinschaft. Gemeinschaft, also ein Lebensverband, der von den Menschen, die ihm angehören, mit ihrem ganzen Wesen bejaht und in ihrem ganzen Wesen bewährt wird, ein Lebensverband, wesensmäßig gelebt, also nicht bloß mit einem Teil unseres Daseins, nicht bloß mit Geist oder Gefühl, mit irgendwelchen hohen Dingen in uns, sondern mit Leib und Seele, mit Hohem und Niederm, schlechthin mit dieser ganzen Existenz bejaht, bewährt, gelebt.

Machen wir uns das an einem Beispiel deutlich, das, wenn es heute genannt wird, ein kritisches Beispiel ist, an dem Beispiel der Familie. Die Familie ist ein Beispiel ganz besonderer, besonders wichtiger Art. Ich glaube nicht, daß ein wahres Gemeinwesen anders sich zusammenbilden kann als aus kleinsten Gemeinschaftszellen. Ich glaube nicht, daß ein Gemeinwesen aus Individuen entsteht, sondern es entsteht aus Gemeinschaften. Ein wirkliches Gemeinwesen, eine echte große Menschengemeinschaft, die so beschaffen ist, daß zwischen beliebigen ihrer Mitglieder, die je und je irgendwo zusammenkommen, Gemeinschaft im Augenblick ihres Zusammenkommens da ist und sich entfaltet, kann nur aus organischen Gemeinschaftsgebilden, letztlich aus wirklichen Familien werden. Ich vermag an kein künftiges Gemeinwesen, an keine Wiedergeburt der Gemeinschaft ohne Wiedergeburt dieser Gemeinschaftszelle, der Familie, zu glauben, die blutsmäßig verbundene und schicksalsmäßig im engen Verband miteinander lebende Menschen umfaßt. Die Familie ist zweifellos in die Krise der Gemeinschaft, die wir in unsrer Zeit durchmachen, so eingetreten, daß sie, vielleicht noch vor kurzem der letzte unverfälschte Rest von echtem Gemeinschaftsleben, jetzt geradezu ein Schulbeispiel für den Verfall der Gemeinschaft abgibt. Die Familie ist ihrem Wesen nach ein echter Lebensverband, aber dieser Lebensverband ist in ein Verfallsstadium eingetreten, wo er nicht mehr von allen seinen Mitgliedern wesensmäßig bejaht und bewährt wird. Es ist ein wachsender Widerspruch, eine Kluft entstanden zwischen der objektiven Verfassung dieses Lebensverbandes und der subjektiven Beziehung zwischen seinen Mitgliedern. Es gibt noch diesen Lebensverband, aber er wird in sehr vielen Familien nicht wahrhaft durchlebt. Familie ist noch Schicksal, aber sie ist nicht mehr Lebenswille derer, die in dieses Schicksal miteinander verflochten sind. An diesem Beispiel können wir es uns ganz deutlich machen, wie sehr es auf Wiedergeburt, auf Erneuerung ankommt. Nicht Fortsetzung, nicht Weiterschleppen, sondern durch den Abgrund dieser Krise hindurch in allem Ernst, unerbittlich, ohne sich etwas vorzumachen, ohne alle Illusionen hindurch zu einem neuen Leben, zu einem neuen Gemeinschaftswerden, das nicht zustandekommen kann, wenn wir uns hinweglügen über die Problematik der Stunde. Und damit hängt die Frage nun unmittelbar zusammen: wie kann Gemeinschaft werden? Hängt das von uns ab?

Kann man überhaupt Gemeinschaft herstellen, machen? Kann man überhaupt Gemeinschaft in solcher Weise wollen, wie Menschen etwas vorhaben, sich einen bestimmten Zweck setzen, sich Mittel überlegen, wie man mit möglichst geringem Kraftaufwand diesen Zweck möglichst vollständig erreicht? Kann ein solches Wollen von Gemeinschaft überhaupt geraten? Ich glaube Ihnen sagen zu müssen, daß es nicht geraten kann. Stellen Sie sich etwa vor, ein Mensch nähme sich vor, Persönlichkeit zu werden. Er wacht eines schönen Tages auf und sagt: „Das geht nicht so weiter, ich muß eine Persönlichkeit werden." Lassen Sie ihn nun vom Morgen bis zum Abend unablässig darauf sinnen, wie er eine Persönlichkeit werden könnte. Ich weiß über sein späteres Leben nichts zu sagen, aber eins weiß ich mit Bestimmtheit: alles kann er werden, nur eine Persönlichkeit nicht. Es gibt verschiedene Wege zur Persönlichkeit, aber es gibt *einen* ganz sicheren Weg,

Persönlichkeit zu verfehlen, nämlich: sie anzustreben. Leider verhält es sich ähnlich mit Gemeinschaft. Ebensowenig wie man Persönlichkeit herstellen kann, kann man Gemeinschaft herstellen; diese hohen Werte entstehen nur als Nebenprodukt.

Wenn ein Mensch rechtschaffen auf Erden lebt und ein rechtschaffenes Lebenswerk sich vornimmt, wenn er in der Situation, in die er gestellt ist, denen gegenüber, mit denen ihn das Leben zusammenführt, sich bewährt, also ein rechtes Menschenleben führt, dann wird, auch wenn er das Wort Persönlichkeit nicht kennt, schon aus ihm so etwas wie eine Persönlichkeit werden. Ebenso verhält es sich mit Gemeinschaft. Wenn Menschen miteinander wirklich etwas zu tun haben, miteinander erfahren und miteinander auf diese Erfahrung lebensmäßig antworten, wenn Menschen eine lebendige Mitte haben, um die sie gereiht sind, dann entsteht Gemeinschaft zwischen ihnen. Wenn sie gar nicht „Gemeinschaft" meinen, wenn sie sich nicht einbilden, daß einer nur seinem Nebenmann zur Rechten und seinem Nebenmann zur Linken die Hand zu reichen brauche, damit ein Reigen um die ganze Welt geschlossen sei, wenn vielmehr alle, die sich miteinander verbinden, fühlen und wissen, daß in ihrer Mitte etwas ist, gleichviel ob sie es zu nennen vermögen oder ob es namenlos bleibt, dem sie durch ihr Zusammensein oder Zusammenkommen so dienen können, wie diese Mitte es von ihnen verlangt, dann entsteht Gemeinschaft. Nicht durch die Kreisziehung, sondern durch die Radienziehung entsteht Gemeinschaft.

Betrachten wir nun in diesem Zusammenhang die großen historischen Gemeinschaftsformen. Denn nur zu leicht wird, namentlich in einer gehobenen gemeinsamen Stimmung, etwa der einer gelungenen Tagung, der Abstand unserer Wirklichkeit, unserer Fragwürdigkeit zu den großen historischen Gemeinschaften verkannt. Ich möchte hier nur die zwei großen geschichtlichen Gemeinschaftsformen hervorheben, die man am einfachsten Volksgemeinschaft und Religionsgemeinschaft nennt, obwohl beide Worte nicht ganz glücklich sind.

Die eine dieser Formen, die Volksgemeinschaft, ist die *Schicksals*gemeinschaft schlechthin. Volk entsteht immer so, daß Menschen in einem bestimmten Raum schicksalsmäßig zusammenkommen, in dem an ihnen ein Zusammenschluß geschieht, den sie früher nicht kannten. Der Raum hat sie wirklich umfaßt, umschlossen, umhegt und hat aus ihnen Gemeinschaft heraufgetrieben: dieser bestimmte Raum, diese Landschaft, dieses Tier- und Pflanzenwesen, diese bestimmte Arbeitsweise, die nötig ist, um aus diesem Land ein Menschenland zu machen, die sozialen Bedingungen, die sich daraus entwickelt haben. In diesem Land haben sie dann eine gemeinsame Zeit zugebracht, erfüllte Zeit, Schicksalszeit, Geschichtszeit, volkbildende Zeit. Sie haben also gemeinsame Geschichtszeit im gemeinsamen Geschichtsraum erfahren und sie, die schon von vornherein blutsmäßig oder blutmischungsmäßig einander irgendwie ähnlich geworden waren, sind nun einander in ihrer Art noch näher gekommen durch dieses Zusammengefügtwerden im gemeinsamen Geschichtsraum und in der gemeinschaftlichen Geschichtszeit, das heißt in der Heimat und im Schicksal des Volkes. Und dieses Gemeinsame nun, dieses Zusammengefügtsein empfinden die Menschen nicht als etwas, was sie gemacht haben, sondern als etwas, das ihnen von Kräften gestiftet worden ist, von Urkräften, von Schöpfungskräften – von lebendiger Mitte. An diesem Geheimnis der Volksentstehung hat Generation um Generation dieses Volkes unmittelbaren Anteil, und wenn sie sich besinnen: was ist das, was mich mit diesen Menschen zu einer fast leiblich gegenwärtigen Verbundenheit gebracht hat?, so ist es eben dieses Urgeheimnis des Volkwerdens, das sie mit immer erneuter Ehrfurcht erfahren und durchleben.

Eine kleinere unvollkommene Abart der Schicksalsgemeinschaft ist die Werkgemeinschaft. Als historische Beispiele davon können wir etwa nennen: die Dorfgemeinschaft als die primitive Gemeinschaft des Besitzes und der Lebensform oder auch die Stadt des deutschen christlichen Mittelalters in ihrem engen Zusammenhalt. In die Gegenwart herüber reicht die uralte Handwerkergemeinschaft, die stets ein Urgeheimnis hütet, das sie einst begründet hat – nun freilich zumeist nur noch in kaum kenntlicher Verdünnung.

Die andere große Form der geschichtlichen Gemeinschaft ist die *Glaubensgemeinschaft*. Sie unterscheidet sich von der Schicksalsgemeinschaft hauptsächlich dadurch, daß die lebendige Mitte, die sich dort in jenem Geheimnis der Entstehung darstellte, nun gleichsam sichtbar wird, daß man ihr einen Namen gibt, daß man sie anruft, daß man an sie glaubt, daß man ihr glaubensmäßig verbunden, ihr angelobt ist. Glauben bedeutet geloben, angeloben; nicht bloß für wahr halten, daß etwas ist, sondern einem Seienden, einer lebendigen Mitte angelobt sein. Diese lebendige Mitte, mit der alle Einzelmitglieder der Gemeinschaft organisch, lebensmäßig verbunden sind, wird nun so wahrnehmbar, daß man sie ansprechen und daß man sich als von ihr angesprochen erfahren kann, und zwar so, daß nicht bloß die einzelnen religiösen Personen, sondern diese ganze Glaubensgemeinschaft gemeinsam angeredet wird und gemeinsam antwortet. Diese Urverbundenheit – gewiß, es kommen immer wieder neue Menschen hinzu, aber dieses Zufließen wird immer wieder von der einen von der Urzeit her verbundenen Flut aufgenommen – diese Unwillkürlichkeit des Verbundenseins, dieses Miteinanderzusammenhängen, man weiß nicht wie, und zwar so zusammenhängen, daß man eben dadurch mit dem zusammenhängt, das in der Mitte ist, daran gleicherweise Anteil hat, an Gott – diese Urverbundenheit ist es, die die starke große Lehre der Glaubensgemeinschaft auch für uns in dieser Stunde ausmacht.

Diese Gemeinschaften stellen also keine Unternehmung dar, sie sind nicht etwas, wozu Menschen sich zusammengeschlossen haben, weil sie es für einen hohen Wert des Lebens hielten. Es war letzthin immer beides, also Schicksalsverbundenheit und Angelobtsein an eine Mitte, zugleich etwas, was man nicht gemacht hat und sich nicht zuschreiben kann, und Verbundenheit miteinander um ein Geheimnis, mit dem alle gleicherweise so unmittelbar verbunden sind, wie die Punkte des Kreisumfangs mit seiner Mitte. Also nicht Bestrebung, sondern Schicksalsgeheimnis; Kreis, nicht von der Peripherie, sondern von der Mitte aus konstituiert.

Es ist aber zu beachten, daß in diesen großen historischen Gemeinschaften mit ihrem Wachstum auch die Verfremdung gewachsen ist. Immer schlechter haben sie die Probe aller großen Gemeinschaften, die Probe des Wachstums bestanden. Mit der wachsenden Zahl, mit der wachsenden Vielfältigkeit des Lebens, durch das Unterworfenwerden unter vielfältige Lebensbedingungen – und wir Juden sind hier das eindringlichste Beispiel – nimmt die Verfremdung der Gemeinschaften, das Absterben des Gemeinschaftsgehalts immer mehr zu. Durch künstliche Gerüste versucht man dieser Verfremdung abzuhelfen, durch die zusammenhaltenden Gerüste Staat und Kirche. Aber was immer diese sehr imposanten Gerüste bewirken mögen, Gemeinschaft erneuern sie nicht. Staatsvolk und Kirchenreligion sind sehr respektable Dinge, aber der Gemeinschafts*gehalt* ist durch sie nicht gesteigert worden.

Heute gibt es in dem wirklichen Leben nur Gemeinschaftsreste. Von der Schicksalsgemeinschaft etwa den Rest der Gemeinde, soweit es noch wirkliche Gemeinden als Lebensverbände gibt. Ein Gebilde, das ich in meiner Lebenszeit nur selten kennen gelernt habe und immer noch erheblich mehr im Osten als im Westen; Gemeinden, die zwar soziale Unterschiede nicht aufheben, aber über alle sozialen Unterschiede hinweg immer wieder dokumentieren: wir sind alle im Ernst Kinder eines Vaters, also Brüder und Schwestern.

Ich habe damit schon das Judentum berührt; das Judentum, das vielleicht einzig unter allen Gemeinschaften Schicksalsgemeinschaft und Glaubensgemeinschaft zugleich war, beides unlöslich von einander, Volk, geworden durch Offenbarung, Offenbarung, getragen durch ein Volkstum.

Ich glaube, daß ihr es euch, Vertreter jüdischer Jugend von heute, gar nicht klar genug machen könnt, daß das Judentum heute sich nicht mehr eine Gemeinschaft im strengen Sinn dieses Wortes, dem eines wirklichen Lebensverbandes, nennen darf, und zwar deshalb nicht, weil es die Probe nicht bestanden hat, weil sein Gemeinschaftsgehalt nicht mehr so ist, daß irgendwelche Juden, irgendwann und irgendwo einander gesellt, wahrhaft die Gemeinschaft darstellen, der Lebensverband also in ihnen besteht, ob sie nun zehn, Minjan, oder tausend sind. Die Formen dauern noch fort: Minjan – zehn Menschen im Angesicht Gottes gemeinsam zu Gott sprechend und gemeinsam einander das Wort Gottes zusprechend; aber Sie fühlen, wie arm wir an wirklichem Durchleben dieser Formen geworden sind.

Wir haben viel Gemeinschaftsverlangen und machen es uns leicht mit Gemeinschaftsstimmungen. Aber Gemeinschaft im Sinn des Miteinanderlebens und Miteinandersterbens kennen wir nicht mehr. Wir sehnen uns nach ihrer Erneuerung. Wenn wir seit einer gewissen Zeit, aber mit der wachsenden Härte der Situation von Jahr zu Jahr immer zögernder, von Erneuerung des Judentums sprechen, so meinen wir eben dies, Erneuerung dieser Schicksals- und Glaubensgemeinschaft in einem, Erneuerung des Judentums als eines Lebensverbandes. Diese Erneuerungsversuche müssen von uns, wenn wir uns nichts vormachen wollen, ebenso kritisch betrachtet werden, wie wir soeben die Vergangenheit ernst und kritisch betrachtet haben. Wenn eine Gemeinschaft nicht dadurch entsteht, daß einer seinen Nebenmännern die Hände reicht und sich nun in einer glorreichen Verbundenheit zu befinden wähnt, so gilt das auch für die Erneuerung der Gemeinschaft. Es genügt nicht, es ist noch gar nichts geschehen, wenn Juden etwa den begeisterten Willen haben, das Judentum zu erneuern, die jüdische Gemeinschaft wieder zu aktualisieren. Damit ist in einem gewissen Sinn noch weniger als nichts geschehen, da es besser ist, daß nichts geschieht, als daß man so tue, als ob etwas geschähe. Alle diese romantischen, illusionären Erneuerungsversuche taugen nichts, solange die Menschen, die es angeht, nicht mit ihrem ganzen Wesen wissen, daß nur *Gemeinschaftsfähige* und die nur durch wirkliche Hingabe des Lebens an die Gemeinschaft miteinander Gemeinschaft erfahren können, und nur indem sie sich gemeinsam zuwenden der namenlosen oder benannten Mitte, um die diese Gemeinschaft einst sich versammelt hat oder versammelt worden ist. Wenn man dies nicht weiß und bekundet und mit dem ganzen Leben bewährt, so lasse man lieber

Hand und Gefühl von der Gemeinschaft. Mit unverwandelten Menschen, mit gemeinschaftsunfähigen Menschen, mit der Mitte unkundigen Menschen wird Gemeinschaft weder gestiftet noch erneuert, und durch guten Willen entsteht nicht Gemeinschaft, sondern ein Gemeinschaftsschein. Nur durch Leben wird Leben gezeugt und geboren.

Darüber, über dieses Unabänderliche, führen keine Siedlungsunternehmungen und keine religiösen Bewegungen hinweg. Keine Siedlungsgründung kann gemeinschaftsunfähige Menschen zu gemeinschaftsfähigen umzaubern. Keine religiöse Bewegung kann den notwendigen Urgrund aller Glaubensgemeinschaft, eben das Sichangeloben, das Angelobtsein dahin setzen, wo es nicht ist, sondern sie kann, wo es nicht ist, nur Religion anstreben oder gar, das Fatalste von allem, Religion fingieren.

Nun bin ich noch auf eine Antwort gefaßt, die mir etliche von Ihnen in diesem Augenblick schweigend geben: Das gilt alles von der heutigen Gesellschaft, wir wissen aber, daß die verfault ist, daß sie bestenfalls nur Dünger für eine kommende abgeben kann, und wir meinen eben, daß es heute keine andere Gemeinschaft gibt, als an der Durchsetzung der Forderung einer neuen Gesellschaftsordnung arbeiten. Aber, meine Freunde, ich bin verpflichtet es zu sagen, auch dies ist eine Illusion. Nicht die neue Gesellschaftsordnung selber meine ich: ich bin mit rückhaltloser Herzenskraft auf Seiten derer, die lebensmäßig an der Entstehung einer neuen Gesellschaftsordnung arbeiten. Aber glauben Sie nicht, daß dies genug sei, daß die Begründung dieser neuen Gesellschaftsordnung genügen könnte, damit Gemeinschaft werde. Wenn die Bindungen des Zusammenlebens und Zusammenwirkens von Menschen auf der Erde gerechter werden, wird die Echtheit gemeinschaftlichen Lebens der Menschen, unmittelbarer, ganzer Beziehungen zwischen Mensch und Mensch noch keineswegs verwirklicht; Menschen, die in gerechten Einrichtungen miteinander leben, leben darum noch nicht in Gemeinschaft. Damit, daß die Ungerechtigkeit, das ungeheuerliche Widerspruchssystem der heutigen Produktion, der heutigen Arbeitsformen, der heutigen Gesellschaftsschichtung überwunden ist, damit ist Gemeinschaftsleben, Lebensverbundenheit zwischen den Menschen noch keineswegs gestiftet. Geordnete soziale Institutionen werden dann bestehen, es wird kein Verbrechen gegen die Gesellschaft begangen werden dürfen, wie heute keins gegen das Privateigentum, es wird – wie heute das Kapital – dann die Gesellschaft geschützt werden, und in diesem ungeheuer stimmenden Apparat wird nur die Gemeinschaft vielleicht keinen Ort haben, wo sie ihr Haupt hinlege. Mit unverwandelten Menschen ist Gemeinschaft nicht zu bauen, und Einrichtungen verwandeln Menschen noch nicht aus gemeinschaftsunfähigen in gemeinschaftsfähige. Gemeinschaftsfähigkeit der Menschen aber kann sich ebenso bewähren in der Gesellschaft der Auflehnung, des Widerspruchs wie in der Gesellschaft der vollkommenen Ordnung. Es gab eine unferne Zeit in Rußland, wo es Gemeinschaft gab, es war die Frühzeit der russischen Revolution; da gab es Menschen, die aus Gemeinschaftshingabe alle persönlichen Unternehmungen und Erfolge hinwarfen und ins Volk gingen, um Revolution zu bereiten – da gab es Gemeinschaft; diese Menschen kannten sie in der Kameradschaft ihrer illegalen Zusammenarbeit, so wie man sie im heutigen Rußland nicht kennt.

An diesem Beispiel aber ist zu erkennen, daß es ein Drittes gibt, außer jenen großen historischen Gemeinschaften, jenen vom Urgrund her seienden Gemeinschaften, – eine geschehende Gemeinschaft, eine Gemeinschaft als Vorgang.

Dieses Dritte war und ist immer da in der Geschichte – ich glaube in der Tat, es kann auch in der Gegenwart sein –: es ist dann da, wenn eine Schar von Menschen, gleichviel ob sie aus einer geschichtlichen Gemeinschaft, einer einzigen Schicksals- und Glaubensgemeinschaft oder aus mehreren hervorgegangen ist, in katastrophaler und umwälzender Weise, in der Weise der schwersten Erschütterung und der ernstesten Entscheidung eine gemeinsame Situation gemeinsam erfährt und dieser gemeinsam erfahrenen Situation gemeinsam antwortet durch gemeinsame Haltung, durch gemeinsames Verhalten: dann wird sie eben dadurch zum Gemeinschaftsverband. Aber wohlgemerkt, nicht etwa, wenn sie die Situation zwar gemeinsam erfährt, aber die Antwort nicht zustandebringt.

Denken wir uns eine Schar, die mit dem letzten Ernst des Ergriffenseins eine gemeinsame Situation erfährt und gemeinsam antwortet, tut und läßt – also auch mit dem Lassen tut, gemeinsam tut. Die jüdische Jugend, von der aus und für die wir fragen, kann sich nicht mit einer romantischen Erneuerung des Judentums befassen, in dem Sinn, daß sie mißkennte, wie eine solche Erneuerung nur aus einer Erneuerung des ganzen Lebens wachsen kann. Sie kann nicht vermeinen, Gemeinschaft miteinander zu stiften, wenn sie nicht jenen archimedischen Punkt entdeckt, von dem aus heute Gemeinschaft allein erneuert werden kann: eben dies, daß eine Schar die Situation, in der sie geschichtlich steht, gemeinsam erfährt und gemeinsam beantwortet.

Die Situation des Judentums, die die deutsch-jüdische Jugend in dieser Stunde angeht, ist durch drei Dinge gekennzeichnet:

1. Nachdem durch die negativen Folgen der Emanzipation der innere Zusammenhalt, die kompakte Widerstandskraft des westlichen Judentums geschwächt worden ist, hat der immer konzentriertere Angriff von außen auf das westliche Judentum begonnen.

2. Der noch nicht emanzipierte Hauptteil des Judentums, die ostjüdischen Massen, ist in seinem Großteil seit kurzem in einen Prozeß wachsenden Zerfalls getreten, gerade hinsichtlich ihrer jüdischen Verbundenheit, ihrer Verbundenheit mit dem Urgeheimnis des Judentums, gerade in dem Punkt, wo beim Judentum Schicksals- und Glaubensgemeinschaft unlöslich miteinander verbunden scheinen. Die jetzige Generation des russischen Judentums kennt vielfach die Verbundenheit von Schicksals- und Glaubensgemeinschaft nicht mehr.

3. In eben dieser Zeit hat zunächst eine Minderheit der Judenheit vor unseren Augen, nunmehr weitere und weitere Kräfte der Judenheit – wenigstens organisativ – umfassend, ein Werk für das Judentum und vom Judentum aus in Palästina begonnen, ein bisher kleines, sonderbares, gewagtes, umkämpftes, bedrohtes, widerspruchsvolles, unvergleichliches Werk begonnen. Ich weiß nicht, inwiefern dieses Werk heute schon ein Werk der Judenheit zu nennen ist. Wenn es das schon wäre, dann wäre die Judenheit wohl schon mehr Gemeinschaft als sie es ist.

Das ist das dreifache Zeichen der Situation, in der wir heute stehen. Diese Situation des Judentums redet die deutsch-jüdische Jugend in flammenden Zeichen an, aber ich weiß nicht, ob die Jugend diese Flammenzeichen zu lesen versteht, mit dem Wesen, mit dem Leben gemeinsam zu lesen und gemeinsam zu beantworten vermag. Ob das geschehen kann, weiß ich nicht. Ich habe geglaubt, es euch als Vertretern jüdischer Jugend Deutschlands so sagen zu müssen, wie es sich mir aufdrängt: eine gemeinsame Lebensantwort auf die Situation ist jetzt und hier die einzige große Möglichkeit, Gemeinschaft zu stiften und zu erneuern.

Wenn Sie mich aber nun unmittelbar fragen: „Was ist also zu tun?" – nun denn, ich habe in meiner Tasche kein Rezept, und ich habe nichts, was einem Rezept ähnlich ist. Denn dieser Aufruf der Situation, den Sie alle hören sollen, ist nicht dazu angetan, in eine Formel umgegossen zu werden. Es kommt darauf an, daß Ohr und Herz sich öffne und die ganze Kraft sich zur Verfügung stelle dem was uns aufruft, eines jeden Kraft eben da, wo er steht und wo er also konkret wirken kann. Wenn er Gemeinschaft mit innerstem Herzen heilig meint, dann kann er daran nur wirken in seinem natürlichen Umkreis, so daß er eben da Gemeinschaft verwirklicht, soviel er kann, nach all seinem Vermögen: indem er also nicht darauf ausgeht, Gemeinschaft zu erfahren, ja indem er überhaupt nicht mehr auf „Gemeinschaft" ausgeht, sondern sich als gemeinschaftsfähiger Mensch, mit andern Menschen wahrhaft lebend, bewährt.

### *Schlußwort zur Aussprache*

Zu den praktischen Fragen eurer besonderen wirtschaftlichen und sozialen Situation kann ich mich nicht zuständig äußern, ich würde hinein- und nicht dazu sprechen. Unter den Fragen, die an mich gerichtet worden sind, befassen sich einige mit einem offenbaren Mißverständnis. Dies zu klären erscheint mir das Wichtigste.

Wenn ich sagte, man könne Gemeinschaft nicht herstellen wollen, ebenso wie man Persönlichkeit nicht herstellen wollen kann, so war das keine Skepsis, es war kein Widerspruch zu einem früheren „Optimismus", den ich übrigens auch nie besessen habe. Ich halte Optimismus und Pessimismus für ein eigentlich nicht erlaubtes Spiel. Der Ernst der Situation, die wir in der Zeit zwischen irdischer Geburt und irdischem Tod zu durchleben haben, ist viel zu schwer, als daß wir uns optimistische Träume oder pessimistische Stimmungen zulegen dürften. Es kommt darauf an, zu wissen, wie furchtbar schwer es ist – und trotzdem zu glauben, dennoch zu glauben. Das war mein Grundgefühl von meiner Jugend her. Eine Unerschrockenheit des Sehens, kein Optimismus und kein Pessimismus.

Genau so stehe ich auch jetzt zur Gemeinschaft. Ich glaube an die werdende Menschheit. Ich glaube daran, daß die ganze Menschheit, ja die ganze Schöpfung, eben weil sie Schöpfung ist, angelegt ist darauf, Gemeinschaft zu werden, daß diese ganze Welt ohne Abstrich Stätte der Verwirklichung Gottes werden kann. Und ich glaube auch daran, daß dieses Ziel der Schöpfung mit den Entscheidungen, die wir in diesem, in jedem Augenblick treffen, unlösbar verknüpft ist. Was uns zu wissen frommt, ist, daß es keinen noch so ungewöhnlichen Augenblick in eines jeden von uns allergewöhnlichstem Alltag gibt, wo es nicht eine solche Verknüpfung der Erlösung der Welt mit unserem Alltagsleben gibt. Die „Tretmühle" ist nun einmal die heutige Welt, und eben sie also, so schwer das auch erscheint, ist der uns gegebene und aufgegebene Ort für jene Verknüpfung. Wohl ist Gemeinschaft zu wollen, aber nicht als „Gemeinschaft", so daß man die Form der Gemeinschaft von jedem Sinngehalt abgeschält zu erlangen sucht, sondern sie ist so zu wollen, daß man den Sinn seiner eigenen Gruppe in ihrem Gemeinschaftsgehalt gemeinschaftlich erfüllt. Es gilt, innerhalb einer Gruppe die Situationen, die sie antreten, gemeinschaftlich zu bewältigen und ebendadurch Gemeinschaft zu verwirklichen, ohne sie zum Programm zu machen, ohne zu sagen: jetzt will ich Gemeinschaft, jetzt erlebe ich Gemeinschaft. Gemeinschaft ist jeweils eben nur im Alltag, in seiner Gegebenheit, in seiner Niederträchtigkeit zu verwirklichen.

Ich bin durchaus dagegen, die Zweiteilung des Lebens zu akzeptieren, die in eine Tretmühle und eine Tretmühlenfreiheit. Wenn wir die Tretmühle hinnehmen sollen als etwas, wovon man sich nur in einem Teil des Tages, in einem Teil der Woche befreien kann, aber sie im übrigen hinnehmen so wie sie ist, dann verewigen wir sie. Und dann gibt es nicht etwa eine Freizeit, die anders beschaffen ist, sondern die Freizeit wird dann in ihrem Grundcharakter von der Tretmühle her bestimmt, und es wird keinen Augenblick in der Freizeit geben, der nicht Tretmühlenhaftigkeit in sich hätte.

Der soziale Kampf ist nicht genug. Ich spreche von dem Punkt aus, wo der soziale Kampf sich als ungenügend erweist, um ein echtes Menschenleben, ein echtes Gemeinschaftsleben zu begründen. Der soziale Kampf ist in diesem Punkt nicht nur ungenügend, sondern sogar irreführend, da er darauf ausgeht, die Zeit der Tretmühle nur herabzusetzen, und glaubt, damit genug getan zu haben. Selbstverständlich ist um die Kürzung des Arbeitstags mit allen sachlich gebotenen Mitteln zu kämpfen. Damit ist aber noch nichts im Entscheidenden getan. Ich bin durchaus bei den um „mehr Zeit" kämpfenden Gruppen – aber ihre Verblendung liegt darin, daß sie meinen, damit sei genug getan. Eine Tretmühle, die täglich sieben oder sechs oder fünf Stunden dauert, kann sehr bald sowohl in bezug auf die negative Gesamtempfindung wie auf die ungünstige Beeinflussung der Freizeit ebenso mächtig geworden sein, wie jetzt eine länger dauernde. Dafür hat die Zeitlänge als solche keine unmittelbare Bedeutung. Dies ist eins der Lebensprobleme, die mir am schwersten am Herzen liegen, Probleme, wo ich mich nicht einfach dem oder jenem Parteiglauben anschließen kann. Diese Fragen, die jetzt von der SPD und KPD als utopisch verschrien sind, sind die brennendsten Fragen. Weil das Leben entzweigerissen ist, dürfen wir deshalb diese Zweiteilung in Hölle und Höllenfreiheit sanktionieren? Diese so *unmenschlich* durchrationalisierte Arbeitsweise, die als Prinzip nichts anderes kennt, als die Ausnützung der physischen Menschenkraft, ohne Rücksicht auf eine Menschenwürdigkeit der Arbeit? Eine soziale Bewegung, die dieses nicht einbezieht, ist von dem Weg zur Gemeinschaft abgeschnitten.

Also, um was es geht, ist – und vielleicht haben wir Juden als Anteilnehmende an dem sozialen Kampf der heutigen Menschheit gerade dieses Wort in ihn zu werfen – zu erkennen, daß all die sozialen Forderungen miteinander noch unter das Lasallesche Wort von der verdammten Bedürfnislosigkeit fallen. Zu wenig fordert die soziale Bewegung der Zeit, zu wenig geht sie darauf aus, das ganze soziale Leben durchmenschlichen zu wollen. Die Rationalisierung der Wirtschaft, der Technik wird besorgt von einer menschhaften Ratio. Heute rationalisiert die menschhafte Ratio aber im Rücken der Menschlichkeit. Ich meine also nicht, daß wir romantisch suchen sollten, hinter die Rationalisierung zurückzuspringen, sondern daß wir dieser Ratio menschliche Aufgaben stellen sollten. Ein Gemeinschaftsleben wird in die Menschheit erst dann Einzug halten, wenn diejenigen, die die Ratio rationell verwalten, neue Aufgaben stellen werden, der Technik, den Erfindern neue Aufgaben stellen, die nicht weniger, sondern vielleicht mehr Produktion ermöglichen, aber eine Produktivität unter wirklicher Einbeziehung des lebendigen persönlichen Menschen. Und dieses ist möglich. Das ist von der Technik aus nicht utopisch, sondern die Technik selbst bietet Möglichkeiten, wenn man dies ernstlich meint, das heißt wenn man den Menschen, den Raum, in dem er arbeitet, die Zeit, worin sich die Arbeit abwickelt, die Abwechslung zwischen mechanischer und nichtmechanischer Arbeit, zwischen industrieller und landwirtschaftlicher Arbeit, die Möglichkeit einer vererblichen Arbeitsstelle und so weiter ernstlich in die großen technischen Aufgaben einbezieht. Das Proletariat ist kein Verhängnis und die moderne Arbeitsmethode ist kein Verhängnis; sie wären es erst, wenn wir zu der Falschheit der unmenschlichen Ratio Ja sagen würden, wenn wir zur Zweiteilung des Lebens in eine Tretmühle und eine Tretmühlenfreiheit Ja sagen würden. Es ist noch nichts verloren, denn nirgends – in der Fabrik nicht, im Büro nicht, im Geschäft nicht – nirgends muß die Hölle sein. Überall hat man es mit lebendigen Menschen zu tun. Überall kann man fordern, daß die Arbeit menschenwürdig gestaltet werde.

Zu dieser objektiven Forderung aber tritt eine zweite, subjektive, persönliche: daß man da, wo man steht, solange die sozialen Forderungen und jene eben angedeutete noch nicht erkämpft sind, selber die Menschlichkeit bewahre, so gut es geht. Ich habe die Erfahrung gemacht, daß manche der sozial am heftigsten Fordernden an ihrem Platz das, was sie fordern, nicht so bewähren, wie es an diesem kargen, beschwerlichen, widerspruchsvollen Platz immerhin zu bewähren ist. Keine menschliche Situation ist so verrottet, so gottverlassen, daß nicht dennoch mitten in ihr Verwirklichung geschehen könnte. Jeder Mensch hat es in seinem Elend mit anderen Menschen zu tun, und zu anderen Menschen kann man ja doch immer und überall so stehen, daß man nicht nur nimmt, sondern auch gibt, daß Unmittelbarkeit zwischen Mensch und Mensch ist, daß Kameradschaft zwischen Mensch und Mensch ist.

Einer von euch hat gesagt, man müsse sich „im Kleinen bewähren"; er hat recht, nur daß das „Kleine" kein Kleines ist. Es gibt in Wahrheit kein Großes und kein Kleines; sich bewähren bedeutet einfach das Ernstnehmen dessen, was man in dieser Stunde zu verantworten hat. Es ist vom Chassidismus gesprochen worden. Er lehrt, es komme darauf an, *wie* ein Mensch das tut, was er eben tut. Heiligung, Weg zu Gott, das bedeutet, daß der Mensch *das, was er jetzt und hier zu tun hat,* in Reinheit und Heiligung tut. Das Wesentlichste vom Menschen aus für die Verbundenheit zwischen Mensch und Gott ist immer das, womit der Mensch sich in dieser Stunde abgibt, die Augenblicksverantwortung des Menschen, die Antwort, die der Mensch jederzeit geben kann auf das, womit Gott ihn gerade anspricht. Durch das, was uns Stunde um Stunde unseres Alltags, in der Tretmühle, widerfährt, spricht Gott uns, eben uns an, und wir können ihm antworten durch das, wie wir da, in der Tretmühle, leben, in den Möglichkeiten dieses Raums, dieser Zeit und dieser Situation. Da können wir die Heiligung üben, da können wir zu Gott hin. Wenn da nicht, dann nirgends.

## WARUM MUSS DER AUFBAU PALÄSTINAS EIN SOZIALISTISCHER SEIN?

*(Auf der Gründungskonferenz der Liga für das arbeitende Palästina, in Berlin, Dezember 1928, gesprochen.)*

Ich habe aus der Einladung zu dieser Konferenz erfahren, daß ich über das Thema sprechen soll: Warum muß der Aufbau Palästinas ein sozialistischer sein?

Diese Formulierung stammt nicht von mir, und wenn ich auf diese Frage antworten sollte, würde ich verlegen sein. Denn ich glaube zwar, daß der Aufbau Palästinas sozialistisch sein soll, aber nicht, daß er es sein „muß".

Die Kategorie des Müssens erscheint mir auf historische Vorgänge, die von menschlichen Entscheidungen abhängen, nicht anwendbar. Das historische Geschehen sieht nicht so aus wie eins von jenen Garnknäueln, die man für die kleinen Mädchen zurechtstopft, damit sie ihre Handarbeit gern machen: in das Garnknäuel werden allerlei hübsche Dinge, Püppchen, Konfekt und dergleichen eingewickelt, und es erfreut die Kinderherzen, das allmählich herauszuwickeln. Eher möchte ich das geschichtliche Geschehen mit einem Teppich vergleichen, für den das Muster nicht streng vorgeschrieben wäre, auf dem vielmehr Linienführung und Farbenwahl weitgehend der Entscheidung der daran arbeitenden Menschen überlassen blieben; aber doch nicht ganz, denn jeder Arbeiter setzt doch an einem bestimmten Punkte an und hat das fortzuleiten, was schon begonnen und eben so weit gediehen ist. Der Mensch hat hier anzusetzen, darf nicht willkürlich verfahren, sondern muß fortführen, was da ist; er muß bei dieser so beschaffenen Tatsächlichkeit anheben und wirkt doch zugleich in echter Entscheidung am Geschehen der Geschichte mit.

Solch ein absolutes Muß also können wir nicht meinen; wohl aber dürfen wir das Wort in einer bestimmten Verbindung verwenden, nämlich verknüpft mit „wenn". Man darf sagen: Wenn der Aufbau Palästinas wirklich geraten soll, muß er sozialistisch sein. Doch schon wieder halte ich ein. Wenn ich verantwortlich reden will: *kann* der Aufbau denn sozialistisch sein? Können wir in diesem Augenblick, mit diesen Kräften, die uns zur Verfügung stehen, wirklich ein sozialistisches Palästina aufbauen? Niemand von uns, auch von den Radikalsten unter uns, glaubt, daß wir es können. Wir können nur im Gange unserer Arbeit Sozialismus so sehr realisieren, wie es von den Gesamterfordernissen der jeweiligen Aufbausituation aus möglich ist.

Nehmen wir etwa die drei aktuellen Hauptpostulate hiefür: das Gemeineigentum am Boden, die Selbstarbeit und die freie Bestimmung der Siedler über die Normen ihres Gemeinschaftslebens. Diese unsere drei Hauptpostulate für die gegenwärtige Praxis im Aufbau Palästinas beanspruchen Alleingültigkeit, und ich als jüdischer Sozialist, der von der Wirklichkeit ausgeht und nicht von der Ideologie, muß sagen, daß sie sie gegenwärtig nicht erlangen können. Denn die gegenwärtige Aufbauarbeit an Palästina setzt sich aus zwei notwendigen Komponenten zusammen, der Volksinitiative und der Privat- oder Individualinitiative. Diese Komponenten stehen zueinander in wechselnder Proportion. Wir Sozialisten hoffen, daß diese sich immer mehr zu Gunsten der Volksinitiative verschieben wird. Aber solange der Aufbau der Privatinitiative nicht entraten kann, können wir den drei Postulaten einen ausschließlichen Geltungsanspruch nicht zugestehen. Wohl aber ist zu sagen, daß sie für die *Volksinitiative* bestimmend sein müssen, damit der Aufbau gelinge. Denn er braucht drei Dinge. Er braucht erstens Land in möglichst schnellem Zuwachs; das bedeutet: er muß Bodenspekulation verhüten. Er braucht zweitens nicht bloß Siedler, sondern auch Nachkommen, die in der Siedlungsarbeit bleiben. Es ergibt sich daraus, daß diese eben das werden wollen müssen, was die Väter waren. Das erfordert ein soziales Wertungskriterium: man kann die Söhne im Typus des „selbstarbeitenden" Menschen nur dann festhalten, wenn er im Lande der höchstbewertete und maßgebende ist. Und zum dritten: Der Aufbau braucht gleichmäßig Zustrom von Menschen, die an eben diesem schweren, entbehrungsreichen Arbeitsleben teilnehmen wollen. Das bedeutet, daß es notwendig ist, die soziale Anziehungskraft dieses Lebens zu erhalten und zu erhöhen. Die nationale Anziehungskraft genügt nicht; man muß dem Menschen, von dem eine solche Hingabe erwartet wird, ein *ganzes,* seinen Gemeinschaftswunsch erfüllendes Leben anbieten.

Nun möchte ich einen Seitenblick werfen auf die Individualinitiative. Es ist zu fragen, ob diese in einem absoluten Gegensatz zur Volksinitiative steht, ob sie also ausschließlich vom Rentenhunger bestimmt ist. Es ist bei der Erörterung dieser Frage ganz verfehlt, dem Rentenhunger als einem – wirtschaftlich widersinnigen – Gegenpol die Rentenaskese gegenüberzustellen und mit dem Hinweis auf deren Unmöglichkeit die Sache als erledigt anzusehen. Es empfiehlt sich vielmehr, ohne alle extreme Begrifflichkeit sich zu vergegenwärtigen, daß gerade der Großunternehmer für Palästina besondere Gesichtspunkte hegen und anwenden mag, die er nicht oder doch nicht in diesem Maße bei Unternehmungen in anderen Ländern kennt. Er ist hier in einer besonderen Weise interessiert an der biologischen Qualität, der menschlichen Substanz des Arbeiters, da er ja auf ihr und aus ihr dieses Land sich aufbauen lassen will, an dessen Aufbau er eben nicht bloß privatwirtschaftlich, sondern auch „national", also gemeinwirtschaftlich interessiert ist. Dieser Dualismus seines Interesses muß dem Arbeiter zugute kommen. Auch wird der nationalgesinnte Großunternehmer in Palästina – ich meine also den, der nicht aus privatwirtschaftlichen Motiven allein sein Kapital in Palästina arbeiten läßt – darauf bedacht sein, daß die soziale Spannung den Siedepunkt nicht erreiche und das Aufbauwerk nicht gefährde. Er wird also bei aller Innehaltung der Rentabilitätsrechnung Zugeständnisse an den Sozialismus machen, die über die bloße Opportunität in den Bereich einer grundsätzlichen Entscheidung hinaufreichen. Die Frage, ob denn eine solche „Durchbrechung der sozialen Gesetze" möglich sei, verwandelt sich uns in diese: Gibt es einen jüdischen Kolonisationswillen, der sich in der ganzen Breite der Realität auswirkt, oder nicht? Gibt es ihn, dann muß er auch die Privatwirtschaft, soweit sie am Kolonisationsakt teilnimmt, im Gemeinschaftssinn beeinflussen. Zwischen Rentenhunger und Rentenaskese gibt es ein Drittes: spezifische Verantwortung. Diese spezifische Verantwortung ist die Probe des jüdischen Kolonisationswillens.

Aber gehen wir nun zu der wesentlicheren Frage über: Wie steht es um uns Sozialisten? Sind unsere Postulate nur praktisch-politischer Art oder wohnt ihnen eine tatsächliche sozialistische Verwirklichungstendenz inne? Sind sie bestimmt von dem Willen, Sozialismus im gegenwärtigen Aufbau Palästinas zu realisieren, in jeder Stunde und an jedem Punkte so sehr, als den Gesamtanforderungen des Aufbaus gemäß möglich ist? Von den beiden ersten Postulaten brauche ich in diesem Zusammenhang nicht zu sprechen. Hier ist die dritte Frage der eigentliche Brennpunkt. Es ist das Problem der Kwuza. Ich halte die Frage der Bewertung der Kwuza für eine, die nicht theoretisch entschieden werden kann, vielmehr für eine jener merkwürdigen Fragen der Menschheit, die nur durch das Experiment zu entscheiden sind. Die Menschen der Kwuza sind ein lebendes Experiment. Manche von uns sind geneigt, es zu unterschätzen. Es ist in unseren Kreisen zuweilen gesagt worden, es komme für uns Sozialisten in Palästina nur darauf an, eine starke Arbeiterschaft hinzubringen, und dann werde diese ihre sozialen Forderungen in derselben Weise durchsetzen wie in den anderen Ländern der Welt, also – je nach der Einstellung des Sprechers – auf dem Weg der parlamentarischen Reform, auf dem des Klassenkampfes oder auf dem der Revolution. Ich halte diese Auffassung nicht nur für eine irrtümliche, sondern für eine verhängnisvolle. Ich glaube nicht, daß es eine politische Durchsetzung der großen sozialistischen Forderungen gibt, wenn man die nicht zugleich im tatsächlichen Leben zu verwirklichen strebt. Wenn die Verwirklichung nicht schon jetzt und hier beginnt, auch in der Art, wie wir das Ziel zu erreichen suchen, dann wird es nicht erreicht. Das falsche Mittel verfälscht den Zweck im Gange der Durchführung. Schlimmer als die Nichtverwirklichung der sozialen Idee ist die Scheinverwirklichung, Die Nichtverwirklichung läßt Sehnsucht, Hoffnung und Kampf übrig; die Scheinverwirklichung des Sozialismus wäre wohl das Ende der Menschheit.

Aber das „Experiment" hat noch manche andere Bedeutung. Betrachten wir zunächst das große wirtschaftspolitische Problem der Entwicklung des Weltmarkts. Dessen Problematik wächst in beängstigender Weise mit dem Tempo der Industrialisierung der Abnehmerländer, deren Abnahmebereitschaft den bereits hochindustrialisierten Ländern gegenüber im gleichen Tempo abnimmt. Der Augenblick ist abzusehen, wo die Agonie des Weltmarkts beginnt. Die Frage der Agrarordnung und der Intensivierung des Bodenbaus wird dann von ungeheurer Wichtigkeit werden, und damit auch die, welche Organisationsformen diese neue Landwirtschaft (denn sie wird von Grund auf erneut werden müssen) annehmen soll; denn daß es eine Gemeinwirtschaft wird sein müssen, besagt viel zu wenig. Es wird sich darum handeln, wie die notwendige Aufrechterhaltung, ja Steigerung des technischen Entwicklungsstandes mit dem Charakter des gemeinwirtschaftlichen Subjekts zu vereinbaren ist, insbesondre, wie innerhalb der Wirtschaft das Recht der Gesamtheit und das der einzelnen wirtschaftlichen Genossenschaften gegeneinander abzugrenzen sind. Wenn Sie nun auf Palästina schauen, merken Sie, daß das Probleme der palästinensischen Wirtschaft sind. Das alles, was uns von der Menschheitsperspektive aus auf den ersten Blick so klein vorkommt gegenüber den abendländischen Evolutionen, das sind in Wirklichkeit die Vorboten der großen abendländischen Entscheidung, und zwar ihre experimentellen Vorboten. Was sich dort zwischen den verschiedenen Genossenschaftsformen einerseits und den zionistischen Faktoren anderseits abspielt, ist ein höchst bedeutsames Vorspiel der Dinge, die kommen werden. Ich weiß kein Land in Europa, wo so das Kommende vorentschieden wird, nicht ideologisch, sondern aus der Lebenswirklichkeit selbst.

Eine andre Frage, die nicht bloß von der sozialistischen Ideologie in den Ländern, wo der Sozialismus ein Kämpfer ist, vernachlässigt wird, sondern die von der sozialistischen Praxis vergewaltigt wird, wo der Sozialismus ein Herrscher geworden ist, ist die der hochindustriellen Arbeitsform; wie arbeitet hier der Mensch, als Fortsatz einer Maschine oder als lebender Leib? Ist jene Zerreißung des Lebens in zwei Hälften, eine so und so viele Stunden dauernde Hölle – deren Höllenkraft die gleiche bleibt, wenn ihrer Stunden auch weniger werden – und die übrige nachfolgende Erholung von der Hölle, die aber in ihrem Wesen von dieser bestimmt ist, unabänderliches Schicksal? Niemand, der sich ernstlich mit dieser Frage beschäftigt, kann an ein Zurückschrauben der technischen Entwicklung denken. Nicht gegen die Rationalisierung der Wirtschaft ist zu kämpfen, sondern für die Humanisierung der Ratio. In die Aufgaben, die der Technik gestellt werden, ist die Wirklichkeit des lebendigen arbeitenden Menschen mitbestimmend einzubeziehen. Werfen wir von hier aus wieder einen Blick auf Palästina, so finden wir, nicht ideologisch, sondern lebensmäßig begründet die wahrhaft organische Form der Arbeit: die durch den ganzen Menschen mit ungeteiltem Wesenswillen getan wird. Auch hierin sehe ich im ernstesten Sinn ein soziales Pioniertum Palästinas.

Eine dritte Frage, an die der heutige Sozialismus nicht gern herangeht, ist die von Zentralismus und Dezentralisation. Diese Frage ist nicht eine organisatorische; sie ist mit Recht von Gustav Landauer zu oberst gestellt worden. Vergessen wir doch einen Augenblick die geläufigen Parolen! Was jeder im Herzen meint, wenn er „Sozialismus" sagt, ist wirkliche Gemeinschaft zwischen den Menschen, unmittelbare Lebensbeziehung zwischen Ich und Du, echte Societas, echtes Genossentum. Wir müssen also eine echte Gemeindeautonomie haben, die so weitgehend ist, als es die rechtmäßigen Ansprüche der Gesamtheit erlauben. Es handelt sich nicht um ein prinzipielles Entweder-Oder, sondern darum, daß die Demarkationslinie zwischen zentralisiertem und dezentralisiertem Gebiet immer neu im Sinne wahrer Gemeinschaftlichkeit gezogen werde. Man muß Tag für Tag verantwortlich bedenken: wieviel Sozialismus vermag heute realisiert zu werden, wieviel Gemeindeautonomie, das heißt wieviel echte Gemeinschaft zwischen den Menschen, die miteinander leben oder miteinander arbeiten, läßt sich jetzt von der Gesamtheit aus realisieren? Die Frage: zentralistischer oder dezentralistischer Sozialismus? ist also falsch gestellt. Ein zentralistischer Sozialismus ist keiner. Ein Sozialismus, in dem sich die Machtverhältnisse zugunsten der Arbeiterschaft verändert haben, ohne daß sich die Beziehungen der Menschen zueinander gewandelt hätten, ist keiner. Es sind ja nicht nur die Beziehungen zwischen Arbeiter und Arbeitgeber, an denen die heutige Menschheit krankt, es ist die Entartung der menschlichen Beziehungen überhaupt.

Blicken wir nun wieder auf den sozialistischen Aufbau Palästinas, so tritt uns von neuem das Problem der Kwuza entgegen. Nicht darum geht es, ob Moschaw oder Kwuza, assoziative oder kommunitäre Siedlungsform; es gibt eben Menschen und wird wohl auch weiterhin Menschen geben, die in dieser, und andere, die in jenem ihre sozialistische Erfüllung finden. Das was sich in Wahrheit dort entscheidet, ist die Frage zwischen Zentralisation und Dezentralisation. Darum hat unser Postulat der sozialen Selbstbestimmung eine Vorpostenbedeutung für die Menschheit.

Die politische Weltsituation unserer Zeit ist, sieht man von dem aus der Hand in den Mund lebenden Scheinparlamentarismus ab, durch die beiden Brennpunkte Moskau und Rom (ich meine das faschistische Rom) gekennzeichnet. Wenn jener, die Demokratie ohne Demos, das heißt ohne wirklich konstituiertes Volk, weder der Idee noch der Realität gegenüber Verantwortung übt, stehen hier ein falscher Dienst an der Idee und ein ebensolcher an der Realität wider einander.

In Moskau wird die lebendige Idee durch das Prinzip ersetzt. Die lebendige Idee ist immer Bild, ein Bild dessen, was aus bestimmten Möglichkeiten bestimmter Menschen und Menschengruppen werden kann und soll; das Prinzip ist die Entbildung der Idee: an die Stelle der konkreten, volksmäßig, kulturmäßig, schicksalsmäßig bestimmten Personen und Gruppen tritt die Abstraktion „des" Menschen, „des" Bürgers, „des" Proletariers – an die Stelle des Leibes ein Knochengerüst, an die Stelle der Wegsuche mit ihren realen Entscheidungen die vorgezeichnete Route. Moskau ist die durch den Widerstand der Realität gemilderte Herrschaft des Prinzips; und auch nachdem man diesen Widerstand in Rechnung zu stellen beschließt, ihn also sozusagen in das Prinzip selbst einbezieht, wird es zwar inhaltlich „bis auf weiteres" modifiziert, aber es hört nicht auf, seinem Anspruch und Charakter nach das bildlose Prinzip zu sein.

In Rom ist die Anschauung der Wirklichkeit mit ihrer Tiefenperspektivik und ihrem immer neu auftauchenden Imprévu ersetzt durch ein Bescheidwissen um einen reliefhaft auffälligen Teil der Wirklichkeit, den man mit der ganzen identifiziert, nämlich um die menschlichen Machtwünsche, Machtbegierden, Machtgenüsse und Machtsorgen. Man sieht den Staat als eine Schichtung von Machthaben und Machtwollen und meistert ihn, indem man dem Machtwollen in dem Maße, als es sich aktuell erweist, Macht zuteilt und durch die so entstehenden sozialen Zusammenhänge die ideologisch fundierten überwindet. Die echte Anschauung der Wirklichkeit ist immer Ehrfurcht vor ihr, auch wenn man sie zu ändern sich berufen fühlt; der Aktualismus ist ehrfurchtslos, er will nicht wahrhaft kämpfen und bewältigen, sondern nur jeweils mit dem Gegebenen fertig werden. Die Herrschaft des Aktualismus ist in Rom durch eine dekorative und wirksame Anknüpfung an eine verschollene Tradition eher verkleidet als gemildert.

So stehen ideologische und antiideologische Diktatur einander gegenüber. In jeder von beiden birgt sich eine echte Kraft, in der einen die des Glaubens an die sozialistische Idee, wenn diese auch verzerrt und entstellt worden ist, in der andern die des Wissens um die Wichtigkeit des Bundes mit der konkreten Tatsächlichkeit, wenn diese auch flach und substanzlos gefaßt wird. Aber was hinauswirkt, von Moskau aus zu Anschluß, von Rom aus zu Nachahmung bewegend, sind nicht die echten Kräfte, sondern die Herrschaftsformationen, in die sie eingegangen und in denen sie untergegangen sind.

Die große Frage, die immer wieder in meinem Herzen aufkommt, wenn ich, bedrückt und aufgerührt durch die massive Existenz dieser beiden unfruchtbaren Kolosse, der nahen Zukunft der Menschen nachsinne, ist: Gibt es ein Jerusalem? Gibt es zu diesen beiden ein Drittes, ein noch nicht eigentlich existentes, aber werdendes – über jene hinaus werdendes? Zu den beiden allhin wahrnehmbaren tönernen Gesichtern ein drittes, noch verborgenes, eins von Fleisch und Blut, mit heiterer Stirn, liebenden Augen und einem Mund, der singen kann, ein *menschliches* Antlitz? Ist das, was wir mit vorerst so knabenhaft geringen Mitteln unternommen haben und nun mit größeren fort- und auszuführen suchen, ein Einsatz in der Weltgeschichte – der wirklichen Weltgeschichte, die nicht in den riesigen Lichtreklame-Lettern des Erfolgs, sondern in geheimen Zeichen auf eine noch verhüllte Tafel geschrieben wird und die einst all jene „Siege" der Historie als maskierte Niederlagen offenbaren wird? Wächst in der Epoche der Scheinrealisierung eine echte Verwirklichung auf? Gibt es ein Jerusalem, wird es eins geben, das gewiß nicht neben Moskau und Rom, aber ihnen gegenüber zu stellen sein wird? Wird hier der Geschichte etwas „vorgelebt" ?

Ich glaube an „Jerusalem". Wir dürfen daran glauben, denn in dem, was heute in Palästina geschieht, begegnen einander Geist und Wirklichkeit. Was hier an genossenschaftlichem Bau entsteht, ist so, als ob die Wirklichkeit allein es gemacht hätte, aber sie hatte den Geist zur Seite. Das sozialistische Leben, das da im Werden ist, scheint ohne menschliche Zielsetzung, ganz aus der Nötigung der gegebenen Verhältnisse gewachsen zu sein; dennoch, es hätte nie solche Gestalt gewonnen, wenn nicht in den Menschen, die sich zusammenschlossen, die lebendige Idee als Bild der Gemeinschaft geträumt und nun in ihrem Zusammenschluß bildnerisch sich ausgewirkt hätte. Was sie denken, ist zuweilen vom Prinzipiell-Ideologischen angehaucht, aber der Geist, der in ihnen träumt und wirkt, ist größer als ihre Gedanken. Sie werden ihn einst erkennen – wiedererkennen.

Wenn ich den Aufbau Palästinas seinem Kern nach als einen sozialistisch sein sollenden bezeichne, wird mir oft, und zwar nicht nur von Antisozialisten aus gesagt: Warum denn nicht einfach das, was geschehen soll, dem Leben überlassen? Kommt es für uns im Augenblick denn nicht darauf an, so viel Kräfte wie möglich nach Palästina zu bringen, und können wir es nicht viel besser, wenn wir unbehindert sind durch ideelle Beschränkung?

Das erinnert mich an das, was wiederholt einem geistigen Zionismus entgegengehalten worden ist: er wolle die Entwicklung des jüdischen Volkes von oben, von einer Konzeption des „Judentums" aus regeln, statt sie von selber, eben aus den freigewordenen Möglichkeiten des Volkstums, werden zu lassen. Wir brauchten nichts als das Volk, das Land und die Sprache.

Darauf war und ist zu antworten: Es mag sein, daß die Propheten eine Stechbremse auf dem Nacken des Pferdes Israel waren. Aber wenn diese Bremse nicht gewesen wäre, wenn die unbarmherzige Vertretung der lebendigen Idee, des Gottesgebotes einer Verwirklichung des Geistes durch Israel nicht gewesen wäre, was wäre aus der Substanz des Volkes geworden? Wäre es überhaupt noch da? Wäre günstigstenfalls ohne diese Stiche, ohne diese beständigen Aufrufe etwas anderes aus Israel geworden als ein östliches Kultürchen, das mit den anderen untergegangen wäre? Es ist das ewige Volk nicht dadurch geworden, daß man es leben ließ, sondern daß man es nicht leben ließ: dadurch, daß man mehr als das Leben von ihm verlangte, gewann es das Leben.

Wenn wir heute auf das, was in Palästina geschieht, die sogenannten Gesetze des Lebens anwenden wollten, dann würden wir sehr bald von ihnen aufgefressen werden. Der Zionismus, der glaubt, sich auf das „Leben" verlassen zu können, der faschistische Zionismus ist nicht etwa bloß ideell verkehrt, sondern gerade von der Wirklichkeit aus betrachtet widersinnig und aussichtslos. Und wenn man mir und meinem Freundeskreis von dort aus, um unsere fordernde und mahnende Haltung zu diskreditieren, nachsagt, wir stellten diesem prächtigen gesunden Lebenszionismus einen lebensfremden oder gar lebensfeindlichen „Kulturzionismus" gegenüber, so ist das heillos falsch. Kultur ist kein Programm. Wenn ein Volk etwas zu tun, zu wirken hat, wenn es etwas verwirklichen will in seinem natürlichen Leben, dann entsteht nebenbei, wie ein chemisches Nebenprodukt, Kultur. Also nicht Kulturzionismus bekennen wir, sondern Werkzionismus, Verwirklichungszionismus. Es gibt etwas, was von Israel, gerade von ihm, nur von ihm, verwirklicht werden will und kann. Es ist immer noch dasselbe. Es gibt etwas, was von uns verwirklicht werden will, nicht in der Sphäre des Geistes, denn in ihr gibt es keine Verwirklichung, sondern nur von ihr aus, in der ganzen Breite und Fülle des von Menschen gemeinsam gelebten Lebens: als die wahre Gemeinschaft. Dazu sind wir erhalten worden, dazu erfahren wir die Erneuerung. Darum ist der einzige Zionismus, der geraten kann, der des Gemeinschaftsideals – der sozialistische Zionismus.

In diesem Zusammenhange, Freunde und Genossen, sehe ich die große Bedeutung, aber auch die große Verantwortung der palästinensischen Arbeiterschaft; sie ist der zentrale Träger der Verantwortung für den *jüdischen* Aufbau Palästinas.

### *Schlußwort zur Aussprache*

Es ist keine dankbare, aber eine notwendige Aufgabe, in dieser Stunde einer gemeinsamen Begeisterung noch einmal eine Klärung dessen zu versuchen, was geklärt sein sollte, ehe wir auseinandergehen.

Ich möchte mit etwas Persönlichem beginnen. Arnold Zweig sagte von mir, ich hätte wie ein Seher von Morgigem und Übermorgigem gesprochen. Ich muß diesen hohen Titel ablehnen. Ich bin kein Seher, aber ich glaube ein sehender Mensch zu sein. Und ich denke nicht daran, von morgen und übermorgen zu sprechen, sondern was ich mit allem, was ich sage, meine, ist durchaus dieser gegenwärtige Augenblick. Ich meine durchaus das, was bereits in Palästina die siedelnde Arbeiterschaft begonnen hat, und zwar nicht von der bloßen Idee aus und nicht von dem bloßen Leben, sondern von der bedeutsamen Begegnung beider aus. Und ich meine, daß wir, um die Sympathien der abendländischen Arbeiterbewegung für unsere Sache zu gewinnen und die bereits gewonnenen zu steigern, nicht nur sagen sollen: „Wir haben dieselbe Gesinnung, die ihr habt", sondern auch zeigen müssen: „Wir verwirklichen etwas von dieser Gesinnung, was anderswo noch nicht verwirklicht wird." Es ist wichtig, daß wir uns in allem Ernst darauf besinnen, was wir getan haben, tun und noch tun wollen, und was das bedeutet für die Sache des Sozialismus und der Menschheit. Es gibt in diesem werdenden jüdischen Palästina etwas, was es sonst nirgends gibt, nämlich umfassende *konstruktive* sozialistische Arbeit. Bedeutet denn der Sozialismus wirklich für uns die Frage der Verteilung des Arbeitsertrags oder nicht vielmehr die sie freilich miteinschließende Umgestaltung der Beziehungen der Menschen zueinander? Hier, bei uns, gibt es einen Anfang seiner Realisierung, das Beginnen ist da.

Von dieser Wirklichkeit aus, an der nichts Künstliches ist, müssen wir das, was uns weiter obliegt, erkennen. Und von hier aus muß ich mich gegen die Stimme wenden, die mir unter allen, die hier erklungen sind, am tiefsten das Herz bewegt hat, die Isaak Steinbergs. Wir können nicht rechtschaffen von der Idee aus leben, ohne daß wir hinschauen auf die gegenwärtige Situation und ihre Bewältigung. Da steht es ganz anders, als Steinberg meint. Ich muß mich hier auch gegen die Jugend wenden, obwohl das mir schwerfällt. Sie hat bemängelt, daß wir von dem Geld reden, das wir brauchen, das aber nicht unser Geld ist. Als ob wir den Aufbau ohne Geld machen könnten, oder als ob wir andres Geld als eben dieses bekommen könnten! Wenn die Jugend jetzt noch, in dieser harten Stunde, in den Wolken leben will, verwirkt sie ihre Aufgabe an ihrem Volk. Sie muß die Schwierigkeit der Situation sehen und daß ihr nicht zu entgehen ist. Steinberg gegenüber ist zu sagen, daß wir mit der jüdischen Bourgeoisie zwar nicht verheiratet, aber unausweichlich assoziiert sind. Nun ist es freilich nicht mehr so wie früher, wo die Leute nicht sehr genau zuschauten, wofür sie ihr Geld gaben. Sie schauen jetzt sehr genau zu, und wir müssen es sogar begrüßen, daß sie das Geben zu einer Frage der Verantwortung gemacht haben. Aber wir müssen ihnen diese noch viel ernster machen. Wir müssen ihnen sagen und beweisen, daß das jüdische und menschliche Palästina, das sie selbst wollen, nicht anders entstehen, nicht anders geraten kann als durch das, was jetzt durch die Arbeiterschaft in Palästina geschieht. Die Erhaltung des jüdischen Volkes ist eben nur noch möglich durch seine Erneuerung, und für diese ist es ein zentraler Vorgang, was die Chaluzim tun, was die Arbeiterschaft in Palästina tut.

Wir werden aber gefragt: Können wir dieses unser Werk betreiben gemeinsam mit all denen, die doch nicht wirklich mit uns sind? Nun, wir wählen uns die Situation nicht, wir sind in sie verflochten, und jetzt haben wir uns ihr gewachsen zu zeigen. Es geht nicht um Bewährung der Reinheit um jeden Preis, es geht um Bewältigung einer Situation und Bewährung zugleich. Es geht darum, die Idee da zu wahren, wo es am schwersten ist, in der Vermengung. Die wahre Reinheit ist nicht die Unberührtheit. Die eigentlichen Proben des Lebens geschehen nicht abseits, sondern im Gewühl, da, wo es einen anfaßt, wo einem der Atem vergeht, und wo man sich dennoch bewähren kann. Nicht die Koalitionen sind vom Übel, sondern wie man sich zumeist in ihnen benimmt. Die Utopie ist lebensmäßig in jeder Stunde zu konfrontieren mit einer Topie. Das ist die Bewährung in der Verflochtenheit: soviel man je und je vermag.

Diese Gesinnung der stets neu zu ziehenden Demarkationslinie des jeweils zu Realisierenden scheint mir die Gesinnung zu sein, auf der wir diese Liga begründen wollen. Sie wird in einer strengen Stunde begründet, deren ganzer Ernst uns heute noch nicht aufgehen kann. Es kommt darauf an, daß in der sich nur erst ankündigenden Situation, die wir zu bewältigen haben werden, innerhalb des gewandelten Kolonisationsprozesses, der sich vorbereitet, die Arbeiterschaft die Stellung erlange, die ihr ihren Kräften und ihren Werken nach zukommt. Das wird vermutlich zugleich Vertrag und Kämpfe bedeuten. Die Aufgabe der Liga ist, der palästinensischen Arbeiterschaft auf ihrem neuen Wege mehr Macht zu geben, mehr Macht für den Vertrag, mehr Macht für den Kampf – mehr Macht für die Erfüllung.

## ZION UND DIE GOLA

*Eine kurze Antwort statt einer langen (1932)*

Ich bin, besonders in der letzten Zeit, vielfach gefragt worden, ob und inwiefern sich meine Stellungnahme zur „Negierung der Galuth" geändert habe, und will hier vorerst nur im Hinblick auf das mir Wichtigste darauf antworten.

So eindeutig für mich der unbedingte Wert des Judentums und damit seiner Erhaltung als ein in sich gewisser und keiner Begründung bedürftiger feststeht, so weiß ich doch nicht minder gewiß, daß dieser Wert in sich zusammenbricht, sowie er als sein eigener Zweck und Sinn sich gebärdet. Das Judentum *ist* – von seinem Auftrag aus; und so soll es dauern. Schnitte es sich selbstherrlich von ihm ab, dann schnitte es sich ab. Den Auftrag aber weiß ich, wenn ich das seiner Natur nach der worthaften Formulierung Widerstrebende und nur der lebensmäßigen sich Ergebende doch zu Worte bringen muß, nicht anders zu bezeichnen denn als die Ausdehnung des Verwirklichungsbereichs auf den ganzen unverkürzten, ungeteilten Umfang der menschlichen Existenz, also den vitalen Kampf gegen die grundsätzliche Zweiteilung zwischen die dem Willen Gottes eröffneten und die ihm entzogenen Gebiete. Diesen Auftrag können nicht Einzelne, kann nur ein *Volk* wahrhaft erfüllen, Volk ist zu solcher Erfüllung unerläßlich. Denn der Einzelne kann zwar überall und immer nach dem Willen Gottes zu leben versuchen, soweit er es eben je und je kann, das heißt in den nicht von ihm selbst, sondern von einer fremden Umwelt geordneten und gestalteten Lebensbereichen eben so sehr, als diese fremde Ordnung und Gestalt erlaubt. Aber eine echte Einheitlichkeit nicht bloß der *Tendenz* zur Verwirklichung, sondern auch ihres *Bereichs* ist naturgemäß nur vom und im Volke möglich, da nur dann auch die Ordnungen und Gestaltungen des gesellschaftlichen und des öffentlichen Daseins in den Bereich der Verwirklichung mit einzubeziehen sind: weil man sich nun nicht bloß im Gegebenen zu bewähren hat, sondern selber mitzuordnen und mitzugestalten, und damit den Willen Gottes auch hier, in der vollständigen Gemeinschaftssphäre, auch in ihrem Ordnen und Gestalten zu erfüllen berufen ist. Dies aber ist eben nur da möglich, wo elementar kein Teil dieses Bereichs von anderer menschlicher Instanz als vom Judentum selbst aus bestimmt wird. Elementar, sage ich, denn es kann sich selbstverständlich nicht um eine Autarkie des Geistes, eine isolierende Herauslösung aus dem schicksalhaften Zusammenhang einer – wie sehr auch noch problematischen – Menschheit handeln, und ebensowenig um eine isolierende Haltung zu dem in Palästina mitlebenden Volk, mit dem gemeinsam wir das Land aufzubauen haben, sondern einzig um die Errichtung einer das öffentliche Leben mitumfassenden jüdischen Existenz, einer solchen somit, in der auch die Gehalte und Formen des öffentlichen Lebens nicht situationsmäßig von außen diktiert und von uns nur mitgemacht oder – erduldet werden. Ist jedoch damit unzweideutig einem palästinensischen Leben der Primat in der Möglichkeit der elementaren Verwirklichungs*vollständigkeit* zugesprochen, dann darf dies auf keinen Fall dahin mißverstanden werden, daß dies auch einen Primat der Verwirklichungs*echtheit* bedeute. Das Hier und Jetzt des einzelnen Juden ist und bleibt nicht bloß als Stätte des Lebensdialogs zwischen Göttlichem und Menschlichem ein gleichberechtigter „Boden der Heiligung", sondern, wo jüdische Menschen gleichen Grundgefühls und Grundstrebens sich in diesem Hier und Jetzt zu einem gemeinschaftlichen Leben zusammentun, kann rein und wahr auch Gemeinschaft gehalten werden, soweit eben das Hier und Jetzt dafür Raum gewährt. Nur bleibt dieses „soweit" eine elementare Beschränkung, da hier die Auferlegtheit der Ordnungen und Gestaltungen das schlechthin Gegebene ist. Daran kann keine Teilnahme an Bewegungen Erhebliches ändern, die die Erneuerung der sozialen Institutionen bezwekken, denn die wirklichen Ordnungen und Gestaltungen werden auch in einer erneuerten Gesellschaft im innersten Wesen nicht von den bewußten Zwecksetzungen, sondern von den vitalen Urkräften des fremden Volkstums bestimmt sein; der Erfolg der Zwecksetzung wird für die Auswirkung dieser Urkräfte nur einen neuen, sozial vollkommeneren Rahmen abstekken und die für uns gegebene Fremdbestimmtheit des öffentlichen Lebens wird sich bald als im wesentlichen unverändert erweisen. Wieder kann damit nicht gesagt sein, daß die Mitarbeit an einer sozialen Erneuerung im Hier und Jetzt, vorausgesetzt, daß das gelebte persönliche Leben nicht eine von ihr getrennte Buchführung kennt, nicht einer echten Verwirklichung zuzurechnen wäre. Aber der Ausdehnung des Verwirklichungsbereichs auf den ganzen, unverkürzten, ungeteilten Umfang der menschlichen Existenz wird hier ein elementarer Widerstand geleistet, dessen Beseitigung anstreben wollen sinnlos wäre.

Ich „negiere" also die Galuth wie in keinem anderen Lebensbelang, so auch in diesem persönlichsten und wichtigsten nicht. Aber ich „bejahe" sie eben als Galuth, das heißt als das unüberwindlich fragmentarische, unüberwindlich aufgeteilte und doch eben für den in ihr Lebenden schicksalsinnhaft gegebene, aufgegebene, zur Heiligung gegebene und aufgegebene Jetzt und Hier.

Jecheskel erfährt am Euphratkanal, daß auch hier wie auf dem Zion Manifestationsstätte Gottes ist. Aber wenn er die Auferstehung schauen soll, wird er in das Land Israel entrückt.

# IV. ZUR GESCHICHTE DES ZIONISMUS

(1950)

# DER ANFANG DER NATIONALEN IDEE

*(Über den „hohen Rabbi Löw")*

Zweihundert Jahre vor der Französischen Revolution sind die Grundrechte der Völker in einigen lapidaren Sätzen ausgesprochen worden, die seither an Kraft und Klarheit nicht übertroffen worden sind. Sie besagen: daß jedes Volk sein eigenes Wesen und seine eigene Gestalt hat, daß jedes Volk in seiner eigenen Macht steht und keinem andern Untertan sein darf, daß jedes Volk seinen natürlichen Ort hat und einen Anspruch da zu leben, und daß es jedem Volk gewährt sein muß, sich seinen Gott nach seinem eigenen Gedanken zu wählen. Das alles aber wird nicht als vereinbarte Menschensatzung verkündigt, sondern als in der Weltordnung selber begründet, so daß jedes Vergehen dagegen eine Verletzung der Weltordnung bedeutet.

Der Mann, der als erster diese Sätze formuliert hat, war weder ein Staatsmann noch ein der Staatsweisheit Beflissener, keiner der großen Lehrer des Natur- und des Völkerrechts. Es war R. Loewe ben Bezalel, der „hohe Rabbi Löw", von dem die Sage des Prager Ghettos als von dem Schöpfer und Herrn des geheimnisvollen „Golem" zu erzählen weiß, und von dem ein zuverlässiger Bericht vermeldet, daß Kaiser Rudolf II. ihn zu sich berief, vermutlich um sich bei ihm für seine alchimistischen Experimente Rats zu holen. Wir dürfen in Rabbi Loewe den eigentlichen Begründer einer spezifisch jüdischen Geschichtsphilosophie erblicken als des ideellen Versuchs, das geschichtliche Schicksal des Volkes Israel im Zusammenhang eines von Gott geleiteten Weltgeschehens zu verstehen. Die in der Tradition verstreuten Sinnesdeutungen der Stämmewanderung und Volkwerdung, der Exile und Befreiungen Israels sind hier neu durchdacht, von der Tiefe her ausgestaltet und wie nie zuvor zu einer Einheit verwoben worden, die dann als solche bis in unsere Zeit fortgewirkt hat. Freilich hat diese Einheit nirgends bei R. Loewe systematische Form gewonnen, auch nicht in seinem um die messianische Geschichtsidee herum aufgebauten Hauptwerke, der „Ewigkeit Israels"; aber wer die Mühe nicht scheut, in allen seinen Büchern danach zu forschen, dem schließt sich das in allen Gefundene zu einem einzigartigen Gefüge religiösen Geschichtsdenkens zusammen. Und aus ihm leuchten jene Sätze von den Grundrechten der Völker hervor, in einer schlichten umfassenden Allgemeingültigkeit, über die man immer wieder staunen muß.

Wenn man die Lehre Rabbi Loewes von den Völkern mit denen christlicher Denker, etwa vom Anfang des sechzehnten bis zur Mitte des siebzehnten Jahrhunderts, vergleicht, sieht man sogleich, daß bei keinem von ihnen wie bei ihm die nationale Existenz als solche begriffen ist. Stellen wir drei repräsentative Gedankensysteme aus drei verschiedenen Generationen dieser Epoche nebeneinander, das Machiavellis, der in R. Loewes frühen Jahren starb, das Calvins, der vor ihm geboren wurde, und das Grotius', der zur Zeit von R. Loewes Tod fünfundzwanzigjährig war, dann finden wir ihnen allen gemeinsam, daß sie zwar alle Volk und Staat als eine Einheit fassen, innerhalb dieser aber, wenn auch in verschiedenen Graden, dem Staat das weitaus größere Interesse entgegenbringen. Für Machiavelli sind die Nationen vor allem die Bevölkerungen von Territorien, von denen zwar jede einzelne eine besondere kulturelle Individualität bildet, aber ihren eigentlichen Zusammenhalt, ja geradezu ihre Existenzberechtigung eben an ihrer staatlichen oder, wenn diese ihr geschichtlich verlorengegangen ist, an ihrer territorialen Einheit besitzt. Bei Calvin tritt die Volkseinheit als solche zwar stärker hervor, wie er überhaupt von allen in Betracht kommenden Denkern R. Loewe am nächsten steht: die für ihn entscheidend wichtige Tatsache der göttlichen Erwählung kollektiver Wesen hat es eben naturgemäß mit Völkern und nicht mit Staaten zu tun, und die biblische Idee des „heiligen Volkes“ ist hier erhalten geblieben; aber für ihn kann das Volk seine großen religiösen Aufgaben nur als souveräner Staat erfüllen – auch dies eine Konsequenz alttestamentlichen Denkens, aber in einem Grade übersteigert, der der jüdischen Tradition und ihrem Vertreter R. Loewe unannehmbar bleiben mußte. Für Grotius ist das Gewicht der staatlichen Existenz innerhalb des Volkslebens noch größer als für Calvin, wenn auch nicht so groß wie für Machiavelli; er sieht in der Staatshoheit die wesentliche Emanation der ganzen Einheit eines Volkes; wenn ein Volk seine Souveränität verliert, verliert es seine Gestalt. All diesen Auffassungen gegenüber steht die R. Loewes als die Bejahung der Nation als solcher, zu der zwar, wenn die Weltordnung ungestört ist, das eigene Territorium und die Unabhängigkeit gehören, die aber, wenn sie beide eingebüßt hat, nur als erkrankt, als in ihrem Werk beeinträchtigt, nicht als ihrer Gestalt beraubt und zur Erfüllung ihrer spezifischen Aufgaben unfähig gemacht angesehen werden darf. Erst ein Jahrhundert nach R. Loewe ist ein christlicher Denker erstanden, der seine Geschichtsauffassung, wie er, auf die Existenz selbständiger Nationen begründet hat und der ihm übrigens auch in seiner grundsätzlichen Unterscheidung zwischen der Geschichte Israels und der der Völker verwandt ist: der Schöpfer der modernen Historiosophie, Giambattista Vico.

Es ist leicht zu verstehen, woher es kommt, daß es ein Jude war, der als erster die Grundrechte der Nation als Nation formuliert hat. Hier war ein Volk, das nicht mehr in seiner eigenen Macht stand, sondern andern Völkern Untertan war, das seinen Platz auf Erden verloren hatte und über die Länder zerstreut leben mußte, und das geschwächt und gepeinigt wurde, weil es dem Gott, den es sich erwählt hatte, treu blieb. Dies alles, das wußte der Jude, war wider die Ordnung der Natur; es ist geschehen, weil die Ordnung der Natur gestört worden ist; aber sie wird wiederhergestellt werden. Was allen Völkern zukommt, das muß auch diesem Volk wieder zuteil werden. Loewe ben Bezalel erkannte als die Grundrechte der Völker das, was seinem Volk, ihm allein unter allen, fehlte. Gewiß, es gab – das war dem gelehrten Mann deutlich – auch andere Völker in der Geschichte, denen ihre Selbständigkeit geraubt, ihr Land verwüstet, ihre Religion unterdrückt worden war; aber da war keines, dessen Schicksal so alle Entrechtung vereinte. Man mußte zeigen, man mußte sagen, zwar nicht den Völkern zur Warnung, denn deren Ohren waren nicht zu erreichen, aber dem eigenen Volk zum Trost mußte man sagen, daß es Grundrechte der Völker, in der Weltordnung begründete Rechte der Völker gibt, auf die Israel wie alle andern den Anspruch erheben darf, und die Gott ihm kraft der von ihm selber eingesetzten Ordnung nicht auf immer vorenthalten kann.

Wohl war auch für christliche Denker jener Zeit, besonders für Calvin, Israel von großer Bedeutung, als Vorbild eines von Gott erwählten Volkes und als Vorbild eines Volkes, das Gott allein als seinen obersten Herrscher anerkennt. Aber die Beachtung gilt dem biblischen Israel allein; die Tatsache der Erwählung und das Prinzip der Theokratie galten als von ihm auf christliche Völker übergegangen; die Kontinuität zwischen Israel und den Juden war dem christlichen Auge verborgen. Dem Juden hingegen war gerade diese Kontinuität eins und alles, Verbindung mit den Tagen der Schöpfung und Verbindung mit den Tagen des Messias. Loewe ben Bezalel mußte es darauf ankommen zu zeigen, daß die Juden, ungeachtet aller Mängel ihrer nationalen Existenz, das lebendige Volk noch waren, als das sie einst in die Geschichte traten, und daß ihnen als lebendigem Volk alle Rechte der Völker zustanden.

Gewiß, das Wesentliche an Israel war ihm nicht das, was es mit anderen Völkern gemeinsam hatte, sondern das, was es von ihnen allen abhob und es ihnen gegenüberstellte als eine durch ein einziges Exemplar dargestellte

Gattung, seine „Heiligkeit". Denn in derselben Stunde, in der es zum Volk wurde, wurde der große Name Gottes über ihm ausgerufen: es gab in seinem Anfang keine Zeit, in der es nur Nation und nicht auch schon Volk Gottes war, vielmehr als es, eben als Volk, erschaffen wurde, war es schon erwählt, denn es war ja schon in Abraham in einer „allgemeinen", umfassenden und daher unaufhebbaren Weise erwählt worden. Aber diese Einzigheit Israels baute sich über der ihm mit allen anderen Völkern gemeinsamen Grundeigenschaft auf, eine Nation zu sein, der Grundeigenschaft, die ihm die Rechte und Ansprüche einer Nation verlieh. Die Ordnung der Erwählung baute sich über der Ordnung der Schöpfung auf, an die der Schöpfer sich für alles gebunden hatte, was Schöpfung war – und als eine der Nationen gehörte Israel dem Reich der Schöpfung an. R. Loewes Lehre von den Völkern ist in einem rationalen System eingegründet. In seiner Darlegung der dem jüdischen Volk, wie jedem andern, zustehenden Rechte ist er Rationalist; wo er dem nachsinnt, was dieses Volk doch von allen andern gattungsmäßig unterscheidet, übersteigt er die rationalisierbare Welt. Rechte hat Israel eben als Nation und nur als Nation; als Israel erfährt es Gericht und Gnade.

„Jede Nation", sagt R. Loewe, „hat zwei Aspekte, den einen davon aus, daß es nur ein Volk ist, und das steht in der Relation des Stoffs, den zweiten davon aus, daß es dieses besondere Volk ist, und das steht in der Relation der Form." So sehr dies in den hergebrachten aristotelischen Kategorien gedacht ist, so zielt es doch auf etwas Besonderes, eben auf das besondere Problem hin, das R. Loewes zentraler Gegenstand ist. Stofflich betrachtet – und von dieser stofflichen Betrachtung ist auszugehen – ist jedes Volk eben „Volk", das allen Völkern Gemeinsame macht seinen „Stoff" aus; dieser gemeinsame Stoff aber ist in jedem Volk in die ihm eigentümliche Form gebracht, durch die das persönliche Dasein der Nation konstituiert ist. Man muß zuerst feststellen, daß Israel ein Volk ist, und alle Folgerungen daraus ziehen; dann erst wird man gleichsam frei zu erkennen, was für ein Volk dieses Israel ist, und dann bekommt man zu sehen, daß sein Wesen und seine Wege dennoch von allem andern, was Volk heißt, abgehoben sind: man erkennt einen Ursprung, ein Schicksal und eine Bestimmung, die so verschieden sind von denen der andern Völker, daß die Unterschiede, die zwischen diesen bestehen, unwichtig werden und nur noch Zwei einander gegenüberstehen: Israel und „die Nationen der Welt".

„Es ist nicht geziemend, daß ein Volk ein andres sich unterwerfe, ihm sein Joch aufzuladen." „Es ist nicht der Natur und der Führung der Welt gemäß, daß ein Volk unter einem andern Volk sei." Denn „jedes Dasein steht in seiner eigenen Macht, dieweil es von Seiten des daseienden Wesens nicht geziemend ist, unter der Hand eines andern zu sein". R. Loewe betont, dies sei „ein sehr großer Grundsatz". Aus ihm geht hervor, daß das Unterworfensein Israels unter die Völker eine Störung der Weltordnung, eine Erkrankung der Welt an diesem Punkte bedeutet. Israel selber in seinem Exil ist wie ein Kranker, der aus dem natürlichen Zustand des Menschen getreten ist. Daraus allein ist schon zu verstehen, daß die Schechina, die einwohnende Herrlichkeit Gottes, bei Israel ist, wie es im Gotteswort an den Propheten (Jes 57,15) heißt: „Hoch und heilig wohne ich – und bei dem Zermalmten und Geisterniederten". Denn der wesentliche Aufenthalt der Schechina ist drunten. Wenn aber Israel Gottes Willen tut, dann – freilich auch nur dann – ist es allen Völkern der Erde überlegen. Das ist Wahrheit einer andern Sphäre als die der vernunftgemäßen und durch die menschliche Vernunft erkennbaren Weltordnung: wo die Erde zum Himmel emporlangt und seinen Willen zu dem ihren macht, da dringt das Göttliche in das Menschliche ein.

„Der Mensch", sagt Loewe ben Bezalel, „wählt sich eine Gottheit, von der er meint, sie sei sein." Auch wenn ein Volk weiß, daß es eine größere Macht gibt, als die sein Anteil ist, wählt es sich doch sein eignes Wesen zum Gott. Nicht so Israel: es hat die unbedingte Macht, den Gott aller Götter, zu seinem Herrn erhoben. Freilich aber: es hat ihn verlassen. Während alle Völker an den ihnen gemäßen Teilkräften festhalten, hat Israel seine Ehre vertauscht „gegen das, was nichts nützen kann" (Jeremia 2,11). Daraus ist sein Exil zu verstehen: daß Israel die Ordnung der Erwählung und Offenbarung durchbrach, wirkt sich in der Durchbrechung der Ordnung der Schöpfung, der Völkerschöpfung, aus, Israel tritt aus seinem natürlichen Zustand als Volk.

Auch in seiner Erörterung des Verhältnisses zwischen Israel und seinem Land geht R. Loewe von der natürlichen Weltordnung aus. Jedes Volk hat seinen natürlichen Ort. Der von Gott eingesetzten Ordnung nach soll jedes Volk an seinem natürlichen Ort beharren; geht es von ihm hinweg, dann kann es nirgendwo Fuß fassen, denn alle andern Orte sind ihm unnatürlich und können ihm nicht natürlich werden. Nur indem es an seinen Ort zurückkehrt, findet es in die Gottesordnung zurück. Israels natürlicher Ort aber ist „das Land Israels". Auch hier aber übergreift R. Loewe die rationale Begründung durch die überrationale, so jedoch, daß er diese auf jener aufbaut. Jedem Menschen, lehrt er, steht der Ort zu, der seinem Wesen entspricht, und so auch jedem Volke; darum ist das Heilige Land dem heiligen

Volke gegeben worden. Diese Heiligkeit des Volkes aber ist nur daher zu verstehen, daß, wie der Mensch unter den Kreaturen, so Israel unter den Völkern als letztes erschaffen worden ist, und wie das Wesen des Menschen nicht aus dem der Kreaturen abzuleiten ist, so nicht das Israels aus dem der Völker. Und doch ist eben Israel ein Anfang, ja der eigentliche Anfang. Es gibt nämlich eine doppelte Bedeutung des „Anfangs". Auch ein Reich, das wie das vierte Reich der danielischen Vision, alles werden will, so daß es außer ihm keine Wirklichkeit mehr gäbe, und darum alles verdirbt, kann sich Anfang dünken; darum wird Amalek, der Urfeind Gottes, in der Weissagung Bileams „Anfang der Völker" genannt: darin, worin die Völker von Israel unterschieden sind, in dem gottblinden Machtwüten ist er das vorderste von allen. Von Israel dagegen heißt es bei Jeremija, es sei Gott geheiligt, es sei „sein Anfangsteil von der Ernte", und auf diesen Anfang deutet der Midrasch mit Recht das Anfangswort der Heiligen Schrift, das Wort „Im Anfang": im Willen zu diesem Anfang, um dieses Anfangs willen hat Gott Himmel und Erde erschaffen. Denn das Ziel der Schöpfungssaat ist die messianische Welternte, und Israel ist bestimmt und berufen, ihr Anfang zu werden, Gott zugeheiligt, wie jedermann in Israel von jeder seiner Ernten, von jedem Bodenertrag die Erstlinge, den Anfang Gott als Abgabe weihte.

Aber Loewe ben Bezalel dringt in der Verbindung überrationaler mit rationaler Betrachtung noch weiter vor. Jedes Geschöpf besteht in der relativen Vollkommenheit seiner spezifischen Art, nur das Geschöpf, dessen Art sich der Vollkommenheit nähert, ist in dieser seiner Art unvollkommen. So ist es mit Israel, die mehr als alle Völker Kinder Gottes sind: diese höchste Eigenschaft ist in ihm nicht zur Vollkommenheit gediehen. Als in ihrer vollkommenen Art unvollkommen stehen sie unterhalb der Engel; aber in ihrem Mangel liegt zugleich ihr entscheidender Vorzug: zum Unterschied von den Engeln können sie werden, und als Werdende, als vollkommen werden Könnende stehen sie Gott näher als die Engel. Zugleich aber ist durch ihren Mangel ihre Schuld und ihr Schicksal bedingt. Denn was in seiner Art unvollkommen ist, ist der satanischen Anfechtung in einer besonderen Weise ausgesetzt; zumal aber, wenn die Art eine hohe ist – denn je höher eines Wesens Eigenschaft ist, je mehr es aus den geläufigen Maßen tritt, um so leichter heftet sich an es die Kraft, die seine Eigenschaft vernichten will, wie ja unter allen Kreaturen der Mensch besonders der Sünde ausgesetzt ist. Darum ist Israel in der Stunde, nachdem es die Offenbarung empfing und die höchste Stufe betrat, der Sünde verfallen. Dies ist es, worauf das Psalmwort (82,6f.) geht: „Selber ich habe gesprochen: ‚Götter seid ihr, Söhne des

Höchsten ihr alle!' – jedoch wie Menschen müsset ihr sterben, wie irgendeiner der Fürsten fallen." Eben wegen ihrer Heiligkeit sind sie so schwer wie kein andres Volk bestraft worden; denn sie sind am weitesten von dem ihnen Angemessenen abgewichen.

Die Strafe versteht R. Loewe einer Auffassung der Tradition gemäß als Läuterung. Er sieht sie in zwei Gleichnissen: die Leiden des Exils schmelzen das Erz und scheiden das edle Metall von den Schlacken, sie pressen die Oliven und scheiden das Öl vom Abfall. Die Wandlung, die sich in dieser Scheidung vollzieht, zielt auf die Überwindung jenes Mangels hin: der in Sünde ausgebrochenen Unvollkommenheit der vollkommenen Art. So bereitet sich die Neugeburt Israels vor. Die verborgene höchste Kraft, die ans Licht treten wird, scheidet sich im Dunkel des Exils von allem, was sie trübt und hemmt, und wächst zu ihrer fertigen Gestalt. Die Ausbreitung des „Frevelreiches" über die ganze Welt gleicht den neun Monaten der Schwangerschaft. Danach wird das Israel geboren, das „Israel-Mensch" heißt.

Loewe ben Bezalel scheut sich nicht, diesen messianischen Vorgang im Bild der Schöpfung selber zu betrachten. All die Zerstörung, die an Israel und seinem Lande geschehen ist, geht dem neuen Aufbau voraus, wie das Chaos mit Notwendigkeit der Erschaffung von Himmel und Erde vorausging. Finsternis deckt das All, ehe an das Licht das Gebot ergeht zu werden.

Und wieder setzt R. Loewe im rationalen Bereich an, um sich von ihm aus emporzuschwingen. Da es jedem Volk zusteht frei zu sein, kann es seiner Freiheit nicht auf ewig beraubt werden. Das ist in Gottes Verhältnis zu der von ihm eingesetzten Ordnung begründet. „Er, gesegnet sei Er, der das Vorhandene ordnet, unmöglich ist es, daß von ihm etwas komme, das aus der Ordnung tritt, es sei denn vorübergehend." So versteht R. Loewe die midraschische Deutung jenes Wortes Gottes an Abraham (Genesis 15,13): „Wisse, wisse": das erste „wisse", erklärt der Midrasch, bedeute: „Wisse, daß ich sie versklave", das zweite aber: „Wisse, daß ich sie erlöse." Eine Knechtung von Völkern durch Völker kann nicht auf die Dauer bestehen. Und ebenso verhält es sich mit der Verbannung eines Volkes von seinem natürlichen Ort, an dem gesammelt zu leben ihm bestimmt ist; sie kann nur vorübergehend sein. „Die Zerstreuung ist nicht der Ordnung des Vorhandenen gemäß, daß ein einheitliches Wesen wie Israel, die ein einheitliches Volk sind, zerstreut bliebe." Alle natürlichen Dinge sind ihrem Wesen nach in sich gesammelt, alle Bäche fließen zum Meer, so strebt alle Zerstreuung zur Sammlung. Das Volk Israel aber ist seinem Wesen nach in sich ungeteilter und ungesonderter als alle Völker; drum steht es ihm besonders zu, daß es eingesammelt werde. Der Spruch (Schawuoth 39) „Alle von Israel bürgen füreinander" weise auf diese besondere Einheit hin, „die in keinem andern Volke zu finden ist"; Israel gleicht einem Menschen, dessen Glieder alle es verspüren, wenn eins wund ist, denn sie sind alle Ein Leib; darum kommt es so sehr darauf an, daß Israel seine Einheit wahre und stärke; denn der Mensch soll mit Gott zusammenwirken. In der Zerstreuung unter die Völker wird Israel nicht als Volk für sich betrachtet, denn ein Volk ist etwas Ganzes, sie aber bestehen nach außen nur als Teile fort; darum müssen sie mit aller Kraft auf die Wahrung und Stärkung ihrer Einheit bedacht sein und sich vor jeder Sonderung hüten. Als Teile sind sie der Einwirkung der andern ausgesetzt, nicht sie sind die Handelnden, sondern es wird an ihnen gehandelt, denn der Teil, der als Teil bestehen muß, ist schwach und unterlegen, das Ganze aber ist stark und gewinnt kraft seiner Ganzheit seine Selbständigkeit. Wenn Israel in wahrem Frieden all seiner Teile miteinander lebt, hat der Satan, „die Macht über das Nichtsein", keinen Zugriff an sie, denn da besteht Israel trotz der Zerstreuung als ganzes, ungeteiltes Volk; ist es aber in sich selber zerfallen, dann fügt es noch Teilung und Zerstreuung zu der über es verhängten. Wenn Israel dazu gelangt, wahrhaft ein in sich geeintes Volk zu werden, dann vollzieht sich darin allein schon ein Auszug aus der Zerstreuung und dem Exil, ein Auszug vor dem Auszug. Die sammelnde und einende Kraft aber lebt in Israel mitten in der Zerstreuung. Diese Kraft sieht R. Loewe im Bilde der Urmutter Rahel. Sie ist nicht bei den Vätern in der Höhle, sondern „auf dem Wege" begraben; die einende Kraft ist bei Israel im Exil geblieben, zwar nicht in voller Aktualität, aber in der Potenz. Von ihrem Grab am Weg erhebt sich Rahel je und je und fleht um Erbarmen, daß Israel in seinem Land eingesammelt werde. Darum heißt es bei Jeremia (31,17), auf Rahels Klage antworte Gott, ihre Kinder würden in ihr Gebiet zurückkehren: es gibt eine einende Kraft inmitten des Exils, um deren willen kehrt Israel heim. Diese einende Kraft ist es, die Israel zur Vollkommenheit bringt; denn durch den inneren Frieden, *schalom,* kommt man zur Vollkommenheit, *schlemuth*. Sie aber, die einende Kraft ist es auch, die Israel zur Verbundenheit mit Gott bringt; denn nur wenn Israel in sich eins ist, kann es mit Gott, der in sich eins ist, verbunden sein. Dann, wenn sie im wahren Bunde miteinander sind, all die verschiednen Volksteile und Menschenarten in Israel miteinander vereint zu einem Ganzen wie die vier Pflanzengattungen im Strauß des Hüttenfestes, werden sie aus der Zerstreuung eingesammelt, und Gott erhebt sich über ihnen als ihr König.

Als die Ursünde Israels aber, die den ersten und entscheidenden Anstoß zum Kommen des Exils gegeben hat, erscheint in R. Loewes Anschauung die Weigerung des Volkes nach dem Bericht der Kundschafter, in das Land Kanaan vorzudringen. Der Auszug aus Ägypten ist „ewig", das heißt, er ist endgültig und unaufhebbar, denn in seinen Wundern wurde das Gottesverhältnis des Volkes Israel geboren. Nicht so die Landnahme. Ursprünglich war bestimmt, daß der Auszug aus Ägypten und der Einzug in Kanaan eine einzige Handlung bilden sollten, das heißt, das ausziehende Geschlecht sollte auch das einziehende sein. Wäre dies in Erfüllung gegangen, dann wäre auch die Landnahme eine ewige und unwiderrufliche gewesen. Da aber das Volk, statt das Land als seinen natürlichen, ihm zukommenden Ort zu erkennen und sehnsüchtiges Verlangen danach zu tragen, sich weigerte es zu betreten, entstand ein Widerspruch zwischen dem urbestimmten und dem tatsächlichen Verhältnis des Volkes zum Land. So ergab es sich, daß das Kommen nicht mehr ewig war: die bis dahin ausgeschlossene Möglichkeit des Exils war von da an gegeben. Das Weinen des Wüstengeschlechts hatte das Weinen aller Exilgeschlechter zur Folge. Es hängt somit von der Beziehung des Volkes zum Lande ab, in welchem Maße der urbestimmte Zusammenhang beider sich zu verwirklichen vermag.

In Wahrheit gehören das heilige Volk und das Heilige Land zueinander: jedes von beiden stellt, das eine als Volk, das andre als Land, die Mitte der Welt dar. R. Loewe lehnt nachdrücklich alle Theorien, die in Palästina ein Land der Mitte in geographischem oder astronomischem Sinn sehen wollen, als den einfachsten kosmologischen Tatsachen widersprechend ab, aber er stellt ihnen die Lehre gegenüber, es sei eine Mitte im organischen Sinn, und wenn man vom „Nabel der „Welt" spreche, so sei ja auch der Nabel keine geometrische Mitte des Körpers, sondern die seiner Gestalt. Palästina ist in der Mitte der Erde, weil es die Eigenschaft der Mitte habe, die nämlich, allen Extremen, allen „Enden", gleich fern zu sein; jedes Extrem verfließt ins Nichtsein, weil es an diesem seinem Punkte das Sein als solches bestreitet, in der Mitte aber verdichtet sich das Sein selber über allen Enden, und darum wird die Einwanderung in Palästina ein „Aufstieg" genannt. Das verdichtete Sein ist das wahre Leben, und darum wird Palästina „das Land des Lebens" genannt. Aber auch das Volk Israel ist seinem Wesen nach Mitte. Im Anschluß an Maimonides vergleicht es R. Loewe dem Mitteltrieb des Baums zum Unterschied von den seitwärts abspringenden Ästen und Zweigen: sie alle streben nach verschiedenen Sphären hin, jeder Volkszweig nach der Sphäre seines Sonderwesens und seiner Sonderidee, der Mitteltrieb aber, der zum Grundstamm erwächst, strebt, nach keiner Seite sich neigend, senkrecht nach oben, dem Himmel zu. Dieses Volk hat Gott weder mit der Rechten noch mit der Linken, sondern mit beiden Händen gepflanzt, so ist es sein eignes Volk. Und so gehören dieses Volk und dieses Land von urher, von ihrer Wesenheit her, zusammen. In diesem Sinne auch sind sie beide „abgesondert“: nicht als ob sie von der übrigen Welt getrennt wären, vielmehr um der Welt willen verharren sie in ihrer Existenz der Mitte, in der sie aufeinander angewiesen sind und die sie nur miteinander erfüllen können.

Von den beiden aber ist das Land das erste und sein Einfluß der ursprüngliche. Die hohe Stufe der Erzväter ist durch ihren Zusammenhang mit dem Lande erreicht worden. „Wäre nicht das Land gewesen“, sagt R. Loewe, „die Väter wären nicht zur höchsten Heiligkeit gelangt, und so hat das Land sie hochgebracht.“ In den Vätern stellt das Wesen des Landes sich in menschlicher Gestalt dar. Das Land gehört zu den Vätern, denen es verheißen ward, aber auch die Väter zum Land. Darum besitzt Israel das Land nur, wenn und solange es, Israel, den Vätern gleicht; weicht es von ihnen und ihrer Art, dann hat es keinen Halt am Land mehr.

R. Loewe vergleicht die Weisheit Israels, die in seinem Lande wächst, mit der Weisheit Israels in Babylon. Die Lehre, die in Palästina wächst, tritt nicht aus dem Gleichmaß, denn in dem Lande, das die Mitte der Welt ist, steht alles im Gleichmaß. Babylon aber ist seinem Ursprung gemäß (Genesis 11, 9) ein Gemenge ohne Einheit; darum ist hier der Scharfsinn und die Disputation daheim. „Im Lande Israel erwarb man die Weisheit mit Gelassenheit.“

Wie aber das Land Israel zur Entfaltung bringt, so empfängt es auch von Israel, über dem, solange es rechtmäßig im Lande lebt, die Schechina ruht. Das Land empfängt von dem Volk, wenn es darauf lebt, die Lebenssubstanz und die „natürliche Eigenschaft“ zugleich; so erfüllt sich die Heiligkeit in ihm.

Seit das Volk verbannt ist, erwartet das Land seine Wiederkehr, von neuem Lebenssubstanz und Geistigkeit zugleich von ihm zu empfangen und die Heiligkeit zu erneuern. Denn „die Römer haben Jerusalem seine Heiligkeit nicht genommen“, sie haben sie nicht „geerbt“; sie ist nur „verlorengegangen“, sie ist nur „verwüstet“; in diesem Stande wartet sie auf das Volk, um erneuert zu werden.

Aber auch das Volk lebt nicht wahrhaft ohne das Land. Hier knüpft Loewe ben Bezalel noch einmal das Rationale und das Überrationale aneinander. Daß Israel in Ägypten versklavt war, kam notwendigerweise aus seiner Heimatlosigkeit; denn es hatte keinen eigenen Wohnsitz, wie jedes Volk einen hat, und so wurden sie in einem Land, das nicht das ihre war, geboren, wie der Knecht im Hause seines Herrn – nur wenn es in sein Land kam, kam es in seine eigene Macht. Es gibt für Israel daher keine andere Befreiung als die Heimkehr. Weil Israel aber das heilige Volk ist, kann es in die eigne Macht nicht anders kommen, als indem es in die Macht Gottes kommt; und weil das Land Israel das Heilige Land ist, kann Israel nicht anders in sein Land kommen, als indem es zu Gott kommt. Die läuternde Wirkung des Exils, die Ausschmelzung der Schlacken in der Esse, die Pressung des Öls aus der Olive, ist Läuterung zum Dienst an Gott. Der Dienst des Volkes als Volk an Gott kann aber nirgendwo anders als im Lande Israel geschehen.

Die läuternde Wirkung des Exils ist jedoch auch unmittelbar Läuterung zum Dienst am Land. Mitten in der Knechtsfron Ägyptens wendet sich Israel immer mehr seinem Grunde, dem Boden, zu, es kehrt mit seiner Seele und seiner Lebensweise zum Boden zurück. Ja, der Zwang der Knechtschaft selber trägt dazu bei: die Ägypter nötigen sie zu „allerart Dienst auf dem Feld" (Exodus 1,14), und so lernen die Hirten wieder den Acker bebauen, wie es die Väter neben der Viehzucht getan hatten. Mit der Wendung zum Bodenbau tritt das Volk tief ins natürliche Leben ein; denn der Mensch, der Adam, hat eine elementare natürliche Zugehörigkeit zum Boden, zur Adama, seinem Ursprung. Je tiefer das Volk aber ins natürliche Leben eintritt, um so stärker verlangt es nach seinem Lande, um so ernster bereitet es sich für es, desto mehr nähert es sich ihm.

Jedes Volk, so lehrt Loewe ben Bezalel, hat der Weltordnung nach ein Recht auf ein Land. So hat auch das Volk Israel ein Recht auf das Land Israel. Daß Gott es ihm vorenthält, liegt nicht daran, daß es weniger wäre als ein Volk, sondern daran, daß es mehr ist: außerdem, daß es ein Volk ist, ist es Israel. Als Israel ist ihm von Gott sein Land um seiner, Israels, besonderer Aufgabe geschenkt worden: der „Anfangsteil seiner Ernte" zu sein. Daß es diese Aufgabe nicht erfüllt hat, als es in seinem Lande wohnte, ist seine Schuld. Um dieser Schuld willen ist es verbannt. Aber das Land wird ihm, sobald es geläutert ist, wiedergegeben werden – und die Aufgabe mit ihm.

Jedes Volk hat der Weltordnung nach einen Bund mit seinem Land. So hat auch das Volk Israel einen Bund mit dem Land Israel. Dies aber ist ein Bund von besonderer Art, denn es ist der Bund zweier „heiliger" Wesenheiten, das heißt: zweier, von denen jede in einem besonderen und unmittelbaren Verhältnis zu Gott, eben in einem Bund mit Gott steht. Dadurch aber verwandelt sich alles: Israels Schicksal tritt aus der hellen Ordnung der Schöpfung in das Geheimnis der Offenbarung – Wolkendunkel und zukkende Blitze. Der furchtbare und gnädige Gott schlägt, um zu heilen, brennt, um zu läutern – und stört die Ordnung der Welt nicht, in die er so eingreift.

## Der zionistische Gedanke

## DER ERSTE DER LETZTEN

*(Über Moses Heß)*

Daß Moses Heß der Begründer des modernen zionistischen Gedankenbaus ist, ist wohl bekannt. Aber es ist trotz Herzls Wort „Alles, was wir versuchten, steht schon bei ihm" noch nicht genug beachtet worden, daß es innerhalb dieses Baus nicht ein einziges großes Prinzip gibt, das nicht bereits in Hessens „Rom und Jerusalem" entworfen wäre. Dieses Werk ist nicht ein gutes Buch zu nennen, es ist formlos und zerfahren, aber es ist ein entdekkerisches Buch. Sooft wir darin lesen, immer wieder überrascht uns die Erscheinung dieses Mannes, der wie mit einer Wünschelrute einhergeht und Goldadern findet. Es ist lange Zeit verstrichen, bis seine Gedanken wiederaufgenommen und zu Ende gedacht worden sind, und manche von ihnen sind es noch heute nicht. Im ersten Anlauf ist hier eine kühne geistige Initiative bis auf den Grund der Zionsidee vorgestoßen.

Wie ist der Sozialist Heß zu dieser Verherrlichung von Volk und Land in ihrem Zusammenhang miteinander gekommen? Hinter dieser Frage birgt sich eine andere: wie ist er, der in seinen sozialistischen Schriften niemals die Höhe des entscheidungskräftigen Wortes erreicht hat, hier zu ihr gelangt?

Ein bedeutender marxistischer Denker unserer Zeit, Georg Lukacs, bezeichnet Heß als einen durchaus gescheiterten Vorgänger von Marx, dessen Schicksal tragisch zu nennen sei, weil er nicht nur persönlich ein durchaus ehrlicher Revolutionär gewesen, sondern „von allen idealistischen Dialektikern der Marxschen Fassung der Dialektik zuweilen am nächsten gekommen ist", und das „Scheitern" erklärt er näher mit den Worten: „Als Theoretiker ist er an der Berührung mit der materialistischen Dialektik zugrunde gegangen." Aber, gleichviel ob dieser Satz auf Heß als Sozialisten zutrifft, auf Heß als Zionisten gewiß nicht. Ein Mann, der fünfzehn Jahre, nachdem er die materialistische Dialektik erkannte, so selbständige und reife Gedanken ausspricht wie in „Rom und Jerusalem" und in den Ergänzungen dazu, ist nicht gescheitert und nicht zugrunde gegangen. Der Weg zur Erkenntnis des lebenden Judentums und seiner Aufgabe ist bei Heß auch ein Weg des Aufstiegs der Persönlichkeit. Und doch ist dieser Aufstieg erst von der Berührung Hessens mit der materialistischen Dialektik aus zu verstehen. Heß lernt Marx 1841 kennen und ist sogleich von ihm fasziniert; in einem Brief an Berthold Auerbach nennt er ihn seinen „Abgott". Wir können ahnen, was es an Marx war, das auf ihn so gewirkt hat: die Strenge des Denkens, der straffe, schon vom Ursprung an disziplinierte Zusammenhang der Gedanken, die unerbittliche Folgerichtigkeit, mit einem Wort die geistige Organisiertheit. Heß besaß nichts Derartiges. Er hatte echte, aus echter Betrachtung geborene Gedanken, aber keiner von ihnen brachte eine gleichmäßige, ebenbürtige Folge hervor, keiner wuchs sich zu einer großen, in sich gebundenen geistigen Gestaltung aus. Marxens Denken war von Anbeginn exklusiv, es schloß aus, was sich ihm nicht einfügte, und entfaltete sich so zu jener beispiellosen Wucht, die bis an unsere Tage den Massen den Glauben an die Identität ihres Willens mit der geschichtlichen Notwendigkeit und damit eine unerhörte Aktivität verlieh. Hessens Denken war seinem Wesen nach inklusiv, er verzichtete nicht wie Marx auf die Natur zugunsten der Geschichte und nicht auf die Idee zugunsten der Wirtschaft; er wollte beides umfassen und vermochte es nicht, er gelangte nicht zur einheitlichen Bewältigung seiner Probleme und wird daher unter die „Gescheiterten" gezählt, über die aber das letzte Wort noch nicht gesprochen ist.

Die Jahre, die auf Hessens Begegnung mit Marx folgten, sind die, in denen Marxens materialistische Geschichtsauffassung gereift ist; für Heß, von dem er nicht unerheblich beeinflußt worden ist, sind es die Jahre des inneren Widerstands gegen diese Auffassung. So sehr er das Gewicht der sozialen Bedingungen für das Werden sozialer Ideen erkennt, so wesentlich ist es ihm, daß der Sozialismus nicht auf die wirtschaftliche und technische Entwicklungslage allein, sondern auch auf die des Geistes begründet werde. Die soziale Freiheit ist ihm „entweder eine Folge der Geistesfreiheit, oder sie ist bodenlos und schlägt in ihr Gegenteil um"; er sieht den Kern der sozialen Bewegungen unserer Zeit „nicht aus der Not des Magens, sondern aus der Herzensnot" und aus dem „Gedanken" hervorgehen. Aber er vermag diese seine – von Marx aus gesehen „utopische" – selbständige Anschauung nicht selbständig auszubauen, er vermag daraus nicht das Fundament eines für die kommenden Generationen des Proletariats gültigen Sozialismus aufzumauern, und er wird dessen selber inne. Etwa ein Jahr, nachdem Marx die reife Formulierung seiner Auffassung vorerst in aphoristischer Form niederschreibt, etwa zur gleichen Zeit, da Marx und Engels ihr erstes gemeinsames Werk vollenden, in dem sie diese Auffassung auch an geschichtlichen Beispielen darlegen, im Sommer 1846, „kapituliert" Heß in jenem Brief an Marx, in dem er die Begründung des Sozialismus „auf geschichtliche und ökonomische Voraussetzungen" statt auf die „Ideologie" als notwendig anerkennt – zunächst nur als propagandistisch notwendig, aber schon im folgenden Jahre sehen wir ihn, in einer dicht an Marx angelehnten Sprache, gegen den „Ideologen" mit seinem „Glauben an die Ideen" anrennen, der „von den materiellen Verhältnissen abstrahiert", und noch ein Jahrzehnt danach sieht er in der Ethik nur noch „ein sozialökonomisches Problem".

Mit seinem Anschluß an Marx hat Heß diesem nicht genug getan; im Gegenteil, gerade jetzt lehnt Marx ihn nachdrücklich ab[56] und steigert diese Ablehnung bis zu einer verächtlichen Haltung. Aber auch der eigenen Seele hat Heß damit nicht genug getan. Sie lehnt sich dagegen auf, daß der Glaube an den Geist und der an die Natur dem Glauben an die Gesellschaft zum Opfer gebracht werden. Diese Auflehnung äußert sich im wesentlichen nicht auf dem Gebiet der sozialen Bewegung selbst; wenn Heß sich auf ihm danach auch wieder von Marx entfernt und sogar geradezu Lassalle angeschlossen hat, nichts berechtigt uns, darin das Abstreifen einer „Verkleidung" zu erblicken. Die Auflehnung seiner Seele bewegt Heß nicht, eine Neubegründung des Sozialismus zu versuchen. Er geht nicht hinter die Einsicht in die Bedeutung der materiellen Bedingungen für die Entwicklung der sozialen Zielsetzungen zurück, sondern darüber hinaus. Und zwar in doppelter Hinsicht. Einerseits ist es ihm darum zu tun, den Sozialismus in einen größeren, übergesellschaftlichen, in einen kosmischen Zusammenhang einzubetten, und zwar nicht, wie es später Engels im Anschluß an Haeckel unternahm (Marx selbst hat sich aus tiefer Absicht niemals mit solcher „Metaphysik" befaßt), in einen materialistisch begründeten, sondern, im Anschluß an den von Jugend auf verehrten Spinoza, in

56 In eben dem Jahr, in dem Heß sich zu ihnen bekennt, erklären Marx und Engels mit überlegener Gebärde, daß sie für Hessens Schriften „durchaus keine Verantwortung übernehmen".

den Zusammenhang einer einigen Gesetzmäßigkeit, die sich in verschiedenen Sphären, der kosmischen, der organischen, der seelischen, der sozialen darstellt, ohne daß man eine von ihnen aus einer anderen ableiten könnte. Anderseits versucht Heß, die gesellschaftlichen Kräfte im engeren Sinne gegen andere, auf die gesellschaftliche Entwicklung einwirkende abzugrenzen, und zwar gegen eine naturhafte Kraft, die der „Rasse", und gegen eine geistige, die der „Tradition"; die Rasse gestaltet die sozialen Institutionen in besonderen Typen, die Tradition erhält den Typus und bildet ihn aus. Wahrend aber Heß in seinen kosmologischen Entwürfen durchaus objektivierend verfährt, geht er hier, auf dem Gebiet der Geschichte, mit einer unbefangen sich als solche bekennenden Subjektivität vor. Er forscht nicht mit überlegener Sachlichkeit im Gang der Geschichte, sondern er entdeckt die Quellen ihres Waltens in sich selber, in seiner Art, in seinem Gedächtnis, in seinem Zusammenhang mit den Geschlechtern, die ihn hervorgebracht haben, mit seiner eigenen „Rasse" und mit seiner eigenen „Tradition". Und gerade deshalb sind ihm hier, zum Unterschied von seiner Kosmologie, wirklich schöpferische Gedanken beschieden und zugleich, zum Unterschied von seinen sozialistischen Theorien, Gedanken, die sich – bei allen Mängeln der äußeren Komposition – unserem Blick zu einer einheitlichen Erkenntnis zusammenschließen. Indem Heß in sich selbst das lebendige Judentum entdeckt, nimmt er selbständige Lebenselemente der Geschichte wahr, die der Marxismus bis auf unsere Tage entweder vernachlässigt oder sich nur äußerlich angeeignet hat, ohne ihre Selbständigkeit zu erfassen. Um dies voll würdigen zu können, müssen wir nur an die Stelle des schwankenden Begriffs der „Rasse", den Heß wohl, wenn auch nur mittelbar, von Gobineau übernommen hat, den des Volkstums und an die Stelle des unvollständigen Begriffs der „Tradition" den des gestaltenden Glaubens setzen – womit wir der Intention von Heß durchaus gerecht werden. So lernen wir verstehen, wie es zugegangen ist, daß ihm – mag er nun zu Recht oder zu Unrecht ein gescheiterter Vorgänger von Marx genannt worden sein – als Bereiter der modernen Selbsterkenntnis des jüdischen Volkes eine entscheidende Bedeutung zukommt.

Freilich ist dabei noch zu beachten, daß die Entdeckung des Judentums für Heß nicht etwas völlig Neues war. In „Rom und Jerusalem" nahm er nach langer Zeit Motive wieder auf, die wir schon in seiner frühesten Schrift, der „Heiligen Geschichte der Menschheit" von 1837 ausgesprochen finden. In diesem Buch zeigt er die Juden als das Volk, „bei denen die Erkenntnis Gottes erblich wurde", und das ist nicht in einem nur-religiösen

Sinn zu verstehen, vielmehr waren im Judentum „Religion und Politik, Kirche und Staat innig verschmolzen, hatten Eine Wurzel, trugen Eine Frucht. Die Juden kannten keinen Unterschied zwischen religiösen und politischen Geboten, zwischen Pflichten gegen Gott und gegen Cäsar. Die und andere Gegensätze fielen weg vor einem Gesetze, das weder für den Leib noch für den Geist allein, sondern für beide sorgte." Wohl haben sich die Juden dieses inneren Gutes, der erblichen Erkenntnis Gottes, nicht würdig gezeigt. Aber nun, da die Zeit naht, in der die nach dem Untergange des jüdischen Staates in der Menschheit entstandene Spaltung überwunden, in der jene ursprüngliche, seither so sehr gestörte Einheit wiederhergestellt wird, „Religion und Politik wieder eins werden", „wo der Staat wieder heilig, wo das Reich Gottes erscheinen wird", nun sind auch die Juden, dieses verachtete, seine alten Sitten treu bewahrende Volk, „nach langem Schlafe wieder zu höherem Bewußtsein erwacht", dieses Volk fängt an „seine unstete Wanderung zu beschließen", in den Juden „lebt ihr altes Gesetz wieder auf", und das gibt von der Heiligkeit dieses Volkes „ein lebendigeres Zeugnis als alle geretteten Urkunden der Vorzeit". In Hessens zweiter Schrift, der „Europäischen Triarchie" von 1840, besteht aber die Hoffnung nicht mehr. Wohl ist das Judentum „am Ende als das Grundprinzip der geschichtlichen Bewegung aufzufassen", und „Juden müssen da sein als Stachel im Leibe der westlichen Menschheit", als ihr „Ferment", wohl „ragt das Bibelvolk mit seinem Bewußtsein am weitesten in die Vergangenheit, am weitesten in die Zukunft hinein", aber von einem Aufleben des Volkes als Volk hören wir nichts mehr. Der „Fluch der Stabilität" lastet auf den Kindern Israels, seit sie sich „ihrer Zukunftsidee begeben" haben, sie wandeln „einem Gespenste gleich" „durch die lebendige, vom Geiste Gottes bewegte Welt" und können „nicht sterben, nicht auferstehen", denn „das verjüngende Prinzip des Judentums, der Messiasglaube, ist erloschen". In der Zeit der Abhängigkeit Hessens von Marx aber schlägt seine ursprüngliche geschichtliche Betrachtung geradezu in ihr Gegenteil um. In dem Aufsatz „Über das Geldwesen" von 1845, der im Bann der ein Jahr zuvor erschienenen Abhandlung Marxens „Zur Judenfrage" steht, weiß Heß – in der Nachfolge Marxens, der als den „weltlichen Kultus des Juden" den Schacher, als seinen „weltlichen Gott" das Geld ansieht und im Judentum ein „antisoziales Element" zu erkennen erklärt, dem gegenüber eine „Emanzipation der Menschheit vom Judentum" anzustreben sei – von den Juden nur noch zu berichten, daß sie „in der Naturgeschichte der sozialen Tierwelt den welthistorischen Beruf hatten, das Raubtier aus der Menschheit zu entwickeln", und „jetzt endlich diese ihre Berufsarbeit vollbracht haben", da „das Mysterium des Judentums und Christentums" „in der modernen jüdisch-christlichen Krämerwelt offenbar geworden sei". Und nach weiteren sechs Jahren, in der französischen Schrift „Jugement dernier du vieux monde social" kehrt jenes Wort von dem gespenstischen Wandeln mit einer seltsamen Verschärfung wieder: das jüdische Volk, sagt Heß, müsse „wie ein Gespenst durch die Jahrhunderte umherirren – zur gerechten Strafe für seine *spiritualistischen* Verirrungen". Somit hat er vergessen, daß das Judentum auf all seinen Wanderungen jenem „Gesetz, das weder für den Leib, noch für den Geist allein, sondern für beide sorgte", nie untreu geworden ist. Aber zehn Jahre danach schreibt er „Rom und Jerusalem". Es ist offenkundig, daß hier eine „Umkehr" im urjüdischen Sinn dieses Wortes vorliegt. Auf höherer Ebene werden die Motive jener Erstlingsschrift wiederaufgenommen, und nun erscheinen sie nicht mehr versachlicht und distanziert. Heß sagt uns, daß er den Grundgedanken aus einer verschütteten Tiefe seiner Seele hervorgeholt hat. „Seit Jahren schon pochte dieser lebendig Begrabene in der verschlossenen Brust und verlangte einen Ausweg." Nun will er nicht mehr beschreiben, sondern bekennen.

Was er bekennt, ist zunächst die „zwanzigjährige" (also etwa zur Zeit der Abfassung der „Europäischen Triarchie" begonnene) „Entfremdung" vom Judentum und ihr Ende, die neue Einkehr in die „Mitte des Volkes" – des Volkes, das mit den Völkern „nicht organisch verwachsen kann". Er bekennt, daß er den Gedanken „an meine Nationalität" „für immer in der Brust erstickt zu haben glaubte" – wohlgemerkt, er glaubte nicht, daß er ihm erstickt worden sei, sondern daß er ihn selber erstickt habe (in der „Europäischen Triarchie" hatte er von der jüdischen Nationalität als von etwas gesprochen, an dessen zu beklagender Fortdauer die christliche Gesetzgebung schuld sei) –, daß jetzt aber der Gedanke sich als lebendig erwiesen habe und lebendig vor ihn getreten sei. Nun aber geht er sogleich einen entscheidenden Schritt weiter: dieser Gedanke ist unzertrennlich von „dem heiligen Lande und der ewigen Stadt". Beide, die Neuentdeckung des Volkes und die Neuentdeckung des Landes, gehören ihm „unzertrennlich" zusammen. Diese Neuentdeckung aber bedeutet ihm nicht Anschauung allein, sondern auch Entschluß: den Entschluß, „für die nationale Wiedergeburt meines Volkes einzutreten", und dies ist notwendigerweise zugleich der Entschluß, für den Wiederaufbau des Landes einzutreten. Denn „der jüdische Patriotismus" ist kein ideelles Gebilde, er ist „ein naturwahres Gefühl", und weil er es ist, ist er eng verbunden mit der Erinnerung an Palästina und der Hoffnung für Palästina.

Ein andrer Gedankengang führt zum gleichen Ergebnis. Nationale Wiedergeburt ist nicht ohne soziale Gesundung, das heißt ohne Rückkehr zu einem auf produktiver Arbeit begründeten Gemeinschaftsleben möglich. Die erste Bedingung dafür aber ist „ein gemeinsamer heimatlicher Boden". Ohne ihn sinkt der Mensch „zum Schmarotzer herab, der sich nur auf Kosten fremder Produktionen ernähren kann". Hier ist schon der Grundschade der sozialen Struktur des Exiljudentums erkannt und mit ihm der Weg der Heilung durch den „weiten, freien Boden", der kein andrer sein kann als der heimatliche, in dem die produktiven Kräfte des jüdischen Volkes verwurzelt sind und aus dem allein sie sich erneuern können.

Aber noch wichtiger ist für Heß ein dritter Gedankengang, den wir freilich erst in einer bald nach „Rom und Jerusalem" in französischer Sprache verfaßten und das Buch ergänzenden Abhandlung zulänglich ausgesprochen finden und der wohl in all seinem Denken das Wichtigste ist. Wie der erste dieser Gedankengänge als Voraussetzung des zweiten anzusehen ist, so der zweite als Voraussetzung dieses dritten. Die wahren, die treuen Juden, sagt Heß, brauchen *Erde,* „um das geschichtliche Ideal unseres Volkes zu verwirklichen, ein Ideal, das nichts anderes ist als die Herrschaft Gottes auf *Erden*". Das Wort „la terre", Erde, hat Heß hier beidemal, wie schon vorher an zwei Stellen, unterstrichen. Das messianische Ideal des Judentums, dies will er mit der Hervorhebung zunächst sagen, ist kein jenseitiges, sondern ein irdisches: die Erde ist es, die zum Reiche Gottes werden soll; damit aber das jüdische Volk seine Aufgabe an der Errichtung des Gottesreiches erfüllen könne, braucht es Erde unter den Füßen, eigene Erde, ein Land, in dem es ein selbständiges, durch Selbstbestimmung gottgemäßes Leben aufbaut – es braucht dazu sein eigenes Land. Heß tritt hier der im Westjudentum seiner Zeit herrschenden Auflösung des festen und schlichten messianischen Glaubens in wesenlose Abstraktionen mit Macht entgegen, und sein Wort bleibt allen späteren Versuchen dieser Art gegenüber bestehen. Aber zugleich und mit nicht geringerer Wucht lehnt er damit auch alle nur-nationalistischen, die übernationale Aufgabe der jüdischen Nation verleugnenden, unmessianischen, gegenmessianischen Pläne der Restauration eines jüdischen Palästina als eines Staats wie alle Staaten ab.

Schon Hessens erste Schrift, die „Heilige Geschichte der Menschheit", war streng messianistisch gedacht, aber die messianische Aufgabe des Judentums war darin nicht erkannt. Im Anschluß an den großen prophetischen Christen des zwölften Jahrhunderts, Joachim von Fiore, sah Heß auf die

Epoche des Vaters die des Sohnes und auf diese die des Heiligen Geistes folgen, die ideell mit Spinoza begonnen habe und mit der Begründung des „neuen Jerusalem" ihre soziale Verwirklichung finden werde, wo „Religion und Politik wieder eins werden", und zwar solle das neue Jerusalem „im Herzen Europas" aufgerichtet werden. So hatte zu Anfang des neunzehnten Jahrhunderts der prophetische Dichter Englands, William Blake, die Erbauung Jerusalems „in England's green and pleasant land" verkündigt und bald danach in dem Abschnitt „An die Juden" seiner Dichtung „Jerusalem" die Ansage dahin erweitert, Jerusalem solle „in every land" erbaut werden. Daß Heß nun in „Rom und Jerusalem" einem wieder in Palästina siedelnden jüdischen Volke eine besondere und fundamentale Aufgabe an der Begründung des Gottesreiches zuspricht, bedeutet nicht eine Schwächung seines Universalismus, sondern dessen Vertiefung durch die Wiederanknüpfung an den nationalen Universalismus der Propheten Israels. Wohl soll „Jerusalem" im Herzen Europas aufgerichtet werden, aber mit der Aufrichtung des ganz konkreten jüdischen Jerusalem muß begonnen werden; und dieses muß ein wirkliches Jerusalem, ein seine Wahrheit und Gerechtigkeit in die Welt hinaus ausstrahlendes Zion sein.

Heß bestimmt genauer, worin er die „Verwirklichung des geschichtlichen Ideals unseres Volkes" in Palästina erblickt: in der Schaffung vorbildlicher sozialer Institutionen. „Das erste Gebot Gottes", sagt er, „das er als Schöpfer der Rassen uns ins Herz gepflanzt hat, die Quelle und das Grundprinzip aller anderen, die unserem Volke zugefallen sind, ist, daß wir selber das Gesetz ausüben, das wir den Auftrag haben die anderen Geschichtsvölker zu lehren. Die größte Strafe, die uns dafür auferlegt wurde, daß wir von dem uns durch die göttliche Vorsehung vorgezeichneten Weg abgewichen sind, jene, die unser Volk stets am meisten niedergedrückt hat, ist, daß wir, seitdem wir das Land (la terre) verloren haben, Gott nicht mehr als Nation durch Institutionen dienen können, die in der Zerstreuung nicht fortgeführt und entwickelt werden können, da sie eine im Lande unserer Ahnen gestiftete Gesellschaft voraussetzen. Ja, das Land (la terre) ist es, was uns fehlt, um unsere Religion auszuüben." Unsere Religion, das heißt eben, Hessens Grundanschauung gemäß, jene Religion, die mit der Politik unzertrennlich verbunden ist – keine abgesonderte Sphäre aus Kult und Theologie, sondern die Welt eines Glaubens, dessen Sinn und Absicht es ist, in die soziale Lebenstat eines Volkes umgesetzt zu werden. In „Rom und Jerusalem" und den ergänzenden Abhandlungen erscheint uns Moses Heß als der erste religiöse Sozialist des Judentums.

Noch deutlicher spricht Heß sich über die Funktion aus, die einer palästinensischen Siedlung im Zusammenhang der Erfüllung dieser Aufgabe durch das Judentum zukommen wird. „Auch wir", antwortet er 1865 einem christlichen Autor, der eine Synthese von Hellas, Rom und Judäa forderte, „glauben an eine Auferstehung des Genius unserer Rasse, der nichts fehlt als ein Aktionszentrum, um das sich ein Kern von der religiösen Sendung Israels ergebenen Menschen sammeln könnte, um ihm von neuem die ewigen Grundsätze entspringen zu lassen, die die Menschheit mit dem Weltall und das Weltall mit seinem Schöpfer verbinden. Diese Menschen werden eines Tages einander in dem alten Gemeinwesen Israels wiederfinden. Die Zahl hat dabei nichts zu sagen. Das Judentum ist nie durch ein zahlreiches Volk vertreten worden; das goldene Kalb hat stets die größte Zahl angezogen, und nur ein Kern von Leviten hat auf seinem alten Herde das heilige Feuer unserer Religion bewahrt." In dem Begriff eines Zentrums ist schon der bekannte Gedanke Achad-Haams vorweggenommen, der sich dabei auf Pinsker, aber nicht auf Heß beruft und dessen hier zitierte französische Abhandlungen offenbar nicht gekannt hat. Aber zwischen Pinskers Begriff eines „nationalen geistigen Zentrums" in Palästina, wie ihn Achad-Haam ausgebaut hat, und Hessens Begriff des „Aktionszentrums" besteht ein bedeutsamer Unterschied. Dort geht es um kulturelles Schaffen, hier um soziales Handeln; dort sollen „die Ruinen unseres Geistes" wiederaufgebaut und „unserem Volk die Ehre seines Namens und der ihm gebührende Ort im Tempel der menschlichen Kultur zurückerstattet" werden, hier ist das Ziel die Erneuerung der großen sozialen Ideen Israels durch Institutionen der Gemeinschaftlichkeit; dort soll das „Zentrum" auf die „Peripherie", die Diaspora, dahin einwirken, daß „in allen Herzen der nationale Geist erneut" und „das Gefühl der nationalen Einheit in ihnen gestärkt" werde, es soll „die Geister von der Niedrigkeit der Galuth reinigen und das geistige Leben mit echtem und natürlichem geistigen Inhalt erfüllen", hier soll es alle der Uraufgabe Israels Treugebliebenen aufrufen, sich um die große „Aktion" an der Verwirklichung der „ewigen Grundsätze" im eigenen Lande zu scharen und dadurch der Bereitung der messianischen Erfüllung voranzugehen. Achad-Haams Blick ist auf die Einheit des nationalen Geistes, der Hessens auf „die Einheit von Lehre und Leben" gerichtet. Diese Einheit, sagt er, „kann nur eine Nation, welche sich staatlich organisiert, in ihren sozialen Institutionen zur Wahrheit machen".

Wenn Heß auch der Frage nach der Zahl der an der „Aktion" Teilnehmenden eine wesentliche Bedeutung abspricht, so ist ihm doch gewiß, sie könne nur durch die Errichtung eines eigenen Gemeinwesens, durch „die Restauration des jüdischen Staates" glücken. Er rechnet nur eben damit, daß wie nach der Rückkehr aus dem babylonischen Exil die Mehrheit des Volkes in den Ländern ihrer Niederlassung verbleibt. Aber entscheidend für die Zukunft des Judentums und für die Erfüllung seiner Aufgabe an der Menschheit werden die sein, die hinübergehen und dort gemeinsam dem großen Werke dienen.

Zur rechten Würdigung von Hessens Gedanken ist aber auch zu beachten, daß ihm Palästina keineswegs als ein bloß durch die Tradition gegebenes Land erscheint. Die zukünftige Bestimmung des jüdischen Volkes sieht er im Zusammenhang mit den besonderen geographischen Bedingungen Palästinas und der weltwirtschaftlichen Bedeutung, die es dank ihnen in unserem Zeitalter zu erlangen vermag. Palästina, „das geographische Zentrum der Kultur", liegt „an der zukünftigen Straße nach Indien". Für jüdische Ansiedlungen an dieser Straße „fehlt es weder an jüdischen Arbeitern noch an jüdischen Talenten und Kapitalien". Das sind Hinweise, die wir nach fast drei Jahrzehnten in den Anfängen der modernen zionistischen Bewegung wiederfinden werden. Aber Heß bietet keineswegs, wie Herzl in seiner ersten Zeit, ein jüdisches Palästina als einen „Wall gegen Asien" an; er erwartet von ihm die Versöhnung „der heutigen okzidentalen Kultur mit der alten orientalischen". Von besonderer Wichtigkeit jedoch ist, daß Heß die Möglichkeiten, die sich aus der geographischen Lage Palästinas ergeben, im Zusammenhang der von urher bestehenden Zubestimmung dieses Landes und dieses Volkes füreinander betrachtet. Die Wiederverbindung beider, die er anstrebt, versteht er als endliche Erfüllung eines göttlichen Urgedankens: nur dieses Land kann aus diesem Volke entfalten, was in ihm angelegt ist, und ebenso kann nur dieses Volk aus diesem Land entfalten, was in ihm angelegt ist.

Wenn Heß den Anteil eines jüdisch-palästinensischen Gemeinwesens an dem Aufbau einer kommenden Menschheit in so großen Dimensionen sieht, denkt er sich den Beginn der Arbeit doch bescheiden und die Entwicklung organisch. „Erlauben", schreibt er, „die Weltereignisse, welche sich im Orient vorbereiten, einen praktischen Anfang zur Wiederherstellung des jüdischen Staates, so wird dieser Anfang zunächst wohl in der Gründung jüdischer Kolonien im Lande der Väter bestehen." „Und ist nur erst", sagt er an einer anderen Stelle, „unter dem Schutze europäischer Großmächte ein schwacher Keim gelegt, so wird der neue Baum des Lebens von selbst wachsen und Früchte tragen." Die Voraussetzungen dafür sind: erstens „die

Erwerbung eines gemeinschaftlichen vaterländischen Bodens" – worunter wirklicher Gemeinbesitz des Volkes am Boden zu verstehen ist –, zweitens „das Hinarbeiten auf gesetzliche Zustände, unter deren Schutz die Arbeit gedeihen kann" – der Begriff „Arbeit" ist hier in seinem vollen sozialen Sinn zu fassen –, und drittens „die Gründung von jüdischen Gesellschaften für Ackerbau, Industrie und Handel nach mosaischen, das heißt sozialistischen Grundsätzen", in welcher knappen Formulierung der religiöse Sozialismus Hessens sich unmittelbar ausspricht. „Das sind", fährt er fort, „die Grundlagen, auf welchen das Judentum im Orient sich wieder erheben und durch welche das ganze Judentum neu belebt werden wird." Wenn man jeden der drei Punkte in seinem ganzen Ernst begreift, ist ihnen auch heute nur wenig hinzuzufügen. Über die Sprache des neuen Gemeinwesens hat sich Heß bald nach dem Erscheinen des Buches in einer „Mein Messiasglaube" betitelten Erwiderung an Leopold Löw, der es kritisiert hatte, geäußert und gegenüber der Vielfältigkeit der jüdischen Idiome, mit der Löw die Unmöglichkeit einer nationalen Wiedergeburt motivierte, das Wiederaufblühen der hebräischen Sprache in unserem Zeitalter betont.

In diesem offenen Brief wird wohl am deutlichsten, wie in Hessens Palästina-Idee seine religiöse und seine sozialistische Anschauung miteinander verschmolzen sind. Löw hatte ihn gefragt, worin die von ihm angestrebte „Neugestaltung des ganzen sozialen Lebens" in einem regenerierten jüdischen Volk bestehen werde. „Von welchen Prinzipien wird sie geleitet werden? Welche Verfassung wird ihr als Ideal vorschweben? Darauf weiß der Herr Verfasser natürlich nicht zu antworten." Heß erwidert: „Sollte es wirklich Ihrem Scharfsinn entgangen sein, daß mein ganzes Buch eine Beantwortung dieser Frage ist? Aus welchem anderen Grunde habe ich mich an das jüdische Volk gewendet, als weil ich die Überzeugung gewonnen habe, daß gerade dieses Volk berufen ist, die zukünftigen Institutionen, den ‚Geschichtssabbath', den es zuerst verkündet hat, auch zuerst zu verwirklichen?" Und weiter: „Solange dieses Volk einen gemeinsamen Boden hatte, auf dem es seinen Geist frei entwickeln konnte, verwirklichen konnte, verwirklichte es ihn in Institutionen und einer Literatur, welche für die Gesamtmenschheit die Bürgschaft ihrer Vollendung enthält. Seit dem Untergange des jüdischen Staates konnte es nur das Geschaffene durch Observanzen heilig halten, welche einen rein konservativen Charakter haben. Es liegt kein Widerspruch darin, wenn ich den Geist der alten jüdischen Institutionen als Basis der zukünftigen betrachte, ihn darum durch Observanzen konserviert wissen will, welche sich nur an die alten Institutionen anschließen können, und dennoch glaube, daß gerade dieser Geist, wenn er sich wieder auf dem Boden der Väter frei entwickeln kann, die Macht haben wird, neue Gesetze nach dem Bedürfnisse der Zeit und des Volkes zu schaffen. Die konservativen Observanzen des Judentums haben nur für uns Juden eine Bedeutung, nämlich die, unsere Nationalität für zukünftige Schöpfungen zu konservieren. Diese dagegen werden, wie die alten, als freie Geistesproduktionen wieder einen direkten Einfluß auf die gesamte Menschheit haben."

Und auch in diesem wichtigsten Gegenstande bleibt Heß nicht beim Ideellen stehen, sondern schreitet zum organischen Gedanken fort. Ein Jahr nach dem Brief an Löw, am Ende des letzten seiner zehn „Briefe über Israels Sendung in der Geschichte der Menschheit", und offenbar mit Bedacht an dieser abschließenden Stelle, erklärt Heß, wie er sich den Beginn der neuen Gesetzgebung denkt. „Wenn die ersten israelitischen Pioniere", sagt er, „von unserem alten Vaterland Besitz ergreifen und es zu bebauen beginnen mit der laut eingestandenen Absicht, den Grund für eine politische und soziale Niederlassung zu legen", dann wird auch die Stunde gekommen sein, „ein großes Sanhedrin zu erwählen, um das Gesetz gemäß den Bedürfnissen der neuen Gesellschaft abzuwandeln". Es sieht fast so aus, als seien wir von der Erfüllung dieser zentralen Aufgabe heute weiter entfernt als die Generation des Mannes, der sie mit solcher Klarheit formuliert hat.

Heß ist der erste, der in der Sprache der gegenwärtigen Welt den Urzusammenhang dieses Volkes und dieses Landes und den daraus sich in unserem Zeitalter ergebenden Auftrag umfassend dargelegt hat. Er war kein „Vorläufer", sondern ein Beginner, freilich ein Beginner im Gedanken und im Wort, der starb, ehe die Bewegung auch nur ansetzte. Aber die zionistische Bewegung ist heute, fünfundsiebzig Jahre nach seinem Tode, noch nicht wirklich bei ihm angelangt.

# DIE DRÄNGENDE STUNDE

*(Über Leo Pinsker und Theodor Herzl)*

Von den zwei Schriften, von denen die moderne zionistische Bewegung ausgegangen ist, ist die eine, die „Autoemanzipation" Leo Pinskers, zwanzig Jahre nach Hessens „Rom und Jerusalem", die zweite, Theodor Herzls „Judenstaat", vierzehn Jahre danach erschienen. Geistesgeschichtlich aber gehören beide einer *früheren* Stufe an als Hessens Buch, wofern es erlaubt ist, die Krise des Liberalismus, dem sie entstammen, als „früher" anzusehen denn den ersten Aufstieg des Sozialismus, aus dem jenes hervorgegangen ist. Damit hängt die Tatsache zusammen, daß beiden die objektiv-geschichtliche und übergeschichtliche Fundierung fehlt, die wir bei Heß finden. Er ist – ohne der jüdischen und der allgemeinen Situation, in der er schreibt, fremd zu bleiben – von Urzeit und Endzeit bewegt, sie von Not und Widerspruch der Stunde. Er redet von der Bestimmung Israels, sie von dem Verhältnis der Völker zu ihm. Mit anderen Worten: sein Sinn ist auf Aktion (Verwirklichung eines gerechten Gemeinschaftslebens), der ihre auf Reaktion (Befreiung von Antisemitismus) gerichtet. Die moderne zionistische Bewegung hat bei einer *Verkürzung* der Idee eingesetzt. „Autoemanzipation" ist den Schriften Hessens an diagnostischer Klarheit und Gewalt der Äußerung überlegen, „Der Judenstaat" ist ihnen weit überlegen an organisativer Durchdachtheit des Plans und seiner technischen Aufgliederung, aber der Horizont beider ist enger, vielmehr: ihr Blick dringt nicht bis dahin vor, wo Himmel und Erde einander begegnen, ja er versucht es nicht einmal, er empfängt das Gebot nicht, es zu versuchen. Trotz ihrer politischen Ausrüstung hat die moderne zionistische Bewegung zu wenig „Welt", zu wenig Gefühl von Welt und Weltgeschichte auf ihren Weg mitbekommen.

Pinsker, der Odessaer Arzt und Aufklärer, kurz nach 1820 geboren, und Herzl, der 1860 geborene Wiener Feuilletonist und Ästhet, stellen letztlich in ihrer geschichtlichen Funktion den gleichen Typus dar: den des aus der liberalistischen Sicherheit aufgeschreckten Juden. Pinsker ist durch die ersten Pogrome aufgeschreckt worden, Herzl entscheidend durch die Dreyfus-Affäre. Beiden ist die Geschichte die Geschichte ihrer selbst, das heißt die Geschichte ihres Volkes ist ihnen im wesentlichen nur in der Gestalt des Judenhasses, also in der Gestalt der „anderen Seite" entgegengetreten; die eine Seite, ihre eigene Seite, ist ihnen kaum zum inneren Besitz geworden, hat kaum dazu beigetragen, ihr Leben zu formen. Aber mehr als das: beide, so gebildete Menschen sie waren, sind der Geschichte *als Schicksal,* der Schicksalskraft der Geschichte, kaum innegeworden; denn das eben heißt Liberaler von Grund aus sein: dem Magnetismus der Geschichte unzugänglich bleiben, wie viel man auch von ihr kennenlernt. Aus der Sicherheit aufgeschreckt, kehren sie nicht in die Geschichte ein, das heißt in den Sinn des Ungesichertseins, sondern sie brechen aus. Sie brechen aus, um sich ihre Gemeinschaft zu sichern. Man hat mit Recht darauf hingewiesen, daß jeder von beiden, als er einem Freund seinen reaktiven Plan mitteilt, wie ein Nervenkranker behandelt wird: Pinsker, als er zu dem in seiner Sicherheit unerschütterten Rabbiner Jellinek in Wien mit den Worten gestürzt kommt: „Wir wollen ein Vaterland, eine Heimat, ein Stückchen Erde, auf dem wir menschlich leben können!", Herzl, als er im verschlossenen Zimmer einem Mitjournalisten die Rede vorliest, die er an den von ihm geplanten Familienrat der Rothschilds richten will, die Rede, die „vom Gelobten Lande alles sagt, nur nicht, wo es liegt". Charakteristisch ist der in den zitierten beiden Äußerungen liegende innere Widerspruch. Ein Volk oder ein Volksteil kann Einwanderungsland, Siedlungsland „wollen", aber ein „Vaterland" kann man nicht „wollen", man hat es oder man hat es nicht, man kann es verlieren und man kann es wiedergewinnen, aber man kann nicht „ein Vaterland", ein unbestimmtes Vaterland „wollen". Wer so spricht, ist der Aufgeschreckte, dem es nicht um Wiederherstellung eines geschichtlichen Zusammenhangs, sondern um einen Halt geht, nach dem er greifen möchte. Noch deutlicher wird der Sachverhalt bei Herzl. Ein „gelobtes", das heißt verheißenes Land ist seinem Wesen nach ein ganz bestimmtes Land, auf das der Verheißende hinzeigt, und nicht eines, von dem man noch nicht sagen kann, wo es liegt. „Es gibt nur einen Ausweg: ins Gelobte Land!", hat Herzl zwei „Wochen vorher in Notizen zu einer Unterredung mit Baron Hirsch geschrieben. „Es existiert. Wir können es uns schaffen. Wir bauen uns eine neue Welt (ich weiß nicht: vielleicht in Argentinien)." Das ist Feuilletonstil – ein Stil, heißt das, der geeignet ist, im Augenblick des Lesens (des feuilleter, des Blätterns) zu wirken, nicht aber eben, einem späteren nachprüfenden Denken standzuhalten. Natürlich kann man Siedlungen „schaffen" und „bauen", und wenn man will, kann man ihnen auch, wie es christliche Siedler in Amerika und anderswo getan haben, biblische Namen geben; aber die Bezeichnung „Gelobtes Land" hat Anspruch auf Schonung seitens des Volkes, dem einst ein Land, ein ganz bestimmtes Land, „gelobt" worden ist. „Gelobtes Land", das bedeutet

Glauben an eine verheißende und gebende Macht; und die Kraft solchen Glaubens kann auch durch die begeistertste Planung nicht ersetzt werden. Herzl berichtet in seinem Tagebuch, der Kollege, dem er die Rede an die Rothschilds vorlas, habe ihm gesagt: „Das hat im vorigen Jahrhundert (der kleine Geschichtsschnitzer „im vorigen“ statt „im siebzehnten“ hat seinen Platz im Bild) einer zu machen versucht. Sabbatai!“ Damals hörte Herzl anscheinend zum erstenmal von der pseudomessianischen Gestalt, rings um die die leidenschaftlichste Palästinabewegung der Diaspora entbrannte, und mit der er später – zu Unrecht – mehrfach verglichen worden ist. Das Tagebuch fährt fort: „Ja, im vorigen Jahrhundert war es nicht möglich. Jetzt ist es möglich – weil wir Maschinen haben.“ Herzls Verehrung der Epoche der technischen Errungenschaft, in der er eine „köstliche Renaissance“ sah, kommt hier zum stärksten Ausdruck. Aber wie der Zusammenbruch jener messianischen Bewegung nicht aus dem Mangel an Maschinen kam, so werden über den Enderfolg der zionistischen Siedlungsarbeit nicht die Maschinen, so nützlich sie auch sind, sondern die echte Glaubenskraft entscheiden.

„Das Gelobte Land“, sagt Herzl in einer anderen Aufzeichnung, einen Tag vor jener Vorlesung, „ist dort, wohin wir es tragen!“ Literarisch oder rednerisch betrachtet, ist das eine schön pointierte Äußerung, aber wahr ist sie nicht. Herzl begründet sie damit, jeder nehme „ein Stück vom Gelobten Lande in sich und mit sich hinüber. Der in seinem Kopf, der in seinen Händen und der dritte in seinen Ersparnissen.“ Also sogar noch im Geldbeutel soll das „Gelobte Land“ stecken! Mit so weitgehender „Säkularisierung“ religiösen Wortguts wird es nicht bloß in eine fremde Welt versetzt, sondern ihm wird auch sein Lebenssaft entzogen. Ob innerhalb der religiösen Überlieferung oder außerhalb ihrer, es ist von entscheidender Wichtigkeit zu wissen, daß, was man für Volk und Land plant, nicht aus einer Erwägung, sondern aus einer Urbestimmung stammt. Gewiß, es kommt darauf an, selber zu beschließen und zu handeln, aber letztlich kommt es darauf an, als Ausführende eines Auftrags zu beschließen und zu handeln.

Noch genauer erkennen wir das Wesen der Frage, die von den Anfängen der modernen zionistischen Bewegung an sie gerichtet ist, wenn wir die Entwicklung der beiden Männer als Zionisten betrachten.

Pinsker hat jenes zu Jellinek gesprochene Wort in etwas eingeschränkter Formulierung in seine Schrift aufgenommen. Hier sagt er, „daß wir nirgends zu Hause sind, und daß wir endlich doch eine Heimat, wenn nicht ein eigenes Vaterland haben müssen“. Auf ein Vaterland muß man also unter Umständen Verzicht leisten, das Unentbehrliche ist eine „Heimat“. Der

Verzicht auf das „Vaterland" kann in dieser Hervorhebung wohl nichts anderes bedeuten, als daß man bereit sein müsse, in der Wahl des Landes dem Zusammenhang mit den Vätern zu entsagen: Heimat, Heimatgefühl, heimatliche Geborgenheit könne man auch ohne diesen Zusammenhang besitzen. Achad-Haam hat in seiner hebräischen Übertragung der „Autoemanzipation" die Worte „eine Heimat" hier durch „irgendeinen uns vorbehaltenen Ort" wiedergegeben; das ist unrichtig, alle mit dem Wort „Heimat" verbundenen Assoziationen gehen dabei verloren. Pinsker meint wirklich ein Land, in dem man heimisch wird, sich heimisch fühlt. Das kann auch anderswo als im Vaterland geschehen. Es kommt darauf an, schreibt Pinsker in einem Brief ein Jahr nach dem Erscheinen der „Autoemanzipation", alle unsere Kräfte einzusetzen, „um etwas einem eigenen Vaterlande Ähnliches zu schaffen".

Freilich wirft er in seiner Schrift kurz vor jener Stelle den Juden vor, die Vaterlandslosen seien im Lauf der Generationen vaterlandsvergessen geworden. „Ist es nicht endlich an der Zeit", fragt er, „einzusehen, wie schimpflich dies für uns ist?" Aber er folgert daraus nicht, daß man sich auf den Zusammenhang mit dem Land der Väter zu besinnen habe; was not tut, ist „eine sichere Heimat", „eine neue passende Wohnung". Und nicht genug daran. Pinsker spricht von den ungeordneten und großenteils gescheiterten Siedlungsversuchen aus der Zeit, die unmittelbar auf die Pogrome folgte. „Das Volksbewußtsein", sagt er, „entlud sich unter unsern Augen in der Masse der russischen und rumänischen Juden in der Form eines unwiderstehlichen Dranges nach Palästina. So verfehlt auch dieser Drang in seinen Resultaten sich erwies, so zeugt er doch für den richtigen Instinkt des Volkes, dem es klar geworden ist, daß es einer Heimat bedarf." Es bekundet sich also ein „unwiderstehlicher Drang" des Volkes nach Palästina, aber dadurch ist für Pinsker nicht erwiesen, daß es eben das Volk *nach Palästina* drängt, sondern daß ihm klar geworden sei, „daß es *einer Heimat* bedarf". Der geistvolle und hochherzige Mann ahnt gar nicht, was für einander widersprechende Sätze er da hintereinander hingeschrieben hat. Bei „Palästina" klingt für ihn offenbar etwas von Rückschritt, von Zurückgehen hinter die abendländische Zivilisation mit.

Unter diesen Umständen kann es uns nicht wundernehmen, daß er sich auch unmittelbar gegen eine grundsätzliche Entscheidung für Palästina ausspricht. „Wenn wir nun um eine sichere Heimat besorgt sind", sagt er, „so dürfen wir vor allem nicht davon träumen, das alte Judäa wiederherzustellen". Man beachte dieses „vor allem": zuallererst muß mit solcher Romantik aufgeräumt werden! Und nun weiter: „Nicht das ‚heilige' Land soll jetzt das Ziel unserer Bestrebungen werden, sondern das ‚eigene'." Die Spitze dieser Worte ist offenbar gegen die Orthodoxie als Faktor der Reaktion gerichtet, und in einem mit dem Mißbrauch des Heiligen wird das Heilige selber angegriffen. Und wieder weiter: „Dorthin wollen wir das Heiligste mitbringen, was wir aus dem Schiffbruch unseres einstigen Vaterlandes gerettet: die Gottesidee und die Bibel. Denn nur diese sind es, welche unser Vaterland zum Heiligen Lande gemacht, nicht etwa Jerusalem oder der Jordan." Hier steht wie so oft die „Gottesidee" dem lebendigen Gott im Wege und die Bibel als Gesamtbesitz dem, was in der Bibel gesagt ist. Selbstverständlich hat nicht Palästina sich selber zum Heiligen Lande gemacht, aber was es zum Heiligen Lande gemacht hat, ist die Erwählung und Verheißung durch den lebendigen Gott, deren Urkunde die Bibel ist. Was soll es den Juden, irgendwohin eine Gottesidee, die sie durch Entfernung der Gottestat sterilisiert haben, und eine Bibel, die sie um ihren Inhalt erleichtert haben, als „das Heiligste" mitzubringen? Das Heiligste ist an Erinnerung und Hoffnung, an Ort und Begebenheit, an Dies-und-nicht-Jenes, Hier-und-nicht-Anderswo gebunden. Nun aber fährt Pinsker fort: „Möglicherweise könnte das Heilige Land auch unser eigenes werden. Dann um so besser …" Dieses „um so besser" klingt nach dem Vorangehenden etwas seltsam. Aber so geht es in der Wirklichkeit der Volkergeschichte, Gott sei Dank, ja nicht zu: man wählt nicht die zweckmäßigste oder erreichbarste unter verschiedenen Möglichkeiten, sondern man geht auf das Ziel seines Begehrens zu und setzt sein Leben ein, um dahin zu gelangen.

„Es liegt in der Natur unserer Aufgabe", sagt Pinsker, „daß wir als Gegengewicht gegen unsere Zerstreuung ein einziges Asyl besitzen. Aber was soll denn die Einzigkeit dieses Asyls garantieren, wenn zwischen Volk und Land kein objektiver Zusammenhang besteht? Pinsker sieht in der in seinen Tagen entstandenen Spaltung zwischen der Tendenz zur Auswanderung nach Palästina und der zur Auswanderung nach Argentinien den „Todeskeim für die ganze Bewegung". Aber wie könnte immer neue Spaltung vermieden werden, wenn jeweils die Zweckmäßigkeit befragt und ihre Auskunft befolgt wird? Freilich, wenn man Pinsker so von „jenen beiden in entgegengesetzten Weltgegenden liegenden Ländern" reden hört, „welche sich in der letzten Zeit den Rang streitig gemacht haben", und sich voll vergegenwärtigt, daß das eine der beiden Erez Israel und das andere ein aus ganz zufälligen Gründen angeblich in Betracht kommendes Territorium ist, dann sieht man den „Todeskeim" unmittelbar vor sich, der zur Zeit Herzls den Namen Uganda und nach ihm den des Territorialismus angenommen hat.

„Weit, sehr weit entfernt", ruft Pinsker, „ist der Hafen, den wir mit der Seele suchen. Wir wissen zur Zeit noch nicht einmal, wo er sich befindet, ob im Osten oder im Westen. Dem tausendjährigen Wanderer jedoch darf kein noch so weiter Weg zu lang sein." Pinsker spürt die Ironie nicht, die in dem von ihm verwendeten Zitat liegt. Es ist nicht ein unbestimmtes, nur eben dem Bedürfnisse entsprechendes Land, das Iphigenie mit der Seele sucht – es ist das Land der Griechen, das einzige und unersetzliche. Und wenn der tausendjährige Wanderer noch immer nicht wüßte, wohin er wandert, dann könnte ihn keine Vergleichung der Chancen in Palästina und Argentinien darüber belehren. „Im wogenden Ozean der Weltgeschichte", ruft Pinsker, „segelten wir ohne Kompaß, und einen solchen gilt es zu schaffen." Auch dieses Bild ist nicht ganz glücklich: die Magnetnadel weist bekanntlich beständig in *eine* Richtung und kann daher eher der treuen Zionsliebe als dem „suchenden" Territorialismus als Gleichnis dienen.

„Der *uralte* Gedanke, den ich in die Judenheit geworfen ...", schreibt Pinsker bald nach Erscheinen der „Autoemanzipation" in einem Brief. Aber der uralte Gedanke, den er meint, ist der der Ausschließlichkeit Zions und nicht der in seiner Schrift vertretene der Gewinnung eines eigenen Territoriums, von dem noch nicht feststeht, wo es sich befindet.

Als Pinskers Gedanke – im Gegensatz zu der ihm im Westen entgegentretenden Ablehnung – in den Kreisen der Zionsfreunde Osteuropas begeisterte Zustimmung findet, läßt er sich von ihnen bewegen, Palästina als dem Wunschziel der Volksmassen den Vorzug zu geben, lehnt es aber ab, diese Bevorzugung zu einer grundsätzlichen zu machen. Wenn wir Pinskers Rede zur Eröffnung der Kattowitzer Konferenz – des ersten Versuchs einer Zentralisierung der modernen Zionsbewegung – vom 6. November 1884 mit öffentlichen und brieflichen Äußerungen aus ungefähr derselben Zeit zusammenstellen, ergibt sich uns als seine modifizierte Ansicht: 1. Grundsätzlich sollte ein Kongreß der Weltjudenheit über die Wahl des Landes entscheiden (diese Entscheidung gehört dazu, was in der „Autoemanzipation" „der nationale Entschluß" genannt wird). 2. Da aber die Juden des Westens sich ablehnend verhalten und ein Teil der Juden des Ostens indifferent, muß der Rest dieser, also der *aktionsbereite* Teil des Volkes für das Ganze stehen und sein Wille als Volksentscheidung gelten. 3. Dieser Wille oder, wie Pinsker es wiederholt formuliert, der „Volksinstinkt", der „nicht irrt", weil der aktionsbereite Teil des Volkes eben das wirkliche Volk ist, und weil für das Volk sich nur das realisieren läßt, was das wirkliche Volk will, tendiert eindeutig nach Palästina. Pinsker erklärt noch, daß er sich über diese Entscheidung des Volkes freue. Hier kehrt auf höherer Stufe jenes „um so besser" wieder. Aber man würde irren, wenn man annähme, daß Pinsker damit den Standpunkt der Zweckmäßigkeit aufgegeben und etwas von dem objektiven Zusammenhang zwischen Volk und Land erkannt hätte. Man darf nicht vergessen, daß er schon in der „Autoemanzipation" den „Instinkt des Volkes" „richtig" fand, weil ihm, dem Volke, klargeworden sei, „daß es einer Heimat bedarf"; wesentlich weiter ist er auch jetzt nicht. Darum lehnt er es ab, die in jener Schrift ausgesprochene Alternative in eine grundsätzliche Entscheidung für Palästina umzuformulieren: er wählt die Besiedlung Palästinas, weil sie realisierbar ist, und sie ist realisierbar, weil das Volk sie will, und das Volk will sie – ja, warum? Nun, weil es eben eine Heimat will. Und weil es eine Heimat will, ist seine Wahl der Heimat richtig – eine andere Begründung ist bei Pinsker nicht zu finden. Darüber hinaus gibt es nur noch sein Gefühl: er freut sich über die Entscheidung des Volkes. Mit anderen Worten: er hat in sich ein Gefühl für Palästina entdeckt, das er mit dem Volke gemeinsam hat; aber woher dieses Gefühl kommt, ob es nur ein Produkt der Tradition oder der Ausdruck eines objektiven Zusammenhangs ist, an diese zentrale Frage rührt er nicht, und sie existiert für ihn offenbar nicht.

„Waren wir bisher", sagt Pinsker in seiner Kattowitzer Eröffnungsrede, „die Träger des Verkehrs zwischen Mensch und Mensch, so kehren wir zur Mutter Natur zurück, die dankbar die Hände segnet, welche sie bearbeiten, und unter den Menschen keinen andern Unterschied kennt als den des Geistes." In der im hebräischen Protokoll enthaltenen Übersetzung der Rede steht an Stelle des zweiten Teils dieses Satzes: „Laßt uns heute zu unserer alten Mutter zurückkehren, dem Land, das in großem Erbarmen unser harrt, uns mit seinen Früchten zu speisen und mit seinem Gute zu sättigen." Das spricht gewiß das Gefühl der Chowewe-Zion aus und das Pinskers als eines von ihnen, aber was Pinsker als Initiator und Führer gesagt hat, ist es nicht, und was er als Planer seines Plans gedacht hat, ist es nicht.

Nach einer Reihe schlimmer Enttäuschungen, wie auf dem Gebiet der bescheidenen Siedlungsversuche so auch auf dem der Organisation – er hatte diesen „Kampf um die Ehre für unser edles, aber tief verkommenes Volk, mit unseren eigenen verkommenen Brüdern als Widersacher"; im wesentlichen schon nach der Veröffentlichung der „Autoemanzipation" vorausgesehen und ist, als es so kam, doch schwer enttäuscht worden – äußerte Pinsker sich im Gespräch resigniert dahin, Palästina sei nicht geeignet, Israel ein sicheres Asyl zu bieten, aber dessen Besiedlung sei nach Kräften zu fördern und zu erweitern; „in Palästina können und sollen wir ein geistiges nationales Zentrum gründen". Die Äußerung ist uns in einem Aufsatz Achad-Haams überliefert, der unter den Hörern war, und man hat dessen Idee eines „geistigen Zentrums" darauf zurückgeführt. Aber gerade im wesentlichen Punkt gehen die Äußerung Pinskers und die Lehre Achad-Haams auseinander. Jener liegt offenbar die Meinung zugrunde, für das notwendige Volksasyl müsse ein anderer Ort gesucht werden; Achad-Haam kennt keine solche parallele Tendenz und Tätigkeit. Demgemäß hat das „Wort „geistig" bei Pinsker offenbar eine einschränkende Bedeutung – nicht das Asyl, das das Volk rettet, sondern nur ein Mittelpunkt seines geistigen Lebens –, bei Achad-Haam hat es keineswegs eine solche: sein Zentrum bedeutet die *einzige* Sammlung der Volkskräfte, und demgemäß ist es nicht wie bei Pinsker nur-geistig, sondern mit „geistig" ist hier gemeint, daß seine Wirkung auf die Peripherie keine äußere, politische, sondern nur eine innere, sittliche und kulturelle, sein kann.

Wesentlich stärker tritt das persönliche Entwicklungsmoment bei Herzl hervor, was natürlich nicht bloß aus der Verschiedenheit der Temperamente, sondern auch aus der der Lebensalter zu erklären ist.

Wie für Pinsker, so ist es für Herzl zunächst nur eine Frage der Zweckmäßigkeit, welches Land gewählt werden soll. In der Zeit der Entstehung der „Judenstaat"-Schrift wägt er immer wieder gegeneinander ab, was für und was gegen Palästina spricht. Für: daß es „der unvergessene Stammsitz unseres Volkes war", daß „der Name allein schon ein Programm wäre", und daß „es die unteren Massen stark anziehen könnte" – zusammenfassend: „die mächtige Legende". Gegen: erstens, daß die meisten Juden keine Orientalen mehr seien und sich an ganz andere Himmelsstriche gewöhnt hätten; zweitens, daß eine Siedlung in Palästina sich nicht genügend ausbreiten könne; drittens, „Europa ist zu nahe, und im ersten Vierteljahrhundert unseres Bestandes müssen wir für unser Gedeihen vor Europa und vor dessen Kriegs- und sozialen Verwicklungen Ruhe haben." Das bedeutet: für Palästina sprechen Gründe der Propaganda – man kann mit der Parole eher eine Massenbewegung erwecken, gegen es sprechen Gründe, die in der Sache selbst liegen – es ist als Siedlungsland nicht durchaus geeignet. „Im Prinzip" ist Herzl damals – so will er es den Rothschilds sagen – „weder gegen Palästina noch für Argentinien"; aber aus der Verteilung der Worte „gegen" und „für" in dem Satze geht deutlich hervor, daß er in diesem

Zeitpunkt mehr nach Amerika tendiert. Und wenn in demselben Entwurf kurz vorher zu lesen ist: „Ich dachte eine Zeitlang an Palästina", so kann das nicht anders verstanden werden, als daß es im Augenblick der Niederschrift für seinen Gedanken zumindest nicht mehr in erster Reihe stand. Wohl verzeichnet er kurz vorher als eine der ersten Aufgaben „Unterhandlungen mit *Zion*", aber es handelt sich hierbei offenbar lediglich um Besprechungen mit den schon vorgefundenen Zionisten, um sie für die neue Bewegung zu gewinnen.

Acht Monate nach diesen Tagebuch-Aufzeichnungen erscheint „Der Judenstaat". Hier ist das Gleichgewicht wiederhergestellt, nur daß von Argentinien im nüchternen Ton der Chancenberechnung, von Palästina mit pathetischer Betonung seines Gefühlswerts gesprochen wird. „Palästina ist unsere unvergeßliche historische Heimat. Dieser Name allein wäre ein gewaltig ergreifender Sammelruf für unser Volk." Im Wandel der Stimmungen ist Palästina nun wieder stärker in den Vordergrund getreten (wir wissen nicht, auf welche Einflüsse dies zurückzuführen ist), aber die Verteilung der Motive ist die gleiche geblieben. Für Argentinien werden sein Reichtum, sein Flächeninhalt, seine dünne Bevölkerung, sein gemäßigtes Klima angeführt, für Palästina doch wieder nur sein Gefühlswert, und das heißt in diesem Zusammenhang: sein Wert für die Massenpropaganda. Die Frage nach der objektiven Qualifikation Palästinas wird ja nicht aufgeworfen, geschweige denn die nach dem Zusammenhang zwischen Volk und Land, der jenen Gefühlswert begründet hat und erhält.

Die Veröffentlichung seiner ersten Äußerungen über seinen Plan und sodann die der Schrift bringen Herzl mit der Chowewe-Zion-Bewegung, also mit der konkreten Tendenz nach Palästina in Verbindung. Daß von allerorten Gruppen und Persönlichkeiten seinen Plan begeistert als die Tat ansehen, die der Idee den politischen Gehalt gebe und die politische Gestalt sichere, wirkt mächtig auf ihn ein. Dabei ist die Stellungnahme im östlichen und die im westlichen Judentum erheblich verschieden. Die des Ostens bestätigt ihm die propagandistische Bedeutung der Palästina-Parole; die des Westens aber bringt ein Neues, sie belehrt ihn über die besondere Eignung Palästinas. Schon vor dem Erscheinen der Schrift hat der Besuch Londons, wo er seinen Plan zum erstenmal einem größeren Kreis vorträgt, in dieser Richtung gewirkt. Hier hörte er von zuständigen Menschen, daß Palästina „ein großes Hinterland" habe, daß an ein „größeres Palästina" zu denken sei, und zugleich daß Argentinien ungünstig sei und „daß nur Palästina in Betracht kommen könne", daß „die frommen Christen Englands helfen würden, wenn wir nach Palästina gingen", und so fort; Herzl „steht plötzlich in einer anderen Welt". Auch über die Aussichten hörte er von namhaften Persönlichkeiten des englischen Judentums manches Positive, etwa wenn der alte Sir Samuel Montagu äußerte, „man könne dem Sultan zwei Millionen Pfund für Palästina bieten"; dieser Betrag von zwei Millionen kehrt später in der Geschichte der zionistischen Bewegung wieder, zuerst in den Verhandlungen mit Konstantinopel und dann als Aktienkapital der Jüdischen Kolonialbank. All dies beeinflußt Herzl stark zugunsten Palästinas, zumal es aus England kommt, das ihm von Jugend auf imponiert hat. Zwar ändert er offenbar nichts mehr in dieser Richtung an der zur Zeit der Londoner Reise im wesentlichen schon abgeschlossenen Schrift, aber der Einfluß der englischen Atmosphäre wirkt sich nachhaltig aus. Nach dem Erscheinen des „Judenstaats" ist nicht die Rede mehr von einer erst zu treffenden Landwahl; die Entscheidung, die in der Schrift als eine nach genauer Prüfung aller Umstände zu erfüllende Aufgabe der Zukunft behandelt wird, ist, als jene erscheint, bereits gefallen.

Aber die Gründe, die Herzl jetzt der Öffentlichkeit und wohl auch sich selber gegenüber für Palästina anführt, haben sich kaum geändert. Es ist im wesentlichen das alte Motiv: der Gefühlswert, den das Land für die jüdischen Massen besitzt. Nur die Formulierung hat an Konkretheit gewonnen. „Was dem Baron Hirsch in Argentinien nicht gelang", sagt Herzl in dem ersten seiner polemischen Aufsätze, mehr als ein Jahr nach Erscheinen des „Judenstaats", „das gelingt in Palästina. Warum? Weil ‚Nationaljudentum' den alten Boden düngt … Ein Land, aller Kulturen fähig, mit langruhenden Bodenschätzen und doch für andere nichts wert, weil andere nicht die befruchtenden Menschenströme hinzuleiten vermögen, die dem Zionismus gehorchen." Undeutlich bleibt hier freilich noch, ob sie ihm seiner Meinung nach nicht etwa auch gehorcht hätten, wenn die Entscheidung für ein Zion in Argentinien gefallen wäre; undeutlich bleibt hier, ob Herzl im wesentlichen den Gefühlszusammenhang des Volkes mit Palästina meint oder im wesentlichen den national-politischen Charakter seines Plans. Präziser drückt er dies später in einer polemischen Rede, ein Jahr nach dem Erscheinen des „Judenstaats", aus. „Wir meinen", sagt er, „daß dieses Land sich besonders eignet, weil wir durch ein ideales Band noch immer mit ihm verbunden sind." Aber auf welcher Realität ist die Idealität dieses Bandes begründet? Auf einer Überlieferung, auf einer Erinnerung, oder auf mehr, nämlich auf einem geschichtlich-objektiven Zusammenhang, der heute noch ebenso real ist wie je? Nur einmal, wieder nach einem halben Jahr, in der Eröffnungsrede des zweiten Zionistenkongresses, geht Herzl einen Schritt weiter. „Freilich ist der, welcher für uns taugt“, sagt er, „ein Bauplatz von besonderer Art … Auf diesem Boden, auf dem jetzt so wenig wächst, sind Ideen für die ganze Menschheit gewachsen. Und gerade darum wird niemand leugnen können, daß eine unverjährbare Beziehung zwischen unserem Volk und diesem Lande besteht.“ Der Anspruch des Volkes Israel auf das Land Israel beruht somit auf der Produktivität ihrer ersten Begegnung, Es bedurfte nur noch eines weiteren Schrittes, und Herzl wäre vor dem geschichtlich-übergeschichtlichen Problem dieser Produktivität gestanden, vor dem Problem ihres Ursprungs und damit zugleich vor dem Problem einer Bestimmung. Diesen Schritt hat Herzl nicht getan, und er konnte ihn wohl nicht tun.

Am Schluß der Kongreßrede heißt es: „Wir streben nach unserem alten Land.“ Aber acht Wochen vorher schreibt Herzl in sein Tagebuch: „Ich denke daran, der Bewegung ein näheres territoriales Ziel zu geben, unter Beibehaltung Zions als Endziel. Die armen Massen brauchen sofortige Hilfe, und die Türkei ist noch nicht so verloren, daß sie auf unsere Wünsche einginge … Sie werden sagen, sie dächten nicht daran, uns Palästina zu geben. So müssen wir uns für ein zunächst erreichbares Ziel unter der Zionsfahne, unter Aufrechterhaltung aller unserer historischen Ansprüche organisieren. Wir können vielleicht Zypern von England verlangen und selbst Südafrika oder Amerika ins Auge fassen – bis zur Auflösung der Türkei. C‘est encore à creuser profondément. Mit Nordau vor dem Kongreß sprechen.“ Aus den letzten Worten geht hervor, daß Herzl erwog, ob er nicht schon dem Kongreß, etwa in der Eröffnungsrede, eine Mitteilung in der angedeuteten Richtung machen sollte. Das ist dann nicht geschehen, und in den nächsten Jahren danach hat er wohl noch an Zypern, als Sprungbrett nach Palästina, aber anscheinend weder an Amerika noch an Südafrika als Siedlungsland gedacht. Daß er sie jedoch in jener Tagebuchaufzeichnung nannte, ist zum Verständnis der inneren Haltung Herzls, wie auch zu dem seiner späteren Stellungsnahme zum Uganda-Projekt, von Wichtigkeit. Um was es ihm stets zu tun ist, ist die baldige Ausführung seines Siedlungsplans als Antwort auf die Not der Massen, auf die „Judenfrage“, wie sie bedrängend und drängend in der Situation der Stunde erscheint; dieses „Refugium“ muß so schnell wie möglich da geschaffen werden, wo es geschaffen werden kann. An diesem beherrschenden Antrieb hat sich seit der Abfassung des „Judenstaats“ nichts geändert. Aber Herzl will und kann seinen Plan nun nicht mehr anders als „unter der Zionsfahne“ ausführen. Er kann es nicht, denn die Volksbewegung, die er führt, ist auf dem Zionsgedanken gegründet und würde ohne ihn ihre Einheit und Mächtigkeit verlieren, aber er will es auch nicht, denn das Sinnbild „Zion" hat ihm das Herz überwältigt, und seine eigene Sache ist davon nicht mehr zu trennen. Er ist nicht bloß mit den Massen, sondern auch mit der Tiefe der Geschichte – ohne beide recht eigentlich zu kennen – einen Bund eingegangen, der unauflösbar ist. Der Zusammenhang von Volk und Land, mit dem er sich nicht befaßt, wirkt auf ihn ein. In den nächstfolgenden Jahren weist er erneut auf das „ideale Moment" (1899), das für Palästina spricht, auf dessen „ideale Anziehungskraft für die Massen" (1900) hin. Mit seinem Bewußtsein bleibt er durchaus bei der Idealität stehen. Aber die verborgene Realität, die sich in dieser Idealität nur spiegelt, kommuniziert mit ihm, ohne daß er's weiß.

Die Macht des Sinnbilds – nicht des propagandistisch verwendbaren Scheinsymbols unserer Tage, sondern des echten, in dem die verborgene Wirklichkeit sich sinnlich darstellt – über Herzls Gemüt tritt am deutlichsten in dem Tendenzroman „Altneuland" hervor, den er von 1899 bis 1902 geschrieben hat. Als Roman ist das Buch wertlos, aber es ist ein bedeutendes Dokument einer Person und einer Sache, ja der innigen Verbindung einer Person mit einer Sache. Herzl hat schon zur Zeit der Entstehung des Judenstaat-Plans sich mit dem Gedanken getragen, ihm die Form eines Romans zu geben, der „Das Gelobte Land" heißen sollte (man muß dabei an die eigenwillige Freiheit denken, mit der er damals mit diesem Begriff umging); und in seltsamer Weise lösen einander politischer Entwurf und utopische Literatur, die Sphäre der Tat und die der Fiktion ab. „In den Aufschreibungen", vermerkt er selber im Tagebuch über die vorangehenden Eintragungen, „ist der Judenstaat bald als Wirklichkeit, bald als Romanstoff gedacht." Zwischendurch erscheint es ihm als „Rätsel", wie er „von den Romanideen zu den praktischen kam"; dann nämlich, wenn er fest an die Verwirklichung seines Plans glaubt. Sooft aber die Befürchtung vorwiegt, man werde ihn nicht ernstnehmen, wendet er sich wieder bewußt der Literatur zu; „nun denke ich", schreibt er, „wieder stark an den Roman, weil ja wahrscheinlich allen mein Plan als Phantasie vorkommen wird." Dieses für den Mann – der ohne eigentliche dichterische Gaben eine große und wirksame Phantasie besaß – charakteristische Auf und Ab wiederholt sich einige Jahre später, als er an „Altneuland" arbeitet. Je nach dem Stand der Realisierungsmöglichkeiten oder seiner Vorstellung von ihnen wendet er sich der Arbeit an dem Roman zu oder von ihr ab. Wenn „das kategorische Nein" aus Konstantinopel käme (auch das trägt er ins Tagebuch ein), würde er den Roman weiter schreiben, „denn dann ist unser Plan nur Zukunft und Roman" (was nicht *gegenwärtige* Verwirklichungschance ist, ist für ihn schon Roman). Steigen die Aussichten wieder, dann läßt er den Roman wieder liegen, „der immer schlechter und lustloser wird, je länger er liegt". Schließlich aber heißt es: „Die Erfolgshoffnungen im Praktischen sind zerflossen. Mein Leben ist jetzt kein Roman. So ist der Roman mein Leben." Was er eigentlich braucht, ist, daß sein Leben „ein Roman" sei; das Romanschreiben ist nur Ersatz dafür (so hat er sich einst, als er die Rede an den Familienrat der Rothschilds entwarf, als „Dramatiker" gefühlt). Weniger als sieben Wochen danach ist „Altneuland" beendet. Daß das Romanschreiben Ersatz war, hat auf den literarischen Wert des Buches ungünstig eingewirkt; daß Herzl aber alles hineinwarf, was er zu verwirklichen wünschte und nicht verwirklichen durfte, hat ihm den großen dokumentarischen Wert verliehen. Man hat „Altneuland" nicht mit Unrecht vorgeworfen, daß es keinen national-kulturellen Gehalt habe. In der Tat war es Herzl von je nicht um die nationalen Besonderheiten, sondern um die allgemeine völkerverbindende Humanität zu tun, wobei er freilich nicht hinreichend erkannte, daß eine neue, der Problematik unserer Zeit standhaltende Humanität nur noch aus dem Zusammenwirken der nationalen Besonderheiten, nicht aus ihrer Ausgleichung kommen kann. Er hat dies nicht hinreichend erkannt; dennoch ist seine Humanität, die aus dem Buche spricht, keine flache und keine abstrakte, es ist die Humanität des den Völkern gemeinsamen Strebens nach dem wahren Leben. Die im Buche geschilderte Gemeinschaft heißt „die neue Gesellschaft"; in dem Brief, mit dem er es an den Großherzog von Baden sendet, sagt er: „Von einer neuen Gesellschaft ist in dem Buche die Rede. Ich glaube, daß alle Völker immer auf dem Wege nach einer neuen Gesellschaft sind." Das ist kein anationaler Ausspruch, sondern ein national-humanistischer, der vielleicht unter allem, was Herzl geschrieben hat, dem Vermächtnis der Propheten Israels am nächsten kommt. Aber auch das National-kulturelle war ihm nicht so fremd, wie es den Anschein hat. Dafür zeugt eine merkwürdige Tagebuch-Eintragung vom März 1898 über einen – unausgeführt gebliebenen – Entwurf eines dreibändigen Romans; darin wollte Herzl erzählen, wie ein Wiener jüdischer Journalist eine korruptionsfreie Tageszeitung mit deutschnationaler Tendenz gründet, wie das Unternehmen nach anfänglichem Erfolg zusammenbricht und der Held entehrt Wien verläßt; „aber er hat Zion entdeckt", und er besteigt das Schiff, um nach Palästina zu fahren. Dazu verzeichnet Herzl: „Im ersten Band hört der Held von einer kleinen verrückten Rotte von Neuhebräern (Smolenski, Bierer), die ihm wie wunderliche Asiaten vorkommen. Ab und zu taucht eine Note der im Dunkel wachsenden Schar auf, bis in dem Schluß des Romans ihr heller Siegesgesang als großer Akkord aufschlägt." Diese unverwirklichte Möglichkeit darf nicht unbeachtet bleiben, wenn man ein gerechtes Bild des außerordentlichen Mannes und seiner geistigen Welt gewinnen will. Aber auch in „Altneuland" ist etwas eingegangen, was für die tiefere Beziehung Herzls zum Judentum zeugt; es ist eben das, wovon ich sagte, daß die Macht des Sinnbilds über sein Gemüt darin hervortritt. Ich meine den Abschnitt, wo eine Rede gegen jene Tendenzen der „Assimilation" berichtet wird, die Zion zu einem Begriff ohne konkrete geographische Fundierung, ja zur Phrase degradierten, die verlangten, man solle „unter Zion etwas anderes verstehen als Zion – alles andere, nur das eine, wahre nicht". In derselben Rede aber wird das Volk gewarnt, von dem Grunde zu lassen, auf dem die „neue Gesellschaft" aufgebaut sei, von dem Grunde der Menschenliebe. „Zion ist nur dann Zion", wenn dieser Grund bewahrt wird. In dem ersten Teil der Rede war das konkrete geographische Zion gegen jede spiritualistische Verflüchtigung verteidigt worden; hier aber, am Ende, wird die notwendige Ergänzung gegeben: dieses konkrete geographische Zion ist nur dann wahrhaft Zion, wenn es den prophetischen Sinn verwirklicht, der einst den Namen erfüllt hat, wenn also sein neuer Bau auf der Menschenliebe errichtet ist. Hier hat sich Herzls Nationalhumanismus rein entfaltet. Ja, alle Völker sind immer auf dem Wege nach einer neuen Gesellschaft; aber innerhalb dieses den Völkern Gemeinsamen gibt es eine eigentümliche jüdische Ausprägung, der eine besondere Bedeutung für das Werden einer wirklichen Menschheit zukommt; diese Ausprägung ist es, die Zion genannt wird. In diesem Namen, dessen Sinnesfülle in vielen Geschlechtern der Volksgeschichte erwachsen ist, spricht sich der spezifische Zusammenhang zwischen diesem Volke und diesem Lande aus. Zu ihm bekennt sich, wer wirklich ein „Zion-Liebender", wer wirklich ein „Zionist" ist. Erst von hier aus ist auch die innerste Absicht des Romans „Altneuland" zu erfassen.

Aber, wie gesagt, dieser Roman ist vollendet worden, weil „die Erfolgshoffnungen im Praktischen zerflossen waren", vielmehr weil sie Herzl zerflossen schienen, für den ja „Erfolg" mit politischem Erfolg, mit der Schaffung politischer „Bedingungen" vor der Schaffung kolonisatorischer „Dinge" identisch war. Die Inkongruenz zwischen den Erfolgsaussichten in diesem Sinn und der drängenden Judennot wird Herzl nun spürbarer als je. Es ist nicht eine diplomatische Redensart, sondern der Ausdruck seiner wirklichen Empfindung, was er, kurze Zeit nach dem Erscheinen von „Altneuland", zu Joseph Chamberlain sagt, dem er in vorsichtiger Weise von der Stockung in den Konstantinopler Verhandlungen erzählt, um Zypern und die Sinai-Halbinsel von ihm zu erbitten: „Now I have time to negociate, but my people has not. They are starving in the pale. I must bring them an immediate help." Er *muß* helfen, *er.* Die Judennot hat ihn einst berufen, und in den sieben Jahren ist ihr Ruf lauter, nicht leiser geworden. Was ist Zion, wenn es nicht um ihretwillen da ist? Er, Theodor Herzl, muß zu seinem Werke kommen – gewiß auch weil nur es ihn aus der Scheinwelt seiner Schriftstellerei erlöst, aber mehr noch, weil er eben damit die Juden aus ihrer Not erlöst, wie er sie zuinnerst kennt, der nämlich, die er einst als Student unter den deutschen Studenten so tief empfunden hat. Er mag auch ahnen, daß ihm keine lange Lebensspanne mehr zugemessen ist; „man's life is short", sagt er später zu Chamberlain. Jedenfalls – nun weiß er, daß er muß. Es kann, es darf keinen Widerspruch zwischen diesem „Muß" und „Zion" geben. Herzl hat seit jener Tagebuch-Eintragung: „Ich denke daran, der Bewegung ein näheres territoriales Ziel zu geben, unter Beibehaltung Zions als Endziel" vier Jahre zugewartet, auf die wechselnden Konstantinopler Chancen spähend (in Wahrheit wechselten sie gar nicht, es gab dort für sein Programm keine, man spielte mit ihm); jetzt wird es Ernst damit. Im September 1902, vor der Unterredung mit Chamberlain, lehnt er es noch ab, Südafrika in Betracht zu ziehen; im April 1903, im zweiten Gespräch mit dem Minister, als ihn dieser auf Uganda hinweist und sagt: „Da habe ich mir gedacht, das wäre ein Land für Dr. Herzl, aber der will ja nur nach Palästina oder in dessen Nähe gehen, und zwar aus einem sentimental motive", antwortet er noch: „Ja, ich *muß*" (auch von dieser Seite ist das Muß noch geblieben) und fährt fort: „Die Basis müssen wir in oder nächst Palästina haben. Später können wir auch Uganda besiedeln"; aber einen Monat darauf, da die Aussicht auf Zypern schwindet und auch das Schwinden der Aussicht auf El-Arish sich ankündigt, zeigt er sich geneigt, auf einen ostafrikanischen Vorschlag einzugehen, denn „der Notstand unseres Volkes drängt zu einer schnellen und großen Aktion". Und wie bei ihm jeder Schritt, den er getan hat, die Weihe der grundsätzlichen Entscheidung erhält, jede Entschließung, sei es auch erst nach ihrem Vollzug, durch einen Plan unterbaut wird, so spinnt er auch nun, um seine Stellungnahme vor Zion und vor seinem eigenen Zionsgefühl zu begründen, Gedanken von einer unheimlichen Großzügigkeit aus. Am präzisesten ist das neue System in Briefen an Max Nordau vom Juli 1903 dargelegt. „Wir müssen", schreibt Herzl, „die

Politik dieser Stunde machen." Es ist die Stunde von Kischinew. Die Nachrichten über den Pogrom – „die beklagenswerten Ereignisse von Kischinew", wie es in einem Brief Herzls an den russischen Minister Plehwe aus den Tagen des Uganda-Angebots heißt – haben die Judenheit der Welt aufgerührt. Herzl hört die Minutenschläge dieser Stunde: sie hat erst begonnen. „Kischinew ist nicht zu Ende", hat er an Lord Rothschild geschrieben, und jetzt schreibt er an Nordau: „Wir müssen eine Antwort auf Kischinew geben, und dies ist die einzige." *Wir müssen* – hier kehrt jenes Müssen in der aktuellsten Gestalt wieder. „Dies" aber, die einzige Antwort, das heißt die einzig mögliche; ist: die Errichtung des Judenstaats mit der Gründung von Tochtersiedlungen „anderswo" zu beginnen. Mit anderen Worten: „ein umgekehrtes England im Kleinen", oder: „der umgekehrte Aufbau eines Englands in der Westentasche". Die erste dieser Kolonien, auf denen das Mutterland aufgebaut werden soll, könnte in Ostafrika sein; aber auch in anderen Weltteilen sollen solche „Nester und Kraftstationen für den Zionismus" errichtet werden; so könnte sich „ein Charter in Argentinien als zweite Kraftstation ergeben". Auch Marokko und andre Gebiete werden in Aussicht genommen. Die räumliche Entfernung der Kraftstationen voneinander wird irrelevant; wo begonnen wird, ist unerheblich. „Es ist eine Opportunitätsfrage, wo wir die ersten Piloten (Herzl meint die pilotaggi, die Pfahlwerke, auf denen Venedig ruht) in die Lagune rammen, wenn wir uns nur darüber klar sind, welches Haus wir auf die Unterlage setzen. Dies ist der Judenstaat. Auf den war und bin ich aus. Erez Israel wäre natürlich wunderherrlich, um anzufangen. Geht's aber da nicht, so muß anderswo angefangen werden." Erez Israel, sagt Herzl, wäre wunderherrlich, „um anzufangen". „Judenstaat" bedeutet also jetzt für ihn Palästina mitsamt etlichen Kolonien in aller Welt; wenn der Bau dieses komplizierten Staatsgebildes nicht mit dem Zentrum begonnen werden kann, dann muß er eben irgendwo an der Peripherie beginnen. Dieses Umstellen Palästinas mit einem weiten Ring von „auf nationaler Grundlage" errichteten Judenländern, bis man von ihnen aus zu ihm vordringen können wird, ist „der neue Weg des Zionismus". Mit der altgewohnten Vorstellung, die Fundamente des Baus nicht anderswo als in Palästina legen zu können, muß aufgeräumt werden, denn „wir sind die Macher der Formeln, aber nicht ihre Gefangenen". „Dieser britisch-ostafrikanische Anfang ist *politisch* ein Rischon le-Zion, sicherlich näher zu Zion, als was Edmund errichtete." „Bedingungen" anderswo, wenn der Ort auch von Palästina so weit entfernt und ihm so wesensfremd wie Uganda ist, sind mehr als „Dinge" in Palästina. Damit wird Herzls Überschätzung der politischen Aktion gegenüber der kolonisatorischen auf die Spitze getrieben, sein Mangel an Verständnis der großen geschichtlichen Tatsache gegenüber, daß Politik im wesentlichen nicht die Funktion hat, Zustände zu ändern, sondern die geschehenen Veränderungen zu registrieren und zu sanktionieren. Diese nur politische Perspektive verflüchtigt, gewiß gegen Herzls Willen, das lebendige Sinnbild Zion, dessen Macht er an sich selber erfahren hatte, das Sinnbild, in dem die verborgene Wirklichkeit sich sinnlich darstellt, zum politisch-propagandistischen Scheinsymbol unserer Tage. Der „neue Weg" geht von einem politischen Mythus aus. Der phantasiekühne Theodor Herzl meint und sagt: „Dieser Weg wird nach Zion führen"; aber die Realität dahinter, das heißt die Realität, die zur Herrschaft gelangt wäre, wäre der Ugandaplan oder ein ähnlicher verwirklicht worden, heißt: Man verhält sich, als ob dieser Weg nach Zion führte. Gewiß ist landwirtschaftliche Ansiedlung von Juden in aller Welt sowohl an sich wie im Zusammenhang mit dem Palästinawerk höchst wichtig, aber bauen kann man Zion nur von Zion aus. „Unser Hilfs- und Gegenwartsprogramm", schreibt Herzl an Nordau, „ist die öffentlich-rechtlich gesicherte Ansiedlung eventuell anderswo, natürlich unter Hochhaltung, höher als je! der Zionsfahne, unter der wir uns und unsere Kräfte sammeln." Herzl sagt und meint: „der Zionsfahne", aber die „Wirklichkeit, die von dieser Fahne gedeckt würde, wäre nicht mehr die Zions, sondern die des Judenstaates. Und es fehlt Herzl auch keineswegs das Bewußtsein der Wendung, die er vollzieht oder vollziehen will – nur daß er diese Wendung einfach als Rückkehr zu seinem ursprünglichen Judenstaatsplan und diese einfach als Aufhebung der durch das zionistische Programm vorgenommenen Modifizierung des Plans sieht. „Wir stehen damit", schreibt er an Nordau, „noch oder wieder auf dem Judenstaats-Programm-Boden, das wir aus Opportunitätsgründen für Palästina ein bißchen verdünnten." Aber daß die Vornahme dieser Wendung notwendigerweise das Aufgeben jener innersten Wirklichkeit von Volksgeschichte und Volksbestimmung bedeuten würde, auf die der Name Zion hinweist, merkt er nicht. „Wenn er am Schluß des Uganda-Kongresses das Psalmgelübde (137,5) „Vergesse ich, Jerusalem, dein" mit erhobener Hand, wie einen bindenden Schwur nachspricht, ist das gewiß keine leere Beschwichtigungsgeste, sondern Ausdruck der Wahrheit seines Herzens; aber nach der Schlußsitzung des Kongresses gesteht er den Freunden: „Der Riß geht mitten durch meine Person hindurch." In dem „Brief an das jüdische Volk", den er zehn Wochen danach entwirft, spricht er es noch genauer aus. „Der Weg spaltet sich", so beginnt der Brief, „und die Spaltung geht mitten durch des Führers Brust." Und weiter heißt es darin: „Kommt es zur Spaltung, so bleibt mein Herz bei den Zionisten und mein Verstand bei den Afrikanern. Das ist ein solcher Konflikt, daß ich ihn nur durch meinen Rücktritt lösen kann." Aber so einfach, wie er sie hier sieht, war die Spaltung, die durch seine Brust ging, gewiß nicht. Sein Herz war gerade auch bei der Judennot und also bei dem Ostafrika-Projekt als dem nächsten Versuch ihrer Überwindung, und sein Verstand war gerade auch bei der Sache Zions, die ihm die Fühlung mit dem Traum der Massen und damit die Macht über sie gab. In jenem Gespräch mit den Freunden nach dem sechsten Kongreß teilt er ihnen mit, er werde auf dem siebenten, „wenn er ihn erlebe", sagen: „Obwohl ursprünglich nur Judenstaatler – n'importe où – habe ich später doch die Zionsfahne ergriffen, und ich selbst bin ein Lover of Zion geworden." Und auch dies wiederholt er in dem „Brief an das jüdische Volk": „Als ich aufbrach, war ich nur ein Judenstaatler, ich bin ein Chowew Zion geworden." Er sagt nicht „Zionist", was wie alle „Ismen" nur eine Gesinnung bedeutet, sondern „Chowew Zion", „Zion-Liebender", wie sich die vorherzischen Zionisten nannten, und Liebe ist keine Gesinnung, sondern ein Gefühl und mehr als das. Man spürt an der zweimaligen Äußerung, wie ihn die Tatsache, daß er liebt, in den Tiefen der Seele beschäftigt, wie sie ihn verwundert und ergreift und wie er sie sorgsam hegt. Und in der Tat, er ist, ebenso wie Pinsker, in Kontakt mit dem Volk ein Chowew Zion geworden. Aber wie Pinsker dringt er mit dieser Liebe nicht bis zu Zion selber, nicht bis zu dem geschichtlich-übergeschichtlichen Geheimnis vor, das mit diesem Namen gemeint ist. Wer liebend bis zu ihm vordringt, in dessen Brust gibt es keine Spaltung mehr.

„Wenn ich ihn erlebe", sagt Herzl Ende August zu den Freunden über den nächsten Kongreß. Er hat ihn nicht erlebt. „Ich selbst bin anhaltend sehr unwohl", schreibt er zwei Wochen danach an einen befreundeten Arzt. „Herzneurose! Daran und an den Juden werde ich zugrunde gehen. Mit „den Juden" meint er hier zunächst gewiß die leidenschaftliche und rücksichtslose Opposition, die ihm seit dem Uganda-Projekt entgegengetreten war, sodann die Reihe schwerer Erfahrungen mit Anhängern, die er wie Pinsker bis dahin gemacht hatte. In einer noch tieferen Schicht der Seele jedoch als dieses Leiden an den andern zehrte an ihm das Leiden an dem Widerstreit in ihm selber. Es ist ein vielgestaltiger Widerstreit. Der Gegensatz Judenstaat-Zion ist nur eine seiner Gestalten. Aber hier ist es, wo Herzls Tragik unverhüllt erscheint.

Die zionistische Bewegung hat sich seither von dem Gegensatz zwischen Judenstaat und Zion nur scheinbar freigemacht. Dieser Gegensatz darf ja nicht mit dem zwischen dem Streben nach andern Territorien und dem Streben nach Palästina verwechselt werden. Das Wesen des Gegensatzes gibt sich gerade innerhalb der Palästinabewegung und innerhalb Palästinas selbst kund. Es ging nicht darum, ob das hier zu schaffende Haus Staatscharakter haben solle oder nicht, nicht das war's, was die Geister schied, sondern es ging darum, ob man bauend auf „Zion", das verborgene Zion schaut, das die Propheten *sichtbar machten,* indem sie es forderten, – ob man drauf schaut wie der Baumeister auf seinen Grundriß. „Judenstaat" gegen „Zion" heißt auch in Palästina: Macht ohne Treue. Macht ohne Treue ist Leben ohne Sinn. Dabei darf man freilich auch das nicht vergessen: wohl hat Treue eine soziale und humanitäre Gestalt, wohl umfaßt sie eine Verpflichtung zur Gerechtigkeit nach innen und nach außen, aber das Hinschauen auf das verborgene Zion kann auch durch das edelste soziale und humanitäre Ideal nicht ersetzt werden. Warum kann Zion nur in Palästina gebaut werden? Weil es das im Stoff dieses Landes verborgene Gebild ist, zu dem dieses Volk dieses Land vollenden kann, wenn es sich von ihm vollenden läßt: Zion heißt die Bestimmung der gegenseitigen Vollendung. Es ist nicht ersonnen, sondern geboten; nicht Idee, sondern hier verborgene Gestalt. Die Judennot pocht gewaltig laut an die Pforte der Herzen; aber sie darf die Treue zu Zion nicht übertäuben. Israel verliert sich selber, wenn es Palästina durch ein anderes Land ersetzt; und es verliert sich selber, wenn es Zion durch Palästina ersetzt. Pinsker und Herzl sind Liebende Zions geworden, aber sie haben der Geliebten nicht ins verhüllte Angesicht gesehn; wer es tat, sieht nie mehr anderswo hin.

## DIE LEHRE VOM ZENTRUM

*(Über Achad-Haam)*

Man pflegt Achad-Haam als den Schöpfer eines „Kulturzionismus" anzusehen, dessen Unterschied vom „politischen Zionismus" im wesentlichen darin bestehe, daß dieser die Errichtung eines Judenstaats anstrebe, wogegen der Kulturzionismus lediglich auf ein „geistiges Zentrum" abziele, worunter man ungeachtet Achad-Haams eigener Interpretation ein aus Intellektuellen zusammengesetztes Zentrum zu verstehen liebt. Dieser Irrtum ist, bequem wie er ist, weder durch das, was Achad-Haam selbst zu seiner Widerlegung getan hat, noch durch das seither in dieser Richtung Unternommene aus der Welt geschafft worden. Doch kann von Achad-Haam in diesem Zusammenhang nicht gesprochen werden, ohne eine Klärung des Sachverhalts vorauszuschicken.

Achad-Haams Zionismus ist nicht „kleiner" als der politische, sondern größer. Er fordert nicht weniger, sondern mehr. Auch er erstrebt die Begründung eines jüdischen Gemeinwesens in Palästina, ja er scheut nicht einmal vor der Bezeichnung eines „Judenstaates" zurück; und auch er stellt sich diese Begründung als eine „große Massensiedlung" vor. Aber diese Massensiedlung sieht er als die organische Mitte eines großen lebendigen Weltjudentums, das eben dank dieser organischen Mitte wird leben können. Für den politischen Zionismus ist die Zukunft der Diaspora gleich problematisch, ob ein jüdisches Gemeinwesen in Palästina entsteht oder nicht; er neigt dazu, sie als ein zum Absterben verurteiltes Wesen anzusehen. Für Achad-Haam dagegen hängt die Zukunft des Diaspora-Judentums als Judentum von der Zukunft eines jüdischen Palästina ab, wenn auch nicht eben seine materielle Existenz; doch geht die Hoffnung hier offenbar dahin, eine in einem starken produktiven Gemeinwesen konzentrierte Weltjudenheit werde sich auch in ihrer Existenz zu behaupten wissen. Für Achad-Haam sind also Diaspora und Palästina nicht zwei differente Bereiche wie für den politischen Zionismus, sondern ein einziger Leib.

Nicht in der Größe der Forderung für Palästina liegt somit der wesentliche Unterschied zwischen Achad-Haam und dem politischen Zionismus, sondern im tragenden Motiv und von da aus auch in der Methode.

Der Unterschied im tragenden Motiv besteht, auf seine kürzeste Formel gebracht, darin, daß Achad-Haam wirklich ein Zionist ist, oder, wie er es wohl selbst formuliert hätte, daß er wirklich ein Chowew-Zion, ein „Liebender Zions" ist, daß das, was er „liebt", wirklich „Zion" ist. Zion ist längst keine geographische Bezeichnung mehr und keine dichterische Metapher; es ist in achtzehn Jahrhunderten der Volkssehnsucht und der Volkshoffnung zum Namen für die Substanz des Landes Israel im Stande der ersehnten und erhofften Vollkommenheit geworden: „Zion" ist, was mit diesem Lande gemeint ist und was es werden soll. Wer Zion liebt, liebt eine mögliche Vollkommenheit und ist in die Pflicht genommen, dazu zu helfen, daß diese Möglichkeit zur Wirklichkeit werde. Damit ist schon gesagt, daß es hier keineswegs um eine spirituelle Wesenheit, um eine der politischen Sphäre entrückte Idee geht: das „Politische" ist eine Voraussetzung der Verwirklichung, nicht weniger, aber auch nicht mehr. Für den politischen Zionismus ist der Staat das Ziel und Zion ein „Mythus", der die Massen befeuert; für die Zionsliebe im Sinne Achad-Haams ist der Staat der Weg zum Ziele, das Zion heißt.

Von einer so aufgefaßten Aufgabe aber wird die Methode mit Notwendigkeit beeinflußt: der Charakter des Angestrebten muß, wenn der „Gang der Dinge" nicht die Erfüllung vereiteln soll, schon die ersten Schritte, und gerade sie, mitbestimmen. Von da aus ist Achad-Haams vielfach mißverstandene Lehre von der Auslese zu verstehen. Darum hat er so nachdrücklich davor gewarnt, im Land „einen Haufen Steine anzusammeln, ohne zwischen ganzen und zerbrochenen zu scheiden, ohne Ordnung und Einheit und ein bestimmtes Bild", darum so dringend darauf hingewiesen, daß von jedem einzelnen Stein des Fundaments die Zukunft des Baus mit abhänge, und gefordert, es solle mit aller Kraft angestrebt werden, „daß die Einwanderer, besonders die ersten, die grundlegenden, kein Mischmasch seien".

Wenn man diese beiden Punkte, Achad-Haams Auffassung der Aufgabe und seine Auffassung der Methode überdenkt, merkt man sehr deutlich, wie *realistisch* im Grunde seine Betrachtungsweise ist. Das Ziel, wie er es faßt, ist ganz und gar nicht, was Zionisten als „geistigen Luxus" zu bezeichnen lieben; es verhält sich durchaus nicht so, als fordere er einen Überfluß, der sich erst später einstellen könne, statt auf das Lebensnotwendige bedacht zu sein. Vielmehr meint Achad-Haam, daß Israel, wenn es sich mit dem sogenannten Notwendigen begnügte, überhaupt nicht zu einem neuen Leben gelangen würde. Er sagt einmal mit großer Klarheit, es handle sich um eine einzige Frage: „die Existenzfrage. Und auf diese Frage antworten wir wahrhaftig – und eine andere Antwort gibt es nicht –: Liebet Zion!" Um diese Antwort auf die „Existenzfrage" ganz zu verstehen, muß man sich den vollen Gehalt der Vorstellung „Zion" für Achad-Haam vergegenwärtigen. Man kann das „Notwendige" nicht anders als im Zusammenhang mit dem „Überflüssigen" gewinnen. Wenn Israel Zion auf „ein jüdisches Gemeinwesen in Palästina" reduziert, wird auch aus dem Gemeinwesen nichts. Will es nur noch ein Land wie alle Länder, dann versinkt das Land unter ihm, ebenso wie das Volk zerrinnt, wenn es nur noch ein Volk wie alle Völker sein will. Daß Achad-Haam dies erkannt hat, ist nicht einem „Idealismus" zuzuschreiben, sondern seinem Realismus: er nahm die besonderen Bedingungen der Art und der Geschichte Israels ernst, er sah, daß daraus ein geschichtlich Neues erwachsen ist, ein „neuer Gedanke“, ein „Weg, den noch niemand begangen hat“, und er sah uns zugleich, wie wir sind, krank und elend und durch nichts zu retten als durch den Willen zur Vollkommenheit, durch nichts zu heilen als durch das Heil. Darum bedarf es der vorangehenden Elite, darum der „Arbeit von Priestern“. Das ist keine „geistige Arbeit“, sondern eben Arbeit, und zwar unter Hingabe seiner selbst.

Von dieser Arbeit und von dieser Hingabe der Zion Liebenden muß die Umwandlung des Volkes ausgehen. Das *Volk* soll Zion lieben lernen; solang dies fehlt, „fehlt uns die Grundlage, auf der allein das Land wiedererbaut werden kann“. Das ganze Herz des Volkes muß von dieser brennenden Liebe erfaßt werden. Es ist kennzeichnend für Achad-Haam, daß er fürchtet, der Name „Zionsliebe“, wie man ihn im Munde zu führen gewohnt ist, sei zu eng, denn die ihn gebrauchen haben zumeist nur ein Territorium, eben nur das Land Palästina im Sinn; es geht aber „um das Judentum selber in seiner Ganzheit“, nur eben um eins, das nunmehr eine Mitte besitzt und das sich kraft dieser Mitte von neuem auf den Weg zu seiner Vollendung begeben hat. Die Liebe, die die „Priester“, die Bahnbrecher, durch ihr Leben, durch ihre Arbeit und Hingabe im Herzen des Volkes entzünden, ist die Liebe zu der *Einzigkeit,* die mit diesem Volk und mit diesem Land, mit ihrer Verbindung miteinander gemeint und geboten ist.

Wie ernst es Achad-Haam um diese Einzigkeit gewesen ist, wie aktuellernst, das kommt zum stärksten Ausdruck im Schluß seines Aufsatzes über Mose, der Stelle, an der die von seinem Wahrheitseifer, seinem Realismus niedergehaltene Flamme seiner Begeisterung frei auflodert. „Wir sehen“, sagt er da, „die ‚Erweckung Mose‘ wieder durchbrechen und aufsteigen, und jener Geist, der vor Jahrtausenden Mose berief und ihn gegen seinen Willen zu seiner Aufgabe entsandte – er ruft auch jetzt wieder dem nachgebornen Geschlecht zu: ‚Und was aufsteigt in eurem Geist, das wird, wird nicht geschehn, die ihr sprecht: Wie die Weltstämme wollen wir werden … So wahr ich lebe, ob ich nicht mit starker Hand … mich als König über euch erzeige!‘“ Man kann nicht umhin daran zu denken, was in dem 20. Ezechiel-Kapitel, dem diese Worte entnommen sind, weiter dem Volke angesagt ist: seine Versetzung in die „Völkerwüste“, das „Rechten“ mit ihm „Angesicht zu Angesicht“, die Ausscheidung der Abtrünnigen und die Heimbringung der Getreuen. Und auch daran muß man denken, was im Text auf jene angeführte Erklärung Israels folgt, es wolle wie die Völker werden: „um Holz und Stein zu dienen!“ Diese Worte gehören sicherlich nicht mehr zu dem, was als Äußerung Israels angeführt wird, sondern der Sprecher, Gott, fügt sie hinzu: das ist es, was ihr dabei im Sinne hattet, um die Götzen war es euch zu tun. Achad-Haam hat in seinem Zitat dies weggelassen, vermutlich weil er das Religiöse im engeren Sinn gern vermied, obgleich er von einem künftigen jüdischen Leben in Palästina auch eine religiöse Erneuerung erwartete. Aber offenbar ist, daß er bei jenem „Wie-die-Völker-sein" nicht einfach an das gedacht hat, was man gewöhnlich Assimilation zu nennen pflegt: nicht weil sie fremden Göttern dienen wollen, sondern weil sie Holz und Stein, die keine Götter sind, dienen wollen, rechtet Gott hier mit Israel – nicht weil sie fremden, sondern weil sie falschen Werten sich zuwenden; und es kommt nicht darauf an, daß sie sich dem Eigenen, sondern daß sie sich der Wahrheit zuwenden sollen: der Wahrheit, die freilich ihr Eigenes ist, ihnen kundgetan und zugeteilt. So fern es Achad-Haam auch liegt, wie er sagt, aus der „Zionsliebe" ein Mittel zur religiösen Erneuerung machen zu wollen, so ist doch offenbar dies der Kern seiner Hoffnung auf die Heimkehr Israels nach Zion: daß aus ihr eine neue Zuwendung Israels an die Wahrheit, eine neue Wahrheitsoffenbarung an Israel hervorgehen wird. *Darum* sieht er nichts Geringeres als die ‚Erweckung Mose' wieder durchbrechen und aufsteigen.

Weil es um so Großes, um die Erneuerung der Wahrheit und des Lebens in ihr geht, kann das Land, auf das die Hoffnung gerichtet ist, kein andres als das Land Israels sein. „Wir erheben unsre Augen zu Zion", heißt es in der Antwort Achad-Haams auf das Projekt der Begründung eines jüdischen Gemeinwesens in Ostafrika, „und zu Zion allein, nicht aus freier Wahl, sondern aus einer natürlichen Nötigung. Denn wir glauben in vollkommenem Glauben, daß nur dort … unser Geist stark und rein wird und unsre innern Kräfte erwachen." Eine neue Kultur schaffen, so nennt Achad-Haam hier das Ziel; woran er aber letztlich denkt, ist: das lebendige Verhältnis zur Wahrheit wiederfinden.

Und doch gibt sich an eben dieser Stelle auch die Begrenzung der Einsicht Achad-Haams zu erkennen. Auf die Worte „nur dort", die ich eben angeführt habe, folgt die Erklärung: „In der Kraft des Geschichtsgefühls, das Volk und Land verbindet." Das ist beinah der Gegenstand selber, um den es geht; dennoch ist es noch nicht wahrhaft er selbst. Ein Geschichts-*Gefühl* kann trügen wie alle Gefühle; auf einem historischen Gefühl läßt sich allerhand erbauen, aber keine Gewißheit. Die entscheidende Frage ist die nach der objektiven Wirklichkeit, die in dem Geschichtsgefühl sich spiegelt. Ist es nur eine historische Wirklichkeit, vergänglich wie alles Nur-historische, durch neue historische Tatsachen aufhebbar wie alles Nur-historische? Oder ist das, was diesem Volk in seiner Begegnung mit diesem Land, was diesem Land in seiner Begegnung mit diesem Volk widerfahren ist, Zeichen und Ausdruck eines übergeschichtlichen Zusammenhangs? Ist die „Erwählung" dieses Volkes und dieses Landes füreinander und für ein Drittes, das beide umfaßt und größer als beide ist, ist die Erwählung, von der die Schrift berichtet, die die Aggada ausdeutet, die die Stimmen des Exils besingen und erörtern, eine Illusion, oder ist sie ein wahres Bild des Ewigen, mit den Strichen der Geschichte gezeichnet? Es fällt den heute, in einer Zeit der Verdunklung der Ewigkeit, Lebenden sehr schwer, den Glauben an solch ein wahres Bild zu hegen. Aber dies eben tut not. Der Glaube allein wird erringen, daß es sich als wahr erweist.

## DIE ERNEUERUNG DER HEILIGKEIT

*(Über Raw Kuk)*

Die Bedeutung der Wiedergewinnung des Landes Israel durch das Volk Israel ist in drei Stufen zu erfassen, von denen aber jede nur im Zusammenhang mit den beiden andern ihren vollen Sinn offenbart. Auf der ersten wird erkannt, daß das Volk nicht anders als in dem Lande wieder zu einer eigenen, zu seiner eigenen Existenz gelangen kann; auf der zweiten, daß es nur da sein eigenes Werk, die freie schöpferische Funktion seines Geistes wiederfinden wird; auf der dritten, daß es das Land braucht, damit ihm seine Heiligkeit wieder zuteil werde. Die erste Stufe allein ergibt eine enge politische Betrachtung, die zweite allein eine enge intellektuelle, die dritte allein eine enge religiöse. Nur alle drei zusammen gewähren uns zu verstehen, was mit der Wiedergeburt des jüdischen Volkes gemeint ist. Die erste Stufe ist unter Einbeziehung der beiden andern durch Heß, dann in unseren Tagen in neuer, weiterer Gestalt, die an das kosmische Sein anknüpft, durch Gordon zum Ausdruck gebracht worden, die zweite unter Berücksichtigung der ersten und Hindeutung auf die dritte besonders durch Achad-Haam; der Mann, der der dritten Stufe im Zusammenhang mit den beiden andern zugleich am umfassendsten und am tiefsten gerecht wurde, ist

Raw Kuk. Er, in dessen Person sich, wie in der keines andern Zeitgenossen, die heilige Substanz Israels dargestellt hat, gab der Heiligkeit, in einem Maße wie kein andrer innerhalb des zionistischen Gedankens unsrer Zeit, ihr Recht in der nationalen Bewegung, ohne sie zum Gegenstand einer beschränkend-religiösen Forderung zu machen. Er verband sie in organischer Vitalität mit den Postulaten der selbständigen Volksexistenz und der freien geistigen Schöpfung. Mehr noch, er verband sie mit dem ihr scheinbar am fernsten stehenden Postulat des zionistischen Gedankens, dem der Wiederkehr zur Natur, dem einer neuen Synthese von Natur und Geist. Es ist ihm im Grunde nicht um Fortführung einer vorhandenen Heiligkeit zu tun, sondern um eine wahrhafte Erneuerung. Und Heiligkeit bedeutet ihm nicht einen Bereich über dem Leben, sondern dessen Wieder-ganz-werden, Wieder-eins-werden, und die Verklärung dieser Ganzheit und Einheit.

Die besondere Ausbildung des Zionsgedankens durch Raw Kuk gründet sich auf die Einzigkeit und Ewigkeit des Verhältnisses zwischen Volk und Land in Israel, die in unserem Zeitalter kein andrer so in ihrer Tiefe erfaßt hat. „Dieses ewige Eigentum ist nicht mit den Spannen der Erdzeit zu ermessen, denn es ist ein urewiges Eigentum." „Die heilige Verbindung Israels mit seinem heiligen Land gleicht nicht dem natürlichen Band, durch das alle Völker und Zungen mit ihren Ländern verbunden sind." Überall sonst ist die Verbindung ein Ergebnis der Geschichte: ein Volk setzt sich in einem Lande fest, und allmählich, durch alle Begebenheiten des gemeinsamen geschichtlichen Lebens gefördert, entsteht eine Liebe zu diesem Lande, die sich in den Herzen der kommenden Geschlechter fortpflanzt. Anders verhält es sich hier: noch ehe Israel zum Volk geworden ist, erfährt die Sippe, die dazu werden soll, in dem Lande, darin sie nicht siedelt, sondern nur gastet und wandert, im Geheimnis einer Verheißung, daß es ihr zubestimmt ist, und verspürt, daß ein Band sich schlang, das nie mehr gelöst wird. Die Geschichte kann hier nur bestätigen und entfalten, was in der Vorgeschichte, ja in der Natur selber gestiftet worden ist. Die Ewigkeit Israels ist auf der göttlichen Natur in der Ausprägung dieses Landes errichtet. Alles bis auf diesen Tag und in alle Zukunft hin ergibt sich daraus. „Die Seele des Volkes und das Land wirken zusammen am Element ihres Daseins, sie fordern ihre Aufgabe, das Verlangen ihrer Heiligkeit zu verwirklichen." Darum ist die Liebe zum Land die Grundlage der Lehre: „sie bringt die Ganzheit des Volkes Gottes und die Ganzheit der ganzen Welt zu ihrer Vollendung". Und weil die Verbindung von vitaler und urtümlicher Art ist, weil das Land so „mit innern Wesenseigenschaften an die Wirklichkeit des

Volkes geschlossen" ist, darum kann weder seine Heiligkeit noch die Liebe zu ihm rational erfaßt werden. Man muß das Geheimnis als Geheimnis ehren, um ihm nahezukommen. Dadurch, daß man diese Grundhaltung und damit die Erkenntnis der Mysterien aufgegeben hat, hat die Erkenntnis der Heiligkeit des Landes Israel „eine verwischte Gestalt" angenommen.

Man kann das Heilige überhaupt nur vom Geheimnis aus in seiner Wirklichkeit erfassen. Dann sieht man, daß das Heilige nicht eine abgesonderte, abgeschlossene Sphäre des Seins, sondern den allen Sphären offenen Bereich bedeutet, in dem allein sie alle ihre Erfüllung finden können. Das Heilige ist vom Profanen nicht abgekehrt, sondern ihm zugewandt; es will nicht über dem Profanen schweben, sondern es in sich aufnehmen. „Die Mysterien lehren uns immer, das Heilige mit dem Profanen zu vereinigen." Die strenge Scheidung zwischen beiden hat ihren Ort nicht in der Gesinnung und Haltung des Heiligen, sondern in der des Profanen; das Profane ist es, das grundsätzlich und unüberbrückbar zwischen sich und dem Heiligen scheidet, und ihm entspricht darin jenes unzulängliche „gewohnte" Heilige, das eben in der Sonderung vom Profanen besteht, wogegen das vollkommene Heilige nichts als Einheit meint und will. Die Widersprüche zwischen den Sphären des Heiligen und des Profanen bestehen nur in der Subjektivität des Menschen, der noch nicht zur Einheit vorgedrungen ist und mit seiner beschränkten Fassungskraft zwischen beiden nicht zu mitteln vermag. In Wahrheit gilt es alles Profane zum Heiligen zu erheben. Dies ist die Stufe der höchsten Zaddikim – „wahre Zaddikim müssen natürliche Menschen sein", sagt Raw Kuk – und sie ist der Welt in deren höchster Vollendung zugedacht. Dies ist es, was sich im Lebensschoß des Geheimnisses bereitet. Weil dem so ist, „muß die große nationale Bewegung in Israel, die in den Spuren der Erlösung wandelt, aus der Welt des Verborgenen saugen, aus jener obersten Wurzel, wo das Heilige mit dem Profanen verfestigt ist".

Das Innerste dieser großen Aufgabe aber erschließt sich erst im Verhältnis zur Natur und zum Natürlichen. Es gibt ein Heiliges, das, wie dem Profanen überhaupt, so insbesondre der Natur und allem Natürlichen den Kampf ansagt als einem, das man unterdrücken müsse, um zur Heiligkeit zu gelangen. Aber die Welt, und das zerstreute und gebrochene Israel vor allem andern, bedarf der Natur. Israel bedarf des natürlichen Lebens, das es verloren hat; es bedarf seiner, um zum wahren und vollkommenen Heiligen zu gelangen. Denn das abgesonderte Heilige, das von je der Natur zuwiderhandelt, sie bedrängt und verkehrt, und das jetzt den Rest seiner Kraft zusammenrafft, um die Natur zu bekämpfen, ist nicht das vollkommene

Heilige; es ist aus einer dem Sinn der Schöpfung fremden Aufspaltung von Natur und Geist hervorgegangen, es ist die Heiligung des abgespaltenen Geistes allein. In Wahrheit bekämpft es gar nicht die große Natur, es sieht und kennt sie gar nicht; woran es sich abringt, ist seine eigene Natur, das heißt: das an Natur, was ihm noch anhaftet und wovon es sich losmachen will. Diesen Kampf kann es nicht gewinnen; das unvollkommene Heilige „strauchelt und fällt in seinem Kampf". Die der Heiligkeit der Natur gegenüberstehende Verselbständigung der Heiligkeit des Geistes in Israel ist entstanden, als das Volk von seinem Boden entrückt und auf die Erhaltung der Geistigkeit als solcher angewiesen wurde; da sonderten sich die um das ewige Leben Bemühten von dem Leben der Stunde ab. Diese Fähigkeit, die Heiligkeit gegen die Natur zu stellen, ist dadurch ermöglicht worden, daß die Schechina mit Israel ins Exil niedergestiegen ist. Aber wie gegen alle Abtrennung der Natur vom Geist, so richtet sich auch gegen diese Abtrennung des Geistes von der Natur ein himmlischer Protest. Der Urquell des Heiligen selber, das Licht der Welt, fordert von der Welt überhaupt, und von dem zerstreuten und gebrochenen Israel im besondern, die Veredlung der Natur, des schlichten Lebens, seiner Gesundheit, der Normalität in allen Lebensfunktionen. In dieser Forderung gründet sich das Geheimnis der nationalen Bewegung Israels, das Geheimnis der Heimkehr des Volkes in sein Land.

Freilich, das Natürliche, das durch die von oben kommende, aber ihm nur als innere Stimme bewußte Forderung des Heiligen erweckt wird und sich aufgerufen fühlt, sich zu veredeln, greift fehl. Es trägt zuinnerst Verlangen nach der höchsten Heiligkeit, der „Heiligkeit des Schweigens", des bloßen Daseins, aber statt sich zum Heiligen zu erheben und so seine eigne Heiligkeit zu finden und zu verwirklichen, empfindet es das Heilige als seinen Widersacher und sein Hindernis, es haßt es und empört sich wider es. Dieses Heilige jedoch, gegen das es sich solchermaßen erhebt, ist nicht das vollkommene Heilige, sondern das abgespaltene, das „gewohnte" Heilige: die Natur haßt das Heilige, das sie bedrängt und ihre Ordnung verkehrt. In Wahrheit bekämpfen einander die abgespaltene Geistigkeit und die abgespaltene Natürlichkeit; sie bekämpfen einander, statt daß jedes dem andern gäbe, wessen es bedarf, und so das Reich der vollkommenen Heiligkeit gestiftet würde. Und wie das abgespaltene Heilige in seinem Kampf gegen die Natur, so muß auch das abgespaltene Natürliche in seinem Kampf gegen die Heiligkeit straucheln und fallen.

Ist somit die Erhebung der Natur vorerst nur eine fehlgehende, so muß doch ihre große Wichtigkeit voll erkannt werden. Niemand im Lager des

Zionsgedankens hat die Bedeutung der Wiedergeburt des Leibes mit solcher geistigen Kraft und aus solcher geistigen Tiefe ausgesprochen wie Raw Kuk. „Wir haben die Heiligkeit des Leibes vergessen", sagt er, „wir haben vergessen, daß wir ein heiliges Fleisch haben, daß wir es nicht weniger haben, als wir einen heiligen Geist haben. Verlassen haben wir das tätige Leben und die Läuterung der Sinne und das Verbundensein mit der leiblichen, sinnlichen Wirklichkeit, aus einer abgesunkenen Furcht, aus Mangel an Glauben an die Heiligkeit des Landes." Die Umkehr Israels kann nur geraten, wenn sie, in einem mit aller Herrlichkeit des Geistigen, „auch eine leibliche Umkehr ist, die gesundes Blut schafft, gesundes Fleisch, wohlgemeißelte, grundfeste Leiber, flammenden Geist, der über starken Muskeln strahlt; und in der Mächtigkeit des geheiligten Fleisches leuchtet, die erschwacht war, die Seele, Hindeutung auf die leibliche Auferstehung der Toten". Da es um so Großes geht, muß auch die fehlgehende Erhebung des Natürlichen, als die den Anfang macht, bejaht werden. Denn ihre Überleitung in die rechte Bahn ist dadurch gewährleistet, daß sie im Lande Israel oder doch im Hinblick auf es geschieht; und hier ist ja, als Israel die Heiligkeit des Geistes, und sie allein, mit sich ins Exil nahm, die Heiligkeit der Natur verborgen geblieben. „Es ist uns überliefert", sagt Raw Kuk, „daß ein geistiger Aufruhr im Lande Israel und in Israel sein wird, in dem Abschnitt, da der Anbeginn der nationalen Wiedergeburt erwacht." Über den Teil des Volkes, der nach nichts anderem als nach der Wiederherstellung der nationalen Existenz Verlangen trägt und dem mit deren Anbahnung Genüge getan ist, kommt dann eine „fleischliche Sorglosigkeit", die dem Leben der Seele Abbruch tut und sie „verkleinert". Der Geist lehnt sich gegen sein eigenes Heiliges auf. Aber, so bitter und schwer dieser Zustand für jeden ist, der um das vollkommene Heilige weiß, er soll erkennen, daß der Aufruhr aus einem gewaltigen Bedürfnis hervorgegangen ist. Die Hinneigung zum Stofflichen mußte in einer so heftigen Form im Volke entstehen, nach so langen Zeiten, in denen es der natürlichen Verbindung mit der Stofflichkeit beraubt war. Gewiß, „wenn diese Hinneigung geboren wird, wird sie grimmig einherschreiten und Stürme erregen", aber was so sich kundtut, sind die Wehen des Messias. „Die Erdreistung in der Zeit vor dem Kommen des Messias ist eine Minderung des Lichts, die der Erlösung der Welt dient." „Die Söhne der sich Erdreistenden", sagt Raw Kuk, „die die Zäune durchbrechen, werden im hohen Glanz des ersten Menschen stehen, sie werden Propheten der höchsten Stufe sein", denen und durch die „der Lebensbaum sich ganz offenbart".

An diesem Punkte gewinnt die Lehre Raw Kuks eine besondere Kühnheit und Tiefe zugleich. Was die Jugend Israels, so lehrt er, im Lande Israels zur Stärkung ihres Leibes tut, um kräftige Söhne des Volkes zu werden, damit fördert sie, ohne es zu ahnen, die geistige Kraft der höchsten Zaddikim, die sich mit der Einung der heiligen Namen, das heißt: mit der Vereinigung der verschiedenen Potenzen der Heiligkeit befassen; denn durch die Vollendung des Leibes wird für das Werk dieser Männer die Natur in einer reineren Gestalt bereitgestellt. Wenn die Knaben hier spielen, tragen sie nicht bloß zur Stärke des Volkes bei: dieses Spiel ist „ein heiliger Dienst, der die Schechina höher und höher erhebt, wie sie durch Gesänge und Lobpreisungen erhoben wird". Hier wird die innere, dort die äußere Substanz entfaltet, „und beide mitsammen vollenden alle Ordnungen der Heiligkeiten", wie geschrieben steht (Prov 3,6): „In all seinen Wegen sollst du ihn erkennen." Wohl gibt es schlimme Mängel im Lebensgange derer, die sich der leiblichen Kräftigung des Volkes geweiht haben; wohl fehlt es ihrem Denken und ihrem Handeln an Einsicht in das Wesen des Heiligen und in seinen Urquell. Aber es darf nicht verkannt werden, daß heute, „in den Fersen des Messias", da sein Kommen sich sichtlich bereitet, „die Nefesch, die vitale Seele, der dem Glauben Israels Abtrünnigen, die sich aber in Liebe der Sache des Volkes, des Landes und der Wiedergeburt angeschlossen haben, einen höheren Grad der Vollendung erreicht hat als die Nefesch der Glaubenstreuen, die diesen Vorzug des wesentlichen Gefühls für das Ganze, den Aufbau des Volkes und des Landes, nicht besitzen" – wogegen freilich die Ruach, die geistige Seele, bei diesen weit höher steht als bei jenen. Jede von beiden ist unerläßlich für das messianische Werk der Vollendung, jede von beiden ist in ihrer Isolierung unbrauchbar, sie sind aufeinander angewiesen, sie müssen zueinander kommen, um brauchbar zu werden. Dann erst kann Israel zu „Einem Bunde" werden, und in der vollendenden Einwirkung der Nefesch der guten Abtrünnigen auf die Nefesch der Glaubenstreuen und der Ruach der Frommen auf die Ruach der Übertreter wird im Licht des Messias die Neschama, die einige Seele, deren Träger die höchsten Zaddikim sind, zur vollkommenen Entfaltung gelangen. „Da sehe ich mit meinen Augen", schreibt Raw Kuk, „das Licht des Lebens Elias aufsteigen, seine Kraft zu seinem Gott sich fortgehend offenbaren, die Heiligkeit in der Natur durchbricht ihre Zäune, sie geht in Macht aus, sich mit dem Heiligen zu vereinigen, das über der Natur ist … Elia ist gekommen, den Frieden zu verkünden … Da, wir alle nähern uns der Natur und sie nähert sich uns."

Die Kraft aber, die allein solchermaßen die Nefesch und die Ruach, das abgesonderte Natürliche und das abgesonderte Heilige füreinander zuzubereiten vermag, ist die Kraft des Landes Israel. Denn dieses Land hat die verwandelnde Kraft. Zu Recht trägt es den Namen Kanaan, den Namen des „verderbten und verwünschten Mannes". Zu Großem und Heiligem erwählt, hat es das grobe Kanaan-Erbe in Großes und Heiliges verwandelt. Den hohen Schatz des Lebens, der in den Verstecken der Finsternis geborgen ist, hat die von dem göttlichen Ewigkeitsschwur der Erwählung geprägte innere Mächtigkeit dieses Landes gehoben. Es wird seine hebende und wandelnde Kraft auch an Israel selber bewähren, wird dessen beide abgespaltenen Gewalten füreinander zubereiten und zueinander bringen. In diesem Land hat sich einst das Heilige in die Natur eingesenkt; seither hat die Luft dieses Landes, nach dem Worte der Weisen, das Vermögen weise zu machen, das heißt: sie erleuchtet die Seele, „das Prinzip der *geeinten Welt* zu begreifen". Hier ist einst die israelitische Anschauung der Welt und des Lebens erwachsen, die in ihrem Grunde „das Mächtigwerden der geeinten Welt über die aufgespaltene Welt" ist. Eben dieses Mächtigwerden der geeinten Welt über die aufgespaltene wird sich nun von der wiedergeborenen Kraft dieses Landes aus an Israel und von Israel aus an der Menschheit vollziehen.

Dann erst wird sich, so weissagt Raw Kuk, dem israelitischen Dichter die Natur wieder in ihrer ganzen Herrlichkeit offenbaren. „Von dem Tage an", sagen die Weisen, „da das Heiligtum zerstört wurde, ist das Firmament in seiner Reinheit nicht zu sehn gewesen". Es wird wieder zu sehen sein.

## EIN TRÄGER DER VERWIRKLICHUNG

*(Über A. D. Gordon)*

Unter allen, die in der Epoche der neuen Siedlung ins Land kamen, scheint mir der Mann Aaron David Gordon der merkwürdigste zu sein. Gegen ihn gehalten nehmen sich alle wie Gesellschaftswesen gegen ein Naturwesen aus. Auch jene, die gegen die Gesellschaft rebellieren, sind ja eben dadurch an sie gebunden; ein Mensch wie Gordon aber nimmt sich aus, als verkehre er mit den Kräften der Natur unmittelbar und nicht auf dem Weg über die sozialen Formen. Das ist im Judentum eine besondere Seltenheit. Ebenso wie der Gesellschaft gegenüber ist Gordon der Geschichte gegenüber unabhängig. Wie gegen die Gesellschaft, so rebelliert er auch nicht gegen die Geschichte, wie manche seiner Genossen: er hat sie in sich aufgenommen, er lebt von ihr, aber sie ist für ihn kein Programm, weder positiv noch negativ. Gewiß, er trägt dieselbe Last wie alle Juden, er ist mit ihr ins Land gekommen; aber weder drückt sie seinen Nacken nieder, noch wirft er den Kopf in die Höhe, um zu zeigen, daß er sich von ihr freigemacht habe: wer den Kopf in die Höhe wirft, ist unfrei, Gordon aber ist Träger der Last und frei zugleich. Mancher kommt ihm darin nah, keiner kommt ihm gleich; das Judentum unserer Zeit hat nicht seinesgleichen aufzuweisen.

Die geistigen Motive, die andre Siedler nach Palästina gebracht haben (von den überlieferten religiösen sehe ich hier ab), wie Verlangen nach nationaler Freiheit und Selbständigkeit, nach Seßhaftigkeit des Wandervolkes, nach Überwindung des Parasitismus, nach eigenen Lebensordnungen, sind selbstverständlich auch Gordons Herzen bekannt. Aber hinter all diesen sozialen und geschichtlichen Prinzipien steht, sie alle überschattend, ein ursprünglich-menschliches, nein, kein Prinzip, vielmehr ein ursprünglich-menschliches Lebenselement: das Verlangen nach einem wahren Leben in der Natur. Geschichtlich bedingt ist freilich auch dieses: die Juden haben das Leben in der Natur verloren, sie wollen es wiedergewinnen; aber hier ist etwas erwacht, das noch tiefer ist als alle geschichtlichen Daseinsschichten, so tief sie auch reichen, etwas aus der Tiefe des Menschen als Menschen. Dieses Verlangen ist nicht bloß das des Juden, es ist das des Menschen. Und dabei ist es ganz unsentimental und unromantisch. Es weint nicht einem uns durch die Zivilisation geraubten Paradiese nach, es meldet den ewigen Anspruch des Menschen an, durch das Menschentum, wie immer es sich entwickelt, nicht von der mütterlichen Natur abgeschnitten zu werden. Das Ziel dieses Verlangens ist kein Genießen der Natur, keine kontemplativen Gefühle, dieser Mensch will sich nicht selig verlieren an den Kosmos, sondern *teilnehmen* will er an dessen Leben, ja, am kosmischen Leben selber. Nicht daß die Juden aus der staatlichen Selbstbestimmung, sondern daß sie aus dem Kosmos gebrochen sind, macht Gordons eigentliche Herzenswunde aus. Nicht durch rezeptives Verhalten können sie sich wieder in ihn einfügen. Teilnehmen kann der Mensch am kosmischen Leben nur, wenn er in dessen Zusammenhang etwas *tut,* was ihm eigen ist, wie die Sterne in ihren Bahnen kreisen und die Bäume der Sonne entgegenwachsen. Arbeit an der ihm anvertrauten Erde ist es, was dem Menschen geziemt. Die Menschen, die ein auferstehendes Israel zur Arbeit am Boden seines Landes entsendet, stellen seine Wiederverbindung nicht mit der Erde allein, sondern mit dem Kosmos dar.

Gordon selber ist nicht aus einer naturlosen Existenz in eine naturhafte gekommen, als er ins Land kam. Er hat im podolischen Dorfe gelebt, ehe er sich dem palästinensischen eingliederte. Aber sein Leben im podolischen Dorfe hat ihm nicht Genüge getan, denn es war das Leben eines „Aufsehers". Die Arbeit anderer am Boden beaufsichtigen heißt nicht wahrhaft am kosmischen Leben teilnehmen. Wer darauf achtet, daß andere gehörig arbeiten, hat das rechtmäßige und vollständige Verhältnis zur Natur noch nicht. Gordon, der Beamte im podolischen Dorf, fühlt sich der Erde gegenüber noch immer als Parasit. Der Weg nach Palästina ist für ihn ein Weg aus der Betrachtung der Natur zur organischen Teilnahme an ihr. Es ist der Weg zur eigenen Arbeit. Gordon geht nach Palästina als der Mensch, der nicht mehr seine Augen an der Natur erfreuen und die Hände anderer an ihr wirken lassen will. Augen und Hände gehören zusammen. Nur der als Ganzes in der Natur lebende Mensch lebt wahrhaft in ihr. An der eigenen Arbeit in der Natur wird der Mensch ganz. Durch die eigene Arbeit seiner Menschen in der Natur erlangt Israel das ganze Menschentum wieder.

Gordon ist nicht aus der slawischen Welt zu verstehen. Der Slawe hat die Problematik, die Gordons Weg bestimmt, noch nicht verspürt. Auch Tolstoi, der von allen slawischen Männern des Geistes wohl am stärksten empfunden hat, was sich zwischen Mensch und Erde begibt, ist zu dem ganz Einfachen und zugleich Urtiefen, um das es hier geht, der Frage der Gewinnung des Ortes des Menschen im Kosmos durch aktive Teilnahme an seinem Leben, nicht vorgedrungen. Es scheint mir, als stünden ein paar bedeutende Amerikaner, wie Henry Thoreau, der Verkünder der „Duty of civil disobedience", und Walt Whitman, der Dichter der demokratischen Kameradschaft, Gordon näher, was sich ja von der amerikanischen Zivilisationsproblematik aus recht wohl verstehen ließe. „Wenn ich bei Thoreau lese, es komme darauf an, „den Menschen als einen Bewohner, einen Teil und ein Stück der Natur, eher denn als ein Mitglied der Gesellschaft zu sehen", glaube ich Gordon zu hören. Aber für diese Amerikaner ist die Natur doch noch im wesentlichen die Landschaft, sie ist nicht so wirklich und wahrhaftig der Kosmos wie bei Gordon. In ihren Worten sehe ich die Bäume klarer als die Sterne. Bei Gordon sehe ich die Sterne, auch wenn er nur von den Bäumen spricht. Es ist in der amerikanischen Literatur nicht wenig von einem „kosmischen Bewußtsein" die Rede, aber das mutet mich wie eine Abstraktion an, die von der einfachen lebensmäßigen Fragestellung Gordons eher abführt. Und wenn ich an Whitman oder Thoreau denke, sehe ich sie wandern, herrlich wandern, aber ich sehe sie nicht hacken und jäten wie Gordon. Damit will ich selbstverständlich nicht verkennen, daß auch Thoreau in seiner Farm kräftig zugreift. Aber wenn er das tut, weiß er noch nicht wirklich, was er tut. Gordon weiß, was er tut. Er weiß, daß seine Arbeit der Zugang zur Teilnahme des Menschen am kosmischen Leben ist. Das bedeutet etwas ganz anderes als ein „kosmisches Bewußtsein". Gordons Wissen ist ein Glauben, und sein Glaube ist ein Sein. Darum ist sein Wort nur eine der Funktionen seines Seins, diejenige, die es ausspricht, die diese Art des Seins ausspricht. Man wird sein Wort in die Geschlechter fort in unlöslicher Verbindung mit der Weitergabe der Erinnerung an ihn bewahren. So ist es auch mit Whitman gewesen. Aber die einzigartige Bedeutung dieser Einheit von Wort und Sein bei Gordon ist darin begründet, daß er das war, was Whitman der ganzen geschichtlichen Lage nach nicht war und nicht sein konnte: Pionier seines Volkes auf dem Weg zur erneuten Teilnahme am kosmischen Leben. Whitman besingt das Pioniertum, er ruft: „Fresh and strong the world we seize, world of labor and the march, pioneers! O pioneers!"; aber Gordon *ist* der Pionier, und er sagt nur, was er ist. Auch Whitman wird nicht müde, die Arbeit zu preisen, und mit Recht sagt er in seinen „concluding words", der „backward glance o'er travel'd roads": „the working-man and working-woman were to be in my pages from first to last"; aber nur Gordon kann sagen: „Unser Weg: ... zur Natur durch die Arbeit!", und er gibt damit nur den Weg an, den er geht – den er als Pionier vorangeht. Whitman erklärt: „The ambitious thought of my song is to help the forming of a great aggregate Nation"; Gordon, der kein Dichter, aber ein echter Sprecher, das heißt der Mund einer werdenden Wirklichkeit war, schreibt dem Wort so große Wirkung nicht zu, jedoch von dem Geist, der ihm sein Tun und damit auch sein Wort eingibt, von dem Geist einer „neuen, wesentlichen, kosmischen Beziehung zur Natur und zum Leben" sagt er, gar nicht ambitiously, im echt gordonschen Ton, mit einem ganz unpathetischen „Vielleicht" mitten im Pathos: „Vielleicht ist dies der Geist, der die dürren Gebeine und auch die faulenden wiederbeleben wird." Der Weg zur Natur ist der Weg zur Wiederbelebung des Volkes.

Von diesen Voraussetzungen Gordons aus ist es zu verstehen, daß er wie kein anderer in der modernen jüdischen Volksbewegung die Einsicht in den einzigartigen Zusammenhang zwischen Volk und Land Israel zu erneuern vermocht hat. „Die neue Rechnung mit der Natur aufzumachen", ohne die „wir von der Natur Abgerissenen, wir, die schon den Geschmack des natürlichen Lebens vergessen haben", nicht zu einem neuen Leben gelangen können, wird nirgendwo gelingen als im eigenen Land. „Ein lebendiges und arbeitendes Volk ist dazu gemacht, aus seiner Wurzel zu saugen – und die Wurzel ist im Lande Israel." Das ist mehr als ein bloßes geschichtliches Erbe, das anzutreten, mehr als eine durch ein Weltalter unterbrochene Kontinuität, die nunmehr neu zu knüpfen ist: mit intuitiver Kraft erkennt Gordon, daß das Geheimnis des Daseins Israels an das Geheimnis dieses Landes gebunden ist. Er schaut dieses Geheimnis, indem er das Land anschaut. „Es scheint", zeichnet Gordon in Judäa auf, „als sei hier das ganze Wesen der oberen Fülle, die sich aus allen Welten in die Seele des Menschen, aber besonders in die Seele des Juden, des Sohnes dieser Natur, ergießt, ein völlig anderes, völlig verschiedenes als in den Ländern der Diaspora. In der Sprache der Seele – doch nur in der Sprache der Seele – möchte ich sagen, daß das Wesen des Unendlichen, das Wesen der Wahrheit, der Heiligkeit, der Schönheit, der Mächtigkeit, das Wesen aller Sphären hier der Seele in einer anderen Weise, in einer anderen Beschaffenheit zugänglich ist, und daß sie sich hier in andersartigen Verbindungen miteinander verbinden." Und weiter: „Es scheint dir, daß die Grenzen zwischen dem Offenbaren und dem Verborgenen hier, in der Welt der Nation, die die Tochter dieser Natur ist, sehr viel weiter und tiefer sind als in anderen Welten: der Ort, an dem in den Welten der anderen das Verborgene beginnt, ist hier in der Beschaffenheit jenes ‚wie der Kern des Himmels an Reinheit' (Ex 24,10)." Mir ist keine Stelle der modernen Literatur erinnerlich, an der eine so bedeutsame Ahnung von dem elementaren Anteil des Landes an Glauben, Lehre und Botschaft Israels ausgesprochen wäre. Gordon betont: „nur in der Sprache der Seele". Damit will er sagen, daß er sich in den Bereich der Transzendenz nicht vorwagt, daß er nicht über das Sein selber, sondern nur über das Erleben des Seins eine Aussage machen will. Gordon ist einer von denen, denen es in dieser Zeit der „Verhüllung der Lichter" nicht geziemend scheint, die Namen auszusprechen; keine Haltung ist der in unseren Tagen herrschenden atheistischen Konvention so fern wie diese. Gordon weiß, was der Mangel an Glauben in unserer Welt bedeutet und bewirkt. „Uns mangelt die religiöse Beziehung in unserer nationalen Arbeit, jene Beziehung, die gewaltige, das Angesicht der Welt erneuernde Religionen hervorbringt, und damit mangelt uns der religiöse Glaube in allem was wir tun." Man darf diese Worte nicht pragmatistisch verstehen. Gordon ist es nicht darum zu tun, daß man wieder „Religion" bekomme, weil die Religion sich so günstig, so aufbauend auf Leben und Werk des Volkes auswirke. Alles „Als ob" ist seiner Seele fremd. Es kommt, sagt Gordon, „vor allem" darauf an, uns eine neue Beziehung „zum Geheimnis des Daseins und des Lebens" zu stiften. Das Geheimnis des Daseins – womit Gordon nicht ein vorläufiges, mit dem Fortschritt unserer Erkenntnis zu enträtselndes Geheimnis meint, sondern eins, das seinem Wesen und unserem Wesen nach nicht aufhören wird, uns Geheimnis zu bleiben – ist keine Fiktion, kein Gedankengebilde, sondern eine Urwirklichkeit, und Grundbedingung der Wiedergeburt ist es, eine echte, standfeste Lebensbeziehung zu ihm zu gewinnen. Und auch dies wieder hängt eng mit dem Lande zusammen. Wie Israel nur in ihm am kosmischen Leben wieder teilnehmen kann, so kann es nur in ihm die Glaubensbeziehung zum Geheimnis des Daseins wieder gewinnen. „Die Harfe Davids kann nur hier, im Lande Israel, ihre Kraft wiedergewinnen." Damit meinte Gordon mehr als die Lyrik oder sogar die Kunst oder sogar die „schöpferische Fähigkeit" überhaupt. Was wir im Sinn haben, wenn wir „David" sagen, ist nicht ein „religiöser Dichter", sondern ein Mensch, der mit der Ewigkeit Umgang hat und der singt, damit in diesem Umgang, in dem die Seele sich ganz hingibt, auch ihre *Stimme* nicht fehle.

Gordon hat seine tiefe Einsicht in den Zusammenhang zwischen Volk und Land nicht mit einem Mal erworben. Er hat um sie wie wohl kein anderer gelitten und gerungen, und das heißt bei einem Menschen wie er, dessen eigentliches Erkenntnismittel sein Leben war: er hat um seinen eigenen Zusammenhang mit dem Lande wie wohl kein anderer gelitten und gerungen. Seine Äußerungen gestatten uns, einen Blick in vier Stadien dieses Lebensprozesses zu tun, und erst die Anschauung dieses Werdeganges erhellt uns Gordons Lehre ganz.

Als er ins Land kommt – wie gesagt, nicht aus der Naturlosigkeit in die Natur, sondern aus einer Natur in eine andere – wird es ihm schwer, das Neue, das verlorene Eigene, zu erfassen. Mit der russischen Natur war er ganz intim geworden, er hatte sie verstanden, wie er sich von ihr verstanden fühlte, er hatte sie wie eine „einfache, naive und liebende Mutter" empfunden. Nicht so die palästinensische Natur. Auch sie ist eine Mutter, und ihre Liebe ist wohl noch tiefer, aber sie ist unermeßlich erhaben, sie ist eine Königstochter, die das in der Knechtschaft der Fremde aufgewachsene, verquälte und verwilderte Kind, das zu ihr wiedergekehrt ist, mit einem stillen Gram betrachtet; „sie versteht dich gut in ihrem weisen Herzen, aber du bist nicht befähigt, sie zu verstehen". Und Gordon merkt: die Juden, die hier leben, verstehen das Land, in dem sie leben, noch nicht, sie sind ihm noch fern, sie sind noch verschieden von ihm. Gordon erkennt die Tiefe der Kluft, die sich zwischen Volk und Land aufgetan hat: auch da sie beieinander sind, besteht sie fort.

Nach den fünf ersten Jahren hat sich seine Schau gewandelt. Noch spürt er immer wieder: „Fern und fremd ist mir das Land meiner Väter, und auch ich bin ihm fern und fremd." Aber eines macht ihm nun das Verhältnis von Mutter und Sohn unmittelbar gegenwärtig: er hat die Zerstörung des Landes mit Augen geschaut, und es ist dieselbe Zerstörung, die er in seiner Seele findet. „Die Zerstörung", ruft er sich zu, „*ist* die Zerstörung deiner Seele, und der Verderber ist der Verderber, der in deinem Leben gewaltet hat ... du stehst vor deinem eigenen Schicksal." In der Verwüstung des mütterlichen Angesichts findet Gordon das eigene, verwüstete wieder. Die Ferne wird überwunden durch die Anschauung des gleichen Loses. Nicht in erhabener Majestät hat das Land der fernen Söhne geharrt, es ist geschändet worden wie sie, sie finden einander in dem einen Leid, das zweierlei Gestalt angenommen hat, und in der einen gemeinsamen Hoffnung.

Und wieder nach etwa fünf Jahren verleiht Gordon dem entscheidenden Schritt Ausdruck, den er inzwischen getan hat, und der die rechtmäßige Fortsetzung jener beiden, das Weitergehen auf dem wahren Wege war. Noch einmal kehrt das Bild von Mutter und Kind wieder, aber an die Stelle der „Ferne" ist eine neue Nähe getreten und aus der bloßen Gleichheit des Loses die Gegenseitigkeit geworden. „Die Mutter Erez Israel", schreibt Gordon zu Anfang des Weltkriegs in dem ersten seiner „Briefe aus Palästina", „fordert von euch Leib und Leben oder sie fordert nichts. Meine Absicht ist nicht, eure Aufmerksamkeit darauf zu lenken, was ihr für Palästina tun sollt und könnt, sondern im wesentlichen darauf, was Palästina für euch tun kann ... Erst von da an, wenn ihr in ihm etwas sucht, jenes Etwas, das kein Jude anderswo finden kann, ... erst von da an seid ihr befähigt, etwas, etwas Lebenswichtiges für Palästina zu tun." Hier ist die Einzigartigkeit des gegenseitigen Verhältnisses zwischen diesem Volk und diesem Land in der Gestalt erkannt und ausgesprochen, die es in dieser Schicksalsstunde angenommen hat, in der gegenwärtigen Aktualität dieses Verhältnisses. Mehr als je zuvor fordert das Land heute alles vom Volke, um ihm alles geben zu können. Wieder leuchtet die Gegenseitigkeit in der Form der Entscheidung auf, einer Entscheidung – das hat niemand besser als Gordon gewußt – nicht bloß zu einem „selbständigen", sondern zu einem wahren

Leben, zu einem Leben in der Wahrheit der Natur und der Arbeit, der Gerechtigkeit und des Glaubens.

Und wieder vergehen etwa fünf Jahre, da spricht Gordon – auf jener Tagung in Prag, bei der ich ihn zum ersten und letzten Mal gesehen habe – ein Wort, das bekundet, wie noch viel näher er und das Land einander gekommen sind. „Nicht wir", sagt er, „unser Land ist es, das zum Volke redet. Wir haben nur auszudrücken, anzudeuten, was das Land redet, und wir sagen zu euch, zum ganzen Volk: das Land wartet auf euch." Statt der bloßen Gegenseitigkeit sehen wir hier eine Identifizierung vor uns. Gordon ist zum Munde des Landes geworden. Wie viele Redner mögen in dieser Zeit solch eine Haltung angenommen haben! Aber Gordon ist kein Redemeister, sondern ein Lebensmeister, und was er ausspricht, ist keine Haltung, sondern die Wirklichkeit seines Lebens selber. Er ist wirklich mit dem Land zusammengewachsen, es hat ihn ermächtigt, für es zu sprechen, wie das Herz des Menschen seinen Mund ermächtigt, er ist zum Munde des Landes geworden. Von der bewundernden Fremdheit war er zur Vision der Gleichheit des Loses gelangt, von ihr zur Gegenseitigkeit des Gebens und Nehmens, und nun von ihr zur leiblichen Verbundenheit, wie Herz und Mund verbunden sind. Dies war das letzte Stadium des sechzehnjährigen Leidens und Ringens. Im zweiten Jahr danach ist er gestorben.

„Nur *einen* Trost haben wir", sagt Gordon in jenem Brief, nachdem er die „Kleinlichkeit" der Juden Palästinas vor der Größe der Aufgabe gekennzeichnet hat, „... daß wir unsere Schmerzen bis auf den Grund fühlen. Wir gleichen einer Frau, die lange keine Kinder hatte, wie sehr sie auch Gott darum bat – und plötzlich merkt sie, daß sie schwanger ist. Sie freut sich über jeden Schmerz und hat nur Angst, vielleicht ist der Schmerz zu gelind, vielleicht ist es nicht *das*. In der Diaspora haben wir *diese* Schmerzen nicht gefühlt." In eben diesem Gleichnis hat einst ein chassidischer Führer, Rabbi Israel von Rižin, von der Erlösung geredet. Aber Gordon hat recht: in der Diaspora waren *diese* Schmerzen nicht gefühlt worden. Seine, Gordons, Existenz bezeugt es, daß es Geburtswehen sind.

# VI. SITUATIONEN

## EIN POLITISCHER FAKTOR

(August 1917)

Das Streben nach der Begründung einer öffentlich-rechtlichen gesicherten Heimstätte für das jüdische Volk in Palästina ist, so sagt man, „ein politischer Faktor" geworden. Betrachten wir die Wirklichkeit, die sich hinter diesem Schlagwort verbirgt.

Es ist eine zwiegesichtige, eine zwiespältige Wirklichkeit.

Dies ist ihr lichtes Antlitz:

Die Völker fühlen mit steigender und ingrimmiger Gewißheit, daß es bei ihnen steht, ob dieser Krieg die hoffnungslose Hölle oder der höllenähnliche Reinigungsort dieser späten Jahrhunderte ist. Sie haben zu erkennen begonnen, daß er aus ihrer aller Schuld geworden ist, und ahnen, daß ihnen zur Sühne gereichen mag, was sie aus ihm werden lassen. Und von Augenblick zu Augenblick wird ihnen stärker kundbar, daß alles aus ihm werden kann, was zu wollen sie fähig sind. Es ist die Stunde einer säkularen Bildsamkeit der Menschenwelt. Die Verfassungen der Gemeinwesen, die Ordnungen der Wirtschaft, die Beziehungen der Staaten, alles ist bestimmbar geworden, alles harrt der meisterlichen Hände.

Unter den Aufträgen, die die Zeit in diese noch unsichtbaren Hände legt, ist ein vor allen andern harter und spröder: die Selbstbestimmung der Nationen zu verwirklichen. Hart und spröd ist er, weil die Ansprüche, die ihm als Material für die zu treffenden Entscheidungen überantwortet werden, einander mannigfaltig widersprechen und der eine oft nicht ohne Schmälerung eines anderen erfüllbar erscheint; wohl auf keinem Gebiet wird die Schlichtung des vielfältigen Widerstreits so schwierig sein wie auf diesem, wo er nicht bloß in politischen Forderungen, sondern auch in historischen Erinnerungen, in logischen Definitionen, ja in statistischen Tabellen waltet.

Es gibt freilich Ansprüche, deren Gerechtigkeit unvermischt ist und deren Anmeldung schon ihre Anerkennung hätte bedeuten müssen, wenn damals bereits das Gewissen der Völker erwacht wäre, das heute erwacht. Ein solcher Anspruch ist der des jüdischen Volkes auf die Gewinnung eines neuen organischen Mittelpunkts seines Lebens im Lande seiner Jugend.

Dieser Anspruch verletzt keinen andern nationalen Bestand, kein anderes nationales Recht; das ist, nachdem es oft erklärt wurde, vor kurzem in der Eröffnungsrede der ersten zionistischen Delegiertenkonferenz im freien Rußland mit erfreulicher Deutlichkeit dargelegt worden, und daß es so ist, daß dieser Anspruch zutiefst beglaubigt ist, haben die Völker in dieser Stunde der säkularen Bildsamkeit zu erkennen begonnen. Die philozionistische Stimmung wächst zur tätigen Gesinnung heran. Überall beginnt es Menschen, die guten Willens sind, ernst um Zion zu werden. Es ist nicht mehr bloße Achtung, was sie dem bewußten Judentum entgegenbringen, es ist Hilfsbereitschaft.

Das ist das helle Antlitz der zwiegesichtigen Wirklichkeit, die sich hinter dem Schlagwort, der Zionismus sei ein politischer Faktor geworden, verbirgt.

Aber das andere:

Es ist noch Krieg; und das heißt, es ist noch dieser entartete Krieg, in dessen Entartung es einer der grauenhaftesten Züge ist, daß *alles* in ihn einbezogen wird. Daß ein so großer Teil der Intellektualität der kriegführenden Völker sich unter die Maschinen begeben hat oder unter sie eingereiht worden ist, mit denen der Krieg geführt wird, hat man durch die Fiktivität, die Ungeistigkeit dieser Intellektualität zu erklären versucht; die Erklärung reicht nicht zu. Echtes und Fiktives, Geistiges und Ungeistiges sind hier miteinander verschweißt, weil sie vor den sie Benützenden gleich sind, für sie gleich brauchbar sind. Kein Idealismus kann so rein, keine Begeisterung so gnadenreich sein, daß sie von dem System der Verwendung aller Dinge nicht erfaßt und mit ihrem besonderen Verwendbarkeitszeichen abgestempelt werden könnten. Ob du dichtest oder zu dichten glaubst, Poet, ob du forschest oder zu forschen vorgibst, Gelehrter, der euch ausspielt, kann die echten Karten unter euch zu gelegener Zeit so geschickt (oder so ungeschickt) ausnützen wie die falschen. Ihr echten seid ins Spiel gemischt und müßt die Gesellschaft der andern erdulden und ihre Behandlung miterleiden.

So kann es auch einer Sache ergehen, die jenseits der Welt dieses Krieges steht und mit ihr nichts gemein hat, wie die zionistische. Sie ist in diesem Krieg nicht Partei und will nicht Partei werden; sie spielt weder offen noch heimlich mit; sie sieht aber auch nicht ins Spiel und lauert nicht, wer gewinne; sie ist nicht unter denen, die den Spielern zuflüstern, schmeicheln, Tricks anbieten und die alles Ausnützenden selber ausnützen möchten. Was Theodor Herzl auf dem ersten Zionistenkongreß – seit jener Minute vollendet sich jetzt das zwanzigste Jahr – sagte, gilt heute noch immer: „Es kann sich bei uns nicht um Bündeleien, geheime Interventionen und Schleichwege handeln". Aber nicht deshalb allein hat die zionistische Sache keinen Anteil an dem ausnützenden und ausspielenden Aktivitätswirrsal dieses entarteten Kriegs. Sondern weil der Weg nach Zion nicht durch die Straße des Wahnsinns führen kann.

Und dennoch ist das Zionszeichen auf eine Karte gemalt und diese Karte ins Spiel geworfen worden. Aber nicht von der Hand des Zionismus. Würde er um *dieses* Vorgangs willen ein politischer Faktor genannt, so käme ihm diese Bezeichnung nur als einem Objekt, nicht als einem Subjekt der Politik zu. Im System der allgemeinen Verwendung der Ideale und Begeisterungen ist nun auch das Streben nach einer Heimstätte für das jüdische Volk als benutzbar untergebracht worden. Wir können diesen Akt nicht verhindern, aber wir dürfen an ihm nicht teilnehmen. Wir müssen diese Versuchung, zu einem politischen Faktortum solcher Art erhoben zu werden, bestehen. Wir sind nicht ein Subjekt dieser Politik und wollen es nicht werden.

Die Politik, als deren Subjekt der Zionismus gelten will und darf, ist eine andere. Er redet nicht zu den einzelnen, aus aller Weltmaterie einschließlich des Geistes Waffen wider einander schmiedenden Gruppen, sondern zu der Völkergemeinde, die sich in dieser Stunde, während sie noch geschmiedet werden, in redlichen und überlegenen Herzen bereitet; nicht zum Haß und zur lauernden List, sondern zu dem erwachenden Gewissen, dem neuen Bewußtsein der Verantwortung und dem sich verwandelnden Willen der Völker. Indem er zu ihnen redet und von ihnen gehört wird, ist der Zionismus eine wirkende Kraft in der Völkerpolitik geworden. Der Tag der endgültigen Selbstbesinnung der Völker wird auch sein Tag sein; keiner der Tage ihrer Verstrickung kann es werden.

Diese, zu der wir vor zwanzig Jahren uns im Angesicht der Menschenwelt bekannten und der wir treu geblieben sind, ist eine andere Politik, als die in diesem Kriege herrscht, eine andere, als die war, deren Fortsetzung mit *allen* Mitteln wahrlich dieser Krieg darstellt. Es ist eine Politik des Freimuts und nicht des Mißtrauens, der Offenheit und nicht des Hinterhalts, der Direktheit und nicht der Intrige. Wenn der Zionismus durch seine politische Methode diese neue Politik einsetzen hilft, wird er auch in einem besondern hohen Sinn ein politischer Faktor genannt werden dürfen.

# DIE EROBERUNG PALÄSTINAS

(Januar 1918)

Als man mir sagte, die Engländer hätten Judäa erobert, habe ich es nicht geglaubt. Ich bin gesonnen, es nicht zu glauben.

Wenn ich in der Zeit gelebt hätte, da die Türken Palästina einnahmen, würde ich der Kunde, sie hätten es erobert, ebenso geringen Glauben geschenkt haben.

Dieses Land vermag mit der Waffe wohl eingenommen, aber nicht erobert – besetzt, aber nicht besessen zu werden.

„Erobern" – wenn das Wort einen rechtmäßigen Sinn hat, so ist es dieser: ein Wesen oder ein Ding so zuinnerst bewältigen, daß es einem wahrhaft und vollkommen zu eigen wird und fürderhin keines andern sein kann.

Somit kann eine kriegerische Handlung bestenfalls der *Anfang* einer Eroberung sein. Liebeswirkung muß vollenden, was Gewaltwirkung begann, fruchtbare Tat muß zur Gestalt meißeln, was räuberische Tat aus dem Gestein hieb. Sonst ist die kriegerische Handlung vertan, starr und lastend liegt das Eingenommene in den Armen des Zwingherrn, nie wird er es besitzen.

Und dieses Land der Länder – wer, der von seinem Geheimnis weiß, wüßte es nicht unwiderlegbar, daß der Engländer in all seiner Freiheit und Kraft es ebensowenig zu erwecken vermag, wie es der Türke vermochte? Daß keiner das vermag als der eine, der einst aus dem Monolith dieses Landes die Wohnung des Unsichtbaren erbaute? Er verlor es – als er es nicht mehr zuinnerst zu halten verstand; aber er hat es nicht für ewig verloren, da es immer noch seiner und keines andern harrt: weil es nur von ihm zum Leben aufgerufen werden kann.

Seiner und keines andern. Aber eben nicht, daß er es an seine Brust ziehe und sage: Mein bist du! – sondern daß er sich ihm ergebe mit aller Kraft Leibes und der Seele, allem Werk Leibes und der Seele, um es zur wahren Wohnung des Unsichtbaren zu vollenden.

Er aber, der Jude, ist er nicht indes durch Niedrigkeit und Verworfenheit gegangen? Hat er nicht in der Hölle des Unrats als gelehriger Lehrling gestanden und gelernt, daß man die Güter der Erde verkaufen und kaufen könne? Verkaufen und kaufen auch dieses Land der Länder, sein Land?!

Eroberung durch die Waffe: ein kühner Wahn. Aber Eroberung durch das Geld: ein elender Trug.

Und sind sie diesem Trug nicht verfallen, die Juden, die hingingen und Erde Kanaans kauften und sie durch Fremde bebauen ließen, selber aber großtaten und sich Besitzende dünkten, da sie nur Ausnützende waren?

Wohl, ihnen stehen die anderen gegenüber, die Echten, die Redlichen, die Entschlossenen, die wußten und betätigten, daß man für diese Erde in Wahrheit mit keiner anderen Münze zahlen kann als mit lebenslanger Arbeit unter Einsatz der ganzen Person; die Jungen, die Pioniere, die in Wahrheit die Eroberung Palästinas begonnen haben.

Aber wie wird es sein, wenn uns Breiteres zu wagen gewährt wird? Wie gar, wenn die „Möglichkeiten" des Landes entdeckt werden? Wenn allerhand Leute von jenen, die nur nach „Unternehmen" wittern, sich herbeilassen werden, aus dem ganzen Lande ein großes Unternehmen nach dem Muster der erfolgreichsten europäischen und amerikanischen zu machen? Sie, die unfähig sind, die wahre Eroberung zu kennen und zu wollen, denen es genug ist an der Einnahme, der Einnahme durch das Geld, sie, die dem Haben gern alles Sein und Werden (diese Ideologien!) zum Opfer bringen? Wenn sie über das Land geraten – wie wollen wir diesem heillosen Segen begegnen: dieser sonderlichen Heuschreckenschar, die überall, wo sie sich niederläßt, „Werte" und nichts als Werte erzeugt? Wie wollen wir der drohenden Tyrannei der sinnlosen, seelenlosen, leblosen Werte, die das Abendland (und vom Morgenland alles, was mitzumachen gelernt hat) dahin gebracht hat, wo es heute ist, dort, in Zion begegnen?

Nicht anders, als indem wir die Diktatur des schöpferischen Geistes aufrichten. Die Diktatur des schöpferischen Geistes, dem sich alle Macht und Herrlichkeit der „privaten Initiative" zu beugen, dem sie zu gehorchen hat. Des schöpferischen Geistes, der all der selbstsicheren Triebkraft des „wirtschaftlichen Aufschwungs" seine Gesetze diktieren wird. Deren erstes heißt: Gemeinschaft; seine Niederschrift hat begonnen in der Grundsatzung des Jüdischen Nationalfonds, dem monumentum aere perennius der zionistischen Bewegung. Und deren zweites heißt: Arbeit; seine Niederschrift hat noch nicht begonnen, es sei denn man rechne dafür einige Proteste und einige Grabsteine da drüben. (Die anderen Gesetze sind heute noch namenlos.)

*Arbeit;* das ist nicht Betriebsamkeit. Das ist Werk Leibes und der Seele, Einsatz der ganzen Person. Das ist Liebeswirkung, fruchtbare Tat, Eroberung.

In alten starken Zeiten raubte man sich die Braut. In späteren, schwächeren, kaufte man sie. Aber, noch einmal sei es gesagt, ob man sie raubt oder kauft oder sonst irgendwie bekommt, dieses Haben lügt; die wahre Werbung, Erwerbung muß erst danach beginnen.

Als Räuber, als Käufer wird der Jude jenen andern, die das Land einnahmen und nicht eroberten, besetzten und nicht besaßen, nicht überlegen sein; nur als Arbeiter am Land wird er kraft seines Zusammenhangs mit ihm, kraft seiner Liebe zu ihm, kraft seiner Sehnsucht nach ihm vermögen, was ihnen versagt blieb und versagt bleiben muß: es zu erobern, indem er es erlöst.

Diese dem Juden allein innewohnende Fähigkeit, das Land Israel zu erlösen, begründet die Forderung, die wir allen fremden Besitzrechten und Besitzansprüchen gegenüber erheben. Nicht den „historischen Rechtsanspruch", diesen durch alle Gossen des Imperialismus und Chauvinismus geschleiften Mißbegriff, machen wir geltend, sonden den aus dem höchsten Menschenrecht fließenden, den Anspruch der Produktivität. Wir sind die, die aus diesem Land sein Höchstes zu schaffen vermögen, wir allein: uns gehört es. Aber um so ungeheures Vertrauen heischen zu dürfen, müssen wir mit kämpferischem, rücksichtslosem Ernst die Forderung an uns selber stellen: den hindernden Ungeist des Merkantilismus zu besiegen und jenes Sein, das wir zu schaffen vermögen, nunmehr zu schaffen. Schöpferischem Geist, schöpferischer Arbeit, schöpferischem Opfer gilt die Forderung.

## VOR DER ENTSCHEIDUNG

(Mitte März 1919)

### 1.

Die Vertretung der Mächte, die gegenwärtig in Paris die Neuordnung der europäischen und vorderasiatischen Territorialverhältnisse beraten, hat – so wird gemeldet – die in dem Memorandum der Zionisten formulierten Forderungen im Prinzip angenommen. Überall, wo jüdisches Volkstum oder Wille zu jüdischem Volkstum lebt, herrscht eine stolze Freude über diese drei Dinge: daß wir von der gegenwärtigen Machtordnung der zivilisierten Welt als Nation anerkannt worden sind, daß uns das Recht auf Palästina zugesprochen wurde, und daß unsere Siedlungsarbeit nunmehr in wesentlich erweitertem Maße, nicht mehr unter dem türkischen Joch, sondern in der freien Atmosphäre des britischen Imperiums und mit dem offen ausgesprochenen und zugestandenen Ziel der Entwicklung zu einem autonomen Gemeinwesen fortgesetzt werden kann.

Ich freue mich mit. Mein Herzschlag kann sich nicht von dem gehobenen meines Volkes scheiden, und ich fühle, wie es recht eigentlich heute erst aus den beklommenen Ghettogassen ins Licht des unbefangenen Lebens und der unvermauerten Natur zu treten meint. Aber ich freue mich nicht bloß *mit,* ich freue mich: ich bin es, der als Träger eigener Selbstbestimmung anerkannt und somit aus der Abhängigkeit vom „Herrenwillen" der mich beherbergenden Staatsnationen gelöst werde; ich, dem das Recht zugesprochen wird, auf unentäußerlich eigenem Boden zu pflanzen und zu ernten und in der Arbeit an der Zukunft meines Blutes von aller Problematik zu genesen; ich, dem es gewährt wird, an dem eigenen neuen, an einem standfesten Hause zu bauen. So viele und so lange Jahre war ich mit einem großen Teil meines Wesens Volk, ein getretenes, gehetztes, sein Leben erduldendes Volk; wie sollte ich heute nicht ein sich aufrichtendes, heimkehrendes, sein Leben zu schaffen entschlossenes Volk sein?

Aber sowie ich mich über die eine Tatsache hinausbeuge, daß meinem Volk, daß mir solches zugesprochen worden ist, sowie ich recht ins Auge fasse, unter welchen Umständen, innerhalb welcher Pläne es geschah, drängt sich ein Widerspruch in meine Freude. Kann dies auch im innersten Sinn wahr sein? Hat sich wirklich schon, hat sich so die große Entscheidung vollzogen?

„Der Tag der endgültigen Selbstbesinnung der Völker", das hatte ich, als sich das nun eingetretene Ereignis zuerst ankündigte, vom Zionismus erkannt, „wird auch sein Tag sein; keiner der Tage ihrer Verstrickung kann es werden". Dies ist kein Tag der Selbstbesinnung, nur neuer, vielleicht noch tieferer Verstrickung, dieser Tag, an dem die angeblichen Vertreter der Völker, die Fahne der distributiven Gerechtigkeit über ihrem Zelt gehißt, Garantien unbegründeten Machtzuwachses austauschen, ohne jeweilig der heute bei dem so gesteigerten allgemeinen sittlichen Interesse zum Unterschied gegen frühere Friedenskonferenzen unentbehrlichen moralischen Deckungen zu vergessen. Wie jede idealistische Bewegung, so eignet sich auch der Zionismus – der, wenn er nicht zur Hand gewesen wäre, hätte erfunden werden müssen – zu solcher Deckung. Aber kann er darin seine

Erfüllung erblicken? Wenn dies der Tag des Zionismus wäre, so wäre der Zionismus nicht die Befreiung des Judentums. Kann das Judentum befreit werden, indem seiner immanenten Forderung, daß *Recht und Wahrheit zwischen den Völkern* seien, Gewalt angetan wird?

Man wird mir den „Völkerbund" entgegenhalten. Aber was kann denn dessen Projekt, im Zusammenhang nicht der ideellen Voraussetzungen, sondern der tatsächlichen Verhandlungen gesehen, anderes bedeuten, als eine neue, oberste Garantie des jetzt beschlossenen Machtzuwachses, die ihn im Gegensatz zu allen früheren unabänderlich machen würde, solange der Bund dauert?[57] Und dazu (trotz aller Erklärungen gegen eine Einmischung in die „inneren Verhältnisse") einen Schutzapparat gegen alle Völker, denen es etwa – gleichviel ob unter der Anführung des deutschen oder des französischen, des russischen oder des englischen – beifallen könnte, sich ihrer angeblichen Vertretungen und deren Systems mit *einem* Schlage zu entledigen und – sich zu einem wahren *Völkerbund* zusammenzutun? Was da vorbereitet wird, ist ein Bund der Staatsordnungen, nicht der Völker; diese werden durch Phrasen verblendet, durch Versprechungen berauscht, durch Ausmalung drohender Gefahren geschreckt, durch Befriedigung aller niederen Instinkte dienstbar gemacht – daß sie sich auch weiterhin mit ihren Staatsordnungen identifizieren.

Aber die Verstrickung kann nicht bleiben, die Völker nicht lange mehr von der Selbstbesinnung ferngehalten werden. Je länger es geschieht, aus um so katastrophaleren Vorgängen wird sie hervorgehen. Denn wenn Verstand gegen Element aufzukommen versucht, kann er den Ausbruch des Elements nur verzögern, und auch dies nur, indem er in gleichem Maße dessen Wucht steigert. Element aber, nur noch niederzuhaltendes, nicht mehr zu unterdrückendes Element ist in den Völkern die Ahnung einer möglichen Menschheit: weil die Brüderlichkeit auch ein Instinkt ist und, wenn er erst wahrhaft erwacht, ein stärkerer als jene niederen, die heute eilfertig befriedigt werden. Läßt man es darauf ankommen, daß erst letzte Not, katastrophale Erschütterung ihn wecke – wohlan!

Wir sind von der gegenwärtigen Machtordnung der zivilisierten Welt als Nation anerkannt worden. Aber wer von uns in der Wahrheit der Einsicht steht, kann die gegenwärtige Machtordnung der zivilisierten Welt nicht

57 Man berufe sich nicht auf die edlen Intentionen Einzelner. Es geht hier lediglich um den objektiven Zusammenhang, in dem alle Intentionen in ihren Folgen entarten müssen.

anerkennen, und wer von uns in der Wahrheit der Schau steht, sieht ihren Zusammenbruch sich bereiten. Achten wir beizeiten, daß wir von der kommenden Ordnung bestätigt werden! Ganz besonders müssen *wir* darauf achten, weil andern Völkern nur eine vollzogene organische Entwicklung sanktioniert, der unsern (täuschen wir uns nicht!) vorgegriffen wurde.

2.

Ich höre die Fiktivpolitiker, die sich Realpolitiker nennen (weil sie die Realität *eines* Tages, die ephemere Realität der Verstrickung notdürftig überschauen), sich erbosen: „Seht doch den heillosen Ideologen! Der möchte wohl gar, daß wir den Mächten Palästina zurückwiesen, weil wir mit ihrer Moral nicht einverstanden sind!"

Gemach! ich meine nicht, daß wir dergleichen sollten, ja nicht einmal, daß wir es könnten. Daß wir in die Verstrickung, der wir zu Anfang des Krieges fernbleiben zu dürfen schienen, doch noch einbezogen wurden, war unausweichliches Schicksal; kein Volk, das von ihr erfaßt worden ist, kann sich als einzelnes aus ihr lösen. Mehr als das: daß wir unser Recht auf Palästina geltend machten, sobald es sich ankündigte, daß über das Land entschieden werden sollte, war unsere unabweisliche Pflicht (die Methoden der Geltendmachung sind hier nicht zu erörtern); wir mußten seither zu unserem Recht stehen, mußten es vor den Instanzen, die zur Zuständigkeit gelangten, mit energischer Deutlichkeit vertreten. Aber darauf kommt es an, was wir, nun es uns zugesprochen worden ist, mit diesem Recht anfangen. Davon wird unter anderem auch abhängen, ob wir es einst vor einem rechtmäßigeren Areopag, als diese Friedenskonferenz, erfolgreich werden verteidigen können. Doch nicht das allein: *alles* hängt für uns davon ab, ob aus der Folge eines Vorgangs, der wahrlich nicht das Antlitz der Erlösung trägt, doch die Erlösung hervorgehen kann.

Alles hängt davon ab, ob wir das uns zugesprochene Recht auf Palästina als Recht auf *unser* Palästina geltend machen werden. Auf ein Palästina, das in seinem *Wesen* unser wird.

Und das bedeutet: ob es uns gelingen wird, unser Palästina in die herrschenden Methoden der abendländischen Politik, in das herrschende System der abendländischen Wirtschaft, in die herrschenden Lebensformen der abendländischen „Kultur" nicht einbeziehen zu lassen. Einer Politik, die, auch wo sie die Maske der Humanität vorbindet, die Ausnützung der

Macht zum Zweck der Erweiterung der Macht meint, weil es ihr an Ideen fehlt; einer Wirtschaft, die, auch wo sie sozialistische Gebärden annimmt, den rücksichtslosen Profit meint, weil es ihr an Gemeinsinn fehlt; einer sich immer noch Kultur nennenden Zivilisation, die, auch wo sie sich geistiger Produktivität bedient, die wohlgeordnete öffentliche Lüge meint, weil es ihr an schöpferischer Wahrheit fehlt. Während des Krieges schienen diese drei dem preußischen Regime vornehmlich zu eigen; man hat seither eingesehen oder sollte eingesehen haben, daß Preußen-Deutschland sich von den Westmächten im wesentlichen durch ungeschickteres Verhüllen der wahren Meinung unterschied.

Lassen wir unser Palästina in die herrschende Politik, Wirtschaft und Kultur einbeziehen, dann wird es nie unser sein: weil das echte Judentum – nicht das abgeartete, das jenen sich anpassen, ihr Gebaren übersteigern, ihnen huldigen gelernt hat, sondern das echte, von seiner religiösen Urkraft gewollte Judentum – sich nur in unzweideutiger Abhebung gegen sie auswirken kann. Mehr noch: Palästina wird eine zionisierende Galuth-Dependance sein, ja eine Herberge des innersten Galuth-Übels; weil an die Stelle der Anpassung von Individuen die Anpassung des Volkes treten wird. Die Führung in ihm wird alsdann den Anpassungsfähigsten zufallen, denen, die sich am besten auf unauffällige Machtausnützung, auf Profitverschleierung, auf Aufputz der öffentlichen Lüge verstehen. Und ein Heer von Agenten aller Art, kleindiplomatischen, welthändlerischen und journalistischen, wird sie umwimmeln, begabt und geschult für den Orientdienst der westlichen Machthaber, zu Aufträgen aller Art in nahe und ferne Länder, die in Europäisierung begriffenen, sich empfohlen haltend. Die Machthaber aber werden dem fügsamen und gewandten Faktotum ihre Gunst leuchten lassen. Bis ein Sturm, dessen Gewalt die bisherigen Revolutionen nicht ahnen lassen, den ganzen Prunkbau dieser Kultur mitsamt der Trugfassade seiner Wirtschaft und den hohlen Säulen seiner Politik hinwegfegt, Macht und Machthaber in einem, und das „jüdische" Palästina inmitten geistesverwandter Gebilde versinkt.

Ein krasses, ins Äußerste getriebenes Bild – gewiß; aber kein phantastisches. Streiten doch zwei Wesen, zwei Völker in unserer Seele, wie in keiner: Schöpfungswesen und Schacherwesen, Gottesvolk und Mammonsvolk. Alles Große unsrer Galuthgeschichte war ein innerer Sieg, keins ein endgültiger. Was ist denn Zionismus anderes als der Wille zum endgültigen Sieg der guten Kraft in uns? Was er anstrebt, Freimachung aus der Abhängigkeit vom alten Staatengetriebe, Rückführung zum naturhaften Arbeitsleben, Vergemeinschaftung des heimatlichen Bodens, alles dient diesem einen: der Bezwingung des Schachergeistes durch den Schaffensgeist. Es ist der *Entscheidungskampf,* der uns bevorsteht. Sein Ausgang hängt davon ab, ob es uns gelingen wird, den Aufbau des Landes dem Einfluß der negativen Kraft zu entziehen. Wird aber auf Zion eine Agentur des wirtschaftlichen und politischen Imperialismus errichtet, dann wird all unser Mühen vergeblich sein. Die Juden werden wir aus dem Staatengetriebe freigemacht haben, das Judentum wird ihm erst jetzt verfallen; die Einzelnen werden wir der unfruchtbaren Betriebsamkeit entrissen haben, um das Volk ihr preiszugeben; den Boden werden wir dem Wucher entzogen haben und mit der Seele Wucher treiben. Denn die reine Judenseele, die unerschlossene, ist die Todfeindin der fressenden Macht; sie dieser ausliefern hieße Gottes Kind der Schande verkaufen.

Ich rede keineswegs gegen eine mittelnde Funktion des palästinensischen Judentums zwischen Abend- und Morgenland – im Gegenteil! Wir, die wir Orientalen *und* Europäer sind, haben wahrlich Eignung und Beruf, das Tor des Geistes und des Lebens in der von der Geschichte aufgerichteten Mauer zwischen dem erhabenen Mutterkontinent und seiner überreichen und zerfahrenen Halbinsel zu werden; aber dieser unserer Aufgabe sollen wir nicht im Dienst eines mächtigen und gezeichneten, sondern im Bund mit einem noch schwachen, aber zukunftsheiligen jungen Europa entgegengehen, nicht vermittelnder Agent einer faulenden, sondern mittelnder Mitschöpfer einer jungen Kultur.

3.

Die Loyalität unserer Aktion und unserer Siedlung dem Völkerbund und seinem Beauftragten gegenüber ist selbstverständlich. Daß wir mit seinem gegenwärtigen Lebenssystem, dem des humanitätsbewimpelten Imperialismus, nichts zu schaffen haben wollen, haben wir lediglich dadurch zum Ausdruck zu bringen:

erstens, daß wir uns aller „äußeren Politik" enthalten – bis auf die Schritte und Maßnahmen, die erforderlich sind, um ein dauerndes freundschaftliches Einvernehmen mit den Arabern auf allen Gebieten des öffentlichen Lebens, ja eine umfassende brüderliche Solidarität herbeizuführen und zu erhalten;

zweitens, daß wir unsere wirtschaftliche und soziale Ordnung von den Postulaten unseres uns von den Urvätern überlieferten und unsern Geist durchwaltenden Strebens nach Gerechtigkeit und Gemeinschaftlichkeit, sowie von den besonderen Anforderungen unseres Volkswesens und der Landesnatur Palästinas bestimmen lassen, nicht aber von den Wünschen und etwaigen Anerbietungen des machtstrotzenden und doch bald untergangsreifen englisch-amerikanischen Kapitalismus;

drittens, daß wir bei der Gründung unserer kulturellen Institutionen einzig darauf bedacht sind, die schöpferischen Kräfte des Judentums zu fördern, dabei allen guten Anregungen Europas zugänglich bleiben, uns aber hüten, die vielgepriesenen, unserem und allem neuen Menschentum jedoch unangemessenen Einrichtungen westlicher Erziehung und westlicher Lebensführung respektvoll zu übernehmen, und im übrigen dessen eingedenk bleiben, daß wir ein semitischer Stamm sind und Palästina ein vorderasiatisches Land ist.

## IN SPÄTER STUNDE

(Ende April 1920)

Als die Vertreter der siegreichen Mächte in Versailles zusammentraten, gab es kaum eine erhebliche nationalsozialistische Bewegung unter den palästinensischen Arabern, jedenfalls keine erhebliche mit aggressiver Tendenz. Sie ist erst in Versailles, in Paris und London großgezogen worden: durch das weithin sichtbare Bild eines Beutestreits, der insbesondere die Verhandlungen über das türkische Besitztum zu einer endlosen Penelope-Arbeit machte. Die arabischen Vertreter fanden in Europa an Stelle eines eindeutigen Ordnungswortes ein Durcheinander und Gegeneinander von Stimmen, das ihnen den scheuen Respekt vor den Beherrschern des Planeten bald genug austrieb; sie verstanden bald so gut wie die Türken, sich hin und her zu verbündein, sich von der einen Macht gegen die andere, von der anderen gegen die eine ausspielen zu lassen und die Beziehungen zu beiden zum eignen Vorteil auszunützen. Diese neue Haltung, das rasche Erziehungsprodukt des politischen Milieus Europas, wirkte notwendigerweise auf die arabische Bevölkerung zurück, die merkte, daß nicht, wie sie erst meinte, ein neues Stück, sondern nur ein neuer Akt des alten Spiels mit neuer Szenerie und neuer Besetzung begonnen hatte; zuletzt wurde auch das palästinensische Arabertum davon berührt.

Als im Spätjahr 1917 die Kunde von der Balfour-Deklaration nach Palästina kam, waren die einzigen, die sie mit einem ausgesprochenen Mißvergnügen aufnahmen, die arabischen Großgrundbesitzer. Zwar war von unserer Seite versäumt worden, den Fellachen klarzumachen, daß sie von der jüdischen Einwanderung eine Hebung ihrer Lebenshaltung zu erwarten hatten; aber sie waren im allgemeinen den Juden in einer etwas animalischen Weise wohlgesinnt und geneigt, sich mit ihnen zu vertragen. Dagegen fühlten die Effendis ihren Besitzstand bedroht, und mit Recht; denn Latifundien vermöchten sich einer zielbewußten nationalen Kolonisation gegenüber nicht auf die Dauer zu behaupten. Was konnten sie aber, zumal nachdem die Besetzung Palästinas vollendet war, gegen die Deklaration beginnen? Nicht viel, wenn mit ihr Ernst gemacht wurde; andernfalls allerhand: sie konnten insbesondre die eigne Bedrohung den unkundigen Fellachen als Bedrohung *ihrer* Existenz darstellen, wie es die Ausbeuter aller Völker zu tun pflegen, wenn sie die von ihnen Ausgebeuteten vor der internationalen Solidarität in die nationalistische zu retten trachten.

Mit der Deklaration aber wurde nicht Ernst gemacht. Weder der verheißene Völkerbund noch der Ententerat noch die britische Regierung wandte sich mit einem Aufruf an die palästinensischen Araber, um ihnen die Lage eindeutig zu erklären und ihnen den wirtschaftlichen und kulturellen Gewinn darzulegen, der ihnen aus einer planvollen großen jüdischen Einwanderung erwachsen würde; von Europa aus geschah nichts, um das Einvernehmen zwischen Arabern und Juden im Interesse des künftigen Nationalheims zu befestigen. Von Palästina selbst aus aber, aus den Kreisen der eingesetzten Verwaltung geschah alles, um es zu verstören; denn die Verwaltung wollte, was die Okkupationsbehörden im nachnapoleonischen Zeitalter zu wollen pflegen (man vergleiche etwa Deutschlands Haltung in Polen): nur die gegenwärtige Situation sichern, nicht eine künftige vorbereiten (von der sie weder selbst begriff, noch aus London erfuhr, inwiefern ihre Herbeiführung im Interesse des Reiches liege); was angesichts des Mangels einer nachdrücklichen Direktive der Zentralinstanzen naturgemäß dazu führte, daß sie dieser Zukunftssituation entgegenarbeitete.

Es ist nicht an der Zeit, die Einzelheiten dieser Tätigkeit zu erörtern, die im wesentlichen darin bestand, die eine Partei zu schikanieren und die andere aufzuhetzen. Sie wirkte mit dem unseligen Einfluß, den die Versailler Zerfahrenheit auf den Orient ausübte, einerseits, mit der aufgerüttelten Besitzangst des arabischen „Großkapitals“ (europäisch gesprochen) anderseits zu der Entwicklung zusammen, deren Frucht die Unruhen der jüngsten Monate, zuletzt der Pogrom von Jerusalem war.

Die Rückwirkung dieser Entwicklung und dieser Begebenheiten auf die britische Regierung blieb nicht aus. Die Stellung jener Politiker und Militärs, die den Standpunkt der Deklaration mit verschiedenartigen Argumenten bekämpft hatten, wurde gestärkt; und als dazu auch die Differenzen mit Frankreich sich neuerdings wieder verschärften, kam der kritische Moment, da eine Desinteressementserklärung bevorzustehen schien. Dieser Moment ist nun überwunden, was großenteils auf das Verdienst unserer politischen Vertreter zurückzuführen ist. Aber sie werden dieses Verdienst erst dann zu einem wahrhaft unvergänglichen machen, wenn sie aus der Entwicklung der letzten anderthalb Jahre, aus den Begebenheiten der letzten drei Monate, aus der Krisis der letzten zwei Wochen die rechte Konsequenz ziehen werden: die Konsequenz der inneren Unabhängigkeit.

Denn es hieße sich einer gefährlichen Täuschung ergeben, wenn man annähme, mit der Ersetzung der Entente durch den einen Mandatar und sodann der militärischen durch Zivilbehörden würde das Übel behoben. Wohl wird künftighin in Jerusalem voraussichtlich nicht mehr eine Horde jüdische Passanten mit dem Ruf: „Die Regierung ist mit uns!“ angreifen können; aber darf man glauben, daß die nun einmal entfachte Bewegung sich durch die bloße Autorität Englands auslöschen lassen, daß sie nicht vielmehr in vielfältiger *chronischer* Form sich auswirken wird, wenn man sie nicht mit stärkeren Mitteln – stärkeren, aber nicht gewaltsamen, denn die könnten nie dauernde Abhilfe schaffen – zu beschwören vermag? Und darf man glauben, daß eine gegenwärtige europäische Regierung oder eine ähnliche ihr nachfolgende befähigt wäre, die richtigen Mittel zu finden und anzuwenden? Daß sie befähigt wäre, in dieser Wendestunde des Orients eine überlegene und sinnvolle, eine *innere* Orientpolitik zu führen?

Ich habe zu Anfang des Kriegs das Zeitalter, in dem wir leben, das der asiatischen Krisis genannt. Sie ist seither in ihr zweites Stadium getreten: das der beginnenden Auflehnung. Diesem Prozeß gegenüber hat sich das Abendland, soweit es durch seine gegenwärtige Staatenordnung und deren Lenker vertreten ist, teils blind, teils leichtfertig, teils ohnmächtig – jedenfalls ihm nicht gewachsen erwiesen. Haben die Großmächte die Aufgabe, Mitteleuropa neu aufzubauen, aufs gründlichste und verderblichste verpfuscht, so versagten sie schon an der Schwelle des Problems, eine neue Gestaltung

Vorderasiens einzuleiten, was in und an Palästina geschehen ist, darf von uns als ein besonders deutliches Symptom dieser tiefgründigen Unfähigkeit angesehen werden. Man gebe sich nicht der gefährlichen Täuschung hin, sie sei durch personale Änderungen zu bannen. Nur eine Systemänderung vom Grunde aus könnte helfen; eine solche aber ist nur von einer Änderung des europäischen Systems selber zu erwarten. Ich brauche wohl nicht zu sagen, daß ich damit keine Bolschewisierung meine, sondern eine aus den elementaren Gemeinschaftskräften, die sich heute in der Tiefe aller Völker regen, aus dem *eingeborenen,* organischen Sozialismus der Völker, der die große Macht von morgen und übermorgen ist, hervorbrechende Umbildung des öffentlichen Lebens. Das Prinzip, das sich zur Neuordnung des Orients wie zu der Europas unfähig erwiesen hat, ist eben das, das sich zum Neuaufbau der Gesellschaft unfähig erweist: das des zentralistischen Staates. Das Prinzip, das berufen ist, die Gesellschaft zu erneuern, ist eben das, dem allein die Regeneration der Völkerbeziehungen und so auch der Beziehungen zwischen Europa und Asien glücken kann: das des föderalistischen Sozialismus. Nur dezentralisierte, aus autonomen Werkgemeinden aufgebaute Gemeinwesen können sich zum wahren Völkerbund zusammenschließen; nur ein solcher wird dem Orient eine Hand reichen können, die brüderlich ergriffen wird; denn nur ein solcher Völkerbund wird nicht mehr vergewaltigen wollen.

Wir, die wir als Mittler zwischen Europa und Asien nach Palästina gehen wollen, wir können nicht als Sendlinge eines untergangsreifen Abendlands vor den aus dumpfem Traum erwachenden Orient treten, um mit jenem sein berechtigtes Mißtrauen zu teilen; wir sind zu Herolden eines neu werdenden Abendlands erkoren, die unseren morgenländischen Brüdern helfen sollen, im Bunde mit ihm und aus eigener Kraft ein echtes Gemeinschaftsleben zu begründen, nach dem auch nur recht eigentlich zu begehren bislang die Effendis des Orients und die des Okzidents sie wirksam verhindert haben. Die Brücke, die der Ungeist von Versailles nie zustande bringen wird, wir können sie erbauen: aus unserer eigenen sozialistischen Wahrheit. Indem wir den unterdrückten Schichten der asiatischen Völkerschaften unsere Botschaft der Befreiung bringen, werden wir sie auch von der Besessenheit des falschen, machtgierigen, aggressiven Nationalismus erlösen, mit dem ihre Unterdrücker, gelehrige Schüler des Europa von Versailles, ihre erwachenden Menschentumswünsche von deren natürlichem Ziel abzulenken streben. Aber das werden wir nur dann vermögen, wenn wir selber den letzten Ernst der Verwirklichung haben; wenn wir unsre Seele dem falschen

Nationalismus aus den Klauen gerissen haben; wenn unser Sozialismus nicht Taktik und Propaganda, sondern aktive Sehnsucht und schaffender Wille ist. Dies sind die „stärkeren Mittel“, von denen ich gesprochen habe, dies die Seelenselbstwehr, die allein den uns in Palästina bedrohenden chronischen Seelenpogrom zu beschwören vermag. Es steht in unserer Hand, ob wir dem erwachenden Blick des Orients als verhaßte Agenten und Detektivs oder als geliebte Lehrer und Bildner erscheinen werden.

## REDE AUF DEM XVI. ZIONISTEN-KONGRESS IN BASEL

(1. August 1929)

Ich gehöre nicht zu denen, welche der Erweiterung der Jewish Agency mit sorgenfreiem Herzen entgegensehen. Die Sorgen aber, die ich habe, sind nicht solcher Art, wie man sie einer politischen Machenschaft gegenüber hat, sondern solcher Art, wie man sie einer historischen Tatsache gegenüber hat. Es ist nicht etwas gemacht worden; es hat sich etwas vollzogen. Der Aufbau Palästinas ist eine so gewichtige geschichtliche Realität geworden, daß er – nicht Menschenwille, sondern er selber – die ganze Judenheit nunmehr als ein Subjekt anfordert, der ganzen Judenheit Verantwortungsbewußtsein anruft. Von dieser Anforderung aus hat sich innerhalb der Judenheit, welche wir die nichtzionistische nennen, ein Differenzierungsprozeß zu vollziehen begonnen. Sein Ergebnis können wir noch nicht absehen. Das sogenannte nichtzionistische Judentum ist in Fluß geraten, und zwar von Palästina, von Zion aus. Damit aber erwächst für uns eine sehr ernste Sorge, die hier noch nicht zum Ausdruck gekommen ist; sie zum Ausdruck zu bringen, betrachte ich als meine Aufgabe.

Die neue geschichtliche Situation hat für uns, für den Zionismus, eine sehr ernste Problematik. Das Basler Programm ist der Balfour-Deklaration inkorporiert worden, die Balfour-Deklaration dem Mandat, das Mandat der Verfassung der Jewish Agency. In bezug auf die faktische Arbeit in Palästina als eine Arbeit an dem Nationalheim gibt es nunmehr nur noch die jüdische Gemeinsamkeit; und für die Galuth haben ja auch wir in der ganzen

Zeit, in der wir wirken, noch keine einheitliche Formulierung gefunden. Der Aufbau Palästinas ist nun nicht mehr *unsere* Sache. Wir fragen: Was ist nun unsere Sache? Wie können wir in diese Koalition treten und uns bewahren? Wie können wir in diese Koalition treten, ohne das Volk, ohne die neue Volksgeneration, ohne die Jugend zu verlieren? Und das bedeutet zugleich: ohne unsere Mächtigkeit in der Koalition zu schwächen. Man sagt, wir müßten in dieser Stunde die Jugend anrufen, müßten die Jugend befragen, ob sie mit uns geht. Aber es verhält sich vielmehr so, daß die Jugend uns befragt: Wo steht ihr, wohin führt ihr? Und da müssen wir uns wenigstens einen Augenblick der Selbstbesinnung aussparen und uns klarmachen, was diese Situation für uns bedeutet.

Es gibt in bezug auf das nationale Problem und die nationale Wirklichkeit nicht etwa zwei Grundanschauungen, wie es gewöhnlich dargestellt wird, sondern drei. Die eine Grundanschauung, die der sogenannten Nichtzionisten, meint: Israel ist weniger als eine Nation im modernen Sinn. Die zweite Anschauung meint: Israel ist identisch mit einer Nation. Die dritte meint: Israel ist mehr als eine Nation, das heißt die nationalen Merkmale im Sinne des modernen Völkerbegriffs gehen wohl auch in die Wirklichkeit Israels ein, aber sie erschöpfen diese nicht. Israel ist ein einzigartiges Gebilde, das wohl den Charakter einer Nation im modernen Sinne einschließt, aber dadurch nicht begriffen wird, vielmehr ein eigenes Gesetz in sich trägt.

Zwischen denen, welche der zweiten, und denen, welche der dritten Anschauung sind, gibt es schon seit langem einen geistigen Kampf. Dieser Kampf ist bisher ohne Konsequenzen für den Zionismus geblieben. Nunmehr aber, in dieser neuen Situation, hängt von dem weitern Gang und von dem Ausgang dieses Kampfes das Schicksal des Zionismus ab.

Zionismus ist etwas anderes als jüdischer Nationalismus. Mit großem Recht heißen wir Zionisten und nicht jüdische Nationalisten; denn Zion ist mehr als Nation. Zionismus ist Bekenntnis zu einer Einzigkeit. „Zion" ist kein Gattungsbegriff wie „Nation" oder „Staat", sondern ein Name, die Bezeichnung für etwas Einziges und Unvergleichliches. Es ist auch keine bloße geographische Bezeichnung wie Kanaan oder Palästina, sondern es ist von urher ein Name für etwas, was an einem geographisch bestimmten Orte des Planeten *werden* soll. Was einst werden sollte und was immer noch werden soll; in der Sprache der Bibel: der Anfang des Königtums Gottes über alles Menschenvolk.

Wer sich in Wahrheit zu Zion bekennt, bekennt sich wohl zu einer nationalen Tatsache, aber mehr noch als dieses zu einer übernationalen Aufgabe.

Es ist das Lebensgesetz Israels, das wir aus jeder Seite unserer Geschichte ablesen können: für Israel ist Selbstbehauptung zu wenig. Das ist zuweilen schlimm genug gegen die Selbstbehauptung mißverstanden worden. Die Selbstbehauptung muß mit einer Hingabe an eine überselbstische Sache verknüpft sein, um deren willen dieses Selbst erhalten wird. Die Parole des sacro egoismo, die vom modernen Nationalismus ausgegeben worden ist, hat für uns keine Geltung. Gewiß tut einer Gruppe die gesunde Selbsthilfe ebenso not wie dem Einzelnen. Aber diese Selbstliebe darf nicht in Selbstsucht ausarten. Gleichviel wie der Weg der andern ist: für uns gilt nicht bloß ideologisch, nicht bloß auf der moralischen Ebene, sondern auf der Ebene der Wirklichkeit: *wenn wir nicht mehr als das Leben wollen, gewinnen wir auch das Leben nicht.*

Ich will hier nicht über die andern reden, aber eine Hoffnung darf ich ausdrücken: daß der kommende Nationalismus anders aussehen wird als der gegenwärtige. Es dämmert, so hoffe und spüre ich, ein Nationalismus auf, für den Nation nicht Ziel, sondern Voraussetzung ist. Und es ist die Zuversicht meines Herzens, daß der wahre Zionismus der Vortrupp, der Pionier, der Chaluz dieses neuen Nationalismus ist.

Es gibt eine richtige und eine falsche Auffassung der Mission. Wir haben den Gedanken unserer Berufung nicht aufgegeben, sondern wir haben ihn neu erfaßt. Wir haben erkannt, daß wir die nationale Konsolidierung vollziehen müssen um einer übernationalen Aufgabe willen. Aber hüten wir uns, diese Aufgabe als eine Idee über dem Leben zu errichten und zu ihr verehrend aufzuschauen. Sie wird zur Lüge, wenn sie zu einem unverbindlichen Prinzip wird, das begeisternd und beruhigend zugleich wirkt. Sie muß beunruhigen, anstacheln, aufrühren, und sie muß sich im Volksleben und in der Volksarbeit Stunde um Stunde manifestieren.

Das ist kein „neuer" Zionismus, das ist der Zionismus aller unserer geistigen Führer, der von Moses Heß, der Achad Haams, der des Theodor Herzl von „Altneuland" und der A. D. Gordons.

Wir müssen uns aber auch hüten, wenn wir dies anerkennen, etwa zu sagen: Gewiß, das ist etwas, was wir *dann* realisieren werden, aber zunächst müssen wir doch uns die Garantien für unser Leben schaffen. Nichts ist schlimmer als solches Früher und Später. Sie kennen unsere jüdische Lehre: allen, die umkehren, die die Umkehr vollziehen, wird von Gott vergeben, nur dem nicht, der da sagt: Ich werde sündigen, dann bleibt mir ja noch immer die Umkehr übrig. Ihm wird nicht vergeben. Ich will es rein vom Menschen aus ausdrücken: wer um des Guten willen das Böse getan hat, zerstört die eigene Seele so, daß er nicht mehr fähig sein wird, das Gute zu tun. Das gilt wie für den Einzelnen so auch für die Gemeinschaft. Aber, verstehen Sie mich recht, ich spreche nicht von der Moral; ich sage nicht: es ist moralisch schlecht; ich sage: es ist *politisch* schlecht, das heißt schlecht im Hinblick auf die Erreichung von Zwecken. Freilich, politisch im Sinne einer großen Politik, die nicht bloß den Zweck des nächsten Augenblicks will, sondern den Zweck des Zeitalters. Es ist mit Zweck und Mittel nicht so, daß der Zweck vom Mittel unabhängig wäre. Der Zweck heiligt nicht das Mittel, aber das Mittel verkehrt den Zweck, es verdrängt ihn. Was mit einem dieses Zwecks unwürdigen Mittel erreicht wird, hat nicht mehr den Charakter des ursprünglichen Zwecks, sondern es hat den des angewandten Mittels angenommen: das Mittel färbt ab auf den Zweck.

Sie mögen mir die Frage entgegenhalten: Wenn wir die übliche Machtpolitik nicht mitmachen, wie sichern wir uns dann? Wie sichern wir diese Siedlung, das beginnende Volksland in Palästina? Darauf antworte ich: Keine Sicherung, die wir erdenken könnten, ist so real wie diese: eine Macht im Geiste zu werden, die neue Formen des Völkerlebens stiftet, neue Beziehungen zwischen den Nationen vorlebt, einen echten Bund zwischen Orient und Okzident bereiten hilft und von da aus, von dieser Arbeit aus und auf ihrem Grunde, mit den Zukunftselementen aller Völker sich verbündet.

Ich erinnere mich daran, was ein großer deutscher Gelehrter, Max Weber, mir einmal über den Zionismus gesagt hat: wenn ihr – so etwa sagte er – einen kleinen Staat neben den andern kleinen Staaten errichtet, so wird er mit ihnen an der Peripherie der Geschichte stehen und mit ihnen belanglos bleiben, bis er mit ihnen hinweggespült wird. Wenn es aber geschähe, daß ihr eine geistige Macht aufrichtet, dann würde sie im Kern der Geschichte bleiben, und sie würde dauern.

Noch einmal: nicht ein Früher und Später! Wenn wir nicht jetzt und hier, in den Bedingungen und Entscheidungen unserer alltäglichen Stunde damit beginnen, werden wir es nie erfüllen. Das halte ich für die einzige rechtmäßige Antwort an die heutige Jugend des jüdischen Volkes. Nicht eine nationalistische Assimilation, die den andern Nationalismen nachhinkt, sondern ein nationales Piониertum, das den andern Nationalismen bahnbrechend voranschreitet.

Ich kann hier nicht ausführen, wie dies auf allen Gebieten des Lebens anzuwenden ist. Es gibt keine allgemeinen Formeln. Jeder wird an der Stelle, wo er steht, Tag um Tag, die Verantwortung erfahren. Aber zwei große Beispiele möchte ich Ihnen geben: vielmehr, es sind nicht Beispiele, es sind die zwei großen Bezirke der Verwirklichung in Palästina, in der äußeren und in der inneren Politik.

Das eine ist die Araberfrage. Ich spreche von ihr, den Blick ernst und klar auf die Tatsachen gerichtet, in all ihren harten und grausamen Schwierigkeiten. Trotzdem, nein, eben deshalb sage ich, daß sich auch in dieser Frage in unserer Mitte eine nationalistische Assimilation breitmacht. Erinnern wir uns daran – vielmehr, wir brauchen uns nicht erst zu erinnern, jede Stunde unseres Lebens trägt das Zeichen davon –, wie die andern Völker uns angesehen haben und allerorten noch ansehen, als das Fremde, als das Niedrigere. Hüten wir uns davor, das, was uns fremd und nicht genügend bekannt ist, als das Niedrigere anzusehen und so zu behandeln! Hüten wir uns, das, was uns widerfahren ist, nunmehr selbst zu tun! Gewiß – ich betone es nochmals – ist Selbstbehauptung die selbstverständliche Voraussetzung aller unserer Handlungen; aber sie ist nicht genug; es gehört auch Phantasie dazu: die Fähigkeit, sich die Seele des andern, des Fremden nach der Wirklichkeit der eignen vorzustellen. Ich darf ein Bekenntnis nicht verschweigen: es war für mich erschreckend in Palästina, wie wenig wir den arabischen Menschen kennen. Ich täusche mich nicht, ich lüge mir nicht vor, daß gegenwärtig eine Interessenharmonie zwischen den Arabern und uns bestünde oder einfach hergestellt werden könnte. Aber dennoch, bei aller ernsten Interessenverschiedenheit, die nicht bloß aus Illusion und nicht bloß aus Politik kommt, bei all dem ist eine gemeinsame Landespolitik möglich, weil dort und hier dieses Land geliebt wird, dort und hier die Zukunft dieses Landes gewollt wird, also gemeinsam geliebt und gemeinsam gewollt wird: darum ist es möglich, für dieses Land gemeinsam zu arbeiten.

Viele von uns sagen: Wir wollen nicht majorisiert werden; und ich sage es mit ihnen. Aber ich möchte nicht immer wieder zwischen diesen Worten, daß wir nicht majorisiert werden wollen, die Worte lesen müssen: sondern wir wollen majorisieren. Es muß heißen: Wir wollen nicht majorisiert werden und wir wollen nicht majorisieren.

Verlangen Sie jedoch keine Rezepte von mir in einer Sache, welche die schwere Übung persönlicher Verantwortung in tausend kleinen Entscheidungen verlängt. Nicht Deklarationen wollen wir mehr abgeben, nicht mehr allgemeine Resolutionen fassen, sondern die praktische Wirklichkeit jeder Stunde soll zeigen, wie wir es meinen. In der Praxis haben wir es zu erweisen: in der Politik, in der Kultur, in der Gesellschaft und in den Beziehungen von Mensch zu Mensch. Ich möchte vorschlagen, daß als Zeichen dieses Willens eine ständige Kommission in Palästina eingesetzt werde, die als beratendes Organ der Palästina-Exekutive bei allen die Araberfrage berührenden Angelegenheiten zu fungieren hat. Manchen ist dies widerwärtig. Für mich und für diejenigen, welche die historische Situation, in der wir stehen, so kritisch ernst ansehen wie ich und die nicht mit Phrasen darauf antworten, für die gilt es den Anfang einer Epoche, die nicht mehr deklariert, sondern handelt. Ohne Rezepte; denn für das wirklich verantwortliche Handeln gibt es eine Richtung, aber kein Rezept.

Nur noch kurz kann ich über den andern wichtigen Bezirk sprechen. Es ist die Frage der Erziehung der Jugend in Palästina. Ich glaube, ich habe in meiner Lebensarbeit gezeigt, daß ich die ungeheure Wichtigkeit der nationalen Formen des Judentums zu würdigen weiß. Ich weiß, was die Erneuerung der hebräischen Sprache bedeutet. Aber die Formen sind zu wenig; ja, die Formen können sogar destruktiv wirken, wenn keine Gehalte da sind. Gewiß, es ist selbstverständliche Voraussetzung, daß hebräisch gesprochen wird; aber damit fängt es erst an, jetzt erst erhebt sich die entscheidende Frage: *Was* wird in dieser Sprache von dort aus gesprochen? Es genügt nicht, „Erneuerung" zu sagen und es formal zu meinen. Man muß die Erneuerung ganz ernst nehmen. Das heißt: wie von der Tradition nährende tragende Kräfte ausgingen, müßten sie nun auch von der Erneuerung ausgehen als richtunggebend für das Leben. Ich wünsche als bestimmend für die Erziehung in Palästina einen hebräischen Humanismus im realsten Sinn. Und zwar nicht als etwas, was man der Entwicklung zu überlassen hätte, sondern als etwas, was bestimmend wirkt für das Programm, die Lehrpläne, die Struktur der Schulen und der ganzen Erziehung. Ich habe den Zustand der Jugend in Palästina ein wenig kennengelernt und ich darf nicht verschweigen, daß es auch hier furchtbar viel sacro egoismo gibt. Was ich unter Humanismus verstehe, ist, daß die Jugend in Palästina den Weg von der nationalistischen Assimilation des sacro egoismo zum nationalen Pioniertum geführt werde: daß sie erzogen werde, mit ungebrochener Menschlichkeit die geschichtliche Menschheitsaufgabe des neuen Judentums am ewigen Völkertor zu erfüllen.

# ÜBER EIN ZUSAMMENTREFFEN UND WAS DARAUF FOLGTE

(März 1953)

Es geschieht zuweilen, selten, in der Geschichte, daß die objektive Entwicklung eine Zeit lang mit einer vom Geist ausgehenden Wegweisung sozusagen parallel verläuft. Der Geist sagt im wesentlichen die Entwicklung an, er wirkt stärkend und bestätigend auf sie, er interpretiert ihre Stadien, während sie sich vollzieht, er berät sie und hilft ihr, er bereitet sich sie zu begrüßen, wenn sie am Ziel angelangt sein wird, – da aber treten unvorhergesehene geschichtliche Ereignisse dazwischen, die ruhige Linie der Entwicklung bricht ab, jähe Änderungen treten an ihre Stelle, und der Geist ist gewissermaßen desavouiert, man sagt von ihm, er habe die Geschichte nicht verstanden, und es ist, als hätte es jenes bedeutsame Verhältnis zwischen ihm und dem objektiven Geschehen gar nicht gegeben. Weil jedoch der Geist eben der lebendige Geist ist, läßt er sich nicht anfechten, er nimmt die gewandelte Lage zur Kenntnis, ja er bezieht sie in seine Voraussetzungen ein, er denkt durchaus nicht daran, auf seine Zielsetzung zu verzichten, aber er muß nunmehr den Weg zum Ziel neu tracieren, von der neuen Situation aus, und er unternimmt es, so schwer es auch ist. Zunächst sieht es freilich so aus, als ob er und die geschichtliche Wirklichkeit völlig divergierten, und auf eine Wiederkehr jenes Parallelismus darf er nicht hoffen, solch eine Gnadenzeit ist eben immer eine Ausnahme in der Geschichte. Aber er hat Grund, an seiner Wirkung zu verzweifeln. Er muß sich nun darauf besinnen, daß seine Wirkung auf die Geschichte im allgemeinen eine indirekte ist. Der Same zerfällt in der Erde, und aus der Fäulnis keimt die Pflanze. Das Schicksal der Männer des Geistes mag ein tragisches sein, das Schicksal des Geistes selber, in all seiner Mühsal und Pein, ist es nicht, denn seine Mißerfolge bezeichnen den Pfad zu einem unsichtbaren Sieg.

Die Zielsetzung des jüdischen Geistes in unserer Epoche war darauf gerichtet, daß ein im eigenen Lande wiedererstehendes Israel an dem Aufbau eines neuen Vorderasien in einer Funktion teilnehme, die kein anderes Volk zu leisten fähig ist. Der objektive Prozeß, der der Schau des Geistes nach dahin führen sollte, war das in seinen ersten Generationen notwendigerweise selektiv fundierte Siedlungswerk der Chaluziuth, dessen expansives Wachstum im fruchtbaren Einvernehmen mit den Nachbarn eine Basis des

Vertrauens, gemeinsamen Planens und Arbeitens schaffen sollte, auf dem das neue Haus Israel unerschütterlich sich erheben könnte. Diese große Linie des Aufstiegs ist nicht von innen, sondern von außen abgebrochen worden. An die Stelle des langsamen, selektiven Nachströmens chaluzischer Werkbegeisterung trat das Drängen der vor dem Verderben flüchtenden Massen, und die ungeheure Tatsache ihres Drängens erwirkte von der Welt die Ermöglichung des Judenstaats. Die Chance seiner Entstehung vernichtete die Chance der Entstehung von etwas Größerem und auch Gesicherterem. Das noch zarte und schwache Gebilde des Vertrauens konnte der Überflutung nicht standhalten. Anstatt eines organisch wachsenden, auf die Kooperation mit den Völkern Vorderasiens gegründeten Gemeinwesens erstand im erfolgreichen Kampf gegen alle Nachbarn ein Staat, der ihnen als Raubstaat gelten mag.

Der Geist sah einen großen, zukunftsträchtigen, einzigartigen Versuch zusammensinken, nicht durch Willkür oder Unzulänglichkeit, sondern durch die harte geschichtliche Notwendigkeit. Wenn er, der Geist, seinen Sitz nicht von der Erde der Menschen in die Wolken verlegen wollte, mußte und muß er die neue Tatsächlichkeit zur Kenntnis nehmen, er muß von ihr aus denken, ohne die Idee, die Sinn und Wesen seines Denkens ist, zu verraten, er muß den Weg zum unwandelbaren Ziel neu von der neuen Situation aus tracieren. Der Kontakt mit einer objektiven, ihm entsprechenden Entwicklung ist zunichte geworden; vereinsamt, mit keinem andern mehr als mit heiligen und verborgenen Mächten verbündet, geht er an sein unheimlich schwer gewordenes „Werk, denn er glaubt unverbrüchlich an seine indirekte Wirkung auf die Geschichte. Der Same seines Wortes ist im Dunkel zerfallen, und der Keim strebt ans Licht.

# DER WEG ISRAELS

## Zur Klärung

(Sommer 1958)

In einer Rede, die ich Ende April in New York gehalten habe, ist von mir ein mir besonders wichtiger Gegenstand nicht mit der erwünschten Klarheit und Genauigkeit dargelegt worden. Ich fühle mich daher verpflichtet, seine Klärung öffentlich nachzuholen.

Als ich vor 60 Jahren in die zionistische Bewegung eintrat, sah ich mich schon sehr bald genötigt, in dem Streit zwischen der „politischen" und der „praktischen" Richtung Stellung zu nehmen. Ich entschied mich ohne Zögern für die letztere und bin ihr treu geblieben, so mannigfaltige Formen sie im Lauf der Zeit auch angenommen hat. Man wird in meinen Schriften von 1901 an und in spezifisch verstärktem Ausdruck von 1917 an die programmatische und konkrete Äußerung davon finden.

Man pflegt die Frage, um die es ging, nicht ernst und tief genug zu verstehen. Es handelte sich im Grunde nicht darum, welche Tätigkeit vordringlicher sei, die Erlangung politischer Zugeständnisse oder die faktische Siedlungsarbeit. Unsere, der „Praktischen", Tendenz, erst eine Wirklichkeit zu schaffen und dann Rechte für sie anzustreben, entstammte nicht taktischen Erwägungen. Sie entstammte der Einsicht, daß das ungeheure Doppelwerk der vollkommenen Wiedergeburt des jüdischen Volkes und seiner Eingliederung in die vorderasiatische Welt nicht durch eine plötzliche, unzureichend vorbereitete Massensiedlung, sondern nur durch die bereitende Tätigkeit von Generationen im Lande zu schaffen ist. Wir erstrebten keineswegs, wie vordem so viele Chowewe Zion, ein kleines Zentrum, wir wollten ein großes produktives jüdisches Gemeinwesen gründen; aber als den Weg dahin erkannten wir ein mehrere Generationen langes Pioniertum der Arbeit und des Friedens, das mehrere Generationen lange Walten eines selektiven, organischen Entwicklungsprinzips. Das bedeutet erstens, daß eine Arbeitselite von Menschen, die ihre Zukunft und die ihrer Kinder in dem Aufbau eben dieses Landes sehen, in so vielen Generationen diesen verwirklichen sollte, bis der tragfähige Kern eines jüdischen Gemeinwesens im Sinne der vollkommenen Wiedergeburt entstanden wäre; eines Gemeinwesens, das auf eine autonome Verfassung Anspruch hätte und sie demgemäß von der Welt verlangen könnte. Und zweitens bedeutet jenes Entwicklungsprinzip, daß in kooperativem Zusammenleben mit den Nachbarn, in helfender Teilnahme an ihrem Wirtschaftsleben ein Verhältnis der Solidarität ermöglicht werden sollte, aus dem sodann ein umfassendes Zusammenwirken beider Völker hervorginge. Diese zweite Bedeutung des selektiven, organischen Prinzips muß hier, wegen ihrer Wichtigkeit für unseren Gegenstand, etwas genauer erläutert werden.

Manche von uns hatten früh erkannt, daß ein neuer, aufstrebender Faktor im Völkerbestand des Nahen Ostens sich nicht als Enklave der westlichen Welt etablieren und behaupten kann, daß es also eines echten, nicht bloß taktischen Einvernehmens mit den umgebenden Völkerschaften bedarf. Es konnte keineswegs genügen, das Vertrauen der Araber in der Absicht zu erwerben, daß sie später unserem Autonomiebegehren nicht entgegenstehen sollten; nicht scheinbare, sondern wirkliche, objektiv fundierte, umfassende Solidarität war gemeint. Nur sie konnte den von außen kommenden Erschütterungen standhalten, auf die man gefaßt sein mußte. Dazu kam, daß einige von uns vor mehr als 40 Jahren die beginnende Weltkrise erkannten, in der der Nahe Osten immer mehr als ein wesentliches Element sich auswirken mußte: entweder als ein Element großer Konstruktion oder als eins großen Zerfalls. Gingen wir wahrhaft in die Lebenssphäre des Nahen Ostens ein, so konnten wir einen starken Anteil an der Entscheidung dieser Alternative gewinnen.

Die politische Seite dieses Postulats ist von uns da zum Ausdruck gebracht worden, wo darüber zu sprechen war, von mir insbesondere 1921 in dem politischen Ausschuß des Zionistenkongresses, wo ich der von mir betonten Möglichkeit einer Föderierung der arabischen Staaten den Gedanken einer vorderasiatischen Föderation entgegenstellte, an der wir teilzunehmen hätten. Aber die unerläßliche Voraussetzung einer politischen Aktivität in dieser Richtung war eben die Erzeugung eines gemeinsamen Bewußtseins der Solidarität.

In dem Zeitalter der beginnenden Weltkrise hat die Chaluziuth, unser Pioniertum, einen erheblichen Teil des ersten Postulats, der Schaffung des Kerns eines Gemeinwesens, verwirklicht, ohne sie bereits zur Vollendung bringen zu können. Dagegen ist das zweite Postulat, das der Erwekkung eines jüdisch-arabischen Solidaritätsbewußtseins, nur fragmentarisch, in sporadischen, lokal begrenzten Unternehmungen guter Nachbarschaft, realisiert worden; weder eine organisierte Arbeit daran, noch auch nur ein praktisches Programm umfassender Kooperation ist entstanden.

In diesem Stande befand sich unser Siedlungswerk, als sein Prinzip, das Prinzip der selektiven, organischen Entwicklung, von den Folgen des grauenhaftesten Ereignisses der modernen Geschichte, der Ausrottung von Millionen Juden durch Adolf Hitler, überrannt wurde. Die gepeinigten, gehetzten Massen drängten nach Palästina, nicht wie die Chaluzim als in das Land der jüdischen Wiedergeburt, für dessen Aufbau kein Opfer zu groß war, sondern – wiewohl die Tradition der messianischen Verheißung in ihnen fortlebte – als in ein Land der Rettung und der Sicherheit. Wer hätte es über sich gebracht, diesem Ansturm der Heimlosen gegenüber die Fortsetzung der selektiven Methode zu vertreten! Die Massen kamen, und mit ihnen kam die Notwendigkeit politischer Sicherung. Sie kam zu einer Zeit, da das erste Postulat noch keine zureichende Erfüllung gefunden hatte und das zweite nicht über einzelne Versuche hinausgelangt war. Der erste Mangel hat mannigfache Schwierigkeiten erzeugt, aber die Wirkungen des zweiten Mangels waren verhängnisvoll. Da eine jüdisch-arabische Solidarität weder in der Form von Tatsachen noch auch nur in der eines verkündeten Programms der Kooperation eingeleitet war, empfanden führende Araber die Masseneinwanderung als eine Bedrohung und die zionistische Bewegung als einen „Mietling des Imperialismus", beides zu Unrecht, beides ohne von uns praktisch darin gestört zu werden. Unser geschichtlicher Wiedereinzug in unser Land ist durch ein falsches Tor erfolgt.

Aber jene Weltstunde, in der das Niederträchtige vor aller Augen das Mächtige geworden war und alles ihm Verhaßte straflos vertilgen zu können schien, hat auch einen unheilvollen inneren Einfluß ausgeübt. Die schädlichste aller Irrlehren, wonach der Weg der Geschichte von der Macht allein bestimmt werde, schlich sich überall in das Denken der Völker und ihrer Regierungen ein, wobei der Glaube an den Geist als unverbindliche Phraseologie beibehalten werden konnte. Was wir heute erleben, die allem Gebot des Geistes widerstrebende allgemeine Akkumulation von Macht der Vernichtung, ist nur durch diese innere Zersetzung möglich geworden, wiewohl seither etliche wieder umgelernt haben. In einem Teil des jüdischen Volkes, das durch jenen Sieg des Untermenschlichen über das Menschliche am grausamsten betroffen worden war, hat die Irrlehre auch dann noch fortgewirkt, als der Untermensch gestürzt war. Und hier, im Judentum, bedeutet sie in einer ganz besonderen Weise die große Untreue. Durch den Geist war dieses Volk, dem unseligsten Schicksal zum Trotz, ungebrochen durch die Zeiten erhalten worden. Mit den Mitteln des Geistes allein hatte die Zionsbewegung ihre Position in Palästina geschaffen und auch schon die ersten Rechtstitel politischer Art für sie errungen. Nur wenn sie den Geist als Führer bewahrte, konnte sie hoffen, Größeres hervorzubringen als einen Staat mehr unter den Staaten der Welt. Wer hier dem Geist untreu wurde, wurde auch einer großen Aufgabe untreu.

Wie tief in einen Teil des Volkes das Übel eingedrungen war, haben wir erst erkannt, als die Tatsache nicht mehr zu übersehen war. Inzwischen war, im Gegensatz zu den Vorschlägen eines binationalen Staates oder eines jüdischen Anteils an einer vorderasiatischen Föderation, die unglückliche Teilung Palästinas erfolgt, die Kluft zwischen den beiden Völkern war weit aufgerissen worden, der Kampf tobte.[58] Alles ging mit einer furchtbaren Folgerichtigkeit und zugleich mit einer furchtbaren Sinnlosigkeit vor sich. Es ist aber eines Tages geschehen, daß, außerhalb aller geordneten Kriegführung, eine Schar bewaffneter Juden ein arabisches Dorf überfiel und vernichtete. Oft hatten in früheren Zeiten arabische Horden Untaten dieser Art verübt, und meine Seele hatte mit den Opfern geblutet; hier aber ging es um unser eigenes, um mein eigenes Verbrechen, um das Verbrechen des Juden am Geist. Ich kann auch heute noch nicht daran denken, ohne mich schuldig zu fühlen. Zu schwach ist unser kämpferischer Glaube an den Geist gewesen, um die Ausbreitung und den Ausbruch der dämonischen Irrlehre zu verhindern.

All dies geht die Vergangenheit an, eine nie zu vergessende Vergangenheit. Aber ich muß noch einige Worte über etwas gegenwärtig Gebliebenes, etwas höchst aktuell Gebliebenes sagen, damit deutlicher werde, wo ich nicht stehe und wo ich stehe.

Ich habe die aus dem Krieg hervorgegangene Form des neuen jüdischen Gemeinwesens, den Staat Israel, als den meinen akzeptiert. Ich habe nichts mit ‚jenen Juden gemein, die ihn, die faktische Gestalt der jüdischen Selbständigkeit, bestreiten zu dürfen meinen. Das Gebot, dem Geist zu dienen, ist jetzt von uns in diesem Staat, von ihm aus zu erfüllen. Wer aber dem Geist wahrhaft dienen will, muß all das einst Verfehlte wiedergutzumachen suchen; er muß daran arbeiten, die verschüttete Bahn für ein Einverneh-

58 Ich muß hier eine persönliche Bemerkung einfügen, weil ich in diesem Punkte zwar für viele meiner engeren Gesinnungsfreunde, aber nicht für alle sprechen kann. Ich bin kein radikaler Pazifist, ich glaube nicht daran, daß man überall auf Gewalt mit Gewaltlosigkeit zu antworten habe, ich kenne die Tragödie von Angesicht.

men mit dem arabischen Volke von neuem freizumachen. Heute erscheint es vielen absurd, jetzt noch – zumal in der gegenwärtigen innerarabischen Situation – an eine jüdische Teilnahme an einer Föderation zu denken; morgen, mit einer Änderung gewisser von uns unabhängiger weltpolitischer Momente, kann diese Möglichkeit in eine höchst positive Beleuchtung rücken. Es gilt, soweit es von uns abhängt, den Boden dafür vorzubereiten. Es kann heute keinen Frieden zwischen Juden und Arabern geben, der nur ein Aufhören des Krieges wäre; es kann nur noch einen Frieden der echten Zusammenarbeit geben. Unter so vielfach erschwerten Umständen ist es noch heute und mehr als je das Gebot des Geistes, die Zusammenarbeit der Völker anzubahnen.

## DIE SOWJETS UND DAS JUDENTUM

*(Referat, gehalten auf einer der Lage der Juden in der Sowjet-Union gewidmeten Konferenz in Paris, im September 1960)*

Wir sind zusammengekommen, um die postulative Klärung eines der schwierigsten Probleme unserer Zeit zu versuchen – des Problems, das sich in der gegenwärtigen Lage der Juden in den Ländern der Sowjetunion birgt.

Mit dem Begriff der postulativen Klärung soll gesagt sein, daß es hier weder um eine von rein wissenschaftlichen Zwecken bestimmte Erkenntnis von Tatsachen und Zusammenhängen geht; noch aber um eine Formulierung und Kundgebung von Forderungen im politischen Raum. Wir wollen hier weder „wertfreie“ Soziologie noch prüfungslose Propaganda treiben; wir wollen – ich glaube „wir“ sagen zu dürfen – in einem begrenzten, aber bedeutsamen Bereich des gegenwärtigen Völkerlebens, durch eine gemeinsame Anstrengung des Geistes, das Rechte, das Wünschenswerte bezeichnen und der Welt mitteilen. Es kommt ja, meine ich, überhaupt in dieser kritischen Stunde der Geschichte ganz besonders darauf an, daß unabhängige Menschen miteinander die gegenwärtige Wirklichkeit unbefangen in den Blick fassen und miteinander in rückhaltloser gegenseitiger Verständigung den Weg aus den unüberwindlich scheinenden Schwierigkeiten suchen.

Ehe wir beginnen, uns mit den Tatsachen und Zusammenhängen zu befassen, die unser Problem involviert, erlauben Sie mir, Sie auf einen Umstand hinzuweisen, dessen Verständnis mir unentbehrlich scheint, der aber bisher viel zu wenig beachtet worden ist.

Zuvor bitte ich Sie aber zur Kenntnis zu nehmen, daß ich lediglich meine persönliche Auffassung des Problems äußere. Und weiter: ich, dessen Auffassung ich äußere, bin mit keinem der beiden Lager, die miteinander im „kalten Krieg" stehen, solidarisch; ich vermag auch weder dem einen zuzugestehen, daß es das Prinzip der Freiheit, noch dem andern, daß es das Prinzip der Gleichheit zulänglich vertrete. Wenn ich ein Politiker wäre, müßte ich mich wohl als einen Neutralisten im strengsten Sinn des Wortes bezeichnen; aber ich bin kein Politiker – wohl ein sorgsam und besorgt die politische Wirklichkeit dieser Stunde betrachtender und über sie nachdenkender Mensch, aber kein Politiker.

Wie allgemein bekannt ist, haben die zwei bereits geschichtlich erfaßbaren Epochen des Sowjetregimes, die von Lenin und die von Stalin bestimmte, in ihrer Behandlung des jüdischen Problems – so verschieden diese im übrigen war – dies gemeinsam, daß sie es auf die Frage stellten, was denn eigentlich diese Juden seien. Es ist dieselbe Frage, die schon vor anderthalb Jahrhundert Napoleon und die Vorkämpfer der Judenemanzipation in der Formulierung „Nation oder Religion?" beschäftigt hat und die in den Diskussionen innerhalb des marxistischen Lagers über das Nationalitätenproblem immer wieder in der Formulierung „Nation oder Nationalität oder bloße ethnische Einheit?" aufgetaucht ist. Unter dem Sowjetregime hat die Formulierung „Nation oder Religion?" naturgemäß keine Geltung mehr, wiewohl das Gesetz hier keine anderen jüdischen Institutionen als lediglich religiöse kannte und kennt. Dagegen wurde die Frage „Welche Art von nationaler oder ethnischer Existenz ist die der Juden?" schon im Anbeginn des Regimes von offizieller Seite nachdrücklich erörtert. Die Antwort ist mehr oder weniger deutlich, schließlich aber von Stalin mit aller Exaktheit, in der Form von Definition und Folgerung festgelegt worden. Eine nationale Existenz, so hieß es, ist nur da zu finden, wo eine auf eigenem Territorium selbständig wirtschaftende Volkseinheit besteht. Da diese Merkmale, so wurde nun gefolgert, bei der jüdischen Gemeinschaft fehlen, da sie keinen eigenen „Markt", also keine eigene Produktion aufzuweisen hat, kann sie nur als „ethnische Einheit" anerkannt werden. Eine solche aber hat keinen Anspruch auf die Fortdauer ihrer Existenz, keinen auf die Erhaltung ihrer kulturellen Werte; sie muß in der Nation und in den Nationalitäten „integriert", das heißt: in ihnen aufgelöst werden. In der Theorie sollte diese Integrierung ohne allen Zwang, ja ohne alle Diskrimination erfolgen. In der Praxis sah die Sache von Grund aus anders aus, wofür die Extermination der führenden Autoren jiddischer Sprache unter Stalin das grausamste Beispiel ist.

Wohlgemerkt, so ernstlich Lenin über das nationale Problem nachgedacht hat und so genau er zwischen den verschiedenen Formen nationaler Existenz unterschieden hat, er hat nie daran gedacht, das spezifische Judenproblem durch Definition und Folgerungen völlig bewältigen zu können. Was ihn daran hinderte, war zunächst sein Sinn für Wirklichkeiten des Volkslebens, und eine solche war dieses eigentümliche Idiom, das Jiddisch, in besonderem Maße, diese saftige Mischung von kanaanäischer Urzeit und mitteleuropäischer Wanderschaft, durch und durch *gesprochene* Sprache, auch in all ihren literarischen Erzeugnissen. Damit aber war auch Lenins politischer Instinkt verbunden, der ihn unterscheiden lehrte zwischen politischen Gegnern, die er zu bekämpfen hatte, und volkstümlichem Element, das nichts anderes begehrte als es selbst sein und sein eigenes Leben führen zu dürfen. Wo das Volkstümliche aufhörte, da war auch Lenins Verständnis die Grenze gesetzt. Darum widerstrebte er dem Hebräischen, der Ursprache, der die Generationen des wandernden Judentums die Treue hielten – wiewohl aus der Symbiose mit den Wirtsvölkern Idiom um Idiom erwuchs –, aber die Treue hielten eben nicht als der Äußerung gegenwärtigen Volkslebens, sondern als der Sprache einstiger Autochthonie, die auch die Sprache der Verheißung war. Lenin assoziierte Hebräisch seltsamerweise mit Kapitalismus und Bourgeoisie, deren Zusammenhalt er, einem fatalen Irrtum Marxens folgend, mit der Synagoge und ihrer Sprache in Verbindung brachte. Sein Ohr war taub dafür, daß diese Sprache einst ihre Reife in dem Ringen um den zulänglichen Ausdruck für die Sehnsucht nach einer nicht formalen, sondern realen Gerechtigkeit erlangt hatte, und daß in ihren Gebeten eben diese Sehnsucht immer wieder zu gesprochenem Wort wird, mögen die Sprecher es merken oder mögen sie es nicht merken und gegen sich selbst beten. Darum, weil Lenin in der Vitalität des Hebräischen nicht ein Urfaktum des Volkslebens, sondern ein Politicum sah, hat er hier, im Gegensatz zu seiner sonstigen Haltung zu den jüdischen Kulturwerten, mit Definitionen und Folgerungen statt mit Anschauung und Einsicht operiert. Es ist sein Werk – entstanden freilich mit Hilfe eines Amtes, das mit lauter fanatisch antihebräisch gesinnten Juden besetzt war –, daß in Sowjetrußland der hebräischen Sprache über das liturgische Gebiet hinaus kein Lebensrecht gewährt ist und daß unter all den Schriften der Sowjetvölker, von denen in der Sowjetunion vorbildliche Ausgaben gedruckt werden, die hebräische Bibel fehlt.

Der Lenin- und der Stalin-Epoche (und auch der nachstalinschen, soweit wir ihren Charakter zu erkennen vermögen) ist somit die Ablehnung desjenigen jüdischen Geisteselements gemeinsam, das über das bloß Synagogale hinaus die sowjetischen Juden mit denen der übrigen Welt verbindet: offenbar weil ein allzu elementarer Charakter dieser Verbindung politisch unerwünscht erschien. Dagegen ist das dem sowjetischen und etwa noch dem polnischen Judentum spezifisch eignende Kulturgut, die jiddische Kultur, unter Lenin nicht bloß toleriert, sondern in all seinen Formen – Schrifttum, Presse, Theater, Schulwesen – gefördert worden; unter Stalin wurde es immer schärfer bekämpft, schließlich mit allen Mitteln ausgerottet, offenbar weil darin ein bedenklicher Separatismus, ein bedenklicher Widerstand gegen die vom Regime angestrebte „Integration" erblickt wurde. In beiden Epochen wurde, jeweils so viel als nötig erschien, von Definitionen und Folgerungen ausgegangen, und die Praxis – vom einfachen Verbot unter Lenin bis zur gewaltsamen Elimination unter Stalin – stützte sich darauf. Die nachstalinsche Epoche ist, trotz dem Erscheinen einiger weniger jiddischer Publikationen und Vorführungen, noch zu undeutlich, als daß man beurteilen könnte, ob hier von einer noch zögernden Rückkehr zu der partiellen Einsicht Lenins oder lediglich von einer Milderung der Stalinschen Radikallösung die Rede sein kann; an der Theorie der „Integration" und der von ihr verwendeten Methode der Definitionen und Folgerungen hat sich aber offenbar nichts geändert.

Die Methode, von der ich rede, geht von der Voraussetzung aus, es stehe einer Staatsmacht rechtmäßig zu, das Wesen einer ihr eingegliederten historischen Gemeinschaft dadurch zu bestimmen, aber auch deren Sonderschicksal dadurch zu entscheiden, daß man sie für dieser oder jeher Kategorie zugehörig oder unzugehörig erklärt. Diese Methode ist, in dieser Allgemeinheit gefaßt, falsch.

Das Judentum ist atypisch. Es als eine „ethnische Gruppe" abzustempeln führt in die Irre. Denn seine wesentlichen Eigenschaften sind denen keiner bekannten ethnischen Gruppe vergleichbar.

Schon die napoleonische Frage „Nation oder Religion?" steht im Widerspruch zur Wirklichkeit. Denn hier gibt es keine solche Alternative. Historisch betrachtet, und das heißt: wenn wir von der Geschichte des Volkes Israel ausgehen, besteht hier, wie meines Wissens nirgendwo anders, eine eigentümliche *dynamische* Verbindung von Nation und Religion. Es gibt freilich manche anderen Völker, in denen alle oder doch die meisten sich zum gleichen Glauben bekennen; aber ich weiß von keiner anderen nationalen Gemeinschaft, in der die Mächtigkeit des Glaubens so von der Stiftungsstunde der Gemeinschaft an auf das Leben der Gesellschaft in all seinen Bereichen eingedrungen ist, um es der Herrschaft des Absoluten zu unterwerfen; ich weiß von keiner anderen nationalen Gemeinschaft, in der die großen Gläubigen sich mit solcher Kühnheit allem entgegenstellten, was die Verwirklichung des Gebots von Wahrheit und Gerechtigkeit im Volksleben hinderte, den Königen, den Besitzenden und, wenn es not tat, dem Priestertum selber. Diese Dialektik des einander Gleichzeitigen, dieser Kampf erst des stiftenden Geistes gegen alles Widerstrebende, dann des dem Urgeheiß treu gebliebenen Geistes gegen die abtrünnigen Gewalten der Herrschaft und des Besitzes, das ist die wahre Geschichte Israels von Mose bis zum letzten Propheten und über diesen hinaus.

Aus der Grundanschauung, es komme nicht darauf an, sich dieses oder jenes Bild von der Gottheit zu machen, sondern deren Geheiß für das Miteinanderleben der Kreaturen in allen Funktionen der Gemeinschaft zu verwirklichen, erwuchs die Konzeption einer Zukunft, in der dieses Werk, gleichsam durch ein Zusammenwirken des von urher der Welt Zugedachten mit dem von den Menschen Gewollten, seine Erfüllung finden würde. Alle Ideen eines großen sozialen Bauens in die Zukunft hinein derivieren aus jenem kämpfenden Glauben Israels.

Man vermeine aber nicht, mit dem Ende der staatlichen Unabhängigkeit des alten Judentums sei auch das Ringen des Geistes um seine Verwirklichung zu Ende gegangen. Gewiß, mit dem Verlust der nationalen Selbstbestimmung war auch die Möglichkeit verloren, auf gerechten Beziehungen zwischen Personen und zwischen Gruppen eine selbständige gerechte Gesellschaft aufzubauen. Aber das Feuer vom Sinai brannte fort, nicht bloß in den Lehren der Weisen, die forderten, jetzt und hier, mitten im Zwang der Fremde, solle so viel an Gerechtigkeit und gegenseitigem Beistand erfüllt werden, als jetzt und hier erfüllt werden kann, sondern auch in den leidenschaftlichen messianischen Massenbewegungen, deren innerster Kern nicht der Wille war, schlechterdings in die Heimat zurückzukehren, sondern der, in sie zurückzukehren, um das Königtum Gottes aufzurichten, und das heißt von der Urüberlieferung Israels her: ein universales Reich wahrhaft miteinander lebender Menschen und Nationen.

Diese innere Flamme und die Ausstrahlung, die der Prophet „das Licht für die Völker" nennt, beide sind nicht erloschen. Auch der rheinische Judenstämmling Karl Marx ist nur ein Übersetzer des jüdischen Zukunftsglaubens und Zukunftswillens gewesen. Er hat sie mit genialem Geschick in die Sprache eines pantechnischen Zeitalters übersetzt, eines Zeitalters, heißt das, in dem die technische Erledigung aller menschlichen Wirklichkeiten drangeht, auch den Glauben zu erledigen. Es kommt mir hier nicht zu, zu erörtern, ob dies noch eine wahre Menschensprache zu nennen ist, oder ob sie nicht vielmehr erst humanisiert werden muß, ehe sie für solch einen Zweck wahrhaft tauglich wird.

Aber nicht minder atypisch als auf diesem dem Sowjetregime wohl eher uninteressanten Gebiet der nationalen Religiosität ist das Judentum in den Bereichen, die für den definierenden und folgernden Stalin die entscheidenden waren: dem der Sprache und dem des Territoriums.

Zu einer „normalen" Nationalität gehört die Singularität der Sprache. Und wieder erweist sich hier das Judentum als Anomalie, freilich auch hier wieder als eine bedeutsame und fruchtbare. Die Sprache des nationalen Selbst, die hebräische, hat fast das ganze biblische Schrifttum hervorgebracht; aber schon auf der Höhe des Staatslebens finden wir daneben, nicht als literarisch, wohl aber als den „Gebildeten" vertraut, die herrschende Sprache der westsemitischen Kultur, die aramäische, eben die, in der später, schon im Exil, der Großteil des Talmuds geschrieben worden ist. Die großen Werke jüdischen Denkens sind in der hellenistischen Epoche griechisch, im Mittelalter arabisch, in unserem Zeitalter vorwiegend deutsch geschrieben worden; und zu diesen beiden, der Kernsprache und den wechselnden Kontaktsprachen, treten als Drittes die eigentümlichen Produkte des Zusammenlebens mit den Völkern, die Idiome, deren produktivstes eben das Jiddisch ist. Diese einzigartige Mehrsprachigkeit hat einen einzigartigen Hintergrund in der Psychik dieses Volkes: hier verbindet sich der Wille zum Beharren in dem von urher Gegebenen mit einer volkstümlich starken Neigung zum vitalen Kontakt mit der umgebenden Kultur. Jede umgebende Kultur, die diesen Doppelwillen gewähren ließ, hat daraus Gewinn gezogen.

Das Sowjetregime hat in seiner ersten Phase den ersten, den Willen zum Beharren in der Ursprache, niedergehalten, den zweiten aber, den Willen zum Kontakt, in der Gestalt des Jiddischen, toleriert oder sogar bestätigt; in seiner zweiten Phase hat das Regime um der radikalen Integration willen auch die volkstümliche Kontaktsprache in all ihren öffentlichen Äußerungen unterdrückt. Welche Richtung es in der gegenwärtigen Phase nehmen wird, ist wie gesagt noch unklar.

Nicht minder atypisch und unsubsumierbar erweist sich das Judentum in der Frage des Territoriums. Nur daß es hier, zum Unterschied von der Frage der Sprache, erst mit dem Ende des selbständigen Lebens in Palästina zur Anomalie geworden ist. Bis dahin ist die Singularität des Landes, sogar während zeitweiliger Verschleppungen eines wesentlichen Teils der Bevölkerung, das Selbstverständliche und Unerschütterliche. Mit der Stabilisierung der Diaspora vollzieht sich eine Änderung; man nimmt immer wieder das Leben in dem Land, in das man verschlagen worden ist, wie eine ernste, sinnreiche Aufgabe an, aber das Heil bleibt an die Heimat gebunden – der große Zukunftsglaube, in dem sich die atypische Einheit von Nation und Religion bekundete, hatte die Rückkehr in die Heimat zur unerläßlichen Voraussetzung. Es gibt meines Wissens kein anderes Volk, in dem der eigene Boden ein so zentraler, ja so heiliger Gegenstand war, und das ist er geblieben; aber auf das Exilsland ging man, wo immer das Wirtsvolk es zuließ, lebensmäßig ein, man nahm das Schicksal nicht bloß an seiner Fläche, sondern in seiner Tiefe an. Man nahm nicht bloß das Martyrium auf sich, man nahm auch das Leben auf sich, wo immer es das zuließ. In eben den Ländern, in denen die Judenheit hernach gepeinigt oder ausgerottet wurde, hat es echte Symbiosen gegeben, die ohne eine echte Treue zum Land undenkbar wären.

Stalin scheint der folgenden Folgerung zugeneigt zu haben: Eine Volksgemeinschaft ist nur dann mehr als eine bloße ethnische Gruppe ohne dauernde Existenzberechtigung, wenn sie eine eigene Sprache und ein eigenes Territorium besitzt; die in den Sowjetländern wohnhafte Judenheit besitzt keine eigene Sprache und kein eigenes Territorium; also ist sie nicht mehr als eine ethnische Gruppe und demgemäß dazu bestimmt, sich in den Nationen und Nationalitäten, in deren Mitte sie lebt, aufzulösen, vielmehr: in ihnen aufgelöst zu werden. Doch ist der Beachtung wert, daß Stalin innerhalb dieser Methode Sprache und Territorium höchst verschieden behandelt hat. Die sowjetischen Juden „hatten keine eigene Sprache“, seit man ihnen keine zugestand. Anders verhielt sich das Regime in der Frage des Territoriums. Es stellte zwar den bedenklichen Mangel fest, aber es unternahm es, selber ihn auszufüllen. Ein selbständiges Territorium, Birobidschan genannt und mehrere tausend Kilometer von den hauptsächlichen Wohnstätten der Juden entfernt, wurde ihnen angeboten. In der kulturellen Autonomie, die diesem Territorium zugedacht war, sollte selbstverständlich auch die Sprache impliziert sein. Das Regime war also offenbar bereit, die Juden zur „Nationalität“ zu erheben und somit die jüdische Gemeinschaft von dem Verhängnis der Integration zu befreien, genauer ausgedrückt: die negative, auflösende Integration durch eine positive, angliedernde, als Kollektivum erfassende und kontrollierende zu ersetzen. Der Plan ist nicht geglückt. Ich fühle mich nicht zuständig, die Ursachen seines Mißlingens zu erörtern. Aber auf eine von ihnen darf ich hinweisen, weil sie mit dem besonderen Charakter des Judentums, dem, von dem ich spreche, zu schaffen hat.

Einer jener jiddischen Autoren, die später aus unbekanntem Grunde ihr Leben verloren, bekannt unter seinem Pseudonym „der Nister" (der Verborgene), ein Erzähler von Rang und mir persönlich bekannt, hat damals, vor 13 Jahren, von der langen Wanderung nach Birobidschan berichtet, die er mitgemacht hat. Er schildert den Pionier-Enthusiasmus der Wanderer, die an der „Rekonstruktion der jüdischen Massen" teilzunehmen glauben; alle, sagt er, sind durchdrungen davon, daß man „von oben" ihrem Streben nach einem autonomen jüdischen Land nicht bloß nicht entgegentrete, sondern ihm „die maximale Hilfe" leiste. Aber in ihrem geschichtlichen Zusammenhang betrachtet erweist sich die objektive Tendenz, der diese Hilfeleistung diente, als eine isolierende, eliminierende. Von einer solchen Tendenz bestimmt, konnte keine „Rekonstruktion" gelingen. Denn der Bestand der jüdischen Diaspora ruht auf der Zweiheit von Selbständigkeit und Kontakt.

Marx, der die Juden irrtümlich für den historischen Hauptfaktor des Kapitalismus hielt, hat in einer berühmten frühen Schrift das Judentum mit dem „Schacher" identifiziert. Von dieser äußersten Simplifikation des jüdischen Problems stammen all jene Anklagen der Juden als Kosmopoliten, Individualisten und dergleichen, denen wir im marxistischen Lager des Ostens immer wieder begegnen und die sehr weitgehende Konsequenzen hatten. So wurden Einzelerscheinungen, die nichts anderes als Entartungen jener atypischen jüdischen Synthese eines starken Willens zur Selbständigkeit und eines starken Willens zum Kontakt waren, in gigantischen Dimensionen typisiert. Anders Lenin, der ein großer Realist war und seine angestammte Umwelt weit gründlicher kannte und verstand als Marx die seine. Lenin zertrümmerte zwar naturgemäß die jüdische Bourgeoisie, aber er schenkte den jüdischen Massen Vertrauen und entdeckte in ihrer Mitte eine Avantgarde des kämpfenden Proletariats. Stalin, der im ersten Abschnitt seiner Herrschaft als Fortsetzer Lenins auftrat, entfernte sich danach immer mehr von dessen Weg des Verständnisses und des Vertrauens. Auf der Höhe seiner Macht war Stalin ein Mann des großen Mißtrauens wie Nero. In der Atmosphäre dieses Mißtrauens verquicken sich jene Anklagen des Kosmopolitismus und so weiter mit außenpolitischen Motiven; der Mangel an „vaterländischem Attachement“ konnte nun jeweils auf eine bedenkliche und aktuelle Weise ausgelegt werden.

Ich habe vor ungefähr zehn Jahren in einem öffentlichen Vortrag in New York nachdrücklich darauf hingewiesen, daß die sich schon damals deutlich ankündigende Weltkrise vor allem auf das universale gegenseitige Mißtrauen zurückzuführen ist. Ich sprach zu den Amerikanern, und meine Mahnung war in erster Reihe an sie gerichtet. Aber über die Hörer hinaus richtete sie sich an die Menschen weit. Denn ich sehe keine Rettung für die Menschenwelt, wenn sie sich nicht von dem universellen Mißtrauen abwendet, um sich einem realistischen, nüchternen, klarsichtigen, unbefangenen Vertrauen zuzuwenden. Vertrauen löst in denen, denen man vertraut, das Vertrauenswerte aus. Dies gilt nicht bloß für das Verhältnis der Staaten zueinander, sondern auch für das des Staates zu den in ihm lebenden Völkern.

Was ist es mit dem nachstalinschen Sowjetregime in dem Punkte, der uns hier beschäftigt? Ist es zu Lenins Prinzip des realistischen Vertrauens zurückgekehrt? Ist es im Begriff, dazu zurückzukehren? Etwa gar auf einer neuen, breiteren Ebene? Welch eine Ebene könnte das sein? Es gibt vielleicht auch unter den führenden Männern des Sowjetregimes solche, die sich Fragen dieser Art stellen.

Ich sehe es nicht als meine persönliche Aufgabe an, Vorschläge zu machen. Ich wollte und will nur darauf hinweisen, daß gedeihliche Vorschläge von der Voraussetzung der einzigartigen Struktur des Judentums ausgehen müssen. Doch habe ich noch einem naheliegenden Einwand zu begegnen.

In unserem Zeitalter hat sich etwas begeben, was man von innen und von außen als eine Normalisierung des jüdischen Volkes bezeichnet hat: die Entstehung des Staates Israel. Ich meine, daß man es zu Unrecht so bezeichnet hat. Gewiß, es gibt nunmehr ein selbständiges jüdisches Territorium, ein selbständiges Gemeinwesen, das seine Lebensformen selbst zu bestimmen vermag, und die Kinder, die darin aufwachsen, sprechen die erneuerte Ursprache. Aber die Diaspora besteht in ihrer großen und vielfältigen Problematik fort, der inneren Geschichte der Staatsvölker preisgegeben, jedoch nicht unfruchtbar, und die Einsammlung des Gesamtvolkes in die Heimat bleibt auch in dieser neuen Phase jüdischer Existenz eine messianische Idee – nicht in dem Sinne, wie man in manchen politischen Kundgebungen sich auf den Messianismus zu berufen pflegt, sondern im Ursinn der Prophetie, das heißt als mit der Aufrichtung des Reiches Gottes in der Menschenwelt unlösbar verknüpft, – und das Gemeinwesen, das sich Israel nennt, hat mit diesem echten Messianismus genau so viel zu tun, als in den Beziehungen seiner Teile zueinander und in seinen Beziehungen zu anderen Völkern zur Verwirklichung dieses Messianismus beiträgt. Und so stehen wir hier wieder vor der eigentümlichen, dynamischen Verbindung von Nation und Religion im Judentum. Aus dem, was ich davon sagen konnte, geht wohl bereits mit ausreichender Deutlichkeit hervor, daß hier die Religion, wann immer sie lebendig ist, die Macht nicht bestätigt, sondern zu ihrer Verantwortung aufruft. Es ist keine sekundäre Tatsache, daß so viele von denen, die im modernen Israel für das fundamentale Einvernehmen mit den Nachbarvölkern eingetreten sind, es aus religiösen Motiven getan haben. Die beiden, Nation und Religion, hängen hier aneinander, aber verschmelzen können sie auch im modernen Israel nicht. Vor etwa fünfzig Jahren sagte mir Max Weber, er als Soziologe könnte sich für den Zionismus nur dann interessieren, wenn dieser eine Art von Kirchenstaat anstreben würde. Ich vermochte ihm weder einen jüdischen Papst noch einen jüdischen Dalai-Lama in Aussicht zu stellen, und es wird dabei bleiben. Aber eine Entnormalisierung steht Israel dennoch im Verhältnis zwischen Nation und Religion bevor, sobald eine neue große Glaubensbewegung in die Erscheinung tritt, von der vielleicht eine neue Botschaft in die Welt ausgehen wird.

Kehren wir nunmehr zu unserem eigentlichen Thema zurück. Vorschläge, die gemacht werden sollen, müssen – darauf habe ich Sie aufmerksam zu machen – dem atypischen Charakter des Judentums, der überall seine Geltung behält, Rechnung tragen. Aber, so mag man uns entgegnen, welche positive Grundlage gibt es für solche Vorschläge? Meinen wir den Bereich der Religion, so öffnet man sozusagen vor unseren Augen am Festtag die Pforten der übrig gebliebenen Synagogen und heißt uns abzählen, wie gering darin der Prozentsatz der Jugend sei. Und meinen wir den Bereich der sprachlichen Kultur, so hält man uns die Blätter der Statistik entgegen, auf denen verzeichnet ist, nicht mehr als fünfundzwanzig Prozent der Juden hätten Jiddisch als ihre Muttersprache angegeben, zweifellos allesamt Menschen vorgeschrittenen Alters. Weist das, so wird man sagen, nicht eindeutig darauf hin, daß die Integration sich von selber vollziehe? Und man wird etwa noch die Frage daran fügen, ob es denn Sache der Sowjetführung sei, „eine tote Kultur wieder aufzurichten". Was können wir auf solche Einwände entgegnen? Es gibt doch keine Willenskundgebung der sowjetischen Judenheit, auf die wir uns zu berufen vermöchten! Und doch weiß ich um das Herz einer Jugend, die sich zwar assimiliert, jeder von seinem individuellen Lebenstrieb aus, die aber doch, eben im innern Herzen, danach Verlangen trägt, den originalen Werten und Formen all der Völkerschaften, in deren Mitte sie wohnt, eigene Werte und Formen gegenüberzustellen. Und wie anders könnte sie diese gewinnen als durch eine neue Rückverbindung mit der Welt der Väter und mit der der Urväter! Man gebe ihnen, so möchte ich den Sprechern der Einwände sagen, die Chance der Rückverbindung.

# VII. IN DER KRISIS

# DER JÜDISCHE MENSCH VON HEUTE

(April 1933)

Der jüdische Mensch von heute ist der innerlich ausgesetzteste Mensch unserer Welt. Die Spannungen des Zeitalters haben sich diesen Punkt ersehen, um an ihm ihre Kraft zu messen. Sie wollen erfahren, ob der Mensch ihnen noch zu widerstehen vermag, und erproben sich am Juden. Wird er standhalten? Wird er in Stücke gehen? Sie wollen durch sein Schicksal erfahren, was es um den Menschen ist. Sie machen Versuche mit dem Juden, sie versuchen ihn. Besteht ers? ... Etwas ist geschehen. Statt des einen Wesens, an dem die Spannungen des Zeitalters sich auslassen wollten, sind zwei zu schauen – ein zerfallendes und ein unbezwingliches. Eins, das Licht ausgibt wie ein phosphoreszierender Sumpf, und eins, das Licht ausgibt wie der Orion. Aber dieses steht für jenes ein. Dieses sagt von jenem: Das bin ich. Es streckt sich über es hin, es deckt es, es duldet, was zu dulden ist. Und wenn eure Probe bestanden sein wird, Spannungen des Zeitalters, werden nicht mehr zwei dasein, sondern einer, der Überwinder.

# KIRCHE, STAAT, VOLK, JUDENTUM

## Aus dem Zwiegespräch mit Karl Ludwig Schmidt im Jüdischen Lehrhaus in Stuttgart[59]

(14. Januar 1933)

### *Erste Antwort*

Als Karl Ludwig Schmidt und ich miteinander Briefe zur Vorbereitung dieser Aussprache wechselten, verständigten wir uns zunächst über die Formulierung des Themas. Er schlug vor: *„Kirche, Staat, Volkstum, Synagoge"*. Dies lehnte ich ab, deshalb zunächst, weil ich mich nicht berufen fühle, für eine „Synagoge" zu sprechen, und auch, weil ich Synagoge für eine uneigentliche Bezeichnung halte, nicht für eine, mit der der Jude so angesprochen wird, daß er antworten kann. Ich habe statt dessen die Bezeichnung *Judentum* angenommen, obwohl ich auch diese nicht ganz für die richtige halte. Für die rechte Bezeichnung an dieser Stelle halte ich die, die Schmidt selbst gebraucht hat im nachdrücklichen Sinn, so daß wir schon durch dieses Wort, durch diesen Namen, eine gemeinsame Ebene gewonnen haben, durch den Namen *„Israel"*.

„Israel", das ist nicht etwas, worüber wir bloß einen biblischen Bericht besitzen, womit wir Juden uns kraft dieses Berichts geschichtsbewußtseinsmäßig verknüpft fühlen, sondern Israel ist ein Seiendes: ein Einmaliges, Einziges, in keine Gattung Einzureihendes, nicht begrifflich Unterzubringendes; jede Schublade der Weltgeschichte widersteht diesem Unterbringenwollen. Israel ist das, was sich auch heute noch inmitten mannigfacher Verzerrung, Entartung, Verwischung als ein Eigenes in diesem Judentum

59 Dieses öffentliche Gespräch mit dem damaligen Bonner Ordinarius für neutestamentliche Theologie knüpfte an einen früheren Zyklus ähnlicher Veranstaltungen an. Der vollständige Wortlaut ist nach dem Stenogramm in den „Theologischen Blättern" vom September 1933 veröffentlicht worden. Ich habe hier ein paar kleinere Zusätze nach meinen Notizen eingeschaltet. Zur Ergänzung meiner Darstellungen sei auf die Rede „Die Brennpunkte der jüdischen Seele" (S. 411ff. des vorliegenden Bandes) hingewiesen.

birgt, als verborgene Wirklichkeit in ihm lebt. Von da aus allein können wir Juden zu den Christen sprechen, von da aus allein haben wir die existenzielle Möglichkeit der Antwort. Und je wahrhafter wir als Israel angerufen werden, um so rechtmäßiger ist das Gespräch.

Daß Israel etwas Einziges, nicht Einreihbares ist, ist ja von Karl Ludwig Schmidt hier anerkannt worden. Für die Kirche in ihrem rechtmäßigen Dasein ist Israel da; und für uns in unserem rechtmäßigen Dasein ist Israel da. Wir beide, Kirche und Israel selbst, wissen um Israel, aber in grundverschiedener Weise. Grundverschiedenheit ist etwas ganz anderes als zweierlei Ansicht, die man erörtern kann, um dann zu versuchen, sie miteinander in Einklang zu bringen. Das ist hier nicht möglich. Es ist ein grundverschiedenes Sehen oder Wissen. Denn auch die Kirche sagt, wie Israel, sie wisse. Dieses Wissen der Kirche um Israel und das Selbstwissen Israels stehen einander gegenüber in einer Weise, die strenger ist in ihrer Gegensätzlichkeit als ein nur logischer Widerspruch. Die Kirche sieht Israel als ein von Gott *verworfenes* Wesen. Dieses Verworfensein ergibt sich notwendig aus dem Anspruch der Kirche, das wahre Israel zu sein: die von Israel haben danach ihren Anspruch eingebüßt, weil sie Jesus nicht als den Messias erkannten.

Die Christen glauben, dieses Israel-Sein, das Amt, die Würde Israels, seine Erwähltheit, von Gott her empfangen zu haben; hier ist eine Glaubensgewißheit, die unantastbar ist. Wir haben keine Möglichkeit, gegen dieses Wissen der Kirche um Israel etwas zu setzen, was ja doch nur als Argument wirksam werden könnte. Aber wir Israel wissen um Israel von innen her, im Dunkel des von innen her Wissens, im Licht des von innen her Wissens. Wir wissen um Israel anders. Wir wissen (hier kann ich nicht einmal mehr „sehen“ sagen, denn wir wissen es ja von innen her, und auch nicht mit dem Wissen des Gedankens, sondern lebensmäßig), daß wir, die wir gegen Gott tausendfach gesündigt haben, tausendfach von Gott abgefallen sind, die wir diese Jahrtausende hindurch diese Schickung Gottes über uns erfahren haben – die Strafe zu nennen zu leicht ist, es ist etwas Größeres als Strafe –, wir wissen, daß wir doch nicht verworfen sind. Wir wissen, daß das ein Geschehen nicht in der Bedingtheit der Welt, sondern in der Wirklichkeit des Raumes zwischen Gott und uns ist. Und wir wissen, daß wir eben darin, in dieser Wirklichkeit von Gott nicht verworfen sind, daß uns in dieser Zucht und Züchtigung die Hand Gottes hält und nicht losläßt, in dieses Feuer hinein hält und nicht fallen läßt.

Das ist grundverschiedenes, unverträglich grundverschiedenes Wissen. Ich würde nicht einmal wagen, das unsre einen „Anspruch“ zu nennen. Das ist ein zu menschlich stolzes Wort für diese Situation. Einen „Anspruch“ haben wir gar nicht. Wir haben nur unser armes, aber uneinschränkbar faktisches Wissen um unser Dasein in der Hand Gottes. Und vom Menschen aus, vom menschlichen Unternehmen, von der menschlichen Sprache aus, vom menschlichen noch so kameradschaftlichen Verständigungswillen her kann diese Grundverschiedenheit nicht aufgehoben werden. Aber wenn wir „harren“, harren wir dessen, was nicht vom Menschen herkommen kann, sondern nur von Gott, harren einer Einung, die nicht vom Menschen hergestellt werden kann, ja die der gegenwärtige Mensch schlechthin nicht konkret zu denken vermag.

Es ist das Wort des Paulus angeführt worden über die Aufhebung der Unterschiede in der Welt des christlichen Ereignisses. Diese Aufhebung der Unterschiede vermögen wir nicht zu verspüren. Wir fühlen, finden uns in einer Welt, in der die Unterschiede unaufgehoben sind und ihrem Wesen nach unaufhebbar erscheinen. Aber wir fühlen freilich noch etwas anderes. Wir fühlen, daß der *Geist* (dies ist ein Glaubenswort, das wir mit den Christen gemeinsam haben, wiewohl sie ihn pneuma hagion, heiliger Geist, und wir ihn ruach ha-kodesch, Geist der Heiligung oder des Heiltums, nennen), daß der Geist selber nicht in diese Schiedlichkeit eingebunden ist; daß über unseren unaufhebbaren Unterschieden er einig weht, daß er zwar keine Brücke schlägt, aber uns Bürgschaft der Einheit, im gelebten Augenblick Bürgschaft der Einheit für das Zusammenleben auch von Christen und Juden gibt.

So möchte ich jenes jüdische Wort verstehen, das ich Paulus[60] gegenüberstelle als ein wohl zurückhaltenderes, das aber eine – wie mir scheint – von jedem Menschen erfahrbare Tatsächlichkeit ausströmt. Es ist das Wort jenes alten Buches von den Dingen, die in der „Schule des Elia“ von dem nach seiner Entrückung über die Welt wandelnden Gottesboten gelehrt werden: „Ich nehme zu Zeugen den Himmel und die Erde: ob einer aus der Völkerwelt oder einer aus Israel, ob Mann oder Weib, Knecht oder Magd, allein nach dem Tun, das er tut, läßt sich der Geist der Heiligung auf ihn nieder.“ Das ist keine Aufhebung der Unterschiede, sondern die Zuteilung des Geistes an die Menschheit, so wie sie ist, in die Zerklüftung, in der sie steht; so aber, daß sie gemeinsam – von hüben und drüben – hinschauen kann zu dem, der so sich niederläßt auf die Menschen, wie verschieden auch deren Standort, ja deren Glaubensgewißheit ist.

60 Dem von Schmidt angeführten Wort „Hier ist kein Jude noch Grieche, hier ist kein Knecht noch Freier, hier ist kein Mann noch Weib“ (Galaterbrief 3, 28).

Wir Israel stehen der Ablehnung unseres Wissens um uns selbst durch die Kirche gegenüber. Die Kirche kann etwa zu uns sagen: „Das, was ihr da Selbstwissen nennt, wovon ihr sagt, daß ihr es erfahrt, die ihr euch als von Gott getragen, als nicht losgelassen, als nicht weggeworfen, als noch im Angesicht daseiend fühlt, das ist eine Illusion, die euch euer Selbsterhaltungstrieb eingibt." Was dann, wenn so die Gewißheit der einen Seite durch die andere Seite, von einem Letzten her, als Letztes abgelehnt wird? Ich glaube, das ist einer der Punkte, an denen wir Menschen die eigentliche Lehre des Als-Menschen-Daseins, die harte und heilsame Lehre empfangen. Wir haben miteinander zu schaffen in der Verschiedenheit des Menschlichen, und wie tief diese Verschiedenheit gehen kann, bis in die letzten Glaubenswurzeln hinein, sehen wir hier. Was können wir da tun?

Wir können etwas sehr Schweres zu tun versuchen, etwas, das für den religiös gebundenen Menschen sehr schwer ist, das seiner Gebundenheit und Verbundenheit widerstrebt, vielmehr, zu widerstreben scheint, etwas, das seiner Verbundenheit mit Gott zu widerstreben scheint, – wir können das, was der andere gegen unsere Existenz, gegen unser Seinswissen als seine Glaubenswirklichkeit bekennt, als ein Geheimnis anerkennen. Dessen Sinn zu beurteilen sind wir nicht imstande, weil wir es von innen her nicht kennen, so wie wir *uns* von innen her kennen.

Karl Ludwig Schmidt hat mit Recht in die Mitte seiner Betrachtung die Frage nach dem Messias, die christologische Frage gestellt.

Wenn wir die Scheidung zwischen Juden und Christen, zwischen Israel und der Kirche, auf eine Formel bringen wollen, können wir sagen: „Die Kirche steht auf dem Glauben an das Gekommensein Christi, als an die der Menschheit durch Gott zuteil gewordene Erlösung. Wir Israel *vermögen* das nicht zu glauben."

Die Kirche sieht diese unsere Aussage entweder als ein Nicht-glaubenwollen an, als eine Verstocktheit in einem sehr bedenklichen Sinn, oder als einen Bann, als eine fundamentale Eingeschränktheit des Erkennen-könnens der Wirklichkeit gegenüber, als die Verblendung Israels, die es hindert, das Licht zu schauen.

Wir Israel wissen um unser Nicht-annehmen-können jener Botschaft in anderer Weise. Wir verstehen die Christologie des Christentums durchaus als wesentliche Begebenheit zwischen Oben und Unten. Wir sehen das Christentum als etwas, dessen Kommen über die Völkerwelt wir in seinem Geheimnis zu durchdringen nicht imstande sind. Wir wissen aber auch, wie wir wissen, daß Luft ist, die wir in unsere Lungen einatmen, daß Raum ist, in dem wir uns bewegen, tiefer, echter wissen wir, daß die Weltgeschichte nicht bis auf ihren Grund aufgebrochen, daß die Welt noch nicht erlöst ist. Wir *spüren* die Unerlöstheit der Welt.

Eben dieses unser Spüren kann oder muß die Kirche als das Bewußtsein *unserer* Unerlöstheit verstehen. Aber wir wissen es anders.

Erlösung der Welt ist uns unverbrüchlich eins mit der Vollendung der Schöpfung, mit der Aufrichtung der durch nichts mehr behinderten, keinen Widerspruch mehr erleidenden, in all der Vielfältigkeit der Welt verwirklichten Einheit, eins mit dem erfüllten Königtum Gottes. Eine Vorwegnahme der *vollzogenen* Welterlösung zu irgendeinem Teil, etwa ein Schonerlöstsein der Seele, vermögen wir nicht zu fassen, wiewohl sich auch uns, in unsern sterblichen Stunden, Erlösen und Erlöstwerden kundtut.

Eine Zäsur nehmen wir in der Geschichte nicht wahr. Wir kennen ihr keine Mitte, sondern nur ein Ziel, das Ziel des Weges Gottes, der nicht innehält auf seinem Weg.

Wir vermögen nicht, Gott auf irgendeine Art seiner Offenbarung festzulegen. Jenes Wort aus dem brennenden Busch (Ex 3,14): „Ich werde dasein, als der ich dasein werde" (das heißt: als der ich jeweils dasein werde)[61] macht es uns unmöglich, irgend etwas Einmaliges als die endgültige Offenbarung Gottes zu nehmen. Nicht als ob wir irgend etwas über das Sich-offenbaren- oder das Sich-nicht-offenbaren-können Gottes aussagen wollten; ich rede eben davon, daß wir von allen Offenbarungen, um die wir wissen, nichts Absolutes auszusagen vermögen. Wir sagen nicht: So kann sich Gott nicht offenbaren. Wir sprechen nur keiner seiner Offenbarungen die Unüberbietbarkeit zu, keiner den Charakter der Inkarnation. Über jeden, aber auch jeden Moment der geschehenen Zeit weist jenes futurische Wort des Herrn in unbedingter Weise hinaus; Gott ist jeder seiner Manifestationen schlechthin überlegen.

Ich sagte schon: Das Juden und Christen Verbindende bei alledem ist ihr gemeinsames Wissen um eine Einzigkeit, und von da aus können wir auch diesem im Tiefsten Trennenden gegenübertreten; jedes echte Heiligtum kann das Geheimnis eines anderen echten Heiligtums anerkennen. Das Geheimnis des anderen ist innen in ihm und kann nicht von außen her wahrgenommen werden. Kein Mensch außerhalb von Israel weiß um das Geheimnis Israels. Und kein Mensch außerhalb der Christenheit weiß

61 Vgl. mein „Königtum Gottes" 5. Kapitel und mein „Moses", Kap. „Der brennende Dornbusch".

um das Geheimnis der Christenheit. Aber nichtwissend können sie einander im Geheimnis anerkennen. Wie es möglich ist, daß es die Geheimnisse nebeneinander gibt, das ist Gottes Geheimnis. Wie es möglich ist, daß es eine Welt gibt als Haus, in dem diese Geheimnisse mitsammen wohnen, ist Gottes Sache, denn die Welt ist ein Haus Gottes. Nicht indem wir uns jeder um seine Glaubenswirklichkeit drücken, nicht indem wir trotz der Verschiedenheit ein Miteinander erschleichen wollen, wohl aber indem wir unter Anerkennung der Grundverschiedenheit in rückhaltlosem Vertrauen einander mitteilen, was wir wissen von der Einheit dieses Hauses, von dem wir hoffen, daß wir uns einst ohne Scheidewände umgeben fühlen werden von seiner Einheit, dienen wir getrennt und doch miteinander, bis wir einst vereint werden in dem einen gemeinsamen Dienst, bis wir alle werden, wie es in dem jüdischen Gebet am Fest des Neuen Jahres heißt: „ein einziger Bund, um Seinen Willen zu tun".

Ich wiederhole: Daß es Israel gibt, ist etwas Einziges, Uneinreihbares. Dieser Name, dem Erzvater von Gott, nicht von Vater und Mutter verliehen, kennzeichnet die Gemeinschaft als eine, die von den Kategorien der Völkerkunde und der Soziologie nicht zu erfassen ist. Sooft wir eine solche Kategorie anwenden, tun wir Israel unrecht. In der Bibel ist ausgesprochen, was die Einzigkeit Israels begründet. Sie läßt die Entstehung dieser Gemeinschaft geschichtsidentisch, ereignisidentisch sein mit Glaubenserfahrung und Glaubenshandlung einer Menschenschar in ihrer entscheidenden Stunde.

Diese Menschenschar erfährt da ein ihr Widerfahrendes als glaubende Schar, als Glaubensschar, nicht als glaubende Individuen, sondern als glaubende Gemeinschaft, als solche glaubend vernimmt und antwortet sie. In diesem Angesprochenwerden und Erwidern wird sie in dieser Stunde zu dem konstituiert, was wir Volk nennen, zu etwas, was nun dauert, in einem geschlossenen Kreis von Zeugungen und Geburten. Das hebt Israel für alle Zeit von den Nationen und von den Religionen ab.

Es ist hier eine Einheit von Glauben und Volkstum, die einmalig ist, und deren Einmaligkeit als beiläufig anzusehen einen Unglauben der geschehenen Geschichte gegenüber bedeutet. Ihre Entstehung wird als ein Bund zwischen Gottheit und Menschheit bezeichnet.

Dieser Königsbund: daß Gott zu einem Volk sagt (Ex 19,6), er nehme es sich als seinen unmittelbaren Königsbereich[62], und daß ein Volk von Gott

62 Vgl. „Königtum Gottes", Kap. „Der Königsbund".

sagt (15,18), er bleibe sein König „in Weltzeit und Ewigkeit", ist einzig. Aber es ist grundverkehrt, ihn als ein Privileg zu verstehen. Das Volkhafte an diesem Volk erliegt freilich immer wieder der Versuchung, das zu tun.

Dagegen steht die große Erscheinung der Prophetie, die das Volk immer wieder gemahnt, es sei nichts anderes, als gleichsam ein Versuch Gottes. Die Genesis erzählt, wie Gott es zuerst mit einer Menschheit versucht, die versagt. Erst dann versucht er, sich ein Volk als den Anfang einer Menschheit, den Anfang der Verwirklichung seines Königtums aufzuziehen. Gott nennt es (Jer 2,3) den „Anfangsteil seiner Ernte".

Dieses Israel, das zugleich Nation und Religion und keins von beiden ist und das allen Versuchungen der Nationen und der Religionen ausgesetzt ist, möchte in sich ruhen, es möchte sich als zum Selbstzweck begnadet empfinden. Aber seine Führer verweisen ihm alle Sicherheit; es ist als Volk nur da, weil Volkheit die Voraussetzung der *ganzen* Menschenantwort an Gott ist.

Volk muß da sein, damit sich die menschliche Antwort im ganzen Leben, zu dem das öffentliche gehört, erfüllen könne. Nicht die einzelne Person, erst die Gemeinschaft in ihrer Vielheit und Einheit, im Zusammenwirken, Zusammenverwirklichen ihrer verschieden gearteten und verschieden berufenen Glieder kann Gott die ganze Lebensantwort des Menschen geben. Darum muß Volk sein, darum ist Israel. Die Gemeinschaft muß als die Voraussetzung der Erfüllung dauern, und sie muß, wenn sie anders sein will, zersprengt und erneuert werden.

Gegen die Ausartung des Wissens um Israel in den Aberglauben, daß Gott ein Machtlieferant sei, weisen die Propheten immer deutlicher auf das Geschichtsgeheimnis hin. Der Weg Gottes durch die Geschichte läßt sich nicht in einem Schema darstellen. Nicht durch Verleihung von Macht und Erfolg gibt Gott sich als der Herr der Geschichte zu erkennen. Es gibt einen Bund Gottes mit dem Leiden, dem Dunkel, der Verborgenheit. Im prophetischen Wort wird das sündige Volk Gott gegenübergestellt als einem, mit dem es sich nicht in der Macht, sondern im Dunkel, im Leiden wieder verbinden kann.

Seither glauben wir daran. Es ist eine immer wieder aktuelle Frage, daß ein Volk sündigen kann, indem es sein Auf-sich-selbst-Hören ein Auf-Gott-Hören nennt. Erst im Exil lernt Israel sich dieser Sünde entwinden.

Mit dem babylonischen Exil reift die Vorstellung vom „Knecht Gottes"; von der Menschenart, die je und je auf Erden erscheint und wirkt, was sie zu wirken hat, im Leiden und im Dunkel, im Köcher Gottes („er machte mich zu einem blanken Pfeil, – hat in seinem Kocher mich verborgen", Jes 49, 2).

Das Leiden um Gottes willen, die verborgene Geschichte der Pfeile, die Gott nicht verschickt, die im Dunkel des Köchers sein Werk wirken, – von da aus leben wir seither als Israel. Aller seitherige Widerstreit kann nur von da aus verstanden werden.

Die Zerstörung Jerusalems ist nach unserer Überlieferung geschehen, weil die Gemeinschaft nicht erfüllt worden ist, weil es in Israel einen Widerstreit gab, der hinderte, daß der „Anfangsteil" zur Ernte gedieh. Und von da aus kommen nicht bloß die Juden unter die Völker, es kommt auch Israel über die Völker, das heißt, es kommt über die Völker die in Israel erwachsene Botschaft Jesu vom kommenden Weltalter als der siegreichen Offenbarung der verborgenen Weltgeschichte.

Die verborgene Weltgeschichte will aus dem Köcher steigen und sich als *die* Geschichte, als ein Weg Gottes kundtun. Jesus, der von einer vergeistlichten Spätform der Theokratie auf die ursprüngliche Gewißheit des Gotteskönigtums und seiner Erfüllung zurückweist, verkündigt sie, indem er die Knechtskonzeption erneuert und wandelt. Seine Botschaft aber hat nicht in ihrer echten Gestalt, sondern in einer Verzweiung, die der Botschaft Jesu fremd ist, die Völker erreicht. Diese Verzweiung, die wir am stärksten durch Augustin kennen – bei dem der Bereich der Volksgemeinschaft, des Staates, die Voraussetzung der *ganzen* Lebensantwort des Menschen, preisgegeben, vom Reich Gottes abgeschnitten ist –, führt bis in die Konsequenz einer Trennung von „Religion" und „Politik". Immer wieder versucht ein Reichsgedanke, diese Zweiheit zu überwinden, immer wieder vergeblich.

Die Völker haben ihre Reichsgedanken als christliche Völker aufgerichtet. Sie haben das Königtum Gottes als die ihnen zugewiesene Aufgabe empfangen, aufgenommen und als Christen ausgesprochen. Die großen Reichsgedanken der Völker knüpfen alle an jenes Verwirklichungsamt Israels an, aber in der Weise, daß sie, von der Kirche ermächtigt, Israel als aus diesem seinem Amt entlassen erklären, als nicht mehr berufen, an der Gottesgemeinschaft des Menschengeschlechts zu bauen.

So stehen die Völker in ihren Reichsgedanken gegen das Judentum. Das Judentum aber steht den Völkern so gegenüber, daß es eben in seiner armseligen Weise, aber unsäglich und unauslöschlich um das Ja diesem Nein gegenüber weiß, nicht um ein leichtes und eigensinniges, sondern um ein auferlegtes und überschwer zu tragendes Ja.

Mit dem Stand der Völkerwelt gegen Israel hängt es zusammen, daß sie das Judentum nicht wahrhaft aufgenommen hat. Im Mittelalter schon war das in seiner Glaubenswirklichkeit von bäuerlicher Überlieferung bewegte Israel von der Urproduktion ausgeschlossen; an dem schaffenden Leben des Volkes, in dessen Mitte es lebte, teilzunehmen war ihm versagt. Was vom Verhältnis zu den Gastsassen gesagt ist (Ezechiel 47,21f.): „Verteilt ihr euch dieses Land nach den Stäben Israels, / solls geschehn: / ihr laßt darüber das Los zu Eigentum fallen / euch und den Gastsassen, die gasten in eurer Mitte, / die Söhne gezeugt haben in eurer Mitte, / sie seien euch wie ein Sproß unter den Söhnen Israels, / bei euch falle ihnen Los inmitten der Stämme Israels", das haben die Völker nicht als auch zu ihnen gesprochen, als ihnen für ihr Verhältnis zu dem Gastsassen Israel geboten verstanden. So haben sie es Israel unmöglich gemacht, jenen Satz des Jeremia (29,5) für das Leben im Exil zu verwirklichen: „Baut Häuser und siedelt, / pflanzt Gärten und eßt ihre Frucht!"

Die Teilnahme an dem schaffenden Leben haben die abendländischen Völker Israel von je versagt. Aber auch als sie es endlich „emanzipierten", haben sie es nicht als Israel aufgenommen, sondern als eine Vielheit jüdischer Individuen. Die einmalige Einheit ist von den Völkern nicht anerkannt worden. Israel ist von den Christen nicht als Israel rezipiert.

Manche sagen, daß dies unmöglich sei. Ein gläubiger Mensch darf nicht so sprechen. Er darf die Tatsache nicht umgehen, daß es dieses Israel in der Mitte der Völker gibt, daß es in die Mitte der Völker geschickt ist. Dieses Nichtdürfen gilt für Israel wie für die andern. Der Einzigkeit Israels entspricht die Einzigkeit seiner Situation. Gehört zu ihr aber sinngemäß auch dies, daß jenes Gebot an alle Völker, die Gastsassen in ihrer Mitte haben, noch immer der Erfüllung, und jenes Wort des Jeremia an Israel noch immer seiner Erfüllbarkeit harrt?

Karl Ludwig Schmidt hat mich nach dem Zionismus gefragt. Gewiß ist in diesem der Begriff des Volkstums betont und überbetont worden; weil nämlich innerhalb eines unlöslichen Ineinander von Volkstum und Glauben das Volkstum in der Zeit nach der Emanzipation vielfach vernachlässigt worden war. Man hatte versucht, Israel unter die Religionen einzureihen. Dem gegenüber mußte mahnend gesagt werden, daß Israel ohne sein Volkstum keine Wirklichkeit hat. Aber heute ist es an der Zeit, wieder an die Stelle nationaler und religiöser Begriffe das namenhafte Israel zu setzen – die Einheit und Einzigkeit Israels. Für dieses ist Zion zu bauen. Und Zion kann nicht territorial allein erfaßt werden, ebenso wie Israel nicht national allein erfaßt werden kann.

Ist eine echte Rezeption Israels möglich?

Diese Frage scheint mir wesensverbunden zu sein mit jener andern: Ist ein Handeln der christlichen Völker von der Bibel her möglich?

Ich weiß nicht, wie es sich damit verhält. Aber davon, wie es sich damit verhält, scheint mir auch abzuhängen, ob es zwischen der Kirche, die um kein Amt Israels weiß, und Israel, das um sein Amt weiß, einen echten Dialog geben kann, in dem man sich wohl nicht miteinander verständigt, aber einander versteht, um des einen Seins willen, das die Glaubenswirklichkeiten meinen.

Für diese Möglichkeit spricht, daß heute abend mein christlicher Gesprächspartner das Wort vom Knecht Gottes auf Israels Selbstverständnis angewandt hat. Damit ist die Tiefe des Selbstwissens Israels um sein Amt angerührt. So ist uns die Hoffnung gestattet, daß es zu einer echten Rezeption Israels die Möglichkeit in einem schweren, aber gesegneten gemeinsamen Ringen gibt.

Zuletzt noch die Frage nach dem Verhältnis Israels zum Staat. Das ist bestimmt von dem messianischen Glauben Israels. Da dieser der Glaube an eine Menschengemeinschaft als Königsbereich Gottes ist, kann Israel nie und nirgends der Frage nach der gesellschaftlichen und staatlichen Ordnung des Bauens an der menschlichen Gemeinschaft gleichgültig begegnen. Es ist eine innerste Sache Israels, es ist seines Amtes, je und je, an der Intention aller Staatlichkeit auf das Reich hin teilzunehmen.

Vom messianischen Glauben her ist für Israel jedes Staatswesen, wie immer es geartet ist, eine Vorwegnahme, ein problematisches Modell des Gottesreiches, das aber auf dessen wahre Gestalt hinweist.

Zugleich aber spürt Israel, da es eben in seinem messianischen Glauben um die Fragwürdigkeit der Realisierungen weiß, je und je die andere Seite des Staates, spürt, daß, was wir Staat nennen, je und je ein Pegel ist, der anzeigt, wieviel Freiwilligkeit zur Gemeinschaft vorhanden, wieviel Zwang hinwieder erforderlich ist, um jetzt und hier ein Mindestmaß an rechtschaffnem Zusammenleben der Menschen zu erhalten.

Diese doppelte Schau Israels ergibt sein doppeltes Verhältnis zum Staat. Israel kann sich nie vom Staat abwenden, es kann ihn nie verleugnen, es muß ihn annehmen, und es muß Sehnsucht nach der Erfüllung des Staates haben, die von seiner jeweiligen Erscheinung, so unzulänglich angezeigt wird. Die konservative und die revolutionäre jüdische Haltung gründen in der gleichen Urgesinnung.

*Zweite Antwort*

Ich lebe nicht fern von der Stadt Worms, an die mich auch eine Tradition meiner Ahnen bindet; und ich fahre von Zeit zu Zeit hinüber. Wenn ich hinüberfahre, gehe ich immer zuerst zum Dom. Das ist eine sichtbar gewordene Harmonie der Glieder, eine Ganzheit, in der kein Teil aus der Vollkommenheit wankt. Ich umwandle schauend den Dom mit einer vollkommenen Freude. Dann gehe ich zum jüdischen Friedhof hinüber. Der besteht aus schiefen, zerspellten, formlosen, richtungslosen Steinen. Ich stelle mich darein, blicke von diesem Friedhofgewirr zu der herrlichen Harmonie empor, und mir ist, als sähe ich von Israel zur Kirche auf. Da unten hat man nicht ein Quentchen Gestalt; man hat nur die Steine und die Asche unter den Steinen. Man hat die Asche, wenn sie sich auch noch so verflüchtigt hat. Man hat die Leiblichkeit der Menschen, die dazu geworden sind. Man hat sie. Ich habe sie. Ich habe sie nicht als Leiblichkeit im Raum dieses Planeten, aber als Leiblichkeit meiner eigenen Erinnerung bis in die Tiefe der Geschichte, bis an den Sinai hin.

Ich habe da gestanden, war verbunden mit der Asche und quer durch sie mit den Urvätern. Das ist Erinnerung an das Geschehen mit Gott, die allen Juden gegeben ist. Davon kann mich die Vollkommenheit des christlichen Gottesraums nicht abbringen, nichts kann mich abbringen von der Gotteszeit Israels. Ich habe da gestanden und habe alles selber erfahren, mir ist all der Tod widerfahren: all die Asche, all die Zerspelltheit, all der lautlose Jammer ist mein; aber der Bund ist mir nicht aufgekündigt worden. Ich liege am Boden, hingestürzt wie diese Steine. Aber aufgekündigt ist mir nicht.

Der Dom ist, wie er ist. Der Friedhof ist, wie er ist. Aber aufgekündigt ist uns nicht worden.

Wenn die Kirche christlicher wäre, wenn die Christen mehr erfüllten, wenn sie nicht mit sich selbst rechten müßten, dann würde, meint Karl Ludwig Schmidt, eine schärfere Auseinandersetzung zwischen ihnen und uns kommen.

Wenn das Judentum wieder Israel würde, wenn aus der Larve das heilige Antlitz hervorträte, dann gäbe es, erwidere ich, wohl die Scheidung unabgeschwächt, aber keine schärfere Auseinandersetzung zwischen uns und der Kirche, vielmehr etwas ganz anderes, das heute noch unaussprechbar ist.

Ich bitte Sie, zum Schluß auf zwei Worte hinzuhören, die einander zu widersprechen scheinen, aber einander nicht widersprechen.

Im Talmud (Jewamoth 47a) wird gelehrt: Der Proselyt, der in diesem Zeitalter kommt, um ins Judentum aufgenommen zu werden, zu dem spricht man: „Was hast du bei uns ersehen, daß du dazu übertreten willst? Weißt du denn nicht, daß die von Israel in dieser Zeit gepeinigt, gestoßen, hingeschleudert, umgetrieben werden, daß die Leiden über sie gekommen sind?" Wenn er spricht: „Ich weiß, und ich bin nicht würdig", dann nimmt man ihn sogleich auf.

Es möchte scheinen, das sei jüdischer Hochmut. Es ist keiner. Es ist nichts anderes als die Kundgebung, deren man sich nicht entschlagen kann. Die Not ist eine wirkliche Not und die Schmach ist eine wirkliche Schmach. Aber es ist ein Gottessinn darin, der uns zuspricht, daß uns Gott, wie er uns verheißen hatte (Jes 54,10), aus seiner Hand nicht hat fallen lassen.

Und im Midrasch (Schmoth Rabba XIX, Sifra zu Lev 18,5) heißt es: „Der Heilige, gesegnet sei er, erklärt kein Geschöpf ungültig, sondern alle nimmt er auf. Die Tore sind geöffnet zu jeder Stunde, und wer hinein zu gelangen sucht, gelangt hinein. Und so spricht Er (Jes 26,2): ‚öffnet die Tore, / daß komme ein bewährter Stamm (goj zaddik), / der Treue hält.' Es ist hier nicht gesagt: Daß Priester kommen, daß Leviten kommen, daß Israeliten kommen; sondern es ist gesagt: Daß komme ein goj zaddik."

Das erste Wort handelte von den Proselyten, dieses nicht, es handelt vom Menschenvolk. Die Gottestore sind offen für alle. Der Christ braucht nicht durchs Judentum, der Jude nicht durchs Christentum zu gehen, um zu Gott zu kommen.

## DIE MÄCHTIGKEIT DES GEISTES

*Frankfurter Lehrhausrede*

(Oktober 1934)

Graf Hermann Keyserling hat vor kurzem die gegenwärtige Situation des Völkerlebens dahin gekennzeichnet, daß der suggerierende Typus den lenkenden verdränge. Dem entspreche, daß die Menschheit in ihrer Mehrheit geistig passiv geworden sei. Diese Passivität aber stamme aus einem Aufstand der nicht-geistigen, der tellurischen Kräfte, wie er sie nennt, – ich möchte sie lieber die Elementarkräfte nennen. Die Grundlage unserer Zivilisation sei eine zu enge gewesen, die Zahl der in sie einbezogenen menschlichen Fähigkeiten und Antriebe zu beschränkt, eben jene Kräfte seien vernachlässigt worden, und daraus ergebe sich nun die Reaktion, die sich in einer sehr starken Tendenz zu einer Repaganisierung, einer Wiederherstellung des Heidentums äußere. Die heidnische Antike sei eben in Europa das letzte kultivierte Zeitalter gewesen, in dem der Mensch sich selber in der Vollständigkeit seines „Wesens angenommen und zugelassen habe. Warum sollen wir nicht, fragt Keyserling, fortan nach einer neuen Integration aller Lebenskräfte in unserem Bewußtsein streben, warum nicht versuchen, eine neue Synthese zu schaffen, in die alle Vitalität unseres Wesens mit eingeht, ebenso wie das Altertum es auf seiner Höhe der Erfassung getan hat? Ja, er vermutet, diese neue Kultur könnte sogar der antiken überlegen sein, da unsre Erfassung der Dinge und ihrer Beziehungen genauer und tiefer geworden sei.

Ich habe Ihnen diese Meinung eines nachdenklichen Zeitgenossen deshalb angeführt, weil sich hier in charakteristischem Zusammenhang beides zeigt, zwar eine wirkliche Einsicht in den gegenwärtigen Stand der Dinge, aber damit verbunden eine fehlgreifende Zielsetzung und zugleich eine fehlgreifende Erkenntnis der Ursache. Man kann nicht eine Synthese, als die man ein bestimmtes vergangenes Zeitalter beurteilt, real anstreben. In der geschichtlichen Wirklichkeit gibt es keine Herstellung aus dem Gedanken. Wohl besteht ein Wirken, eine Mächtigkeit des Geistes in der Geschichte, aber nur eine aus der Unwillkürlichkeit. Jenes Programm einer Zielsetzung erweist seine Fraglichkeit schon in dem Attribut der „neuen" Kultur. Es gibt jeweils auch neue Dinge, aber es sind nicht die, die als solche angekündigt worden waren. Das große Neue zeigt sich nie als neu an. Erst recht fragwürdig aber ist die Verkündigung eines neuen Heidentums, von dem wir ja an manchen Orten hören. Es ist ein Verkennen des Sinns geistesgeschichtlichen Werdens, zu wähnen, man brauche bloß hinter ein Weltalter zurückzugreifen, um Baustoff oder Modell des „Neuen" zu ergreifen. Niemals wird man solchermaßen etwas von jenen gewachsenen, unwillkürlich gewordenen, nie als Ziel gesetzten heidnischen Herrlichkeiten wiedergewinnen, sondern was man in der Hand behält, ist immer nur das Negative, nicht das am Heidentum, was urständig und eben deshalb unwiederbringlich, sondern nur das an ihm, was noch nicht Christentum ist.

Es bleibt somit von der Einsicht in die Macht des Elementaren in unserer Zeit eine Frage übrig, und die ist freilich die Grundfrage der Stunde: Gibt es eine *andere* Mächtigkeit des Geistes in dieser Geschichtszeit, eine noch lebendige Mächtigkeit des Geistes über die Elementarkräfte, die der Stunde walten? Oder hat sich in der Geschichte die Bedeutung und die Funktion des Geistes so geändert, daß er nicht mehr der Herr der Elementarkräfte sein kann, daß er abdanken muß? Wohl wurde oft in der Geschichte der Geist überfallen von den Kräften, die von unten herauf drängten, aber sein Anspruch beharrte, und immer wieder geschah es, daß er die Rebellen doch bewältigte, doch ihnen das Zeichen seiner Mächtigkeit aufprägte. Gibt es die noch oder nicht mehr?

Von dieser Frage angetreten müssen wir vor allem ein verhängnisvolles Mißverständnis beseitigen. Was hier mit Geist gemeint ist, das ist nicht etwas, was in der Geschichte des Menschengeschlechts allmählich aufgekommen wäre. Geist ist nicht eine späte Blüte am Baume Mensch, sondern er ist das, was den Menschen als solchen konstituiert. Daß der Mensch eine Wesenheit ist, die von den naturhaften Gegebenheiten allein her nicht erfaßt werden kann, daß es die Seinskategorie Mensch gibt, das menschhafte Sein, ist in dem menschhaften Bewußtsein gegründet, das allein wir zu Recht Geist nennen. Er ist also nicht eine Fakultät des Menschen neben anderen, sondern seine zu Bewußtsein gewordene eigentümliche Ganzheit, die ihn zum Menschen macht, die Ganzheit, in die alle seine Fähigkeiten, Kräfte, Eigenschaften, Triebe einbezogen und eingeeint sind. Ist das ein Denken, dann ein Denken mit dem ganzen Leibe – der geisthafte Mensch denkt mit den Fingerspitzen auch. Das geistige Dasein ist nichts anderes als das Dasein des Menschen, insofern er solchermaßen die echte bewußt menschhafte Ganzheit zu eigen hat, die nicht ein Entwicklungsprodukt ist, sondern im Ursprung des Menschen steht, aber sich personhaft entfaltet. Man spricht heute jedoch viel von Geist in einem ganz anderen Sinn: man bezeichnet mit dem Wort, seine große ostwestliche Vergangenheit vergessend oder mißachtend, jenen menschlichen Teilbestand, dem seinem Wesen nach alles Ganzheitliche fremd und verhaßt ist: den abgeschnürten Intellekt. Von der Ganzheit abgeschnürt, aber nach Macht über den ganzen Menschen süchtig, seit einigen Jahrhunderten immer selbständiger und süchtiger werdend, versucht er anstatt des entthronten Geistes das Gänze von oben zu regieren, ohne in dessen organische Lebendigkeit, wie der Geist es vermag, überallhin einströmen zu können. Nicht dem Geist, dem Urherrn, sondern dem homunkulushaften Usurpator gilt der Aufstand der „tellurischen Kräfte".

Aber nicht er, nur der menschhafte Ganzheitsgeist ist fähig, die Elementarkräfte und Elementartriebe je und je zu bewältigen: sie nicht zu bändigen, wie man Raubtiere bändigt, sondern sie zu bewältigen, wie der Bildner den Stoff bewältigt und gestaltet. Nur aus dem Geist der Ganzheit kommt dem Leben der Person und dem der Gattung sinnhafte Ordnung und Gestalt.

Das Verhältnis des Geistes zu den Elementarkräften und Elementartrieben ist nicht im reinen Denken, sondern allein in der Lebenswirkung des Geistes zu erfassen. Der Geist aber, der sich nicht im Denken Genüge tut, sondern ins ganze Leben sich auswirkt, erscheint, wie immer er jeweils sich nenne oder genannt werde, als *Glaubens*kraft. Im Seelengeheg der Person erscheint er als gläubiger Mut und als gläubige Liebe. Von der Glaubenskraft her, in Mut und Liebe, wirkt der Geist in die Welt. Hier ist seine Mächtigkeit, die der Elemente walten darf, weil sie sie von urher kennt und weiß, was ihnen zukommt. Mag der Geist auch Geschichtszeit um Geschichtszeit immer wieder aus seiner Macht verdrängt und verbannt werden, seine Mächtigkeit bleibt in ihm: das Eigentliche in der Geschichte geschieht immer wieder unerwarteter-, unvorhergesehenerweise durch ihn, durch gläubigen Mut und gläubige Liebe. Die Verborgenheiten des Geistes dienen seinen Offenbarungen.

Von hier aus ergibt sich etwas Grundwichtiges, was der Auffassung, von der ich ausging, entgegensteht. Es gibt in der Geschichte nicht, wie jene annimmt, zweierlei Verhältnis des Geistes zu den Elementarkräften, jenes eine, das sich in der Antike darstellt als Einbeziehung aller Kräfte des Menschen in seine Existenz und in seinen Daseinsausdruck, und das andere, in dem die Überwindung der Elementarkräfte sich zu ihrer Unterdrückung steigern kann, sondern dreierlei. Das erste ist die Verklärung der Elementarkräfte als solcher. Dies mögen wir als das Heidentum im Leben der Völker bezeichnen. Das zweite ist die Überwindung der Elementarkräfte, wie sie sich mit am stärksten im Christentum darstellt. Das dritte aber ist die Heiligung der Elementarkräfte: nicht ihre Verklärung und nicht ihre Überwindung, sondern ihre Einheiligung in einen Zusammenhang des Heiligen und damit ihre Verwandlung. Die deutlichste ins Abendland reichende geschichtliche Kundgebung dieses Dritten ist das Judentum.

Das Judentum wird von zweierlei Standorten aus mißkannt. Vom Christentum aus wird es mit dem Heidentum verquickt, insofern es ebenso der Überschreitung der Welt, des Einblicks in ein jenseitiges Weltüberlegensein unfähig sei; vom Heidentum, das heißt heutig gesprochen vom „Neuheidentum“ aus wird es mit dem Christentum verquickt, weil es die großen Lebensmächte verneine und des Sinns für das Geheimnis der Wirklichkeit ermangle. Beide Betrachtungsweisen rühren an das Wesen des Judentums nicht. Dies wird sich erweisen, wenn wir nun die drei Formen der Mächtigkeit des Geistes in ihrem Verhältnis zum Elementaren nebeneinander anschauen. Dabei kann freilich der scharfen Abhebung halber den geschichtlichen Mischungen ihr volles Recht nicht werden, vielmehr muß am Heidentum und am Christentum das Problematische in ihrer Beziehung zum Elementaren hervortreten, ohne daß die konkreten historischen Gebilde mit diesen Vereinfachungen identifiziert werden dürften.

Im Heidentum werden die Elementarkräfte als solche verklärt, sie gelten als heilig, sie werden heiliggesprochen, sie werden nicht verwandelt. Der Geist bezieht sie nicht in ein ewiges und unbedingtes Heiliges ein, das weder der Natur noch dem Menschensinn entstammt. Ihre Verklärungsheiligkeit, ihr gotthafter Rang hält nicht stand: weil der Geist, der sie ermächtigt, nicht aus der Unendlichkeit schöpfen kann. Ihre Heiligkeit entblättert sich wie die Übergoldung eines Bildes, und alle Nachgoldungsversuche des Hellenismus mißglücken. Das heidnische Sein bricht am Ende notwendig auseinander in weltfremden Geist und geistfremde Welt. Die klassische Antike ist nichts anderes als ein herrlicher Traum oder Rausch von naturhaft heiliger Existenz. Die griechische Tragödie bedeutet das allmähliche Erwachen aus diesem Traum oder Rausch und die griechische Philosophie den immer vergeblicher werdenden Versuch einer Wiedergewinnung des Entschwindenden. Der Mensch nimmt sich in der antikischen Welt nicht, wie Keyserling meint, in der Vollständigkeit seines Wesens an, sondern er erhebt sich in einer unerhörten bildnerischen Genialität über seinen faktischen und unaufhebbaren Widerstreit, der mit dem Erlahmen der Bildnerkraft unerbittlich vordringt und die Verzweiflung eines Weltalters heraufruft. Dies ist die Stunde, in der das herangewachsene Christentum die Macht antritt und ein neues Verhältnis zum Elementaren aufrichtet.

Das Christentum – worunter ich nicht die Lehre Jesu verstehe – vollzieht die Entheiligung des Elementaren. Um dies deutlich wahrzunehmen, ist es nötig, zwischen Elementarkräften und Elementartrieben zu unterscheiden. Elementarkräfte nenne ich die naturhaften Kräfte, die urzeitlich und geschichtszeitlich an der Art, den Artungen und den Geschicken des Menschen bauen. Die meisterörterten Beispiele dafür sind die Elementarkräfte von „Blut“ und „Boden“. Das Christentum vollzieht die negative Entheiligung dieser Elementarkräfte, indem es sie nicht in sein Heiligtum aufnimmt. Zugleich aber vollzieht es die positive Entheiligung der Elementartriebe. Zum Unterschied von den Elementarkräften, die die Menschenexistenz objektiv aufbauen, sind es die Elementartriebe, in denen sich die Menschenexistenz subjektiv, aber einem gemeinsamen Kerne nach auswirkt, gemeinsam zum Teil dem Menschen mit anderen Wesen, zum Teil ihm eigentümlich oder in ihm eigentümlich ausgebildet; wir kennen sie als Hunger, Geschlecht, Machtwillen. Das Christentum entheiligt sie positiv, indem es sie einer völlig andersartigen Heiligkeit unterwirft. Der größte Ausdruck dieser Unterwerfung ist das paulinische Wort von dem „Gesetz der Sünde, das in meinen Gliedern ist", und das dem „Gesetz meiner Vernunft" widerstreitend den Leib des Todes webt. Die antike Welt war auseinandergebrochen in einen weltfremden Geist und eine geistfremde Welt. Hier, in diesem paulinischen Doppelgesetz, hausen sie nebeneinander. Der Geist ist heilig, die Welt ist unheilig. Auch da, wo das Christentum auf das natürliche Leben sakral eingeht, wie in dem Sakrament der Ehe, wird nicht die Leiblichkeit des Menschen selbst geheiligt, sie wird nur dem Heiligen unterworfen. Das asketische Ideal war gewiß nicht allverpflichtend, aber es ist das Bild des zulänglichen Christen gewesen, und dieses Bild hat das abendländische Christentum entscheidend geprägt. Ein grundsätzlicher Dualismus des Seins erstand: Geist und Welt sind verschiednen Gesetzes, der Mensch kann aus sich selbst nichts, er kann sich nur dem Anderen, der Erlösung, die von drüben in seinen Raum leiblich eingetreten ist, überlassen. Als Folge aber dieses grundsätzlichen Dualismus ersteht ein faktischer, nur in den Aufschreien einiger großen Bekenner ausgesprochener Dualismus des gemeinten und des gelebten Menschenlebens: oben eine wunderbare, mit herrlichen Goldfarben ausgemalte Kuppel, die das Leben überwölbt, den Blick tröstet und sättigt, unten das tatsächliche Leben, wo mächtig und, wenn auch geweiht, doch zuinnerst ungeheiligt das Elementare schaltet.

Ich habe, ich wiederhole es, notwendigerweise einseitig, vereinfachend dargestellt. Es gibt daneben im Christentum ein Wesensverschiednes: es ist dies ebendas in ihm, was nicht der zerfallenden Antike, sondern der Überlieferung biblischen Urglaubens entsprang. Beides aber, der ganze christliche wie der ganze heidnische Geist – es ist echter Geist, der ein bündiges Verhältnis zu den Elementarkräften aufrichtet. Das ändert sich von Grund aus in den letzten Jahrhunderten, wo vielfach nicht mehr der Geist regiert, sondern usurpatorisch jener abgeschnürte Intellekt, der das Elementare zu meistern unternimmt, indem er das Sein entgeistigt. Ihm allein gilt in Wahrheit jener Aufstand der Elementarkräfte, der freilich oft sich selber mißversteht und den Geist statt seines Verdrängers bekämpft.

Das Judentum kann man in seiner geistesgeschichtlichen Bedeutung nur erkennen, wenn man es im Zusammenhang der alten Realsysteme des Ostens sieht, als das nämlich unter ihnen, das sich mittelbar mit dem Gefüge abendländischen Völkerwesens verschränkt und unmittelbar ihm anwohnt. Realsystem ist zum Unterschied von allen nur ideellen Systemen jene Grundeinheit einer großen Gemeinschaft zu nennen, durch die alle Bereiche des gesellschaftlichen, familienhaften und persönlichen Lebens, Staatlichkeit, Wirtschaft und Kultur auf ein einziges, aus keinem von ihnen abzuleitendes, aber jeden durchdringendes, jedem sinngebendes Urprinzip bezogen sind, – ein Urprinzip, das sich auch mit dem Volkstum nicht deckt, sondern auch ihm transzendent bleibt, es begründet und beseelt. Von diesen heute in der Auflösung begriffnen oder ihr sich nähernden Realsystemen Asiens hat sich dieses eine abgespalten und in seiner abendländischen Verkapselung weit über die hohe Zeit des Morgenlandes hinaus bewahrt, gewiß nicht unversehrt, aber noch unverdorben. In ihm, im Judentum ist der Geist nichts andres als jene Macht, welche die Welt heiligt. Wenn irgendwo, ist er hier nicht etwas Selbständiges und Selbstherrliches, sondern er ist das Verbindende und im Verbinden Existente – ja, man darf ihn als die Verbundenheit selber ansprechen, die Verbundenheit dieser menschlichen Gemeinschaft mit ihrem Ursprung, eine Gottverbundenheit, die nicht einfach da ist, als etwas Festes, Sicheres, in den Menschen Hineingetanes, sondern die je und je wird, strömt, sich ergießt, sich niederläßt: die *geschehende* Gottverbundenheit des Menschen. Dieser Geist will seine Wirklichkeit finden, um ihretwillen kommt er über den Menschen: um der Heiligung der Welt willen. Hier wird mit dem äußersten Ernst das Wirklichsein der Welt als ihr *Geschaffensein* auf- und angenommen. Die Welt ist geschaffen, die Welt ist nicht eine Spiegelung, nicht ein Schein, nicht ein Spiel, die Welt ist nicht etwas zu Überwindendes, sie ist erschaffene Wirklichkeit, aber um der Heiligung willen erschaffene Wirklichkeit. Alles Geschöpfliche ist als solches der Heiligung bedürftig und der Heiligung fähig: alle geschöpfliche Leiblichkeit, aller geschöpfliche Trieb, alle geschöpfliche Elementarkraft. Durch die Heiligung empfängt die Leiblichkeit die Erfüllung ihres Schöpfungssinns. Der von der Schöpfung her in den Menschen, in die Welt gelegte Sinn wird durch die Heiligung erfüllt. Nicht wird hier also die Welt zum Geist verklärt, aber sie wird auch nicht vom Geist überwunden. Der Geist liegt nicht heiltumgenießend einer heiligen Welt in den Armen, noch schwebt er heiltumverhaltend über einer unheiligen Welt, sondern er wirkt Heiligung und die Welt wird geheiligt. Die Elementarkräfte werden im Realsystem des

Judentums, in seiner Glaubensexistenz eingeheiligt in einen urheiligen Zusammenhang. So werden Blut und Boden in der Verheißung an Abraham geheiligt durch ihre Bindung an das Geheiß (Gen 12,2), „ein Segen" zu werden. „Same" wird verheißen und „Erde" wird verheißen (13,15f.), aber beides nur, damit in dem zur Sprachenwirrnis zersprengten (11,8f.) und zu „Stämmeinseln" zertrennten (10,5) Menschengeschlecht ein neues Volk in seinem Land „SEINEN Weg hüte, Wahrheit und Recht zu tun" (18,19) und so den Bau einer Menschheit beginne. Volk und Land erscheinen im biblischen Israel als Elementarkräfte, die ihre Heiligung von dem Schöpfungsziel Gottes aus empfangen. Sie werden weder heiliggesprochen noch der Heiligkeit abgerückt, sondern vom Heiligen rezipiert und ihm eingeheiligt. So werden auch die Elementartriebe geheiligt, wie jene sakral, so sie sakramental: der Hunger in dem (abgewandelt in den Schlacht- und Speiseriten fortlebenden) Sakrament des Opfers, wo jeder Genuß tierischen Fleisches mit einer Darbringung an Gott verbunden wird, deren Ursinn ist, daß der Mensch sich selber Gott schuldet und sich durch das Tier nur ablösen lassen darf; das Geschlecht in dem (in seiner Reinheit fortlebenden) Sakrament des Bundes in der Beschneidung, darin die Zeugung zugleich bestätigt und einer heiligen Berufung eingewandelt wird; der Machtwille in dem (nur noch in der messianischen Hoffnung fortlebenden) Sakrament der Königssalbung, darin der Träger der Macht als Statthalter Gottes von ihm den Auftrag empfängt (2. Samuel 23,3f.), ein Reich der Gerechtigkeit zu errichten. Die Heiligung wandelt die Triebe, indem sie sie in die *Verantwortung* dem Heiligen gegenüber stellt. Zur Lehre wird diese große Konzeption in der nachbiblischen Zeit in der Lehre vom *jezer hara,* von der „Einbildsamkeit zum Bösen", dem sogenannten bösen Trieb, auf deutsch: von der Leidenschaft. Geschöpf ist auch sie, von dem Gott Menschen eingeschaffen als die Kraft, ohne die kein Werk, auch kein heiliges Werk geraten kann, aber durch die es nur geraten kann, wenn der Mensch, der wahlmächtige Mensch, der ganzen Kraft der Leidenschaft die ganze Entschiedenheit der Richtung verleiht, – auch dies der Anfang nur einer Bewegung, deren Vollendung nicht mehr seine Sache ist. In der Heiligung wird hier der ganze Mensch angenommen, bestätigt und erfüllt. Dies ist die wahre Integration des Menschen.

Es ist nicht an uns, auf die Frage nach der Mächtigkeit des Geistes in dieser Geschichtszeit eine allgemeine, allgemein gültige Antwort zu geben. Es ist aber an uns, darauf eine besondere, für uns gültige Antwort zu geben. Es ist an uns, uns auf die Mächtigkeit des Geistes im Judentum zu besinnen, auf dieses unser Realsystem, darin das Elementare eingeheiligt worden ist in den einen großen Zusammenhang des Heiligen: die Heiligkeit Gottes und die Heiligung von ihm her und für ihn. Unsere Glaubensexistenz kennt keinen anderen Geist, der des Elementaren mächtig ist, als diesen, der es einheiligt. Dieser in seinem Bereich des Elementaren mächtige Geist wird, wenn er neue Lebensgestaltung gewinnt, auch Zeitaltern standzuhalten vermögen, in denen das Elementare in seinen Kräften ohne Beding, in seinen Trieben nur eben gebändigt waltet.

## DAS ERSTE

(April 1933)

Die deutschen Juden sind mit dem jüdischen Weltschicksal konfrontiert worden. Was immer nun weiter geschieht, sie werden nicht mehr anderswoher als von dieser Konfrontation aus leben können. Ob sie aber als durch sie Zerschlagene oder als durch sie Erhobene leben werden, das liegt – trotz allem – an ihnen selber. Daß diese Stunde eine Probe des Christentums ist, diese wichtige Tatsache geht nicht uns an; uns geht an, daß sie eine Feuerprobe des Judentums ist. Was uns widerfährt, ist, auch wenn es uns ans Mark greift, nicht das Entscheidende; das Entscheidende ist, wie wir uns dazu verhalten – was wir daraus machen, was es aus uns macht; gerade weil es uns ans Mark greift, kommt es darauf an, was nun von diesem, von dem Innersten ausgeht. Es hat sich zu erweisen, wie wir zuinnerst beschaffen sind. Das erweist sich, bei der Gemeinschaft wie bei der Person, erst in der grausamsten Not. Nicht unsere Leistungen im Gleichmaß der freundlichen Tage, sondern unsere Beschaffenheit, wie sie sich in solch einer Randerfahrung bewährt, weist uns vor der einzigen zuständigen Instanz aus. Was wir wirklich sind, tut sich erst kund, wenn es uns ans Sein geht; bis dahin wußten wir es selbst nicht; jetzt werden wir es zu wissen bekommen, jetzt wird es gewußt werden. Unsre Beschaffenheit ist nicht eine ruhende Fläche, die man betrachten kann; wenn wir uns vom Grund heraufholen, uns drangeben, uns erproben, erst dann ist sie bezeugt.

Das Erste, dessen der deutsche Jude in dieser Probe bedarf, ist eine neue Rangordnung der persönlich-existenziellen Werte, die ihn befähigt, der

Situation und ihren Wechselfällen standzuhalten. Die alte Rangordnung beruhte auf einem System von Sicherungen: Sicherung des Lebens, der Berufsstellung, des Besitzes. Diese Sicherungen sind erschüttert oder zusammengebrochen. Wenn wir in der alten Wertordnung, für die sie bestimmend waren, verharren, sind wir verloren; dann, erst dann wäre das was uns widerfährt kein bloßes Unglück, sondern ein Untergang. Nicht aber sind wir verloren, was immer geschehe, wenn wir erkennen, daß über jenen Daseinswerten, und zwar nicht etwa „in der Idee", sondern ganz faktisch andere stehen, über der Wahrung des Besitzes die Wahrung unseres eingeborenen Selbst, über der Treue zum Beruf die Treue zu unserer Berufung, über der Verbundenheit mit dem Leben, zuoberst, die Verbundenheit mit dem Unnennbaren, die Gebundenheit an den Bindenden, die echte Freiheit, der echte Dienst. Wenn wir unser Selbst wahren, kann nichts uns enteignen. Wenn wir unsrer Berufung treu sind, kann nichts uns entrechten. Wenn wir mit Ursprung und Ziel verbunden bleiben, kann nichts uns entwurzeln, und keine Gewalt der Welt vermag den zu knechten, der in der echten Dienstbarkeit die echte Seelenfreiheit gewonnen hat.

Es ist uns überliefert (Koheleth Rabba III, 15), Gott „suche den Verfolgten auf", auch wenn der Verfolger gerecht, auch wenn der Verfolgte ungerecht ist. Wir wissen, daß, wie immer es um die Gerechtigkeit zwischen uns und den andern steht, wir unserm Ursprung und Ziel gegenüber ungerecht sind. Wir haben lange einer falschen, leeren, schlechten Freiheit angehangen, einer Freiheit ohne Richtung und Sinn. Wir haben nach der Freiheit des Geistes gestrebt und haben vergessen, daß der Geist nicht anders wahrhaft frei sein kann als in der Bindung an die hohe Macht, die ihn entsandt hat. Wir haben die Freiheit des Wandels geübt und die Einsicht aufgegeben, daß der Wandel nicht anders wahrhaft frei sein kann als in der Bindung in die hohe Ordnung, die ihn umschließt. Wir haben die Freiheit des öffentlichen Wesens verherrlicht und haben nicht erkennen wollen, daß das öffentliche Wesen nicht anders wahrhaft frei sein kann als in der Bindung unter das hohe Gebot, das ihm in der Gemeinschaft zu erfüllen obliegt. Nun sind wir in die Unfreiheit getan worden und an Besitz, Beruf und Leben andrer Macht, andrer Ordnung, andrem Gebot: der Macht, der Ordnung und dem Gebot der Menschen Untertan. Aber in dieser Unfreiheit werden wir von Gott aufgesucht – mitten in der Heimsuchung sucht er uns auf. Wenn wir uns ihm zuwenden, den Wahn der falschen Freiheit mit all ihren trügerischen Sicherungen fahren lassen, zur Gottesfreiheit, die die Gottesgebundenheit ist, umkehren, wird sich dieses Taumeln durch die finstere Schlucht als ein Weg, als unser Weg ins Licht manifestieren.

Ein führender protestantischer Theologe hat mir in diesen Tagen geschrieben: „Ihr Volk hat ja immer ‚in der Tiefe' Gott finden müssen und ist damit der ganzen Menschheit zum Segen geworden ... Die Zeit der Wüstenwanderung, die jetzt für Sie begonnen hat, kann ja auch eine Zeit großer Offenbarung werden. Gott gebe es." Gott gebe es.

## DIE KINDER

(Mai 1933)

Die Kinder erleben was geschieht und schweigen, aber nachts stöhnen sie aus dem Traum, erwachen, starren ins Dunkel: die Welt ist unzuverlässig geworden.

Man hatte einen Freund, der Freund war selbstverständlich wie das Sonnenlicht. Nun plötzlich sieht er einen fremd an, die Mundwinkel spotten: Hast du dir etwa eingebildet, ich machte mir wirklich was aus dir?

Man hatte einen Lehrer, unter allen den einen; man wußte: es gibt diesen Menschen, also ist alles in Ordnung. Nun hat er keine Stimme mehr, wenn er zu einem spricht; auf dem Hof ist der Raum zu ihm hin nicht mehr offen.

Die gute Landschaft selber, in der man wanderte und spielte, ist unheimlich geworden.

Was ist geschehn? Man weiß ja so allerhand, aber man versteht dennoch nicht, wie das zusammenhängt.

Um an der Seele dauern und wachsen zu können, braucht das Kind das Stetige, das Verläßliche. Da muß etwas sein, das nicht versagt.

Das Haus genügt nicht, die Welt gehört dazu.

Was ist mit der Welt geschehn? Aus dem vertrauten Lächeln ist eine Fratze geworden.

Das Kind ängstigt sich, aber es kann seine Verängstigung keinem sagen, auch der Mutter nicht. Das ist nicht etwas, was sich sagen läßt. Es kann auch keinen fragen. Niemand weiß ja Bescheid, warum alles so ist wie es ist.

Das Kind empört sich, aber für diese Empörung gibt es keinen Ausbruch, sie schlägt in die Tiefe zurück. Das ist eine Leidenschaft, die nicht auflodern darf; sie schwelt und verderbt. Die Seele mündet nicht mehr in die Welt, sie verstockt sich. So wird man schlecht.

Eltern, Erzieher, was ist gegen das Schlechtwerden, gegen das „Ressentiment", zu tun?

Ich weiß nichts andres als dies: ein Unerschütterliches in der Welt des Kindes sichtbar zu machen. Etwas, was nicht versagen kann, weil es den Wechselfällen der geschehenden Geschichte, ihrer Labilität, nicht unterworfen ist, nicht von der Stunde ist, sondern von urher. Etwas, das unser ist, unentreißbar unser. Wir müssen dem Kind in seiner Welt, als ein Vertrautes, Vertrauliches, ewigen Vertrauens Wertes, Israel erfahrbar machen.

Das heißt nicht: einem völkischen Menschenbild reaktiv ein andersvölkisches gegenüberstellen. Es heißt nicht: sagen, wir seien „auch" ein Volk, wir hätten auch unsere Art, auch unsern Wert. Wir sind nicht ein andres Exemplar der Gattung Nation, wir sind das einzige Exemplar unserer Gattung. Wir sind Israel. Heruntergekommen, preisgegeben, sind wir uneinreihbar geblieben! Alle Gewalten der Erde haben den Zugriff auf uns, die Kategorien der Begrifflichkeit haben ihn nicht. Ich sage das nicht in selbstsicherm Stolz, ich sage es mit Furcht und Zittern. Zu „Israel" gehört geschichtlich dieses Schicksal, so in das Schicksal der Völker verflochten und so aus ihm entlassen zu sein – so aus ihm geworfen zu werden und so ihm eingetan zu bleiben. Aber zu Israel gehört auch die Gnade, je in solcher Not den Urbund zu erneuern, durch den es entstanden ist. Den Kindern ist Israel nicht als ein Ersatz aufzuschließen, sondern als die wahre Einzigkeit, aus der wir leben und die wir vergessen haben. Wieder einmal läßt uns die Not unsern Namen wiederfinden. Nicht als ein Ding des Berühmens: „so was haben wir auch", nicht als eins der Zeichen auf den Fahnenwimpeln der Erde, vielmehr als die Bezeichnung eines Bundes, mit Bundesrecht und Bundespflicht.

Israel bedeutet: um einer Verbundenheit willen, in der unser Sein begründet ist, Gemeinschaft üben. Die Gemeinschaft zwischen Wesen und Wesen, zwischen Mensch und Mensch, auf die hin die Schöpfung erschaffen ist, lebensmäßig üben. Und das bedeutet heute: Unmittelbarkeit hüten in einer immer mittelbarer werdenden Menschenwelt. Der Selbstgerechtigkeit der Kollektivitäten gegenüber das Geheimnis der Beziehung wahren, ohne das ein Volk dem Eisestod verfallen muß.

Aber haben wir uns nicht selber auf den Weg begeben, eine selbstgerechte Kollektivität zu werden? Dürfen wir noch der Gnade gewärtig sein, den Urbund zu erneuern? Steht es uns noch zu, jene Einzigkeit zu vertreten? Vermögen wir noch den Kindern das Unerschütterliche sichtbar zu machen? Sind wir noch Israel?

An uns ist es, diese Frage zu beantworten. Nicht durch pathetische Erklärungen, die nichts beweisen, aber durch unsre Wesenshaltung im Gang des Alltags, mitten in seinen bestürzenden Anomalien.

Es gilt viel, daß wir wahrhaft inne seien unsrer Grundwerte, unsrer Sprache und unsrer Geschichte; das muß uns allen nicht bloß ins Bewußtsein, sondern ins Blut eingehn. Aber mehr noch gilt, daß wir als Israel leben: Gemeinschaft üben und Unmittelbarkeit wahren.

Nach außen ist das tausendfältig erschwert oder unterbunden. Dennoch, nichts darf uns davon abbringen, unbefangen, grollfrei, in ungebrochner persönlicher Ganzheit zu den Menschen des deutschen Volkstums zu stehen, wo immer wir ihnen so begegnen, daß man einander zu sehen, einander zu erkennen vermag. Auch heute, gerade heute, so grausam sie uns erschwert ist, tut menschliche Aufgeschlossenheit not.

Innerhalb der Judenheit, sollte man meinen, seien alle Riegel gesprengt. Aber, wenn ich von all den kleinen Gemeinden absehe, die in der Notzeit zu großen Familien zusammen- und emporgewachsen sind: ich nehme mehr Organisationsgetriebe, ja Organisationsleerlauf wahr als personhaftes Draufloshandeln, mehr „Fürsorge" als brüderliches Sorgen, mehr Routine als Initiative, mehr Erledigung als Hingabe. „Wer weiß", sagte der Berditschewer Rabbi von den unbarmherzigen Sodomitern, „vielleicht hatten auch sie eine Gemeindebüchse, darein die Wohlhabenden ihr Almosen taten, um den Armen nicht ins Auge zu schauen!" Die Büchsen heißen heute Fonds. Niemand meine sich durch seinen Beitrag loskaufen zu können! Wer hier nicht Unmittelbarkeit bewährt, verleugnet Israel.

Ist auf einen Umschwung, auf einen Durchbruch zu hoffen? Ich frage euch, die ihr dies lest.

Lehrt eure Kinder jüdische Gehalte, sucht ihnen das Leben jüdisch zu formen – aber damit ists nicht genug. Ihr müßt mit euch selber beginnen. Israel ist mehr als Form und Gehalt, es will in unsrer ganzen persönlichen, mitmenschlichen, gemeinschaftlichen Wirklichkeit verwirklicht werden.

Es liegt an uns, den Kindern die Welt wieder zuverlässig zu machen. An uns, ob wir ihnen, uns zusprechen dürfen: „Getrost, die Mutter ist da".

## GERICHT UND ERNEUERUNG

(September 1933)

„Heute ist die Welt an der Geburt, heute stellt Er ins Gericht alle Lebensgebilde der Welten."

Zum erstenmal seit den Vorgängen, die es als seine Emanzipation zu bezeichnen pflegt, erlebt das deutsche Judentum den Festtag des Gerichts und der Erneuerung in einer großen Notzeit.

Erlebt es ihn? Weiß es auch nur wirklich, daß es der Tag des Gerichts und der Erneuerung, der Tag der *Erneuerung durch Gericht* ist?

Unter allen Festen der Erdenvölker gibt es nur diesen Judentag, in dem die erhabene und furchtbare Wahrheit sich darstellt, daß allen Lebensgebilden der Welten je und je die Erneuerung naht, aber in der Gestalt des Gerichts. Die Erneuerung der Schöpfung – der Schöpfung, von der es heißt, sie sei einst an diesem Tag ins Dasein getreten – vollzieht sich an diesem Tag durch die Erneuerung der Seelen. Sie werden ins Gericht gestellt; bestehen sie darin, werden sie erneuert. Aber sie bestehen nicht dann im Gericht, wenn sie zu erweisen unternehmen, sie seien schuldlos, vielmehr dann, wenn sie mit ihrem ganzen, bis auf den Grund aufgerührten Wesen ihre Schuld erkennen, bekennen und sich von ihr abkehren; indem sie sich schuldig befinden, bestehen sie im Gericht. Diese Wendung der ins Gericht gestellten Seele heißt ihre Umkehr. Am Tag des Neuen Jahres kehrt die Welt in ihren Urzustand zurück, von dem aus es sich entscheidet, ob sie neu ins Dasein tritt oder verfällt; die Entscheidung aber hangt an der Umkehr. Die Umkehr, so lehren unsere Weisen, ist älter als die Welt. Denn ehe noch die Welt erschaffen war, wurde für sie der Weg bereitet, auf dem sie je und je dem Tode entgeht und die Wiedergeburt erfährt. Indem der Mensch, ihr Abgesandter, umkehrt, wird er erneuert und, durch ihn die Welt. Jeder Neujahrstag ist „Gedächtnis des ersten Tags". Wieder ist Finsternis über allem. Aber die Posaune, die mit dem Ruf zur Umkehr beginnt und mit der Ankündigung der geschehenen endet, durchstößt die Finsternis, und Licht wird.

Weiß die deutsche Judenheit noch, was dieser Tag ist? weiß sie, daß das, was er aussagt, nicht Bilder der religiösen Sprache, sondern allerunmittelbarste Wirklichkeit ist? An diesem Tag klärt sichs gewaltig, daß in dem Gericht sich das Angebot der Erneuerung birgt. Das deutsche Judentum ist ins

Gericht gestellt; besteht es darin, wird ihm Erneuerung werden. Was tun die deutschen Juden, um im Gericht zu bestehen? Kehren sie um? Oder begnügt sich ein jeder damit, sich und aller Welt zu beteuern, daß er schuldlos sei? Ein teils leichtes, teils müßiges Beginnen, wenn mit „Schuld" die gemeint ist, deren er von draußen bezichtigt wird! Aber ein hoffnungsloses, wenn es um die geht, die man von innen her kennt! Um die Lauheit des Judeseins, um die Lässigkeit des Gemeinschaftssinns, um die geschäftige Zweckbesessenheit, um die leere Lebensgier, um das unverbindliche Kluggeschwätz, um die ehrfurchtslose Selbstsicherheit, um die „Trägheit des Herzens"!

Und die frei sind von alledem? Keiner ist frei von Schuld, keiner darf sich entziehen. Wer wagte es, wenn er im Sündenbekenntnis spricht: „Wir sind treulos gewesen", zu denken: „Das betrifft mich nicht mit", und wenn er spricht: „Wir haben geraubt", zu denken: „Daran habe ich nicht teil!" Wir bekennen: „Wahrlich, wir sinds, die gesündigt haben", nicht jeder für sich: „Ich bins", sondern gemeinsam dieses „Wir", weil „all Israel Ein Leib ist und jeder Einzelne von Israel ein Glied daran, und das ist die Bürgschaft, mit der wir für einander, die Sündigen, bürgen". Wir stehen nicht einzeln im Gericht, sondern jeder als Israel, und nicht einzeln werden wir, wenn wir bestehen, die Erneuerung empfangen.

Werden wir bestehen?

Das Unheil, das über die deutsche Judenheit gekommen ist, hat aus ihr, die keine Gemeinschaft mehr war, bislang noch nicht wieder eine Gemeinschaft gemacht. Jeder von uns leidet seine Not, leidet die der Vertrauten mit, aber wer von uns erleidet die Not der Gesamtheit, der der Modus ihrer Existenz, die schicksalhafte, durch Leben und Werk beglaubigte Symbiose mit dem deutschen Volk, zerstört worden ist? wer von uns nimmt die Last der plötzlich ungeheuer getürmten Problematik auf sich? wer erkennt seine eigne Schuld daran, bekennt sie, kehrt sich von ihr ab? wer kehrt um, so um, daß in ihm, durch ihn sich die Umkehr der Gesamtheit begibt? Jeder von uns sinnt, wie er sich und die Seinen bewahre; wer bewahrt das deutsche Judentum im Gericht, wer setzt sich ein, daß es erneuert werde?

„Bläst man in der Stadt die Posaune", fragt Amos (3,6), „und das Volk schrickt nicht auf?" Sie schrecken auf, aber nicht als Volk. Finsternis ist über allem, und die Posaune vermag sie nicht zu durchstoßen.

Aber dringender als an alle ergeht an euch das Wort, die ihr euch Vertreter und Führer dieser Judenschaft nennt. Ich sehe manchen von euch den Geschäften seiner Gruppe oder seines Grüppchens nachgehen, als wäre nichts geschehen, manchen von euch das Getriebe der unorganischen Organisation ahnungslos weitertreiben. Ich sehe manchen virtuos wie immer dem Ernstmachen ausweichen und andern den Weg dazu versperren. Wie lange noch? Der Tag des Gerichts und der Erneuerung ist angebrochen. Heute ist die Welt an der Geburt.

## DAS HALTENDE

### Ein Wort an die jüdische Jugend Deutschlands

(Herbst 1934)

„Worauf kommt es für uns heute an?" fragt einer. Und einer antwortet: „Auf Haltung."

Aber was ist damit gesagt? Kann man eine Haltung annehmen, ohne sie eben dadurch zu verfehlen? Ist eine angenommene, nicht von selber gewordene, Haltung nicht unwirklich? Verrät sie ihre Unwirklichkeit nicht durch ihre augenscheinliche Gewolltheit, ihre – Gezwungenheit? Haltung muß von selber geworden sein, um wirklich zu sein. Aber wie wird Haltung? Unter welchen Umständen wird sie? Wann hat ein Mensch Haltung, ohne sie angenommen zu haben?

Haltung hat, wer Halt hat. Wer auf einem so unerschütterlichen Grunde steht, daß dessen Unerschütterlichkeit sich ihm bis in Herz und Rückenmark mitteilt und all seinen Gliedern, Organen, bewegenden Kräften den einigen Zusammenhalt verleiht, der braucht in den Wechselfällen, die sein Gleichgewicht bedrohen, sich nicht erst auf Haltung zu besinnen: sie ergibt sich, sie stellt sich ein, sie ist da.

Aber kann man sich denn einen Halt geben? Gilt nicht für ihn erst recht, was für die Haltung gilt? Muß nicht ein Halt, den ich selbst hergestellt habe, trügen? Wie könnte das mir die Urgewißheit des Nicht-erschüttert-werden-könnens einflößen, was von mir gemacht worden ist?

In der Tat, man kann sich nicht selber halten. Aber man kann sich halten lassen. Wenn da nämlich ein Haltendes ist, das einen halten will. Man kann sich den Halt nicht geben, aber man kann ihn sich geben lassen. Wenn da nämlich ein unerschütterlicher Grund ist, der nur wartet, daß ich mich auf ihn stelle. Es ist nur not, daß ich mich auf ihn stelle, daß ich mich von ihm halten lasse, – *das* nimmt er mir nicht ab.

Der Grund ist da. Das Haltende ist da.

Ist es das „Judentum"? – Ein …tum unter …tümern? Das ist noch zu wenig. Es kann nur jenes Urjudentum sein, das eben in Wahrheit kein Tum ist, sondern Israel. Nein, noch nicht tragend genug! Es können nur die „Gottesmächte" (Gen 20,13) sein, die Israel aus den Trümmern hervorholten und in sein Geschick schickten.

Ihnen vertraut euch an! Sie halten, wer sich von ihnen halten läßt.

## WORAUF ES ANKOMMT

### Zu einer Rundfrage

(Juni 1934)

Mir scheint das Wichtige an den Antworten auf Ihre Umfrage[63] nicht ein bestimmter Inhalt, sondern der kritische, illusionsfreie Ernst zu sein, von dem sie gemeinsam getragen sind. Das ist gewiß die rechte Haltung unserer inneren Problematik gegenüber.

Im übrigen möchte ich von da aus auf zwei Dinge hinweisen.

Das erste ist, daß die religiöse Wirklichkeit einem so lange verschlossen bleibt, als ihm um Religion zu tun ist. Man ist heute vielfach zu der Überzeugung durchgedrungen, daß wir ein religiöses Leben brauchen, und man versucht sodann, ein solches herzustellen, oder zumindest, für dessen Her-

63 „Was sollen wir tun?"

stellung zu werben. Aber das ist ein aussichtsloses Bemühen; so kann nichts entstehen als Schein und Phrase. Einen zuverlässigen Anfang gibt es erst dann, wenn es uns nicht mehr darum zu tun ist, Religion zu haben; wenn wir uns, aller „Sicherung" bloß, vor den hinwerfen, der uns falsche Sicherheiten zerschlagen hat, um unseren Sicherheitswahn, der sich zwischen uns und ihn gedrängt hatte, zu vernichten.

Und das zweite: wenn wir von diesem Hingeworfensein aufstehen, die Härte des Bodens noch an unserer Stirn, und in den Tag blinzeln, laßt uns den heiligen Entschluß fassen, in dem Getriebe der Widrigkeit, in das wir nun zurückzutreten haben, das uns zu bewahren, was wir dort, am Boden, erfuhren! Jagen wir wieder nach neuen Sicherungen, dann haben wir es, haben wir uns verloren. Nur wenn wir die Unsicherheit aushalten, aber nicht als ein Verlassensein, vielmehr als das einzige uns jetzt und hier gewährte Verbundensein mit unserem Vater und König, nur dann bleiben wir in der Wirklichkeit, die wir, hingeworfen, verspürt hatten, bleibt uns der unaussprechliche Sinn unseres Daseins, der sich uns da zu ahnen gab.

## EIN SPRUCH DES MAIMUNI

(April 1934)

„Wer aus Liebe dient: daß der sich mit der Lehre und den Geboten befaßt und in den Bahnen der Weisheit geht, geschieht nicht um irgendeines Dings der Welt willen und nicht aus Furcht vor dem Übel und nicht um das Gute zu erwerben, sondern er tut die Wahrheit deswegen, weil sie die Wahrheit ist … Und das ist die Stufe unseres Vaters Abraham, den der Heilige, gesegnet sei Er, seinen Liebenden genannt hat, da er nicht anders als aus Liebe diente. Und das ist die Stufe, die der Heilige, gesegnet sei Er, uns durch Mose geboten hat, wie es heißt: ‚Liebe IHN deinen Gott'."

Dieser Spruch des Maimuni ist sein eigentlichstes Vermächtnis an unsere Stunde.

Gott lieben heißt die Wahrheit tun, weil sie die Wahrheit ist. Gott lieben – aber wissen wir denn in dieser Zeit der Verdunklung aller Schau und der Unaussprechlichkeit aller Namen noch, wer Gott ist? und müßten wir es nicht wissen, um ihn lieben zu können? Die Wahrheit tun – aber wissen wir denn in dieser Zeit tausendfältiger Verzweckung, Vermischung, Verfälschung der Wahrheit noch, was Wahrheit bedeutet? und müßten wir es nicht wissen, um sie tun zu können?

Aus Maimunis Spruch wird uns die Antwort gegeben.

„Die Stufe unseres Vaters Abraham.“ Als die Stimme des noch Unbekannten erstmals, unvermittelt aus allernächster Unendlichkeit an Abrahams hörendes Herz dringt: „Geh du aus deinem Land, aus deiner Verwandtschaft, aus dem Haus deines Vaters in das Land, das ich dich sehen lassen werde“, fragt er den, der sich ihm ja noch nicht kundgetan, der ihm nur erst befohlen hat, nicht: „Wer bist du?“, sondern er geht. Und erst allmählich auf seinem langen Gang durch das Land erfährt er, wer ihn angeredet hatte.

Ja aber – werden wir denn noch angeredet?

Horcht nur auf das, was euch widerfährt! In dem, was euch widerfährt, birgt sich, als in ihrem Exil, die Stimme.

Ja aber – wird uns denn in dem, was uns widerfährt, gesagt, *was* wir tun sollen?

Wieder gibt uns der Spruch die Antwort.

„Liebe IHN deinen Gott mit all deinem Herzen, mit all deiner Seele, mit all deiner Macht.“ Erkunde, was du mit *all* deiner Seele tun kannst! Was du mit all deiner Seele tun kannst, so daß aus keinem Urgrund deiner Seele, in keinem Augenblick letzter Besinnung deinem Vorhaben ein Widerspruch begegnet – was du mit all deiner Macht tun kannst, so daß all dein Wesen ganz und einig ist in deinem Tun, das ist die Wahrheit.

Worin wir ganz und einig werden können, das sollen wir tun. Wenn wir es tun, werden wir zu lieben beginnen. Einen Unbekannten erst. Aber dann werden wir erkennen, wen wir lieben.

## ERKENNTNIS TUT NOT

(Frühjahr 1935)

Wir brauchen eine Bestandaufnahme unseres Daseins, und zwar eine, die die Perspektiven mit umfaßt, die also über das Vorhandene hinaus zukünftige Möglichkeiten, insbesondre auch Möglichkeiten von Verbesserungen aufzeigt.

Das bedeutet zum ersten, daß keine andere Absicht die einer redlichen Erfassung der Wirklichkeit beeinträchtigen oder gar durchkreuzen darf; die Selbstkritik, wo sie nottut – und sie ist ja die unerläßliche Voraussetzung aller gesunden Änderungsvorschläge –, muß sich vollziehen, als redeten wir in einem geschlossenen Raum, in dem nur wir uns befänden. Und es bedeutet zum zweiten, daß, da die Möglichkeiten von Verbesserungen nur insofern zu betrachten sind, als sie von uns selber abhängen – wiewohl es naturgemäß auch nicht das geringste zu tun gibt, was von uns allein abhängt –, jede andre Instanz unberücksichtigt bleiben muß; unser Schicksal muß also betrachtet werden, als hätten wir es zu bestimmen.

Beides ist richtiges, situationsgerechtes Verhalten. Ein Mensch gerät unversehens in eine Lage, die die Grundfesten seiner Existenz in Frage stellt. Was soll er tun? Er muß den Bestand aufnehmen: muß ermitteln, woran er hält, was er besitzt, über welche Kräfte er verfügt; alles weitere wird sich daraus, kann sich erst daraus ergeben. Es mag sein, daß es ihm sinnlos vorkommt, dergleichen zu beginnen, weil er sich für bankrott hält; aber ohne ein echtes Wesens- und Lebens-Inventar aufgenommen zu haben darf sich kein Mensch dafür halten, und wer es aufgenommen hat, der wird zumeist nicht mehr geneigt sein sich dafür zu halten, denn es haben sich ihm Reserven der Lebenstiefe erschlossen, die er vordem nicht kannte. Wie nun aber, wenn dem inventurmachenden Ladeninhaber die Leute von der Straße durch die Fenster zugucken? Wird er aufspringen und alles hinwerfen? Wird er den Raum verdunkeln? Wenn seine Seele gelassen ist, wie eine rechtschaffne Menschenseele es in allen Lagen bleibt, wird er unbeirrt seine Arbeit zu Ende führen.

Es gibt den Raum nicht mehr, in dem wir zu den andern sprechen und von ihnen vernommen werden können. Es gibt den Dialog nicht mehr. Also gibt es auch die Apologie nicht mehr. Keine Apologie, nicht einmal die sokratische, wäre je erklungen, wenn die Versammlung der Ankläger und

Richter ihr nicht gelauscht hätte. Der Raum ist taub geworden. Und doch auch wieder nicht. Denn was wir im ertaubten Raum der Öffentlichkeit zu uns selber, nur noch zu uns selber sagen, kann ja doch von jedem Beliebigen, dem es gar nicht zugedacht war, gehört werden. Wohl, so werde es gehört! Dieses ganz unapologetische, nichts als feststellende Sprechen ist für unsere Ohren gemeint – so ist es das für die Ohren der Welt, wo sie noch etwa Ohren hat für diese unsre Beredung, sie, die für unsre Anrede keine mehr hat. Die Türen bleiben auf, wer hören mag höre, was im Hause gesagt wird, unsre Verlassenheit kennt keine Scheu.

Aber geziemt es uns, wie auf offenem Markte Selbstkritik zu üben, wo rings um uns eine Kritik laut ist, die uns das Recht auf Dasein bestreitet, unsern Wert und unsre Würde verneint? Es geziemt uns. Denn von alledem hebt sich unsere Eigenkenntnis, wenn sie rückhaltlos vordringt, dadurch ab, daß sie weiß und zum Ausdruck bringt, wie unser Höchstes stets unserm Niedersten entsteigt und aus der Überwindung unserer Entartungen die Größe unserer Art sich wiedergebiert. Nicht Rechtfertigung trete in den tauben Raum gegen die Beschuldigung, sondern unbefangen erhebe sich die niemandem erwidernde, unbemühte, gelassene Stimme des Wissens um Licht und Finsternis in unserm eignen Leben, um Treue und Untreue in ihm. Dann dürfen wir, trotz allem, an das unterscheidende Ohr glauben.

Und das andre:

In einer Zeit der äußersten Dürre stellt der Bauer die Aussaat nicht ein. Freilich erscheints ihm, als würde sein Acker ihm nichts tragen, wenn nicht ein Regen das Erdreich lockert. Aber er tut das Seine, schwer besorgt, doch unverzweifelt. Ohne daß er das Seine tut, wirds keinesfalls geraten. Darum wirft er das Korn aus, als hinge alles nur davon und nicht vom Wetter ab. Wird es regnen, so hat er recht getan. Und wird es nicht regnen – so hat er recht getan. Die rechte Handlung fruchtet, auf gewohnte oder ungewohnte Weise. Wetterprophezeiungen sind unverläßlich; aber wenn wir, wohl wissend, wie abhängig wir sind, unsern Acker bebauen, als hätten wir sein Schicksal zu bestimmen, dann wird etwas durch uns bestimmt, wenig oder viel, was auch komme – was auch komme, genug.

Man wird einwenden, es sei doch zum Erkennen aufgefordert worden, und Erkennen sei doch nicht Tun. Ich antworte, daß es Situationen gibt, in denen eine Erkenntnis die vorderste Tat ist. Man ist ja heute geneigt, den Einfluß der Erkenntnis auf das Geschehen zu unterschätzen. Aber der Rückschwung des Pendels hebt vielleicht in diesem Augenblick an.

## UNSER BILDUNGSZIEL

(Juni 1933)

Ich habe – bisher ohne Erfolg – vorgeschlagen, zu einer bei aller Mannigfaltigkeit einheitlich bestimmten Ordnung des jüdischen Bildungswesens in Deutschland ein Bildungsamt der deutschen Juden zu errichten. Damit meine ich keine Notstandsbaracke, sondern ein standfestes Haus, wenns auch die Not ist, die drängt, es zu bauen. So meine ich ja auch mit der jüdischen Schule selbst, auf deren Erstehen ich hoffe, nicht ein Asyl für Kinder, die in der allgemeinen nicht verweilen dürfen oder nicht gedeihen können, sondern ein echtes Heim, auf Urgrund gesetzt, unserm Wesen gerecht und zu dauern bestimmt.[64]

Das heißt: ich stelle in dieser Stunde und in sie die Frage nach unserm *Bildungsziel.* Unterrichtsnot treibt uns an, aber die Schau des Bildungsziels muß uns leiten, wollen wir uns nicht im Kreis drehen, sondern einen Weg abschreiten. Von der Situation aus müssen wir handeln, aber nicht ihr verhaftet.

Freilich, wenn wir uns jetzt erst ein Ziel zurechtzumachen hätten, stünde es übel um uns. Ein wahres Ziel im Leben der Gemeinschaft wird nicht auf gesteckt wie eine Stange beim Rennen: es war schon da und wird nun wahrgenommen.

Wir *haben* ein Bildungsziel. Wir brauchen es nur wahrzunehmen. Bildung kommt von bilden und bilden von Bild. „Bilden“ heißt ein geschautes Bild im irdischen Stoff verwirklichen, so daß es in die Welt der Dinge tritt. Menschen bilden heißt ein geschautes Menschenbild in lebenden Personen verwirklichen. Der Erzieher ist dann ein Menschenbildner, wenn er an den ihm anvertrauten bildsamen Wesen, ihre Personhaftigkeit achtend und fördernd, eben dies vollbringt. Er kann es aber nur dann vollbringen, wenn das Bild, dem er dienen will, nicht seiner individuellen Phantasie entstammt: wenn es ein *allgemeingültiges* ist.

Ein „allgemein“, richtiger: für die Allgemeinheit eines Zeitalters gültiges Bild nenne ich eines, das einem Volk oder mehreren Völkern in diesem Zeitalter „vorschwebt“ als das des rechten Menschen. Begrifflich braucht

64 Über die Aufgaben, die Organisation und den Lehrplan einer solchen „wesensjüdischen“ Schule habe ich in den drei Jahren wiederholt zu Lehrerkreisen gesprochen. Diese Reden sind hier nicht mit aufgenommen, weil sie im wesentlichen spezielle pädagogische Fragen behandelt haben.

es keineswegs formuliert zu werden. Es steht gleichsam über aller Köpfen in der Luft, man schaut zu ihm auf: so ist der rechte Mensch beschaffen, so will ich, so wollen wir sein. Je wurzelechter eine Kultur, um so sichtbarer ist ihr Bild: der Polites des klassischen Athen, der Christenmensch des abendländischen Mittelalters.

Eins der letzten Bilder im modernen Europa war, in der Welt Rousseaus entstanden, aber in der Lessings und Herders zur vollkommenen Gestalt geklärt, der weltoffene Mensch, der „Weltbürger", der die Gegenstände und Werte einer ganzen Menschheit aufnimmt und in seine eigentümliche, organische, volksbedingte Form verarbeitet. Aus dem Zerfall dieses Bildes – denn auch Bilder zerfallen – ist das hervorgegangen, was wir „allgemeine Bildung" nennen; eine Bildung ohne Bild, eine Aberbildung. Nicht länger organisch eingeformt, liegen hier die Gegenstände und Werte der Menschheit in einem scheinbar systematisch gegliederten, tatsächlich aber verworrenen, weil nicht mehr in lebendige Gestalt gebundnen Häufen beisammen. Das Zerfallsprodukt „allgemeine Bildung" beherrscht ein Jahrhundert ungeheurer Stofferweiterung, ungeheurer technischer Bezwingung, aber niedergehenden Geistes und niedergehenden Bildnertums.

Unsere Zeit, die am Ende dieses Jahrhunderts steht, ist durch Versuche gekennzeichnet, ein neues Menschenbild zu erzeugen, vom bewußten Willen her also den Mangel des unwillkürlichen Wachstums zu füllen. Einer dieser Versuche ist der, den „völkischen Menschen" zu schaffen.

Die deutschen Juden leben heute im Angesicht solch eines Versuchs, der sie, weil er auf eine blutmäßige Reinkultur des deutschen völkischen Menschen gerichtet ist, ablehnen und ausschließen muß. Das vom bewußten deutschen Staatswillen unserer Tage gesetzte Bildungsziel kann seinem Wesen nach nicht das ihre sein.

Haben sie ein eigenes? Oder sind sie ziellos, richtungslos dem Wirbel preisgegeben?

Sinnlos und nichtig wäre das Unterfangen, uns dem völkischen Bild gegenüber als Hüter der „allgemeinen Bildung", etwa einer durch etliche jüdische Inhalte verbrämten, zu behaupten, in einem Raum bewußter Bild-Erzeugung das bildlose Zerfallsprodukt als unser Monopol bewahren zu wollen.

Aber es steht uns auch nicht an, auf die Aktivität, die uns umgibt, reaktiv: mit einem jüdischen völkischen Bild zu antworten.

Es steht uns nicht an, weil wir durch keinen völkischen Begriff zu umreißen sind – einst als Glaubensgemeinschaft volkgeworden, als Glaubensvolk seither dauernd, so daß unsere „nationale“ Bindung an Natur und Geschichte von unserer „religiösen“ Bindung an die Manifestation, die unsere Volkswerdung und unsere Volksbürgschaft bedeutet, nicht abgetrennt werden kann. Zu dem Bild Israels gehört unwegdenkbar die Hand, die von drüben her die Tafeln uns reicht, unwegdenkbar die sichtbare Majestas unseres unsichtbaren Königs.

Jenes steht uns aber auch deshalb nicht an, weil wir zwar dem Blute nach, wenn auch nicht „rein“, so doch wesentlich selbständig, aber geistseelisch hundertfältig vermischt sind, eingemengt in das Leben, die Sprachen, die Strukturen, die Geschicke der Völker – eine Tatsache dies nicht der flüchtigen Oberfläche, sondern der geschichtlichen Tiefe unserer Existenz, in besonderer Steigerung bei den deutschen Juden, deren Begegnung mit dem deutschen Volk eine elementar ernste, schicksalhafte, fruchtbare und tragische gewesen ist. Es wäre leichtfertige Willkür, sich über dieses großartig und unheimlich Faktische hinwegzusetzen. Auch die von hier nach Palästina gehen, um in hebräischer Gemeinschaft hebräisch zu leben, tragen in ihrer Beschaffenheit deutsches Seelengut mit hinüber.

Unser Bildungsziel kann keins der völkischen sein. Aber es wäre auch vergeblich, uns vorzunehmen, jenes allgemeingültige jüdische Menschenbild zu erneuen, das unseren abendländischen Ahnengeschlechtern bis zur Emanzipation vorgeleuchtet hat: das Bild des zugleich wahrhaft frommen und wahrhaft gelehrten Mannes, der, in Israel naiv beheimatet, der „Weisung“ in all ihrer Kasuistik kundig ist und zugleich ihrer Verwirklichung in Gottes- und Menschenliebe unbefangen-gelassen obliegt. Wohl hat dieses Bild sich noch in unsere Zeit hin in manchen kindlich mächtigen Personen verkörpert; aber ein Bildungsziel läßt sich daraus nicht mehr holen: an jener unangefochtenen Naivität hing alles, und sie ist nicht wiederherzustellen.

Dennoch sage ich, daß wir ein Bildungsziel haben und es nur wahrzunehmen, es nur zu entdecken brauchen.

Diese Entdeckung kann nicht romantisch, sondern nur realistisch vollzogen werden, also vom heutigen Menschen und seiner Lage aus. Wir nehmen unser Bildungsziel wahr, wenn wir die gegenwärtige Weltsituation und uns in ihr wahrnehmen.

Die Situation kann etwa dahin ausgesprochen werden, daß die Geschichte der Erdbevölkerung wieder „labil“ geworden ist, und anscheinend labiler als je. Die „festen Verhältnisse“, die vor zwei Jahrzehnten noch den einigermaßen gleichbleibenden Hintergrund all der wechselnden Ereignisse, Entwicklungen, Konflikte und Krisen abgaben, sind allsamt mit ins

Gleiten geraten. Die „Sicherheit der Voraussetzungen“, das Werk der von der französischen Revolution emporgetragenen bürgerlichen Gesellschaft, ist entschwunden. Der Mensch ist *exponiert.*

Die exponierteste Menschensippe aber sind die Juden. Die bürgerliche Gesellschaft hatte ihnen um den Preis einer Selbstentäußerung, die zu Triumphen des individuellen Geistes, aber auch zu schweren typologischen Entartungen geführt hat, eine Sekurität verliehen, die sich nun als eitel erweist. Am Juden entladen sich die Spannungen der Gegenwart, die äußeren und inneren, am stärksten, sie drohen ihn zu zersprengen. Die Labilität geht ihm an den Kern des Wesens. Hier wird der Kampf des Menschen exemplarisch ausgefochten.

Was wird daraus werden?

Hier, wenn irgendwo, entdecken wir unser Bildungsziel, das Bild, das wir verwirklichen sollen. Es ist der der Situation an dem exponiertesten Punkt *gewachsene* Mensch. Es ist der *überwindende* Jude.

Überwinden aber können wir nur von einem Unüberwindlichen her, das der Labilität nicht Untertan ist, das von ihr nicht erfaßt werden kann, das ihr unbedingt überlegen bleibt. Einzig von den Urkräften seines jüdischen Daseins, von der Urverbundenheit Israels her, untereinander und mit dem Ursprung, untereinander, *weil* mit dem Ursprung, wird der Jude auf bebendem Boden standhalten und sein bebendes Herz zur Ruhe bringen.

Daß der jetzt heranwachsende Jude sich auf den Urbestand seines geschichtlichen Wesens besinne und sich aus ihm neu aufbaue zu dem Menschen, der die Problematik der Gegenwart am exponiertesten Punkte bewältigt, das ist das Ziel unseres Bildens, ihr jüdischen Erzieher auf deutscher Erde!

Wir wollen ungespaltene, unbefangene, unabhängige Geschlechter erziehen. Wodurch sonst sollten sie es werden als durch die Wiedererweckung der Urkräfte in ihnen, durch die Wiederknüpfung der Urverbundenheit? Als dadurch, daß die Urkräfte ihnen normativ werden und ihrem Leben eine selbständige Ordnung spenden, daß die Urverbundenheit ihnen fundamental wird und ihrem Leben einen unerschütterlichen Halt schenkt, eine Gewißheit, die nicht zerstört werden kann?

Man frage nicht, für welches Land wir erziehen wollen.

Für Palästina, wem es das Land sein darf. Für irgendeine Fremde, wem sie das Land sein muß. Für Deutschland, wem es das Land sein kann. Es ist *ein* Bild, *ein* Ziel, *eine* Erziehung.

# AUFGABEN JÜDISCHER VOLKSERZIEHUNG

## Aus der ersten Frankfurter Lehrhausrede

*(zur Wiedereröffnung des Jüdischen Lehrhauses am 19. November 1933)*

Ein rechtes Lehrhaus ist ein Stück Volkserziehung, doch nur ein Stück. Zu wahrhafter Volkserziehung gehören Lehre und Leben zusammen; nicht bloß die Absicht der Erziehung, die sich in der Lehre kundgibt, sondern wesentlich und notwendig das Unabsichtliche, das Unwillkürliche. Das Haus erzieht, wenn es wahrhaft Haus ist, eben dadurch, daß es ein wahrhaftes Haus ist, die Gemeinde erzieht eben dadurch, daß sie wahrhaft Gemeinde ist; sie erziehen, ohne es zu wollen, durch das Dasein, durch das Sosein. Aber die Lehre hat bei uns, und so wird es bleiben solange es Judentum gibt, die Führung. Sie hat das Ziel anzugeben, auf das hin erzogen werden soll.

Sprechen wir von *Volkserziehung,* so meinen wir das Wort in seinem ernstesten, tiefsten Sinn. Der Begriff „Volk" hat im Deutschen seinen Wandel von der ursprünglichen Bedeutung „Heereshaufen", „Menschenmenge" zu der, die wir heute meinen, wenn wir in allem Ernst „Volk" sagen, wesentlich unter dem Einfluß des biblischen, des deutsch-biblischen Gebrauchs der „Worte „Volk Israel", „Volk Gottes" erfahren. Und das hat seinen großen Sinn. In der Zeit jenes Bedeutungswandels stellte sich durch das, was unsere Bibel vom Volk Israel erzählt, dem deutschen Menschen das Bild einer Urgemeinschaft dar, die von Gott gesammelt, von Gott geführt, von Gott zum Volk verbunden ist. Das entsprechende hebräische „Wort „$^{e}$am" bedeutet nicht den Haufen, sondern eine Vielheit von Menschen, die sich zur Gemeinschaft gesellt und diese Gemeinschaft unter einen „Bund" stellt. Der Bund zwischen Gott und Volk, der am Anfang der Volkswerdung Israels steht, ist ein Königsbund, den Gott mit dem Volke schließt, indem er es sich zu seinem Königsbereich, das Volk sich ihn zu seinem König nimmt; und ein Vaterbund: Gott sagt, er habe sich dieses Volks als seines „erstgeborenen" Sohns angenommen, es sich erwählt, und das Volk sagt gemeinsam, es habe in ihm seinen Vater erkannt. Zum Bund gehört die Verbundenheit der Gefolgen dieses Königs, der Kinder dieses Vaters, die Urverbundenheit der Menschen untereinander. Darum ist der Bund unablösbar von der

Blutseinheit der Stämme, die im Zeichen der ihnen werdenden Offenbarung zueinandertreten, und deren Verbundenheit ihrerseits von der ihnen gewordenen Offenbarung eine Stärke und Festigkeit erhält, die sie aus eigener Macht nicht hätte erzeugen können.

Der an Israels Anfang stehende Bund, der ein Volk heranholt und nun erst wahrhaft als Volk in die Dauer setzt, ist seinem Wesen nach Volkserziehung. Er sendet das Volk als Gottesvolk in die Geschichte aus; die Thora, die Weisung, die er ihm spendet, ist eine volkserzieherische. Die erste Phase jüdischer Volkserziehung ist die *weisende.* Sie gilt gleicherweise der Wahrung des Bundes mit Gott und der Wahrung der Verbundenheit dieses Volkes. Denn der Gottesbund erfordert zu seiner Erfüllung nicht Einzelne, nicht eine Mehrheit gläubiger Personen, sondern eben ein Volk, ein wahrhaft verbundenes, wahrhaft einiges Volk. Von dieser Urforderung aus ist das zweite Stadium der Volkserziehung zu verstehen, die prophetische, die *mahnende.* Der Künder der Mahnung sagt es den auf die „Sicherheit" des Bundes und des Heiligtums Pochenden an, daß der Bund mit Gott nicht besteht ohne die Verbundenheit aller Glieder des Volkes untereinander und deren Bewährung durch die in allen Lebensaugenblicken sich kundtuende Urbrüderlichkeit. Das soziale Unrecht zerstört die Verbundenheit des Volkes und damit den Bund; daß es dies tut, das ist der Ruf der Propheten, und sie meinen dieses Eine, wovon immer sie je im geschichtlichen Augenblick zu reden haben. Dieses Unrecht – das hat unsere Überlieferung in unverkennbarer Weise bewahrt – ist es dann auch, was den Bestand eines selbständigen Gemeinwesens zersprengt hat. Im Exil des Volkes entsteht nun die dritte Gestalt der Volkserziehung, die *überliefernde,* oder, um es anschaulicher zu sagen, die erinnernde. Sie erinnert das über die Weiten der Erde hingestreute Volk an den Bund und begründet so immer neu seine Verbundenheit. Trotz der Zersprengtheit, trotz der sprachlichen und kulturellen Vielfältigkeit, trotz der weiter zersprengenden Einflüsse der Geschichte erneuert sich und erhält sich die Verbundenheit in den Zeiten durch das lebende Gedächtnis des Bundes. Es ist mit Recht gesagt worden, daß unser Glaube in unserer Geschichte besteht. Indem wir uns an den Bund erinnern, nicht wie an einen Glaubensartikel, sondern in wirklicher Erinnerung, sind wir verbunden. Über dem Exil stand das Wort Rabbi Akibas, der in der Notzeit vortritt und spricht: „Unser Vater, unser König, wir haben vor dir gesündigt". Die wandernden Scharen erkennen einander immer neu wieder: Gefährten, weil Gefolgen eines Königs, Geschwister, weil Kinder eines Vaters.

Die Selbstverständlichkeit des in der Gemeinsamkeit solchen Erinnerns einigen Volksdaseins ist, wohl zum ersten Mal in der jüdischen Geschichte, durch die Emanzipation unterbrochen worden. Es wäre ein Mißverständnis, darum die Emanzipation an sich für problematisch zu halten; problematisch ist sie dadurch geworden, daß wir als Einzelne, nicht als das Volk emanzipiert worden sind. Daher geschah es, daß die nun gelösten Einzelnen in die Unverbundenheit getreten sind. Indem wir uns dazu hergaben, das Band zwischen uns zerreißen zu lassen, ist das Band der Zeiten gerissen. Wir stehen nicht mehr im Bund, wir wissen kaum noch um ihn. Es gilt die Erziehung *für ihn.*

Unter allen Verbindungen mit den Völkern, die das Judentum in dieser Problematik eingegangen ist, hat trotz allem keine eine so tiefe Fruchtbarkeit gehabt wie die deutsch-jüdische. Das Zusammenleben von Deutschtum und Judentum hat in unseren Tagen seine Krise erfahren. Von ihr aus ist in Deutschland die gegenwärtige Aufgabe jüdischer Volkserziehung zu fassen. Es gilt heute nicht Ablösung vom Deutschtum, zu dem wir ein inneres Verhältnis haben, das durch kein Verhalten der Deutschen zu uns abgeändert werden kann – diese Feststellung hat aber nichts zu tun mit den heute hie und da in der deutschen Judenheit laut werdenden Liebeserklärungen und Treueschwüren ins Leere –, sondern Verdichtung des Judentums, Neuknüpfung der Urverbundenheit in der Hoffnung auf den Bund. Es gilt aus der Not eine *große* Tugend zu machen. Die jetzt geforderte Phase jüdischer Volkserziehung ist die *erneuernde,* erneuernd im wahren und schweren Sinn des Wortes, nicht in dem blasphemischen, in dem das hohe Wort in diesen Tagen in einem Winkel des deutschen Judentums mißbraucht wird. Man kann nicht auf Erneuerung des Bundes ohne Erneuerung der Verbundenheit sinnen – wir sind Gottes nur, wenn wir ein *Volk* Gottes sind.

Gewiß, wir sind gering, aber wir dürfen uns kein geringes Ziel stecken – nur ein großes Ziel kann uns wieder groß machen.

Drei Elemente verbinden sich in der Volkserziehung, wie sie heute, in einer vielleicht wieder frühen Epoche jüdischer Geschichte erfordert ist. Das erste ist die Erziehung zur Erinnerungsgemeinschaft. Es liegt uns zu allererst ob, jene Kraft des lebendigen Gedächtnisses wieder einzusetzen in die jüdischen Menschen, und besonders in die Aufwachsenden unter ihnen. „Wenn wir jetzt das Band der Zeiten, das da und da zerrissen ist, wieder neu zu knüpfen suchen, müssen wir zu allererst diese Kraft, die uns einst eine Selbstverständlichkeit des Lebens war, wieder einsetzen als etwas unmittelbar Wirkendes, von dem aus der Mensch lebt. Dies Leben aber ist gemeint als ein heutiges, gegenwärtiges, ohne romantische Illusion, ohne irgendeinem Element dieser schweren Stunde auszuweichen. Das von der Stunde verlangte Miteinander kann sich nur einstellen, wenn wir einander wahrhaft als Brüder gegenübertreten, wenn wir, wo wir miteinander zu schaffen haben, uns wahrhaft verbinden. Nicht aus dem guten Willen und nicht aus irgendeiner Ideologie entsteht Verbundenheit; dadurch allein, daß der Mensch dem Menschen hilft, ihn unterweist und sich von ihm unterweisen läßt, daß man Gemeinschaft stiftet von Mensch zu Mensch, wo immer sie sich stiften läßt, durch die Unmittelbarkeit des Miteinanderlebens allein ist neue jüdische Gemeinschaft zu begründen. Das ist es, wozu wir zum zweiten erziehen wollen. Das dritte ist die Werkgemeinschaft. Das bedeutet, daß wir, wo immer uns das unvorhersehbare Geschick dieser Zeit hinstellt, gemeinsam, jeder an seiner Stelle, aber jeder nach rechts und links die Hand reichend zu neuer Verbundenheit, an einer einigen jüdischen Zukunft arbeiten.

Die Not hat uns mit Händen gepackt und allen, bei denen es nötig war, die Gesichter auf das Judentum zu gedreht. Nun kommt es darauf an, ob wir mit so gewendetem Gesicht den Weg zum Judentum in Wahrheit gehen. Die Not hatte in unsrer Geschichte immer eine erweckende Kraft. Das ist nicht das Schlimmste, daß zu Anfang eine Not und ein Zwang stehen. Es kommt darauf an, daß wir eine Freiheit und einen Segen daraus machen.

## JÜDISCHE ERWACHSENENBILDUNG

(Mai 1934)

Den Begriff einer „jüdischen Erwachsenenbildung“ mochte man noch vor kurzem so verstehen, daß es da „Bildungselemente“, „Bildungsgut“ den Erwachsenden und Erwachsenen zu übermitteln gelte, etwa den der Hochschul-„Bildung“ nicht teilhaftig Gewordenen einen Abglanz davon zu spenden oder auch die in Gegenständen des Judentums nicht eben Bewanderten in eine Allgemeinkenntnis dieser Gemeinschaft einzuführen. Es ist offenkundig, daß wir etwas anderes meinten, als wir unserer Neugründung diesen Namen gaben. Hier geht es nicht mehr um eine Ausstattung mit Wissen, sondern um eine Rüstung zum Sein. Menschen, jüdische Menschen sind zu bilden, Menschen, die nicht bloß „aushalten", sondern eine Substanz am Leben erhalten, die nicht bloß Haltung, sondern Halt haben und also auch andern Halt verleihen, Menschen, die so existieren, daß der Funke nicht erlischt. Weil unsere Sorge dem Funken gilt, arbeiten wir für „Bildung". Was durch die Bildung der Personen erstrebt wird, ist die Bildung der standhaltenden, der überwindenden, der den Funken hütenden Gemeinschaft.

Von dieser Zielsetzung aus bestimmt sich das Was und das Wie dieser Erwachsenden- und Erwachsenen-Bildung, ihr Stoff und ihre Methode. Sie darf nicht intellektual sein, denn es liegt ihr ob, die Totalität des Menschen zu erfassen. Aber sie kann sich nicht auf Instinkte, auf „Vitalität" gründen, denn es ist der Geist, dem sie dient. Als dem lebendigen, lebenumfassenden Geist will sie ihm dienen, will einen ganzen leibhaften Menschen zu seinem Dienst erziehen. Diese Bildung darf auch nicht individualistisch sein, denn sie hat den Einzelnen in den unmittelbaren Zusammenhang mit seinen Genossen zu stellen und auch im kleinsten Kreis Gemeinschaft aufkeimen zu lassen. Aber sie kann nicht eine Kollektivität meinen, die ihren Bestand nur in dem Verschweißtsein ihrer Glieder, nicht in deren echter Beziehung zu einander hat. Um wirkliche Personen ist es ihr zu tun, denen eben als solchen zu erfahren gegeben ist, was es heißt, füreinander und dadurch für die Gemeinschaft da zu sein. Und schließlich darf diese Bildung nicht jene universalisierende sein, die die Sonderkräfte von Art und Überlieferung mißachtet und die geschichtlichen Prägungen zu verwischen sich unterfängt. Aber sie kann nicht in der ethnischen Vielfältigkeit ein Letztes und Selbstherrliches sehen, denn sie kennt die Einheit der naturhaft schaffenden und geschichtlich prägenden Macht und die Einheit des Werks, zu dem die eine Macht die Mannigfaltigkeit der Aufgabe befiehlt. Jüdische Erwachsenenbildung ist Eingestaltung der wesenhaften Elemente von Umwelt und Innenwelt in die Eigentümlichkeit der jüdischen Aufgabe an der Welt.

# ENTWÜRFE UND PROGRAMME

## Zwei Vorschläge[65]

(Mai 1933)

I.

Das Bildungsamt der deutschen Juden hat die Aufgabe, alle Bestrebungen und Bemühungen nach Schaffung einer echten jüdischen Erziehung für unsere in Deutschland heranwachsenden Generationen zu verbinden, zu stärken und in ihrer Fruchtbarkeit zu steigern. Es wird dabei auf die Vielfältigkeit einerseits der örtlichen und regionalen, anderseits der gruppenmäßigen Bedingungen, sowie auf das mancherorts bereits Geleistete oder Begonnene ernstlich eingehen, aber zugleich alledem gegenüber die fundamentale Wahrheit zur Geltung bringen, daß in einer so außerordentlichen und so labilen Lage ein großes Gemeinschaftswerk nur in einheitlichem Geiste und unter einheitlicher Führung gelingen kann. Wo bereits gebaut worden ist, wird das Bildungsamt raten, wie das Vorhandene weiter auszubauen ist; wo erst die Grundlagen errichtet sind, wird es dafür Sorge tragen, daß die Arbeit in einer dem Gesamtgedanken entsprechenden Weise fortgerate; und wo noch nichts da ist, wird es anregen, Grundrisse liefern, fordern und fördern.

Das Bildungsamt soll in einer Stunde, wo die Not gebietet, Schulen für jüdische Kinder zu schaffen, das zentrale Postulat durchsetzen, daß dieses Schulwerk nicht nur ein formaljüdisches, sondern ein wesensjüdisches sei, das heißt, daß es nicht bloß einem äußeren Notstand abhelfe, sondern auch einen großen inneren Mangel der deutschen Judenheit ausfülle, indem es unserer Jugend den unerschütterlichen Halt gewährt, mit der Ewigkeit des

65 Diese Vorschläge sind den Vertretungsorganen der deutschen Judenheit unterbreitet worden. An Stelle des in dem ersten vorgeschlagenen Amtes ist ein „Erziehungsausschuß" ins Leben gerufen worden. Über das Schicksal des zweiten Vorschlags, der auf einen alten Plan von mir zurückgriff, orientieren die auf S. 726ff. folgenden Briefe an den geschäftsführenden Vorsitzenden der Reichsvertretung der Juden in Deutschland.

Judentums verbunden zu sein. Die Urkraft der hebräischen Sprache, das klassische Schrifttum Israels, Macht und Leid jüdischer Geschichte, die hohen Werte eines einzigartigen Glaubensvolkes müssen in die lebendige Substanz der neuen Geschlechter eingehn. Aber auch der Unterricht in den außerjüdischen Fächern soll, soweit das innerlich und äußerlich angeht, von elementar jüdischem Geiste bestimmt sein.

Die Tätigkeit des Amtes wird grundsätzlich alle Stufen der Erziehung, des Unterrichts und der Jugendbildung vom Kindergarten bis zu Hochschulkursen zu umfassen haben. Dabei wird es sowohl von den Verhältnissen her als auch um unseres besonderen Bildungsziels willen notwendig sein, neue Schultypen – eine neue Art Volksschule, eine neue Art Berufsschule usw. – hinzustellen, die das uns gesetzlich Gewährte unseren inneren Bedürfnissen gemäß ausgestalten. Es wird dabei stets darum gehen, eine Menschenart heranzuziehen, die durch eigne hochqualifizierte Arbeit, durch vorzügliche Leistungen in Handwerk, Gewerbe, Landwirtschaft, Handel auch unter den schwersten Bedingungen den Daseinskampf zu bestehen vermag (für eine ohne Rücksicht auf Stand und Besitz zu befördernde Auslese wird daneben der Zugang zur akademischen Bildung auf die sich als möglich ergebende Art zu erschließen sein), und diese Menschen sollen jüdisch gesinnt, von jüdischen Gehalten erfüllt, vom Willen zu einem großen Judentum und zur eignen aktiven Teilnahme daran beseelt sein.

Im Zusammenhang mit diesen seinen Zwecken wird das Bildungsamt die rechtlichen Voraussetzungen seiner Tätigkeit dauernd erforschen und bearbeiten, und es wird jeweils diejenigen Verhandlungen mit Reichs- und Landesbehörden führen, die das Werk erfordert.

## II.

Die deutschjüdische Lehrerbildungsanstalt hat die Aufgabe, die Lehrer, die an den jüdischen Schulen in Deutschland wirken sollen, in den für ihre Tätigkeit wesentlichen Fächern der Judentumskunde auszubilden und ihnen dabei den Geist, von dem die jüdische Schule bestimmt sein muß, konkret zu übermitteln. Sie ist daher eine unerläßliche Voraussetzung für ein planvolles jüdisches Schulwerk. Unter Judentumskunde ist die Kenntnis des Judentums in allen seinen Erscheinungsformen, und zwar in steter unmittelbarer Verknüpfung von Geschichte und Gegenwart, zu verstehen. Es ist daher nichts Historisches in seiner bloßen Gewesenheit zu lehren, sondern durchaus auch in seiner Bedeutung für das jetzt Geschehende, Gültige und Notwendige. Anderseits soll die soziale, wirtschaftliche, politische, kulturelle, religiöse Gegenwart des Judentums so den Zöglingen zugänglich gemacht werden, daß darin die großen Kräfte unserer Geschichte als in allen Wandlungen dauernd, als trotz allem auch heute noch waltend und tragend offenbar werden. Es geht nicht um ein Aggregat von Kenntnissen, sondern um ein *normatives* Wissen. Dieses Wissen soll lehren, die gegenwärtige Situation zu begreifen und zu bewältigen.

Der Problematik der Lage gemäß wird die Lehrerbildungsanstalt zunächst eine vorbereitende Phase durchzumachen haben, die von Oktober 1933 bis März 1934 dauert. In dieser Phase wird in einer Folge von etwa vier- bis sechswöchigen „Schnellkursen" möglichst vielen der Lehrer, die uns bereits (an Entlassenen usw.) zur Verfügung stehen, das Wichtigste von dem zu geben sein, was ihnen, von dem Bildungsziel unserer Schule aus betrachtet, noch fehlt. Es wird dabei davon ausgegangen, daß alle Lehrer an unseren Schulen, gleichviel welches ihr Unterrichtsfach ist, ein gewisses Maß von „Jüdischkeit", von jüdischem Geist und jüdischem Wissen besitzen müssen.

Aus dieser vorbereitenden Phase soll die Anstalt im April 1934 in ihren endgültigen Zustand treten, in dem sie die jungen Leute, die Lehrer an den jüdischen Schulen werden wollen, unabhängig von ihrer sonstigen Ausbildung in einem zentralen, etwa einjährigen Lehrgang zusammenfaßt.

In ihrem Minimalstand sollen an der Anstalt gelehrt werden: 1. Bibel- und Religionskunde, 2. Volkskunde und Geschichte, 3. Gegenwartskunde (vornehmlich soziologische) des Judentums. Diese Fächer sollen von je einem Hauptdozenten verwaltet werden, um dessen Vorlesungen und Seminar sich Kurse anderer Vortragenden gruppieren. Daneben sollen möglichst systematisch hebräische Sprachkurse erteilt werden.

Es wird geplant, die Anstalt sich aus diesem ihrem Minimalstand allmählich zu einem Institut für Judentumskunde in drei Abteilungen – 1. Religionskunde, 2. Kulturkunde, 3. Gesellschaftskunde – entwickeln zu lassen.

## Zwei Briefe an Dr. Otto Hirsch[66]

### I.

Heppenheim, 5. Dezember 1933

Sehr geehrter Herr Dr. Hirsch –

Bei unserem gestrigen Gespräch sagte ich Ihnen zu, Ihnen eine kurze briefliche Darlegung zu senden, wie ich mir die von mir angeregte Lehrerbildungsanstalt – die ich am liebsten „Schule für Judentumskunde" genannt sehen möchte – denke.

Die Anstalt soll dazu dienen, die an jüdischen Schulen in Deutschland unterrichtenden und fernerhin unterrichten sollenden Lehrer, soweit ihre Kenntnis des geschichtlichen und gegenwärtigen Judentums unzureichend ist, darin auszubilden. Ich gehe dabei von der Voraussetzung aus, daß jeder an einer jüdischen Schule wirkende Lehrer mit den großen Gegenständen des Judentums vertraut sein muß, auch wenn sein Unterrichtsfach mit diesem keine oder nur geringfügige Berührung hat. Denn es kommt an unseren Schulen mehr als an irgendwelchen anderen und in unserer Zeit mehr als in vorangegangenen auf den auch außerhalb der spezifischen Unterrichtsobliegenheiten erfolgenden Kontakt zwischen Lehrern und Schülern an. Es kommt darauf an, wie der Lehrer dem Schüler auf eine gelegentliche Frage nach jüdischen Dingen antwortet, wie er, wo ein Anlaß es erwünscht erscheinen läßt, den Schüler spontan auf jüdische Zusammenhänge hinweist. Es kommt darüber hinaus auf die in einem echten Wissen um das Judentum wurzelnde jüdische Persönlichkeit des Lehrers an, die sich als solche auswirkt, die im Schüler ein positives Verhältnis zum Judentum erweckt und pflegt. Um solche jüdische Lehrerpersönlichkeiten auszubilden, genügt es freilich nicht, ihnen judaistische Kenntnisse zu vermitteln; dies muß vielmehr so geschehen, daß die Elemente jüdischen Wissens sich zu einem großen organischen Geisteszusammenhang verbinden, und ferner, daß die Ausbildung sich in einer Atmosphäre lebendiger jüdischer Ge-

66 Otto Hirsch, einer der edelsten Juden seiner Zeit, war der Vorsitzende des geschäftsführenden Ausschusses in der „Reichsvertretung der deutschen Juden". Er ist im Juni 1944 im Konzentrationslager Mauthausen umgebracht worden.

sinnung, jüdischer Existenz und jüdischer Zielsetzung vollziehe. Von einer solchen Atmosphäre muß die „Schule für Judentumskunde" erfüllt sein, um ihr Werk zu tun. Dabei ist es durchaus nicht notwendig, ja nicht einmal zweckentsprechend, daß an der Anstalt eine bestimmte Richtung, eine bestimmte Auffassung des Judentums herrsche; gerade die Verschiedenheit der Auffassungen kann, wenn sie nur auf dem gleichen festen Grunde des Glaubens an unsere Wesenheit und unsere Bestimmung ruhen, einen lebenswichtigen Eindruck von der einheitlich-vielfältigen Totalität des Judentums erzeugen.

Unter normalen Umständen wäre zu verlangen, daß die auszubildenden Lehrer etwa zwei Jahre an der Anstalt verbringen. Die gegenwärtigen Umstände gebieten eine Kürzung des Zeitraums auf ein Jahr, bis eine verhältnismäßige Normalisierung eingetreten ist.

Den Unterricht an der Schule denke ich mir in 5 Hauptabteilungen aufgebaut: Sprachkunde, Bibelkunde, Gemeinschaftskunde, Geschichte und Glaubenskunde. Die Sprachkunde umfaßt einerseits Grammatik, anderseits Typologie und Entwicklungsgeschichte der hebräischen Sprache (ein Kurs für Anfänger soll außerhalb des regulären Stundenplans stattfinden). Die Bibelkunde soll auf ein selbständiges Verständnis des Textes nach seiner Form und nach seinem Gehalt hin gelehrt werden, wobei die jüdischen Exegeten mit ihrer das Gegebene ernstnehmenden Methode intensiv heranzuziehen sind. Die Gemeinschaftskunde setzt sich aus einer Soziologie der jüdischen Gemeinschaftsformen, einer Darstellung der sozialen Normen und des sozialen Lebens im Judentum und einer analytischen Behandlung der gegenwärtigen jüdischen Gemeinschaftsprobleme zusammen. Geschichte soll nicht so getrieben werden, daß in das eine Jahr die Gesamtmaterie gepreßt würde, sondern daß in diesem Zeitabschnitt sich den Lernenden ein wesentliches und fruchtbares Verhältnis zu Charakter und Sinn jüdischer Geschichte, zu ihren führenden Gestalten und ihren entscheidenden Vorgängen und Entwicklungen eröffnet. In der Glaubenskunde schließlich soll unsere Religion als ein geschichtliches und gegenwärtiges Leben, als eine Wirklichkeit, an der die Person und die Gemeinschaft teil hat, als ein all unser Dasein tragendes Sein behandelt werden.

In allen Abteilungen soll nichts Geschichtliches als nur-geschichtlich und nichts Gegenwärtiges als nur-gegenwärtig gelehrt werden. Die Unterrichtsweise muß auf innigster Verschmelzung von Geschichte und Gegenwart, auf stetem Bezogensein der einen auf die andere sich gründen.

In jeder Abteilung müssen die Vorlesungen durch seminaristische Übungen unterstützt und ergänzt werden, wie überhaupt die aktive Teilnahme des Hörers an der Erarbeitung des Wissens für ihn nach Möglichkeit aufgerufen und gefördert werden soll.

Es erscheint mir wünschenswert, daß außer dem Unterricht in den genannten Gegenständen Kurse in allgemeiner Erziehungskunde (Individual- und Sozialpädagogik) an der Anstalt gehalten werden, selbstverständlich unter besonderer Berücksichtigung der jüdischen Situation und der jüdischen Aufgaben.

Im ganzen denke ich an 25 reguläre Wochenstunden, die sämtlich obligatorisch sein müssen; nur die pädagogischen Kurse dürften eventuell als fakultative gelten.

Als Sitz der Schule habe ich, wie Sie wissen, und aus Gründen, die Sie kennen, Mannheim in Betracht gezogen.

Für ein zielgemäßes Zustandekommen der Anstalt und ihre gedeihliche Entwicklung halte ich es für höchst wichtig, daß in allen Kreisen, aus denen sich die Schülerschaft rekrutieren soll, die fundierte Überzeugung herrsche, daß die Absolventen vorzugsweise für die zu besetzenden Stellen herangezogen werden.

Meiner Ansicht nach muß die Schule, damit sie ihre Aufgabe erfüllen könne, nicht als privates Unternehmen, sondern als eine Sache und ein Werk der deutschen Judenheit entstehen.

Ihre Frage danach, ob ich bereit wäre, die Leitung einer solchen Anstalt zu übernehmen, kann ich heute nicht mehr, wie ich es zu der Zeit, als ich sie zuerst anregte, tun konnte, mit einem einfachen Ja beantworten. Objektiv und subjektiv hat sich mancherlei gewandelt. Doch darf ich Ihnen dies zusichern, daß ich auch heute noch, wenn die konkrete Frage in Zusammenhang mit einer gesicherten Realisierung meines Plans an mich heranträte, aufs ernsteste prüfen würde, ob es mir möglich ist, mich zur Verfügung zu stellen.

Herzlich grüßend

Ihr

gez. Buber

II.

Heppenheim, 1. März 1934

Sehr verehrter Herr Doktor -

Im Gang der von mir in den letzten Wochen geführten Briefwechsel und Besprechungen hat es sich leider erwiesen, daß die „Schule für Judentumskunde" in der geplanten und von der Reichsvertretung bestätigten Weise gegenwärtig mit Aussicht auf wirklichen Erfolg nicht errichtet werden kann. Unter wirklichem Erfolg verstehe ich hier eine auch extensiv befriedigende Teilnahme von Lehramtskandidaten, wogegen ich eine – zweifellos zu erwartende – zahlreiche Beteiligung außerordentlicher Hörer als einen solchen nicht zu buchen vermöchte. Was aber die ersteren betrifft, hat es sich gezeigt, daß der Südwesten fast gar kein in Betracht kommendes Schülermaterial liefern würde, daß somit weitaus überwiegend an ferner abliegende Teile Deutschlands zu denken wäre. Um jedoch einen namhaften Besuch von dort zu ermöglichen, müßten zwei Voraussetzungen erfüllt werden können: erstens müßte zugesichert werden, daß die Absolventen der neuen Anstalt vorzugsweise an den jüdischen Schulen angestellt würden, und zweitens müßte ein Stipendienfonds geschaffen werden, der zum mindesten 15 ordentlichen Hörern einen Jahreszuschuß von mindestens je 1000 Mark verbürgte. Beide Voraussetzungen sind nicht erfüllt und anscheinend zur Zeit nicht erfüllbar. Ich muß mich daher zu meinem großen Bedauern entschließen, gegenwärtig von der Errichtung der geplanten Anstalt abzusehen.

Dagegen halte ich es auch in diesem Augenblick für möglich, im Zusammenhang eines anderen, Ihnen gegenüber bereits vor einiger Zeit erörterten Plans, für dessen Verwirklichung ich mir die Hilfe der Reichsvertretung erbitten möchte, einiges für die spezifische Ausbildung der für unsere Schulen in Betracht kommenden, aber mit den jüdischen Gegenständen nicht hinreichend vertrauten Lehrpersonen im Sinn meines vorigen Schreibens zu tun.

Ich denke daran, für das jüdische Erwachsenenbildungswesen im Reich eine Grundlage von einer einheitlichen und folgerichtigen volkserzieherischen Konzeption aus zu schaffen. Ihren organisativen Ausdruck soll sie in einer

Zentrale finden, die die Aufgabe hat[67], die auf diesem Gebiet bestehenden Anstalten und Einrichtungen – Volkshochschulen, Lehrhäuser, „Schulen der Jugend", Kurse verschiedener Art – zusammenzufassen, einen steten Austausch von Erfahrungen und Anregungen herbeizuführen, selber Anregungen, Hinweise, Material aller Art überallhin zu liefern, nach Möglichkeit auch Dozenten zu vermitteln, ferner für Ausgestaltung der noch unvollständigen oder sonst ungenügenden und für Begründung von neuen Anstalten an den ihrer bedürftigen Orten Sorge zu tragen, schließlich ein Mitteilungsblatt und sonstige zweckdienliche Publikationen herauszugeben. In diesem Zusammenhang ist auch der Gedanke, der mit der „Schule für Judentumskunde" erfüllt werden sollte, weiter zu verfolgen. Demgemäß sehe ich als eine der wichtigsten Aufgaben der Zentrale – als deren Sitz ich mir Frankfurt am Main (in Verknüpfung mit dem dortigen Lehrhaus) denke – die Veranstaltung von judaistischen Lehrer-Nachschulungskursen an, und zwar in doppelter Weise: 1. in den bedeutendsten Gemeinden, sei es in selbständiger Form, sei es angelehnt an das jeweilige Programm einer volksbildnerischen Anstalt, 2. als Ferienkurse an hierfür geeigneten Orten. Beides würde die Zentrale programmatisch und personhaft vorzubereiten und zu leiten haben.

Die Verwirklichung des Planes würde dem ursprünglichen gegenüber Mehrkosten keinesfalls verursachen.

Die Arbeit der Zentrale könnte, wenn die nötigen Beschlüsse unverzüglich gefaßt werden, Anfang April beginnen.

Herzlich grüßend

Ihr Ihnen ergebener

gez. Buber

67 Über den hier skizzierten Aufgabenkreis hinaus hat die „Mittelstelle für jüdische Erwachsenenbildung bei der Reichsvertretung der Juden in Deutschland" unter meiner Leitung besonders die Institution von „Lernzeiten" für im Volksbildungswesen tätige Personen (Rabbiner, Lehrer, Leiter von Jugendbünden usw.) in allen Teilen Deutschlands ausgebaut. (Anm. 1936)

## Programmerklärung des Frankfurter Jüdischen Lehrhauses

(November 1933)

Unter dem Protektorat der Israelitischen Gemeinde Frankfurt wird demnächst ein Lehrhaus eröffnet, das zugleich das Vermächtnis des einst von Franz Rosenzweig begründeten „Freien Jüdischen Lehrhauses" getreu übernehmen und den besonderen Anforderungen der gegenwärtigen Stunde gerecht werden soll.

„Das jüdische Bildungsproblem auf allen Stufen und in allen Formen", schrieb Rosenzweig 1917, „ist die jüdische Lebensfrage des Augenblicks." Und 1920 fügte er hinzu: „Die Not fordert die Tat, so gebieterisch wie je. Und es genügt nicht, den Samen auszustreuen, der vielleicht erst in ferner Zukunft aufgeht und Frucht bringt. Heute drängt die Not, heute muß das Heilmittel gefunden werden."

Seit damals sind dreizehn, seit dem Tode Rosenzweigs fast vier Jahre vergangen. Aber seine Worte sind heute erst, von der Situation her, in der wir stehen, zu ihrer vollen Bedeutung erwachsen. Heute erst wissen wir vom Grunde aus, was Augenblick und was Lebensfrage, was Not und was Forderung der Tat ist. Den Worten ist ein neuer ungeheurer Stoff zugefallen, der ihren Sinn verstärkt und noch vertieft. Es ist jetzt ein anderer, andersartiger Augenblick als damals, ja, man möchte sagen, daß es erst jetzt den *Augenblick* in der ganzen strengen Bedeutung des Wortes gibt, den nicht verweilenden, den eine unverzügliche, unaufschiebbare Antwort heischenden. *Diese* Not, diese Härte ihrer gebieterisch fordernden Stimme haben wir damals nicht vorgeahnt. Aber die Lebensfrage unseres Augenblicks ist immer noch, und noch schärfer deutlich als damals, das jüdische Bildungsproblem; die Tat, die von der Not gefordert wird, ist immer noch, und noch unabweislicher drängend als damals, die aktive, baumeisterliche Lösung dieses Problems: überall, wo noch eine deutsch-jüdische Gemeinde zu wirken vermag, Errichtung volksbildnerischer, volkserzieherischer Anstalten, an jedem Ort nach den vorhandenen Kräften, aber auch wirklich nach der *Ganzheit* der vorhandenen Kräfte.

Dieser Pflicht uns bewußt, eröffnen wir in Frankfurt das altneue Lehrhaus. Der Situation und den von ihr bestimmten Bedürfnissen Rechnung tragend, müssen wir in unseren Lehrplan mehr und anderes einbeziehen als einst. Es kommt nun darauf an, wie wir dieses Mehr und dieses Andre leisten können, ohne den dem „Freien Jüdischen Lehrhaus“ eigentümlichen Geist und die ihm eigentümliche Methodik zu verleugnen.

Der dem Lehrhaus eigentümliche Geist, das ist die Zentralität des Judentums, das in alle Welt- und Lebensbezirke ausstrahlt und so auf allen Gebieten des Lernens Stoffauswahl und Stoffbehandlung diktiert. Die dem Lehrhaus eigentümliche Methodik, das ist der intensive Verkehr zwischen Lehrern und Schülern, die tiefe Gemeinsamkeit der Arbeit, die den Lehrer zum Schüler macht, indem sie ihm das Lauschen auf die Seelen der Teilnehmer beibringt, und den Schüler zum Lehrer, indem sie ihn zur tätigen Teilnahme erzieht. An beiden darf das Lehrhaus in seinem veränderten und verbreiterten neuen Aufbau keine Einbuße erleiden. Das „Andere“ darf uns nicht an Jüdischkeit und das „Mehr“ uns nicht an Gemeinschaftlichkeit ärmer machen.

Das Lehrhaus muß den jungen jüdischen Menschen von heute ausrüsten helfen, der Situation standzuhalten. Aber es muß ihn auch ausrüsten, ihr als Jude standzuhalten. Mehr als je brauchen wir heute einen „Mittel- und Keimpunkt für das jüdische Leben des jüdischen Menschen“, wie Rosenzweig die von ihm entworfene Bildungsanstalt bezeichnet hat. Das Lehrhaus muß trotz seiner Übernahme der ihm von der Stunde auferlegten ausrüstenden Funktion, vielmehr um ihrer *rechten* Übernahme willen, ein solcher Mittelpunkt werden, und zwar dadurch, 1. daß die Judentumskunde, das heißt das Wissen um das geschichtliche und gegenwärtige jüdische Sein, den größten und zentralen Raum in seinem Arbeitsprogramm einnimmt, 2. daß der Geist, der seine Leiter und Lehrer erfüllt, echt jüdischer Geist ist, 3. daß die Lehre auch in den allgemeinen Disziplinen auf die Sorgen und Anliegen der gegenwärtigen Judenheit achtet, 4. daß nicht bloß Wissen und Können gefördert, sondern auch jüdischer Gemeinschaftssinn praktisch gepflegt, jüdische Gemeinschaft in werktäglicher und in festlicher Gestalt geübt wird. Auch hier geht es um die Befriedigung von Bedürfnissen, wenn auch von solchen, die vielfach nicht ins Bewußtsein treten, sondern nur als elementare Sehnsucht nach einem konkreten, umfangenden, zeitdeutenden, tröstenden, haltverleihenden Judentum bestehen.

Ich habe, der an mich ergangenen Aufforderung Folge leistend, die Leitung des Lehrhauses übernommen.

## BRIEF AN ERNST MICHEL

(April 1933)

Sie schicken mir den in der Rhein-Mainischen Volkszeitung vom 4. April erschienenen, der Beachtung würdigen Aufsatz von Pfarrer Eckert über Ex 21, 24 und Matth 5, 38 und fragen mich, ob ich der darin vertretenen Auffassung des alttestamentlichen Textes zustimmen könne.

Was Ex 21, 24 zur Zeit der Niederschrift im Zusammenhang der biblischen Urkunde besagte, ist strittig. Es sind aber[68] gewichtige Gründe dafür geltend gemacht worden, daß es sich um symbolische Geldbuße-Bezeichnungen (meines Erachtens aus der Terminologie des stellvertretenden Tieropfers stammend) handelt, daß also jemand, der seinem Mitmenschen zum Beispiel eine Beule beibrachte, nicht selber eine zu empfangen, sondern jenem eine „Beule", das heißt die ihr entsprechende Ersatzzahlung zu leisten hatte. Nur bei einem Mord wird (Num 35, 31) keine Abgeltung durch „Bedeckungsgeld" zugelassen.

Nicht strittig jedoch, sondern eindeutig feststehend ist, daß die jüdische Tradition im Zeitalter Jesu die alttestamentlichen Texte eben so, also nicht im Sinn eines jus talionis verstanden hat. Das talmudische Gesetz (Mischna, Traktat Bawa Kamma VIII 1, vergleiche im babylonischen Talmud den gleichen Traktat 84a, sowie Mechilta zu Ex 21,24) bestimmt unter Berufung auf die Schriftstellen nur Geldbußen und deren Abschätzung von den zugefügten Verletzungen aus. Die jüdische Gemeinschaft, in der Jesus lebte, hat somit auf jeden Fall ein Vergeltungsrecht des „Gleich um Gleich" nicht gekannt.

Pfarrer Eckert führt weiter einen andern Satz der Bergpredigt an: „Ihr habt gehört, daß gesagt wurde: Du sollst deinen Nächsten lieben und deinen Feind hassen." Es ist zu verstehen, daß die neutestamentliche Forschung bezweifelt hat, ob die Worte „und deinen Feind hassen" von Jesus gesprochen worden sind. Im Alten Testament sind nämlich weder sie noch irgend etwas ihnen Ähnelndes zu finden; vielmehr wird, daß man auch dem Feinde sich hilfreich erzeigen soll, Ex 23,4f. und an mehreren anderen Stellen in unmißdeutbarer Weise geboten. Dem Vers Lev 19,18, in dem die von Luther

68 Vgl. u. a. Jakob Horowitz, Auge um Auge, Zahn um Zahn (1912), B. Jacob, Auge um Auge (1929).

mit „Du sollst deinen Nächsten lieben wie dich selbst" übersetzten Worte – richtiger: „Halte lieb deinen Genossen, dir gleich" – enthalten sind, geht einer voraus, in dem es heißt: „Hasse nicht deinen Bruder in deinem Herzen." Man hat gemeint, das Wort *rea,* das durch Nächster, Genosse wiedergegeben ist, beziehe sich nur auf den Volksgenossen. Daß diese Meinung falsch ist, geht aus Stellen wie Ex 11,2 hervor, wo *rea* Volksfremde allein bezeichnet. *Rea* bedeutet einfach den Menschen, mit dem man im Umkreis des gesellschaftlichen Zusammenlebens jeweils *unmittelbar* zu tun hat. Damit aber auch ja kein Zweifel walten könne, daß das Lebensgebot den Stammesfremden im Land, den „Gastsassen", mitumfaßt, heißt es unter Verwendung des gleichen Wortgefüges Lev 19,33f.:

*Wenn ein Gastsasse bei dir in eurem Lande gastet,*
*plackt ihn nicht,*
*wie ein Sproß von euch sei der Gastsasse, der bei euch gastet*
*halte lieb ihn, dir gleich.*

Aber nicht im Alten Testament allein, auch im späteren jüdischen Schrifttum, zu Jesu Zeit und danach wird nirgends geboten oder auch nur erlaubt, den Feind zu hassen. Das Judentum kennt, wie keine Lehre der Vergeltung, so auch keine Lehre des Hasses.

Das Wort der Bergpredigt vom Feindeshaß mag sich auf eine von heidnischer Vulgärmoral beeinflußte Mißdeutung beziehen. Der Glaubenslose ist stets geneigt, den zu hassen, in dem er seinen „Feind" erblickt. Wer aber im Glauben lebt, Jude oder Christ, kann sich, wie von einem Meister des Talmuds berichtet wird (babylonischer Talmud, Traktat Megilla 28a) an keinem Abend dem Schlaf anheimgeben, ohne gebetet zu haben: „Jedem werde vergeben, der mir etwas zuleide getan hat."

## DAS ENDE DER DEUTSCH-JÜDISCHEN SYMBIOSE

(Januar 1939)

Das stärkste Wesensmerkmal in der Geschichte der Galuth ist die vollkommene *Labilität.* Gewiß, in keiner Stunde in keines Volkes Geschichte gibt es eine völlige Sicherheit, das historische Gegeneinanderstehen der Völker und Staaten schließt die Möglichkeit des Einsturzes in jedem Zeitpunkt ein; aber die Stabilität überwiegt, auf exponierte und steten Erschütterungen ausgesetzte Zeiten folgen solche des ruhigen Aufbaus, und was immer sonst in den schlimmen Tagen in Frage gestellt wird, der Zusammenhang des Großteils des Volkes mit seinem Boden bleibt unberührt. In unserer Galuth-Geschichte hingegen trägt jede fest und dauerhaft scheinende Lage den Keim der Zerstörung und Zersetzung in sich. Es gibt keine noch so wichtige Funktion, die wir in der Wirtschaft und Kultur eines Volkes ausüben, die sich nicht von einem Tag zum andern als entbehrlich, ja überflüssig und lästig erwiese; jeder geschichtliche Bündnisvertrag, der unserer Überzeugung nach zwischen uns und einem „Wirtsvolke" besteht, ist in Wahrheit, wie man sich von den Verträgen Friedrich des Großen erzählt, auf ein Papier geschrieben, das in unsichtbarer Schrift den Vermerk trägt: sic stantibus rebus, gültig nur solang alles ist wie es ist. Aber wir fallen immer wieder in die Illusion, diesmal sei es endgültig, eine Illusion, die man freilich nicht einfach mit der verächtlichen Bezeichnung „Assimilation" abtun darf, denn neben äußerer Anpassung gibt es doch immer wieder die Erscheinung einer echten, gewachsenen Verbundenheit mit Erde und Kultur, einer zwar in sich problematischen, aber doch existenziellen, in die Tiefen unserer Existenz reichenden Synthese, deren Ende den Charakter der Zerreißung eines organischen Zusammenhangs hat. Der merkwürdigste und bedeutsamste Fall dieser Art war jene Entwicklung der deutschen Judenheit seit ihrer Emanzipation, die jetzt durch einen Eingriff des Wirtsvolkes oder richtiger des Wirtsstaates ihren Abschluß gefunden hat, – einen Eingriff, der sich freilich in der automatischen Gründlichkeit seiner Vernichtungstat, in seiner ausgerechneten Raserei seltsam genug in der Geschichte der abendländischen Menschheit im 20. christlichen Jahrhundert ausnimmt.

Ich sage: es war der merkwürdigste und bedeutsamste Fall. Denn die Symbiose von deutschem und jüdischem Wesen, wie ich sie in den vier

Jahrzehnten, die ich in Deutschland verbrachte, erlebt habe, war seit der spanischen Zeit die erste und einzige, die die höchste Bestätigung empfangen hat, welche die Geschichte zu erteilen hat, die Bestätigung durch die *Fruchtbarkeit*. Es gibt zwei Arten von Begegnungen zweier einander fremden völkischen Elemente miteinander: entweder sind die beiden einander negativfremd, sie wirken nicht aufeinander, sie gehen keine Verbindung miteinander ein, sie bleiben hart nebeneinander, bis das physisch schwächere untergeht; oder sie sind einander positiv-fremd, in all ihrer Fremdheit sind sie in ihrem Wesen aufeinander angelegt, aufeinander gerichtet, aufeinander gewiesen, gemeinsamer Bereich taucht auf, in dem fruchtbarer Kontakt zwischen ihnen erfolgt, ein kulturelles Werk erwächst, das ohne diese Begegnung ungeschaffen geblieben wäre.

Die *griechisch-jüdische* Kultur hatte nur vereinzelte Gestalten und Werke hervorgebracht, und nur auf philosophischem Gebiet; die *spanisch-jüdisch* Kultur war reich und vielfältig, aber sie war ihrem Ursprung und ihrer entscheidenden Entwicklung nach eine arabisch-jüdische, also aus der Begegnung zweier nicht fremder, sondern verwandter Völker entstanden. Die kurze Produktivität der *deutsch-jüdischen* Begegnung, die sich freilich schon voraus ankündigte, als Goethe von dem Geist Spinozas, ja schon als Luther vom Geist der hebräischen Bibel ergriffen wurde, aber deren Blüte kaum ein halbes Jahrhundert dauerte, war eine echte und naturhafte. Gewiß, es gab auch ein vorschnelles und unechtes Aufnehmen deutscher Werte und deutscher Form durch Juden, einen unrechtmäßigen und auflösenden Einfluß von Juden auf deutsches Leben und deutsche Kultur, aber dies war nur eine lose, wenn auch auffällige Peripherie. Im Kern war der jüdische Anteil an deutscher Wirtschaft, Gesellschaft, Wissenschaft und Kunst ein bauender und bildender. Es gibt kein Gebiet deutscher Existenz, in dem in diesem Zeitalter nicht jüdische Menschen führend mitgewirkt hätten, wertend, ordnend, deutend, lehrend, gestaltend. Das war kein parasitäres Dasein; ganzes Menschentum wurde eingesetzt und trug seine Frucht. Aber tiefer noch als durch individuelle Leistung wird die Symbiose durch ein eigentümliches Zusammenwirken deutschen und jüdischen Geistes beglaubigt. Ob sich ein deutsches Dichtertum, wie das Stefan Georges, in jüdischer Jüngerschaft in geschichts- und kulturwissenschaftliches Werk umsetzt, ob ein jüdisches Denkertum, wie das Edmund Husserls, durch deutsche Schüler sich in die methodischen Grundlagen verschiedener Erkenntniszweige ergießt, immer sehen wir nicht bloß Ergänzung, sondern wahre Befruchtung erscheinen. Ich selbst habe es im geistigen Umgang mit bedeutenden Deutschen immer wieder erlebt, wie unvermutet Gemeinsames aus der Tiefe aufbrach und zu Wort und Zeichen zwischen uns wurde.

Es ist bei solcher Wirklichkeit zu verstehen, daß sich manche vortreffliche jüdische Männer allzu rückhaltlos an das Deutschtum hergaben. Ich und meine Gefährten haben in all diesen Jahren laut und unermüdlich davor gewarnt, aber jene Wirklichkeit war zumeist stärker als wir. Wer hier leichthin verurteilt, hat den tragischen Charakter des Galuth-Schicksals, die Entstehung und Vernichtung echter Synthesen nicht verstanden.

Ich will hier nicht davon sprechen, welche Mächte und Unmächte die Katastrophe herbeigeführt haben, die wie keine andere vor ihr das Bild der Zerreißung eines organischen Zusammenhangs bietet. Sie bedeutet eine tiefere Zerreißung im Deutschtum selbst, als sich heute ahnen läßt. Ein Jahr vor dem „Umbruch" hat ein deutscher Denker (Paul Tillich) in seiner Gedenkrede auf Hegel auf die drohende Gefahr hingedeutet. „Das jüdische Prinzip", sagte er und verstand darunter das *prophetische* Prinzip des Geistes, „ist unser eigenes Schicksal geworden und eine ‚secessio judaica' wäre eine Trennung von uns selbst." Heute ist die Kontinuität des geistigen Werdens im Deutschtum abgeschnitten. Wenn sie einst wieder erneut wird, wird sie mit Notwendigkeit an jene Werte, die die Symbiose trugen, und an jene Werke, die aus ihr hervorgingen, anknüpfen. Aber die Symbiose selbst ist zu Ende und kann nicht wiederkommen.

Die jüdischen Menschen aus deutschem Land, die sich hierher, auf jüdische Erde gerettet haben und – das ist unsere Hoffnung und Erwartung – retten werden, bringen in dem, was sie an großen Kräften und Werten in der Symbiose in sich aufgenommen und mit ihrem eigensten jüdischen Sein verwoben haben, einen wichtigen Beitrag zum Aufbau unseres Lebens und unserer Gemeinschaft mit. Auch unsere Siedlung ist ein Schmelztiegel, aber nicht einer, in den wie in den amerikanischen verschiedenartiges Erz unvermittelt zusammengeworfen wird, sondern in dem verschiedene Legierungen desselben Urerzes zusammengetragen sind. Jede von ihnen spendet der Heimat ein anderes kostbares Gut aus der Welt der Völker. All dies soll hier miteinander zu einer großen Gestalt des Lebens verschmelzen. Der Beitrag der deutschen Juden aber muß uns besonders wertvoll und willkommen sein. Sie bringen uns, in jüdische Substanz eingegangen, von jenem edlen deutschen Seelenelement mit, das ihre Peiniger verleugnen und ersticken.

# SIE UND WIR

## Zum Jahrestag der Kristallnacht

(November 1939)

Was vor einem Jahr in Deutschland geschah, wird im Gedächtnis der Geschichte als eins der grauenhaftesten Beispiele für den Verrat eines Staates bewahrt werden. Den Begriff „Verrat" gebraucht man im Bereich der Beziehungen zwischen dem Staat und seinen Bürgern nur im Sinne des Verrats von unten nach oben: man spricht von verräterischen Bürgern, von ihrem Verrat am Staat. Aber der schlimmste Verrat dieser Art kann nicht so unheilsschwanger sein wie der, den der Staat an einem Teil seiner Bürger begeht. Wenn irgendein Staat, wie es jetzt Deutschland mit seinen Juden tat, eine seiner Minderheiten, diejenige, die am meisten auffällt, aus dem Bereich seines Schutzes und seiner Verantwortung stößt und sie langsam oder schnell vernichtet, ohne daß sie sich an ihm vergangen hätte, so erschüttert er damit die Fundamente seines eigenen Bestands. Denn ein Staat kann nicht bestehen, wenn ihm seine Bürger nicht vertrauen, daß er ihnen ebenso die Treue wahrt wie sie ihm. Wenn die Deutschen sich auch gestern oder heute beruhigt haben: das alles sind ja nur Juden, die man gequält und getötet hat, deren Heiligtümer geschändet und zerstört wurden, die Juden, die erst vor wenigen Generationen die Gleichberechtigung erhielten, – so nagt doch der Wurm am Herzen aller, die nicht zur Sippe der Gewalttäter und ihrer Brotgeber gehören, und sie müssen darauf gefaßt sein, daß nach dieser nationalen Minderheit eine andere Minderheit an die Reihe kommen wird – eine religiöse oder soziale; und wenn es so weit kommt, dann nagt der Wurm am Herzen des Staates selbst. Dieses Regime muß zerfallen, und zerfällt es nicht bald, kann man das Ungeheuer nicht schnellstens bewältigen, breitet sich dies Mißtrauen aus, so wird der Bevölkerung die Lust vergehen, dem Staat zu dienen.

Ich sprach absichtlich vom deutschen *Staat*, das heißt von der Organisation, die sich das deutsche Volk errichtet hat oder der es beistimmt, oder von den Machthabern, die es erstellt hat oder duldet, und nicht vom deutschen Volk selber. Was vor einem Jahr in Deutschland geschah, war nicht ein

Ausbruch der Volksleidenschaft, eines volkstümlichen Judenhasses, ebensowenig wie in irgendeiner Handlung, die in jenen sieben Jahren an uns begangen wurde. Es war ein Befehl von oben und wurde genau, mit der Genauigkeit einer zuverlässigen Maschine ausgeführt. Während der Vorbereitung der Nürnberger Gesetze zogen zwei Wochen lang jeden Morgen um sechs Uhr an den Fenstern meines Hauses in Heppenheim Schulkinder vorbei und sangen das schöne Lied: „Wenn erst das Judenblut vom Messer spritzt"; damit war der gegebene Befehl erfüllt. Am Morgen darauf erwarteten wir vergeblich den Aufzug. Was elementarer Judenhaß ist, ein Ausbruch aus den Tiefen der Triebe, – das sah ich in Polen, in Deutschland habe ich es nicht gesehen. Daß der Apparat programmgemäß gegen die Juden arbeitet, das ist kein besonderes Problem; so war es bereits in den anderen Fällen. Vielleicht ist es eine alte Gewohnheit des deutschen Volkes, den Machthabern zu gehorchen, denn da sie das Staatsruder halten, ist ja der Beweis dafür erbracht, daß sie von der Geschichte bestätigt sind, daß sie von Gott gesandt sind; es fällt anscheinend dem deutschen Menschen schwer, zwischen Gott und dem Erfolg zu unterscheiden und sich einen Gott vorzustellen, der nicht mit den starken Bataillonen geht, sondern „bei dem Zermalmten und Geisterniederten" (Jes 57,15) wohnt. Sogar bei einigen wahrhaften Geistesmenschen in Deutschland hatte ich den Eindruck, daß sie durch die ihnen natürliche Vereinsamung und ihre Unfähigkeit zum öffentlichen Handeln an jeden zu glauben geneigt sind, der das politische Geschäft mit Gewalt ergreift und mit hemmungsloser Härte betreibt. Aber in der jüdischen Sache ist dem noch etwas beigetan, das ein besonderes Problem darstellt und für uns ungemein lehrreich ist: es ist dies die innere Haltung auch vieler von denen, die ihren Beziehungen zu Juden treu geblieben sind und verfolgten und leidenden Juden halfen. Wenn man mit ihnen ins Gespräch kommt, sieht man, daß sie zwar in vielen Fällen ein gutes menschliches Gefühl des Mitleids mit denen haben, die als vogelfrei erklärt wurden, aber es mangelt ihnen auch nicht an Verständnis für die Motive der Verfolger. Gewiß bedauern sie die grobe Form des Ausstoßens, die sie gern mildern würden, aber in ihrem Innern sind sie mit der Grundtendenz einverstanden. Diese wichtige Tatsache dürfen wir nicht mit der Erklärung abtun, das deutsche Volk sei von einer Krankheit befallen, und mit seiner Gesundung werde alles wieder ins Geleise kommen. Dies ist eine einfältige Illusion und die Art eines unreifen Verstandes, eine historische Wirklichkeit zu beurteilen. Freilich leidet das deutsche Volk an einer schweren Krankheit; seine jetzigen Feinde sind mit an dieser Krankheit schuld, aber mit seiner

Gesundung wird durchaus nicht alles wieder ins Geleise kommen; und eine Ursache unter andern ist auch die, daß schon früher, ehe das Volk erkrankte, die Dinge nicht im Geleise liefen. Hier müssen wir die ernste Problematik erkennen, auf die auch heute hinzuweisen ich mich verpflichtet fühle, eben weil ich weiß und von Mal zu Mal sage, daß ein großer und echter Bund zwischen dem deutschen und dem jüdischen Geist bestanden hat, ein Bund, der seine Bestätigung durch echte Fruchtbarkeit erhielt; nur wenn wir die Problematik betrachten, die diesem Bund eigen war, wenn wir sie betrachten, ohne uns zu schonen, werden wir aus diesem Kapitel jüdischer Geschichte, das nun abgeschlossen ist, lernen, was es aus ihm zu lernen gibt.

Aus Unverstand pflegt man bei uns den Antisemitismus nach der Emanzipation als einfache Fortsetzung zu sehen, als Rückkehr zum Antisemitismus vor der Emanzipation, der hauptsächlich auf religiösen Gefühlen beruhte. Aber der frühere war das Ergebnis der Fremdheit und der spätere das Ergebnis des Kontakts; dort haßte man, wie Pinsker sagt, gleichsam ein Gespenst, das erschreckend und unverständlich war, hier aber haßte man einen lebendigen Menschen, den man bereits einigermaßen kannte. Zwar überwand man noch nicht das Empfinden eines Gespensts in der verhaßten Erscheinung, aber das Gespenst hatte ja einen Körper erhalten. Ich sage: „haßte"; aber in Wirklichkeit traf ich in Deutschland nur selten Menschen, die Juden haßten. Dagegen traf ich oft solche, denen die Juden verdächtig erschienen.

Was war es, das auf sie in solcher Weise wirkte?

Ich möchte meine Worte darüber nur auf ein Gebiet beschränken, das das Gerippe im Leben des Volkes ist, das Gebiet der Wirtschaft. Aber was in bezug auf dieses wahr ist, ist mit gewissen Änderungen auch für die anderen, höheren Lebensgebiete wahr. Bekanntlich rührt die Problematik des jüdischen Verhältnisses zur Wirtschaft der herrschenden Völker daher, daß ihre Beteiligung meist nicht beim Fundament des Hauses beginnt, sondern im zweiten Stockwerk. Dagegen haben sie keinen Anteil oder nur einen sehr geringen an der Urproduktion, an der mühevollen Erlangung der Rohstoffe, der Schwerarbeit am Boden, sowohl Landwirtschaft wie Bergwerk. In der handwerklichen Bearbeitung der Rohstoffe bevorzugen sie zumeist die leichten Berufe, die im Sitzen ausgeübt werden, und in der industriellen Bearbeitung stellen sie Techniker, Ingenieure und Direktoren und halten sich von der schweren Arbeit an der Maschine fern. Wie ich mit großer Sorge hörte, hat sich daran auch in der sowjetrussischen Wirtschaft nicht viel geändert. Nun ist es aber ein Grundzug im Leben aller modernen Völker, ein unausgesprochener und rechtmäßiger Grundzug, daß das Wachstum und die Fruchtbarkeit des Lebens nur durch ein ständiges großes Volksopfer durch die unermüdliche Hingabe der Volkskräfte an die Gewinnung und Bearbeitung der Rohstoffe erreicht werden kann. Die Söhne dieser Arbeiterschichten, die in die geistigen Berufe aufsteigen, sind in gewissem Maß ein sich stets erneuerndes Sinnbild dieses Vorgangs. Wenn nun ein Teil der Bevölkerung, der fast überall durch seinen körperlichen Typus und seine eigentümlichen Bewegungen auffällt, an diesem Volksopfer nicht teilnimmt – mögen die Ursachen dafür auch in der Vorgeschichte wurzeln –, aber an den Früchten dieses Opfers, am geistigen Leben und am geistigen Werk des Volks einen vollen und sogar ihren Prozentsatz an der Allgemeinbevölkerung übersteigenden Anteil fordern; wenn sie sich scharenmäßig den Söhnen der Opferträger anschließen und sie sogar von ihrem Platz verdrängen, dann ist der Boden für den neuen Antisemitismus bereitet. Er bricht aus, wenn eine Wirtschaftskrise dazu Anlaß gibt, wenn der Lohn des Volksopfers sich sehr vermindert, wenn der Aufstieg der Söhne behindert wird, und besonders, wenn durch Arbeitslosigkeit breiten Teilen des Volkes etwas viel Schwereres auferlegt wird, als jenes Opfer – nämlich ein zweckloses, hoffnungsloses Leben. Die Juden, die sich in den oberen Geschossen hervortun, tatsächlich oder augenscheinlich von all dem nicht betroffen wurden, fallen dann noch mehr auf als bisher, und im Herzen der Betroffenen wandelt sich der Eindruck in tiefe Verbitterung, die mit Sprengstoff zu vergleichen ist; nun fällt in ihn als Zündfunke die politische Losung.

Diejenigen, die den Funken in das Pulverfaß warfen, werden dem Gericht nicht entgehen. Aber wir erfüllen unsere Pflicht nicht, indem wir trauern und klagen: Wir müssen aus dem Geschehenen lernen und das Gelernte in die Tat umsetzen. Die gewaltige Sache, keiner andern in der Geschichte zu vergleichen, an die wir in Palästina gegangen sind, hat ja keinen anderen Sinn und wird keinen andern Bestand haben als den, daß wir uns nun endlich ein wirkliches eigenes Haus bauen, und so, wie man ein Haus baut, das lange dauern soll, das heißt: auf festen und starken Grundmauern. Und das Haus des Volks hat keine andere Grundmauer als die des Dienstes seiner breiten Schichten, die die Gesellschaft tragen, an der Erzeugung und Bearbeitung der Rohstoffe. Das geistige Leben müssen wir uns durch Opfer schwerer Arbeit am Boden und seinen Erzeugnissen erkaufen. „Wir werden keine echte Kultur erreichen, wenn wir den Unterbau nur flüchtig erstellen, um schnell in die prächtigen Obergeschosse einzuziehen; täten wir es, so würde alles zusammenfallen. Jedes geistige Werk wird rechtmäßig nur aus der Fülle des Lebens geboren, die dem großen körperlichen Werk des Volks entspringt; alles andere ist künstlich und vergänglich. Wer von uns nicht am Arbeitsopfer teilnehmen kann, muß sich zu jeder Stunde und in jeder Lage unmittelbar als Genosse der Arbeitenden fühlen. Er muß wissen: diese Arbeit ist meine Angelegenheit, nur durch sie erhält mein Leben Grundlage und Sicherheit, ohne sie würde ich in der Luft hängen; ich habe keinen anderen wirklichen Boden unter den Füßen außer dem, den mein arbeitender Bruder mit seiner Mühe für mich erwirbt. Es ist sehr traurig zu sehen, daß sogar hier, in diesem Land, das wir unser Land nennen, sich die Verehrung der oberen Geschosse verbreitet, die nur einen flüchtigen Blick nach unten wirft, um dann mit Begeisterung ihr Auge nach oben zu lenken. Dies ist Galuth auf dem Boden Zions. Das, was man Volk nennen darf, wahres Volk, einheitliches Volk, kann nicht anders erreicht werden als dadurch, daß der Geist die Arbeit mit einem Kreis der Liebe umringt.

Gelingt uns diese Änderung der Perspektive, diese Umwertung der Werte, dieser einheitliche Aufbau des öffentlichen Lebens von unten nach oben, dann wird von hier auch auf die Diaspora und ihre Beziehung zu den herrschenden Völkern ein Einfluß ausgehen, dessen Stärke und Tiefe vorerst nicht abzusehen sind.

Noch wichtiger aber als diese ist eine andere Lehre, wiewohl sie im Grunde beide eins sind. Sie richtet sich gegen eine Irrlehre, die unter uns verbreitet ist und die man etwa so formulieren kann: der äußerste und totale nationale Egoismus, der in Deutschland herrscht, ist an und für sich richtig, es ist die richtige Politik einer Nation, und besonders in Zeiten der Krise; uns erscheint sie nur deshalb negativ, weil sie gegen uns gerichtet ist; der wichtigste Maßstab für uns ist der unseres nationalen Egoismus. Unter allen Greueln der Assimilation kenne ich keine Anschauung, in der sich Juden dermaßen erniedrigen wie in dieser, die sich anmaßt, ein Ergebnis des Zionismus zu sein. Jahrtausende lang bekannten wir uns zu der Lehre, daß die Welt auf Gerechtigkeit gegründet ist, auf Gerechtigkeit zwischen Mensch und Mensch, zwischen Volk und Volk; wir sagten uns und der Welt: das Geschichtsbild, das dem Frevler Sieg und Macht zuteilt, führt irre, denn innen ist sein Sieg Niederlage und seine Macht Schwäche. Und nun tritt uns in dieser Stunde das Zerrbild des Unrechts entgegen, die Fratze eiskalter Gemeinheit, der Grausamkeit, die wie eine Maschine funktioniert, ein Golem, auf dessen Stirn Satans Name geschrieben ist, er bemächtigt sich einer unserer Gemeinschaften nach der andern, schändet und zerstört eine unserer Gemeinschaften nach der andern. Und nach alledem wimmeln unter uns die Leute, die sagen: dieser Satansbote fügt uns zwar Unheil zu, aber Satan selbst hat recht, Satan ist der wahre Gott, es gibt keinen Gott außer ihm! Nach alledem wimmeln unter uns die Leute, die lehren: solange wir schwach waren, haben wir erklärt, was wir erklärt haben, weil wir schwach waren, aber jetzt müssen wir erstarken und die Werke des Satan tun, wie die Starken, damit es uns auf dem Boden wohl ergehe. Wenn wir diese Lehre annehmen, dann unterschreiben wir mit eigener Hand die Anklageschrift gegen uns. Und dieses Land – daß es nicht mit Unrecht gebaut werden kann, seine ganze Geschichte bezeugt es. Wer das nicht wahrhaben will, wer meint, daß dies ein Land sei wie alle Länder, ebenso wie wir seiner Meinung ein Volk wie alle Völker sind; wem das Wort vom Heiligen Land ebenso wie das vom Gottesvolk eine veraltete Redensart ist, der handelt im Land Israel wie Hitler, denn er will, daß wir Hitlers Gott dienen, nachdem sie ihm einen hebräischen Namen beigelegt haben. Und wer wie Hitler handelt, wird mit ihm zusammen untergehen. Wir müssen ihn bekämpfen, indem wir seinen Götzen vernichten. Wir müssen das Reich des Frevels bekämpfen, indem wir den Frevel bekämpfen.

Können wir ihn bekämpfen? Wir können es, indem wir in diesem Land das Reich des Gottes der Gerechtigkeit errichten. Wie können wir dies tun? Dadurch, daß wir ein gerechtes Leben führen. Kann man das in dieser Stunde beginnen? Es gibt keine Stunde, die dafür geeigneter wäre als diese. „Gott führt Krieg gegen Amalek" – siegen können wir nur, wenn wir unsern Krieg als Gottes Krieg führen. An der jetzigen Kriegsfront, an der die, die gegen Hitler kämpfen, nur wissen, wogegen sie kämpfen, nicht aber wofür, ist Gottes Wahrheit nicht zu finden. Aber hier ist sie zu finden, – wenn wir nur wagen, ihr zu dienen.

## SCHWEIGEN UND SCHREIEN

(Frühjahr 1944)

Noch nie habe ich so sehr verspürt, wie zweifelhaft all unser inneres Dasein trotz aller Werke der Erneuerung ist, wie in diesen Tagen, da die Massen unseres Volkes in die Gewalt ihrer Todfeinde gegeben sind.

Wir kennen zwar noch nicht die tatsächlichen Ausmaße der Katastrophe: doch besteht kein Zweifel daran, daß sie unermeßlich größer ist als jede andere in unserer Geschichte. Die jüdische Gemeinschaft im Lande, die sich in diesen Tagen als nach außen gesichert betrachten darf, verhält sich gewiß nicht gleichgültig dagegen, aber doch ohne echte Identifizierung. Jeder, der dort Verwandte oder Freunde hat oder hatte, empfindet unmittelbar irgendwas von dem, was dort geschieht; wir alle zusammen empfinden es nicht in seiner Ganzheit. Es fehlt uns die kollektive Einbildungskraft: die Fähigkeit, uns gemeinsam die Wirklichkeit „dort" zu vergegenwärtigen. Man sagt, es sei gut so, denn wer sich vorstellte, was sich ereignet, könnte nicht einfach sein Leben fortführen. Das trifft zu, aber es bedeutet nicht, daß uns nicht obliege, ein zulängliches Quantum von Vorstellungsgabe zu entfalten. Es ist eben doch nicht angemessen, daß wir einfach unser Leben weiterführen. Angemessen ist, daß wir, was sich ereignet, in unser Leben einflechten. Nicht um das übliche Rachegebrüll auszustoßen, in dem die Erregung sich entlädt, sondern um dort zu wirken, dort mitzuarbeiten, wo es möglich ist etwas zu tun. Aber wenn wir uns die Frage stellen, was zu tun sei, die Frage nach der Rettung dessen, was zu retten ist, verdichten sich noch die Zweifel.

Die Geschichte der Einstellung der jüdischen Siedlung zur Katastrophe der Diaspora beginnt mit etwas, was nicht zu erklären und nicht zu verstehen ist: mit dem Schweigen. Tage und Monate – so hörten wir, und es ist nicht bestritten worden – wußten die Eingeweihten, was sich ereignet hat und was sich angesponnen hat, und verheimlichten der Gemeinschaft im Lande, was sie wußten. Ich verstehe das nicht, und es ist nicht zu verstehen. Es wird behauptet, daß die Seele der Gemeinschaft damals infolge der zeitweiligen Unsicherheit ihrer eigenen Situation zu empfindlich war, um sich mit den Tatsachen der Diaspora abzugeben. So verhält man sich zu Kindern und Kranken. Und wer weiß, ob damals nicht Dinge versäumt wurden, die gerade damals und nur damals getan werden konnten, wenn die Gemeinschaft ihre gesamte Energie an die Sache gesetzt hätte? Darüber werden wir gewiß in der nächsten Zeit nichts Genaues feststellen können. Was aber in meinen Augen am allerunverständlichsten ist: als die Gemeinschaft hörte, was vorgeht, und hörte, daß man es ihr Tage und Monate verheimlicht hatte, schwieg sie.

Nach dem Schweigen kam das Geschrei. Teils war dies ein spontanes Aufschreien und teils ein organisiertes Schreien. Gegen letzteres ist in einer Periode der Propaganda nichts einzuwenden, denn es ist ja unmöglich, ein breitangelegtes Rettungswerk ohne die Hilfe der in Frage kommenden Großmächte zu versuchen, und daher muß es ihnen also zu Gehör kommen; dies ist zu unserm Leidwesen in manchen Fällen nur dann möglich, wenn man das Spontane organisiert, und unter diesen Umständen treibt man naturgemäß die Spontaneität noch etwas an. Die Problematik beginnt erst, wenn sich die politische Note in den Aufschrei mengt. „Politische Note" bedeutet, daß man durch das Schreien einen „Druck" ausüben will, um etwas zu erreichen, das jetzt anscheinend anders nicht erreichbar ist, etwas, das zwar unter den gegebenen Umständen aufs engste mit der Absicht der Rettung verbunden, aber keineswegs mit ihr identisch ist. Vom Moralischen her ist dagegen einzuwenden, daß man die Katastrophe und die Rettung als Mittel zu einem Zweck benützt, sei es auch ein noch so wichtiger Zweck; was das vom moralischen Standpunkt bedeutet, können wir uns unmittelbar klarmachen, indem wir uns einen Parallelfall aus dem Leben des Einzelnen denken, zum Beispiel ein brennendes Haus oder einen Ertrinkenden. Wer keinen erhabeneren Imperativ als den politischen kennt, wird diesen Einwand damit beantworten, es gäbe keinen erhabeneren Imperativ. Nur daß im Augenblick, in dem wir den ausschließlichen politischen Raum betreten, uns unabweisbar die Frage nach der Nützlichkeit, die Frage nach Nutzen und Schaden antritt. Und hier ist es erforderlich, die erste Bedingung alles politischen Wirkens zu erfüllen: alle angenehmen Illusionen abzuschütteln, denn das Wirken der Illusion ist ein falsches und zerstörendes Wirken. In diesem Zusammenhang bedeutet das: erstens liegt es uns ob, ohne Beschränkung durch irgendeine Illusion zu erkennen, daß es politische Noten gibt, deren Hörbarkeit den zuständigen Instanzen unliebsam ist, und sollten sie hörbar werden, so sollen sie wenigstens nicht ins Bewußtsein dringen. Aber das wäre noch nicht so schlimm, denn, so pflegt man anzunehmen, in der Sphäre der Demokratie ist die Möglichkeit gegeben, bei der öffentlichen Meinung gegen die zuständigen Instanzen zu appellieren. Aber auch dies ist eine Illusion, denn bekanntlich ist die Aufgabe der öffentlichen Meinung in Kriegszeiten in mancher Hinsicht eingeschränkt, und in Fällen dieser Art hat sie so gut wie kein Gewicht. Das wissen wir zwar wohl. Aber wir wollen es nicht anerkennen, wenn es uns selbst betrifft. Und aus all diesem geht hervor, daß wer die politische Note nicht hören will, sich auch gegen das Schreien selbst taub stellt, dem sie beigemengt ist; und fragt man ihn, so wird er sagen, der Schrei sei ja nichts anderes als ein Mittel zum politischen Zweck. Mit anderen Worten: die befugten Instanzen, die wir um die Rettung angehen wollen, sehen diese nicht unabhängig von dem politischen Beweggrund, den sie mißbilligen. Und daraus wiederum ergibt sich, daß das, was der Rettung nützen soll, ihr schadet.

Die Problematik wird noch stärker, wenn diese Sache nicht nur zu dem uns allen gemeinsamen politischen Zweck benützt wird, sondern zu einem Parteizweck. Es gibt Parteien, die eine kochende Volksseele brauchen, um ihren Sud daran zu sieden. Ihre beste Chance, und manchmal ihre einzige, ist die Radikalisierung der Situation. Sie sind bereit, dieser Chance auch die Rettung zu opfern. Denn sie sind ja klug genug, um zu wissen, daß die von ihnen vorgeschlagenen „Druck-Methoden" nicht geeignet sind, die Rettung, sondern die Radikalisierung zu fördern. Und erst hier geschieht wirklich das Entsetzliche: die Ausnützung unserer Katastrophe. Was hierbei bestimmt, ist nicht mehr der Wille zur Rettung, sondern der Wille zur Ausnützung. Auch uns Parteilose, denen es um die Rettung der noch zu Rettenden bange ist, wollen sie mit der Losung der Rettung dem Parteizweck dienstbar machen. Ich habe mich manchmal gefragt, ob sich nicht in einer außergewöhnlichen Stunde eine Front bilden kann, die quer durch alle Parteien verläuft. Die Front derjenigen, die mit der ganzen Wahrheit ihres Herzens das Heil ihres Volkes wollen und die an der entscheidenden Sache mitarbeiten wollen, ohne auf die Sonderungen der Programme in allen anderen Fragen Rücksicht zu nehmen. Die Spaltung der Parteien ist eine schwerwiegende Tatsache, die man gegenwärtig nicht aus dem öffentlichen Leben wegdenken kann, aber es ist erwünscht, daß ihr eine Grenze gesetzt werde. Die Bestimmung dieser Grenze jedoch in einer außergewöhnlichen Stunde, eine Bestimmung, die durch Einzelne aus allen Parteien geschehen muß, erfordert eine Reinheit von Empfindung und Dienst, die anscheinend noch seltener ist, als ich beim Nachdenken über die Möglichkeit einer Zusammenarbeit annahm. Und sollte sie sich dennoch verwirklichen, so wird sie anders aussehen als diejenigen Gespräche über die Rettung, an denen ich teilgenommen habe.

Und also? Fragt ihr mich zu dieser späten Stunde, was wir also tun sollen, habe ich keine andere Antwort als diese grausam-nüchterne: so viele

Juden wie nur möglich zu retten, sie hierher oder an andere Orte zu bringen, sie zu retten durch völlig realistische Behandlung der verschiedenen praktischen Fragen, mit allen Mitteln, die uns zur Verfügung stehen, wo immer noch etwas zu retten ist, wann immer noch zu retten ist. Nichts vom Geist des Parteitums, der Politisierung, darf am Gesichtskreis dieser Aktion stehen, nichts außer dem Leben der Namenlosen, die es zu retten gilt. Die Situation, in der es selbst die Möglichkeit dieser Aktion nicht mehr geben wird, ist vorauszusehen, wenn auch nicht ihrem Zeitpunkt nach, so doch jedenfalls nach der Entwicklung der Dinge. Es ist die Zeit zu schweigen und zu arbeiten.

# NACHWORT

# DER KAMPF UM ISRAEL

## Und wie Martin Buber ihn geführt haben wollte!

*Von Rupert Neudeck*

23.12.09

Wie würde Martin Buber in diesen Tagen auf den Missbrauch von Verstand und Vernunft reagieren? Der Gaza-Report über israelische Kriegsverbrechen im Gazastreifen wurde Ende September 2009 veröffentlicht. Geleitet wurde die UN-Untersuchungskommission von einem ausgewiesenen und renommierten Experten des internationalen Völkerrechts: Richard Goldstone. Er ist schon deshalb ein ausgewiesen-solider Zeuge in dieser Sache, weil er sich als Jurist im Apartheidstaat Süd-Afrika bewährt hat, und später der erste Vorsitzende des UN-Tribunals zu Jugoslawien und zu Ruanda wurde. Der Untersuchungsbericht trägt deshalb seinen Namen: Goldstone-Report.

Der Staat Israel, den Martin Buber einmal als einen Staat wollte, der die beste Zusammenarbeit im Orient mit den Arabern beweisen würde, dieser Staat will den UN-Report über Kriegsverbrechen im Gaza-Krieg nicht anerkennen, obwohl an der Qualität, Legitimität und Legalität dieses Berichts nicht der geringste Zweifel besteht.

Aber das rührt daher, wenn sich ein Staat unter 192 der Welt auf den einzigartigen Monoweg begibt und meint, alle Gesetze, Regularien, Genfer und andere Konventionen gelten für die ganze Welt, nur für ein Land ganz bestimmt nicht – Israel.

Noch schlimmer für Martin Bubers (und unsere) aufgeklärte Vernunft: Israel versteht den UN-Report als Kampfansage. Der Vize-Außenminister Danny Ayalon sagt: Er sei „nichts weniger als eine Kriegserklärung". Erklärt das Völkerrecht etwa Israel den Krieg? So war das schon immer der Trick der Diebe zu rufen: „Haltet den Dieb!" Der Goldstone-Bericht hält erschütternde Belege fest für eine Vielzahl von schwerwiegenden Kriegsverbrechen, die die israelische Armee während der 22-tägigen Militäroperation mit dem Titel „Gegossenes Blei" direkt nach Weihnachten und Neujahr begangen hatte. Die Operation hörte am 17.1.2009 pflichtgemäß einen Tag vor der Inauguration des neuen US-Präsidenten Barak Obama auf.

Wie würde der große, gerechte und genaue Philosoph Buber das verstanden haben? Israel greift ein Gebilde an, das noch unter seiner Knute und Besatzung steht. Denn Israel hatte nur zum Schein das Gebiet, den Gazastreifen in eine scheinbare Freiheit entlassen. Das winzige Gebiet (363 qkm und 590.000 Einwohner) kann weder atmen, noch sich bewegen, noch irgendwohin verschwinden oder ausreisen. Es ist total eingeschlossen in die Grenze nach Israel sowie in die Grenze nach Ägypten. Dort an der Grenze zu Ägypten soll eine monströse Stahlmauer errichtet werden. Von See patrouilliert die israelische Marine, die die Fischerboote am Ausfahren hindert. Es gibt keinen Hafen. Der einzige Flughafen, der mit Hilfe von EU-Geldern gebaut worden ist, wurde von der israelischen Armee unter Ariel Scharons Befehl zerstört.

Israel, das offizielle Israel schäumt und kann sich selbstgerecht nicht genug auf die eigene Schulter klopfen. Es hat jede Kooperation mit der UN-Untersuchungskommission verweigert. Als Begründung diente, der UN-Menschenrechtsrat, der die internationalen Juristen beauftragt hat, sei notorisch bekannt für antiisraelische Ausfälle. Für den Journalisten Dan Margalit war der Bericht "klassischer Antisemitismus in liberalen Denkmustern". Dabei stellt der Bericht natürlich auch die Hamas an den Pranger. In dem 575 Seiten starken Report wird der Missbrauch wehrloser Palästinenser als sog. menschliche Schutzschilde als Menschenrechts-Verbrechen bewertet. Das Konto Israels, darauf weist nun Norman Finkelstein hin, sei mit diesem Bericht zehnmal mehr belastet als die Hamas. Der Goldstone-Bericht liefert Belege für exzessive Gewaltanwendung ohne militärische Rechtfertigung, billige Inkaufnahme des Todes von Zivilisten, einhergehend mit Folter und inhumaner Behandlung. Das sind alles klare Verstöße gegen die Genfer Konventionen.

Was würde Martin Buber dazu sagen?

Und: die öffentliche Meinung und die Politik (Staatspräsident Shimon Peres entblödete sich nicht, den Bericht als „ein Gespött der Geschichte" zu bezeichnen) toben ja auch deshalb, weil es eine ungeheuer mutige und moralische fundierte und motivierte Gruppe von Soldaten nicht mehr ausgehalten hat und sich an die Veröffentlichung von Bildern und Berichten über das Vorgehen der Armee gemacht hat. „Breaking the Silence" (Das Schweigen brechen) heißt die Gruppe und sie ist allen möglichen Hindernissen und massiven Anfeindungen ausgesetzt.

Was würden Sie, Martin Buber, zu einem solchen Vorgehen sagen? Hätten Sie sich, wäre die zweite wichtige Frage, vorstellen können, dass es Israel einmal zum Paria des internationalen Völkerrechts bringen würde?

## I. „Und unsere Beziehung zu den Arabern?"

„Und unsere Beziehung zu den Arabern?" (Martin Buber: Ein Land und zwei Völker, Frankfurt 1983, S. 182) Diese ganz einfache und unverfängliche Frage wird heute schon nicht mehr in Israel gestellt, obwohl es die wichtigste politische Frage ist, die über Wohl, Wehe, Wohlstand, Sicherheit und Zukunft eines Staates Israel entscheiden wird. In seinem Aufsatz über den „Pseudo-Simsonismus" (a.a.O. S. 179ff) hat Martin Buber im Juni 1939 wieder und wieder diese Frage gestellt. Schon damals war die Frage ungewöhnlich, nicht eine für Realpolitiker, die natürlich eher Nationalisten sind. Er sagt als Antwort auf die bis heute überraschende Frage, die man in Israel gar nicht mehr stellt: Man habe zumeist zwischen den Banden (den terroristischen) und dem arabischen Volk zu unterscheiden gewusst. Aber wie können die Araber „auf Dauer zwischen unseren Terroristen und dem jüdischen Volk unterscheiden", wenn die Juden, die nach „einer langen Reihe von Jahrhunderten wieder in unser Land kommen", sich benahmen, „als ob es leer wäre" (a.a.O. S. 180) , nein, schlimmer, sagt Buber, als ob die Bevölkerung, die wir sagen, uns nichts anginge, als ob wir uns um sie nicht zu kümmern brauchten, d.h. als ob sie uns nicht sähe.

Ja, man nahm überhaupt keinen Anteil an dieser Bevölkerung oder deren Befindlichkeit, an der aber die Juden ganz angelegentlich hätten interessiert sein müssen. Staat dessen wurden Burschen gefordert, wie Buber in altmodischem Deutsch sagt, die sich einbilden, Simsone zu sein. Und er erwähnt: „Als Simsons Taten gelten anscheinend bei ihnen: Minen vor Fahrzeuge legen, in denen unbekannte, unschuldige, wehrlose Leute sitzen, Häuser überfallen, in denen unbekannte, unschuldige, wehrlose Familien leben und dergleichen mehr" (a.a.O. S. 180) .

Der Martin Buber, der das damals im Juni 1939 schrieb, war natürlich noch überzeugt, dass er das wenden könne.

Aber wie soll man in der Weise zu einer „Beziehung zu mit den Arabern" gelangen, die ja notwendig ist, denn ohne eine solche Verständigung kann es keinen Frieden geben. Das sollte die Europäische Union und die von Nicolas Sarkozy aus der Taufe gehobenen Mittelmeerunion auch wissen, erst muss Israel zu einer Verständigung, ja allererst zu einer „Beziehung zu den Arabern" gedrängt, ja genötigt werden. Genötigt? Ja, das wird 70 Jahre danach immer schwieriger, denn die Mehrheit des Volkes ist der Meinung mit seiner politischen Führung, eine solche Verständigung sei unnötig, ja eher bedenklich. Und die Politik des US-amerikanischen Präsidenten

Barack Obama und die der Europäischen Union tun wenig bis gar nichts, um Israel auf den einzig möglichen Friedensboulevard zu lenken, den es gibt: Die Verständigung mit den Arabern, nicht nur mit den Palästinensern. Alles andere ist Illusionspolitik. Alle sind für Martin Buber Illusionspolitiker, die meinen, „unsere Siedlung können in alle Zukunft ohne ein Friedensabkommen und eine Arbeitsgemeinschaft mit den Arabern bestehen" (a.a.O. S. 182). Wer jetzt, so fährt Buber damals fort und interessanterweise könnte er das auf einer Pressekonferenz in Tel Aviv wie in Washington wie in Brüssel gesagt haben mit aktueller Wirkung, in „dieser kritischen Stunde ein blindes Wüten anzettelt (Avigdor Lieberman?), droht unsere Siedlung zugrunde zu richten; was mit solcher Mühsal, mit solchen Opfern, Stein um Stein aufgerichtet worden ist, würde in dem Chaos, zu dem uns das Pseudo-Simsontum führen kann, MAUER um MAUER niedergerissen werden". Noch schärfer: „Jeder Hieb, den sie gegen Feinde zu führen vermeinen, trifft unseren eigenen Leib." Noch schärfer: „Was sie treiben ist Selbstmord; aber nicht einer, wie der Simsons, der zugleich mit sich dreitausend Philister begräbt, sondern eine sinnlose Zerstörung all dessen, was hingegebene Geschlechter mit dem Opfer ihrer Lebenskraft aus diesem Boden wachsen lassen." Wer wie diese Pseudosimsone mordet, „mordet sein eigenes Volk" (ebda).

Er wird nicht müde, seinen jüdischen Landsleuten zu sagen, dass es nicht reicht, die Rezepte des irischen Terrors zu verherrlichen: „die Juden aber in Palästina sind zum Unterschied von den Iren von einer ungeheuren Bevölkerungsmehrheit der Araber umgeben. Hinter der, teils mit größerem, teils mit geringerem Nachdruck, die 230 Millionen des Islam stehen" (a.a.O. S. 183).

Man dürfe weder die Bande mit England zerschneiden, heute würde er sagen, die Bande zur UN-Staaten und Völkergemeinschaft, zur Arabischen Liga, die die Araber Nachbarländer ja alle zusammenbringt, zur Europäischen Union, man dürfe nichts tun, „was ein künftiges Übereinkommen mit den Arabern unmöglich macht. Nichts was das Leben der Siedlung in Gefahr bringt" (ebenda).

Israel hat sich gegen Martin Buber auf den imperialen Weg begeben, und meint, der einzige Schutz der Siedlungen in Palästina und jetzt der Siedlungen, die alle völkerrechtswidrig errichtet worden sind und aus imperialistischer und annexionistischer Neigung heraus auf palästinensischem Land hochgezogen wurden, bestehe nur in einer immer größer und besser bewaffneten und mit Atomwaffen ausgerüsteten Armee. Nach Martin Buber können ein solcher Staat und eine solche Siedlung nur auf dem Holzweg sein.

Realpolitisch gesprochen geht das in die Irre, während die Illusionspolitiker, die sich Realpolitiker nennen, nach Bubers Überzeugung alle Fiktivpolitiker sind. Es führt auch zum Verlust der Seele des Judentums. Denn nichts kann zum Unglück eines Volkes mehr beitragen „als die innere Untreue". Die Dunkelmänner haben gegen Buber Erfolg. Die „Untreue hat begonnen". Gruppen, die solange die Treue dauert, nicht zur Macht gelangen können, zetteln die Untreue an, um aus ihr Gewinn zu ziehen.

Und schon im Juli 1938 erlebt es Buber in Jerusalem: Angesteckt durch die Verblödung zur Untreue rufen immer mehr Leute: „Können wir uns der Wölfe nicht erwehren, so lässt uns zu Wölfen werden!"(Aufsatz: Gegen die Untreue, in M.B., Ein Land und zwei Völker, Frankfurt 1983, S. 174)

Nichts sei durch blinde Gewalt zu erreichen, das war damals ein total unzeitgemäßer Slogan, den sogar Uri Avnery nicht mitgemacht hatte. Die zionistische Bewegung habe ihre Arbeit getan – nach Buber, um dem jüdischen Menschen die Erfüllung in einem Leben der Wahrheit und Gerechtigkeit zu bereiten. Lassen wir die Übung der blinden Gewalt schalten, so wird jedes Bekenntnis zur Lüge, die Seele wird zersetzt, das Leben wird seines Gehalts entleert. Und der Widerspruch wird zum Herrn auf Zion erhoben. „Das wäre der Tod der Bewegung und die Katastrophe des Volkes" (a.a.O. S. 175).

Heute muss man mit Buber sagen: Das ist nicht nur der Tod der Bewegung, sondern auch eine Katastrophe für das israelische Volk, denn die Fiktivpolitiker folgen ja nicht Buber, sondern anderen falschen und faulen Propheten.

Buber war derjenige, der etwas angefordert hat, was völlig unzeitgemäß geworden ist: Dieses Palästina sollte die Brücke werden zwischen dem „Abendland" (Martin Buber konnte das noch ohne Anführungszeichen schreiben) und dem Orient.

Hellsichtig und fast hellseherisch sagt es Buber schon kurz nach Versailles. Das Prinzip, das in Europa wie im Orient versagt hat zum Neuaufbau, sei das des zentralistischen womöglich noch monoethnischen Staates. Nur dezentralisierte, aus autonomen Werkgemeinden aufgebaute Gemeinwesen können sich zum wahren Völkerbund zusammenschließen, nur ein solcher Völkerbund wird dem Orient die Hand reichen können.

Die Juden als Mittler zwischen Europa und Asien. Das ist die heute gar nicht mehr für möglich gehaltene Version. Die Effendis des Orients und des Okzidents haben die Völker an einer brüderlichen Solidarität gehindert. Indem wir – fährt Buber im April 1920 fort – den „unterdrückten Schichten der asiatischen Völkerschaften unsere Botschaft der Befreiung bringen, werden wir sie auch von der Besessenheit des falschen, machtgierigen, aggressiven Nationalismus erlösen". (a.a.O, „In später Stunde", 1920, S. 68)

Kritik an Europa äußerte er schon vor 90 Jahren. Vonseiten Europas geschah nichts, „um das Einvernehmen zwischen Arabern und Juden im Interesse des künftigen Nationalheims zu befestigen". Von der Okkupationsbehörde im nachnapoleonischen Zeitalter geschah alles, um es zu vergrößern. Jetzt aber gibt es seit 42 Jahren die israelischen Okkupationsbehörden in einer Zeit, in der es doch nach Hitler und Stalin überhaupt keine Okkupation geben darf, auch keine palästinensische Autonomiebehörde, die nur die israelische Okkupation hilflos und verräterisch für die eigenen Bewohner camoufliert.

Immer wieder und bis heute – und darin ist uns der Martin Buber posthum sogar noch wertvoller geworden, weil er eine unhintergehbare mächtige Autorität und ein Ingenium ist, wie das auf politischer Ebene vielleicht nur Ben Gurion war – fragt er uns und die jüdisch-israelische Bevölkerung seines Landes Israel:

## II. „Es war für mich erschreckend in Palästina, wie wenig wir den arabischen Menschen kennen."

Er sagt es, worauf die Menschen überall warten, meine deutschen Mitbürger zumal, die nicht begreifen, wie ein so furchtbar misshandeltes Volk durch die Jahrhunderte in Europa, misshandelt von den heuchlerischen Christen, aber auch von den Muslimen, selbst in Gefahr geraten kann, andere Menschen als Fremde und Niedrigere anzusehen. „Hüten wir uns davor, das, was uns als fremd und nicht genügend bekannt ist, als das Niedrigere anzusehen! Hüten wir uns, das, was uns widerfahren ist, selbst zu tun."

Dieser große, wunderbare Mann des Geistes und der Tat, Martin Buber, bleibt bei seinen Vorsätzen bis an sein Lebensende: die gemeinsame Arbeit sei möglich: eine gemeinsame Landespolitik sei möglich, weil dort und hier dieses Land geliebt wird, dort und hier die Zukunft des Landes gewollt wird, also gemeinsam geliebt und gemeinsam gewollt werde.

„Und wir wollen nicht majorisiert werden." Aber ganz aktuell sagt er wieder etwas Hochaktuelles: für Benjamin Netanjahu, Ariel Sharon, Ehud Barak, Avigdor Lieberman. Ich möchte nicht immer zwischen diesen Worten lesen müssen: „Wir wollen nicht majorisiert werden, also wir wollen majorisieren." Es muss nämlich auch für den jüdischen Staat heißen, der besser keiner, sondern einer von Juden und Arabern geworden wäre: „Wir wollen nicht majorisiert werden und wir wollen nicht majorisieren."

Buber hatte sich über die Neuordnung nach dem Ersten Kriege und über die Verkündigung der Balfour-Deklaration gefreut. „Mein Herzschlag kann sich nicht vom dem gehobenen meines Volkes scheiden, und ich fühle, wie es recht eigentlich heute erst aus den bekommenen Ghettogassen ins Licht des unbefangenen Lebens und der un-ver-MAUER-ten Natur zu treten meint."

Aber schon mit dieser ungehemmten Freude einher ging die Forderung: Das Judentum kann nicht befreit sein, indem seiner immanenten Forderung, dass Recht und Wahrheit zwischen den Völkern herrschen, Gewalt angetan wird.

Das meinen ja bis heute der Prof. Rolf Verleger in Lübeck, bis 2008 noch Mitglied im Zentralrat der Juden, das meint die Prof. Fanny Michaela Reisin in Berlin, das meint der Politologe Prof. Alfred Grosser in Paris, das meint der Kanonikus Paul Oestreicher in Coventry, das meint der Historiker und Publizist Daniel Cil Brecher in Amsterdam, das meint der Musiker und Publizist Hajo Meyer in Amsterdam.

## III. Martin Buber – wie ihn einige kannten

Was würden wir für gute und hilfreiche Debatten haben, wenn er noch leben würde: Martin Buber, in Wien geboren, hat vier Jahrzehnte in Deutschland gelebt und war ein unbestechlicher Philosoph, Theologe und Pädagoge. Wie würde er mit diesem ganzen Gespinst von Denk- und Tatverboten, welche die neuen deutschen Juden ausbreiten über der Öffentlichkeit, wohl umgehen? Er würde es verachtet und weggeschoben haben, um Raum zur freien Debatte, zur Toleranz, zu gemeinsamen Arbeiten zu finden.

Wie würde er das verachtet haben, was in allen möglichen gesellschaftlichen Bereichen fröhlich Urständ feiert: Ehrabschneidung, Behinderung,

Gedanken- und Äußerungs-Kontrollen. Der Bischof von Eichstätt schreibt mir, als ich ihn nach einem erneuten Besuch in der Westbank oder im Westjordanland bitte, an einen unterstützenden Besuch auf dem Tent of Nations-Weinberg von Daoud Nassar zu kommen, um dort mit den anwesenden Besuchern des Sommercamps die heilige Messe in einer eigens zur Kapelle ausgemalten Berghöhle zu feiern:

„… muss ich Ihnen leider eine Absage erteilen. Auf Grund meiner Äußerungen über die ‚Mauer' in Bethlehem werde ich von Verantwortlichen des Staates Israel nach wie vor kritisch gesehen. Dies bestätigte sich, als ich jüngst Besuch von der israelischen Botschaft in Berlin hatte. Da nach wie vor ein Dissens bleibt, hätte die von Ihnen vorgeschlagenen Reise eher keine Aussicht auf ‚Erfolg'". (Brief vom 31. Juli 2009)

Wie wütend würde Martin Buber über Berichte sein, in denen der Staat Israel aufgefordert wird, erneut einen Krieg zu beginnen. In einem Artikel in dem vornehm auf Niveau erpichten Intellektuellen-Wochenblatt DIE ZEIT vom 23. Juli 2009, S. 3, schreibt Josef Joffe, der Angriff auf die iranischen Atomanlagen und Produktionsstätten würde über die Türkei gehen können. „Bis nach Arak sind es 2000 km." „Die zweite Route wäre die vom Negev in den Golf von Akaba, dann nach Osten durch Saudi Arabien, an Kuwait vorbei und eine Flugstunde über Iran bis nach Natanz – auch rund 2000 Kilometer."

Israel habe leider anders als die USA keine Langstreckenbomber. Die Bomben müssten auf den 25 F-151 und den 80 F-161 montiert werden. „Diese wieder müssen nach 1000 Kilometer in der Luft betankt werden, auf dem Hin wie auf dem Rückflug." Joffe zitiert die hilfreichen US-amerikanischen Strategen, die für ein Minimal-Kriegs-Szenario (Isfahan, Natanz, Arak plus Ziele in der Umgebung dieser Städte) bei einem Einsatz von 80 bis 90 Flugzeugen einen Bedarf von zwölf Tank-Flugzeugen ausgerechnet hätten. Die israelische Airforce habe aber nur neun. Dazu kommt der Bedarf an „Bunkerkiller"-Granaten. Sorry, lieber Martin Buber, das steht so in einer Anweisung, die sich liest wie für den bevorstehenden Angriff: Die beste Angriffswaffe sei die GBU-28, eine 2,8 t schwere Lenkwaffe, die sechs Meter Beton oder 30 Meter Erdreich durchhaut, bevor sie explodiert. George W. Bush habe diese Waffe unverständlicher Weise den Israelis verweigert. Die Jagdbomber der israelischen Luftwaffe können entweder durch den türkischen Luftraum (1) oder durch den von Saudi Arabien (2) auf den Iran heruntergehen, um dort die entsprechenden Punkte und Plutonium-Anreicherungsstätten im Iran mit einem Schlag zu zerstören. Als ich mich dagegen mit Hinweis auf Sie, lieber Martin Buber, wehren wollte, dagegen etwas einwenden wollte, bekam ich von einem der Herausgeber der ZEIT, Dr. Josef Joffe, eine hingeworfene Mail-Antwort, in der es ohne Grußformel einfach am Ende nur hieß:

„Um Karl Kraus zu variieren: Zu Ihrem Manuskript fällt mir nichts ein. Außer Verwunderung. Sie haben nicht einmal sorgfältig gelesen. Die F-16 nicht die F-164. Sie haben auch nicht begriffen, worum es mir ging: um eine sachlich-strategische Analyse mit dem Fazit: Die Risiken überwiegen.

Solche Aufsätze haben in den 60er und 70er Jahren die ZEIT zum führenden Blatt der Republik gemacht.

Dass Sie keinerlei Sympathien für Israel, das vorbestimmte Opfer der iranischen Bombe erkennen lassen, lässt mich nicht nur um Ihren Intellekt, sondern auch um Ihre moralischen Koordinaten fürchten. Josef Joffe" (18. August 2009)

## IV. Der Brief an Mahatma Gandhi vom 24. Februar 1939

Drei Monate vor meiner Geburt in der Stadt, in der drei Monate nach meiner Geburt der zweite Weltkrieg ausbrach, in Danzig, schrieben Sie, lieber Martin Buber, ihren lang reflektierten und immer wieder meditierten Antwort Brief an Mahatma Gandhi, den Sie sehr verehrten und den Sie auf der Seite Ihrer gerechten Sache wissen wollten. Am 24. Februar 1939 haben Sie diesen langen Liebesbrief an Mahatma Gandhi abgesandt, den aber der große Mahatma nicht ganz so eindeutig verstanden hat – sehr zum Leidwesen von Buber. Sie sagen, schreibt Buber in der Mitte des langen Briefes an den großen Mahatma:

Palästina gehöre den Arabern, und es sei daher unrecht und unmenschlich, die Juden den Arabern aufzuerlegen.

Hier, so Buber, „muss ich etwas Persönliches einschalten, um Ihnen deutlich zu machen, von welchen Voraussetzungen aus ich diese Themen beachten will". (a.a.O., Brief an Gandhi, S. 163)

Er gehöre einem Menschenkreis an, der, seit Palästina von den Briten erobert worden sei, „nicht aufgehört hat, dafür zu kämpfen, dass die Juden einen echten Frieden mit den Arabern suchen".(a.a.O. S. 164) Und darunter – so macht er gleich klar, verstehe er: „dass die beiden Völker gemeinsam das Land bewirtschaften sollen, ohne das eins dem anderen seinen Willen aufzwingen darf." Das erschienen ihnen, den Juden, die sich in Israel zum Staatsaufbau versammelt hätten, „in Anbetracht der internationalen Gepflogenheiten unseres Zeitalters" als sehr schwierig, aber nicht unmöglich. Man war sich dessen bewusst, so weiter Buber, dass es in diesem außergewöhnlichen, ja beispiellosen Fall darauf ankommen müsse, „neue Wege der Völkerverständigung und des Völkereinvernehmens zu suchen" (ebenda).

Die Formel: „das Land gehört den Arabern" (a.a.O. S. 165) ist ja nicht so eindeutig für einen gottesfürchtigen Menschen, wie es Martin Buber und wie es der Mahatma Gandhi waren.

Da stößt der Martin Buber auch an eine theologische Grenze. So wie es die Rabbinerin Sarah Leev jüngst bei einer ganz aktuellen Friedensgebetswoche in Beit Jala am 7. Juli 2009 in der Kirche der Abrahamsherberge gepredigt hat: Das Land ist nicht der Gott, den wir anbeten.

Auf welchem Wege haben sich wohl die Araber das Besitzrecht auf Palästina erworben? fragt er. Doch wohl auf dem der Eroberung, und zwar einer siedelnden Eroberung. „Als einer solchen gestehen Sie ihr also zu", so fragt Buber den Mahatma rethorisch, „dass sie ein ausschließliches Besitzrecht begründe, während die nachfolgenden nur auf Herrschaft, nicht auf Siedlungen gehenden Eroberungen der Mamelucken und der Türken in ihren Augen keines begründen, sondern das des im Land verbliebenen früheren Eroberervolkes unberührt lassen" (ebenda).

Ja, Martin Buber war enttäuscht, so wie die Juden nach dem Nazi-Holocaust vom Papst enttäuscht waren und sind. Er fragte die Juden, „*if they want a double home where they remain at will*", wären dann aber aufgefordert, wenn sie in Palästina ihr Heim aufschlügen, „*to leave the other parts of the world in which they are settled*"? (a.a.O. S. 159)

Da hatte er den Mahatma bei einem fundamentalen Widerspruch ertappt: Ob er denn seinen Indern – 150.000 in Südafrika – gesagt hätte, dass sie nach Indien zurückkehren müssten, wenn Indien ihr Heim sei?

Buber ist so enttäuscht von dem Mahatma, dass er sich hinreißen lässt, das Gedankenspiel durchzurechnen: Hunderte Millionen Inder würden morgen über die Erde verstreut sein und übermorgen würde sich ein anderes Volk in Indien niederlassen, und die Inder würden erklären, es sei dennoch noch Platz für die Begründung eines nationalen Heimes für sie, das der starken Diaspora noch eine „organische Konzentration, die Errichtung einer lebendigen Mitte gewährt". Soll dann – so Buber – ein jüdischer Gandhi, mal nur angenommen, so etwas können es geben, ihnen antworten: „*This cry for the National Home affords a colourable justification for Your expulsion?*"

(ebenda) Oder die Inder zu belehren, wie es Gandhi mit den Juden tut: „das Indien der vedischen Vorstellung sei keine geographische Gegend, sie sei in ihren Herzen?" (ebenda)

Kurz, ich vermute, es gab die eine große Enttäuschung in seinem Leben mit einem geliebten und verehrten Menschen und dies war, dass der Mahatma die besonders gefährdete Lage der Juden unter den Nazis nicht begriffen hatte.

Dabei schrieb er noch mal ausdrücklich, und das gehört auch in das Stammbuch all der gewalttätigen, marktschreierischen Politiker in verantwortlichen Positionen in Israel, die sich so weit von Martin Buber entfernt haben: „Wer sich zu Israel zählt, kann nicht Gewalt üben wollen."

Gandhi habe ihm darauf geantwortet, ihre, der Juden Gewaltlosigkeit, sei „of the helpless and the weak (die der Hilflosen und der Schwachen)" (a.a.O. S. 170). Das war schon etwas beleidigend. Aber Buber wollte natürlich den Kontakt zu Mahatma Gandhi nicht verlieren: Nein, dass sei nicht die Wirklichkeit. Gandhi bedenke nicht, welche „Seelenstärke, welche Satyagraha dazu gehört hat, hier, unter jahrelangen unaufhörlichen Taten der blinden Gewalt an uns, unseren Frauen und Kindern, an uns zu halten und nicht mit Taten der blinden Gewalt zu antworten" (ebenda).

Er erinnert den Mahatma an die eigenen Worte: 1922, die er sich aufgeschrieben hatte, um sie nie zu vergessen: *„I see our non-violence skindeep … This non-violence seems to be due to our helplessness."* Aber: *„Can true voluntary non-violence come out of theis seeming forced non-violence of the weak?"*

Ja, ich kann ihn mit diesem Nachwort auch nur ansprechen im Himmel, wo er auf uns herabsieht und zustimmt, ablehnt, und die Debatte kann nur dort weiter geführt werden, wo es keine falschen Gefühle und Eitelkeiten gibt. Ich sehe ihn wieder dort mit Heinrich Böll und mit Ernst Bloch und Dietrich Bonhoeffer, ja und eine Frau, Marion Gräfin Dönhoff. Er wusste, dass nicht alle von uns gleichermaßen diesen Hass und diese Mordlust in sich hatten, viele haben sich abgrundtief geschämt. Es war der deutsche Staat, die Obrigkeit, der wir leider nur zu gern und bereitwillig folgen: In dem Text, den er schon in Jerusalem schrieb, als Gedenken an das schreckliche Jahr der Reichspogromnacht, schrieb er: Was vor einem Jahr geschah, war nicht Ausbruch der Volksleidenschaft, seines volkstümlichen Judenhasses, ebenso wenig wie in irgendeiner Handlung, die in jenen sieben Jahren an uns begangen wurde. „Es war ein Befehl von oben und der wurde genau, mit der Genauigkeit einer zuverlässigen Maschine ausgeführt."

Er schildert dieses heute noch zu Tränen rührende Erlebnis. Während der Vorbereitung der Nürnberger Gesetze zogen zwei Wochen lang jeden Morgen um 6 Uhr an den Fenstern seines Hauses in Heppenheim Schulkinder vorbei und sangen das Lied:

„Wenn erst das Judenblut vom Messer spritzt ..." Damit war aber der Befehl auch schon ausgeführt. Elementaren Judenhass – so meinte Buber noch 1939 – aus den Tiefen der Triebe, den habe er in Polen, aber nicht in Deutschland gesehen.

Vielleicht fügt er viel zu milde hinzu, sei es eine „alte Gewohnheit des deutschen Volkes, den Machthabern zu gehorchen, denn da sie das Staatsruder halten, ist ja der Beweis erbracht, dass sie von der Geschichte ernannt sind, dass sie von Gott gesandt sind." Jetzt kommen wieder so furchtbar durchleuchtende Sätze: Es falle anscheinend dem deutschen Menschen, also Rupert Neudeck, schwer, „zwischen Gott und dem Erfolg zu unterscheiden und sich einen Gott vorzustellen, der nicht mit den starken Bataillonen geht, sondern bei ‚dem Zermalmten und Geisterniederten' (Jes. 57,15) wohnt"?

In dieser Stunde tritt uns das Zerrbild des Unrechts entgegen, die Fratze eiskalter Gemeinheit, Grausamkeit. Und nach alldem, tummeln unter uns die Menschen, die sagen: Satan hat Recht, Satan ist der wahre Gott, es gibt keinen Gott außer ihm. Er fährt fort und zitiert wieder diese falschen Propheten die gesagt hätten: Solange wir schwach waren, haben wir die Gewaltlosigkeit gewählt, aber jetzt müssen wir erstarken und die Werke des Satan tun, wie die Starken, damit es uns in dem Lande wohlergehe. Buber ganz kategorisch: „Wenn wir diese Lehre annehmen, dann unterschreiben wir mit eigenen Hand die Anklageschrift gegen uns." Und weiter: „Wem das Wort vom heiligen Land ebenso wie das vom Gottesvolk eine veraltete Redensart ist, der handelt im Land Israel wie Hitler, denn er will, dass wir Hitlers Gott dienen, nachdem sie ihm einen hebräischen Namen beigelegt haben."

Buber lesen und den Frieden in Gestalt zweier befreundeter Nachbarvölker in Palästina zu beginnen, heute, nicht morgen, das ist eines und dasselbe. Wie hat uns die junge, unvergessene Anne Frank in ihrem Tagebuch aufgeschrieben, als Mahnung zur Fröhlichkeit und zum fröhlichen Tun:

„Wie wunderbar ist es doch, dass niemand auch nur einen einzigen Augenblick warten muss, bevor man beginnen kann, die Welt zu verbessern."

Ich habe in meinen Unterlagen einen Brief gefunden, den ich nach einer wiederholten Reise in die besetzten Palästinensergebiete auf der Westbank geschrieben habe. In diesem Brief wird meine unbedingte Haltung zum Recht und Gerechtigkeit deutlich, die ich mit und im Anschluss an die lebenslange Lehrzeit bei Martin Buber für Israel und Palästina fordern möchte.

### V. Brief an Martin Buber – Die Mauer muss weg

Lieber Martin Buber,
wie las ich bei Ihnen bei „Rabbi Nachman" diesen tröstlichen Text: „Als die Söhne Israels die Thora annahmen und ins Land kamen, durften sie dessen Heiligkeit aus der Verborgenheit ins Offenbare heben. Als sie sich gegen seine offenbare Heiligkeit vergingen, indem sie das ihnen Offenbarte nicht erfüllten und endlich aus dem Lande gehen mussten, ist seine Heiligkeit wieder in die Offenbarung versunken und seither lebt und wirkt sie darin."

Wie tröstlich empfand ich Ihre Zeilen am Schluss dieses wunderbaren Büchleins. Wie, fragten Sie sich und jetzt auch uns, wie ist das Land wiederzugewinnen? „Jedermann aus Israel hat Anteil am Land, jedermann aus Israel kann Anteil an seiner Erlösung haben. In dem Maße, indem er sich selbst reinigt und heiligt, wird er gewürdigt, einen Teil des Landes zu fassen und zu erobern." Und Sie sagten: „Ein geringes, erniedrigtes Land ist dieses Land – und die Hoffnung der Welt ist in ihm eingefasst."

Skandal wollte ich schreien, nachdem ich die Verballhornung dieses Anspruchs an Heiligkeit durch den Absturz in die allergrößte Gemeinheit und den Mord erlebt habe. In Hebron war das, wohin wir auf Grund des Zufalls gelangten, dass wir an einem Tag in der Nähe waren, da die IDF, die israelische Verteidigungsarmee sich herabließ, den Zugang nach Hebron zu ermöglichen, Allerdings nur für Juden und für Ausländer. Und für Ausländer auch nur, wenn sie keine Touristen, sondern ein humanitäres oder politisches Mandat hatten.

So kamen wir nach Hebron. Ich habe selten etwas erlebt, bei dem mir der Glaube, mein eigener Glaube einfach aus dem Innersten der Seele fast herausgewrungen wurde. Wie kann das möglich sein? Man entweiht einen Tempel Gottes durch einen Massenmord, den des Fanatikers und Wahnsinnigen, dem ich zögere die Qualität eines Gläubigen zuzumessen: Dr. Baruch Goldstein hatte in der Ibrahim- , der Abraham-Moschee in Hebron, auf dem Boden von Abrahams Grab mit einer Kalaschnikoff und drei Magazinen einen furchtbaren Massenmord verübt. Mitten in der Moschee war das ein Mord, der darauf angelegt war, die Muslime zu verjagen.

Ich würde ja – wie in Ruanda, wo ebenfalls von Todesangst getriebene Tutsi sich in die Sanktuarien von Kirchen flüchteten, um dort umso einfacher von den *genocidaires*, den Völkermördern, zerhackt und erschlagen zu werden – solchen Kirchen eine lange Zeit auferlegen, in der wir unsere Gabe nicht zum Altar Gottes, zu dem verschandelten und geschändeten Altar Gottes bringen. Religionen aber auf dieser Welt, die den Machtkampf, den Kampf um Einfluss, Boden, Territorien, Besitztitel lieben, die kümmern sich nicht darum.

So auch das Judentum von Gusch Emunim, der sich sinnigerweise „Block der Getreuen" nennt: Diese Vertreter des Judentums bestanden darauf, den Platz weiter in den innersten Eingeweiden der Stadt und im Innern der Moschee zu besetzen und damit vor den „Ungläubigen" zu bewahren. In und um ihre(n) fünf Siedlungen werden die Siedler vom Staat Israels geschützt. Und da diese Siedler es von vornherein auf den Machtkampf abgesehen hatten, wie die Heißsporne auf der anderen Seite auch. So kam es zur Teilung Hebrons in eine H1- und H2-Zone. Zur letzteren gehören die fünf Siedlungen, die natürlich militärische Knotenpunkte sind.

So wurden wir an diesem Tage in das Zentrum der Altstadt von Hebron geführt, aber wir hatten keinen Einblick in die Siedlungen, die von Israels Soldaten besonders bewacht wurden. Die Soldaten, die wir zu sprechen bekamen, wirkten bedrohlich. Sie waren sicher, dass hier in diesem Hebron außer den zirka 500 jüdischen Siedlern niemand ein Recht habe, zu leben und Handel zu treiben oder zu arbeiten.

Warum ich das meine? Der eine der arroganten Soldaten, die wir hier zu sehen bekamen, behauptete gleich wie einer der religiösen Siedler: Das sei seine Stadt, seit 2000 oder 4000 Jahren sei das eine Stadt der Juden!!? Wenn es schon so anfängt, sind Mord und Totschlag die Folge, denn das endet, wenn nicht jemand dazwischentritt, unbedingt in dem Aufeinandereindreschen der beiden Parteien, und das bedeutet Krieg, Kampf, Hass, Missgunst, gegenseitige Abneigung. Das war immer so, wenn vermeintlich religiöse oder Gottgeweihte Menschen darauf beharren, dass irgendein Stück der der Menschheit anvertrauten Schöpfung nur ihnen gehört und sie dann einen Zaun darum ziehen. Dann wird die Bindung an Gott pervertiert, dann hat sich jedermann aus der Bindung an Gott selbst ausgeschlossen, seien sie nun jüdisch, christlich, lutheranisch, muslimisch oder orthodox.

Die Gleichsetzung von Land und Gott wird künftig das ratifizierte Todesurteil für jeden Glauben sein, der sich künftig noch auf Gott berufen will.

Alle Geschäfte waren verschlossen, das gesamte Leben zusammengebrochen. Die Siedler warfen auf die Palästinenser in den Bazargassen den gesamten Unrat herunter, den sie in der ersten Etage produzierten. Dafür hatte die IDF Netze aufgespannt, damit der Unrat den Arabern und anderen Besuchern nicht einfach auf den Kopf fiel.

Es erscheint unmöglich, lieber Martin Buber, hier noch zu arbeiten. Die humanitären Arbeiter der spanischen Organisation (International Palestinian Youth League), die wir trafen, berichteten, dass diese Palästinenser ohne jede Freude aufwuchsen. Die eine Erzieherin, die hier für drei Monate arbeitete, sagte uns: „Selbst wenn sie die Kinder zusammenholt, dann bleibt immer ein Rest an Ernst, der das ungezwungene fröhlich-spontane Lachen von Kindern hemmt." Die Kinder haben ja auch kaum etwas zu lachen. Sie leben – so zeigt uns die Spanierin Monica Leiva auf der Landkarte – etwa 40 km vom Meer entfernt und sind nicht in der Lage, einmal in ihrem Leben das Meer zu erleben.

Die Reise begann aber nach einer ersten Nacht in Beit Sahour, einer strahlend schönen Sonne, für die der Rheinländer wie der Londoner so dankbar sind, mit einer Fahrt im Geländewagen der Klinik von Beit Sahour und einem Schrieb der Kindernothilfe, nach Kalkilia. Wir wollten natürlich zunächst die Mauer besuchen, die Mauer an der Ecke uns anschauen, wo sie am grässlichsten, weil fertig erscheint.

Doch es war keine Möglichkeit für uns, nach Kalkilia hineinzugelangen. Der ältere Offizier wollte uns den Zugang ermöglichen, aber es klappte nicht. Die Telefonnummer, die wir anriefen und die eine vom Inlandsgeheimdienst Israels Shin Beit war, führte ebenfalls nicht weiter. Der Gesprächspartner blieb knochenhart.

Also fuhren wir weiter nach Nablus. Dort sollte uns der Zugang auch versperrt bleiben. Aber das Schreiben der Kindernothilfe – in dem gesagt wurde, daß wir drei, Dr. (med) Norbert Blüm, Dr. (med) Rupert Neudeck und Dr. (med) Winfried Seibert (muss ich erklären, dass wir es alle drei nicht sind?) beauftragt werden, eine Untersuchung der Gesundheits-Situation der Kinder auf der Westbank anzustellen und wir gebeten werden, die Krankenanstalten und Ambulanzen zu besuchen – wirkte Wunder. Ich musste noch meine ID als Grünhelm dazu geben, da sagte uns ein kluger junger Geheimdienstmann: „Nein", eigentlich müssten wir diese Reise mit der

Armee koordinieren oder zumindest mit der Deutschen Botschaft, aber er würde das mal jetzt übergehen. Man ermutige ja solche Arbeit. Deshalb: „no problem!". Wir waren durch. Wir zogen dann gleich mal in das Hotel Yameen, dann auf zu dem Berg Garizim. Auf dem die Samariter seit Jahrtausenden leben.

Zwischendurch fühlten wir uns bei dieser Reise ganz high. Auch diese Mauer wird wie die vorletzte in Berlin und an der Zonengrenze wieder zusammenbrechen. Und sollte man sich in der globalisierten Geschäftemacherwelt nicht schon jetzt die Rechte an den Mauerstücken sichern, die man an der – so der Werbegag – unwiederbringlich letzten Mauer der Menschengeschichte heraushauen wird? Sollten wir in Deutschland nicht eine Mauer-Stein-Verwertungsgesellschaft AG gründen, bei der schon jetzt sich jeder erinnerungssüchtige Zeitgenosse sein Stück aus der Mauer auskaufen kann?

## VI. Bei den Samaritern (heute Samaritanern)

Wir sind bei dem Obersten Hohen Priester der Samariter. Er ist den Berg Garizim bei Nablus eigens herunter vor den Checkpoint gekommen und will uns mit hineinnehmen in die Siedlung der Samariter, heute nennen sie sich die Samaritaner: Es leben jetzt 330 Familien, die alle nur untereinander heiraten. Dort leben deshalb auch viele Kinder, die ein bisschen schwachsinnig sind.

Jesus habe gesagt, er würde wiederkommen, um zu vollenden und nicht um kaputtzumachen. Er sei, so sagt der Hohepriester uns, 82 Jahre alt. Er ist gewähltes Mitglied des palästinensischen Parlaments in Ramallah. Aber er kann da kaum hinkommen, so sehr wird auch er an der Einreise zum Parlament behindert. In der letzten Zeit erst haben die Militärs ihm etwas mehr Gelegenheit gegeben sich zu bewegen. Während wir oben auf dem Berg sitzen, kommen die Straße zu den Samaritern immer wieder Autos hoch, die ganz offenbar auch durch den Checkpoint durchkommen. Wir erhalten die Erklärung später durch Dr. Majeed Nasser, Arzt in Beit Sahour. Nablus ist ganz alkoholtrocken. Aber es gibt eine einzige Stelle, wo man sich Alkohol besorgen kann: Das ist hier auf diesem Berg, wo die Samariter wohnen, die die letzten beiden Jahrtausende überlebt haben.

Der Mann, der 82jährige Hohepriester, sieht wunderbar aus, würdig, charismatisch, er hat eine tiefe sonore Bassstimme, die schon, bevor er einen Laut von sich gibt, etwas Sonores hat. So als Norbert Blüm wie immer seine Pfeife herausholt und fragt, ob man denn hier rauchen dürfe? Da räuspert er sich zustimmend. Die Samariter selbst haben als kleines Volk zwischen Juden und Arabern überlebt, weil sie sehr streng ihren Ritualen folgen. Sie rauchen und trinken nicht. Halten sie die zehn Gebote, wollen wir wissen?

Wir fragen ihn, ob er wegen der weltbekannten und weltweit berühmten Gleichnisstelle über den Barmherzigen Samariter stolz sei? Er meint dazu, während wir im Hintergrund den Israel Soldaten poltern und schimpfen hören: Er sei darüber weder stolz noch über das Gegenteil. Aber im Grunde schätzt er noch mehr die Stelle, als Jesus mit der Samariterin zusammen ist. Die Christen schulden den Samaritern etwas. Es war schließlich eine Samariterin, die Jesus Wasser gegeben hat.

Der Hohepriester erinnert sich noch sehr gut, wie die Israelis die Samariter 1967ff eingeschätzt haben, als sie noch die Oberherrschaft in Nablus ausübten. So wie die Zigeuner in vielen Gesellschaften der Welt keinen guten Leumund haben, so ist es mit den Samaritern in Israel: sie leben gottlos, hat man gesagt, und religionslos wie die Zigeuner.

Zu den Deutschen hat er ein besonderes Verhältnis! Er fragt uns zu Anfang, ob wir aus Stuttgart wären. Wir antworten, nein, aus Köln. Zum Schluss sagt er uns: Er fahre einen Mercedes, keinen anderen Wagen, und zwar auch deshalb, weil es ihm am meisten behagt, einen deutschen Wagen zu fahren. Auch wenn der eben etwas teurer wäre.

Am nächsten Morgen berichtet der Deutschlandfunk: Die Generalversammlung der Vereinten Nationen habe die Frage des Baues der Mauer an den Den Haager Gerichtshof überwiesen. Die Amerikaner waren dagegen, die Europäer haben sich enthalten. Ich höre kurz vor 6.20 Uhr den Bericht des DLF-Korrespondenten aus New York, der auch den Israel Delegierten in der Nationalversammlung zitiert im O-Ton: „This is a Jassir Arafat Fence. It was only Arafat who built this fence ...“ (Das ist ein Jassir-Arafat-Zaun – Es war allein Arafat, der diesen Zaun gebaut hat).

Ich habe dann die Gelegenheit, den Hörern in Deutschland zu sagen: Dass wir in der Westbank eigentlich nur Angst und Verzweiflung erleben. Angst bei den Palästinensern, Angst bei den Israelis. Angst bei den Israelis vor den Bomben, die in irgendeinem Lokal oder einem Bus oder einer Disco versteckt lauern und hochgehen könnten. Die Palästinenser wiederum haben Angst vor dem israelischen Militär, das auch weiter sich alle Mühe gibt, durch Arroganz und Demütigung abschreckend zu wirken. Zugleich aber wissen die Palästinenser auch, dass es in dem israelischen Kabinett Fürsprecher für eine Deportation der Palästinenser gibt, wie zum Beispiel den Brigadegeneral a.D. Effi Eitan, der dieses Transferprogramm vornehm entwickelt hat. 46 Prozent der Bevölkerung wären für den Transfer, wird uns erzählt.

Wir fahren aus dem Yasmen Hotel in Nablus weiter nach Jenin. Um 8.30 Uhr ist Frühstück, wir sind fast die einzigen, die hier geschlafen haben. Außer uns wohl nur noch eine Dame von der UNO. Der Tourismus als Einnahmequelle ist hier total versiegt. Wenn die Pilger mal zu Weihnachten, Ostern, Pfingsten in größeren Strömen kommen, bleiben sie meist nicht mehr über Nacht.

Wir werden als große deutsche Delegation in Jenin vom Bürgermeister im Rathaus empfangen.

Wenn Sie, Martin Buber, das hier sehen würden, wenn Sie sehen würden, wie die israelischen Soldaten, junge Schnösel, die alten Frauen mit schwerem Gepäck mit dem kleinen Finger heranwinken, Sie würden sich im Grabe umdrehen. Die Checkpoints bestehen aus bedrohlichen Zementblöcken. Wir haben uns mit der Ambulanz bis zum ersten Platz vorgearbeitet. Ich hasse das, in einer Ambulanz zu fahren, also zu mogeln und so wichtige Warn- und Privileg-Zeichen wie das des Roten Kreuzes oder des Roten Halbmonds zu missbrauchen. Ich muss es noch mal sagen: Ich hasse es! Aber ich kann es jetzt auch nicht mehr verhindern. Wir kommen sonst als Touristen nicht mehr durch das Land. Aus reiner Fürsorge hat Israel es verboten, dass Touristen auf der Westbank und im Gazastreifen sich umsehen. Sie dürfen sich nicht mehr sehen lassen in den besetzten Gebieten, weil sie angeblich dann alle von den Arabern „umgebracht" würden.

Bürgermeister Waleed A. Mwais ist ein typisch arabischer schöner Mann, ein High-rank-Offizieller der Palästinenser: schöne Reden, aber nichts dahinter. Er schildert uns die Lage der durch das Massaker vom letzten Jahr bekannt gewordenen Stadt, in die keine UNO-Untersuchungskommission hineinkommen sollte.

Wir weisen in diesem Gespräch auf drei Dinge hin, die für uns als unumstößlich gelten:

Wir stehen zum Existenzrecht Israels.

Wir sind gegen die Selbstmordattentate, die dem Scharon die letzten Verbündeten sind.

Wir halten sehr viel von dem zivilen Widerstand. Moral ist stärker als Waffen. Norbert Blüm erzählt wieder von der Solidarnść, die allein mit der Kraft ihrer großen moralischen Idee das gesamte Sowjetregime gestürzt hat.

Wir sind dann auf dem Wege zu dem Platz auf dem – man weiß nicht, wie viele Menschen umgebracht wurden und wie viele Häuser durch Bulldozer vernichtet wurden. Jedenfalls fand hier der Kampf zweier intransigenter Kulturen statt. Wobei ich das Wort Kulturen gleich wieder zurücknehme. Es war der Kampf zweier Barbareien.

Jenin war der Ausdruck einer letzten, vielleicht allerletzten sturen Ablehnung der Weltgemeinschaft durch Israel. Man konnte das verstehen, denn die Juden sind in Europa verraten gewesen, selbst die Siegermächte haben sich nicht mit Ruhm begossen: Sie hätten die Rampen von Auschwitz bombardieren können, aber sie haben es nicht gemacht.

## VII. „2000 Jahre waren wir Juden nicht in einer Position, in der wir andere Menschen foltern konnten!"

Ich las auf dem Wege aus dem Lande heraus aus einem Brief, den der große wunderbare geniale Jude George Steiner der israelischen Zeitschrift „Azure" geschrieben hatte in einer Antwort auf einen langen Essay, der unter dem Titel George Steiners *Jewish Problem* in der Sommer Ausgabe der Zeitschrift „Azure" erschienen war. Man könnte, fällt mir ein, auch Ihnen, Martin Buber, einen solchen Aufsatz gewidmet haben. Sie haben sich doch von wesentlichen Abweichungen des Judentums und des urzionistischen Gedankens mit Klarheit und Entschiedenheit abgewendet.

„*To survive Israel must use torture and systematic humiliation of its neighbors and enemies*". – So beginnt der Brief mit einer gravitätischen Klarheit. Um zu überleben, werden Mauern gebaut, Todesgräben, wird ein ganzes Volk unter Kollektivhaftung gesetzt und eingeschlossen.

„In zweitausend Jahren waren wir Juden niemals in einer Position gewesen, überhaupt andere Menschenkinder foltern zu können."

„Das war unser unvergleichbarer Adel und unsere Mission."

„Israel hat dieses ungeheure Privileg allen Juden weggenommen, wo immer sie jetzt leben."

Für mich, stellt George Steiner fest, fällt jedes menschliche Wesen, das ein anderes foltert, von der Menschheit ab.

Er fügt diesem kurzen Brief zwei Zitate an. Eines von Baal Shem Tov: „Die Wahrheit ist immer im Exil. Sie muss wandern." Das andere Zitat ist von Chaim Weizmann: „Zerstreue uns über die Erde und wir sind Düngemittel. Bringen uns zusammen in einem Haufen, dann sind wir Mist."(alle Zitate aus der Zeitschrift „Azure" – Untertitel*: Ideas for the Jewish Nation.* Nr. 16, Winter 2004, S. 3)

Diese beiden, so George Steiner, sind Ausdrücke des unsterblichen Genies des Judentums. Weder Mr. Sagiv (Autor des Artikels „George Steiner's Jewish problem") noch Mr. Sharon scheinen mir glaubwürdige Vertreter dieses Judentums zu sein.

Dann sehe ich Sie, Martin Buber, wie Sie aus dem Himmel dem großen Gelehrten George Steiner zulächeln.

Diese Haltung ist noch lange nicht die Mehrheitsmeinung in Israel. Wir hören von dem Dror Etkes, der wie ein Wirbelwind durch die besetzten Gebiete fährt. Ihm kann ja nichts passieren. Selbst wenn die Schlangen über Kilometer sich erstrecken, er hat ein israelisches Auto-Kennzeichen, er hat einen israelischen Personalausweis, er hat sogar die richtige Nationalität, nämlich die jüdische. Ihm kann nichts passieren. Der 35-jährige Etkes rast immer mit seinem ungepanzerten Pickup-Wagen durch das Westjordanland, um dort zu erkunden, was seine Israelischen Mitbürger schon wieder an illegalen Siedlungen gebaut haben. Er hält sich bedeckt. Wir haben ihn schon mehrmals an Checkpoints durchrasen sehen, aber dieses Mal haben wir ihn nicht getroffen. Er fährt herum im Auftrag der israelischen Friedensbewegung „Peace Now", er fotografiert, zeichnet, registriert, kartografiert. „Es wird gebaut wie nie zuvor", berichtet er, während die Regierung von Ariel Scharon so tut, als würde sie einiges abbauen, was nicht genehmigt war. Illegal ist sowieso alles, was hier aufgebaut wird. „Es wird gebaut wie nie zuvor. Die Siedler erobern einen Hügel nach dem anderen!"

Etkes jagt eine noch nicht asphaltierte Straße entlang, die für 120 Millionen Dollar Jerusalem mit den südöstlich gelegenen Siedlungen Nokdiim und Tekua verbinden wird. Diese Straße wird für die 1200 (!) Siedler den Vorteil haben: Sie wird nur ihnen zu Verfügung stehen. Die Fahrtzeit nach

Jerusalem reduziert sich damit auf nur zehn Minuten. Das Leben der Siedler wird nicht mehr von der Realität des Westjordanlandes oder Palästinas belastet. Sie – diese 1200 Siedler – müssen das gar nicht mehr wahrnehmen. So, wie ich mich genau erinnere, wie die weißen Afrikaaner in Südafrika nicht entfernt ahnten und auch gar nicht ahnen wollten, wie es den Schwarzen in den Homelands und den Squattercamps ging, durch die sie an die Küste zum vornehmen und teuren Urlaub durchfuhren.

Ihre Landsleute, lieber Martin Buber, haben keinen Kontakt mehr zu den Palästinensern, auch werden sie ihre Dörfer nicht mehr durchfahren müssen. Sie jagen und fliegen über sie hinweg oder an ihnen vorbei. An manchen Stellen über die Palästinenser und die Dörfer hinweg. Die Siedler oben, die Palästinenser unten.

Die Organisation Peace Now argwöhnt, so berichtet Dror Etkes, dass diese Straße für 120 Millionen Dollar deshalb so schnell genehmigt wurde, weil der Verkehrsminister Avigdor Lieberman in Nokdiim lebt und deshalb schneller zur Kabinettssitzung kommen kann.

Dror Etkes besucht Anfang Dezember die Siedlung: „Maale Rechanam“, die aus zehn Containern besteht. Eine wilde Siedlung, die aber bei guten Beziehungen schnell legalisiert werden kann. Sie wurden nach dem von palästinensischen Terroristen erschossenen Tourismusminister Rechanam Zeevi benannt. Diese Siedlung müsste, wenn es mit rechten Dingen zugehen würde, längst von der israelischen Polizei und Armee beseitigt worden sei. Seit zwei Jahren besteht diese wilde Siedlung. Itzik ist der 24 Jahre alte Führer der Siedlung, der sich mit einer Handfeuerwaffe am Gürtel und fünf wilden Hunden im Gelände bewegt. Itzik hat sich seinen Container für 4000 Schekel gekauft, umgerechnet für 800 Euro. Dieser Außenposten stand schon, so berichtet Dror Etkes, auf der Liste der Armee, um zwangsgeräumt zu werden. Aber passiert ist bis heute nichts. Ein Mitarbeiter einer Handy-Gesellschaft hat ein Kompaktangebot für die zehn Siedler gemacht. Das Dorf hat einen Strom- und Wasseranschluss erhalten. Itzik verabschiedet sich mit Handschlag und ruft seinen einen Hund. Dschihad nennt er ihn, „Heiliger Krieg“.

Alles das, was Sie, lieber Martin Buber, für unumgänglich gehalten hatten im Zusammenleben der Menschen, auch und gerade der Menschen unterschiedlicher Herkunft und Statur, alles das ist hier eingefroren, verboten und untersagt: *Security. „Security is very important!“*, sagt uns der Soldat der

IDF am Checkpoint der Armee bei der Einfahrt nach Kalkilia. Und er sagt es so, wie Soldaten, die seit 40 Jahren Besatzungssoldaten sind und das sagen müssen und zu sagen pflegen. Wie alle Soldaten der Welt das nicht fragen oder zweifelnd anmerken oder einen Konjunktiv oder einen umgekehrten Optativ da noch hineinformulieren. Nein, der Satz ist ehern, er beinhaltet gerade zu eine Staatserhaltungs-Urkunde: „Sicherheit ist sehr wichtig!" Ja, was ist auch gegen diesen Satz einzuwenden? Natürlich ist Sicherheit „important". Natürlich sind die Versicherungen wichtig. Natürlich ist die Polizei wichtig, damit sie mich nicht krakeelen lässt unter einer Laterne, wenn ich abends betrunken nach Hause komme.

*Security is very important.* Merkwürdig, wie man diesen Satz anfängt hassen und lieben zu lernen. Man streichelt ihn und möchte ihn gleich wieder in die Ecke schmeißen. Warum? Weil dieser Satz voller Selbstgerechtigkeit ist, voller einseitiger blasphemischer Selbstgerechtigkeit. Wir allein sind bedroht, obwohl ich die anderen mit allem, was ich an blitzenden neuen Waffen auf der Welt mir besorgen kann, in Schach halte.

*Security is very important.*

Die israelische Journalistin Amira Haas hat immer wieder gesagt, was für ein grandioser Unsinn es ist, allen Israelis Angst zu machen, bis zu dem Moment, wo es auch alle bis auf einen oder zwei glauben: Jeder Jude wird auf der Westbank und in Palästina umgebracht, sobald er dort auftaucht. Sofort und ohne Umschweife. Wie würden Sie diese beiden mutigen jüdischen Bürger von Israel ehren und schätzen, wenn Sie ihnen noch in Fleisch und Blut gegenübertreten könnten!!?

Wir hörten an dem gleichen Platz – *Security is very important* –, dass es hier genau in dem Flüchtlingslager in Jenin ein Kindertheater gegeben hätte, das von einer jüdischen Frau geleitet worden war. Jetzt ist es durch das Werk der israelischen Armee dem Erdboden gleichgemacht.

Lieber Martin Buber, wie anheimelnd, dass mir ganz warm ums Herz wurde, haben Sie die Situation solcher Gespräche beschrieben, die nur dadurch – Binsenweisheit – zustanden kommen, dass man sich über alle imaginären oder wirklichen Grenzen trifft, anfasst, sieht, in die Augen guckt, gegenübersitzt. Was denn sonst?

Das ist das Drama Israel / Palästina. Weil *Security is very important*, kann das alles nicht mehr stattfinden. Beide Seiten sehen die Menschen der jeweils anderen Seite als solche, die lügen, die stehlen, die im Zweifelsfall auch die Kinder der anderen Seite verspeisen. Ritualmorde und Ritualessen. Klar: „*Security is very important.*"

Dem Buch „Gottesfinsternis" (Gerlingen 1994), eines Ihrer mutigsten Bücher, haben sie einen Vorspruch vorangeschickt, überschrieben: Bericht von zwei Gesprächen.

Sie erzählen, dass Sie in den 20-ger Jahren an drei aufeinanderfolgenden Abenden in der Volkshochschule einer mitteldeutschen Industriestadt, Jena nämlich, über das Thema: „Religion als Wirklichkeit" sprachen. Es ging um diese wunderbare Erfahrung des Menschen Martin Buber: Dass Glaube nicht nur ein Gefühl in der Seele des Menschen ist, sondern sein Eintritt in die ganze Wirklichkeit. Es gab dann immer eine große heftige Aussprache. Dabei fiel Ihnen auf: Ein Großteil der Zuhörer waren Arbeiter – keiner von ihnen sagte etwas. Zu Wort meldeten sich die flinken Mundwerksburschen, die Studenten. Am Schluss des dritten Abends kam ein Arbeiter auf Sie, Buber, zu und sagte ihnen: „Wissen Sie, wir mögen da drin nicht reden; aber wenn sie sich morgen mit uns zusammensetzen wollen, könnten wir das Ganze miteinander besprechen."(Gottesfinsternis, S. 8)

Sie waren immer ein begnadeter Hörer und Sprecher. Und es fielen Ihnen ja immer die Menschen auf, die auch eindrucksvoll hören, zuhören können. Das sei, haben Sie damals geschrieben, selten geworden und am ehesten noch unter Arbeitern zu finden, „denen es ja nicht um die redende Person zu tun ist, wie dem bürgerlichen Publikum, sondern um das, was sie zu sagen hat".

Zu diesem Menschen, Arbeiter, Mann gehörte ein kurioses Gesicht. „Auf einem altflämischen Altarbild hat einer von den Hirten ein solches Gesicht. Die Hirten, die sich an der Krippe versammeln und anbeten." Dieser Mann sagte am Schluss: „Ich habe die Erfahrung gemacht, dass ich die Hypothese Gott nicht brauche, um mich in der Welt auszukennen." (ebenda)

Ich will das weiter zitieren, was Sie damals über den Arbeiter in der mitteldeutschen Kleinstadt geschrieben haben. Und immer dabei daran denken, dass die Israelis und die Palästinenser nicht solche Erfahrungen machen können: Sie fühlten sich herausgefordert: Sie mussten die Sicherheit erschüttern, mit der dieser Arbeiter mit dem kuriosen Gesicht an eine Welt dachte, in der man sich auskennt. Welche Welt? „Die Sinnenwelt – war sie etwas anderes als das Ergebnis des Zusammentreffens unserer Sinne mit jenen unvorstellbaren Vorgängen, um deren Wesensbestimmung sich die Physik sich je und je vergeblich bemüht? Das Rot, das wir sahen, war weder dort, in den ‚Dingen', noch hier, in den ‚Seelen' – aus dem Aneinandergeraten beider schlägt es auf und leuchtet so lange, als ein rotempfindendes Auge und eine roterzeugenden Schwingung sich einander gegenüber befanden. Wo bleibt die Welt? Die unbekannten Objekte dort, die scheint bekannten ‚Subjekte' hier und beider hinschwindende Begegnung, die ‚Erscheinungen'. Waren das nicht schon drei Welten, die gar nicht mehr von einer einzigen zu umgreifen waren?"(Gottesfinsternis, S. 9f.)

Als Martin Buber zu Ende war, waltete in dem nun dämmrigen Raum ein hartes Schweigen. „Dann hob der Mann mit dem Hirtengesicht die schweren Lider, die die Zeit über gesenkt geblieben waren, zu mir und sagte langsam und nachdrücklich: ‚Sie haben recht'" (ebenda).

Und was war ihre Reaktion? Bestürzung. Was hatten Sie getan? Sie hätten den Mann jetzt zu dem Gott der Philosophen geführt. Aber er war noch lange nicht bei dem Gott Abrahams Isaaks und Jakobs angelangt.

Es dämmerte, es war spät. Sie mussten am nächsten Morgen abreisen. Sie konnten nicht dort bleiben, in die Fabrik eintreten, wie der Mann arbeiten, sein Kamerad werden, mit ihm leben, sein Vertrauen gewinnen, ihm helfen, gemeinsam mit ihm den Weg der Kreatur zu gehen, die die Schöpfung annimmt.

Wie, so möchte ich in Hebron schreien, würde wohl Martin Buber mit einer Religion fertig werden, die sich von den Menschen abwendet? Wie würde der Martin Buber mit Fanatikern der eigenen Religion umgehen, die mit der umliegenden Bevölkerung nichts zu tun haben wollen, sondern Unrat auf diese Menschen werfen? Wie würde der fertig werden mit Menschen, die sich verbarrikadieren, um nichts mit der Mehrheit einer Bevölkerung zu tun zu haben?

Ich kann mir nur vorstellen, dass Sie wie Jesus im Tempel den Stall ausmisten würden? Ich kann mir nicht vorstellen, dass Sie, Martin Buber, dabei ruhig bleiben würden.

## VIII. Buber am 2. September 1921 beim 12. Zionistenkongress

Noch einmal: Der Kampf um Israel. Noch einmal, wieder und wieder habe ich die Rede gelesen, die der damals noch junge Martin Buber in

Karlsbad gehalten hat beim zwölften Zionistischen Kongress am 2. September 1921. Da gab es nach den Friedensverträgen von Versailles und nach der Zerschlagung der alten K.u.K. Völkermonarchie, der Königlich und Kaiserlichen Habsburger-Monarchie schon die Tschechoslowakei, diesen „Schmelztiegel" von Tschechen, Slowaken, Ungarn, Deutschen, Juden, Roma usw. Heute ist das reduziert auf einen nur mühselig in die Europäische Union eingebundenen tschechischen Nationalstaat, der immer noch voller Angst vor der alten Sowjetunion und dem großen Russland zittert, dem man die Versklavung nach dem 2. Weltkriege durch Moskau immer noch übelnimmt und nicht ganz vergessen kann. Mittlerweile hat auch kaum jemand eine Erinnerung an den deutschen Namen, es heißt der Ort jetzt: Karlovy Vary.

Dort hat der junge Martin Buber eine wunderbare Rede gehalten. Wie gern würde ich ein Video haben von dieser Rede, um ihn noch mal zu beobachten, auch seine Gesten und Mimik zu verfolgen, nachzusehen, wie die Rede bei den Delegierten aus so vielen Ländern Europas und Amerikas ankam.

Es geht um die Befreiung des jüdischen Volkes aus der babylonischen neuen modernen Gefangenschaft, die ja noch einer ganz neuen Gefangenschaft zustrebte und dem von keinem Menschen für möglich gehaltenen Versuch der physischen Vernichtung der Juden durch die Nazis.

1921 war dem jungen Martin Buber die Aufgabe schon glasklar, die bis heute noch nicht erfüllt ist. Man könnte sagen, sie ist als Frage und Aufforderung so stark in den Hintergrund geraten, dass man sie am Schluss dieser einleitenden Bemerkungen noch mal herausstreichen muss: Würde das Judentum, würden die Vereinigten Staaten, würden die europäischen Mächte jemals diese Fragen so ernst und klar akzeptiert haben, gäbe es jetzt nicht die quälende und demütigende Phase der Bemühungen um einen Siedlungsbaustopp durch den US-Präsidenten, der sich sichtbar und erkennbar gegen das vergleichsweise kleine Israel und den Ministerpräsidenten Netanjahu als der mächtigste Mann der westlichen Welt nicht durchsetzen kann.

Es gäbe, wenn wir Martin Buber und den Leitlinien für den künftigen Staat Israel vom 2. September 1921 gefolgt wären, natürlich keine Siedlungen, keine Wehrdörfer und keine a priori installierte Feindschaft der beiden Völker durch die Vertreibung und Verjagung eines Großteiles der palästinensischen Araber aus ihren Heimatgebieten und dem Verbot, diese Gebiete und Dörfer je wieder zu sehen geschweige denn, sie zu besuchen, soweit sie 1948 nicht dem Erdboden gleich gemacht worden sind.

Die Grund-Frage aller Juden und Zion-Anhänger von 1921 bis 2010 heißt: „DIE ARABER-FRAGE". Verhandlungen mit der nichtjüdischen Bevölkerung Palästinas wären die nächste logische Konsequenz der Balfour-Deklaration. Damals vor 90 Jahren sagt uns der junge Martin Buber etwas über Versäumnisse: Wenn diese Verhandlungen nicht früher erfolgt sind, dann hätten sie so bald wie möglich erfolgen müssen.

Ja, sagt er den Delegierten und heute uns: natürlich sei das alles nicht leicht. Er folge auch nicht „dem Schlagwort, man solle mit Völkern, und nicht mit Staaten verhandeln" (a.a.O. S. 86). Buber: „Ich weiß, wie schwer es ist, mit Völkern zu verhandeln, die als Völker noch nicht konstituiert sind, noch nicht ihre legitime Vertretung haben. Und wie erst mit dem arabischen Volk!"

Trotzdem – so fährt Buber fort – es hätte schon 1921 etwas geschehen müssen, „was nicht geschehen ist" und erschreckender Weise bis 2010 nicht geschehen ist. Womit er nicht „hier und da eine Verhandlung mit einem arabischen Notabeln meine". Man kann auch sagen, damit meint der Martin Buber nicht die verlogenen Versuche, jeweils eine Autorität für willige Verhandler aufzubauen, um sie dann entweder zu zerstören oder bei ihrer eigenen Bevölkerung unbeliebt zu machen. Es gäbe zwei Voraussetzungen, die auch bis heute so nicht eingelöst worden sind: Die eine ist „ein der ganzen Welt sichtbarer planvoller Beginn einer großen realen Kolonisationsleistung" (a.a.O., 86). Das wird ergänzt durch die zweite Voraussetzung: „ein konkretes politisches und wirtschaftliches Programm als Basis der Verhandlungen" (ebenda). Das letztere hat es bisher nicht gegeben, weil sich das moderne, arrogante, nationalistische Israel imperialistisch drapiert und benimmt, und den zweiten Staat, den es nun schon seit 42 Jahren geben müsste, nicht haben will, sondern ihn am liebsten durch heimliche Vertreibung, neudeutsch genannt: Transfer der Palästinenser nach Europa, Lateinamerika, Asien oder Jordanien und Ägypten gegenstandslos machen möchte.

Das war 1921 gegen den Geist und das politische Programm von Martin Buber, das ist es heute, wie wir posthum mit Martin Buber sagen dürfen.

Der schwere Entschluss zur Arbeit in Erez Israel sollte gefasst werden aus „der geschichtlichen Einsicht und aus dem Einblick in die dauernde Wirklichkeit der vorderasiatischen Völker, ihrer Bestrebungen und Bewegungen, denen, wo sie aus reinem echtem und gerechtem Lebenswillen stammen, unsere nationale Sympathie gehört" (a.a.O. aus: Vorschlag einer Resolution zur Arabischen Frage, S. 88).

Am Ende seiner Rede wird Buber pathetisch und emotional. „Damit die Politik, die er meint, noch in dieser späten Stunde vor der Welt inauguriert wird, muss deutlicher ausgesprochen werden, was wir meinen und was wir wollen, vor aller Welt. Und gleichviel ob es gehört wird oder nicht, das Wort wird bleiben." Auch ein Motto für das Fähnlein derer, die in Deutschland für beide Völker arbeiten und verhindern wollen, dass die Besatzung jetzt auch noch die nächste Generation quälen muss. Auf einer „Kundgebung" seiner Gruppe, der „Hitachduth Hapoel Hazair" und „Zeire Zion" trug Buber Folgendes vor:

„In dieser Stunde, in der zum ersten Mal wieder nach acht Jahren der Trennung die Vertreter des selbstbewussten jüdischen Volkstums sich versammelt haben, sei von neuem vor den Nationen des Abendlandes und des Morgenlandes erklärt, dass der starke Kern des jüdischen Volkes entschlossen ist, in seine alte Heimat zurückzukehren und in ihr ein neues, auf unabhängiger Arbeit begründetes Leben aufzubauen, das als organisches Element einer neuen Menschheit wachsen und dauern soll." (a.a.O., Resolution zur Arabischen Frage, S. 87)

Und der junge Martin Buber fügt hinzu: „Dieser nationale Wille sei nicht gegen eine andere Nationalität gerichtet."

Wir können dieses Nachwort nicht besser schließen als mit den Worten, auf die wir immer aus dem Munde der heute Verantwortlichen des Staates Israels meistens vergeblich warten:

Das jüdische Volk, seit zweitausend Jahren in allen Landen eine vergewaltigte Minderheit, wende sich nun, „das es wieder als Subjekt seiner Geschickte in die Weltgeschichte eintritt, mit Abscheu von den Methoden des Herrschaftsnationalismus ab; dessen Opfer es selbst so lange war" (ebenda).

„Nicht um ein anderes Volk zu verdrängen (das ist bereits geschehen und kann nur schwer rückgängig gemacht werden, R.N.) oder zu beherrschen (das kann geändert werden und zwar heute und jetzt, R.N.), streben wir in das Land zurück, mit dem uns historische und geistige Bande verknüpfen. Und dessen heute so dünn bevölkerter Boden Raum genug für uns und die ihn gegenwärtig bewohnenden Stämme bietet" (ebenda).

Noch einmal und ganz feierlich, Original-Ton Martin Buber, 2. September 1921:

„Unsere Rückkehr nach Erez Israel, die sich in den Formen einer stetig zunehmenden Einwanderung vollziehen muss, will kein fremdes Recht beeinträchtigen" (a.a.O. S. 87). „Unsere Kolonisation, die der Rettung und

Erneuerung unseres Volkstums allein gewidmet ist, habe a nicht die kapitalistische Ausbeutung eines Gebietes zum Ziel" (a.a.O. S. 88).

Sie dienen nicht imperialistischen Zwecken. In diesem sozialen Charakter des jüdischen Ideals – so der junge Martin Buber – liege die mächtige Bürgschaft für unsere Zuversicht, dass zwischen uns und dem arbeitenden arabischen Volke eine tiefe und dauernde Solidarität der wirklichen Interessen sich offenbaren wird, die alle von den Verwirrungen des Augenblicks erzeigten Gegensätze überwinden muss. Und, aus dem Bewusstsein dieser Verbundenheit werde sich in den Angehörigen beider Völker eine im öffentlichen und persönlichen Leben bestätigte „Gesinnung gegenseitiger Achtung und gegenseitigen Wohlwollens ausbilden".

Ich muss gestehen, dass ich diese Sätze wieder und wieder gelesen habe und das letzte Mal auf dem Weinberg. Daher: Kurz bevor Aviva Konforty von der israelischen Solarfirma „Shirasol" uns besuchen kam. Ich ging dann nach der Besichtigung der Begegnungsstätte des im Geiste Martin Bubers aufgebauten Begegnungszentrums, wo wir junge Israelis an der Arbeit fanden und junge Palästinenser und deutsche Zivildienstleistende. Und ich hatte den Text von Martin Buber dabei. Und es kamen uns die Tränen. Und dann gingen wir zum Trost und zur Vergewisserung, dass der Geist und die Worte doch weiter wirken und Wirklichkeit schaffen, zur Eingangspforte des Weinbergs und des Begegnungsprojektes „Tent of Nations". Da stand das Motto des Zentrums, von Schulkassen in Email gefertigt, das den Martin Buber zusammenfasst in wenigen Worten, aber ganz authentisch:

„We refuse to be enemies!"

„Wir lehnen es ab, Feinde zu sein."

Rupert Neudeck

**Zitierte Bücher:**

Martin Buber: Ein Land und zwei Völker. Zur jüdisch-arabischen Frage. Frankfurt 1983

Martin Buber: Gottesfinsternis. Mit einer Entgegnung von C.G. Jung. Gerlingen 1994

Martin Buber: Die Geschichte des Rabbi Nachman. Frankfurt Dez. 1955

wird in Deutschland keinen Verlag finden", glaubte Rupert Neudeck. Es kam sogar auf die Sachbuch-Bestenliste.

Ilan Pappe „Die ethnische Säuberung Palästinas". Deutsche Erstausgabe. Deutsch von Ulrike Bischoff. 19 Fotos. 416 Seiten. Fester Einband. 22 €. Nummer 200 320.

**"Mit ihrem einfühlsamen und gleichzeitig schonungslosen Berichten gibt die studierte Judaistin dem Gazastreifen ein Gesicht." Profil**

# Bettina Marx
# Gaza.

Die Bombardierung des Gazastreifens zu Beginn des Jahres 2009 hat mehr als 1.400 Menschen das Leben gekostet, darunter waren hunderte Kinder. „Wir haben die Bevölkerung mit Flugblättern und sogar mit Telefonanrufen gewarnt", weist ein israelischer Militärsprecher Schuldvorwürfe an seine Regierung zurück. Aber wo hätte sich die Bevölkerung in Sicherheit bringen sollen in einem Landstrich, der nicht größer ist als Bremen, in dem aber dreimal so viele Menschen leben - 1,5 Millionen - und dessen Grenzen so streng bewacht werden, dass er immer wieder auch als das größte Freiluftgefängnis der Welt bezeichnet wird? Über den Zugang nach Gaza wacht Israel rigoros. Während früher Tausende Arbeiter in Israel den Lebensunterhalt für ihre Familien verdienten, dürfen heute nur noch wenige Palästinenser ihr Land verlassen. Selbst Studenten mit der Zusage für einen Studienplatz und einem Stipendium wird die Ausreise verweigert. Eine Generation nach der anderen wird um ihre Kindheit und Jugend betrogen, um ihre Chancen im Leben. Sie haben nie andere Kulturen kennen gelernt, andere Sprachen gehört, teilgehabt am normalen Leben. Da die Bewohner von Gaza seit den neunziger Jahren keinen Kontakt mehr zu Israelis haben, haben sie sie auch nie als Arbeitgeber, als Kollegen oder als Freunde kennenlernen können. Für die meisten sind die Israelis nur Besatzer, Unterdrücker und Soldaten blutiger Militäroffensiven. Und weil israelische Journalisten seit Jahren aus dem Gaza-Streifen ausgesperrt werden und ausländische Korrespondenten kaum Zugang haben, ist das Bild in der Öffentlichkeit über die Zustände in Gaza sehr einseitig.

Bettina Marx studierte Judaistik und Islamwissenschaft. Viele Jahre berichtete sie als ARD-Hörfunk-Korrespondentin für den Deutschlandfunk aus Israel und den palästinensischen Gebieten. In ihrem Buch schildert sie aus eigener Anschauung das Leben in Gaza, einst einer der idyllischsten Landstriche der Region, und gibt in ihren Porträts seinen Bewohnern ihr Gesicht zurück. Sie besucht den Taxifahrer Raed, Ernährer einer vielköpfigen Großfamilie, der bei einem israelischen Granatenangriff 19 Familienmitglieder verlor, erlebt die entwürdigenden Kontrollen an der Grenze zu Israel mit, spricht mit Ärzten und Wissenschaftlern, von denen viele im Ausland studiert haben und die nach Gaza zurückgekehrt sind, um ihr Volk zu unterstützen. Sie spricht aber auch mit jüdischen Siedlern, die auf ihr uraltes „gottgegebenes" Recht an diesem Land pochen, von der Kluft, die sich in Ermangelung jeder Gelegenheit und Bereitschaft zu nachbarschaftlicher Begegnung zwischen beiden Seiten aufgetan hat und die im Lichte der jeweiligen Klischees und Vorurteile über die „Anderen", „die Juden" einerseits und „die Araber" andererseits, immer tiefer und unüberbrückbarer wird. Nach dem Ende der israelischen Angriffe ist Bettina Marx im März 2009 noch einmal nach Gaza zurückgekehrt und berichtet in einem Kapitel speziell über

22. April, sämtliche Blauhelme abzuziehen, hielten UNO-General Dallaire und seine kleine Truppe von 250 Ghanaern aus. Ihre Selbstlosigkeit und Tapferkeit konnten die furchtbaren Ereignisse jedoch nicht aufhalten: Aus Europa kommen Waffen für die Täter. Der schnellste Völkermord unserer Zeitgeschichte beginnt. „Nach meiner Rückkehr fragte mich ein kanadischer Armeegeistlicher, wie ich nach allem, was ich gesehen und gehört hatte, weiterhin an Gott glauben könne. Ich weiß, dass es einen Gott gibt, antwortete ich ihm, weil ich in Ruanda dem Teufel die Hand geschüttelt habe“ (Dallaire).

„Wer einen Einblick gewinnen will, welche Mechanismen hinter den Kulissen der Vereinten Nationen ablaufen, muss dieses Buch lesen - und wundert sich beim Blick auf Krisenregionen wie Darfur im Sudan über nichts mehr“ (General-Anzeiger).

Roméo Dallaire „Handschlag mit dem Teufel.“ Mit einem Nachwort von D. Johnson. Aus dem Englischen von Andreas Simon dos Santos. 848 Seiten. Broschur. 2001-Taschenbuch. 8,90 €. Nummer 200 506.

**"Eines der bewegendsten Dokumentarfotoprojekte seit Jahren." Foto Magazin**

# Jonathan Torgovnik
# Kinder des Krieges. Buch & DVD.

Zwischen April und Juli 1994 war Ruanda Schauplatz einer kaum vorstellbaren Tragödie. In 100 Tagen brachten Angehörige der Hutu-Mehrheit etwa zwei Drittel der in Ruanda lebenden Tutsi-Minderheit um, fast eine Million Menschen starben, hunderttausende Frauen wurden systematisch vergewaltigt. Rund 20.000 Kinder wurden als Folge geboren.

Die Frauen, die 1994 Opfer dieser sexuellen Gewalttaten wurden, werden noch heute in Ruanda ausgegrenzt, ihre Familien und Dorfgemeinschaften haben sie und ihre Kinder verstoßen. Die Kinder werden als „Kinder schlechter Erinnerungen“ bezeichnet und gemeinsam mit ihren Müttern stigmatisiert. Zu groß die Schmach, ein Kind vom Feind empfangen zu haben.

Den Fotografen Jonathan Torgovnik beschäftigten die Schicksale so sehr, dass er diese Mütter und ihre Kinder in eindrucksvollen Porträts festhielt. Auf der beiliegenden DVD sprechen die Frauen darüber, was sie erlitten haben, was sie für ihre Kinder empfinden und wie sie mit ihren Traumata überleben.

Jonathan Torgovnik „Kinder des Krieges“. Deutsche Erstausgabe. Aus dem Englischen von Ulrike Bischoff. 60 Farbfotos. 144 Seiten. Großformat 22x25 cm. Fadenheftung. Fester Einband. Text Deutsch, DVD auf Englisch. 22 €. Nummer 200 367.